2026

에듀윌
직업상담사 2급
1·2차 한권끝장
+무료특강

합격자 수가 선택의 기준!

YES24 24년 12월 월별 베스트 기준
베스트셀러 **1위**

YES24 수험서 자격증
국가자격/전문사무
직업상담사 베스트셀러 1위

D-1 빈출개념 노트 제공

이론편

무료특강
2025년 기출 해설

25개월 베스트셀러 1위! 산출근거 후면표기
최신 법령&개편 출제기준 완벽 반영!

- [1차] D-1 빈출개념 노트 PDF 제공
- [2차] 최빈출 개념 100 수록
- [온라인] 2025년 기출문제 해설 특강

**에듀윌과 함께 시작하면,
당신도 합격할 수 있습니다!**

꿈꾸었던 공무원이 되기 위해 도전하여
시험에 합격한 20살 청년

육아와 병행하며 5개월간 공부해
필기+실기 동차 합격한 40대 육아맘

직장생활과 병행하며 3개월간 공부해
당당히 합격한 59세 직장인까지

누구나 합격할 수 있습니다.
해내겠다는 '열정' 하나면 충분합니다.

마지막 페이지를 덮으면,

에듀윌과 함께
직업상담사 합격이 시작됩니다.

직업상담사 한 달 집중!
D-30일 학습 플래너

학습전략 1

기출 기반 이론 정리와 핵심 기출문제 풀이로 탄탄한 기초 학습 완성

DAY	구분	학습일	학습 결과
D-30	Ⅰ. 직업심리 CHAPTER 1 이론학습 & 핵심 기출문제	__월 __일	☐
D-29	Ⅰ. 직업심리 CHAPTER 2 이론학습 & 핵심 기출문제	__월 __일	☐
D-28	Ⅰ. 직업심리 CHAPTER 3 이론학습 & 핵심 기출문제	__월 __일	☐
D-27	Ⅰ. 직업심리 CHAPTER 4 이론학습 & 핵심 기출문제	__월 __일	☐
D-26	Ⅱ. 직업상담 및 취업지원 CHAPTER 1 이론학습 & 핵심 기출문제	__월 __일	☐
D-25	Ⅱ. 직업상담 및 취업지원 CHAPTER 2 이론학습 & 핵심 기출문제	__월 __일	☐
D-24	Ⅱ. 직업상담 및 취업지원 CHAPTER 3 이론학습 & 핵심 기출문제	__월 __일	☐
D-23	Ⅲ. 직업정보 CHAPTER 1 이론학습 & 핵심 기출문제	__월 __일	☐
D-22	Ⅲ. 직업정보 CHAPTER 2 이론학습 & 핵심 기출문제	__월 __일	☐
D-21	Ⅲ. 직업정보 CHAPTER 3 이론학습 & 핵심 기출문제	__월 __일	☐
D-20	Ⅲ. 직업정보 CHAPTER 4 이론학습 & 핵심 기출문제	__월 __일	☐
D-19	Ⅳ. 노동시장 CHAPTER 1 이론학습 & 핵심 기출문제	__월 __일	☐
D-18	Ⅳ. 노동시장 CHAPTER 2 이론학습 & 핵심 기출문제	__월 __일	☐
D-17	Ⅳ. 노동시장 CHAPTER 3 이론학습 & 핵심 기출문제	__월 __일	☐
D-16	Ⅳ. 노동시장 CHAPTER 4 이론학습 & 핵심 기출문제	__월 __일	☐

2026

에듀윌 직업상담사 2급
2차 직업상담실무

100개의 빈출개념, 한 권에 모아
2차까지 한 번에 합격!

최빈출개념 100

—
2차 직업상담실무

직업심리 | 직업상담 및 취업지원 | 직업정보 | 노동시장

eduwill

2026

에듀윌 직업상담사 2급
2차 직업상담실무

2026
에듀윌 직업상담사 2급

2차 직업상담실무
최빈출개념 100

이 책의 활용법

1차와 2차 시험을 따로, 또 같이 대비한다!
직업상담실무 최빈출개념 100

조금 더 찬찬히,
**1차와 2차 모두
한 번에** 준비하고 싶어!

시간이 촉박해서,
1차를 집중적으로 공부하고
2차는 따로 준비하고 싶어!

- 이론편 CHAPTER별 핵심개념 & 기출문제 학습
  ↓
- 부록 CHPATER별 2차 빈출유형 학습!
  ↓
- 기출편 CBT 주요 빈출 300제 풀이
  ↓
- 기출편 최신 3개년 기출문제 풀이

- 이론편 CHAPTER별 핵심개념 & 기출문제 학습
  ↓
- 기출편 CBT 주요 빈출 300제 풀이
  ↓
- 기출편 최신 3개년 기출문제 풀이
  ↓
- 부록 2차 빈출유형 학습!

"CHAPTER별 학습 후,
2차 최빈출개념 또한
CHAPTER별로 학습!"

"1차 내용 먼저 쭉 공부한 후,
2차 최빈출개념은
따로 몰아서 학습!"

2차 실기시험 기출문제 중,
반드시 알아야 할 최빈출개념 100!

I 직업심리
CHAPTER 01 직업선택 및 발달이론	6
CHAPTER 02 직업상담의 진단	11
CHAPTER 03 직업상담의 초기면담	21
CHAPTER 04 직업과 스트레스	25

II 직업상담 및 취업지원
CHAPTER 01 직업상담의 이해	28
CHAPTER 02 직업상담의 이론 및 접근방법	32
CHAPTER 03 진로·직업상담의 실제	43

III 직업정보
CHAPTER 01 직업정보의 제공	46
CHAPTER 02 직업 및 산업분류의 활용	47
CHAPTER 03 직업관련 정보의 이해	51
CHAPTER 04 직업정보의 수집, 분석	52

IV 노동시장
CHAPTER 01 노동시장의 이해	54
CHAPTER 02 임금의 이해	59
CHAPTER 03 실업의 제 개념	62
CHAPTER 04 노사관계이론	64

I
직업심리

CHAPTER 01	직업선택 및 발달이론
CHAPTER 02	직업상담의 진단
CHAPTER 03	직업상담의 초기면담
CHAPTER 04	직업과 스트레스

CHAPTER 01 직업선택 및 발달이론

01 Williamson 특성-요인 상담의 인간본성에 대한 기본가정

① 인간은 선과 악의 잠재력을 모두 가지고 있는 존재이다.
② 인간은 선을 실현하는 과정에서 타인의 도움이 필요하다.
③ 선의 본질은 자아의 완전한 실현이다.
④ 인간은 누구나 독특한 세계관을 갖고 있다.
⑤ 선한 생활을 결정하는 것은 자기 자신이다.

> **시험엔 어떻게 나올까**
> 윌리암슨(Williamson)에 의한 특성-요인 상담의 인간본성에 대한 5가지 기본가정에 대해 기술하시오.

02 Holland의 6가지 성격유형

1 현실형(Realistic type)

선호활동	기계, 도구, 동물에 관한 체계적인 조작활동을 좋아하며 현장 일을 선호하나, 사회적 기술이 부족하다.
관련직업	기술자, 자동기계 및 항공기조종사, 정비사, 농부, 엔지니어, 전기·기계기사, 운동선수, 경찰, 건축사, 생산직, 운전자 등

2 탐구형(Investigative type)

선호활동	호기심이 많고 분석적이어서 과학적 탐구활동을 선호하나, 리더십 기술이 부족하다.
관련직업	과학자, 생물학자, 물리학자, 인류학자, 지질학자, 의료기술자, 약사, 의사, 연구원, 대학교수, 환경분석가 등

3 예술형(Artistic type)

선호활동	창의적이며 감성이 풍부하고 개방적이나, 틀에 박힌 일을 싫어하며 규범적인 기술이 부족하다.
관련직업	예술가, 작곡가, 음악가, 무대감독, 작가, 배우, 소설가, 미술가, 무용가, 디자이너, 자유기고가, 사진사, 카피라이터, 시인 등

4 사회형(Social type)

선호활동	친절하고 이해심이 많으며 다른 사람을 돕는 것을 즐기나, 과학적이거나 기계적인 활동 능력이 부족하다.
관련직업	사회복지가, 교육자, 간호사, 교사, 종교지도자, 상담가, 임상치료가, 언어치료사, 물리치료사, 직업상담사, 서비스직 등

> **시험엔 어떻게 나올까**
> · 홀랜드(Holland) 직업흥미검사의 6가지 유형을 쓰고, 각각에 대해 간략히 설명하시오.
> · 홀랜드 검사를 실시한 대학생 한 명이 그 결과가 SAE일 때, 이를 해석하시오.

5 진취형(Enterprising type)

선호활동	외향적이며 지도력이 있고 말을 잘하나, 상징적·체계적·과학적 활동에 대한 능력은 부족하다.
관련직업	기업경영인, 정치가, 영업사원, 상품구매인, 보험회사원, 판매원, 관리자, 연출가, 홍보담당자, 펀드매니저, 부동산중개인, 여행가이드, 언론인, 외교관 등

6 관습형(Conventional type)

선호활동	자료를 잘 정리하고 순응적이며 책임감이 강하나, 변화에 약하고 융통성이 부족하다.
관련직업	공인회계사, 경제분석가, 은행원, 세무사, 경리사원, 감사원, 안전관리사, 사서, 법무사, 회계원, 일반공무원 등

03 Holland 모형의 주요 개념

1 일관성
어떤 쌍들은 다른 유형의 쌍들보다 공통점을 더 많이 가지고 있다. 6개 유형에서 거리가 가까울수록 공통점을 많이 가지고 있다고 본다. 예를 들면, 현실적 유형과 탐구적 유형의 쌍(RI)은 거리가 가까워 많은 공통점을 가지고 있다고 볼 수 있다.

2 차별성(변별성)
특정 유형의 점수가 다른 유형의 점수보다 높은 경우 하나의 유형에는 유사성이 많지만 다른 유형에는 별로 유사성이 없는 것으로, 찌그러진 유형이 더 차별성 있다. 모든 유형에서 유사성을 나타내는 사람은 특징이 없거나 잘 규정되지 않았다고 생각할 수 있으며, 이 경우 차별성이 없다고 본다.

3 정체성
정체성은 목표, 흥미, 재능에 대한 확고한 청사진을 말하고 환경에 있어 투명성, 안정성, 목표, 일, 보상의 통합이라고 규정된다. 자기직업상황(MVS)의 직업정체성 척도는 개인의 진로 안정성을 측정하는 것으로 이 검사점수가 높은 경우 직업목표를 가진 사람들이 많다.

4 일치성
개인이 자신의 인성유형과 동일하거나 유사한 환경에서 일하고 생활할 때 높아지는 것으로, 개인과 환경이 부합되는 정도를 말한다.

5 계측성
모든 성격유형 간의 관계는 육각형 모형 안에서 계측되고 정리되며, 유형들 간의 거리는 그것들 사이의 이론적인 관계에 반비례한다고 본다.

> **시험엔 어떻게 나올까** ❓
> - 홀랜드(Holland)의 육각형 모델과 관련된 해석 차원 중에서 일관성, 변별성, 정체성에 대해 설명하시오.
> - 홀랜드 이론에서 개인과 개인간의 관계, 환경과 환경 간의 관계, 개인과 환경 간의 관계를 설명하는 개념 3가지를 쓰고 설명하시오.

04 Dawis와 Lofquist의 직업적응이론

1 직업성격측면
① 민첩성
    정확성보다는 속도를 중시한다.
② 역량
    근로자의 평균 활동수준을 의미한다.
③ 리듬
    활동에 대한 다양성을 뜻한다.
④ 지구력
    다양한 활동수준의 기간을 나타낸다.

2 직업적응방식의 측면
① 끈기(인내)
    환경이 자신에게 맞지 않아도 개인이 얼마나 오랫동안 견뎌낼 수 있는지의 정도이다.
② 적극성
    개인이 작업환경을 개인적 방식과 좀 더 조화롭게 만들어 가려고 노력하는 정도이다.
③ 반응성
    개인이 작업성격의 변화로 인해 작업환경에 반응하는 정도이다.
④ 융통성
    개인이 작업환경과 개인환경 간의 부조화를 참아내는 정도이다.

> **시험엔 어떻게 나올까** ❓
> 직업적응이론에서는 개인이 환경과 상호작용하는 특성을 나타내는 4가지 성격유형요소를 가정한다. 성격유형요소 중 3가지를 설명하시오.

05 직업적응이론 관련 검사도구

1 미네소타 중요도 질문지(MIQ ; Minnesota Importance Questionnaire)
개인이 일의 환경에 대해 지니는 20가지 욕구와 6가지 가치관을 측정하는 도구로 190개의 문항으로 구성되어 있다.

2 미네소타 직무기술 질문지(MJDQ ; Minnesota Job Description Questionnaire)
일의 환경이 20개의 욕구를 만족시켜 주는 정도를 측정하는 도구로 하위척도는 MIQ와 동일하다.

3 미네소타 직무만족 질문지(MSQ ; Minnesota Satisfaction Questionnaire)
직무만족의 원인이 되는 일의 강화요인을 측정하는 도구로 능력의 사용, 성취, 승진, 활동, 다양성, 작업조건, 회사의 명성, 인간자원의 관리체계 등의 척도로 구성되어 있다.

> **시험엔 어떻게 나올까** ❓
> Dawis와 Lofquist의 직업적응이론에 기초하여 개발된 직업적응과 관련된 도구(심리검사)를 3가지만 쓰시오.

06 Ginzberg의 직업발달단계

1 환상기
직업에 대한 환상을 가지고 직업을 간접적으로 체험하고 선호하게 된다. 이 시기에는 직업선택에 현실적인 고려 없이 아동적인 욕구가 지배적이다.

2 잠정기
직업선택과정에서 흥미와 능력에 따라 직업을 선택하려는 경향이 있다. 이 시기의 후반에는 능력, 가치관 등의 요인도 고려되어 직업이 요구하는 수준의 조건을 점차적으로 인식하는 시기이다.

① 흥미단계
　자신의 흥미를 인식하며, 좋고 싫음을 나누는 단계로, 이 시기에는 흥미가 직업선택에 가장 중요한 요소이다.

② 능력단계
　자신이 흥미를 느끼는 분야에서 성공을 거둘 수 있는 능력을 지니고 있는지 시험해 본다.

③ 가치단계
　직업에 대한 가치를 인식하고 직업선택에 있어 다양한 요인을 고려하며, 그 직업이 자신의 가치관 및 생애목표에 부합하는지 평가해 본다.

④ 전환단계
　직업선택이 주관적 요소에서 외적(현실) 요인으로 확장되며, 직업선택에 책임을 인식하게 된다.

3 현실기
흥미와 능력의 통합단계로서 직업선택을 구체화하고 발달시키는 시기이다.

① 탐색단계
　본격적인 직업탐색이 시작되며 직업선택에 필요한 교육과 경험을 쌓는다.

② 구체화단계
　직업목표가 구체화되며, 자신의 직업결정에 있어 내적·외적 요인을 모두 고려하여 특정 직업분야에 몰두한다.

③ 특수화단계(정교화 단계)
　진로를 구체화하고 진로결정에 있어 세밀한 계획을 세워 고도로 세분화·전문화된 의사결정이 이루어진다.

시험엔 어떻게 나올까 ❓
긴즈버그에 따르면 직업선택은 환상기, 잠정기 및 현실기 3단계로 거쳐 이루어진다. 현실기의 3가지 하위 단계를 쓰고 설명하시오.

07 Gottfredson 직업포부 발달단계

1 힘과 크기 지향성
사고과정이 구체화되며 어른이 된다는 것의 의미를 알게 된다. 이 시기에는 어른의 역할을 흉내내기도 하며, 자신의 미래 직업에 대해 긍정적인 입장을 취하게 된다.

2 성역할 지향성
자아개념이 성의 발달에 의해서 영향을 받게 된다. 성역할에 근거하여 직업을 인식하게 되며, 자신과 동일한 성별의 성인이 수행하는 직업들을 선호하게 된다.

3 사회적 가치 지향성
사회계층에 대한 개념이 생겨나기 시작하면서 '상황 속 자아'를 인식하여 자신이 추구하는 사회적 명성 수준과 일치하는 직업들을 선호하게 된다.

4 내적, 고유한 자아 지향성
자아성찰과 사회계층의 맥락에서 직업적 포부가 더욱 발달하게 된다. 내적인 사고를 통하여 자아인식이 발달되며 타인에 대한 개념이 생겨난다.

> **시험엔 어떻게 나올까** ❓
> Gottfredson의 직업과 관련된 개인발달의 4단계를 쓰고, 각각에 대해 설명하시오.

08 사회학습이론에서 개인의 진로에 영향을 미치는 요인

1 유전적 요인과 특별한 능력
교육적·직업적인 선호나 기술에 제한을 줄 수 있는 자질로서, 개인의 진로기회를 제한하는 타고난 생득적인 특질을 말한다. 인종, 성별, 신체적인 모습 및 특징, 지능, 예술적 재능 등이 포함된다.

2 환경적 조건과 사건
사회적, 정치적, 문화적, 경제적 상황 등의 환경상의 조건이나 특정한 사건은 개인의 진로에 영향을 미친다. 고용, 기술의 발달, 사회정책, 법, 훈련이 가능한 분야 등이 포함된다.

3 학습경험
과거에 학습한 경험은 현재 또는 미래의 교육적·직업적 의사결정에 영향을 미친다.

4 과제접근기술
개인이 환경을 이해하고 대처하며 미래를 예견하는 능력이나 경향이 진로에 영향을 미칠 수 있다. 문제해결기술, 정보수집능력, 일하는 습관, 감성적 반응, 인지적 과정 등이 여기에 포함된다.

> **시험엔 어떻게 나올까** ❓
> 크롬볼츠의 사회학습이론에서 개인의 진로에 영향을 미치는 것으로 가정한 요인을 3가지 쓰시오.

CHAPTER 02 직업상담의 진단

09 규준참조검사와 준거참조검사

1 규준참조검사
개인의 점수를 다른 사람의 점수와 비교해서 상대적으로 어떤 수준인지를 알아보는 검사이다.
예 대학수학능력시험, 선발시험

2 준거참조검사
검사점수를 타인과 비교하는 것이 아니라, 어떤 기준점수와 비교해서 이용하는 검사이다.
예 대부분의 국가고시, 운전면허시험

> **시험엔 어떻게 나올까?**
> - 규준참조검사와 준거참조검사의 차이점에 대해 설명하시오.
> - 심리검사는 사용목적에 따라 규준참조검사와 준거참조검사로 구분할 수 있다. 각각에 대해 예를 들어 설명하시오.

10 극대수행검사와 습관적 수행검사

1 극대수행검사(인지적 검사)
능력검사로서 문항에 정답이 있고 응답의 시간제한이 있다. 수검자에게 최대한의 능력을 발휘하도록 요구하는 검사이다.

지능검사	한국판 웩슬러 성인용 지능검사(K-WAIS), 한국판 웩슬러 지능검사(KWIS)
적성검사	GATB 일반적성검사, 기타 다양한 특수적성검사
성취도검사	TOEFL, TOEIC 등

2 습관적 수행검사(정서적 검사)
정서검사이며, 문항에 정답이 없고 응답의 시간제한이 없다. 수검자에게 최대한의 정직한 응답을 요구하는 검사이다.

성격검사	직업선호도검사 중 성격검사, 캘리포니아 성격검사(CPI), 성격유형검사(MBTI)
흥미검사	직업선호도검사 중 흥미검사
태도검사	직무만족도검사 등

> **시험엔 어떻게 나올까?**
> - 극대적 수행검사와 습관적 수행검사에 대해 설명하고 유형의 예를 2가지씩 쓰시오.
> - 성능검사, 성향검사를 3가지씩 적으시오.

11 투사적 검사의 장단점

1 투사적 검사의 장점
① 보다 다양하고 독특한 개인의 반응을 이끌어 낼 수 있다.
② 불분명하고 모호한 검사자극에 대해 피검사자가 의도적으로 방어하는 것이 어렵다.
③ 강한 자극으로 인해 무의식적인 내용을 이끌어 낼 수 있다.

2 투사적 검사의 단점
① 검사자의 주관이 결과에 반영되므로 검사의 신뢰도가 낮다.
② 검사 해석의 타당성이 주로 임상적인 근거로 하고 있어 검사의 타당도가 매우 빈약하다.
③ 검사자나 상황적 요인이 검사반응에 강한 영향을 미친다.

> **시험엔 어떻게 나올까**
> 투사적 검사의 장점과 단점을 각각 3가지씩 쓰시오.

12 객관적 검사의 장점

① 검사의 실시, 채점, 해석이 간편하다.
② 검사의 신뢰도와 타당도가 검증되어 매우 높다.
③ 검사자나 상황변인이 검사반응에 영향을 미치지 않아 객관성이 보장된다.
④ 많은 피검자를 대상으로 한 번에 실시할 수 있어 경제성이 높다.

> **시험엔 어떻게 나올까**
> 투사적 검사와 비교하여 객관적 검사의 장점 3가지를 쓰시오.

13 척도의 유형

1 명명척도(nominal scale)
가장 낮은 수준의 척도로 단지 측정대상 간의 차이만 구분하기 위하여 숫자나 기호를 할당한 것으로 특성 간의 양적인 분석과 대소의 비교를 할 수 없다.

2 서열척도(ordinal scale)
숫자의 차이가 측정한 속성의 차이에 관한 정보뿐 아니라 그 순위관계에 대한 정보도 포함하고 있는 척도이다.

3 등간척도(interval scale)
명목척도와 서열척도의 특징을 모두 가지고 있으면서 크기가 어느 정도가 되는지 파악이 가능한 등간성을 갖고 있는 척도이다.

4 비율척도(ratio scale)
차이정보와 서열정보, 등간정보 외에 수의 비율에 관한 정보도 담고 있는 척도로 가감승제가 가능한 척도이다.

> **시험엔 어떻게 나올까**
> 직업심리검사에서 측정의 기본단위인 척도(scale)의 4가지 유형을 쓰고, 각각에 대해 설명하시오.

14 분산 정도를 판단하기 위하여 사용되는 기준

1 범위
구간의 크기를 나타내는 것으로 최저점수와 최고점수의 폭을 말한다.

2 분산
분포에 있는 점수들이 서로 흩어진 정도를 추정하는 것이다. 각 점수들의 흩어진 정도가 작을수록 해당 집단은 동질적이고 클수록 이질적이다.

3 표준편차
자료들이 얼마나 평균으로부터 떨어져 있는지를 알 수 있게 하는 것으로, 각 점수들이 평균에서 벗어난 평균거리를 말한다. 표준편차는 편차를 제곱하여 모두 합한 후 사례수로 나눈 값, 즉 분산의 제곱근이다.

> **시험엔 어떻게 나올까** ❓
> 어떤 집단의 심리검사 점수가 분산되어 있는 정도를 판단하기 위하여 사용되는 기준 2가지를 쓰고, 각각에 대해 간략히 설명하시오.

15 확률표집방법

1 단순무선표집
확률표본추출 방법 중 가장 기본이 되는 표집방법으로, 전체 모집단의 구성원들 중 표본으로 선정될 확률이 동일하도록 무작위로 표집하는 방식이다.
예 경품행사의 추첨, 제비뽑기 등

2 층화표집(유층표집)
모집단이 규모가 서로 다른 하위집단으로 구성되어 있는 경우, 각 집단에서 필요한 만큼의 단순무작위표집을 사용해 표본을 추출한다.
예 모집단이 종교집단일 때 기독교, 불교 등 서로 다른 종교집단에서 표본을 추출하는 경우

3 집락표집(군집표집)
모집단을 서로 동질적인 하위집단으로 구분하여 해당되는 집단 자체를 표집하는 방법이다.
예 고3 수험생에 대한 연구를 진행하기 위해 A고등학교 3학년의 한 반 전체를 표본으로 추출하는 경우를 말한다.

4 체계적 표집(계통표집)
모집단 목록에서 무작위로 처음 K번째 요소를 뽑고, 이를 토대로 일정한 순서 및 규칙에 따라 이후의 표본을 추출하는 방법이다.
예 K를 10으로 한다면 10, 20, 30, 40, 50 등의 번호로 표본을 선정하는 것이다.

> **시험엔 어떻게 나올까** ❓
> · 규준 제작 시 사용되는 확률 표집방법 3가지를 쓰고 설명하시오.
> · 모집집단에서 규준집단을 구성하기 위한 표본추출방법은 크게 확률표집과 비확률표집으로 구분할 수 있다. 확률표집방법을 3가지 쓰고, 각각에 대해 설명하시오.
> · 규준을 만들기 위한 표집방법 3가지를 쓰고 각각에 대해 설명하시오.

16 집단 내 규준

1 백분위 점수

개인이 표준화된 집단에서 차지하는 상대적 위치를 가리키는 것으로 개인의 점수를 100개의 동일한 구간 내에서 순위를 정한다. 백분위 점수는 한 집단 내에서 개인의 상대적인 위치를 살펴보는 데 적합하다. 계산이 비교적 용이하고 보편적으로 적용이 가능하다.

2 표준점수

원점수를 주어진 집단의 평균을 중심으로 분포의 표준편차(등간척도)로 전환시킨 점수이다. 개인의 점수가 평균으로부터 벗어난 거리를 의미한다. Z점수는 평균이 0, 표준편차가 1이 되도록 변환한 점수이고, T점수는 평균이 50, 표준편차가 10이 되도록 변환한 점수이다.

3 표준등급

원점수를 상대적 위치에 따라 등급으로 나눈 것이다. 9등급제는 1~9등급까지 범주로 나누는 것으로, 원점수를 크기 순서로 배열한 후 표준등급을 부여하여, 매우 쉽고 이론적으로 타당하여 널리 쓰인다. 학교에서 실시하는 성취도검사나 적성검사의 점수를 정해진 범주에 집어넣어 학생들 간의 점수 차가 작을 때 생길 수 있는 지나친 확대 해석을 미연에 방지할 수 있다.

> **시험엔 어떻게 나올까**
> · 집단 내 규준 3가지를 쓰고 설명하시오.
> · 규준의 종류 중 백분위 점수, 표준점수, 표준등급의 의미를 각각 설명하시오.

17 신뢰도의 종류

1 검사-재검사신뢰도

동일한 사람에게 동일한 검사를 서로 다른 시기에 두 번 실시하여 검사 점수들 간의 상관관계를 밝혀 측정하는 신뢰도이다. 두 검사의 실시시간 차이에서 발생하는 다양한 요인 변화의 영향을 받는다.

2 동형검사신뢰도

동일한 수검사에게 첫 번째 실시한 검사와 동일한 유형의 검사를 실시하여 두 검사점수 간의 '상관계수'에 의해 신뢰도를 추정하는 방법이다. 두 검사는 근본적으로 측정하는 영역에서 동일한 내용이 표집되어야 하며, 동일한 문항수와 동일한 형식으로 표현되어야 한다. 따라서 문항의 표집이나 문항의 차이에서 생기는 검사도구의 신뢰도에 초점을 둔다.

3 반분신뢰도

하나의 검사를 두 부분으로 나누어 두 검사점수 간 상관관계를 알아보는 방법이다. 하나의 검사로 한 번만 검사를 실시하면 되므로 시간과 비용 면에서 적용하기 편리하다는 장점이 있다. 반분신뢰도에서는 내적 합치도계수가 높으면 신뢰도가 높다고 본다.

> **시험엔 어떻게 나올까**
> · 신뢰도를 추정하는 방법 3가지를 쓰고 설명하시오.
> · 심리검사에서 검사-재검사 신뢰도와 반분신뢰도에 대해 설명하시오.

18 검사-재검사신뢰도의 단점

1 이월효과(기억효과)
두 검사 사이의 실시시간 간격이 너무 짧을 경우 연습효과, 기억효과로 인해 앞에서 답한 것을 기억해서 뒤의 응답 시 활용할 수 있다.

2 성숙효과
두 검사 사이의 실시시간의 간격이 너무 클 경우 측정대상의 속성이나 특성이 변화할 수 있다.

3 반응민감성효과
반응민감성의 영향으로 검사를 치르는 경험이 후속 반응에 영향을 줄 수 있다. 즉, 검사를 치르는 경험으로 인한 새로운 학습요인이 다음 점수에 영향을 미칠 수 있다.

4 환경적 요인의 변화
검사 시점의 날씨, 소음 등 물리적인 환경요인이 검사결과에 영향을 미칠 수 있다.

5 개인적 요인의 변화
두 검사 실시시기 사이에 피검자의 기분이나 건강 등의 개인적 요인이 검사결과에 영향을 미칠 수 있다.

> **시험엔 어떻게 나올까**
> 신뢰도 추정방법 중 사람들이 하나의 검사에 대해 서로 다른 시점에서 얼마나 일관성 있게 반응하는지 알아보는 검사-재검사의 단점을 4가지 쓰시오.

19 신뢰도 계수에 영향을 미치는 요인

① 신뢰도 계수는 개인차가 클수록 높아진다.
② 신뢰도 계수는 검사문항의 수가 증가할수록 높아진다. 다만, 정비례하여 커지는 것은 아니다.
③ 신뢰도 계수는 문항반응 수가 적정한 크기를 유지할 때 커진다.
④ 신뢰도 계수는 신뢰도 측정방법에 따라서 달라질 수 있다.
⑤ 신뢰도 계수는 결과의 일관성을 보여 주는 값이다.
⑥ 문항의 난이도가 지나치게 높거나 낮은 경우에는 신뢰도가 낮아진다. 검사문항의 난이도는 적정수준을 이루어야 한다.
⑦ 검사유형(속도검사, 역량검사)에 따라 신뢰도 계수가 달라질 수 있다. 속도검사의 경우 반분신뢰도 추정 시 두 부분의 검사에서 유사한 수행결과를 보여 실제 신뢰도와 다른 신뢰도 계수를 얻게 될 수 있다.

> **시험엔 어떻게 나올까**
> 심리검사의 신뢰도 계수에 영향을 미치는 요인 3가지(5가지)를 제시하고 각각에 대해 설명하시오.

20. 유사한 심리검사에서 결과가 서로 다르게 나타나는 원인

① 검사 실시기간의 차이
② 검사 실시절차의 차이
③ 검사 실시환경상의 차이
④ 응답자의 신체적·심리적·정신적 상태 또는 속성의 변화
⑤ 문항의 속성 및 문항 반응 수 차이
⑥ 문항 난이도의 차이

시험엔 어떻게 나올까
- 동일한 유형의 유사한 심리검사에서 결과가 서로 다르게 나타나는 원인 5가지를 쓰시오.
- 어떤 사람의 적성을 알아보기 위해 같은 명칭의 A 적성검사와 B 적성검사를 두 번 반복실시를 했는데 두 검사의 점수가 차이를 보여 이 사람의 정확한 적성을 판단하기 매우 어려운 상황이 발생하였다. 이와 같이 동일명의 유사한 심리검사의 결과가 서로 다르게 나타날 수 있는 가능한 원인을 5가지 쓰시오.

21. 측정오차를 줄이는 방법

① 표준화된 검사(측정도구)를 사용한다.
② 신뢰도에 나쁜 영향을 주는 문항을 제거한다.
③ 문항의 수와 문항반응 수를 늘린다.
④ 측정자의 태도, 측정방식의 일관성과 균일한 검사상의 조건을 유지한다.

시험엔 어떻게 나올까
측정의 신뢰도를 높이기 위해 측정오차를 줄이기 위한 구체적 방법 3가지를 쓰시오.

22. 타당도의 종류

1 준거타당도
준거타당도는 어떤 심리검사가 측정하고자 하는 특정 준거와 어느 정도 관련성이 있는지를 알아보는 것이다. 준거타당도에는 예언타당도와 동시타당도가 있다.

2 안면타당도
실제로 검사문항을 봤을 때 검사가 측정하려고 하는 것을 측정하는 것처럼 보이는가의 문제이다. 즉, 일반인에게 그 검사가 타당한 것처럼 보이는지를 의미한다.

3 내용타당도
검사문항들이 해당 검사가 측정하고자 하는 내용을 얼마나 잘 반영하고 있는지를 의미한다. 내용타당도는 관련 전문가의 판단에 의존한다.

시험엔 어떻게 나올까
타당도의 종류 4가지를 쓰시오.

4 구성타당도

구성타당도는 측정하고자 하는 추상적 개념인자들이 실제로 측정도구에 의해 제대로 측정되었는지의 정도를 말한다. 구성타당도를 검증하는 방법으로는 상관을 이용하는 방법과 요인분석을 이용하는 방법이 있다.

23 준거타당도의 종류

1 예언타당도
검사점수를 가지고 다른 준거점수들을 얼마나 잘 예측해 낼 수 있는가 하는 정도를 말한다. 새로 개발한 검사점수와 미래에 그 사람이 실제로 수행을 할 때의 수행수준 간의 상관정도에 의해 결정된다.
- 예 적성검사에서 높은 점수를 받은 사람들일수록 입사 후 업무수행이 우수한 것으로 나타났다면, 이 검사는 예언타당도가 높다고 볼 수 있다.

2 동시타당도
이미 검증된 기존의 검사와 새로 개발한 검사 간의 상관관계에 의해 결정된다. 즉, 새로 개발되는 검사를 그 분야에서 이미 인정받고 있는 검사와 비교하는 것이다.
- 예 영어면접 시험의 타당도를 입증하기 위해 토익 등 공인영어시험 점수와 비교했을 때 결과가 비례하여 나타난다면 이 검사(시험)는 동시타당도가 높다고 볼 수 있다.

시험엔 어떻게 나올까 ❓
- 예언타당도와 동시타당도에 대해 각각의 예를 포함하여 설명하시오.
- 준거타당도의 2가지 종류와 그에 대해서 설명하시오.

24 구성타당도

1 수렴타당도
어떤 검사가 측정하고자 하는 개념과 관계있는 문항들의 상관관계를 보는 것으로, 검사의 결과가 이론적으로 관련이 있는 속성과 높은 상관을 보여 준다면 수렴타당도가 높은 것이다.

2 변별타당도
어떤 검사가 측정하고자 하는 개념과 관계없는 문항들의 상관관계를 보는 것으로, 검사의 결과가 이론적으로 관련이 없는 속성과 낮은 상관을 보여 준다면 변별타당도가 높은 것이다.

3 요인분석법
검사의 구성타당도를 알아보기 위해 가장 많이 사용하는 방법으로, 검사 문항이나 변인들 간의 상관관계를 분석하여 상관이 높은 문항이나 변인들을 묶어 주는 것이다.

시험엔 어떻게 나올까 ❓
- 구성타당도의 유형에 해당하는 타당도를 2가지 쓰고, 각각 설명하시오.
- 구성타당도를 분석하는 대표적인 방법 3가지를 쓰고 설명하시오.
- 구성타당도의 측정방법 3가지를 쓰고 설명하시오.
- 수렴타당도와 변별타당도의 의미를 쓰고, 이를 MTMM으로 확인하는 절차에 대해 설명하시오.

25 준거타당도의 크기에 영향을 미치는 요인

1 표집오차
표집오차는 조사대상자가 모집단의 전체가 아니기 때문에 생기는 오차로, 표본이 모집단을 대표하지 못하면 표집오차가 커지고, 그 결과 타당도 계수가 낮아진다. 즉, 표집오차는 표본의 크기가 작아지면 급격히 증가한다.

2 범위제한
범위제한은 준거타당도 계산을 위해 얻은 자료들이 검사점수와 준거점수의 전체 범위를 포괄하지 않고 일부 범위만을 포괄하는 경우의 상관계수가 실제 상관계수보다 작게 나타나는 것을 말한다.

3 준거측정치의 타당도
준거측정치의 타당도는 준거측정도구의 준거측정치(실제준거)가 개념준거를 얼마나 잘 반영하는가의 문제이다. 즉, 준거측정치의 타당도가 새로 개발한 내용과 일치해야 타당도 계수가 커진다.

4 준거측정치의 신뢰도
어떤 검사의 준거타당도 계산을 위해 사용하는 준거측정치의 신뢰도가 그 검사의 타당도 계수에 영향을 미친다. 즉, 준거측정치의 신뢰도가 낮으면 검사의 준거타당도도 낮아지게 된다.

> **시험엔 어떻게 나올까**
> 심리검사에서 준거타당도 계수의 크기에 영향을 미치는 요인을 3가지만 쓰고, 각각에 대해 설명하시오.

26 정규분포 이탈을 해결하기 위한 방법

1 완곡화 방법
정상분포와 비슷하게 나왔을 때 사용하는 방법으로 정상분포의 모양을 갖추도록 점수를 보태거나 빼 주는 방법이다.

2 절미법
집중경향치 간의 관계는 평균(M)을 기준으로 하고 최빈치가 평균보다 크냐, 작으냐에 따라 분포곡선의 형태가 결정된다. M(평균) − Mo(최빈치)의 값이 '+'이면 정적 편포이고, '−'이면 부적 편포가 되며, '0'이 나오면 정상분포가 된다. 절미법은 편포의 꼬리를 잘라내는 방법으로, 꼬리가 작을 때에만 쓸 수 있다.

3 면적환산법
각 점수들의 백분위를 찾아서 그 백분위에 해당하는 Z점수를 찾는 방법이다.

> **시험엔 어떻게 나올까**
> · 표준화를 위해 수집된 자료가 정규분포에서 벗어나는 것은 검사도구의 문제라기보다 표집절차의 오류에 원인이 있다. 이를 해결하기 위한 방법을 3가지 쓰고, 각각에 대해 설명하시오.
> · 표준화를 위해 수집된 자료가 정규분포에서 벗어나는 것을 해결하기 위한 방법 3가지를 쓰고 설명하시오.

27. 스트롱 직업흥미검사의 척도

1 일반직업분류(GOT ; General Occupational Themes)
개인의 직업흥미가 어떤 유형인지 설명해 주는 척도로, 흥미영역에 관한 포괄적인 정보를 제공하며 홀랜드의 6가지 유형으로 구성되어 있다.

2 기본흥미척도(BIS ; Basic Interest Scales)
특정 활동주제에 대한 개인의 흥미평가를 제공하며, GOT의 하위척도 25개 항목으로 구성되어 6가지 흥미유형에 대한 더 구체적인 정보를 얻을 수 있다.

3 개인특성척도(PSS ; Personal Style Scales)
업무유형, 학습유형, 리더십유형, 모험심유형 등의 4가지 척도로 구성되어 개인이 일상이나 직업세계에서 어떻게 생활하고 학습하는지를 설명해 준다. GOT나 BIS의 결과를 뒷받침하거나 강조 혹은 통합적으로 해석할 수 있다.

> **시험엔 어떻게 나올까**
> 스트롱 직업흥미검사의 척도 3가지를 쓰고, 각각에 대해 설명하시오.

28. 미네소타 다면적 인성검사(MMPI) 타당도 척도

척도	측정내용
? (무응답척도)	대답을 하지 않은 문항과 "예/아니요"를 모두 대답한 문항을 합하여 수검자가 반응을 어려워하는지, 방어적인지 등의 태도를 측정한다.
L (허위척도)	피검자가 남들에게 자신을 실제보다 좋게 보이려는 다소 고의적, 부정적, 세련되지 못한 시도를 하는 것을 측정한다.
F (신뢰성척도)	비전형적인 방식으로 응답하는 사람들에 대해 일반인의 생각이나 경험과 얼마나 다른지를 측정한다.
K (교정척도)	분명한 정신적인 장애를 지니면서도 정상적인 프로파일을 보이는 사람들을 식별하기 위한 척도로, L척도보다는 은밀하고 세련된 사람들에게서 측정한다는 점이 다르다.

> **시험엔 어떻게 나올까**
> MMPI의 타당성 척도 중 ?척도, L척도, F척도, K척도에 대해 설명하시오.

29. 진로성숙도검사(CMI ; Career Maturity Inventory)

1 태도척도(상담척도)
① 결정성
    선호하는 진로의 방향에 대한 확신의 정도이다.
    예 나는 선호하는 진로를 자주 바꾸고 있다.
② 참여도
    진로선택 과정에 능동적으로 참여하는 정도이다.
    예 나는 졸업할 때까지는 진로문제에 별로 신경을 쓰지 않겠다.

> **시험엔 어떻게 나올까**
> · 발달적 직업상담에서 활용되는 진로성숙검사(CMI)의 태도척도와 능력척도를 각각 3가지 쓰시오.
> · 진로성숙도 검사 중 태도척도 5가지를 쓰고 설명하시오.

③ 독립성

   진로선택을 독립적으로 할 수 있는 정도이다.

   예 나는 부모님이 정해 주는 직업을 선택하겠다.

④ 성향

   진로결정에 필요한 사전 이해와 준비의 정도이다.

   예 일하는 것이 무엇인지에 대해 생각한 바가 거의 없다.

⑤ 타협성

   진로선택 시에 욕구와 현실에 타협하는 정도이다.

   예 나는 하고 싶기는 하나 할 수 없는 일을 생각하느라 시간을 보내곤 한다.

2 능력척도

① 자기평가

   자신의 흥미, 성격 등을 명확히 이해하는 능력이다.

② 직업정보

   자기평가를 보완하는 영역으로, 자신의 관심분야의 직업세계에 대한 정보를 획득하고 분석하는 능력이다.

③ 목표선정

   자신이 수집한 정보와 직업세계의 연결을 통한 직업목표를 선정하는 능력이다.

④ 계획

   직업목표를 달성하기 위해 실제적으로 계획을 세우는 능력이다.

⑤ 문제해결

   진로과정에서 장애가 되는 다양한 문제들을 해결하는 능력이다.

CHAPTER 03 직업상담의 초기면담

30 생애진로사정

1 생애진로사정의 구조

① **진로사정**
내담자가 일의 경험 또는 훈련 및 학습과정에서 가장 좋았던 것과 싫었던 것에 대해 질문하며, 여가시간의 활용, 우정관계 등을 탐색한다. 내담자의 직업경험, 교육 또는 훈련과정과 관련된 문제들, 여가활동에 대해 사정한다.

② **전형적인 하루**
내담자가 일상생활을 어떻게 조직하는지를 시간의 흐름에 따라 체계적으로 기술하여 내담자가 의존적인지 또는 독립적인지, 자발적(임의적)인지 또는 체계적인지 자신의 성격을 파악하도록 돕는다.

③ **강점과 장애**
내담자가 스스로 생각하는 주요 강점 및 장애에 대해 질문하여 현재 내담자가 직면하고 있는 문제나 환경적 장애와 이를 극복하기 위한 대처자원이나 잠재력을 탐구한다.

④ **요약**
내담자 스스로 자신에 대해 알게 된 내용을 요약해 보도록 함으로써 자기인식을 증진시킨다. 내담자의 문제해결 및 장애 극복을 위해 목표달성계획을 세울 수 있도록 한다.

2 생애진로사정을 통해 얻을 수 있는 정보

① 내담자의 일의 경험과 교육수준을 알 수 있는 객관적이고 사실적인 정보
② 내담자의 기술과 능력에 대한 자기평가 정보
③ 내담자의 가치관과 자기인식에 대한 정보

> **시험엔 어떻게 나올까** ❓
> - 직업상담의 구조화된 면담법으로 생애진로사정(LCA)의 구조 4가지에 대해 설명하시오.
> - 직업상담의 구조화된 면담법 생애진로사정(LCA)의 의미와 생애진로사정으로 얻을 수 있는 정보 3가지를 적으시오.
> - 생애진로사정을 통해 얻을 수 있는 정보를 3가지 쓰시오.

31 자기보고식 가치사정방법

① 체크목록 가치순위 정하기
② 과거의 선택 회상하기
③ 절정경험 조사하기
④ 자유시간과 금전 사용계획 조사하기
⑤ 백일몽 말하기
⑥ 존경하는 사람 기술하기

> **시험엔 어떻게 나올까** ❓
> 자기보고식 가치사정하기에서 가치사정법을 6가지 쓰시오.

32 일반적인 흥미사정기법

1 직업선호도검사
홀랜드의 6가지 흥미유형에 대입한 직업선호도검사를 실시하여 내담자의 흥미를 사정하는 기법이다.

2 직업카드분류법
직업선택의 동기와 가치를 알아보기 위한 것으로, 직업카드를 선호군, 혐오군, 미결정중성군으로 분류하도록 하는 기법이다.

3 흥미평가기법
내담자에게 알파벳을 쓰게 하고 알파벳에 맞추어서 흥밋거리를 기입하도록 하는 기법이다.

> **시험엔 어떻게 나올까** ❓
> · 내담자의 흥미를 사정하려고 할 때 사용되는 흥미사정기법을 3가지 쓰고 설명하시오.
> · 개인의 관심이나 호기심을 자극하거나 일으키는 어떤 것을 흥미라고 한다. 내담자가 흥미를 사정하려고 할 때 사용할 수 있는 사정기법을 3가지만 쓰고 각각에 대해서 설명하시오.

33 내담자의 정보 및 행동에 대한 이해

1 가정 사용하기
내담자에게 그 행동이 존재했다는 것을 가정하고 이야기함으로써 내담자의 방어를 최소화하고 내담자의 행동을 예측해 본다.

2 전이된 오류 정정하기
내담자가 가지고 있는 정보·한계·논리적 오류를 정정하는 것을 말한다.

① 정보의 오류
내담자가 실제 경험과 행동을 이야기함에 있어서 대강 이야기할 때 나타난다. 이야기 삭제, 불확실한 인물의 인용, 불분명한 동사의 사용, 참고자료의 불충분한 사용 시 나타난다.

② 한계의 오류
내담자가 자신의 기회와 선택에 대해 제한적인 견해를 가질 때 일어난다. 예외를 인정하지 않는 것, 불가능을 가정하는 것, 어쩔 수 없음을 가정할 때 나타난다.

③ 논리적 오류
내담자가 논리적인 관계에 맞지 않는 진술을 할 때 일어나는 오류로, 잘못된 인간관계의 오류, 마음의 해석, 제한된 일반화 사용 시 나타난다.

3 저항감 재인식하기
상담에 동기화되지 않거나 저항감을 나타내는 내담자에 대해 저항의 목적이 무엇인지 이해하고 재인식시켜 줌으로써 자기인식을 하게 하여 저항감을 다루는 것이다. 변형된 오류 수정하기, 내담자와 친숙해지기, 내담자와 대결하기, 은유 사용하기 등의 전략이 사용된다.

> **시험엔 어떻게 나올까** ❓
> · 내담자와 관련된 정보를 수집하고 내담자의 행동을 이해하고 해석하는 데 기본이 되는 상담기법을 6가지만 쓰시오.
> · 내담자 정보 및 행동에 대한 이해기법 중 가정 사용하기, 왜곡된 사고 확인하기, 변명에 초점 맞추기를 설명하시오.

4 근거 없는 믿음 확인하기
어떤 결과나 일에 대한 근거 없이 믿음을 가진 내담자들에게 그들의 믿음과 노력이 근거가 없는 잘못된 것이라는 것을 확인시켜 새로운 대안을 찾게 하는 것이다.

5 변명에 초점 맞추기
변명은 타인이나 자신의 행동의 부정적인 면을 줄이려는 행동이나 설명으로서 자신의 긍정적인 면을 계속 유지하려는 것이다.

6 왜곡된 사고 확인하기
부적절한 정보나 결론도출, 내담자의 부분적인 일반화, 정보의 특정한 부분만을 보는 것을 확인하는 것이다. 대표적인 왜곡된 사고로는 여과하기, 정당화하기, 인과응보의 오류, 변화의 오류, 마음읽기 등이 있다.

7 반성의 장 마련하기
자신이나 타인 또는 세상 등에 대한 부정적인 판단을 내리는 과정을 알 수 있게 상황을 만들어 주는 것이다.

8 의미 있는 질문 던지기
언제든지 반응하도록 범위를 열어 놓는 공손한 명령의 의미를 담고 있는 질문을 던져 내담자의 자유롭고 다양한 반응을 유도한다.

34 상담의 기법

1 적극적 경청
적극적 경청은 내담자에게 항상 세심하게 주목하는 것을 말한다. 언어적 의미뿐만 아니라 비언어적인 의미까지 이해해야 한다.

2 반영
내담자의 생각과 말을 상담자가 다른 참신한 말로 부연하는 것으로, 내담자의 표현 기저에 있는 감정을 파악하여 반영하는 것이 효과적이다.

3 공감(공감적 이해)
내담자의 세계를 마치 상담자 자신의 세계인 것처럼 경험하지만 객관적인 위치에서 벗어나지 않는 상담의 기법이다. 공감은 상담자가 자신이 직접 경험하지 않고도 내담자의 감정을 거의 같은 수준으로 이해하는 것이다.

4 직면
내담자가 하여금 자신의 문제를 직접 확인하여 회피하지 않고 도전하도록 하는 것이다.

5 명료화
내담자의 생각과 감정의 표현을 상담자가 분명하게 밝히는 것이다. 내담자의 말 속에 포함되어 있는 불분명한 측면을 상담자가 분명하게 밝히는 기법이다.

> **시험엔 어떻게 나올까** ❓
> 상담자가 갖추어야 할 기본 기술인 적극적 경청, 공감, 명료화, 직면을 설명하시오.

6 수용(수용적 존중)

상담자가 내담자의 감정, 경험 및 잠재력에 대해 평가하거나 판단하지 않고 긍정적인 존중과 관심을 전달하는 상담자의 태도이다.

35 상담 중 내담자 침묵의 원인

① 내담자의 사고가 중단될 때 일어난다.
② 내담자가 대화 중 생각을 정리할 때 일어난다.
③ 대화의 소재가 부재할 경우 일어날 수 있다.
④ 내담자가 상담자에게 적대감 등을 나타내며 저항할 때 일어날 수 있다.

시험엔 어떻게 나올까 ❓

상담에서 대화 중단 또는 내담자의 침묵은 자주 일어나는 일이다. 내담자의 침묵이 발생하는 원인을 3가지 쓰시오.

CHAPTER 04 직업과 스트레스

36 직무스트레스의 요인

1 과제특성
① 복잡한 과제
　복잡한 과제는 높은 수준의 능력을 요구하는 직무활동에서 많이 나타나며, 높은 인지활동과 정보과부화로 인해 스트레스를 유발하게 한다.
② 단순, 반복적 과제
　단순하고 반복적인 과제는 근로자에게 일에 대한 흥미와 도전의식을 떨어지게 한다.

2 직무역할
① 역할모호성
　개인의 책임한계와 목표가 명확하지 않아서 역할이 분명하지 않을 때 발생한다.
② 역할갈등
　역할담당자가 자신의 지위와 역할전달자의 역할기대가 상충되는 상황에서 지각하는 심리적 상태이다.

3 산업·조직문화
　집합주의와 개인주의와 같은 산업·조직 내 문화가 근로자에게 스트레스원이 될 수 있다.

> **시험엔 어떻게 나올까**
> 직무와 조직에서 스트레스를 받는 주된 원인을 3가지 쓰고 설명하시오.

37 직무관련 스트레스의 조절요인(매개변인)

1 A, B 성격유형
　A 성격유형의 사람은 공격적이고 경쟁적이어서 스트레스 상황에서 B 성격유형의 사람보다 훨씬 더 많은 스트레스를 받는다. B 성격유형의 사람들은 A 성격유형의 사람들보다 성취욕구와 포부수준이 더 낮기 때문에 일로부터 스트레스를 덜 받는다.

2 통제의 소재(위치)
　내적 통제자는 어떤 행위의 결과가 자신의 행위에 달려있다고 보기 때문에 외적 통제자보다 스트레스 위협을 덜 느낀다. 외적 통제자들은 내적 통제자보다 자신의 삶에서 중요한 사건들이 주로 타인이나 외부에 의해 결정된다고 보기 때문에 스트레스의 영향력을 감소시키려는 노력을 하지 않는 편이다.

> **시험엔 어떻게 나올까**
> · 동일한 스트레스일지라도 개인이 받는 스트레스는 각각 다를 수 있다. 스트레스의 조절변인을 2가지로 설명하시오.
> · 직무 스트레스의 조절변인 3가지를 쓰고 설명하시오.

II
직업상담 및 취업지원

CHAPTER 01	직업상담의 이해
CHAPTER 02	직업상담의 이론 및 접근방법
CHAPTER 03	진로·직업상담의 실제

CHAPTER 01 직업상담의 이해

38 직업상담의 일반적인 과정

1 관계형성
내담자와 상담자 간의 상호존중을 바탕으로 한 신뢰감 있는 관계를 형성한다.

2 진단 및 측정
심리검사를 통한 내담자의 문제를 진단하고, 내담자 개인적 특성 등을 측정한다.

3 목표설정
내담자가 바라고 원하는 목표를 설정하고 목표의 우선순위를 정한다. 상담자는 진단을 통해서 내담자와 함께 목표를 설정한다.

4 개입(중재)
실질적인 문제해결단계로, 상담자가 중재, 처치, 상담 등의 개입을 한다. 상담자는 직업정보의 수집, 과제물 부여, 의사결정촉진 등의 개입을 통해 내담자의 목표달성을 촉진한다.

5 평가
상담자의 개입과 상담초기에 선정한 목표 수준에 도달했는지 평가한다. 상담목표에 얼마나 도달했는지, 상담자의 개입이 얼마나 효과적이었는지 평가한다.

> **시험엔 어떻게 나올까**
> 직업상담의 5단계를 쓰시오.

39 Butcher의 집단직업상담 3단계

1 탐색단계
자기개방, 흥미와 적성에 대한 탐색, 측정결과에 대한 피드백, 불일치에 대한 해결 등이 이루어진다.

2 전환단계
자신의 지식과 직업세계와의 연결, 일과 삶의 가치에 대한 조사, 자신의 가치에 대한 피드백, 가치와 피드백 간의 불일치 해결 등이 이루어진다.

3 행동단계
목표설정과 행동계획의 개발, 목표달성을 촉진시키기 위한 자원의 탐색, 정보의 수집과 공유, 의사결정을 위한 구체적인 행동을 실천하는 단계이다.

> **시험엔 어떻게 나올까**
> - A 직업상담사는 고등학교 졸업을 앞둔 학생들을 대상으로 진로와 직업에 대한 청소년 집단상담을 하려고 한다. A 직업상담사가 체계적 상담을 진행하기 위해 실행할 수 있는, 부처(Butcher)가 바라본 집단직업상담의 과정 3단계를 설명하시오.
> - 부처(Butcher)가 제시한 집단직업상담 3단계를 쓰고 설명하시오.
> - Butcher의 3단계 중 탐색단계와 행동단계에서 하는 것을 3가지씩 쓰시오.

40 집단상담의 장단점

1 집단상담의 장점
① 집단 구성원 간의 피드백을 통해 자기탐색을 돕는다.
② 집단상담의 경우 개인상담보다 부담이 적어 받아들이기 쉽다.
③ 타인과의 상호작용을 통해 대인교류 능력과 사회성을 기를 수 있다.
④ 한정된 시간에 적은 비용으로 여러 내담자를 상담할 수 있어 경제성이 높다.
⑤ 타인을 통한 대리학습(관찰학습)의 기회를 준다.

2 집단상담의 단점
① 개인적인 문제가 충분히 깊이 있게 다루어지지 않을 수 있다.
② 사적인 경험의 공유 등으로 비밀보장이 어려울 수 있다.
③ 집단상담의 성격과 목적에 맞게 집단을 구성하기 어렵다.
④ 개인의 개성이 상실될 수 있다.
⑤ 집단 구성원 모두에게 만족을 주기 어렵다.
⑥ 집단상담에 대한 체계적인 교육과 자격 등의 경험이 부족한 지도자의 경우 집단의 운영을 어렵게 할 수 있다.

> **시험엔 어떻게 나올까?**
> - 집단상담의 장점을 5가지 쓰시오.
> - 개인직업상담과 비교하여 집단직업상담의 장점을 3가지만 쓰시오.
> - 집단상담은 개인상담과 더불어 가장 많이 사용되고 있는 상담 형태이다. 집단상담의 장점들에 대해 3가지 설명하시오.
> - 집단상담의 장점과 단점을 각 3가지씩 쓰시오.

41 Tolbert의 집단직업상담 활동유형

1 자기탐색
상호 수용적인 분위기 속에서 자신의 감정, 태도, 가치 등을 탐색한다.

2 상호작용
개인적인 직업계획과 목표에 대한 집단 구성원들의 피드백이 이루어진다.

3 개인적 정보의 검토 및 목표와의 연결
개인적 정보를 검토하며 직업적 목표와의 연결이 이루어지는 단계이다.

4 직업적 정보의 획득과 검토
직업적 목표를 이루기 위해 직업관련 정보를 획득하고 직업세계에서의 성공 가능성을 검토하는 단계이다.

5 의사결정
목표의 대안적 행동을 탐색하고, 구체적인 실행으로 옮기기 위한 합리적인 의사결정을 한다.

> **시험엔 어떻게 나올까?**
> Tolbert가 제시한 것으로 직업집단상담 과정에서 나타나는 5가지 활동유형을 쓰시오.

42 Williamson의 직업문제유형(변별진단)

1 흥미와 적성의 불일치(모순)
내담자 자신의 흥미와 적성이 일치하지 않는 모순적인 선택을 말한다.

2 어리석은 선택
낮은 능력, 낮은 동기를 가진 사람이 높은 능력과 높은 동기가 필요한 직업을 선택하는 경우나 자신의 흥미, 직업목표와 맞지 않는 수준의 직업을 선택하는 경우이다.

3 불확실한 직업선택(확신 부족)
실패에 대한 두려움, 자신의 적성에 대한 불신, 자기와 직업세계에 대한 이해부족 등으로 인해 직업선택의 확신을 갖지 못하는 것이다.

4 진로(직업) 무선택
내담자가 진로를 선택하지 않았거나 선호하는 몇 가지 진로가 있지만 어느 것을 선택할지 모르는 경우이다.

> **시험엔 어떻게 나올까**
> - 직업문제에 대한 대표적 분류법 중 윌리암슨(Williamson)의 변별진단 4가지를 쓰고 설명하시오.
> - 윌리암슨의 직업상담 문제유형 3가지를 쓰고 설명하시오.
> - Williamson의 특성-요인 직업상담에서 직업의사결정에서 나타나는 여러 가지 문제들에 대한 변별진단 결과를 분류하는 4가지 범주를 쓰고 각각에 대해 설명하시오.

43 Bordin의 직업문제유형(심리적 원인)

1 내적갈등(자아갈등)
개인 내적인 자아개념과 다른 심리적 기능 간의 갈등으로 직업결정에 어려움을 가지는 경우이다.

2 정보의 부족
개인이 진로관련 정보를 받지 못하는 경우 직업선택과 진로문제해결에 어려움을 가지게 된다.

3 의존성
개인의 진로문제를 책임지는 것이 어렵다고 느끼며, 스스로 해결하지 못하고 주변이나 타인에 의존하는 경우이다.

4 확신의 결여(문제는 없지만 확신이 부족한 경우)
잠정적인 진로 및 직업을 선택한 후 미래 진로에 대한 확신이 부족한 상황으로 내담자가 그것을 확인하기 위해서 상담자를 찾는 경우이다.

5 진로선택의 불안
자신이 원하는 일과 중요한 타인이 기대하는 일이 다를 때 개인은 진로선택의 불안을 느끼게 된다.

> **시험엔 어떻게 나올까**
> - 보딘(Bordin)의 심리적 원인 5개 중 3가지를 쓰고 설명하시오.
> - Bordin은 정신역동적 직업상담을 체계화하면서 직업문제의 진단에 관한 새로운 관점을 제시하였다. 그가 제시한 직업문제의 심리적 원인 3가지를 설명하시오.
> - 보딘(Bordin)은 직업문제를 진단할 때 심리적 원인이 드러나도록 해야 한다고 주장했다. 보딘(Bordin)이 제시한 직업문제의 심리적 원인을 3가지만 쓰시오.

44 Crites의 직업문제유형

1 적응성
① 적응형
  흥미와 적성이 일치하는 경우이다.
② 부적응형
  흥미를 느끼는 분야도 없고 적성에 맞는 분야도 없는 경우이다.

2 결정성
① 다재다능형
  재능이 많아 흥미를 느끼는 직업과 적성이 맞는 직업들 사이에서 갈등하는 경우이다.
② 우유부단형
  흥미나 적성의 유형이나 수준과는 상관없이 성격적으로 어떤 분야를 선택할지 결정하지 못하는 경우이다.

3 현실성
① 비현실형
  흥미를 느끼는 분야에 대해서 적성을 가지지 못하는 경우이다.
② 불충족형
  흥미를 느끼는 분야는 있지만 자신의 적성수준보다 낮은 적성을 요구하는 직업을 선택하는 경우이다.
③ 강압형
  적성에 따라 어쩔 수 없이 선택하였지만 그 직업에 대하여 흥미가 없는 경우이다.

> **시험엔 어떻게 나올까**
> 크릿츠는 직업상담의 문제유형분류에서 흥미와 적성을 3가지 변인들과 관련지어 분류했다. 3가지 변인을 쓰고 설명하시오.

CHAPTER 02 직업상담의 이론 및 접근방법

45 방어기제

1 합리화
용납될 수 없는 자신의 행동을 그럴듯한 변명으로 정당화시키는 것으로, 좌절된 욕구를 합리화하는 것이다.
예 이솝우화의 여우와 신포도 이야기

2 억압
가장 흔히 쓰이며 다른 방어기제의 기초가 되는 방어기제로, 의식에서 받아들이기 곤란한 욕망, 충동, 생각들을 무의식으로 밀어 넣어 저지하는 것이다.

3 억제
의식적·반의식적으로 생각하고 싶지 않은 고통스러운 기억을 잊으려고 하는 것이다.

4 투사
자신의 공격적 계획과 충동을 남의 것이라고 생각하는 경우로 자신의 생각, 감정, 동기 등을 다른 사람의 탓으로 돌리는 것이다.

5 반동형성
억압이 과도하게 일어난 결과 자신의 실제 감정과 상반되게 행동하는 것이다.
예 미운 놈 떡 하나 더 주기

6 동일시
자신의 불안이나 부족함을 피하기 위해 어떤 사람이나 집단과 실제적 또는 상상적으로 동일시하고 닮아감으로써 자존감을 고양시키려는 것이다.

7 부정
의식화된다면 도저히 감당하지 못할 욕구를 무의식적으로 부정하는 것으로 고통스러운 현실을 무의식적으로 인정하지 않으려는 것이다.

> **시험엔 어떻게 나올까**
> 정신분석적 상담은 내담자의 자각을 증진시키고 직접적인 방법으로 불안을 통제할 수 없을 때 무의식적으로 방어기제를 사용한다. 방어기제 종류 3가지를 쓰고 설명하시오.

46 Adler의 개인주의 상담과정과 목표(목적)

1 개인주의 상담과정
① 상담관계 형성
내담자와 협력적·우호적이고 동등한 관계를 형성하며, 내담자에 대한 지지와 격려를 통해 개인의 역동성을 끌어낼 수 있도록 한다.

> **시험엔 어떻게 나올까**
> · Adler의 개인주의 상담의 4단계 치료과정을 순서대로 쓰시오.

② 평가 및 분석(개인의 역동성 이해)
개인의 역동성을 이해하기 위해 출생순위, 초기기억, 가족환경, 개인적 신념과 부정적 감정 등을 파악하고, 이러한 내담자의 생활양식이 현재 삶의 과제에서 어떻게 기능하는지를 파악한다.

③ 통찰과 요약
탐색을 통한 자료로 내담자의 목표와 행동에 대한 자기이해와 통찰을 촉진한다.

④ 재교육
획득된 내담자의 통찰이 목표를 달성하도록 실제 행동으로 전환되게 하는 교육단계이다.

2 개인주의 상담목표(목적)

① 사회적 관심 증진
사회적 관심을 갖도록 돕는다.

② 열등감 극복
패배감을 극복하고 열등감을 감소시킬 수 있도록 돕는다.

③ 삶의 양식 수정
내담자의 잘못된 가치와 목표를 수정하도록 돕는다.

④ 동기의 수정
행동수정보다는 동기수정에 초점을 두고 잘못된 동기를 바꾸도록 돕는다.

⑤ 공동체감 증진
사회의 구성원으로서 사회에 보다 많이 기여하도록 돕는다.

47 체계적 둔감화

1 체계적 둔감화
불안, 공포, 긴장과 같은 불안반응과 편안함과 같은 이완반응이 양립할 수 없다는 상호제지의 원리를 이용하여, 불안자극을 위계목록의 낮은 수준의 자극에서 높은 수준의 자극으로 점차 완화시키는 기법이다.

2 체계적 둔감화 진행 순서

단계	내용
1단계	근육이완을 통해 신체 각 부위들을 충분히 이완할 수 있어야 한다. 근육을 이완시켜 긴장 상태에서 벗어날 수 있도록 훈련한다.
2단계	낮은 수준의 자극에서 높은 수준의 자극 순으로 불안위계목록을 작성한다.
3단계	불안을 야기하는 장면이나 상황에서 불안위계에 따라 불안이 없어질 때까지 반복한다.

시험엔 어떻게 나올까 ❓
· 체계적 둔감화의 의미와 단계를 설명하시오.
· 체계적 둔감화의 의미와 단계를 3단계로 나눠 쓰고 설명하시오.

48 실존주의 상담에서 인간의 궁극적 관심사

1 죽음
인간은 죽음을 맞이할 수밖에 없는 운명적 존재이다. 삶과 죽음은 분리될 수 없는 연속성이며, 인간은 비존재에 대한 불안감을 가진다.

2 자유와 책임
인간은 자기결정적인 존재로서, 여러 가지 대안 중에서 선택할 능력이 있으며 선택에 따른 책임이 있다.

3 고립
인간은 홀로 실존에 왔다가 떠나는 존재이다.

4 무의미성
의미와 목적이 부재한 세계에서 인간은 삶을 통해 스스로의 존재 의미를 발견해야 한다.

> **시험엔 어떻게 나올까** ❓
> - 실존주의적 상담에서는 인간이 실존적 존재로서 갖는 궁극적 관심사에 대한 자각이 불안을 야기한다고 본다. 실존주의의 궁극적 관심사와 관련된 주제 4가지를 제시하고 각각에 대해 설명하시오.
> - 실존주의 상담자들이 내담자의 궁극적 관심사와 관련하여 중요하게 생각하는 주제를 3가지 쓰고 설명하시오.

49 내담자중심 상담의 기본태도

1 일치성 또는 진실성
내담자와의 관계에서 상담자의 감정이나 생각을 있는 그대로 인정하고 일치화시키되 솔직하게 표현한다.

2 무조건적인 수용
내담자의 말을 비판하거나 평가하지 않고 긍정적으로 수용함으로써 내담자를 존중한다.

3 공감적 이해
내담자의 감정과 경험을 공감적 차원에서 이해하려고 노력한다. 이때 공감은 상담자가 객관적인 자세를 유지한 채 이루어져야 한다.

> **시험엔 어떻게 나올까** ❓
> - Rogers는 내담자중심 상담을 성공적으로 이끄는 데 있어서 상담자의 능동적 성향을 강조하였으며, Patterson도 내담자중심 직업상담은 기법보다는 태도를 필수적으로 보았다. 내담자중심 접근법을 사용할 때 직업상담자가 갖추어야 할 3가지 기본태도에 대해 설명하시오.
> - 내담자중심 상담기법에서 상담자의 태도 3가지를 쓰시오.
> - 내담자중심 상담을 성공적으로 이끌기 위해 상담자가 갖춰야 할 기본적인 태도 3가지를 설명하시오.

50 내담자(인간)중심 상담의 철학적 가정

① 인간은 가치를 지닌 독특하고 유일한 존재이다.
② 인간은 자기확장을 위한 풍부한 내적 자원과 성장력을 가지고 있다.
③ 인간은 근본적으로 선하며 이성적이고 믿을 수 있는 존재이다.
④ 각 개인을 알기 위해서 개인의 주관적 생활에 초점을 둔다.

> **시험엔 어떻게 나올까** ❓
> Rogers의 인간중심 상담의 기본바탕이 되는 철학적 가정 5가지를 쓰시오.

⑤ 각 개인은 스스로 의사결정을 할 권리와 미래 진로선택을 할 권리가 있다.

51 형태주의(게슈탈트) 상담기법

1 알아차리기(자각)
상담자가 내담자의 생각 속에 내재된 현재 상황에서 자신의 욕구와 감정을 자각하도록 돕는 것이다. 내담자가 보고, 만지고, 듣고, 말하는 등의 신체자각, 내담자가 하는 말에 책임을 부여하도록 하는 언어자각이 포함된다.

2 과장하기
어떤 상황에 욕구와 감정을 명확히 지각하도록 자신의 행동과 언어를 과장하게 한다.

3 빈 의자 기법
내담자가 빈 의자를 앞에 놓고 어떤 사람이 실제 앉아 있는 것처럼 상상하면서 이야기를 하는 치료기법이다.

4 꿈 작업(꿈을 이용한 작업)
일상 속으로 꿈을 가지고 와서 그것이 지금 일어난 것인 양 재생시키는 것으로 마치 꿈이 현재 사건인 것처럼 꿈의 각 부분을 연기하게 한다.

5 자기 부분과의 대화
내담자로 하여금 자신에게 내재되어 있는 상반된 자아 간의 대화를 유도하는 것이다.

6 반대로 하기(역전기법)
내담자로 하여금 평소 행동과 반대되는 행동을 하게 하여 내담자가 억압하고 통제해 온 자신의 다른 측면을 접촉하고 통합할 수 있도록 돕는다.

> **시험엔 어떻게 나올까 ❓**
> · 게슈탈트 상담의 상담기법을 3가지만 쓰고 각각에 대해 설명하시오.
> · 형태주의 상담에서 내담자들이 자신에 대해 더 잘 자각하고 내적 갈등을 충분히 경험하며, 미해결된 감정을 해결할 수 있도록 돕기 위해 사용하는 기법 4가지만 쓰시오.

52 교류분석상담의 제한점

① 교류분석상담의 주요 개념은 실증적 연구도 있지만 과학적인 증거로 보기는 부족하다.
② 교류분석상담은 인지적 명확성이 요구되므로 지적 능력이 낮은 내담자의 경우에는 부적절할 수 있다.
③ 교류분석상담의 주요 개념은 창의적인 면도 있지만 추상적이어서 실제 적용에 어려움이 있다.

> **시험엔 어떻게 나올까 ❓**
> 의사교류분석상담(TA)의 제한점 3가지를 쓰시오.

53. 인지·정서·행동 상담(REBT)의 기본개념(원리)

① 인간의 심리구조인 인지, 정서, 행동은 상호작용하며, 그중 인지영역을 가장 중시한다.
② 인간의 비합리적 사고는 유전적·환경적 요인의 영향을 모두 받는다.
③ 행동에 대한 과거의 영향보다는 현재에 초점을 둔다.
④ 모든 내담자의 행동적·정서적 문제는 비논리적이고 비합리적인 사고에서 발생한 것이다.
⑤ 역기능적 사고는 정서장애의 중요한 결정요인이다.
⑥ 비합리적인 신념은 계속적인 노력에 의해 변화될 수 있다.
⑦ 과학적 사고를 통하여 깊게 느끼고 구체적으로 행동할 수 있다.
⑧ 정서적인 문제해결을 위해 사고의 분석과 논박을 강조한다.

> **시험엔 어떻게 나올까**
> REBT의 기본원리 6개를 쓰시오.

54. 비합리적 신념의 당위성 유형

1 나에 대한 당위성
모든 일을 훌륭하게 수행해야 하며 중요한 타인들의 인정을 받아야만 한다는 신념이다.
예 나는 반드시 훌륭한 사람이 되어야 한다.
　 나는 꼭 성공해야 한다.

2 타인에 대한 당위성
중요한 타인은 반드시 나를 친절하고 공정하게 대해야 한다는 신념이다.
예 타인은 반드시 나를 공정하게 대하여야 한다.
　 부모는 나를 사랑해야 하며, 자식은 나에게 복종해야 한다.

3 세상에 대한 당위성
내가 속한 상황이나 환경이 자신이 원하는 방향으로 돌아가고 자신에게 어려운 일이 없어야 한다는 신념이다.
예 세상은 항상 내가 원하는 대로 가야 한다.
　 세상은 공정하고 정의는 승리하며, 악인은 벌을 받아야 한다.

> **시험엔 어떻게 나올까**
> 인지·정서적 상담이론에서는 개인을 파멸로 몰아넣은 근본적인 문제는 개인이 갖고 있는 비합리적 신념 때문이라고 한다. 대체로 비합리적 신념의 뿌리를 이루고 있는 것은 3가지 당위성과 관련되어 있다. 3가지 당위성을 각각의 예를 들어 설명하시오.

55. ABCDEF 모형

1 선행사건(A ; Activating event)
개인의 감정이나 정서적 혼란을 야기하는 행동 또는 사건을 말한다.

2 신념체계(B ; Belief system)
선행사건에 의해 경험하게 되는 내담자의 태도 또는 사고방식을 말한다.

> **시험엔 어떻게 나올까**
> · 문제에 제시된 [보기]의 상황에 대해, 인지·정서·행동 상담의 ABCDEF 기법의 예를 사용하여 설명하시오.

3 결과(C ; Consequence)
비합리적 신념으로 인해 불안, 원망, 우울, 분노, 죄책감 등의 감정이 결과로 나타난다.

4 논박(D ; Dispute)
내담자의 비합리적 신념으로 인한 결과를 논리적인 원리를 제시하여 논박하여 그릇된 사고를 긍정적이고 합리적인 사고로 바꿀 수 있도록 하는 것을 말한다.

5 효과(E ; Effect)
논박의 결과로 내담자의 비합리적 신념의 결과가 해소되며, 합리적 신념으로 전환된다.

6 새로운 감정(F ; Feeling)
논박의 효과로 인한 합리적인 신념에서 비롯된 수용적이고 긍정적 태도를 의미한다.

> - 인지적·정서적·행동적 상담의 기본개념인 ABC-DEF의 의미를 쓰시오.
> - 내담자의 정보 및 행동의 이해기법에 근거 없는 신념(믿음) 확인하기가 있다. 근거 없는 신념 확인 과정을 ABCDEF모형으로 설명하시오.
> - 정리해고로 실직한 사람이 우울증에 빠지는 과정과 그것을 극복하기 위한 상담과정을 엘리스의 합리적·정서적 치료과정으로 설명하시오.

56 인지적 오류의 유형

1 흑백논리(이분법적 사고)
사고의 판단의 과정을 단순히 이분법화시켜 생기는 오류로, 현상이나 사물을 흑과 백의 두 가지 종류로만 보며, 회색이나 중간 지대는 없는 경우이다.
예 '성공이냐, 실패냐?' 둘 중 하나만 존재한다고 생각하는 경우

2 과잉일반화
특정 사건의 결과를 관계없는 상황까지 일반화하려는 오류로, 한두 건의 사건에 근거하여 일반적인 결론을 내리고 무관한 상황에도 그 결론을 적용시키는 것이다.
예 '영어시험을 망쳤으니 이번 시험은 완전히 망칠 거야.'라고 생각하는 경우

3 선택적 추상(정신적 여과)
부정적인 일부만을 기초로 결론을 내리고, 전체를 보려 하는 것이다. 즉, 중요한 부분은 무시한 채 사소한 부분에 초점을 맞추는 것이다.
예 발표 시 청중의 긍정적인 반응에는 신경 쓰지 않고 몇몇 부정적인 반응에만 주의를 기울여 실패했다고 단정짓는 경우

4 의미확대 및 축소
사건의 중요성과 무관하게 특정의미를 과대 확대, 축소하는 경향으로, 자신의 실수나 타인의 성공은 그 중요성을 과장해서 확대하고, 자신의 잘한 일이나 타인의 실수는 과장해서 축소하여 열등감에 빠질 수 있다.
예 낙제점수를 받고 '내 인생은 이제 끝이다.'라고 생각하는 경우

> **시험엔 어떻게 나올까** ❓
> - Beck은 주변의 사건이나 상황의 의미를 해석하는 정보처리과정에서 범하는 체계적인 잘못을 인지적 오류라고 하였다. Beck이 제시한 주된 인지적 오류를 3가지만 제시하고 각각에 대해 간략히 설명하시오.
> - 인지치료이론에서는 개인의 임의적인 추측을 사실 또는 현실과 혼동하는 인지적 오류를 많이 범할수록 심리적 문제를 겪게 될 가능성이 커진다고 본다. 인지적 오류의 종류를 3가지 쓰고 각각에 대해 간략히 설명하시오.
> - 인지치료에서의 인지적 오류의 유형 4가지를 쓰고 간략히 설명하시오.

5 임의적 추론(자의적 추론)
결론을 지지하는 증거가 없음에도 임의적으로 결론을 내리는 오류로, 자신의 생각이나 결론을 뒷받침할 확실한 증거도 없이 어떤 일을 부정적으로 해석하는 것이다.
- 예 상대가 바쁜 상황으로 연락을 못하자 나를 멀리한다고 지레짐작하는 경우

6 개인화
실제로 자신과 관련없는 상황임에도 불구하고 자신이 직접적인 원인을 제공했다고 여기는 것이다.
- 예 친구가 오늘 기분이 나쁜 것이 내게 화가 나 있기 때문인 것으로 간주하는 경우

57 특성-요인 직업상담의 단계

1 분석
내담자의 현재 상태, 미래의 가능성 등을 이해하기 위해 필요한 자료를 수집하는 단계로 적성·흥미·동기 등의 요소들과 관련된 표준화된 심리검사가 주로 사용된다.

2 종합
내담자의 다양한 측면에 대한 이해를 얻기 위해 내담자의 성격, 장단점 등을 분석하기 위한 자료를 체계적으로 정리하는 것이다.

3 진단
윌리암슨은 내담자의 문제유형을 4가지 변별진단으로 제시하였다. 특성-요인 직업상담에서는 진단을 통해 내담자의 직업문제의 원인을 발견하고, 이를 해결한다.

4 예측(처치, 처방)
미래 진로에 대한 예언이 이루어지며 처치와 처방적 시도가 이루어진다.

5 상담
직업문제를 해결하고 학습하여 이를 적용할 수 있도록 다양한 기법을 이용한 조력이 이루어진다.

6 추후지도(추수지도)
내담자가 상담에서 학습했던 것들을 일상생활에 적용할 수 있도록 지속적인 진전을 강화하고 재평가·점검한다.

> **시험엔 어떻게 나올까** ❓
> 특성-요인 직업상담의 과정을 순서대로 쓰고 각각 설명하시오.

58 Williamson의 심리검사 해석단계의 상담기법

1 직접충고
검사 결과를 토대로 상담자가 느끼는 견해를 솔직하게 전달하는 것으로, 내담자가 솔직한 견해를 요구할 때와 내담자가 실패와 좌절을 가져올 만한 행동을 하려 할 때 사용된다.

2 설득
내담자가 비합리적인 선택을 하지 않고 합리적 의사결정을 하도록 설득하는 것이다.

3 설명
상담자가 내담자에게 검사자료 및 정보에 대해서 이해할 수 있도록 설명하여 진로의사결정을 잘할 수 있도록 돕는 것이다.

> **시험엔 어떻게 나올까**
> - 윌리암슨의 심리검사 해석 시 사용하는 상담기법 3가지를 쓰고 설명하시오.
> - 윌리암슨(Williamson)이 제시한 특성-요인 직업상담에서 검사의 해석단계에 이용되는 상담기법 3가지를 제시하고 설명하시오.

59 Brayfield가 제시한 직업정보의 기능

1 정보제공 기능(정보적 기능)
정보를 제공함으로써 내담자가 합리적인 의사결정을 할 수 있도록 돕고 내담자의 직업선택에 관한 지식을 향상시킨다.

2 재조정 기능
내담자가 냉철한 현실에 비추어 부적당한 직업선택을 한 것은 아닌지 점검하여 재조정해 볼 수 있도록 기초를 마련해 준다.

3 동기화 기능
내담자가 의사결정과정에 적극적으로 참여하도록 동기화시킨다.

> **시험엔 어떻게 나올까**
> - 이성적·지시적 상담이론에서 브레이필드(Brayfield)가 제시한 직업정보의 기능 3가지를 쓰고 각각에 대하여 설명하시오.
> - 특성-요인 직업상담이론에서 Brayfield가 제시한 직업정보의 기능을 3가지 쓰고, 각각에 대해 설명하시오.

60 Bordin의 정신역동적 직업상담 과정

1 탐색과 계약설정의 단계
내담자의 욕구와 정신역동적 상태를 탐색할 수 있도록 돕고, 상담과정을 구조화하여 상담전략을 합의하는 단계이다. 내담자에 대한 충고보다는 허용적이고 온정적인 관심을 보인다.

2 중대한(핵심) 결정의 단계
진로에 대한 선택과 목표를 성격 변화 등으로 확대할 것인지 고려해 보는 것으로, 개인의 성격에 따라 직업을 변경할 것인지, 직업에 맞추어 성격을 변경할 것인지 결정한다.

3 변화를 위한 노력의 단계
자신이 선택한 직업이 필요로 하는 부분에 대하여 변화를 모색하고 더불어 자신의 성격, 욕구 등을 변화시키고자 하는 노력의 단계이다.

> **시험엔 어떻게 나올까**
> 정신역동 직업상담 모형을 구체화시킨 보딘(Bordin)의 직업상담 과정 3단계를 쓰고 각각에 대해 설명하시오.

61 Super의 직업상담의 평가(진단)

1 문제평가

내담자가 겪고 있는 어려움이나 직업상담에 대한 내담자의 기대를 평가한다.

2 개인평가

심리검사, 사례연구 등을 통해 내담자의 흥미, 적성, 능력 등에 대한 분석·평가가 이루어진다.

3 예언평가

문제의 평가와 개인의 평가를 바탕으로 내담자가 직업적·개인적으로 성공하고 만족할 수 있는가에 대한 예언이 이루어진다.

> **시험엔 어떻게 나올까** ❓
> · 발달적 직업상담에서 수퍼(Super)는 진단이라는 용어 대신에 평가라는 말을 사용했다. 수퍼(Super)의 평가 3가지를 설명하시오.
> · 수퍼(Super)의 발달적 집단상담에서 진단을 위한 3가지 평가(진단)유형을 설명하시오.

62 Super의 발달적 직업상담 과정

1 문제의 탐색 및 자아개념 묘사

비지시적 방법으로 문제를 탐색하고 자아개념을 표출한다.

2 심층적 탐색

지시적 방법으로 진로탐색의 문제를 설정한다.

3 자아수용 및 자아통찰

비지시적 방법으로 사고와 감정을 명료화하여 자아수용과 자아통찰을 한다.

4 현실검증

지시적 방법으로 심리검사, 직업정보 등을 통해 수집된 자료들을 바탕으로 현실검증을 한다.

5 태도와 감정의 탐색과 처리

비지시적인 방법으로 현실검증에서 얻은 태도, 감정을 탐색하고 처리한다.

6 의사결정

비지시적인 방법으로 의사결정을 위한 대안과 행동에 대해 검토하여 직업선택을 한다.

> **시험엔 어떻게 나올까** ❓
> · Super는 직업상담에서 자아탐색, 의사결정, 현실검증 등의 이성적 측면들과 정서적 측면들이 모두 다루어져야 한다고 주장하며, 발달적 직업상담의 6단계를 제안하였다. Super가 제안한 6단계를 설명하시오.
> · Super가 제안한 발달적 직업상담의 6단계를 쓰시오.

63 행동주의 상담기법

1 불안감소기법

① 주장훈련

불안을 역제지하는 방법으로, 대인관계에서 오는 불안제지에 효과적이다. 내담자로 하여금 대인관계의 상황에 효과적으로 대처하기 위해 필요한 기술과 태도를 갖추게 하는 데 그 목적이 있다.

② 체계적 둔감법

체계적 둔감법은 불안, 긴장 등의 부적응행동을 치료하는 데 효과적인 기법으로, '근육이완훈련 → 불안위계목록 작성 → 둔감화' 순으로 이루어진다. 근육이완훈련은 근육을 이완시키는 훈련을 통해 긴장 상태에서 벗어날 수 있도록 하는 것이다. 불안위계목록 작성은 그 정도가 낮은 불안에서 높은 불안으로 위계를 정하여 작성하는 단계이며, 이를 통해 점차적으로 수위를 높여 자극에 노출시켜 불안이 완전히 소거되도록 훈련한다.

③ 내적금지(금지조건 형성)

내담자에게 추가적 강화 없이 불안반응을 일으킬 만한 단서를 지속적으로 제시함으로써 불안을 점차로 소거시키는 기법이다.

2 학습촉진기법

① 강화

학습자에게 강화물을 제공하여 바람직한 행동의 빈도가 높아지도록 하는 것이다. 내담자의 행동에 개입하여 보상교환, 칭찬 등의 정적 강화물을 제공함으로써 정적 행동을 유도하는 정적 강화와 특정 바람직한 행동을 했을 때 꾸지람, 처벌과 같은 혐오자극을 제거하여 그 행동의 빈도를 높이는 부적 강화가 있다.

② 변별학습

강화와 학습의 원리를 이용하여 자신의 능력과 태도를 변별하고 비교하게 하는 방법이다. 검사도구를 이용하여 진로선택 및 결정능력을 변별 · 비교해 본다.

③ 모델링(모방)

다른 사람들의 행동이나 결과를 관찰함으로써 결정행동학습을 촉진시킨다. 타인의 행동에 대한 관찰 및 모방에 의한 학습을 통해 내담자로 하여금 문제행동을 수정하거나 학습을 촉진하는 기법이다.

④ 상표제도(토큰법)

내담자의 바람직한 행동이 일어날 때 원하는 다양한 물건과 교환할 수 있는 강화물로 토큰이 주어지는 체계적인 강화기법이다.

시험엔 어떻게 나올까 ❓

- 행동주의 직업상담의 상담기법은 크게 불안감소기법과 학습촉진기법의 유형으로 구분할 수 있다. 각 유형별 대표적인 방법을 각각 3가지 쓰시오.
- 행동주의 상담에서 불안감소기법, 학습촉진기법에 대해서 3가지씩 쓰시오.
- 행동주의 상담의 치료기법 중 적응행동 증진기법 3가지를 설명하시오.

3 내적행동변화기법과 외적행동변화기법의 분류

내적행동변화기법	외적행동변화기법
• 체계적 둔감법 • 인지적 모델링 • 인지적 재구조화 • 사고정지	• 상표제도(토큰법) • 모델링 • 주장훈련 • 자기관리 프로그램

64 Crites의 포괄적 직업상담 과정

1 진단의 단계
상담자는 내담자의 진로문제를 파악하기 위해 내담자의 태도, 능력, 흥미, 성격, 적성 등의 자료를 모은다. 내담자에 대한 폭넓은 검사자료와 상담을 통한 자료를 수집한다.

2 명료화 또는 해석의 단계
내담자의 문제를 명료화하고 해석하는 단계이다. 상담자와 의사결정의 과정을 방해하는 태도와 행동을 확인하며 함께 대안을 탐색한다.

3 문제해결의 단계
문제해결을 위해 앞으로 어떤 행동을 취해야 하는지를 결정하는 단계로, 내담자가 자신의 문제를 확인하고 적극적으로 참여하도록 한다.

시험엔 어떻게 나올까 ❓

Crites의 포괄적 직업상담의 상담과정을 3단계를 구분하여 쓰고 각각에 대해 설명하시오.

CHAPTER 03 진로·직업상담의 실제

65 하렌(Harren)의 진로의사결정 유형

1 합리적 유형(Rational Style)
의사결정과정에서 자신과 상황에 대한 정확한 정보를 수집하고, 논리적이고 체계적으로 접근하는 유형이다. 의사결정에 대한 책임을 자신이 진다.

2 직관적 유형(Intuitive Style)
의사결정의 기초로 상상을 사용하고 현재의 감정에 주의를 기울이며 정서적 자각을 사용한다. 선택에 대한 확신은 비교적 빨리 내리지만 그 결정의 적절성은 내적으로만 느낄 뿐 설명하지 못할 경우가 있다.

3 의존적 유형(Dependent Style)
의사결정에 대한 개인적 책임을 부정하고 그 책임을 외부로 돌리는 경향이 있다. 의사결정과정에서 타인의 영향을 많이 받고, 수동적이며 순종적이다.

> **시험엔 어떻게 나올까?**
> 하렌(Harren)의 진로의사결정 유형 3가지를 쓰고 설명하시오.

66 상담목표 설정 시 고려사항 및 기본

① 내담자가 원하는 것을 상담목표로 설정한다.
② 상담자의 기술과 양립할 것을 상담목표로 설정한다.
③ 구체적인 것을 상담목표로 설정한다.
④ 실현 가능한 것을 상담목표로 설정한다.

> **시험엔 어떻게 나올까?**
> 내담자와의 상담목표 설정 시 유의사항을 5가지 쓰시오.

67 진로시간전망 검사지의 사용 목적

① 미래의 방향 설정을 가능하게 한다.
② 미래에 대한 희망을 갖도록 한다.
③ 미래가 실제인 것처럼 느끼게 한다.
④ 현재의 행동을 미래의 결과와 연계시킨다.

> **시험엔 어떻게 나올까?**
> 진로시간전망 검사지의 주요 용도 3가지를 쓰고 각각 설명하시오.

68 Hall이 제시한 경력개발 4단계

1 탐색기(진입단계)
직업을 선택하고, 그 직업에 진입하는 데 필요한 교육훈련을 받으며, 입사하고자 하는 조직을 찾아서 취업한다.

2 확립기(경력 초기단계)
입사한 조직에 적응하고 조직 내 인간관계를 원활하게 한다. 또한 특정 분야에 정착하게 되며, 새로운 기술들을 습득하기 시작한다.

3 유지기(경력 중기단계)
여러 가지 생애역할들과 균형을 이루고, 직업생활에서도 생산적인 시기이다.

4 쇠퇴기(경력 후기단계)
자신의 직업생활을 통합하고자 하며, 은퇴 준비에 돌입하게 된다.

> **시험엔 어떻게 나올까?**
> Hall이 제시한 경력개발의 4단계를 쓰고 설명하시오.

69 Jahoda의 박탈이론에서 고용의 잠재효과

야호다의 박탈이론에서는 불만족스러운 취업이라도 실직상태보다 낫다고 보며, 고용의 잠재효과를 제시하였다.

1 시간 조직화 효과
고용은 하루일과에 규칙적인 시간 부여를 할 수 있게 한다.

2 사회적 접촉효과
가족 외의 타인과 정기적으로 접촉하고 경험을 공유할 수 있게 한다.

3 신분과 정체성
직업을 통해 사회적 신분과 자신의 정체성을 제공받는다.

4 의무 활동 효과
육체적 활동을 하며, 의미있는 규칙적 활동을 한다.

5 외부적인 목표(공동의 목표) 참여
공유된 공동의 목표를 위해 공동적인 계획이나 기획에 참여하여 자신의 가치를 인식한다.

> **시험엔 어떻게 나올까?**
> 실업과 관련된 야호다의 박탈이론에 따르면, 일반적으로 고용상태에 있게 되면 실직상태에 있는 것보다 여러 가지 잠재효과가 있다고 한다. 5가지 잠재효과를 쓰시오.

70 인터넷을 이용한 사이버 직업상담의 필요성

① 인터넷의 보급과 활용으로 경제성 및 효율성이 높다.
② 내담자의 익명성이 보장되어 솔직한 표현이 가능하다.
③ 상담사를 직접 대면하지 않음으로써 심리적 부담감이 적다.
④ 가명을 이용한 상담사례 소개 및 대처방안을 제시할 수 있다.
⑤ 문제해결을 위한 자료탐색이 용이하다.
⑥ 내담자 주도에 의한 자기성찰 능력을 향상시킬 수 있다.

> **시험엔 어떻게 나올까?**
> 인터넷을 이용한 사이버 상담의 필요성을 6가지로 쓰시오.

III
직업정보

CHAPTER 01	직업정보의 제공
CHAPTER 02	직업 및 산업분류의 활용
CHAPTER 03	직업관련 정보의 이해
CHAPTER 04	직업정보의 수집, 분석

CHAPTER 01 직업정보의 제공

71 공공직업정보의 특징

① 정부 또는 공공기관이 생산하므로 무료로 제공된다.
② 특정한 시기에 국한되지 않고 지속적으로 조사, 분석하여 제공된다.
③ 특정 분야 및 대상에 국한되지 않고 전체 산업 및 업종에 걸친 직업을 대상으로 한다.
④ 보편적인 항목으로 이루어진 기초적인 직업정보 체계로 구성된다.
⑤ 관련 직업정보 간의 비교 및 활용이 용이하다.
⑥ 직업정보 체계에 대한 직접적이고 객관적인 평가가 가능하다.

> **시험엔 어떻게 나올까**
> 공공직업정보의 특성을 3가지 쓰시오.

72 한국직업사전(2020)의 구성항목과 부가직업정보

1 구성항목
① 직업코드
② 본직업명
③ 직무개요
④ 수행직무
⑤ 부가직업정보

2 부가직업정보
① 정규교육
② 숙련기간
③ 직무기능
④ 작업강도
⑤ 육체활동
⑥ 작업장소
⑦ 작업환경
⑧ 유사명칭
⑨ 관련직업
⑩ 자격·면허
⑪ 한국표준산업분류 코드
⑫ 한국표준직업분류 코드
⑬ 조사연도

> **시험엔 어떻게 나올까**
> · 한국직업사전(2020)의 구성항목 5가지를 쓰시오.
> · 한국직업사전(2020)에 수록된 부가직업정보 6가지를 쓰시오.

CHAPTER 02 직업 및 산업분류의 활용

73 직업의 조건

1 일의 계속성
일의 계속성이란 주기적으로 행하는 것, 계절적으로 행해지는 것, 명확한 주기는 없으나 계속적으로 행해지는 것, 현재 하고 있는 일을 계속적으로 행할 의지와 가능성이 있는 것 등을 말한다.

2 경제성
경제성은 경제적인 거래관계가 성립하는 활동을 수행해야 함을 의미한다. 따라서 무급 자원봉사와 같은 활동이나 전업학생의 학습행위는 경제활동 혹은 직업으로 보지 않는다.

3 윤리성과 사회성
윤리성은 비윤리적인 영리행위나 반사회적인 활동을 통한 경제적인 이윤추구는 직업활동으로 인정되지 못한다는 것이다. 사회성은 직업은 사회적인 기여를 전제로 해야 한다는 것이다.

4 속박된 상태에서의 활동이 아닐 것
속박된 상태에서의 제반활동은 경제성이나 계속성의 여부와 관계없이 직업으로 보지 않는다.

> **시험엔 어떻게 나올까?**
> 일반적으로 직업으로 규정하기 위한 4가지 요건을 쓰고 설명하시오.

74 한국표준직업분류(2018)에서 직업으로 보지 않는 활동

1 경제성이 없기 때문에 직업으로 보지 않는 활동
① 이자, 주식배당, 임대료(전세금, 월세금) 등과 같은 자산 수입이 있는 경우
② 연금법, 국민기초생활보장법, 국민연금법 및 고용보험법 등의 사회보장이나 민간보험에 의한 수입이 있는 경우
③ 경마, 경륜, 복권 등에 의한 배당금이나 주식투자에 의한 시세차익이 있는 경우
④ 예·적금 인출, 보험금 수취, 차용 또는 토지나 금융자산을 매각하여 수입이 있는 경우
⑤ 자기 집의 가사활동에 전념하는 경우
⑥ 교육기관에 재학하며 학습에만 전념하는 경우
⑦ 시민봉사활동 등에 의한 무급 봉사적인 일에 종사하는 경우

2 속박된 상태에서의 활동이므로 직업으로 보지 않는 활동
① 사회복지시설 수용자의 시설 내 경제활동
② 수형자의 활동과 같이 법률에 의한 강제노동을 하는 경우

> **시험엔 어떻게 나올까?**
> · 한국표준직업분류에서 직업으로 보지 않는 활동 6가지를 적으시오.
> · 한국표준직업분류에서 속박된 상태에서의 제반활동으로 경제성이나 계속성의 여부와 상관없이 직업으로 보지 않는 활동을 쓰시오.

③ **윤리성이 없기 때문에 직업으로 보지 않는 활동**
도박, 강도, 절도, 사기, 매춘, 밀수와 같은 불법적인 활동

75 포괄적인 업무에 대한 직업분류원칙

1 포괄적인 업무의 의미
포괄적인 업무는 2개 이상의 직무를 수행하는 경우를 의미한다.

2 포괄적인 업무에 대한 직업분류원칙
① 주된 직무 우선 원칙
2개 이상의 직무를 수행하는 경우는 수행되는 직무내용과 관련 분류 항목에 명시된 직무내용을 비교·평가하여 관련 직무내용상의 상관성이 가장 많은 항목에 분류한다.
예 교육과 진료를 겸하는 의과대학 교수는 강의, 평가, 연구 등과 진료, 처치, 환자상담 등의 직무내용을 파악하여 관련 항목이 많은 분야로 분류한다.

② 최상급 직능수준 우선 원칙
수행된 직무가 상이한 수준의 훈련과 경험을 통해서 얻어지는 직무능력을 필요로 한다면, 가장 높은 수준의 직무능력을 필요로 하는 일에 분류하여야 한다.
예 조리와 배달의 직무 비중이 같을 경우에는, 조리의 직능수준이 높으므로 조리사로 분류한다.

③ 생산업무 우선 원칙
재화의 생산과 공급이 같이 이루어지는 경우는 생산단계에 관련된 업무를 우선적으로 분류한다.
예 한 사람이 빵을 생산하여 판매도 하는 경우에는, 판매원으로 분류하지 않고 제빵원으로 분류하여야 한다.

시험엔 어떻게 나올까 ❓
· 한국표준직업분류의 분류원칙 중 포괄적인 업무에 대해 설명하고, 3가지 분류원칙에 대해 약술하시오.
· 포괄적인 업무에 대한 직업분류원칙 중 주된 직무 우선 원칙의 의미와 사례를 쓰시오.

76 다수직업 종사자의 의미와 직업분류원칙

1 다수직업 종사자의 의미
한 사람이 전혀 상관성이 없는 두 가지 이상의 직업에 종사할 경우를 말한다.

2 다수직업 종사자의 직업분류원칙
① 취업시간 우선의 원칙
가장 먼저 분야별로 취업시간을 고려하여 보다 긴 시간을 투자하는 직업으로 결정한다.
② 수입 우선의 원칙
위의 경우로 분별하기 어려운 경우는 수입(소득이나 임금)이 많은 직업으로 결정한다.

시험엔 어떻게 나올까 ❓
· 한국표준직업분류에서 한 사람이 전혀 상관성이 없는 두 가지 이상의 직업에 종사하는 경우 그 직업을 결정하는 일반원칙을 설명하시오.
· 한국표준직업분류에서 말하는 '다수직업 종사자'란 무엇인지 설명하고, 이의 직업을 결정하는 일반적인 원칙을 순서대로 나열하시오.

③ 조사 시 최근의 직업 원칙
위의 두 가지 경우로 판단할 수 없는 경우에는 조사시점을 기준으로 최근에 종사한 직업으로 결정한다.

77 한국표준산업분류(2017)의 용어

1 산업
산업은 유사한 성질을 갖는 산업활동에 주로 종사하는 생산단위의 집합을 말한다.

2 산업활동
산업활동은 각 생산단위가 노동, 자본, 원료 등 자원을 투입하여, 재화 또는 서비스를 생산 또는 제공하는 일련의 활동과정을 의미한다.

3 산업활동의 범위
산업활동에는 영리적, 비영리적 활동이 모두 포함되나, 가정 내의 가사 활동은 제외된다.

> **시험엔 어떻게 나올까** ❓
> 한국표준산업분류 개요 중 산업, 산업활동의 정의 및 산업활동의 범위를 기술하시오.

78 한국표준산업분류(2017)의 산업분류기준

1 산출물(생산된 재화 또는 제공된 서비스)의 특성
① 산출물의 물리적 구성 및 가공단계
② 산출물의 수요처
③ 산출물의 기능 및 용도

2 투입물의 특성
원재료, 생산공정, 생산기술 및 시설 등

3 생산활동의 일반적인 결합형태

> **시험엔 어떻게 나올까** ❓
> 한국표준산업분류의 산업분류기준 3가지를 쓰시오.

79 한국표준산업분류(2017)의 통계단위

통계단위는 생산단위의 활동에 관한 통계 작성을 위하여 필요한 정보를 수집 또는 분석할 대상이 되는 관찰 또는 분석단위를 말한다.

구분	하나 이상의 장소	단일장소
하나 이상의 산업활동	기업집단 단위	지역 단위
	기업체 단위	
단일 산업활동	활동유형 단위	사업체 단위

> **시험엔 어떻게 나올까** ❓
> 다음 표에 들어갈 생산활동과 장소의 동질성의 차이에 따라 통계단위를 쓰시오.

80　한국표준산업분류(2017)에서 통계단위의 산업을 결정하는 방법

① 생산단위의 산업활동은 그 생산단위가 수행하는 주된 산업활동(판매 또는 제공되는 재화 및 서비스)의 종류에 따라 결정된다.
② 계절에 따라 정기적으로 산업을 달리하는 사업체의 경우에는 조사시점에서 경영하는 사업과는 관계없이 조사대상 기간 중 산출액이 많았던 활동에 의하여 분류된다.
③ 휴업 중 또는 자산을 청산 중인 사업체의 산업은 영업 중 또는 청산을 시작하기 이전의 산업활동에 의하여 결정하며, 설립 중인 사업체는 개시하는 산업활동에 따라 결정한다.

시험엔 어떻게 나올까 ❓

한국표준산업분류에서 통계단위의 산업을 결정하는 방법을 3가지만 쓰시오.

CHAPTER 03 직업관련 정보의 이해

81   직업능력개발훈련의 목적에 따른 구분

1 양성훈련
근로자에게 직업에 필요한 기초적 직무수행능력을 습득시키기 위하여 실시하는 직업능력개발훈련이다.

2 향상훈련
양성훈련을 받은 자 또는 직업에 필요한 기초적 직무수행능력을 가지고 있는 자에게 더 높은 직무수행능력을 습득시키거나 기술발전에 대응하여 지식·기능을 보충하기 위하여 실시하는 직업능력개발훈련이다.

3 전직훈련
근로자에게 종전의 직업과 유사하거나 새로운 직업에 필요한 직무수행능력을 습득시키기 위하여 실시하는 직업능력개발훈련으로, 재취업을 시키기 위해 실시하는 훈련이다.

> **시험엔 어떻게 나올까** ❓
> 직업능력개발훈련에서 목적에 따른 훈련방법 3가지를 쓰시오.

CHAPTER 04 직업정보의 수집, 분석

82 고용관련 통계

1 생산가능인구(노동가능인구)
총인구 − 15세 미만 인구 = 경제활동인구 + 비경제활동인구

2 경제활동인구
생산가능인구 − 비경제활동인구 = 취업자 수 + 실업자 수

3 취업자 수
임금근로자 수 + 자영업자 수 + 무급가족종사자 수

4 임금근로자 수
상용근로자 수 + 임시근로자 수 + 일용근로자 수

5 경제활동참가율(%)
$$\frac{경제활동인구}{생산가능인구(15세 이상 인구)} \times 100$$

6 실업률(%)
$$\frac{실업자 수}{경제활동인구} \times 100$$

7 고용률(%)
$$\frac{취업자 수}{생산가능인구(15세 이상 인구)} \times 100$$

> **시험엔 어떻게 나올까** ❓
> - 아래 주어진 자료를 보고 경제활동참가율을 계산하시오.
> - 특정시기 고용동향이 다음과 같을 때 실업률과 임금근로자 수를 구하시오.
> - 다음 자료를 보고 고용률, 실업률, 경제활동참가율을 계산하시오.
> - A국의 15세 이상 인구(생산가능인구)가 100만 명이고 경제활동참가율이 70%, 실업률이 10%라고 할 때 A국의 실업자 수를 계산하시오.

IV 노동시장

CHAPTER 01	노동시장의 이해
CHAPTER 02	임금의 이해
CHAPTER 03	실업의 제 개념
CHAPTER 04	노사관계이론

CHAPTER 01 노동시장의 이해

83 이윤극대화를 위한 최적고용량 결정

*노동 1단위 가격은 150원, 생산물 단가는 100원인 경우

노동 투입량	0	1	2	3	4	5	6
총생산량	0	2	4	7	8.5	9	9
한계생산량	0	2	2	3	1.5	0.5	0
한계생산가치	0	200	200	300	150	50	0

① 위 표에서 한계생산은 노동 1단위를 추가로 투입할 때 그로 인한 총생산량의 증가분으로 노동 3단위를 투입할 때 최대가 되고 이후에는 계속 체감하는데, 이를 한계생산 체감의 법칙이라고 한다.
② 한계생산가치는 한계생산량을 시장에 판매했을 때 기업이 얻는 수입으로 한계생산량 × 시장가격(생산물 단가)이다.
③ 기업의 이익 최대화를 위한 최적 고용단위는 노동의 한계생산가치와 노동 1단위의 가격이 일치하는 수준에서 결정된다. 여기서 노동의 한계생산가치 = 노동의 한계생산 × 생산물 단가이다.
따라서 노동 1단위 가격 150원과 노동의 한계생산가치가 일치하는 수준인 최적 고용단위는 4단위이다.

시험엔 어떻게 나올까

완전경쟁시장에서 A제품(단가 100원)을 생산하는 어떤 기업의 단기생산함수가 다음과 같다고 할 때 이 기업의 이윤극대화를 위한 최적고용량을 도출하고 그 근거를 설명하시오(단위당 임금은 150원).

84 고임금의 경제가 있는 경우 임금상승이 고용에 미치는 효과

1 고임금의 경제가 있는 경우 임금상승이 고용에 미치는 효과

임금이 상승하면 기업은 이윤의 극대화를 위해 우하향하는 노동수요곡선상에서 고용을 감소시킨다.
그러나 임금이 상승하는 경우 고임금의 경제(economies of high wages)가 존재하면 고임금의 경제가 존재하지 않는 경우에 비해 고용의 감소가 적게 이루어진다.

2 고용의 감소가 적게 이루어지는 이유

고임금 경제가 존재하면 고임금의 지급이 노동의 생산성을 향상시키고 이로 인해 노동수요곡선이 상방으로 이동하므로 고용량은 감소한다. 따라서 임금상승은 고용을 감소시키지만 고임금의 경제로 고용이 증가하므로 전체적으로 보면 고임금의 경제가 존재하지 않는 경우에 비해 고용의 감소가 적게 이루어지는 것이다.

시험엔 어떻게 나올까

고임금 경제가 존재할 경우와 존재하지 않을 경우에 있어 임금상승이 고용에 미치는 효과가 어떻게 다른지 또 그 이유는 무엇인지 설명하시오.

85 노동수요 탄력성을 탄력적으로 만드는 요인

① 노동을 투입하여 생산하는 생산물의 수요탄력성이 탄력적인 경우
② 노동비용이 총생산비에서 차지하는 비중이 큰 경우
③ 다른 생산요소와 노동과의 대체 가능성이 큰 경우
④ 다른 생산요소의 공급탄력성의 큰 경우

> **시험엔 어떻게 나올까** ❓
> 노동수요를 탄력적으로 만드는 조건 3가지를 쓰시오.

86 기혼여성의 경제활동참가에 영향을 주는 요인

1 실질임금률
기혼여성의 실질임금률이 높을수록 기혼여성의 경제활동참가율은 높아진다.

2 배우자의 임금수준
배우자가 경제활동을 하지 않거나 임금수준이 낮을수록 기혼여성의 경제활동참가율은 높아진다.

3 교육수준
일반적으로 기혼여성의 교육수준이 높을수록 기혼여성의 경제활동참가율이 높아진다.

4 자녀의 수와 연령
기혼여성의 자녀의 수가 적을수록, 자녀의 나이가 많을수록 기혼여성의 경제활동참가율이 높아진다.

5 기혼여성의 노동력에 대한 기업의 수용 태도
기혼여성에 대한 시간제 근무의 편의 제공, 기혼여성의 노동력에 적합한 직무의 개발, 기혼여성의 노동력에 대한 부가급여의 제공 등 기업의 수용노력이 갖추어지면 기혼여성의 경제활동참가율은 높아진다.

6 전반적인 실업수준
사회의 전반적인 실업률이 낮을수록 취업기회가 많으므로 기혼여성의 경제활동참가율은 높아진다.

7 법·제도적 요인
기혼여성의 경제활동을 보호하는 법과 제도가 다양하게 마련되면 기혼여성의 경제활동참가율이 높아진다.

8 사회적 요인
사회나 기업의 문화와 의식이 개방적일수록 기혼여성의 경제활동참가율이 높아진다.

9 가계생산의 기술
가계생산의 기술(household technology)이 향상될수록 기혼여성의 경제활동참가율은 높아진다.

> **시험엔 어떻게 나올까** ❓
> 기혼여성의 경제활동참가율에 영향을 주는 요인 6가지를 쓰고 이를 간략히 설명하시오.

87 후방굴절 노동공급곡선

1 임금률 상승의 두 가지 효과
임금률 상승의 효과는 두 가지로 구분된다. 하나는 임금률 상승 시 여가의 기회비용이 증가하므로 노동공급량을 늘리는 대체효과이고, 다른 하나는 임금률 상승 시 전보다 적게 일을 해도 전과 동일한 소득을 얻으므로 노동공급량을 줄이는 소득효과이다.

2 임금률이 낮은 경우와 높은 경우
일반적인 경우, 임금률이 낮으면 '대체효과 〉 소득효과'이므로 임금률 상승 시 노동공급량이 증가하여 노동공급곡선이 우상향한다. 그러나 임금률이 높은 경우에는 '대체효과 〈 소득효과'이므로 임금률 상승 시 노동공급량이 감소하여 노동공급곡선은 우하향한다.

3 후방굴절 노동공급곡선
따라서 임금률이 상승함에 따라 노동공급곡선은 우상향하다가 우하향한다. 즉, 후방굴절형의 노동공급곡선이 나타난다.

> **시험엔 어떻게 나올까**
> 임금률이 상승함에 따라 노동공급곡선이 우상향한다. 이 말이 참인지, 거짓인지, 불확실한지 판정하고, 여가와 소득의 선택모형에 의거해서 그 이유를 설명하시오.

88 여가의 대체효과와 소득효과, 여가가 열등재인 경우 노동공급의 변화

1 여가의 대체효과
여가의 대체효과는 임금상승이 여가의 기회비용을 증가시켜 여가시간 대신 노동공급시간을 증가시키는 효과이다.

2 여가의 소득효과
여가의 소득효과는 임금상승으로 전보다 적은 노동을 공급해도 전과 동일한 소득을 얻기 때문에 여가시간을 늘리고 노동공급시간을 감소시키는 효과이다.

3 여가가 열등재인 경우 노동공급곡선
여가(leisure)가 열등재(inferior goods)라면 임금수준에 상관없이 노동공급은 증가한다. 즉, 임금상승으로 소득수준이 높아져도 여가의 수요는 감소한다. 임금상승에 따른 여가의 수요 감소는 노동공급량의 증가를 의미하므로 노동의 공급곡선은 우상향한다.

> **시험엔 어떻게 나올까**
> 여가와 소득의 선택 모형에서 여가의 대체효과와 소득효과의 의미를 쓰고, 여가가 열등재일 때 소득증대에 따른 노동공급의 변화를 설명하시오.

89 노동공급의 결정요인(구성요인)

① 인구 또는 생산가능인구의 규모(인구의 크기와 구성)
② 경제활동참가율(노동을 통한 경제활동 참가의사를 가진 인구의 비율)
③ 노동시간(주당 노동시간 및 연간 노동시간 수)
④ 노동력의 질(노동력인구의 교육 및 숙련 정도)
⑤ 노동강도(일에 대한 노력)

> **시험엔 어떻게 나올까**
> · 노동공급을 결정하는 요인을 4가지로 구별하여 설명하시오.
> · 노동공급결정에 영향을 주는 요인을 5가지 쓰시오.

90 교육의 사적 수익률, 사회적 수익률

1 교육의 사적 수익률
교육의 사적 수익률(private rate of return)은 개인이 자신에 대한 개인적인 교육투자에서 얻는 수익률이다.

2 교육의 사회적 수익률
교육의 사회적 수익률(social rate of return)은 사회가 교육투자(개인적으로 부담하는 등록금을 포함한 모든 교육비용)에서 얻는 수익률로, 여기에는 교육에서 발생하는 외부경제 이익을 포함해야 한다. 즉, 사회적 수익률에는 측정하기는 매우 어렵지만 정부의 교육투자로 인한 건강 증진, 사회의 민주화 진전, 범죄의 감소, 환경개선 등이 포함된다.

3 교육의 사적 수익률을 높이는 방법
교육의 사적 수익률이 사회적 수익률보다 낮다는 것은 정부의 인적자본 투자가 비효율적으로 이루어지고, 개인의 사적인 교육비 부담이 높다는 것을 의미한다. 따라서 이 경우 정부는 인적자본 투자의 효율성을 높이고 개인이 부담하는 교육비를 줄여 주는 방향으로 이루어져야 한다. 즉, 교육의 질을 높이고, 기초교육에 대해서는 무상교육으로 전환하며, 고등교육에 대해서도 정부와 지방자치단체의 교육비 보조를 확대하여야 한다.

> **시험엔 어떻게 나올까**
> 교육의 사적 수익률이 사회적 수익률보다 낮을 경우 정부의 개입방법을 쓰시오.

91 내부 노동시장의 형성요인과 장점

1 내부 노동시장의 형성요인
① **숙련의 특수성(skill specificity)**
특수한 또는 고유한 숙련은 기록이나 문서를 통한 전수가 불가능하고 기업의 내부노동력만이 유일하게 소유하는 숙련을 말한다. 기업은 이러한 기업특수적 숙련의 유지를 위해 기업 내부의 노동력을 유지하려고 하므로 내부 노동시장을 강화하게 된다.

② **현장훈련(on-the-job training)**
실제 직무수행에 이용되는 기술 및 숙련의 대부분은 현장훈련을 통해 얻어진다. 그리고 현장훈련은 숙련의 특수성과 상호작용하여 생산과정을 통해 선임자가 습득한 기술과 숙련을 직접 전수하도록 하는 계기가 된다. 이로 인해 기업은 내부 노동시장을 형성하는 것이다.

③ **관습(custom)**
작업장에서의 관습은 선례로 내려온 문서화되지 않은 규정의 체계를 말한다. 이러한 관습이 노동에 대한 보수나 징계 등 노동관계의 각종 사안을 규율하게 된다. 노동현장에서의 관습은 대부분 노동시장 내부의 고용 안정성에서 형성된 것으로, 사용자나 근로자 모두에게 중요한 의미를 갖기 때문에 내부 노동시장을 형성시키는 또 하나의 요인으로 작용하게 된다.

> **시험엔 어떻게 나올까**
> Doeringer & Piore의 내부 노동시장이 형성되는 요인을 3가지 쓰고 설명하시오.

2 내부 노동시장의 장점

① 고용 안정성과 승진기회의 보장으로 기업에 대한 소속감이 향상된다.
② 기업의 특수한 인적자원 육성에 유리하다.
③ 임금 및 근로조건이 향상되므로 생산성을 향상시킨다.
④ 합리적인 인적자원의 확보 및 유지에 유리하다.

CHAPTER 02 임금의 이해

92 최저임금제의 기대효과

① 노동자에 대하여 임금의 최저수준을 보장함으로써 노동자의 최저생활을 보장하고 생활안정을 이룰 수 있다.
② 노동자들의 생활수준이 향상되어 노동력의 질적 향상이 이루어지고 노동의 생산성을 향상시켜 고임금의 경제(economies of high wage) 효과를 얻을 수 있다.
③ 저임금이 해소되므로 산업 간·직종 간의 임금격차가 완화되어 계층별 소득분배 상태가 개선될 수 있다.
④ 저임금으로 인한 노사분규를 사전에 예방하여 노사관계가 개선되고 노동시장에서 산업평화를 유지할 수 있게 된다.
⑤ 임금의 상승은 소득을 증대시키고, 이로 인해 소비가 증가하여 유효수요(총수요)를 증대시키므로 경기 활성화와 경제성장, 고용증대 효과를 기대할 수 있다.
⑥ 기업 간에 저임금을 바탕으로 한 불공정 경쟁을 지양하고 적정한 임금을 지급하도록 하여 공정한 경쟁을 촉진하고 기업의 경영합리화를 촉진할 수 있다.
⑦ 기업에게 충격효과(shock effect)를 주어 저임금에 대한 의존에서 벗어나게 하고 기업경영의 합리화와 경쟁력 강화를 유도할 수 있다.
⑧ 국가 간의 경쟁에서 저임금을 무기로 한 소셜 덤핑(social dumping)이 해소되어 공정한 경쟁이 이루어지고, 대외적인 신뢰도를 높일 수 있다.
⑨ 산업구조의 고도화에 기여한다. 최저임금제는 생산성이 낮은 산업에서 어느 정도의 해고를 불가피하게 하는데, 해고된 노동자가 생산성이 높은 부문에 취업할 수 있다면 산업구조의 고도화에 기여하게 된다.
⑩ 사회계층 간의 위화감, 저소득 계층의 소외감을 해소하여 국민적 일체감을 조성한다.

> **시험엔 어떻게 나올까**
> · 최저임금의 기대효과 6가지를 쓰시오.
> · 최저임금의 장점을 6가지 쓰시오.
> · 최저임금의 긍정적 효과 6가지를 설명하시오.

93 최저임금제의 부정적 효과

① 최저임금제는 기업의 노동수요량을 감소시켜 미숙련노동자의 실업을 유발한다. 그리고 실업자들은 일자리를 구하는 데 많은 시간과 노력을 낭비하게 된다.
② 정부에 의한 노동시장의 통제는 사회후생의 순손실(deadweight loss)을 야기하여 인적자원의 비효율적 배분을 초래한다.
③ 노동시장에서 불법행위를 야기한다. 즉, 많은 실업자들이 최저임금보

> **시험엔 어떻게 나올까**
> 최저임금의 부정적 효과를 3가지 쓰시오.

다 임금이 낮더라도 일하기를 원하므로 노동시장에 암시장(black market)이 형성될 수 있다.
④ 기업의 경영상태가 악화될 수 있다. 최저임금이 높을수록 기업의 인건비 부담이 증가하고 이는 재정상태가 좋지 않은 중소기업의 경영상태 악화로 이어질 수 있다.

94 부가급여

1 부가급여의 의미
기업차원에서의 노동자에 대한 보상은 화폐임금에 부가급여를 더한 것이다. 부가급여(fringe benefits)는 사용자가 종업원에게 개별적 또는 집단적으로 지급하는 화폐임금이 아닌 형태의 모든 보상을 의미한다.

2 부가급여의 예
부가급여에는 사용자가 적립하는 퇴직금, 유급휴가(월차 및 연차휴가, 산전·산후휴가), 유급휴일, 사용자부담 보험료(국민연금, 건강보험, 고용보험 등), 사용자부담의 교육훈련비, 자녀 학자금 지원 등이 포함된다.

3 사용자가 부가급여를 선호하는 이유
① 부가급여만큼 화폐임금액이 줄어들면 그만큼 조세나 보험료 부담(사회보험에 대한 기업부담)이 줄어든다.
② 사용자는 이직률이 높은 데서 오는 각종 채용 및 훈련비용을 절감하고 근로자의 장기근속을 유도하는 방편으로 부가급여를 이용한다.
③ 사용자가 원하는 어떤 특성을 가진 근로자들을 채용하고자 할 때 근로자들의 기호에 알맞은 부가급여를 제공하여 채용을 쉽게 할 수 있다.
④ 정부가 물가안정 등을 이유로 임금 등에 대한 규제를 강화할 때, 임금인상 대신 정부 측에서 식별하기 어려운 부가급여 수준을 높일 수 있다. 또한 전반적인 임금통제 시기에 양질의 우수한 근로자를 용이하게 재봉할 수 있는 수단으로 이용할 수 있다.
⑤ 인사관리 수단으로서 사기를 진작시키며 근로자의 기업에 대한 충성심을 발휘하게 하고 근로자에 대한 내부통제를 용이하게 하는 데 이용된다.

4 근로자가 부가급여를 선호하는 이유
① 근로의 대가 중 일부를 부가급여로 받게 되면 근로자가 내야 하는 근로소득세가 줄어들기 때문이다.
② 국민연금, 건강보험, 고용보험 등 사회보험료 부담이 줄기 때문이다.

> **시험엔 어떻게 나올까**
> 부가급여란 무엇인지 예를 들어 설명하고, 사용자와 근로자가 부가급여를 선호하는 이유를 각각 2가지씩 쓰시오.

95 보상적 임금격차의 의미와 원인

1 보상적 임금격차의 의미
애덤 스미스(A. Smith)의 임금의 보상원리에 의하면, 보상적 임금격차는 어떤 특정 직종에 존재하는 직업의 불리한 점을 높은 임금으로 보상해 줌으로써, 그렇지 않은 직종과 균등한 상태로 유지시켜 주는 임금격차를 의미한다.

2 보상적 임금격차의 발생 요인
① 고용의 안정성 여부
고용의 불안정으로 실업의 가능성이 높아지면 실업으로 인한 소득 상실을 보상해 줄 정도로 높은 임금을 지급해야 한다.
② 작업의 쾌적성 여부
어떤 직업의 작업내용이 다른 직업에 비해 더 위험하고 작업환경이 열악하다면, 더 높은 임금을 지급하여 작업에서의 비금전적 불이익을 보상해 주어야 한다.
③ 교육 및 훈련비용
어떤 직업에 취업하기 위하여 교육 및 훈련비용이 들어간다면 이러한 직업에서는 보다 높은 임금이 지급되어야 한다.
④ 책임의 정도
변호사, 의사처럼 책임이 따르는 일에 종사하면 그 책임 때문에 더 높은 임금을 받는다.
⑤ 성공 또는 실패의 가능성
장래에 대한 불확실성이 평균 이상인 직업에 대해서는 보다 높은 임금을 지급해야 한다.

시험엔 어떻게 나올까 ❓

노동수요 특성별 임금격차를 발생하게 하는 경쟁적 요인 5가지를 적으시오.

CHAPTER 03 실업의 제 개념

96 임금의 하방경직성의 의미와 원인

1 임금의 하방경직성
임금의 하방경직성은 케인즈(J. M. Keynes)가 주장한 것으로, 시장에서 노동수요와 노동공급에 의해 결정된 임금은 경제여건이 변화하여 하락할 요인이 있어도 하락하지 않고 현재의 수준을 유지한다는 것이다.

2 영향을 미치는 요인
① 노동자들의 화폐환상으로 인한 역선택
② 노동자와 사용자 간의 장기근로계약
③ 노동조합의 존재
④ 최저임금제
⑤ 연공급 임금제도

> **시험엔 어떻게 나올까** ❓
> 임금의 하방경직성의 의미를 설명하고, 임금이 하방경직적이 되는 이유 4가지를 쓰고 설명하시오.

97 실업의 유형별 원인과 대책

1 마찰적 실업
① 마찰적 실업(frictional unemployment)은 직업의 탐색과정에서 노동시장의 비효율성과 노동시장 정보의 부족으로 발생하는 일시적이고 자발적인 실업이다.
② 이는 불가피하게 존재하는 실업이므로 마찰적 실업만이 존재하는 경우를 완전고용이라고 하고, 이때의 실업률을 자연실업률이라고 한다.
③ 마찰적 실업은 노동시장에 대한 정보를 효율적으로 제공하여 구인·구직 정보의 흐름을 원활하게 하면 어느 정도 줄일 수 있다.

2 구조적 실업
① 구조적 실업(structural unemployment)은 산업구조의 변화로 사양산업에서 발생한 실업자가 성장산업(유망산업)으로 이동하지 못함으로써 발생하는 실업이다.
② 직업소개·직업보도 등과 같은 직업알선, 교육 및 재훈련, 노동자의 지역적 이동을 촉진하기 위한 이주비의 지원, 장래의 노동수요 예측 등 인력정책(human power policy)으로 해결할 수 있다.

3 경기적 실업
① 경기적 실업(cyclical unemployment)은 유효수요의 부족으로 생산활동이 위축되어 경기가 침체상태에 빠지게 되고, 이로 인해 고용이 감소하여 발생하는 실업을 의미한다. 케인즈(J. M. Keynes)가 처음

> **시험엔 어떻게 나올까** ❓
> - 비수요부족 실업에 해당하는 대표적인 실업을 3가지 쓰고 각각에 대해 설명하시오.
> - 마찰적 실업, 구조적 실업, 경기적 실업에 대해 설명하시오.
> - 실업은 그 발생 원인에 따라 경기적 실업, **구조적** 실업, 계절적 실업으로 나누고 있다. 그 구체적인 내용과 대책을 설명하시오.

주장한 것으로 케인즈적 실업이라고도 한다.
② 재정투융자의 확대, 통화량의 증대, 조세감면 등 확대 재정·금융정책을 통하여 유효수요를 늘리면 해소할 수 있다.

4 계절적 실업
① 계절에 따른 노동수요의 감소로 건설업, 농업, 관광업, 음식료업 등 계절의 영향을 많이 받는 산업에서 발생하는 실업이다.
② 계절적 실업은 경제가 발전하고 생산방법이 진보되어 계절적인 노동수요의 변동요인이 사라지면 점차 없어진다. 그리고 농가 시설자금 지원, 공공근로사업 등의 정책으로 해결할 수 있다.

98 부가노동자 효과와 실망노동자 효과

1 부가노동자 효과
① 경기침체로 가구주가 실직하거나 소득이 감소한 경우, 소득의 감소를 보전하기 위해 그동안 비경제활동인구로 있던 가구 구성원들이 노동시장에 참가하여 구직활동을 하게 되는데, 이들을 부가노동자(added worker)라고 한다. 이들은 구직활동을 한다고 해도 일자리를 구하기가 쉽지 않으므로 상당부분 실업자로 존재하게 된다.
② 부가노동자가 증가하면 비경제활동인구가 실업자로 전환되는 것이므로 실업률은 증가한다. 이를 부가노동자 효과(added worker effect)라고 한다.

2 실망노동자 효과
① 경기침체가 장기화되면 구직활동을 하던 일부 실업자들은 취업 가능성이 줄어들어 실망한 나머지 구직활동을 포기하는 경우가 있다. 이들을 실망노동자(discouraged worker)라고 한다.
② 구직활동을 포기하는 것은 노동시장 참가 자체를 포기하는 것이므로, 실망노동자는 경제활동인구인 실업자가 비경제활동인구로 전환된 것을 의미한다. 이에 따라 실업률은 낮아지는데, 이를 실망노동자 효과(discouraged worker effect)라고 한다.

3 두 효과의 비교
① 부가노동자 효과와 실망노동자 효과의 크기에 대한 실증적 연구의 결과는 대체로 실망노동자 효과가 부가노동자 효과보다 더 큰 것으로 나타나고 있다.
② 경기침체 시 실망노동자 효과가 부가노동자 효과보다 크면 실업률은 경기침체에도 불구하고 낮아지는 현상을 보이게 된다.

> **시험엔 어떻게 나올까**
> 불경기 시 부가노동자와 실망노동자 수의 증가가 실업률에 미치는 효과를 비교하여 설명하시오.

CHAPTER 04 노사관계이론

99 던롭(J. T. Dunlop)의 노사관계를 규제하는 요건

1 기술적 특성
기술적 특성(technical characteristics)은 주로 생산현장에서의 근로자의 질이나 양, 생산과정, 생산방법 등이 포함된다.

2 시장 또는 예산제약
시장 또는 예산제약(budget constraints)은 제품시장의 형태와 기업을 경영하는 조건으로서 비용, 이윤 등의 내용을 포괄한다.

3 각 주체의 세력관계
노사관계를 포함하여 더욱 광범위한 사회 내에서 주체들의 세력관계 또는 세력균형관계를 들 수 있다.

> **시험엔 어떻게 나올까**
> - 노사관계의 3주체와 3요건을 적으시오.
> - 던롭의 시스템이론에서 노사관계를 규제하는 3가지 요건을 쓰시오.

100 숍 시스템의 유형

1 오픈 숍(open shop)
기업이 노동자를 채용할 때 조합원이 아니라도 자유롭게 채용할 수 있는 숍 제도이다. 즉, 조합에의 가입이 고용조건이 아니고, 채용된 후 조합에의 가입도 노동자의 자유이다.

2 유니언 숍(union shop)
기업이 노동자를 채용할 때는 노동조합에 가입하지 않은 노동자를 채용할 수 있지만 일단 채용된 노동자는 일정기간 내에 노동조합에 가입하여야 하며, 조합에서 탈퇴하거나 제명되어 조합원 자격을 상실하면 그 노동자를 해고해야 하는 숍 제도이다.

3 클로즈드 숍(closed shop)
조합에 가입하고 있는 노동자만을 채용하고, 일단 고용된 노동자라도 조합원 자격을 상실하면 종업원이 될 수 없는 숍 제도이다.

4 에이전시 숍(agency shop)
조합에의 가입은 노동자의 자유이나 조합원이 아니더라도 조합비를 징수하는 숍 제도이다.

> **시험엔 어떻게 나올까**
> 노동조합의 양적인 측면의 단결 강제는 shop제도이다. 노동조합 shop의 종류 4가지를 쓰고 설명하시오.

최빈출개념
100

2026

에듀윌 직업상담사 2급
2차 직업상담실무

고객의 꿈, 직원의 꿈, 지역사회의 꿈을 실현한다

에듀윌 도서몰
book.eduwill.net
- 부가학습자료 및 정오표: 에듀윌 도서몰 > 도서자료실
- 교재 문의: 에듀윌 도서몰 > 문의하기 > 교재(내용, 출간) / 주문 및 배송

- ☑ 분량과 난이도에 따라 구성한 학습 플래너입니다.
- ☑ 공부를 시작하기 전, 학습 플래너로 계획을 세워 보세요!
- ☑ 25년 기출 무료특강을 활용하여 학습 효과를 높이세요!

25년 기출 무료특강 바로가기
※ 에듀윌 도서몰(book.eduwill.net) → 동영상 강의실 → '직업상담사' 검색
※ 25년 11월 중 제공 예정

학습전략 2
CBT 빈출문제와 기출문제 위주 학습으로 합격점수 완성

DAY	구분	학습일	학습 결과
D-15	Ⅴ. 고용노동관계법규 CHAPTER 1~2 이론학습 & 핵심 기출문제	_월_일	☐
D-14	Ⅴ. 고용노동관계법규 CHAPTER 3~4 이론학습 & 핵심 기출문제	_월_일	☐
D-13	Ⅴ. 고용노동관계법규 CHAPTER 5~6 이론학습 & 핵심 기출문제	_월_일	☐
D-12	Ⅴ. 고용노동관계법규 CHAPTER 7~8 이론학습 & 핵심 기출문제	_월_일	☐
D-11	Ⅴ. 고용노동관계법규 CHAPTER 9~10 이론학습 & 핵심 기출문제	_월_일	☐
D-10	CBT 주요 빈출 300제	_월_일	☐
D-9	25년 기출문제	_월_일	☐
D-8	24년 기출문제	_월_일	☐
D-7	23년 기출문제 1회독	_월_일	☐
D-6	CBT 주요 빈출 300제	_월_일	☐
D-5	25년 기출문제	_월_일	☐
D-4	24~23년 기출문제 2회독	_월_일	☐
D-3	CBT 주요 빈출 300제, 25년 기출문제	_월_일	☐
D-2	24~23년 기출문제 3회독	_월_일	☐
D-1	D-1 빈출개념 노트(PDF)	_월_일	☐

직업상담사 1위

1위 에듀윌만의
체계적인 합격 커리큘럼

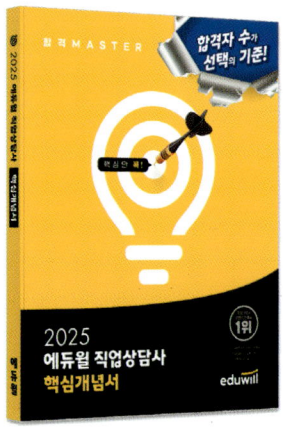

쉽고 빠른 합격의 첫걸음
직업상담사 핵심개념서 & 초보수험가이드
무료 신청

원하는 시간과 장소에서, 1:1 관리까지 한번에
온라인 강의

① 전 과목 최신 교재 제공
② 업계 최강 교수진의 전 강의 수강 가능
③ 맞춤형 학습플랜 및 커리큘럼으로 효율적인 학습

직업상담사
핵심개념서
무료신청

직업상담사
초보수험가이드
무료신청

친구 추천 이벤트

"친구 추천하고 한 달 만에
920만원 받았어요"

친구 1명 추천할 때마다 현금 10만원 제공
추천 참여 횟수 무제한 반복 가능

※ *a*o*h**** 회원의 2021년 2월 실제 리워드 금액 기준
※ 해당 이벤트는 예고 없이 변경되거나 종료될 수 있습니다.

친구 추천 이벤트
바로가기

* 2023 대한민국 브랜드만족도 직업상담사 교육 1위 (한경비즈니스)

2025년 직업상담사 2급 출제기준 변경

직업상담사 2급은 2025년 1월 1일부터 새로운 출제기준이 적용되었습니다. 본 교재는 이러한 개정 내용을 완벽하게 반영하였으며, 각 분야의 전문가들이 출제 경향을 면밀히 분석해 개정된 내용과 기출 예상 문제를 엄선하여 수록했습니다. 이를 통해 학습자가 변화된 실제 시험에 효과적으로 대비할 수 있도록 구성하였습니다.

■ 과목명 및 순서 변경
출제기준 개편으로 과목명이 바뀌고 순서가 조정되었으나, 시험 범위 자체가 크게 달라진 것은 아닙니다.

2025년 개편	기존
제1과목: 직업심리	제1과목: 직업상담학
제2과목: 직업상담 및 취업지원	제2과목: 직업심리학

■ 출제 경향
과목별 기출문제는 여전히 1, 2과목에 걸쳐 혼재되어 출제됩니다. 전반적인 출제 경향은 과거와 크게 다르지 않습니다. NCS(국가직무능력표준) 기준에 맞춰 개편되었지만, 기존의 핵심 내용은 유지되고 실무 적용 중심으로 재구성된 것입니다.

■ 학습 전략
이전 기출 문제는 여전히 중요하므로 꾸준히 반복 학습해야 합니다. 또한 2025년 이후 기출 문제는 변경된 과목명과 구조에 맞춰 준비하는 것이 필요합니다. 이번 출제 기준 개편은 단순한 과목명·체계의 조정일 뿐, 학습 방향은 기존과 크게 다르지 않습니다. 따라서 **기존 기출 + 2025년 이후 기출**을 함께 학습하는 것이 합격의 핵심 전략입니다.

■ 법령 개정에 따른 내용 변경 가능성
고용노동관계법규 과목은 법령 과목 특성상 개정이 자주 발생합니다. 본 교재는 출간 직전까지 최신 법령을 반영하였으나, 출간 후에도 언제든지 법령 개정의 가능성이 있습니다.

에듀윌 직업상담사 2급
1·2차 한권끝장

이론편

What?
직업상담사 2급 시험의 모든 것

▌직업상담사 수행직무 및 전망

직업상담사는 구인·구직·취업알선상담, 진학상담, 직업적응상담, 직업전환상담 등 직업 관련 상담을 하며, 직업적성검사, 흥미검사 등 검사를 실시하고 해석하는 일을 한다. 또한 노동시장·직업세계 등과 관련된 직업정보를 수집 및 분석하여 제공하는 직무를 수행한다.

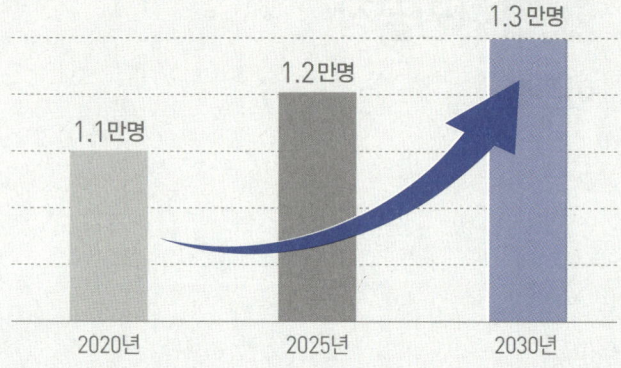

향후 10년간 직업상담사 및 취업알선원의 고용은 다소 증가할 것으로 전망된다. 「2019~2029 중장기 인력수급수정전망」(한국고용정보원, 2020)에 따르면, 직업상담사는 2019년 약 11천 명에서 2029년 약 13천 명으로 향후 10년간 2천 명(연평균 1.9%) 정도 다소 증가할 것으로 전망된다.

◀한국고용정보(2020~2029 중장기인력수급수정전망)

▌직업상담사 진출 분야

분야	활동 내용
고용지원센터	• 지방고용노동관서나 고용지원센터 등 전국 국립 직업안정기관과 전국 시·군·구 소재 공공직업안정기관, 민간 유·무료 직업소개소 및 국외 유료 직업소개소 등의 직업상담사로 활동 가능 • 고용노동부 지방고용노동관서 등 직업소개기관 직업상담사 채용 시 직업상담사 자격소지자 우대
시·군·구청 취업정보센터	
여성인력개발센터, 여성회관, 여성취업지원센터, 여성고용지원센터	
직업전문학교, 공공직업교육훈련기관	
고용노동부 취업지원민간위탁-취업포털 취업컨설턴트	
고용노동부-자활후견기관, 복지관, 실업연대	
고령자 인재은행, IT인력은행, 기타 취업은행	
대학 취업지원센터(대학교, 전문대학)	
아웃소싱업체(일반기업체)-인재파견, 헤드헌터	
사회복지기관	
직업소개소 창업	

직업상담사 2급 시험 일정

구분	필기원서접수 (인터넷)	필기시험	필기합격 (예정자)발표	실기원서접수	실기시험	최종합격자 발표일
제1회	1월	2~3월	3월	3월	4~5월	6월
제2회	4월	5월	6월	6월	7~8월	9월
제3회	7월	8~9월	9월	9월	11월	12월

TIP 정확한 시험 일정은 큐넷(www.q-net.or.kr)을 참고하시기 바랍니다.

직업상담사 2급 시험 정보

구분	시험 과목	시험 형태	문항 수	합격 기준	시험 시간
1차 필기	직업심리 직업상담 및 취업지원 직업정보 노동시장 고용노동관계법규	객관식 (4지선다형)	각 과목별 20문제씩, 총 100문제	매 과목 40점 이상, 전 과목 평균 60점 이상	150분 (2시간 30분)
2차 실기	직업상담실무	필답형 (서술형)	18~20문제 내외	60점 이상	150분 (2시간 30분)

원서접수 큐넷(www.q-net.or.kr) **실시기관** 한국산업인력공단
응시료 1차 필기: 19,400원 2차 실기: 20,800원

CBT 시험 정보

CBT 시험	종이가 아닌 컴퓨터 화면 속의 문제를 푸는 방식
시험 시행	2022년 3회차부터 CBT 시험 방식으로 시행 중
준비물	신분증, 필기구 준비, 계산기는 CBT 화면에서 이용 가능 *별도의 연습종이는 시험장에서 제공
CBT 시험의 합격 여부 확인	답안지 제출 버튼을 눌러 시험이 종료되면 과목별 점수와 합격 여부가 컴퓨터 화면에 곧바로 표시됨. 단, 최종 합격 여부는 추후 한국산업인력공단에서 발표함.

Why?
에듀윌을 선택해야 하는 이유

▍이론과 기출을 한 권으로 한 번에 학습 가능

이론편

기출편

☑ **2권 분권 구성**으로 더욱 편리하고 가볍게 공부할 수 있습니다.

1권 | 이론편
1과목 ~ 5과목 이론 + 챕터별 핵심 기출문제

2권 | 기출편
CBT 주요 빈출 300제 + 최신 3개년 기출문제

25년 기출 해설 무료특강 바로가기

※ 에듀윌 도서몰(book.eduwill.net) → 회원가입/로그인 → 동영상 강의실 → '직업상담사' 검색

※ 25년 11월 중 제공 예정

▍직업상담사 2급 1차 CBT 시험 서비스 무료 제공

모바일 응시

☑ 최신 3개년 기출문제의 CBT 시험 서비스를 무료로 제공합니다.

☑ CBT 시험 서비스는 모바일로 응시 가능합니다.

※ 교재 내 QR코드 인식 ▶회원가입/로그인 ▶시험 응시 및 정답 체크 ▶채점 결과 및 해설 확인

※ CBT 시험 서비스 유효기간은 2026년 12월 31일까지입니다.

1차 & 2차 합격을 돕는 부가학습자료 활용

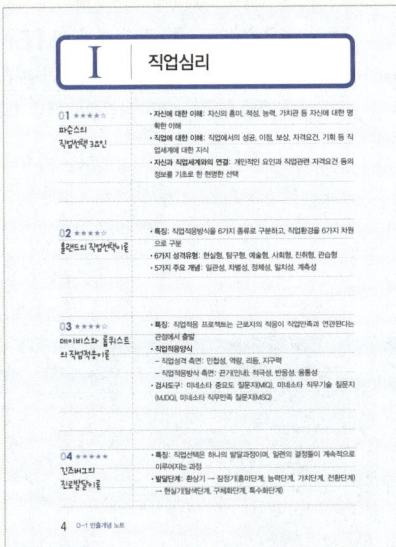

☑ 1차 합격을 돕는 D-1 빈출개념 노트 [PDF 제공]

과목별 1차 필기시험 빈출개념 120개로 문제풀기 전 이론 파이널 학습이 가능합니다.

📢 **활용팁**

1차 시험 직전 빠르게 훑어보세요.

※ **PDF 다운 경로**
에듀윌 도서몰(book.eduwill.net) → 회원가입/로그인 → 도서자료실
→ 부가학습자료 → 직업상담사 검색

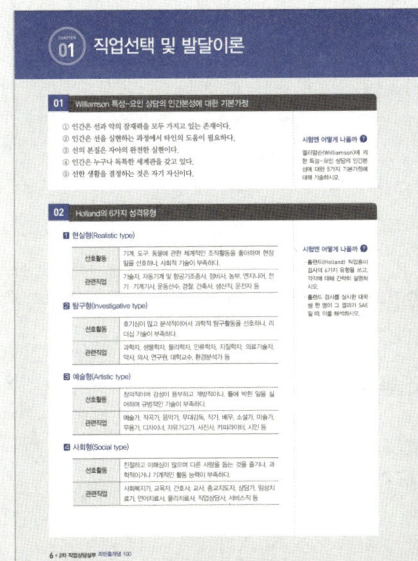

☑ 2차 합격의 첫걸음 2차 직업상담실무 최빈출 개념 100 [별책부록 제공]

2차 실기시험의 기출문제 분석으로 선별한 최빈출 핵심 주제 100개를 실제 출제유형과 함께 공부할 수 있습니다.

📢 **활용팁**

이론을 익힌 다음 기출문제로 학습정도를 확인하며 부족한 부분을 한번 더 학습하세요.

How?
이 책의 구성과 특징

교재 가이드

STEP 1 스마트하게 이론 정리 ▶ STEP 2 핵심 기출문제 ▶ STEP 3 CBT 주요 빈출 300제 ▶ STEP 4 최신 3개년 기출문제 ▶ STEP 5 D-1 빈출개념 노트 + STEP 6 2차 최빈출 개념 100

[이론편] 필수 이론! & 핵심 기출문제!

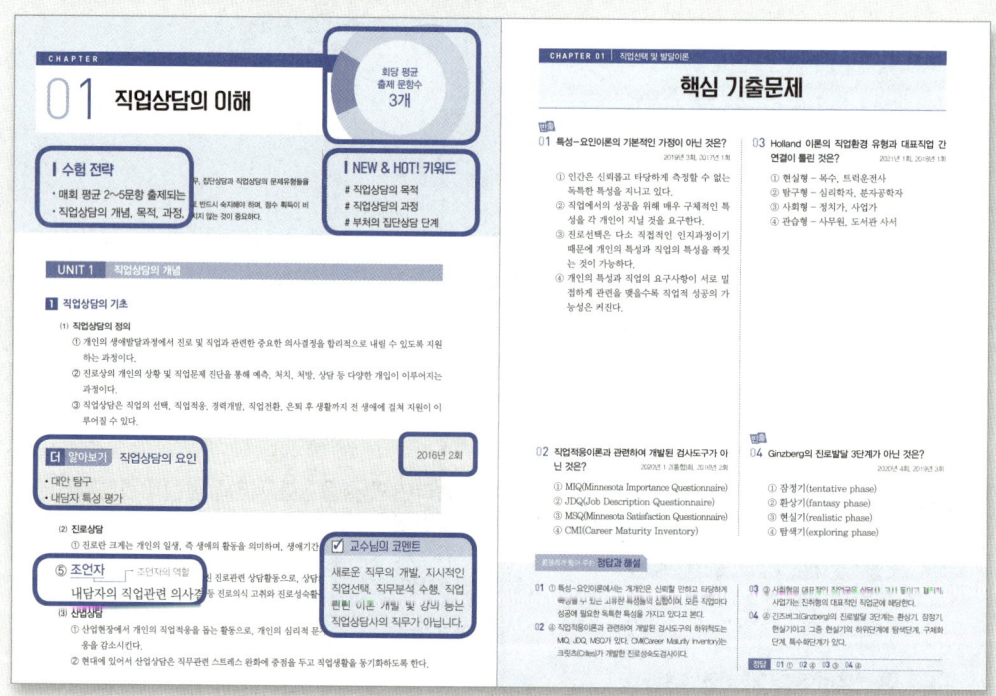

☑ 1차, 2차 기출문제 분석 기반의 필수 이론

[회당 평균 출제 문항수, 수험 전략, NEW & HOT! 키워드] 제시된 정보를 참고하여 학습 계획을 세워 보세요.
[출제 연도와 회차] 출제된 이론을 파악하여 전략적으로 학습해 보세요.
[교수님의 코멘트, 더 알아보기] 자주 나오는 오답, 헷갈리는 개념, 보충학습을 위한 코너로, 독학이 더 쉬워집니다.
[용어첨삭] 어려운 용어나 생소한 개념은 첨삭을 참고하세요.

☑ 학습한 이론을 바로 확인하는 핵심 기출문제

1차 필기 기출문제를 분석하여 중요한 기출문제만 엄선하여 수록하였습니다.

🔖 활용팁

챕터별 학습한 이론을 문제 풀이에 적용해 보세요.

> " 기초가 없고, 시간이 없어도
> **직업상담사 2급 1,2차 한권끝장**으로
> 시작하면 문제없습니다! "

▌[기출편] CBT 주요 빈출 300제 & 최신 3개년 기출문제

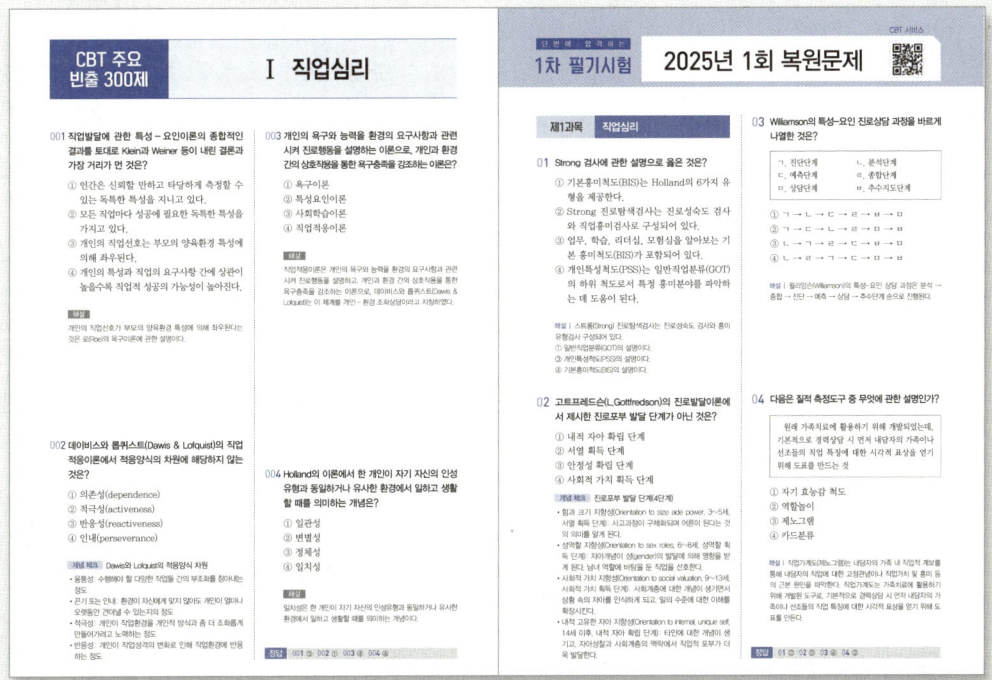

☑ CBT 주요 빈출 300제

과목별로 출제 가능성이 높은 예상 문제를 수록하여 CBT 시험에 대비할 수 있습니다.

🔖 **활용팁**

저자가 직접 선별한 CBT 예상문제를 QR코드로 접속해 실전처럼 시험을 치른 후 자동채점 & 해설 서비스를 받아보세요

☑ 최신 3개년 기출문제

2023년~2025년 1차 필기시험 기출문제를 회차별로 모두 수록하였습니다.

🔖 **활용팁**

QR코드로 접속해 실제 시험시간 150분에 맞추어 3회독 이상 기출문제를 풀어보세요.

Contents
차 례

- What? 직업상담사 2급 시험의 모든 것
- Why? 에듀윌을 선택해야 하는 이유
- How? 이 책의 구성과 특징

직업심리

CHAPTER 01	직업선택 및 발달이론	16
• 핵심 기출문제		40
CHAPTER 02	직업상담의 진단	46
• 핵심 기출문제		76
CHAPTER 03	직업상담의 초기면담	81
• 핵심 기출문제		106
CHAPTER 04	직업과 스트레스	111
• 핵심 기출문제		120

직업상담 및 취업지원

CHAPTER 01	직업상담의 이해	126
• 핵심 기출문제		140
CHAPTER 02	직업상담의 이론 및 접근방법	144
• 핵심 기출문제		187
CHAPTER 03	진로·직업상담의 실제	192
• 핵심 기출문제		220

직업정보

CHAPTER 01	직업정보의 제공	226
• 핵심 기출문제		240
CHAPTER 02	직업 및 산업분류의 활용	244
• 핵심 기출문제		262
CHAPTER 03	직업관련 정보의 이해	266
• 핵심 기출문제		299
CHAPTER 04	직업정보의 수집·분석	302
• 핵심 기출문제		312

노동시장

CHAPTER 01	노동시장의 이해	318
• 핵심 기출문제		357
CHAPTER 02	임금의 이해	362
• 핵심 기출문제		389
CHAPTER 03	실업의 제 개념	393
• 핵심 기출문제		407
CHAPTER 04	노사관계이론	411
• 핵심 기출문제		431

V 고용노동관계 법규

| CHAPTER 01 | 노동기본권 | 438 |
| • 핵심 기출문제 | | 442 |

| CHAPTER 02 | 근로기준법 | 446 |
| • 핵심 기출문제 | | 465 |

| CHAPTER 03 | 최저임금법 | 470 |
| • 핵심 기출문제 | | 474 |

| CHAPTER 04 | 직업안정법 | 476 |
| • 핵심 기출문제 | | 486 |

| CHAPTER 05 | 고용보험법 | 491 |
| • 핵심 기출문제 | | 507 |

| CHAPTER 06 | 국민 평생 직업능력 개발법 | 511 |
| • 핵심 기출문제 | | 521 |

CHAPTER 07 | 남녀고용평등과 일 · 가정 양립 지원에 관한 법률 526
• 핵심 기출문제 537

CHAPTER 08 | 구직자취업촉진법 542
• 핵심 기출문제 546

CHAPTER 09 | 채용절차의 공정화에 관한 법률 548
• 핵심 기출문제 552

CHAPTER 10 | 개인정보 보호법 553
• 핵심 기출문제 562

I

직업심리

 직업심리, 어떻게 접근할까?

- 직업상담사 2급 시험을 대비하기 위한 첫 과목, 직업심리에서는 직업선택과 발달에 대한 여러 이론이 등장하고, 직업심리검사 영역에서는 통계학적 개념이 많이 나옵니다.
- 학자들이 제시한 이론들은 직업상담과 연관 지어 연계학습을 진행함으로써 개념을 체계적으로 구조화하는 훈련을 해야 합니다.
- 직업심리검사 영역에서는 낯선 통계 개념들이 등장해 어렵게 느껴질 수 있지만, 풍부한 예시를 통해 학습하면 쉽게 이해할 수 있을 것입니다.

CHAPTER 01	직업선택 및 발달이론
CHAPTER 02	직업상담의 진단
CHAPTER 03	직업상담의 초기면담
CHAPTER 04	직업과 스트레스

CHAPTER 01 직업선택 및 발달이론

회당 평균 출제 문항수 **8개**

수험 전략
- 평균 7~9문항으로 출제비중이 높은 영역이다.
- 개인의 직업선택을 설명하는 심리학 이론들로 전체적인 큰 줄기를 잡아가는 것이 중요하다.
- 특성–요인, 홀랜드(Holland), 수퍼(Super)의 발달이론 등은 자주 출제되므로 주의 깊게 학습해야 한다.

NEW & HOT! 키워드
\# 특성–요인 상담의 가설
\# 홀랜드모형
\# 긴즈버그·수퍼·고트프레드슨 발달단계
\# 직업적응방식
\# 인지적 정보처리이론

UNIT 1　특성–요인이론

1 특성–요인이론의 이해

(1) 특성–요인이론의 의의

① 파슨스(Parsons)의 직업지도모델에 기초하여, 윌리암슨(Williamson) 등이 발전시킨 이론이다.
② 개인분석과 직업분석을 한 후에 개인적 요소와 직업관련 요소를 합리적으로 연결하여 직업선택을 하는 데 도움을 주고자 하였다.
③ 직업선택은 직접적인 인지과정이기 때문에 개인의 특성과 직업의 특성을 연결하는 것이 가능하다.
④ 과학적이고 합리적인 방법으로 개인의 특성과 직업적 특성을 연결하여 문제해결과 직업선택을 돕는다.
⑤ 개인의 특성과 직업을 구성하는 요인에 관심을 두며, 인생의 특정한 시기에 의사결정을 하려고 할 때 도움을 줄 수 있다.

(2) 특성–요인이론의 특징　　　　　　　　　　　　　2022년 1·2회, 2019년 1회, 2018년 1회, 2017년 3회

① **특성**: 개인의 흥미, 적성, 성격, 가치관 등 검사에 의해 측정 가능한 개인의 특징을 말한다.
② **요인**: 직업에서 요구하는 책임감, 성실성, 직업성취도 등 직업수행을 위해 요구되는 특징을 말한다.
③ 개별적이고 과학적인 고도의 방법을 통해 개인과 직업을 연결하는 것이 핵심이다.
④ 인간은 누구나 신뢰성 있고 타당하게 측정될 수 있는 독특한 특성을 가지고 있다.
⑤ 개인적 흥미와 능력 등을 심리검사나 객관적 수단을 통해서 밝혀낸다.
⑥ 개인의 고유한 특성을 객관적 검사로 측정하고 직업이 요구하는 요인을 분석한다.
⑦ 개인의 특성과 직업의 요구 간의 매칭(연결)이 잘될수록 개인의 만족과 성공 가능성은 높아진다.

> **더 알아보기**　**특성–요인이론에서의 심리검사**
>
> 특성–요인이론은 개인의 특성과 직업의 성공적 요인을 합리적으로 매칭시키는 것을 중요시하는 이론으로 흥미, 적성, 가치관 등 개인의 특성 파악을 중요시하며 심리검사 같은 객관적 수단을 통해 밝혀내고자 하였다.

2 파슨스(Parsons)의 직업선택 3요인

2025년 3회, 2015년 3회

(1) 자신에 대한 이해

① 자신의 흥미, 적성, 능력, 가치관 등 자신에 대해 명확히 이해한다.
② 내담자 특성의 객관적인 분석을 의미하는 것으로, 내담자 자신에 대한 올바른 이해를 강조한다.
③ 상담자는 내담자로 하여금 내담자 자신의 특성을 올바르게 이해할 수 있도록 도와주어야 한다.

(2) 직업에 대한 이해

① 직업에서의 성공, 이점, 보상, 자격요건, 기회 등 직업세계에 대한 지식을 습득한다.
② 직업세계에 대한 체계적인 분석을 의미하는 것으로, 이는 현대사회의 다양화·복잡화로 인해 직업이 급속도로 분업화·전문화된 것에서 비롯된다.
③ 상담자는 내담자에게 직업에 대한 다양한 정보를 제공하고, 앞으로의 변화양상에 대해 올바르게 이해할 수 있도록 도와주어야 한다.

(3) 자신과 직업세계의 연결

① 개인적인 요인과 직업관련 자격요건 등의 정보를 기초로 한 현명한 선택을 한다.
② 합리적 추론을 통해 내담자 자신(개인)의 특성과 직업(직업세계)의 특성을 연결한다.
③ 상담자는 최종적으로 진로선택을 결정하는 단계에 직면하여 내담자로 하여금 과학적·합리적인 의사결정을 통해 최선의 선택에 이르도록 도와주어야 한다.

> ✔ **교수님의 코멘트**
>
> 파슨스는 각 개인들은 객관적으로 측정될 수 있는 독특한 능력을 지니고 있으며, 이를 직업에서 요구하는 요인과 합리적인 추론을 통하여 매칭시키면 가장 좋은 선택이 된다고 가정하였습니다.
>
> 2017년 3회

3 클레인과 위너(Klein & Weiner)의 기본가설

2020년 3회, 2019년 2·3회, 2018년 2회, 2017년 1·2회, 2016년 2회

① 개개인은 신뢰할 만하고 타당하게 측정될 수 있는 고유한 특성들의 집합이다.
② 모든 직업마다 성공에 필요한 독특한 특성을 가지고 있다.
③ 다양한 특성을 지닌 개인들이 주어진 직무를 성공적으로 수행해 낸다 할지라도, 직업은 그 직업에서의 성공을 위한 매우 구체적인 특성을 지닐 것을 요구한다.
④ 개인의 직업선호는 직선적인 과정이며, 특성과의 연결에 의해 좌우된다.
⑤ 진로선택은 다소 직접적인 인지과정이므로, 개인의 특성과 직업의 특성을 짝짓는 것이 가능하다.
⑥ 개인의 특성과 직업의 요구사항이 서로 밀접하게 관련을 맺을수록 직업적 성공의 가능성은 커진다.

> **더 알아보기**
>
> 2024년 1회, 2011년 1회
>
> ■ 특성-요인 상담과정
>
> 1. **분석**: 내담자 분석을 위해 심리검사 및 특성 정보와 자료 등을 수집한다.
> 2. **종합**: 수집된 내담자의 정보와 유사한 사례를 비교·분석·종합하는 단계이다.
> 3. **진단**: 종합된 내담자 문제에 대한 원인 탐색과 문제해결을 위한 진단을 하는 단계이다.
> 4. **예측**: 진단을 통해 나온 결과로 직업문제에 대해 예측하고 처리하는 단계이다.
> 5. **상담**: 내담자와 직업문제에 대해서 상담하고 문제를 치료하는 단계이다.
> 6. **추수지도**: 내담자의 향후 직업문제 해결 목표에 대해서 지속적인 도움과 지도를 하는 단계이다.

UNIT 2 홀랜드(Holland)의 직업선택이론

1 홀랜드 직업선택이론의 이해
_{2015년 1회, 2014년 3회}

(1) 직업선택이론의 의의
① 개인의 성격과 진로선택의 관계를 기초로 한 모델이다.
② "직업적 흥미는 일반적으로 성격이라고 불리는 것의 일부분이기 때문에 개인의 직업적 흥미에 대한 설명은 개인의 성격에 대한 설명이다."라는 가정에 기초하고 있다.
③ 독특한 적응방식인 인성은 사회문화 및 물리적 환경과 상호작용하는 과정에서 형성된다.
④ 직업선택은 타고난 유전적 소질과 환경적 요인 간 상호작용의 산물이다.
⑤ 직업선택은 개인 인성의 반영이며, 직업선택 시 개인적인 만족을 주는 환경을 선택하고자 한다.
⑥ 직업적응방식을 6가지 종류로 구분하고, 직업환경을 6가지 차원으로 구분한다.
⑦ 진로선택에서 어떤 직업을 수용할 것인지 또는 거부할 것인지 스스로 계속 비교해 보는 것이 중요하다.
⑧ 개인과 환경의 일치성은 개인의 흥미유형이 직업선택이나 직업적응과 밀접한 관계가 있다고 본다.
⑨ 사람들은 능력을 발휘하며 자신의 가치관에 따라 일할 수 있는 직업환경을 찾는다.

(2) 직업선택이론의 가정
_{2020년 4회, 2016년 1회}

① 사람들의 성격은 현실형, 탐구형, 예술형, 사회형, 진취형, 관습형의 6가지 유형 중 하나로 분류될 수 있다.
② 직업환경 역시 현실적 환경, 탐구적 환경, 예술적 환경, 사회적 환경, 진취적 환경, 관습적 환경의 6가지 유형 중 하나로 분류될 수 있다. 각 환경에는 대부분 그 성격유형에 일치하는 사람들이 머물고 있다.
③ 사람들은 자신의 능력과 기술을 발휘하고 태도와 가치를 표현하며, 자신에게 맞는 역할을 수행할 수 있는 환경을 찾는다.
④ 개인의 행동은 성격과 환경의 상호작용에 의해 결정된다.

2 6가지 직업성격유형
_{2025년 1·3회, 2024년 1·2회, 2022년 1·3회, 2021년 1·2회, 2020년 1·2(통합)·3회, 2019년 1·3회, 2018년 1·2·3회, 2017년 2회, 2016년 1회, 2015년 1·2회}

(1) 현실형(R; Realistic type)

성격 특성	• 솔직하고 실제적이며 성실하고, 지구력이 있고 건강하다. • 소박하고 말이 적으며, 고집이 세고 직선적이며 단순하다.
선호활동	기계, 도구, 동물에 관한 체계적인 조작활동과 현장 일을 좋아하나, 사회적 기술이 부족하다.
관련 직업	기술자, 자동기계 및 항공기조종사, 정비사, 농부, 엔지니어, 전기·기계기사, 운동선수, 경찰, 건축사, 생산직, 운전자 등

(2) 탐구형(I; Investigative type)

성격 특성	• 논리적이며 분석적이고 합리적이며 정확하다. • 지적 호기심이 많아 비판적이고 내성적이며 신중하다.

선호활동	호기심이 많고 분석적이어서 과학적 탐구활동을 선호하나, 리더십 기술이 부족하다.
관련 직업	과학자, 생물학자, 물리학자, 인류학자, 지질학자, 의료기술자, 약사, 의사, 연구원, 대학교수, 환경분석가 등

(3) 예술형(A; Artistic type)

성격 특성	• 상상력이 풍부하고 감수성이 예민하며, 자유분방하고 개방적이다. • 감정이 풍부하고 독창적이며, 개성이 강해 비순응적이고, 직관적이다.
선호활동	틀에 박힌 일을 싫어하며 규범적인 기술이 부족하다.
관련 직업	예술가, 작곡가, 음악가, 무대감독, 작가, 배우, 소설가, 미술가, 무용가, 디자이너, 자유기고가, 사진사, 카피라이터, 시인, 만화가, 컴퓨터 애니메이터 등

(4) 사회형(S; Social type)

성격 특성	• 사람과 어울리기 좋아하며, 친절하고 이해심이 많으며, 남을 잘 도와주고 봉사적이다. • 감정적이고 이상주의적이며, 사회적이고 교육적인 지도력과 대인관계 능력이 있다.
선호활동	다른 사람을 돕는 것을 즐기나, 과학적이거나 기계적인 활동에 대한 능력이 부족하다.
관련 직업	사회복지가, 교육자, 간호사, 교사, 종교지도자, 상담가, 임상치료사, 언어치료사, 사회사업가, 물리치료사, 직업상담사, 서비스직 등

(5) 진취형(E; Enterprising type)

성격 특성	• 지배적이고 통솔력과 지도력이 있으며, 화술이 좋고 설득적이다. • 경쟁적이고 야심적이며, 외향적이고 낙관적이며, 열성적이다.
선호활동	지도력이 있고 언변이 좋으나, 상징적·체계적·과학적 활동에 대한 능력은 부족하다.
관련 직업	기업경영인, 정치가, 영업사원, 상품구매인, 보험회사원, 판매원, 관리자, 연출가, 홍보담당자, 펀드매니저, 부동산중개인, 여행가이드, 언론인, 외교관 등

(6) 관습형(C; Conventional type)

성격 특성	• 정확하고 빈틈이 없으며, 조심성이 있고 세밀하며, 계획성이 있고 변화를 좋아하지 않는다. • 완고하고 책임감이 강하며, 사무적이고 계산적이며 회계 정리 능력이 있다.
선호활동	자료를 잘 정리하고 순응적이며 책임감이 강하나, 변화에 약하고 융통성이 부족하다.
관련 직업	공인회계사, 경제분석가, 은행원, 세무사, 경리사원, 감사원, 안전관리사, 사서, 법무사, 회계원, 일반공무원 등

▶ 홀랜드의 육각형 모델

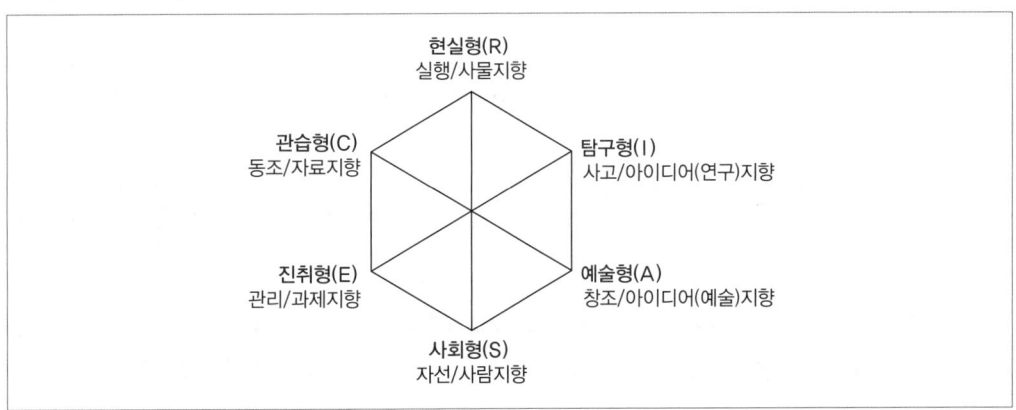

3 홀랜드의 육각형 모델과 5가지 주요 개념

2025년 2회, 2021년 1회, 2019년 1회, 2018년 2·3회, 2017년 1회, 2015년 3회, 2014년 2회

(1) 일관성
① 어떤 쌍들은 다른 유형의 쌍들보다 공통점을 더 많이 가지고 있다.
② 육각형 모델에서 거리가 가까울수록 공통점을 더 많이 가지고 있다.
> 예 현실형과 탐구형의 쌍은 예술형과 관습형의 쌍보다 더 많은 공통점을 가지고 있다.

(2) 차별성
① 특정 유형의 점수가 다른 유형의 점수보다 높은 경우 변별성과 분화도가 높은 것으로, 하나의 유형에는 유사성이 높지만 다른 유형에는 유사성이 낮다.
② 찌그러진 유형이 더 차별성이 있다. 모든 유형에 똑같은 유사성을 나타내는 사람은 특징이 없거나 잘 규정되지 않았다고 생각할 수 있다. 즉, 차별성이 없다.

(3) 정체성
① 개인에게 있어 정체성이란 목표, 흥미, 재능에 대한 견고한 청사진을 말한다.
② 환경에 있어 정체성이란 투명성, 안정성, 목표, 일·보상의 통합을 의미한다.
③ 자기직업상황(MVS)의 직업정체성 척도는 개인의 진로 안정성을 측정하는 것으로, 이 검사점수가 높은 경우 직업목표를 가진 사람들이 많다.

(4) 일치성
① 한 개인이 자기 자신의 인성 유형과 동일하거나 유사한 환경에서 일하고 생활할 때를 의미한다.
② 개인과 환경이 부합되는 정도이며, 유형이 같을 때 일치성이 높아진다.

(5) 계측성
① 모든 유형 간의 관계는 육각형 성격모형 안에서 계측되어 이루어진다.
② 유형들 간의 거리는 그것들 사이의 이론적인 관계에 반비례한다.(거리가 멀수록 반대성향을 띈다.)

4 관련 검사도구

(1) 직업선호도검사(VPI; Vocational Preference Inventory)
① 내담자가 160개의 직업목록에 흥미 정도를 표시하는 것이다.
② 대부분의 사람들은 직업목록에 있는 직업들에 대한 좋고 싫음을 표시할 수 있다.

(2) 자기방향탐색(SDS; Self Directed Search)
① 스스로 자신의 흥미유형을 탐색하도록 고안된 검사이며, 내담자가 점수를 기록하는 1시간용 측정 워크북과 소책자로 구성되어 있다.
② 워크북은 직업상의 활동, 능력, 구체적 직업에 대한 태도, 자아평가능력을 다룬다.
③ 원점수는 위계적으로 3개 문자 요약코드로 되어 있고, 첫 번째 문자는 특정 유형에 대한 높은 선호도를 나타낸다.

(3) 직업탐색검사(VEIK; Vocational Exploration and Insight Kit)
① 미래 진로문제에 대해 스트레스를 받는 내담자에게 사용하기 위하여 개발되었다.

② 내담자에게 관심은 있지만 카드에 포함되지 않았던 추가 직업들을 증가시켜 분류하고 일련의 질문에 대한 응답을 기록하게 한다.

(4) **자기직업상황**(MVS; My Vocational Situation)
① 직업정체성, 직업정보에 대한 필요 정도, 선택된 직업목표에 대한 장애 등을 측정하는 것을 목적으로 한다.
② 스스로 실시할 수 있고 쉽게 점수를 기록할 수 있으며, 20개의 질문으로 구성되어 있다.

5 직업선택이론의 평가

(1) **의의**
① 직업흥미를 이해하는 데 있어 흥미를 개인의 인성과 연관 지어 밝혀냈다.
② 직업선택에 효과적으로 사용할 수 있는 유용한 흥미검사도구들을 다수 개발하였다.

(2) **한계**
① 직업선택에 있어 성격요인을 중요시하면서도 그 발달과정에 대한 설명이 부족하다.
② 일부 홀랜드 모형의 검사도구에서는 성(性)적 편파의 문제를 가지고 있다.
③ 사람들은 스스로를 변화시킬 수 있는 동기와 가능성이 있다는 점을 고려하지 않았다.

UNIT 3 데이비스와 롭퀴스트(Dawis & Lofquist)의 직업적응이론

1 직업적응이론의 이해

2020년 4회, 2018년 2회, 2017년 2회, 2015년 1회, 2014년 1회

(1) **직업적응이론의 배경**   2021년 1회

미네소타대학의 **직업적응 프로젝트**의 일환으로 연구되었고, 심리학적 직업분류체계인 **미네소타 직업분류체계Ⅲ**과 관련하여 발전한 이론이다. 직업적응 프로젝트는 근로자의 적응이 직업만족과 연관된다는 관점에서 출발하였다.

(2) **직업적응이론의 특징**
① 인간은 작업요구를 성취하도록 동기화되어 있으며, 일을 통해 개인적 욕구를 성취하도록 동기화된다. 데이비스와 롭퀴스트는 이 체계를 개인-환경 조화상담이라고 지칭하였다.
② 개인의 욕구와 능력을 환경의 요구사항과 관련시켜 진로행동을 설명하고, 개인과 환경 간의 상호작용을 통한 욕구충족을 강조한다.
③ 직업환경과 개인의 직업능력은 상호작용을 통하여 서로 강화되며, 개인과 환경이 조화를 이루게 되어 만족하면 고용과 근속 유지로 나타나게 된다.
④ 개인이 이러한 조화를 유지하는 노력을 직업적응이라고 하며 직무만족, 직무유지, 효율성과 연관 지어 설명하였다.

> ✓ **교수님의 코멘트**
> 직업적응은 미네소타 직무만족 질문지(MSQ)와 미네소타 충족척도(MSS)를 통해 측정할 수 있습니다.

2 직업적응이론의 직업적응양식

(1) 직업성격 측면
_{2021년 2회, 2019년 1회, 2018년 3회, 2017년 3회, 2014년 2회}

민첩성	작업 또는 환경에서의 작업자의 반응 속도로 정확성보다는 속도를 중시한다.
역량	작업자의 과제에 대한 에너지로 평균 활동수준을 의미한다.
리듬	작업자의 활동에 대한 다양성을 의미한다.
지구력	다양한 활동수준의 기간을 의미한다.

(2) 직업적응방식 측면
_{2025년 2·3회, 2024년 1·2·3회, 2022년 1·3회, 2020년 4회, 2016년 3회, 2012년 3회}

끈기(인내)	환경이 자신에게 맞지 않아도 얼마나 오랫동안 견뎌낼 수 있는지의 정도이다.
적극성	작업환경을 개인적 방식과 좀 더 조화롭게 만들어 가려고 노력하는 정도이다.
반응성	작업성격의 변화로 인해 작업환경에 반응하는 정도이다.
융통성	작업환경과 개인환경 간의 부조화를 참아내는 정도이다.

3 직업적응이론의 시사점
_{2018년 1회}

① 직업적응은 개인이 직업환경과 조화를 이루어 만족하고 유지하도록 노력하는 역동적인 과정이다.
② 직업적응이론에서는 평가과정에서 주관적인 평가를 먼저 실시하고, 이후에 검사도구를 통한 객관적인 평가를 실시할 것을 권유한다.
③ 개인은 자신과 환경의 부조화 정도가 받아들일 수 있는 범위라면 '융통성'을 발휘하며 부조화를 줄이기 위해 별다른 대처행동 없이 환경에 적응하게 된다.
④ 부조화의 정도가 받아들일 수 없는 범위라면 '적극성(적극적 행동)'이나 '반응성(반응적 행동)'과 같은 대처행동을 통해 부조화를 줄이려는 노력을 하게 된다. 또한 이런 부조화를 줄이려는 노력이 얼마나 지속되는가는 '끈기(인내)'와 연관된다.
⑤ 결과적으로 부조화가 개인의 적응행동을 통해 변화시킬 수 있는 범위를 넘어서는 것이라면 개인은 이직이나 퇴사를 고려하게 된다.

4 직업적응이론 관련 검사도구
_{2025년 2회, 2020년 1·2(통합)·4회, 2019년 2·3회, 2016년 2회}

(1) 미네소타 중요도 질문지(MIQ; Minnesota Importance Questionnaire)
_{2025년 1·3회, 2022년 3회}

개인이 일의 환경에 대해 지니는 20가지 욕구와 6가지 가치관을 측정하는 도구로, 190개의 문항으로 구성되어 있다.

■ 미네소타 중요도 질문지(MIQ)의 6가지 가치관 _{2020년 4회}

성취(achievement)	자신의 능력을 발휘하고 성취감을 얻는 일을 하려는 욕구이다.
지위(status)	타인에 의해 자신이 어떻게 지각되는지와 사회적 명성에 대한 욕구이다.
편안함(comfort)	직무에 대해 스트레스를 받지 않고, 편안한 직업환경을 바라는 욕구이다.
이타심(altruism)	타인을 돕고 그들과 함께 일하고자 하는 욕구이다.
자율성(autonomy)	자신의 의사대로 일할 기회를 가지고 자유롭게 생각하고 결정하고자 하는 욕구이다.
안정성(safety)	불규칙적이거나 혼란스러운 조건이나 환경을 피하고, 정돈되고 예측 가능한 환경에서 일하고자 하는 욕구이다.

(2) **미네소타 직무기술 질문지(MJDQ; Minnesota Job Description Questionnaire)**
일의 환경이 MIQ에서 정의한 20개의 욕구를 만족시켜 주는 정도를 측정하는 도구로, 하위척도는 MIQ와 동일하다.

> ✓ **교수님의 코멘트**
> MJDQ는 JDQ라고 줄여서 문제에서 제시되기도 합니다.

(3) **미네소타 직무만족 질문지(MSQ; Minnesota Satisfaction Questionnaire)**
직무만족의 원인이 되는 일의 강화요인을 측정하는 도구로 능력의 사용, 성취, 승진, 활동, 다양성, 작업조건, 회사의 명성, 인간자원의 관리체계 등의 척도로 구성되어 있다.

UNIT 4 발달적 직업선택이론

1 긴즈버그(Ginzberg)의 진로발달이론

(1) **긴즈버그의 진로발달이론의 의의** 2015년 2회
① 직업선택은 하나의 발달과정이며, 일련의 결정들이 계속적으로 이루어지는 과정이다.
② 각 단계의 결정은 전 단계의 결정 및 다음 단계의 결정과 밀접한 관계를 가진다. 즉, 나중에 이루어지는 진로결정은 이전 진로결정의 영향을 받는다.
③ 직업선택과정은 바람(wishes)과 가능성(possibility) 간의 타협이다.
④ 직업선택은 가치관, 정서적 요인, 교육의 양과 종류, 환경 영향 등의 상호작용으로 결정된다.
⑤ 직업선택을 단일결정이 아닌 장기간에 걸친 일련의 발달과정으로 보고, 직업발달단계를 '환상기-잠정기-현실기'의 3단계로 구분하였다.

(2) **긴즈버그의 직업발달단계** 2025년 2·3회 2024년 1·2·3회, 2022년 3회, 2020년 4회, 2019년 3회, 2018년 1회, 2017년 3회, 2016년 1회, 2015년 1·2·3회

① **환상기(fantasy period, 6~10세)**
  ㉠ 직업에 대한 환상을 갖는 아동은 직업을 놀이 중심으로 간접적으로 체험하고 선호하게 된다.
  ㉡ 직업선택에 대해 현실적인 고려 없이 자신의 욕구를 중시하는 시기이다.

② **잠정기(tentative period, 11~17세)**
  ㉠ 초기 청소년기로, 직업선택 과정에서 흥미와 능력에 따라 직업을 선택하려는 경향을 보인다.
  ㉡ 잠정기 후반 시기에는 능력, 가치관 등의 요인도 고려되어 직업이 요구하는 수준의 조건을 점차적으로 인식한다.

흥미단계	• 자신의 흥미를 인식하며, 좋고 싫음을 나누는 단계이다. • 흥미가 직업선택에 있어 가장 중요한 요소이다.
능력단계	• 직업의 열망과 자신의 능력을 인식하는 단계이다. • 자신이 흥미를 느끼는 분야에서 성공을 거둘 수 있는 능력을 지니고 있는지 시험해 보기 시작한다.

가치단계	• 자신의 직업에 대한 가치를 인식하는 단계이다. • 직업선택에 있어 다양한 요인을 고려하며, 그 직업이 자신의 가치관 및 생애목표에 부합하는지 평가해 본다.
전환단계	• 직업선택에 대한 책임을 인식하는 단계이다. • 직업선택이 주관적 요소에서 외적(현실) 요인으로 확장된다.

③ 현실기(realistic period, 18세~성인 초기 또는 청·장년기)
  ㉠ 흥미와 능력의 통합단계로서 직업선택을 구체화하고 발달시키는 시기이다.
  ㉡ 자신의 흥미, 능력, 가치뿐만 아니라 직업의 요구조건, 기회 등과 같은 현실요인을 고려하고 타협해서 의사결정을 시도한다.
  ㉢ 현실적인 요인의 고려로 직업선택은 개인의 정서 상태, 경제적 여건 등으로 인해 늦어지기도 한다.

탐색단계	본격적인 직업탐색이 시작되며, 직업선택에 필요한 교육과 경험을 쌓는 단계이다.
구체화단계	직업목표가 구체화되는 시기이며, 자신의 직업결정에 있어 내적·외적 요인을 모두 고려하여 특정 직업분야에 몰두하는 단계이다.
특수화단계 (정교화단계)	직업진로를 구체화하고 자신의 진로결정에 있어 세밀한 계획을 세워 고도로 세분화·전문화된 의사결정이 이루어지는 단계이다.

2 수퍼(Super)의 진로발달이론

(1) 수퍼의 진로발달이론의 의의
2022년 1회, 2020년 1·2(통합)회, 2015년 3회, 2012년 2회, 2011년 2회

① 성인 초기까지로 국한된 긴즈버그의 진로발달이론을 비판하며 이를 보완한 관점으로, 전 생애를 걸쳐 진로가 발달한다는 이론이다.
② 진로선택은 자아개념의 실현과정이다.
③ 인간은 자신의 이미지와 일치하는 직업을 선택한다고 본다.
④ 자아개념
  ㉠ 인간의 자아는 개인과 주변 환경 간의 상호작용을 통해 발달한다.
  ㉡ 자아개념은 성장에 따라 변화하며, 직업에 대한 만족도는 자아개념을 어느 정도 충족시키느냐가 중요하다.

> **더 알아보기** 자아개념
> 자아개념은 수퍼의 진로발달이론에서 가장 중심이 되는 개념이다. 자아개념은 유아기부터 형성되어 사망에 이르기까지 계속하여 발달한다. 자아개념에 따른 진로결정은 "나는 이런 사람이다."라고 느끼며 생각하던 바를 이룰 수 있는 직업을 선택하는 것이다. 즉, 인간은 자신의 이미지와 일치하는 직업을 선택한다고 본다.

(2) 수퍼의 직업발달이론의 기본가정
2021년 1·2회, 2020년 1·2(통합)회, 2009년 3회

① 개인은 능력, 흥미, 성격에 있어서 각기 차이점을 가지고 있다.
② 개인은 각각에 적합한 직업적 능력을 가지고 있다.
③ 각 직업군에는 그 직업에 요구되는 능력, 흥미, 성격특성이 있다.
④ 인간의 직업적 특성, 선호 및 자아개념은 계속적인 선택적 적응의 과정을 통해 발달한다. 이 과정은 일련의 생애단계로서 성장기, 탐색기, 확립기, 유지기, 쇠퇴기로 구분할 수 있다.
⑤ 개인의 진로유형의 본질은 지적 능력, 인성적 특성, 사회·경제적 수준, 주어진 기회에 따라 결정된다.

(3) **수퍼의 직업발달단계** 2024년 1·3회, 2021년 2회, 2020년 1·2(통합)회, 2019년 2회, 2018년 2회, 2016년 2회, 2015년 2회, 2014년 1회

① 성장기(출생~14세)

가정이나 학교에서 주요 인물과 동일시하여 자아개념을 발달시키는 시기로, 초기에는 욕구와 환상이 지배적이나 점차 흥미와 능력을 중시하는 시기이다.

환상기	아동적 욕구가 지배적이고, 자신의 역할수행을 중시하며, 직업에 환상을 갖는다.
흥미기	개인의 취향에 따라 목표와 내용을 결정하며, 흥미를 중시한다.
능력기	직업의 요구조건을 고려하며, 능력을 더욱 중시한다.

② 탐색기(15~24세)

학교, 여가활동, 시간제 일과 같은 활동을 통해 자아를 검증하고 역할을 수행하며 자신에게 적합한 직업을 탐색하는 시기이다.

잠정기	자신의 흥미, 적성, 가치, 취업기회 등을 고려하여 잠정적 진로를 설정한다.
전환기	개인이 직업세계에 필요한 교육과 훈련을 받으며 자아개념을 확립하려고 하고, 현실적 요인을 중시한다.
시행기	자신이 적합하다고 생각하는 직업을 선택하고 종사하기 시작한다.

③ 확립기(25~44세)

자신에게 적합한 직업을 발견·종사하여 사회적인 기반을 다져 나가는 시기이다.

시행기	자신의 직업선택이 맞지 않는 경우, 적합한 일을 찾기 위해 몇 차례 변화를 겪는다.
안정기	자신의 진로에 대한 유형이 분명해지면서 직업세계에서의 안정, 만족, 소속감, 지위 등을 가진다.

④ 유지기(45~64세)

직업에서 자신의 위치가 확고해지고 자신의 자리를 유지하기 위해 노력하며 안정된 삶을 살아가는 시기이다. 지금까지 성취한 것들을 계속 유지하면서도 익숙했던 지식과 기술을 새로운 내용으로 갱신하거나, 새로운 도전 과제를 발견(새로운 과업 찾기)해 내는 혁신적인 과업을 이행하기도 한다.

⑤ 쇠퇴기(65세 이후)

정신적·육체적 기능이 쇠퇴함에 따라 직업에서 은퇴하고 새로운 역할과 활동을 찾게 되는 시기이다.

더 알아보기 수퍼의 진로발달과업

결정화(14~17세)	자신의 흥미와 가치, 일어날지도 모를 일, 선호하는 직업을 위한 계획 등을 세우고 목적을 형성하는 지적 과업의 단계이다.
구체화(18~21세)	특정한 직업에 대한 선호가 생겨나며, 선택한 직업을 구체적으로 이해함으로써 진로계획을 특수화시킨다.
실행화(22~24세)	선호하는 직업을 위한 교육훈련을 수료하고 취업하는 과업의 단계이다.
안정화(25~35세)	역량을 발휘하여 일을 수행하고, 진로선택이 적절했음을 보여주며, 자신의 위치를 확립하는 과업의 단계이다.
공고화(35세 이후)	승진, 지위획득, 경력개발 등을 통해 자신의 진로를 안정시키는 과업의 단계이다.

※ 결정화, 구체화, 실행화의 과업이 수행되는 단계는 탐색기에 해당한다.

(4) 수퍼의 진로발달이론의 주요 개념

① 순환과 재순환   2025년 3회, 2017년 2회
  - ㉠ 직업발달은 '성장기-탐색기-확립기-유지기-쇠퇴기'의 순환과 재순환을 거친다.
  - ㉡ 인생에서 진로발달과정은 전 생애에 걸쳐 계속되며 성장, 탐색, 정착, 유지, 쇠퇴 등의 대주기를 거친다.
  - ㉢ 진로발달에는 대주기 외에 각 단계마다 같은 성장, 탐색, 정착, 유지, 쇠퇴로 구성된 소주기가 있다.

② 발달과업
  - ㉠ 진로성숙은 생애단계 내에서 성공적으로 수행된 발달과업을 통해 획득한다.
  - ㉡ 발달과업은 각 발달단계에 맞추어 결정화, 구체화, 실행화, 안정화, 공고화로 구분된다.

③ 생애공간이론(생애진로무지개)   2016년 3회
  - ㉠ 진로발달을 전 생애의 기간이라는 종단적 측면과 공간이라는 역할적 측면을 부각한다.
  - ㉡ 사람은 동시에 여러 가지 역할을 함께 수행하며, 발달단계마다 다른 역할에 비해 중요한 역할이 있다.
  - ㉢ 개인의 9가지 주요 역할은 자녀, 학생, 여가인, 시민, 근로자, 배우자, 주부, 부모, 은퇴자 등이 있다.

④ 진로아치문 모델   2014년 3회
  수퍼는 진로아치문 모델로 아치문의 각 부문들이 상호작용하면서 정중앙의 자아개념이 발달한다는 것으로 직업발달을 설명하고 있다.

▶ 진로아치문 모델

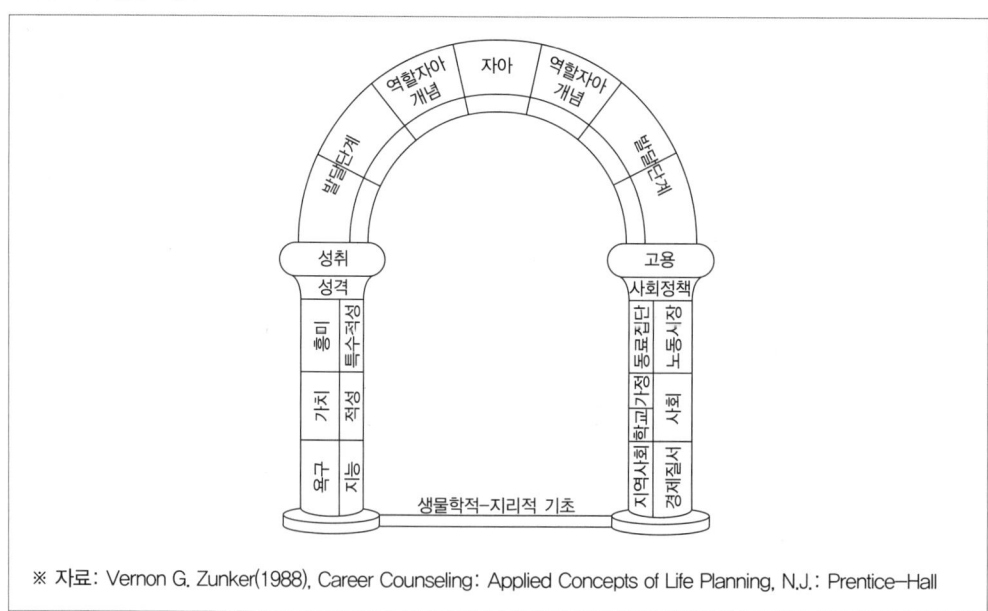

※ 자료: Vernon G. Zunker(1988), Career Counseling: Applied Concepts of Life Planning, N.J.: Prentice-Hall

  - ㉠ 아치문의 바닥: 인간발달의 생물학적·지리적인 면을 토대로 한다.
  - ㉡ 아치문의 왼쪽 기둥: 개인 특성에 대한 것으로 욕구나 지능, 가치, 흥미 등으로 이루어진 개인의 성격적 측면을 나타낸다.

ⓒ 아치문의 오른쪽 기둥: 사회·경제·정책적인 측면에 대한 것으로 가정, 학교, 경제, 사회제도, 노동시장 등으로 이루어진 사회정책 측면을 의미한다.
ⓔ 아치문의 지붕: 발달단계와 역할에 대한 자아개념으로 이루어진 상호작용적 측면을 의미한다.

3 고트프레드슨(Gottfredson)의 직업포부 발달이론

(1) 고트프레드슨의 직업포부 발달이론의 의의
① 개인의 진로결정과 자아개념의 발달을 설명하는 이론이다.
② 진로발달 측면에서 사람이 어떻게 특정 직업에 매력을 느끼게 되는가를 설명한다.
③ 수퍼(Super)와 마찬가지로 '자아개념'을 진로선택의 중요한 요인으로 본다.
④ 진로결정에 있어 제한(한계)과 타협(절충)이라는 개념을 중시한다. 직업포부의 형성과정을 설명하고자 제한 및 타협의 원리를 제시하므로 '제한-타협이론'으로도 불린다.
⑤ 개인의 발달과정과 더불어 자아개념이 발달하면서 직업포부에 대한 한계를 설정하게 된다.

(2) 직업포부의 제한과 타협
① 제한
직업선택 과정에서 자신의 자아개념과 맞지 않는 직업대안들을 사전에 배제하는 것이다.
② 타협
제한과정을 통해 선택된 직업대안들 중 자신이 극복할 수 없는 문제를 가진 직업을 어쩔 수 없이 포기하는 것이다.

(3) 직업포부 발달단계

발달단계	연령	내용
힘과 크기의 지향성 (서열 획득의 단계)	3~5세	• 사고과정이 구체화되며, 어른이 된다는 것의 의미를 알게 된다. • 어른의 역할을 흉내내기도 하며, 자신의 미래 직업에 대해 긍정적인 입장을 취하게 된다.
성역할 지향성	6~8세	• 자아개념이 성의 발달에 의해서 영향을 받게 된다. • 성역할에 근거하여 직업을 인식하게 되며, 동성의 성인이 수행하는 직업들을 선호하게 된다.
사회적 가치 지향성	9~13세	• 사회계층에 대한 개념이 생겨나기 시작하면서 '상황 속 자아'를 인식하기에 이른다. • 사회적 명성, 능력 등을 통한 자아개념이 발달하며, 자신이 추구하는 사회적 명성 수준과 일치하지 않는 직업들을 제한하게 된다.
내적, 고유한 자아 지향성	14세 이후	• 자아성찰과 사회계층의 맥락에서 직업적 포부가 더욱 발달하게 된다. • 내성적인 사고를 통하여 자아인식이 발달하며, 타인에 대한 개념이 생겨난다. • 진로포부 또한 현실적인 기준에 근거하여 합리적 선택을 하게 된다.

4 타이드만과 오하라(Tiedeman & O'Hara)의 진로발달이론

(1) 타이드만과 오하라의 진로발달이론의 의의 2025년 1회, 2022년 1회, 2015년 1회, 2014년 1회
① 진로발달이론이란 직업정체성을 구체화하고 직업기회를 발전시키는 것이다.
② 에릭슨(Erikson)의 심리사회적 발달이론에 기초를 두었으며, 수퍼(Super)의 이론에도 영향을 받았다.
③ 진로발달을 직업정체감을 형성해 가는 연속적 과정으로 보았으며, 연령보다는 문제의 성질이 중요하다고 보았다.
④ 개인의 자아정체감은 분화와 통합의 과정을 거치면서 형성되어 가며, 자아정체감은 직업정체감을 형성시킨다.
⑤ 직업대안의 선택에 중점을 둔 '의사결정발달이론'이라고도 한다.
⑥ 의사결정과정을 인지적 구조의 분화와 통합에 의한 의식적인 문제해결 행동으로 보며, 예상기와 실천기로 나누고, 이를 다시 하위 7단계로 구분한다.

(2) 타이드만과 오하라의 발달과정 2024년 3회, 2019년 1회
① 예상기(전직업기)

탐색기	잠정적인 진로목표를 설정하고, 다양한 직업대안들을 탐색한다.
구체화기	개인의 진로방향을 정하고 직업대안들을 구체화한다.
선택기	구체화된 대안 중 직업목표를 결정하고 명확한 의사결정이 이루어진다.
명료화기	선택한 의사결정을 분석하고 검토해 본다.

② 실천기(직업적응기)

순응기	사회적 인정을 받고 조직에 적응하고자 하며, 수용적인 자세를 취한다.
개혁기	자신의 주장을 조직에서 관철하고자 능동적 태도를 보이게 된다.
통합기	조직의 요구에 자신의 욕구를 통합·조절하게 되고 통합을 이루게 된다.

> **더 알아보기** 에릭슨의 심리사회성 발달 8단계 2017년 1회, 2016년 1회
>
> 에릭슨은 자아의 발달이 성격의 발달이라고 보고, 개인의 심리적 발달수준과 사회가 가지는 기대가 위기를 발생시키므로 이 둘 간의 균형이 중요하다고 강조하였다.
>
> | 발달단계 | 시기 | 위기 |
> |---|---|---|
> | 1단계 | 영아기 | 신뢰감 대 불신감 |
> | 2단계 | 유아 전기 | 자발성 대 수치심 |
> | 3단계 | 유아 후기 | 주도성 대 죄의식 |
> | 4단계 | 아동기 | 근면성 대 열등감 |
> | 5단계 | 청소년기 | 자아정체감 대 역할혼란 |
> | 6단계 | 성년기 | 친밀감 대 고독감 |
> | 7단계 | 장년기 | 생산성(생성감) 대 침체성(침체감) |
> | 8단계 | 노년기 | 자아통일감 대 절망감 |

UNIT 5 로(Roe)의 욕구이론

1 욕구이론의 이해

2024년 3회, 2021년 1·2회, 2020년 4회, 2018년 2회, 2017년 3회, 2016년 3회, 2015년 2·3회

(1) 욕구이론의 의의

2020년 1·2(통합)회

① 개인의 진로발달과정에서 사회나 환경의 영향을 상대적으로 가장 많이 고려하는 이론이다.
② 직업발달이론 중 매슬로우(Maslow)의 욕구위계이론에 기초하여 유아기의 경험과 직업선택에 관한 5가지 가설을 수립하였다.
③ 심리적 에너지가 흥미를 결정하는 중요한 요소라고 본다.
④ 직업흥미가 아동기 초기 경험으로부터 결정된다는 관점에서 출발하며, 12세 이전 아동기의 부모-자녀 간의 관계에서 생긴 욕구가 직업선택에 영향을 미친다고 본다. 부모의 양육방식에 따라 자녀는 사람 지향적이거나 사람 회피적인 직업을 갖게 된다.
⑤ 미네소타 직업평가척도에서 힌트를 얻어 일의 세계를 8가지 장(field)과 6가지 수준(level)으로 구성된 2차원의 체계로 조직화하였다.
  ㉠ 8가지 장(field): 서비스, 사업상 접촉, 조직, 기술, 옥외, 과학, 예술과 연예, 일반문화이다.
  ㉡ 6가지 수준(level): 근로자의 직업과 관련된 정교화 책임, 보수, 훈련의 정도를 묘사하며 수준 1이 가장 높은 수준이고, 수준 6이 가장 낮은 수준이다.

> **교수님의 코멘트**
> 로는 직업발달이론을 이해하려면 매슬로우의 욕구위계이론을 이해하는 것이 효율적이라고 하였습니다.

▶ 매슬로우의 욕구위계 모형

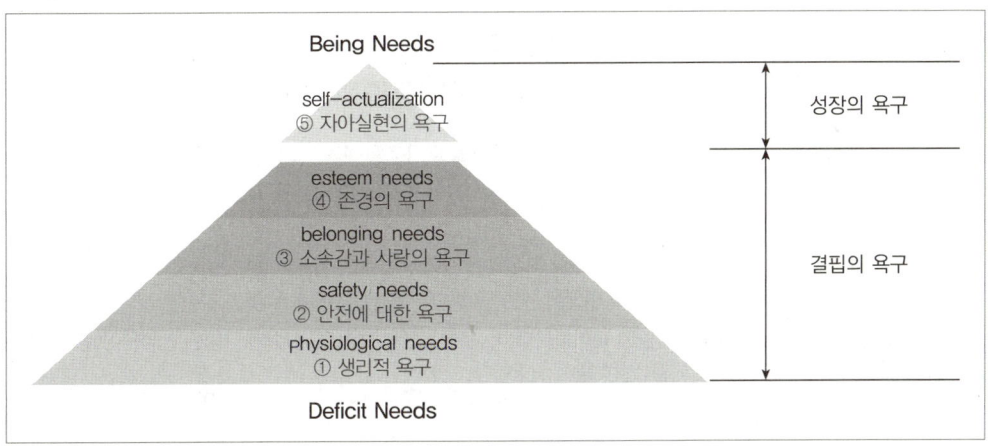

(2) 욕구이론의 5가지 가설

① 개인이 가지고 있는 여러 가지 잠재적 특성의 발달에는 한계가 있다.
② 개인의 유전적 특성의 발달은 개인의 유일하고 특수한 경험과 가정의 사회·경제적 배경 및 일반사회의 문화적 배경에 영향을 받는다.
③ 개인의 흥미나 태도는 유전의 제약을 비교적 덜 받으며, 개인의 경험에 따라 발달유형이 결정된다.
④ 심리적 에너지는 흥미를 결정하는 중요한 요소이다.
⑤ 개인의 욕구와 만족, 그리고 그 강도는 성취동기의 유발 정도에 따라 결정된다.

2 직업선택과 부모-자녀 관계
2025년 3회, 2022년 3회, 2018년 3회, 2016년 1회, 2015년 1회

① 로는 부모의 사랑을 받고 자란 사람은 다른 사람들과 함께 일하고 접촉하는 인간지향적인 직종을 선호하는 반면, 부모의 사랑을 제대로 받지 못하고 거부적인 분위기에서 성장한 사람은 다른 사람들과의 접촉이 적은 비인간적인 직종의 직업을 선호한다고 보았다.
② 로는 인생 초기의 경험이 직업선택에 중요한 영향을 미친다고 보았으며, 부모-자녀 관계유형을 다음과 같이 제시하였다.

정서집중형	• 과보호형: 자녀를 과보호함으로써 의존적으로 만든다. • 과요구형: 자녀에게 엄격한 훈련을 시키고 무리한 요구를 한다.
수용형	• 무관심형: 수용적으로 대하지만 부모-자녀 간의 친밀감이 형성되지 않은 관계이다. • 애정형: 수용적으로 대하며 부모-자녀 간의 친밀감을 형성하고 독립심을 길러준다.
회피형	• 무시적 회피형: 자녀와 그다지 접촉하지 않으며, 부모로서의 책임을 회피한다. • 거부적 회피형: 자녀의 의견을 전적으로 무시하고 감정적으로까지 거부한다.

3 직업분류체계에 따른 8가지 직업군
2025년 2회, 2024년 1회, 2022년 1회, 2018년 3회, 2017년 2회, 2014년 3회

1. 서비스직	• 기본적으로 다른 사람의 욕구와 복지에 관련된 직업군이다. • 주로 복지와 관련되어 종사하는 사회산업 등 서비스 직업이 해당한다.
2. 비즈니스직	• 상대방을 설득하여 거래를 성사시키는 직업군이다. • 주로 공산품, 투자상품, 부동산 등을 판매하는 직업이 해당한다.
3. 단체직	• 기업이나 단체의 조직과 효율적인 기능에 관련된 직업군이다. • 사업, 제조업, 행정에 종사하는 관리직이 해당한다.
4. 기술직	• 상품과 재화의 생산·유지·운송과 관련된 직업을 포함하는 직업군이다. • 운송과 정보통신에 관련된 직업뿐만 아니라 공학, 기능, 기계무역에 관계된 직업들도 이 영역에 속한다. • 대인관계는 상대적으로 덜 중요하며 사물을 다루는 데 관심을 둔다.
5. 옥외활동직	농산물, 수산자원, 지하자원, 임산물, 기타의 천연자원을 개발, 보존, 수확하는 것과 축산업에 관련된 직업이 해당한다.
6. 과학직	과학 이론 및 그 이론을 특정한 환경에 적용하는 직업이 해당한다.
7. 예능직	창조적인 예술과 연예에 관련된 특별한 기술을 사용하는 것과 관련된 직업이 해당한다.
8. 일반문화직	• 인류의 활동에 흥미를 가지며, 문화유산의 보존 및 전수에 관련된 직업군이다. • 교육, 법률, 언론 등이 해당한다.

4 직업수준 6단계

로는 직업수준을 책임, 능력, 기술의 정도에 따라 6단계로 나누었다.

1. 고급 전문관리	• 중요한 정책에 독립적인 책임을 진다. • 최고 경영자, 관리자, 정책 책임자, 입안자 등이 여기에 속한다.
2. 중급 전문관리	• 타인에 대한 중간 정도의 책임을 지거나 부분적인 독립적 지위를 갖는다. • 정책을 집행하거나 해석한다.
3. 준전문관리	• 타인에 대해 낮은 수준의 책임을 진다. • 정책을 적용하거나 자신만을 위한 의사결정을 한다.

4. 숙련직	견습이나 다른 특수한 훈련 및 경험을 필요로 한다.	
5. 반숙련직	숙련직에 비해 낮은 수준의 훈련 및 경험을 필요로 한다.	
6. 비숙련직	훈련이나 경험이 필요하지 않으며, 단순하고 반복적인 활동을 한다.	

UNIT 6 크롬볼츠(Krumboltz)의 진로선택의 사회학습이론

1 사회학습이론의 이해

2022년 1회, 2018년 1·2회, 2017년 3회, 2016년 3회, 2015년 1회

(1) **크롬볼츠의 사회학습이론의 의의** 2021년 2회
① 강화이론, 고전적 행동주의 이론, 인지적 정보처리이론에 기원을 두고 있는 이론이다.
② 진로결정에 영향을 미치는 요인으로 유전적 요인과 특별한 능력, 환경조건과 사건, 학습경험, 과제접근기술 4가지를 제시한다.
③ 기본적으로 유전적 요인과 특별한 능력이 진로결정과정에 미치는 영향을 고려하면서도 진로선택결정에 영향을 미치는 삶의 사건들에 관심을 두고, 또한 학과 전환 등 진로의사결정과 관련된 개인의 행동에 대해서도 관심을 두고 있다.
④ 전체 인생에서 각 개인의 독특한 학습경험이 진로선택을 이끄는 주요한 요인들을 발달시킨다. 이러한 진로결정요인들이 상호작용하여 자기관찰 일반화와 세계관 일반화를 형성하며, 개인의 신념과 일반화는 사회학습모형에서 매우 중요하다.
⑤ 특정한 직업을 갖게 되는 것은 단순한 선호나 선택의 기능이 아니고, 개인이 통제할 수 없는 복잡한 환경적 요인의 결과이다.

> ✅ **교수님의 코멘트**
> 크롬볼츠의 사회학습이론에서는 진로선택과정에서 개인과 환경이 상호작용을 통해 어떠한 학습을 했는지에 중점을 두고 있습니다.

(2) **진로결정에 영향을 미치는 요인**
진로결정에 영향을 미치는 요인은 크게 환경적 요인과 심리적 요인으로 구분된다. 환경적 요인과 심리적 요인의 구분은 개인의 통제 여부에 달려 있다.
① 환경적 요인
유전적 요인과 특별한 능력, 환경조건과 사건 등 개인이 통제하기 어려워 상담을 통해 변화시키는 것이 불가능한 영역이다.
② 심리적 요인
  ㉠ 학습경험, 과제접근기술 등 개인의 생각과 감정에 의해서 행동을 결정하기 때문에 상담을 통해 변화가 가능한 영역이다.
  ㉡ 개인의 생각과 감정, 행동을 결정하게 되므로 상담자는 내담자가 이러한 요인들의 영향을 이해하고 변화시키도록 도와주어야 한다. 즉, 상담자는 학과 전환 등 진로의사결정과 관련된 개인의 행동에 대해서 관심을 두어야 한다.

(3) 개인의 진로에 영향을 미치는 요인
2025년 3회, 2024년 2·3회, 2022년 3회, 2020년 1·2(통합)·3회, 2019년 3회, 2018년 2·3회, 2014년 1회

① 유전적 요인과 특별한 능력
- ㉠ 교육적·직업적인 선호나 기술에 제한을 줄 수 있는 자질로서, 개인의 진로기회를 제한하는 생득적인 특질을 말한다.
- ㉡ 인종, 성별, 신체적인 모습 및 특징, 지능, 예술적 재능 등이 해당한다.

② 환경적 조건과 사건
- ㉠ 환경상의 조건이나 특정한 사건, 즉 사회적·정치적·문화적·경제적 상황 등은 기술개발, 활동, 진로선호 등 개인의 진로에 영향을 미친다.
- ㉡ 고용창출 여부, 기술의 발달, 사회정책, 법, 훈련 가능 분야 등이 여기에 해당한다.

③ 학습경험
- ㉠ 과거에 학습한 경험은 현재 또는 미래의 교육적·직업적 의사결정에 영향을 미친다.
- ㉡ 학습의 종류

도구적 학습	행동의 직접적 결과로 타인의 반응, 즉 정적·부적 강화에 의해 학습된다.
연상적 학습	연상에 의한 결과로 타인의 행동 관찰, 영화, 출판물 등을 통해 학습된다.

④ 과제접근기술
- ㉠ 개인이 환경을 이해하고 대처하며 미래를 예견하는 능력이나 경향을 의미한다.
- ㉡ 과제접근기술은 유전적 요인, 환경적 조건, 학습경험의 상호작용으로 개발시켜 온 기술이며, 이러한 기술은 개인이 직면한 문제의 해결과 과업의 성과에 상당부분 영향을 미친다.
    - 예 신입사원 A는 직무 매뉴얼을 참고하여 업무수행을 한다. 그러나 이런 방법을 통해 신입사원 때 좋은 결과를 얻더라도 승진하여 새로운 업무를 수행할 때는 기존의 업무수행방법을 수정해야 할지도 모른다.
- ㉢ 문제해결기술, 정보수집능력, 일하는 습관, 감성적 반응, 인지적 과정 등이 해당한다.

(4) 우연한 일들을 자신의 진로에 유리하게 활용하는 데 도움되는 기술 2024년 1회, 2019년 1회

호기심	새로운 학습기회를 탐색하게 해 주며, 성장과 충족감을 느끼게 한다.
인내심	좌절의 경험이라 할지라도 인내심을 갖고 일관성 있는 노력을 지속해야 한다.
융통성	기존의 경험으로만 세상을 보지 말고, 상황이나 관점을 다양하게 볼 수 있는 태도를 가져야 한다.
낙관성	새로운 기회가 올 때 그것을 긍정적으로 이해하고 해석할 줄 알아야 한다.
위험감수	불확실한 결과와 실패의 위험을 감수하더라도 실행할 수 있어야 한다.

UNIT 7 새로운 진로발달이론

1 인지적 정보처리이론(CIP; Cognitive Information Processing)

(1) 인지적 정보처리이론의 의의 2018년 2회, 2011년 3회, 2006년 1회
① 진로문제를 개인의 인지적인 의사결정의 문제로 본다.
② 직업적 문제와 원인을 개인의 발달적 차원에서 찾는 것이 아니라, 문제를 유발하고 이를 지각하는 개인의 인지과정에 두고 있다.

③ 컴퓨터의 연산과정에서 유추하여 인간의 진로의사결정 과정을 설명하고 있다.
④ 컴퓨터가 정보를 인식하여 처리하는 과정처럼 개인이 진로문제 해결과 의사결정을 위해 정보를 어떻게 지각하고 이해하며 기억하는가에 중점을 둔다.
⑤ 학습의 과정을 인간이 감각기관을 이용하여 정보를 습득하고 체계적으로 정리하여 뇌에 기억(저장)하는 과정이라 보고, 기억된 정보는 필요할 때 재생시켜 원하는 곳에 사용할 수 있다고 하였다.
⑥ 개인에게 학습 기회를 제공함으로써 개인의 처리능력을 발전시키는 것을 목적으로 한다.
⑦ 개인의 인지적 과정에 개입하는 방식을 통해 개인에게 의사결정기술을 훈련시킴으로써 자신의 직업적 문제의 해결자이자 의사결정자가 되도록 돕는다.
⑧ 내담자가 욕구를 분류하고 지식을 획득하여, 자신의 욕구가 무엇인지 알 수 있도록 돕는다.

(2) 인지적 정보처리의 주요 전제
2017년 2회, 2014년 2회, 2013년 3회, 2011년 2·3회, 2010년 1회, 2009년 1·3회, 2004년 3회

① 진로선택은 인지적 과정 및 정의적 과정의 상호작용 결과이다.
② 진로의사결정은 하나의 문제해결 활동이다.
③ 진로문제를 해결하는 능력은 지식뿐 아니라 인지적 조작의 가용성에 달려 있다.
④ 진로문제의 해결은 고도의 기억력을 요하는 과제이다.
⑤ 진로문제를 보다 잘 해결하고자 하는 욕구는 곧 자신과 직업세계를 보다 잘 이해함으로써 직업선택에 만족을 얻고자 하는 것이다.
⑥ 진로발달은 자신과 직업에 대한 정보를 가지고 일련의 구조화된 기억구조를 형성함으로써 이루어진다. 지식구조는 지속적으로 변화하기 때문에 진로발달은 지식구조의 끊임없는 성장과 변화를 포함한다.
⑦ 진로정체성은 자기이해를 얼마나 하느냐에 달렸다.
⑧ 진로성숙도는 자신의 진로문제를 해결하는 개인의 능력과 관련된다.
⑨ 진로상담의 궁극적 목적은 정보처리기술을 향상시키는 것이다.
⑩ 진로상담의 최종목표는 진로문제의 해결자이고 의사결정자인 내담자의 잠재력을 증진시키는 것이다.

(3) 진로문제 해결의 과정(CASVE)
2021년 1회, 2020년 4회, 2018년 3회, 2013년 2회

① **의사소통(Communication)**: 질문들을 받아들여 부호화하며 이를 송출한다.
→ 의문점을 듣고, 부호화하고, 표현하는 의사소통
② **분석(Analysis)**: 하나의 개념적 틀 안에서 문제를 찾고 이를 분류한다.
→ 개념적 틀 안에서 문제를 규명하고 정하는 분석
③ **통합 또는 종합(Synthesis)**: 일련의 행위를 형성한다.
→ 행동의 과정을 만들어 내는 통합(종합)
④ **평가 또는 가치부여(Valuing)**: 성공과 실패의 확률에 따라 각각의 행위를 판단하며, 다른 사람에게 미칠 파급효과를 평가한다.
→ 성공과 실패의 가능성과 타인에 대한 영향력으로 행동을 판단하는 가치화
⑤ **실행(Execution)**: 책략을 통해 계획을 실행한다.
→ 계획을 수행할 전략들의 이행인 실행

2 사회인지 진로이론(SCCT; Social Cognitive Career Theory)

(1) 사회인지 진로이론의 의의
2024년 3회, 2020년 4회, 2017년 3회, 2011년 3회

① 1980년대 반두라(Bandura)의 사회학습이론을 토대로 하케트와 베츠(Hackett & Betz)에 의해 발전되었다.
② 진로선택에서 개인의 타고난 성향 및 환경 간의 상호작용만이 아니라, 개인의 자기효능감이라는 개념을 도입하여 진로발달과 선택에서 진로와 관련된 자신에 대한 평가와 믿음의 인지적 측면을 강조한다.

③ 개인의 삶은 외부 환경 요인, 개인과 신체적 속성 및 외형적 행동 간의 관계로 보고 환경, 개인적 요인, 행동 사이의 상호작용을 중시한다.
④ 개인의 진로선택과 수행에 영향을 미치는 성(性)과 문화적 이슈 등에 민감하다.
⑤ 개인의 사고와 인지는 기억과 신념, 선호, 자기지각에 영향을 미치며 이는 진로발달과정의 일부이다.
⑥ 진로발달의 기본이 되는 핵심 개념으로 자아효능감과 결과기대(성과기대), 개인적 목표를 들고 있다.

(2) 반두라(Bandura)의 상호적 결정론
2019년 1·3회

① 개인, 행동, 환경(상황)의 3변인이 모두 개인 발달의 인과적 힘으로서 서로 영향을 주면서 상호작용한다는 상호결정론을 제안하였다.
② 3변인 간의 상호 인과적 관계는 양방향적이다.

더 알아보기 상호적 결정론의 3변인
2025년 2회

개인과 신체적 속성	신체적 특성, 인지적 능력, 성격, 신념, 태도 등
외형적 행동	운동 반응, 언어 반응, 정서적 반응, 사회적 상호작용 등
외부 환경	물리적 환경, 가족과 친구, 기타 사회적 영향 등

(3) 사회인지이론의 3가지 영역 모델

흥미모형	• 사람들은 자신이 성공적으로 이룰 수 있다고 느끼는 것에 지속적인 흥미를 느낀다. • 흥미는 결과기대, 자기효능감과 함께 목표를 예언하고 수행 결과로 이어진다.
선택모형	• 성별, 인종, 성격 등의 개인차와 환경이 학습경험에 영향을 주고, 학습경험이 자기효능감과 결과기대에 영향을 준다. • 진로선택이 자기효능감, 결과기대, 흥미뿐만 아니라 개인 및 환경 변인에 직·간접적으로 영향을 받는다.
수행모형	• 목표를 추구함에 있어 어느 정도 수준으로 수행할지, 그리고 어느 정도 지속할 것인가를 예측한다. 과거의 수행성취도는 자기효능감과 결과기대에 영향을 주고, 이것이 수행목표에 영향을 주어 최종적으로 수행수준을 이끈다. • 자기효능감, 결과기대, 수행목표가 수행수준과 수행지속성을 설명한다.

✓ **교수님의 코멘트**
흥미모형과 선택모형은 개인 흥미의 유발 원인과 일하고 싶어 하는 영역, 진로선택의 내용을 설명하고, 수행모형은 이미 선택한 영역에서 수행의 수준을 예측하고 설명합니다.

3 반두라(Bandura)의 자기효능감 이론

(1) 반두라의 자기효능감 이론의 의의
2024년 3회, 2018년 1회

① 어떤 과제를 수행하는 데 있어서 자신의 능력에 대한 믿음이 과제 시도의 여부와 과제를 어떻게 수행하는지를 결정한다고 본다.
② 자기효능감은 개인 노력의 강도를 결정한다. 높은 효능감을 지닌 사람들은 수행을 긍정적으로 이끌어 가는 과정을 시각화하고 또 문제에 대한 좋은 해결방안을 인지적으로 제시한다.

✓ **교수님의 코멘트**
낮은 자기효능감을 가진 사람은 진로목표설정에 실패하거나 진로결정을 지연, 회피, 포기하는 경향이 있습니다.

③ 이후 하케트와 베츠가 남성과 여성의 성차에 대한 설명을 시도함으로써 이론을 더욱 발전시키게 되었다. 자기효능감은 선택권의 제한과 자신의 능력을 십분 발휘하지 못하는 경험 등에 의해 영향을 받는다. 하케트와 베츠는 특히 자기효능감 수준이 낮은 여성들의 진로문제에 관심을 두었다.

(2) 자기효능감에 영향을 미치는 요인

① 성공경험(성취경험)
② 대리경험(다른 사람의 성취에서 얻는 경험)
③ 언어적인 설득(주변사람들에게 듣는 말)
④ 정서적 고양으로 생리적이고 정서적인 상태(자신의 능력과 기능에 대한 판단과 관련 정서)

4 가치중심적 진로접근모형

(1) 가치중심적 진로접근모형의 의의

① 가치중심적 진로접근모형을 개발한 브라운(Brown)은 개인이 생애역할에 관한 의사결정을 하는 데 있어서 가치가 강력한 결정요인이며, 인간의 행동이 개인의 가치에 의해서 상당부분 영향을 받는다고 보았다.
② 생애역할에서의 만족은 긴요한 모든 필수적인 가치들의 만족 정도와 직접 연관된다.
③ 다른 이론과 달리 흥미가 진로결정에 큰 영향을 미치지 않는 것으로 본다. 즉, 흥미는 개인의 선호도에 많은 영향을 주지만, 실제적인 행동에 있어서는 개인의 만족을 충족시키는 가치만큼 영향을 미치지 않는다.

(2) 가치중심적 진로접근모형의 기본명제

① 개인이 우선권을 부여하는 가치들은 그리 많지 않다.
② 가치는 환경 속에서 가치를 담은 정보를 획득함으로써 학습된다.
③ 생애만족은 중요한 모든 가치들을 만족시키는 생애역할들에 의존한다.
④ 생애만족은 모든 필수적인 가치들을 만족시키는 생애역할에 달려 있다.
⑤ 한 역할의 특이성(현저성)은 역할 내에 있는 필수적인 가치들의 만족 정도와 직접 관련된다.
⑥ 생애역할에서의 성공은 학습된 기술, 인지적·정의적·신체적 적성 등 많은 요인들에 의해 결정된다.

5 맥락주의 진로이론

(1) 맥락주의 진로이론의 의의

① 맥락주의(구성주의, contextualism) 진로이론은 진로연구와 진로상담에 대한 맥락상의 행위 설명을 확립하기 위하여 고안된 방법으로, 구성주의 철학을 토대로 한다.
② 개인과 환경의 상호작용을 강조한다.
③ 행위는 맥락주의의 주요 관심대상이다.
④ 행위는 인지·사회적으로 결정되며 일상의 경험을 반영하는 것이다.
⑤ 구성주의의 입장은 개인이 정보를 조직화하는 나름대로의 방식을 구축하며, 진리나 실재는 지각의 문제라고 본다. 따라서 맥락주의는 내담자가 현재의 행위와 후속적인 경험으로부터 어떻게 개인적인 의미를 구성하는지 파악하는 것이 중요하다고 본다.

⑥ 현실을 예측과 통제가 가능하고 규칙과 법칙으로 이해될 수 있다고 보는 객관주의와는 달리, 구성주의는 진리나 지식은 사회적 참여를 하고 있는 개인의 인지적 작용의 결과만큼 주관적인 흥미와 관심에 초점을 맞춘 것으로 보며 환경 안에서의 개인의 선택을 중시한다.

(2) 구성주의 진로발달이론의 상담방법 중 진로양식(진로유형) 면접 2019년 1회

① 내담자가 자신의 교육, 경험 등 진로선택과 관련된 이야기를 함으로써, 자신의 삶의 의미를 확인하게 하는 스토리텔링 방식의 진로유형 면접법으로, 구조화된 면담방법이다.

② 질문유형

교과목	선호하는 직무와 근로환경 파악 예 중학교 때나 고등학교 때 좋아하는 교과목이 무엇이었나요?
역할모델	이상적 자아 파악 ⇨ '누구를 존경했는가'보다 '어떤 점을 존경했는가'가 질문의 초점 예 어떤 사람의 삶을 따라서 살고 싶은가요?
명언	인생의 좌우명 파악 ⇨ 생애사(life story)의 제목 예 좋아하는 명언이나 좌우명이 있나요?
책, 영화	태도와 행동의 파악 ⇨ 동일 문제에 당면한 주인공이 어떻게 문제를 다루는지 보여준다. 예 좋아하는 책이나 영화에 대해 이야기해 주세요.

6 동기이론 및 직무만족이론

(1) 호손 효과(Hawthorne effect)

① 하버드대 교수인 메이요(Mayor)가 호손 웍스라는 공장에서 수행한 실험의 결과에서 유래한 말로 인간관계이론에 속한다.
② 호손 효과(Hawthorne effect)는 인간관계에 의해서 근로자들의 행동이 변하며 일시적으로 그들의 생산성 효율이 변화하는 현상을 관찰한 것이다.
③ 즉, 작업에 있어서 작업 장면의 사회적 환경, 조직성원의 사회적·심리적 욕구, 비공식 집단이 생산성에 영향을 미친다는 이론이다.
　㉠ 인간(관계)이 조직에서 중요한 요소의 하나라는 사실을 강조하였다.
　㉡ 개인과 집단의 사회적·심리적 요소가 조직성과에 영향을 미친다는 사실을 인식하였다.
　㉢ 비공식 조직이 조직성과에 영향을 미치는 것을 확인하였다.
④ 호손 효과의 결론은 근로자의 생산성에 있어 작업장의 물리적 환경보다는 작업장의 사회적 환경 즉, 인간관계 측면이 중요하다는 것이다.

(2) 매슬로우(Maslow)의 욕구위계이론 2014년 1회

① 매슬로우는 인간은 특정한 형태의 충족되지 못한 욕구들을 만족시키기 위하여 동기화된다고 주장하였다. 또한 선천적인 인간의 욕구들은 강도와 중요성에 따라 위계를 이룬다는 전제하에서 욕구위계 혹은 욕구단계를 제안했다.
② 욕구위계에서는 가장 하위수준에 해당되는 욕구의 강도가 가장 높고, 최상위수준에 해당되는 욕구의 강도가 가장 낮다. 따라서 하위수준의 욕구가 제대로 충족되지 않으면 상위수준의 욕구가 나타나지 않는다.
③ 극히 예외적인 경우를 제외하면 심리적으로 건강한 사람이란 현재 당면하고 있는 욕구의 위계적 수준이 높은 사람이다.

(3) 매슬로우의 욕구위계
　① 생리적 욕구
　　음식, 물, 산소, 수면, 성, 감각자극 등과 같은 욕구를 포함한다. 생리적 욕구는 본능과 유사한 개념으로, 그 욕구를 충족시킬 수 있는 행동을 하도록 한다.
　② 안전욕구
　　확실성, 질서, 구조, 예측 가능한 환경, 불안과 공포로부터의 해방 등에 대한 욕구이다. 취업, 저축, 보험 등도 안전욕구가 발현된 것이다. 부분적으로 철학이나 종교도 안전욕구를 반영한다.
　③ 소속과 애정의 욕구
　　타인(예 배우자·가족·친지·친구) 등과 원만한 관계를 형성하고 준거집단에 소속하려는 욕구이다. 이 욕구를 충족시키려면 사랑을 받는 것은 물론 사랑을 주는 것도 필요하다.
　④ 존중욕구
　　자기존중의 욕구와 다른 사람들의 존중을 받으려는 욕구로 구분된다.
　　㉠ 자기존중의 욕구: 성취, 능력, 독립 등에 대한 욕구를 포함한다.
　　㉡ 다른 사람들의 존중을 받으려는 욕구: 지위, 위신, 인정, 관심, 승인 등에 대한 욕구를 포함한다.
　⑤ 자기실현욕구
　　자기 자신이 성취할 수 있는 모든 것을 실현하려는 욕구를 의미한다. 이 욕구는 자기증진을 위한 갈망이며, 잠재력을 실현하려는 욕망이다. 자기실현욕구를 가진 사람들은 능력, 재능, 잠재력을 충분히 발휘하기 위해 노력한다.

(4) 알더퍼(Alderfer)의 ERG이론　　　　　　　　　　　　　　　　　　　　　　　　　2019년 1회
　① 매슬로우의 욕구위계이론과 가장 유사성이 많은 직무동기이론이다.
　② 매슬로우의 5단계 욕구를 3가지 범주로 구분하였다.

존재의 욕구(existence needs)	생리적 욕구 + 안전욕구
관계의 욕구(relatedness needs)	소속과 애정의 욕구 + 존중욕구(일부)
성장의 욕구(growth needs)	존중욕구(일부) + 자기실현욕구

　③ 좌절과 퇴행이라는 요소를 추가하여, 고차원 욕구가 좌절되었을 때는 오히려 저차원 욕구의 중요성이 커진다.

(5) 맥클리랜드(McClelland)의 성취동기이론
　① 맥클리랜드는 작업환경에는 3가지 주요한 욕구가 있다고 주장하였으며, 이른 성취욕구, 친교욕구, 권력욕구로 구분하였다.

구분	설명
성취욕구	높은 기준을 정하고 이를 달성하고자 하는 욕구이다.
친교욕구	대인관계에서 친밀한 관계를 맺고자 하는 욕구이다.
권력욕구	다른 사람들에게 영향력을 미치고 통제하려는 욕구이다.

　② 매슬로우(Maslow)의 욕구위계와 비교하여, 성취욕구는 자아실현의 욕구와 상응하고 권력욕구는 존경의 욕구와 유사하며, 친교욕구는 사회적 욕구와 상응한다고 본다.

(6) 애덤스(Adams)의 공정성이론(형평분배이론)   2019년 2회
① 개인이 얼마나 동기화되는가는 타인이 기울인 노력과 자신이 기울인 노력의 비교를 통해 결정된다.
② 일종의 사회적 비교이론으로, 개인이 다른 사람에 비해 어느 정도 공정하게 대우를 받고 있는가에 관한 지각의 중요성을 강조한다.
③ 사람들이 어떤 상황에 기여한 정도에 따라 보상을 받아야 한다고 생각하며, 조직 속에서 개인은 자신이 투자한 투입과 이로부터 얻어지는 결과를 다른 개인이나 집단의 그것들과 비교한다고 가정한다.
④ 자신이 투자한 투입 대 결과의 비율이 타인의 그것과 동일하다면 공정하다고 느끼며 만족하고, 반대로 불공정성을 지각하게 되면 공정성을 회복하는 쪽으로 노력을 기울이게 된다.

(7) 허츠버그(Herzberg)의 2요인이론(동기-위생이론)   2025년 3회, 2019년 3회, 2014년 2회
① 직무만족과 동기를 종합한 이론이다.
② 동기요인과 위생요인

동기요인	• 직무만족을 가져오는 요인으로, 작업자가 가장 높은 수준의 성과를 얻도록 자극한다. • 일의 내용, 개인의 성취감, 책임의 수준 또는 개인의 발전과 향상 등을 포함한다.
위생요인	직무불만족을 가져오는 요인이다. 조직의 정책이나 관리규정, 감독형태, 대인관계, 복리후생, 작업조건 등 작업환경의 특징이 포함된다.

㉠ 이론의 전제는 직무만족을 결정하는 요인들과 직무불만족을 결정하는 요인들은 질적으로 다르다는 것이다.
㉡ 위생요인을 아무리 개선하거나 자극한다고 하여도 동기부여는 일어나지 않으며, 또한 동기요인을 제거하거나 감소시킨다고 하여도 불만족이 유발되는 것은 아니다.
㉢ 동기요인은 직무 그 자체를 말하며 만족에 영향을 줄 수 있으나, 위생요인은 불만족의 정도에 그 영향력이 한정되어 있다.

(8) 데시(Deci)의 내적 동기이론   2022년 3회, 2016년 1회
① 외적 동기와 내적 동기

외적 동기	과제와 별다른 관계가 없거나 어느 정도만 관련된 결과로 인해 동기화되는 것을 말한다. 즉, 목표달성을 위한 수단으로 어떤 활동을 하려는 동기이다.
내적 동기	외적 보상이나 가치를 따지지 않고 단순히 성공적으로 해내고 싶은 내적 욕구 때문에 어떤 활동을 하는 것으로, 그 활동 자체를 위해 활동을 하는 것을 의미한다.

② 어떤 일을 하는 것에 대해 금전과 같은 외적인 보상을 주게 되면, 근로자들이 직무를 수행할 때 원래 가지고 있던 내적 동기가 약화된다는 이론이다.
③ 내적 동기에 의해 활동 또는 학습하는 경우 사람들은 이를 통해 이루게 되는 목표나 결과가 아니라 활동 자체에 의해 동기부여가 된다.
④ 연구에 따르면 내적 동기부여가 된 학습자들은 단순히 외적 동기에 의해 움직이는 학습자들보다 성취도가 더 높은 것으로 나타났다.
⑤ 이 이론이 시사하는 바는 오히려 금전적 보상이 직무동기를 낮추는 요인이 될 수 있다는 것이다.

(9) **브룸(Vroom)의 기대이론** 2024년 2회, 2022년 3회, 2016년 1회
① 개인은 자신의 행동결정과정에서 여러 대안을 평가하며, 자신의 노력에 따른 결과를 기대하고 선택한다는 의사결정이론이다.
② 일반적으로 구성원은 1차적 산출인 성과를 기대하면서 노력하고, 성과는 2차적 산출인 보상(승진, 급료 등)을 기대한다.
③ 좀 더 구체적으로 노력은 1차 산출물인 성과에 대한 기대감을 갖게 하고 보상에 대한 믿음인 수단성이 2차 산출물인 보상을 가져오며 보상은 보상의 만족도인 유인가를 갖게 한다.
④ 조직의 구성원은 직무에서 열심히 일함으로써 긍정적 유인가가 높은 성과들을 창출할 수 있다고 지각하는 경우 작업 동기는 높아진다.
⑤ 동기의 강도는 어떤 결과에 부여하는 가치와 특정한 행동이 그 결과를 가져다줄 것이라고 믿는 것을 곱한 값과 같다.

> **더 알아보기** 유인가, 수단성, 기대
> - Valence(유인가, 유인성): 개인이 원하는 특정한 보상에 대한 선호의 강도
> - Instrumentality(수단성): 성과(1차 결과)와 보상 사이의 인과관계에 대한 믿음
> - Expectancy(기대): 개인의 노력이 성과(1차 결과)를 발생시킬 가능성에 대한 주관적 확률

(10) **로크와 래덤(Locke & Latham)의 목표설정이론**
① 목표가 구체적일 때 근로자의 직무수행이 높다.
② 목표에 대한 몰입이 난이도에 비례한다. 즉, 목표 달성이 어려울수록 직무수행은 높아진다.
③ 목표달성에 대한 피드백을 받을 때 직무수행은 높아진다.
④ 목표설정 시 참여하게 된다면 어려운 목표도 수용한다.

CHAPTER 01 | 직업선택 및 발달이론

핵심 기출문제

빈출

01 특성-요인이론의 기본적인 가정이 아닌 것은?

2019년 3회, 2017년 1회

① 인간은 신뢰롭고 타당하게 측정할 수 없는 독특한 특성을 지니고 있다.
② 직업에서의 성공을 위해 매우 구체적인 특성을 각 개인이 지닐 것을 요구한다.
③ 진로선택은 다소 직접적인 인지과정이기 때문에 개인의 특성과 직업의 특성을 짝짓는 것이 가능하다.
④ 개인의 특성과 직업의 요구사항이 서로 밀접하게 관련을 맺을수록 직업적 성공의 가능성은 커진다.

02 직업적응이론과 관련하여 개발된 검사도구가 아닌 것은?

2020년 1·2(통합)회, 2016년 2회

① MIQ(Minnesota Importance Questionnaire)
② JDQ(Job Description Questionnaire)
③ MSQ(Minnesota Satisfaction Questionnaire)
④ CMI(Career Maturity Inventory)

03 Holland 이론의 직업환경 유형과 대표직업 간 연결이 틀린 것은?

2021년 1회, 2018년 1회

① 현실형 – 목수, 트럭운전사
② 탐구형 – 심리학자, 분자공학자
③ 사회형 – 정치가, 사업가
④ 관습형 – 사무원, 도서관 사서

빈출

04 Ginzberg의 진로발달 3단계가 아닌 것은?

2020년 4회, 2019년 3회

① 잠정기(tentative phase)
② 환상기(fantasy phase)
③ 현실기(realistic phase)
④ 탐색기(exploring phase)

꼼꼼하게 풀어 주는 정답과 해설

01 ① 특성-요인이론에서는 개개인은 신뢰할 만하고 타당하게 측정될 수 있는 고유한 특성들의 집합이며, 모든 직업마다 성공에 필요한 독특한 특성을 가지고 있다고 본다.

02 ④ 직업적응이론과 관련하여 개발된 검사도구의 하위척도는 MIQ, JDQ, MSQ가 있다. CMI(Career Maturity Inventory)는 크릿츠(Crites)가 개발한 진로성숙도검사이다.

03 ③ 사회형의 대표적인 직업군은 상담사, 교사 등이고 정치가, 사업가는 진취형의 대표적인 직업군에 해당한다.

04 ④ 긴즈버그(Ginzberg)의 진로발달 3단계는 환상기, 잠정기, 현실기이고 그중 현실기의 하위단계에 탐색단계, 구체화단계, 특수화단계가 있다.

정답 01 ① 02 ④ 03 ③ 04 ④

05 Super의 진로발달이론에 대한 설명으로 가장 적합한 것은? 2015년 3회

① 반두라(Bandura)의 사회학습이론에 근거하여 성차에 대한 설명이 보다 많이 시도되고 있다.
② 진로발달을 환상적 직업선택, 시험적 직업선택, 현실적 직업선택 단계로 나누어 설명하였다.
③ 사회경제적인 상황과 노동시장 등은 다루지 않고 있다.
④ 이론의 기저를 이루고 있는 것은 '자아개념'으로 인간은 자신의 이미지와 일치하는 직업을 선택한다는 주장이다.

06 Super가 제시한 진로발달단계를 순서대로 바르게 나열한 것은? 2018년 2회

ㄱ. 성장(growth)
ㄴ. 탐색(exploratory)
ㄷ. 유지(maintenance)
ㄹ. 쇠퇴(decline)
ㅁ. 확립(establishment)

① ㄴ → ㄱ → ㅁ → ㄷ → ㄹ
② ㄱ → ㄴ → ㄷ → ㅁ → ㄹ
③ ㄴ → ㅁ → ㄱ → ㄷ → ㄹ
④ ㄱ → ㄴ → ㅁ → ㄷ → ㄹ

07 Gottfredson이 제시한 직업포부의 발달단계가 아닌 것은? 2019년 1회

① 성역할 지향성
② 힘과 크기의 지향성
③ 사회적 가치 지향성
④ 직업 지향성

08 직업발달을 탐색-구체화-선택-명료화-순응-개혁-통합의 직업정체감 형성과정으로 설명한 학자는? 2015년 1회

① Super
② Crites
③ Tiedeman & O'Hara
④ Gottfredson

꼼꼼하게 풀어 주는 정답과 해설

05 ④ 수퍼(Super)의 진로발달이론은 자아개념을 중시하는데, 개인과 주변 환경 간의 상호작용을 통해 자아개념이 발달한다고 설명하며, 자아개념을 통해 인간은 자신의 이미지와 일치하는 직업을 선택한다고 본다.
06 ④ 수퍼(Super)가 제시한 진로발달단계는 생애단계로서 성장기 → 탐색기 → 확립기 → 유지기 → 쇠퇴기로 구분할 수 있다.
07 ④ 직업 지향성은 고트프레드슨(Gottfredson)의 직업포부 발달단계에 포함되지 않는다.

*고트프레드슨의 직업포부 발달단계
1. 힘과 크기 지향성(3~5세)
2. 성역할 지향성(6~8세)
3. 사회적 가치 지향성(9~13세)
4. 내적, 고유한 자아 지향성(14세 이후)

08 ③ 직업발달을 직업정체감 형성과정으로 설명한 학자는 타이드만과 오하라(Tiedeman & O'Hara)이다. 이 이론은 직업발달을 '탐색-구체화-선택-명료화-순응-개혁-통합'의 직업정체감 형성과정으로 설명한다.

정답 05 ④ 06 ④ 07 ④ 08 ③

09 직업발달이론 중 발달적 이론에 관한 설명으로 옳은 것은?
2016년 3회

① Super의 평생발달이론: 광범위한 의미에서의 자아의 발달로, 개인의 종합적인 인지발달과 의사결정과정이 중점이다.
② Ginzberg의 발달이론: 직업발달단계를 환상기-잠정기-현실기의 3단계로 구분한다.
③ Tiedeman과 O'Hara의 발달이론: 사람들은 직업세계에서 자신의 직업을 사회적 공간, 지적 수준, 성 유형에 맞는 직업을 선택한다고 보았다.
④ Gottfredson의 직업포부 발달이론: 생애공간 접근법이라고도 한다.

11 Roe의 욕구이론에 대한 설명과 가장 거리가 먼 것은?
2015년 2회

① 가족과의 초기관계가 진로선택에 중요한 영향을 미친다.
② 로(Roe)는 성격이론과 직업분류 영역을 통합하는 데 관심을 두었다.
③ 직업과 기본욕구 만족의 관련성이 매슬로우(Maslow)의 욕구위계론을 바탕으로 할 때 가장 효율적이라고 보았다.
④ 미네소타 직업평가척도에서 힌트를 얻어 직업을 7개의 영역으로 나누었다.

빈출
10 개인의 진로발달과정에서 사회나 환경의 영향을 상대적으로 많이 고려하는 이론은?
2018년 2회, 2016년 3회

① Parsons의 특성-요인이론(Trait-Factor Theory)
② 의사결정이론(Decision Making Theory)
③ Roe의 욕구이론(Need Theory)
④ Super의 발달이론(Developmental Theory)

꼼꼼하게 풀어 주는 정답과 해설

09 ② 긴즈버그(Ginzberg)의 발달이론은 직업선택을 단일결정이 아닌 장기간에 걸친 일련의 발달과정으로 보았다. 직업발달단계를 '환상기-잠정기-현실기'의 3단계로 구분한다.

오답풀이
① 수퍼(Super)의 평생발달이론은 생애공간이론(접근법)이라고도 한다. 생애공간이론은 진로발달을 전 생애의 기간이라는 종단적 측면과 공간이라는 역할적 측면을 부각한다.
③ 타이드만과 오하라(Tiedeman & O'Hara)의 발달이론은 의사결정 발달이론이라고도 한다. 의사결정과정을 인지적 구조의 분화와 통합에 의한 의식적인 문제해결행동으로 본다.

④ 고트프레드슨(Gottfredson)의 직업포부 발달이론은 제한과 타협이론으로, 직업포부의 발달단계를 힘과 크기의 지향성, 성역할 지향성, 사회적 가치 지향성, 내적·고유한 자아 지향성으로 구분하였다.

10 ③ 로(Roe)의 욕구이론은 개인의 진로발달과정에서 사회나 환경의 영향을 상대적으로 가장 많이 고려하는 이론이다.

11 ④ 로(Roe)는 미네소타 직업평가척도에서 힌트를 얻어 직업을 8개의 영역으로 나누었다. 즉, 직업군을 서비스직, 비즈니스직, 단체직, 기술직, 옥외활동직, 과학직, 예능직, 일반문화직으로 나누고 각각의 직업군에 알맞은 직업들의 목록을 작성하였다.

정답 09 ② 10 ③ 11 ④

12 사회학습이론에 기반한 진로발달과정의 요인으로 다음 사례와 밀접하게 관련 있는 것은?
2020년 3회

> 신입사원 A는 직무 매뉴얼을 참고하여 업무수행을 한다. 그러나 이런 방법을 통해 신입사원 때 좋은 결과를 얻더라도, 승진하여 새로운 업무를 수행할 때는 기존의 업무수행방법을 수정해야 할지도 모른다.

① 유전적 요인과 특별한 능력
② 직무적성
③ 학습경험
④ 과제접근기술

13 진로선택 사회학습이론에 관한 설명으로 틀린 것은?
2018년 1회, 2015년 1회

① 유전적 요인과 특별한 능력이 진로결정과정에 미치는 영향을 고려하지 않았다.
② 진로선택결정에 영향을 미치는 삶의 사건들에 관심을 두고 있다.
③ 전체 인생에서 각 개인의 독특한 학습경험이 진로선택을 이끄는 주요한 영향요인을 발달시킨다고 보았다.
④ 개인의 신념과 일반화는 사회학습모형에서 매우 중요하다고 보았다.

14 Krumboltz의 사회학습이론에 관한 설명으로 틀린 것은?
2017년 3회, 2016년 3회

① 진로결정에 영향을 미치는 요인으로 유전적 요인, 환경적 조건, 학습경험, 과제접근기술 등 4가지를 제시하고 있다.
② 강화이론, 고전적 행동주의 이론, 인지적 정보처리이론에 기원을 두고 있다.
③ 진로결정 요인들이 상호작용하여 자기관찰 일반화와 세계관 일반화를 형성한다.
④ 학과 전환 등 진로의사결정과 관련된 개인의 행동에 대해서는 관심을 두지 않고 있다.

15 진로선택에 관한 사회학습이론에서 개인의 진로발달과정과 관련이 없는 요인은?
2019년 3회, 2014년 2회

① 유전 요인과 특별한 능력
② 환경 조건과 사건
③ 학습경험
④ 인간관계기술

꼼꼼하게 풀어 주는 정답과 해설

12 ④ 과제접근기술은 개인이 환경을 이해하고 이에 대처하며 미래를 예견하는 능력이나 경향을 의미한다. 과제접근기술은 유전적 요인, 환경적 조건, 학습경험의 상호작용으로 나타나며, 문제해결기술, 일하는 습관, 정보수집능력, 감성적 반응, 인지적 과정 등이 포함된다.

13 ① 사회학습이론은 기본적으로 유전적 요인과 특별한 능력이 진로결정과정에 미치는 영향을 고려하면서 진로선택결정에 영향을 미치는 삶의 사건들에 관심을 두고 있다.

14 ④ 사회학습이론은 학과 전환 등 진로의사결정과 관련된 개인의 행동에 대해서도 관심을 두고 있다.

15 ④ 사회학습이론은 진로결정에 영향을 미치는 요인으로 유전적 요인, 환경적 조건, 학습경험, 과제접근기술 4가지를 제시한다. 인간관계기술은 사회학습이론에서 진로발달과정과 관련이 없다.

정답 12 ④ 13 ① 14 ④ 15 ④

16 인지적 정보처리이론에서 제시하는 의사결정과정의 절차를 바르게 나열한 것은? 2021년 1회

> ㄱ. 분석단계
> ㄴ. 종합단계
> ㄷ. 실행단계
> ㄹ. 가치평가단계
> ㅁ. 의사소통단계

① ㄱ → ㄴ → ㄷ → ㄹ → ㅁ
② ㄴ → ㄹ → ㄱ → ㄷ → ㅁ
③ ㄷ → ㄱ → ㄴ → ㅁ → ㄹ
④ ㅁ → ㄱ → ㄴ → ㄹ → ㄷ

17 사회인지 진로이론(SCCT)에 대한 설명으로 옳지 않은 것은? 2017년 3회

① Bandura의 사회학습이론에 토대를 두며 환경, 개인적 요인, 행동 사이의 상호작용을 중시한다.
② 개인의 진로선택과 수행에 영향을 미치는 성(gender)과 문화적 이슈 등에 민감하다.
③ 개인의 사고와 인지는 기억과 신념, 선호, 자기지각에 영향을 미치며 이는 진로발달 과정의 일부이다.
④ 진로발달의 기본이 되는 핵심개념으로 자아효능감과 수행결과, 개인적 목표를 들고 있다

18 Bandura가 제시한 사회인지이론의 인과적 모형에 해당하지 않는 변인은? 2019년 3회

① 외형적 행동
② 개인적 기대와 목표
③ 외부 환경 요인
④ 개인과 신체적 속성

19 Bandura가 제시한 것으로, 어떤 과제를 수행하는 데 있어서 자신의 능력에 대한 믿음이 과제 시도의 여부와 과제를 어떻게 수행하는지를 결정한다는 것은? 2018년 1회, 2010년 3회

① 자기통제이론
② 자기판단이론
③ 자기개념이론
④ 자기효능감이론

꼼꼼하게 풀어 주는 정답과 해설

16 ④ 인지적 정보처리이론의 의사결정 과정은 '의사소통, 분석, 종합(통합), 평가, 실행' 순이다.

17 ④ 진로발달의 기본이 되는 핵심개념으로 자아효능감과 결과기대(성과기대), 개인적 목표를 들고 있다. 수행결과는 거리가 멀다.

18 ② 반두라(Bandura)는 개인과 신체적 속성, 외부 환경, 외형적 행동(상황) 3변인은 모두 개인 발전의 인과적 힘으로서 서로 영향을 주면서 상호작용한다는 상호결정론 개념을 제안하였다.

19 ④ 자기효능감이론은 반두라(Bandura)가 제시한 이론으로, 어떤 과제를 수행하는 데 있어서 자신의 능력에 대한 믿음이 과제 시도의 여부와 과제를 어떻게 수행하는지를 결정한다는 것이다.

정답 16 ④ 17 ④ 18 ② 19 ④

20 가치중심적 진로접근모형의 기본명제와 가장 거리가 먼 것은?
2019년 2회

① 개인이 우선권을 부여하는 가치들은 얼마 되지 않는다.
② 가치는 환경 속에서 가치를 담은 정보를 획득함으로써 학습된다.
③ 한 역할의 특이성은 역할 안에 있는 필수적인 가치들의 만족 정도와 관련된다.
④ 생애역할에서의 성공은 학습된 기술과 인지적·정의적·신체적 적성을 제외한 요인에 의해 결정된다.

21 진로발달에서 맥락주의(contextualism)에 관한 설명으로 틀린 것은?
2024년 1회, 2020년 1·2(통합)회, 2016년 2회

① 행위는 맥락주의의 주요 관심대상이다.
② 개인보다는 환경의 영향을 강조한다.
③ 행위는 인지적·사회적으로 결정되며 일상의 경험을 반영하는 것이다.
④ 진로연구와 진로상담에 대한 맥락상의 행위 설명을 확립하기 위하여 고안된 방법이다.

22 다음 중 Maslow의 욕구위계이론과 가장 유사성이 많은 직무동기이론은?
2019년 1회

① 기대-유인가이론
② Adams의 형평이론
③ Locke의 목표설정이론
④ Alderfer의 존재-관계-성장이론

23 금전적 보상이 직무동기를 낮출 수도 있다고 설명하는 이론은?
2016년 1회

① 기대이론
② 내적 동기이론
③ 사회학습이론
④ 목표설정이론

꼼꼼하게 풀어 주는 정답과 해설

20 ④ 생애역할에서의 성공은 학습된 기술, 인지적·정의적·신체적 적성 등 많은 요인들에 의해 결정된다.

21 ② 진로발달의 맥락주의(구성주의)에서는 개인과 환경의 상호작용을 강조한다.

22 ④ 알더퍼(Alderfer)의 존재-관계-성장이론은 매슬로우의 욕구위계이론과 가장 유사성이 많은 직무동기이론으로, 매슬로우의 5단계 욕구를 존재의 욕구, 관계의 욕구, 성장의 욕구의 세 가지 범주로 구분하였다.
  • 존재의 욕구: 생리적 욕구와 안전(안정)에 대한 욕구를 더한 개념
  • 관계의 욕구: 소속과 애정에 대한 욕구와 존중욕구(일부)를 더한 개념
  • 성장의 욕구: 존중욕구(일부)와 자아실현의 욕구를 더한 개념

23 ② 내적 동기란 외적 보상이나 가치를 따지지 않고 단순히 내적 욕구에 의해 어떤 행동을 하는 것으로, 금전과 같은 외적 보상을 받으면 근로자들은 직무를 수행할 때 원래 가지고 있던 내적 동기가 약화된다. 즉, 금전적 보상이 직무동기를 낮추는 요인이 될 수 있다.

정답 20 ④ 21 ② 22 ④ 23 ②

CHAPTER 02 직업상담의 진단

회당 평균 출제 문항수 5.9개

수험 전략
- 평균 5~7문항으로 출제비중이 큰 영역이다.
- 심리검사의 기본개념과 용어가 다소 생소하고 어려우므로 끈기를 가지고 개념정리를 하되 출제비중이 높은 부분에 효율적으로 집중하는 전략이 필요하다.
- 최근 주요 심리검사의 출제비중이 높으므로 검사의 종류별 특징을 눈여겨볼 필요가 있다.

NEW & HOT! 키워드
심리검사 목적에 따른 분류
집단 내 규준   # 준거타당도
구성타당도   # 웩슬러 지능검사
일반적성검사   # 진로성숙도검사

UNIT 1 직업심리검사의 이해

1 심리검사의 특성

(1) 심리검사의 의의   2013년 2회

① 심리검사란 흥미, 성격, 능력, 태도 등의 개인의 심리적 속성을 질적 혹은 양적으로 측정, 평가하는 조직적 절차이다.
② 심리검사는 알아보려는 심리특성을 대표하는 행동진술문들을 표집해 놓은 측정도구이다.
③ 직업상담이나 직무와 관련해 사용되는 심리검사는 개인의 특성을 수량화시킬 수 있는 양적 검사가 주로 사용되며, 심리검사는 객관적인 측정을 위해서 표준화된 절차에 따라 실시된다.

(2) 기본개념

① 심리적 구성개념
  ㉠ 심리적 구성개념은 인간의 속성을 설명해 주기 위해 연구자들이 상상하여 만들어 낸 추상적이고 가설적인 개념이다.
  ㉡ 구성개념은 직접적으로 측정하는 것은 불가능하며, 실제로 존재하는지도 불분명한 개념이다.

> ✓ **교수님의 코멘트**
> 구성개념이 측정 불가능하고 개인의 태도를 측정할 때 명확하지 않다는 것은 외향성, 성실성, 개방성 등의 심리적 속성들을 추상적·가설적으로 추론할 뿐이라는 것입니다.

② 행동표본
  ㉠ 행동은 인간의 심리적 작용을 설명해 주는 지표이며, 행동표본을 측정한다는 것은 행동을 수집하는 것을 말한다.
  ㉡ 특정한 종류의 한 검사로 측정하려는 행동표본이 과연 삶의 곳곳에 나타나는 행동을 얼마나 잘 대표하는지의 문제는 특정 검사의 심리적 구성물을 정의하고 개발하는 심리학자가 해야 할 일이다. 이와 같은 문제를 해결하는 것을 타당화 과정이라고 한다.

> ✓ **교수님의 코멘트**
> 검사가 측정하고자 하는 심리적 구인(구성개념)을 얼마나 정확하게 측정하는가를 나타내는 것이 타당도입니다.

③ 측정   2011년 3회
   ㉠ 측정이란 어떤 일정한 규칙에 따라 대상이나 사건에 수치를 할당하는 과정이다.
   ㉡ 측정도구란 인간의 물리적 속성(예 몸무게, 키 등)과 심리적 속성(예 지능, 성격, 흥미 등)을 수치로 나타내는 검사이다.
④ 표준화   2019년 1회, 2018년 2회, 2017년 3회
   ㉠ 표준화란 검사실시와 채점절차의 동일성을 유지하는 데 필요한 세부사항들을 잘 정리한 것을 말한다. 즉, 검사재료, 시간제한, 검사순서, 검사장소 등 검사실시의 모든 과정과 응답한 내용을 어떻게 점수화하는가 하는 채점절차를 세부적으로 명시하는 것을 말한다.
   ㉡ 표준화 검사는 검사실시에 영향을 미치는 외적 변수들을 최소화하는 것을 목표로 한다.

✓ **교수님의 코멘트**

표준화 검사는 검사실시에 영향을 미치는 외적 변수들을 최소화하기 위해 검사자, 채점자 그리고 실시상황 변인 등 세부사항을 통제하지만, 피검자의 변인은 통제대상에 해당되지 않습니다.

더 알아보기

■ 체계적 오차와 무선적 오차
- 표준화 검사에도 체계적 오차와 무선적 오차는 있을 수 있다.
- 체계적 오차는 응답자 개인이나 검사 자체의 특성으로 인해 발생하는 오차이며, 무선적 오차는 검사과정에서 통제되지 않은 요인들에 의해 우연하게 발생하는 오차이다.

■ 표준화 검사와 비표준화 검사   2018년 2회

표준화 검사	비표준화 검사
• 검사의 실시와 채점이 객관적이다.	• 검사의 실시와 채점이 주관적이다.
• 신뢰도와 타당도가 높아 비교적 일관되고 정확하게 측정할 수 있다.	• 신뢰도와 타당도는 낮지만 표준화 검사에서 다루기 힘든 내용을 다룰 수 있다.
• 규준집단에 비교해서 피검사자의 상대적 위치를 알 수 있다.	• 규준집단에 비교하기보다는 피검사자의 고유한 특성을 파악하는 데 도움이 된다.

2 심리검사의 목적과 용도   2015년 2회

(1) **개인적 기능**

심리검사를 통하여 자기이해를 증진시켜 강점과 단점을 파악하게 하고, 자신이 강점을 지닌 분야로 진로를 결정하도록 도움으로써 성공 가능성을 높인다.

(2) **예측적 기능**

① 심리검사를 통하여 개인의 특성(예 성격, 적성, 지능 등)을 파악하여 개인의 수행을 예측하도록 한다.
② 기업에서는 심리검사가 인사선발과 배치를 하는 데 유용하게 사용될 수 있다.

(3) 진단적 기능(분류적 기능)
① 진단을 목적으로 심리검사를 사용할 때는 일반적으로 개인의 장단점을 파악할 수 있으며 직업문제를 분류할 수 있다.
② 개인의 특성을 측정하여 내담자 행동상의 문제 원인을 파악하고 해결하기 위한 도구로 활용할 수 있다.

(4) 조사적 기능
특정 집단의 성향이나 일반적 행동경향을 조사하고 연구를 통해 해당 집단의 특징을 규명하는 목적으로 사용할 수 있다.

UNIT 2 심리검사의 분류

1 실시방식에 따른 분류

(1) 도구에 따른 분류
① 지필검사

수검자가 종이에 인쇄된 문항에 연필로 응답하는 방식이다.
> 예 운전면허 필기시험, 국가자격시험의 필기시험, 미네소타 다면적 인성검사(MMPI), 마이어스-브릭스 성격유형검사(MBTI), 캘리포니아 성격검사(CPI) 등

② 수행검사

수검자가 대상이나 도구를 직접 다루어야 하는 방식이다.
> 예 운전면허 주행시험, 한국판 웩슬러 지능검사(K-WAIS)와 일반 직업적성검사(GATB)의 동작성 검사 등

(2) 시간에 따른 분류
① 속도검사
  ㉠ 시간제한이 있고, 쉬운 문제로 구성하는 것이 일반적이며, 문제해결력보다는 숙련도를 측정한다.
  ㉡ 웩슬러 지능검사의 소검사는 어렵다기보다는 시간이 부족해 못 푸는 경우가 있다.

② 역량검사
  ㉠ 사실상 시간제한이 없고, 어려운 문제들로 구성되며, 숙련도보다는 문제해결을 측정한다.
  ㉡ 수학경시대회 문제의 경우 시간이 부족해서라기보다는 어려워서 못 푸는 경우가 있다.

(3) 인원에 따른 분류
① 개인검사

한 사람씩 일대일 방식으로 치르는 검사이다.
> 예 한국판 웩슬러 지능검사(K-WAIS), 일반 직업적성검사(GATB), 주제통각검사(TAT), 로샤검사(Rorschach Test) 등

② 집단검사

한 번에 여러 명에게 실시할 수 있는 검사이다.
> 예 마이어스-브릭스 성격유형검사(MBTI), 미네소타 다면적 인성검사(MMPI), 캘리포니아 성격검사(CPI) 등

2 내용에 따른 분류

대분류	중분류	종류
인지적 검사(능력검사)	지능검사	• 한국판 웩슬러 성인용 지능검사(K-WAIS) • 한국판 웩슬러 지능검사(KWIS)
	적성검사	• GATB 일반적성검사 • 기타 다양한 특수적성검사
	성취도검사	TOEFL, TOEIC 등
정서적 검사(성격검사)	성격검사	• 직업선호도검사 중 성격검사 • 캘리포니아 성격검사(CPI) • 성격유형검사(MBTI)
	흥미검사	직업선호도검사 중 흥미검사
	태도검사	직무만족도검사 등

(1) **인지적 검사**
① 극대수행검사이며, 문항에 정답이 있고, 응답의 시간제한이 있다.
② 수검자의 최대한의 능력발휘를 요구하는 검사이다.

(2) **정서적 검사**
① 습관적 수행검사이며, 문항에 정답이 없고, 응답의 시간제한이 없다.
② 수검자의 최대한의 정직한 응답을 요구하는 검사이다.

3 목적에 따른 분류

2017년 2회

(1) **규준참조검사**
① 개인의 점수를 다른 사람의 점수와 비교해서 상대적으로 어떤 수준인지를 알아보는 검사이다.
② 대부분의 심리검사가 규준참조검사이다. ┗ 규준참조검사는 주로 상대평가라고 불리는 것을 말한다.
③ 결과에 백분위, 표준점수(T점수)가 있으면 대부분 규준참조검사이다.

(2) **준거참조검사**
① 검사점수를 타인과 비교하는 것이 아니라, 어떤 기준점수와 비교하는 검사이다.
② 대부분의 국가고시는 준거참조검사이다.
③ 기준점수는 검사·조직의 특성, 검사시기에 따라 달라질 수 있다.

4 객관적 검사와 투사적 검사

(1) **객관적 검사(자기보고식 검사)**
① 구조화된 검사과제를 사용하며, 검사목적과 일정하게 준비되어 있는 형식에 따라 제시되는 과제에 반응하도록 하는 검사이다.
② 개인의 독특성보다는 개인마다 지니고 있는 특성이나 자원을 기준으로 개인들을 상대적으로 비교하려는 목적을 지닌다.
③ 일반적으로 표준화된 심리검사가 이에 해당한다.

④ 장단점

장점	• 검사의 실시, 채점, 해석이 간편하다. • 검사의 신뢰도와 타당도가 매우 높다. • 검사자나 상황변인이 검사반응에 영향을 미치지 않아 객관성이 보장된다.
단점	• 내담자가 사회적 바람직성이라는 차원에서 검사문항들에 대한 방어가 가능하다. • 개인이 응답하는 방식에 부정적 또는 긍정적 응답과 같은 일정한 흐름이 있을 수 있다. 이러한 반응 경향성이나 묵종 경향성에 따라 반응이 오염될 수 있다.

> **더 알아보기** 객관적 검사에서 나타나는 응답의 단점 요인
> • 사회적 바람직성: 수검자가 자신의 성격을 사회적으로 바람직하게 보이려는 정도를 말한다.
> • 반응 경향성: 수검자 스스로가 의도적으로 일정한 성격이나 흐름으로 반응하는 것을 말한다.
> • 묵종 경향성: 수검자가 문항 내용과 상관없이 불성실하게 일괄적으로 '네' 또는 '아니요'로 반응하는 것을 말한다.

(2) 투사적 검사

① 인간 내면의 무의식적 심리를 투사하는 비구조화된 검사이다.
② 불분명하고 모호한 자극을 제시하여 개인이 그 자극을 인위적으로 해석하는 과정에서 개인이 지닌 욕구와 심리적 구조를 더 강하게 반영할 것이라는 가정하에 비구조화된 검사과제를 사용하는 검사이다.
③ 일반적으로 로샤(Rorschach)검사, 주제통각검사, HTP검사, 문장완성검사, 인물화검사 등이 이에 해당한다.
④ 장단점

장점	• 보다 다양하고 독특한 개인의 반응을 이끌어 낼 수 있다. • 검사에 대한 방어 자체를 무력하게 한다. • 강한 자극으로 인해 평소에 자신이 의식하지 못했던 무의식적인 내용을 이끌어 낼 수 있다.
단점	• 검사의 신뢰도나 타당도가 매우 빈약하다. • 검사자나 상황변인이 검사반응에 강한 영향을 미친다.

5 질적 측정도구

(1) 자기효능감 척도

어떤 과제를 어느 정도 수준으로 수행할 수 있는 능력을 갖추었다고 스스로 판단하는지의 정도를 측정하여, 내담자가 과제를 잘 수행할 수 있는지를 과제의 난이도와 내담자의 확신도로 파악한다.

(2) 직업가계도(제노그램)

① 내담자의 가족 내 직업적 계보를 통해 내담자의 직업에 대한 고정관념이나 직업가치 및 흥미 등의 근본원인을 파악한다.
② 가족치료에 활용하기 위해 개발된 도구로, 기본적으로 경력상담 시에는 먼저 내담자의 가족이나 선조들의 직업 특징에 대한 시각적 표상을 얻기 위해 도표를 만든다.

(3) 직업카드분류

① 다수의 직업을 표시한 직업카드를 사용하여 직업을 선호군, 혐오군, 미결정중성군으로 분류하여, 개인의 직업선택의 동기와 흥미 및 가치관을 탐색한다.
② 내담자의 가치관, 흥미, 직무 기술, 라이프스타일 등의 선호형태를 측정하는 데 유용하다.

(4) 역할놀이

내담자의 수행 행동을 나타낼 수 있는 업무상황을 제시해 준다. 가상의 상황에서 내담자의 역할활동에 대한 관찰을 통해 내담자의 직업관련 사회적 기술들을 파악한다.

UNIT 3 규준과 점수해석

1 심리검사 해석을 위한 기본개념

(1) 척도
2014년 2회

① **명명척도**

가장 낮은 수준의 척도로, 단지 측정대상 간의 차이만 구분하기 위하여 숫자나 기호를 할당한 것이다. 특성 간의 양적인 분석을 할 수 없고, 때문에 특성 간의 대소 비교도 할 수 없다.

> 예 남자 1, 여자 2로 정리한 경우 1과 2는 성별이 다른 사람이라는 정보만을 나타낼 뿐 통계적 기법에 이용은 무의미하다.

② **서열척도**

서열척도는 숫자의 차이가 측정한 속성의 차이에 관한 정보뿐 아니라 그 순위관계에 대한 정보도 포함하고 있는 척도이다.

> 예 10명의 학생에게 성적순으로 1등, 2등, 3등이라는 수치를 부여함으로써 2등은 1등보다는 성적이 낮지만 3등보다는 높다는 서열정보를 제공한다.

③ **등간척도**

명목척도와 서열척도의 특징을 모두 가지고 있으면서 크기가 어느 정도가 되는지 파악이 가능한 등간성을 갖고 있는 척도이다.

> 예 어제 온도가 10℃에서 5℃로 내려갔고, 오늘 온도가 15℃에서 10℃로 내려갔다면 어제와 오늘의 기온은 각각 5℃씩 내렸다고 볼 수 있다.

> ✓ **교수님의 코멘트**
> 중앙치는 서열척도 이상, 평균은 등간척도 이상의 척도로 측정된 자료에서만 파악할 수 있습니다.

④ **비율척도**

비율척도는 차이정보와 서열정보, 등간정보 외에 수의 비율에 관한 정보도 담고 있는 척도로 가감승제가 가능한 척도이다.

> 예 60kg은 30kg의 두 배이고, 100cm는 25cm의 4배이다.

> **더 알아보기** 절대영점(절대 '0'점)
> - 절대영점이 있다는 것은 가감승제가 있으며, 배수가 존재한다는 것이다. 예를 들어, 아무리 큰 수라 하더라도 숫자 '0'을 곱하면 속성이 사라진다.
> - 절대영점이 없다는 것은 가감승제가 없으며, 배수비교가 불가하다는 것이다. 예를 들어, IQ점수 100은 IQ점수 50보다 2배 똑똑하다고 할 수 없으며, 만일 수학점수가 극단적으로 0점이라고 하더라도 "수리력이 전혀 없다."고 말할 수 없는 것이다.

(2) 중심경향치로서 대푯값
2020년 1·2(통합)·4회

① **중앙치**

㉠ 한 집단의 점수분포에서 전체 사례를 상위반과 하위반, 즉 상하 50%로 나누는 점이다. 중앙치를 중심으로 전체 사례의 반이 이 점의 상위에, 나머지의 반이 이 점의 하위에 있게 된다.

> 예 12, 13, 16, 19, 20이 순서대로 나열된 경우 사례 수가 홀수이므로, 그 중간에 위치한 16이 중앙치가 된다.

ⓒ 중앙치는 점수의 순위(서열)정보를 포함하고 있다.
② 최빈치
ⓐ 점수 분포상에서 가장 자주 나오는 숫자, 즉 빈도수가 많은 점수이다.
> 예 12, 12, 14, 14, 18, 18, 18, 18, 19, 20, 20의 경우 18이 그 빈도가 4로서 가장 많으므로 최빈치가 된다.

ⓑ 최빈치는 서열, 등간, 비율정보를 갖지 않는다.
③ 평균
집단에 속하는 모든 점수의 합을 전체 사례 수로 나누어 얻은 값이다.
> 예 사례가 2, 4, 6, 8인 경우 모두 더하여 사례 수 4로 나눈 값인 '5'가 평균이다.

(3) 산포도
2014년 3회

① 범위
ⓐ 구간의 크기를 나타내는 것으로 최저점수와 최고점수의 차이를 말한다.
ⓑ 범위는 '범위(R) = 최댓값 − 최솟값 + 1'의 공식으로 나타낸다.

② 표준편차
2015년 3회

ⓐ 자료들이 얼마나 평균으로부터 떨어져 있는지를 알 수 있게 하는 것으로, 각 점수들이 평균에서 벗어난 평균거리를 말한다.
ⓑ 산포도 중에서 가장 많이 사용된다.

③ 분산
ⓐ 분포에 있는 점수들이 서로 흩어진 정도를 추정하는 것이다.
ⓑ 각 점수들의 흩어진 정도가 작을수록 해당 집단은 동질적이고, 클수록 이질적이다.

④ 분포
일반적으로 자연상태에서 많은 데이터를 수집하면 중앙 부위에 가장 많은 빈도가 있고, 양쪽으로 갈수록 빈도수가 줄어드는 형태를 보인다. 이러한 일반적인 분포를 정규분포(정상분포)라고 한다.

(4) 표준오차와 측정의 표준오차

① 표준오차
2017년 1회, 2013년 2회, 2012년 3회, 2003년 1회

ⓐ 표본의 평균이 실제 모집단의 평균과 얼마나 떨어져 있는지를 나타내는 수치이다.
ⓑ 검사의 표준오차는 검사점수의 신뢰도를 나타내는 수치이다.
ⓒ 표준오차가 작을수록 표본의 대표성이 높기 때문에 검사의 표준오차는 작을수록 좋다.
ⓓ 표준오차를 고려할 때 오차 범위 안의 점수 차이는 무시해도 된다. 즉, 표준오차는 5% 내외의 수치이므로 크건 작건 큰 차이로 받아들이지 않는다. 다만, 표준오차가 너무 큰 경우 검사 자체가 무의미해진다.

② 측정의 표준오차
ⓐ 측정의 표준오차는 어떤 검사를 매번 실시할 때마다 달라지는 평균의 오차 범위를 말한다.
ⓑ 샘플링을 여러 번 했을 경우 각 샘플들의 평균이 전체 평균과 얼마나 차이를 보이는가를 알 수 있는 통계량이다.
> 예 A검사의 평균이 50, 표준오차가 ±3이면 다음번 A검사를 다시 실시했을 경우 평균은 47~53의 범위에 존재할 것이라고 예측이 가능하다.

(5) 정규분포(정상분포)   2024년 2회, 2022년 3회, 2013년 3회
① 평균을 중심으로 좌우대칭이 되는 종 모양의 형태를 갖춘다.
② 정규분포를 따르는 검사에서 규준에 비추었을 때 중앙값을 얻었다면, 같은 또래집단의 점수분포에서 **평균점수를 얻은 것으로 볼 수 있다.** 즉, 점수분포가 정규분포(정상분포)를 따를 때에는 중앙값은 평균과 일치한다.
③ 정규분포에서 1표준편차는 평균을 중심으로 전체 사례의 약 68% 정도가 포함되며, 2표준편차는 평균을 중심으로 전체 사례의 약 95% 정도가, 3표준편차는 평균을 중심으로 전체 사례의 약 99.7%가 포함된다.

> **더 알아보기 정규분포의 예시**
> 평균이 100, 표준편차가 15인 정규분포인 경우, 1표준편차인 85~115점에 전체 사례의 약 68%가 속하고, 2표준편차인 70~130점에 전체 사례의 약 95%가 속하며, 3표준편차인 55~145점에 전체 사례의 약 99.7%가 속하는 것이다.

(6) 상관계수   2017년 3회
① 두 변인이 일정한 관련성이 있는지의 정도를 나타내는 상관의 크기를 수치로 나타낸 것이다.
② 상관도는 상관계수(r)로 표현되며, '−1'에서 '+1' 사이의 값을 갖는다. '+1'은 두 변인 간 같은 방향으로 증감하는 '정적 상관', '0'은 두 변인 간 관계가 없는 '상관없음', '−1'은 두 변인 간 역방향으로 증감하는 '부적 상관'을 의미한다.
③ 두 변인 간의 관련성이 있다는 것은 한 변인의 값이 변함에 따라 다른 변인에도 영향을 주는 것을 말한다. 상관계수의 절대치가 높을수록 두 변인 간의 상관관계는 높다.
④ 보통 두 변수의 관계를 알아보기 위해서는 결정계수를 구해야 하는데, 결정계수는 상관계수를 제곱한 것으로 두 변수 간의 변량을 설명할 수 있다.

> **더 알아보기 결정계수의 예**
> • 지능검사 점수와 학교에서의 성적 간의 상관계수가 0.50일 경우 학교에서의 성적에 관한 변량의 25%가 지능검사에 의해 설명될 것이다.
> • 상관관계의 결정계수는 상관관계의 계수를 제곱하여 나오는 값이다.
> • 즉, 상관계수 0.5의 제곱은 0.25(25%)이므로, 이 학생의 학교성적의 25%는 지능검사에 의해 설명될 수 있다.

2 점수의 해석

(1) 원점수   2016년 3회, 2007년 3회, 2006년 3회
① 원점수는 검사를 통해서 얻은 최초의 점수로, 그 자체로는 거의 아무런 정보를 주지 못한다.
② 원점수는 한 개인의 점수를 다른 사람과 비교해서 평가할 수 있는 정보를 제공해 주지 못한다. 한 개인의 점수를 의미 있게 해석하려는 비교 집단의 검사결과인 규준이 있어야 한다.
③ 원점수는 기준점이 없기 때문에 특정 점수의 크기를 표현하기 어렵다.
④ 원점수는 서로 다른 검사의 결과를 동등하게 비교할 수 없다.
⑤ 원점수는 척도의 종류로 볼 때 서열척도에 불과할 뿐 사실상 등간척도가 아니다.

(2) 표준점수
2025년 1회, 2017년 2회, 2015년 1회

① 표준점수는 분포의 표준편차를 이용하여 개인의 점수가 평균으로부터 떨어져 있는 거리이다. 즉, 분포의 표준편차를 이용하여 개인의 점수가 평균으로부터 벗어난 거리를 표시하는 것이다.
② 원점수에서 평균을 뺀 후 표준편차로 나눈 값으로, 원점수를 평균이 0이고 표준편차가 1인 Z분포(표준정규분포)상의 점수로 변환한 점수이다.

$$Z점수(표준점수) = \frac{원점수 - 평균}{표준편차}$$

(3) 표준화 점수
① 음수값과 소수점을 가지는 Z점수를 일반적으로 친숙한 수치들로 변환하여 만든 점수이다.
② 대표적인 표준화 점수는 T점수이다.
③ T점수는 원점수를 평균 50, 표준편차 10으로 하는 점수분포로 변환한 점수이다.

$$T점수 = 10 \times Z + 50$$

3 규준

(1) 규준의 개념
2019년 3회, 2018년 1회, 2015년 2회

① 대표 집단의 사람들에게 실시한 검사점수를 일정한 분포도로 작성한 특정 검사점수의 해석에 필요한 기준이 되는 자료이다.
② 개인의 점수가 이 분포에 비추어 어느 위치에 있는지 확인하는 것이다. 즉, 해당 점수가 대표 집단의 평균과 비교하여 어느 정도에 해당하는지를 파악하여, 평균보다 높은지 또는 낮은지 등으로 해석하게 된다.
③ 즉, 규준은 기본적으로 특정 모집단을 대표하는 표본을 구성하고 이들에게 검사를 실시하여 얻은 점수를 체계적으로 분석하여 만든다.

(2) 규준의 필요성
2003년 3회

① 다른 사람들의 검사점수를 참고로 하여 개인 점수의 상대적 위치를 알아내고 검사점수의 상대적인 해석을 하기 위함이다.
② 점수 해석에 있어 원점수는 기준점이 없기 때문에 특정 점수의 크기를 표현하기 어려우며, 또한 서로 다른 검사의 결과를 동등하게 비교할 수 없다. 이는 척도의 종류로 볼 때 서열척도에 불과할 뿐 사실상 등간척도가 아니기 때문이다.
③ 따라서 규준은 원점수를 등간척도상의 해석의 기준을 제시하여 비교할 수 있다.

(3) 규준의 제작
① 규준은 특정 모집단을 대표하는 표본집단에게 검사를 실시하여 얻게 된다.
② 규준집단을 구성할 때는 모집단에 대한 대표성을 잘 갖추어야 한다. 이를 위해 대표성을 잘 확보할 수 있는 확률표집방법이 주로 이용된다.

(4) 확률표집방법
  ① 단순무선표집
    ㉠ 확률표본추출 방법 중 가장 기본이 되는 표집방법으로, 전체 모집단의 구성원들 중 표본으로 선정될 확률이 동일하도록 무작위(random)로 표집하는 방식이다.
      예) 경품행사의 추첨, 제비뽑기 등
    ㉡ 구성원들에게 일련번호를 부여하고, 이 번호들 중에서 무선적으로 필요한 만큼 표집한다.
  ② 층화표집
    ㉠ 모집단이 서로 다른 하위집단으로 구성되어 있는 경우, 각 집단에서 필요한 만큼의 단순무작위표집을 사용해 표본을 추출한다.
      예) 서로 다른 종교 집단(기독교, 불교, 천주교 등)에서 표본을 추출하거나 서로 다른 취향을 가진 동호회·동아리 등에서 원하는 만큼의 표본을 추출하는 경우
    ㉡ 집단 내 동질적 표집이며, 집단 간 이질적 표집이다.
  ③ 집락표집(군집표집)
    ㉠ 모집단을 서로 동질적인 집단으로 구분하여 해당되는 집단 자체를 표본으로 추출한다.
      예) 고3 수험생에 대한 연구를 진행하기 위해 A고등학교 3학년의 한 반 전체를 표본으로 추출하는 경우
    ㉡ 집단들 간의 성질은 같지만, 집단 내의 구성원들은 서로 이질적일 수 있다.
  ④ 체계적 표집(계통표집)
    모집단 목록에서 무작위로 처음 'K' 번째 요소를 뽑고, 이를 토대로 일정한 순서 및 규칙에 따라 이후의 표본을 추출하는 방법이다.
      예) 'K'를 10으로 한다면 10, 20, 30, 40, 50 등의 번호로 표본을 선정하는 것

> **더 알아보기** 비확률 표집방법   2024년 2회
> - **편의표집(임의표집)**: 연구자의 편의에 의해 쉽게 이용 가능한 대상을 표집하는 방법으로 모집단의 정보가 전혀 없는 경우 사용된다.
> - **유의표집(판단표집)**: 조사자가 판단에 의해 또는 조사목적에 의해 표집을 선정하는 방법으로 모집단의 정보가 많은 경우 연구에 반영하기 위해 사용된다.
> - **할당표집**: 할당표집은 모집단이 서로 다른 하위집단으로 구성되어 있는 경우, 각 집단에서 필요한 만큼 편의나 판단에 의해 표본을 추출한다.
> - **눈덩이표집**: 최초의 표본에서 시작하여 조사대상자를 점진적으로 확대해 나가는 방법으로 표본의 크기를 눈덩이처럼 늘리는 방법이다.

(5) 집단 내 규준   2025년 2회, 2024년 1회, 2021년 1회, 2019년 2회, 2018년 2·3회, 2016년 1·2회
  ① 백분위점수   2021년 2회
    ㉠ 개인이 표준화된 집단에서 차지하는 상대적 위치를 가리키는 것으로, 개인의 점수를 100개의 동일한 구간에서 순위를 정한다.
      예) 백분위 90이란 그 점수보다 낮은 사람들의 비율이 전체의 90%란 말이며, 상위 10%에 속한다고 본다.
    ㉡ 점수유형 중 그 의미가 모든 사람에게 단순하고 직접적이며, 한 집단 내에서 개인의 상대적인 위치를 살펴보는 데 적합하다.
    ㉢ 계산이 비교적 용이하고, 보편적으로 적용이 가능하다.

② 표준점수   2022년 1회
　㉠ 원점수를 주어진 집단의 평균을 중심으로 분포의 표준편차(등간척도)로 전환시킨 점수이다.
　　　예 Z점수, T점수 등
　㉡ 원점수를 표준점수로 변환함으로써 상대적인 위치를 짐작할 수 있다.
③ 표준등급
　㉠ 9등급 또는 스테나인 점수라고 하며, 원점수를 1~9등급까지 범주로 나누는 것이다.
　　　예 내신등급 등
　㉡ 원점수를 크기 순서로 배열한 후 표준등급을 부여하여 매우 쉽고 이론적으로 타당해 널리 쓰인다.
　㉢ 학교에서 실시하는 성취도검사나 적성검사의 점수를 정해진 범주에 집어넣어 학생들 간의 점수 차가 작을 때 생길 수 있는 지나친 확대해석을 미연에 방지할 수 있다.

(6) 발달규준

① 연령 규준(정신연령 규준)
　개인의 점수를 규준집단에 있는 사람들의 연령과 비교해서 몇 살에 해당하는지를 해석할 수 있게 하는 방법이다.
② 학년 규준
　주로 성취도 검사에서 이용하기 위해 규준집단에 있는 각 학년별 점수의 평균이나 중앙차를 이용하여 규준을 제작하는 방법이다.
③ 서열 규준
　개인의 행동을 관찰하여 발달 단계상 어느 정도 위치에 있는지를 해석할 수 있게 하는 방법이다.

UNIT 4 신뢰도

1 신뢰도

(1) 신뢰도의 개념   2017년 2회, 2014년 3회

① 측정하고자 하는 대상이나 속성을 일관성 있게 측정하고 있는가의 개념이다.
② 검사의 신뢰도란 동일한 응답자들에게 반복해서 적용했을 때 일관된 결과가 나오는 정도를 말한다. 검사를 반복하여 여러 번 실시하더라도 동일한 사람에게 실시했을 때 일관성 있는 결과가 나온다면 신뢰도가 높은 것이다.
③ "검사조건이나 검사시기에 관계없이 점수들이 얼마나 일관성이 있는가?", "비슷한 것을 측정하는 다른 검사의 점수와 얼마나 일관성이 있는가?"를 말한다. 즉, 측정의 오차가 작을수록 신뢰도는 높은 경향이 있다.
④ 검사의 신뢰도가 높으면 타당도 높게 나타나지만, 항상 그런 것은 아니다.

(2) 신뢰도 계수 2022년 3회, 2019년 2회, 2014년 1회
① 결과의 일관성을 보여주는 값이다.
② 신뢰도 계수의 범위는 0에서부터 1의 값을 갖는데, 0에 가까울수록 신뢰도가 낮으며 1에 가까울수록 신뢰도가 높음을 의미한다. 일반적으로 신뢰도 계수가 0.6 미만인 경우에는 자료를 신뢰할 수 없어 분석을 실시할 수 없다.

(3) 신뢰도 계수에 영향을 미치는 요인 2024년 1회, 2021년 2회, 2020년 4회, 2019년 1회, 2018년 1회, 2015년 1회, 2014년 1회
① 신뢰도 계수는 개인차가 클수록 커진다.
> 예 공부를 잘하는 학생이 못하는 학생보다 더 좋은 점수를 받는다.

② 신뢰도 계수는 검사문항의 수가 증가할수록 증가한다. 일반적으로 검사지를 제작할 때 충분한 문항을 포함하는 것이 바람직하다. 다만, 정비례하여 커지는 것은 아니다.
③ 신뢰도 계수는 문항반응 수가 적정한 크기를 유지할 때 커진다.
④ 신뢰도 계수는 신뢰도 측정방법에 따라서 달라질 수 있다.
⑤ 신뢰도 계수는 결과의 일관성을 보여주는 값이다.
⑥ 문항의 난이도가 지나치게 높거나 낮은 경우에는 신뢰도가 낮아진다. 그러므로 검사문항의 난이도가 낮은 것부터 높은 것까지 골고루 분포되어야 한다. 즉, 검사점수들이 정상분포를 이루어야 한다.
⑦ 문항의 변별도가 높을 때 신뢰도가 높아진다.
⑧ 검사문항의 의미가 명확할수록 신뢰도는 높아진다. 다의적인 표현이나 피험자의 지적 수준을 능가하는 표현은 삼가는 것이 바람직하다.

> **알아보기** **신뢰도가 높은 검사의 특성**
>
> 신뢰도가 높은 심리검사란 측정하고자 하는 특성을 일관성 있게 측정하는 검사로서, 개인차가 명확히 측정되어야 하며, 검사문항의 난이도가 적절한 수준이어서 검사점수들이 정상분포를 이루어야 한다.

2 검사-재검사신뢰도

(1) 검사-재검사신뢰도의 개념 2020년 1·2(통합)회
① 동일한 사람에게 동일한 검사를 서로 다른 시기에 두 번 실시하여 검사점수들 간의 상관관계를 알아보는 것으로 신뢰도를 추정하는 방법이다.
② 두 검사가 시간 차이를 두고 있으므로 두 검사의 시간 차이에 발생하는 다양한 요인의 영향을 받는다. 따라서 시간이 경과하더라도 검사점수가 일관성을 갖는 '안정성 계수'가 중요하다.

(2) 검사-재검사를 통해 신뢰도를 추정할 경우 충족되어야 할 조건 2016년 1회
① 측정내용 자체는 일정시간이 경과하더라도 변하지 않는다고 가정할 수 있어야 한다.
② 첫 번째 검사 경험이 두 번째 검사의 점수에 영향을 미치지 않는다는 확신이 있어야 한다.
③ 검사와 재검사 사이의 어떤 학습활동이 두 번째 검사의 점수에 영향을 미치지 않는다고 가정할 수 있어야 한다.

> ✓ **교수님의 코멘트**
>
> 정서반응과 같은 불안정한 심리적 특성의 신뢰도를 정확히 추정하기 위해서는 검사-재검사의 기간을 짧게 해야 합니다.

(3) 검사-재검사신뢰도의 단점 2015년 3회
① 이월효과(기억효과)
두 검사 사이의 시간 간격이 너무 짧을 경우 앞 검사에서 답한 내용을 기억해서 뒤 검사의 응답 시 활용할 수 있다.
② 성숙효과
두 검사 사이의 시간 간격이 너무 클 경우 측정대상의 속성이나 특성이 변화할 수 있다.
③ 반응민감성 효과
반응민감성의 영향으로 검사를 치르는 경험이 후속 반응에 영향을 줄 수 있다. 즉, 검사를 치르는 경험으로 인한 새로운 학습요인이 다음 검사점수에 영향을 미칠 수 있다.
④ 환경상의 변화
검사시기의 물리적인 환경 변화가 검사결과에 영향을 미칠 수 있다. 즉, 날씨, 소음, 기타 방해요인 같은 환경요인에 따라 두 검사결과의 차이가 발생할 수 있다.

3 동형검사신뢰도 2015년 1회, 2014년 3회

(1) **동형검사신뢰도의 개념**
① 동형검사신뢰도는 동일한 수검자에게 첫 번째 실시한 검사와 동일한 유형의 검사를 실시하여 두 검사점수 간의 상관계수에 의해 신뢰도를 추정하는 방법이다.
② 이미 신뢰성이 입증된 유사한 검사점수와의 상관계수로 검증하는 신뢰도이다.
③ 두 검사는 근본적으로 측정하는 영역에서 동일한 내용이 표집되어야 하며, 동일한 문항 수와 동일한 형식으로 표현되어야 한다. 따라서 문항의 표집이나 문항의 차이에서 생기는 검사도구의 신뢰도에 초점을 둔다.
④ 두 검사의 동등성이 확보되어야 하기 때문에 '동등성 계수(동형성 계수)'가 중요하다.
⑤ 동형검사를 제작할 때는 두 개의 검사가 같은 내용을 측정해야 하고, 문항형태, 문항의 수, 문항난이도, 문항변별도가 동일해야 한다.

> ✓ **교수님의 코멘트**
> 동형검사신뢰도는 검사의 내용과 난이도는 동일하나 문항이 다른 검사, 즉 신뢰성이 입증된 유사한 검사를 제작하여 두 검사에서 얻은 점수의 상관도를 산출하여 신뢰도 계수를 얻는 방법으로, 평행검사신뢰도라고도 합니다.

(2) **동형검사신뢰도를 통해 신뢰도를 추정할 경우 충족되어야 할 조건** 2016년 1회, 2015년 3회
① 두 검사가 근본적으로 측정하고자 하는 영역에서 동일한 내용이 표집되어야 한다.
② 두 검사의 문항형태, 문항의 수, 문항난이도, 문항변별도가 동일해야 한다.
③ 문항 간의 동질성이 높은 검사에서 적용하는 것이 좋다.

(3) **동형검사신뢰도의 단점**
두 개의 검사 내용, 문항형태, 문항의 수, 문항난이도를 실제로 완벽하게 동일하게 제작한다는 것은 매우 어렵다.

4 반분신뢰도

(1) 반분신뢰도의 개념
2018년 3회, 2016년 1회

① 하나의 검사를 두 부분으로 나누어 두 검사 간 동질성과 일치성을 비교하는 방법이다.
② 검사문항을 분리하기 위한 다양한 방법이 사용되며, 둘로 구분된 문항들이 얼마나 동질성이 있는가를 측정한다는 점에서 '내적 합치도 계수'가 중요하다.
③ 하나의 검사로 한 번만 검사를 실시하면 되므로 시간에 따른 변동이 발생하지 않으며 시간과 비용 면에서 적용하기 편리하다는 장점이 있는 반면, 검사의 신뢰도에 의심의 여지가 있다. 즉, 반분하는 법에 따라 신뢰도 계수가 달라질 수 있는데, 전후반분법의 경우 전반부의 점수가 후반부의 점수보다 높게 나올 가능성이 높다.

> ✓ 교수님의 코멘트
>
> 내적 합치도 계수가 낮다는 것은 검사가 성질상 매우 다른 속성을 측정하는 문항들로 구성되어 있다는 것으로, 즉 두 검사가 동질적이지 못하다는 것을 의미합니다.

(2) 반분신뢰도 추정방법
2019년 3회, 2016년 1·2회

① 전후반분법(전후절반법)
한 검사의 문항을 배열된 순서에 따라 전반부와 후반부로 나누어 두 점수 간의 상관계수를 추정하여 신뢰도를 구하는 방법이다.

② 기우반분법(기우절반법)
검사문항의 번호가 홀수와 짝수인지에 따라서 검사를 두 부분 검사로 나누어 두 점수 간의 상관계수를 추정하여 신뢰도를 구하는 방법이다.

③ 짝진 임의배치법
전체 검사를 문항의 난이도와 문항-총점 간의 상관계수를 산출하고, 통계치의 산포도를 작성하여 비교적 가까이 있는 두 문항끼리 짝을 지은 다음에 검사를 양분하는 방법이다.

> ✓ 교수님의 코멘트
>
> 속도검사(speed test)의 경우 반분신뢰도가 적합하지 않습니다. 예컨대, 전후반분법을 이용하면 상당수의 수검자들이 시간제한으로 검사 후반부의 문항들을 소홀히 하거나 시간부족으로 미처 답하지 못할 수 있고, 기우반분법으로 반분신뢰도를 추정하면 신뢰도 계수가 과대 추정되는 경향이 있습니다.

5 문항 내적 합치도
2021년 1회

(1) 문항 내적 합치도(내적 일치 신뢰도)의 개념

① 한 검사 내의 문항 하나하나를 각각의 독립된 검사로 보고 이들 간의 일치성, 동질성, 합치성의 상관계수를 구하는 방법이다.
② 여러 개의 문항이 하나의 개념(변수)을 측정하고 있는지를 분석하고자 할 때 사용하는 방법이다. 문항 내적 합치도가 높다는 것은 각 문항들이 관련이 있다는 것이며, 같은 개념을 측정하고 있다는 것이다.
③ 한 검사에 포함된 문항들이 동질성 여부에 따라 결정되므로 '동질성 계수'라고도 한다.

(2) 문항 내적 합치도 추정방법

① 쿠더·리차드슨계수

보통 응답 문항이 두 가지(예 예, 아니요)일 경우 사용된다.

② 크론바흐 알파계수 ─ 크론바흐 알파계수는 문항들 간의 동질성을 나타내는 지수로 크론바흐 알파값은 '0~1'의 값을 가지며, 값이 클수록 검사문항들이 동질적이라는 것을 의미한다.

보통 문항이 세 개 이상의 보기로 구성된 검사(예 5점, 7점 척도 등)에 사용된다.

6 채점자(평정자)신뢰도

(1) 채점자(평정자)신뢰도의 개념

① 채점자의 채점을 어느 정도 믿을 수 있고 일관성이 있는지를 나타낸 것으로, 채점자 간 신뢰도와 채점자 내 신뢰도가 있다.

② 채점자에게 많은 재량권이 주어져 있는 검사(예 에세이 검사, 투사적 검사, 행동관찰 등)의 경우에는 채점자가 누구냐에 따라 동일한 수검자에 대해서도 다른 점수가 나타날 수 있다. 즉, 채점자 간 신뢰도가 낮게 나타난다.

③ 사지선다형 등 표준화된 절차가 있는 경우에는 채점자신뢰도가 높게 나타난다.

(2) 채점자 오류 유형

관용의 오류	채점자가 일반적으로 후한 점수를 주는 성향일 때 나타나는 오류이다.
논리적 오류	특정 행동특성에 대해 판단한 것이 관련이 있어 보이는 다른 특성의 평정에 영향을 미치는 것을 말한다. 예 외향적인 사람은 사교성도 높을 것이다.
중앙집중경향의 오류	평정점수가 아주 높거나 아주 낮은 점수를 피하고 중간 부분에 모이는 경향을 말한다.
후광효과(인상)의 오류	채점자가 느끼는 수검자의 특정 인상이 채점이나 평정에 영향을 미치는 것을 말한다.

(3) 검사점수의 오차를 발생시키는 수검자 요인

① 수검 당일의 생리적 조건 예 건강 정도, 피로 등
② 수행 경험(검사받은 경험)
③ 수행 불안(평가 불안, 정서적 불안, 긴장)
④ 검사에 대한 동기
⑤ 검사에 대한 훈련 정도

> **더 알아보기** 검사효과
> - **강화효과**: 검사자가 수검자에게 제공하는 물질적 보상이나 언어적 보상이 검사결과에 영향을 미치는 것이다.
> - **기대효과**: 검사자가 수검자에게 어떠한 기대를 표명하는가에 따라 검사결과에 영향을 미치는 것이다.
> - **코칭효과**: 검사자가 수검자에게 검사내용이나 방법에 대해 설명, 지시, 지도, 조언 등을 하는 코칭 행위가 검사결과에 영향을 미치는 것이다.

UNIT 5 타당도

1 타당도의 개념

2017년 1회, 2015년 2회

① 타당도는 측정도구가 "실제로 측정하고자 하는 개념을 측정하고 있는가?"의 문제와 "그 개념을 정확하게 측정하고 있는가?"의 두 요소를 모두 포함한다. 즉, 타당도는 측정의 정확성을 의미한다.
② 연구자가 측정하고자 하는 개념이 실제로 측정되었는가와 그러한 측정이 얼마나 정확하게 이루어졌는가의 문제이다.

> **예** 직업상담사 자격시험 문항 중 대학수학능력을 측정하는 문항이 섞여 있을 경우 타당도에 문제가 된다.

③ 얼마나 정확하게 측정하려는가에 대한 문제를 해결하려는 과정을 '타당화 과정'이라 한다.
    └ 특정한 종류의 한 검사로 측정하려는 행동 표본이 삶의 곳곳에 나타나는 행동을 얼마나 잘 대표하는지에 대한 문제를 해결하려는 과정을 말한다.

2 타당도와 신뢰도

① 신뢰도가 측정의 일관성 혹은 안정성을 대표한다면, 타당도는 측정하고자 하는 개념의 본질에 관한 문제이다.
② 가장 좋은 측정이란 신뢰도와 타당도가 함께 높은 경우이지만, 두 가지를 확보하는 것은 쉽지 않다.

> ✓ **교수님의 코멘트**
> 신뢰도와 타당도는 측정의 다른 문제를 다루고 있으므로 구분이 필요합니다.

③ 신뢰도와 타당도는 측정도구의 적합성을 평가하는 방법으로, 서로 구분되는 속성이면서도 연관되어 있다.
④ 타당도는 신뢰도와 밀접한 관계가 있다. 어떤 검사의 신뢰도 크기는 이론적으로 그 검사타당도의 최댓값이다.
⑤ 신뢰도가 높다고 해서 반드시 타당도가 높은 것은 아니다. 신뢰도가 높다는 것은 어떤 현상을 일관성 있게 측정할 수 있다는 것을 의미할 뿐이며, 그 현상이 연구자가 의도한 현상을 정확하게 측정하고 있지 않을 수도 있다.
⑥ 신뢰도는 타당도를 높이기 위한 필요조건이다. 신뢰도가 높다고 해서 타당도가 높은 것은 아니지만, 타당도를 높이기 위해서는 신뢰도가 반드시 높아야 한다.

3 준거타당도

2014년 2회

(1) 준거타당도의 개념

① 준거타당도는 어떤 심리검사가 특정 준거와 어느 정도 관련성이 있는지를 알아보는 것이다.
② 준거타당도에서 타당도 정도는 기존 검사와 새로이 개발한 검사 간의 통계(수치)적 상관에 의해 결정된다. 만약 두 검사 간의 상관계수가 <u>정적</u>이고 높다면, 두 검사가 동일한 특성을 측정한다고 볼 수 있으며, 결국 검사의 타당도가 높다고 볼 수 있다.
    └ 두 변인 간 같은 방향으로 증감한다는 의미이다.
③ 연구자가 새로운 검사를 개발한다고 할 때, 규준이 될 수 있는 기존의 검사를 찾고, 기존의 검사와 새로이 만든 검사를 비교하게 된다. 만약 새로운 검사가 기존의 검사와 비교해서 의도한 바의 결과를 얻는다면 새로운 검사가 타당하다고 말할 수 있다.

(2) 준거타당도의 종류

① 예언타당도 2025년 1회, 2017년 1회, 2015년 2회

예언타당도란 그 검사의 점수를 가지고 다른 준거점수들을 얼마나 잘 예측해 낼 수 있는가 하는 정도를 말한다. 즉, 수검자의 미래행동에 대한 예측으로 새로 개발한 검사점수와 미래에 그 사람이 실제로 수행을 할 때의 수행수준 간의 상관 정도에 의해 결정된다.

> **예** 적성검사에서 높은 점수를 받은 사람일수록 입사 후 업무수행이 우수한 것으로 나타났다면, 이 검사는 예언타당도가 높은 것으로 볼 수 있다.

② 동시타당도(공인 타당도) 2025년 1회, 2022년 1회

㉠ 동시타당도(공인 타당도)는 한 검사가 그 준거로 사용된 현재의 어떤 행동이나 특성과 관련된 정도를 나타내는 타당도로, 이미 널리 타당성을 인정받고 있는 기존의 검사와 새로 만든 검사 간의 상관관계에 의해 결정된다. 즉, 새로 개발한 검사를 그 분야에서 이미 인정받고 있는 검사와 비교하는 것이다.

> **예** 영어 면접시험의 타당도를 입증하기 위해 동시 실시된 토익 등 공인영어시험 점수와 비교하는 경우

㉡ 새로 개발되는 검사가 기존의 검사와 상관관계가 높으면, 새로 개발되는 검사가 높은 타당도를 갖는다고 결론지을 수 있다.

(3) 준거타당도가 직업상담에서 중요한 이유

① 내담자의 직업선택에 있어 명확한 근거를 가진 정보를 제공한다.
② 직업에서의 성공 가능성이나 장래의 직무수행 성과를 예측할 수 있다.
③ 선발과 배치, 평가과정의 효율성을 높일 수 있다.
④ 인사관리에 관한 의사결정의 공정성을 높일 수 있다.

(4) 준거타당도의 크기에 영향을 미치는 요인

① 표집오차

㉠ 표집오차는 조사대상자가 모집단의 전체가 아니기 때문에 생기는 오차로 모집단 조사를 위한 표본의 표집과정에서 초래되는 데이터 수집의 오차이다.
㉡ 표본이 모집단을 대표하지 못하게 되면 표집오차가 커지고, 그 결과 타당도 계수가 낮아진다. 즉, 표집오차는 표본의 크기가 작아지면 급격히 증가한다.

② 범위제한

범위제한은 준서타낭노 세산을 위해 넏은 자료늘이 검사점수와 준거점수의 전체 범위를 포괄하지 않고 일부 범위만을 포괄하는 경우의 상관계수가 실제 상관계수보다 작게 나타나는 것을 말한다.

③ 준거측정치의 타당도

㉠ 준거측정도구의 준거측정치(실제준거)가 해당 개념준거를 얼마나 잘 반영하는가의 문제이다.
㉡ 실제준거의 준거결핍과 준거오염 같은 준거왜곡은 준거측정치의 타당도에 영향을 미친다.

④ 준거측정치의 신뢰도

'준거결핍'과 '준거오염'을 포함하는 것으로 개념준거 내용을 충분히 반영하지 못하는 경우를 준거결핍이라고 하고, 개념준거와 관련이 없는 내용을 포함하는 경우는 준거오염이라 한다.

준거측정치의 신뢰도가 낮으면 검사의 준거타당도도 낮아지게 된다. 따라서 어떤 검사의 준거타당도 계산을 위해 사용하는 준거측정치의 신뢰도가 그 검사의 타당도 계수에 영향을 미친다.

4 안면타당도

2019년 1회, 2011년 1회

① 실제로 무엇을 측정하는가의 문제가 아니라, 검사가 측정한다고 말한 것을 측정하는 것처럼 보이는가의 문제이다. 즉, 그 검사문항이 재고자 하는 것이 무엇인지 명료하게 판단될 수 있는가의 문제이다.
② 검사를 받는 사람들에게 타당도를 묻는 것으로, 즉 일반인에게 그 검사가 타당한 것처럼 보이는가를 뜻한다.

5 내용타당도

2020년 4회, 2019년 2회, 2007년 3회

① 검사의 문항들이 그 검사가 측정하고자 하는 내용 영역을 얼마나 잘 반영하고 있는지를 의미한다.
② 논리적 사고에 입각한 논리적인 분석과정으로 판단하는 주관적 타당도이다.
③ 본질적으로 해당 분야 전문가의 판단에 의존하지만, 객관적인 자료에 근거하지 않으므로 타당도 계수를 산출하기 어렵다.
④ 흔히 성취도검사의 타당도를 평가하는 방법으로 많이 사용된다.

6 구성타당도(구인타당도 또는 개념타당도)

2025년 2회, 2021년 2회

(1) 구성타당도의 개념

① 구성타당도(구인타당도 또는 개념타당도)는 측정하고자 하는 추상적 개념인자들이 실제로 측정도구에 의해 제대로 측정되었는지의 정도를 말한다.
② 보통 사회과학에서 다루는 대부분의 변인들은 직접 측정이 불가능한 추상적 개념들이다. 예를 들어, 흥미, 성격, 태도, 동기 등과 같은 개념들은 추상적인 구성개념이라고 할 수 있는데, 이러한 추상적 구성개념이 측정도구에 의해 제대로 측정되었는지의 정도를 나타내는 것이 바로 구성타당도이다.
③ 구성타당도를 검증하는 방법으로는 수렴타당도, 변별타당도 분석을 통한 상관을 이용하는 방법과 요인분석을 이용하는 방법이 있다.

(2) 구성타당도의 종류

2021년 1회

① 수렴타당도

2017년 3회, 2010년 2회

어떤 검사가 측정하고자 하는 개념과 관계있는 문항들의 상관관계를 보는 것으로, 검사의 결과가 이론적으로 관련이 있는 속성과 높은 상관을 보여준다면 수렴타당도가 높은 것이다.

> 예 지능과 학업성적 간의 상관관계를 볼 때 지능이 높은 학생이 성적이 높다면 이 경우 수렴타당도가 높다고 본다.

② 변별타당도

어떤 검사가 측정하고자 하는 개념과 관계없는 문항들의 상관관계를 보는 것으로, 검사의 결과가 이론적으로 관련이 없는 속성과 낮은 상관을 보여준다면 변별타당도가 높은 것이다.

> 예 몸무게와 지능 간의 상관관계를 볼 때 몸무게가 지능과 상관성이 없다면 이 경우 변별타당도가 높다고 본다.

③ 요인분석법

2024년 1회, 2018년 1·3회, 2016년 1회, 2014년 1회

검사의 구성타당도를 알아보기 위해 가장 많이 사용하는 것으로, 검사문항이나 변인들 간의 상관관계를 분석해서 상관이 높은 문항이나 변인들을 묶어주는 통계적 방법이다.

UNIT 6 심리검사의 개발과 활용

1 연구의 설계

(1) 연구의 종류

실험실 실험	• 연구대상 변수의 거의 완벽한 통제가 가능한 실험실 환경에서 수행하는 실험이다. • 단순한 예측을 넘어 원인-결과의 관계를 파악할 수 있다. • 변인들 사이에 존재하는 인과관계를 설명하기에 유리하다. • 인과관계가 잘 설명되는 것을 "내적 타당성이 높다."고 한다.
현장 실험	• 가외변수(외생변인)의 영향을 통제하기 힘든 자연 상태에서 이루어지는 실험이다. • 현실적인 환경에서 행해지는 연구로 일반화 가능성과 현실성이 있다. • 여러 가지 변인 간의 관계를 발견할 수 있는 잠재력이 풍부하다. • 현실화 가능성이 있는 것을 "외적 타당성이 높다."고 한다.

> **더 알아보기** 현장 연구
>
> 현장 연구는 현장에서 이루어지는 연구로 독립변인을 조작하지 않고 현장에서 면접, 설문조사, 관찰 등을 이용해서 이루어지는 연구를 말하는 것으로 관련 방법으로는 전수조사, 표본조사, 참여관찰법 등이 있고 현장 실험처럼 외적타당도가 높다.

(2) 변수

독립변수(독립변인)	실험자가 조작(처치)하는 변수로, 원인에 해당하는 변수이다.
종속변수(종속변인)	독립변수의 영향을 받아 변화하는 변수로, 결과에 해당하는 변수이다.
가외변수(외생변인)	독립변수가 아니면서도 결과에 영향을 미치는 변수이다.

> **더 알아보기** 분류변인   2016년 2회
>
> • 피험자의 속성에 관한 개인차 변인으로 피험자의 연령, 지능, 성격특성, 태도 등이 있다.
> • 연구설계에서 독립변인은 처치변인과 분류변인으로 구분할 수 있다. 처치변인은 연구자가 직접 조작, 통제할 수 있는 것을 말하는 반면, 분류변인은 실험 이전부터 존재하고 있는 속성이므로 이를 직접 통제할 수 없는 것을 말한다.

2 심리검사의 개발과정

(1) 구성개념의 영역 규정

심리적 구성개념의 정확한 정의를 통해서 그 검사에 포함시킬 것과 배제할 것을 명확히 규정해야 한다.

(2) 표본문항의 작성

① 문항표본 작성 초기에 연구자가 측정하고자 하는 구성개념을 반영하는 행동들의 목록을 가능한 한 모두 수집해야 한다.
② 그다음 문항목록을 대상으로 문항편집을 한다. 각 문항의 단어를 정확히 이해할 수 있게 편집해야 한다.

(3) 사전검사 자료수집과 측정의 세련화
① 문항편집을 거쳐 1차로 확정한 문항을 이용해서 사전검사를 실시해야 한다. 보통 100명 내외의 응답자에게 실시하는데, 이보다 더 많으면 좋다.
② 측정의 세련화를 위해서 문항분석을 한다. 보통은 각 문항과 전체 점수의 상관계수를 살펴보거나 내적 합치도를 살펴보게 된다.
③ 하위 영역들의 구조를 확인하기 위해서는 요인분석을 이용하는 것이 일반적이다.
④ 이러한 과정을 반복하면서 문항들을 수정·첨가·삭제함으로써 적절한 요건을 충족시키는 문항군을 구성하게 된다.

(4) 신뢰도와 타당도 평가
어느 정도 표본이 세련화되면 다시 새로운 사람들을 대상으로 검사를 실시하여 신뢰도와 타당도를 평가하게 된다.

(5) 규준개발
이상의 단계를 거쳐 최종 검사지를 제작한 후 검사규준을 마련하게 된다.

3 문항의 분석

> ✓ **교수님의 코멘트**
> 문항의 분석이란 각 문항의 응답을 분석하여 문항의 난이도, 곤란도, 변별도 등에 관한 자료를 얻는 것을 말합니다.

(1) 문항의 난이도 _{2019년 1회, 2018년 2회, 2016년 3회}
① 문항 난이도 지수
  ㉠ 전체 응답자 중 특정 문항의 답을 맞힌 사람들의 비율이다.
  ㉡ 0.00에서 1.00의 범위 내에 있으며, 1.0은 모든 피검자가 답을 맞히기 쉬운 문항을 가리킨다.
  ㉢ 문항 난이도 지수가 높을수록 쉬운 문제이며, 문항 난이도 지수가 0.50(P = 0.50)일 때 검사점수의 분산도가 최대가 된다.
② 문항이 어려울수록 검사점수의 변량이 낮아져서 검사의 신뢰도가 낮아진다.

(2) 문항변별도
어떤 검사의 문항이 그 검사에서 득점이 낮은 학생과 높은 학생을 식별 또는 구별해 줄 수 있는 변별력을 말한다.

(3) 오답의 매력도(능률도)
① 정답지와 오답지가 제 기능을 다하고 있는지를 점검하는 작업으로 답지의 능률도를 분석하는 것이다.
② 답지의 능률도는 정답지의 기능 못지않게 오답지의 영향을 크게 받는다.
③ 따라서 답지의 능률도를 오답지의 매력도라고도 한다. 즉, 오답지의 매력도는 오답지가 정답지처럼 보여 피험자가 오답지를 정답으로 택할 수 있는 가능성을 의미한다.

4 심리검사의 실시와 활용 시 유의사항

2024년 3회, 2021년 2회

(1) 심리검사의 실시
2015년 1회
① 검사의 구체적인 절차를 숙지한다.
② 검사의 구두 지시사항을 미리 충분히 암기한다.
③ 검사의 재료나 도구는 사전에 준비해 둔다.
④ 지나친 소음과 방해자극이 없는 곳에서 검사를 실시한다.
⑤ 수검자에 대한 관심과 협조, 격려를 통해 수검자로 하여금 검사를 성실히 하도록 한다.

(2) 심리검사의 선택
① 심리검사의 목적을 분명히 하고 일치성을 확인하여야 한다.
② 내담자의 문제점을 정확히 파악한 후 사용 여부를 결정하여야 한다.
③ 검사선택에 있어 내담자를 포함시켜야 한다.
④ 신뢰도와 타당도가 높은 표준화된 검사방법을 사용해야 한다.
⑤ 정상집단에서 적합성이 있어야 한다.

(3) 검사의 해석
2022년 1회, 2020년 3회, 2016년 2회
① 검사결과를 내담자에게 이야기해 줄 때 가능한 한 이해하기 쉬운 언어를 사용해야 한다.
② 해석에 대한 내담자의 반응을 고려해야 한다.
③ 검사결과에 대해 내담자의 방어를 최소화하도록 한다.
④ 내담자의 방어를 최소화하기 위해 중립적이고 무비판적인 자세를 견지해야 한다.
⑤ 상담자의 주관적 판단은 배제하고 검사점수에 대하여 중립적인 입장을 취하여야 한다.
⑥ 검사결과에 대해 객관적이고 표준화된 자료를 활용하여 설명해 주어야 한다.
⑦ 내담자에게 검사점수를 직접적으로 말해 주기보다는 내담자의 진점수의 범위를 말해 주는 것이 좋다.
⑧ 상담자가 일방적으로 해석하기보다 내담자 스스로 생각해서 자신의 진로를 결정하도록 도와주어야 한다.

> 진점수: 동일한 심리검사를 여러 번 반복하여 실시할 경우 나타나는 전체 점수의 범위로, 각 점수 간의 차이를 말한다.

(4) 심리검사의 윤리적 문제와 관계된 유의사항
2014년 2회
① 심리검사의 목적과 절차를 충분히 설명해야 한다.
② 심리검사나 평가기법을 개발하고 표준화할 때에는 과학적 과정을 따라야 한다.
③ 검사결과는 평가기관의 사용목적에 맞게 제한적으로 사용해야 한다.
④ 적절한 훈련을 받지 않은 사람은 심리검사를 자유롭게 이용해서는 안 된다.

> ☑ **교수님의 코멘트**
> 직업상담에서 내담자가 검사도구에 대해 비현실적 기대를 가지고 있을 때 상담사는 검사 사용목적에 대하여 설명함으로써 검사도구에 대한 내담자의 비현실적이거나 과도한 기대를 줄이는 것이 필요합니다.

UNIT 7 주요 심리검사

1 성인지능검사

(1) 카텔(Cattell)의 유동성 지능과 결정성 지능 2018년 1회, 2015년 3회

① 성인기에 지능이 쇠퇴한다고 단정지었던 과거의 관점에 수정을 기하는 이론이다.

② 유동성 지능과 결정성 지능

유동성 지능	• 개인의 선천적 지능으로 연령 초기에 많이 형성되어 있다가 연령이 높아짐에 따라 감소하는 지능이다. • 유전적·생리적 영향에 의해 발달하는 지능이다. • 특정한 문화에 구애받지 않으며 학교에서의 학습과도 관련이 적다. • 15세경에 정점에 달하고 그 이후에는 감소한다.
결정성 지능	• 연령이 높아짐에 따라 증가하는 지능이다. • 환경적·문화적·경험적 영향에 의해 발달하는 지능이다. • 개인의 문화적·교육적 경험에 영향을 받으며, 환경에 따라 40세까지 혹은 그 이후에도 발달 가능한 지능이다. • 경험과 학교 학습에 의해 계속 발달하며, 학업성취력의 기초가 된다.

③ 유동성 지능이 높은 사람이 경험이나 교육의 기회에 제한을 받으면 결정성 지능이 낮아진다.

(2) 스피어만(Spearman)의 지능 2요인설

스피어만은 지능이 일반요인과 특수요인으로 구성되어 있다고 보았다.

일반요인	폭넓게 사용될 수 있도록 모든 지적 활동에 포함되어 있는 단일한 추론능력이다. 예 일반적인 정신작용, 기억력, 암기력 등
특수요인	특정 과제를 수행하는 데 포함된 여러 가지 구체적인 능력이다. 예 수리능력, 공간적 능력, 기계적 능력 등

(3) 스턴버그(Sternberg)의 삼원지능모형 2018년 3회

① 지능을 맥락적 지능이론, 경험적 지능이론, 성분적 지능이론으로 구성된 것으로 가정한 지능모형이다.

② 삼원지능의 성분적 요소는 분석적 사고력을 의미하고 경험적 요소는 창의력, 맥락적 요소는 적응력을 의미한다.

(4) 지능검사의 종류

① 스탠포드-비네 지능검사(Stanford-Binet Intelligence Scale) 2017년 1회

㉠ 지능지수(IQ)라는 개념을 처음으로 도입한 심리검사이다.

㉡ 20세기의 가장 대표적인 어린이용 지능검사의 하나로, 초등교육을 받을 수 없는 정신지체아를 구별하기 위해 제작되었다.

㉢ 연령점수와 지능지수(IQ)를 제공하는데, 연령점수는 내용참조점수로 해석하고 지능지수는 규준참조점수로 평균이 100이고 표준편차가 16이다.

② 웩슬러 성인용 지능검사(WAIS; Wechsler Adult Intelligence Scale) 2024년 3회, 2022년 3회, 2018년 2회, 2017년 2·3회
  ㉠ 웩슬러 성인용 지능검사는 인지적 검사로 인지적 능력수준과 인지기능의 특성을 파악할 수 있다.
  ㉡ 지능을 측정하는 데 가장 많이 사용되는 검사로, 학교에서도 가장 폭넓게 사용되고 있는 개인 지능 검사이다.
  ㉢ 편차지능지수 방식을 사용하며 평균 100, 표준편차 15를 적용하여 산출한다.
  ㉣ 검사목적은 여러 영역의 지적 영역을 측정하여, 언어성 지능(VIQ), 동작성 지능(PIQ), 전체 지능 (FIQ) 등 세 개의 지수를 산출하는 데 있다.
  ㉤ 다른 검사에 비해 신뢰도와 타당도가 높은 편이다.

2 언어성 및 동작성 검사

(1) **언어성 및 동작성 검사의 의의**
  ① 언어성 검사는 조직화된 경험과 지식에 바탕을 두고 있으며, 대체로 결정적 지능과 관련이 있다.
  ② 동작성 검사는 비교적 덜 조직화되어 있으면서 보다 즉각적인 문제해결력을 요구하는 검사로, 유동적 지능과 관련이 있다.
  ③ 내담자가 언어성 지능이 높고 동작성 지능이 낮은 경우라면 교육수준이 높고 지적 활동에 유리한 사람으로 볼 수 있는 반면, 동작성 지능이 높고 언어성 지능이 낮다면 교육수준은 낮을 수 있지만 실제 생활에서의 대처능력이 높은 사람으로 해석할 수 있다.
  ④ 웩슬러 성인용 지능검사에서 결정적 지능과 관련이 있는 하위검사는 이해, 어휘, 기본지식, 공통성 등이 있다.

(2) **언어성 검사의 하위검사별 측정내용** 2019년 3회, 2017년 3회, 2015년 2회

하위검사	측정내용
기본지식	• 경험과 교육을 통해 습득된 일반 정보(상식), 언어적 기억, 이해 및 연합적 사고를 측정한다. • 사회·경제적 수준 및 읽기능력이 영향을 준다.
공통성	유사성 파악과 추상적 및 구체적 추리, 논리적 사고과정, 연합적 사고 및 기억을 측정한다.
산수	정신적 민첩성, 주의집중, 주의력, 산술적 추리, 시간에 대한 반응 및 실제 계산능력을 측정한다.
어휘	• 사용하는 단어의 이해, 학습능력, 일반적 개념, 경험과 교육을 통해 습득된 언어적 정보, 표현 언어의 유형과 수준을 측정한다 • 문화적 배경과 교육 수준의 영향을 받으며, 전체 검사 중에서 지능을 가장 잘 측정해 준다.
이해	사회적 판단, 과거 경험을 통한 상식적 추리, 실제적인 지능을 측정한다.
숫자 외우기	• 단기기억, 주의력, 정신집중, 순간적 청각 기억, 청각적 주의력, 학습상황에서의 행동을 측정한다. • 문화적 영향을 거의 받지 않는 특성을 가진다. 그러나 피검자의 상태에 따라 변동·손상되기 가장 쉬운 검사이며, 특히 불안과 많은 관련이 있다.

(3) **동작성 검사의 하위검사별 측정내용**

하위검사	측정내용
빠진 곳 찾기	사물에 대한 시각적 민첩성, 시각적 기억, 사물에 대한 주의력, 사물의 본질과 비본질을 구분하는 능력을 측정한다.
차례 맞추기	시각·지각, 사건에 대한 논리적 순서, 사물에 대한 주의력, 인과관계를 이해하는 능력을 측정한다.
토막 짜기	추상적 형태를 이해하고 분석하며 종합하고 재구성하는 능력, 시각-운동 협응, 공간관계, 계획 및 구성 능력을 측정한다.

모양 맞추기	전체 형태에 대한 순간적 지각, 부분-전체관계, 시각 운동의 공간 협응을 측정한다.
바꿔 쓰기	상징과 의미를 연합하는 능력, 시각 운동의 숙련성, 학습 과제의 융통성 및 속도를 측정한다.

더 알아보기 웩슬러 성인용 지능검사 4판(K-WAIS-IV)의 소검사 구성　　　2021년 2회

구분	핵심검사	보충검사
언어이해 지수척도 (Verbal Comprehension Index scale)	• 공통성(Similarity) • 어휘(Vocabulary) • 상식(Information)	이해(Comprehension)
지각추론 지수척도 (Perceptual Reasoning Index scale)	• 토막 짜기(Block Design) • 행렬추론(Matrix Reasoning) • 퍼즐(Visual Puzzles)	• 무게비교(Figure Weight) • 빠진 곳 찾기(Picture Completion)
작업기억 지수척도 (Working Memory Index scale)	• 숫자(Digit Span) • 산수(Arithmetic)	순서화(Letter-Number Sequencing)
처리속도 지수척도 (Processing Speed Index scale)	• 동형 찾기(Symbol Search) • 기호 쓰기(Coding)	지우기(Cancellation)

3 직업적성검사

(1) 직업적성검사의 의의　　　2019년 1회

① 직업적성검사란 개인이 맡은 특정 직무를 성공적으로 수행할 수 있는지를 측정하는 것으로, 적성은 어떤 직업에서 얼마만큼 성공할 수 있을지를 예측해 주는 중요한 요인이 된다.

② 적성은 어떤 과제나 임무를 수행하는 데 있어서 개인에게 요구되는 특수한 능력이나 잠재력을 의미하는 것으로 일정한 훈련에 의해 숙달될 수 있다.

(2) GATB(일반직업적성검사)의 특징　　　2025년 3회, 2016년 1회, 2015년 1회, 2014년 2회

① 미국에서 개발한 검사를 토대로 표준화한 것으로서 여러 특수검사를 포함하고 있다.

② 모두 15개의 하위검사를 통해 9개 분야의 적성을 측정할 수 있도록 제작된 것이다.

③ 15개의 하위검사 중 11개는 지필검사이고, 4개는 기구를 사용하는 수행검사이다.

(3) GATB의 구성요소　　　2022년 1회, 2021년 2회, 2020년 1·2(통합)·4회, 2018년 1·3회

하위검사명	적성	측정방식
기구대조검사	형태지각	지필검사
형태대조검사		
명칭비교검사	사무지각	
타점속도검사	운동반응	
표식검사		
종선기입검사		
평면도 판단검사	공간적성	
입체공간검사	공간적성, 지능	
어휘 검사	언어능력, 지능	
산수추리 검사	수리능력, 지능	
계수 검사	수리능력	

환치 검사	손 재치	동작검사
회전 검사		
조립 검사	손가락 재치	
분해 검사		

(4) GATB에서 검출되는 적성 2024년 1·3회, 2015년 2·3회

지능(G)	• 일반적인 학습능력, 설명이나 지도내용과 원리를 이해하는 능력, 추리·판단하는 능력 • 새로운 환경에 빨리 순응하는 능력
언어능력(V)	• 언어의 뜻과 그에 관련된 개념을 이해하고 사용하는 능력, 언어 상호 간의 관계와 문자의 뜻을 이해하는 능력 • 보고 들은 것이나 자신의 생각을 발표하는 능력
수리능력(N)	신속하고 정확하게 계산하는 능력
사무지각(Q)	• 문자나 인쇄물, 전표 등의 세부를 식별하는 능력, 잘못된 문자나 숫자를 찾아 교정하고 대조하는 능력 • 직관적인 인지능력의 정확도나 비교·판별하는 능력
형태지각(P)	• 실물이나 도해 또는 표에 나타나는 것을 세부까지 바르게 지각하는 능력 • 시각으로 비교, 판별하는 능력, 도형의 형태나 음영 및 근소한 선의 길이나 넓이 차이를 지각하는 능력
공간적성(S)	• 공간상의 형태를 이해하고 평면과 물체의 관계를 이해하는 능력, 기하학적 문제해결능력 • 2차원이나 3차원의 형체를 시각적으로 이해하는 능력
운동반응(K)	• 눈과 손 또는 눈과 손가락을 함께 사용하여 빠르고 정확하게 운동할 수 있는 능력 • 눈으로 겨누면서 정확하게 손이나 손가락의 운동을 조절하는 능력
손 재치(M)	• 손을 마음대로 정교하게 조절하는 능력 • 물건을 집고, 놓고, 뒤집을 때 손과 손목을 정교하고 자유롭게 운동할 수 있는 능력
손가락 재치(F)	• 손가락을 정교하고 신속하게 움직이는 능력 • 작은 물건을 정확 또는 신속하게 다루는 능력

4 직업흥미검사

(1) 직업흥미검사의 의의

① 흥미란 인간이 특정 대상이나 사물, 사건 등에 이끌리는 정서나 감정의 상태를 말한다
② 직업관련 흥미검사는 홀랜드(Holland)의 개인-환경 간 모형을 이론적 토대로 하고 있다.
③ 직업흥미검사란 직업관련 흥미를 측정하는 표준화된 검사로서, 직업선호도검사를 주로 사용한다.

> **더 알아보기 직업관련 흥미검사** 2020년 4회, 2019년 2회, 2018년 2회
> • 직업선호도검사(VPI; Vocational Preference Inventory)
> • 자기방향탐색검사(SDS; Self Directed Search)
> • 스트롱-캠벨 흥미검사(SCII; Strong-Campbell Interest Inventory)
> • 쿠더 직업흥미검사(KOIS; Kuder Occupational Interest Survey)
> • 경력의사결정검사(CDM; Career Decision Making System)

(2) 직업선호도검사

2016년 1·3회

① 홀랜드의 모형을 기초로 개발된 검사로 직업흥미유형을 크게 현실형, 탐구형, 예술형, 사회형, 진취형, 관습형으로 구성한 검사이다.
② 개인이 다양한 분야에서 흥미가 어떻게 나타나는지를 측정한 것으로, 검사결과를 토대로 직업이나 진로를 결정하고자 할 때에는 검사결과에 반영되지 않은 자신의 능력, 자격, 적성, 가치관 등을 함께 고려할 필요가 있다.
③ 직업흥미검사의 목적은 개인에게 적합한 직업선정에 있다.
④ 직업흥미검사, 성격검사(Big5), 생활사검사로 구성된다.
⑤ 시간상 제약이 있을 경우에는 직업흥미검사만으로도 직업선정이 가능하다.

(3) 직업선호도검사의 구성

고용노동부 직업선호도검사(VPI)는 L형과 S형으로 구분되며, 직업선호도검사 L형은 직업흥미검사, 성격검사, 생활사검사로 구성되는 반면, S형은 직업흥미검사만으로 구성된다.

직업흥미검사	홀랜드의 모형을 기초로 직업흥미유형을 현실형, 탐구형, 예술형, 사회형, 진취형, 관습형으로 구분한다.
성격검사	개인의 일반적인 성향을 측정하는 것으로 성격 5요인 검사(Big5 성격검사)를 사용하며 외향성, 호감성, 성실성, 정서적 불안정성, 경험에 대한 개방성을 측정한다.
생활사검사	개인의 과거 또는 현재의 생활특성을 통해 직업선택 시 고려될 수 있는 정보를 제공한다.

> **더 알아보기** 직업흥미검사와 생활사검사의 하위요인
>
> • 청소년 직업흥미검사의 하위요인
>
> | 활동 | 어떤 일이나 활동을 좋아하는지 또는 하고 싶은지를 측정한다. |
> |---|---|
> | 유능성 | 무엇을 잘할 수 있고 어떤 능력이 있다고 생각하는지를 측정한다. |
> | 직업 | 여러 가지 직업 중 선호하는 직업이 무엇인지를 측정한다. |
> | 선호분야 | 다양한 학문 분야에 대한 선호도를 측정한다. |
> | 일반성향 | 흥미와 관련하여 어떤 성향 혹은 태도를 가지고 있는지를 측정한다. |

(4) 스트롱(Strong) 직업흥미검사

2025년 1·2회, 2017년 2회

① 한국의 중·고등학생용으로 개발된 검사로 진로성숙도검사와 흥미유형검사로 구성되어 있다.

진로성숙도검사	진로정체감, 가족일치도, 진로준비도, 진로합리성, 정보습득률 등으로 구성한다.
흥미유형검사	현실형, 탐구형, 예술형, 사회형, 진취형, 관습형 등으로 구성한다.

② 스트롱 직업흥미검사의 척도

스트롱 직업흥미검사는 6가지 유형에 따른 척도별 점수 일반직업분류(GOT; General Occupational Themes), 기본흥미척도(BIS; Basic Interest Scales), 개인특성척도(PSS; Personal Style Scales)를 산출한다.

㉠ **일반직업분류(GOT)**: 흥미영역에 대한 포괄적인 정보를 제공하며, 홀랜드(Holland)의 6가지 유형으로 나누었다.
㉡ **기본흥미척도(BIS)**: 특정 활동주제에 대한 개인의 흥미평가를 제공하며, 일반직업분류(GOT)의 하위척도 25개 항목으로 구성되어 6가지 흥미유형에 대한 더욱 구체적인 정보를 얻을 수 있다.

ⓒ 개인특성척도(PSS): 일반직업분류(GOT)나 기본흥미척도(BIS)의 결과를 뒷받침하거나 강조 혹은 통합적으로 해석할 수 있다. 업무유형, 학습, 리더십, 모험심 등의 유형들에 대한 개인의 선호를 측정한다.

5 성격검사

(1) 성격의 의의
① 성격이란 타인에게 보여지는 개인의 모습 및 특성을 나타내는 말이다.
② 한 사람이 성장하면서 부모의 양육방법과 관계, 형제, 또래, 중요한 대상과의 관계, 사회문화, 살면서 겪게 되는 크고 작은 사건들에 의해서 형성된다.
③ 개개인의 성격은 그것 자체의 고유하고 독특한 조직을 가지며, 반응의 선택을 결정한다.
④ 성격은 행동패턴을 보여 행동을 예언하게 해 주며, 특정 행동의 구체적인 기능을 이해하게 한다.

(2) 성격 5요인 검사(Big5 성격검사) 2021년 1회, 2020년 3회, 2016년 1회, 2015년 1회
① 개인의 성격특징 또는 성격유형을 진단하기 위한 검사로, 성격검사는 이상자(異常者)의 진단, 학교에서의 부적응아·문제아의 발견, 진로지도의 자료, 기업에서 사원의 채용·배치 등에 널리 이용된다.
② 성격 5요인

외향성	타인과의 상호작용을 원하고 타인의 관심을 끌고자 하는 경향 정도를 말한다.
호감성	타인과 편안하고 조화로운 관계를 유지하려는 경향 정도를 말한다.
성실성	사회적 규칙, 규범, 원칙들을 기꺼이 지키려는 경향 정도를 말한다.
정서적 불안정성	정서적으로 얼마나 안정되어 있는지를 측정한다.
경험에 대한 개방성	세계에 대한 관심, 호기심, 다양한 경험에 대한 추구 및 포용력 정도를 말한다.

(3) MBTI(Myers-Briggs Type Indicator) 성격유형검사 2018년 1회
① 칼 융(K. Jung)의 심리유형론을 근거로 마이어스-브릭스(Myers-Briggs)에 의해 개발된 성격유형검사이다.
② 성격의 4가지 양극차원으로 피검자를 분류한다.

주의집중과 에너지의 방향	외향형(Extraversion) – 내향형(Intraversion)
정보수집의 방법	감각형(Sensing) – 직관형(Intuition)
정보의 판단결정과정	사고형(Thinking) – 감정형(Feeling)
행동이행과 생활방식	판단형(Judging) – 인식형(Perceiving)

③ MBTI의 4개 양극차원 2016년 3회

외향형(E) – 내향형(I)	• 외향형: 외부세계에 관심이 많고, 사교적·정열적·활동적이다. • 내향형: 신중하며 깊이 있는 대인관계를 유지한다. 이해한 후 경험한다.
감각형(S) – 직관형(N)	• 감각형: 오감에 의존한다. 실제 경험을 중시한다. 현재에 초점을 맞춘다. 사실적 묘사를 선호한다. • 직관형: 육감과 영감에 의존한다. 미래지향적 가능성과 의미를 추구한다. 비유적·암시적 묘사를 선호한다.

사고형(T) – 감정형(F)	• 사고형: 논리적이고 분석적이다. 객관적 판단을 중시한다. 원리와 원칙을 중시한다. 규범에 따라 행동한다. 지적이다. • 감정형: 사람과의 관계에 관심을 둔다. 주관적·상황적·정상 참작한 설명을 참고한다.
판단형(J) – 인식형(P)	• 판단형: 분명한 목적과 방향이 있다. 사전 계획과 체계적·신속한 결론을 중시한다. 뚜렷한 기준과 자기의사를 갖는다. • 인식형: 목적과 방향은 상황에 따라 변화 가능하다고 본다. 자율적이다. 융통성·개방성이 높다. 유유자적한 과정을 즐긴다.

(4) 미네소타 다면적 인성검사(MMPI; Minnesota Multiphasic Personality Inventory) 2025년 1회

① 미네소타 다면적 인성검사(MMPI)는 정신건강에 문제가 있는 사람을 측정하고 구별하기 위해 경험적인 방식으로 제작되었다.

② 정신과적 진단과 분류를 하기 위해 개발되었지만, 일반적 성격특성에 관한 유추도 어느 정도 가능하다.

③ 수검자의 검사태도를 4가지 타당도 척도로 측정하며, 비정상행동을 10가지 임상척도로 측정한다.

■ MMPI의 타당도 척도의 측정내용

구분	척도	측정내용
타당도 척도	? (cannot say)	무반응 문항과 '예'와 '아니요' 모두 대답한 문항을 합하여 수검자의 태도를 측정하는 척도이다.
	L (lie)	피검자가 자신을 남들에게 실제보다 좋게 보이려는 방향으로 다소간 고의적, 부정적, 세련되지 못한 시도를 하는 것을 측정한다.
	F (infrequency)	비전형적인 방식으로 응답하는 사람들을 탐지하기 위한 것으로, 일반인의 생각이나 경험과 다른 정보를 측정한다.
	K (correction, defensiveness)	• K척도는 분명한 정신적인 장애를 지니면서도 정상적인 프로파일을 보이는 사람들을 식별하기 위한 것이다. • L척도보다는 은밀하게 그리고 보다 세련된 사람들에게서 측정된다는 점이 다르다.

> **더 알아보기** 캘리포니아 성격검사(CPI; California Psychological Inventory) 2025년 2회
>
> 캘리포니아 성격검사(CPI)는 정신병리에 대한 진단적 성격이 강한 미네소타 다면적 인성검사(MMPI)와 달리 일반인의 심리적 특성을 이해하기 위해 제작된 것으로서, 4개의 척도군과 20개의 하위척도를 포함한 성격검사이다.

6 진로성숙검사

(1) 진로성숙검사의 의의 2014년 3회

① 진로성숙이란 자기주도적 진로탐색에서 요구되는 능력과 태도, 행동을 의미한다.

② 진로성숙검사는 진로선택과 관련된 태도와 능력의 발달 정도를 측정하는 검사이다. 진로에 대하여 계획하고 준비하는 데 필요한 태도나 능력, 행동을 어느 정도 갖추고 있는지를 알아보고, 검사결과를 토대로 좀 더 노력해야 할 것이 무엇인지 알려준다.

③ 검사의 항목은 개인의 진로에 대한 태도와 능력을 바탕으로 진로탐색 및 준비행동 등의 행위를 하고 있는지를 측정한다.

(2) 진로성숙도검사(CMI; Career Maturity Inventory)

① 진로성숙도검사(CMI)의 특징

㉠ 진로성숙도검사는 진로탐색 및 선택에 있어서의 태도 및 능력이 얼마나 발달하였는지를 측정하는 표준화된 진로발달 검사도구이다.

㉡ 객관적으로 점수화되고 표준화된 유일한 진로발달검사이다. 진로성숙도검사는 태도척도와 능력척도 두 가지로 나뉘며 태도척도는 참여도, 독립성, 성향, 타협성, 결정성 5가지가 있다.

② 태도척도(상담척도)의 하위영역   2019년 1·3회, 2017년 1회, 2015년 3회

진로결정성	선호하는 진로의 방향에 대한 확신의 정도 예 나는 선호하는 진로를 자주 바꾸고 있다.
참여도	진로선택 과정에 능동적으로 참여하는 정도 예 나는 졸업할 때까지는 진로선택 문제에 별로 신경을 쓰지 않겠다.
독립성	진로선택을 독립적으로 할 수 있는 정도 예 나는 부모님이 정해 주시는 직업을 선택하겠다.
성향 (지향성)	진로결정에 필요한 사전 이해와 준비의 정도 예 일하는 것이 무엇인지에 대해 생각한 바가 거의 없다.
타협성	진로선택 시에 욕구와 현실에 타협하는 정도 예 나는 하고 싶기는 하나 할 수 없는 일을 생각하느라 시간을 보내곤 한다.

③ 능력척도의 하위영역

자기평가	자신의 흥미, 성격 등을 명확히 이해하는 능력
직업정보	의사결정에서 자기평가를 보완하는 영역으로, 자신의 관심분야의 직업세계에 대한 정보의 획득 및 분석 능력
목표선정	자신의 정보와 직업세계의 연결을 통한 직업목표 선정 능력
계획	자신의 직업목표를 달성하기 위한 실제적 계획 능력
문제해결	진로선택이나 의사결정과정에서 부딪히는 다양한 문제들을 해결하는 능력

(3) 진로발달검사(CDI; Career Development Inventory)

① 진로발달검사 개발의 목적

㉠ 학생들의 진로발달과 직업 또는 진로성숙도를 측정하기 위함이다.

㉡ 학생들의 교육 및 진로계획 수립에 도움을 주기 위함이다.

㉢ 진로결정을 위한 준비 정도를 측정하기 위함이다.

② 진로발달검사의 활용

㉠ 개인상담 시 분석적인 데이터 및 예언적인 정보를 제공할 뿐만 아니라 상담을 필요로 하는 영역을 찾아내는 데 유용하다.

㉡ 진로교육 프로그램 시행결과를 측정하기 위한 도구로 유용하다.

㉢ 진로발달검사를 통하여 얻은 정보는 적성개발, 흥미검사, 학력검사 등에서 얻은 정보와 함께 사용된다면 학생들을 위한 진로발달 경험을 계획할 때 유용하다.

(4) **경력진단검사**

① 경력진단의 의의
  ㉠ 경력진단은 경력개발상의 문제를 측정하는 것을 말한다.
  ㉡ 경력개발이나 경력의사결정에 영향을 주는 요인을 파악할 수 있다.

> ☑ **교수님의 코멘트**
> 진로성숙도검사, 진로발달검사는 본래 경력진단검사의 종류이나, 각각에 대한 개념이 기출에서 중요하게 다뤄지므로 본 교재에서는 구분하여 제시하였습니다.

② 주요 경력진단검사

종류	개발자	내용
진로성숙도검사(CMI)	크릿츠(Crites)	• 태도척도와 능력척도로 구성된다. • 진로선택 내용과 과정이 통합적으로 반영되었다.
진로발달검사(CDI)	수퍼(Super)	• 경력관련 의사결정에 대한 참여 준비도를 측정하기 위한 것이다. • 학생들의 진로발달과 진로성숙도를 측정하고 학생들의 교육 및 진로계획 수립에 도움을 준다.
진로신념검사(CBI)	크롬볼츠(Krumboltz)	내담자로 하여금 자아인식 및 세계관에 대한 문제를 확인하도록 돕는다.
자기직업상황(MVS)	홀랜드(Holland)	• 직업적 정체성 형성 여부를 파악하기 위한 것이다. • 직업선택에 필요한 정보 및 환경, 개인적인 장애가 무엇인지를 알려준다.
경력결정검사(CDS)	오시포(Osipow)	경력관련 의사결정 실패에 관한 정보를 제공한다.

CHAPTER 02 직업상담의 진단

핵심 기출문제

01 표준화 검사의 특징으로 틀린 것은? 2018년 2회

① 검사의 실시와 채점이 객관적이다.
② 체계적 오차는 있어도 무선적 오차가 없다.
③ 신뢰도와 타당도가 비교적 높다.
④ 규준집단에 비교해서 피검사자의 상대적 위치를 알 수 있다.

02 심리검사는 다양한 기준을 적용하여 분류할 수 있다. 검사의 실시방법에 따른 분류에 해당하지 않는 검사는? 2016년 3회

① 규준참조검사와 준거참조검사
② 속도검사와 역량검사
③ 개인검사와 집단검사
④ 지필검사와 수행검사

03 투사적 성격검사가 아닌 것은? 2015년 3회

① 로샤(Rorschach)검사
② TAT검사
③ 문장완성검사
④ MBTI

04 심리검사 중 질적 측정도구에 해당하지 않는 것은? 2020년 3회, 2018년 1회

① 역할놀이
② 제노그램
③ 카드분류
④ 경력진단검사

꼼꼼하게 풀어 주는 정답과 해설

01 ② 표준화 검사에도 체계적 오차와 무선적 오차는 있을 수 있다. 체계적 오차는 응답자 개인이나 검사 자체의 특성으로 인해 발생하는 오차이며, 무선적 오차는 검사과정에서 통제되지 않은 요인들에 의해 우연하게 발생하는 오차이다.

02 ① 규준참조검사와 준거참조검사는 심리검사의 목적에 따른 분류이다.

03 ④ MBTI는 표준화된 심리검사로서 성격검사이다. 투사적 검사는 비구조화된 검사과제를 사용하는 것으로, 그 종류에는 로샤(Rorschach)검사, TAT검사(주제통각검사), HTP검사, 문장완성검사, 인물화검사 등이 있다.

04 ④ 경력진단검사는 경력개발상의 문제를 측정하는 것으로 양적 측정도구에 해당한다. 경력개발이나 경력의사결정에 영향을 주는 요인을 파악할 수 있다. 주요 경력진단검사로는 경력결정검사(CDS), 개인직업상황검사(MVS), 경력개발검사(CDI), 경력태도검사(CBI) 등이 있다.

＊직업상담에 사용되는 주요 질적 측정도구
• 자기효능감 척도
• 직업카드분류
• 직업가계도 또는 제노그램
• 역할놀이 또는 역할극

정답 01 ② 02 ① 03 ④ 04 ④

05 다음의 설명에 해당하는 심리검사 용어는?

2015년 2회

> 대표 집단의 사람들에게 실시한 검사점수를 일정한 분포도로 작성한, 특정 검사점수의 해석에 필요한 기준이 되는 자료

① 규준
② 표준
③ 준거
④ 참조

06 심리검사에서 사용되는 원점수에 대한 설명으로 틀린 것은?

2016년 3회

① 그 자체로는 거의 아무런 정보를 주지 못한다.
② 기준점이 없기 때문에 특정 점수의 크기를 표현하기는 어렵다.
③ 척도의 종류로 볼 때 등간척도에 불과할 뿐 사실상 서열척도가 아니다.
④ 서로 다른 검사의 결과를 동등하게 비교할 수 없다.

07 검사점수의 표준오차에 관한 설명으로 옳은 것은?

2017년 1회, 2013년 2회

① 검사의 표준오차는 클수록 좋다.
② 검사의 표준오차는 검사점수의 타당도를 나타내는 수치이다.
③ 표준오차를 고려할 때 오차 범위 안의 점수 차이는 무시해도 된다.
④ 검사의 표준오차는 표준편차의 다른 표현이다.

08 다음에 해당하는 규준은?

2018년 3회, 2016년 1회

> 학교에서 실시하는 성취도검사나 적성검사의 점수를 정해진 범주에 집어넣어 학생들 간의 점수차가 작을 때 생길 수 있는 지나친 확대해석을 미연에 방지할 수 있다.

① 백분위점수
② 표준점수
③ 표준등급
④ 학년규준

꼼꼼하게 풀어 주는 정답과 해설

05 ① 규준이란 대표 집단(표준화 표본집단)에게 실시한 검사점수 분포도로, 대표 집단의 평균과 표준편차를 말한다. 이는 수검자의 특정 검사점수의 해석에 필요한 기준이 되는 자료이다.

06 ③ 원점수는 척도의 종류로 볼 때 서열척도에 불과할 뿐 사실상 등간척도가 아니다.

07 오답풀이
① 검사의 표준오차는 작을수록 좋다.
② 검사의 표준오차는 검사점수의 신뢰도를 나타내는 수치이다.
④ 표준오차는 표본의 평균이 실제 모집단의 평균과 얼마나 떨어져 있는지를 나타내는 수치이고, 표준편차는 각 점수들이 평균에서 벗어난 평균거리이다.

08 ③ 표준등급은 9등급 또는 스테나인 점수라고 하며, 원점수를 1~9등급까지 정해진 범주로 나누는 것이다. 표준등급은 학교에서 실시하는 성취도검사나 적성검사의 결과를 나타낼 때 주로 사용된다.

정답 05 ① 06 ③ 07 ③ 08 ③

09 다음 사례에서 검사-재검사신뢰도 계수는?

2024년 2회, 2019년 2회, 2013년 1회

> 100명의 학생들이 특정 심리검사를 받고 한 달 후에 동일한 검사를 다시 받았는데 두 번의 검사에서 각 학생들의 점수는 동일했다.

① −1.00
② 0.00
③ +0.50
④ +1.00

11 직업상담사 자격시험 문항 중 대학수학능력을 측정하는 문항이 섞여 있을 경우 가장 문제가 되는 것은?

2021년 3회, 2015년 2회

① 타당도
② 신뢰도
③ 객관도
④ 매력도

빈출
10 신뢰도 계수에 대한 설명으로 틀린 것은?

2024년 1회, 2023년 2회, 2020년 4회, 2014년 1회

① 신뢰도 계수는 개인차가 클수록 커진다.
② 신뢰도 계수는 문항 수가 증가함에 따라 정비례하여 커진다.
③ 신뢰도 계수는 신뢰도 추정방법에 따라서 달라질 수 있다.
④ 신뢰도 계수는 결과의 일관성을 보여주는 값이다.

빈출
12 적성검사에서 높은 점수를 받은 사람들이 입사 후 업무수행이 우수한 것으로 나타났다면, 이 검사는 어떠한 타당도가 높은 것인가?

2023년 1회, 2022년 2회, 2017년 1회, 2015년 2회

① 구성타당도(construct validity)
② 내용타당도(content validity)
③ 예언타당도(predictive validity)
④ 공인타당도(concurrent validity)

꼼꼼하게 풀어 주는 정답과 해설

09 검사-재검사신뢰도는 동일한 검사를 동일한 수검자에게 일정시간 간격을 두고 두 번 실시하여 얻은 두 검사점수의 상관계수에 의해 신뢰도를 추정하는 방법이다.
④ 두 번의 검사에서 각 학생들의 점수가 동일했다면 두 점수 간의 일관성이 높은 것이므로 상관계수는 +1.00이다.

10 ② 신뢰도 계수는 검사의 문항 수가 증가할수록 증가한다. 다만, 정비례하여 커지는 것은 아니다.

11 타당도는 연구자가 측정하고자 하는 개념이 실제로 측정되었는가와 그러한 측정이 얼마나 정확하게 이루어졌는가의 문제이다.
① 직업상담사 자격시험 문항 중 대학수학능력을 측정하는 문항이 섞여 있을 경우 타당도에 문제가 된다.

12 ③ 예언타당도란 그 검사의 점수를 가지고 다른 준거점수들을 얼마나 잘 예측해 낼 수 있는가 하는 정도를 말한다. 예를 들어, 적성검사에서 높은 점수를 받은 사람일수록 입사 후 업무수행이 우수한 것으로 나타났다면, 이 검사는 예언타당도가 높은 것으로 볼 수 있다.

정답 09 ④ 10 ② 11 ① 12 ③

13 어떤 검사가 측정하고 있는 것이 이론적으로 관련이 깊은 속성과는 높은 관계를 보이고, 관계가 없는 것과는 낮은 상관관계를 보이는 타당도는 어떤 것인가? 2017년 3회

① 준거관련 타당도
② 동시타당도
③ 수렴 및 변별타당도
④ 예언타당도

14 Cattell이 주장한 결정체적 지능(Crystallized Intelligence)에 대한 설명으로 옳은 것은? 2018년 1회

① 선천적인 지능이다.
② 뇌손상이나 정상적인 노령화에 따라 감소한다.
③ 14세까지는 지속적으로 발달되다가 22세 이후 급격히 감소된다.
④ 개인의 문화적, 교육적 경험에 따라 영향을 받으며 환경에 따라 40세까지 혹은 그 이후에도 발전 가능한 지능이다.

15 K-WAIS의 동작성 검사에 해당되지 않는 것은? 2017년 2회

① 바꿔 쓰기
② 토막 짜기
③ 공통성 찾기
④ 빠진 곳 찾기

16 직업적성검사(GATB)에서 사무지각적성(Clerical Perception)을 측정하기 위한 검사는? 2021년 2회, 2018년 3회

① 표식검사
② 계수검사
③ 명칭비교검사
④ 평면도 판단검사

꼼꼼하게 풀어 주는 정답과 해설

13 ③ 어떤 검사가 측정하고 있는 것이 이론적으로 관련이 깊은 속성과는 높은 상관을 보여주는 것은 수렴타당도이며, 관계가 없는 것과는 낮은 상관을 보여주는 타당도는 변별타당도이다.

14 오답풀이
①, ②, ③ 유동성 지능에 대한 설명이다.
*카텔(Cattell)의 결정성(결정체적) 지능
- 연령이 높아짐에 따라 증가하는 지능으로, 환경적·문화적·경험적 영향에 의해 발달한다.
- 개인의 문화적·교육적 경험에 따라 영향을 받으며 환경에 따라 40세까지 혹은 그 이후에도 발전 가능하다.
- 경험과 학교학습에 의해 계속 발달하며, 학업성취력의 기초가 된다.

15 ③ 공통성 찾기는 언어성 검사에 속한다. 동작성 검사에는 빠진 곳 찾기, 차례 맞추기, 토막 짜기, 모양 맞추기, 바꿔 쓰기가 있다.

16 ③ 사무지각적성은 명칭비교검사를 통해 측정할 수 있으며, 문자나 인쇄물, 전표 등의 세부를 식별하는 능력, 잘못된 문자나 숫자를 찾아 교정하고 대조하는 능력, 직관적인 인지능력의 정확도나 비교·판별하는 능력을 말한다.

정답 13 ③ 14 ④ 15 ③ 16 ③

17 Strong 검사에 대한 설명으로 옳은 것은?

2023년 3회, 2022년 2회, 2017년 2회

① 기본흥미척도(BIS)는 Holland의 6가지 유형을 제공한다.
② Strong 진로탐색검사는 진로성숙도검사와 직업흥미검사로 구성되어 있다.
③ 업무, 학습, 리더십, 모험심을 알아보는 기본흥미척도(BIS)가 포함되어 있다.
④ 개인특성척도(PSS)는 일반직업분류(GOT)의 하위척도로서 특정 흥미분야를 파악하는 데 도움이 된다.

18 성격 5요인(Big-5) 검사의 하위요인으로 틀린 것은?

2020년 3회, 2016년 1회

① 성실성
② 정서적 개방성
③ 외향성
④ 호감성

19 다음 내용을 다룬 검사는?

2016년 3회

- 외향성과 내향성
- 감각과 직관
- 사고와 감정
- 판단과 인식

① GATB
② VPT
③ CPI
④ MBTI

빈출
20 진로성숙도검사(CMI) 중 태도척도의 하위영역과 문항의 예가 잘못 연결된 것은?

2021년 3회, 2019년 3회, 2015년 3회

① 결정성(decisiveness) – 나는 선호하는 진로를 자주 바꾸고 있다.
② 관여도(involvement) – 나는 졸업할 때까지는 진로선택 문제에 별로 신경을 쓰지 않을 것이다.
③ 타협성(compromise) – 나는 부모님이 정해주시는 직업을 선택하겠다.
④ 지향성(orientation) – 일하는 것이 무엇인지에 대해 생각한 바가 거의 없다.

꼼꼼하게 풀어 주는 정답과 해설

17 오답풀이
① 일반직업분류(GOT)는 홀랜드(Holland)의 6가지 유형을 제공한다.
③ 개인특성척도(PSS)가 포함되어 있다.
④ 기본흥미척도(BIS)는 일반직업분류의 하위척도로서 특정 흥미분야를 파악하는 데 도움이 된다.

18 ② Big-5 성격검사의 하위요인에 정서적 개방성은 해당되지 않는다.
  * 성격 5요인 검사(Big-5 성격검사)의 하위요인
    - 외향성   - 호감성
    - 성실성   - 정서적 불안정성
    - 경험에 대한 개방성

19 ④ MBTI는 칼 융(K. Jung)의 심리유형론을 근거로 마이어스-브릭스(Myers-Briggs)에 의해 개발된 성격유형검사이다. 성격의 네 가지 양극차원으로 피검자를 분류한다.

20 ③ 타협성은 진로선택 시에 욕구와 현실에 타협하는 정도를 말한다.
  예 "나는 하고 싶기는 하나 할 수 없는 일을 생각하느라 시간을 보내곤 한다."

정답 17 ② 18 ② 19 ④ 20 ③

CHAPTER 03 직업상담의 초기면담

회당 평균 출제 문항수 **7.7개**

수험 전략
- 평균 6~9문항이 출제되는 영역으로 두 번째로 출제비중이 큰 영역이다.
- 실제 상담현장에서 사용할 수 있는 기술들로서 초기면담, 생애진로사정, 내담자사정, 진로시간전망, 목표설정과 의사결정 등을 다룬다.
- 어려운 내용들은 아니나 명확히 정리할 필요가 있는 영역으로, 특히 초기면담과 생애진로사정은 주의 깊게 살펴보아야 한다.

NEW & HOT! 키워드
\# 상담의 구조화   \# 초기면담기법
\# 생애진로사정   \# 직업가계도
\# 코틀의 원형검사
\# 자기보고식 가치사정법
\# 인지적 명확성 사정

UNIT 1 초기면담

1 초기면담의 의미

① 상담자와 내담자 사이에 첫 만남이 이루어지는 순간부터 시작하여 이후 몇 차례 만남으로 이루어지는 상담 초기의 면담단계를 말한다.
② 초기면담을 통해 내담자의 이해, 문제에 대한 진단 그리고 상담자와 내담자 간의 신뢰감과 친근감 등의 관계형성이 이루어지기 때문에 매우 중요한 과정이다.

2 초기면담의 특징

(1) 내담자 대 상담자 솔선수범 면담

내담자에 의해 시작된 면담과 상담자에 의해 시작된 면담으로 구분된다.

내담자에 의해 시작된 면담	내담자에 의해 요청된 면담으로, 상담자는 내담자의 목적을 파악하기 위해 경청해야 한다.
상담자에 의해 시작된 면담	상담자는 내담자에게 왜 상담을 실시하는지를 충분히 설명하며, 내담자의 불안감과 긴장감을 완화시켜야 한다.

(2) 정보지향적 면담 _{2024년 3회, 2019년 3회, 2018년 3회, 2016년 2회}

① 초기면담의 목적이 정보수집에 있다면, 정보지향적 면담은 상담의 틀이 상담자에게 초점을 맞춰 진행된다.
② 내담자의 정보수집을 위해 탐색해 보기, 개방형 질문, 폐쇄형 질문 등을 수행한다.

탐색해 보기	• '누가, 무엇을, 어디서, 어떻게'로 시작하는 개방형 질문이 사용된다. • 탐색해 보기에서 '왜'라는 질문은 가급적 삼가는 것이 좋은데, 이는 '왜'라는 단어가 항상 불만을 표시하고 내담자를 방어적인 위치에 두기 때문이다.
개방형 질문	• 내담자에게 말할 수 있는 시간을 충분히 주고, 많은 대답을 선택할 기회를 주는 것이다. • 내담자에 대한 심층적 정보를 추출해 내는 데 효과적이다. • 개방형 질문에 익숙하지 않은 내담자에게는 오히려 답변에 대한 부담감을 줄 수 있다.

폐쇄형 질문	• '예/아니요'와 같이 제한된 응답을 요구하는 질문이다. • 짧은 시간에 상당한 양의 정보를 추출해 내는 데 효과적이다. • 내담자가 대답할 수 있는 범위를 제한하기 때문에 깊이 있는 답변을 유도하는 데에는 한계가 있고 도움이 될 수 있을 만큼 정교화된 것은 아니다.

(3) 상담면접에서 상담자의 질문 요령   2015년 3회

① 질문은 가능한 한 개방적 형태를 띠어야 한다. 즉, '예' 또는 '아니요'의 단답식 답변을 이끌어 낼 수 있는 질문보다 개방형 질문이 더 바람직하다.
② 상담자는 한꺼번에 많은 정보를 얻기 위해 질문 공세를 펴서는 안 된다.
③ '왜'라는 질문은 가급적 피한다.
④ 상담 시 피해야 할 질문
  ㉠ 유도형 질문: 내담자에게 특정한 방향의 응답을 하도록 유도하는 질문이다.
  ㉡ 모호한 질문: 내담자가 질문의 방향을 명확히 인지하지 못하거나 받아들이지 못하는 형태의 질문이다.
  ㉢ 이중 질문: 내담자에게 한 번에 두 가지 이상의 내용을 묻는 질문이다.
  ㉣ 폭탄형 질문: 내담자에게 한꺼번에 너무 많은 질문을 하는 것이다.
  ㉤ '왜' 질문: '왜(why)'라는 의문사를 남용함으로써 내담자로 하여금 비난을 받고 있다는 느낌을 갖도록 하는 질문이다.

더 알아보기 | 개방형 질문과 폐쇄형 질문   2017년 1·2회

• '예' 또는 '아니요'의 단답식 답변을 이끌어 낼 수 있는 폐쇄형 질문(폐쇄적 질문)을 가급적이면 사용해서는 안 된다. 개방형 질문은 질문의 범위가 포괄적이고 가능한 한 많은 대답을 선택할 기회를 제공하지만, 폐쇄형 질문은 대답할 수 있는 범위를 제한하기 때문이다.
• 질문의 사례

구분	예
개방형 질문	• 당신이 선호하는 직업이 있다면 무엇인가요? 그런 이유를 말씀해 주시겠어요? • 당신이 특별히 좋아하는 것이 있다면 말씀해 주시겠어요? • 어떻게 생각해야 할지 이해가 잘 가지 않는군요. 잘 모르겠어요. 제가 좀 더 확실하게 이해할 수 있도록 도와주시겠어요? • 시험이 끝나고서 기분이 어떠했습니까? • 지난주에 무슨 일이 있었습니까? • 당신은 누이동생을 이렇게 생각하는지요?
폐쇄형 질문	• 직업상담을 해야겠다고 결정했나요? • 당신은 학교를 좋아하지요?

(4) 관계지향적 면담

관계지향적 면담의 주요 기술로 재진술과 감정의 반향 등이 사용된다.

재진술	내담자의 메시지에 초점을 두고 내담자가 말한 바를 반사적 반응으로 재진술하는 것으로서 상담자는 자신의 표현양식으로 내담자의 말을 바꿔 말한다.
감정의 반향	내담자의 말 이면의 정서적 요소를 표현하여 자신의 감정을 이해하도록 하는 것이다. 이러한 반향은 여러 수준에서 이루어지며 공감을 전달한다.

(5) 비지시적 상담규칙
2025년 2회, 2019년 1회

① 상담자는 인내심을 가지고 우호적으로, 그러나 지적(知的)으로는 비판적인 태도로 내담자의 말을 경청해야 한다.
② 상담자는 내담자에게 어떤 종류의 권위도 과시해서는 안 된다.
③ 상담자는 내담자에게 조언이나 훈계를 하거나 내담자와 논쟁해서는 안 된다.
④ 상담자는 특수한 경우에 한해 내담자에게 질문 또는 이야기를 할 수 있다.

(6) 초기면담의 요소
2015년 1회

① 라포형성(관계형성)
2018년 1회, 2017년 2회, 2015년 1·2회

상담자와 내담자 간의 친근감 및 신뢰감 형성을 기초로 상담관계에 필요한 사항과 진행방향에 대해 안내를 함으로써 내담자의 불안을 감소시키고 긴장감을 풀어주는 상호 긍정적인 친화관계를 형성할 필요가 있다.

■ 내담자와의 관계형성 시 상담자의 태도
- 상담자는 인간존중의 가치를 가지고 내담자를 대해야 한다.
- 상담자는 내담자로 하여금 편안한 분위기에서 자연스럽게 자신을 표현할 수 있도록 분위기를 조성해야 한다.
- 상담자는 내담자 쪽으로 자세를 기울이며, 적극적인 표정이나 자세를 통해 내담자의 말에 경청하고 있음을 표현해야 한다.
- 상담자는 내담자의 말에 공감하며, 민감한 반응을 보여야 한다(공감적 이해).
- 상담자는 내담자의 표현에 면박을 주거나 비판하지 않으며, 내담자가 처한 현실과 감정을 거부하지 않고 있는 그대로 수용해야 한다(무조건적 수용).
- 상담자는 내담자에게 친절하고 따뜻하며 부드러운 태도를 취해야 한다(친화감 형성).
- 상담자는 내담자에게 은혜를 베푼다는 인상을 주지 말아야 한다.

② 감정이입
2019년 3회

㉠ 감정이입은 상담자가 길을 잃어버리지 않고 마치 자신이 내담자의 세계에서 경험을 하는 듯한 능력이다.
㉡ 상담자가 객관적인 중립성을 유지하며, 내담자의 입장에서 공감을 갖는 능력이다.

③ 언어적·비언어적 행동
2015년 3회

㉠ 언어적 행동: 내담자에게 중요한 것이 무엇인지를 논의하거나 이해시키려는 열망을 보여주는 의사소통, 재진술, 종합적인 느낌 등을 포함한다.
㉡ 비언어적 행동: 상담자가 관심을 가지고 열린 상태가 되어 내담자를 끌어들이는 매우 효과적인 방법으로 미소, 몸짓, 기울임, 눈 맞춤, 끄덕임 등을 포함한다.

✅ **교수님의 코멘트**

직업상담에서 도움이 되는 면담 행동에는 이해 가능하고 명료한 말을 사용하고, 가끔 고개를 끄덕이며, 개방적 질문을 하는 것이 있습니다.

> **더 알아보기**
>
> ■ 직업상담에서 도움이 되지 않는 면담 행동
>
> | 언어적 행동 | 비언어적 행동 |
> |---|---|
> | • 충고하기
• 타이르기
• 달래기
• 비난하기
• 권유하기
• 광범위한 시도와 질문(특히 '왜'라는 질문)
• 과도한 해석 등 | • 내담자를 멀리 쳐다보는 것
• 조소하는 것
• 언짢은 얼굴을 하는 것
• 입을 꽉 다문 것
• 하품을 하는 것
• 단호한 결단력 등 |
>
> ■ 상담에서의 충고하기
>
> 상담자의 임무는 내담자가 스스로 해결책을 찾을 수 있도록 도와주는 것이다. 충고를 함으로써 당장에는 내담자의 문제를 효과적으로 해결할 수 있다 하더라도, 그것은 내담자의 의존심을 키우는 결과를 초래할 것이다. 그렇게 되면, 내담자는 당면하는 새로운 문제 전부에 대해 계속 상담을 받아야 할 지경이 될 수도 있다. 그렇다고 하여 꼭 필요할 때 충고하는 것까지 배제한다는 의미는 아니며, 내담자 자신이나 타인을 해칠 위험이 명백한 경우와 같이 직접적인 충고가 필요한 때도 있다.

④ 상담자 노출하기

상담자가 자신의 사적인 정보를 내담자에게 드러내 보이는 것이다. 상담관계에서 반드시 필요한 것은 아니며 언제, 어느 정도로 노출할지에는 충분한 숙고가 필요하다.

⑤ 유머

㉠ 유머를 적절히 활용한다면, 여러 가지 치료적 시사를 갖는 임상도구로 사용될 수 있다.

㉡ 유머는 상담과정에서의 긴장감을 없애고, 내담자의 저항을 줄일 수 있으며, 내담자에게 현재 상황을 분명하게 지각하도록 할 수 있다.

⑥ 직면(맞닥뜨림)   2017년 3회

㉠ 초기면담의 주요 요소로, 내담자로 하여금 행동의 특정 측면을 검토해 보고 수정하게 하며 통제하도록 도전하게 하는 것이다.

㉡ 내담자는 외부에 비친 자신의 모습을 되돌아보고, 현재 상황과 그 결과를 분명하게 알고 맞닥뜨리게 되어 통찰의 순간을 경험하게 된다.

⑦ 계약

㉠ 계약은 목표달성에 포함된 과정과 최종결과에 초점을 두는 것이다.

㉡ 내담자의 행동, 사고 등의 변화를 촉진하는 계약이어야 한다.

㉢ 상담자는 계약의 초점이 내담자의 변화에 있음을 강조해야 한다.

⑧ 리허설(연습)   2022년 3회, 2016년 1회

㉠ 내담자에게 선정된 행동을 연습하거나 실천하도록 함으로써 내담자가 계약을 실행하는 기회를 최대화하도록 도와주는 것이다.

㉡ 리허설의 유형

명시적 리허설	내담자가 하고자 하는 것을 말로 표현하거나 행위로 보일 것을 요구한다.
암시적 리허설	원하는 것을 상상하거나 숙고해 보도록 요구하는 것이다.

⑨ 즉시성　　　　　　　　　　　　　　　　　　　　　　　　　　　　　2020년 3회

　㉠ 상담자가 자신의 바람은 물론, 내담자의 느낌, 인상, 기대 등에 대해 깨닫고 대화를 나누는 것으로서, 상담과정의 주제로 삼게 된다. 즉시성은 상담이 생산적으로 전개되도록 하는 상담자의 기술이다.

　㉡ 즉시성의 종류

관계 즉시성	상담자-내담자 관계가 긴장되어 있는지, 지루한지, 생산적인지 등 그 관계의 질에 대해 내담자와 이야기를 나누는 상담자의 능력이다.
지금-여기에서의 즉시성	• 현재 발생하고 있는 어느 특정 교류에 대해 의논하는 것이다. • 내담자는 '특정 사실을 공개하거나, 숨기고 있는 자신'에 대해 상담자가 어떻게 생각하는지를 알고자 할 수 있다. 상담자는 그 순간 내담자의 생각과 느낌을 탐색한다.

　㉢ 즉시성은 다음과 같은 경우 유용하게 사용된다.
　　• 방향성이 없는 관계일 경우
　　• 긴장감이 감돌고 있는 경우
　　• 신뢰성에 의문이 제기될 경우
　　• 상담자와 내담자 간에 상당한 정도의 사회적 거리가 있을 경우
　　• 내담자가 의존성이 있을 경우
　　• 내담자가 역의존성이 있을 경우
　　• 상담자와 내담자 간에 친화력이 있을 경우

(7) **초기면담의 단계**

초기면담은 상담횟수나 과정까지의 정확한 지침은 없지만, 상담 초기에 이루어져야 할 단계적 사항은 크게 내담자와의 촉진적인 관계형성, 내담자 문제의 이해, 상담의 구조화로 볼 수 있다.

① 관계형성
　㉠ 상담의 관계형성은 초기 상담단계에서 이루어져야 한다.
　㉡ 이러한 상담관계 형성, 즉 라포(rapport)는 촉진적인 관계형성이어야 한다.

② 내담자 문제의 이해
　㉠ 상담의 중요한 목적은 내담자가 호소하는 문제를 이해하고 해결하는 데 있다.
　㉡ 내담자가 호소하는 문제를 이해하기 위해 확인할 사항
　　• 사전자료를 토대로 한 내담자에 대한 이해
　　• 내담자의 문제해결에 대한 동기

③ 상담의 구조화　　　　　　　　　2025년 2회, 2021년 2회, 2020년 1·2(통합)회, 2017년 1회, 2002년 1회

　㉠ 상담자는 비밀보장의 한계에 대해 설명한다. 즉, 상담 중에 얻은 내담자에 대한 비밀은 지켜진다는 것을 미리 알려주어 불안을 제거한다.
　㉡ 상담자는 상담의 시간과 장소 및 비용, 상담의 지속 등에 대해 미리 합의하고 구조화한다.
　㉢ 상담자는 상담의 목표와 성질에 대해 구조화한다.
　㉣ 상담자는 내담자가 지켜야 할 규칙을 구조화한다. 예를 들어, 상담자는 내담자에게 검사나 과제를 잘 이행할 것을 기대하고 있다는 것을 분명히 밝힌다.

> ✓ **교수님의 코멘트**
>
> 상담의 구조화란 내담자가 상담 목표를 성취하기 위해 상담의 기본성격, 상담자 및 내담자의 역할 한계, 바람직한 태도 등을 설명하고 인식시켜 주는 작업입니다.

ⓜ 상담자는 내담자에게 상담자의 역할과 책임에 대해서 미리 알리고, 상담자와 내담자의 역할을 구조화한다.

> **더 알아보기** 상담목표 설정의 원칙 2025년 1회, 2017년 2회, 2016년 2회
> - 내담자가 원하는 것을 상담목표로 설정한다.
> - 상담자의 기술과 양립 가능해야 한다.
> - 구체적인 것을 상담목표로 설정한다.
> - 실현 가능한 것을 상담목표로 설정한다.

(8) 초기면담의 종결에서 수행되어야 할 내용 2019년 1회
① 상담과정에서 필요한 과제물을 부여한다.
② 상담과정과 역할에 대한 서로의 기대를 명확히 한다.
③ 조급하게 내담자에 대한 결론을 내리지 않는다.
④ 내면적 가정이 외면적 가정을 논박하지 못하도록 수행한다.

(9) 초기면담을 마친 후 상담자가 면담을 정리하기 위해 검토해야 할 사항 2019년 1회
① 사전자료를 토대로 내렸던 내담자에 대한 결론은 얼마나 정확했는가?
② 상담에 대한 내담자의 기대와 상담자의 기대는 얼마나 일치했는가?
③ 내담자에 대하여 어떤 점들을 추가적으로 평가해야 할 것인가?
④ 다음 상담회기를 어떻게 시작할 것인가?

> **더 알아보기**
>
> ■ 내담자와 초기면담 시 상담자의 유의사항
> - 면담 전 가능한 모든 사례자료를 검토한다.
> - 내담자의 초기목표를 명확히 한다.
> - 상담 시 필수 질문들을 확인한다.
> - 내담자와 만나기를 한다.
> - 비밀유지에 대해 설명한다.
>
> ■ 직업상담 초기 접수면접에서 이루어지는 주된 내용 2024년 1·3회, 2018년 1회, 2015년 2회
> - 내담자와 상담자 간의 상담관계(라포) 형성
> - 상담목표 및 전략 수립
> - 심리적 문제 파악(심리평가)
> - 상담의 구조화

UNIT 2 직업상담의 기초기법

1 효과적인 상담에 도움이 되는 상담자의 면담 태도 2025년 1회, 2022년 2회, 2016년 3회
① 비방어적 태도로 내담자를 편안하게 만드는 태도
② 내담자의 경험을 공감하고 이해하려는 태도
③ 내담자의 말을 경청하는 태도
④ 내담자와 유사한 언어를 사용하는 태도
⑤ 언어적·비언어적 반영의 태도

> ✓ **교수님의 코멘트**
>
> 상담에서 분석하고 충고하는 태도는 도움이 되는 면담 태도가 아닙니다.

2 상담의 기초기법

2021년 1회

(1) 공감(공감적 이해)

2025년 2회, 2021년 2회, 2020년 3회, 2019년 2회, 2015년 2·3회

① 공감이란 상담자가 자신이 직접 경험하지 않고도 내담자의 감정을 거의 같은 수준으로 이해하는 능력을 말한다. 내담자가 전달하려는 내용에서 한 걸음 더 나아가 그 내면적 감정에 대해 반영하는 것으로, 이때 상담자는 내담자의 세계를 상담자 자신의 세계인 것처럼 경험하지만 객관적인 위치에서 벗어나지 않는다.

② 공감적 이해를 위해서는 상담자는 내담자의 입장에서 느끼고 생각해야 한다. 이때 공감적 이해란 '여기-지금'에서의 내담자의 감정과 경험을 정확하게 이해하는 것이다. 이를 통해 내담자의 자기탐색과 수용을 촉진시킨다.

③ 공감적 이해를 하더라도 상담자 자신의 가치관이나 정체감까지 내담자에게 맞추어 수용해야 하는 것은 아니다.

> **더 알아보기** 공감적 이해의 5가지 수준
> 2019년 2회, 2018년 2회
>
> • 상대방의 언어 및 행동 표현의 내용에 대한 공감적 이해는 5가지 수준으로 구분할 수 있으며, 상담자는 가장 높은 5수준의 공감을 지향해야 한다.
>
> | | |
> |---|---|
> | 1수준 | 내담자의 언어 및 행동 표현의 내용으로부터 벗어났다. 내담자가 명백하게 표현한 감정조차도 제대로 인식하지 못한다.
예 "자네가 지난번에 처리했던 일이 아마 잘못됐었지?" |
> | 2수준 | 내담자가 표현한 감정에 반응하긴 하나, 중요한 감정은 제외하고 의사소통을 한다. 내담자가 표현한 의미를 왜곡시키기 때문에 내담자가 표현한 것과 일치하지 않는다.
예 "자네 기분이 나쁘더라도 상사의 지시대로 하는 게 좋을 것 같아." |
> | 3수준 | 내담자가 표현한 것과 본질적으로 같은 정서와 의미를 표현하여 상호 교류한다. 하지만 보다 내면적인 감정에는 반응하지 못한다. 대인관계 기능을 촉진하는 기초 수준의 공감 반응이다.
예 "자네가 알아서 할 일을 내가 부당하게 간섭한다고 생각하지 않았으면 좋겠어." |
> | 4수준 | 스스로 표현한 것보다 더 내면적인 감정을 표현하면서 의사소통을 한다. 이전에는 표현할 수 없었던 감정을 더 표현하면서 경험하도록 독려한다.
예 "자네 일에 대해 이야기하는 것이 간섭받는다고 생각해서 기분이 상했군." |
> | 5수준 | 상대방의 표면적 감정은 물론 내면적인 감정에 대해 정확하게 반응하는 것이다. 이렇게 함으로써 내담자는 이전에는 깨닫지 못했던 감정들을 명료하게 경험한다.
예 "믿고 맡겨준다면 잘 할 수 있을 것 같은데, 간섭받는다는 기분이 들어 불쾌했구나." |

• 공감적 이해 수준의 적용
  아이: "엄마 나가세요, 노크도 없이 막 들어오시면 안 되죠. 여긴 내 방인데."
  엄마: (1수준) "엄마가 자식 방에도 맘대로 못 들어가니? 조그만 게 무슨 비밀이 있다고."
  　　 (2수준) "네가 화가 난 모양이네. 엄마가 자식 방에 들어갈 때도 꼭 노크를 해야 하니?"
  　　 (3수준) "네 방에 노크도 없이 들어와 기분이 상했구나."
  　　 (4수준) "혼자 있고 싶었는데 방해를 받아서 언짢았구나."
  　　 (5수준) "너도 이젠 컸으니 너만의 세계를 가지고 싶은 거로구나."

(2) 경청

① 경청은 내담자에게 항상 세심하게 주목하는 것을 말한다. 내담자가 표현하는 언어적 의미 외에 비언어적인 의미까지 이해하는 능력으로, 언어적·비언어적 반응을 수반한다.

② 내담자에게 초점을 유지하면서 내담자가 표현하는 행동, 생각과 감정을 이해하려고 노력하는 것이 적극적 경청이다.
③ 효과적인 적극적 경청을 위한 지침 2022년 1회, 2018년 2회
  ㉠ 내담자의 음조를 주의 깊게 경청한다.
  ㉡ 내담자의 표현의 불일치를 인식한다.
  ㉢ 내담자가 보이는 일반화, 빠뜨린 내용, 왜곡을 경청한다.

(3) 반영
① 내담자의 생각과 말을 상담자가 다른 참신한 말로 부연하는 것을 말한다.
② 내담자의 표현에 담긴 밑바탕에 흐르는 감정을 파악하여 반영하는 것이 효과적이다.

(4) 직면
2018년 2회, 2016년 3회
① 상담자가 내담자가 모르고 있거나 인정하기를 거부하는 생각과 느낌에 대해 주목하도록 하고, 이러한 자신의 문제를 회피하지 않고 도전하도록 하는 것이다.
② 상담자는 내담자의 말과 행동 사이의 불일치나 모순을 직접적으로 지적한다. 그러나 내담자에 대해 평가하거나 비판하는 인상을 주지 않도록 해야 하며, 이를 위해 내담자가 보인 객관적인 행동과 인상에 대해 서술적으로 표현하는 것이 바람직하다.

> ■ 직면의 사례
> • 상황: 집단모임에서 여러 명의 집단원들로부터 부정적인 피드백을 받은 한 집단원에게 다른 집단원이 그의 느낌을 묻자 아무렇지도 않다고 하면서도 얼굴 표정이 몹시 굳어 있을 때, 지도자가 이를 직면하고자 한다.
> • 상담자: "ㅇㅇ씨는 아무렇지도 않다고 말하지만, 지금 얼굴이 아주 굳어 있고 목소리가 떨리는군요. 내적으로 지금 어떤 불편한 감정이 있는 것 같은데, ㅇㅇ씨의 반응이 궁금하군요."

(5) 명료화
2020년 1·2(통합)회, 2018년 3회
내담자의 말 속에 포함되어 있는 생각과 감정의 불분명한 표현을 상담자가 분명하게 밝히는 것이다. 이것은 어떤 문제의 밑바닥에 깔려 있는 혼란스러운 감정과 갈등을 가려내어 분명히 해 주는 것으로 내담자의 인식을 도울 수 있다.

(6) 수용(수용적 존중)
2018년 3회, 2015년 1회
① 내담자의 이야기에 주의를 집중하고 내담자를 인격적으로 존중하는 기법이다.
② 기본적으로는 내담자의 감정, 경험 및 잠재력에 대해 긍정적인 존중과 관심을 전달하는 것이고, 궁극적으로는 내담자를 한 인간으로서의 가치와 자유인으로서의 잠재력에 대해 매우 깊은 긍정적 존중을 전달하는 것이다.
③ 상담자는 인간존중 정신에 입각하여 내담자가 표현하는 감정이나 사고를 있는 그대로 받아들인다. 내담자가 어떤 상태에 놓여 있든 간에 상담자가 무조건적이고 긍정적이며 수용적인 태도를 유지할 때, 내담자의 치료적 변화가 일어날 가능성은 더욱 커진다.

> **더 알아보기** 수용적 존중의 수준과 적용 2016년 2회
> • 내담자의 진술에 대한 가장 수준이 높은 수용(수용적 존중)은 내담자가 표현하는 감정이나 사고를 있는 그대로 아무런 조건 없이 받아들이는 것이다.

• 수용적 존중 수준의 적용

> "저 오늘 몸이 아파서 조퇴를 했어요. 좀 더 견뎌보려고 했는데 참을 수가 없었어요."

- 1수준: "일하기 싫으니 핑계를 대는구나."
- 2수준: "몸이 조금 아프다고 자꾸 조퇴하면 안 되지."
- 3수준: "몸이 아프면 힘들지. 그동안 좀 무리했지."
- 4수준: "아플 땐 쉬어야지. 건강해야 일도 잘 할 수 있지."
- 5수준: "그래, 자네니깐 그만큼이나 참았지. 자네 웬만하면 조퇴하지 않는 거 내가 알지."

(7) 해석 2019년 2회
 ① 내담자가 직접 진술하지 않은 내용이나 개념을 그의 과거 경험이나 진술을 토대로 하여 추론해서 말하는 것이다.
 ② 상담자는 내담자로 하여금 자기의 문제를 새로운 각도에서 이해하도록 경험과 행동의 의미를 설명한다.

(8) 요약과 재진술 2024년 2회, 2020년 1·2(통합)회, 2017년 1회, 2009년 2회
 ① 내담자가 전달하는 이야기의 표면적 의미를 상담자가 다른 말로 바꾸어서 말하는 것이다.
 ② 상담자는 내담자가 전달하려는 내용을 다른 말과 용어를 사용하여 내담자에게 되돌려 줌으로써 상담자가 내담자의 이야기에 귀를 기울이면서 그를 이해하려 노력하고 있음을 내담자에게 전달할 수 있다.

3 상담의 대화 중단 시 내담자의 침묵의 원인 2024년 1회

① 내담자의 사고가 중단될 때 일어난다.
② 내담자가 대화 중 생각을 정리할 때 일어난다.
③ 내담자의 감정의 피로회복으로 인한 침묵이 발생할 수 있다.
④ 내담자가 상담자와 대화 중 대화의 소재가 부재할 경우 일어날 수 있다.
⑤ 내담자가 상담자에게 적대감 등을 느끼고 저항할 때 일어날 수 있다.

UNIT 3 구조화된 면담법

1 생애진로사정(LCA: Life Career Assessment) 2015년 1·2회

(1) 생애진로사정의 의미
 ① 직업상담의 초기단계에서 내담자의 정보나 행동을 효과적으로 이해하고 해석할 수 있는 대표적인 기법이다.
 ② 상담자와 내담자가 처음 만났을 때 사용해 볼 수 있는 구조화된 면접기법으로, 내담자의 정보와 행동을 이해하는 데 도움을 주는 질적 평가절차이다.

(2) 생애진로사정의 특징 2022년 3회, 2021년 2회, 2020년 1·2(통합)회, 2017년 1회, 2016년 3회, 2015년 2·3회
 ① 면담 초기에 내담자에 대한 기초적인 정보를 수집하기 위한 사정으로, 검사실시나 검사해석의 예비적 단계에서 특별히 유용하다.

② 비교적 짧은 시간 내에 내담자에 대한 정보를 수집하는 단계이며, 보통은 상담 초기에 30분 내외로 내담자의 정보를 얻을 수 있다. 내담자의 생애에 대한 다양한 진로정보를 이해하도록 돕는다.
③ 아들러(Adler)의 개인심리학 이론에 기초하여 내담자와 환경의 관계를 이해하는 데 도움을 준다. 생애진로사정의 구조는 아들러의 개인과 세계의 관계를 '일', '성', '사회'의 3가지로 구분한 인생과제와 서로 긴밀히 연결되어 있다.
④ 생애진로사정에서는 작업자, 학습자, 개인의 역할 등을 포함한 다양한 생애역할에 대한 정보를 탐색해 간다.
⑤ 내담자가 하는 일의 유형이나 내담자의 정보를 처리하고 의사결정을 돕는 방법을 모색할 수 있는 단계이다.
⑥ 내담자로 하여금 자신의 생애에 대한 근본적인 접근, 즉 태도, 신념, 가치관을 통해 자기 생애를 이해하도록 돕는다.
⑦ 직업상담의 주제와 관심을 표면화하는 데 있어 덜 위협적인 방법으로 비판단적이고 비위협적인 대화 분위기로 전개될 수 있어 내담자와 긍정적인 관계를 형성하는 데 도움이 된다.
⑧ 내담자가 학교에서나 훈련기관에서의 평가과정을 통해 부정적인 선입견을 가지고 있을 가능성이 있는 인쇄물이나 소책자, 지필도구 등의 표준화된 진로사정도구는 가급적 사용을 삼간다.

> ✓ **교수님의 코멘트**
> 생애진로사정의 과정에는 내담자에 대한 가장 기초적인 직업상담 정보를 얻는 동시에 내담자의 과거 직업경력에 대한 정보수집, 내담자의 가계도 작성, 내담자가 가진 자원과 장애물에 대한 평가가 이루어집니다.

(3) 생애진로사정의 구조
2025년 1·3회, 2024년 1·3회, 2022년 2회, 2021년 1회, 2019년 2회, 2018년 1·2·3회, 2017년 2·3회, 2016년 1회

단계	사정주제	내용	
진로사정	직업경험 (시간제, 정시제, 유급·무급)	• 이전 직업 • 가장 싫었던 것	• 가장 좋았던 것
	교육 또는 훈련과정 및 관심사	• 일반적인 경력사정 • 가장 싫었던 것	• 가장 좋았던 것
	오락	• 여가시간 • 사랑과 우정(여가내용 중)	• 사회활동(여가내용 중)
전형적인 하루	의존적-독립적 차원	• 타인에 대한 의존	• 타인에게 의사결정을 주장
	자발적-체계적 차원	• 안정된 일	• 영속적이고 빈틈없음
강점과 장애	주요 강점	• 내담자의 보유 자원	• 내담자에게 요구되는 자원
	주요 장애	• 강점과 관련된 장애	• 주제와 관련된 장애
요약	–	• 생애주제에 동의 • 목표설정과 연관시키기	• 내담자 자신의 용어를 사용하기

① 진로사정
  ㉠ 내담자가 일의 경험 또는 훈련 및 학습과정에서 가장 좋았던 것과 싫었던 것에 대해 질문하며, 여가시간의 활용, 우정관계 등을 탐색한다.
  ㉡ 내담자의 직업경험(시간제·전임, 유·무보수), 교육 또는 훈련과정과 관심사, 오락(여가활동)에 대해 사정한다.

② 전형적인 하루   2019년 3회
  ㉠ 내담자가 생활을 어떻게 조직하는지를 시간의 흐름에 따라 체계적으로 기술한다.
  ㉡ 내담자가 의존적인지 또는 독립적인지, 자발적(임의적)인지 또는 체계적인지 자신의 성격차원을 파악하도록 돕는다.
    ⓐ 의존적-독립적: 내담자의 타인에 대한 의존도를 탐구한다.
    ⓑ 자발적-체계적: 내담자가 변화에 익숙한지, 안정된 일상을 선호하는지 탐구한다.
③ 강점과 장애
  ㉠ 내담자가 스스로 생각하는 3가지 주요 강점 및 장애에 대해 질문한다.
  ㉡ 현재 내담자가 직면하고 있는 문제나 환경적 장애를 탐구하며, 이를 극복하기 위해 가지고 있는 대처자원이나 잠재력을 탐구한다.
④ 요약
  ㉠ 내담자 스스로 자신에 대해 알게 된 내용을 요약해 보도록 함으로써 자기인식을 증진시킨다.
  ㉡ 내담자의 문제해결 및 장애 극복을 위해 목표달성계획을 세울 수 있도록 한다. 즉, 자신의 자원을 요약함으로써 목표를 성취하도록 자극한다.

(4) 생애진로사정의 구조를 통해 얻을 수 있는 정보
  ① 내담자 스스로의 가치와 자기인식의 정도를 얻을 수 있다.
  ② 내담자의 교육수준과 직업경험에 대한 객관적 정보를 얻을 수 있다.
  ③ 내담자 자신의 기술과 유능성에 대한 자기평가 및 상담자의 평가정보를 얻을 수 있다.

(5) 생애진로주제   2022년 1회
  ① 사람들이 그들 자신과 타인 그리고 세계관에 관한 생각, 가치, 태도, 신념을 나타낸다.
  ② 내담자의 사고과정을 이해하고 행동을 통찰하도록 도와주고, 표상적 체계에 대한 이미지를 제공한다.
  ③ 내담자의 생애역할을 확인하고 분석하여 내담자가 어떻게 문제를 해결하는지, 자기완성을 향해 어떻게 나아가는지를 알게 해 준다.
  ④ 내담자의 생애진로주제를 확인하는 데 도움이 되는 자료

생애역할	모형	
작업자	• 자료-관념-사람-사물(프레디저) • 직업적 성격 및 작업환경(홀랜드) • 기술 확인(볼레스)	
학습자	• 학습자유형(콜브)	• 학습형태(캔필드)
개인	• 생애형태(아들러)	• 대뇌반구의 기능

(6) 생애진로주제의 역할모형   2014년 1회
  ① 작업자 역할
    ㉠ 프레디저(Prediger)의 분류체계: 개인이 작업과 관련하는 기능을 자료, 관념, 사람, 사물의 4가지 대상으로 구분한다.
    ㉡ 홀랜드(Holland)의 6가지 흥미유형: 직업적 성격 및 작업환경을 현실형·탐구형·예술형·사회형·진취형·관습형 6가지로 분류한다.

ⓒ 볼레스(Bolles)의 분류체계: 자기관리 기술, 기능적·전환적 기술, 일의 내용 기술의 3가지 기술을 확인한다.

② 학습자 역할

㉠ 콜브(Kolb)의 학습형태검사(LSI)에서의 4가지 학습유형   2020년 3회

ⓐ 콜브는 개인에게 나타나는 학습형태는 유전의 결과, 과거생활 경험, 그리고 가족, 학교, 직업 등과 같은 현재 환경의 요구 등에 의해 결정된다고 보았다.

ⓑ 학습이 어떻게 지각되고 어떤 과정으로 전개되는가에 기초하여 학습형태 모형을 개발하고 학습형태를 측정하는 도구로 학습형태검사(LSI; Learning Style Inventory)라고 불리는 자기보고식 검사를 개발하였다.

집중적 사고형	• 추상적 개념화와 활동적 실험에 유용하며, 가장 큰 강점은 생각을 실제적으로 적용하는 것이다. • 비정서적이며 사람보다 사물을 다루기를 선호한다. • 기술자들에게서 많이 나타난다.
확산적 사고형	• 확고한 경험과 사려 깊은 관찰에 유용하며, 가장 큰 강점은 상상력이다. 집중적 사고형과 상반된 강점을 가진다. • 사람에 관심이 많고 상상적이고 정서적 경향이 있으며, 넓은 문화적 흥미와 예술에 대한 전문적 식견을 갖고 있다. • 주로 상담자, 관리자 등에서 많이 나타난다.
동화적 사고형	• 추상적 개념화와 사려 깊은 관찰에 유용하며, 가장 큰 강점은 확고한 이론적 모형에 대한 능력이다. • 귀납적인 이론을 끌어내는 데 유용하여 이론의 실제적 적용에 관한 응용과학보다는 기초과학과 수학 등에 더 적합하다. 사람에 대한 관심은 적은 반면, 추상적 개념에 많은 관심을 둔다. • 연구나 기획 등의 일을 하는 사람에게서 많이 발견된다.
적응적 사고형	• 확고한 경험과 활동적 실험에 유용하며, 가장 큰 장점은 새로운 경험을 가지고 실험과 계획을 이끌어 내는 것이다. 동화적 사고형과 상반된 강점을 가진다. • 분석적 능력보다는 시행착오나 직관에 의해 문제를 해결하려는 경향이 있다. • 기업가, 판매와 같은 행동지향적인 직업에서 많이 나타난다.

㉡ 학습형태: 캔필드(Canfield)는 학습형태 분류변인으로 조건, 내용, 양식, 기대를 제시하였다.

③ 개인 역할

㉠ 아들러(Adler)의 생애형태

ⓐ 세계와 개인의 관계를 일, 사회, 성의 3가지로 구분한다.

ⓑ 출생 순위에 따른 개인의 위치에 따라 개인적 성향이 달라진다.

㉡ 대뇌반구의 기능

ⓐ 좌뇌는 언어를 구성하고 언어정보를 저장하며, 가치를 배우고 사회적 역량의 근원을 준비하는 것 등과 연결된다.

ⓑ 우뇌는 공간과 지각형태, 방향적 지향성, 시각적 묘사 등을 포함한 비언어적 통합기능과 연결된다.

> **더 알아보기** 콜브의 학습형태검사(LSI)에 의한 4가지 학습유형

```
                    확고한 경험
                         │
         적응적 사고형   │   확산적 사고형
                         │
   활동적 ────────────────┼──────────────── 사려 깊은
   실험                  │                    관찰
         집중적 사고형   │   동화적 사고형
                         │
                    추상적 개념화
```

2 직업가계도(genograms)

(1) 직업가계도의 의미
내담자의 가족 3대에 나타나는 직업특징에 대한 시각적 표상을 얻기 위해 도해로 표시한 그림을 말한다. 진로 및 직업선택, 포부 등에 관하여 내담자에게 영향을 미쳤던 사람들을 확인하게 한다.

(2) 직업가계도의 특징 2016년 2회
① 오키쉬(Okishi)는 개인의 직업선택이 가족 간의 상호작용에 영향을 받는다는 점을 강조하였다.
② 생애진로사정에서 직업상담사가 기본적인 생애역할(작업자, 학습자, 개인으로서의 역할)에 관한 정보에 가족으로서의 역할에 관한 정보를 추가하고자 할 때 사용한다.
③ 가족은 개인이 직업을 선택하는 방식이나 자신을 지각하는 데 영향을 미친다.
④ 개인에게 심리적인 압박으로 작용하는 가족의 미완성된 과제를 발견할 수 있다.
⑤ 상담자는 내담자의 직업가계도를 분석함으로써 내담자의 직업에 대한 제한적인 고정관념, 다양한 직업기회의 결과에 대한 기대들, 직업가치와 흥미에 대한 근본원인, 내담자와 그의 가족들에 대한 이해, 내담자 자신에 대한 관점과 내담자의 직업선택 이유 등을 알 수 있다.
⑥ 직업선택과 관련된 무의식적 과정을 밝히는 데 도움이 된다.

> ✓ **교수님의 코멘트**
> 다만, 3대 내에 포함된 가족들이 가장 선호한 직업이 내담자에게도 무난한 직업이 될 것이라고 보는 건 적절하지 않습니다.

(3) 직업가계도의 활용
① 내담자의 가계도를 분석하여 직업에 대한 고정관념을 알아본다.
② 내담자의 직업적 가치와 흥미에 대한 근본원인을 알아본다.
③ 내담자의 집안사람들 중 내담자에게 영향을 미친 모델이 누구인지 탐색해 본다.
④ 내담자의 다양한 직업기회의 결과에 대한 기대를 알아본다.

UNIT 4 내담자사정

1 동기사정

(1) 동기사정의 의미 2019년 3회
① 동기는 개인이 어떠한 행위를 하게끔 하는 내적인 요인의 총칭이다.
② 동기와 역할을 사정하는 데에는 자기보고법이 가장 많이 사용되며, 인지적 명확성이 있는 내담자에게 효과적이다. 반면, 인지적 명확성이 낮은 내담자는 자기보고에 익숙하지 않고 명료성이 낮아 자기해석이 어렵다.
③ 동기가 부족한 경우 인지적 명확성 부족이 많은 영향을 미친다.
④ 인지적 명확성이 낮은 경우 개인상담을 실시한 후 직업상담을 하는 것이 바람직하다.

(2) 내담자가 성공에 대해 낮은 동기를 가지고 있을 때 대처방안 2025년 1회, 2020년 1·2(통합)회, 2016년 2회
① 진로선택에 대한 중요성 증가시키기
　진로선택에 동기가 어떻게 작용하는지 논의하기 위해 동영상 자료나 모델을 제시한다.
② 높은 수준의 수행을 강화시켜 수행기준의 필요성을 인식시키기
　㉠ 내담자와 비슷한 모델(인물)이나 동영상 자료를 제공한다.
　㉡ 내담자의 장점을 강조하고 격려한다.
　㉢ 긍정적 단계를 강화시킨다.
③ 좋은 선택이나 전환을 할 수 있는 자기효능감 증가시키기
　㉠ 진로계획의 결과로 성공을 경험한 내담자의 이야기를 들려준다.
　㉡ 직업계획의 결과로 성공한 인물이나 동영상을 보여준다.
④ 기대한 결과를 이끌어 낼 수 있는지에 대한 확신 증가시키기
　㉠ 수행수준이 낮은 사람에게 직업상담에서 높은 수행기준의 필요성을 인식하도록 돕는다.
　㉡ 높은 수준의 수행을 강화시킨다.
　㉢ 수행기준을 증가시키는 목표설정에 내담자가 참여하도록 한다.

2 역할사정

(1) 역할 내 일치성
　직업상담에서 역할 내 일치성은 내담자가 희망하는 직업과 얼마나 잘 맞는지 그리고 잘 맞게 될지의 정도를 나타내 주는 것이다. 직업적응이론 측면에서 직업역할 내 일치성은 '작업자-환경' 간의 조화에 있다고 본다.

(2) 상호역할관계 사정
　상호역할관계 사정은 개인의 생애역할을 분석하는 것이다. 여러 가지 생애역할 중에서 어떤 역할들이 상호 상충적인지, 어떤 역할들이 보상적이고 보완적인지 확인하는 것이다.

(3) 상호역할관계 사정의 목적

① 직업계획에서 집대성한 생애역할들 중에서 하나의 역할에 해당하는 일과 직업의 인식을 높여주는 자극제로 쓰인다.
② 직업적응상담에서 삶의 다른 역할들에 부정적인 영향을 주는 직업전환을 피해 갈 수 있도록 내담자를 도와주는 하나의 수단으로 쓰인다.
③ 생애를 윤택하게 하는 계획에서 미래에 있어 잠재적으로 보완적인 역할들을 찾아내는 수단으로 쓰인다.

(4) 상호역할관계의 사정방법

2025년 2회, 2024년 1·3회, 2020년 3회, 2019년 2회, 2018년 3회, 2017년 2회, 2016년 3회, 2015년 3회

① 질문을 통해 역할관계 사정하기
  ㉠ 내담자가 개입하고 있는 생애역할들을 나열하기
  ㉡ 개개 역할에 소요되는 시간의 양을 추정하기
  ㉢ 내담자의 가치들을 이용해서 순위 정하기
  ㉣ 상충적·보상적·보완적 역할들을 찾아내기

② 동그라미로 역할관계 그리기
  ㉠ 내담자의 삶에서 여러 가지 역할(예 작업자, 학생, 여가, 사회적 관계, 집안관계 등)을 내담자의 가치순위에 따라 크기를 달리하여 그려 보게 한다.
  ㉡ 원을 그린 후 내담자에게 역할들의 관계를 연결하여 표시하게 한다.
   • 상충적인 역할들
   • 보상적인 역할들
   • 보완적인 역할들

③ 생애-계획연습으로 전환하기
  ㉠ 동그라미로 역할관계 그리기는 개인의 생애역할 관계를 조사하도록 도와주는 데 목표가 있다. 이를 통해 생애-계획연습으로 전환시킬 수 있다.
  ㉡ 생애역할목록(예 작업자, 학생, 여가, 사회적 관계, 집안관계 등)을 작성한다.
  ㉢ 미래의 삶을 생각하고 생애역할목록으로부터 미래에 충족시킬 것으로 기대되는 것들을 선택한다.
  ㉣ 상호 역할관계의 사정정보 처리하기
   • 직업과 상충하는 역할은 무엇인가?
   • 부정적인 작업경험이 있을 때 어떤 역할들이 강화되어야 보상되는가?
   • 만일 바꾸고 싶을 때 어떤 역할들이 보완해 주는가?(예 일과 여가, 일과 가족, 일과 시민)

3 가치사정

(1) 가치사정의 의미

① 가치는 개인의 기본적인 신념을 말하며, 환경에 의해 학습되는 경향이 있다.
② 가치는 동기의 원천이자 개인의 일상적인 만족의 근거가 되며, 전반적인 목표의 원천이 되고, 개인의 수행기준이 되기도 한다.
③ 가치의 공식적인 측정법이 흥미나 적성 등 다른 사정도구만큼 발달되지 못한 상태이지만, 일반적으로 가치사정은 자기보고식 사정기법을 이용하고 있다.

(2) 가치사정의 용도
① 자기인식 발전시키기
② 현재의 불만족 근거에 대한 확인
③ 역할갈등의 근거 확인
④ 저수준의 동기·성취의 근거 확인
⑤ 개인의 흥미나 성격 등 다른 측면을 사정하기 전 예비단계

(3) 자기보고식 가치사정기법
<small>2025년 2회, 2024년 3회, 2021년 1·2회, 2016년 1회, 2015년 3회</small>

① **존경하는 사람 기술하기**
  ㉠ 내담자가 존경하는 사람들이 누구인지를 기술하도록 한다.
  ㉡ 내담자가 존경하고 본받고 싶은 인물들을 목록화한다.
  ㉢ 상담자는 존경하는 인물의 선택 이유와 존경하는 측면을 응답하게 한다.

② **백일몽 말하기**
  ㉠ 자신이 가지고 있는 개인적인 환상으로서의 백일몽을 이야기하도록 한다.
  ㉡ 내담자의 미래를 자신의 직업계획에 근거하여 상상하게 함으로써 긍정적인 예언과 함께 내담자의 가치를 확인한다.

③ **체크목록 가치에 순위 매기기**
  ㉠ 체크목록 중 중요하다고 생각되는 가치와 중요하지 않다고 생각되는 가치에 대해 +, - 표시를 하도록 하며, 그 결과에 대해 순위를 매긴다.
  ㉡ 체크목록에는 삶의 다양성, 기계적 활동, 타인 돕기, 우정, 도덕성, 친화, 안전, 지위, 생의 다른 역할과의 균형, 창의성, 위험 감수, 돈, 주변 환경 등이 있다.

④ **과거의 선택 회상하기**
  ㉠ 직업의 선택, 여가의 선택 등 과거 선택에 있어서의 경험을 파악하며, 그것을 선택한 기준에 대해 조사한다.
  ㉡ 아래 질문 등을 통해 과거의 선택을 회상함으로써 내담자의 가치에 대한 통찰을 얻을 수 있다.
  • 과거 선택했던 학과나 전공은 무엇이며, 선택 이유는 무엇인가?
  • 과거 선택했던 과목은 무엇이며, 선택 이유는 무엇인가?
  • 과거 선택했던 직업이나 경험은 무엇이며, 선택 이유는 무엇인가?
  • 과거에 어떤 유형의 사람들과 시간을 보냈으며, 이유는 무엇인가?

⑤ **절정경험 조사하기**
  ㉠ 자신이 체험한 최고의 경험에 대해 회상하도록 하거나 이를 상상하도록 하여 그 과정에 대해 설명하게 한다.
  ㉡ 경험의 어떤 부분이 자신을 각성하고 흥분하게 했는지 진술하게 한다.
  ㉢ 경험이 부족하다면 내담자로 하여금 최상의 경험을 상상해 보게 할 수 있다.

⑥ **자유시간과 금전 사용계획 조사하기**
  ㉠ 자신에게 자유시간이 주어지는 경우 또는 예상치 못한 돈이 주어지는 경우 이를 어떠한 목적으로 어떻게 사용할 것인지 상상하도록 한다.
  ㉡ 내담자에게 자유시간이 생긴다면 금전 사용계획과 시간을 어떻게 보낼 건지 묻거나, 자유시간의 활동계획을 짜보도록 한다.

4 흥미사정

(1) 흥미사정의 목적
① 여가선호와 직업선호 구별하기
② 자기인식 발전시키기
③ 직업, 교육상 불만족 원인 규명하기
④ 직업대안 규명하기
⑤ 직업탐색을 조장하기

(2) 수퍼(Super)의 흥미사정기법

조사된 흥미	다양한 활동에 대해 좋고 싫음을 묻는 표준화된 심리검사를 통해 흥미를 파악하는 방법으로, 가장 많이 사용되는 방법이다.
표현된 흥미	내담자에게 직업에 대해 '좋다, 싫다'를 말하도록 묻는 질문을 통해 흥미를 파악하는 방법이다.
조작된 흥미	활동에 대해 질문을 하거나 활동에 참여하는 사람들이 어떻게 시간을 보내는지 관찰하는 방법으로, 사람들이 자신이 좋아하거나 즐기는 활동과 연관된다는 것을 가정한다.

(3) 일반적인 흥미사정방법

① 직업선호도검사
홀랜드(Holland)가 제시한 흥미유형 6가지에 대입하여 내담자의 흥미를 사정하는 기법이다.

② 직업카드분류법
직업선택의 동기와 가치를 알아보기 위한 것으로, 직업카드를 선호군(선택하고 싶은 직업), 혐오군(선택하고 싶지 않은 직업), 미결정/중성군(잘 모르겠거나 확신이 가지 않는 직업)으로 분류하여 흥미를 사정하는 기법이다.

③ 흥미평가기법
내담자에게 알파벳에 맞추어서 흥밋거리를 기입하도록 하여 사정하는 기법이다.

④ 작업경험의 분석
㉠ 1단계: 내담자가 과거에 경험해 본 직무를 확인한다.
㉡ 2단계: 각 직무의 과제를 서술해 본다.
㉢ 3단계: 내담자가 좋아하는 과제와 싫어하는 과제를 분류한다.
㉣ 4단계: 상담자와 내담자가 함께 직무만족에 대한 특정 주제에 대해 총정리해 본다.

> **더 알아보기 직업카드분류법**
>
> 1. **직업카드분류법의 목적**
>   - 진로 및 직업탐색에 있어서 기초가 되는 내담자의 흥미, 가치, 능력 등을 질적으로 탐색하도록 한다(주의: 표준화된 방법이 아니므로, 내담자의 흥미나 능력 수준이 다른 사람에 비하여 얼마나 높은지는 알 수 없다).
>   - 진로 및 직업탐색에 흥미를 가지도록 하여 활동과정에 능동적으로 참여하도록 한다.
>   - 직업정보에 대해 구체적으로 탐색하도록 한다.
>   - 직업의 다양성 및 종류를 이해하도록 한다.
>   - 직업세계를 이해하기 위한 중요 요소들을 파악하도록 한다.
>
> 2. **직업카드 분류 시 고려해야 할 사항**
>   - **선택한 직업카드의 숫자**: 내담자와의 실제 직업종류 분류과정에서 초창기에는 60여 개 카드가 개발되었지만, 상담자가 충분히 추출해 내기 위한 카드는 120~180개 정도 갖추는 것이 바람직하다.
>   - **포함될 직업의 혼합에 관한 문제**: 상담자가 직업카드 자료를 개발하고자 하는 경우 3가지 주요 변수, 즉 홀랜드의 분류체계, 한국직업사전 분류체계, 교육적 수준을 균형 있게 고려해야 한다.

- 상담자 측면
  - 내담자를 능동적으로 참여하도록 한다.
  - 즉각적인 피드백을 제공한다.
  - 내담자에 대한 의미 있는 여러 정보를 얻을 수 있다.

2019년 3회

5 성격사정

(1) 성격사정의 목적
2014년 2회
① 자기인식을 증진시킬 수 있다.
② 작업 불만족의 근원을 확인할 수 있다.
③ 좋아하는 일, 역할, 작업기능, 작업환경 등을 확인할 수 있다.

(2) 홀랜드(Holland) 성격유형 사정방법

현실형(R)	기계, 도구, 동물에 관한 체계적인 조작활동을 좋아하며 현장 일을 선호하나 사회적 기술이 부족하다.
탐구형(I)	호기심이 많고 분석적이며 과학적 탐구활동을 선호하나 리더십 기술이 부족하다.
예술형(A)	비순응적이고 틀에 박힌 일을 싫어하며 감성이 풍부하고 개방적이나 규범적인 기술이 부족하다.
사회형(S)	친절하고 이해심이 많으며 다른 사람을 돕는 것을 즐기나 과학적이거나 기계적인 활동이 부족하다.
진취형(E)	외향적이며 지도력이 있고 말을 잘하나 체계적 활동에 대한 능력은 부족하다.
관습형(C)	자료를 잘 정리하고 순응적이며 책임감이 강한 반면 변화에 약하고 융통성이 부족하다.

(3) 마이어스-브릭스 성격유형지표(MBTI; Myers-Briggs Type Indicator)
① 융(C. Jung)의 심리유형론을 근거로 하여 고안된 인간 이해를 위한 성격유형검사이다.
② MBTI검사는 보다 쉽고 일상생활에 유용하게 활용할 수 있는 자기보고식 성격유형지표이다.
③ 성격유형지표
  ㉠ 인식과정: 감각과 직관으로 구분하여 사물, 사람, 사건, 생각들을 인식하게 될 때 나타나는 차이점을 이해할 수 있도록 한다.
  ㉡ 판단과정: 사고와 감정으로 구분하여 우리가 인식한 바에 의거해서 결론을 이끌어 내는 방법들 간의 차이점을 알 수 있도록 한다.
  ㉢ 이러한 기능을 사용할 때 어떤 태도를 취하는가에 따라 외향과 내향 및 판단과 인식으로 구분하여 심리적으로 흐르는 에너지의 방향 및 생활양식들을 이해할 수 있도록 한다.

(4) MBTI 성격의 양극차원
① 에너지의 방향(주의 초점): E(외향) - I(내향)

선호지표	외향형(Extraversion)	내향형(Introversion)
설명	폭넓은 대인관계를 유지하고 사교적이며 정열적이고 활동적이다.	깊이 있는 대인관계를 유지하고 조용하며 신중하고 이해한 다음에 경험한다.
대표적 표현	• 자기외부에 주의집중 • 외부활동과 적극성, 정열적이고 활동적 • 말로 표현 • 경험한 다음에 이해	• 자기내부에 주의집중 • 내부활동과 집중력, 조용하고 신중 • 글로 표현 • 이해한 다음에 경험

② 인식기능(정보수집방법): S(감각) – N(직관)

선호지표	감각형(Sensing)	직관형(iNtuition)
설명	오감에 의존하고 실제의 경험을 중시하며 지금, 현재에 초점을 맞추고 정확하며 철저하다.	육감 내지 영감에 의존하며 미래지향적이고 가능성과 의미를 추구하며 신속하고 비약적이다.
대표적 표현	• 지금, 현재에 초점 • 실제의 경험 • 정확, 철저한 일처리 • 사실적 사건묘사 • 나무를 보려는 경향 • 가꾸고 추수함	• 미래 가능성에 초점 • 아이디어 • 신속, 비약적인 일처리 • 비유적, 암시적 묘사 • 숲을 보려는 경향 • 씨 뿌림

③ 판단기능(판단, 결정유형): T(사고) – F(감정)

선호지표	사고형(Thinking)	감정형(Feeling)
설명	진실과 사실에 주된 관심을 갖고 논리적이며 분석적이고 객관적으로 판단한다.	사람과 관계에 주된 관심을 갖고 상황적이며 정상을 참작한 설명을 한다.
대표적 표현	• 진실, 사실에 주 관심 • 원리와 원칙 논거, 분석적 • 맞다/틀리다 • 규범, 기준 중시 • 지적 논평	• 사람, 관계에 주 관심 • 의미와 영향, 상황적·포괄적 • 좋다/나쁘다 • 나에게 주는 의미 중시 • 우호적 협조

④ 생활방식(이행 양식): J(판단) – P(인식)

선호지표	판단형(Judging)	인식형(Perceiving)
설명	분명한 목적과 방향이 있으며, 기한을 엄수하고 철저히 사전에 계획하며 체계적이다.	목적과 방향은 변화 가능하고 상황에 따라 일정이 달라지며 자율적이고 융통성이 있다.
대표적 표현	• 정리정돈과 계획 • 의지적 추진, 신속한 결론 • 통제와 조정 • 분명한 목적의식과 방향감각 • 뚜렷한 기준과 자기의사	• 상황에 맞추는 개방성 • 이해와 수용, 유유자적한 과정 • 융통과 적응 • 목적과 방향은 변화할 수 있다는 개방성 • 재량에 따라 처리될 수 있는 포용성

UNIT 5 내담자의 인지적 명확성 사정

1 인지적 명확성의 개념

(1) 인지적 명확성의 의미
① 자신의 강점과 약점을 객관적으로 평가하고, 그 평가를 환경적 상황에 연관시킬 수 있는 능력을 의미한다.
② 인지적 명확성이 높은 사람은 자기이해 능력이 높아 자신의 자료를 잘 수집하고 자기지식을 바탕으로 환경에 적용할 수 있다.
③ 인지적 명확성이 낮은 사람은 상대적으로 자기이해 능력이 부족하기 때문에 환경에 적응하기 어려울 뿐 아니라, 직업문제의 인식 및 해결에도 어려움을 갖는다.
④ 따라서 직업상담에 앞서 내담자의 인지적 명확성 사정은 매우 중요한 과정이라고 볼 수 있다.

(2) 인지적 명확성의 저하 원인과 진행방향(과정) 2024년 2회, 2022년 2회, 2018년 1회
① 정보의 결핍 ⇨ 직업상담 실시
  정보분석능력이 부족하거나 왜곡된 정보에 집착할 경우 합리적 의사결정을 위한 변별력이 문제가 된다.
② 고정관념 ⇨ 직업상담 실시
  경험부족에서 오는 고정관념(예 역할모델의 부족), 심한 가치관 고착에 따른 고정성(예 종교적 신념), 의무감에서 오는 집착이 문제가 된다.
③ 경미한 정신건강문제 ⇨ 치료 후 직업상담 실시
  잘못된 결정방식이 진지한 결정을 방해, 낮은 효능감으로 인한 선택의 방해, 공포증이나 말더듬증 등의 문제가 다른 직업선택을 방해하는 경우이다.
④ 심각한 정신건강문제 ⇨ 치료 후 직업상담 실시
  심각하게 손상된 정신증, 심각한 약물남용 장애로 인해 직업선택능력이 문제가 된다.
⑤ 외적 요인 ⇨ 개인상담 후 직업상담 실시
  일시적인 위기(예 불화, 사별), 일시적 또는 장기적 스트레스(예 실직)에 의해서 직업선택능력이 문제가 된다.

2 인지적 명확성 사정

(1) 인지적 명확성을 사정할 때 고려해야 할 사항 2025년 3회, 2020년 4회, 2016년 2회
① 직업문제의 사정
  ㉠ 우울증과 같은 심리적 문제로 인지적 명확성이 부족한 경우 진로문제에 대한 결정은 당분간 보류하는 것이 좋다.
  ㉡ 직장을 처음 구하는 사람에게 상담자가 가장 먼저 탐색해야 할 것은 내담자의 자기인식수준이다.
  ㉢ 직업상담 시 내담자의 동기를 고려하여 상담이 이루어져야 한다.
  ㉣ 직장인으로서의 역할이 다른 생애역할과 복잡하게 얽혀 있는 경우 생애역할을 함께 고려한다.

② 직업전환자 사정
  ㉠ 직장을 처음 구하는 사람과 직업전환을 하는 사람의 직업상담에 관한 접근은 달라야 한다.
  ㉡ 직업전환을 하는 사람에게 상담자가 가장 먼저 탐색해야 할 것은 내담자의 변화에 대한 인지능력이다.
  ㉢ 직무전환을 하려는 직업전환자의 경우 다음 사항을 고려한다.
    ⓐ 새로운 직무에서 요구되는 기술, 기능의 보유 및 습득 여부
    ⓑ 개인의 특성(예 연령, 건강, 장애)으로 인한 변화 여부
    ⓒ 자신의 주변사람과 가족의 협조 여부

(2) 일반적인 직업상담과정에서의 사정단계 2025년 2회, 2020년 1·2(통합)회, 2019년 1회

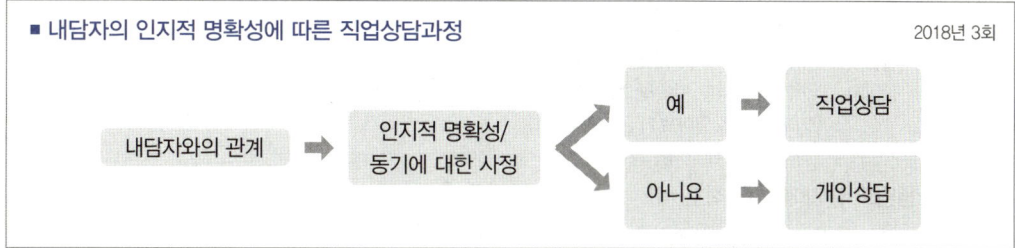

■ 내담자의 인지적 명확성에 따른 직업상담과정   2018년 3회

① 1단계(인지적 명확성 존재): 인지적 명확성이 있는가?
② 2단계(내담자의 동기 존재 여부): 동기가 있는가?
③ 3단계(내담자의 자기진단): 자기진단을 통해 자신을 노출하고 있는가?
④ 4단계(내담자의 자기진단 탐색): 자기진단을 확인했는가, 하지 않았는가?

> [사례] 중학교 2학년 남학생인 내담자는 소극적인 성격으로 대인관계에 어려움을 겪고 있다. 진로에 대한 고민을 한 적이 없으며 학업도 게을리하고 있다.
> [사정] 인지적 명확성 여부, 동기 여부, 정신건강문제 여부를 먼저 사정해야 할 필요가 있다.

(3) 내담자의 인지적 명확성 사정을 위한 면담기술   2016년 3회

① 단순 오정보

정확한 정보를 제공한다.

> 내담자: 그 대학은 부자들만 들어갈 수 있어요.
> 상담자: 학생은 그 대학에 대해 부정적인 감정을 가지고 있군요. 그 대학 학생 중 강남 출신은 10%밖에 안 되는데요.

② 복잡한 오정보

논리적 분석을 통해 면담을 한다.

> 내담자: 전 아직 결정을 못했어요. 그 대학에 다니는 3명의 학생들을 아는데, 그들 모두 강남 출신인걸요.
> 상담자: 학생이 말한 것을 논리적인 입장에서 생각해 봅시다. 그 대학의 전체 학생 수는 약 1만 명이에요. 학생은 그들 중 3명만 만나고는 그와 같은 결론을 내린 거예요.

③ 구체성의 결여 2015년 2회

구체화시키기를 통해 면담한다.

> 내담자: 사람들이 요즘은 취직을 하기가 어렵다고들 해요.
> 상담자: 어떠한 사람들을 이야기하시는지 짐작이 안 되네요.
> 내담자: 모두 다예요. 제가 상의할 수 있는 상담자, 담당 교수님들, 심지어는 친척들까지도요. 정말 그런가요?
> 상담자: 그래요? 그럼 사실이 어떤지 알아보도록 하죠.

④ 가정된 불가능·불가피성

논리적 분석 및 격려를 통해 면담한다.

> 내담자: 난 시험에 합격할 수 없을 것 같아요.
> 상담자: 그동안 학생은 공부를 매우 열심히 한 걸로 아는데요.
> 내담자: 하지만 단념했어요. 내 친구는 시험이 어렵다고 했어요.
> 상담자: 시험에 불합격할 것이라고 생각하고 있군요. 그 이유는 친구가 어렵다고 했기 때문이고요. 그러면 친구와 학생의 공통점을 알아보기로 하죠.

⑤ 원인과 결과에 대한 착오 2017년 2회

논리적 분석을 통해 면담한다.

> 내담자: 난 사업을 할까 생각 중이에요. 그런데 그 분야에서 일하는 여성들은 대부분 이혼을 한대요.
> 상담자: 선생님은 사업을 하면 이혼을 할까 봐 두려워하시는군요. 직장여성들의 이혼율과 다른 분야에 종사하는 여성들에 대한 통계를 알아보도록 하죠.

⑥ 파행적 의사소통

저항에 초점 맞추기를 통해 면담한다.

> 상담자: 제가 내준 과제인 진로일기를 작성하는 데 많은 어려움이 있다고 하셨지요. 지금 하는 일을 조절하도록 도와드리면 도움이 될 것 같네요.
> 내담자: 그거 괜찮은 생각 같네요. 그런데 오늘 제가 새 차를 보아둔 것이 있어요. 그 생각만 하면 즐거워요.
> 상담자: 진로문제가 선생님의 주요 관심사 같은데요. 제가 그러한 것을 제안할 때마다 선생님께서는 회피하시는 것 같군요. 선생님의 문제가 해결되면 어떤 느낌이 들까요?

⑦ 강박적 사고 2025년 2회, 2019년 2회

인지·정서·행동 기법(REBT)의 합리적 논박을 사용한다.

> 내담자: 저는 변호사가 될 거예요. 우리 아버지도, 할아버지도, 제 형도 변호사예요.
> 상담자: 학생은 자신이 변호사가 될 거라고 확신하고 있네요.
> 내담자: 예, 물론이에요.
> 상담자: 만약 변호사가 안 된다면 어떤 일이 벌어질까요?
> 내담자: 모든 것이 엉망이 되겠지요. 끔찍할 거예요.
> 상담자: 학생은 학생이 하길 바라는 것을 하지 못했을 때 끔찍하게 느끼는군요. 그럼 ABCDE모형에 맞춰서 이야기를 해 보도록 하죠.

⑧ 양면적 사고 2009년 2회

역설적 사고(증상의 기술)를 하도록 한다.

> **내담자**: 나는 기계공학 전공 말고는 아무것도 생각할 수 없어요. 그 외의 일을 한다는 것을 생각해 본 적도 없어요.
> **상담자**: 학생이 기술자가 되지 못한다면 재앙이라도 일어날 것처럼 들리는군요. 그런데 학생은 기계공학을 하기에는 성적이 좋지 않군요.
> **내담자**: 그래서 미칠 것 같아요. 난 낙제할 것 같아요.
> **상담자**: 학생 인생에서 다른 대안을 생각해 보지 않는다면 정말 문제가 되겠네요. 그렇다면 다음주까지 "난 기계공학이 아니면 안 돼."라는 생각을 계속해 보는 거예요. 생각을 바꿀 필요가 있다고 동의했지만, 그렇게 하지 않도록 해 보는 거예요.

⑨ 자기인식의 부족 2025년 1회, 2022년 1회, 2021년 1회, 2019년 2회, 2017년 1회, 2016년 1회

은유나 비유를 사용한다.

> **내담자**: 난 호의를 가지고 사람들을 대하는데, 그들이 왜 그렇게 반응하는지 이해할 수 없어요.
> **상담자**: 사람들이 선생님의 기대에 부응하지 않을 때 화가 좀 나시겠어요.
> **내담자**: 네, 곧 우울해져요. 난 사무실에서 왕따예요.
> **상담자**: 사람들이 선생님을 어떻게 보는지에 대해서 이야기나 속담, 동화를 비유해서 말씀해 보시겠어요?
> **내담자**: 이건 좀 이상하게 들릴 텐데요, 난 미운 오리새끼 같아요.
> **상담자**: 음, 미운 오리새끼는 나중에 아름다운 백조가 되어 모두에게 환영받잖아요.

더 알아보기

■ **인지적 명확성이 부족한 내담자 유형과 상담자의 개입방법** 2021년 2회, 2019년 3회

인지적 명확성이 부족한 내담자 유형	상담자의 개입방법
• 파행적 의사소통 • 가정된 불가능·불가피성 • 단순 오정보 • 복잡한 오정보 • 강박적 사고 • 원인과 결과의 착오 • 구체성의 결여	• 저항에 초점 맞추기 • 논리적 분석 및 격려 • 정보 제공하기 • 논리적 분석 • REBT 기법 • 논리적 분석 • 구체화시키기

■ **그 외 인지적 명확성 사정을 위한 면담기술** 2019년 2회

- **비난하기형 내담자**: 직면이나 논리적 분석을 하도록 한다.
- **잘못된 의사결정 방식형 내담자**: 불안에 대처하도록 심호흡시킨다.
- **걸러내기형 내담자(좋다, 나쁘다만 듣는 형)**: 사고를 재구조화한다.

(4) 내담자의 정보 및 행동에 대한 이해

① 가정 사용하기 2020년 1·2(통합)·4회

내담자의 행동을 예측하기 위해 내담자에게 그 행동이 존재했다는 것을 가정하고 이야기함으로써 내담자의 방어를 최소화하고 내담자의 행동을 추측하려는 것이다.

> **예** "계획을 갖고 있나요?" ⇨ "계획이 어떤 것이죠?"
> "당신은 자신의 일이 마음에 듭니까?" ⇨ "당신의 직업에서 마음에 드는 것은 어떤 것들입니까?"

② 전이된 오류 정정하기　　　　　　　　　　　　2025년 3회, 2020년 4회, 2018년 1회, 2017년 1·3회, 2015년 1회
　㉠ 내담자가 가지고 있는 정보, 한계, 논리적 오류를 정정하는 것을 말한다.
　㉡ 정보의 오류: 내담자가 실제 경험과 행동을 대강대강 이야기할 때 나타난다. 이야기 삭제, 불확실한 인물의 인용, 불분명한 동사의 사용, 참고자료의 불충분한 사용 시 나타난다.
　　ⓐ 이야기 삭제: 내담자가 경험을 이야기할 때 중요한 부분이 빠졌을 경우
　　　　예 "내 생각이 옳아요." ⇨ "무엇에 대한 생각이 말인가요?"
　　　　　　"내 상사가 그러는데 나는 책임감이 없대요." ⇨ "무엇에 대한 책임감을 말하는 거죠?"
　　ⓑ 불확실한 인물 사용: 모호한 명사나 대명사를 잘못 사용하였을 경우
　　ⓒ 불확실한 동사 사용: 모호한 동사를 사용하였을 경우
　　ⓓ 참고자료: 어떤 사람이나 장소, 사건 등을 구체적으로 이야기하지 않을 경우
　　ⓔ 제한적 어투의 사용: 자신의 세계를 제한하려 드는 어투를 사용하는 경우
　㉢ 한계의 오류: 내담자가 경험이나 느낌의 한정된 정보만을 노출시킬 때 일어난다. 예외를 인정하지 않는 것, 불가능을 가정하는 것, 어쩔 수 없음을 가정할 때 나타난다.　　2024년 3회, 2022년 1회
　　ⓐ 예외를 인정하지 않는 것: '항상, 절대로, 모두, 아무도' 등의 언어 사용
　　ⓑ 불가능을 가정하는 것: '할 수 없다, 안 된다, 해서는 안 된다' 등의 언어 사용
　　ⓒ 어쩔 수 없음을 가정하는 것: '해야만 한다, 안 된다, 해서는 안 된다' 등의 언어 사용
　㉣ 논리적 오류: 내담자가 상담과정을 왜곡하여 생각할 때 일어난다. 잘못된 인간관계의 오류, 마음에 대한 해석, 제한된 일반화 사용 시 나타난다.
　　ⓐ 잘못된 인간관계의 오류: 자신이 선택이나 통제에 개입할 수 없으므로 책임감도 없다는 식으로 생각하는 경우
　　　　예 "사장님 때문에 이렇게 됐어요."
　　ⓑ 마음에 대한 해석(독심술): 다른 사람의 마음을 읽을 수 있다고 생각하는 경우
　　　　예 "나의 상사는 나와 일할 때 불편하대요."
　　ⓒ 제한된 일반화: 한 사람의 견해가 모든 이에게 공유된다고 생각하는 경우
　　　　예 "당신의 이야기는 아주 좋은 생각입니다."

③ 저항감 재인식 및 다루기　　　　　　　　　　　　　　　　　　　　　　　2022년 2회, 2017년 2회
　㉠ 상담에 동기화되지 않고 저항적인 내담자에게 저항의 목적이 무엇인지 이해하고 재인식시켜 줌으로써 자기인식을 높도록 한다.
　㉡ 저항적이고 동기화되지 않은 내담자의 저항감을 다루는 4가지 전략
　　• 변형된 오류 수정하기　　• 내담자와 친숙해지기　　• 내담자와 대결하기　　• 은유 사용하기
　　　예 상담사: 다른 회사들이 사용해 본 결과 많은 효과가 입증된 그런 투쟁해결방법을 써보도록 하지요.
　　　　내담자: 매우 흥미로운 일이군요. 그러나 그 방법은 K 주식회사에서는 효과가 있었는지 몰라도 우리 회사에서는 안 될 것입니다.

④ 근거 없는 믿음 확인하기
　어떤 일이 일어나기 전에 확신은 있지만 그 근거는 제시할 수 없는 경우로, 이런 내담자들에게는 그들의 믿음과 노력이 근거가 없는 잘못된 것임을 알게 함으로써 다른 새로운 대안을 찾게 하는 것이다.

⑤ 의미 있는 질문 던지기

언제든지 반응하도록 범위를 열어 놓는 공손한 명령의 의미를 담고 있는 질문을 던져 내담자의 자유롭고 다양한 반응을 유도한다.

⑥ 왜곡된 사고 확인하기

왜곡된 사고란 결론도출, 재능에 대한 지각, 정보의 부적절함이나 부분적인 일반화, 정보의 특정한 부분만을 보는 것으로, 대표적인 왜곡된 사고로는 여과하기, 정당화하기, 인과응보의 오류, 변화의 오류, 마음읽기 등이 있다. 상담자는 내담자가 가지고 있는 왜곡된 사고를 확인해야 한다.

⑦ 반성의 장 마련하기

자신이나 타인 또는 세상 등에 대한 부정적인 판단을 내리는 과정을 알 수 있게 상황을 조성한다.

⑧ 변명에 초점 맞추기 _{2025년 1회, 2018년 2회}

㉠ 변명은 타인이나 자신의 행동의 부정적인 면을 줄이려는 행동이나 설명으로서 자신의 긍정적인 면을 계속 유지하려는 것이다.

㉡ 내담자의 변명의 종류(Snyder)

ⓐ 책임을 회피하기(부정, 알리바이, 비난)

ⓑ 결과를 다르게 하기(축소, 정당화, 훼손)

　예 "그게 나쁘다고 할 수는 없어요."

ⓒ 책임을 변형시키기

　예 "네, 그렇지만 그렇게 할 수밖에 없었어요." / "그걸 의미한 것은 아니었어요." / "이건 정말 제가 아니에요."

⑨ 분류 및 재구성하기 _{2016년 1회}

내담자의 표현을 분류 및 재구성함으로써 내담자 자신의 세계를 다른 각도에서 볼 수 있는 기회를 제공한다.

> **더 알아보기** 내담자의 표현을 분류하고 재구성하기 위해 사용하는 역설적 의도의 원칙
>
> - 저항하기
> - 시간 제한하기
> - 변화 꾀하기
> - 목표행동 정하기
> - 변화전략 세우기
> - 내담자 언어 재구성하기 등

CHAPTER 03 | 직업상담의 초기면담

핵심 기출문제

01 초기면담의 유형 중 정보지향적 면담을 위한 상담기법과 가장 거리가 먼 것은?
2024년 3회, 2019년 3회

① 재진술
② 탐색해 보기
③ 폐쇄형 질문
④ 개방형 질문

02 다음 중 상담의 초기단계와 가장 거리가 먼 것은?
2019년 2회

① 상담의 구조화
② 목표설정
③ 상담관계 형성
④ 내담자의 자기탐색과 통찰

03 직업상담의 초기면담을 마친 후에 상담사가 면담을 정리하기 위해 검토해야 할 사항과 가장 거리가 먼 것은?
2019년 1회

① 사전자료를 토대로 내렸던 내담자에 대한 결론은 얼마나 정확했는가?
② 상담에 대한 내담자의 기대와 상담사의 기대는 얼마나 일치했는가?
③ 내담자에 대하여 어떤 점들을 추가적으로 평가해야 할 것인가?
④ 내담자에게 적절한 직업을 추천하였는가?

04 상담기법에 관한 설명으로 옳은 것은? 2016년 3회

① 경청은 내담자의 행동을 제외한 모든 말을 항상 세심하게 주목하는 것을 말한다.
② 반영은 내담자의 말을 정확하게 반복하여 되돌려 주는 기법이다.
③ 명료화는 내담자의 말이나 행동 이면에 있는 무의식적인 갈등을 가설의 형태로 제시하는 것이다.
④ 직면은 내담자가 모르고 있거나 인정하기를 거부하는 생각과 느낌에 대해 주목하도록 하는 것이다.

꼼꼼하게 풀어 주는 정답과 해설

01 ① 초기면담은 정보지향적 면담과 관계지향적 면담으로 나뉜다. 정보지향적 면담은 상담의 틀이 상담자에게 초점을 맞추어 진행되며, 내담자의 정보수집을 위해 탐색해 보기, 폐쇄형 질문, 개방형 질문 등을 수행한다. 관계지향적 면담의 주요 기술로서 재진술과 감정의 반향 등이 사용된다.

02 ④ 상담의 초기단계에는 주로 상담의 구조화, 목표설정, 상담관계 형성이 진행된다. 내담자의 자기탐색과 통찰은 상담의 중기단계에서 진행된다.

03 ④ 초기면담을 마친 후 상담사가 검토해야 할 사항과 거리가 멀다.

04 오답풀이
① 경청이란 내담자가 표현하는 언어적 의미 외에 비언어적인 의미까지 이해하는 것이다.
② 반영이란 내담자의 말을 상담자가 다른 참신한 말로 부연하는 기술이다.
③ 명료화는 내담자의 말 속에 포함되어 있는 불분명한 측면을 상담자가 분명하게 밝히는 반응이다.

정답 01 ① 02 ④ 03 ④ 04 ④

05 생애진로사정에 관한 설명으로 틀린 것은?
2016년 3회, 2013년 1회

① 상담사와 내담자가 처음 만났을 때 이용할 수 있는 구조화된 면접기법이며 표준화된 진로사정 도구의 사용이 필수적이다.
② Adler의 심리학 이론에 기초하여 내담자와 환경과의 관계를 이해하는 데 도움을 주는 면접기법이다.
③ 비판단적이고 비위협적인 대화 분위기로써 내담자와 긍정적인 관계를 형성하는 데 도움이 된다.
④ 생애진로사정에서는 작업자, 학습자, 개인의 역할 등을 포함한 다양한 생애역할에 대한 정보를 탐색해 간다.

06 내담자의 생애진로주제와 이를 확인하는 데 도움이 되는 자료를 바르게 연결한 것은? 2014년 1회

① 기술 확인 – Prediger의 분류체계
② 작업자 역할 – 자료, 관념, 사람, 사물
③ 직업적 성격 및 작업환경 – Bolles의 분류체계
④ 탐구적 성격 및 환경 – 상상적이고 창조적인 활동

07 생애진로사정의 구조에서 중요 주제에 해당하지 않는 것은?
2024년 1회, 2023년 1회, 2022년 1회, 2021년 3회, 2019년 2회, 2018년 3회

① 요약
② 평가
③ 강점과 장애
④ 전형적인 하루

08 진로상담 시 사용하는 가계도(genogram)에 관한 설명으로 틀린 것은? 2016년 2회

① 가족의 미완성된 과제를 발견할 수 있으며 그것은 개인에게 심리적인 압박으로 작용할 것이다.
② 3세대 내에 포함된 가족들이 가장 선호한 직업이 내담자에게도 무난한 직업이 될 것이다.
③ 가족은 개인이 직업을 선택하는 방식이나 자신을 지각하는 데 영향을 미칠 것이다.
④ 가계도는 직업선택과 관련된 무의식적 과정을 밝히는 데 도움이 될 것이다.

꼼꼼하게 풀어 주는 정답과 해설

05 ① 내담자가 학교나 훈련기관에서의 평가과정을 통해 부정적인 선입견을 가지고 있을 가능성이 있는 인쇄물이나 소책자, 지필도구 등의 표준화된 진로사정 도구는 가급적 사용을 삼간다. 즉, 필수적인 것이 아니다.

06 오답풀이
① 기술 확인은 볼레스(Bolles)의 분류체계이다.
③ 직업적 성격 및 작업환경은 홀랜드(Holland)의 6가지 흥미 유형이다.

*내담자의 생애진로주제 확인 시 도움이 되는 자료

작업자	• 자료 – 관념 – 사람 – 사물(프레디저) • 직업적 성격 및 작업환경(홀랜드) • 기술 확인(볼레스)
학습자	• 학습자의 형태(콜브) • 학습형태(캔필드)
개인	• 생애형태(아들러) • 대뇌반구의 기능

07 ② 생애진로사정의 구조는 진로사정, 전형적인 하루, 강점과 장애 및 요약으로 이루어진다. 평가는 중요 주제에 해당하지 않는다.

08 직업가계도란 내담자의 가족 3대에 나타나는 직업들을 도해로 표시한 그림을 말한다. 상담자는 내담자의 직업가계도를 분석함으로써 내담자의 직업에 대한 제한적인 고정관념, 다양한 직업기회의 결과에 대한 기대들, 직업가치와 흥미에 대한 근본원인, 내담자와 그의 가족들에 대한 이해, 내담자 자신에 대한 관점과 내담자의 직업선택 이유 등을 알 수 있다.
② 3세대 내에 포함된 가족들이 가장 선호한 직업이 내담자에게도 무난한 직업이 될 것이라고 보기는 어렵다.

정답 05 ① 06 ② 07 ② 08 ②

09 다음 중 내담자의 동기와 역할을 사정함에 있어서 자기보고법이 적합한 내담자는? 2019년 3회

① 인지적 명확성이 낮은 내담자
② 인지적 명확성이 높은 내담자
③ 흥미가치가 낮은 내담자
④ 흥미가치가 높은 내담자

10 동기사정하기에서 내담자가 성공에 대해 낮은 동기를 가지고 있을 때 대처하는 방안과 가장 거리가 먼 것은? 2016년 2회

① 진로선택에 대한 중요성 증가시키기
② 낮은 수준의 수행을 강화시켜 수행기준의 필요성을 인식시키기
③ 좋은 선택이나 전환을 할 수 있는 자기효능감 증가시키기
④ 기대한 결과를 이끌어 낼 수 있는지에 대한 확신 증가시키기

빈출

11 역할사정에서 상호역할관계를 사정하는 방법이 아닌 것은? 2024년 1회, 2020년 3회, 2019년 2회

① 질문을 통해 사정하기
② 동그라미로 역할관계 그리기
③ 역할의 위계적 구조 작성하기
④ 생애-계획연습으로 전환시키기

12 직업상담의 기초 기법에 관한 설명으로 틀린 것은? 2021년 1회

① 적극적 경청: 내담자의 내면적 감정을 반영하는 것으로 이를 통해 내담자의 감정을 충분히 이해하고 수용할 수 있다.
② 명료화: 내담자의 말 속에 포함되어 있는 불분명한 측면을 상담자가 분명하게 밝히는 반응이다.
③ 수용: 상담자가 내담자의 이야기에 주의를 집중하고 있고, 내담자를 인격적으로 존중하고 있음을 보여주는 기법이다.
④ 해석: 내담자가 새로운 방식으로 자신의 문제들을 볼 수 있도록 사건들의 의미를 설정해 주는 것이다.

꼼꼼하게 풀어 주는 정답과 해설

09 ② 동기와 역할을 사정하는 데에는 자기보고법이 가장 많이 사용되며, 인지적 명확성이 높은 내담자에게 효과적이다.
  오답풀이
  ① 인지적 명확성이 낮은 내담자는 자기보고에 익숙하지 않고 명료성이 낮아 자기해석이 어렵다. 동기가 부족한 경우 인지적 명확성 부족이 많은 영향을 미친다.

10 ② 낮은 수준이 아닌 높은 수준의 수행을 강화시켜 수행기준의 필요성을 인식시켜야 한다.
  *내담자가 성공에 대해 낮은 동기를 가지고 있을 때 대처 방안
  • 진로선택에 대한 중요성 증가시키기
  • 높은 수준의 수행을 강화시켜 수행기준의 필요성을 인식시키기
  • 좋은 선택이나 전환을 할 수 있는 자기효능감 증가시키기
  • 기대한 결과를 이끌어 낼 수 있는지에 대한 확신 증가시키기

11 ③ 역할의 위계적 구조 작성하기는 거리가 멀다.
  *상호역할관계의 사정방법
  • 질문을 통해 역할관계 사정하기
  • 동그라미로 역할관계 그리기
  • 생애-계획연습으로 전환하기

12 ① 내담자의 내면적 감정을 반영하는 것은 공감에 해당한다. 적극적 경청은 내담자의 말과 행동에 주목하여, 내담자가 표현하는 언어적인 의미 이외에 비언어적인 의미까지 이해하고자 하는 것이다.

정답 09 ② 10 ② 11 ③ 12 ①

13 자기보고식 가치사정법이 아닌 것은?
2024년 3회, 2023년 2회, 2021년 1회

① 과거의 선택 회상하기
② 존경하는 사람 기술하기
③ 난관을 극복한 경험 기술하기
④ 백일몽 말하기

14 Super가 제시한 흥미사정기법에 해당하지 않는 것은?
2021년 3회, 2019년 1회, 2018년 2회

① 표현된 흥미
② 선호된 흥미
③ 조작된 흥미
④ 조사된 흥미

15 직업카드분류(OCS)는 내담자의 어떤 특성을 사정하기 위한 도구인가?
2020년 4회

① 흥미사정
② 가치사정
③ 동기사정
④ 성격사정

빈출
16 상담 장면에서 인지적 명확성이 부족한 내담자를 위한 개입방법이 아닌 것은?
2019년 3회, 2016년 3회, 2013년 3회

① 잘못된 정보를 바로잡아 줌
② 구체적인 정보를 제공함
③ 원인과 결과의 착오를 바로잡아 줌
④ 가정된 불가피성에 대해 지지적 상상을 제공함

꼼꼼하게 풀어 주는 정답과 해설

13 체크 자기보고식 가치사정기법
- 체크목록 가치에 순위 매기기
- 과거의 선택 회상하기
- 절정 경험 조사하기
- 자유시간과 금전 사용계획 조사하기
- 백일몽 말하기
- 존경하는 사람 기술하기

14 수퍼(Super)의 흥미사정기법
- 조사된 흥미: 심리검사를 통해 흥미를 파악
- 표현된 흥미: 질문을 통해 흥미를 파악
- 조작된 흥미: 관찰을 통해 흥미를 파악

15 직업카드분류(OCS)는 직업선택의 동기와 가치를 알아보기 위한 것으로 직업카드를 선호군(선택하고 싶은 직업), 혐오군(선택하고 싶지 않은 직업), 미결정중성군(잘 모르겠거나 확신이 가지 않는 직업)으로 분류하여 흥미를 사정하는 기법이다.

16 ④ 상담자는 가정된 불가능·불가피성을 가진 내담자에게 논리적 분석 및 격려로 개입하여야 한다.

정답 13 ③ 14 ② 15 ① 16 ④

17 내담자의 정보 및 행동을 이해하기 위해 사용하는 변형된 오류 수정하기와 은유 사용하기는 무엇을 위한 기법인가? 2017년 2회

① 왜곡된 사고 확인하기
② 분류 및 재구성하기
③ 전이된 오류 정정하기
④ 저항감 다루기

빈출
18 내담자의 인지적 명확성을 사정할 때 고려할 사항이 아닌 것은?
2024년 3회, 2020년 4회, 2016년 2회, 2013년 1회

① 직장을 처음 구하는 사람과 직업전환을 하는 사람의 직업상담에 관한 접근은 동일하게 해야 한다.
② 직장인으로서의 역할이 다른 생애역할과 복잡하게 얽혀 있는 경우 생애역할을 함께 고려한다.
③ 직업상담에서는 내담자의 동기를 고려하여 상담이 이루어져야 한다.
④ 우울증과 같은 심리적 문제로 인지적 명확성이 부족한 경우 진로문제에 대한 결정은 당분간 보류하는 것이 좋다.

19 내담자의 정보를 수집하고 행동을 이해하여 해석할 때 내담자가 다음과 같은 반응을 보일 경우 사용하는 상담기법은? 2020년 4회, 2015년 1회

- 이야기 삭제하기
- 불확실한 인물 인용하기
- 불분명한 동사 이야기하기
- 제한적 어투 사용하기

① 전이된 오류 정정하기
② 분류 및 재구성하기
③ 왜곡된 사고 확인하기
④ 저항감 재인식하기

20 직업카드 분류법에 관한 설명으로 틀린 것은?
2022년 2회

① 내담자의 흥미, 가치, 능력 등을 탐색하는 방법으로 활용된다.
② 내담자의 흥미나 능력 수준이 다른 사람에 비하여 얼마나 높은지 알 수 없다.
③ 다른 심리검사에 비하여 내담자가 자신을 탐색하는 과정에보다 능동적으로 참여하게 하는 방법이다.
④ 표준화되어 있는 객관적 검사방법의 일종이다.

꼼꼼하게 풀어 주는 정답과 해설

17 ④ 변형된 오류 수정하기와 은유 사용하기는 저항적이고 동기화되지 않은 내담자를 다루기 위한 전략이다. 이 밖에 저항감을 다루는 전략으로 친숙해지기, 대결하기 등의 기법이 있다.

18 ① 직장을 처음 구하는 사람과 직업전환을 하는 사람의 직업상담에 관한 접근은 다르게 해야 한다. 직장을 처음 구하는 사람에게 상담자가 가장 먼저 탐색해야 할 것은 내담자의 자기인식수준이다. 직업전환을 하는 사람에게 상담자가 가장 먼저 탐색해야 할 것은 내담자의 변화에 대한 인지능력이다.

19 ① 이야기 삭제하기, 불확실한 인물 인용하기, 불분명한 동사 이야기하기, 제한적 어투 사용하기는 전이된 오류 정정하기에서 정보의 오류 정정하기에 속한다.

20 ④ 직업카드 분류법은 직업선택의 동기와 가치를 알아보기 위한 것으로, 직업카드를 선호군(선택하고 싶은 직업), 혐오군(선택하고 싶지 않은 직업), 미결정중성군(잘 모르겠거나 확신이 가지 않는 직업)으로 분류하여 흥미를 사정하는 기법으로 표준화되어 있는 객관적 검사가 아닌 정서적 기법이다.

정답 17 ④ 18 ① 19 ① 20 ④

CHAPTER 04 직업과 스트레스

회당 평균 출제 문항수 **3개**

수험 전략
- 평균 2~3문항이 출제되는 영역이다.
- 스트레스의 개념에서는 셀리에의 이론과 역U자형 가설이 주로 출제되며, 직업관련 스트레스에서는 스트레스원과 통제변인이 자주 출제된다.
- 학습분량에 비해 출제비중이 큰 편으로 전략적인 접근이 필요하다.

NEW & HOT! 키워드
\# 셀리에의 일반적응증후군
\# 역U자형 가설   \# 코티졸
\# 라자루스이론   \# 역할갈등
\# A/B 성격유형
\# 스트레스 관리전략

UNIT 1 스트레스의 개념

1 스트레스의 의미

① 스트레스(stress)의 어원은 stringer로 '팽팽하게 죄다'라는 의미를 가지고 있다. 즉, 스트레스는 외부압력과 그에 대항하는 긴장을 의미하는 것으로, 외부의 스트레스 요인에 대항하기 위한 심신의 변화과정을 말한다.
② 외부의 압력을 스트레스원(stressor)이라 하고, 원상태로 되돌아가려는 반작용을 스트레스라 한다.
③ 인간은 외부의 압력을 받게 되면 긴장, 흥분, 각성, 불안과 같은 생리적 반응이 일어나게 된다. 스트레스는 스트레스원에 대항하기 위해 생리적·심리적·신체적 복원작용을 일으키는 과정이다.

> **더 알아보기 스트레스에 대한 연구**
>
> 스트레스는 우리에게 익숙한 개념이나, 스트레스에 관한 연구는 비교적 최근에 한스 셀리에(Hans Selye, 1920)에 의해 시작되었다. 심리학자들은 거의 60년 동안 스트레스의 정의에 대해 다루어 왔으나, 아직도 스트레스에 대해 명확한 정의를 내리기는 어렵다. 스트레스란 심리적 적응을 하기 위해서 개인이 행하는 복잡한 반응들이다. 환언하면, 개인의 안녕에 대한 위협에서 생긴 반응이다. 스트레스와 관련되는 것에는 생리적 반응들과 불쾌한 정서(걱정 또는 불안)들이 있다.

2 스트레스의 발생원인

(1) 좌절로 인한 스트레스
① 좌절이란 원하는 목표가 지연되거나 차단될 때 경험하는 정서 상태이다.
② 목표지향적 행동의 차단이며, 이러한 차단은 영구적이거나 일시적이다.
③ 좌절의 기본유형에는 천재지변 등의 환경적 좌절과 신체적·심리적인 개인적 좌절이 있다.

(2) 갈등으로 인한 스트레스
① 어떤 동기를 만족시킬 수 없을 때 스트레스가 유발될 수 있다.
② 특정 동기는 다른 동기들과 갈등을 야기할 수 있으며 이는 스트레스를 유발시킨다.

③ 스트레스를 유발하는 동기 갈등 2024년 3회, 2019년 1회, 2015년 2회

접근-접근 갈등	정적인 두 개의 대안들 중 한 개만을 선택해야 하는 경우이다. 예 여름휴가를 바다로 갈지 산으로 갈지 고민하는 경우
회피-회피 갈등	두 개의 부적 측면을 가진 목표를 수행해야 하는 경우이다. 예 일하러 나가기 싫은데 부모에게 핀잔을 받을까 봐 집에 있지도 못하는 경우
접근-회피 갈등	개인이 한 목표를 선택할 경우, 그 목표에 정적 측면과 부적 측면이 있어서 생기는 갈등이다. 예 승진을 하려면 지방근무를 해야 하고, 서울근무를 계속하려면 승진기회를 잃는 경우
이중 접근-회피 갈등	두 개의 접근-회피 갈등을 보이는 목표 중 어느 하나만을 선택할 수밖에 없는 경우 발생한다. 예 하고 싶은 일을 하자니 안정성이 떨어지고, 안정적인 일을 하자니 일이 재미없는 경우

(3) **생활사건으로 인한 스트레스** 2017년 1회

① 좌절과 갈등은 스트레스의 원인이 될 수 있으나 생활에서 생기는 사건이나 변화들도 스트레스의 원인이 될 수 있다. 예를 들어, 결혼, 배우자의 사망, 이혼, 상사와의 문제, 학교 전학, 사소한 법 위반들은 스트레스를 유발할 수 있다.

② 생활의 변화는 부정적 사건뿐 아니라 긍정적 생활변화도 생활방식에 적응하기 위한 스트레스의 원인이 될 수 있다.

(4) **과잉부담**

① 개인의 능력을 벗어난 일이나 요구일 때 나타난다.

② 사회가 복잡해지고 현대사회일수록 개인은 심한 경쟁 속에 내몰리게 되어 나타난다.

3 스트레스의 연구

(1) **스트레스에 관한 연구** 2025년 1·3회, 2020년 1·2(통합)회, 2018년 2회, 2017년 1회, 2015년 3회

① 17-OHCS라는 당류부신피질 호르몬은 스트레스의 생리적 지표로서 매우 중요하게 사용된다. 대표적으로 코티졸(cortisol)이 이 호르몬에 포함된다.

② 코티졸은 급성 스트레스에 반응해 분비되는 물질로, 혈중 포도당수치를 높이고 스트레스에 대항하는 신체에 필요한 에너지를 공급해 주는 역할을 하는 부신피질에서 방출하는 스트레스 통제 호르몬이다.

③ 장기간 스트레스에 노출되는 경우 코티졸이 과다 분비되어 피로감, 근육통, 기억력 및 집중력 저하 등 만성피로 증후군을 유발한다. 만성 스트레스는 코티졸의 지속적인 과다 분비를 유도하고 결국 코티졸의 기능을 파괴함으로써 스트레스에 대한 신체기능을 저하시킨다.

> **더 알아보기 스트레스 호르몬**
>
> 스트레스 호르몬인 부신피질 호르몬은 크게 무기질피질 호르몬과 당류부신피질 호르몬으로 양분된다. 무기질피질 호르몬은 체내의 무기질, 특히 나트륨, 칼륨 및 염소의 수준을 조절하는 데 기여하기 때문에 뉴런의 흥분전도에 결정적인 영향을 준다. 이는 신체근육이 왕성한 활동을 하도록 하는 역할을 한다. 스트레스에 보다 강력한 작용을 하는 호르몬은 당류부신피질 호르몬이다. 이 호르몬은 단백질과 지방질을 포도당으로 전환시켜 에너지를 활성화한다. 또한 교감신경은 신체를 긴장시키는 역할을 하며, 부교감신경은 신체를 안정시키는 역할을 한다. 스트레스 상황에서는 교감신경계가 활성화된다.

(2) 셀리에(Selye)의 일반적응증후군(GAS; General Adaptation Syndrome)

2025년 2회, 2024년 1·3회, 2021년 1·2회, 2017년 2회, 2016년 3회, 2015년 2회, 2014년 1회

① 일반적응증후군(GAS) 현상은 자극내용 여하를 막론하고 모든 환자의 신체변화의 증상은 항상 일정하다는 점에서 고안되었다.
② 셀리에는 스트레스를 겪는 환자 누구에게나 나타나는 특징적 증상으로 "생기가 없다.", "안색이 나쁘다." 등의 공통적 증상에 주목하였다.
③ 결론적으로 스트레스는 스트레스원(stressor)에 대처하여 평온한 상태를 유지하기 위한 저항 또는 도피반응이라는 것이다.
④ 일반적응증후군의 3단계

2025년 1·2회, 2020년 1·2(통합)·4회, 2019년 3회

스트레스에 대한 유기체의 생리적 반응은 셀리에의 일반적응증후군 이론에 의해 3단계로 나타난다.

㉠ 경고단계(경계단계, alarm stage)
  ⓐ 정신적, 육체적 위험 앞에 갑자기 노출되어 나타나는 최초의 즉각적 반응단계이다.
  ⓑ 어떤 스트레스의 자극을 받게 되면 신체는 첫 반응으로 경고반응을 보이며, 이는 쇼크단계와 역쇼크단계를 거친다.
    • 쇼크단계는 위협에 처했을 때 즉각적으로 나타나는 반응으로, 맥박이 빨라지고 체온과 혈압이 감소한다.
    • 이러한 반응 후에는 신체가 스트레스에 대한 방어력을 즉시 회복하고 그것에 대항하게 되는 일련의 자동적 방어기제가 작동하게 되는데, 이를 역쇼크단계라고 한다.

㉡ 저항단계(resistance stage)
  ⓐ 스트레스가 지속되면 스트레스를 극복하려는 저항단계가 나타난다.
  ⓑ 저항력이 높아지고 초기의 신체적·생리적 변화가 없어진다. 만성적 불안증이나 신경증적인 사람들이 이 단계에 속한다.
  ⓒ 애초에 제시된 스트레스 유발요인에 대한 저항은 증가되지만, 신체의 전반적인 저항력은 저하된다는 것이 특징이다.

㉢ 탈진단계(소진단계, exhaustion stage)
  ⓐ 장기간 스트레스가 지속되는 상태로 스트레스에 대한 적응에너지가 고갈된다.
  ⓑ 신체적으로는 탈진상태로 이어질 수 있으며, 질병(예 환각, 환청, 망상, 심한 정신분열증세, 노화촉진)과 죽음을 유발할 수 있다.

(3) 라자루스(Lazarus)의 스트레스이론

① 스트레스 사건 자체보다 지각과 인지과정을 중시하는 이론으로, 스트레스는 개인과 환경 간의 상호작용 혹은 교류적 관계라고 주장한다.
② 스트레스 인지 평가과정
라자루스는 사람들이 스트레스 상황을 평가할 때 3가지 유형의 평가를 사용할 것을 제안하였다.

1차 평가	자신에게 스트레스를 유발하는 사건이 얼마나 위협적인지를 평가한다.
2차 평가	스트레스에 대한 자신의 대처능력에 대한 평가이다.
3차 평가	새로운 정보를 이용한 평가로서 처음의 평가가 수정되는 것이다.

(4) **여키스와 도슨(Yerkes & Dodson)의 역U자형 가설** 2021년 2회, 2018년 2회

① 여키스와 도슨은 스트레스 수준이 너무 낮거나 높으면 건강이나 작업능률이 그만큼 낮아진다고 주장하였다.
② 역U자형 곡선에 따르면 흥분이나 욕구, 긴장이 증대되는 경우 어느 정도 수준에 이르기까지 수행실적이 증가하나, 일정시점 이후에 스트레스 수준이 증가하면 수행실적은 오히려 감소하는 역U형 관계가 된다.
③ 반면, 스트레스 수준이 적당하면 건강도 최적 수준으로 유지되고, 작업능률도 최대가 된다는 가설이다.

▶ 스트레스 강도에 따른 성과 수준

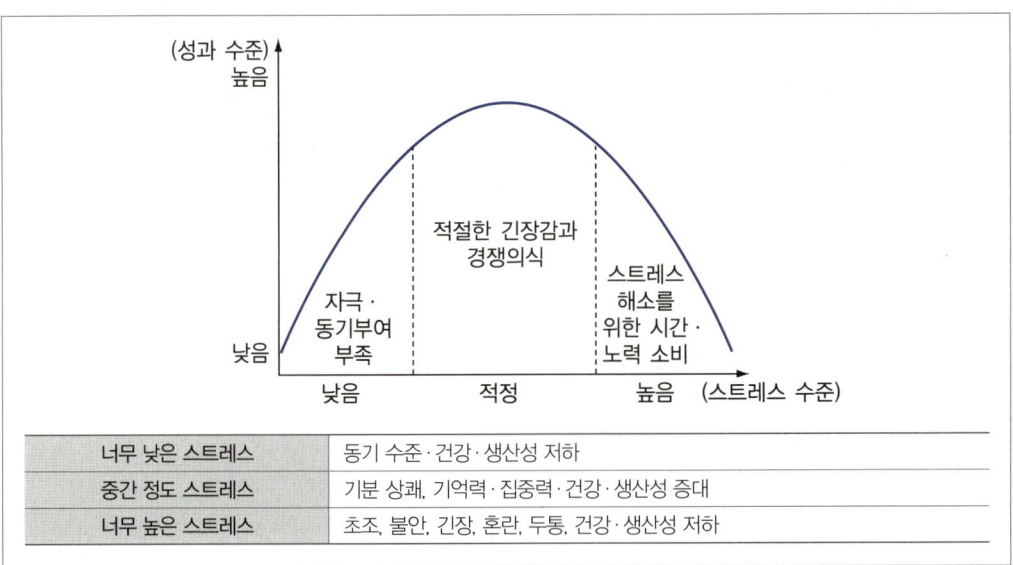

너무 낮은 스트레스	동기 수준·건강·생산성 저하
중간 정도 스트레스	기분 상쾌, 기억력·집중력·건강·생산성 증대
너무 높은 스트레스	초조, 불안, 긴장, 혼란, 두통, 건강·생산성 저하

(5) **홈스와 레어(Holmes & Rahe)의 생활변화단위(LCU; Life Change Unit)**

① 홈스와 레어는 사회재적응 평가척도를 개발하여, 사람들이 직면하게 되는 43개 항의 주요 변화가 개인에게 어느 정도의 영향을 미치는가를 수치로 나타내었는데, 이를 생활변화단위라고 한다.
② 생활변화단위(LCU) 2019년 1회

0~150 미만	스트레스가 거의 없음(질병 발생 가능성 없음)
150~190	경도의 생활위기(35% 질병 발생 가능)
200~299	중등도의 생활위기(50% 질병 발생 가능)
300 이상	중증도의 생활위기(80% 질병 발생 가능)

4 스트레스의 효과 2018년 1회

(1) **부정적 효과**

① 심리적 악영향
스트레스는 주의력 부족과 건망증을 유발시키며, 불안, 우울 등 부정적인 정서를 유발하게 하여 합리적 의사결정과 행동을 저해한다.

② 신체적 악영향

스트레스에 의한 부정적 심리는 위장질환, 심혈관질환 등 각종 질병을 유발하는 등 신체기능에 다양한 영향을 미치게 된다.

> **더 알아보기** 스트레스와 질병
> - **성인병과 스트레스**: 심근경색, 뇌졸중, 고혈압, 협심증, 암, 간경화 등 질병 전체의 80%가 스트레스로 인한 신경성이 원인이다.
> - **면역기능과 스트레스**: 만성적 스트레스가 신체의 면역계통을 방해함으로써 질병에 대한 자연적 방어력을 약화시킨다. 현대의학에서는 신체 건강에 미치는 정신적 영향이 점점 더 중요시되고 있다.

(2) 긍정적 효과
① 스트레스는 목표 성취를 위한 동기부여를 위해 필연적인 것으로 희망의 부산물이기도 하다.
② 적당한 수준의 스트레스는 성숙, 발전을 가져오는 원동력이다.

> ☑ **교수님의 코멘트**
> 셀리에(Selye)는 스트레스를 '인생의 조미료'라고 표현하기도 했습니다.

UNIT 2 직업관련 스트레스

1 직무·조직관련 스트레스 요인 2022년 3회

(1) 과제특성
① 복잡한 과제
복잡한 과제는 높은 수준의 능력을 요구하는 직무활동에서 많이 나타나며, 높은 인지활동과 정보과부하로 인해 스트레스를 유발하게 한다.
② 단순하고 반복적인 과제
㉠ 단순 노동직 여성에게 많이 나타난다고 하여 일명 '조립대 히스테리'라고 하며, 무기력증, 현기증, 두통, 구토 등이 유발되며 전염되기도 한다.
㉡ 단순하고 반복적인 과제는 근로자에게 일에 대한 흥미와 도전의식을 상실케 한다.

(2) 직무역할
① 역할모호성
㉠ 개인의 책임한계와 목표가 명확하지 않아 역할이 분명하지 않을 때 발생한다.
㉡ 역할모호성은 비교적 직무내용이 단순하고 명확한 하위계층보다는 중·상위계층에서 보다 높은 수준으로 지각된다.
② 역할갈등   2024년 1·3회, 2022년 1회, 2021년 1회, 2019년 2회, 2018년 3회, 2017년 3회, 2016년 2회, 2015년 1회, 2014년 3회
㉠ 역할갈등은 역할담당자가 자신의 지위와 역할전달자의 역할기대가 상충되는 상황에서 지각하는 심리적 상태이다.
㉡ 주로 조직에서 자신이 생각하는 역할과 상급자가 생각하는 역할 간 차이에서 기인한다.

ⓒ 공식적이고 구조적인 조직에서는 주로 **구조적 변수**(예 의사결정의 참여) 때문에, 비공식적이고 비구조적인 조직에서는 주로 **인간관계 변수**(예 동료와의 관계) 때문에 역할갈등이 발생한다.

ⓓ 현대조직에서 이러한 역할갈등은 어느 조직에서나 나타나는 경향이며, 이러한 역할갈등의 해소와 관리가 조직의 효율적 운영에 있어서 중요한 이슈가 된다.

ⓔ 역할갈등의 유형

개인 간 역할갈등	직업에서의 요구와 직업 이외의 요구가 다를 때 발생한다.
개인 내 역할갈등	개인이 수행하는 직무의 요구와 개인의 가치관이 다를 때 발생한다.
송신자 간 역할갈등	개인에게 요구하는 두 사람 이상의 요구가 다를 때 발생한다.
송신자 내 역할갈등	상급자가 개인에게 서로 양립할 수 없는 요구를 할 때 발생한다.

(3) 산업·조직문화 풍토   2011년 3회

① 집합주의 문화와 개인주의 문화의 충돌은 근로자에게 스트레스원이 된다.
② 우리나라와 같은 집합주의 문화권과 미국과 같은 개인주의 문화권은 조직문화에서 차이를 보인다.
③ 집합주의 문화와 개인주의 문화의 차이

집합주의 문화	개인주의 문화
• 연고주의 • 도덕적 관점 중시 • 관리자, 경영주와의 유대 중시	• 능력주의 • 계약적 관점 중시 • 직무와 보상 중시

> **더 알아보기** 일중독과 소진 증상   2024년 2회, 2022년 3회, 2020년 3회, 2016년 3회
>
> | 일중독 | 소진 |
> |---|---|
> | • 점심을 먹으면서도 서류를 본다.
• 아무것도 하지 않고 쉬면 견딜 수 없다.
• 주말이나 휴일에도 쉴 수가 없다. | • 열심히 일을 했지만 성취감보다는 허탈감을 느낀다.
• 인생에 환멸을 느낀다.
• 불면증이 생긴다. |

2 직무관련 스트레스의 조절요인(매개변인)   2025년 3회, 2024년 2회, 2022년 3회, 2020년 3회, 2019년 2·3회, 2018년 3회, 2015년 3회

(1) A/B 성격유형(행동유형)   2017년 3회, 2016년 1·2회, 2015년 1·2회

① A성격유형
  ㉠ 스트레스 상황에 노출되면 B성격유형의 사람보다 훨씬 많은 스트레스를 받는다.
  ㉡ A성격유형은 공격적이고 경쟁적이어서 스트레스 상황에서 B성격유형의 행동보다 훨씬 많은 스트레스를 받는다.
  ㉢ 현대 산업사회에서는 A성격유형의 사람들의 비중이 높아지고 있다.
  ㉣ 스트레스 상황에 노출되면 A성격유형이 B성격유형보다 더 많은 부정과 투사기제를 사용한다.

② B성격유형
  A성격유형의 사람들보다 성취욕구와 포부수준이 낮기 때문에 일로부터 스트레스를 느낄 가능성이 적다.

③ A/B 성격유형의 비교

A성격유형	B성격유형
• 성급한 편이다. • 데드라인적인 행동양식을 가진다. • 적개심이나 공격심이 강하다. • 극단적인 경쟁심의 소유자로 자기 자신과 타인에 대해서 도전적이다. • 동시에 두 가지 이상의 일을 한다. • 장시간 노동을 한다. • 자신과 타인을 비교한다. • 사람들과 정서적으로 접촉하는 경우가 드물다.	• 여유롭고 느긋한 편이다. • 생활을 향유하고 일에 노예가 되는 것을 거부한다. • 적개심이나 불필요한 경쟁심을 가지지 않는다. • 일의 결과보다 과정을 즐긴다. • 우월성을 항상 시사하려고 하지 않는다. • 자신감이 있기 때문에 타인의 의견에 따라 자아를 상실하지 않는다. • 유머와 센스가 있고 자신의 실패에 대해서도 미소를 지을 수 있다.

(2) **통제의 소재(위치)**   2019년 3회

① 내적 통제자

㉠ 어떤 행위의 결과가 자신의 행위에 달려 있다고 보는 내적 통제자는 외적 통제자보다 스트레스 위협을 덜 느낀다.

㉡ 내적 통제자는 어떤 행위의 결과가 자신의 행위에 달려 있다고 본다. 따라서 내적 통제자는 외적 통제자보다 자신의 노력에 따른 보상에 기대가 높다.

㉢ 내적 통제자는 복잡한 과제상황에 더 적극적으로 대처한다. 다만, 스트레스 상황에 대한 통제력이 더 이상 유용하지 못하다고 판단하게 되면 내적 통제자들은 스트레스에 대한 대처노력을 쉽게 포기하는 경향이 있다.

② 외적 통제자

외적 통제자들은 내적 통제자보다 자신의 삶에서 중요한 사건들이 주로 타인이나 외부에 의해 결정된다고 보기 때문에 스트레스의 영향력을 감소시키려는 노력을 하지 않는 편이다.

(3) **사회적 지원(지지)**   2018년 1회

① A유형과 같은 성격유형과 상황을 개인이 통제할 수 있느냐에 대한 신념 등은 개인 속성이지만 사회적 지원은 사회적 요인이다.

② 사회적 지원은 스트레스 상황에서의 심리적·신체적 적응에 도움을 주는 것으로, 직무수행자의 직무 스트레스를 완화할 수 있도록 해 주는 조직 내적 혹은 조직 외적 요인을 의미한다. 조직 내적 요인으로는 직장상사, 동료, 부하가 있으며, 조직 외적 요인으로는 가족이 있다.

> ✓ **교수님의 코멘트**
> 사회적 지원은 스트레스의 출처를 약화시키지만 스트레스의 출처로부터 야기된 권태감, 직무 불만족 자체를 감소시키는 것은 아닙니다.

3 구조조정과 스트레스

(1) **구조조정 스트레스**

① 구조조정이나 조직 인원감축에서 살아남은 구성원들의 스트레스는 생존자증후군을 유발한다.

② 생존자증후군은 천재지변, 전쟁 등의 큰 사고나 사건 등에서 살아남은 사람들이 겪는 불안, 분노, 죄책감 등의 심리적인 병적 증세를 말한다.

(2) **조직 감축에서 살아남은 구성원들이 조직에 대해 보이는 전형적인 반응**   2024년 3회, 2018년 2회

① 살아남은 구성원들도 조직에 대한 신뢰감을 상실한다.

② 더 많은 일을 해야 하고, 종종 불이익도 감수한다.

③ 일부 구성원들은 다른 직무나 낮은 수준의 직무로 이동하는 것을 감수한다.

④ 자신도 언제 감축대상이 될지 모른다는 불안감으로 인해 조직 몰입에 어려움을 겪는다.

⑤ 구성원들의 이직률이 높아지는 등 조직으로부터의 이탈현상이 발생할 수 있다.

> **더 알아보기**   **시만(Seeman)과 브라우너(Blauner)의 직무소외**   2022년 1회, 2017년 3회, 2014년 3회
>
> - 소외의 상태는 사회적 네트워크와 단절된 상태인 반면, 비소외적 상태의 개념은 사회적 네트워크와 연결되어 있을 때의 상태이다.
> - 소외의 양상으로는 자유와 통제의 결핍상태를 '무기력감(powerlessness)', 경영정책이나 생산목적 등의 목적으로부터의 단절을 '무의미감(meaninglessness)', 자신이 속한 조직의 사회적 협동의 결핍상태를 '고립감(isolation)', 직무에 자신이 몰두할 수 없는 상태를 '자기상실감 혹은 자기소원감(self-estrangement)' 등으로 개념화함으로써 소외양상을 열거하였다.
>
> | 시만의 소외의 유형 | | 브라우너의 비소외적 상태 | |
> |---|---|---|---|
> | • 무력감 | • 무의미감 | • 목적 | • 자유와 통제 |
> | • 무규범 | • 고립감 | • 사회적 통합 | • 사회적 유대 |
> | • 자기소원 | | • 사회네트워크 | • 사회참여 |
> | | | • 대인접촉 등 | |

UNIT 3   스트레스 관리와 예방

1 스트레스 관리전략

(1) **1차적 관리전략(출처지향적 관리)**   2025년 1회, 2020년 1·2(통합)회, 2017년 1회

① 조직수준의 스트레스 관리전략으로 직무 스트레스의 직접적인 원인을 수정한다.

② 스트레스 자체를 없애기는 어렵기 때문에 스트레스의 출처를 예측하는 것이 스트레스를 완화하는 데 중요한 역할을 한다.

③ <u>직무재설계</u>, 직무확대, 참여적 관리 등이 있다.   과거 은행원들은 창구에 줄 서서 기다리는 고객들에 대한 압박을 받았으나, 고객 대기표 시스템을 도입한 이후 이러한 스트레스를 많이 줄일 수 있게 되었다.

(2) **2차적 관리전략(반응지향적 관리)**   2017년 2회

① 개인수준의 스트레스 관리전략으로 직무 스트레스로 인한 다양한 증상을 완화한다.

② 이완훈련, 바이오피드백, 대처기술, 시간관리, 스트레스 관리훈련, 생활스타일 관리 등이 있다.

(3) **3차적 관리전략(증후지향적 관리)**

① 직무 스트레스로 인해 발생한 각종 장애(부정적 결과)를 치료 또는 최소화하거나 예방을 목적으로 한다.

② 의학적 보호(약물치료), 상담 및 심리치료 등이 있다.

2 스트레스의 대처(예방)

(1) **스트레스 대처의 기본전제**

① 적절한 스트레스는 오히려 도움이 된다.
② 유스트레스(eustress)는 적극적 노력을 통해 획득된다. ― 질병에 대한 저항력을 높여주고, 건강에 도움이 되는 긍정적인 스트레스를 말한다.
③ 자신의 스트레스 상황을 의식하고 확인하는 일이 매우 중요하다.
④ 스트레스의 상황은 자신의 내면에 있다는 점을 인식해야 한다.
⑤ 긴장방출률을 최대한 높여야 한다.

(2) **스트레스 대처전략** 2025년 2회, 2020년 4회, 2019년 3회, 2018년 1회, 2014년 2회

① 가치관을 전환시켜야 한다.
② 목표지향적 사고방식에서 과정지향적 사고방식으로 전환해야 한다.
③ 스트레스에 정면으로 도전해야 한다.
④ 균형 있는 생활을 해야 한다.
⑤ 가슴속 한을 털어내야 한다.
⑥ 취미·오락을 통해 생활장면을 전환하는 활동을 규칙적으로 해야 한다.
⑦ 자신에게 적합한 운동으로 스트레스를 해소한다.

CHAPTER 04 | 직업과 스트레스

핵심 기출문제

01 직무 스트레스를 촉진시키거나 완화하는 조절요인이 아닌 것은? 2023년 3회, 2019년 2회, 2015년 3회

① A/B 성격유형
② 통제의 소재(locus of control)
③ 사회적 지원
④ 반복적이고 단조로운 직무

[빈출]
02 직무 스트레스에 관한 설명으로 옳은 것은?
2025년 1·2·3회, 2018년 2회

① 17-OHCS라는 당류부신피질 호르몬은 스트레스의 생리적 지표로서 매우 중요하게 사용된다.
② B형 행동유형이 A형 행동유형보다 높은 스트레스 수준을 유지한다.
③ Yerkes와 Dodson의 역U자형 가설은 스트레스 수준이 낮으면 작업능률이 높아진다는 가설이다.
④ 일반적응증후(GAS)는 저항단계, 경계단계, 탈진단계를 거치면서 사람에게 나쁜 결과를 가져다준다.

[빈출]
03 Selye가 제시한 스트레스의 일반적응증후군의 3가지 단계가 아닌 것은? 2019년 3회, 2017년 2회

① 경계단계(alarm stage)
② 저항단계(resistance stage)
③ 재발단계(recurrence stage)
④ 탈진단계(exhaustion stage)

04 직무 스트레스에 관한 설명으로 틀린 것은?
2018년 1회

① 직장 내 소음, 온도 같은 물리적 요인이 직무 스트레스를 유발할 수 있다.
② 직무 스트레스를 일으키는 심리사회적 요인으로 역할갈등, 역할과부하, 역할모호성 등이 있다.
③ 사회적 지지가 제공되면 우울이나 불안 같은 직무 스트레스 반응이 감소한다.
④ 직무 스트레스는 직무만족과 부정적 관계에 있으며, 모든 스트레스는 항상 직무수행 성과를 떨어뜨린다.

꼼꼼하게 풀어 주는 정답과 해설

01 ④ 반복적이고 단조로운 직무는 스트레스 원인의 하나이다.
02 [오답풀이]
② A형이 B형보다 높은 스트레스 수준을 유지한다.
③ 여키스와 도슨(Yerkes & Dodson)의 역U자형 가설은 스트레스 수준이 낮거나 높을 경우 작업능률이 낮아진다는 가설이다.
④ 일반적응증후(GAS)는 경계단계, 저항단계, 탈진단계를 거치면서 사람에게 나쁜 결과를 가져다준다.
03 ③ 셀리에(Selye)가 제시한 스트레스 반응단계(일반적응증후군)는 경계(경고)단계, 저항단계, 탈진(소진)단계이다. 재발단계는 해당하지 않는다.
04 ④ 스트레스는 주의력 부족, 불안, 우울 등 부정적인 정서를 유발하여 합리적 의사결정과 행동을 저해하기도 하지만, 동기부여라는 긍정적 효과도 있다. 적당한 수준의 스트레스는 성숙, 발전을 가져오는 원동력으로, 셀리에(Selye)는 스트레스를 '인생의 조미료'라고 표현했다.

정답 01 ④ 02 ① 03 ③ 04 ④

05 승진을 하려면 지방근무를 해야만 하고, 서울근무를 계속하려면 승진기회를 잃는 경우에 겪는 갈등의 유형은? 2023년 1회, 2019년 1회, 2015년 2회

① 접근-접근 갈등
② 회피-회피 갈등
③ 접근-회피 갈등
④ 이중접근 갈등

06 다음 설명에 해당하는 행동특성을 바르게 짝지은 것은? 2024년 2회, 2022년 3회, 2020년 3회, 2016년 3회

ㄱ	• 점심을 먹으면서도 서류를 본다. • 아무것도 하지 않고 쉬면 견딜 수 없다. • 주말이나 휴일에도 쉴 수가 없다.
ㄴ	• 열심히 일을 했지만 성취감보다는 허탈감을 느낀다. • 인생에 환멸을 느낀다. • 불면증이 생긴다.

① ㄱ: 내적 통제소재
   ㄴ: 외적 통제소재
② ㄱ: A형 성격
   ㄴ: B형 성격
③ ㄱ: 과다 과업지향성
   ㄴ: 과다 인간관계지향성
④ ㄱ: 일중독증
   ㄴ: 소진

07 스트레스와 직무수행 간의 관계에 대한 설명으로 옳은 것은? 2021년 2회, 2018년 2회

① 스트레스가 많을수록 직무수행이 떨어지는 일차함수 관계이다.
② 어느 수준까지만 스트레스가 많을수록 직무수행이 떨어진다.
③ 일정시점 이후에 스트레스 수준이 증가하면 수행실적은 오히려 감소하는 역U자형 관계이다.
④ 스트레스와 직무수행은 관계가 없다.

08 역할갈등의 발생에 대한 설명으로 틀린 것은? 2018년 3회

① 직업에서의 요구와 직업 이외의 요구가 다를 때 발생한다.
② 개인이 수행하는 직무의 요구와 개인의 가치관이 다를 때 발생한다.
③ 개인에게 요구하는 두 사람 이상의 요구가 다를 때 발생한다.
④ 개인의 책임한계와 목표가 명확하지 않아서 역할이 분명하지 않을 때 발생한다.

꼼꼼하게 풀어 주는 정답과 해설

05 ③ 정적 유의성(접근 경향)은 긍정적 가치를 갖는 것에 이끌리는 힘을 말하고, 부적 유의성(회피 경향)은 부정적 가치를 갖는 것에서 멀어지려는 힘을 말한다. 승진(접근 경향)은 하고 싶고, 지방근무(회피 경향)는 하기 싫으므로 접근-회피 갈등에 속한다.

06 ④ 위 표의 행동특성은 일종의 일중독증(ㄱ)에 따른 소진(ㄴ)의 상태로 번아웃 증후군(burnout syndrome)에 해당된다.

07 ③ 여키스와 도슨은 역U자형 가설을 통해 스트레스 수준이 너무 낮거나 높으면 우리의 건강이나 작업능률이 그만큼 낮아지고, 스트레스 수준이 적당하면 건강이 최적 수준으로 유지되고 작업능률도 최대가 된다고 주장하였다.

08 ④ 역할모호성에 대한 설명이다.

오답풀이
① 개인 간 역할갈등에 대한 설명이다.
② 개인 내 역할갈등에 대한 설명이다.
③ 송신자 간 역할갈등에 대한 설명이다.

정답 05 ③ 06 ④ 07 ③ 08 ④

09 A형 성격유형에 대한 설명과 가장 거리가 먼 것은? 2017년 3회, 2015년 1회

① 시간의 절박감과 경쟁적 성취욕이 강하다.
② 관상동맥성 심장병(CHD)에 걸릴 확률이 높다.
③ 비경쟁적 상황에서는 타인과의 경쟁심이나 적대감이 의외로 없다.
④ 직무 스트레스의 주요 원천이다.

10 다음은 어떤 스트레스 관리전략에 해당하는가? 2020년 1·2(통합)회, 2017년 1회

> 예전에는 은행원들이 창구에 줄 서서 기다리는 고객들에게 가능한 빨리 서비스를 제공하고자 스트레스를 많이 받았었는데, 고객 대기표(번호표) 시스템을 도입한 이후 이러한 스트레스를 많이 줄일 수 있게 되었다.

① 반응지향적 관리전략
② 증후지향적 관리전략
③ 평가지향적 관리전략
④ 출처지향적 관리전략

11 조직 감축에서 살아남은 구성원들이 조직에 대해 보이는 전형적인 반응은? 2020년 4회, 2018년 2회

① 살아남은 구성원들은 조직에 대해 높은 신뢰감을 가지고 있다.
② 더 많은 일을 해야 하기 때문에 과로하며 종종 불이익도 감수하려고 한다.
③ 살아남은 구성원들은 다른 직무나 낮은 수준의 직무로 이동하는 것을 거부한다.
④ 조직 감축에서 살아남은 데 만족하며 조직 몰입을 더욱 많이 한다.

12 스트레스의 예방 및 대처방안으로 틀린 것은? 2020년 4회, 2018년 1회, 2014년 2회

① 가치관을 전환시켜야 한다.
② 과정중심적 사고방식에서 목표지향적 초고속 심리로 전환해야 한다.
③ 균형 있는 생활을 해야 한다.
④ 취미·오락을 통해 생활장면을 전환하는 활동을 규칙적으로 해야 한다.

꼼꼼하게 풀어 주는 정답과 해설

09 ③ 비경쟁적 상황에서 타인과의 경쟁심이나 적대감이 의외로 없는 것은 B형 성격유형이다.
10 ④ 출처지향적 관리전략(1차적 관리)은 직무 스트레스의 직접적인 원인을 수정한다. 출처지향적 관리전략에는 직무재설계, 직무확대, 참여적 관리 등이 있다.

11 오답풀이
① 살아남은 구성원들도 조직에 대한 신뢰감을 상실한다.
③ 일부 구성원들은 다른 직무나 낮은 수준의 직무로 이동하는 것을 감수한다.
④ 자신도 언제 감축대상이 될지 모른다는 불안감으로 인해 조직 몰입에 어려움을 겪는다.
12 ② 목표지향적 초고속 심리에서 과정중심적 사고방식으로 전환해야 한다.

정답 09 ③ 10 ④ 11 ② 12 ②

에듀윌이
너를
지지할게

ENERGY

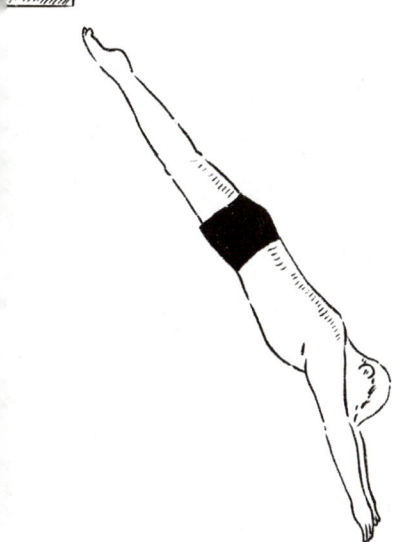

한 글자로는 '꿈'

두 글자로는 '희망'

세 글자로는 '가능성'

네 글자로는 '할 수 있어'

– 정철, 『머리를 구하라』, 리더스북

II

직업상담 및 취업지원

직업상담 및 취업지원, 어떻게 접근할까?

- 직업상담 및 취업지원은 여러 학자들의 다양한 상담이론이 등장하여 수험생들이 막막함을 느끼는 과목입니다.
- 여러 이론들의 모든 배경과 설명을 모조리 암기할 수는 없으므로 각 학자, 그리고 이론마다의 핵심 포인트를 잡고 키워드 위주로 개념을 구조화하는 훈련을 해야 합니다.
- 기출문제에서 자주 출제되는 개념을 중심으로 학습하면 효과적으로 이론을 정리할 수 있습니다.

CHAPTER 01 직업상담의 이해

CHAPTER 02 직업상담의 이론 및 접근방법

CHAPTER 03 진로·직업상담의 실제

CHAPTER

01 직업상담의 이해

회당 평균 출제 문항수 **3개**

수험 전략
- 매회 평균 2~5문항 출제되는 영역이다.
- 직업상담의 개념, 목적, 과정, 상담자의 역할과 직무, 집단상담과 직업상담의 문제유형들을 다룬다.
- 특히 직업상담의 문제유형은 비중 있게 출제되므로 반드시 숙지해야 하며, 점수 획득이 비교적 쉬운 영역이므로 꼼꼼히 학습하여 점수를 놓치지 않는 것이 중요하다.

NEW & HOT! 키워드
\# 직업상담의 목적
\# 직업상담의 과정
\# 부처의 집단상담 단계
\# 집단상담의 장단점
\# 학자별 직업문제유형

UNIT 1 직업상담의 개념

1 직업상담의 기초

(1) 직업상담의 정의
① 개인의 생애발달과정에서 진로 및 직업과 관련한 중요한 의사결정을 합리적으로 내릴 수 있도록 지원하는 과정이다.
② 진로상의 개인의 상황 및 직업문제 진단을 통해 예측, 처치, 처방, 상담 등 다양한 개입이 이루어지는 과정이다.
③ 직업상담은 직업의 선택, 직업적응, 경력개발, 직업전환, 은퇴 후 생활까지 전 생애에 걸쳐 지원이 이루어질 수 있다.

> **더 알아보기 직업상담의 요인**   2016년 2회
> - 대안 탐구
> - 내담자 특성 평가
> - 직업적 가능성에 대한 명료성
> - 개인적 정보와 실제적 자료의 통합

(2) 진로상담
① 진로란 크게는 개인의 일생, 즉 생애의 활동을 의미하며, 생애기간 동안 일(직업)과 연관된 활동들의 총체이다.
② 진로상담은 개인의 인생 전반에 걸친 진로관련 상담활동으로, 상담의 기본원리와 기법을 근거로 진로인식, 탐색, 일에 대한 태도와 지식 등 진로의식 고취와 진로성숙활동을 포함한다.

(3) 산업상담
① 산업현장에서 개인의 직업적응을 돕는 활동으로, 개인의 심리적 문제 및 직장 내 대인관계 등의 부적응을 감소시킨다.
② 현대에 있어서 산업상담은 직무관련 스트레스 완화에 중점을 두고 직업생활을 동기화하도록 한다.

> **더 알아보기** 상담의 기본적 기능과 구조

기능	생애에서 발생하는 문제를 해결하고, 개인의 성장과 발달을 촉진시켜 자기실현을 하도록 조력하는 것이다.
구조	• 내담자 자신에 대한 이해 • 내담자의 문제해결과 의사결정능력 배양 • 내담자의 사고와 행동의 변화 • 내담자의 잠재능력 개발

(4) 직업상담의 기본원리
2021년 1회, 2019년 1회, 2016년 1회

① 진학과 직업선택에 초점을 맞추어 전개되어야 한다.
② 진로발달이론에 근거하며 진로발달이 진로선택에 영향을 미친다.
③ 산업구조 변화, 직업정보, 훈련정보 등 변화하는 직업세계에 대한 이해를 토대로 이루어져야 한다.
④ 내담자와 신뢰관계를 형성한 후 인간의 성격특성과 재능에 대한 이해를 토대로 진행되어야 한다.
⑤ 각종 심리검사 결과를 기초로 합리적인 판단을 이끌어낼 수 있어야 하지만, 심리검사에 과잉의존해서는 안 된다.
⑥ 내담자의 전 생애적 발달과정을 반영할 수 있어야 한다.
⑦ 가장 핵심적인 요소는 진로 혹은 직업의 결정이므로 직업상담의 과정 속에 개인의 의사결정에 대한 과정이 포함되어야 한다.
⑧ 상담은 항상 **차별적인 진단과 처치**의 자세를 견지해야 한다.
⑨ 윤리적인 범위 내에서 상담을 전개하여야 한다.

2 직업상담의 목적

(1) 직업상담의 목적(진로지도의 목적)
2024년 2회, 2020년 1·2(통합)·3회, 2017년 3회

① 내담자가 이미 잠정적으로 선택한 진로결정을 확고하게 해 주는 과정이다.
② 개인의 직업목표를 명백하게 해 주는 과정이다.
③ 자기 자신 및 직업세계에 대한 올바른 이해를 돕는다.
④ 내담자로 하여금 올바른 진로계획을 수립하게 한다.
⑤ 합리적인 의사결정능력을 증진시킨다.
⑥ 내담자로 하여금 성숙한 직업의식을 확립하게 한다.
⑦ 내담자의 능력을 향상시키고 성장시킨다.

(2) 기스버스(Gysbers)의 직업상담의 목표
2024년 1회, 2022년 1회, 2018년 1·3회

① **예언과 발달** – 미래 행동을 예측하고 발달을 촉구
생애진로발달상에서 개인의 적성과 흥미를 탐색하고 확대하여 미래의 잠정적 진로를 예언하고 발달시킨다.

② **처치와 자극** – 직업문제를 처치하고 지식과 기능을 자극
내담자의 진로발달이나 직업적 문제의 처치와 함께 직업에 필요한 기술과 지식의 습득을 자극한다.

③ **결함과 유능** – 재능과 유능을 개발하고 사용하는 데 도움
개인의 위기, 직업정보의 결여, 인간관계의 부조화 등의 결함에 대처하고 내담자의 직업적 목표를 달성하기 위해 결함보다 유능성에 초점을 맞추고 개인의 결함을 극복하며 유능성을 개발하도록 한다.

3 직업상담사의 역할과 영역 및 자질

(1) 직업상담사의 직무영역과 업무
2025년 1·2회, 2022년 2회

① 직업상담과 직업지도 업무 기획 및 평가
② 구인, 구직, 직업적응, 경력개발 등 직업관련 상담
③ 적성검사, 흥미검사 등 직업관련 심리검사의 실시 및 해석
④ 직업상담(지도) 프로그램의 개발과 운영
⑤ 노동시장, 직업세계 등과 관련된 직업정보 수집, 분석, 가공 등
⑥ 직업문제에 대한 심리치료

> ✔ 교수님의 코멘트
> 새로운 직무의 개발, 지시적인 직업선택, 직무분석 수행, 직업 관련 이론 개발 및 강의 등은 직업상담사의 직무가 아닙니다.

(2) 한국직업상담협회에서 제시한 직업상담사의 역할
2022년 3회, 2019년 3회, 2018년 3회, 2015년 2·3회

① 상담자
  진로 및 직업과 관련한 중요한 의사결정을 합리적으로 내릴 수 있도록 지원한다.
② **정보 분석자** ─ 자료제공자의 역할
  ㉠ 노동통계 분석을 통해 새로운 직업전망을 예견하여 미래의 취업정보를 제공한다.
  ㉡ 직업정보를 수집·분석·가공·관리하며, 내담자에게 적합한 정보를 제공한다.
③ (검사도구) 해석자
  내담자의 흥미, 성격, 적성, 진로성숙도 등을 검사하고 결과를 분석·해석하여 내담자 자신의 이해를 돕는다.
④ (직업문제) 처치자
  내담자의 직업적 문제를 진단하고 지원 및 해결한다.
⑤ **조언자** ─ 조언자의 역할
  내담자의 직업관련 의사결정상의 조언을 한다.
⑥ (직업지도 프로그램) 개발자
  실업자, 여성, 고령자, 청소년, 장애인 등 상담 계층에 대한 다양한 직업지도 프로그램을 개발한다.
⑦ 지원자
  직업상담 및 직업지도 프로그램을 적용하고 평가를 통해 프로그램을 보완한다.
⑧ **협의자** ─ 기관, 단체들과의 협의자 역할
  직업정보관련 기관, 구인처와 유기적인 관계를 구축하고 협의한다.
⑨ 관리자
  직업상담실을 관리하고 상담과정에서 일어나는 일련의 업무 등을 통제하고 관리한다.
⑩ 연구 및 평가자
  직업관련 사회변화에 따른 주기적 조사연구, 상담 프로그램 개발을 위한 연구 및 평가를 실시한다.

> ✔ 교수님의 코멘트
> 내담자의 보호자 역할이나 구직자의 행동을 조정 및 통제하는 것은 직업상담사의 역할이 아닙니다.

(3) 헤어(Herr)가 제시한 직업상담사의 직무내용
2024년 3회, 2021년 1회, 2017년 1회, 2007년 1회

① 상담의 목적 및 상담자와 내담자의 역할을 확인한다.
② 상담자는 특수한 상담기법을 통해서 내담자가 문제를 확인하도록 한다.
③ 개인에게 직업선택이 근본적인 관심이라면 상담사는 직업상담 실시를 확정한다.

④ 의사결정의 틀을 설명한다.
⑤ 보다 나은 결정을 가져오기 위한 예비행동을 설명한다.
⑥ 내담자가 충분한 동기를 가지고 있는가를 확인한다.
⑦ 내담자에게 가능한 모든 대안을 확인하도록 한다.
⑧ 내담자가 원하고 윤리적으로 적절한 부가적 대안을 확인한다.
⑨ 내담자에 관한 모든 정보를 종합한다.
⑩ 내담자에 관한 부가적 정보를 종합한다.
⑪ 가능한 직업결정과 관련하여 내담자에 관한 정보를 제시한다.
⑫ 확인된 대안에 대한 장단점을 내담자에게 설명하도록 한다.
⑬ 내담자의 마음속에 일어나는 부가적 장단점을 확인한다.
⑭ 내담자가 대안을 평가하도록 한다.
⑮ 내담자에게서 가장 가망이 있는 대안에 대한 부가적 정보를 얻는다.
⑯ 내담자가 가장 가망이 있는 대안을 실행하도록 한다.
⑰ 선택한 대안이 만족스러운지를 확인한다.
⑱ 상담관계를 종결한다.

(4) 직업상담사에게 필요한 일반적 자질 2019년 1회

① 내담자에 대한 존경심을 가져야 한다.
② 자아의 편견에서 벗어나는 능력을 가져야 한다.
③ 객관적인 통찰력을 가져야 한다.
④ 도덕적인 입장을 취하여야 한다.

> ✅ **교수님의 코멘트**
> 직업상담사의 자질요건은 상담업무를 수행하는 데 가급적 결함이 없는 성격이 적절합니다.
> 건설적인 냉철함, 지나치지 않은 동정심, 순수한 이해심을 가진 신중한 태도, 두려움이나 충격에 대한 공감적 이해력 등이 해당합니다.

(5) 직업상담사가 갖추어야 할 지식 및 능력

① 직업문제를 갖고 있는 내담자에 대한 심리치료능력
② 진로발달과 의사결정이론에 대한 지식
③ 직업정보를 수집·보충하여 전달하는 전략에 대한 지식
④ 국가정책, 인구구조 변화, 인력수급 추계, 산업발전 추세, 미래사회 특징 등에 관한 지식
⑤ 변화하는 남녀의 역할과 일, 가족, 여가의 관련성에 관한 지식
⑥ 직업상담의 연구 및 평가능력

> ✅ **교수님의 코멘트**
> 동료를 이끄는 리더십을 발휘할 수 있는 기술은 직업상담사가 갖추어야 하는 지식 및 능력이 아닙니다.

(6) 미국국립직업지도협회(NVGA)의 직업상담사의 기술영역 2015년 1회

① 일반상담능력
② 정보분석 및 적용능력
③ 개인 및 집단검사 실시능력
④ 관리능력
⑤ 실행능력
⑥ 조언능력

(7) 직업상담의 영역 2015년 2회

① 직업일반상담
② 직업적응상담
③ 직업전환상담
④ 직업정신건강상담(직무관련 스트레스상담 등)
⑤ 직업선택상담
⑥ 직업문제치료
⑦ 취업상담
⑧ 은퇴상담

> **교수님의 코멘트**
> 정신건강상담, 실존문제상담은 직업상담이 아닌, 일반상담의 영역입니다.

> **더 알아보기** 톨버트(Tolbert)가 주장한 진로발달에 영향을 주는 9가지 요인 2020년 4회, 2017년 1회
> 1. 직업적성 2. 직업적 흥미 3. 인성 4. 직업성숙도와 발달
> 5. 성취도 6. 가정·성별·인종 7. 장애물 8. 교육정도
> 9. 경제적 조건

4 직업상담의 단계 2025년 1회, 2019년 1·2회, 2018년 1회, 2015년 1·2·3회

(1) 초기단계 2025년 2·3회, 2022년 1회

① 상담자와 내담자가 협력하여 앞으로 나아갈 방향과 상담목표를 설정하고 확인해 나가는 단계이다. 특히 내담자와 상담자 간의 상담관계(라포) 형성을 주요 활동으로 한다.
② 활동
  ㉠ 내담자와 상담자 간의 상담관계(라포) 형성
  ㉡ 내담자의 심리상태, 심리적 문제 파악(심리 평가)
  ㉢ 상담의 목표설정 및 전략 수립
  ㉣ 상담의 구조화

(2) 중기단계 2020년 1·2(통합)회

① 상담자의 개입이 적극적으로 이루어지는 단계이다.
② 내담자의 문제행동에 대한 해결을 시도하고 대안을 탐색한다.
③ 활동
  ㉠ 내담자의 변화를 위한 개입
  ㉡ 내담자의 문제해결을 위한 구체적인 시도
  ㉢ 내담자의 저항 해결

(3) 종결단계 2018년 1회

① 상담 종결에 대한 내담자의 준비도를 평가하고, 상담을 통해 얻은 학습을 강화시킨다.
② 남은 정서적 문제를 해결하고 내담자와 상담자 간의 의미 있고 밀접했던 관계를 적절하게 끝맺는다.
③ 학습의 전이를 극대화하고 내담자의 자기 신뢰 및 변화를 유지할 수 있는 자신감을 증진시킨다.
④ 내담자와 합의한 목표를 충분히 달성하였는지를 평가하고, 실생활에 적응할 수 있도록 지속적인 추수지도가 이루어진다.

⑤ 활동
  ㉠ 합의한 목표달성 및 평가
  ㉡ 상담 종결문제 다루기
  ㉢ 이별 감정 다루기
  ㉣ 내담자의 종결 준비도 확인하기
    예 적응능력이 증진되었는가? 호소문제나 증상이 줄어들었거나 수준이 증진되었는가? 다른 사람과 관계를 맺는 수준이 증진되었는가?

5 직업상담(진로상담)의 과정

> ☑ **교수님의 코멘트**
> 직업상담의 과정은 한 가지 유형으로 정해져 있는 것이 아닙니다. 출제자들은 다양하게 직업상담의 과정과 순서를 묻는 문제를 출제합니다. 그러나 이러한 과정은 종류가 다양하기 때문에, 모두 외우는 것보다는 '일반적인 직업상담의 과정-Ⅰ'을 바탕으로 다른 여러 가지 유형의 순서를 유추하는 것이 좋습니다.

(1) **일반적인 직업상담의 과정 - Ⅰ** 2024년 3회, 2018년 3회, 2016년 1회
  ① 관계형성
    ㉠ 상담 초기 내담자와 상담자 간에 상호존중과 신뢰감의 관계(라포)를 형성한다.
    ㉡ 공감적 이해 및 내담자에 대한 존중과 수용적 자세가 필요하다.
  ② 진단 및 측정
    ㉠ 내담자의 직업문제와 심리검사를 통한 개인적 특성 등을 측정한다.
    ㉡ 표준화된 심리검사도구를 이용하여 개인의 흥미, 적성, 가치 등을 측정함으로써 자기이해를 돕고 문제를 진단한다.
  ③ 목표설정
    상담자는 진단을 통해서 내담자가 바라고 원하는 목표와 목표의 우선순위를 함께 설정한다.
  ④ 개입
    ㉠ 내담자의 목표달성을 돕기 위하여 상담자는 중재, 처치, 상담 등의 개입을 한다.
    ㉡ 상담자는 직업정보의 수집, 과제물 부여, 의사결정 촉진 등의 개입을 통해 내담자의 목표달성을 촉진한다.
  ⑤ 평가
    상담 초기에 설정한 상담목표에 얼마나 도달했는지, 상담자의 개입이 얼마나 효과적이었는지 평가한다.

(2) **일반적인 직업상담의 과정 - Ⅱ**
  ① 관계수립 및 문제의 평가
    상담자는 내담자에 대한 무조건적 수용, 공감적 반영, 진실성을 통하여 허용적 분위기에서 상담이 이루어질 수 있도록 촉진적인 상담관계를 형성하고 내담자의 문제를 평가한다.
  ② 상담목표의 설정
    상담자는 내담자의 상황과 분류에 따라 내담자에게 적합한 상담목표를 설정한다.

③ 문제해결을 위한 개입
상담자는 내담자의 유형에 따라 내담자에게 적합한 과제물 부과, 직업정보의 수집, 의사결정 촉진 등의 적극적인 개입을 통해 내담자의 문제해결 및 목표달성을 돕는다.

④ 훈습
상담자는 개입을 통한 내담자의 진로탐색 및 직업준비 등의 목표행동이 효율적으로 실천되고 있는지를 확인하고 점검한다.

⑤ 종결 및 추수지도
㉠ 상담자는 내담자와 합의한 목표를 충분히 달성하였는지를 확인하며, 앞으로 부딪칠 문제를 예측하고 파악한다.
㉡ 추수지도에서는 내담자가 상담 후 진로선택과 의사결정에 대해 만족하고 있는지를 파악하고 그에 따른 필요한 조치를 취한다.

(3) **직업상담 과정의 2가지 단계**
① 1단계
내담자의 목적 및 문제를 확인하고 문제를 명료화·상세화한다.
㉠ 들어가기
㉡ 내담자의 정보수집
㉢ 내담자의 행동이해 및 가정하기

② 2단계
내담자의 목적을 달성하고 문제해결을 할 수 있도록 돕는다.
㉠ 행동 취하기
㉡ 직업목표 및 행동계획 발전시키기
㉢ 개입의 영향 평가하기

6 집단직업상담

(1) **집단상담의 의의**
① 집단상담이란 한 사람의 상담자가 여러 사람의 내담자를 대상으로 상담을 실시하는 것을 말한다.
② 내담자 간의 상호작용과 모델링을 통해 개인상담에서 해결하기 힘든 부분을 해결할 수 있다.
③ 집단상담은 개방적인 분위기에서 집단원들에게 공동체의식을 갖게 하며, 자기이해를 촉진시킨다.

(2) **집단상담의 구조 및 고려사항** 2025년 2회, 2024년 3회, 2017년 3회
① 구성원의 선정
구성원 간의 친밀도나 성격, 과거배경, 성별, 연령 등을 고려하여 집단을 구성해야 한다.
㉠ 동질집단
ⓐ 문제, 성별, 연령, 문화 등에서 동질적인 특성을 가진 구성원들로 이루어진 집단이다.
ⓑ 장단점
• 응집력이 빨리 형성된다.
• 갈등이 적고 서로에게 지지적인 편이다.
• 비슷한 문제라도 서로의 유사점, 차이점을 점검하고 이해할 수 있다.

- 자기와 비슷한 사람이 있어 안심하는 보편성과 소속감을 경험할 수 있지만, 지지와 이완이 피상적일 수 있고 성숙한 변화를 방해할 수 있다.
  ⓒ 이질집단
  ⓐ 문제, 성별, 연령, 문화 등에서 이질적인 특성을 가진 구성원들로 이루어진 집단이다.
  ⓑ 장단점
  - 다양한 상호작용 경험이 가능하다.
  - 현실생활과 비슷하므로 현실검증의 기회가 되고 학습의 전이가 쉽다.
  - 이질적인 특성에 자극되어 차이점을 점검하고 이해할 수 있지만, 상호작용이 증폭되면서 갈등이 심화될 가능성이 있다.

② 크기
  ③ 전문적인 훈련을 받은 한 명의 상담자는 약 6~10명의 내담자를 대상으로 실시한다.
  ⓒ 집단 구성원이 10명을 넘어 상담자 혼자서 관찰하기 어려울 때는 협동상담자를 둘 수 있다.

> ✅ **교수님의 코멘트**
> 즉, 집단상담의 상담자가 반드시 1인이어야 한다는 것은 아닙니다.

③ 모임횟수
  모임은 가능한 한 최소화하는 것이 바람직하다. 1주에 한두 번 정도가 좋다.
④ 환경
  외부로부터 방해받지 않아야 하며, 여러 가지 신체활동이 가능한 자유로운 공간이어야 한다.
⑤ 그 밖의 고려사항
  ③ 집단발달과정 자체를 촉진시키기 위하여 의도적으로 게임을 활용할 수 있다.
  ⓒ 매 회기가 끝난 후 각 집단 구성원에게 경험보고서를 쓰게 할 수 있다.

> **더 알아보기** | 진로개발 프로그램의 학생 대상 집단진로상담   2017년 2회
> - 참여하는 학생들은 목표와 기대가 서로 다르기 때문에 개인차를 고려하여야 한다.
> - 프로그램 단계별로 나타나는 집단의 역동성을 고려하여야 한다.
> - 청소년기에는 동질집단이, 성인의 경우에는 이질집단이 새로운 것을 받아들이는 데 더 효과적이다.

> ✅ **교수님의 코멘트**
> 집단의 구성은 상담의 성격과 목적에 따라 달라질 수 있습니다. 따라서 집단의 구성에 있어 "이질집단과 동질집단 중 어느 하나가 좋다."라는 표현은 옳지 않습니다. 만약 문제의 선택지에서 "집단의 구성을 한쪽으로만 해야 한다."라고 하는 것은 엄격히 말해서 틀린 것입니다.

(3) **집단상담의 장단점**   2022년 2회
  ① 장점
  ③ 집단 구성원 간의 활발한 피드백을 통해 자기탐색을 돕는다.
  ⓒ 일반적으로 성숙도가 낮은 이에게 적합하다.
  ⓒ 개인상담에 비해 부담이 적어 받아들이기 쉽다.
  ② 타인과의 상호작용을 통해 대인교류능력과 사회성을 기를 수 있다.
  ⓜ 한정된 시간에 일대다수 상담으로 경제성이 높다.
  ⓗ 타인을 통한 대리학습(관찰학습)의 기회를 부여한다.

② 단점
  ㉠ 집단 위주의 상담으로 개인적인 문제가 충분히 깊이 있게 다루어지지 않을 수 있다.
  ㉡ 집단의 압력으로 감당하기 어려운 피드백을 강요당하는 참여자가 생길 수 있다.
  ㉢ 사적인 경험의 공유 등으로 비밀유지가 어려울 수 있다.
  ㉣ 집단상담의 성격과 목적에 맞게 집단을 구성하기 어렵다.
  ㉤ 집단 단위의 상담으로 개인의 개성이 상실될 수 있다.
  ㉥ 집단 구성원 개개인 모두를 만족시킬 수 없으며, 모든 내담자에게 적합한 방법은 아닐 수 있다.
  ㉦ 집단상담에 대한 체계적인 교육, 자격, 경험 등이 부족한 지도자는 집단의 운영이 어려울 수 있다.

> **더 알아보기** 정신역동적 집단상담의 장점   2025년 2회, 2022년 3회, 2016년 3회
> - 자신의 방어와 저항에 대해 좀 더 극적인 통찰을 얻을 수 있다.
> - 다른 집단원이나 상담자에게 전이감정을 느끼며 훈습할 기회가 많아 자기이해를 증진할 수 있다.
> - 다른 집단원의 작업을 관찰함으로써 자신이 의식하지 못했던 감정을 가지고 있음을 이해하게 된다.

(4) **집단상담자의 자질**
  ① 자기수용
    있는 그대로 자기를 받아들이고 인정하는 것으로서, 자신의 내면세계에 대해 깊게 반성하고, 사소한 실수에 낙심하지 않으며, 집단 구성원들에게 자신의 약한 부분과 한계를 기꺼이 드러내는 것이다.
  ② 타인의 복지에 대한 관심
    타인의 행복과 안녕에 관심을 갖는 것으로, 타인을 배려하는 마음과 기꺼이 보살피는 행동을 말한다.
  ③ 개방적 소양(태도)
    어떤 새로운 경험이나, 자신과 다른 삶의 방식, 의미, 가치 등을 기꺼이 수용하는 자세이다.
  ④ 공감적 이해 능력
    상대방의 감정을 함께 경험하고 나누는 능력이다. 이는 동정이나 동일시와는 다른 것이다.
  ⑤ 기타
    새로운 경험 추구, 자발적 모범, 유머감각, 심리적 에너지, 객관성, 창의성, 배려, 인내 등의 자질을 들 수 있다.

(5) **부처(Butcher)가 제시한 집단직업상담의 3단계 모델** 2020년 1·2(통합)·4회, 2019년 2회, 2016년 3회, 2015년 3회
  ① 탐색단계
    자기개방, 흥미와 적성에 대한 탐색, 측정결과에 대한 피드백(feedback), 불일치에 대한 해결 등이 이루어진다.
  ② 전환단계
    자신의 지식과 직업세계의 연결, 일과 삶의 가치에 대한 조사, 자신의 가치에 대한 피드백, 가치와 피드백 간의 불일치 해결 등이 이루어진다.
  ③ 행동단계
    목표설정과 행동계획의 개발, 목표달성을 촉진시키기 위한 자원의 탐색, 정보의 수집과 공유, 즉각적·장기적 의사결정을 위한 구체적인 행동의 실천이 이루어진다.

(6) 톨버트(Tolbert)가 제시한 집단직업상담 과정의 활동유형

① 자기탐색
  상호 수용적 분위기 속에서 감정, 태도, 가치 등을 탐색한다.
② 상호작용
  개인적인 직업계획과 목표에 대한 집단 구성원들의 피드백이 이루어진다.
③ 개인적 정보의 검토 및 목표의 연결
  피드백을 통한 개인적 정보의 검토와 직업적 목표의 연결이 이루어진다.
④ 직업적 정보의 획득과 검토
  직업적 목표를 이루기 위해 직업관련 정보를 획득하고 직업세계에서의 성공 가능성 검토가 이루어진다.
⑤ 의사결정
  목표의 대안적 행동을 탐색하고 구체적인 실행으로 옮기기 위한 의사결정 촉진이 이루어진다.

> **더 알아보기** 톨버트가 제시한 집단직업상담의 요소 2018년 2회
> - **목표**: 진로발달의 기대수준과 일치하는 적응적이고 현실적인 직업적 자아개념을 확립한다.
> - **과정**: 탐색, 상호작용, 개인적 정보의 검토 및 목표의 연결, 직업적·교육적 정보의 획득 및 검토, 의사결정 등 5가지 유형의 활동들로 구성된다.
> - **비밀유지**: 개별 구성원들은 집단직업상담 과정에서 이루어진 토의내용에 대해 비밀을 유지해야 한다.
> - **집단구성**: 집단 구성원들 간의 상호작용 및 피드백을 촉진하고, 어느 정도의 이질성과 함께 구성원의 참여가 원활히 이루어지도록 대략 6~10명 정도의 집단으로 구성한다.
> - **리더**: 집단상담과 직업정보에 대해 잘 알고 있는 사람이어야 한다.
> - **일정**: 모임의 횟수를 되도록 최소화하여야 한다.

(7) 일반적인 집단상담의 형태

상담집단	집단 구성원의 대인관계 문제, 자기이해 증진, 부적응 행동의 극복 등을 돕는 것을 목적으로 한다.
치료집단	주로 병원이나 임상장면에서 정상적인 기능을 수행할 수 없는 사람들을 대상으로 치료를 목적으로 한다.
자조집단	공통의 문제나 관심을 가진 사람들이 모여 문제로 인한 스트레스를 해결하고 자신의 생활양식을 바꾸거나 문제를 효율적으로 대처해 나갈 수 있도록 동기를 갖게 하는 지지체제 형성을 목적으로 한다.

> **더 알아보기** 운영방식에 따른 집단유형(구조화 정도)
> - **구조화집단**: 집단의 모든 프로그램으로 구조화되어 매 회기가 계획에 따라 운영되는 집단이다.
> - **비구조화집단**: 특정한 프로그램을 사용하지 않고, 집단원들의 상호작용에 근간을 두고 진행하는 집단이다. 비구조화집단은 구조화집단에 비해 자유로우나 오히려 지도자의 높은 전문성이 요구되며, 경우에 따라서 계획을 세울 수 있다.
> - **반구조화집단**: 구조화집단과 비구조화집단이 섞여 있는 집단으로 초기 비구조화로 시작되어 주제나 상황에 따라 구조화되기도 한다.

> ✓ **교수님의 코멘트**
> 일반적인 집단상담의 형태는 2019년 2회 실무 문제에도 출제된 문제로, 집단상담의 형태는 사실 무수히 많습니다. 교재에 제시된 집단의 형태 이외에도 지도집단, 마라톤집단, T집단, 참만남집단, 구조화집단 등이 있습니다.

7 여러 가지 상담

(1) 실직자 상담

① 실직자는 실직 상태를 받아들이지 않으려고 하는 부정의 형태를 보이거나, 불안, 화, 혼란 등 심리적 혼란을 경험한다.

② 내담자가 실직 상태를 있는 그대로 인식하고 위기를 극복할 수 있도록 상담자의 적극적인 조력이 필요하다.

③ 실직자 위기상담의 직접적인 목표는 실직자의 긴장감 제거와 적응능력의 회복이다.

(2) 사이버 상담

① 필요성

㉠ 인터넷의 보급과 활용으로 경제성 및 효율성이 높다.

㉡ 내담자의 익명성이 보장되어 솔직한 표현이 가능하다.

㉢ 상담자를 직접 대면하지 않으므로 내담자가 느끼는 심리적 부담감이 적다.

㉣ 가명을 활용한 상담사례 소개 및 대처방안을 제시할 수 있다.

㉤ 문제해결을 위한 자료탐색이 용이하다.

㉥ 내담자 주도에 의한 자기성찰 능력을 향상시킬 수 있다.

② 장단점

㉠ 장점

ⓐ 내담자 개인의 지위, 연령, 신분, 권력 등을 짐작할 수 있는 사회적 단서가 제공되지 않으므로 상담자는 내담자가 전달하는 내용 자체에 주의를 기울이고 의미를 부여할 수 있다.

ⓑ 내담자의 자발적 참여로 상담이 진행되는 경우가 대면상담에 비해 압도적으로 많다. 이는 내담자들이 문제해결에 대한 동기가 높다고 볼 수 있다.

ⓒ 상담자와 직접 얼굴을 마주하지 않기 때문에 내담자는 자신의 행동이나 감정에 대한 즉각적인 판단이나 비판을 염려하지 않아도 된다.

㉡ 단점

ⓐ 내담자 자신의 정보를 선택적으로 공개할 수 있어 상담자가 얻을 수 있는 정보가 제한된다.

ⓑ 상담의 저항 같은 것에 영향을 받지 않아 언제든 상담을 쉽게 마무리할 수 있다.

ⓒ 네트워크가 불안정할 경우 상담이 어려워질 수 있다.

ⓓ 기본적으로 컴퓨터와 인터넷이 있어야 이용할 수 있다.

③ 사이버 직업상담기법의 단계

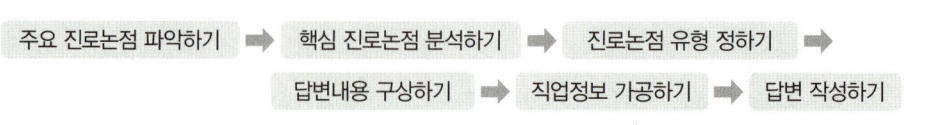

(3) 전화상담
① 긴급한 응급상황에 있는 내담자에게 전화를 통하여 도움을 준다.
② 장점
  ㉠ 청소년의 성문제 같은 민감하고 사적인 문제를 상담하는 데 유용하다.
  ㉡ 익명성이 보장되어 신분노출을 꺼리는 내담자에게 적절하다.
③ 단점
  전화상담에서 내담자가 언제든지 상담을 그만둘 수 있어 상담관계가 불안정하다.

(4) 위기상담 2018년 1회
① 자살 위험, 학교폭력, 성폭력 등의 위기에 놓여 있는 대상을 돕는다.
② 내용(절차)
  ㉠ 정서적 지원을 제공한다.
  ㉡ 정서적 발산기회를 제공한다.
  ㉢ 희망과 낙관적인 태도를 전달한다.
  ㉣ 위기 문제에 집중하도록 선택적인 경청을 한다.
  ㉤ 문제상황을 규명하고 왜곡된 불안을 제거한다.

UNIT 2 직업상담의 문제유형

1 직업선택의 문제

(1) 직업상담의 문제와 진단
  ① 문제
    ㉠ 내담자의 문제는 내담자의 부적응 행동의 원인이 된다.
    ㉡ 내담자의 문제는 내담자의 합리적 의사결정을 저해한다.
  ② 진단
    ㉠ 진단은 내담자의 문제를 찾아내 밝히는 과정이다.
    ㉡ 진단을 통해 내담자의 문제에 개입하고 해결할 수 있다.
    ㉢ 진단을 통해 내담자의 문제를 밝히는 과정은 적합한 개입과 처치를 할 수 있어 매우 중요한 과정이다.

(2) 직업선택에 대해 내담자들이 우유부단함을 보이는 일반적인 이유 2013년 3회, 2002년 3회
  ① 자신이 선택하려는 직업에서 실패할 수 있다는 두려움
  ② 자신의 선택이 중요한 다른 사람에게 나쁜 결과를 줄 것이라는 죄의식
  ③ 자신이 선택하려는 직업이 자신이 원하는 것을 완벽하게 제공해 주지 못할 것이라는 확신의 부족
  ④ 자신이 선택하려는 직업영역에서 요구하는 다재다능함
  ⑤ 자신이 선택하려는 직업 중에 좋은 직업이 없음

2 윌리암슨(Williamson)의 직업문제유형(변별진단) ; 특성-요인 직업발달이론

2022년 2회, 2020년 4회, 2019년 3회, 2017년 3회, 2016년 1·2·3회, 2015년 3회

(1) 흥미와 적성의 불일치(모순)
① 내담자 자신의 흥미와 적성이 일치하지 않는 모순적인 선택을 말한다.
② 내담자가 흥미를 느끼는 직업은 있으나 그 직업을 수행할 적성이 부족하거나, 적성이 있는 직업에는 흥미를 느끼지 못하는 경우이다.

> ✅ **교수님의 코멘트**
> 윌리암슨의 특성-요인 직업상담에서의 진단은 변별진단이라고 지칭합니다. 변별진단이란 일련의 관련 있는 또는 관련 없는 사실들로부터 일관된 의미를 논리적으로 파악하여 문제를 하나씩 해결하는 과정을 말합니다.

(2) 어리석은 선택(현명하지 못한 선택)
① 흥미가 별로 없는 분야를 선택하려는 경우(흥미와 관계없는 목표)
② 동기와 능력이 부족한 내담자가 높은 동기와 능력을 요하는 직업을 원하는 경우, 본인의 능력보다 훨씬 낮은 능력을 요하는 직업을 선택하려는 경우(목표와 맞지 않는 적성)
③ 자신의 성격과 부합되지 않는 직업을 선택하려는 경우(직업적응을 어렵게 하는 성격)
④ 특권에 대한 갈망으로 직업을 선택하려는 경우
⑤ 지나치게 안정적인 직업만을 추구하려는 경우
⑥ 작은 성공 가능성만을 가지고 직업을 선택하려는 경우

(3) 불확실한 직업선택(확신 부족)
① 선택한 진로에 대한 확신이 없는 상태로, 자신감이 없으며 타인으로부터 성공할 것이라는 위안을 받으려고 하는 경우이다.
② 실패에 대한 두려움, 자신의 적성에 대한 불신, 자기와 직업세계에 대한 이해 부족 등으로 인해 직업선택에 확신을 갖지 못한다.

(4) 진로(직업) 무선택
선호하는 몇 가지 진로가 있지만 어느 것을 선택할지 모르는 경우를 말하고, 내담자는 자신이 무엇을 원하는지 알지 못하며 진로에 대한 인식이 부족한 상태이다.

3 보딘(Bordin)의 직업문제유형(심리적 원인) ; 정신역동 직업상담이론

2024년 1회, 2020년 1·2(통합)·4회, 2019년 1회, 2018년 3회, 2015년 1·2회

(1) 내적 갈등(자아갈등)
개인 내적인 자아개념과 다른 심리적 기능 간의 갈등으로 직업결정에 어려움을 가지는 경우로, 생애문제에서 중요한 결정을 내리는 경우 갈등을 경험한다.

(2) 정보의 부족
개인이 진로와 관련된 정보를 받지 못하는 경우 직업선택과 진로문제 해결에 어려움을 가지게 된다.

(3) 의존성
개인의 진로문제를 책임지는 것이 어렵다고 느끼며, 스스로 해결하지 못하고 주변이나 타인에 의존하는 경우이다.

(4) 확신의 결여(문제는 없지만 확신이 부족한 경우)

잠정적인 진로 및 직업선택과 미래 진로에 대한 확신이 부족한 상황으로, 내담자가 진로에 관한 선택을 내린 이후에도 단지 그것을 확인하기 위해서 상담자를 찾는 경우이다.

(5) 진로선택의 불안

자신이 원하는 일과 중요한 타인의 요구가 다를 때 개인은 진로선택의 불안을 느끼게 된다.

4 크릿츠(Crites)의 직업문제유형 ; 포괄적 직업상담이론

2024년 2회, 2022년 1·3회, 2019년 1·2회, 2018년 3회, 2017년 1회, 2016년 1회

(1) 적응성

적응형	흥미와 적성이 일치하는 경우이다.
부적응형	흥미를 느끼는 분야도 없고 적성에 맞는 분야도 없는 경우이다.

(2) 결정성

다재다능형	재능이 많아 흥미를 느끼는 직업과 적성이 맞는 직업 사이에서 갈등하는 경우이다.
우유부단형	흥미나 적성의 유형이나 수준과는 상관없이 성격적으로 어떤 분야를 선택할지 결정하지 못하는 경우이다.

(3) 현실성

비현실형	흥미를 느끼는 분야는 있지만 그 분야에 대해 적성을 가지지 못하는 경우이다.
불충족형	흥미를 느끼는 분야는 있지만 자신의 적성수준보다 낮은 적성을 요구하는 직업을 선택하는 경우이다.
강압형	적성에 따라 어쩔 수 없이 선택하였지만 그 직업에 대하여 흥미가 없는 경우이다.

5 필립스(Phillips)의 상담목표에 따른 분류

2015년 2회

(1) **자기탐색과 발견**

내담자가 자기의 능력이 어느 정도인지, 어떤 분야의 직업을 원하는지, 왜 일하는 것이 싫은지 등의 고민을 가지고 있는 경우에는 자기탐색과 발견에 상담의 초점을 둔다.

(2) **선택의 준비도(선택을 위한 준비)**

적성 및 성격과 직업 간의 관계, 관심 있는 직업에 관한 정보 등이 필요한 경우에 상담의 초점을 둔다.

(3) **의사결정과정**

진로선택 및 직업결정 방법의 습득, 선택과 결정에의 장애요소 발견 등이 필요한 경우에 상담의 초점을 둔다.

(4) **선택과 결정**

진로를 선택해야만 하는 상황에 직면한 경우 내담자가 만족할 결정을 내리도록 상담의 초점을 둔다.

(5) **실천**

선택과 결정에 대한 만족 여부 및 확신 정도를 확인하는 경우이며 실천을 목표로 하는 상담이다.

CHAPTER 01 | 직업상담의 이해

핵심 기출문제

빈출

01 진로상담의 주요 원리와 가장 거리가 먼 것은?

2024년 1회, 2019년 2회, 2015년 1회

① 진로상담은 진학과 직업선택, 직업적응에 초점을 맞추어 전개되어야 한다.
② 진로상담은 상담자와 내담자 간의 라포(rapport)가 형성된 관계 속에서 이루어져야 한다.
③ 진로상담은 항상 집단적인 진단과 처치의 자세를 견지해야 한다.
④ 진로상담은 상담 윤리강령에 따라 전개되어야 한다.

02 직업상담에서 상담자가 고려해야 할 사항으로 틀린 것은?

2014년 1회

① 정보제공 시기가 적절해야 한다.
② 검사결과에 대한 평가와 해석을 한 뒤 직업정보를 제공한다.
③ 상담종료 시 직업 및 진로결정도 완료되어야 한다.
④ 상담종료 시 진로계획 및 검사결과기록을 내담자가 가지고 가야 책임감도 커진다.

03 직업상담의 기본원리에 관한 설명으로 틀린 것은?

2016년 1회

① 직업상담은 변화하는 직업세계에 대한 이해를 토대로 이루어져야 한다.
② 직업상담은 신뢰관계를 형성한 후 인간의 성격특성과 재능에 대한 이해를 토대로 진행되어야 한다.
③ 직업상담은 내담자의 전 생애적 발달과정을 반영할 수 있어야 한다.
④ 가장 핵심적인 요소는 진로 혹은 직업의 결정이므로 개인의 의사결정보다는 직업세계의 이해에 대한 상담이 우선되어야 한다.

빈출

04 직업상담의 목적과 가장 거리가 먼 것은?

2017년 3회, 2014년 3회

① 내담자가 이미 잠정적으로 선택한 진로결정을 확고하게 해 주는 것이다.
② 개인의 직업목표를 명백히 해 주는 과정이다.
③ 내담자가 자기 자신과 직업세계에 대해 알지 못했던 사실을 발견하도록 도와주는 것이다.
④ 내담자가 최대한 고소득 직업을 선택하도록 돕는 것이다.

꼼꼼하게 풀어 주는 정답과 해설

01 ③ 진로상담은 항상 차별적인 진단과 처치의 자세를 견지해야 한다. 집단적인 진단과 처치의 자세를 견지해야 하는 것은 아니다.

02 ③ 직업상담에서 상담자는 내담자의 합리적인 진로결정을 위해 직업세계에 대한 이해, 진로계획 수립, 심리검사의 실시, 진로지도 등의 도움을 줄 수 있다. 다만, 상담종료 시 직업 및 진로결정이 반드시 완료되어야 하는 것은 아니다.

03 ④ 직업상담의 궁극적인 목표는 의사결정이므로 직업세계의 이해보다 의사결정능력이 우선시되어야 한다.

04 ④ 직업상담의 목적은 내담자가 직업세계에 대한 성숙한 진로의식을 갖게 하는 것이 우선되어야 한다. 내담자가 고소득의 직업을 선택하도록 하는 것은 직업상담의 목적이 아니다.

정답 01 ③ 02 ③ 03 ④ 04 ④

05 Gysbers가 제시한 직업상담의 목적에 관한 설명으로 옳은 것은? 2024년 1회, 2022년 1회, 2018년 3회

① 생애진로발달에 관심을 두고, 효과적인 사람이 되는 데 필요한 지식과 기능을 습득하게 한다.
② 직업선택, 의사결정 기술 습득 등이 중요한 목적이고, 직업상담 과정에는 진단, 문제분류, 문제 구체화 등이 들어가야 한다.
③ 자기관리 상담모드가 중요한 목적이고, 직업정보 탐색과 직업결정, 상담만족 등에 효과가 있다.
④ 직업정보를 스스로 탐색하게 하고 자신을 사정하게 하는 능력을 갖추도록 돕는다.

06 직업상담사의 직무내용과 가장 거리가 먼 것은? 2022년 3회

① 직업문제에 대한 심리치료
② 직업관련 임금평가
③ 직업상담 프로그램의 개발과 운영
④ 구인·구직상담, 직업적응, 직업전환, 은퇴 후 등의 직업상담

07 직업상담자가 갖추어야 하는 지식이나 능력과 가장 거리가 먼 것은? 2015년 2회

① 직업문제를 갖고 있는 내담자에 대한 심리치료능력
② 직업상담의 연구 및 평가능력
③ 국가정책, 인구구조 변화, 미래사회 특징에 관한 지식
④ 동료를 이끄는 리더십을 발휘할 수 있는 기술

08 집단상담의 특징에 관한 설명으로 틀린 것은? 2022년 2회

① 집단상담은 상담사들이 제한된 시간 내에 적은 비용으로 보다 많은 내담자들에게 접근하는 것을 가능하게 한다.
② 효과적인 집단에는 언제나 직접적인 대인적 교류가 있으며 이것이 개인적 탐색을 도와 개인의 성장과 발달을 촉진시킨다.
③ 집단은 집단과정의 다양한 문제에 많은 시간을 사용하게 되어 내담자의 개인적인 문제를 등한시할 수 있다.
④ 집단에서는 구성원 각자의 사적인 경험을 구성원 모두가 공유하지 않기 때문에 비밀유지가 쉽다.

꼼꼼하게 풀어 주는 정답과 해설

05 ① 직업상담의 목적으로 적절하다.
  * 기스버스(Gysbers)가 제시한 직업상담의 목표
  • 예언과 발달: 미래 행동을 예측하고 발달을 촉구
  • 처치와 자극: 직업문제를 처치하고 지식과 기능을 자극
  • 결함과 유능: 재능과 유능을 개발하고 사용하는 데 도움

06 ② 직업관련 임금평가는 직무분석가의 일이다.
  * 그밖에 직업상담사의 역할이 아닌 것
  • 새로운 직무의 개발
  • 지시적인 직업선택
  • 직무분석 수행
  • 직업관련 이론개발 및 강의

07 ④ 직업상담사는 동료를 이끄는 리더십 기술보다는 직업문제에 대한 심리치료능력, 직업상담의 연구 및 평가능력, 사회적 현상을 들여다보고 직업관련 정보의 흐름을 이해하는 능력이 필요하다.

08 ④ 집단상담은 집단원 간의 사적인 경험의 공유 등으로 비밀유지가 어려울 수 있다.
  오답풀이
  ①, ② 집단상담의 특징 중 장점에 해당한다.
  ③ 집단상담의 특징 중 단점에 해당한다.

정답 05 ① 06 ② 07 ④ 08 ④

09 직업상담의 과정을 순서대로 바르게 나열한 것은? 2024년 3회, 2023년 1회, 2016년 1회

① 관계형성 – 진단 및 측정 – 개입 – 목표설정 – 평가
② 관계형성 – 목표설정 – 진단 및 측정 – 개입 – 평가
③ 관계형성 – 진단 및 측정 – 목표설정 – 개입 – 평가
④ 관계형성 – 목표설정 – 개입 – 진단 및 측정 – 평가

10 사이버 직업상담의 장점과 가장 거리가 먼 것은? 2023년 3회, 2022년 3회, 2017년 3회, 2013년 2회

① 개인의 지위, 연령, 신분, 권력 등을 짐작할 수 있는 사회적 단서가 제공되지 않으므로 전달되는 내용 자체에 많은 주의를 기울이고 의미를 부여할 수 있다.
② 내담자의 자발적 참여로 상담이 진행되는 경우가 대면상담에 비해 압도적으로 많으므로 내담자들이 문제해결에 대한 동기가 높다고 할 수 있다.
③ 내담자 자신의 정보가 제한되며 상담의 저항 같은 것에 영향을 받지 않아 상담을 쉽게 마무리할 수 있다.
④ 상담자와 직접 얼굴을 마주하지 않기 때문에 자신의 행동이나 감정에 대한 즉각적인 판단이나 비판을 염려하지 않아도 된다.

11 [빈출] Williamson의 변별진단에서 4가지 결과에 해당하지 않는 것은? 2021년 1회, 2019년 3회, 2016년 3회

① 직업선택에 대한 확신 부족
② 직업 무선택
③ 정보의 부족
④ 흥미와 적성의 모순

12 직업상담의 문제유형에서 Williamson의 분류 중 '직업 무선택'에 해당하는 것은? 2017년 3회

① 직업을 선택하기는 하였으나, 자신의 선택에 대해 자신감이 없고 타인으로부터 자기가 성공하리라는 위안을 받고자 추구하는 경우
② 내담자가 직접 직업을 결정한 경험이 없거나, 선호하는 몇 가지의 직업이 있음에도 불구하고 어느 것을 선택할지 결정하지 못하는 경우
③ 흥미를 느끼는 직업에 대해서 수행능력이 부족하거나, 적성에 맞는 직업에 대해서 흥미를 느끼지 못하는 경우
④ 자신의 능력보다 훨씬 낮은 능력이 요구되는 직업을 선택하거나 안정된 직업만을 추구하는 경우

꼼꼼하게 풀어 주는 정답과 해설

09 ③ 직업상담의 일반적인 과정은 '관계형성 – 진단 및 측정 – 목표설정 – 개입 – 평가' 순으로 진행된다.

10 ③ 사이버 직업상담의 단점에 해당된다.
  * **사이버 직업상담의 단점**
  • 내담자가 자신의 정보를 선택적으로 공개할 수 있어 상담자에게 전달되는 정보가 제한된다.
  • 상담의 저항 같은 것에 영향을 받지 않아 언제든 상담을 쉽게 마무리할 수 있다.
  • 네트워크의 불안정성으로 상담이 어려워질 수 있다.
  • 기본적으로 컴퓨터와 인터넷이 있어야 이용할 수 있다.

11 ③ 정보의 부족은 보딘(Bordin)의 직업문제유형(심리적 원인)에 해당한다.

* **윌리암슨(Williamson)의 직업문제유형(변별진단)**
  • 흥미와 적성의 모순
  • 어리석은 선택
  • 불확실한 선택(직업선택에 대한 확신 부족)
  • 직업(진로) 무선택

12 오답풀이
① 불확실한 선택에 대한 설명이다.
③ 흥미와 적성의 모순에 대한 설명이다.
④ 어리석은 선택에 대한 설명이다.

정답 09 ③ 10 ③ 11 ③ 12 ②

13 정신역동적 직업상담에서 Bordin이 제시한 진단범주에 포함되지 않는 것은?

2024년 1회, 2020년 4회, 2015년 2회

① 독립성
② 자아갈등
③ 정보의 부족
④ 진로선택에 따르는 불안

빈출
14 Crites의 직업상담의 문제유형 중 가능성이 많아서 흥미를 느끼는 직업들과 적성에 맞는 직업들 사이에서 결정을 내리지 못하는 것은?

2018년 3회, 2017년 1회

① 다재다능형
② 우유부단형
③ 불충족형
④ 비현실형

빈출
15 Crites의 직업선택 분류유형에서 비현실형에 해당하는 것은?

2024년 1·2회, 2022년 1회,
2019년 1회, 2016년 1회

① 흥미를 느끼는 분야도 없고 적성에 맞는 분야도 없는 사람
② 흥미를 느끼는 분야는 있지만, 분야에 대한 적성을 가지지 못한 사람
③ 흥미나 적성유형에 상관없이 어떤 분야를 선택할지 결정을 못한 사람
④ 적성에 따라 직업을 선택했지만 그 직업에 대해 흥미를 못 느끼는 사람

16 Phillips가 제시한 상담목표에 따른 진로문제의 분류범주를 따른다면, 내담자가 자기의 능력이 어느 정도인지, 어떤 분야의 직업을 원하는지, 왜 일하는 것이 싫은지 등의 고민을 가지고 있는 경우 상담의 초점을 어디에 두어야 하는가?

2015년 2회

① 자기탐색과 발견
② 선택의 준비도
③ 의사결정과정
④ 선택과 결정

꼼꼼하게 풀어 주는 **정답과 해설**

13 ① 독립성은 포함되지 않는다.
  ＊보딘(Bordin)이 제시한 진단범주
  • 내적 갈등(자아갈등)
  • 정보의 부족
  • 의존성
  • 확신의 결여
  • 진로선택의 불안

14 ① 크릿츠(Crites)의 직업문제유형 중 다재다능형에 해당한다.
  오답풀이
  ② 우유부단형은 흥미와 적성에 관계없이 성격적으로 어떤 분야를 결정하지 못하는 경우이다.
  ③ 불충족형은 흥미를 느끼는 분야는 있지만 자신의 적성수준보다 낮은 적성을 요구하는 경우이다.
  ④ 비현실형은 흥미를 느끼는 분야가 있지만 그 분야에 대해 적성을 가지지 못하는 경우이다.

15 **오답풀이**
  ① 부적응형에 대한 설명이다.
  ③ 우유부단형에 대한 설명이다.
  ④ 강압형에 대한 설명이다.

16 **오답풀이**
  ② 선택의 준비도는 적성 및 성격과 직업 간의 관계, 관심 있는 직업에 관한 정보 등이 필요한 경우 초점을 둔다.
  ③ 의사결정과정은 진로선택 및 직업결정 방법의 습득, 선택과 결정에의 장애요소 발견 등이 필요한 경우 초점을 둔다.
  ④ 선택과 결정은 진로를 선택해야만 하는 상황에 직면한 경우 초점을 둔다.

정답 13 ① 14 ① 15 ② 16 ①

CHAPTER 02 직업상담의 이론 및 접근방법

회당 평균 출제 문항수 **7.6개**

수험 전략
- 평균 7~10문항 출제되는 영역으로 직업상담학 과목 중 가장 출제비중이 크나, 기본적으로 심리학 이론을 다루기 때문에 수험생들이 어렵게 느끼는 영역이다.
- 다양한 학자의 이론과 개념들을 다루기 때문에 부분에 대한 지엽적인 학습보다는 전체적인 구조와 흐름을 잡아가며 학습하는 것이 중요하다.

NEW & HOT! 키워드
\# 내담자중심 상담자의 태도
\# 행동주의 상담기법
\# 발달적 직업상담 단계
\# ABCDE모형
\# 개인주의 상담의 특징

UNIT 1 기초 상담이론

1 프로이트(Freud)의 정신분석 상담

(1) **정신분석 상담의 기본개념**   2018년 2회
① 프로이트로부터 시작된 정신분석 상담은 인간의 행동이 보이지 않는 본능과 무의식적 힘에 의해서 좌우된다고 보았다.
② 무의식을 의식화함으로써 인간의 문제를 만들어낸 원인을 찾아서 제거하고자 하였다.
③ 통찰을 통해 현재의 문제를 이해하고, 이를 해결하기 위해서 무의식 형성에 관여가 깊은 초기 아동기의 경험을 중시하였다.

(2) **정신분석 상담의 특징**
① 초기 아동기의 경험을 중시한다.
② 인생 초기의 욕구발달과 고착(fixation)현상을 강조한다. → 특정 생애발달단계에서 다음 단계로 진행하지 못하는 것으로, 특정 발달단계에서 욕구가 지나치게 만족되거나 좌절될 때 고착현상이 일어날 수 있다.
③ 무의식적인 심리성적 결정론의 입장을 취하고 있다.
④ 상담의 목적은 무의식을 의식으로 전환하게 하여 통찰력을 갖게 하는 것이며, 궁극적으로 내담자로 하여금 무의식적인 욕구나 갈등을 통제하도록 하는 것이다.
⑤ 상담은 내담자의 무의식적 자료와 방어를 전이를 통해 탐색하는 작업이다.
⑥ 상담자의 중요한 자질은 내담자의 전이를 촉진시키는 '텅 빈 스크린(Blank-Screen)'으로서의 역할이다.

(3) **정신분석 상담의 인간관**
① 인간의 본능은 프로이트이론의 근간이며, 개인의 성격형성은 아동기에 형성된다.
② 성격 발달단계는 '구강기 → 항문기 → 남근기 → 잠복기 → 생식기'를 거친다.
③ 인간의 의식세계는 무의식, 전의식, 의식으로 구분한다(심층심리학적 측면).
④ 인간의 성격구조는 원초아(id), 자아(ego), 초자아(superego)로 구분한다(갈등심리학적 측면).

> **더 알아보기** 프로이트의 성격 발달단계
>
> - 구강기(0~1세): 입과 입술을 통해 만족을 얻는 시기
> - 항문기(1~3세): 배변활동을 통해 만족을 얻는 시기
> - 남근기(3~6세): 자신의 성적 편향에 관심을 갖게 되는 시기
> - 잠복기(6~12세): 성적 욕구를 의식하지 못하고 지내는 시기
> - 생식기(12세 이후): 사춘기 이후로 이성에 대한 관심이 다시 증대되는 시기

(4) 의식의 수준

무의식	거의 의식되지 않는 본능이나 억압된 감정으로, 인간행동의 동기로서 작용한다.
전의식	평소 의식화되지는 않으나 조금만 주의를 집중하면 의식화할 수 있는 기억이다.
의식	현실적으로 의식화되는 개인이 각성하고 있는 현재의 모든 행위와 감정이다.

(5) 성격의 구조

원초아(id)	• 본능, 충동 • 인간구조의 근본이자 본능으로, 세 가지 자아 중 가장 큰 힘을 가진다. • 쾌락에 지배되며 현실의 여건을 고려하지 않고 즐거움을 얻는 것을 목적으로 한다.
자아(ego)	• 이성, 현실 • 원초아와 초자아를 중재하며, 현실에 입각하여 원초아를 통제한다. • 현실의 원리에 따르며, 이성적으로 욕구를 충족시키기 위한 계획을 세운다.
초자아(superego)	• 도덕, 윤리, 규범 • 부모의 가치기준을 동화함으로써 발달되었으며, 도덕적인 기준으로 작동한다. • 도덕적 원리에 따르며, 부모와 사회기준을 내면화하여 심리적인 보상(자존심과 자기애)과 처벌(죄의식과 열등감)의 기준이 된다.

(6) 불안
2020년 4회, 2018년 2회, 2017년 1회, 2012년 2회

① 프로이트는 불안이 인간 성격의 서로 다른 부분 사이에서 비롯된 갈등에서 기인한다고 보았다.

② 불안의 유형

현실적 불안	현실에서 지각하는 실제적 위험에서 느끼는 불안이다.
신경증적 불안	자아와 원초아 간의 갈등으로, 본능이 통제되지 않아 생기는 불안이다.
도덕적 불안	원초아와 초자아 간의 갈등으로, 수치심과 죄의식을 느끼게 되는 불안이다.

(7) 정신분석 상담기법

① 통찰

심리적 문제의 원인을 '과거의 억압된 무의식 속의 갈등과 불안'으로 보고, 내담자의 무의식을 해석함으로써 무의식적 욕구의 의미를 깨닫도록 유도하는 것이다.

② 자유연상

어떤 대상과 관련하여 고통스럽고, 어리석으며, 비논리적이고, 부적절하더라도 마음속에 떠오르는 생각, 감정, 기억을 아무런 수정도 가하지 않고 이야기하도록 하는 것이다.

③ 저항의 분석

㉠ 저항은 현 상태를 유지시키고 변화를 막는 모든 생각, 태도, 감정, 행동을 의미한다.

ⓒ 상담자는 내담자의 저항을 지적해야 하고, 내담자는 저항에 정면으로 부딪혀야 한다. 따라서 상담자는 내담자가 저항을 해결할 수 있도록 저항의 이유에 대한 분석과 해석을 해야 한다. 즉, 내담자가 무의식적으로 숨기고자 하는 것 혹은 피하고자 하는 것이 무엇인지 등에 대해 그 의미를 파악하고, 내담자 자신이 무의식적으로 저항을 하고 있는 그 이유에 대해 인식하도록 도와주어야 한다.

④ 전이의 분석
　㉠ 전이는 정신분석적 상담에서 내담자가 과거의 중요한 인물에게서 느꼈던 감정이나 생각을 상담자에게 투사하는 현상으로 내담자가 과거 어린 시절 중요한 타인(부모 또는 가족)에게 느꼈던 감정(애착, 애정, 증오, 질투, 수치 등)이나 생각을 상담자에게 옮기는 현상을 말한다.
　ⓒ 상담자는 이러한 내담자의 전이를 잘 이해하고 분석하여 내담자의 억압된 감정을 해소할 수 있도록 도와주어야 한다.

> **더 알아보기**　　　　　　　　　　　　　　　　　　　　　　　　　2016년 3회
>
> ■ 내담자가 상담자에게 지나치게 의존하려는 전이의 해결방법
> • 훈습을 통해 전이감정을 직면할 수 있도록 도와주어야 한다.
> • 내담자 스스로 판단하고 자신을 통제할 수 있도록 돕는다.
> • 내담자의 전이를 이해하되 객관적 구조를 유지한다.
>
> ■ 상담자가 내담자에게 역전이가 생길 때 해결방법
> • 자기분석과 교육분석을 통한 자기 성찰을 한다.
> • 수퍼바이저의 교육, 지도, 감독을 받는다.
> • 다른 상담자에게 위임한다.

⑤ 훈습　　　　　　　　　　　　　　　　　　　　　　　　　　　　　　　　　　2022년 3회
내담자의 갈등과 방어를 탐색하고 이를 해석해 나가는 반복적 과정, 정교화, 확대 등 일련의 활동이다. 즉, 저항에 대해 반복적이고 점진적으로 정교하게 탐색하는 과정으로 볼 수 있다.

■ 정신분석 상담에서 훈습의 단계(Weinshel)　　　　　　　　2022년 2회, 2018년 1회

⑥ 해석
상담자가 자유연상이나 저항 등에서 나타나는 행동의 무의식적인 의미를 내담자에게 지적하고 설명하는 것이다.

⑦ 꿈의 분석
　㉠ 무의식적 생각이나 감정 등을 드러내고 내담자가 해결하지 못한 문제를 통찰하도록 하는 방법이다.
　ⓒ 상담자는 내담자와 함께 꿈 내용을 탐색하며 꿈을 해석함으로써 내담자가 무의식적으로 억압했던 생각이나 감정 등을 풀어내고 현재의 갈등에 대한 새로운 통찰을 할 수 있도록 도와주어야 한다.

> **더 알아보기** 현재몽과 잠재몽 2016년 3회
> - 꿈의 분석은 꿈의 현재 내용(현재몽)을 분석함으로써 잠재 내용(잠재몽)을 확인하는 작업이다.
> - 꿈은 잠재의식(잠재몽)의 현재몽으로서의 발산이다.

(8) 방어기제
  ① 기만형 기제 2025년 3회
   ㉠ 합리화: 수용할 수 없는 행동을 그럴듯한 변명으로 정당화시키는 것으로, 좌절된 욕구를 합리화하는 것이다.
      예 이솝우화의 여우와 신포도 이야기
   ㉡ 전치(전위): 원래 실제 특정 대상에 향했던 감정이 그대로 대치물(substitute)에게 향하는 것이다.
      예 제3자에게 화풀이를 하는 것
   ㉢ 억압: 가장 흔히 쓰이는 방어기제로, 의식에서 받아들이기 곤란한 욕망·충동·생각을 무의식으로 밀어넣는 것이다.
   ㉣ 억제: 의식적·반의식적으로 생각하고 싶지 않은 고통스런 기억을 잊으려고 하는 것이다.
   ㉤ 투사: 자신이 무의식에서 품고 있는 공격적 계획과 충동을 타인의 것이라고 생각하는 경우로, 자신의 생각, 감정, 동기 등을 다른 사람의 탓으로 돌리는 것이다.

  ② 대체형 기제
   ㉠ 보상: 어떤 약점, 제한이 있는 사람이 이를 보충하기 위해 다른 어떤 것을 과도히 발전시키는 것으로, 대상이라고도 한다.
   ㉡ 승화: 본능적 욕구나 참아내기 어려운 충동이 사회적으로 용납되는 형태로 둔갑하여 출구를 찾아 의식세계로 나가는 것이다.
   ㉢ 반동형성: 억압이 과도하게 일어난 결과, 자신의 실제 감정과 상반되게 행동하는 것이다.
      예 미운 놈 떡 하나 더 주기

  ③ 회피형 기제
   ㉠ 동일시: 어떤 사람이나 집단과 실제적 또는 상상적으로 닮아감으로써 자존심을 고양시키려는 것이다.
   ㉡ 퇴행: 발달과정에서 좌절을 당했을 경우 과거 수준으로 후퇴하는 것으로, 즉 미숙한 행동양식으로 되돌아가는 것이다.
   ㉢ 부정: 의식화된다면 도저히 감당하지 못할 욕구를 무의식적으로 부정하는 것으로, 고통스러운 현실을 무의식적으로 인정하지 않으려는 것이다.

> **더 알아보기**
>
> ■ 방어기제
>
> 불안의 위협에서 자신을 보호하기 위해 무의식적으로 사용하는 사고 및 행동수단을 방어기제라고 한다. 프로이트는 모든 행동이 본능에 의해 동기화되는 것처럼 인간은 기본적으로 불안을 원치 않으며 그것에서 벗어나기를 원한다. 따라서 인간은 갈등에서 비롯된 불안으로부터 자신을 보호하기 위해 다양한 방어기제를 사용한다. 지나친 방어기제의 사용은 바람직하지 못한 결과를 초래하지만, 적절하게 사용한다면 오히려 정신건강에 도움이 될 수도 있다.

■ 분석심리학의 상담의 과정   2020년 3회, 2017년 2회

고백단계	내담자의 무의식을 끌어내기 위한 정서의 표출(무의식적 비밀의 공유)과 치료적 동맹관계를 형성하는 단계이다.
명료화단계	증상의 의미, 아니마, 아니무스, 그림자, 현재상황의 명료화 등이 이루어진다. 즉, 무의식적 내용을 표면화하고 통찰을 얻는 것이며, 이러한 통찰은 무의식의 억압된 내용을 수용함으로써 의식의 확장을 가져오게 한다.
교육단계	발달과정의 문제에 초점을 두고, 내담자의 페르소나와 자아에 초점을 맞추어 사회에 적응하도록 한다.
변형단계	의식과 무의식을 포함한 전체성의 문제를 해결하고 자기실현을 이루는 과정이다.

2 아들러(Adler)의 개인주의 상담   2025년 3회, 2020년 4회

(1) 개인주의 상담의 기본개념   2017년 1회

① 아들러는 프로이트(Freud), 융(Jung)과 함께 정신역동적 관점 범주의 이론가에 속하며, 인간의 삶의 초기 경험을 중시했다.
② 아들러는 1911년 프로이트의 성적 결정론에 반발하여 개인주의 심리학을 창시하였다.
③ 인간은 성적 동기가 아닌 사회적 맥락을 토대로 동기화된다고 보았다.
④ 인간의 행동은 무의식에 지배되는 것이 아니라 목표지향적인 통합적 의식에 의해 행하여진다고 보았다.
⑤ 개인을 목표를 달성하기 위해 열등감을 극복하고 우월성을 추구하는 존재로 보았다.
⑥ 상담과정에 있어 사건의 객관성보다는 주관적 지각과 해석을 중시한다.

> **더 알아보기** 정신분석 상담과 개인주의 상담의 비교   2015년 1회
>
> | 정신분석 상담이론 | 개인주의 상담이론 |
> |---|---|
> | • 인간의 생물학적 요구(욕구) 및 초기 경험에 집중
• 인간의 성적 동기 강조
• 분리적 관점에서 인간의 의식과 자아를 구분
• 인간의 행동은 결정되어 있음 | • 인간의 의식에 의한 선택과 책임, 삶의 의미, 성공과 완벽의 욕구에 집중
• 인간의 사회적 동기 강조
• 통합적 관점에서 목표지향적 의식을 강조
• 인간은 변화할 수 있는 가능성의 존재 |

(2) 개인주의 상담의 인간관

① 사회적 존재
  ㉠ 인간은 기본적으로 소속되고자 하는 욕구를 가졌으며, 사회구조를 떠나 고립된 존재로 이해될 수 없다.
  ㉡ 개인은 사회 속에 존재할 때 의미가 있으며, 개인은 강력한 사회적 동기를 갖는다.
  ㉢ 범인류적 유대감을 중시하며, 사회 및 교육문제에 관심을 갖는다.

② 총체적 존재
　㉠ 인간을 전체적 존재로 본다.
　㉡ 개인의 인격은 초기기억, 신념, 가치, 태도 등의 총체로서 작용한다.
　㉢ 인간은 통합적 의식을 가진 존재로서, 미래에 대한 목적적 존재이다.
③ 열등감과 보상
　㉠ 모든 인간은 열등감을 가진다고 보았고, 이러한 열등감은 동기의 근원이다. 개인에게는 좋은 열등감과 나쁜 열등감이 있다. 좋은 열등감은 노력의 동기가 되지만, 나쁜 열등감은 콤플렉스를 유발하며 이는 신경증을 일으키는 원인이 된다.
　㉡ 열등감 콤플렉스의 원인에는 과잉보호, 양육태만, 기관열등감이 있다.
　㉢ 인간은 발전을 원하기 때문에 본질적으로 열등감을 경험하며, 이를 극복하고 부족한 점을 충족하려는 시도를 보상이라고 한다.
④ 우월성의 추구
　㉠ 우월성이란 열등감을 보상하려는 인간의 욕구에서 비롯된다.
　㉡ 타인보다 우월성을 추구하는 개인의 노력에 따른 보상은 자아실현과 자기완성을 이루게 한다.
⑤ 창조적 존재
　㉠ 아들러는 삶의 목표와 그것을 추구하는 방식에 있어 개인의 독특성(주관적인 신념과 태도 등)을 강조하였다.
　㉡ 인간은 자신의 생각과 감정을 스스로 창조해 낼 수 있는 존재이다.
　㉢ 창조성의 산물로서 개인의 독특성을 통해 생활양식을 표현한다.

(3) 생활양식
① 생활양식은 삶을 영위하는 기본적인 가정으로 인간은 생활양식에 따라 느끼고, 생각하고, 행동하게 된다.
② 생활양식은 개인의 독특성에서 비롯된 것으로 삶의 목적, 자아개념, 가치, 태도 등을 포함한 삶의 목적을 이루는 독특한 방법들이다.
③ 생활양식의 유형

지배형	• 활동수준은 높으나 사회적 관심은 낮은 유형으로, 타인에게 지배적 태도를 보인다. • 지배적이고 독재적인 부모의 양육방식에 해당한다.
획득형 (기생형)	• 활동수준은 중간이고 사회적 관심은 낮은 유형으로, 타인에게 의존적 태도를 보인다. • 자녀를 과잉보호하는 부모의 양육방식에 해당한다.
회피형	• 활동수준과 사회적 관심이 모두 낮은 유형으로, 타인에게 회피하는 태도를 보인다. • 자신감 없고 부정적인 태도를 보인다.
사회형 (사회적 유용형)	• 활동수준과 사회적 관심이 모두 높은 유형으로, 사회적으로 유용한 형이다. • 심리적으로 건강한 사람의 표본이다.

(4) 개인주의 상담의 목표　　　　2025년 1·2회, 2024년 2회, 2022년 2회
① 사회적 관심을 갖도록 돕는다.
② 패배감을 극복하고 열등감을 감소시킬 수 있도록 돕는다.
③ 내담자의 잘못된 가치와 목표를 수정하도록 돕는다.
④ 행동수정보다는 동기수정에 초점을 두고 잘못된 동기를 바꾸도록 돕는다.

⑤ 사회의 구성원으로 기여하도록 돕는다.
⑥ 기본목표는 사회적 관심, 즉 잘못된 사회적 가치를 바꾸는 것이다.

> **더 알아보기** 허구적 최종목적론 　　　　　　　　　　　　　　　　　　　2017년 3회
> - 아들러는 개인의 모든 심리현상은 그의 허구적 최종목적을 이해함으로써 설명될 수 있다고 주장하였다.
> - 근본적으로 인간은 미래지향적인 삶의 목적을 향해 행동(노력)하는 존재이다.
> - 인간의 행동은 과거 경험보다는 미래에 대한 기대에 의해서 좌우된다.
> - 이러한 인간의 행동을 유도하는 것이 상상된 중심목표인 허구적 최종목적론이며, 이를 통해 인간의 동기, 원인, 행동 등을 추론·설명할 수 있다.
> - 이러한 면에서 허구적 최종목적론은 프로이트의 결정론적인 견해와는 다른, 과정론적인 견해를 제시하고 있다.

(5) 개인주의 상담과정

① **상담관계 형성**
　내담자와 협력적·우호적 관계를 형성하며, 지지와 격려를 통해 개인의 역동성을 끌어낼 수 있도록 한다.

② **개인의 역동성 탐색과 이해**
　㉠ 개인의 역동성을 이해하기 위해 출생순위, 초기기억, 가족환경, 개인적 신념과 부정적 감정 등을 파악한다.
　㉡ 이러한 내담자의 생활양식이 현재 삶의 과제에서 어떻게 기능하는지를 파악한다

③ **통찰과 요약**
　탐색을 통한 자료로 내담자의 목표와 행동에 대한 자기이해와 통찰을 촉진한다.

④ **재교육**
　획득된 내담자의 통찰이 목표를 달성하기 위해 실제 행동으로 전환되게 한다.

(6) 개인주의 상담기법　　　　　　　　　　　　　　　　　　　　　　　　　　　　　　　2016년 2회

① **초인종(단추) 누르기**
　상담자는 내담자로 하여금 초인종(단추) 누르기를 통해 바람직한 상상을 하도록 돕는다.

② **격려하기**
　상담자는 내담자를 존중하면서 내적 자원의 개발이 촉진되도록 용기를 북돋아 준다. 가장 보편적으로 개인주의 상담이론에서 내담자에 대한 광범위한 격려의 사용이 권장된다.

③ **끓는 국에 찬물 끼얹기**
　상담자는 내담자의 부정적인 생각이나 행동에 찬물 끼얹기를 통해 생각과 감정을 전환시킨다.

④ **타인을 즐겁게 하기**
　자기중심성에서 벗어나 사회적 관심과 공동체의식을 가지도록 독려한다.

> **✓ 교수님의 코멘트**
> 개인주의 상담은 내담자의 격려에 초점을 둡니다. 격려란 사람을 있는 그대로 보고 기대와 압박감에서 벗어나 문제나 목표에 집중할 수 있도록 도와주는 것을 말합니다. 아들러는 격려를 열등감을 극복하고 공동체의식을 갖게 하는 결정적인 촉매로 보았습니다.

3 분석심리학

(1) 분석심리학의 기본 개념

① 칼 융(Carl G. Jung)이 창시한 분석심리학은 인간의 무의식적인 내용을 의식화하는 과정을 중시하는 이론으로, 프로이트(Freud)의 무의식이론에 영향을 받아 개발되었다.

② 융은 의식세계와 함께 무의식을 개인 무의식과 집단 무의식으로 나누고, 이러한 의식과 무의식 간의 관계를 확립하고 통찰하는 데 초점을 맞추고 있다.

③ 자아, 자기, 페르소나, 아니마와 아니무스, 그림자 등의 원형(archetype)을 통해 인간 의식의 구조를 설명하고 있으며 개인의 자기실현을 강조하고 있다.

(2) 분석심리학의 주요 개념   2025년 1회, 2019년 3회

① **자아(ego)**

의식의 주체이다. 지각, 기억, 사고, 감정 등으로 자아를 통해 외부를 인식하고 자신을 표현한다.

② **자기(self, 모든 의식과 무의식의 주인)**

의식과 무의식 모두의 중심으로, 융은 인간이 의식과 무의식을 통일하여 완성된 전체를 이루도록 촉구하고, 자기를 찾아 현실에 실현시키는 것을 자기실현으로 보았다.

③ **페르소나(persona, 가면을 쓴 공적 얼굴)**

페르소나는 환경의 요구에 조화를 이루려고 하는 적응의 원형이다. 개인이 사회적 요구들에 대한 반응으로서 밖으로 드러난 공적 얼굴(자아)이다. 표면과 내면의 불일치는 이중적인 성격, 사회적 부적응을 야기한다.

④ **아니마(anima, 남성 내부의 여성성), 아니무스(animus, 여성 내부의 남성성)**

융은 인간이 태어날 때 본질적으로 양성을 가지고 태어난다는 양성론적 입장을 취했다. 즉, 모든 인간은 생리학적·심리학적으로 양성적인 존재이다. 남성의 무의식 속에 있는 여성적이고 수동적인 요소를 아니마, 여성의 무의식 속에 있는 남성적이고 능동적인 원형을 아니무스라고 한다. 성숙한 인간은 이 두 가지를 이해하고 개발해야 한다.

⑤ **그림자(인간의 부정적이고 어두운 측면)**

무의식 속에 남아 있는 어두운 부분으로, 인간의 원초적인 동물적 욕망에 기여하는 원형이다. 페르소나에 의해 가려지거나 개인 무의식 속에 억압되어 있다. 상담에서 가장 장애가 되는 원형으로, 무의식적 그림자의 존재를 깨닫고자 노력, 인정하는 것이 성숙의 기본이다.

⑥ **개인 무의식**

의식에 머물러 있지 못하는 경험 혹은 너무 약해서 의식에 도달하지 못하는 경험의 저장소로, 필요 시 쉽게 의식에 접근할 수 있다.

⑦ **집단 무의식**

문화, 역사적 기반의 공통된 기억이나 이미지가 집단에 공유되고 있는 무의식을 말한다. 이것은 신화, 상징, 꿈, 환상 등으로 나타나며, 이는 집단 내 모든 사람에게 유사하게 나타난다.

(3) 상담의 목표

① 융은 인간은 의식과 무의식의 전체성을 지닌 존재이며, 무의식을 의식화함으로써 자아(ego)로부터 진정한 자기(self)를 찾는 자기실현을 해야 하는 존재로 보았다.

② 내담자는 개성을 지닌 한 인간으로서 전체성의 문제를 다루며, 상담의 목표는 내담자의 무의식을 의식화함으로써 인격의 발달을 이루는 개성화(개인화)에 있다.

(4) 상담의 과정
2020년 3회, 2017년 2회

① 고백단계

내담자의 무의식을 끌어내기 위한 정서의 표출(무의식적 비밀의 공유)과 치료적 동맹관계를 형성하는 단계이다.

② 명료화단계

증상의 의미, 아니마, 아니무스, 그림자, 현재 상황의 명료화 등이 이루어진다. 즉, 무의식적 내용을 표면화하고 통찰을 얻는 것이며, 이러한 통찰은 무의식의 억압된 내용을 수용함으로써 의식의 확장을 가져오게 한다.

③ 교육단계

발달과정의 문제에 초점을 두고, 내담자의 페르소나와 자아에 초점을 맞추어 사회에 적응하도록 한다.

④ 변형단계

의식과 무의식을 포함한 전체성의 문제를 해결하고 자기실현을 이루는 과정이다.

4 행동주의 상담

(1) 행동주의 상담의 기본개념

① 행동주의 학자들은 인간의 의식은 불완전한 것이며, 믿을 수 없는 것으로 보았다.
② 의식은 관찰과 측정을 할 수 없으나, 행동은 관찰과 측정이 가능하다.
③ 행동은 학습에 의한 것이며, 조건형성(환경)과 강화 등의 학습원리를 적용하여 행동을 수정할 수 있다.
④ 파블로프(Pavlov)의 고전적 조건형성을 바탕으로 스키너(Skinner)의 조작적 조건형성, 반두라(Bandura)의 사회학습이론으로 발전하였다.

더 알아보기 행동주의 이론의 분류

이론	고전적 조건형성이론	조작적 조건형성이론	사회학습이론
학자	파블로프	스키너	반두라
대표개념	자극-반응	강화물-강화	모델-모델링, 대리학습

(2) 행동주의 상담의 특징

① 실험에 기초한 과학적 접근방법에 의거하여, 행동은 통제와 자료의 계량화가 가능하다고 본다.
② 인간의 행동을 '자극 - 반응'의 조건형성 과정을 통해 설명한다.
③ 내담자의 행동수정을 촉진하기 위해 상담자의 지시적이고 능동적인 역할을 강조한다.

(3) 행동주의 상담의 인간관

① 행동주의 상담에 있어 인간은 환경에 의해 통제되는 존재로, 수동적 입장을 취하고 있다.
② 인간의 행동은 환경과 상호작용하는 경험을 통해 학습된다는 '환경결정론'에 기초하고 있다.
③ 행동은 개인의 선택이 아니라 자극의 연합과 강화 또는 처벌이라는 환경적 단서를 통제함으로써 변화되고 수정될 수 있다.

(4) 행동주의 상담의 목적

① 인간의 행동은 바람직한 적응 행동과 바람직하지 못한 부적응 행동으로 구분되며, 이러한 행동은 모두 학습을 통해 획득된 것이다.
② 내담자의 부적응 행동이 학습에 의해 획득·유지되었으므로, 바람직하지 못한 행동은 소거시키고 바람직한 행동을 학습시키는 것이 상담목적이다.
③ 잘못 학습된 행동의 소거와 바람직하고 효과적인 행동의 학습에 도움이 되는 조건을 찾거나 조성한다.

더 알아보기 | 행동수정 프로그램의 절차   2018년 2회, 2014년 2회

1	목표행동의 정의	관찰할 수 있는 객관적 행동을 정의한다.
2	행동의 기초선 측정	행동의 지속성과 빈도를 측정한다.
3	기법의 적용	적응 행동을 강화하고, 부적응 행동을 약화시킨다.
4	행동수정 결과 검증	행동치료의 효과를 검증한다.
5	행동의 일반화	지속적으로 습득된 행동을 고착한다.

(5) 파블로프(Pavlov)의 고전적 조건형성

① 고전적 조건화
　특정 자극에 반응유발능력을 불어넣어 조건자극으로 변화시키는 과정으로, 반응적 행동을 유발시킨다.
② 반응적 행동
　고전적 조건화에 의해 형성된 행동으로 특정 자극에 대해 자동적으로 반응을 보이는 것을 말한다.

▶ 파블로프의 개 실험의 과정

③ 변별자극
　㉠ 유사한 자극에서 나타나는 작은 차이에 따라 서로 다른 반응을 보이도록 유도하는 학습촉진기법이다.
　㉡ 어떤 행동이나 반응을 보여야 바람직한 결과를 얻을 수 있을 것인지를 자극 구별을 통해 알 수 있게 한다.
④ 자극일반화
　특정 자극상황에서 강화된 행동이 처음의 자극과 비슷한 다른 자극을 받았을 때 다시 발생하게 되는 것으로, 강화된 행동은 일반화를 통해 정착된다.

(6) 스키너(Skinner)의 조작적 조건형성   2022년 3회

① 행동의 원인과 결과를 발견하고 원인인 자극을 조정함으로써 그 결과인 반응을 통제할 수 있다.
② 특정 행동에 따르는 결과가 다음 행동의 원인이 되며 행동은 결과, 즉 보상과 처벌에 의해 유지 또는 통제된다는 것이다.

③ 강화
  ㉠ 정적 강화
    ⓐ 내담자의 행동에 개입하여 보상교환 등의 긍정적인 피드백을 제공함으로써 정적 행동을 유도하거나 특정 행동을 조장하는 학습촉진기법이다.
    ⓑ 반응에 대한 능동적 반응으로 반응행동의 빈도수를 증가시키는 것이다.

> **더 알아보기** 프리맥의 원리　　　　　　　　　　　　　　　　　　　　　　2022년 2회
> - 발생빈도가 높은 행동을 이용하여 그보다 발생빈도가 낮은 행동을 강화시키는 것으로, 이는 학습자가 가장 선호하는 활동을 강화물로 사용함으로써 개인에게 효과적인 강화물을 선택하여 목표행동을 학습시킬 수 있다.
> - 예를 들어 PC 게임을 좋아해서 자주 하지만, 공부는 집중하지 못하고 거부하는 아이
>   → 아이가 평소 PC 게임하는 것을 매우 좋아한다는 사실을 알고 아이가 일일 학습량을 달성하는 경우, PC 게임을 1시간 동안 하도록 개입하였다.

  ㉡ 부적 강화: 불쾌한 자극을 제거하여 바람직한 반응의 빈도수를 증가시키는 것이다.
  ㉢ 계속적 강화(연속적 강화): 반응의 빈도에 상관없이 바람직한 반응이 나타날 때마다 강화를 부여한다.
  ㉣ 간헐적 강화: 시간과 양의 변화를 주어 강화를 부여하는 것으로, 강화계획을 통해 바람직한 반응에 대한 빈도를 증가시킬 수 있다.
  ㉤ 간헐적 강화계획　　　　　　　　　　　　　　　　　　　　　　　　　　　2017년 1회

고정간격 강화계획	일정 시간이 경과하면 반응의 수에 관계없이 강화를 주는 것이다. 예 정기적으로 지급되는 주급, 월급 등
변동간격 강화계획	불규칙 시간에 강화를 주는 것이다. 예 비정기적인 포상휴가
고정비율 강화계획	일정한 수의 목표행동을 할 때마다 강화를 주는 것이다. 예 자동차 영업사원의 성과급 보수
변동비율 강화계획	불규칙 수의 비율을 변화시켜 강화를 주는 것이다. 예 슬롯머신이나 복권 등

④ 처벌
  ㉠ 강화가 반응행동의 빈도수를 증가시키는 것이라면, 처벌은 반응행동의 빈도수를 감소시키는 것이다.
  ㉡ 처벌은 불쾌한 자극을 제시하거나(정적 처벌), 유쾌한 자극을 철회하는 방법(부적 처벌)이 있다.

정적 강화	공부를 한 학생에게 상을 준다.
부적 강화	공부를 해 온 학생에게 보충수업을 면제해 준다.
정적 처벌	공부를 소홀히 한 학생에게 벌을 준다.
부적 처벌	공부를 소홀히 한 학생에게 휴대폰 사용을 금지시킨다.

⑤ 행동조성
  기대하는 행동을 학습할 수 있도록 그 행동에 대해 강화를 함으로써 점진적으로 만들어가는 것으로, 복잡한 행동이나 기술을 학습시키는 데 매우 유용한 방법이다.

(7) 반두라(Bandura)의 사회학습이론

① 관찰학습
- ㉠ 인간은 단순한 환경적 자극에 따른 반응을 통해 행동을 학습하는 것이 아니라, 타인의 행동을 관찰함으로써 학습한다는 것이다.
- ㉡ 반두라의 견해는 학습을 위해서는 실질적 행동을 반드시 수행하지 않아도 되며, 반응을 위해서는 즉각적인 보상이 꼭 필요하지 않다는 것을 의미한다.

② 모델링과 대리학습
- ㉠ 모델링: 타인의 행동에 대한 관찰을 통해 관찰자는 자극을 받을 수 있다. 이러한 관찰 및 모방에 의한 학습을 통해 강화를 받는다.
- ㉡ 대리학습: 개인의 직접 경험이 아니라 타인의 경험을 관찰함으로써 행동이 강화될 수 있다.

③ 상호결정론
인간의 성격은 개인적·행동적·환경적 요소들 간의 지속적인 상호작용에 의해 발달한다.

④ 자기효능감
- ㉠ 자신이 특정 행동을 성공적으로 수행할 수 있다는 신념이다.
- ㉡ 자신의 자아효능감에 근거하여 자신이 행동해야 할지의 여부, 행동 이후의 상황, 선택행동을 결정하는 등 개인의 사고와 정서에 영향을 미친다.

(8) 행동주의 상담기법

① 체계적 둔감법 2024년 2회, 2020년 4회, 2018년 3회, 2015년 1회
- ㉠ 행동주의 상담과정에서 가장 널리 활용되는 임상적 기법으로, 불안이나 공포로 인해 야기되는 부적응 행동을 치료하는 데 매우 효과적이다. 긴장된 정서 반응(예 불안)과 이완된 정서적 반응(예 편안함)이 양립할 수 없다는 상호제지의 원리에서 시작된다.

✓ 교수님의 코멘트
상호제지의 원리란 부정적인 감정과 공존할 수 없는 긍정적 상태를 유도해서 부정적 감정을 억제하는 행동치료 원리입니다. 즉, 이완상태와 불안감정은 공존할 수 없다는 것이지요.

- ㉡ 불안자극을 점차적으로 위계목록 순으로 완화시키는 기법이다.
- ㉢ 진행 순서

1단계	근육이완을 통해 신체 각 부위들을 충분히 이완하여 긴장상태에서 벗어날 수 있도록 훈련한다.
2단계	낮은 수준의 자극에서 높은 수준의 자극으로 불안 위계목록을 작성한다.
3단계	불안을 야기하는 장면이나 상황에서 불안위계에 따라 불안 정도가 없어질 때까지 반복한다.

② 자기주장훈련 2017년 3회
- ㉠ 대인관계에서의 불안을 제지하는 방법으로, 상대방에게 불쾌감을 주지 않는 범위에서 자기주장을 함으로써 불안을 억제하는 방법이다.
- ㉡ 내담자로 하여금 광범위한 대인관계의 상황에 효과적으로 대처하기 위해 필요한 기술과 태도를 갖추게 하는 데 그 목표가 있다.

③ 자기관리 프로그램 2017년 1회, 2013년 3회
내담자가 자기 지시적인 삶을 영위하고 상담자에게 의존하지 않도록 상담자가 내담자와 지식을 공유하며 자기강화 기법을 적극적으로 활용하는 상담기법이다.

④ 스트레스 접종   2016년 3회

예상되는 신체적·정신적인 긴장을 약화시켜 내담자가 충분히 자신의 문제를 다룰 수 있도록 준비시키는 데 사용되는 인지적 행동주의 기법이다.

> **더 알아보기** 스트레스 접종(면역)훈련
> - 마이켄바움(Meichenbaum)이 인지적 기법을 사용해 생물학적 수준의 면역에 비유할 수 있는 심리적·행동적 스트레스 예방접종 절차를 발전시켰다.
> - 사람들은 비교적 약한 스트레스를 성공적으로 다룰 기회를 가지면 강한 자극에도 점차 내성을 갖게 되어 스스로 자신을 변화시키도록 동기화됨으로써 자신의 문제를 다룰 수 있게 된다고 본다.
> - 훈련단계는 개념화 단계(자기 관찰) → 기술 획득 및 시연 단계 → 적용 및 후속 행동 단계를 거친다.

⑤ 혐오자극

알코올중독, 흡연, 강박증, 도박 등의 부적절한 행동에 대해 혐오자극을 제시하여 행동을 억제시키는 데 효과적인 기법이다.

> **예** 알코올중독자에게 구토제가 담긴 술을 주면 구토제로 인한 구토행위가 술과 함께 발생하기 때문에 술은 곧 구토행위를 유발하는 불쾌한 자극이 된다.

> **더 알아보기** 내현적 가감법
> 심리적 혐오치료로 심상을 구성시키는 방법으로 혐오 자극을 상상하여 행동을 수정하는 방법이다.

⑥ 강화

정적 강화는 내담자의 바람직한 행동에 긍정적인 피드백을 제공하여 바람직한 행동의 빈도를 증가시키는 것이며, 부적 강화는 불쾌자극을 제거하여 바람직한 행동의 빈도수를 증가시키는 것이다.

> **예** 칭찬, 인정, 격려 및 물질적 보상(정적 강화물), 숙제를 해 온 학생은 보충수업 면제(부적 강화물)

⑦ 토큰법(상표법)

물리적 강화물(토큰)을 이용함으로써 내적 동기의 가치를 학습하도록 한다. 토큰은 일차적 강화물과 교환될 수 있는 이차적 강화물을 의미한다. 이것은 직접적인 강화의 효과는 없지만 일정량을 누적한 뒤 일차 강화물과 교환할 수 있기 때문에 강화물의 역할을 한다.

> **예** 바람직한 행동을 했을 때 쿠폰, 스티커 등을 준다.

⑧ 행동조성(조형법) 2016년 3회

> 목표행동 쪽으로 서서히 접근해 가도록 차별강화를 해 주는 것을 말한다. 행동이 안정적으로 나타나면 다음 단계로 점차 옮겨 강화를 주기 때문에 점진적인 접근법이라고도 한다.

㉠ 학습해야 할 최종의 목표행동에 도달하기 위해 순서적이며 단계적으로 학습하는 방법이다.

㉡ 목표행동에 도달하기 위해 하위과정의 행동들을 단계적으로 강화하면서 최종의 목표행동을 학습시키는 행동수정 전략이다. 처음에는 목표행동과 관련된 간단한 행동만을 강화하지만, 강화할 행동기준을 단계적으로 높여가면서 결국 최종의 복잡한 행동을 학습시킨다.

⑨ 과잉교정(과다교정)   2024년 2회, 2016년 1회, 2012년 2회

문제행동에 대한 대안행동이 거의 없거나 효과적인 강화인자가 없을 때 유용한 기법으로서 파괴적이고 폭력적인 행동을 수정하는 데 효과적인 방법이다. 과잉교정은 부적응 행동을 한 내담자에게 즉각적으로 부적응 행동보다 더 많은 바람직한 행동을 하도록 요구한다. 파괴행동을 하는 아동이나 병원에 있는 어른에게 적용될 수 있다.

예 발끈해서 먹을 것을 집어던진 아이의 경우, 우선 흩어진 것들을 치우도록 요구한 다음 마룻바닥을 깨끗이 닦게 함으로써 '이전보다 더 나은' 상태가 되게 한 후 음식물을 다시 원상태로 정돈하게 한다.

⑩ 모델링 또는 대리학습

타인의 행동에 대한 관찰 및 모방에 의한 학습을 통해 내담자로 하여금 문제행동을 수정하거나 학습을 촉진하는 기법으로 실행에 중점을 둔다.

✓ **교수님의 코멘트**
모델링, 관찰학습, 모방, 사회학습 그리고 대리학습 같은 용어들은 서로 혼용되어 사용될 수 있습니다.

더 알아보기 인지적 모델링
상담자가 내담자에게 목표행동을 먼저 시범을 보여주는 것으로 관찰에 의한 인지변화에 중점을 둔다.

⑪ 금지조건 형성(내적 금지)

내담자에게 어떠한 추가적인 강화 없이 불안을 일으킬 만한 단서를 지속적·반복적으로 노출함으로써 최종적으로 불안 반응을 제거하는 불안감소기법이다.

⑫ 타임아웃   2019년 3회

내담자가 긍정적 강화를 받을 기회를 박탈하는 기법이다. 즉, 긍정적 강화가 많은 상황에서 적은 상황으로 이동시킴으로써 강화물을 얻을 수 있는 기회로부터 제외시키는 것이다.

예 수업시간에 방해가 되는 부적절한 행동을 한 학생을 시간을 정해 급우들과 격리시키는 경우

⑬ 사고정지

불안자극을 사고정지를 통한 심리적 차단으로 불안을 극복하는 기법이다.

⑭ 행동계약

행동계약을 통하여 정해진 기간 내에 각자가 해야 할 행동을 정해 놓고 지키는 학습방법이다.

더 알아보기 내적인 행동변화기법과 외적인 행동변화기법   2019년 2회

내적인 행동변화기법	• 체계적 둔감법 • 인지적 모델링	• 근육이완훈련 • 사고정지
외적인 행동변화기법	• 토큰법(상표법) • 자기주장훈련	• 모델링 • 자기관리 프로그램

(9) 행동주의 상담의 평가

① 의의
  ㉠ 다양한 연구를 통해 상담을 과학적으로 발전시켰다.
  ㉡ 개개인에 맞는 구체적이고 다양한 상담기법의 적용이 가능하다.
  ㉢ 인간의 구체적인 행동변화를 꾀한다.

② 한계
  ㉠ 지나치게 기법에 치중해 내담자의 문제행동에 대해 근본적인 치료를 기하기는 어렵다.
  ㉡ 문제행동의 수정에는 적합하나, 자아실현의 측면에서는 부적합하다.
  ㉢ 인간을 단순히 자극에 반응하는 유기체로 보아 비인간적인 면이 있다.

5 로저스(Rogers)의 내담자중심 상담(인본주의 상담)

2022년 1회, 2020년 4회

(1) 내담자중심 상담의 개요
① 로저스의 상담이론에서 시작되었으며 '인간중심 상담' 또는 '비지시적 상담'으로도 불린다.
② 개인의 성장 방향과 선택의 자유에 중점을 둔다.
③ 근본적으로 상담자와 내담자를 동등한 관계로 본다.
④ 내담자가 중심적 역할을 하며, 상담자는 허용적인 분위기를 조성하여 내담자가 자기통찰과 수용을 통하여 스스로 문제를 해결할 수 있도록 돕는다.

> ✓ **교수님의 코멘트**
>
> 내담자중심 상담에 적합한 내담자인지 알아보기 위해 상담자가 우선적으로 고려해야 할 점은 상담자의 적극적인 개입 없이도 자신의 방식을 찾아갈 수 있는 "내담자의 역량은 어느 정도인가?"입니다. 2018년 3회 시험에 출제됐던 내용이기도 합니다.

(2) 내담자중심 상담의 기본가정

2015년 2회

① 인간의 개별성과 독자성을 존중한다.
② 치료적 관계 그 자체가 성장의 경험이다.
③ 적응의 지적 측면보다 정서적 측면을 강조한다.
④ 유년기의 외상적 경험보다 현재의 직접적인 장면(경험)을 강조한다.
⑤ 인간은 성장, 건강, 적응을 이루려는 기본적 충동과 자기실현을 이루려는 경향을 가지고 있다.

(3) 내담자중심 상담의 인간관
① 인간은 자기실현의 경향성을 가지고 있다.
② 인간은 계속해서 성장해 나가는 존재이다.
③ 인간은 누구나 자신의 문제를 이해하고 해결할 수 있는 능력이 있다.
④ 인간은 자신이 나아갈 방향을 스스로 찾고 건설적인 변화를 이끌 수 있는 능력이 있다.
⑤ 인간은 스스로 자신의 삶의 의미를 능동적으로 창조하며 주관적 자유를 실천해 나가는 존재이다.

(4) 내담자중심 상담의 3가지 자아
① 인간을 현실적 자아, 이상적 자아, 타인이 본 자아로 나누고, 3가지 자아 간의 불일치 때문에 불안을 경험한다고 본다.
② 3가지 자아 간의 불일치
  ㉠ 이상적 자아와 현실적 자아의 불일치: 자신이 바라는 이상적 수준의 자아상태(이상적 자아)와 현실의 자아(현실적 자아)의 차이
  ㉡ 타인이 바라본 자아와 현실적 자아의 불일치: 타인이 바라보는 자아와 자신이 생각하고 있는 현실적 자아의 차이

(5) 내담자중심 상담의 특징

2017년 3회, 2016년 1·2회, 2015년 1회

① 현상학적 장을 중시하며 인간의 주관적 경험, 즉 자기인식을 강조한다.
② 상담자와 내담자 간의 관계형성과 허용적 분위기를 강조한다.
③ 상담자는 조력관계를 통해 내담자의 성장을 촉진한다.

④ 내담자가 자신의 감정을 깨닫도록 돕는다.
⑤ 내담자로 하여금 존중받고 있음을 느끼게 한다.
⑥ 상담의 구체적 기법보다는 일치성, 무조건적인 수용, 공감적 이해 등 상담자의 태도를 강조한다.
⑦ 상담은 모든 건설적인 대인관계의 수많은 실제 사례 중 하나에 불과하다.
⑧ 동일한 상담원리를 정상적인 상태에 있는 사람이나 정신적으로 부적응 상태에 있는 사람 모두에게 적용한다.
⑨ 상담의 과정과 그 결과에 대한 연구조사를 통하여 개발되어 왔다.

> **더 알아보기 현상학적 장**
> - 현상학적 장이란 경험적 세계 또는 주관적 경험을 말한다. 즉, 어떤 순간에 개인이 지각하고 경험하는 모든 것을 의미하는 개념이다.
> - 개인에게 있어서 현상학적 장은 곧 현실의 세계이며, 개인의 '여기-지금(here and now)'에서의 주관적인 경험을 의미한다.
> - 개인이 체험하고 지각하는 것은 모두 현상학적 장에 근거한다. 과거 사건 그 자체가 아니라, 과거 경험에 관해 현재 어떻게 해석하는지 여부가 바로 현재의 행동을 결정하게 된다. 동일한 사건을 경험한 두 사람도 각기 다르게 행동할 수 있고, 이러한 속성 때문에 모든 개인은 서로 다른 독특한 특성을 보일 수 있다. 어떤 사람을 이해하기 위해서는 그가 현실을 어떻게 체험하고 있는지 알아야 한다.

(6) **내담자중심 상담의 실현화 경향성**   2017년 1회
① 실현화 경향성이란 인간이 생득적으로 지니고 있는 것으로, 스스로 유지하거나 발달시키며 잠재적으로 가지고 있는 역량을 키우려 하는 경향성이다.
② 실현화 경향성은 사람뿐 아니라 살아 있는 모든 유기체에서 공통적으로 드러난다.
③ 유기체의 성장과 향상, 즉 발달을 촉진하고 지지하며, 성숙의 단계에 포함된 성장의 모든 국면에 영향을 준다.
④ 유기체를 향상시키는 활동으로부터 도출된 기쁨과 만족을 강조한다.
⑤ 실현화 경향성 중 자아를 유지하고 발전하며 잠재력을 발휘하려는 경향성을 자아실현의 경향성이라 한다.

> **더 알아보기 자아실현의 경향성과 가치조건화**
>
> ■ **자아실현의 경향성**
> - 유기체의 성장이나 향상을 촉진하고 지지하는 것을 자아실현의 경향성이라고 한다. 모든 유기체는 자기실현 경향성을 타고나는데, 이는 개인이 가진 모든 생리적·심리적 욕구와 연관된다. 즉, 자기실현 경향성은 유기체를 유지하는 데 기여한다.
> - 인간은 자신을 유지하고 향상시키는 방향으로 자신이 지닌 모든 능력을 개발하려는 강한 경향을 가진다. 이를 자기실현 경향성이라고 하며, 이는 인간의 궁극적 목적이다. 즉, 인간은 생물적 잠재능력을 성취하는 것뿐만 아니라 심리적인 잠재능력도 실현해야 하는 존재이다.
> - 자기실현 경향성은 복잡성이나 자기충족, 성숙을 지향하는 인간의 모든 노력을 포함하여 인생의 진보적인 추진력을 나타내는 것을 의미한다. 이러한 과정을 통해 모든 인간은 삶의 의미를 찾고 주관적인 자유를 실천해 나감으로써 점진적으로 완성되어 간다.
>
> ■ **가치조건화**   2024년 3회
> 인간은 기본적으로 타인으로부터 인정받고자 하는 인정욕구가 있다. 즉, 가치의 조건화는 주요 타자로부터 긍정적 존중을 받기 위해 그들이 원하는 가치와 기준을 내면화하는 것으로 자기실현화의 경향성을 방해한다.

(7) 내담자중심 상담으로 기대할 수 있는 결과   2015년 3회
① 자아지각의 정도가 높아진다.
② 내담자는 불일치의 경험이 감소한다.
③ 현실적으로 변한다.
④ 내담자는 문제해결을 더 능률적으로 할 수 있게 된다.
⑤ 타인을 더 잘 수용할 수 있게 된다.

(8) 내담자중심 상담에서 완전히 기능하는 사람의 특성
① 경험에 개방적이다.
② 실존적인 삶을 산다.
③ 창조적이다.
④ 자신을 신뢰한다.
⑤ 자유롭다.

(9) 내담자중심 상담의 상담자가 갖추어야 할 태도(기법)   2025년 1·2회, 2022년 2회, 2016년 1·3회, 2015년 3회
① 일치성 또는 진실성
  ㉠ 내담자와의 관계에서 상담자의 감정이나 생각을 있는 그대로 인정하고 일치화시키되, 있는 그대로 솔직하게 표현한다. 상담자의 내면적인 경험과 경험에 대한 인식, 인식된 경험의 표현 등이 일치해야 한다. 즉, 상담자는 진실해야 한다는 것이다.
  ㉡ 상담자의 이러한 태도는 내담자로 하여금 개방적인 자기탐색을 촉진하도록 돕는다.

> **✓ 교수님의 코멘트**
> 로저스는 내담자중심 상담에서 내담자를 변화시킬 수 있는 필요충분조건으로 상담자의 기본적 태도인 일치성 또는 진실성, 무조건적인 수용(긍정적 관심), 공감적 이해를 주장하였습니다.

② 무조건적인 수용(긍정적 관심)
  ㉠ 내담자의 말을 비판하거나 평가하지 않고 그대로 수용함으로써 내담자를 존중한다. 상담자는 인간존중 정신을 바탕으로 내담자의 모든 것(좋은 점, 좋지 않은 점)을 있는 그대로 받아들여야 한다.
  ㉡ 내담자는 상담자의 긍정적인 피드백을 받을 때 치료적 변화의 가능성이 더 커진다.
③ 공감적 이해
  ㉠ 상담자가 상담자의 입장을 유지하면서도, 마치 내담자인 것처럼 내담자의 입장에서 내담자의 내적 감정(감정세계)을 느끼고 이해하는 것이다. 상담자는 내담자가 외부로 표현한 감정뿐만 아니라 내담자가 표현하지 않은 내적 감정까지도 이해하여야 한다.
  ㉡ 공감적 차원에서 이해는 내담자로 하여금 자기 자신에게 더 가까이 가도록 독려하고 자기이해를 돕는다.

(10) 내담자중심 상담의 평가
① 의의
  ㉠ 상담자와 내담자의 관계 및 상담자의 태도를 중시하였다.
  ㉡ 내담자가 능동적으로 자신의 상담에 참여하도록 하였다.

② 한계

지나치게 정의적인 면을 강조한 나머지 인지적인 측면을 무시하였다.

6 펄스(Perls)의 형태주의 상담(게슈탈트 상담)

(1) 형태주의 상담의 기본개념

① 펄스에 의해 발전된 상담으로, 게슈탈트 상담이라고도 한다.
② 인본주의, 실존주의, 형태주의 심리학을 이론적 바탕으로 한다.
③ 인간 본성에 대한 실존주의 철학과 인본주의 관점의 토대 위에 '여기-지금(here and now)'에서의 지각과 경험을 내담자와 공유하면서 현재 경험을 명료하게 하여 자신에 대한 지각을 증진시키는 데 초점을 두고 개인의 책임을 강조한다.
④ 인간을 과거나 환경에 의해 결정되는 존재가 아니라 현재의 사고, 감정, 행동의 전체성과 통합을 추구하는 존재로 보는 상담접근법이다.
⑤ 인간은 욕구를 배경에서 전경화시켜 자각을 하며, 전체를 통해 맥락적으로 이해할 수 있다.

(2) 형태주의 상담의 특징

① 현재 상황에 대한 인간의 자각에 초점을 두고 있다.
② 지금 여기서 무엇을 어떻게 경험하느냐와 각성을 중시한다.
③ 개인이 자신의 내부와 주변에서 일어나는 일들을 충분히 자각할 수 있다면 자신이 당면하는 삶의 문제를 개인 스스로가 효과적으로 다룰 수 있다고 가정한다.
④ 현재를 온전히 음미하고 경험하는 학습을 강조한다.
⑤ 건강한 사람은 감정과 욕구가 명확히 구별되는 반면, 건강하지 못한 사람은 정확히 구별되지 않는다.
⑥ 개인의 발달 초기에서의 문제를 중요시한다는 점에서 정신분석 상담과 유사하나, 인간을 과거와 환경에 의해 결정되는 존재가 아닌 현재 상황의 자각(알아차림)에 따른 존재라 보는 차이가 있다.

(3) 형태주의 상담의 인간관

① 인간은 완성을 추구하는 경향이 있다.
② 인간은 자신의 현재 욕구에 따라 게슈탈트를 완성한다.
③ 인간의 행동을 그것을 구성하는 구체적인 구성요소, 즉 부분의 합보다 큰 전체라고 본다.
④ 인간의 행동은 행동이 일어난 상황과 관련해서 의미 있게 이해될 수 있다.
⑤ 인간은 전경과 배경의 원리에 따라 세상을 경험한다.

> **더 알아보기** 게슈탈트
> - 게슈탈트란 독일어로 '전체(형태)'를 의미하며, 자신의 욕구나 감정을 전체로 조직화하여 지각하는 것을 말한다.
> - 건강한 사람은 심리적으로 전경과 배경의 교체가 순기능적으로 원활히 진행되나, 건강하지 못한 사람은 전경을 배경으로부터 명확히 구분하지 못하고 자신의 욕구나 감정 또는 진정으로 하고 싶은 일에 대해 혼란을 겪는다.

(4) 형태주의 상담의 주요 개념

① 여기-지금 또는 지금-여기
  ㉠ 현재를 중시하며, '여기-지금'의 개인의 자각이 중요하다.
  ㉡ 현재를 온전히 음미하고 경험하는 학습을 강조한다. 즉, '여기-지금'에서 무엇을 어떻게 경험하느냐가 중요하다고 보았다.

② 전경과 배경
  ㉠ 전경과 배경으로 이루어진 전체를 통해 욕구의 자각이 이루어진다.
  ㉡ 전체는 부분의 합인 전경과 배경의 원리에 의해 지각된다.
  ㉢ 개체가 전경으로 떠올렸던 게슈탈트가 해소되면 배경으로 물러나며 순환과정을 거친다.

③ 미해결과제   2015년 1회
  ㉠ 완결되지 않은 게슈탈트를 미해결과제라고 한다. 즉, 하고 싶어도 할 수 없고 말하고 싶어도 할 수 없었던 것이 마음에 걸리는 경우를 말하는 것이다. 완결되지 못한 과제는 억압된 감정으로 심리적·신체적 장애를 일으킨다.
  ㉡ 형태주의 상담에서 인간의 분노, 격분, 증오, 고통, 불안, 슬픔, 죄의식, 포기 등과 같은 표현되지 못한 감정을 포함하는 개념이다.

④ 회피
  ㉠ 미해결과제를 직면하거나 미해결상황과 관련된 불편한 정서를 경험하는 것을 방해하는 것이다.
  ㉡ 대부분의 사람들은 해결을 위한 고통스러운 감정을 회피하고자 한다.

(5) 형태주의 상담의 주요 목표
① 자각에 의한 성숙과 통합을 성취하도록 한다.
② 내담자가 자유로운 선택을 하도록 하고, 책임의식을 증진시킨다.
③ 잠재력의 실현에 따른 변화와 성장을 도모한다.

> ☑ 교수님의 코멘트
>
> 형태주의 상담에서는 인간을 전체적이고 현재중심적이며 선택의 자유에 의하여 잠재력을 각성시킬 수 있는 존재로 바라봅니다. 내담자로 하여금 자신의 행동결과에 대한 책임의식이 증진되도록 하여 변화와 성장을 도모하는 것을 목표로 합니다.

(6) 게슈탈트를 방해하는 접촉경계의 장애유형   2020년 4회

① 내사
  ㉠ 타인의 신념, 기준을 자신이 가지고 있는 것과 융화하지 않고 무비판적으로 받아들임으로써 발생한다. 이렇게 무비판적으로 받아들인 타인의 행동방식이나 가치관은 개체의 행동이나 사고방식에 악영향을 미치게 된다.
  ㉡ 부모나 사회의 영향을 받거나 스스로의 경험에 의해 형성된다.

② 투사
  ㉠ 자신의 감정과 욕구를 남의 것이라고 생각하는 경우로 자신의 생각, 감정, 동기 등을 다른 사람의 것으로 돌리는 것이다.
  ㉡ 자신의 투사행위를 모르고 있을 때 타인과의 진정한 만남은 이루어지지 못한다.

③ 반전
  ㉠ 개인이 타인이나 환경에 대해 해야 할 것 또는 타인이 자신에게 해 주기를 바라는 행동을 자기 자신에게 하는 것을 말한다.
  ㉡ 반전을 기제로 사용하는 사람은 자신의 감정을 타인에게 표현하지 못하고 자신에게 향한다. 예컨대, 타인에게 화가 난 경우 자신에게 공격성을 띄게 된다.
④ 융합
  ㉠ 밀접한 관계에 있는 두 사람이 서로의 독자성을 무시하고 동일한 가치와 태도를 지닌 것처럼 여기는 것이다.
  ㉡ 융합관계에 있는 사람들은 주체성을 포기하고 의존관계에 빠져 있는 경우가 많다. 융합관계는 공허감이나 고독감을 피하기 위한 목적으로 시작되고 유지되는 측면이 있다.
⑤ 편향
  ㉠ 감당하기 힘든 내적 갈등, 외부환경적 자극에 노출될 때 이러한 경험으로부터 압도당하지 않기 위해 자신의 감각을 둔화시킴으로써 자신 및 환경과의 접촉을 피하거나 약화시키는 것으로, 타인과의 직접적인 접촉을 피한다.
  ㉡ 편향은 대개 환경과 상호작용을 하는 상황, 특히 부담스러운 사람과의 대화관계 상황에서 많이 나타난다.

> **더 알아보기** 알아차림과 접촉
> - **알아차림**: 개체가 자신의 유기체 욕구나 감정을 지각한 다음 게슈탈트로 형성하여 전경으로 떠올리는 행위를 말한다. 알아차림은 누구에게나 자연적으로 갖추어져 있는 능력이다.
> - **접촉**: 전경으로 떠오른 게슈탈트를 해소하기 위해 환경과 상호작용하는 행위를 뜻한다. 게슈탈트가 형성되어 전경으로 떠올라도 이를 환경과의 접촉을 통해 연결짓지 못하면 배경으로 사라지지 않는다. 따라서 접촉은 알아차림과 함께 서로 보완적으로 작용하며, 게슈탈트 형성-해소의 순환과정을 도와주어 유기체의 성장과정에 이바지한다.
> - **접촉경계**: 우리가 온전하고 진실하게 현재를 경험하는 것을 방해하는 방어기제로 접촉, 경계 혼란이 개입함으로써 개체는 자신의 알아차림을 인위적으로 차단하고, 그 결과 게슈탈트 형성에 실패하고 만다.

> **☑ 교수님의 코멘트**
> 형태주의 상담에서는 개인과 환경 간의 접촉이 개인을 변화시킨다는 점을 강조하면서, 좋은 접촉은 긍정적인 변화를 이끄는 반면, 이를 방해하는 저항(접촉경계)은 심리적인 문제를 야기한다고 봅니다.

(7) **형태주의 상담에서 인격의 신경층** 2017년 2회
  ① 허위층
    ㉠ 진실한 마음 없이 상투적으로 대하는 거짓된 상태이다.
    ㉡ 서로 형식적이고 의례적인 규범에 따라 피상적으로 행동한다.
    ㉢ 치료 초기 내담자는 표면적으로는 세련된 적응적 행동을 보이나 자신이 깊이 노출되지 않으므로 진정한 변화는 일어나지 않는다.
  ② 공포층
    ㉠ 개인이 자신의 고유한 모습으로 살아가지 않고 부모나 주위 환경의 기대역할에 따라 행동하며 살아가는 단계이다.

ⓒ 환경적응을 위해 자신의 욕구를 억압하고 주위에서 바라는 역할행동을 연기하는 상태이다.
  예 모범생, 지도자, 협조자 등
ⓒ 역할연기는 의존적 태도에서 비롯된다.

③ 난국층
  ㉠ 자신의 욕구를 나타내고자 하나 능력의 부재로 불안상태에서 어쩔 줄 모르는 상태이다.
  ㉡ 역할연기를 그만두고 자립을 시도하지만, 동시에 심한 공포를 체험한다.
  ㉢ 상담을 통해 역할연기의 무의미함을 깨닫고 역할연기를 포기했지만, 아직 스스로 자립할 수 있는 능력이 생기지 않은 상태이기 때문에 심한 허탈감과 공포감을 체험한다.
  ㉣ 공포감과 공허감을 만나는 것이 두렵기 때문에 이 단계에서는 직면보다는 회피를 선택하게 된다.
  ㉤ 상담자는 이러한 내담자의 혼돈상태를 피하지 말고 직면하여 견뎌내도록 격려해야 한다.

④ 내적 파열층
  ㉠ 자신의 욕구는 인식하지만, 겉으로 나타내지 못하고 안으로 억압하는 상태이다.
  ㉡ 억압되었던 상당한 파괴적 에너지를 외부로 발산하면 타인과의 관계가 악화될 것이라는 두려움으로 인해 에너지는 자신의 내부로 향하게 된다.
  ㉢ 자신의 감정을 표현하지 않고 억제하며 타인에게 분노를 표현하는 대신 자신에게 공격성을 돌려 자신을 비난하고 질책하는 행위를 한다.
  ㉣ 접촉경계장애 가운데 주로 반전행동을 많이 보이게 된다.

⑤ 외적 파열층
  ㉠ 감정이나 욕구를 더 이상 억압하지 않고 외부로 표출하는 상태이다.
  ㉡ 자신의 욕구, 감정을 분명하게 알아차려 강한 게슈탈트를 형성하여 환경과의 접촉을 통해 해결한다.
  ㉢ 이전에 억압하고 차단했던 미해결과제들을 전경으로 떠올려 해결한다.

> ☑ **교수님의 코멘트**
> 펄스(Perls)는 형태주의 상담에서 인간이 심리적 성숙을 얻는 과정을 5가지 인격의 신경층으로 설명하며, 인간의 인격은 양파껍질을 까는 것과 같다고 비유하였습니다.

> **더 알아보기** 형태주의 상담과정
> 1. **자각단계**: '여기-지금'에서 개인의 감정과 신체적 감각을 자각시킨다.
> 2. **훈습단계**: 대안을 탐색하여 선택하고 행동을 조절한다.
> 3. **종결단계**: 종결에 이르기 위한 수많은 실험을 반복한다.

(8) **형태주의 상담기법**   2018년 1·2회
  ① 욕구와 감정의 자각
    상담자가 내담자의 생각 속에 내재된 현재 상황에서 자신의 욕구와 감정을 알아차리도록 돕는 것을 말한다. 이를 통해 내담자는 자기 자신이나 환경과 교류할 수 있으며 변화와 성장을 이룰 수 있게 된다.
  ② 신체자각
    내담자가 현재 느끼고 있는 것을 보기, 만지기, 듣기, 냄새 맡기, 말하기 등 신체의 감각을 통해 자신의 욕구와 감정을 깨닫도록 하는 것이다.

③ 언어자각

내담자가 하는 말에 책임을 부여하여 말하도록 하는 것이다. 상담자는 내담자가 자신의 언어와 행동을 알아차릴 수 있도록 하며, 부적응적인 내용을 수정하도록 돕는다.

④ 과장하기

어떤 상황에 욕구와 감정을 명확히 지각하도록 자신의 행동과 언어를 과장하게 한다. 과장하기는 내담자가 욕구와 감정을 체험하지만 그 정도와 깊이가 약한 경우 행동이나 언어를 과장하게 표현하도록 함으로써 자각을 돕는다.

⑤ 빈 의자 기법   2019년 1회

내담자가 빈 의자를 앞에 놓고 어떤 사람이 실제 앉아 있는 것처럼 상상하면서 이야기를 하는 치료기법으로, 현재 상담 장면에 와 있지 않은 사람과 상호작용할 필요가 있을 때 빈 의자에 투사하여 자신의 감정을 표현함으로써 자각하도록 한다.

⑥ 꿈 작업(꿈을 이용한 작업)

일상 속으로 꿈을 가지고 와서 그것이 마치 지금 일어난 것인 양 재생시키는 것으로, 마치 꿈이 현재 사건인 것처럼 꿈의 각 부분을 연기하게 한다.

⑦ 자기 부분들 간의 대화

내담자로 하여금 자신에게 내재되어 있는 상반된 자아 간의 대화를 유도하는 것으로, 명령과 도덕적 욕구로 대응되는 상전·초자아의 공격과 변명과 회피로 대응되는 하인·이드(id)의 대항으로 이루어진다.

(9) 형태주의 상담의 평가

① 의의

㉠ 과거를 현재와 관련되는 사건으로 가져와 생생하게 처리하여 각성하게 함으로써 개인에게 실존적 의미를 실제로 경험하게 하였다.

㉡ 내담자의 문제해결뿐만 아니라 개인의 성장에 도움을 주었다.

② 한계

㉠ 정서적인 면을 강조한 나머지 인지적인 면이 지나치게 무시된 측면이 있다.

㉡ 성격이론이나 치료기제의 이론화 및 정교화가 부족하고 보편성이 결여되어 있다.

7 실존주의 상담

(1) 실존주의 상담의 개념

① 실존주의 상담은 다른 상담이론에 비해 철학적인 면을 강조하는 이론이다. 실존주의는 인간 존재의 의미에 관심을 두는 철학의 개념이며, 이론적 절차보다는 인간관에 더 관심을 둔다.

② 실존주의 상담에서 가장 중요하게 다루는 문제는 인간 존재에 대한 '실존적 불안'이다. 이러한 실존적 불안의 해소는 인간의 삶에 대한 진정한 의미를 이해하는 데 있다고 본다.

(2) 실존주의 상담의 인간관(인간 본성에 대한 철학적 가정)

① 인간은 자각하는 능력을 가지고 있다.

② 인간은 선택의 자유와 책임을 지닌 존재이다.

③ 인간은 자유로운 존재이며, 스스로를 만들어가는 존재이다.

④ 인간은 자신을 초월할 수 있는 능력을 가지고 있다.
⑤ 인간은 정적 실체가 아니며 변화·발전의 계속적인 상태에 있다.
⑥ 인간은 장래에 무존재가 될 운명을 지니고 있으며, 이를 자각하고 있는 존재이다.

(3) 실존주의 상담의 특징 2016년 3회
① 실존주의 상담은 대면적 관계를 중시한다.
② 인간에게 자기지각의 능력이 있다고 가정한다.
③ 자유와 책임의 양면성에 대한 지각을 중시한다.

(4) 실존주의 상담의 목적 2024년 1회, 2022년 1회, 2021년 1회
① 실질적인 치료가 아닌 내담자로 하여금 자신의 현재 상태에 대해 인식하고 피해자적 역할로부터 벗어날 수 있도록 돕는다. 즉, 상담을 치료적 수단이 아닌 진정한 인간(개인) 이해의 과정으로 본다.
② 내담자가 자신의 무한한 잠재능력을 인정하고, 자신에게 주어진 선택과 책임을 통해 자유를 향유할 때 가능하다는 것을 깨닫도록 한다.
③ 내담자가 삶의 의미와 목적을 스스로 발견하도록 하고, 자기 인생에 대해 확고히 방향을 설정하고 결단을 내리도록 돕는다.
④ 상담자는 내담자가 스스로 삶의 의미와 목적을 발견하고, 삶을 주체적으로 선택하고 책임지도록 돕는 것을 목표로 한다.

(5) 얄롬(Yalom)의 실존주의의 궁극적 관심사 2025년 2회, 2020년 1·2(통합)회
① **죽음**: 죽음의 불가피성이 삶의 유한성을 더욱 가치 있게 만든다.
② **자유**: 인간은 자기결정적인 존재로서 선택할 능력과 책임이 있다.
③ **소외(고립)**: 인간은 자신의 실존적 고립에 직면함으로써 타인과 성숙한 관계를 맺을 수 있다.
④ **무의미성**: 인간은 인생을 살아가면서 끊임없이 삶의 의미를 추구한다.

> **더 알아보기** 실존주의 상담에서 본 오만의 궁극적 관심사
> 일반적인 실존주의 상담자들이 제시한 인간의 궁극적 관심사로는 삶의 의미성, 진실성, 자유와 책임, 죽음과 비존재가 있다. 또한, 빅터 프랭클은 인간의 가장 중요한 동기는 자기 삶의 의미를 찾는 것이라고 본다. 그렇지 못할 때, 인간은 좌절하고 '공허'하고 낙담한다고 보았다.

(6) 실존주의 상담의 평가
① 의의
  ㉠ 철학적인 입장에서 인간 삶의 의미와 방향성을 제시하였다.
  ㉡ 자유와 책임을 강조하고, 보다 창조적이고 능동적인 삶을 제시하였다.
  ㉢ 개인의 주관성과 의미의 창조 등 인간의 긍정적인 면을 강조하였다.
② 한계 2022년 1회
  ㉠ 철학적인 측면에 치우쳐 이론이 난해하고 체계적이지 못하다.
  ㉡ 이론이 추상적이어서 정형화된 상담 모형과 상담자 훈련 프로그램이 마련되어 있지 않으며, 구체적인 기법이 부족하다.

8 엘리스(Ellis)의 인지·정서·행동 상담(REBT; Rational Emotive Behavior Therapy)

(1) 인지·정서·행동 상담의 기본개념
2025년 1회, 2022년 1·3회, 2019년 1·2회, 2018년 3회, 2017년 1회

① 엘리스에 의해 개발·발전된 이론으로, 인간의 심리적 부분 중 인지영역을 가장 중시한다.
② 심리적 문제를 일으키는 사건보다 사건에 대한 사고의 분석을 중시한다.
③ 행동에 대한 과거의 영향보다는 현재에 초점을 둔다.
④ 인간을 합리적인 사고를 할 수 있는 동시에 비합리적인 사고의 가능성도 가지고 있는 존재로 보았다.
⑤ 모든 내담자의 행동적·정서적 문제는 비논리적이고 비합리적인 사고에서 기인한다. 비논리적이고 비합리적인 사고는 경험적으로 타당성이 없는 것이다.
⑥ 역기능적 사고는 정서장애의 중요한 결정요인이다.
⑦ 과학적 사고를 통하여 깊게 느끼고 구체적으로 행동할 수 있다.
⑧ 문제해결을 위해 사고의 분석과 논박, 그리고 상담자의 교육적 접근을 강조한다.
⑨ 비합리적 사고를 합리적 사고로 전환하고자 ABCDE모형을 적용한다.

> ✅ **교수님의 코멘트**
> 엘리스의 인지적 상담에서 상담자는 내담자의 비합리적 신념을 논박하여 합리적 신념으로 변화시키는 적극·능동적 태도를 지녀야 합니다.

(2) 인지·정서·행동 상담의 목표
① 내담자의 비합리적 신념에 따른 행동적·정서적 문제들을 해결하고자 한다.
② 내담자의 비합리적인 신념을 논박하여 합리적인 신념으로 전환하고자 한다.
③ 내담자로 하여금 보다 현실적이고 관대한 철학을 가지도록 한다.
④ 자기관심, 자기수용, 불확실성의 수용, 관용, 융통성 등을 통해 자기책임감 등 합리적인 신념의 변화를 유도한다.

> **더 알아보기** 합리적·정서적·행동적 상담(REBT)의 목표
> 인간의 문제는 철학적인 것에 기인한다고 보며, 증상의 제거가 아닌 개인의 기본적인 가치관을 검토하고 재평가하도록 격려하는 것에 그 목표가 있다. 이에 따라 내담자의 가장 기본적 가치 중에서 그들에게 장애를 일으키는 가치관(비합리적 신념)을 검토하고 변화시키기 위해 상담이 고안되었다.

(3) 비합리적 신념의 당위성유형

나에 대한 당위성	나는 어떤 사람이 되어야 한다는 당위적 신념이다. 예 나는 반드시 훌륭한 사람이 되어야 한다. 나는 결코 실수해서는 안 된다.
타인에 대한 당위성	타인에 대한 당위적 신념이다. 예 타인은 반드시 나를 공정하게 대하여야 한다. 부모니까 나를 사랑해야 하며, 자식이니까 나에게 복종해야 한다.
세상에 대한 당위성	상황이나 환경이 자신이 원하는 방향으로 돌아가야 한다는 당위적 신념이다. 예 세상은 반드시 항상 내가 원하는 대로 돌아가야 한다. 세상은 공정하고 정의는 승리하며 악인은 벌을 받아야 한다.

> **✓ 교수님의 코멘트**
> 인지·정서·행동 상담에서 개인을 파멸로 몰아넣는 근본적인 문제는 개인이 갖고 있는 비합리적 신념 때문입니다. 대체적으로 비합리적인 신념의 뿌리를 이루고 있는 것은 3가지 당위성유형과 관련되어 있습니다.

(4) 인지·정서·행동적 상담의 ABCDE모형(= ABC이론) 2021년 1회, 2015년 1회

A	Activating event(선행사건)	개인의 감정이나 정서적 혼란을 가져오게 되는 행동 또는 사건이다.
B	Belief system(신념체계)	선행사건에 의해 경험하게 되는 내담자의 비합리적 신념체계이다.
C	Consequence(결과)	비합리적 신념으로 초래되는 불안, 초조, 우울, 분노, 죄책감이 나타나는 것이다.
D	Dispute(논박)	비합리적 신념의 결과를 논리적인 원리를 제시하여 논박하는 것이다.
E	Effect(효과)	논박의 결과로 내담자의 비합리적 신념의 결과가 해소되며, 합리적 신념으로 전환되는 것이다.
F	Feeling(새로운 감정)	논박의 효과로 인한 합리적인 신념에서 비롯된 수용적이고 긍정적 태도이다.

> **더 알아보기** ABCDE모형의 사례
> 김 대리는 업무능력이 높고 남보다 승진이 빠르다. 그러나 사소한 실수를 했다. 상사나 다른 동료들은 아무렇지 않다고 말했지만 김 대리는 아니었다. 김 대리는 "실수하면 안 된다.", "실수하면 회사생활은 끝이다."라는 생각을 했고, 그로 인해 심리적 혼란을 겪었다. 그래서 전직(轉職)을 위해 직업상담사를 찾았다. 이 경우 상담사는 ABCDE모형에 의해 상담할 수 있다. 　　　　　　　　　　　　　　　　　　　　　　　　　　　2018년 3회 2차 직업상담실무
>
> 1. A(선행사건): 구체적인 사건으로서 김 대리의 업무상의 사소한 실수를 말한다.
> 2. B(신념체계): "실수하면 안 된다."라는 김 대리의 당위적이고 비합리적인 신념을 의미한다.
> 3. C(결과): 김 대리는 비합리적인 신념에 의해 자신에 대한 자괴감, 무능함 등 심리적 혼란을 겪는다.
> 4. D(논박): 직업상담사는 업무상의 실수가 곧 자신의 무능함을 의미하는 것은 아니며, 누구나 실수할 수 있다. 따라서 무조건 전직하는 것이 바람직하지만은 않다는 논박을 한다.
> 5. E(효과): 김 대리는 자괴감이나 무가치감에서 벗어나 합리적 신념으로 자신을 재평가하게 된다.
> 6. F(새로운 감정): 김 대리는 자신에 대한 수용적인 태도와 긍정적인 감정을 습득하게 된다.

(5) 인지정서행동상담 기법 2025년 2회, 2024년 3회, 2021년 3회, 2017년 1회

① 인지적 기법(언어적 기법)
  ㉠ 비합리적 신념 논박하기: 잘못된 신념을 반박하여 사건, 상황의 문제가 아니라 자신의 지각과 신념 때문에 장애를 느낀다는 것을 알게 한다.
  ㉡ 인지적 과제 주기: 문제의 목표를 만들어 내담자의 절대론적 신념을 밝히고 논박하여 "해야만 한다.", "하지 않으면 안 된다." 등을 줄이는 과제를 낸다.
  ㉢ 내담자 자신의 비합리적 신념에 대한 자기 논박: 내담자가 자신의 비합리적인 신념이 약화될 때까지 자신의 비합리적 신념을 논박하도록 하는 것이다.
  ㉣ 내담자의 언어 변화시키기(새로운 진술문의 사용): 내담자는 절대적인 "~해야 한다(should, must)."를 "~하고 싶다."로 대치함으로써, 보다 합리적인 사고로 전환할 수 있다.

② 정서적 기법
  ㉠ 무조건적 수용: 내담자 행동의 불완전성에도 불구하고 상담자는 무조건 수용을 한다.
  ㉡ 합리적-정서적 이미지: 내담자의 부적절한 행동의 장면을 생생하게 상상하도록 한 후, 그 장면에서의 부적절한 행동을 적절한 행동으로 바꾸도록 한다.

ⓒ 역할놀이: 내담자의 문제행동과 관련된 장면에서 어떤 일이 일어나는지를 알기 위하여 그 장면의 행동을 시도해 본다.
ⓔ 수치(부끄러움) 공격 연습: 내담자는 주위 사람들이 어떻게 생각할지에 대한 두려움 때문에 하고 싶은 행동을 하지 못하는 것이므로 실제 시연을 통해 수치심을 공격하여 수치심이 무뎌지게 하는 연습을 한다.

③ 행동적 기법
크게는 인지·행동적 상담의 한 형태이므로 행동적 상담기법(조작적 조건화, 자기관리, 체계적 둔감법, 도구적 조건화, 생체 자기제어, 이완 등)을 그대로 활용한다. 다만, 행동주의 이론에서 행동적 기법은 내담자의 행동변화에만 초점을 두지만 인지·행동적 관점에서의 행동적 기법은 행동의 변화뿐만 아니라 내담자의 생각 더 나아가 정서까지도 변화시키려는 인지변화에 더 주안점을 둔다.

9 벡(Beck)의 인지치료

(1) 인지치료의 기본개념
2025년 3회, 2022년 2회

① 벡에 의한 인지행동 상담기술로서, 개인이 정보를 수용하여 처리하고 반응하기 위한 지적인 능력을 개발시키는 방법에 몰두한다.
② 자신과 세계에 관한 개인의 사고과정에서 나타나는 인지적 오류와 왜곡을 문제의 핵심으로 간주한다.
③ 역기능적이고 자동적인 사고 및 스키마, 신념, 가정의 대인관계 행동에서의 영향력을 강조하며, 이를 수정하여 내담자의 정서나 행동을 변화시키는 데 역점을 둔다.
④ 구조화된 치료이자 단기적·한시적 치료로서 '여기-지금' 내담자가 가지고 있는 문제를 파악하며, 그에 대한 교육적인 치료를 수행하는 과정으로 이루어진다.
⑤ 치료자와 내담자 간의 건강한 치료적 동맹과 상호협조, 내담자의 자발적이고 적극적인 참여를 강조한다.
⑥ 내담자는 자기의 문제를 이해하고 해결할 수 있는 자각능력과 의식기능을 가지고 있으므로 상담자는 내담자로 하여금 스스로 치료자가 될 수 있도록 교육하며, 재발방지를 위해 노력한다.

> **더 알아보기** 인지치료과정의 의미
>
> 내담자의 부정적인 자동적 사고를 찾아내어 보다 적절한 적응적인 사고로 대치하고, 부정적인 자동적 사고의 기저를 이루는 근원적인 역기능적 인지도식을 찾아내어 보다 현실적인 것으로 바꾸는 과정이다.

(2) 인지적 오류(왜곡)의 유형
2025년 3회, 2018년 1회, 2017년 3회

① 흑백논리(이분법적 사고)
㉠ 사고의 판단과정을 단순히 이분법화하여 생기는 오류이다.
㉡ 현상이나 사물을 흑과 백의 두 가지 종류로만 보며, 회색이나 중간 지대는 없는 경우이다.
  예 '성공이냐, 실패냐?', '사랑하느냐, 미워하느냐?'와 같이 둘 중 하나만 존재한다고 보는 경우

② 과잉일반화
㉠ 특정 사건의 결과를 관계없는 상황에 적용해 일반화하려는 오류이다.
㉡ 한두 건의 사건에 근거하여 일반적인 결론을 내리고, 무관한 상황에도 그 결론을 적용시키는 것이다.
  예 "영어시험을 망쳤으니 이번 시험은 완전히 망칠 거야."

③ 선택적 추상(정신적 여과)   2016년 1·2회
  ㉠ 부정적인 일부 세부사항(실패 또는 부족한 점)만을 기초로 결론을 내리고 전체를 보려 하는 오류이다. 즉, 중요한 부분은 무시한 채 사소한 부분에 초점을 맞추는 것이다.
  ㉡ 상황의 긍정적인 양상을 여과하는 데 초점이 맞추어져 있어 극단적으로 부정적인 세부사항에 머무르는 것이다.
    예) 발표 시 청중의 긍정적인 반응에는 신경쓰지 않고 몇몇 부정적인 반응에만 주의를 기울여 실패했다고 단정짓는 경우

④ 의미확대 및 축소
  ㉠ 사건의 중요성과 무관하게 특정 의미를 과잉 확대 혹은 축소하는 경향이다.
  ㉡ 자신의 실수나 타인의 성공은 그 중요성을 과장해서 확대하고, 자신의 잘한 일이나 타인의 실수는 과장해서 축소하여 열등감에 빠질 수 있다.
    예) 낙제 점수를 받고 '내 인생은 이제 끝이다.' 또는 과 수석 후 '어쩌다가 운이 좋아서 그렇게 됐을 뿐'이라고 생각하는 경우

⑤ 임의적 추론(자의적 추론)
  ㉠ 결론을 지지하는 증거가 없음에도 임의적으로 결론을 내리는 오류이다.
  ㉡ 자신의 생각이나 결론을 뒷받침할 확실한 증거도 없이 어떤 일을 부정적으로 해석하는 것이다.
    예) 상대가 바쁜 상황으로 연락하지 못하자 나를 멀리한다고 지레짐작하는 경우

⑥ 개인화
  ㉠ 자신과 관련 없는 상황임에도 불구하고 자신과 관련짓는 성향이다.
  ㉡ 실제로는 자기와 관련이 없는 문제임에도 불구하고 자기가 직접적인 원인을 제공했다고 여기는 것이다.
    예) 친구가 오늘 기분이 나쁜 것이 내게 화가 나 있기 때문이라고 간주하는 경우

⑦ 긍정 격하
  ㉠ 개인이 자신의 긍정적인 경험을 격하하여 평가하는 것을 말한다.
  ㉡ 부정적인 경험으로 전환하거나 자신의 능력을 낮추어 보는 것이다.
    예) 누군가 자신이 한 일에 대해 칭찬을 할 때 그 사람들이 착해서 아무것도 아닌 일에 칭찬을 하는 것이라 생각하는 경우

⑧ 잘못된 명명
  ㉠ 과잉일반화의 극단적인 형태이다.
  ㉡ 한두 사건에 기초하여 자신을 완전히 부정적으로 규정하고 별칭을 붙이는 것이다.
    예) 한 번 지각을 한 학생에 대해 지각대장이라는 이름표를 붙이는 경우

(3) 인지치료의 절차   2017년 1회
  ① 1단계: 내담자가 느끼는 감정의 속성이 무엇인지 확인한다.
  ② 2단계: 감정과 연합된 사고, 신념, 태도들을 확인한다.
  ③ 3단계: 내담자의 사고들을 1~2개의 문장으로 요약·정리한다.
  ④ 4단계: 내담자를 도와 현실과 이성적 사고를 조사해 보도록 개입한다(의문문 형태로 개입).
  ⑤ 5단계: 과제를 부여하여 새로운 사고나 신념들의 적절성을 검증하게 한다.

(4) 인지적 관점에서의 상담의 평가
  ① 의의
    ㉠ 인간의 정서적 혼란이 사건에 대한 사고의 관점, 즉 인간의 인지영역과 신념을 강조하였다.
    ㉡ 자신의 사고에 대한 통찰과 실천적 행동을 강조하였다.
  ② 한계
    ㉠ 내담자의 지적 수준이나 자발성에 따라 상담의 효과는 제한적이다.
    ㉡ 지나치게 인지적이고 지식적이라는 비판이 있다.

10 에릭 번(Eric Bern)의 교류분석 상담

(1) 교류분석 상담의 기본개념   2016년 3회
  ① 교류분석(TA; Transactional Analysis)은 1957년 미국의 정신과 의사인 에릭 번에 의해 창안된 인간관계의 교류를 분석하는 일종의 성격이론이자 심리치료기법이다.
  ② 결정론적 철학에 반대하여 인간은 어린 시절 많은 것이 결정되나 이는 변화할 수 있다고 본다.
  ③ 성격의 인지적·합리적·행동적 측면을 모두 강조하며, 내담자가 새로운 결정을 하여 삶을 바꾸도록 하는 결단치료이다.
  ④ 새로운 결정을 내릴 수 있는 개인의 능력을 강조한다.
  ⑤ 대부분의 다른 이론과는 달리 계약적이고 의사결정적이다. 치료 목표를 분명히 기술한 계약을 하며, 이 계약은 초기 결정에 초점을 두고, 새로운 결정을 할 수 있는 개인의 능력을 강조한다.

> **더 알아보기** 교류분석 상담의 기본철학
>
> 의사교류분석은 프로이트의 결정론적 철학에 반대하면서 어린 시절 주위환경에 의해 형성된 자아를 자신이 원하는 방향으로 바꿀 수 있다고 강조한다. 우리는 중요한 타인의 기대나 요구에 많은 영향을 받아왔고, 특히 어린 시절의 경우에는 더욱 그렇다. 그러나 이러한 영향을 받은 결정들이 더 이상 자기에게 적절하지 않다고 본다면, 이에 대해 달리 도전하고 싶은 새로운 결정을 내릴 수도 있다는 기본가정하에 교류분석 상담이 시작된다.

(2) 교류분석 상담의 특징   2016년 3회
  ① 인간의 성격은 세 가지 자아상태(ego state)로 구성되어 있으며 각각 고유한 사고, 행동, 감정을 나타낸다.
  ② 사람에게는 나름대로 개성에 맞는 성격형이 있고, 성격을 형성하는 자아상태는 여러 가지 사건에 대한 반응을 통해서 알 수 있다.
  ③ 개인 간, 개인 내부에서 이루어지는 다양한 자아들 간의 상호작용을 분석하는 구조를 제공한다.
  ④ 의사교류에서 상보적 의사교류가 가장 건강하고 바람직한 인간관계 유형이다.
  ⑤ 어린 시절의 결단에 기초한 삶의 계획을 '생활각본'이라 한다.

(3) 교류분석 상담의 인간관
  ① 인간은 자율적 존재이다.
  ② 인간은 자유로운 존재이다.
  ③ 인간은 선택할 수 있는 존재이다.
  ④ 인간은 책임을 질 수 있는 존재이다.

(4) 구조분석
2024년 2회, 2017년 2회, 2015년 3회

① 내담자의 성격은 에고그램(egogram)을 통하여 부모자아, 성인자아, 어린이자아로 구성된다. 이 3가지 자아상태는 각기 고유한 사고나 행동, 감정 등을 나타낸다.

부모자아, 어버이자아 (P; Parent ego)	• 프로이트의 초자아와 같이 5세 이전에 주로 부모나 그 외 정서적으로 중요한 연장자들의 말이나 행동을 무비판적으로 받아들여 내면화한 것이다. • 비판적 어버이자아(CP; Critical Parent)와 양육적 어버이자아(NP; Nurturing Parent)로 구분된다.
성인자아, 어른자아 (A; Adult ego)	프로이트의 자아와 같이 합리적인 사고와 현실지향적인 행동을 한다.
어린이자아 (C; Child ego)	• 프로이트의 원초아와 같이 어린 시절에 실제로 느꼈거나 행동했던 것과 똑같은 감정이나 행동을 나타내는 자아상태를 말한다. • 자유 어린이자아(FC; Free Child ego), 순응적 어린이자아(AC; Adapted Child ego), 어린이 교수자아(LP; Little Professor ego)로 구분된다.

② 교류분석 상담과정의 구조분석은 자아상태를 부모자아, 성인자아 또는 어른자아, 어린이자아로 구분하여 그에 대한 내용을 통찰함으로써 부적절한 내용을 변화시키며, 세 가지 자아상태를 적절히 활용할 수 있도록 돕는 과정이다. 즉, 내담자의 성격을 구성하는 자아상태로 자아의 내용이나 기능을 분석하는 것이다.

③ 타인들과의 상호작용을 통해 자아상태를 분석하는 상담접근법은 교류분석적 상담이다.

(5) 의사교류분석
2019년 3회

① 상보교류(평행교류)
  ㉠ 두 메시지의 교류가 평행이 되고 있는 교류의 경우로, 상호교류가 평행을 이루고 자극을 보낼 때 상대방에게서 기대했던 자아상태에서 반응이 오는 교류이다.
  ㉡ 교류가 상호보완적으로 이루어지는 한 커뮤니케이션은 계속 이어질 수 있다.
    예 (A) 우리 즐겁게 놀자.
       (B) 그래, 우리 즐겁게 놀아보자.

② 교차교류
  ㉠ 두 메시지의 교류가 기대하지 않은 반응으로 되돌아오는 경우로, 상호교류가 평행을 이루지 못하거나 자극을 보낸 자아상태와 반응을 한 자아상태가 일치하지 못하는 교류이다.
  ㉡ 교류가 교차될 때 커뮤니케이션이 단절되고 갈등이 유발될 수 있다.
    예 (A) 우리 즐겁게 놀자.
       (B) 공부를 해야지, 놀 생각만 하면 대학 갈 수 있겠어?

③ 이면교류(이중교류, 저의적 교류, 암시적 교류)
  ㉠ 두 메시지의 교류가 표면상의 의미와 암시적 의미를 동반하는 경우로, 이면교류에서는 두 가지 종류의 메시지가 동시에 전달된다.
  ㉡ 표면상의 의미는 사회적 수준의 메시지이고, 암시적 의미는 심리적 수준의 메시지이다.
    예 • 표면적 교류: (A) 우리 즐겁게 놀자.
              (B) 그래. 넌 잘 노니까 레크리에이션 학과에 수석 입학할 수 있을 것 같아.
       • 암시적 교류: (A) 우리 즐겁게 놀자.
              (B) 너 맨날 놀기만 하는데 대학에 입학할 수 있겠니? ⇨ 표면적 교류(B)의 암시적 의미

(6) 게임분석   2015년 3회

① 무의식적이고 반복적으로 이루어지는 게임은 교류 당사자들 간에 좋지 않은 결과를 초래한다. 이러한 게임분석은 이면교류를 정형화한 것이다.
② 사람들은 애정이나 인정 자극(stroke)을 얻기 위해 게임을 하지만, 대부분의 게임에서 참가자는 '나쁜' 감정을 갖고 끝을 맺게 된다.
③ 내담자가 다른 사람과 하는 의사소통 중에서 좋지 않은 방법으로 결국에는 대가를 치르게 되는 이런 게임들을 관찰하고 이해하는 것이 중요하다.

> **더 알아보기** 게임과 라켓, 스트로크
>
> 게임과 라켓의 분석은 다른 사람과의 의사교류를 이해할 수 있는 중요한 국면이며, 게임은 라켓 감정을 유발하는 이면교류이다.
>
> ■ 게임(Game)
> • 게임은 최소한 한 사람에게 나쁜 감정을 주고 끝내는 일련의 의사교류이다. 게임은 본래 친밀감을 방해하도록 고안된다. 이것은 처음의 결정을 지지할 목적에서 발달되며 개인의 인생각본(생을 위한 계획이나 또는 이 세상을 살아나가기 위해 어떻게 행동해야 하는가에 대한 결정)의 하나이다.
> • 예를 들어, 어떤 아이가 주변으로부터 "그것을 할 수 없다."라는 메시지를 받았다고 가정하자. 또한 그 아이 역시 자신이 만약 그것을 시도한다 하더라도 실패에 대한 불안 때문에 '나는 성공하지 못할 것'이라는 초기 결정을 했다고 가정한다면, 아동으로서 그는 실패를 돕도록 고안된 게임에 참여할지도 모른다. 시간이 지남에 따라 그는 성공할 수 있는 기회에 참여하려고 하지 않으려는 방법으로 자기를 정돈해 갈 것이다.
> • 따라서 게임은 개인이 다른 사람과 상호작용하는 중요한 부분이며, 만약 개인이 게임행동을 소거하고 진실하게 살려면 꼭 이해해야 할 부분이다.
>
> ■ 라켓(Racket)
> 라켓은 자신의 진실된 감정이 아닌 부모가 허용하는 감정으로, 성인이 된 후에도 자신의 본래 감정 대신에 허용되었던 감정만 느끼게 되는데 이를 라켓 감정(racket feeling)이라 한다.
>
> ■ 스트로크(Stroke)
> • 스트로크는 사람의 감정, 태도, 언어, 표정, 피부 접촉 등 기타 여러 형태의 행동으로 상대방에 대한 반응을 알리는 인식의 기본단위이다. 즉, 다른 사람에 대한 존재의 인정을 뜻하는 모든 행위를 포함하는 개념이다.
> • 개인이 추구하는 인지양식으로서 언어와 비언어로 표현되며, 특히 중요한 타인이나 양육자로부터의 스트로크는 개인의 성격형성에 영향을 미친다.

(7) 각본분석(인생각본 또는 생활각본)

① 각본분석은 내담자가 '여기-지금'에서 따르는 인생유형을 확인해 주는 치료과정이다.
② 이것은 내담자에게 그가 어떤 각본을 얻으며, 각본대로 움직이는 자신의 행동을 어떻게 정당화하는지를 보여준다.
③ 인생각본(생활각본)은 내담자가 생애 초기 어린 시절 부모의 금지명령에 대한 반응에서 비롯된 초기 결정을 토대로 한다.
④ 내담자가 자신의 인생각본 자각을 통해 과거의 부적응적인 사고와 감정, 행동을 효율적인 신념으로 변화시키는 과정이다.
⑤ 각본분석을 통해 내담자의 각본 형성과정, 각본에 따른 삶의 양상, 각본을 정당화하기 위해 사용하는 라켓 감정과 게임을 밝힐 수 있다.

> **더 알아보기** 인생각본을 분석하는 요소
>
> 각본분석은 각본점검표에 의해 수행될 수 있다. 각본점검표는 인생의 위치, 라켓, 그리고 게임에 관련된 문항들로 구성된다. 이것들은 모두 개인의 인생각본에 핵심적인 기능을 하는 요소들이며, 내담자는 더 이상 자신의 인생각본에서 요구하는 어떤 행동을 정당화할 보상을 얻기 위해 억지로 게임을 할 필요가 없다는 것을 느낀다.

> ✓ **교수님의 코멘트**
>
> 교류분석 상담은 원래 집단치료의 한 방법으로 개발된 것이지만, 오늘날에는 개인치료, 가족치료, 부부상담 등에 광범위하게 적용되고 있습니다. 각본분석, 게임분석, 구조분석, 의사교류분석, 가족 모델링 등을 상담기법으로 사용합니다.

(8) 교류분석 상담의 생활자세   2011년 2회

① 자기긍정, 타인긍정(I'm OK, You're OK)
    생산적 인간관계로 자신과 타인에 대한 긍정적 삶의 태도를 가진다.

② 자기긍정, 타인부정(I'm OK, You're not OK)
    공격적 인간관계로 타인에 대한 극단적 불신, 증오, 비난, 양심부재의 현상이 나타난다.

③ 자기부정, 타인긍정(I'm not OK, You're OK)
    피해자적 인간관계로 타인을 긍정적으로 평가하면서 자기보다 우월하다고 지각하며, 자기비하적 태도를 보인다.

④ 자기부정, 타인부정(I'm not OK, You're not OK)
    파괴적 인간관계로 삶의 의미를 상실하고 자포자기, 극단적 행동 등의 태도를 취하게 된다.

(9) 교류분석 상담의 평가

① 의의
    ㉠ 상호 의사교류분석은 개인치료뿐만 아니라 집단치료에 적합한 상호역동적인 심리치료이다.
    ㉡ 계약과 내담자의 결단을 강조하여, 새로운 결정과 함께 삶을 바꾸도록 하였다.

② 한계
    ㉠ 실증적 연구도 있지만 과학적인 증거로 보기는 어렵다.
    ㉡ 인지적인 관계로 지적 능력이 낮은 대상의 경우에는 부적절할 수 있다.
    ㉢ 창의적인 면도 있지만 추상적이어서 실제 적용에 어려움이 있다.

11 글래서(Glasser)의 현실치료 상담

(1) 현실치료 상담의 특징

① 윌리엄 글래서의 현실치료모델을 토대로 인간에게는 스스로를 통제할 수 있는 힘과 성장을 할 수 있는 힘이 있음을 강조한다.

② 인간은 자신의 욕구를 충족시키기 위해 행동하며, 그러한 행동은 인간이 스스로 선택하고 결정한 것이라는 점을 강조한다.

③ '여기-지금'에 초점을 두며, 내담자의 책임감 있는 행동을 강조한다.

④ 책임감과 자율성 성취를 통해 내담자가 독립된 인격체로서 자립하는 동시에 성공적인 정체감을 이룰 수 있도록 원조한다.

⑤ 계획을 세우고 수행할 수 있도록 지도하며, 내담자가 용기를 잃지 않고 자신감을 가질 수 있도록 배려한다.
⑥ 개입의 초점을 문제행동에 맞추며, 내담자의 책임감 없는 행동이나 변명, 합리화를 금지한다.

(2) WDEP체계

욕구 탐색하기(Wants)	내담자가 충족시키길 원하는 특정 욕구를 명확히 한다.
활동하기(Doing)	내담자가 욕구를 충족하기 위해 현재 행하고 있는 행동양식에 대해 알아본다.
평가하기(Evaluation)	내담자의 현재 행동양식을 평가한다.
계획하기(Planning)	좀 더 효과적인 행동양식을 갖게 하기 위한 계획을 세운다.

더 알아보기 | 인간의 기본적 욕구

소속의 욕구	• 다른 사람들과의 관계를 유지하면서 사랑을 주고받고자 하는 속성을 말한다. • 소속감의 유사어는 사랑, 우정, 돌봄, 관심, 참여 등이다.
힘에 대한 욕구	• 타인과의 경쟁을 통해서 성취하고 중요한 존재임을 인정받고 싶어하는 욕구이다. • 힘의 유사어는 성취감, 존중, 인정, 기술, 능력 등이다.
자유에 대한 욕구	• 각자가 원하는 곳에서 살고 대인관계와 신앙생활 등 삶의 모든 영역에서 어떤 방법으로 삶을 영위해 나갈지를 선택하고 자신의 의사를 마음대로 표현하고 싶어하는 욕구를 말한다. • 자유의 유사어는 선택, 독립, 자율성 등이다.
즐거움(재미)에 대한 욕구	• 많은 것을 배우고 놀이를 통해 즐기고자 하는 속성을 말한다. • 즐거움의 유사어는 흥미, 기쁨, 학습, 웃음 등이다.
생존에 대한 욕구	살고자 하고 생식을 통해 종족을 번식하고 자기 확장을 하고자 하는 속성을 말한다.

(3) 현실치료 기법 2025년 2·3회, 2020년 3회

① 질문

현실치료에서는 상담의 각 과정마다 그에 적절한 치료자의 숙련된 질문을 사용한다. 각 상담의 단계에서는 다음과 같은 질문이 사용될 수 있다.

- 내담자의 욕구와 원하는 바가 무엇인가?
- 내담자의 행동이 그의 욕구나 원하는 바를 충족시키고 있는가?
- 내담자의 현재 행동 중에서 비효과적이고 부정적인 것들을 찾아 이를 효과적이고 긍정적인 것으로 고치기 위해서는 어떻게 해야 하는가?
- 내담자의 활동계획이 현실성이 있는가? 그리고 그대로 실시할 수 있는가?

② 유머

상담과정에서 내담자의 행동, 생각, 느낌, 신체활동을 내담자가 인식하도록 하는 것이 중요하기 때문에 내담자가 긴장하기 쉽다. 따라서 상담자는 때에 따라 적절한 유머를 사용하여 내담자의 긴장을 풀어주는 것이 중요하며, 상담자 또한 자신의 어리석음, 실수 등과 관련된 긴장감을 유머를 통해 풀 수 있다.

③ 역설적 방법

역설은 의견에 상반된 것이나, 감정이나 주장이 모순된 것처럼 보이지만 실제로는 사실일 수 있는 것이다. 상담자의 역설적 방법은 내담자가 전혀 기대하지 않았던 방법으로 내담자로 하여금 자신의 문제를 전혀 새로운 관점에서 바라볼 수 있게 해 준다.

> **예** 내담자가 자신의 실패 등 특정 경험을 상담자는 경험이 없으니 알 턱이 없다고 할 때 상담자는 "맞아요. 나는 그런 경험이 없으니 도움이 안 되겠네요."라고 하여 내담자가 예측할 수 없었던 반응을 보임으로써 내담자가 자기 자신을 되돌아보게 할 수 있다.

④ **직면(맞닥뜨림)**

내담자가 현실적 책임과 관련하여 모순성을 보일 경우 상담자는 내담자 자신의 행동에 대한 책임을 지도록 하면서 변화를 촉진할 수 있다.

> **예** 전공학과가 싫어서 학교를 그만두고 싶은 내담자가 그 책임을 그의 어머니에게 돌리는 경우라면, 상담자는 "다른 모든 일도 어머니가 시키면 그대로 실행했습니까?"라는 질문을 통해 모든 것이 자신의 책임임을 인식시킬 수 있다.

UNIT 2 직업상담의 접근방법

1 특성-요인 직업상담

(1) 특성-요인 직업상담의 기본개념

① 특성-요인 직업상담은 미국의 직업지도 운동가였던 파슨스(Parsons)의 직업지도모델에 기초한다. 파슨스는 이 이론의 기반이 된 3요소 직업지도모델을 구체화하였다.
② 윌리암슨(Williamson)을 비롯한 미네소타대학의 직업심리학자들이 이 이론에 근거한 각종 심리검사를 제작하였다.
③ 개인, 직업, 그리고 개인과 직업 사이의 관계성을 기본으로 하여 만든 직업이론의 원리를 반영하고 있다.
④ 특성(trait)은 개인의 흥미, 적성, 성격, 가치관 등 검사에 의해 측정 가능한 개인의 특징을 말한다.
⑤ 요인(factor)은 직업에서 요구하는 책임감, 성실성, 직업성취도 등 직업수행을 위해 요구되는 특징을 말한다.
⑥ 개인의 특성과 직업에서 요구하는 요인을 과학적이고 합리적인 방법으로 연결하고자 한다.
⑦ 개인의 특성과 직업의 요구 간에 매칭이 잘될수록 생산성과 만족의 가능성은 커진다고 본다.
⑧ 모든 사람에게는 자신에게 맞는 하나의 직업이 존재한다는 가정에서 출발한 이론이다.

> **더 알아보기** 3요소 직업지도모델 · 2015년 2회
>
> 내담자 특성의 객관적인 분석(개인의 분석), 직업세계의 분석(직업의 분석), 과학적 조언을 통한 매칭

(2) 특성-요인 직업상담의 특징 · 2021년 1회, 2020년 1·2(통합)회, 2017년 2회, 2016년 3회, 2014년 2회, 2013년 2회, 2010년 4회, 2008년 3회

① 심리검사이론과 각 개인의 특성을 중시하는 개인차 심리학에 근거를 두고 있다.
② 과학적이고 합리적인 문제해결 방법을 따른다.
③ '직업과 사람을 연결시키기'라는 심리학적 관심을 대표한다.
④ 내담자에 대한 정서적 이해보다 문제의 객관적 이해에 중점을 둔다.
⑤ 특성-요인이론을 따르는 경우에는 진단과정을 매우 중요시하여, 개인적 흥미나 능력 등을 심리검사나 객관적 수단을 통해 밝혀낸다.
⑥ 내담자의 객관적인 진단을 위해 사례나 사례연구를 상담의 중요한 자료로 삼는다.

⑦ 상담자중심의 상담방법이다. 상담자는 내담자의 인지적 측면에 주로 관여하고, 면접에서 주도적 역할을 하며, 교육자의 역할을 한다.
⑧ 내담자에게 정보를 제공하고 학습기술과 사회적 적응기술을 알려주는 것을 중요시한다.
⑨ 특성-요인이론에 따른 직업상담 방법들은 상당히 합리적이고 인지적인 특성을 가지며, 지적인 측면과 객관적 자료를 중시한다.

> **더 알아보기** 미네소타 접근
>
> 특성-요인 직업상담은 의사결정적 접근, 이성적·지시적 상담, 미네소타 견해라고도 하며, 대표적인 학자는 미네소타대학의 윌리암슨(Williamson), 패터슨(Paterson) 등이 있다. 특성-요인 직업상담은 개인의 특성을 측정하기 위한 심리검사의 도구의 개발과 개인차심리학의 발전에 영향을 주었다.
> ※ 특성-요인 직업상담이론에서의 패터슨(D. Paterson)과 내담자중심 직업상담이론에서의 패터슨(C. H. Patterson)은 서로 다른 인물이다.

(3) 특성-요인 직업상담의 인간관

① 인간은 선과 악의 잠재력을 모두 가지고 있는 존재이다.
② 인간은 선을 실현하는 과정에서 타인의 도움이 필요하다.
③ 선의 본질은 자아의 완전한 실현이다.
④ 인간은 누구나 독특한 세계관을 갖고 있다.
⑤ 선한 생활을 결정하는 것은 자기 자신이다.

(4) 특성-요인 직업상담의 목표 2025년 2회, 2017년 2회

① 내담자가 자신이 필요로 하는 정보를 수집, 분석, 종합할 수 있도록 한다.
② 내담자가 자신의 문제를 해결하도록 한다.
③ 내담자가 자기 자신의 가능성을 확인하고, 그 가능성을 활용할 수 있게 한다.
④ 내담자가 합리적인 의사결정을 통해 올바른 선택을 하도록 한다.

(5) 특성-요인 직업상담의 과정(Williamson) 2025년 1회, 2022년 1회, 2021년 2회, 2020년 1·2(통합)회, 2019년 2회, 2018년 3회, 2017년 3회

분석	내담자에 관한 자료수집, 적성·흥미·동기 등의 요소들과 관련된 표준화된 심리검사가 주로 사용된다.
종합	내담자의 다양한 측면(예 성격, 욕구, 태도, 장단점)에 대한 이해를 얻기 위해 분석한 정보를 종합한다.
진단	내담자의 직업문제의 원인과 이를 해결하기 위한 변별적인 진단이 이루어진다.
예측(처치와 처방)	내담자의 진단을 통한 미래 진로에 대한 예언이 이루어지며, 처치와 처방적 시도가 일어난다.
상담	지금까지의 자료를 바탕으로 직업문제를 해결하고 적용할 수 있도록 조력이 이루어진다.
추후(추수)지도	내담자가 상담에서 학습했던 것들을 일상생활에 적용할 수 있도록 지속적인 진전을 강화하고 재평가, 점검한다.

(6) 검사 해석단계 상담기법(Williamson) 2019년 3회

직접 충고	검사결과를 토대로 상담자가 느끼는 솔직한 견해를 직접적으로 전달하는 기법이다.
설득	상담자가 검사자료와 수집한 정보를 분석하여 합리적 의사결정을 하도록 설득하는 기법이다.
설명	검사자료 및 정보에 대해서 내담자가 이해할 수 있도록 상담자가 설명하는 기법이다.

(7) 상담자의 상담 원칙(Darley) 2021년 2회, 2016년 1회
① 강의하듯 거만한 자세는 삼간다.
② 간단한 어휘를 사용하고, 상담 초기 정보제공의 범위를 좁힌다.
③ 정보나 해답을 제공하기 전에 내담자가 정말 알고 싶어하는지 확인한다.

(8) 직업정보의 기능(Brayfield) 2018년 1회, 2015년 1회
① 정보적 기능(정보제공 기능)
    정보를 제공함으로써 내담자의 모호한 의사결정을 돕고, 직업선택에 관한 지식을 증가시킨다.
② 재조정 기능
    내담자가 냉철한 현실에 비추어 부적당한 직업선택을 한 것은 아닌지 점검해 보는 기초를 마련해 준다.
③ 동기화 기능
    내담자가 의사결정 과정에 적극적으로 참여하도록 동기화시킨다.

(9) 특성-요인 직업상담의 평가
① 의의
    ㉠ 객관적 자료를 강조함으로써 상담에 있어 과학적인 접근을 가능하게 했다.
    ㉡ 내담자의 특성을 파악하기 위한 심리검사가 발달하게 된 계기가 되었다.
② 한계
    ㉠ 특성을 중시하면서도 특성이 형성되는 발달과정을 무시하였다.
    ㉡ 특성의 안정성과 지속성에 의문을 제기하는 학자들이 있으며, 논쟁이 되고 있다.
    ㉢ 특정 시기 검사결과가 직업에서의 성공 여부에 대한 예언을 하지 못한다는 예언타당도의 문제가 제기되고 있다.

2 내담자중심 직업상담

(1) 내담자중심 직업상담의 의의
① 로저스(Rogers)의 내담자중심 상담이론의 기본개념에 뿌리를 두고 있으며, 인간의 자유선택의지와 성장에 초점을 두어 인간중심 상담이라고도 한다.
② 내담자들의 선천적인 잠재력과 자기실현의 경향성을 강조하고 있다. 직업진로에 있어서도 내담자들은 특별한 상담과정을 거치지 않더라도 스스로 문제를 해결하고 올바른 직업의사결정을 할 수 있다고 본다.
③ 직업상담에 있어서 특성-요인 상담과 반대되는 입장을 취하고 있다. 즉, 비지시적이며 내담자 주도의 직업상담이다.

(2) 내담자중심 직업상담의 특징 2021년 2회, 2018년 2회
① 내담자는 자아와 경험의 불일치로 인해 현재 어려움을 경험하기 때문에 일시적으로 직업의사결정에 어려움이 있다고 보았다.
② 문제보다는 개인 그 자체를 중시하였다. 즉, 내담자의 직업문제를 진단하기보다 개인이 경험하는 현상의 세계에 주목한다.
③ 몇몇 내담자중심 상담자들은 일반적 적응과 직업적 적응 사이에 관련성이 크지 않다고 보았다.
④ 비지시적 상담을 원칙으로 자아와 일에 대한 정보 부족 혹은 왜곡에 초점을 맞춘다.

⑤ 자기와 일의 세계에 대한 정보 부족과 일치성 부족으로 내담자의 부적응이 발생한다고 보았다.
⑥ 자아의 일치성 회복을 통해 직업선택과 관련된 불안을 줄이고 스스로 올바른 직업의사결정을 하도록 돕는다.

(3) 내담자중심 직업상담의 목표
2017년 2회

① 내담자의 내적 기준에 대한 신뢰를 향상시키도록 도와준다.
② 경험에 대해 보다 개방적이 되도록 도와주고, 지속적인 성장 경향성을 촉진시켜 준다.

(4) 상담자가 갖추어야 할 태도
2019년 2회, 2016년 1회, 2009년 2·3회, 2008년 2·3회, 2007년 3회, 2006년 1회

일치성 또는 진실성	내담자와의 관계에서 상담자의 감정이나 생각을 있는 그대로 인정하고 일치시키되, 있는 그대로 솔직하게 표현한다.
무조건적인 수용	내담자의 말을 비판하거나 평가하지 않고 그대로 수용하여 내담자를 존중한다.
공감적 이해	내담자의 감정과 경험을 공감적 차원에서 이해하려고 노력한다.

(5) 상담반응의 범주화(Snyder)
2017년 3회

① 안내를 수반하는 범주
내담자가 무엇을 이야기해야 하는지에 대해 상담자가 제시해 주는 범주이다.

② 감정에 대한 비지시적 상담범주
상담자의 해석이나 충고, 비평이나 제안 없이 내담자가 표현한 감정을 재진술하는 범주이다.

③ 지시적 상담범주
상담자가 내담자의 생각을 변화시키려 시도하거나, 내담자의 생각에 상담자의 가치를 주입하려 하는 범주이다.

④ 감정에 대한 준지시적 상담범주
내담자의 감정에 대해 해석하는 범주로서, 내담자의 정서나 반응에 대한 상담자의 의미부여 또는 해석 등의 반응이 포함된다.

✓ **교수님의 코멘트**

스나이더(Snyder)는 상담자가 내담자중심 직업상담 동안 나타내 보일 수 있는 반응들을 4가지 범주로 구분하였습니다.

(6) 검사의 사용과 해석에 대한 견해

① 내담자중심의 직업상담에서는 일반적으로 내담자를 진단하기 위한 검사는 불필요하다고 하였으나, 일부 학자들은 경우에 따라서는 내담자의 자기명료화를 위해 검사가 필요하다고 본다.
② 로저스(Rogers)는 직업과 관련된 의사결정에 대해 구체적으로 언급하지 않았으며, 검사의 사용이 내담자의 방어적 태도를 증가시키고 자기수용과 책임을 감소시키며 상담자에 대한 의존성을 높인다고 보았다.
③ 패터슨(Patterson)은 내담자에게 심리검사의 실시 및 해석과 직업정보를 제공할 수 있다고 했으며, 이 두 가지 원리는 이론상 같다고 보았다.

(7) 상담자가 심리검사를 사용할 때의 활동 원칙
2017년 2회

① 검사결과의 선택과 해석에 내담자가 참여하도록 한다.
② 내담자가 알고자 하는 정보와 관련된 검사의 가치와 제한점을 설명한다.

③ 검사의 결과는 비평가적인 방법으로 알린다.
④ 검사결과 입증을 위한 더 많은 자료가 수집될 때까지는 시험적인 태도로 조심스럽게 제시되어야 한다.
⑤ 내담자의 요청이 있을 시 내담자에게 필요한 정보를 제공하기 위해 사용한다(내담자의 객관적 자료를 얻기 위해 사용하는 것이 아님).

(8) 내담자중심 직업정보 활용의 원리(Patterson)   2018년 1회
① 내담자의 입장에서 필요할 때에만 상담과정에 도입하며, 내담자가 직업정보를 검토할 준비태도가 갖추어지기 전까지는 직업정보를 자진해서 제공하지 않는다.
② 직업정보 제공 시 내담자에게 영향을 주거나 내담자를 조작하기 위해 사용하지 않는다.
③ 직업정보를 제공하는 데 있어서 출처를 알려주어 내담자의 자발성을 유도하고 내담자 스스로 얻도록 격려한다.
④ 주어진 직업정보의 직업과 일에 대한 내담자의 감정과 태도가 자유롭게 표현되어야 한다.

> **✓ 교수님의 코멘트**
> 패터슨(Patterson)은 내담자중심 직업상담에서 직업정보 활용의 원리는 검사해석의 원리와 같다고 주장하였습니다.

> **더 알아보기** 특성-요인 직업상담과 내담자중심 직업상담의 비교
>
> | 구분 | 특성-요인 직업상담 | 내담자중심 직업상담 |
> | --- | --- | --- |
> | 주도 | 상담자중심의 상담이다. | 내담자중심의 상담이다. |
> | 중점 | 문제를 중시한다. | 개인을 중시한다. |
> | 상태 | 개인의 과거 경험을 중시한다. | 개인의 현재 상태를 중시한다. |
> | 심리검사 | 검사와 진단은 필요하다. | 반드시 필요한 것은 아니다. |
> | 관계형성 | 공감보다는 촉진적 관계형성이 중요하다. | 공감과 라포를 중시한다. |
> | 성격 | 지시적이다. | 비지시적이다. |

3 발달적 직업상담

(1) 발달적 직업상담의 의의
① 대표적인 학자들은 긴즈버그(Ginzberg), 수퍼(Super), 고트프레드슨(Gottfredson), 타이드만(Tiedeman) 등이 있다.
② 내담자의 진로발달을 개인의 전 생애에 걸쳐 이루어지는 과정으로 보고 있다.
③ 내담자의 생애단계를 통한 진로발달의 측면을 중시한다.
④ 직업상담을 통해 내담자의 개인적·사회적 발달이 촉진될 수 있도록 조력한다.
⑤ 개인의 진로발달은 성장과 함께 행동의 변화 가능성, 즉 변화와 발달을 전제로 하여 출발한다.
⑥ 내담자의 진로 및 직업성숙도는 내담자의 직업의사결정 문제와 긴밀한 관계를 갖는다.
⑦ 진로발달이론은 진로선택의 과정이 개인의 발달과정 및 발달단계에 부합하는 과정으로서 전체 발달과정의 일부라 보며, 이와 같은 진로성숙의 과정에 대해 체계적으로 기술한다.

(2) 직업상담의 평가(진단) 2016년 1회

수퍼(Super)는 내담자의 잠재능력에 중점을 둔 3가지의 평가를 강조하였다. 특히 개인의 평가에서는 통계자료 및 사례연구를 통해 내담자의 교육적·직업적 경험에 관한 정보가 산출되고, 다른 사람들과 비교·평가하는 과정을 통해 내담자의 직업선택 및 직업적응을 예언할 수 있다고 본다.

> ✓ **교수님의 코멘트**
>
> 수퍼는 '진단(diagnosis)'이라는 표현 대신 '평가(appraisal)'라는 말을 사용하였습니다. 이는 평가라는 개념이 진단이라는 개념보다 포괄적이고 긍정적이기 때문입니다.

① 문제의 평가

내담자가 겪고 있는 어려움이나 직업상담에 대한 내담자의 기대를 평가한다.

② 개인의 평가

심리검사, 사례연구 등을 통해 내담자의 심리적·사회적 및 신체적 차원에서 개인의 상태에 대한 분석이 이루어진다.

③ 예언평가

문제의 평가와 개인의 평가 및 내담자의 직업적 평가를 바탕으로 내담자가 성공하고 만족할 수 있는 것에 대한 예언이 이루어진다.

(3) 수퍼(Super)의 발달적 직업상담 과정 2025년 2회, 2020년 3회, 2019년 2회, 2016년 2·3회, 2015년 1회

단계	과정	내용
1단계	문제의 탐색 및 자아개념 묘사	비지시적 방법으로 문제를 탐색하고 자아개념을 표출한다.
2단계	심층적 탐색	지시적 방법으로 진로탐색의 문제를 설정한다.
3단계	자아수용 및 자아통찰	비지시적 방법으로 사고와 감정을 명료화하여 자아수용과 자아통찰을 얻는다.
4단계	현실검증	지시적 방법으로 심리검사, 직업정보, 과외활동 경험 등을 통해 수집된 사실적 자료들을 탐색하여 현실을 검증한다.
5단계	태도와 감정의 탐색과 처리	비지시적인 방법으로 현실검증에서 얻은 태도, 감정을 통하여 자신과 일의 세계를 탐색하고 처리한다.
6단계	의사결정	비지시적인 방법으로 의사결정을 위한 대안과 행동을 검토한다.

(4) 발달적 직업정보가 갖추어야 할 조건 2022년 2회, 2017년 3회

① 사회경제적 측면에서 수준별 직업의 유형 및 그러한 직업들의 특성에 대한 정보
② 부모와 개인의 직업적 수준과 그 차이, 그리고 그들의 적성, 흥미, 가치들 간의 관계에 대한 정보
③ 특정 직업분야의 접근 가능성과 개인의 적성, 가치관, 성격특성 등의 요인들 간의 관계에 대한 정보
④ 사람들이 주로 어떤 직업에서 어떤 직업으로 옮겨가고 있으며, 그 비율은 어느 정도이고, 이러한 직업의 이동 방향과 비율을 결정하는 요인에는 어떤 것들이 있는가에 대한 정보(주의: 근로자의 이직양상이 아님)

(5) 발달적 직업상담의 기법

① 진로 자서전

내담자가 과거에 어떤 진로의사결정을 했는지를 자유롭게 기술하게 한다. 일상의 경험, 학과 선택, 일 경험 등이 포함된다.

② 의사결정 일기

진로 자서전의 보충역할을 하며, 내담자의 진로 상황에서 의사결정방식을 작성해 보도록 한다.

> **더 알아보기** 진로수첩이 내담자에게 미치는 유용성   2022년 2회, 2017년 2회
>
> 진로수첩은 자신의 진로와 관련된 정보 및 자료를 스스로 정리하도록 고안된 소책자로, 내담자, 고용주, 상담자 모두에게 유용한 검사도구로, 그중 내담자의 입장에서는 다음과 같은 이점이 있다.
> - 자기평가를 통해 자신감과 자기인식을 증진시킨다.
> - 일관련 태도 및 흥미에 대한 지식을 증진시킨다.
> - 다양한 경험들이 어떻게 직무관련 태도나 기술로 전환될 수 있는지에 대한 이해를 발전시킨다.
> - 교육 및 진로계획을 향상시킨다.
> - 고용주에게 자기를 소개하는 방편이 될 수 있다.

4 정신역동적 직업상담

(1) 정신역동적 직업상담의 의의   2020년 1·2(통합)회, 2017년 1회
① 정신역동적 직업상담은 정신분석학에 뿌리를 두고, 직업의사결정에 있어 개인의 심리적인 요인을 강조하는 상담으로 보딘(Bordin)이 개념화했다.
② 정신분석학과 특성-요인 직업상담 및 내담자중심 직업상담의 개념을 통합한 접근법이다.
③ 직업과 사람을 연결시키는 것에 기초를 두고 있지만, 어떻게 그와 같은 선택이 이루어지는가에 대한 복잡한 개념들을 설명하기 위해 내담자의 동기유발과 방어기제에 초점을 둔다.
④ 내담자의 생애 초기 욕구와 발달과정을 중시하며, 욕구를 직업선택의 주요 요인으로 간주한다.
⑤ 개인의 직업(일)을 승화의 개념으로 설명하는 이론이다.

(2) 보딘(Bordin)의 정신역동적 직업상담의 과정   2019년 2회
① 탐색과 계약설정의 단계
  ㉠ 내담자의 욕구와 정신역동을 탐색할 수 있도록 돕고, 상담전략을 합의하는 단계이다.
  ㉡ 내담자에 대한 충고보다는 허용적이고 온정적인 관심을 보인다.
② 중대한(핵심) 결정의 단계
  ㉠ 중대한 결정은 진로에 대한 선택과 목표를 성격 변화 등으로 확대할 것인지 고려해 보는 단계이다.
  ㉡ 개인의 성격에 맞추어 직업을 변경할 것인지, 직업에 맞추어 성격을 변경할 것인지 결정한다.
③ 변화를 위한 노력의 단계
  ㉠ 내담자가 어느 정도의 인성 변화를 일으킬 것이라고 가정한다. 이때 상담자는 자아의 인식과 이해를 확대하도록 조력한다.
  ㉡ 자신이 선택한 직업이 필요로 하는 부분에 대하여 변화를 모색하고 자신의 성격, 욕구 등을 변화시키고자 하는 노력의 단계이다.

(3) 정신역동적 직업상담의 기법   2024년 2회, 2021년 1·2회, 2019년 3회, 2017년 1·3회, 2016년 1회
① 명료화
  ㉠ 현재 진로문제에 대한 내담자의 생각과 감정을 요약함으로써 명료하게 재인식시켜 주는 것이다.
  ㉡ 상담자는 명료화를 돕기 위해 내담자에게 덜 위협적인 개방형 질문, 부드러운 명령, 단순화된 진술의 형태를 취한다.
② 비교
  ㉠ 두 가지 이상의 주제에 대하여 내담자의 가치에 우선순위를 두는 것으로, 내담자의 현재 문제와 과거 진로발달상의 역동적인 현상들 사이의 유사점과 차이점을 비교하여 파악하는 방법이다.

ⓒ 비교는 말 그대로 진로상의 두 가지 이상의 주제들을 나란히 놓는 것이다. 이러한 기법은 개인적 발달과 진로발달의 상호관계를 설명할 때 특히 편리하다. 또한 진로상담의 과정에서 새로운 방향을 찾아내기 위하여 내담자의 과거 행동과 현재 행동을 대조시킬 수도 있다. 이러한 대조는 진로상담 동안 내내 사용될 수 있지만, 특히 상담의 중간단계에서 가장 많이 사용된다.

③ 소망-방어체계의 해석
  ㉠ 소망-방어체계를 해석함으로써 상담자는 내담자에게 내적 동기 상태와 진로의사결정 과정 간의 연관성을 인식시킬 수 있다.
  ㉡ 소망(동기)-방어(현실)체계의 해석은 내담자로 하여금 자기인식을 하도록 돕는 과정으로서, 다른 두 가지 반응에 비해 그 목적이 상당히 치료적이다.

> ✓ **교수님의 코멘트**
> 보딘(Bordin)은 면담을 이끄는 데 사용할 수 있는 상담자의 해석적인 반응범주를 명료화, 비교, 소망-방어체계의 해석 세 가지로 열거하였습니다.

(4) **정신역동적 직업상담의 검사를 바라보는 견해**
  ① 보딘은 내담자가 적극적으로 검사의 선택에 참여하도록 제안하였다. 즉, 내담자의 심리상태에 대한 이해와 상담에 대한 내담자의 기대를 충족시키기 위해 검사는 필요하다고 보았다.
  ② 심리검사는 내담자가 자기탐색을 보다 깊이 할 수 있도록 하며, 직업상담에 대해 현실적인 기대를 가지도록 돕는다고 보았다.

5 행동주의 직업상담

(1) **행동주의 직업상담의 의의**
  ① 행동주의 이론에 뿌리를 둔 이론이다.
  ② 내담자의 진로행동을 변화시키는 학습에 초점을 둔다.
  ③ 행동주의 관점에서 내담자의 진로문제와 부적응 행동을 학습된 것으로 본다.
  ④ 다양한 방법에 의해 내담자의 부적응 행동을 바람직한 적응 행동으로 대치시키는 데 조력한다.
  ⑤ 내담자의 의사결정 문제의 근본적인 원인이 되는 불안을 제거하고, 직업결정기술을 학습시키는 것을 목표로 한다.

(2) **행동주의 직업상담에서 내담자의 문제유형**
2025년 3회, 2024년 2회, 2021년 1회

> ✓ **교수님의 코멘트**
> 굿스타인(Goodstein)은 행동주의 직업상담에서 의사결정을 내리지 못하는 이유를 불안으로 보고, 내담자의 문제유형을 두 가지로 구분하였습니다.

① 우유부단
  ㉠ 내담자의 진로 미성숙에 기인하여 자아와 일의 세계에 대한 정보의 결핍이 그 원인이다.
  ㉡ 상담과 정보를 제공하면 의사결정력이 상승한다.
② 무결단성
  ㉠ 부모의 지시나 강압에 의한 직업선택 등 환경에 의한 요구나 압력에 대하여 자신의 무력감을 경험한다.
  ㉡ 정보가 주어지고 직업상담이 끝난 후에도 결정을 못 내리는 경우이다.

(3) 불안감소기법
2018년 1·2회, 2016년 2회, 2014년 3회, 2013년 1회, 2012년 2회

① 홍수법

특정 불안과 공포증을 가진 환자에게 단번에 강한 공포자극에 장시간 직면하게 하여 불안을 치료하는 방법이다.

② 주장훈련

불안을 역제지하는 방법으로, 대인관계에서 오는 불안제지 효과를 갖는다. 내담자로 하여금 대인관계의 상황에 효과적으로 대처하기 위해 필요한 기술과 태도를 갖추게 하는 데 목적이 있다.

③ 체계적 둔감법
2022년 1회, 2020년 1·2(통합)·3회

불안과 공포증이 있는 환자에게 불안조건을 점층적으로 노출시켜 둔감화시키는 치료법으로, 3단계에 거쳐 진행된다.

㉠ 1단계 - 근육이완훈련: 근육을 이완시켜 긴장상태에서 벗어날 수 있도록 훈련한다. 근육이완훈련은 먼저 손과 팔의 근육의 긴장을 이완하는 것으로 시작하여 머리, 어깨, 목, 가슴과 몸통, 다리의 순으로 진행된다.

㉡ 2단계 - 불안위계목록 작성: 불안을 일으키는 정도가 낮은 자극(상황)부터 높은 자극(상황)까지 불안위계목록을 10~20개 정도 작성한다.

㉢ 3단계 - 둔감화: 점차로 위계목록 상위로 노출시켜 불안이 완전히 소거될 때까지 훈련한다.

④ 금지조건형성

내담자에게 추가적 강화 없이 불안반응을 일으킬 만한 단서를 지속적으로 제시함으로써, 불안감정을 점차적으로 소거시키는 기법이다.

> **더 알아보기** 체계적 둔감법의 원리와 종결
>
> - **원리**: 내담자의 부적절한 행동을 변화하는 데 자주 사용하는 체계적 둔감화는 이완상태와 긴장상태가 공존할 수 없다는 '상호억제'의 원리를 따르고 있다.
> - **종결**: 먼저, 근육이 이완된 상태에서 작성된 불안위계목록에 따라 가장 불안을 적게 유발하는 불안자극에서부터 차례대로 불안자극을 제시한다. 불안을 유발하는 자극은 실물이나 실제적인 상황을 통해서 이루어질 수 있으나 상상을 통한 자극의 제시를 많이 사용한다. 불안을 가장 많이 유발하는 불안자극을 상상해도 근육이 이완되어 있으면 불안이 해소되었다고 보고 종결한다.

(4) 학습촉진기법
2024년 1회, 2022년 2회, 2018년 2회, 2016년 2회

① 강화

학습자에게 강화물을 제공하여, 특정 행동의 빈도가 높아지도록 하는 행동수정방법이다. 내담자의 행동에 개입하여 보상교환 등의 긍정적인 피드백을 제공함으로써 정적 행동을 유도하거나 특정 행동을 조장한다.

② 변별학습

강화와 학습의 원리를 이용하여, 자신의 능력과 태도를 변별하고 비교하게 하는 방법이다. 유사한 자극에서 나타나는 조그만 차이에 따라 서로 다른 반응을 보이도록 유도한다.

③ 모델링(모방)

다른 사람들의 행동이나 결과를 관찰함으로써 결정행동학습을 촉진시킨다. 타인의 행동에 대한 관찰 및 모방에 의한 학습을 통해 내담자로 하여금 문제행동을 수정하거나 학습을 촉진하도록 한다.

④ 토큰법

내담자의 바람직한 행동이 일어날 때 원하는 다양한 물건과 교환할 수 있는 강화물로 토큰을 부여하는 체계적인 강화기법이다.

> **더 알아보기**
>
> ■ 학습촉진기법과 불안감소기법
>
> | 학습촉진기법 | 강화, 변별학습, 대리학습(모델링), 행동조성(조형), 토큰경제(상표제도) 등 |
> |---|---|
> | 불안감소기법 | 체계적 둔감법, 홍수법, 혐오치료, 내적 금지(금지조건형성), 반조건형성(역조건형성), 주장훈련(주장적 훈련), 자기표현훈련 등 |
>
> ■ 직업상담에서의 학습촉진기법
> - 변별학습은 직업심리 검사도구들을 이용하여 내담자로 하여금 자신의 직업선택이나 직업결정의 능력 및 태도 등을 변별하고 비교해 보도록 하는 방식으로 이루어진다.
> - 강화는 내담자의 직업선택이나 직업결정 행동에 대해 상담자가 긍정적 혹은 부정적 반응을 보이는 방식으로 이루어진다.
> - 사회적 모델링과 대리학습은 타인의 직업결정 행동에 대한 관찰 및 모방에 의한 학습을 통해 내담자로 하여금 자신의 직업결정 행동을 학습할 수 있도록 하는 방식으로 이루어진다.

(5) 행동주의 직업상담에서 부적 행동을 감소시키는 방법(특정 공포를 치료하는 방법)

체계적 둔감법	내담자의 불안을 없애기 위하여 불안반응을 체계적으로 증대시켜 둔감화한다.
노출치료	실제적 노출법, 심상적 노출법, 점진적 노출법, 홍수법이 있다.
이완훈련	신체적 이완을 통해 불안과 공포를 감소시킨다.

(6) 행동주의 직업상담의 한계   2019년 2회

행동주의 직업상담은 내담자의 정보획득 부족으로 인한 우유부단함을 치료하는 데는 효과적이지만, 직업결정 문제의 원인으로 불안에 대한 이해와 불안을 규명하는 방법이 결여되어 있다.

6 크릿츠(Crites)의 포괄적 직업상담

(1) 포괄적 직업상담의 의의   2018년 2회, 2017년 2회, 2015년 2회

① 크릿츠는 진로상담에 관련된 여러 이론들의 단점을 보완하고 장점을 통합하여 포괄적인 직업상담을 개발하였다.
② 정신분석이론, 행동주의 이론, 인간중심이론, 특성-요인이론 등 다양한 상담이론을 통합한 것으로, 특히 모든 상담의 진단과정을 고려하였다.
③ 직업상담의 목적에는 진로선택, 의사결정 기술의 습득, 일반적 적응의 고양이 포함된다.
④ 직업상담의 과정에는 진단, 문제분류, 문제 구체화, 문제해결의 단계가 있다고 보았다. 이러한 목적을 달성하기 위해 면담기법, 검사해석, 직업정보 등이 직업상담 과정에 포함되어야 한다.

(2) 포괄적 직업상담의 특징   2021년 1회

① 논리적인 것과 경험적인 것을 의미 있게 절충시킨 모형이다.
② 진단은 변별적이고 역동적인 성격을 가지고 있다.
③ 검사의 역할을 중시하며 검사를 효율적으로 사용한다.

④ 직업적성검사, 직업흥미검사 등의 직업심리검사를 활용하여 내담자의 문제를 분류하고, 진로성숙도 검사(CMI)를 통해 내담자의 직업선택에 대한 능력과 태도를 검토하였다.

(3) 포괄적 직업상담의 과정
2025년 2·3회, 2019년 3회

① 1단계 – 진단단계
㉠ 내담자에 대한 폭넓은 검사자료와 상담을 통한 자료가 수집되는 단계이다.
㉡ 상담자는 내담자에 대한 진로문제를 파악하기 위해 자료를 모은다.
㉢ 상담자는 내담자가 직업선택에서 가졌던 문제들을 상담할 수 있다.

② 2단계 – 명료화 또는 해석의 단계
㉠ 내담자의 문제를 명료화하거나 해석하는 단계이다.
㉡ 상담자와 의사결정의 과정을 방해하는 태도와 행동을 확인하며 함께 대안을 탐색한다.
㉢ 상담자는 직업심리검사를 통해 내담자의 문제를 명료화할 수 있다.

③ 3단계 – 문제해결의 단계
㉠ 내담자가 자신의 문제를 확인하고 적극적으로 참여하는 단계이다.
㉡ 문제해결을 위해 앞으로 어떤 행동을 취해야 하는가를 결정한다.
㉢ 상담자는 상담과 검사를 통해 얻어진 자료를 바탕으로 직업문제 해결을 위한 직업정보를 제공할 수 있다.

(4) 포괄적 직업상담의 상담 단계별 접근법
2021년 2회, 2017년 3회

초기단계	진단단계	• 발달적 접근법과 내담자중심 접근법을 활용한다. • 내담자의 문제 원인과 내담자 개인에 대한 탐색을 촉진시킨다.
중간단계	명료화단계	• 정신역동적 접근법을 활용한다. • 내담자의 문제에서 장애의 원인이 되는 요인을 명료하게 밝혀 제거하고자 한다.
마지막단계	문제해결단계	• 특성-요인적 접근법과 행동주의적 접근법을 활용한다. • 상담자는 능동적이고 지시적인 태도로 내담자의 문제해결에 개입한다.

(5) 포괄적 직업상담에서의 검사의 활용
2024년 2회, 2020년 4회

① 포괄적 직업상담에서는 상담 전체단계에서 검사를 효율적으로 활용한다.
② 내담자가 가진 진로상의 문제를 가려내기 위해 변별적인 진단검사를 한다. 변별적 진단검사로는 직업성숙도검사, 직업적성검사, 직업흥미검사 등이 사용된다.
③ 역동적 진단에서는 심리측정 자료에만 의존한 통계적인 오류를 보완하기 위해 내담자와의 상호작용을 통해 상담자에 의한 주관적 오류를 보완한다.
④ 결정적 진단에서는 직업선택 및 의사결정의 과정에서 나타나는 내담자의 다양한 문제에 초점을 둔다.

(6) 포괄적 직업상담의 평가

① 의의
㉠ 포괄적 직업상담은 다양한 직업상담 접근방법들의 단점을 보완하고 장점을 통합하였다.
㉡ 여러 상담이론의 진단체계를 가져옴으로써 체계적인 진단체계를 구축하였다.

② 한계
직업상담의 문제에 있어 진학상담과 취업상담에는 적합하지만, 취업 후 직업적응 문제를 깊이 있게 다루지 못한다.

CHAPTER 02 직업상담의 이론 및 접근방법

핵심 기출문제

01 내담자가 통찰한 것을 실제 생활로 옮겨서 변화를 일으키는 단계는? 2022년 3회

① 저항
② 해석
③ 훈습
④ 전이

02 정신역동 상담이론에 관한 설명으로 옳은 것은? 2016년 2회

① 정신분석에서 해석은 목적지향적으로 이루어진다.
② 개인심리학에서 내담자의 심리내적인 갈등이 가장 중시된다.
③ 정신분석에서 내담자가 상담자에게 느끼는 모든 감정은 전이의 표현이다.
④ 개인심리학에서 상담자는 내담자에 대한 광범위한 격려의 사용을 권장한다.

03 개인주의 상담에서 허구적 최종목적론에 관한 설명으로 틀린 것은? 2017년 3회

① 인간의 행동을 유도하는 상상된 중심목표를 설명하기 위한 것이다.
② 허구나 이상이 현실을 보다 더 효과적으로 움직인다.
③ 인간은 현실적으로 전혀 실현 불가능한 많은 가공적인 생각에 의해서 살아가고 있다.
④ 인간의 행동은 미래에 대한 기대에 의해 좌우되기보다는 과거 경험에 의해서 더 좌우된다.

빈출

04 행동주의 상담에서 외적인 행동변화를 촉진시키는 방법은? 2019년 2회, 2017년 1회

① 체계적 둔감법
② 근육이완훈련
③ 인지적 모델링과 사고정지
④ 상표제도

꼼꼼하게 풀어 주는 정답과 해설

01 ③ 훈습은 내담자가 통찰한 것을 실제 생활로 옮겨서 변화를 일으키는 단계로, 내담자의 통찰을 변화로 이끄는 것을 방해하는 저항에 대해 반복적이고 점진적으로 정교하게 탐색하는 과정이다.

오답풀이
① 저항은 내담자의 현 상태를 유지시키고 변화를 막는 모든 생각, 태도, 감정, 행동을 의미한다.
② 해석은 상담자가 내담자의 저항 등에서 나타나는 행동의 무의식적인 의미를 내담자에게 지적하고 설명하는 것이다.
④ 전이는 내담자들의 과거에 중요하고 의미 있는 사람과의 관계에서 발생했으나 억압되어 무의식에 묻어두었던 감정이나 생각을 상담자에게 표현하는 현상을 말한다.

02 ④ 정신역동 상담이론들을 총칭하는 문제로 정신역동적 상담이론에는 정신분석이론, 개인주의 심리학이 포함된다. 개인심리학에서는 내담자의 격려에 초점을 두는데, 이는 격려를 열등감을 극복하고 공동체의식을 갖게 하는 결정적인 촉매로 보기 때문이다.

03 ④ 근본적으로 인간은 미래지향적인 삶의 목적을 향해 행동(노력)하는 존재이다. 이러한 인간의 행동을 유도하는 것이 상상의 중심인 허구적 최종목적론이며, 최종목적론을 통해 인간의 동기, 원인, 행동 등을 추론, 설명할 수 있다. 따라서 인간의 행동은 과거 경험에 의해 좌우되기보다는 미래에 대한 기대에 의해서 더 좌우된다.

04 ④ 행동주의 상담에서 외적인 행동변화를 촉진시키는 방법으로는 상표제도(토큰경제), 모델링, 주장훈련, 자기관리 프로그램 등이 있다.

오답풀이
①, ②, ③ 내적인 행동변화 기법에 해당한다.

정답 01 ③ 02 ④ 03 ④ 04 ④

05 다음 설명에 해당하는 행동주의 상담기법은?

2017년 3회

- 불안을 역제지하는 방법으로 사용한다.
- 대인관계에서 오는 불안의 제거에 효과적이다.
- 이 기법의 목표는 내담자로 하여금 광범위한 대인관계의 상황에 효과적으로 대처하기 위해 필요한 기술과 태도를 갖추게 하는 데 있다.

① 모델링
② 주장훈련
③ 자기관리 프로그램
④ 행동계약

06 아래 내용 중 인간중심 상담에서 중요하게 요구되는 상담자의 태도로 짝지어진 것은?

2019년 2회, 2015년 3회

ㄱ. 해석 ㄴ. 진솔성
ㄷ. 공감적 이해 ㄹ. 무조건적 수용
ㅁ. 맞닥뜨림

① ㄱ, ㄴ, ㄷ   ② ㄴ, ㄷ, ㄹ
③ ㄱ, ㄹ, ㅁ   ④ ㄴ, ㄷ, ㅁ

07 인간중심 상담의 실현화 경향성에 관한 설명으로 틀린 것은?

2017년 1회

① 유기체의 성장과 향상, 즉 발달을 촉진하고 지지한다.
② 성숙의 단계에 포함된 성장의 모든 국면에 영향을 준다.
③ 동물을 제외한 살아 있는 모든 사람에게서 볼 수 있다.
④ 유기체를 향상시키는 활동으로부터 도출된 기쁨과 만족을 강조한다.

08 다음 중 형태주의 상담기법과 가장 거리가 먼 것은?

2018년 2회

① 꿈 작업
② 빈 의자 기법
③ 과장하기
④ 탈중심화

꼼꼼하게 풀어 주는 정답과 해설

05 오답풀이
① 모델링 또는 대리학습은 타인의 행동에 대한 관찰 및 모방에 의한 학습을 통해 내담자로 하여금 문제행동을 수정하거나 학습을 촉진하는 기법으로 실행에 중점을 두는 기법이다.
③ 자기관리 프로그램은 내담자가 자기지시적인 삶을 영위하기 위해 자기강화 기법을 적극적으로 활용하는 기법이다.
④ 행동계약이란 행동계약을 통하여 정해진 기간 내에 각자가 해야 할 행동을 정해 놓고 지키는 학습방법이다.

06 ② 진솔성, 공감적 이해, 무조건적 수용이 요구된다.
*인간중심(내담자중심) 상담에서 상담자가 갖추어야 할 태도
- 일치성 또는 진실성: 직업상담 시 내담자와의 관계에서 상담자의 감정이나 생각을 있는 그대로 인정하고 일치시키되 솔직하게 표현한다.
- 무조건적인 수용: 직업상담에 있어 내담자의 말을 비판하거나 평가하지 않고 그대로 수용함으로써 내담자를 존중한다.
- 공감적 이해: 직업상담에 있어 내담자의 감정과 경험을 공감적 차원에서 이해하려고 노력한다.

07 ③ 유기체의 성장이나 향상을 촉진하고 지지하는 것을 자기실현 경향성이라고 한다. 따라서 모든 살아 있는 유기체는 자기실현 경향성을 타고나는데, 이는 개인이 가진 모든 생리적·심리적 욕구와 연관된다. 즉, 자기실현 경향성은 동물을 포함한 유기체를 유지하는 데 기여한다.

08 ④ 탈중심화는 타인의 관심이 자신에게만 집중되었다고 믿는 부적절한 중심화적 사고를 수정하는 인지치료기법에 해당한다.

정답 05 ② 06 ② 07 ③ 08 ④

09 실존주의 상담에 관한 설명으로 틀린 것은?
2024년 1회, 2023년 1·2회, 2022년 1회

① 정형화된 상담 모형과 상담자 훈련 프로그램이 마련되어 있지 않은 것이 한계점이다.
② 인간을 자기인식능력을 지닌 존재로 본다.
③ 상담자는 내담자가 스스로 삶의 의미와 목적을 발견하고, 삶을 주체적으로 선택하고 책임지도록 돕는 것을 목표로 한다.
④ 실존주의 상담에서 가정하는 인간의 궁극적 관심사는 무의식의 자각이다.

10 인지적-정서적 상담에 관한 설명으로 틀린 것은?
2022년 1회

① Ellis에 의해 개발되었다.
② 모든 내담자의 행동적-정서적 문제는 비논리적이고 비합리적인 사고에서 발생한 것이다.
③ 성격 자아상태 분석을 실시한다.
④ A-B-C 이론을 적용한다.

11 인지상담에서 주장하는 인지적 오류를 모두 고른 것은?
2017년 3회

ㄱ. 자동적 사고	ㄴ. 흑백논리
ㄷ. 자극 일반화	ㄹ. 임의적 추론
ㅁ. 선택적 추상화	

① ㄱ, ㄴ, ㄷ   ② ㄱ, ㄴ, ㅁ
③ ㄱ, ㄷ, ㄹ   ④ ㄴ, ㄹ, ㅁ

12 REBT 상담의 ABCDE 원리에 비추어 볼 때 아래 자료에서 'B'에 해당하는 것은?
2015년 1회

가. 현실적으로 부모와 선배에게 상의를 함
나. 직업상담사 시험에 실패하여 실망한 우울한 상태임
다. 불안, 자기혐오, 분노 등을 느끼게 되어 어떤 대처를 함
라. 일이 뜻대로 진행되지 않는다면 끔찍할 것이라는 생각을 함

① 가   ② 나
③ 다   ④ 라

꼼꼼하게 풀어 주는 정답과 해설

09 ④ 실존주의 상담에서 가정하는 인간의 궁극적 관심사는 무의미성이다. 무의식의 자각은 정신분석이론에 해당하는 개념이다.

얄롬(Yalom)의 실존주의의 궁극적 관심사
- 죽음: 죽음의 불가피성이 삶의 유한성을 더욱 가치 있게 만든다.
- 자유: 인간은 자기결정적인 존재로서 선택할 능력과 책임이 있다.
- 소외(고립): 인간은 자신의 실존적 고립에 직면함으로써 타인과 성숙한 관계를 맺을 수 있다.
- 무의미성: 인간은 인생을 살아가면서 끊임없이 삶의 의미를 추구한다.

10 ③ 교류분석 이론의 개념이다.

오답풀이
①, ②, ④ 인지적-정서적 상담은 Ellis에 의해 개발되었으며, 내담자의 행동적-정서적 문제는 비논리적이고 비합리적인 사고에서 발생한 것으로, ABCDE모형(ABC이론)을 적용하여 치료하고자 하였다.

11 ④ 인지적 오류에 해당하는 것은 흑백논리, 임의적 추론, 선택적 추상화이다.

*인지적 오류
ㄴ. 흑백논리(이분법적 사고): 사고의 판단의 과정을 단순히 이분화시키므로 생기는 오류이다.
ㄹ. 임의적 추론(자의적 추론): 결론을 지지하는 증거가 없음에도 임의적으로 결론을 내리는 오류이다.
ㅁ. 선택적 추상(정신적 여과): 부정적인 일부 세부사항(실패 또는 부족한 점)만을 기초로 결론을 내리고, 전체를 보려 한다. 즉 중요한 부분은 무시한 채 사소한 부분에 초점을 맞춘다.

12 ④ REBT(인지·정서·행동 상담)의 ABCDE모형에서 B란 내담자의 비합리적 신념(Belief)을 의미한다. 제시된 내용 중 내담자의 비합리적 신념은 일이 뜻대로 진행되지 않는다면 끔찍할 것이라는 생각을 하는 것이다.

정답 09 ④   10 ③   11 ④   12 ④

13 교류분석 상담의 상담과정에서 내담자 자신의 부모자아, 성인자아, 어린이자아의 내용이나 기능을 이해하는 방법은?

2024년 2회, 2021년 3회, 2017년 2회

① 구조분석 　② 의사교류분석
③ 게임분석 　④ 생활각본분석

14 특성-요인 상담의 목표가 아닌 것은?

2024년 3회, 2017년 2회, 2013년 2회

① 내담자가 잠재적인 모든 개성을 발달시키는 데 주력한다.
② 내담자가 자기 자신의 가능성을 확인하고 그 가능성을 활용할 수 있게 한다.
③ 내담자는 자신이 필요로 하는 정보를 수집, 분석, 종합할 수 있도록 한다.
④ 내담자는 자신의 문제를 해결하도록 한다.

15 내담자중심 상담이론의 특징이 아닌 것은?

2017년 3회, 2016년 1·2회

① 동일한 상담원리를 정상적 상태에 있는 사람이나 정신적으로 부적응인 상태에 있는 사람 모두에게 적용한다.
② 상담은 모든 건설적인 대인관계의 실제 사례 중 단지 하나에 불과하다.
③ 실험에 기초한 귀납적인 접근방법이며, 실험적 방법을 상담과정에 적용한다.
④ 상담의 과정과 그 결과에 대한 연구조사를 통하여 개발되어 왔다.

16 Bordin의 정신역동적 진로상담기법과 가장 거리가 먼 것은?

2019년 3회

① 비교
② 순수성
③ 명료화
④ 소망-방어체계에 대한 해석

정답과 해설

13 ① 교류분석 상담과정의 구조분석은 자아상태를 부모자아, 성인자아(어른자아), 어린이자아로 구분하여 그에 대한 내용을 통찰함으로써 부적절한 사고를 변화시키며, 세 가지 자아상태를 적절히 활용할 수 있도록 돕는 과정이다.
14 ① 내담자중심 상담의 목표에 해당한다.
15 ③ 실험에 기초한 귀납적인 접근방법이며 실험적 방법을 상담과정에 적용하는 것은 행동주의 상담이론의 특징이다.
16 ② 순수성은 거리가 멀다.
＊정신역동적 직업상담(진로상담)의 면담기법
• 명료화: 현재 진로문제에 대한 내담자의 생각과 감정을 요약함으로써 명료하게 재인식시켜 주는 것이다.
• 비교: 두 가지 이상의 주제에 대하여 내담자의 가치에 우선순위를 두는 것이다.
• 소망-방어체계에 대한 해석: 내담자로 하여금 자기인식을 하도록 돕는 과정이다.

정답 13 ① 14 ① 15 ③ 16 ②

17 정신역동적 직업상담을 구체화한 Bordin의 직업상담의 3단계 과정이 아닌 것은? 2019년 2회

① 관계설정
② 탐색과 계약설정
③ 핵심결정
④ 변화를 위한 노력

18 Super가 제시한 발달적 직업상담 단계에서 다음 ( )에 알맞은 것은? 2019년 2회, 2016년 3회

```
1단계: 문제탐색 및 자아개념 묘사
2단계: 심층적 탐색
3단계: (      ㄱ      )
4단계: (      ㄴ      )
5단계: (      ㄷ      )
6단계: 의사결정
```

① ㄱ: 태도와 감정의 탐색과 처리
   ㄴ: 현실검증
   ㄷ: 자아수용 및 자아통찰
② ㄱ: 현실검증
   ㄴ: 태도와 감정의 탐색과 처리
   ㄷ: 자아수용 및 자아통찰
③ ㄱ: 현실검증
   ㄴ: 자아수용 및 자아통찰
   ㄷ: 태도와 감정의 탐색과 처리
④ ㄱ: 자아수용 및 자아통찰
   ㄴ: 현실검증
   ㄷ: 태도와 감정의 탐색과 처리

19 행동주의 직업상담에서 사용되는 학습촉진기법과 가장 거리가 먼 것은? 2018년 2회, 2013년 1회

① 강화
② 내적 금지
③ 사회적 모델링과 대리학습
④ 변별학습

20 포괄적 직업상담에 관한 설명으로 틀린 것은? 2023년 3회, 2021년 1회, 2014년 1회

① 논리적인 것과 경험적인 것을 의미 있게 절충시킨 모형이다.
② 진단은 변별적이고 역동적인 성격을 가지고 있다.
③ 상담의 전반적인 진행에서 특성-요인이론과 행동주의 이론으로 접근한다.
④ 검사의 역할을 중시하며 검사를 효율적으로 사용한다.

꼼꼼하게 풀어 주는 정답과 해설

17 ① 관계설정은 관련이 없다.
　＊보딘(Bordin)의 정신역동적 직업상담 과정
　1. 탐색과 계약설정의 단계
　2. 중대한(핵심) 결정의 단계
　3. 변화를 위한 노력의 단계

18 ④ 수퍼(Super)의 발달적 직업상담 과정은 '문제탐색 및 자아개념 묘사 → 심층적 탐색 → 자아수용 및 자아통찰 → 현실검증 → 태도와 감정의 탐색과 처리 → 의사결정'의 단계를 거친다.

19 ② 행동주의 직업상담에서 사용되는 학습촉진기법에는 강화, 변별학습, 대리학습(모델링), 행동조성(조형), 토큰경제(상표제도) 등이 있다. 내적 금지(금지조건형성)는 불안감소기법이다.

20 ③ 포괄적 직업상담은 여러 이론들의 다양한 기법들을 절충한 것이다. 상담의 초기단계에서는 진단 및 탐색이 이루어지므로 인간중심 접근법과 발달적 접근법이 주로 활용된다. 중간단계에서는 내담자의 문제에서 긍정적·촉진적 요인을 찾아 이를 격려하기 위해 주로 정신역동적 접근법을 활용한다. 마지막단계에서는 상담자가 내담자의 문제해결에 보다 능동적이고 지시적인 태도로 개입하기 위해 특성-요인 및 행동주의적 접근법이 활용된다.

정답 17 ① 18 ④ 19 ② 20 ③

CHAPTER 03 진로·직업상담의 실제

회당 평균 출제 문항수 **3개**

수험 전략
- 평균 2~4문항이 출제되는 영역으로 출제 비중은 낮은 편이다.
- 2025년 출제기준 변경에 새롭게 추가된 신영역으로 기존 직업상담학의 직업상담의 기법에 속한 영역에서 주로 출제되고 있다.
- 진로상담, 취업상담, 목표설정 및 진로시간전망, 대안개발과 의사결정, 직업복귀상담, 윤리강령 등을 다룬다.
- 기존 직업상담학의 직업상담의 기법에 속한 영역을 중점적으로 목표설정 및 진로시간전망, 대안개발과 의사결정직업복귀상담, 윤리강령을 주의 깊게 살펴보아야 한다.

NEW & HOT! 키워드
\# 진로시간전망 검사지의 사용 목적
\# 코틀의 원형검사
\# 하렌(Harren)이 제시한 진로의사결정 유형
\# 6개의 생각하는 모자 기법
\# 직업상담사의 윤리강령

UNIT 1 진로상담

1 몰입이론

(1) 개요
① 몰입이론 적용 진로상담에서는 흥미와 능력이 균형을 이룬 상태를 '몰입'이라고 한다.
② '일상의 몰입 경험이 삶의 의미와 얼마나 통합되는가?'와 '다음의 새로운 복잡성으로 나아가 위해 얼마나 적절히 분화되는가?'를 강조한다.

(2) 몰입경험에 따른 진로유형
① '통합'은 삶의 의미, 목적, 방향성과 연결되고, '분화'는 몰입 경험, 자기 탐색, 진로 발전을 이루는 과정과 관련된다.
② 따라서 개인은 '삶의 통합' 또는 '몰분화'의 두 가지 발달 측면에 따라 아래와 같이 분류될 수 있다.

구분	삶의 의미	일상의 몰입 경험
통합발달 분화발달 집단 (보다 높은 자기발전 추구)	고(높다)	고(높다)
통합 미발달, 분화 발달 집단 (부정적인 몰입 경험)	저(낮다)	고(높다)
통합 발달, 분화 미발달 집단 (비현실적인 기대)	고(높다)	저(낮다)
통합 미발달 분화 미발달 집단 (무망감: 무존재감, 무가치함, 무력함 등을 호소)	저(낮다)	저(낮다)

2 몰입이론 적용 진로상담의 기술

(1) 몰입경험의 목록 만들기
(2) 현실 가능한 활동 선택하도록 하기

(3) 스스로에게 성공 경험 주기
(4) 즉각적인 피드백이 가능한 통로 찾기
(5) 자신의 기술 수준에 적합한 과제 선택하기

3 강점 중심 내담자 이해

(1) 개요
① 강점 인식이 강점 활용과 진로 정체감에 영향을 끼친다고 보고, 강점 중심의 내담자 특성이 진로상담에서 중요하다고 강조한다.
② 피터슨과 셀리그만은 6가지의 핵심 덕목과 24개의 성격 강점을 분류하여 강점 분류체계(VIC; Value In Action)를 제시하였다.

(2) 강점 분류체계(Peterson & Seligman)

덕목	요소
지혜 및 지식	창의성, 호기심, 개방성, 학구열, 지혜
용기	용감성, 끈기, 활력, 진실성
자애	사랑, 친절, 사회지능
절제	용서, 겸손, 신중성, 자기조절
정의	시민의식, 리더십, 공정성
초월성	감상력, 낙관성, 감사, 영성, 유머감각

4 개인자원목록 작성

(1) SWOT분석
① SWOT 분석은 조직이나 개인의 전략적 계획 수립에 사용되는 도구로, 내부적인 강점(Strengths)과 약점(Weaknesses), 그리고 외부적인 기회(Opportunities)와 위협(Threats)을 분석하는 방법이다.
② 진로 SWOT 매트리스

		긍정적요소	부정적요소
내부요소 예 장점: IT전공 단점: 자유근무 희망		SO: 공격적인 전략 • 강점을 가지고 기회를 살리는 전략이다. • 기회를 살리기 위한 강점을 발굴한다.	ST: 다양화 전략 • 강점을 활용해 외부환경의 위협 요소를 최소화하는 전략이다. • 약점을 강점으로 전환하여 기회를 살리고 기회를 살릴 수 없는 약점은 무시한다.
		• 실행전략: IT능력을 강조하여 구직활동을 한다.	• 실행전략: IT로 떠나는 해외여행 아이템을 개발한다.
외부요소 예 기회: IT 구인 증가 위협: 여행 제한		WO: 방향전환 전략 • 외부환경의 기회를 활용해 자신의 약점을 보완할 수 있는 전략이다. • 약점을 회피하기 위한 기회를 발굴한다.	WT: 방어적 전략 • 약점을 보완하며 외부환경의 위협 요소를 최소화하는 전략이다. • 약점을 보완할 수 없고 위협을 회피할 수 없다면 정면 대결하거나 철수한다.
		• 실행전략: 재택근무도 훌륭하게 할 수 있음을 방법을 연구한다.	• 실행전략: 해외에 근무하면서 여행 관련 자료를 개발한다.

(2) **직업가계도 분석**
   ① 내담자의 가계도를 분석하여 직업에 대한 고정관념을 알아본다.
   ② 내담자의 직업적 가치와 흥미에 대한 근본원인을 알아본다.
   ③ 내담자의 집안사람 중 내담자에게 영향을 미친 모델이 누구인지 탐색해 본다.
   ④ 내담자의 다양한 직업기회의 결과에 대한 기대를 알아본다.

5 의사결정유형

(1) **딘클라게(Dinklage)의 의사결정 유형**

분류	유형	설명 및 특징
가장 효과적	계획형	정보를 수집하고 신중하게 계획하여 결정을 내리는 유형이다.
효과적	직관형	내적인 감정이나 상상에 의존하여 빠르게 결정을 내리는 유형이다.
비효과적	순응형	타인의 영향을 많이 받으며 수동적이고 순종적인 유형이다.
	운명론형	외부적인 요인이나 운명에 의해 결정이 좌우된다고 믿는 유형이다.
	충동형	즉흥적이고 감정적으로 결정을 내리는 유형이다.
	지연형	결정을 미루는 경향이 있는 유형이다.
	번민형	결정을 내리기 위해 지나치게 고민하고 걱정하는 유형이다.
	마비형	결정 자체를 내리지 못하고 멈춰버리는 유형이다.

(2) **아로바(Arroba)의 의사결정 유형**

유형	설명
논리형	합리적이고 체계적인 사고를 바탕으로 의사결정을 내리는 유형이다.
망설이는 형	결정을 내리는 데 어려움을 겪고 주저하는 유형이다.
생각 없이 결정하는 형	깊이 생각하지 않고 충동적으로 결정을 내리는 유형이다.
직관형	직감이나 감에 의존하여 결정을 내리는 유형이다.
감정형	감정적인 요인이 의사결정에 큰 영향을 미치는 유형이다.
순응형	타인의 의견이나 외부 상황에 쉽게 동조하여 결정을 내리는 유형이다.

(3) **하렌(Harren)의 의사결정 유형** 2025년 3회

유형	설명
합리적 유형	자신과 상황에 대한 정확한 정보를 수집하고, 신중하고 논리적으로 의사결정한다.
직관적 유형	자신과 상황을 감정적으로 평가하며, 환상이나 감정, 상상에 의존하여 즉흥적 느낌을 중시한다.
의존적 유형	의사결정에 대한 개인적 책임을 부정하고 타인의 영향을 많이 받으며 수동적이고 순종적이다.

6 의사결정유형

(1) **GROW 코칭 모델**

① 목표(Goal)

내담자가 진정 원하는 바가 무엇인지는 먼저 생각할 수 있게 바라보게 한다.

② 현실(Reality)

현재의 문제 상황, 즉 현실에 대해 살펴본다.

③ 대안(Option)

목표를 이루기 위해 그동안 시도했던 실패와 성공의 경험들을 토대로 새로운 대안을 탐색하게 한다.

④ 실행의지(Will)

구체적인 실행계획에 대해 합의하고 지속적으로 실행할 수 있는 다짐을 한다.

(2) **사회적 지지 척도**

① 정서적지지

인간의 기본적인 사회 정서적 욕구를 만족시켜주는 지지이다.

② 평가적지지

자신의 행위를 인정해주거나 부정하는 등 자기평가와 관련된 정보를 제공한다.

③ 정보적지지

개인이 문제에 대처하는 데 필요한 유용한 정보를 제공한다.

④ 물질적지지

일을 대신 처리해주거나 필요 시 돈, 물품, 서비스, 시간 등을 직접적으로 제공하여 돕는 행위이다.

7 진로계획 실행

(1) **진로동기 모델(London)**

론돈(1983)의 진로동기 모델은 개인의 진로장벽을 극복하고 진로결정 및 행동에 이르는 진로동기의 요인으로 진로정체성과 진로통찰력, 진로탄력성을 제시하였다.

① 진로 정체성

진로동기의 안정과 방향성을 결정하는 요인이다.

② 진로 통찰력

진로동기를 촉발하는 요인이다.

③ 진로 탄력성

진로동기를 유지하는 요인이다. (좌절 극복 능력)

(2) **진로탄력성과 진로장애의 하위요소**

진로탄력성		진로장애	
① 자기 신뢰	② 성취 열망	① 직업정보 부족	② 자기명확성 부족
③ 진로 자립	④ 변화 대처	③ 우유부단한 성격	④ 필요성 인식 부족
⑤ 관계 활용		⑤ 외적 장애	

UNIT 2 취업상담

1 내담자 파악

(1) **내담자 파악의 흐름**

| 강점과 약점 | → | 구직욕구 분석 | → | 구직역량 분석 |

① 강점과 약점
약점은 직무에 반드시 필요한 부분 중 갖추지 못한 것을 확인한다.

② 구직욕구 분석
자기존중감, 자기효능감(수행성취, 대리경험, 언어적 설득, 정서적 안정)을 확인한다.

③ 구직역량 분석
지원자의 지식, 기술, 태도를 분석한다.

(2) **구직욕구 분석**

① 취업 효능감

㉠ 성공경험(성취경험)
과거의 성취경험을 통해 자신의 능력에 대한 확신을 얻게 된다.

㉡ 대리경험(다른 사람의 성취에서 얻는 경험)
다른 사람의 성공적인 구직 경험을 관찰하는 것은 간접적으로 자신의 효능감을 향상시킨다.

㉢ 언어적인 설득(주변 사람에게 듣는 말)
주변 사람들로부터 듣는 긍정적인 격려, 지지, 칭찬 등은 개인의 취업 효능감을 강화하는 데 기여한다.

㉣ 정서적 고양으로 생리적이고 정서적인 상태(자신의 능력과 기능에 대한 판단과 관련 정서)
자신의 능력과 기능에 대한 판단과 관련된 긍정적인 생리적 및 정서적 상태는 취업 효능감을 높인다.

(3) **구직역량 분석**

① 구직역량군

역량군	하위 역량
구직 지식군	자기 이해, 구직 희망 분야 이해, 전공지식, 외국어 능력, 구직 일반 상식
구직 기술군	구직 의사결정 능력, 구직 정보탐색 능력, 인적 네트워크 활용 능력, 구직서류 작성능력, 구직 의사소통 능력
구직 태도군	긍정적 가치관, 도전 정신, 글로벌 마인드, 직업윤리
직무 적응군	직무 및 조직 몰입, 현장 직무수행 능력, 대인관계 능력, 문제해결 능력, 자원 활용 능력, 자기 관리 및 개발 능력

> **더 알아보기** 직업기초능력의 유형

직업기초능력 영역	하위능력
의사소통능력	문서이해능력, 문서작성능력, 경청능력, 의사표현능력, 기초외국어능력
수리능력	기초연산능력, 기초통계능력, 도표분석능력, 도표작성능력
문제해결능력	사고력, 문제처리능력
자기개발능력	자아인식능력, 자기관리능력, 경력개발능력
자원관리능력	시간관리능력, 예산관리능력, 물적자원관리능력, 인적자원관리능력
대인관계능력	팀웍능력, 리더십능력, 갈등관리능력, 협상능력, 고객서비스능력
정보능력	컴퓨터활용능력, 정보처리능력
기술능력	기술이해능력, 기술선택능력, 기술적용능력
조직이해능력	국제감각, 조직체제이해능력, 경영이해능력, 업무이해능력
직업윤리	근로윤리, 공동체윤리

(4) 구직역량의 활용

내담자 능력과 의욕 수준에 따라 구직역량을 활용하기 위한 개입전략은 네 가지 유형으로 분류된다.

분류	개입전략
고능력·고의지	능력이 높고, 의욕도 높은 경우 • 빠른 취업 지원형 → 취업 알선 • 직업정보제공, 취업알선
고능력·저의지	능력은 높으나 의욕이 낮은 경우 • 의욕향상 지원형 → 취업의지 제고 • 집단상담 프로그램 등 의욕 증진 서비스 제공
저능력·고의지	능력이 낮고 의욕은 높은 경우 • 능력향상 지원형 → 직업훈련 연계 • 직업훈련, 취업특강 등 구직기술 향상 서비스 제공
저능력·저의지	능력이 낮고, 의욕도 낮은 경우 • 심층 지원형 → 구직의지 고취, 직무능력향상 동시 지원 • 심층상담 등 밀착 서비스 제공

2 구직활동 지원

(1) 구직자 적합성의 요소

① 인성

인간적인 개인적 특성(성격과 사고) 및 행동 특성을 의미한다.

② 직무 적합성

직무수행에 필요한 역량(지식, 기술, 태도 등)을 의미한다.

③ 조직 적합성

조직문화의 이해정도와 태도를 나타낸다.

(2) 구직서류 작성 지원

구분	내용
입사서류	기본서류를 준비해 놓고 기업분석만 추가하여 완성한다.
이력서	• 최근 3개월 이내 사진을 활용한다. • 정확한 사실만을 기록한다. • 빈칸 없이 모든 항목을 채운다. • 해당사항이 없는 칸은 삭제한다.
자기소개서	• 일반적으로 성장과정, 성격의 장·단점, 지원동기, 입사 후 포부 항목으로 구성한다. • 직무 적합성, 조직 적합성을 명확하게 드러내야 한다. • 사례를 중심으로 한 스토리텔링 방식으로 전개한다. • 구체적인 경험은 STAR(Situation, Task, Action, Result) 기법으로 작성한다.
경력기술서	• 최근 경력부터 역순으로 작성한다. • 성과 또한 중요한 부분부터 작성한다. • 수치를 적절히 활용한다. • 경력사항에 대해 정확히 기술하고, 관련 업무가 아닌 경우 생략한다.

(3) 면접 지원

구분	내용
인성 면접	• 기본 품성, 조직 적합성을 평가한다. • 1 : 1, 1 : 다(多), 다(多) : 1 면접으로 진행된다. • 입사지원서 기반 질문으로 답변 태도, 의지, 화법, 성향 등 인성을 포함하여 종합적으로 평가한다.
PT 면접	• 1 : 다(多) 형태 면접으로 진행된다. • 문제해결 능력, 직무수행 능력을 평가한다. • 구조화 능력, 발표력 등을 평가한다. • 주제가 주어지면 기승전결로 구조화, 두괄식으로 표현해야 한다.
역량 면접	• 과거의 경험을 통해 미래의 행동을 유추하는 꼬리 물기식 면접이다. • 의사소통, 문제해결, 대인관계, 조직이해, 자기관리 능력을 평가한다. • 답변 중 표정 및 제스쳐를 관찰하여 평가한다.
토론 면접	• 답을 구하는 것이 아닌 서로의 의견을 주고받는 과정을 평가한다. • 논리 싸움이 아닌 합의된 결과물을 잘 만들어 내는 것이 가장 중요하다. • 자신의 역할이 반드시 있어야 하며, 다른 의견을 수용하고 발전시키는 모습이 긍정적으로 평가된다.
경력직 면접	• 주로 업무수행 경험을 파악하며, 이력사항과 경력사항에 집중된 질문을 한다. • 성과는 수치로 표현해야 한다.
비대면 면접	• 주로 소프트웨어 설치를 통한 화상 면접을 실시하며, 전화(영상) 면접도 활용된다. • 장소 선정에 신중해야 한다. • 기기상의 목소리는 다르게 들리기 때문에 톤이나 발음에 대한 피드백이 필요하다.
AI 면접	• 기본 면접 → 성향 분석 → 상황 대처 → 보상 선호 → AI 게임 → 심층 면접 순서로 진행된다. • 약 1시간~1시간 10분가량 소요된다. • 대인 면접에서 드러나지 않는 업무 스타일이나 성향을 판단한다.

UNIT 3 　목표설정 및 진로시간전망

1 목표설정

(1) 목표설정의 의미
① 상담의 목표설정은 상담전략의 선택 및 개입에 관한 기초를 제공해 주는 것이다.
② 목표가 설정되고 난 후 상담자는 내담자와 함께 목표의 실현 가능성을 탐색해야 한다.
③ 상담자는 개입을 통해 내담자의 목표달성을 촉진하고 조력해야 한다.

(2) 상담목표 설정 시 고려사항 및 기본원칙 　2025년 2회, 2022년 1회, 2021년 1회, 2017년 2회, 2016년 2회
① 내담자가 원하는 것을 상담목표로 설정한다. 즉, 내담자의 기대나 가치를 반영하여야 하며, 내담자가 바라는 구체적이고 긍정적인 변화를 상담목표로 설정한다.
② 상담자의 기술과 양립할 것을 상담목표로 설정한다. 상담목표 설정은 상담전략 및 개입의 선택과 관련이 있다. 만약 상담자의 능력 이상의 도움을 필요로 할 경우 다른 상담자에게 의뢰하는 것이 좋다.
③ 구체적인 것을 상담목표로 설정한다. 그러므로 추상적인 상담목표를 세워서는 안 된다.
④ 실현 가능한 것을 상담목표로 설정한다. 즉, 상담목표는 가능한 현실적이고 실현 가능해야 하며, 이상적인 관점에서 상담목표를 세워서는 안 된다.

(3) 내담자의 목표설정의 확인 　2024년 1회, 2017년 1·2회
① 현존하는 문제를 평가하고 난 후 목표설정과정으로 들어간다.
② 상담자는 내담자와 함께 목표의 실현 가능성을 탐색해야 한다.
③ 하위 목표들은 구체적이어야 한다.
④ 내담자의 목표를 끌어내기 위한 기법에는 '면접안내'가 있다.
⑤ 내담자의 목표에 대한 몰입도를 평가한다.

> **더 알아보기**
>
> ■ **상담의 목표설정**
> 상담의 목표설정은 상담전략의 선택 및 개입에 관한 기초를 제공해 주는 것으로서, 목표가 설정되고 난 후 상담자는 내담자와 함께 목표의 실현 가능성을 탐색해야 한다.
>
> ■ **면접안내를 위한 질문**
> • '면접안내'는 내담자의 목표를 이끌어 내기 위해 사용되는 중요한 기법으로서, 상담을 하러 오게 된 이유에 대한 내담자의 최초 진술은 내담자의 상담목표에 대한 가장 중요한 단서가 된다.
> • 면접안내의 구성
> – 상담의 결과물로 무엇을 원하는가?
> – 상담의 결과 무엇을 달성하고자 하는가?
> – 상담이 끝나면 나는 지금과 어떻게 달라져 있을까?

(4) **내담자의 목표 몰입도 확인을 위한 질문** 2018년 1회
① 목표달성을 위해 상담자와 기꺼이 협응할 수 있는가?
② 당신의 동기에 방해가 될 만한 것이 무엇인가?
③ 당신의 목표와 행위목표를 구체화시킬 수 있는가?
④ 목표 성취에 대한 계획을 가지고 있는가?

2 진로시간전망

(1) **진로시간전망의 의미**
① 진로시간전망은 과거, 현재, 미래의 정신적인 상(像)을 의미한다.
② 미래에 대한 내담자의 관심을 증가시키고 현재 행동을 미래목표와 연결시킨다.

(2) **진로시간전망 검사지의 사용 목적** 2025년 3회, 2024년 1·3회, 2022년 1·3회, 2019년 2·3회, 2016년 1회
① 미래의 방향 설정을 가능하게 한다.
② 미래에 대한 희망을 갖도록 한다.
③ 미래가 실제인 것처럼 느끼게 한다.
④ 현재의 행동을 미래의 결과와 연계시킨다.
⑤ 목표설정을 촉구한다.
⑥ 진로계획에 대한 긍정적 태도를 강화한다.
⑦ 진로계획의 기술을 연습시킨다.
⑧ 진로의식을 높여준다.

> ■ **진로시간전망 검사지의 용도** 2015년 2회
> • 미래의 방향을 이끌어 내기 위해
> • 미래에 대한 희망을 심어주기 위해
> • 미래가 실제인 것처럼 느끼도록 하기 위해
> • 계획에 대해 긍정적 태도를 강화하기 위해

(3) **시간차원에 따른 진로결정**
① 미래에 초점형
  ㉠ 미래에 초점형 내담자는 진로결정의 초점을 미래에 두며, 장래 무엇이 가장 좋을 것인지에 기초하여 진로를 선택하는 경향이 있다.
  ㉡ 미래직업을 설계하는 데 있어 의사결정을 하기 위해 상담자를 찾는다.
② 과거에 초점형
  ㉠ 과거에 초점형 내담자는 타인에 의해 자신의 역할이 결정되는 경우 스스로 그 역할을 수행한다.
  ㉡ 전통적이고 가족으로부터 세습된 목표를 성취하기 위해 상담자에게 도움을 청한다.
③ 현재에 초점형
  ㉠ 현재에 초점형 내담자는 미래보다는 당장의 의식주 문제, 금전과 오락 등에 관심을 가진다.
  ㉡ 미래의 의사결정보다는 당장의 직업을 위해 상담자를 찾는다.

3 원형검사

2020년 4회

(1) 원형검사의 의미
① 코틀(Cottle)의 진로시간전망 검사의 방법으로, 가장 효과적인 시간전망 개입도구이다.
② 검사자는 3개의 원을 이용하여 개개인이 어떤 시간전망을 지배하고 어떻게 시간차원과 연관이 되는지와 같은 개인의 시간적인 지배성과 연관성을 평가하고 향상시키기 위해 원형검사를 사용한다.
③ 과거·현재·미래를 의미하는 세 개의 원을 그리게 한다. 원의 크기는 시간차원에 대한 상대적 친밀감을, 원의 배치는 시간차원이 각각 어떻게 연관되어 있는지를 나타낸다. 상담자는 시간적인 지배성과 연관성을 평가하고, 개인 또는 집단의 시간전망을 향상시키기 위해 원형검사를 이용할 수 있다.
④ 진로시간전망 개입은 시간에 대한 심리적 경험의 세 가지 측면에 반응하는 방향성, 변별성, 통합성 세 가지 국면으로 구분된다.

(2) 원의 상대적 배치에 따른 시간관계성
2017년 3회

구분	원의 배치	내용
고립	어떤 것도 접해 있지 않은 원	시간차원의 고립
연결	중복되지 않고 경계선에 접해 있는 원	• 시간차원의 연결 • 구별된 사건의 선형적 흐름
연합	부분적으로 중첩된 원	시간차원의 연합
통합	완전히 중첩된 원들	시간차원의 통합

(3) 진로시간전망 개입의 세 가지 측면에 반응하는 국면
2025년 2·3회, 2020년 1·2(통합)회, 2019년 1회, 2016년 2회

① 방향성
  ㉠ 목표: 미래지향성 증진에 목표를 두며, 미래에 대한 낙관적인 입장을 구성한다.
  ㉡ 원리: 사람들은 채택 가능한 전망으로 과거와 현재 및 미래에 대한 개념을 사용하는데, 각각의 전망은 삶의 질에 대해 무엇인가 다른 측면에 기여를 한다. 진로계획을 위한 적절한 시간전망은 미래지향적인 것이며, 과거나 현재지향적인 것은 진로선택과 계획에서 결정력과 현실감을 약화시킨다.

② 변별성
  ㉠ 목표: 미래를 현실처럼 느끼게 하고 미래계획에 대한 긍정적 태도를 강화시키며 목표설정을 신속하게 하는 데 목표를 둔다.
  ㉡ 원리: 시간변별은 시간차원 내의 사건의 강화와 확장을 의미한다. 변별된 미래는 개인의 목표설정에 의미 있는 맥락을 제공한다. 내담자는 자신의 공간을 미래 속에서 그려 볼 수 있기 때문에 미래에 대한 불안을 감소시킬 수 있다.

③ 통합성
  통합성 단계의 목표는 현재 행동과 미래의 결과를 연결시키고, 계획한 기법을 실습하여 미래에 대한 인식을 증진시키는 것이다.

> ✓ 교수님의 코멘트
>
> 방향성은 미래를 중요하게 만들고, 변별성(분화)은 미래를 의미 있게 하며, 통합성(시간통합)은 미래를 통제 가능한 것으로 보이게 합니다.

UNIT 4 대안개발과 의사결정

1 대안선택 및 문제해결

(1) 대안선택 및 문제해결의 의의
① 직업상담의 궁극적 목적은 내담자의 의사결정을 돕는 데 있다.
② 의사결정을 위한 대안개발에는 직업정보를 자료로 사용할 수 있다.
③ 대안개발에 사용되는 자료는 표준화된 직업정보가 적합하다.

(2) 표준화된 직업정보 수집과정 4단계
① 1단계 – 직업분류 제시하기
  내담자에게 직업분류체계를 제공한다.
② 2단계 – 직업대안 목록 만들기
  내담자와 함께 직업대안들에 대한 광범위한 목록을 작성한다.
③ 3단계 – 직업목록 줄이기
  내담자와 함께 2~5개의 가장 적당한 대안으로 목록을 줄인다.
④ 4단계 – 직업정보 수집하기
  내담자에게 줄어든 목록 각각의 대안들에 관한 정보를 수집하도록 지시한다.

(3) 내담자가 수집한 대안목록의 직업들이 실현 불가능할 때 사용하는 주요 상담전략
2025년 2·3회, 2019년 1회, 2015년 3회, 2013년 1회, 2011년 1회

① 상담자는 브레인스토밍 과정을 통해 내담자의 대안직업 대다수가 부적절한 것임을 명확히 한다.
② 객관적인 증거나 논리에서 추출한 것에 대해서만 대화하도록 한다.
③ 내담자에게 대안직업에 대한 인식의 폭을 넓히도록 유도한다.
④ 최종 의사결정은 내담자가 해야 함을 확실히 한다.
⑤ 내담자의 직업대안들이 실현 불가능한 것으로 여겨질 경우, 상담자는 내담자로 하여금 그와 같은 직업들에 정서적 열정을 소모하기 전에 신속히 개입하는 것이 바람직하다.

2 직업대안 선택하기

(1) 직업대안 선택하기 단계에서 내담자의 과제
2013년 2회

① 한 가지 선택을 하도록 준비하기
② 직업들을 평가하기
③ 직업들 가운데서 한 가지를 선택하기
④ 선택조건에 이르기

(2) 요스트(Yost)가 제시한 직업선택을 위한 평가과정
2021년 2회, 2018년 2회

① 찬반 연습
  내담자로 하여금 각 직업들의 장기적·단기적 장단점을 생각해 보도록 하는 것으로, 특정 직업에 대한 찬성과 반대의견을 작성하게 한다.

② 원하는 성과 연습

"각 직업들이 원하는 성과를 얼마나 제공할 수 있는가?"를 생각해 보게 한다. 내담자의 선호도 목록(예 직책, 금전, 자율성, 창의성, 권한 등)에 따라 직업을 평가한다.

③ 대차대조표 연습

특정 직업에 대한 긍정적 효과와 부정적 효과를 작성하도록 한다.

④ 확률추정 연습

특정 직업선택과 관련하여 예상한 결과들이 어느 정도 나타날 것인지를 추정해 보도록 하는 것으로, 긍정적·부정적인 결과가 나타날 확률을 추정하는 것이다.

⑤ 미래를 내다보는 연습

대안의 결과에 대해 미래를 그려 보거나 어느 한 직업의 결과를 상상해 보게 하는 것이다.

(3) 대안개발과 의사결정 시 사용하는 인지치료 과정   2021년 1회

요스트(Yost) 등의 대안개발과 의사결정에 사용하는 인지치료의 과정은 최종 의사결정의 진로선택 시 부정적인 반응을 보이는 사람을 위한 과정으로 내담자의 합리적 의사결정을 돕는다.

① 1단계: 내담자 감정의 속성을 확인한다.
② 2단계: 감정과 연합된 사고, 신념, 태도를 확인한다.
③ 3단계: 내담자의 사고를 요약하고 정리한다.
④ 4단계: 내담자가 스스로 현실과 사고구조를 알 수 있도록 개입한다.
⑤ 5단계: 과제 부여를 통해 사고와 신념의 적절성을 검증한다.

> ✔ 교수님의 코멘트
>
> 문제에서 단계 구분 시 4단계에서는 '개입', 5단계에서는 '검증'을 잘 기억해 두세요.

(4) 하렌(Harren)이 제시한 진로의사결정 유형   2022년 1·2회, 2019년 2회

합리적 유형	• 의사결정과정에 자신과 상황에 대한 정확한 정보를 수집하고, 논리적이고 체계적으로 접근하는 유형이다. • 의사결정에 대한 책임을 자신이 진다.
직관적 유형	• 의사결정의 기초로 상상을 사용하고 현재의 감정에 주의를 기울이며 정서적 자각을 사용한다. • 선택에 대한 확신은 비교적 빨리 내리지만, 그 결정의 적절성은 내적으로만 느낄 뿐 설명하지 못할 경우가 있다.
의존적 유형	• 의사결정에 대한 개인적 책임을 부정하고, 그 책임을 외부로 돌리는 경향이 있다. • 의사결정과정에서 타인의 영향을 많이 받고 수동적이며 순종적이다.

(5) 겔라트(Gelatt)가 제시한 의사결정과정   2016년 3회

① 목표의식: 진로·직업목표를 수립한다.
② 정보수집: 관련 직업정보를 수집한다.
③ 대안열거: 선택 가능한 직업목록을 작성한다.
④ 대안의 결과 예측: 선택했을 때 예상되는 결과를 예측한다.
⑤ 대안의 실현 가능성 예측: 각 결과들의 실현 가능성을 예측한다.
⑥ 가치평가: 결과들의 가치평가를 한다.
⑦ 의사결정: 대안을 선택한다.
⑧ 평가 및 재투입: 의사결정에 대한 평가 및 피드백을 한다.

(6) **6개의 생각하는 모자 기법** 2025년 3회, 2024년 2·3회, 2022년 3회, 2020년 3·4회, 2018년 2회, 2017년 2·3회, 2016년 2회

에드워드 드 보노(Edward de Bono)에 의해 개발된 것으로, 상담의 중재단계에서 사람들에게 다른 색깔의 생각하는 모자를 써보도록 하여 의사결정을 용이하게 한 의사결정 촉진기법이다.

하양	• 사실에만 초점을 둔 중립적, 객관적 사고를 반영한다. 본인과 직업들에 대한 사실들만을 고려한다. • 흰색은 순수한 색을 상징한다.
빨강	• 직관에 의한 감정이나 느낌을 반영한다. 직관에 의존하고 직감에 따라 행동한다. • 빨강은 정열을 상징한다.
검정	• 논리적·부정적·비판적·비관적이며 모든 일이 잘 안 될 것이라고 생각한다. • 검정은 어두운 이미지, 긴장감 유발을 상징한다.
노랑	• 낙관적이며 모든 일이 잘될 것이라고 긍정적으로 생각한다. • 노랑은 밝고 적극적인 색을 상징한다.
초록	• 새로운 아이디어 생성, 창조적 사고를 반영한다. 새로운 대안들을 찾으려 노력하고 문제들을 다른 각도에서 바라본다. • 초록은 자연과 식물을 상징한다.
파랑	• 다른 모자의 사용법을 조절하는 사회자로서의 역할을 하며 방향결정을 반영한다. • 파랑은 차분함, 이성을 상징한다.

UNIT 5 직업복귀상담

1 직업복귀상담의 체계

직업복귀 동기파악	→	직업복귀 목표설정	→	진로자본 확인	→	활동계획 평가 및 사후관리

2 직업복귀 및 직무전환 동기 파악

(1) **고트프레드슨(Gottfredson)의 진로 선택 대안**

① 제한

진로 선택 대안들을 좁히는 과정이다.

② 타협

개인적 선호와 고용 현실 간의 조정이다.

③ 타협순서

㉠ 흥미 → 명성 → 성 역할 순으로 이루어진다.

㉡ 고트프레드슨에 따르면, 직업의사결정 시 사람들은 흥미<명성<성 유형(성 역할)의 중요도 순으로 직업을 선택한다.

㉢ 타협 시 성 유형의 자기개념과 일치하는 직업은 끝까지 지키려 하고, 흥미와 일치하는 직업조건은 제일 먼저 포기한다.

> 예 흥미는 없지만, 명성이 있고 성 유형이 일치한다면 선택한다.

(2) 여성의 진로장벽(오리아레이, O'leary)

오리아레이는 더 높은 지위로 승진하고자 하는 여성의 진로포부 달성을 가로막는 6가지 내적 장벽과 4가지 외적장벽을 제시하였다.

내적 장벽	① 실패에 대한 두려움 ③ 역할 갈등 ⑤ 직업적 승진에 따른 지각된 결과들	② 낮은 자존감 ④ 성공에 대한 두려움 ⑥ 결과 기대와 관련된 유인가
외적 장벽	① 사회적 성 역할 고정관념 ③ 여성의 능력에 대한 태도	② 관리적 여성에 대한 태도 ④ 남성 관리 모형의 유행

(3) 여성의 진로 성취에 대한 장벽(파머, Farmer)

7가지 내적 장벽	㉠ 성공 공포 ㉢ 위험 감수 행동 ㉤ 낮은 학문적 자존감 ㉦ 여성과 일에 대한 신화들	㉡ 성 역할 지향성 ㉣ 가정과 진로의 갈등 ㉥ 대리 성취 동기
3가지 환경적 장벽	㉠ 차별 ㉢ 자녀 양육과 같은 자원의 활용 가능성	㉡ 가정 사회화

(4) 직업복귀 동기 파악

여성의 직업복귀 동기에 영향을 미치는 요인	제대군인의 직업복귀 지원의 필요성
① 성 역할과 직업적 고정관념 ② 낮은 자기효능감 ③ 일과 가정의 다중 역할 ④ 수학과 과학기술 분야에 낮은 흥미와 회피	① 국가의 책임성 측면 ② 생애주기를 고려한 사회안전망 측면 ③ 군 사기와 우수 인력 확보 측면 ④ 인적 자원 활용 측면

(5) 모린과 카도레트(Morin & Cadorette)의 직업전환의 과정

① 종료(1단계)

감정적인 문제가 매우 크게 부각되며, 과거의 상실감에 대해 충분하게 공감이 필요한 단계이다.

② 탐색(2단계)

새로운 기회로 전환할 수 있는 가능성을 갖는 단계이다.

③ 새로운 시작(3단계)

새로운 환경에 적응하며 미래에 대한 가능성과 합리적인 수용과 새로운 역할을 선택하는 단계이다.

(6) Super의 여성의 진로유형

2025년 1회, 2006년 1회

유형	특징
안정된 가정주부형	여성이 학교를 졸업하고 신부수업을 받고 곧바로 결혼하여 가정생활을 영위하는 진로유형이다.
전통적 진로형	여성이 학교를 졸업하고 결혼하기 전까지 직업을 갖다가 결혼과 동시에 직장을 그만두고 가정생활을 영위하는 진로유형이다.
안정적 진로형	여성이 학교를 졸업하고 직업을 가진 뒤 결혼 여부와는 무관하게 정년까지 직업생활을 하는 유형이다.
이중진로형	여성이 학교를 졸업하고 곧바로 결혼하여 직장을 갖고 병행하는 유형이다.
단절진로형	여성이 학교를 졸업하고 일을 하다가 결혼을 하면 직장을 그만두고 자녀교육에 전념하다가 자녀가 어느 정도 성장하면 재취업하는 유형이다.

불안정한 진로형	여성이 가정생활과 직장생활을 번갈아 가며 시행하는 유형이다.
충동적 진로형	여성이 결혼 관계없이 그때그때의 기분에 따라 입사와 퇴사를 번갈아 하는 일관성 없는 진로유형이다.

(7) 진로단절여성의 구직 가능 분야

① 전통적 직업

여성 근로자의 비율이 70% 이상을 차지하는 직업으로 가정에서 역할의 연장선에 있는 가사노동과 육아에 해당하는 유치원 교사, 간호사, 미용사, 가사도우미 등의 서비스 직종에 많으며, 대체로 저숙련, 저임금의 직종이다.

② 비전통적 직업

여성 근로자의 비율이 30% 미만인 직종으로 과학기술 분야, 군인, 경찰 등 고숙련과 물리적 힘과 신체적 능력이 필요한 영역은 남성적 직종으로 대체로 안정적이고 고임금의 직종에 해당된다.

(8) 진로단절여성을 위한 신직업 4가지 유형 및 적정성 구분

구분	여성 적합성	직업정착가능성	특징 및 직종예시
여성 유망형 직업	높음	높음	• 관계 지향적이고 정서적이다. • 타인에게 안심을 제공한다. • 베이비플래너, 병원아동생활 전문가, 영유아 안전장치 설치자, 원격진료 코디네이터, 주변 환경정리 전문가, 평판관리 전문가, 3D프린터 디자이너
블루오션형 직업	보통	높음	• 우리나라에서 직업적으로 성장할 가능성이 큰 직업이다. • 기업컨시어지, 산림치유지도사, 애완동물장의사
여성 도전형 직업	높음	보통	• 관계 지향적이고 정서적이다. • 직업적으로 정착할 가능성이 있는 직업이다. • 가정에코 컨설턴트, 디지털 장의사, 매매주택 연출가, 애완동물행동 상담원, 자금조달자, 정신대화사
미래개척형 직업	보통	보통	• 직업적으로 정착할 가능성이 있는 직업이다. • 여가생활 상담원, 이혼플래너, 잡투어플래너, 장애인여행 코디네이터

3 진로자본 확인

(1) 진로자본의 핵심역량

① 진로성숙역량(Knowing-Why)

개인이 자신의 진로에 대해 갖고 있는 태도와 관점이다.

② 전문지식역량(Knowing-How)

자신의 일과 관련하여 가지는 진로 관련 기술과 업무지식이다.

③ 인적관계역량(Knowing-Who)

개인들이 진로 안에서 갖게 되는 다양한 형태의 인간관계 및 사회적 연결망을 발전시키는 능력이다.

(2) 진로자본의 구성

메이로퍼 외(Mayrhofer et al.)는 프랑스의 사회이론가인 피에르 부르디외(Pierre Bourdieu)의 자본 이론을 토대로 진로자본을 경제적 자본, 사회적 자본, 문화적 자본의 3가지 기본 유형으로 구분하고 이것은 직·간접적으로 서로 변환이 가능하다고 보았다.

문화적 자본 (개인역량)	사회적 자본 (사회적 관계망)	경제적 자본
내가 할 수 있는 것 (개인의 전문적 지식, 학위, 자격 경험 등)	내가 아는 사람과 나에 대해 아는 사람 (사회적 네트워크, 멤버십 등)	내가 가지고 있는 것 (돈, 자금확보, 비자금, 여유자금 등)

(3) 진로자본의 내적자본 구성요소

긍정적 내적 자본	부정적 내적 자본
자기효능감 및 진로결정 효능감 ① 정보수집 효능감 ② 목표설정 효능감 ③ 진로계획 효능감 ④ 문제해결 효능감 ⑤ 자기평가 효능감	역기능적 신념(Beck의 당위적 신념 '~해야만 한다.') ① 사회적 의존성: 타인의 인정과 애정에 과도하게 집착하는 경향을 의미한다. ② 자율성: 개인의 독립성과 성취에 과도하게 집착하는 경향을 의미한다.

4 활동계획 평가 및 사후관리

(1) 활동계획서 작성 시 유의할 점
① 긍정적인 언어로 성취해야 할 것을 나타내야 한다.
② '~하는'[쓰는, 부르는, 찾는 등]으로 끝나는 동사를 사용하여 행동을 표현해야 한다.
③ 현재에서 출발하여 활동목표를 달성하기 위한 활동방법에 대해 구체화해야 한다.
④ 단기계획과 장기계획으로 구분하여 구체적인 활동 기간을 명시해야 한다.
⑤ 내담자가 스스로 수행할 수 있는 활동에 초점을 둬야 한다.

(2) 긍정적 사고 전환을 통해 구직의지 높이기
① 부정적 구직태도를 가진 내담자에게 긍정적으로 사고를 전환하기 위한 '예외 질문하기'

'예외 질문하기' 상담 예시
㉠ 문제가 발행하지 않았던 때가 있지 않나요? ㉡ 문제가 발생하는 상황과 발생하지 않은 상황은 어떻게 다른가요? ㉢ 그래도 몇 번은 긍정적인 행동이나 생각을 한 경우가 있을 것입니다. 언제일까요? ㉣ 어떤 작은 행동이 이러한 긍정적인 상황을 만드는 데 기여했는지 생각해 보세요.

② 비합리적인 구직태도를 가진 내담자에게 긍정적으로 사고를 전환하기 위한 '생각 가다듬기' 방법

'생각 가다듬기' 연습 예시
㉠ 내담자: 나를 원하는 직장이 한 군데도 없는 게 분명해요. ㉡ 상담자: 이건 분명 지나친 확대 해석입니다. 아마 계속 알아본다면, ○○님을 필요로 하고 능력을 알아줄 회사를 만날 수 있을 거예요. 열심히 구직 활동을 하다 보면 ○○님을 원하는 직장이 나타날 거예요.

5 직업적응 상담 지원

(1) 직무만족
미네소타 중요성 질문지(MIQ)에서는 6개 요인의 20개 욕구가 대표적으로 존재한다.

(2) 가치와 직무만족

내재적 직업가치	외재적 직업가치
① 자기능력	① 권력 추구
② 사회 헌신	② 경제 우선
③ 인간관계 중심	③ 개인주의 사회
④ 이상주의	④ 인식주의
⑤ 자기 표현	⑤ 안정 추구

(3) 수퍼(Super)의 4가지 진로적응성 차원
① 진로에 대한 관심
② 진로 관련 문제에서의 통제감
③ 진로에 대한 호기심
④ 진로 관련 자신감

UNIT 6 직업상담 협업 및 행정

1 직업상담 협업

(1) 협업체계

의사소통	협력	조정	협업	융합	통합

약함 ←―――――――――― 관계집중도 ――――――――――→ 강함

(2) 린덴(Linden)의 협업이 바람직하지 않은 7가지 상황
① 시간이 촉박할 때에는 협업이 비효율적이다.
② 담당자에게 보다 중요한 일들이 산적해 있을 때에는 협업을 피해야 한다.
③ 협업대상에 대한 신뢰가 높지 않을 때에는 협업을 성공하기 어렵다.
④ 과제 옹호자(진행주체자)가 충분한 관리역량을 갖추지 못한 경우에는 협업은 바람직하지 않다.
⑤ 협업의 비용이 편익을 초과할 때에는 협업을 재고해야 한다.
⑥ 고객들의 관심이 저조하거나 충족될 수 있는 니즈(needs) 보다 더 시급한 니즈를 가지고 있을 때에는 협업의 우선순위가 낮아진다.
⑦ 시기가 적절하지 않을 때에는 협업을 연기하는 것이 좋다.

(3) 비공식적(Informal) 네트워크와 공식적(Formal) 네트워크

공식적 네트워크 인위적(의도적) 조직	비공식적 네트워크 자연발생적 조직
① 수직관계 지향 ② 능률(이윤) 추구 ③ 전체적 질서 촉구 ④ 공적 성격의 목적 추구 ⑤ 권위적 의사결정 ⑥ 기업, 공공기관 등	① 수평관계 지향 ② 인간의 감정 추구 ③ 부분적 질서 추구 ④ 사적 성격의 목적 추구 ⑤ 개인적 요구, 동기 중시 ⑥ 동아리, 사적 모임 등

2 직업상담 행정

(1) **직업상담 행정의 기술(카츠, Katz)**

① 사무처리기술

사무 또는 실무를 처리하는 기술이다.

② 인화적 기술

사람들과 더불어 효율적으로 일하는 기술이다.

③ 구상적 기술

조직을 전체적 시야에서 보는 상황 파악적 기술이다.

(2) **문서처리의 원칙**

① 즉일 처리 원칙

문서의 성질에 따라 효율적인 업무 수행을 위하여 당일에 처리해야 하는 것은 당일에 처리한다.

② 책임 처리 원칙

문서는 정해진 업무 분장에 따라 책임을 지고 신속 · 정확하게 처리해야 된다.

③ 적법성의 원칙

문서는 법령의 규정에 따라 일정한 형식과 요건을 갖추어야 하고 권한 있는 자에 의해 작성 · 처리되어야 한다.

(3) **정보보안 원칙**

① 기밀성(Confidentiality)

허락되지 않은 사용자 또는 객체가 정보의 내용을 알 수 없도록 원치 않는 정보의 공개를 막는다는 의미에서 개인의 비밀 보호와 관련된다.

② 무결성(Integrity)

허락되지 않은 사용자 또는 객체가 정보를 함부로 수정할 수 없도록 한다.

③ 가용성(Availability)

허락된 사용자 또는 객체가 정보에 접근하려 하고자 할 때 방해받지 않도록 한다.

(4) 갈등관리의 공식적인 해결방법
  ① 명령단계
    당사자들의 이야기를 들어본 후 무엇을 할 것인가를 결정한다.
  ② 중재단계
    중립적인 제3자가 문제해결을 위해 개입한다.
  ③ 청문단계
    갈등과 관련 개인이나 부서에서 자신의 입장을 설명하고, 해결방법에 대해 논의하여 최적의 방법을 도출한다.

(5) 행사 조직 구성
  ① 단순운영 조직(Simple Organization)
    ㉠ 소규모로 진행하는 행사에 가장 많이 적용되는 형태로 소수의 인원으로 탄력적으로 운영할 수 있는 장점이 있다.
    ㉡ 다만, 조직 구성원 1인이 다양한 업무를 소화해야 하기 때문에 전문성이 떨어지는 단점이 있다.
  ② 네트워크 조직(Network Organization)
    ㉠ 행사를 위해 필요한 업무를 아웃소싱(Outsourcing)을 통해 외부 위탁하거나 전략적 제휴 등을 통해 외부 전문가에게 맡기는 조직을 말한다.
    ㉡ 관 주도형 행사가 많은 취업행사에서 가장 많이 이용하는 조직구성 사례이다.
    ㉢ 장점으로는 특화된 외부업체를 활용하여 전문성을 충분히 이용할 수 있고, 소수의 인원으로도 가능하며, 예산 절감효과를 거둘 수 있다는 점이다.
    ㉣ 단점으로는 계약 이행과정에서 업체와의 갈등이 발생할 수 있으며, 관리를 철저히 하지 않으면 네트워크 파트너에게 정보가 유출될 수 있다.
  ③ 기능조직(Functional Organization)
    ㉠ 기능의 세분화를 통하여 여러 조직으로의 업무 수행과 변화가 용이하다.
    ㉡ 전문화, 기능화 원리가 잘 이루어져 대규모의 취업박람회를 운영하는 데 적합하나 부서 간 책임분산이나 갈등이 발생할 수도 있다.
  ④ 프로그램 중심 조직(Program-Based Organization)
    ㉠ 프로그램 간의 관련성이 적으며 프로그램이 독립된 장소에서 산발적으로 개최되는 경우에 적합하다.
    ㉡ 매트릭스(matrix)처럼 얽혀있는 구조로 독립적 운영이 가능하지만, 전체의 흐름을 파악하고 관리하는 책임자가 필요하다.
  ⑤ 프로젝트팀 조직(Project Team Organization)
    ㉠ 대규모 엑스포, 박람회, 올림픽 등에 대응하기 위하여 임시적으로 구성하는 조직이다.
    ㉡ 수평적 조직으로 여러 전문가에 의해 추진력 있게 진행되나, 숙련된 전문가들과 많은 자원봉사자를 필요로 한다.

(6) 홍보의 종류
   ① 뉴스 릴리스
      언론 보도를 위한 자료를 작성하여 제공한다.
   ② 기자간담회
      정보를 제공하면서 긍정적 기사를 유도한다.
   ③ 기자회견
      기관장 또는 관련 부서 책임자가 직접 설명한다.
   ④ 인터뷰
      주요 정보에 대한 홍보효과를 극대화할 때 사용한다.

(7) 홍보방법
   ① 인쇄매체
      신문, 잡지, 브로셔, 카달로그 등을 포함한다.
   ② 거리홍보
      전단지 및 판촉물 배포 등을 통해 이루어진다.
   ③ 방송광고
      TV 광고, 라디오 광고, 방송 간접광고(PPL), 인터넷(개인방송) 등을 활용한다.
   ④ 바이럴 마케팅(Viral Marketing)
      인적 네트워크를 통한 입소문, 즉 구전 마케팅을 의미한다.
   ⑤ DM(Direct Mail)
      타겟 고객층에게 우편형식으로 발송되는 광고물이다.
   ⑥ 옥외광고
      현수막, 광고탑, 교통광고(지하철, 버스, 택시, 공항) 등을 포함한다.
   ⑦ 인터넷 광고
      배너, 검색, 메일, 스플래시 스크린, URL, 채팅룸 등을 활용한다.

(8) 온라인 홍보의 특징
   ① 실시간으로 쌍방향 커뮤니케이션이 가능하다.
   ② 자발적이며 주도적인 정보 접근으로 합리적 의사결정이 가능하다.
   ③ 시간과 공간의 제약이 없다.
   ④ 제공하는 홍보 내용을 실시간으로 변경할 수 있다.
   ⑤ 홍보 효과를 실시간으로 측정할 수 있다.

UNIT 7 　상담 윤리강령

1 　상담 윤리강령의 원칙

① 상담사는 윤리강령을 숙지해야 할 의무가 있다. 본 윤리강령에 대해 모르고 있거나, 잘못 이해했다고 해도 비윤리적 행위가 정당화될 수는 없다.
② 상담사는 현행법이 윤리강령을 제한할 경우, 현행법을 우선적으로 적용한다.
③ 특정 상황이나 행위가 윤리강령에 위반되는지 불분명할 경우, 상담사는 윤리강령에 대해 지식이 있는 다른 상담사, 해당 권위자 및 상벌윤리위원회의 자문을 구한다.
④ 상담사는 사실이 아닌 일을 만들거나 과장해서 위반 사례로 신고하거나 이를 조장하지 않는다.
⑤ 직무수행 중 윤리 위반의 해결지침으로 사용한다.

2 　상담 윤리강령의 역할과 기능

2022년 1회, 2019년 2회, 2017년 1회

① 내담자의 복리 증진
② 지역사회의 도덕적 기대 존중
③ 전문직으로서의 상담기능 보장
④ 상담자 자신의 사생활과 인격 보호
⑤ 직무수행 중의 갈등 해결 지침 제공

> **더 알아보기** 　레빈슨(Levenson)이 제시한 직업상담사의 반윤리적 행동 　　2025년 2회, 2020년 4회, 2015년 1회
> - 비밀누설
> - 자신의 전문적 능력 초월
> - 자신이 갖지 않은 전문성의 주장
> - 내담자에게 자신의 가치를 속이기
> - 내담자에게 의존성 심기(직업상담사에 대한 내담자의 의존성 최대화)
> - 내담자와의 성적 행위
> - 이해갈등
> - 의심스러운 계약

UNIT 8 　직업상담사의 윤리강령

1 　직업상담사의 윤리강령 - i

(1) **개별원칙**

① 카운슬러는 내담자가 자기 및 타인에 대한 이해를 통하여 보다 바람직한 사회생활을 할 수 있도록 돕는다.
② 이러한 역할을 수행하는 과정에서, 카운슬러는 자기의 도움을 청하는 내담자의 복지를 보호한다.

☑ **교수님의 코멘트**
본 윤리강령은 한국카운슬러협회에서 제시하는 윤리강령입니다.

③ 내담자를 돕는 과정에서 카운슬러는 문의 및 의사소통의 자유를 갖되, 그에 대한 책임을 지며 동료의 관심 및 사회 공익을 위하여 최선을 다한다.

(2) 일반원칙

① **사회관계**
  ㉠ 카운슬러는 자기가 속한 기관의 목적 및 방침에 모순되지 않는 활동을 할 책임이 있다. 만일 그의 전문적 활동이 소속 기관의 목적과 모순되고, 윤리적 행동기준에 관하여 직무수행 과정에서의 갈등을 해소할 수 없을 경우에는 그 소속 기관과의 관계를 종결해야 한다.
  ㉡ 카운슬러는 사회 윤리 및 자기가 속한 지역사회의 도덕적 기준을 존중하며, 사회 공익과 자기가 종사하는 전문직의 바람직한 이익을 위하여 최선을 다한다.
  ㉢ 카운슬러는 자기가 실제로 갖추고 있는 자격과 경험의 수준을 벗어나는 인상을 타인에게 주어서는 안 되며, 타인이 실제와 다른 인식을 가지고 있을 경우 이를 시정해 줄 책임이 있다.

② **전문적 태도** _{2021년 1회, 2020년 1·2(통합)회, 2016년 3회}
  ㉠ 카운슬러는 카운슬링에 대한 이론적·경험적 훈련과 지식을 갖추는 것을 전제로 하며, 내담자를 보다 효과적으로 도울 수 있는 방법에 관하여 꾸준히 연구·노력하는 것을 의무로 삼는다.
  ㉡ 카운슬러는 내담자의 성장 촉진 및 문제의 해결과 예방을 위하여 시간과 노력상의 최선을 다한다.
  ㉢ 카운슬러는 자기의 능력 및 기법의 한계를 인식하고, 전문적 기준에 위배되는 활동을 하지 않는다. 만일, 자신의 개인 문제 및 능력의 한계 때문에 도움을 주지 못하리라고 판단될 경우에는 다른 전문직 동료 및 기관에 의뢰한다.

③ **개인정보의 보호**
  ㉠ 카운슬러는 내담자 개인 및 사회에 임박한 위험이 있다고 판단될 때 극히 조심스러운 고려 후에만 내담자의 사회생활 정보를 적정한 전문인 혹은 사회 당국에 공개한다.
  ㉡ 카운슬링에서 얻은 임상 및 평가자료에 관한 토의는 사례 당사자에게 도움이 되는 경우 및 전문적 목적에 한하여 할 수 있다.
  ㉢ 내담자에 관한 정보를 교육장면이나 연구용으로 사용할 경우에는 내담자와 합의한 후 그의 정체가 전혀 노출되지 않도록 해야 한다.

④ **내담자의 복지** _{2022년 2회, 2016년 2회}
  ㉠ 카운슬러는 카운슬링 활동의 과정에서 소속 기관 및 비전문인과의 갈등이 있을 경우, 내담자의 복지를 우선적으로 고려하고 자신의 전문적 집단의 이익은 부차적인 것으로 간주한다.
  ㉡ 카운슬러는 내담자가 자기로부터 도움을 받지 못하고 있음이 분명할 경우에는 카운슬링을 종결하려고 노력한다.
  ㉢ 카운슬러는 카운슬링의 목적에 위배되지 않는 경우에 한하여, 검사를 실시하거나 내담자 이외의 관련 인물을 면접한다.

⑤ **카운슬링 관계** _{2018년 2회}
  ㉠ 카운슬러는 카운슬링 전에 카운슬링의 절차 및 있을 수 있는 주요 국면에 관하여 내담자에게 설명한다.
  ㉡ 카운슬러는 자신의 주관적 판단에만 의존하지 않고, 내담자와의 협의하에 카운슬링 관계의 형식, 방법 및 목적을 설정하고 결과를 토의한다.
  ㉢ 카운슬러는 내담자가 이해, 수용할 수 있는 한도에서 카운슬링의 기법을 활용한다.

⑥ 타 전문직과의 관계 2017년 3회
  ㉠ 카운슬러는 상호 합의한 경우를 제외하고는 타 전문인으로부터 도움을 받고 있는 내담자에게 카운슬링을 하지 않는다. 공동으로 도움을 줄 경우에는 타 전문인과의 관계와 조건에 관하여 분명히 할 필요가 있다.
  ㉡ 카운슬러는 자기가 아는 비전문인의 윤리적 행동에 관하여 중대한 의문을 발견했을 경우 그러한 상황을 시정하는 노력을 할 책임이 있다.
  ㉢ 카운슬러는 자신의 전문적 자격이 타 전문분야에서 오용되는 것을 피하며, 자신의 이익을 위해 타 전문직을 손상시키는 언어 및 행동을 삼간다.

2 직업상담사의 윤리강령 – ii

(1) **전문가로서의 태도**

① 전문적 능력

> ✓ **교수님의 코멘트**
> 본 윤리강령은 한국상담심리학회에서 제시하는 윤리강령입니다.

  ㉠ 상담심리사는 자신의 능력의 한계를 인정하고 교육과 수련, 경험 등에 의해 준비된 역량의 범위 안에서 전문적인 서비스와 교육을 제공한다.
  ㉡ 상담심리사는 자신이 가진 능력 이상의 것을 주장하거나 암시해서는 안 되며, 타인에 의해 능력이나 자격이 오도되었을 때에는 수정해야 할 의무가 있다.
  ㉢ 상담심리사는 문화, 신념, 종교, 인종, 성적 지향, 성별 정체성, 신체적 또는 정신적 특성에 대한 자신의 편견을 자각하고, 이를 극복하기 위해 노력해야 한다. 특히 위와 같은 편견이 상담과정을 방해할 우려가 있을 경우 자문, 사례지도 및 상담을 요청해야 한다.
  ㉣ 상담심리사는 자신의 활동분야에 있어서 최신의 과학적이고 전문적인 정보와 지식을 유지하기 위해 지속적인 교육과 연수의 필요성을 인식하고 참여한다.
  ㉤ 상담심리사는 자신의 전문적 능력에 대해 정확히 인식하고 정기적으로 전문인으로서의 능력과 효율성에 대해 자기점검 및 평가를 해야 한다. 상담자로서 직무를 수행하는 데 방해가 되는 개인적 문제나 능력의 한계를 인식하게 될 경우 지도감독이나 전문적 자문을 받을 책무가 있다.

② 성실성
  ㉠ 상담심리사는 자신의 신념체계, 가치, 제한점 등이 상담에 미칠 영향력을 자각해야 한다.
  ㉡ 상담심리사는 내담자에게 상담의 목표와 이점, 한계와 위험성, 상담료 지불방법 등을 명확히 알린다.
  ㉢ 상담심리사는 능력의 한계나 개인적인 문제로 내담자를 적절하게 도와줄 수 없을 때, 전문적 자문과 지원을 받는 등의 적절한 조치를 취한 뒤, 직무수행을 제한할지 아니면 완전히 중단할지 여부를 결정해야 한다.
  ㉣ 상담심리사는 자신의 질병, 죽음, 이동, 퇴직으로 인한 상담의 갑작스러운 중단 가능성에 대비하고 있어야 하며, 또한 내담자의 이동이나 재정적 한계 등과 같은 요인에 의해 상담이 중단될 경우, 이에 대해 적절한 조치를 취해야 한다.
  ㉤ 상담심리사는 내담자가 더 이상 도움을 필요로 하지 않거나, 상담을 지속하는 것이 더 이상 내담자에게 도움이 될 가능성이 없거나, 오히려 내담자에게 해가 될 것이 분명하다면 상담관계를 종결해야 한다. 내담자가 다른 전문가를 필요로 할 경우에는 적절한 과정을 거쳐 의뢰하거나 관련 정보를 제공한다.

ⓗ 상담심리사는 개인의 이익을 위해 상담전문직의 가치와 품위를 훼손하는 행동을 해서는 안 된다.
ⓐ 상담심리사는 자신이 지도감독 내지 평가하거나 기타의 권위를 행사하는 대상, 즉 내담자, 학생, 수련생, 연구 참여자 및 피고용인을 물질적, 신체적, 업무상으로 착취하지 않는다.
ⓞ 상담심리사는 자신의 기술이나 자료가 다른 사람들에 의해 오용될 가능성이 있는 활동에 참여해서는 안 되며, 이런 일이 일어난 경우에는 이를 바로잡거나 최소화하는 조치를 취한다.

(2) **사회적 책임**
① 사회와의 관계
㉠ 상담심리사는 사회의 윤리와 도덕기준을 존중하고, 사회 공익과 상담분야의 발전을 위해 최선을 다한다.
㉡ 상담심리사는 필요시 무료 혹은 저가의 보수로 자신의 전문성을 제공하는 사회적 공헌활동에 참여한다.
㉢ 상담비용을 책정할 때 상담심리사들은 내담자의 재정상태를 고려하여야 한다. 책정된 상담료가 내담자에게 적절하지 않을 때에는, 대안적 서비스를 받을 수 있도록 돕는다.
㉣ 상담심리사는 상담자 양성에 도움이 되는 다양한 전문적 활동에 참여한다.

② 고용 기관과의 관계
㉠ 상담심리사는 자신이 종사하는 기관의 목적과 방침에 공헌할 수 있는 활동을 할 책임이 있다. 기관의 목적과 방침이 상담자 윤리와 상충될 때에는 이를 해결하기 위해 노력해야 한다.
㉡ 상담심리사는 근무기관의 관리자 및 동료들과 상담업무, 비밀보장, 직무에 대한 책임, 공적 자료와 개인자료의 구별, 기록된 정보의 보관과 처분에 관하여 상호 협의해야 한다. 상호 협의한 관계자들은 협의내용을 문서화하고 공유한다.
㉢ 상담심리사는 자신이 속한 기관의 효율성에 제한을 줄 수 있는 상황에 대해 미리 알려주어야 한다.

③ 다른 전문직과의 관계
㉠ 상담심리사는 함께 일하는 다른 전문적 집단의 특성을 존중하고, 상호 협력적 관계를 도모한다.
㉡ 공적인 자리에서 개인 의견을 말할 경우, 상담심리사는 그것이 개인적 의견에 불과하며 상담심리사 전체의 견해나 입장이 아님을 분명히 해야 한다.
㉢ 상담심리사는 내담자가 다른 정신건강 전문가의 서비스를 받고 있음을 알게 되면, 내담자로 하여금 상담 사실을 그 전문가에게 알리도록 권유하고, 긍정적이고 협력적인 치료관계를 맺도록 노력한다.
㉣ 상담심리사는 내담자 의뢰나 소개와 관련한 비용을 수취하거나 요구하지 않는다.

④ 자문
㉠ 자문이란 개인, 집단, 사회단체가 전문적인 조력자의 도움이 필요하여 요청한 자발적인 관계를 말한다. 상담심리사는 자문을 요청한 개인이나 기관의 문제 혹은 잠재된 문제를 규명하고 해결하는 데 도움을 준다.
㉡ 상담심리사는 자신이 자문에 참여하는 개인 또는 기관에 도움을 주는 데 필요한 자질과 능력을 갖추었는지를 스스로 검토하고 자문에 임해야 한다.
㉢ 상담심리사는 자문에 임할 때 자신의 가치관, 지식, 기술, 한계성이나 욕구에 대한 깊은 자각이 있어야 하고, 자문의 초점은 문제를 가진 사람이 아니라 풀어 나가야 할 문제 자체에 두어야 한다.

ⓔ 자문관계는 자문 대상자가 스스로 성장해 나가도록 격려하고 고양하는 것이어야 한다. 상담심리사는 이러한 역할을 일관성 있게 유지해야 하고, 자문 대상자가 스스로의 의사결정자가 되도록 도와주어야 한다.
ⓜ 상담활동에서 자문의 활용에 대해 홍보할 때는 학회의 윤리강령을 성실하게 준수해야 한다.

(3) 내담자의 복지와 권리에 대한 존중
① 내담자의 복지
ⓐ 상담심리사의 일차적 책임은 내담자의 복지를 증진하고 존엄성을 존중하는 것이다.
ⓑ 상담심리사는 내담자의 잠재력을 개발하여 건강한 삶을 영위하도록 도움을 주며, 어떤 방식으로도 해를 끼치지 않는다.
ⓒ 상담심리사는 상담관계에서 오는 친밀성과 책임감을 인식해야 한다. 상담심리사의 개인적 욕구충족을 위해서 내담자를 희생시켜서는 안 되며, 내담자로 하여금 의존적인 상담관계를 형성하지 않도록 노력해야 한다.
ⓓ 상담심리사는 직업문제와 관련하여 내담자의 능력, 일반적인 기질, 흥미, 적성, 욕구, 환경 등을 고려하면서 내담자와 함께 노력하지만, 내담자의 일자리를 찾아주거나 근무처를 정해 줄 의무가 있는 것은 아니다.

② 내담자의 권리와 사전 동의
ⓐ 내담자는 상담계획에 참여할 권리, 상담을 거부하거나 상담 개입방식의 변화를 거부할 권리, 그러한 거부에 따른 결과에 대해 고지받을 권리, 자신의 상담관련 정보를 요청할 권리 등이 있다.
ⓑ 상담심리사는 상담을 시작할 때 내담자가 충분한 설명을 듣고 선택할 수 있도록 적절한 정보를 제공해야 하고, 상담자와 내담자 모두의 권리와 책임에 대해서 알려줄 의무가 있다. 이러한 사전 동의 절차는 상담과정의 중요한 부분이며, 내담자와 논의하고 합의된 내용을 적절하게 문서화한다.
ⓒ 상담심리사가 내담자에게 설명해야 할 사전 동의 항목으로는 상담자의 자격과 경력, 상담비용과 지불방식, 치료기간과 종결 시기, 비밀보호 및 한계 등이 있다.
ⓓ 상담심리사는 내담자에게 상담과정의 녹음과 녹화 가능성, 사례지도 및 교육에의 활용 가능성에 대해 설명하고, 내담자에게 동의 또는 거부할 권리가 있음을 알려야 한다.
ⓔ 내담자가 미성년자 혹은 자발적인 동의를 할 수 없는 경우, 상담심리사는 내담자의 최상의 복지를 고려하여, 보호자 또는 법정대리인의 사전 동의를 구해야 한다.
ⓕ 상담심리사는 미성년인 내담자를 상담할 때, 필요하면 부모나 보호자가 상담에 참여할 수 있음을 내담자에게 알린다. 이 경우, 상담자는 부모 혹은 보호자의 참여에 앞서 그 영향을 고려하고 내담자의 권익을 보호하도록 한다.

③ 다양성 존중
ⓐ 상담심리사는 모든 인간의 기본적인 권리, 존엄성, 가치를 존중하며 성별, 장애, 나이, 성적 지향, 성별 정체성, 사회적 신분, 외모, 인종, 가족형태, 종교 등을 이유로 내담자를 차별하지 않는다.
ⓑ 상담심리사는 내담자의 다양한 문화적 배경을 이해하려고 적극적으로 시도해야 하며, 상담심리사 자신의 고유한 문화적 정체성이 상담과정에 어떤 영향을 주는지 인식해야 한다.
ⓒ 상담심리사는 자신의 고유한 가치, 태도, 신념, 행위를 인식하고, 내담자에게 자신의 가치를 강요하지 않는다.

(4) 상담관계
　① 다중 관계
　　㉠ 상담심리사는 객관성과 전문적인 판단에 영향을 미칠 수 있는 다중 관계는 피해야 한다. 가까운 친구나 친인척, 지인 등 사적인 관계가 있는 사람을 내담자로 받아들이면 다중 관계가 되므로, 다른 전문가에게 의뢰하여 도움을 준다. 의도하지 않게 다중 관계가 시작된 경우에도 적절한 조치를 취해야 한다.
　　㉡ 상담심리사는 상담할 때에 내담자와 상담 이외의 다른 관계가 있다면, 특히 자신이 내담자의 상사이거나 지도교수 혹은 평가를 해야 하는 입장에 놓인 경우라면 그 내담자를 다른 전문가에게 의뢰한다.
　　㉢ 상담심리사는 내담자와 상담실 밖에서 연애관계나 기타 사적인 관계(소셜미디어나 다른 매체를 통한 관계 포함)를 맺거나 유지하지 않는다.
　　㉣ 상담심리사는 내담자와의 관계에서 상담료 이외의 어떠한 금전적, 물질적 거래를 해서는 안 된다.
　　㉤ 상담심리사는 내담자의 선물로 인해 발생할 수 있는 문제를 숙고해야 한다. 선물의 수령 여부를 결정함에 있어서 상담관계에 미치는 영향, 선물의 의미, 내담자와 상담자의 동기, 현행법 위반 여부 등을 신중하게 고려해야 한다.
　② 성적 관계
　　㉠ 상담심리사는 내담자 및 내담자의 보호자, 친척 또는 중요한 타인에게 자신의 지위를 이용하여 성희롱 또는 성추행을 포함한 성적 접촉을 해서는 안 된다.
　　㉡ 상담심리사는 내담자 및 내담자의 보호자, 친척 또는 중요한 타인과 성적 관계를 가져서는 안 된다.
　　㉢ 상담심리사는 이전에 연애관계 또는 성적인 관계를 가졌던 사람을 내담자로 받아들이지 않는다.

(5) 정보의 보호 및 관리
　① 사생활과 비밀보호
　　㉠ 상담심리사는 상담과정에서 알게 된 내담자의 민감정보를 다룰 때 특별히 주의해야 하고, 상담과 관련된 모든 정보의 관리에 있어 개인정보 보호와 관련된 법을 준수해야 한다.
　　㉡ 상담심리사는 사생활과 비밀유지에 대한 내담자의 권리를 최대한 존중해야 할 의무가 있다.
　　㉢ 내담자의 사생활 보호에 대한 권리는 존중되어야 하나, 때로 내담자나 내담자가 위임한 법정대리인의 요청에 의해 제한될 수 있다.
　　㉣ 내담자의 사생활 보호가 제한되는 경우라 하더라도, 상담심리사는 내담자의 사생활 침해를 최소화하기 위해 노력해야 하고, 문서 및 구두 보고 시 사생활에 관한 정보를 포함시켜야 할 경우 그 목적과 밀접한 관련이 있는 정보만을 포함시킨다.
　　㉤ 상담심리사는 강의, 저술, 동료자문, 대중매체 인터뷰, 사적 대화 등의 상황에서 내담자의 신원확인이 가능한 정보나 비밀정보를 공개하지 않는다.
　　㉥ 상담심리사는 상담기관에 소속된 모든 구성원과 관계자들에게도 내담자의 사생활과 비밀이 보호되도록 주지시켜야 한다.

② **기록**
 ㉠ 상담기관이나 상담심리사는 상담의 기록, 보관 및 폐기에 관한 규정을 마련하고 준수해야 한다.
 ㉡ 상담심리사는 법, 규정 혹은 제도적 절차에 따라 상담기록을 일정기간 보관한다. 보관기간이 경과된 기록은 파기해야 한다.
 ㉢ 공공기관이나 교육기관 등은 각 기관에서 정한 기록 보관 연한을 따르고, 이에 해당하지 않는 경우에는 3년 이내 보관을 원칙으로 한다.
 ㉣ 상담심리사는 상담의 녹음 및 기록에 관해 내담자의 동의를 구한다.
 ㉤ 상담심리사는 면접기록, 심리검사자료, 편지, 녹음파일, 동영상, 기타 기록 등 상담과 관련된 기록들이 내담자를 위해 보존된다는 것을 인식하며, 상담기록의 안전과 비밀보호에 책임을 진다.
 ㉥ 상담심리사는 내담자가 합당한 선에서 기록물에 대한 열람을 요청할 경우 열람할 수 있도록 한다. 단, 상담심리사는 기록물에 대한 열람이 내담자에게 해악을 끼친다고 사료될 경우 내담자의 기록 열람을 제한한다.
 ㉦ 상담심리사는 내담자의 기록 열람에 대한 요청을 문서화하며, 기록의 열람을 제한할 경우 그 이유를 명기한다.
 ㉧ 복수의 내담자의 경우, 상담심리사는 각 개별 내담자에게 직접 해당되는 부분만을 공개하며, 다른 내담자의 정보에 관련된 부분은 노출되지 않도록 한다.
 ㉨ 상담심리사는 기록과 자료에 대한 비밀보호가 자신의 죽음, 능력상실, 자격박탈 등의 경우에도 보호될 수 있도록 미리 계획을 세운다.
 ㉩ 상담심리사는 상담과 관련된 기록을 보관하고 처리하는 데 있어서 비밀을 보호해야 하며, 이를 타인에게 공개할 때에는 내담자의 직접적인 동의를 받아야 한다.

(6) 비밀보호의 한계 2017년 2회
 ① 내담자의 생명이나 타인 및 사회의 안전을 위협하는 경우 내담자의 동의 없이도 내담자에 대한 정보를 관련 전문인이나 사회에 알릴 수 있다.
 ② 내담자가 감염성이 있는 치명적인 질병이 있다는 확실한 정보를 가졌을 때, 상담심리사는 그 질병에 위험한 수준으로 노출되어 있는 제삼자(내담자와 관계 맺고 있는)에게 그러한 정보를 공개할 수 있다. 상담심리사는 제삼자에게 이러한 정보를 공개하기 전에 내담자가 자신의 질병에 대해서 그 사람에게 알렸는지, 아니면 스스로 알릴 의도가 있는지를 확인한다.
 ③ 법원이 내담자의 동의 없이 상담심리사에게 상담관련 정보를 요구할 경우, 상담심리사는 내담자의 권익이 침해되지 않도록 법원과 조율하여야 한다.
 ④ 상담심리사는 내담자 정보를 공개할 경우 정보공개 사실을 내담자에게 알려야 한다. 정보공개가 불가피할 경우라도 최소한의 정보만을 공개한다.
 ⑤ 여러 전문가로 구성된 팀이 개입하는 상담의 경우 상담심리사는 팀의 존재와 구성을 내담자에게 알린다.
 ⑥ 비밀보호의 예외 및 한계에 관한 타당성이 의심될 때에 상담심리사는 동료 전문가 및 학회의 자문을 구한다.

> **더 알아보기** 상담내용에 대한 비밀보장 예외사항 2025년 1·3회, 2024년 2·3회, 2022년 3회, 2021년 2회, 2019년 1·3회, 2018년 1·3회, 2016년 3회
>
> - 내담자가 자신이나 다른 사람을 위험에 빠뜨릴 가능성이 큰 경우
> - 내담자가 자살을 시도할 계획이 있는 경우
> - 법적으로 정보의 공개가 요구되는 경우
> - 내담자가 감염성이 있는 치명적인 질병에 걸린 경우
> - 내담자가 아동학대를 하는 경우
> - 미성년인 내담자가 학대를 당하고 있는 경우
> - 심각한 범죄 실행의 가능성이 있는 경우
> - 상담자가 슈퍼비전을 받아야 하는 경우

(7) 집단상담과 가족상담

① 집단상담을 할 경우 상담심리사는 그 특정 집단에 대한 비밀보장의 중요성과 한계를 명백히 설명한다.

② 가족상담에서 상담심리사는 각 가족 구성원의 사생활 보호에 대한 권리를 존중한다. 한 가족 구성원에 대한 정보는 해당 구성원의 허락 없이는 다른 구성원에게 공개될 수 없다. 단, 미성년자 혹은 심신 미약자가 포함된 경우 이들에 대한 비밀보장은 위임된 보호자에 의해 제한될 수 있다.

(8) 상담 외 목적을 위한 내담자 정보의 사용   2015년 2회

① 교육이나 연구 또는 출판을 목적으로 상담관계로부터 얻어진 자료를 사용할 때에는 내담자의 동의를 구해야 하며, 각 개인의 익명성이 보장되도록 자료 변형 및 신상정보의 삭제와 같은 적절한 조치를 취하여 내담자에게 피해를 주지 않도록 한다.

② 다른 전문가의 자문을 구할 경우 상담심리사는 사전에 내담자의 동의를 구해야 하며, 적절한 조치를 통해 내담자의 사생활과 비밀을 보호하도록 노력한다.

(9) 전자 정보의 관리 및 비밀보호

① 전자기기 및 매체를 활용하여 상담관련 정보를 기록·관리하는 경우 상담심리사는 기록의 유출 또는 분실 가능성에 대해 경각심과 주의의무를 가져야 하며, 내담자의 정보보호를 위해 적극적인 노력을 해야 한다.

② 내담자의 기록이 전산 시스템으로 관리되는 경우, 상담심리사는 접근 권한을 명확히 설정하여 내담자의 신상이 드러나지 않도록 조치를 취한다.

CHAPTER 03 진로·직업상담의 실제

핵심 기출문제

빈출

01 상담 윤리강령의 역할과 기능을 모두 고른 것은?
2022년 1회, 2017년 1회

> ㄱ. 내담자의 복리 증진
> ㄴ. 지역사회의 도덕적 기대 존중
> ㄷ. 전문직으로서의 상담기능 보장
> ㄹ. 상담자 자신의 사생활과 인격 보호
> ㅁ. 직무수행 중의 갈등 해결 지침 제공

① ㄱ, ㄴ, ㄷ
② ㄴ, ㄷ, ㄹ
③ ㄱ, ㄴ, ㄹ, ㅁ
④ ㄱ, ㄴ, ㄷ, ㄹ, ㅁ

02 상담사의 윤리적 태도와 행동으로 옳은 것은?
2020년 3회, 2017년 2회, 2013년 3회

① 내담자와 상담관계 외에도 사적으로 친밀한 관계를 형성한다.
② 과거 상담사와 성적 관계가 있었던 내담자라도 상담관계를 맺을 수 있다.
③ 내담자의 사생활과 비밀보호를 위해 상담 종결 즉시 상담기록을 폐기한다.
④ 비밀보호의 예외 및 한계에 관한 갈등상황에서는 동료 전문가의 자문을 구한다.

03 카운슬러 윤리강령을 기반으로 한 직업상담사의 기본윤리로 가장 적합한 것은?
2018년 2회

① 상담자는 내담자가 이해하고 수용할 수 있는 한도 내에서 상담기법을 활용한다.
② 상담자는 내담자 개인이나 사회에 위험이 있다고 판단이 될지라도 개인의 정보를 보호해 줄 수 있는 포용력이 있어야 한다.
③ 상담자는 내담자가 도움을 받지 못하는 상담임이 확인된 경우라도 초기 구조화한 대로 상담을 지속적으로 진행하여야 한다.
④ 내담자에 대한 정보가 교육장면이나 연구장면에서 필요할 경우 내담자와 합의한 후 개인정보를 밝혀 활용하면 된다.

꼼꼼하게 풀어 주는 정답과 해설

01 ④ ㄱ, ㄴ, ㄷ, ㄹ, ㅁ 모두 상담 윤리강령에 해당되는 내용들이다.

02 **오답풀이**
① 내담자와 상담관계 외에 사적으로 친밀한 관계를 형성하여서는 안 된다.
② 과거 상담사와 성적 관계가 있었던 사람을 내담자로 받아들이지 않는다.
③ 내담자의 사생활과 비밀보호를 위해 상담 종결 즉시 상담기록을 폐기하는 것이 아니라 법, 규제 혹은 제도적 절차에 따라 기록을 일정기간 반드시 보존하여야 한다.

03 **오답풀이**
② 상담자는 내담자 개인 및 사회에 임박한 위험이 있다고 판단될 때 극히 조심스러운 고려 후에만 내담자의 사회생활 정보를 적정한 전문인 혹은 사회 당국에 공개한다.
③ 상담자는 내담자가 상담으로부터 도움을 받지 못하고 있음이 분명할 경우에는 상담을 종결하려고 노력해야 한다.
④ 내담자에 관한 정보를 교육장면이나 연구용으로 사용할 경우에는 내담자와 합의한 후 그의 정체가 전혀 노출되지 않도록 활용해야 한다.

정답 01 ④ 02 ④ 03 ①

04 상담자의 윤리강령으로 옳지 않은 내용은?
2017년 3회

① 상담활동의 과정에서 소속 기관 및 비전문인과 갈등이 있을 때 내담자의 복지를 우선적으로 고려한다.
② 타 전문인과 상호합의가 없었지만 내담자가 간절히 원하면 타 전문인으로부터 도움을 받고 있는 내담자라도 상담한다.
③ 자신의 개인 문제 및 능력의 한계 때문에 도움을 주지 못하리라고 판단될 경우는 다른 전문가 동료 및 관련기관에 의뢰한다.
④ 사회 공익과 자기가 종사하는 전문직의 바람직한 이익을 위하여 최선을 다한다.

05 직업상담사의 윤리강령에 관한 설명으로 가장 거리가 먼 것은?
2023년 3회, 2020년 1·2회, 2016년 1회

① 상담자는 상담에 대한 이론적, 경험적 훈련과 지식을 갖춘 것을 전제로 한다.
② 상담자는 내담자의 성장, 촉진과 문제해결 및 방안을 위해 시간과 노력상의 최선을 다한다.
③ 상담자는 자신의 능력 및 기법의 한계 때문에 내담자의 문제를 다른 전문직 동료나 기관에 의뢰해서는 안 된다.
④ 상담자는 내담자가 이해, 수용할 수 있는 한도 내에서 기법을 활용한다.

06 직업상담사가 지켜야 할 윤리적 행동과 가장 거리가 먼 것은?
2024년 2회, 2023년 1회, 2015년 2회

① 내담자에 관한 정보를 교육과 연구를 위해 임의로 적극 활용한다.
② 내담자를 좀 더 효율적으로 도울 수 있는 방법을 꾸준히 연구 개발한다.
③ 내담자와 협의하에 상담관계의 형식, 방법, 목적을 설정하고 토의한다.
④ 자신이 종사하는 전문직의 바람직한 발전을 위하여 최선을 다한다.

07 직업상담사가 지켜야 할 윤리사항으로 옳은 것은?
2022년 2회, 2016년 2회

① 습득된 직업정보를 가지고 다니면서 직업을 찾아준다.
② 습득된 직업정보를 먼저 가까운 사람들에게 알려준다.
③ 상담에 대한 이론적 지식보다는 경험적 훈련과 직관을 앞세워 구직활동을 도와준다.
④ 내담자가 자기로부터 도움을 받지 못하고 있음이 분명한 경우에는 상담을 종결하려고 노력한다.

꼼꼼하게 풀어 주는 정답과 해설

04 ② 상담자는 상호합의한 경우를 제외하고는 타 전문인으로부터 도움을 받고 있는 내담자에게 상담을 하지 않는다.
05 ③ 상담자는 자신의 능력 및 기법의 한계가 있을 경우 내담자의 문제를 다른 전문직 동료나 기관에 의뢰해야 한다.
06 ① 내담자에 관한 정보를 교육장면이나 연구용으로 사용할 경우에는 내담자와 합의한 후 그의 정체가 전혀 노출되지 않도록 해야 한다.

07 오답풀이
① 내담자에게 직업을 찾아주는 것이 아니라, 스스로 선택할 수 있도록 돕는다.
② 적절한 내담자에게 제공해야 한다.
③ 직업상담사가 갖추어야 할 전문성에는 경험적 훈련뿐만 아니라 이론적 지식이 포함된다. 이론적 근거가 없는 경험적 훈련과 직관을 앞세우는 것은 전문적 태도라고 볼 수 없다.

정답 04 ② 05 ③ 06 ① 07 ④

08 상담내용에 대한 비밀을 지키지 않아도 되는 상황을 모두 고른 것은?
2018년 3회, 2014년 3회

> ㄱ. 내담자가 자신이나 다른 사람을 위험에 빠뜨릴 가능성이 클 때
> ㄴ. 내담자의 법적 보호자가 내담자의 정보를 구할 때
> ㄷ. 법적으로 정보의 공개가 요구되는 경우
> ㄹ. 내담자가 감염성이 있는 치명적인 질병에 걸린 경우

① ㄱ, ㄷ
② ㄱ, ㄴ, ㄹ
③ ㄴ, ㄹ
④ ㄱ, ㄷ, ㄹ

09 상담에서 비밀보장 예외의 원칙과 가장 거리가 먼 것은?
2024년 3회, 2019년 3회

① 상담자가 슈퍼비전을 받아야 하는 경우
② 심각한 범죄 실행의 가능성이 있는 경우
③ 내담자가 자살을 실행할 가능성이 있는 경우
④ 상담을 의뢰한 교사가 내담자의 상담자료를 요청하는 경우

10 직업상담에 있어 내담자가 검사도구에 대해 비현실적 기대를 가지고 있을 때 상담자가 취할 수 있는 적절한 행동으로 가장 적합한 것은?
2016년 3회, 2013년 3회

① 즉시 검사를 실시한다.
② 검사 사용목적에 대하여 내담자에게 설명한다.
③ 추천되는 검사를 상담자가 정해 준다.
④ 심리검사는 상담관계를 방해하므로 실시하지 않는다.

11 레빈슨(Levenson)이 제시한 직업상담사의 반윤리적 행동에 해당하는 것은?
2025년 2회, 2015년 1회

① 상담자의 능력 내에서 내담자의 문제를 다룬다.
② 내담자에게 부당한 광고를 하지 않는다.
③ 적절한 상담비용을 청구한다.
④ 직업상담사에 대한 내담자의 의존성을 최대화한다.

꼼꼼하게 풀어 주는 정답과 해설

08 오답풀이
ㄴ. 상담자는 내담자의 법적 보호자라고 할지라도 내담자의 정보를 함부로 누설해서는 안 된다.

09 *비밀보장의 예외의 경우
• 내담자의 생명이나 사회의 안전을 위협하는 경우
• 내담자가 감염성이 있는 치명적인 질병이 있다는 확실한 정보를 가졌을 경우
• 내담자가 심각한 학대를 당하고 있을 경우
• 내담자가 범죄 실행의 가능성이 있을 경우
• 법적으로 정보의 공개가 요구되는 경우
• 상담자가 슈퍼비전을 받아야 하는 경우(상담이 전문가 집단에 의하여 지속적인 관찰을 받고 있는 경우 그 집단의 존재와 구성을 내담자에게 알릴 의무)

10 ② 검사 사용목적에 대하여 설명해 줌으로써 내담자로 하여금 검사도구에 대한 비현실적이거나 과다한 기대를 줄이게 할 수 있다.

11 *레빈슨이 말하는 직업상담사의 반윤리적 행동
• 비밀누설
• 자신의 전문적 능력 초월
• 자신이 갖지 않은 전문성의 주장
• 내담자에게 자신의 가치를 속이기
• 내담자에게 의존성 심기(직업상담사에 대한 내담자의 의존성 최대화)
• 내담자와의 성적 행위
• 이해갈등
• 의심스러운 계약

정답 08 ④ 09 ④ 10 ② 11 ④

12 진로시간전망 검사지의 사용목적이 아닌 것은?
2023년 2회, 2019년 2회, 2014년 1회

① 미래의 방향을 이끌어 내기 위해
② 계획에 대해 긍정적 태도를 강화하기 위해
③ 현재의 행동을 미래의 결과와 연계시키기 위해
④ 미래직업에 대한 지식 확장을 위해

빈출
13 하렌(V. Harren)의 진로의사결정 유형에 해당하는 것은?
2025년 3회, 2023년 1회, 2022년 2회

① 운명론적 – 계획적 – 지연적
② 합리적 – 의존적 – 직관적
③ 주장적 – 소극적 – 공격적
④ 계획적 – 직관적 – 순응적

빈출
14 진로시간전망 검사 중 Cottle이 제시한 원형검사에서 원의 크기가 나타내는 것은?
2020년 4회, 2018년 2회, 2014년 3회

① 과거, 현재, 미래
② 방향성, 변별성, 통합성
③ 시간차원에 대한 상대적 친밀감
④ 시간차원의 연결 구조

15 다음 중 상담사가 상담목표를 설정할 때 고려해야 할 사항으로 가장 적합한 것은? 2018년 3회

① 달성하기 어렵더라도 이상적인 관점에서 상담목표를 세운다.
② 내담자가 바라는 구체적이고 긍정적인 변화를 상담목표로 삼는다.
③ 상담의 방향성을 내담자와 공유하기 위해 추상적인 상담목표를 세운다.
④ 내담자의 문제를 제일 잘 파악하고 있는 부모와 함께 상담목표를 설정한다.

빈출
16 6개의 생각하는 모자(six thinking hats) 기법에서 모자의 색상별 역할에 관한 설명으로 옳은 것은? 2024년 1회, 2023년 1회, 2021년 3회, 2017년 3회

① 청색 – 낙관적이며, 모든 일이 잘될 것이라고 생각한다.
② 적색 – 직관에 의존하고, 직감에 따라 행동한다.
③ 흑색 – 본인과 직업들에 대한 사실들만을 고려한다.
④ 황색 – 새로운 대안들을 찾으려 노력하고, 문제들을 다른 각도에서 바라본다.

꼼꼼하게 풀어 주는 정답과 해설

12 ④ 진로시간전망 검사지는 미래직업에 대한 지식 확장을 위한 것이 아니라, 미래의 방향 설정을 하도록 하는 것이다.

13 *하렌(Harren)이 제시한 진로의사결정 유형
- 합리적 유형: 의사결정과정에 자신과 상황에 대한 정확한 정보를 수집하고, 논리적이고 체계적으로 접근하는 유형이다.
- 직관적 유형: 의사결정의 기초로 상상을 사용하고 현재의 감정에 주의를 기울이며 정서적 자각을 사용한다.
- 의존적 유형: 의사결정에 대한 개인적 책임을 부정하고, 그 책임을 외부로 돌리는 경향이 있다.

14 ③ 원형검사에서 원의 크기는 시간차원에 대한 상대적 친밀감을 나타낸다.

15 오답풀이
① 실현 가능한 것을 상담목표로 설정해야 한다.
③ 구체적인 것을 상담목표로 설정해야 한다.

16 *6개의 생각하는 모자 기법
- 흰색: 사실에만 초점을 둔 사고로, 중립적·객관적 사고를 반영한다.
- 빨강: 직관에 의한 감정이나 느낌을 반영한다. 직관에 의존하고 직감에 따라 행동한다.
- 검정: 논리적, 부정적, 비판적 사고를 반영한다.
- 노랑: 낙관적·긍정적 시각을 반영한다. 낙관적이며 모든 일이 잘될 것이라고 생각한다.
- 초록: 새로운 아이디어 생성, 창조적 사고를 반영한다.
- 파랑: 다른 모자의 사용법을 조절하는 사회자로서의 역할과 의사결정자의 역할을 한다.

정답 12 ④ 13 ② 14 ③ 15 ② 16 ②

III

직업정보

 직업정보, 어떻게 접근할까?

- 직업정보는 구직자에게 필요한 직업정보를 제공하기 위하여 산업 및 직업분류의 원칙과 방법, 고용보험, 직업훈련정보, 고용24(구 워크넷), 국가기술자격, 고용정보의 관리 등에 대해 학습해야 하는 과목입니다.
- 대부분의 문제가 암기한 내용을 바탕으로 풀 수 있는 문제들입니다. 이전 시험에서 출제되었던 문제가 반복하여 출제되므로 기본적인 내용을 학습한 후 기출문제를 풀며 정리하면 고득점할 수 있습니다.
- 정부의 고용정책이나 복지정책의 변화에 따라 개정되는 내용, 시사적인 내용들도 자주 출제되고 있습니다.

CHAPTER 01   직업정보의 제공

CHAPTER 02   직업 및 산업분류의 활용

CHAPTER 03   직업관련 정보의 이해

CHAPTER 04   직업정보의 수집·분석

CHAPTER 01 직업정보의 제공

> 회당 평균 출제 문항수 **3.1개**

수험 전략
- 공공직업정보와 민간직업정보의 차이, 직업정보의 기능 등이 꾸준히 출제되고 있으므로 기본적인 내용들을 언제나 숙지하고 있어야 한다.
- 특히 『한국직업사전』의 특징과 구성항목은 물론, 각 항목별 세세한 내용에서 많은 문제가 출제되고 있으니 세세한 내용들까지 주의를 기울여야 한다.
- 직업전망의 구성항목과 각각의 내용들 중 자주 출제되는 것들을 잘 알고 있어야 한다.

NEW & HOT! 키워드
공공·민간직업정보의 특징
『한국직업사전』의 구성항목
『한국직업사전』의 부가직업정보

UNIT 1 직업정보의 이해

1 직업정보의 의의

(1) **직업의 의의**

① 직업의 일반적 정의

직업(occupation)은 일반적으로 어떤 사람이 수행하는 일(work)의 유형을 지칭하는 것으로, 재화를 생산하거나 서비스를 제공하는 활동의 사회적·기술적 구성으로 규정될 수 있다. 즉, 구체적으로 직업은 핵심적인 직무(job)를 사회적으로 조직화한 것이라고 볼 수 있다.

② 국제표준직업분류에서의 정의

㉠ 국제노동기구(ILO)의 국제표준직업분류(ISCO)에서는 직무(job)를 '자영업을 포함하여 특정한 고용주를 위하여 개별 종사자들이 수행하거나 또는 수행해야 할 일련의 업무와 과업(tasks and duties)'이라고 정의하고 있다.

㉡ 한편, 직업(occupation)은 '유사한 직무의 집합'으로 정의된다. 여기에서 유사한 직무란 '주어진 업무와 과업이 매우 높은 유사성을 갖는 것'을 말한다.

(2) **정보의 의의**

① 정보의 뜻

㉠ 정보(information)란 관찰이나 측정을 통해 수집된 자료(data)를 실제 문제해결에 도움이 될 수 있도록 해석하고 정리한 것이다.

㉡ 정보는 인간이 판단하고 의사결정을 내리며 행동할 때 방향을 설정하도록 도와주는 역할을 수행한다. 따라서 정보는 미래의 불확실성을 감소시켜 주는 역할을 한다.

② 자료와 정보, 지식

정보의 의미와 유형을 파악하기 위해서는 자료와 정보 그리고 지식의 개념을 명확히 하고 이들 간의 관계를 살펴보아야 한다. 수집한 자료(data)를 의사결정에 유용한 형태로 처리한 것을 정보(information)라고 하고, 이러한 정보가 체계화되어 축적되면 지식(knowledge)이 된다.

③ 정보의 가치 2010년 4회

㉠ 정보의 유용성

앤드러스(Roman R. Andrus)는 정보의 가치는 정보의 정확성과 함께 정보의 효용(information utility)으로 평가되어야 한다고 주장한다. 즉, 정보는 필요할 때, 필요한 장소에서, 필요한 형태로 제공되어야 가치를 갖는다는 것이다.

㉡ 정보의 효용

ⓐ 형태효용(form utility): 정보형태가 사용자(의사결정자)의 요구(requirement)에 보다 적합한 형태로 제공될 때 정보의 효용은 높아진다.

ⓑ 시간효용(time utility): 정보는 의사결정자가 필요로 하는 시기에 제공되어야 정보의 효용은 높아진다.

ⓒ 장소효용(place utility): 정보에 쉽게 접근할 수 있을 때에 정보의 효용은 높아진다. 인터넷과 온라인 시스템은 시간효용과 장소효용을 최대화하는 정보시스템이다.

ⓓ 소유효용(possession utility): 정보소유자는 다른 사람에게 정보가 흘러가는 것을 통제할 수 있을 때 정보의 가치를 높게 인식한다.

(3) **직업정보의 의의** 2020년 4회

① 직업정보와 노동시장 정보

㉠ 직업정보

직업정보(occupational information)는 직업과 관련된 모든 정보를 의미한다. 구인·구직 등 취업정보는 물론이고 노동시장의 고용동향, 노동의 수요와 공급, 다양한 노동통계, 직업구조의 변화, 임금 등이 직업정보를 구성한다.

㉡ 노동시장 정보

ⓐ 노동시장 정보(labor market information)는 직업, 산업, 임금, 근로시간, 노동시장 동향, 노동력의 인구학적 특성뿐만 아니라 구인·구직, 직업훈련, 노동관련 제도 및 정책에 관한 정보를 포함한다.

ⓑ 우리나라에서 노동시장 정보자료의 수집·분석·가공은 통계청도 담당하지만, 주로 고용노동부 또는 한국고용정보원(keis.or.kr)이 담당한다.

② 직업정보의 조건 2014년 1회

㉠ 직업정보는 신뢰성(reliability)과 효용성(utility)을 갖추어야 한다.

㉡ 직업정보가 신뢰성을 갖기 위해서는 발행인, 전문적인 컨설턴트, 후원자, 기고가, 기금의 출처 등을 공개해야 한다. 즉, 어떠한 기금을 지원받아, 어떤 조직이나 기관의 후원하에 직업정보를 개발했으며, 누가 정보에 대하여 책임을 지는지 등을 밝혀야 한다.

㉢ 효용성은 적절한 시간에 적합한 정보가 개인 및 조직에 적절하게 제공되어야 한다는 것이다.

③ **민간직업정보와 공공직업정보** 2025년 1·2·3회, 2024년 1·2·3회, 2023년 1·3회, 2022년 1·3회, 2021년 1·2·3회, 2020년 3·4회, 2019·2018·2017·2016년 1·2·3회, 2015년 3회, 2014년 1·2·3회

㉠ 민간직업정보

ⓐ 민간직업정보는 정부나 공공기관이 아닌 민간(잡코리아, 인쿠르트, 사람인, 커리어 등)이 영리를 목적으로 조사·분석·제공하는 정보를 말한다.

✓ **교수님의 코멘트**

직업정보론에서 출제빈도가 가장 높은 내용입니다.

ⓑ 필요한 시기에 최대한 활용되도록 한시적으로 신속하게 생산되어 운영된다.
ⓒ 단시간에 조사되어 집중적으로 제공된다.
ⓓ 특정한 목적에 맞게 해당 분야의 직종을 제한적으로 선택(예 4차 산업혁명 관련 전문직업 20선 등)할 수 있다.
ⓔ 정보 자체의 효과는 크지만 부가적인 파급효과는 적다.
ⓕ 다른 직업정보와의 비교가 어렵고, 활용성이 낮다.
ⓖ 조사·분석 및 정리·제공에 상당한 시간 및 비용이 소요되므로 유료로 제공된다.

ⓛ 공공직업정보
ⓐ 공공직업정보는 정부나 공공기관이 공익적인 목적으로 조사·분석·제공하는 직업정보를 의미한다.
ⓑ 특정한 시기에 국한되지 않고 지속적으로 조사·분석하여 제공되며, 장기적인 계획 및 목표에 따라 정보체계의 개선작업 수행이 가능하다.
ⓒ 전체 산업 및 업종에 걸친 직업을 대상으로 제공된다.
ⓓ 직업별로 특정한 정보만을 강조하지 않고 보편적인 항목으로 이루어진 기초적인 직업정보 체계로 구성된다.
ⓔ 무료로 제공된다.
ⓕ 관련 직업정보 간의 비교·활용이 용이하다.
ⓖ 공공직업정보체계에 대한 직접적·객관적인 평가가 가능하다.
ⓗ 다른 정보에 미치는 영향이 크고, 관련성이 높다.

2 직업정보의 기능

2025년 1회, 2020년 3회, 2018년 1·2회, 2017년 2회, 2014년 1회, 2013년 3회, 2011년 3회

(1) 직업정보의 기능

① 인력배치의 효율화
직업정보를 기반으로 한 인력의 배치는 산업인력기반을 튼튼히 하고, 노동생산성의 증가를 통하여 산업 경쟁력을 높이는 데 크게 기여할 수 있다.

② 직업이동의 자료
노동시장 정보를 비롯한 직업정보는 노동자들이 자신의 능력과 적성을 발휘할 수 있는 직업을 찾아 이동하려고 할 때 의사결정의 기초가 된다.

③ 노동시장의 유연성 제고
빈번한 노동의 이동성, 고용중재가 요구되는 노동시장 등 아직도 이중적이고 경쟁적인 구조를 갖고 있는 노동시장의 변화를 추구하기 위해서는 신속하고 정확하게 노동시장에 관한 정보와 직업정보를 제공할 필요가 있다.

④ 인적자본의 효율성 제고
직업정보는 구인·구직의 원활성과 적재적소에 인력이 배치되는 것을 가능하게 하여 생산과정에 참여하는 인적자본의 효율성을 꾀할 수 있다.

⑤ 마찰적 실업의 감소
직업정보가 효율적으로 제공되면 마찰적 실업(frictional unemployment), 즉 노동시장의 정보가 부족하거나 노동시장이 비효율적일 때 발생하는 실업을 줄일 수 있다.

(2) 직업정보의 역할과 사용목적 2025년 3회, 2024년 2회, 2020년 4회, 2018년 1·2회, 2006년 2회

① 동기부여, 흥미유발, 태도변화

직업정보는 구직자 및 근로자에게 일을 하려는 동기를 부여하고, 일에 대한 흥미를 유발하며, 태도를 변화시키기 위해 사용될 수 있다.

② 지식전달

직업정보를 통해 알지 못했던 직업에 관해 알게 되며, 회사나 공장의 유형에 관해 알게 된다. 또한 한 직업에서 일의 과정이나 환경 등에 관해 알게 된다.

③ 비교·분석

직업정보는 여러 가지 직업적 대안들의 정보를 제공함으로써 한 직업에서 더 좋은 근로자의 생활형태를 비교·분석하기 위해 사용될 수 있다.

④ 역할모형 제공

직업정보는 구직자, 특히 청소년들에게 하나의 역할모형(role model)을 제공함으로써 사회화에 중요한 역할을 할 수 있다.

3 직업선택 결정모형 2025년 2회, 2020년 4회, 2016년 1·3회, 2010년 1회, 2009년 1·3회

(1) 기술적 직업선택 모형 2022년 3회

기술적(descriptive) 직업선택 모형은 사람들의 일반적인 직업결정 방식을 설명하려는 모형이다. 기술적 모형으로는 타이드만과 오하라(Tiedeman & O'Hara)의 모형, 힐튼(Hilton)의 모형, 브룸(Vroom)의 모형, 플레처(Fletcher)의 모형 및 슈(Hsu)의 모형이 있다.

① 타이드만과 오하라의 모형

㉠ 타이드만과 오하라(Tiedeman & O'Hara)는 직업선택의 결정과정을 기대기간과 실행 및 조정의 기간 등 두 기간으로 구분하였다. 즉, 직업을 결정하는 기간에 대한 연구를 통해 직업선택 과정을 설명한다.

㉡ 기대기간은 직업선택을 결정하기 이전의 기간으로, 탐색단계 → 구체화단계 → 선택단계 → 명료화단계로 구분한다.

㉢ 실행 및 조정의 기간은 직업선택을 결정하고 난 후의 행위단계를 의미한다.

② 힐튼의 모형 2025년 3회, 2021년 2회, 2016년 1회, 2010년 3회

㉠ 힐튼(Hilton)의 모형은 인간이 복잡한 정보에 접근하게 되는 구조에 근거를 둔 이론이다. 직업선택을 결정하기까지의 단계를 전제단계(직업선택 이전의 조사 시기), 계획단계(특정 직업에서 요구하는 행동을 상상하는 시기), 인지부조화단계(자신이 가지고 있는 특성과 반대되는 직업을 갖게됨으로써 생겨나는 행동을 시험해 보는 시기) 등으로 구분한다.

㉡ 힐튼은 직업결정 과정을 자신이 세운 계획과 전제 간의 불일치점 또는 불균형점을 조사·시험해 보고, 이들 간의 부조화가 없다면 현재 계획을 행위화시키는 과정으로 본다.

③ 브룸의 모형

㉠ 브룸(Vroom)은 직업결정 요인을 균형, 기대, 힘의 원리로 설명하고 있다.

㉡ 균형은 직업에 대한 실제 만족과 달리 기대된 만족, 기대는 자신이 선택한 직업이 실현 가능하다고 믿는 정도, 힘은 행위를 통제하는 가설적 인지요인 등을 의미한다고 보았다.

(2) 처방적 직업선택 모형

처방적(prescriptive) 직업선택은 사람으로 하여금 직업을 결정하는 데 있어 실수를 감소시키고 보다 나은 직업선택을 할 수 있도록 도와주려는 의도에서 시도된 이론이다. 처방적 모형으로는 카츠(Katz)의 모형, 겔라트(Gelatt)의 모형 및 칼도와 쥐토우스키(Kaldor & Zytowski)의 모형 등이 있다.

① 카츠의 모형

카츠(Katz)는 직업결정자는 자신의 특성요인을 가치와 중요도에 따라 비교하여 그 특성에 맞는 대안을 선택하고, 그 대안이 제공하는 보수에 따라 평가하여야 한다고 하였다.

② 겔라트의 모형
2010년 2회, 2007년 2회

㉠ 겔라트(Gelatt)는 직업선택의 결과보다 그 선택과정을 중시하였고, 직업정보를 3차원으로 분리·조직하고 훌륭한 선택결정은 3차원의 정보체계에서 각 체계마다 정보를 얻어냄으로써 가능하다고 하였다.

㉡ 직업정보를 예언적 체계, 가치체계, 결정준거(평가규칙)의 3차원으로 나누어 설명하고 있다.

UNIT 2 　직업정보 제공자료

1 『한국직업사전』

(1) 『한국직업사전』의 의의와 발간 배경
2019년 2·3회, 2018년 2회, 2013년 3회

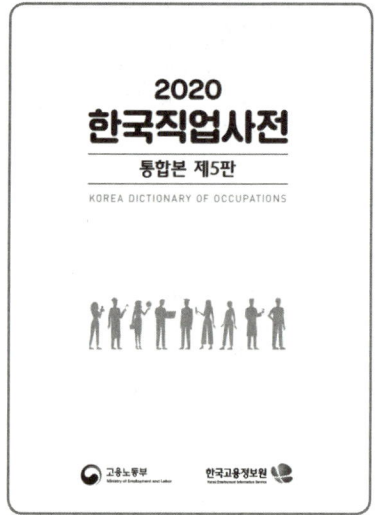

① 『한국직업사전』은 문자 그대로 직업에 대한 '사전'의 역할과 직업정보의 총람으로서 구직자에 대한 취업알선과 청소년들에 대한 진로지도, 기업 인사담당자의 인사관리업무와 직업전문가의 직업연구에 중요한 참고자료가 된다.

② 한국고용정보원은 2012년부터 2018년까지 직업세계의 변화를 조사한 결과를 통합·정리하여 『2020 한국직업사전』 통합본 제5판을 발간하였다.

③ 『한국직업사전』은 취업 및 진로선택을 위한 기초자료, 직업분류 체계의 개발과 직업연구를 위한 기초자료, 정부의 노동정책 수립을 위한 참고자료로 활용되기도 한다.

④ 직무분석 기법을 통해 분석된 정보이므로 대규모 조사를 통해 얻을 수 있는 임금정보나 직업의 향후 전망 등에 대한 정보는 얻을 수 없다는 단점이 있기도 하다.

⑤ 『한국직업사전』에 수록된 각종 정보는 기술진보, 경제성장의 변화 그리고 정부의 정책 등에 따라 달라질 수 있기 때문에 절대적인 자료가 될 수 없다.

> **더 알아보기** 직무분석관련 용어 2018년 2회, 2013년 1회

용어	내용
동작(motion)	작업요소(task element)를 구성하는 작업자의 기본행위를 말하며, 신체의 일부를 움직이거나 이동하는 등 작업과 관련한 행위가 포함된다.
작업요소(task element)	관련 있는 여러 개의 동작이 하나의 작업요소를 형성하며, 작업(task)을 구성하는 하위요소이다.
작업(task)	직무를 단계별로 나눈 것으로 측정 가능한 행동을 말하며, 작업자가 수행하는 정신적·육체적 활동이 포함되는데 '일'로 표현되기도 한다.
직위(position)	작업자 개개인에게 업무·일·책임이 분명히 존재하여 작업이 수행될 경우 한 사람 한 사람의 작업을 직위라고 하며, 어떤 조직이건 작업자의 수만큼 직위가 있게 된다. 이 직위는 사회적 신분이나 위계질서를 나타내는 것이 아니라, 직무상의 지위를 의미한다.
직무(job)	생산활동에 종사하는 개별 종사자에 의해 수행되었거나 또는 수행되도록 설정·교육·훈련된 업무로, 각각의 직무는 직무분석의 대상이 되며 다른 직업과 다른 독립된 직업결정의 중요한 기준이 된다. 상황에 따라 직업·직위·작업 등과도 상호교환적으로 사용될 수 있다.

(2) 『2020 한국직업사전』

① 『2020 한국직업사전』의 개정 목적

『2020 한국직업사전』은 급변하는 노동시장의 여건과 국제적으로 가속화되어 가는 기술혁신, 그리고 이에 따른 산업구조의 변화 등에 따라 변동·소멸되는 직업현황을 체계적으로 분석·제공하여 산업사회 및 노동시장의 구조적 변화를 파악할 수 있도록 하고자 하는 목적에서 개정되었다.

② 『2020 한국직업사전』의 발간 과정

㉠ 한국고용직업분류 체계에 근거하여 매년 직종별 조사계획을 수립하여 조사를 실시하고 연도별 『직종별 직업사전』을 발간하였다. 2019년도에는 이를 토대로 직업 간 통합 및 삭제 등의 작업을 수행하였다.

㉡ 조사대상 산업의 선정을 위한 분류 틀은 통계청의 한국표준산업분류이며, 직업분류의 틀은 통계청의 한국고용직업분류이다. 직무조사에 있어 산업분류의 기준은 세세분류를 최하단위로 하였다.

> **더 알아보기** 데이컴법 2014년 2회
>
> - 데이컴법(DACUM method)은 주로 교육과정 개발을 위한 직무분석 기법으로서 교육목표와 내용을 비교적 단시간 내에 추출하는 데 효과적인 방법으로 직업사전의 발간을 위한 직무조사(직무분석)에도 활용할 수 있다.
> - 이는 분석하려는 직업에 종사하는 경험이 많은 전문가들을 한자리에 모아 놓고 짧은 시간에 브레인스토밍 기법으로 직무를 분석하는 방법이다. 10년 이상 경력을 쌓은 숙련근로자 10여 명을 분석 협조자로 선정하여(8~12명의 해당 전문가) 데이컴 위원회를 구성하고, 2박 3일 정도의 집중적인 워크숍을 실시하여 데이컴 차트를 완성한다.
> - 데이컴법에서는 참여한 전문가의 의견만 반영되고, 서기나 옵저버의 의견은 반영되지 않는다.

③ 『2020 한국직업사전』의 수록직업 개요

㉠ 『2020 한국직업사전』에 수록된 직업 수는 본직업과 관련직업은 12,823개이고, 유사명칭까지 포함하면 16,891개의 직업(본직업명 6,075개, 관련직업명 6,748개, 유사직업명 4,068개)이 등재되었다.

㉡ 제4판 대비 본직업 증가분 690개는 신생직업 270개와 기존 직업을 새로 발굴해 낸 직업으로 구성되었다.

2 『한국직업사전』의 구성체계

(1) 『한국직업사전』의 구성
2019년 2회, 2015년 1·2회

① 구성기준

『한국직업사전』에 수록된 직업들은 직무분석을 바탕으로 조사된 정보들로서, 수많은 일을 조직화된 방식으로 고찰하기 위하여 유사한 직무를 기준으로 분류한 것이다.

> ✓ 교수님의 코멘트
>
> 자주 출제됩니다. 특히 부가직업정보의 내용은 꼭 알아 두도록 합시다.

② 본직업정보
- ㉠ 직업코드
- ㉡ 본직업명
- ㉢ 직무개요
- ㉣ 수행직무

③ 부가직업정보

정규교육, 숙련기간, 직무기능, 작업강도, 육체활동, 작업장소, 작업환경, 유사명칭, 관련직업, 자격/면허, 한국표준산업분류 코드, 한국표준직업분류 코드, 조사연도 등 13개 항목으로 구성되어 있다.

(2) 직업코드

① 직업코드의 의의
2015년 3회, 2013년 1회

특정 직업을 구분해 주는 단위로서 한국고용직업분류(KECO)의 세분류 4자리 숫자로 표기한다. 다만, 동일한 직업에 대해 여러 개의 직업코드가 포함되는 경우에는 직무의 유사성 등을 고려하여 가장 타당하다고 판단되는 직업코드 하나를 부여한다.

② 직업코드의 의미

직업코드 4자리에서 첫 번째 숫자는 대분류, 두 번째 숫자는 중분류, 세 번째 숫자는 소분류, 네 번째 숫자는 세분류를 나타낸다. 세분류 내 직업들은 가나다순으로 배열된다.

(3) 본직업명

① 본직업명의 의미
- ㉠ 산업현장에서 일반적으로 해당 직업으로 알려진 명칭, 혹은 그 직무가 통상적으로 호칭되는 것으로『한국직업사전』에 그 직무내용이 기술된 명칭이다.
- ㉡ 즉, 사업주가 근로자를 모집할 때 사용하는 명칭, 사업체 내에서 일반적으로 통용되는 명칭, 해당 직업 종사자 상호 간 호칭, 그 외 각종 직업관련 서류에서 사용되는 명칭을 말한다.

② 직업명칭이 없는 경우

특별히 부르는 명칭이 없는 경우에는 직무내용과 산업의 특수성을 고려하여 누구나 쉽게 이해할 수 있는 명칭을 부여한다. 직업명칭은 해당 작업자의 의견뿐만 아니라 상위책임자 및 인사담당자의 의견을 수렴하여 결정한다.

(4) 직무개요 및 수행직무

① 직무개요

주로 직무담당자의 활동, 활동의 대상 및 목적, 직무담당자가 사용하는 기계·설비 및 작업보조물, 사용된 자재, 만들어진 생산품 또는 제공된 용역, 수반되는 일반적·전문적 지식 등을 간략히 포함한다.

② 수행직무

㉠ 직무담당자가 직무의 목적을 완수하기 위하여 수행하는 구체적인 작업(task)내용을 작업순서에 따라 서술한 것이다. 단, 공정의 순서를 파악하기 어려운 경우에는 작업의 중요도 또는 작업빈도가 높은 순으로 기술한다.

㉡ 작업자가 사용하는 도구·기계와 관련하여 작업자가 무엇을, 어떻게, 왜 하는가를 정확하게 표현하되, 평이한 문체로 이해하기 쉽게 기술한다.

(5) 부가직업정보

① 정규교육   2022년 1회, 2019년 1·2(종합)회, 2015년 1회, 2014년 3회, 2013년 2회

㉠ 해당 직업의 직무를 수행하는 데 필요한 일반적인 정규교육수준을 의미하는 것으로 해당 직업 종사자의 평균 학력을 나타내는 것은 아니다.

㉡ 정규교육은 현행 우리나라 정규교육과정의 연한을 고려하여 그 수준을 6개로 분류한다.

㉢ 독학, 검정고시 등을 통해 정규교육과정을 이수하였다고 판단되는 기간도 포함된다.

■ 정규교육수준 및 교육 정도   2019년 1회

수준	교육 정도
1	6년 이하(초졸 정도)
2	6년 초과 ~ 9년 이하(중졸 정도)
3	9년 초과 ~ 12년 이하(고졸 정도)
4	12년 초과 ~ 14년 이하(전문대졸 정도)
5	14년 초과 ~ 16년 이하(대졸 정도)
6	16년 초과(대학원 이상)

② 숙련기간   2019년 3회, 2018년 1·2회, 2016년 1회, 2013년 1회

㉠ 정규교육과정을 이수한 후 해당 직업의 직무를 평균적인 수준으로 스스로 수행하기 위하여 필요한 각종 교육, 훈련, 숙련기간을 의미한다.

㉡ 해당 직업에 필요한 자격/면허를 취득하는 취업 전 교육 및 훈련기간뿐만 아니라 취업 후에 이루어지는 관련 자격/면허 취득 교육 및 훈련기간도 포함된다. 또한 자격/면허가 요구되는 직업은 아니지만 해당 직무를 평균적으로 수행하기 위한 각종 교육훈련기간, 수습교육, 기타 사내교육, 현장훈련 등이 포함된다.

㉢ 단, 해당 직무를 평균적인 수준 이상으로 수행하기 위한 향상훈련(further training)은 '숙련기간'에 포함되지 않는다.

■ 숙련수준 및 숙련기간

수준	숙련기간
1	약간의 시범 정도
2	시범 후 30일 이하
3	1개월 초과 ~ 3개월 이하
4	3개월 초과 ~ 6개월 이하
5	6개월 초과 ~ 1년 이하
6	1년 초과 ~ 2년 이하
7	2년 초과 ~ 4년 이하
8	4년 초과 ~ 10년 이하
9	10년 초과

③ **직무기능(DPT)** 2025년 1·2·3회, 2024년 2·3회, 2022년 3회, 2021년 1·2회, 2020년 1·2(통합)·4회, 2015년 1·2회, 2014년 1·3회

해당 직업 종사자가 직무를 수행하는 과정에서 자료(data), 사람(people), 사물(thing)과 맺는 관련된 특성을 나타낸다. 각각의 작업자 직무기능은 광범위한 행위를 표시하고 있으며 작업자가 자료, 사람, 사물과 어떤 관련을 가지고 있는지를 보여준다.

> **더 알아보기 직무기능**
> - '자료'와 관련된 기능은 정보, 지식, 개념 등 세 가지 종류의 활동으로 배열되어 있는데, 어떤 것은 광범위하며 어떤 것은 범위가 협소하다. 또한 각 활동은 상당히 중첩되어 배열 간의 복잡성이 존재한다.
> - '사람'과 관련된 기능은 위계적 관계가 없거나 희박하다. 서비스 제공이 일반적으로 덜 복잡한 사람관련 기능이며, 나머지 기능들은 특정한 순서를 표시하는 수준을 가지고 있는 것은 아니다.
> - '사물'과 관련된 기능은 작업자가 기계와 장비를 가지고 작업하는지 혹은 기계와 관련 없는 도구나 작업 보조구를 가지고 작업하는지에 기초하여 분류된다. 또한 작업자의 업무에 따라 사물과 관련되어 요구되는 활동수준이 달라진다.

수준	자료(data)	사람(people)	사물(thing)
0	종합	자문	설치
1	조정	협의	정밀작업
2	분석	교육	제어조작
3	수집	감독	조작운전
4	계산	오락 제공	수동조작
5	기록	설득	유지
6	비교	말하기-신호	투입-인출
7	-	서비스 제공	단순작업
8	관련 없음	관련 없음	관련 없음

㉠ 자료(data): 자료와 관련된 기능은 만질 수 없으며 숫자, 단어, 기호, 생각, 개념 그리고 구두상 표현을 포함한다.

0 종합(synthesizing): 사실을 발견하고 지식개념 또는 해석을 개발하기 위해 자료를 종합적으로 분석한다.

1 조정(coordinating): 데이터 분석에 기초하여 시간, 장소, 작업순서, 활동 등을 결정하고 결정을 실행하거나 상황을 보고한다.

2 분석(analyzing): 조사하고 평가한다. 평가와 관련된 대안적 행위의 제시가 빈번하게 포함된다.

3 수집(compiling): 자료, 사람, 사물에 관한 정보를 수집, 대조, 분류한다. 정보와 관련한 규정된 활동의 수행 및 보고가 자주 포함된다.

4 계산(computing): 사칙연산을 실시하고 사칙연산과 관련하여 규정된 활동을 수행하거나 보고한다. 수를 세는 것은 포함되지 않는다.

5 기록(copying): 데이터를 옮겨 적거나 입력하거나 표시한다.

6 비교(comparing): 자료, 사람, 사물의 쉽게 관찰되는 기능적·구조적·조합적 특성을(유사한지 또는 명백한 표준과 현격히 차이가 있는지) 판단한다.

ⓒ 사람(people): 사람과 관련된 기능은 인간과 인간처럼 취급되는 동물을 다루는 것을 포함한다.

0 자문(mentoring): 법률적으로나 과학적, 임상적, 종교적, 기타 전문적인 방식에 따라 사람들의 전인격적인 문제를 상담하고 조언하며 해결책을 제시한다.

1 협의(negotiating): 정책을 수립하거나 의사결정을 하기 위해 생각이나 정보, 의견 등을 교환한다.

2 교육(instructing): 설명이나 실습 등을 통해 어떤 주제에 대해 교육하거나 훈련(동물 포함)시킨다. 또한 기술적인 문제를 조언한다.

3 감독(supervising): 작업절차를 결정하거나 작업자들에게 개별 업무를 적절하게 부여하여 작업의 효율성을 높인다.

4 오락 제공(diverting): 무대공연이나 영화, TV, 라디오 등을 통해 사람들을 즐겁게 한다.

5 설득(persuading): 상품이나 서비스 등을 구매하도록 권유하고 설득한다.

6 말하기-신호(speaking-signaling): 언어나 신호를 사용해서 정보를 전달하고 교환한다. 보조원에게 지시하거나 과제를 할당하는 일을 포함한다.

7 서비스 제공(serving): 사람들의 요구 또는 필요를 파악하여 서비스를 제공한다. 즉각적인 반응이 수반된다.

ⓒ 사물(thing): 사물과 관련된 기능은 사람과 구분되는 무생물로서 물질, 재료, 기계, 공구, 설비, 작업도구 및 제품 등을 다루는 것을 포함한다.

0 설치(setting up): 기계의 성능, 재료의 특성, 작업장의 관례 등에 대한 지식을 적용하여 연속적인 기계가공작업을 수행하기 위한 기계 및 설비의 준비, 공구 및 기타 기계장비의 설치 및 조정, 가공물 또는 재료의 위치조정, 제어장치 설정, 기계의 기능 및 완제품의 정밀성 측정 등을 수행한다.

1 정밀작업(precision working): 설정된 표준치를 달성하기 위하여 궁극적인 책임이 존재하는 상황 하에서 신체부위, 공구, 작업도구를 사용하여 가공물 또는 재료를 가공, 조종, 이동, 안내하거나 또는 정위치시킨다. 그리고 도구, 가공물 또는 원료를 선정하고 작업에 알맞게 공구를 조정한다.

2 제어조작(operating-controlling): 기계 또는 설비를 시동, 정지, 제어하고 작업이 진행되고 있는 기계나 설비를 조정한다.

3 조작운전(driving-operating): 다양한 목적을 수행하고자 사물 또는 사람의 움직임을 통제하는 데 있어 일정한 경로를 따라 조작되고 안내되어야 하는 기계 또는 설비를 시동, 정지하고 그 움직임을 제어한다.

4 수동조작(manipulating): 기계, 설비 또는 재료를 가공, 조정, 이동 또는 위치할 수 있도록 신체부위, 공구 또는 특수장치를 사용한다. 정확도 달성 및 적합한 공구, 기계, 설비 또는 원료를 산정하는 데 있어서 어느 정도의 판단력이 요구된다.

5 유지(tending): 기계 및 장비를 시동, 정지하고 그 기능을 관찰한다. 체인징가이드, 조정타이머, 온도게이지 등의 계기의 제어장치를 조정하거나 원료가 원활히 흐르도록 밸브를 돌려주고 빛의 반응에 따라 스위치를 돌린다. 이러한 조정업무에 판단력은 요구되지 않는다.

6 투입-인출(feeding-off bearing): 자동적으로 또는 타 작업원에 의하여 가동, 유지되는 기계나 장비 안에 자재를 삽입, 투척, 하역하거나 그 안에 있는 자재를 다른 장소로 옮긴다.

7 단순작업(handling): 신체부위, 수공구 또는 특수장치를 사용하여 기계, 장비, 물건 또는 원료 등을 정리, 운반, 처리한다. 정확도 달성 및 적합한 공구, 장비, 원료를 선정하는 데 판단력이 요구되지 않는다.

④ **작업강도** 2025년 2회, 2024년 1·2·3회, 2023년 3회, 2018년 1회, 2016년 2회, 2015년 1·3회, 2014년 3회, 2013년 3회

㉠ 작업강도는 해당 직업의 직무를 수행하는 데 필요한 육체적 힘의 강도를 나타낸 것으로 5단계로 분류한다.

㉡ 작업강도는 심리적·정신적 노동강도는 고려하지 않는다.

> ✓ **교수님의 코멘트**
> 자주 출제됩니다. 5가지 작업강도의 구분, 작업강도의 결정기준이 중요합니다.

■ **작업강도의 구분** 2022년 2회, 2016년 2회

구분	내용
아주 가벼운 작업	• 최고 4kg의 물건을 들어올리고, 때때로 장부, 소도구 등을 들어올리거나 운반한다. • 앉아서 하는 작업이 대부분이지만 직무수행상 서거나 걷는 것이 필요할 수도 있다.
가벼운 작업	• 최고 8kg의 물건을 들어올리고 4kg 정도의 물건을 빈번히 들어올리거나 운반한다. • 걷거나 서서 하는 작업이 대부분일 때 또는 앉아서 하는 작업일지라도 팔과 다리로 밀고 당기는 작업을 수반할 때에는 무게가 매우 적더라도 이 작업에 포함된다.
보통 작업	최고 20kg의 물건을 들어올리고 10kg 정도의 물건을 빈번히 들어올리거나 운반한다.
힘든 작업	최고 40kg의 물건을 들어올리고 20kg 정도의 물건을 빈번히 들어올리거나 운반한다.
아주 힘든 작업	40kg 이상의 물건을 들어올리고 20kg 이상의 물건을 빈번히 들어올리거나 운반한다.

㉢ 각각의 작업강도는 '들어올림', '운반', '밈', '당김' 등을 기준으로 결정하는데, 이것은 일차적으로 힘의 강도에 대한 육체적 요건이며, 일반적으로 이러한 활동 중 한 가지에 참여한다면 그 범주를 기준으로 사용한다.

⑤ **육체활동**

㉠ 육체활동은 해당 직업의 직무를 수행하기 위해 필요한 신체적 능력을 나타내는 것으로 균형감각, 웅크림, 손, 언어력, 청각, 시각 등이 요구되는 직업인지를 보여준다.

㉡ 육체활동은 조사대상 사업체 및 종사자에 따라 다소 상이할 수 있으므로 전체 직업 종사자의 '육체활동'으로 일반화하기에는 무리가 있다.

⑥ **작업장소**

작업장소는 해당 직업의 직무가 주로 수행되는 장소를 나타내는 것으로, 실내·실외 종사비율에 따라 구분한다.

⑦ **작업환경** 2021년 3회, 2016년 1회, 2015년 1회, 2014년 2회

㉠ 작업환경은 해당 직업의 직무를 수행하는 작업자에게 직접적으로 물리적·신체적 영향을 미치는 작업장의 환경요인을 나타낸 것이다.

ⓒ 작업자의 작업환경을 조사하는 담당자는 일시적으로 방문하고 또한 정확한 측정기구를 가지고 있지 못한 경우가 일반적이기 때문에 조사 당시에 조사자가 느끼는 신체적 반응 및 작업자의 반응을 듣고 판단한다.

ⓒ 온도, 소음·진동, 위험내재 및 대기환경이 미흡한 직업은 근로기준법, 산업안전보건법 등의 법률에서 제시한 금지직업이나 유해요소가 있는 직업 등을 근거로 판단할 수 있다.

ⓔ 그러나 이러한 기준도 산업체 및 작업장에 따라 달라질 수 있으므로 절대적인 기준이 될 수 없다.

⑧ 유사명칭 2017년 3회

㉠ 유사명칭은 현장에서 본직업명을 명칭만 다르게 부르는 것으로 본직업명과 사실상 동일하다. 예를 들어, '보험모집원'이라는 직업은 '생활설계사', '보험영업사원'이라는 유사명칭을 가진다.

㉡ 유사명칭은 별개의 '직업'이 아니라 '직업명칭'이므로 직업 수 집계 등에서는 제외된다.

⑨ 관련직업

본직업명과 기본적 직무에 있어서 공통점이 있으나 직무의 범위, 대상 등에 따라 나뉘는 직업이다. 하나의 본직업명에는 두 개 이상의 관련직업이 있을 수 있으며, 직업 수 집계에 포함된다.

⑩ 자격·면허

자격·면허는 입직에 필수적이거나 취업 혹은 직무수행에 도움이 되는 자격이나 면허를 기술한 것이다. 자격·면허는「국가기술자격법」및 개별 법령에 의해 정부주관으로 운영하고 있는 국가자격 및 면허를 수록한다. 민간에서 부여하는 자격증은 제외한다.

⑪ 한국표준산업분류 코드

㉠ 해당 직업을 조사한 산업을 나타내는 것으로『한국표준산업분류』(제10차 개정)의 소분류 (3-digits) 산업을 기준으로 하였다.

㉡ 단, 산업분류는 수록된 산업에만 해당 직업이 존재하는 것을 의미하는 것이 아니라 그 직업이 조사된 산업을 나타내고 있다. 따라서 타 산업에서도 해당 직업이 존재할 수 있다.

⑫ 한국표준직업분류 코드

해당 직업의 한국고용직업분류(KECO) 세분류 코드(4-digits)에 해당하는『한국표준직업분류』(통계청)의 세분류 코드를 표기한다.

⑬ 조사연도

조사연도는 해당 직업의 직무조사가 실시된 연도(최종 조사연도)를 나타낸다. 조사연도의 명기는 수요자들에게 조사시점과 사용시점의 차이에서 오는 직업정보의 오해를 제거하기 위해 제시된다.

> **더 알아보기 | 부가직업정보**
>
> 1. 정규교육
> 2. 숙련기간
> 3. 직무기능
> 4. 작업강도
> 5. 육체활동
> 6. 작업장소
> 7. 작업환경
> 8. 유사명칭
> 9. 관련직업
> 10. 자격·면허
> 11. 한국표준산업분류 코드
> 12. 한국표준직업분류 코드
> 13. 조사연도

3 『한국직업전망』

(1) 『한국직업전망』의 목표와 직업선정

① 『한국직업전망』의 목표   2017년 3회, 2013년 1·3회

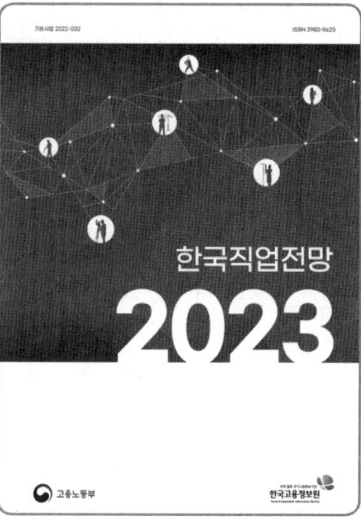

㉠ 『한국직업전망』은 진로와 직업을 탐색하고 결정하고자 하는 청소년 및 구직자에게 직업정보를 제공하기 위해 기획되었다.

㉡ 이외에도 청소년의 진로와 진학을 상담하는 진로진학 상담교사, 구직자의 취업을 돕는 고용센터 직업상담원, 직업교육(훈련)교(강)사, 일자리 정책 입안자, 연구자에게도 중요한 자료로 활용될 것으로 기대된다.

② 수록직업선정 및 분류체계
2018년 1회, 2017년 1·2회, 2012년 1회, 2011년 2회, 2010년 1회

㉠ 『한국직업전망』의 수록직업은 「한국고용직업분류(2018)」의 세분류(4-digit)를 기준으로 종사자 수(3만명 이상), 직업정보 제공가치, 직무의 배타성 등을 고려하여 선정하였다.

㉡ 특히 직업정보의 연결성을 높이기 위해서 고용24(구 워크넷) 직업·진로(한국직업정보시스템)에서 제공되고 있는 직업단위를 기본 정보단위로 사용하였다.

㉢ 다만, KECO의 세분류 직업 중 승진을 통해 진입하게 되는 관리직과 직업정보 제공의 실효성이 낮은 직업(예 안마사)은 제외하였다.

㉣ 또한 음료조리사 및 바텐더, 피부 및 체형관리사 등과 같이 직무가 유사하거나 식당 서비스원처럼 직업정보 제공의 실효성이 낮은 직업들은 하나로 통합하거나 소분류(3-digits) 수준에서 통합하여 제공하였다.

(2) 『한국직업전망』의 직업정보
2020년 1·2(통합)회, 2019년 1회, 2018년 1회, 2016년 1회, 2015년 3회, 2013년 1·3회

『2021 한국직업전망』, 『2022 한국직업전망』, 『2023 한국직업전망』은 직업별로 대표직업명, 하는 일, 업무환경, 되는 길, 적성 및 흥미, 경력개발, 일자리 전망, 관련정보 등으로 구성하였다.

① 일반 직업정보

㉠ **대표직업명**: 직업명은 한국고용직업분류(KECO)의 세분류(4-digits)나 워크넷 직업·진로(한국직업정보시스템)의 세세분류(5-digits) 수준의 명칭을 가능한 준용하였는데, 이는 다른 직업정보나 통계자료와의 연계성을 높이기 위함이다. 여러 세분류 직업들이 합쳐진 경우에는 소분류 수준의 명칭을 사용하였다.

㉡ **하는 일**: 해당 직업 종사자가 일반적으로 수행하는 업무내용과 과정에 대해 서술하였다. 여러 직업을 포함하는 경우에는 세부직업별로 하는 일을 서술하였다.

㉢ **업무환경**: 해당 직업 종사자의 일반적인 근무시간, 근무형태(교대근무, 야간근무 등), 근무장소, 육체적·정신적 스트레스 정도, 산업안전 등에 대해 서술하였다.

- ② 되는 길: 해당 직업의 업무를 수행하기 위해 필요한 교육수준 및 전공, 경력개발(일 경험), 필요 훈련, 연관 자격증을 소개한다. 자격의 경우 국가(기술)자격을 중심으로 수록하며 그 외 해당 직업의 업무수행을 위해 업계에서 통상적으로 널리 인정되거나 전문성을 보장받고 있는 일부 외국계자격, 공인민간자격 등도 소개한다.
- ⑩ 적성 및 흥미: 해당 직업에 취업하거나 업무를 수행하는 데 필요하거나 유리한 적성, 성격, 흥미, 지식 및 기술 등을 수록하였다.
- ⑪ 경력 개발: 해당 직업의 일반적인 승진체계 및 경력개발체계 등을 소개하며 이·전직이 가능한 유사분야의 정보도 포함한다.

② 일자리 전망 2019년 2회, 2017년 1·3회
- ⑦ 일자리 전망결과: 『한국직업전망』에서의 일자리 전망은 향후 10년간 해당 직업의 일자리(고용) 전망을 소개하며 증가, 다소 증가, 현 상태 유지, 다소 감소, 감소 등 총 5영역의 전망 중 해당하는 전망을 중심으로 고용전망에 영향을 미치는 요인을 설명한다.
- ⓒ 일자리 전망방법: 각 직업의 일자리 전망은 양적 전망(「2021~2031 중장기인력수급전망」(한국고용정보원, 2022)), 「정성적 직업전망조사」를 비롯해 직업별 재직자조사 결과, 내외부 직업전망 전문가, 각 직업 분야의 전문가 검토 등을 종합하여 최종 일자리 전망을 도출하였다.
- ⓒ 일자리 전망요인: 일자리 전망에 영향을 미치는 주요 요인은 인구구조(고령화, 저출산)의 변화, 노동인구의 변화, 가치관과 라이프스타일의 변화, 과학기술의 발전, 국내외 경기 변화, 기업의 경영전략 변화, 산업특성 및 산업구조의 변화, 환경과 에너지, 법·제도 및 정부정책 등 9가지 범주를 바탕으로 하였다.

③ 관련 정보

관련 정보는 관련직업, 직업 코드, 관련 정보처 등으로 구성되어 있다.
- ⑦ 관련직업: 한국직업정보시스템(KNOW)에서 서비스하는 약 700개 직업을 중심으로 자격이나 전공, 경력 등을 고려하여 곧바로 혹은 추가 교육훈련을 통해 진입이 가능한 직업을 제시하였다.
- ⓒ 직업 코드: 한국고용직업분류(KECO)와 한국표준직업분류(KSCO)의 세분류(4-digits) 코드를 제시하였다. 해당 직업이 소분류(3-digits) 수준이라면 하위에 포함된 세분류 직업 코드 여러 개가 제공된다.
- ⓒ 관련 정보처: 직업정보와 관련된 정부부처, 공공기관, 협회, 학회 등의 기관명칭, 전화번호, 홈페이지 주소를 제공하고, 유용한 웹사이트도 수록하였다.

CHAPTER 01 | 직업정보의 제공

핵심 기출문제

빈출

01 공공직업정보의 일반적인 특성으로 가장 적합한 것은?
2024년 1·2·3회, 2023년 1회, 2022년 1·3회, 2021년 2·3회, 2020년 4회, 2019년 1·3회, 2018년 1·2회, 2017년 1·2·3회, 2015년 3회, 2014년 1·2·3회

① 필요한 시기에 최대한 활용되도록 한시적으로 신속하게 생산·제공된다.
② 특정 분야 및 대상에 국한되지 않고 전체 산업의 직종을 대상으로 한다.
③ 정보 생산자의 임의적 기준에 따라 관심이나 흥미를 유도할 수 있도록 해당 직업을 분류한다.
④ 유료로 제공된다.

빈출

02 직업선택 결정모형 중 기술적 직업결정모형으로 분류되지 않는 것은?
2025년 2회, 2022년 3회, 2020년 4회, 2010년 1회, 2009년 2·3회, 2006년 1회, 2005년 1·2회

① 힐튼(Hilton)의 모형
② 브룸(Vroom)의 모형
③ 슈(Hsu)의 모형
④ 카츠(Katz)의 모형

03 한국직업사전(2020)에서 알 수 있는 직업관련 정보가 아닌 것은?
2018년 2회, 2016년 2회, 2007년 2회, 2004년 2회

① 표준산업분류 코드
② 직무개요
③ 수행직무
④ 임금수준

04 다음은 직업결정모형 중 무엇에 관한 설명인가?
2007년 2회, 2006년 2회, 2004년 2회

- 직업선택 결과보다는 그 선택과정을 중시
- 직업정보를 3차원으로 분리·조직하고 훌륭한 선택결정은 3차원의 정보체계에서 각 체계마다 정보를 얻어냄
- 적절한 정보입력을 중시

① 카츠의 모형
② 겔라트의 모형
③ 갈노와 쥐도우스키의 모형
④ 플레처의 모형

꼼꼼하게 풀어 주는 정답과 해설

01 ② 공공직업정보는 특정 분야 및 대상에 국한되지 않고 전체 산업의 직종을 대상으로, 특정한 시기에 국한되지 않고 지속적으로 조사·분석하여 제공된다.

02 직업선택 결정모형은 기술적 직업선택모형과 처방적 직업선택모형으로 분류된다. 기술적 직업선택모형으로는 타이드만과 오하라(Tiedeman & O'Hara)의 모형, 힐튼(Hilton)의 모형, 브룸(Vroom)의 모형, 플레처(Fletcher)의 모형, 슈(Hsu)의 모형이 있다.

03 ④ 『한국직업사전』은 직무분석 기법을 통해 분석된 정보이므로 대규모 조사를 통해 얻을 수 있는 임금정보나 근로조건, 직업의 전망 등에 대한 정보는 제공하지 않고 있다.

04 ② 겔라트(Gelatt)의 처방적 직업결정모형은 직업선택의 결과보다 그 선택과정을 중시하고, 직업정보를 예언적 체계, 가치체계, 결정준거의 3차원으로 나누고 있다.

정답 01 ② 02 ④ 03 ④ 04 ②

05 한국직업사전에서 다음에 해당하는 작업강도는?

2024년 1·2·3회, 2023년 3회, 2022년 2회, 2020년 3회, 2018년 1회, 2016년 2회, 2015년 1·3회, 2013년 3회, 2012년 1회

> 최고 40kg의 물건을 들어올리고 20kg 정도의 물건을 빈번히 들어올리거나 운반한다.

① 가벼운 작업 ② 보통 작업
③ 힘든 작업 ④ 아주 힘든 작업

07 한국직업사전에 대한 설명으로 틀린 것은?

2019년 2회, 2017년 1회

① 수록된 직업들은 직무분석을 바탕으로 조사된 정보들로서 유사한 직무를 기준으로 분류한 것이다.
② 본직업정보는 직업코드, 본직업명, 직무개요, 수행직무 등이 해당한다.
③ 수록된 각종 정보는 사업체 표본조사를 통해 조사된 내용으로 근로자의 직업(직무) 평가자료로서의 절대적 기준을 제시한다.
④ 급속한 과학기술 발전과 산업구조 변화 등에 따라 변동하는 직업세계를 체계적으로 조사·분석하여 표준화된 직업명과 기초직업정보를 제공할 목적으로 발간된다.

06 한국직업사전의 부가직업정보에 해당하는 것은?

2017년 2회, 2015년 1회

① 직업코드 ② 수행직무
③ 본직업명 ④ 정규교육

꼼꼼하게 풀어 주는 정답과 해설

05 ③ 최고 40kg의 물건을 들어올리고 20kg 정도의 물건을 빈번히 들어올리거나 운반하는 것은 힘든 작업이다. 『한국직업사전』의 '부가직업정보' 중 '작업강도'는 해당 직업의 직무를 수행하는 데 필요한 육체적 힘의 강도를 나타낸 것으로 힘든 작업 외 4가지 단계는 다음과 같다.
- 아주 가벼운 작업: 최고 4kg의 물건을 들어올리고 때때로 장부, 대장, 소도구 등을 들어올리거나 운반한다.
- 가벼운 작업: 최고 8kg의 물건을 들어올리고 4kg 정도의 물건을 빈번히 들어올리거나 운반한다.
- 보통 작업: 최고 20kg의 물건을 들어올리고 10kg 정도의 물건을 빈번히 들어올리거나 운반한다.
- 아주 힘든 작업: 40kg 이상의 물건을 들어올리고 20kg 이상의 물건을 빈번히 들어올리거나 운반한다.

06 ④ 『한국직업사전』의 부가직업정보로는 정규교육, 숙련기간, 직무기능, 작업강도, 육체활동, 작업장소, 작업환경, 유사명칭, 관련직업, 자격/면허, 한국표준산업분류 코드, 한국표준직업분류 코드, 조사연도 등 13개 항목이 있다.

오답풀이
① 직업코드, ② 수행직무, ③ 본직업명은 『한국직업사전』의 본직업정보이다.

07 ③ 『한국직업사전』에 수록된 각종 정보는 사업체 표본조사를 통해 조사된 내용으로 근로자의 직업(직무)평가자료 등으로 사용하는 데 한계가 있다. 또한 직업세계 및 노동환경은 기술진보, 경제성장의 변화 그리고 정부의 정책 등에 따라 달라질 수 있기 때문에 절대적인 자료가 될 수 없다.

정답 05 ③ 06 ④ 07 ③

08 한국직업사전(2020)의 부가직업정보 중 작업환경에 대한 설명으로 틀린 것은?

2021년 3회, 2015년 1회

① 작업환경은 해당 직업의 직무를 수행하는 작업원에게 직접적으로 물리적·신체적 영향을 미치는 작업장의 환경요인을 나타낸 것이다.
② 작업환경의 측정은 조사자가 느끼는 신체적 반응 및 작업자의 반응을 듣고 판단한다.
③ 작업환경은 사업체의 규모와 특성에 따라 달라질 수 있으나 동일사업체의 경우에는 작업장마다 절대적인 기준이 된다.
④ 작업환경에는 저온·고온, 다습, 소음·진동, 위험내재, 대기환경 미흡 등이 있다.

빈출
09 공공직업정보와 비교하여 민간직업정보의 특성에 관한 설명으로 옳은 것은?

2025년 1·3회, 2022년 1·3회, 2021년 1회, 2019년 2회, 2017년 2회, 2015년 3회, 2014년 1·2·3회

① 정보생산자의 임의적 기준이나 관심 위주로 직업을 분류한다.
② 특정 시기에 국한하지 않고 전체 산업 및 업종에 걸쳐진 직종을 대상으로 한다.
③ 국내 또는 국제적으로 인정된 분류체계에 근거한다.
④ 광범위한 이용 가능성에 따라 직접적이고 객관적인 평가가 가능하다.

10 한국직업사전의 직무기능 자료(data) 항목 중 무엇에 관한 설명인가?

2025년 2회, 2024년 2회, 2022년 3회, 2020년 1·4회

- 데이터의 분석에 기초하여 시간, 장소, 작업순서, 활동 등을 결정한다.
- 결정을 실행하거나 상황을 보고한다.

① 종합　　② 조정
③ 계산　　④ 수집

꼼꼼하게 풀어 주는 정답과 해설

08 ③ 작업환경은 산업체 및 작업장에 따라 달라질 수 있으므로 동일사업체라도 절대적인 기준이 될 수 없다.
09 ① 민간직업정보는 정보생산자의 임의적 기준이나 수요자의 관심에 맞게 직업을 분류하는 것이다. 공공직업정보는 표준직업분류 등 객관적인 기준에 의거 직업을 분류하여 정보를 제공한다.
10 ② 데이터의 분석에 기초하여 시간, 장소, 작업순서, 활동 등을 결정하고, 결정을 실행하거나 상황을 보고하는 것은 자료(data)와 관련된 기능 중 조정(coordinating)에 해당한다.

정답 08 ③　09 ①　10 ②

11 한국직업사전의 제공 정보 중 직무기능(DPT)에 대한 설명으로 틀린 것은? 2014년 1회

① 직무기능은 해당 직업 종사자가 직무를 수행하는 과정에서 자료(data), 사람(people), 사물(thing)과 맺는 것과 관련된 특성을 나타낸다.
② 사람(people)의 기능은 자문, 협의, 교육, 감독, 오락 제공, 설득, 말하기-신호, 서비스 제공 등을 포함하여 위계적 관계가 명확한 활동이다.
③ 사물(thing)의 기능은 작업자가 기계와 장비를 가지고 작업하는지 혹은 기계와 관련 없는 도구와 작업 보조구를 가지고 작업하는지를 기초로 하여 분류한다.
④ 자료(data)와 관련된 기능은 정보, 지식, 개념 등 세 가지 종류의 활동으로 배열되어 있다.

빈출

12 한국직업전망(2022)에 대한 설명으로 틀린 것은?
2018년 1회, 2017년 1·2·3회, 2013년 1·3회, 2012년 1·3회, 2011년 2회, 2010년 1·4회

① 정량적·정성적 분석을 통한 전망결과를 직업별로 관련 협회나 연구소 등의 산업 또는 현장전문가의 검증을 통해 확정하였다.
② 일자리 전망결과는 향후 10년간의 연평균 고용증감률을 고려하여 6개 구간으로 나누어 제시하였다.
③ 한국고용직업분류 24개의 중분류를 통합 또는 분할하여 9개 분야로 재편하였다.
④ 관련 정보처에는 직업정보와 관련된 정부부처, 공공기관, 협회, 학회 등의 기관명칭, 홈페이지 주소를 수록하였고, 유용한 웹사이트도 수록하였다.

꼼꼼하게 풀어 주는 **정답과 해설**

11 ② '사람'과 관련 기능은 위계적 관계가 없거나 희박하다. 서비스 제공이 일반적으로 덜 복잡한 사람관련 기능이며, 나머지 기능들은 특정한 순서를 표시하는 수준을 가지고 있는 것은 아니다.

12 ② 일자리 전망결과는 향후 10년간의 연평균 고용증감률을 고려하여 5개 구간으로 나누어 제시하였다.

정답 **11** ② **12** ②

CHAPTER 02 직업 및 산업분류의 활용

회당 평균 출제 문항수 **5.2개**

수험 전략
- 직업 및 산업분류의 활용에서는 한국표준직업분류, 한국고용직업분류 및 한국표준산업분류의 세부적인 내용들이 출제되고 있다.
- 직업의 조건과 직업으로 보지 않는 활동, 직업분류의 목적, 기준과 원칙, 분류체계 등에 대해 자세히 학습해야 한다. 또한 한국표준산업분류의 분류 원칙, 산업의 결정방법, 통계단위도 자주 출제되는 주제이며, 특히 2024년과 2025년에 개정된 내용들까지 정확하게 정리해 두어야 한다.

NEW & HOT! 키워드
- \# 한국표준직업분류의 직업의 조건·직업분류의 원칙·분류체계
- \# 한국표준산업분류의 분류기준·통계단위·산업결정·적용원칙

UNIT 1 직업분류의 이해

1 직업분류의 개요

(1) 직업분류의 의미 *2012년 2회*

직업분류(classification of occupations)는 수입(경제활동)을 위해 개인이 하고 있는 일을 그 수행되는 일의 형태에 따라 체계적으로 유형화한 것을 말한다. 이러한 직업분류를 우리나라의 직업구조와 실태에 맞도록 표준화한 것이 <u>한국표준직업분류</u>(KSCO; Korean Standard Classification of Occupations)이다.

(2) 제8차 한국표준직업분류 개정 *2019년 3회*

① 제8차 개정의 방향
   ㉠ 제8차 한국표준직업분류는 통계청이 2024년 7월 1일 고시하고 준비 과정을 거쳐 2025년 1월 1일부터 시행한다.
   ㉡ 이번 개정은 2017년 제7차 개정 이후 7년만이며, 신생·확대·소멸 직업 등 국내 노동시장의 고용구조 변화와 다방면에 걸친 개정에 대한 수요를 반영하였다.

② 제8차 개정의 주요 특징 *2024년 2회*
   ㉠ 포스트 코로나에 따른 보건 전문가 및 관련 서비스 종사자의 인력 확대를 반영하였다.
   ㉡ 저출산·고령화에 따른 사회복지 및 돌봄 인력 수요를 반영하였다.
   ㉢ 신생·확대·소멸직업 등 노동시장의 구조 변화를 반영하였다.
   ㉣ 직업분류 활용성 및 정확성 제고를 위해 직업분류 체계 개선을 반영하였다.
   ㉤ 직업분류 개정 의견수렴 등 대내외 개정수요를 반영하였다.

③ 제8차 개정의 분류체계
   ㉠ 제8차 직업분류 체계는 대분류 10개, 중분류 57개, 소분류 167개, 세분류 495개, 세세분류 1,270개로 구성된다.
   ㉡ 7차대비 대분류 항목수는 동일하나, 중분류 5개, 소분류 11개, 세분류 45개, 세세분류 39개가 각각 증가하였다.

(3) 제8차 한국표준직업분류 개정의 주요 내용 2024년 2회

① 포스트 코로나 등 사회환경 변화로 인한 분류항목의 분리·신설
  ㉠ 포스트 코로나, 저출산·고령화 등 환경 변화에 대응하기 위한 보건 및 돌봄 관련 인력 확대의 영향으로 중분류「보건 전문가 및 관련직」, 「돌봄 및 보건 서비스직」 등을 각각 분리하여 전문가, 서비스직 등을 세분하였다.
  ㉡ 중분류 24 보건·사회복지 및 종교 관련직을 중분류 24 보건 전문가 및 관련직(의사, 수의사, 간호사 등)와 25 사회복지·종교 전문가 및 관련직(보육교사 등)으로 세분하였다
  ㉢ 중분류 42 돌봄·보건 및 개인 생활 서비스직을 42 돌봄 및 보건 서비스직(아동돌봄 종사자, 요양보호사·간병인 등)과 43 개인 생활 서비스직(미용 관련 서비스 종사자 등)으로 세분하였다.

② 성장 직업 분류항목의 신설 또는 세분
  ㉠ 인공지능 등 데이터 활용 확산, 반려동물 양육 증가, 플랫폼 노동 및 신산업 성장 등 노동시장 변화에 맞춰 고용비중이 확대되는「신재생 에너지 관련 관리자」, 「전기자동차 조립원」, 「늘찬배달원」 등의 분류항목을 신설하였다.

  ■ 직업항목 신설
  신재생에너지 관련 관리자, 디지털 포렌식 전문가, 데이터 시스템 전문가, 실감형 콘텐츠 디자이너, 동물보건사, 로봇설치 및 정비원, 전기자동차 조립원, 이차전지 제조 기계 조작원, 늘찬배달원(퀵서비스 배달원), 정리 수납원 등

  ㉡ 또한, 「데이터 전문가」, 「동물 관련 서비스 종사자」 등에서는 분류수준을 상향(4→3자리)하여 통계 활용성을 높였다.

  ■ 분류수준 상향
  예를 들면 데이터 전문가(세분류, 4자리) → 데이터 전문가(소분류, 3자리)로 상향하고, 반려동물 미용 및 관리 종사원(세분류, 4자리) → 동물 관련 서비스 종사자(소분류, 3자리)로 상향 등

③ 상대적 비중 감소 직업의 분류항목 통합
  ㉠ 자동화·직무전환 등의 영향으로 노동시장 규모축소에 따라 금형·주조 및 단조원, 제관 및 판금원, 용접원을「금속 성형 관련 기능종사자」로 통합하였다.
  ㉡ 인쇄 필름 출력원 이하 세세분류를「인쇄 관련 기계조작원」에 통합하여 분류 항목을 축소하였다.

④ 직업분류 개정 수요의 반영
  ㉠ 직업분류 개정 과정에서 정부부처·협회 및 단체 등의 의견 수렴 내용을 검토하여「시민사회 활동가」 등 일부 사항을 반영하였다.
  ㉡ 시민사회 활동가 항목 상향 및 명칭변경, 약사와 한약사 항목 분리, 행정사 분류 이동(사무종사자 → 청각능력 재활사), 환자안전 관리사·자원봉사 관리원 신설 등을 반영하였다.

(4) 직업의 정의

① 직무와 직업 2016년 3회, 2010년 1회
  ㉠ 국제표준직업분류(ISCO-08)에서 직무(job)는 '자영업을 포함하여 특정한 고용주를 위하여 개별 종사자들이 수행하거나 또는 수행해야 할 일련의 업무와 과업(tasks and duties)'으로 정의하고 있다.
  ㉡ 한편, 직업(occupation)은 '유사한 직무의 집합'으로 정의된다. 여기에서 유사한 직무란 '주어진 업무와 과업이 매우 높은 유사성을 갖는 것'을 말한다.

② 직업의 조건   2024년 2회, 2023년 2회, 2022년 3회, 2021년 3회,
                                              2018년 3회, 2017년 2회, 2016년 2회, 2015년 2회, 2014년 2회, 2013년 2회, 2012년 1회

  ㉠ 일의 계속성: 직업은 유사성을 갖는 직무를 계속하여 수행하는 **계속성**을 가져야 하는데, '일의 계속성'이란 일시적인 것을 제외한 다음에 해당하는 것을 말한다.
    ⓐ 매일, 매주, 매월 등 주기적으로 행하는 것
    ⓑ 계절적으로 행해지는 것
    ⓒ 명확한 주기는 없으나 계속적으로 행해지는 것
    ⓓ 현재 하고 있는 일을 계속적으로 행할 의지와 가능성이 있는 것

  ☑ **교수님의 코멘트**
  직업의 조건 4가지는 자주 출제됩니다. 4가지 조건은 물론 그 내용까지 잘 정리해 두세요.

  ㉡ 경제성
    ⓐ 직업은 경제성을 충족해야 하는데, 이는 경제적인 거래 관계가 성립하는 활동을 수행해야 함을 의미한다. 따라서 무급 자원봉사와 같은 활동이나 전업학생의 학습행위는 경제활동 혹은 직업으로 보지 않는다.
    ⓑ 직업의 성립에는 비교적 엄격한 경제성의 기준이 적용되는데, 노력이 전제되지 않는 자연발생적인 이득의 수취나 우연하게 발생하는 경제적인 과실에 전적으로 의존하는 활동은 직업으로 보지 않는다.

  ㉢ 윤리성과 사회성
    ⓐ 직업활동은 전통적으로 윤리성과 사회성을 충족해야 하는 것으로 보고 있다. 윤리성은 비윤리적인 영리행위나 반사회적인 활동을 통한 경제적인 이윤추구는 직업활동으로 인정되지 못한다는 것이다.
    ⓑ 사회성은 보다 적극적인 것으로서 모든 직업활동은 사회 공동체적인 맥락에서 의미 있는 활동, 즉 사회적인 기여를 전제조건으로 하고 있다는 점을 강조한다.

  ㉣ **기타**: 또한 속박된 상태에서의 제반활동은 경제성이나 계속성의 여부와 상관없이 직업으로 보지 않는다.

■ **한국표준직업분류에서 직업으로 보지 않는 활동**   2025년 1·2회, 2024년 2·3회, 2020년 4회,
                                                  2019년 2회, 2016년 1회, 2015년 2·3회, 2014년 2회

1. 이자, 주식배당, 임대료(전세금, 월세금) 등과 같은 자산 수입이 있는 경우
2. 연금법,「국민기초생활 보장법」,「국민연금법」및「고용보험법」등의 사회보장이나 민간보험에 의한 수입이 있는 경우
3. 경마, 경륜, 경정, 복권 등에 의한 배당금이나 주식투자에 의한 시세차익이 있는 경우
4. 예·적금 인출, 보험금 수취, 차용 또는 토지나 금융자산을 매각하여 수입이 있는 경우
5. 자기 집의 가사활동에 전념하는 경우
6. 교육기관에 재학하며 학습에만 전념하는 경우
7. 시민봉사활동 등에 의한 무급 봉사적인 일에 종사하는 경우
8. 사회복지시설 수용자의 시설 내 경제활동
9. 수형자의 활동과 같이 법률에 의한 강제노동을 하는 경우
10. 도박, 강도, 절도, 사기, 매춘, 밀수와 같은 불법적인 활동

☑ **교수님의 코멘트**
한국표준직업분류에서 직업으로 보지 않는 활동은 가장 출제빈도가 높은 내용입니다. 자주 출제되는 내용이니 꼭 알아두세요.

(5) **직업분류의 목적** 2021년 3회, 2014년 2회

① 직업정보의 분류·집계

직업분류는 경제활동인구조사, 인구주택총조사, 지역별고용조사 등 고용관련 통계조사나 각종 행정자료를 통하여 얻어진 직업정보를 분류하고 집계하기 위한 것이다.

② 통계자료의 일관성과 비교성 확보

직업분류는 직업관련 통계를 작성하는 모든 기관이 통일적으로 사용하도록 함으로써 통계자료의 일관성과 비교성을 확보할 수 있다.

③ 국내통계의 국제적인 비교·이용

직업분류는 각종 직업정보에 관한 국내통계를 국제적으로 비교·활용할 수 있도록 하기 위하여 국제노동기구(ILO)의 국제표준직업분류(ISCO)를 근거로 설정되고 있다.

④ 장·단기 인력수급 정책수립과 직업연구를 위한 기초자료

직업분류는 각종 고용관련 통계 및 장·단기 인력수급 정책수립과 직업연구를 위한 기초자료 작성에 활용된다.

⑤ 다양한 기준자료로 활용

㉠ 각종 사회·경제 통계조사의 직업단위 기준

㉡ 취업알선을 위한 구인·구직 안내기준

2 직업분류의 기준

(1) **직업분류의 기준**

① 직능 2012년 2회

한국표준직업분류는 주어진 직무의 업무와 과업을 수행하는 능력(the ability to carry out the tasks and duties of a given job)인 직능(skill)을 근거로 편제되며, 직능수준과 직능유형을 고려하고 있다.

㉠ **직능수준**: 직능수준(skill level)은 직무수행능력의 높낮이를 말하는 것으로 정규교육, 직업훈련, 직업경험 그리고 선천적 능력과 사회문화적 환경 등에 의해 결정된다.

㉡ **직능유형**: 직능유형(skill specialization)은 직무수행에 요구되는 지식의 분야, 사용하는 도구 및 장비, 투입되는 원재료, 생산된 재화나 서비스의 종류와 관련된다.

② 직무 유사성의 기준 2012년 2회

㉠ **직무의 배타성**

하나의 직업(occupation)은 직무상 유사성을 갖고 있는 여러 직무(job)의 묶음이다. 어떤 직무의 집합을 여타 직업과 구별하고 동일한 직업으로 분류하는 것은 유사성의 정도에 대한 판단을 전제로 하는데, 이는 직무상 서로 다른 것을 규정하는 직업별 직무 배타성(exclusivity)을 제시하는 것과 같다.

㉡ **직무 유사성의 기준** 2015년 2회

ⓐ 직무 유사성의 기준에는 해당 직무를 수행하는 사람에게 필요한 지식(knowledge), 경험(experience), 기능(skill)과 함께 직무수행자가 입직을 하기 위해서 필요한 요건(skill requirements) 등이 있다.

ⓑ 때로는 직업 종사자가 주로 일하는 기업의 특성, 생산과정이나 최종 산출물 등이 중요할 때도 있다.

ⓒ 직무 범주화의 기준 2021년 3회
  ⓐ 직무 범주화 기준에는 직무별 고용의 크기가 있다.
  ⓑ 한국표준직업분류에서는 세분류 단위에서 최소 1,000명의 고용을 기준으로 설정하였으며, 고용자 수가 많은 세분류에는 5,000~10,000명이 분포되어 있을 것으로 판단된다.

(2) 직업 대분류와 직능수준

① 분류에서 사용되는 기본개념
  ㉠ 국제표준직업분류(ISCO)에서 정의한 직능수준(skill level)은 정규교육을 통해서만 얻을 수 있는 것은 아니고, 비정규적인 직업훈련과 직업경험을 통하여서도 얻게 된다.
  ㉡ 따라서 분류에서 사용되는 기본개념은 정규교육 수준에 의해 분류되는 것이 아니라, 직무를 수행하는 데 필요한 특정 업무의 수행능력이다.

② 직능수준의 구분 2014년 3회
  이러한 기본개념에 의하여 설정된 분류체계는 국제적 특성을 고려하여 4개의 직능수준으로 구분하고, 직무능력이 정규교육(또는 직업훈련)을 통하여서 얻어지는 것이라고 할 때 국제표준교육분류(ISCED-11)상의 교육과정 수준에 의하여 정의된다.

③ 한국표준직업분류상의 직능수준 2017년 3회, 2016년 2회
  ㉠ 제1직능 수준
    ⓐ 수행과업: 일반적으로 단순하고 반복적이며 때로는 육체적인 힘을 요하는 과업을 수행한다. 간단한 수작업 공구나 진공청소기, 전기장비들을 이용한다. 과일을 따거나 채소를 뽑고 단순 조립을 수행하며, 손을 이용하여 물건을 나르기도 하고 땅을 파기도 한다.
    ⓑ 직무교육: 이러한 수준의 직업은 최소한의 문자이해와 수리적 사고능력이 요구되는 간단한 직무교육으로 누구나 수행할 수 있다.
    ⓒ 교육수준: 제1직능 수준의 일부 직업에서는 초등교육이나 기초적인 교육(ISCED 수준 1)을 필요로 한다.
  ㉡ 제2직능 수준 2020년 1·2(통합)회
    ⓐ 요구능력: 일반적으로 완벽하게 읽고 쓸 수 있는 능력과 정확한 계산능력, 그리고 상당한 정도의 의사소통능력을 필요로 한다.
    ⓑ 직무교육: 이러한 수준의 직업에 종사하는 자는 일부 전문적인 직무훈련과 실습과정이 요구되며, 훈련실습기간은 정규훈련을 보완하거나 정규훈련의 일부 또는 전부를 대체할 수 있다. 운송수단의 운전이나 경찰업무를 수행하기도 한다. 일부의 직업은 중등학교 졸업 후 교육(ISCED 수준 4)이나 직업교육기관에서의 추가적인 교육이나 훈련을 요구할 수도 있다.
    ⓒ 교육수준: 보통 중등 이상의 교육과정의 정규교육 이수(ISCED 수준 2, 수준 3) 또는 이에 상응하는 직업훈련이나 직업경험을 필요로 한다.
  ㉢ 제3직능 수준
    ⓐ 요구능력: 복잡한 과업과 실제적인 업무를 수행할 정도의 전문적인 지식을 보유하고 수리계산이나 의사소통능력이 상당히 높아야 한다.

ⓑ **직무교육**: 이러한 수준의 직업에 종사하는 자는 일정한 보충적 직무훈련 및 실습과정이 요구될 수 있으며, 정규훈련과정의 일부를 대체할 수도 있다. 또한 유사한 직무를 수행함으로써 경험을 습득하여 이에 해당하는 수준에 이를 수도 있다. 시험원과 진단과 치료를 지원하는 의료관련 분야나 스포츠관련 직업이 대표적이다.

ⓒ **교육수준**: 일반적으로 중등교육을 마치고 1~3년 정도의 추가적인 교육과정(ISCED 수준 5) 정도의 정규교육 또는 직업훈련을 필요로 한다.

ⓔ 제4직능 수준

ⓐ **요구능력**: 매우 높은 수준의 이해력과 창의력 및 의사소통능력이 필요하다.

ⓑ **직무교육**: 이러한 수준의 직업에 종사하는 자는 일정한 보충적 직무훈련 및 실습이 요구된다. 또한 유사한 직무를 수행함으로써 경험을 습득하여 이에 해당하는 수준에 이를 수도 있다. 분석과 문제해결, 연구와 교육 그리고 진료가 대표적인 직무분야이다.

ⓒ **교육수준**: 일반적으로 4년 또는 그 이상 계속하여 학사, 석사나 그와 동등한 학위가 수여되는 교육수준(ISCED 수준 6 혹은 그 이상)의 정규교육 또는 훈련을 필요로 한다.

④ 표준직업분류와 직능수준의 관계 2025년 1·3회, 2024년 1회, 2023년 1·2회, 2022년 2·3회, 2021년 1회, 2020년 3회, 2019년 1회, 2015년 1·3회

```
1 관리자                    : 제4직능 수준 혹은 제3직능 수준 필요
2 전문가 및 관련 종사자        : 제4직능 수준 혹은 제3직능 수준 필요
3 사무 종사자                : 제2직능 수준 필요
4 서비스 종사자              : 제2직능 수준 필요
5 판매 종사자                : 제2직능 수준 필요
6 농림·어업 숙련 종사자       : 제2직능 수준 필요
7 기능원 및 관련 기능 종사자   : 제2직능 수준 필요
8 장치·기계조작 및 조립 종사자 : 제2직능 수준 필요
9 단순노무 종사자            : 제1직능 수준 필요
A 군인                      : 제2직능 수준 이상 필요
```

이러한 직능수준이 실제 종사자의 학력수준을 제시하는 것은 아니며, 필요로 하는 최소 직능수준을 의미한다고 할 수 있다.

3 직업분류의 원칙

(1) **직업분류의 일반 원칙** 2024년 3회, 2023년 3회, 2022년 2회, 2018년 3회, 2016년 2회, 2015년 1회

① 포괄성의 원칙

우리나라에 존재하는 모든 직무는 어떤 수준에서든지 분류에 포괄되어야 한다. 특정한 직무가 누락되어 분류가 불가능할 경우에는 포괄성의 원칙을 위배한 것으로 볼 수 있다.

② 배타성의 원칙

동일하거나 유사한 직무는 어느 경우에든 같은 단위직업으로 분류되어야 한다. 하나의 직무가 동일한 직업단위 수준에서 2개 혹은 그 이상의 직업으로 분류될 수 있다면 배타성의 원칙을 위반한 것이라 할 수 있다.

(2) 포괄적인 업무에 대한 직업분류 원칙
<small>2024년 1·3회, 2023년 1·3회, 2021년 1회, 2020년 1·2(통합)·3회, 2019년 1·3회, 2018년 3회, 2016년 1·2·3회, 2015년 2·3회, 2014년 1·3회</small>

① 포괄적인 업무의 의의
㉠ 동일한 직업이라 할지라도 사업체 규모에 따라 직무범위에 차이가 날 수 있다. 예를 들면, 소규모 사업체에서는 음식조리와 제공이 하나의 단일 직무로 되어 조리사의 업무로 결합될 수 있는 반면에, 대규모 사업체에서는 이들이 별도로 분류되어 독립적인 업무로 구성될 수 있다.
㉡ 직업분류는 국내외적으로 가장 보편적인 업무의 결합상태에 근거하여 직업 및 직업군을 결정한다. 따라서 어떤 직업의 경우에 있어서는 직무의 범위가 분류에 명시된 내용과 일치하지 않을 수도 있다. 이러한 경우 다음과 같은 순서에 따라 분류 원칙을 적용한다.

② 직업분류 원칙
㉠ 주된 직무 우선 원칙
ⓐ 2개 이상의 직무를 수행하는 경우는 수행되는 직무내용과 관련 분류항목에 명시된 직무내용을 비교·평가하여 관련 직무내용상의 상관성이 가장 많은 항목에 분류한다.
ⓑ 예를 들면, 교육과 진료를 겸하는 의과대학교수는 강의, 평가, 연구 등과 진료, 처치, 환자상담 등의 직무내용을 파악하여 관련 항목이 많은 분야로 분류한다.
㉡ 최상급 직능수준 우선 원칙
ⓐ 수행된 직무가 상이한 수준의 훈련과 경험을 통해서 얻어지는 직무능력을 필요로 한다면, 가장 높은 수준의 직무능력을 필요로 하는 일에 분류하여야 한다.
ⓑ 예를 들면, 조리와 배달의 직무비중이 같을 경우에는 조리의 직능수준이 높으므로 조리사로 분류한다.
㉢ 생산업무 우선 원칙
ⓐ 재화의 생산과 공급이 같이 이루어지는 경우는 생산단계에 관련된 업무를 우선적으로 분류한다.
ⓑ 예를 들면, 한 사람이 빵을 생산하여 판매도 하는 경우에는 판매원으로 분류하지 않고 제빵사 및 제과원으로 분류해야 한다.

(3) 다수 직업 종사자의 분류 원칙
<small>2025년 3회, 2020년 4회, 2018년 1·2회, 2015년 1회, 2014년 3회</small>

한 사람이 전혀 상관성이 없는 두 가지 이상의 직업에 종사할 경우에 그 직업을 결정하는 일반적 원칙은 다음과 같다.

① 취업시간 우선의 원칙
가장 먼저 분야별로 취업시간을 고려하여 보다 긴 시간을 투자하는 직업으로 결정한다.
② 수입 우선의 원칙
위의 경우로 분별하기 어려운 경우는 수입(소득이나 임금)이 많은 직업으로 결정한다.
③ 조사 시 최근의 직업 원칙
위의 두 가지 경우로 판단할 수 없는 경우에는 조사시점을 기준으로 최근에 종사한 직업으로 결정한다.

4 직업분류의 체계와 구조

(1) 특정 직종의 분류요령
2025년 1·2회, 2024년 1회, 2023년 1회, 2022년 1회, 2013년 1회, 2012년 3회

① 행정관리 및 입법적 기능 수행업무 종사자
  ㉠ 행정관리 및 입법기능을 수행하는 자는 '대분류 1 관리자'에 분류된다. 따라서 정책결정, 법규 등의 입안업무를 주로 하는 중앙 및 지방정부 고위공무원 및 공·사기업 관리자가 여기에 분류된다.
  ㉡ 또한 대규모의 농업, 도·소매업 및 음식·숙박업 등의 관리자, 고용주 중에서 기획, 조정, 통제, 지시업무를 주로 하는 자 등이 여기에 포함된다. 현업을 겸하는 경우에는 다른 사람의 직무수행을 감독 및 관리하는 직무에 평균 근무시간의 80% 이상을 종사하는 자만 관리자로 분류된다.

② 자영업주 및 고용주의 직종
  ㉠ 자영업주 및 고용주는 수행되는 일의 형태에 따른 구분이 아니라, 고용상태에 따라 구분된 개념이다.
  ㉡ 직업분류에서 자영업주 및 고용주의 직업은 그들이 주로 수행하는 직무내용이 관리자가 하는 일과 유사한가 아니면 동일 분야에서 종사하는 다른 근로자와 유사한 일을 하는가, 즉 주된 직무 우선의 원칙에 따라 수행하는 직무 중 투자하는 시간이 가장 많은 직무로 분류된다.
  ㉢ 단, 소규모 상점을 독립적으로 또는 소수의 타인의 지원을 받아 소유하고 운영하는 자를 분류하기 위해 신설된 '소규모 상점 경영자'는 예외로 한다.

③ 감독 직종
  ㉠ 반장 등과 같이 주로 수행된 일의 전문, 기술적인 통제업무를 수행하는 감독자는 그 감독되는 근로자와 동일 직종으로 분류한다.
  ㉡ 그러나 주된 업무가 자기 감독하에 있는 일이나 근로자의 일상 작업활동을 기획, 조정, 통제, 지시하는 업무인 경우에는 관리직으로 보아 '12 행정·경영 지원 및 마케팅 관리직', '13 전문서비스 관리직', '14 건설·전기 및 생산관련 관리직', '15 판매 및 고객서비스 관리직'으로 각각 분류된다.

④ 연구 및 개발 직종
  ㉠ 연구 및 개발업무 종사자는 '대분류 2 전문가 및 관련 종사자'에서 그 전문분야에 따라 분류된다.
  ㉡ 다만, 연구자가 교육에 종사할 경우에는 '25 교육 전문가 및 관련직'으로 분류한다.

⑤ 군인 직종
  ㉠ 군인은 별도로 '대분류 A 군인'에 분류된다.
  ㉡ 이것은 수행된 일의 형태에 따라 분류되어야 한다는 일반원칙보다는 자료수집상의 현실성에 따라 분류된 것이다.

(2) 분류체계 및 분류번호

① 분류체계
  ㉠ 직업분류는 세분류를 기준으로 상위에는 소분류-중분류-대분류로 구성되어 있으며, 하위분류는 세세분류로 구성되어 있다.
  ㉡ 각 항목은 대분류 10개, 중분류 57개, 소분류 167개, 세분류 495개, 세세분류 1,270개로 구성되어 있는데 계층적 구조로 되어 있다.

② 분류번호
  ㉠ 분류번호는 아라비아 숫자와 알파벳 A로 표시하며 대분류 1자리, 중분류 2자리, 소분류 3자리, 세분류 4자리, 세세분류는 5자리로 표시된다.

ⓒ 동일 분류에 포함된 끝 항목의 숫자 9는 '기타~(그 외,~)'를 표시하여 위에 분류된 나머지 항목을 의미한다. 또한 끝자리 0은 해당 분류수준에서 더 이상 세분화되지 않는 직업을 의미한다.

③ 분류단계별 항목 수

대분류	중분류	소분류	세분류	세세분류
전체	57	167	495	1,270
1 관리자	5	16	25	85
2 전문가 및 관련 종사자	9	48	177	486
3 사무 종사자	7	13	35	63
4 서비스 종사자	5	15	46	91
5 판매 종사자	3	5	16	44
6 농림·어업 숙련 종사자	3	5	14	30
7 기능원 및 관련 기능 종사자	9	19	79	197
8 장치·기계조작 및 조립 종사자	9	30	65	217
9 단순노무 종사자	6	12	33	52
A 군인	1	4	5	5

(3) **직업 대분류별 개념**

① 대분류 1: 관리자

ⓐ 관리자는 의회의원처럼 공동체를 대리하여 법률이나 규칙을 제정하고, 정부를 대표·대리하며 정부 및 공공이나 이익단체의 정책을 결정하고 이를 지휘·조정한다. 정부, 기업, 단체 또는 그 내부 부서의 정책과 활동을 기획·지휘 및 조정하는 직무를 수행한다.

ⓑ 현업을 겸할 경우에는 직무시간의 80% 이상을 다른 사람의 직무를 분석, 평가, 결정하거나 지시하고 조정하는 데 사용하는 경우에만 관리자 직군으로 분류한다.

ⓒ 중분류로는 11 의회·정부 및 기업 고위직, 12 행정·경영 지원 및 마케팅 관리직, 13 전문 서비스 관리직, 14 건설·전기 및 생산 관련 관리직, 15 판매 및 고객 서비스 관리직 등 5개 항목이 있다.

② 대분류 2: 전문가 및 관련 종사자   2017년 3회, 2015년 3회, 2012년 3회

ⓐ 주로 자료의 분석과 관련된 직종으로 물리, 생명과학 및 사회과학 분야에서 높은 수준의 전문적 지식과 경험을 기초로 과학적 개념과 이론을 응용하여 해당 분야를 연구, 개발 및 개선하고 집행한다.

ⓑ 전문지식을 이용하여 의료 진료활동과 각 급 학교 학생을 지도하고 예술적인 창작활동이나 스포츠 활동 등을 수행한다. 또한 전문가의 지휘하에 조사, 연구 및 의료, 경영에 관련된 기술적인 업무를 수행한다.

ⓒ 중분류로는 21 과학 전문가 및 관련직, 22 정보 통신 전문가 및 기술직, 23 공학 전문가 및 기술직, 24 보건 전문가 및 관련직, 25 사회복지·종교 전문가 및 관련직, 26 교육 전문가 및 관련직, 27 법률 및 행정 전문직, 28 경영·금융 전문가 및 관련직 및 29 문화·예술·스포츠·기타 전문가 및 관련직 등 9개 항목이 있다.

③ 대분류 3: 사무 종사자

ⓐ 관리자, 전문가 및 관련 종사자를 보조하여 경영방침에 의해 사업계획을 입안하고 계획에 따라 업무를 추진하며, 당해 작업에 관련된 정보의 기록, 보관, 계산 및 검색 등의 업무를 수행한다.

ⓒ 중분류로는 31 기획·영업 및 인사 사무직, 32 자재·생산 및 운송 사무직, 33 회계·경리 및 통계 사무직, 34 금융 사무직, 35 법률·감사 및 정부 행정 사무직, 36 상담·안내 및 접수 사무직 및 37 일반 지원 사무직 등 7개 항목이 있다.

④ **대분류 4: 서비스 종사자** 　　　　　　　　　　　　　　　　　　　　　　　　　　　　2013년 2회

　ⓐ 공공안전이나 신변보호, 의료보조, 이미용, 혼례 및 장례, 운송, 여가, 조리와 관련된 공공 및 대인 서비스를 제공하는 업무를 주로 수행한다.

　ⓒ 중분류로는 41 경찰·소방 및 보안관련 서비스직, 42 이미용·예식 및 의료보조 서비스직, 43 운송 및 여가 서비스직, 44 조리 및 음식 서비스직이 있다.

⑤ **대분류 5: 판매 종사자** 　　　　　　　　　　　　　　　　　　　　　　　　　　　　　2013년 2회

　ⓐ 영업활동을 통해 상품이나 서비스를 판매하거나 인터넷 등 통신을 이용하거나, 상점이나 거리 및 공공장소에서 상품을 판매 또는 임대한다. 상품을 광고하거나 상품의 품질과 기능을 홍보하며, 매장에서 계산을 하거나 요금정산 등의 활동을 수행한다.

　ⓒ 중분류로는 51 영업직, 52 매장 판매 및 상품 대여직 및 53 통신 및 방문·노점 판매 관련직 등 3개 항목이 있다.

⑥ **대분류 6: 농림·어업 숙련 종사자**

　자기 계획과 판단에 따라 농산물, 임산물 및 수산물의 생산에 필요한 지식과 경험을 기초로 작물을 재배·수확하고 동물을 번식·사육하며, 산림을 경작·보존 및 개발하고, 물고기 및 기타 수생 동식물을 번식 및 양식하는 직무를 수행한다.

⑦ **대분류 7: 기능원 및 관련 기능 종사자**

　광업, 제조업, 건설업 분야에서 관련된 지식과 기술을 응용하여 금속을 성형하고 각종 기계를 설치 및 정비한다.

⑧ **대분류 8: 장치·기계조작 및 조립 종사자**

　기계를 조작하여 제품을 생산하거나 대규모적이고 때로는 고도의 자동화된 산업용 기계 및 장비를 조작하고 부분품을 가지고 제품을 조립하는 업무로 구성된다. 또한 여기에는 운송장비의 운전업무도 포함된다.

⑨ **대분류 9: 단순노무 종사자** 　　　　　　　　　　　　　　　2020년 1·2(통합)회, 2015년 2회, 2013년 3회, 2012년 2회

　주로 간단한 수공구의 사용과 단순하고 일상적이며, 어떤 경우에는 상당한 육체적 노력이 요구되고, 거의 제한된 창의와 판단만을 필요로 하는 업무를 수행한다. 몇 시간 혹은 몇십 분의 직무훈련(on the job training)으로 업무수행이 충분히 가능한 직업이 대부분이다.

⑩ **대분류 A: 군인**

　ⓐ 의무 복무 여부를 불문하고 현재 군인 신분을 유지하고 있는 군인을 말한다. 직업정보 취득의 제약 등 특수 분야이므로 직무를 기준으로 분류하는 것이 아니라, 계급을 중심으로 분류하였다.

　ⓒ 국방과 관련된 정부기업에 고용된 민간인, 국가의 요청에 따라 단기간 군사훈련 또는 재훈련을 위해 일시적으로 소집된 자 및 예비군은 제외된다.

5 한국고용직업분류(KECO)

(1) 한국고용직업분류의 의의와 활용

① **한국고용직업분류의 의의**

한국고용직업분류(KECO; Korea Employment Classification of Occupations)는 노동시장 상황과 수요, 현실적인 직업구조 등을 반영하여 직무를 체계적으로 분류한 것이다. 이는 고용관련 행정 DB나 통계조사자료의 결과를 집계하고 비교하기 위한 통계 목적으로 활용되고 있다.

② **한국고용직업분류의 활용**   2017년 1회

㉠ 한국고용직업분류는 공공부문의 취업알선업무에 맞게 확장하여 '취업알선직업분류'로 활용되며, 국가직무능력표준(NCS), 직업훈련, 국가기술자격, 직업정보의 제공, 진로지도 등 고용 실무 전반의 기본 분류 틀로 활용되고 있다.

㉡ 한국고용직업분류는 노동시장정보시스템(LMIS; Labor Market Information System)의 기초로서 훈련, 자격, 교육, 진로 등 모든 노동시장 정보들은 직업분류코드(code)를 중심으로 상호 교류된다.

③ 「한국고용직업분류 2025」

㉠ 2017년 개정 이후 사회경제적 변화, 산업·기술 변화 등으로 인한 직업구조의 변화와 대내외 개정 수요를 반영하여 한국고용직업분류를 개정하였다. 또한 통계청의 한국표준직업분류의 개정으로 국가통계의 활용성을 제고하기 위해 세분류 직업 항목 간 일치를 위한 조정도 필요하였다.

㉡ 「한국고용직업분류 2025」는 대분류 10개, 중분류 35개, 소분류 140개, 세분류 495개 항목으로 구성된다. 대분류 및 중분류 항목은 기존과 동일하나, 세분류는 그간의 직업 변화가 반영되어 기존 450개에서 495개로 45개 항목이 늘어나면서 소분류도 기존 136개에서 140개로 늘어났다.

(2) 한국고용직업분류의 기준과 원칙

① **직능유형을 우선 적용**   2018년 2회, 2017년 1회, 2010년 3회

㉠ 한국고용직업분류는 직능유형(Skill Specialization)을 우선 적용하고 직능수준(Skill Level)을 함께 고려하고 있다.

㉡ 한국고용직업분류는 대분류와 중분류 단위에서 직능유형을 우선적으로 적용하였으며, 소분류 및 세분류 단위에서 직능유형과 직능수준을 함께 고려하였다.

② **분류항목 구분**

㉠ 대분류 단위는 직능유형에 따라 10개 항목으로 구분하였다. 0~9까지 10가지 유형으로 구분되어 직업코드의 첫 번째 자리로 대분류를 식별할 수 있다.

㉡ 중분류 단위는 직능유형에 따라 35개 항목으로 구분하고, 앞의 두 자리는 중분류 항목을 식별하는 코드이다. 대분류 단위별로 중분류를 1개부터 9개까지 항목으로 구성하였다.

㉢ 소분류 코드는 대분류와 중분류 코드를 포함한 세 자리 코드로 구성된다. 세분류 코드는 소분류 코드 뒤에 하나의 자릿수가 추가되어 네 자리 코드로 구성된다.

㉣ 중분류 이하의 단위부터는 통상적으로 '1'부터 순차적으로 코드를 부여하였다. 다만, 해당 분류수준에서 더 이상 세분되지 않는 직업일 경우에는 '0'을 부여하였다. 그리고 세분류 단위에서 기타 직업 항목에 해당될 경우에는 '9'를 부여하였다.

③ 직업분류의 원칙

직업분류의 원칙은 국제표준직업분류와 한국표준직업분류의 정의를 그대로 따른다.

㉠ 직업분류의 일반원칙으로 '포괄성의 원칙'과 '배타성의 원칙'을 둔다. 포괄성의 원칙은 우리나라에 존재하는 모든 직무는 어떤 수준에서도 분류에 포괄되어야 한다는 의미이며, 배타성의 원칙은 동일하거나 유사한 직무는 어느 경우에도 같은 단위의 직업으로 분류되어야 한다는 의미이다.

㉡ 포괄적인 업무에 대한 직업분류 원칙으로 '주된 직무 우선 원칙', '최상급 직능수준 우선 원칙', '생산업무 우선 원칙'을 두고, 이를 순서에 따라 적용한다.

㉢ 다수 직업 종사자의 분류원칙으로 '취업시간 우선의 원칙', '수입 우선의 원칙', '조사 시 최근의 직업 원칙'을 둔다.

UNIT 2 산업분류의 이해

1 산업분류의 의의

(1) 우리나라의 산업분류

① 한국표준산업분류(KSIC)의 의의와 연혁

㉠ 우리나라의 산업분류는 한국표준산업분류(KSIC)에 따른다. 한국표준산업분류는 산업관련 통계자료의 정확성·비교성을 확보하기 위하여 작성된 것으로서 1964년에 처음으로 작성되었다. 한국표준산업분류는 유엔의 국제표준산업분류(ISIC-58)에 기초하여 작성된 것이다.

㉡ 한국표준산업분류 10차 개정 이후 년이 경과하면서 새롭게 등장하고 있는 산업영역들의 통계작성 및 정책지원에 필요한 분류체계 신설, 변경 요청 등이 증가함에 따라, 제11차 개정분류를 2024년 7월 1일부터 시행한다.

(2) 제11차 개정의 주요 내용   2024년 1회, 2022년 2·3회

① 미래·성장 산업은 분류항목 신설 또는 세분

국내 산업구조 변화를 반영하여 수소, 체외진단시약, 이차전지, 전기차, 풍력발전, 영상물·오디오물 제공, 가상자산 매매 및 중개, 온라인 플랫폼 활용 서비스 산업 등 미래·성장산업을 중심으로 분류를 신설·세분하였다.

② 상대적 비중 감소 산업은 분류항목 통합

콩나물재배, 타이어재생, 동 주물, 사진 및 영사기, 일반저울, 펄프 및 종이 가공용 기계, 전자악기 제조, 내륙 수상 여객 및 화물 운송, 복사업 등 상대적으로 비중이 감소한 산업은 분류를 통합하였다.

③ 개정에 대한 수요 반영하여 분류 신설·세분

대국민·관계기관 수렴 의견, 다수 민원 및 규제개선요청 등 개정 수요 중 세분요건을 갖춘 생물의 약품, 인조대리석, 치과기공물, 임플란트, 부동산 분양 대행, 카지노 등의 산업은 분류를 신설·세분 하였다.

④ 국제기준(ISIC) 반영하여 분류 이동

국제표준산업분류(ISIC) 기준에 따라 사회보장보험업과 연금업을 대분류 K(금융 및 보험업)에서 O(공공행정, 국방 및 사회보장 행정)으로 이동하였다.

(3) 제11차 개정의 기대효과

통계청은 제11차 한국표준산업분류 개정을 통해 경제관련 통계의 현실 적합성, 국제비교성 등을 제고하여 각종 경제정책 수립·평가, 통계 결과·지표 분석에 유용하게 활용될 것으로 기대하고 있다.

2 표준산업분류의 개요

(1) 표준산업분류의 의의

① 산업과 산업활동 <small>2025년 1회, 2024년 3회, 2023년 3회, 2022년 1회, 2021년 2회, 2020년 1·2(통합)회, 2019년 1·2회, 2016년 2·3회, 2015년 1회, 2013년 3회</small>

㉠ 산업이란 '유사한 성질을 갖는 산업활동에 주로 종사하는 생산단위의 집합'으로 정의된다.

㉡ 산업활동이란 '각 생산단위가 노동, 자본, 원료 등 자원을 투입하여, 재화 또는 서비스를 생산 또는 제공하는 일련의 활동과정'으로 정의된다. 산업활동의 범위에는 영리적·비영리적 활동이 모두 포함되나, 가정 내의 가사활동은 제외된다.

② 산업분류의 목적 <small>2021년 2회, 2017년 1회, 2016년 3회, 2015년 1회, 2014년 1회, 2013년 1회</small>

㉠ 한국표준산업분류(KSIC)는 생산단위(사업체 단위, 기업체 단위 등)가 주로 수행하는 산업활동을 그 유사성에 따라 체계적으로 유형화한 것이다.

㉡ 이러한 한국표준산업분류는 산업활동에 의한 통계자료의 수집, 제표, 분석 등을 위해서 활동 분류 및 범위를 제공하기 위한 것으로, 「통계법」에서는 산업통계자료의 정확성, 비교성을 위하여 모든 통계작성기관이 이를 의무적으로 사용하도록 규정하고 있다.

㉢ 한국표준산업분류는 통계목적 이외에도 일반 행정 및 산업정책관련 법령에서 그 법령의 적용대상 산업영역을 한정하는 기준으로 준용되고 있다.

③ 산업분류의 범위 <small>2014년 2회</small>

㉠ 한국표준산업분류는 산업활동의 유형에 따른 분류이므로 이 분류의 범위는 국민계정(SNA)에서 정의한 것처럼 경제활동에 종사하고 있는 단위에 대한 분류로 국한하고 있다.

㉡ 다만, ISIC에서도 규정하고 있는 982(자가 소비를 위한 가사서비스활동)는 SNA 생산영역 밖에 있지만 가구의 생계활동을 측정하기 위한 중요한 틀이 되기 때문에 981(자가 소비를 위한 가사생산활동)과 병행하여 분류하고 있다.

(2) 산업분류의 기준과 원칙

① 표준산업분류의 분류기준 <small>2020년 4회, 2018년 3회, 2015년 1회, 2014년 2·3회, 2013년 2회</small>

산업분류는 생산단위가 주로 수행하고 있는 산업활동을 그 유사성에 따라 유형화한 것으로, 이는 다음과 같은 분류기준에 의하여 분류된다.

㉠ 산출물(생산된 재화 또는 제공된 서비스)의 특성
  ⓐ 산출물의 물리적 구성 및 가공단계
  ⓑ 산출물의 수요처
  ⓒ 산출물의 기능 및 용도

㉡ 투입물의 특성: 원재료, 생산공정, 생산기술 및 시설 등

㉢ 생산활동의 일반적인 결합형태

② 통계단위
　㉠ 통계단위의 개념　　　　　　　　　　　　　　　2025년 1·3회, 2024년 1회, 2022년 3회, 2021년 3회,
　　　　　　　　　　　　　　　2019년 1·2회, 2018년 1·2회, 2017년 2회, 2016년 2회, 2015년 2·3회, 2014년 2회
　　ⓐ 통계단위란 생산단위의 활동(생산, 재무활동 등)에 관한 통계작성을 위하여 필요한 정보를 수집 또는 분석할 대상이 되는 관찰 또는 분석단위를 말한다.
　　ⓑ 관찰단위는 산업활동과 지리적 장소의 동질성, 의사결정의 자율성, 자료수집 가능성이 있는 생산단위가 설정되어야 한다. 생산활동과 장소의 동질성의 차이에 따라 통계단위는 다음과 같이 구분된다.

구분	하나 이상 장소	단일 장소
하나 이상 산업활동	기업집단 단위	지역 단위
	기업체 단위	
단일 산업활동	활동유형 단위	사업체 단위

　㉡ 사업체 단위의 정의　　　　　　　　　　　　　　　　　　　　2016년 1회, 2015년 1회, 2012년 2회
　　ⓐ 사업체 단위는 공장, 광산, 상점, 사무소 등으로 산업활동과 지리적 장소의 양면에서 가장 동질성이 있는 통계단위이다.
　　ⓑ 이 사업체 단위는 일정한 물리적 장소에서 단일 산업활동을 독립적으로 수행하며, 영업잉여에 관한 통계를 작성할 수 있고, 생산에 관한 의사결정에 있어서 자율성을 갖고 있는 단위이므로, 장소의 동질성과 산업활동의 동질성이 요구되는 생산통계작성에 가장 적합한 통계단위라고 할 수 있다.
　㉢ 기업체 단위의 정의　　　　　　　　　　　　　　　　　　　　　　　　　　　　2019년 3회
　　ⓐ 기업체 단위는 재화 및 서비스를 생산하는 법적 또는 제도적 단위의 최소결합체로서 자원배분에 관한 의사결정에서 자율성을 갖고 있다.
　　ⓑ 기업체는 하나 이상의 사업체로 구성될 수 있다는 점에서 사업체와 구분되며, 재무관련 통계작성에 가장 유용한 단위이다.

③ 통계단위의 산업결정　　　　　　　　　　　　　　　　　　　　　　　2017년 2·3회, 2013년 2회
　㉠ 생산단위의 활동형태: 생산단위의 산업활동은 일반적으로 주된 산업활동, 부차적 산업활동 및 보조적 활동이 결합되어 복합적으로 이루어진다.
　　ⓐ 주된 산업활동이란 산업활동이 복합형태로 이루어질 경우 생산된 재화 또는 제공된 서비스 중에서 부가가치(액)가 가장 큰 활동을 말한다.
　　ⓑ 부차적 산업활동은 주된 산업활동 이외의 재화생산 및 서비스 제공활동을 말한다.
　　ⓒ 주된 산업활동과 부차적 산업활동은 보조활동의 지원 없이는 수행될 수 없다. 보조활동은 모 생산단위에서 사용되는 비내구재 또는 서비스를 제공하는 활동으로서 생산활동을 지원해 주기 위하여 존재한다. 보조활동에는 회계, 창고, 운송, 구매, 판매촉진, 수리 서비스 등이 포함된다.

> **더 알아보기** 보조단위가 아니라 별개의 사업체로 간주하여야 하는 경우
>
> 다음과 같은 활동단위는 보조단위로 보아서는 안 되며 별개의 사업체로 간주하여 그 자체활동에 따라 분류하여야 한다.
> - 고정자산 형성의 일부인 재화의 생산, 예를 들면 자기계정을 위한 건설활동을 하는 경우(이에 관한 별도의 자료를 이용할 수 있으면 건설활동으로 분류)
> - 모 생산단위에서 사용되는 재화나 서비스를 보조적으로 생산하더라도 그 생산되는 재화나 서비스의 대부분을 다른 시장(사업체 등) 등에 판매하는 경우
> - 모 생산단위가 생산하는 생산품의 구성부품이 되는 재화를 생산하는 경우, 예를 들면 모 생산단위의 생산품을 포장하기 위한 캔, 상자 및 유사제품의 생산활동
> - 연구 및 개발활동은 통상적인 생산과정에서 소비되는 서비스를 제공하는 것이 아니므로 그 자체의 본질적인 성질에 따라 전문, 과학 및 기술서비스업으로 분류되며 SNA 측면에서는 고정자본의 일부로 고려된다.

ⓛ 산업결정방법 2024년 1·3회, 2023년 2회, 2022년 2회, 2021년 1·2회, 2020년 3·4회, 2019년 2회, 2017년 2·3회, 2015년 1회, 2014년 1·3회, 2013년 3회

ⓐ 생산단위의 산업활동은 그 생산단위가 수행하는 주된 산업활동(판매 또는 제공되는 재화 및 서비스)의 종류에 따라 결정된다. 이러한 주된 산업활동은 산출물에 대한 부가가치(액)의 크기에 따라 결정되어야 하나, 부가가치(액)의 측정이 어려운 경우에는 산출액에 의하여 결정한다.

ⓑ 상기의 원칙에 따라 결정하는 것이 적합하지 않을 경우에는 그 해당 활동의 종업원 수 및 노동시간, 임금 및 급여액 또는 설비의 정도에 의하여 결정한다.

ⓒ 계절에 따라 정기적으로 산업을 달리하는 사업체의 경우에는 조사시점에서 경영하는 사업과는 관계없이 조사대상기간 중 산출액이 많았던 활동에 의하여 분류된다.

ⓓ 휴업 중 또는 자산을 청산 중인 사업체의 산업은 영업 중 또는 청산을 시작하기 이전의 산업활동에 의하여 결정하며, 설립 중인 사업체는 개시하는 산업활동에 따라 결정한다.

ⓔ 단일사업체의 보조단위는 그 사업체의 일개 부서로 포함하며, 여러 사업체를 관리하는 중앙보조단위(본부, 본사 등)는 별도의 사업체로 처리한다.

④ 산업분류의 적용 원칙 2025년 1·2·3회, 2024년 1·2회, 2023년 1·3회, 2022년 1·2·3회, 2021년 1회, 2020년 1·2(통합)·3·4회, 2019·2018년 1·2·3회, 2017년 1·2회, 2016년 1·2·3회, 2015년 2·3회

㉠ 생산단위는 산출물뿐만 아니라 투입물과 생산공정 등을 함께 고려하여 그들의 활동을 가장 정확하게 설명하는 항목에 분류해야 한다.

㉡ 복합적인 활동단위는 우선적으로 최상급 분류단계(대분류)를 정확히 결정하고, 순차적으로 중, 소, 세, 세세분류 단계 항목을 결정하여야 한다.

㉢ 산업활동이 결합되어 있는 경우에는 그 활동단위의 주된 활동에 따라서 분류하여야 한다.

㉣ 수수료 또는 계약에 의하여 활동을 수행하는 단위는 동일한 산업활동을 자기계정과 자기책임하에서 생산하는 단위와 같은 항목에 분류하여야 한다.

㉤ 자기가 직접 실질적인 생산활동은 하지 않고, 다른 계약업자에게 의뢰하여 재화 또는 서비스를 자기계정으로 생산하게 하고, 이를 자기명의로, 자기책임 아래 판매하는 단위는 이들 재화나 서비스 자체를 직접 생산하는 단위와 동일한 산업으로 분류하여야 한다. 다만, 제조업의 경우 이들 이외에 제품의 성능 및 기능, 고안 및 디자인, 원재료 구성 설계, 견본 제작 등에 중요한 역할을 하고 자기계정으로 원재료를 제공하여야 한다.

㉥ 동일단위에서 제조한 재화의 소매활동은 별개 활동으로 분류하지 않고 제조활동으로 분류되어야 한다. 그러나 자기가 생산한 재화와 구입한 재화를 함께 판매한다면 그 주된 활동에 따라 분류한다.

ⓐ '공공행정 및 국방, 사회보장사무' 이외의 다른 산업활동을 수행하는 정부기관은 그 활동의 성질에 따라 분류하여야 한다. 반대로, 법령 등에 근거하여 전형적인 공공행정부문에 속하는 산업활동을 정부기관이 아닌 민간에서 수행하는 경우에는 공공행정부문으로 포함한다.
ⓞ 생산단위의 소유형태, 법적 조직유형 또는 운영방식은 산업분류에 영향을 미치지 않는다. 이런 기준은 경제활동 자체의 특징과 관련이 없기 때문이다. 즉, 동일 산업활동에 종사하는 경우 법인, 개인사업자 또는 정부기업, 외국계 기업 등인지에 관계없이 동일한 산업으로 분류한다.
ⓢ 공식적 생산물과 비공식적 생산물, 합법적 생산물과 불법적인 생산물을 달리 분류하지 않는다.

(3) 산업분류의 체계와 구조
① 분류구조 및 부호체계 2022년 1회, 2019년 3회, 2018년 2·3회, 2016년 1회, 2014년 3회, 2013년 3회, 2012년 1회
  ㉠ 분류구조는 알파벳 문자를 사용하는 대분류(sections), 2자리 숫자를 사용하는 중분류(divisions), 3자리 숫자를 사용하는 소분류(groups), 4자리 숫자를 사용하는 세분류(classes), 5자리 숫자를 사용하는 세세분류(sub-classes)의 5단계로 구성된다. 부호처리를 할 경우에는 아라비아숫자만을 사용하도록 하였다.
  ㉡ 권고된 국제분류(ISIC)를 기본체계로 하였으나, 국내실정을 고려하여 국제분류의 각 단계 항목을 분할·통합 또는 재그룹화하여 독자적으로 분류항목과 분류부호를 설정하였다.
  ㉢ 분류항목 간에 산업내용의 이동을 가능한 억제하였으나 일부 이동 내용에 대한 연계분석 및 시계열 연계를 위하여 부록에 수록된 신구 연계표를 활용하도록 하였다.
  ㉣ 중분류의 번호는 01부터 99까지 부여하였으며, 대분류별 중분류 추가 여지를 남겨 놓기 위하여 대분류 사이에 번호 여백을 두었다.
  ㉤ 소분류 이하 모든 분류의 끝자리 숫자는 '0'에서 시작하여 '9'에서 끝나도록 하였다.

(4) 주요 산업 대분류의 정의 2025년 2회
① 대분류 A 농업, 임업 및 어업
  ㉠ 이 대분류에는 농업, 임업, 어업 및 관련 서비스업을 포함한다. 농업 및 관련 서비스업은 작물재배업, 축산업, 작물재배 및 축산 복합농업, 작물재배 및 축산관련 서비스업과 수렵 및 수렵 관련 서비스업을 포함한다.
  ㉡ 임업 및 관련 서비스업은 영림, 산림용 종자 및 묘목생산, 벌목 활동과 야생 임산물 채취 및 임업 관련 서비스활동을 말한다. 야생 딸기 및 견과 등과 같은 식용 가능한 야생 식물을 채취하는 활동도 포함한다.
  ㉢ 어업 및 관련 서비스업은 어로어업, 양식어업 및 어업 관련 서비스업을 포함한다.
② 대분류 B 광업
  ㉠ 광업은 지하 및 지표, 해저 등에서 고체, 액체 및 기체 상태의 천연광물을 채굴·채취·추출하는 산업활동을 말한다.
  ㉡ 수수료 또는 계약에 의한 각종 광물의 정광 및 선광활동은 채굴활동에 결합 수행되는지의 여부를 불문하고 여기에 분류되며, 광업은 생산되는 주요 광물의 종류에 따라 분류한다.
  ㉢ 또한 수수료 또는 계약에 의하여 광물 굴착 및 시험 굴착, 유정 장치물 설치활동, 광산 배수활동, 채굴 목적의 광물 탐사활동 등 광물 채굴, 채취, 추출에 수반되는 광업 지원 서비스를 제공하는 활동을 포함한다.

③ 대분류 C 제조업

2025년 2회

㉠ 제조업이란 원재료(물질 또는 구성요소)에 물리적, 화학적 작용을 가하여 투입된 원재료를 성질이 다른 새로운 제품으로 전환시키는 산업활동을 말한다.

㉡ 따라서 단순히 상품을 선별·정리·분할·포장·재포장하는 경우 등과 같이 그 상품의 본질적 성질을 변화시키지 않는 처리활동은 제조활동으로 보지 않는다.

㉢ 이러한 제조활동은 공장이나 가내에서 동력기계 및 수공으로 이루어질 수 있으며, 생산된 제품은 도매나 소매 형태로 판매될 수도 있다.

㉣ 자본재(고정자본 형성)로 사용되는 산업용 기계와 장비를 전문적으로 수리하는 경우도 제조업으로 분류한다. 단, 컴퓨터 및 주변기기, 개인 및 가정용품 등과 자동차를 수리하는 경우는 수리업(95)으로 분류한다.

④ 대분류 F 건설업

㉠ 계약 또는 자기계정에 의하여 지반조성을 위한 발파·시굴·굴착·정지 등의 지반공사, 건설용지에 각종 건물 및 구축물을 신축 및 설치, 증축·재축·개축·수리 및 보수·해체 등을 수행하는 산업활동으로서 임시건물, 조립식 건물 및 구축물을 설치하는 활동도 포함한다.

㉡ 이러한 건설활동은 도급·자영 건설업자, 종합 또는 전문 건설업자에 의하여 수행된다. 직접 건설활동을 수행하지 않더라도 건설공사에 대한 총괄적인 책임을 지면서 건설공사 분야별로 도급 또는 하도급을 주어 전체적으로 건설공사를 관리하는 경우에도 건설활동으로 본다.

㉢ 건설공사에 대한 총괄적인 책임 및 전체 건설공사를 관리하는 활동은 건설공사와 관련한 인력·자재·장비·자금·시공·품질·안전관리 부문 등을 전체적으로 책임지고 관리하는 경우를 나타낸다.

⑤ 대분류 G 도매 및 소매업

㉠ 이 대분류에는 구입한 각종 신상품 또는 중고품을 변형하지 않고 구매자에게 재판매하는 도매 및 소매활동, 판매상품에 대한 소유권을 갖지 않고 구매자와 판매자를 위하여 판매 또는 구매를 대리하는 상품 중개, 대리 및 경매활동을 포함한다.

㉡ 소매업의 형태는 종합 소매업, 전문소매업, 중고품 소매업 및 무점포 소매업으로 분류한다.

⑥ 대분류 J 정보통신업

㉠ 정보 및 문화상품을 생산하거나 공급하는 산업활동, 정보 및 문화상품을 전송하거나 공급하는 수단을 제공하는 산업활동, 통신 서비스 활동, 정보 기술, 자료 처리 및 기타 정보 서비스를 제공하는 산업활동을 말한다.

㉡ 여기에는 출판, 소프트웨어 제작·개발·공급, 영상 및 오디오 기록물 제작·배급, 라디오 및 텔레비전 방송, 방송용 프로그램 공급, 전기 통신, 정보 기술 및 기타 정보 서비스 활동 등을 포함한다.

⑦ 대분류 L 부동산업

직접 건설, 개발하거나 구입한 각종 부동산(묘지 제외)을 임대, 분양 등으로 운영하는 산업활동, 수수료 또는 계약에 의하여 타인의 부동산 시설을 유지, 관리하는 산업활동, 부동산 구매, 판매 과정에서 중개, 대리, 자문, 감정 평가 업무 등을 수행하는 산업활동을 말한다.

⑧ 대분류 P 교육서비스업
  ㉠ 교육수준에 따른 초등(학령 이전 유아 교육기관 포함), 중등 및 고등 교육 수준의 정규 교육기관, 특수학교, 외국인학교, 대안학교, 일반 교습학원, 스포츠 및 레크리에이션 등 기타 교육기관, 직원 훈련기관, 직업 및 기술 훈련학원, 성인 교육기관 및 기타 교육기관과 교육 지원 서비스업을 포함한다.
  ㉡ 교육 서비스업에서 정의하는 교육활동은 ISCED(국제표준교육분류)에서 규정한 조직화되고 지속적인 의사소통을 통해 배움을 가져오게 하는 것을 나타낸다.
  ㉢ 교육활동을 특징짓는 조직화는 교육목표를 특정한 방식이나 프로그램으로 계획하는 것을 말하며, 의사소통은 두 사람 이상의 관계에서 각종 정보 전달을 담고 있는 행위를 나타내며, 정보 전달은 구두, 비언어, 직접·면접, 간접·원격 등 다양한 경로나 매체를 통해서 수행할 수 있다.

대분류	명칭
A	농업, 임업 및 어업
B	광업
C	제조업
D	전기, 가스, 증기 및 공기 조절 공급업
E	수도, 하수 및 폐기물 처리, 원료 재생업
F	건설업
G	도매 및 소매업
H	운수 및 창고업
I	숙박 및 음식점업
J	정보통신업
K	금융 및 보험업
L	부동산업
M	전문, 과학 및 기술 서비스업
N	사업시설 관리, 사업 지원 및 임대 서비스업
O	공공 행정, 국방 및 사회보장 행정
P	교육 서비스업
Q	보건업 및 사회복지 서비스업
R	예술, 스포츠 및 여가관련 서비스업
S	협회 및 단체, 수리 및 기타 개인 서비스업
T	가구 내 고용활동 및 달리 분류되지 않은 자가소비 생산활동
U	국제 및 외국기관

CHAPTER 02 | 직업 및 산업분류의 활용

핵심 기출문제

빈출
01 한국표준직업분류(2018)의 포괄적인 업무에 대한 직업분류 원칙에 해당되지 않는 것은?
2024년 1·3회, 2023년 1·3회, 2021년 1회, 2020년 1·2(통합)·3회, 2019년 1회, 2016년 1·3회, 2015년 2·3회

① 주된 직무 우선의 원칙
② 최상급 직능수준 우선의 원칙
③ 생산업무 우선의 원칙
④ 최근 직업 우선의 원칙

빈출
02 한국표준직업분류(2018)의 대분류 항목과 직능수준의 관계가 바르게 짝지어진 것은?
2025년 1회, 2024년 1회, 2023년 1·2회, 2022년 2회, 2019년 1회, 2018년 1회, 2017년 1회, 2015년 3회

① 전문가 및 관련 종사자 – 제4직능 수준 혹은 제3직능 수준 필요
② 사무 종사자 – 제3직능 수준 필요
③ 단순노무 종사자 – 제2직능 수준 필요
④ 군인 – 제1직능 수준 필요

빈출
03 한국표준직업분류(2018)에서 '직업활동이 아닌 경우'에 포함되지 않는 것은?
2025년 1·2회, 2024년. 2·3회, 2020년 4회, 2019년 2회, 2016년 1회, 2015년 2·3회, 2014년 2회

① 이자, 주식배당, 임대료(전세금) 등과 같은 자산 수입이 있는 경우
② 함께 거주하는 부모가 운영하는 가게에서 매일 4시간씩, 주 5일 무급으로 일하는 경우
③ 경마, 경륜, 경정, 복권 등에 의한 배당금이나 주식투자에 의한 시세차익이 있는 경우
④ 자기 집의 가사활동에 전념하는 경우

04 한국표준직업분류(2018)에서 다수 직업 종사자의 직업분류 원칙이 아닌 것은?
2025년 3회, 2020년 4회, 2018년 2회, 2015년 1회

① 주된 직무 우선의 원칙
② 취업시간 우선의 원칙
③ 수입 우선의 원칙
④ 조사 시 최근의 직업 원칙

꼼꼼하게 풀어 주는 정답과 해설

01 한국표준직업분류(2018)의 포괄적인 업무에 대한 직업분류 원칙은 주된 직무 우선 원칙, 최상급 직능수준 우선 원칙, 생산업무 우선 원칙이다.

02 ① 대분류 2 전문가 및 관련 종사자는 제4직능 수준 혹은 제3직능 수준이 필요한 직업이다.
   오답풀이
   ② 사무 종사자는 제2직능 수준 필요
   ③ 단순노무 종사자는 제1직능 수준 필요
   ④ 군인은 제2직능 수준 이상 필요

03 ② 함께 거주하는 부모가 운영하는 가게에서 매일 4시간씩, 주 5일 무급으로 일하는 경우는 일의 계속성이 있고, 무급이지만 부모가 운영하는 가게에서 일하는 것이므로 자영업에 해당되어 경제성도 있기 때문에 직업활동에 포함된다.

04 ① 주된 직무 우선의 원칙은 최상급 직능수준 우선의 원칙, 생산업무 우선의 원칙과 함께 포괄적인 업무에 대한 직업분류 원칙이다.

정답 01 ④ 02 ① 03 ② 04 ①

05 한국표준산업분류(2017)의 적용 원칙에 대한 설명으로 틀린 것은?

2025년 1·2·3회, 2024년 1·2회, 2023년 1·3회, 2022년 1·2·3회, 2021년 1회, 2020년 1·2(통합)·3·4회, 2019년 1·2·3회, 2018년 2·3회, 2017년 2회, 2016년 2·3회, 2015년 2·3회

① 생산단위는 산출물뿐만 아니라 투입물과 생산공정 등을 함께 고려하여 그들의 활동을 가장 정확하게 설명한 항목에 분류해야 한다.
② 복합적인 활동단위는 우선적으로 세세분류를 정확히 결정하고, 순차적으로 세, 소, 중, 대분류 단계 항목을 결정하여야 한다.
③ 산업활동이 결합되어 있는 경우에는 그 활동단위의 주된 활동에 따라서 분류하여야 한다.
④ 수수료 또는 계약에 의하여 활동을 수행하는 단위는 자기계정과 자기책임하에서 생산하는 단위와 동일 항목에 분류되어야 한다.

06 한국표준산업분류(2017)상 단일 장소에서 이루어지는 단일 산업활동의 통계단위는?

2025년 1·3회, 2022년 3회, 2019년 2회, 2018년 1·2회, 2017년 2회, 2015년 2·3회, 2014년 2회

① 기업집단 단위 ② 사업체 단위
③ 활동유형 단위 ④ 지역 단위

07 한국표준산업분류의 산업결정방법에 관한 설명으로 틀린 것은?

2024년 1·3회, 2023년 2회, 2022년 2회, 2021년 1·2회, 2020년 3·4회, 2019년 2회, 2017년 2·3회, 2015년 1회, 2014년 1·3회, 2013년 3회, 2011년 3회

① 생산단위의 산업활동은 그 생산단위가 수행하는 주된 산업활동의 종류에 따라 결정된다.
② 계절에 따라 정기적으로 산업을 달리하는 사업체의 경우에는 조사시점에 경영하는 사업과는 관계없이 조사대상기간 중 산출액이 많았던 활동에 의하여 분류된다.
③ 단일사업체의 보조단위는 그 사업체의 일개 부서로 포함하지 않고 별도의 사업체로 처리한다.
④ 휴업 중 또는 자산을 청산 중인 사업체의 산업은 영업 중 또는 청산을 시작하기 이전의 산업활동에 의하여 결정하며, 설립 중인 사업체는 개시하는 산업활동에 따라 결정한다.

꼼꼼하게 풀어 주는 정답과 해설

05 ② 복합적인 활동단위는 우선적으로 최상급 분류단계(대분류)를 정확히 결정하고, 순차적으로 중, 소, 세, 세세분류 단계 항목을 결정하여야 한다.

06 ② 단일 장소에서 이루어지는 단일 산업활동의 통계단위는 사업체 단위이다.

* 산업활동의 통계단위

구분		하나 이상 장소	단일 장소
하나 이상 산업활동		기업집단 단위	지역 단위
		기업체 단위	
단일 산업활동		활동유형 단위	사업체 단위

07 ③ 단일사업체의 보조단위는 그 사업체의 일개 부서로 포함하며, 여러 사업체를 관리하는 중앙보조단위(본부, 본사 등)는 별도의 사업체로 처리한다.

정답 05 ② 06 ② 07 ③

08 한국표준산업분류(2017)의 분류구조 및 부호체계에 대한 내용으로 틀린 것은?

2022년 1회, 2019년 3회, 2018년 2·3회, 2016년 1회, 2014년 3회

① 분류구조는 대분류(알파벳 문자 사용), 중분류(2자리 숫자 사용), 소분류(3자리 숫자 사용), 세분류(4자리 숫자 사용)의 4단계로 구성된다.
② 부호처리를 할 경우에는 아라비아숫자만을 사용토록 했다.
③ 분류항목 간에 산업내용의 이동을 가능한 한 억제하였으나 일부 이동 내용에 대한 연계분석 및 시계열 연계를 위하여 부록에 수록된 신구 연계표를 활용하도록 하였다.
④ 중분류의 번호는 01부터 99까지 부여하였으며, 대분류별 중분류 추가 여지를 남겨 놓기 위하여 대분류 사이에 번호 여백을 두었다.

09 다음은 한국표준직업분류(제7차)에서 직업분류의 일반원칙이다. ( )에 알맞은 것은?

2024년 3회, 2023년 3회, 2022년 2회, 2016년 2회

> 동일하거나 유사한 직무는 어느 경우에든 같은 단위직업으로 분류되어야 한다는 점이다. 하나의 직무가 동일한 직업단위 수준에서 2개 혹은 그 이상의 직업으로 분류될 수 있다면 ( )의 원칙을 위반한 것이라 할 수 있다.

① 단일성 ② 배타성
③ 포괄성 ④ 경제성

10 한국표준산업분류(2017)의 산업분류기준이 아닌 것은?

2020년 4회, 2018년 3회, 2015년 1회, 2014년 3회

① 산출물의 특성
② 생산단위의 활동형태
③ 투입물의 특성
④ 생산활동의 일반적인 결합형태

정답과 해설

08 ① 한국표준산업분류의 분류구조는 알파벳 문자를 사용하는 대분류(sections), 2자리 숫자를 사용하는 중분류(divisions), 3자리 숫자를 사용하는 소분류(groups), 4자리 숫자를 사용하는 세분류(classes), 5자리 숫자를 사용하는 세세분류(sub-classes)의 5단계로 구성된다.

09 ② 직업분류의 일반원칙으로 배타성의 원칙은 동일하거나 유사한 직무는 어느 경우에든 같은 단위직업으로 분류되어야 한다는 것이다.

10 *한국표준산업분류(2017)의 산업분류기준
- 산출물(생산된 재화 또는 제공된 서비스)의 특성: 산출물의 물리적 구성 및 가공단계, 산출물의 수요처, 산출물의 기능
- 투입물의 특성: 원재료, 생산공정, 생산기술 및 시설 등
- 생산활동의 일반적인 결합형태

정답 08 ① 09 ② 10 ②

11 한국표준직업분류(제7차)상 특정 직종의 분류요령에 대한 설명으로 틀린 것은?

2025년 1·2회, 2024년 1회, 2023년 1회, 2022년 1회

① 행정 관리 및 입법기능을 수행하는 자는 '대분류 1 관리자'에 분류된다.
② 자영업주 및 고용주는 수행되는 일의 형태나 직무내용에 따라 정의된 개념이다.
③ 연구 및 개발업무 종사자는 '대분류 2 전문가 및 관련 종사자'에서 그 전문분야에 따라 분류된다.
④ 군인은 별도로 '분류 A 군인'에 분류된다.

빈출

12 직업성립의 일반요건과 가장 거리가 먼 것은?

2024년 2회, 2023년 2회 2022년 3회, 2021년 3회,
2018년 3회, 2017년 2회, 2016년 2회, 2013년 2회, 2012년 1회

① 윤리성   ② 경제성
③ 계속성   ④ 사회보장성

13 한국표준산업분류에서 각 생산단위가 노동, 자본, 원료 등 자원을 투입하여, 재화 또는 서비스를 생산 또는 제공하는 일련의 활동과정은?

2022년 1회, 2016년 1회, 2013년 3회

① 산업   ② 산업활동
③ 생산활동   ④ 생산

꼼꼼하게 풀어 주는 정답과 해설

11 ② 자영업주 및 고용주는 수행되는 일의 형태에 따른 구분이 아니라 고용상태에 따라 구분된 개념이다.
12 ④ 한국표준직업분류(KSCO-18)에서 직업이 되기 위해서는 일의 계속성, 경제성, 윤리성 및 사회성 등의 조건을 갖추어야 한다. 또한 속박된 상태에서의 활동은 직업이 될 수 없다.
13 ② 한국표준산업분류에서 산업활동이란 '각 생산단위가 노동, 자본, 원료 등 자원을 투입하여, 재화 또는 서비스를 생산 또는 제공하는 일련의 활동과정'으로 정의된다. 산업활동의 범위에는 영리적·비영리적 활동이 모두 포함되나, 가정 내의 가사활동은 제외된다.

정답 11 ② 12 ④ 13 ②

CHAPTER 03 직업관련 정보의 이해

회당 평균 출제 문항수 **8.3개**

수험 전략
- 최근에는 고용24와 자격제도에서 많이 출제되고 있다. 고용24의 주메뉴와 통계간행물, 활용방법, 자격제도에서 기술사, 기능장, 기사, 산업기사 등의 응시자격과 검정기준 등이 빈출 키워드이다.
- 고용보험에서 고용안정사업 3가지 내용과 직업능력개발사업의 구분, 직업훈련정보에서는 직업능력개발훈련의 유형에서 많이 출제되고 있다. 고용노동부 고시로 나온 근로자 등 직업능력개발훈련에 관한 세부적인 내용과 내일배움카드제의 내용도 철저히 학습해야 한다.

NEW & HOT! 키워드
국가기술자격의 검정기준·응시자격
고용24 통계·채용정보 내용
직업능력개발 정보망

UNIT 1 고용24

1 고용24의 개요

(1) **고용24의 의의**

① 고용24의 의미
- ㉠ 한국고용정보원이 운영하는 「고용24」(www.work24.go.kr)는 근로자와 기업을 위한 통합 고용서비스 포털이다.
- ㉡ 도움이 필요한 국민에게 더 가까이 다가가기 위해 워크넷, 고용보험, HRD-net, 국민취업지원, 외국인고용(EPS) 등 9개의 홈페이지를 하나로 해, 모든 고용서비스를 한 곳에서 이용할 수 있도록 개선한 것이다.

② 고용24의 제공서비스
- ㉠ 사회에 첫 발을 내딛으려는 청년이라면, 「고용24」 한 곳에서 취업 전에 이력서 작성방법 등 구직 스킬이나 기업 직무 체험을 신청할 수 있고, 내게 맞는 일자리와 자격증을 추천 받을 수도 있다. 중소기업에 취업한 청년을 위한 지원금도 신청할 수 있다.
- ㉡ 새로운 직장을 찾고 있다면, 「고용24」 한 곳에서 내가 선호하는 지역의 일자리를 찾아보고, 이력서를 등록하고, 실업급여를 신청하고, 자격증을 따기 위한 직업훈련비용 지원도 신청할 수 있다.
- ㉢ 회사의 인사 담당자라면, 「고용24」 한 곳에서 우리 회사에 맞는 인재를 검색하고, 이력서를 살펴보고, 직원 교육 프로그램과 정부 지원금을 신청할 수 있다. 내국인 채용이 어렵다면 외국인 고용허가도 받을 수 있다.

(2) **고용24의 연혁**

① 온라인 고용서비스의 전개
- ㉠ 1995년 고용보험, 1998년 워크넷, 2002년 HRD-net, 2004년 외국인 고용 홈페이지(EPS) 서비스가 개시되었다.
- ㉡ 2019년에는 개인별·기업별 고용정보의 통합 관리가 시작되었고, 2021년에 국민취업지원제도 홈페이지 서비스 개시되었다.

② 온라인 고용서비스 시스템 통합:
2022년 온라인 고용서비스 시스템 통합을 위한 의견 수렴과 정보화 전략계획(ISP)을 수립하여 「고용24」 구축이 시작되었고 2024년 정식으로 오픈하였다.

2 고용24의 제공서비스

(1) 고용24가 포함하는 고용서비스
㉠ 「고용24」는 모든 온라인 고용서비스를 한 곳에서 신청하고, 결과를 확인할 수 있는 통합포털이다.
㉡ 개인은 일자리 검색, 이력서 등록(구직신청), 실업급여, 출산휴가급여신청, 내일배움카드 신청 등을 신청할 수 있다.
㉢ 기업은 인재검색, 각종 정부 지원금 신청, 직원 교육 지원신청, 이직확인서, 출산휴가 확인서 작성 등을 할 수 있다.

(2) 고용24의 주요서비스
① 고용24의 개인서비스
  ㉠ 일자리 정보(민간 취업사이트 일자리 정보 포함)와 이력서 작성(구직 등록)
  ㉡ 이력서 작성 방법 등 구직스킬 교육, 개인 상담, 집단 상담 신청
  ㉢ 청년을 위한 정부 지원금, 일 경험 신청
  ㉣ 출산휴가급여, 배우자 출산휴가급여, 육아휴직급여 신청
  ㉤ 실업급여 신청
  ㉥ 내일배움카드 신청, 직업훈련 프로그램 정보 제공
  ㉦ 국민취업지원제도 신청

② 고용24의 기업서비스
  ㉠ 구직자 정보 제공
  ㉡ 실업급여 이직확인서, 출산휴가 확인서, 육아휴직 확인서 작성
  ㉢ 청년·고령자·취약계층 채용, 유연근무, 출산휴가 및 육아휴직 등을 실시한 기업을 위한 정부 지원금 신청
  ㉣ 직원의 직무 교육을 위한 기업 컨설팅과 지원금 신청
  ㉤ 외국인 고용
  ㉥ 고용보험 가입 정보, 내 민원 진행 상황 조회
  ㉦ 고용노동부, 한국산업인력공단, 장애인고용공단 등 다양한 정부 지원제도 설명자료

UNIT 2 고용보험제도의 이해

1 고용보험의 개요

(1) **고용보험의 의의**

① **고용보험의 뜻**

고용보험(employment insurance)은 실직근로자에게 실업급여를 지급하는 전통적 의미에서의 실업보험사업을 비롯하여 산업구조조정의 촉진 및 실업예방, 고용촉진 등을 위한 고용안정사업, 근로자의 생애직업능력개발을 위한 직업능력개발사업 등의 노동시장정책을 적극적으로 연계하여 통합적으로 실시하는 사회보장보험이다.

② **고용보험의 성격** <small>2018년 2회, 2014년 2회</small>

실업보험이 실직자의 생계를 지원하는 사후적·소극적인 사회보장제도라면, 고용보험은 실직자에 대한 생계지원은 물론 재취업을 촉진하고 더 나아가 실업의 예방, 노동시장의 구조개편, 직업훈련 등의 강화를 위한 사전적·적극적 차원의 종합적인 인력정책 수단이라 할 수 있다.

> 01 **실업보험** 사후적/소극적 사회보장 + 02 **고용안정사업/직업능력개발사업** 사전적/적극적 노동시장정책 = **고용보험**

(2) **고용보험의 주요 내용**

① **고용보험의 적용대상**

「고용보험법」은 근로자를 사용하는 모든 사업 또는 사업장에 적용한다. 즉, 고용보험은 1인 이상의 근로자를 사용하는 사업 및 사업장을 대상으로 적용한다.

② **고용보험의 적용제외 대상사업**

㉠ 다음에 해당하는 공사(건설사업자, 주택건설사업자, 전기공사업자, 정보통신공사업자, 소방시설업자, 국가유산수리업자가 시공하는 공사는 제외)

　ⓐ 총공사금액이 2천만 원 미만인 공사

　ⓑ 연면적이 100m² 이하인 건축물의 건축 또는 연면적이 200m² 이하인 건축물의 대수선에 관한 공사

㉡ 가구 내 고용활동 및 달리 분류되지 아니한 자가소비 생산활동

<small>※ 총공사금액이 2천만 원 미만인 건설공사가 설계변경(사실상의 설계변경이 있는 경우 포함)으로 인하여 2천만 원 이상의 건설공사에 해당하게 되거나 일괄적용을 받게 되는 경우에는 그때부터 법규정의 전부를 적용</small>

③ **적용대상 근로자** <small>2025년 2회</small>

고용보험은 모든 근로자에게 적용되나, 다음의 근로자에 대해서는 적용을 제외하고 있다(적용제외 대상).

㉠ 65세 이후에 새로이 고용되거나 자영업을 개시한 자(고용안정·직업능력개발사업은 적용, 실업급여, 육아휴직 급여는 적용제외)

㉡ 1개월간 소정근로시간이 60시간 미만인 근로자(1주간 15시간 미만인 자 포함). 다만, 생업을 목적으로 근로를 제공하는 자 중 3개월 이상 계속하여 근로를 제공하는 자와 1개월 미만 동안 고용되는 일용근로자는 적용대상이다.

ⓒ 「국가공무원법」 및 「지방공무원법」에 따른 공무원
ⓓ 「사립학교교직원 연금법」의 적용을 받는 자
ⓔ 별정우체국 직원
ⓕ 외국인근로자(예외적으로 적용되는 경우)

④ 보험료
㉠ 개산보험료와 확정보험료: 매년 보험연도 초일부터 3월 31일까지(보험연도 중 보험관계가 성립한 경우에는 그 보험관계의 성립일부터 70일까지) 전년도 확정보험료와 당해 연도 개산보험료를 근로복지공단에 보고하고 납부하여야 한다.

■ **개산보험료**
- 보험료는 선납하는 방식을 취하고 있는데, 피보험자인 근로자에게 당해 연도 지급할 1년치의 예상 임금총액에 해당 보험료율을 곱하여 개략적으로 산정한 보험료를 개산보험료라고 한다.
- 개산보험료는 일시 납부하거나 분기별로 4회 분할 납부할 수 있으며, 일시 납부의 경우에는 개산보험료의 5%가 공제된다.

■ **확정보험료**
- 개산보험료와 반대되는 개념으로 확정보험료는 당해 연도가 지나고 보통 그다음 해의 3월 31일까지 신고하는 보험료이다.
- 이때 작년도의 임금이 확정되었기 때문에 실제 지급된 임금총액을 기준으로 다시 보험료를 산정하게 된다.

㉡ 확정보험료 납부
ⓐ 확정보험료 보고 및 납부 시 이미 납부한 개산보험료보다 확정보험료가 많은 경우에는 그 부족액을 추가 납부하고, 초과 납부한 경우에는 초과금액을 반환받거나 다음 연도 개산보험료에 충당 신청할 수 있다.
ⓑ 근로자가 부담하는 보험료는 사업주가 임금 지급 시 원천공제(0.9%)한다. 사업장 적용징수업무는 근로복지공단에서 위탁 수행하고 있다.

더 알아보기 직업소개(알선)의 원칙

직업알선(job offer) 또는 직업소개는 구직자에게 알맞은 직업을 소개하여, 구인자와 구직자 사이에 고용계약이 성립하도록 알선하는 것을 말한다. 직업소개의 원칙으로는 자유의 원칙, 공익의 원칙, 근로조건 명시의 원칙, 공평의 원칙, 통근권 내 거주자 알선의 원칙, 비밀보장의 원칙 등이 있다.

1. **직업소개의 일반 원칙**
    - **자유의 원칙**: 직업소개에 있어서 구직자에게는 직업선택의 자유가, 구인자에게는 고용(채용)의 자유가 보장되어야 한다. 구직자에게 소개하는 직업에 취직할 것을 강요하거나, 구인자에게 구직자의 고용을 강요해서는 안 된다.
    - **공평의 원칙, 공익의 원칙**: 국가가 행하는 직업알선은 공공성을 가져야 하고, 공공기관인 직업안정기관은 직업소개가 구직자나 구인자 어느 한쪽의 이해에 치우치는 일이 없어야 하며(공평의 원칙), 공중도덕이나 사회윤리에 반해서는 안 된다(공익의 원칙).
    - **근로조건 명시의 원칙**: 직업안정기관은 직업소개를 함에 있어 업무의 내용, 임금, 근로시간, 근로조건 등을 구직자에게 명시해야 한다. 이는 직업소개에 있어 근로자를 보호하고, 취업 후 사용자와 노동자 간의 분쟁을 사전에 예방하며, 근로자가 직장에 적응하여 그의 능력을 발휘하고, 구인자는 가장 적절하고 적격한 근로자를 확보하기 위한 것이다.

2. **「직업안정법」상 직업소개의 원칙**
    - **적격자 알선의 원칙**: 직업안정기관의 장은 구직자에게는 그 능력에 알맞은 직업을 소개하고, 구인자에게는 구인조건에 적합한 구직자를 소개하도록 노력하여야 한다.
    - **통근권 내 거주자 알선의 원칙**: 직업안정기관의 장은 가능하면 구직자가 통근할 수 있는 지역에서 직업을 소개하도록 노력하여야 한다.

2 고용보험의 개인혜택

고용보험의 개인혜택으로는 재직근로자 훈련지원, 실업자 훈련지원, 실업급여, 육아휴직급여, 출산전후휴가급여, 고용보험 미적용자 출산급여, 배우자 출산휴가급여 등이 있다.

(1) **재직근로자 훈련지원**
  ① 재직근로자 훈련지원의 의의
    기업과 근로자의 직업능력개발 지원을 통해 인적자원의 질을 향상시키고 근로자 스스로의 직무능력 향상 노력을 유인하여 급변하는 경제상황에 능동적으로 대처하는 데 목적이 있다.
  ② 재직근로자 수강비용 지원
    고용보험 피보험자인 재직근로자가 자발적으로 직업능력개발훈련을 수강하는 경우 수강비용을 지원해 준다.

(2) **실업자 훈련지원**
  ① 실업자 훈련지원의 의의
    고용보험에서는 실업자의 재취업을 위한 훈련지원에 대한 훈련비, 훈련수당을 지원하고 있으며, 민간 훈련기관, 대한상공회의소 등이 취업훈련을 실시한다.
  ② 실업자 재취업 훈련지원
    고용보험 사업장에서 실직한 근로자가 재취업을 위해 훈련을 받는 경우 훈련비(전액 국비지원이나 일부 훈련의 정부지원훈련비 초과분은 훈련생 부담)와 훈련수당을 지원한다.

(3) **실업급여**
  ① 실업급여의 의의
    ㉠ 실업급여는 근로자가 실직했을 때 일정기간 급여를 지급함으로써 실업으로 인한 생계불안을 극복하게 하고 생활의 안정을 도와주며 재취업의 기회를 지원해 주는 제도이다.
    ㉡ 실업급여는 실업에 대한 위로금이나 고용보험료 납부의 대가로 지급되는 것이 아니고, 적극적인 재취업활동을 위한 재취업활동 지원금이다. 실업급여는 퇴직 다음 날로부터 12개월이 경과하면 지급받을 수 없다.
  ② 실업급여의 종류   2020년 1·2(통합)회, 2017년 1회, 2012년 1회
    ㉠ 구직급여
    ㉡ 취업촉진수당
    ㉢ 연장급여
    ㉣ 상병급여

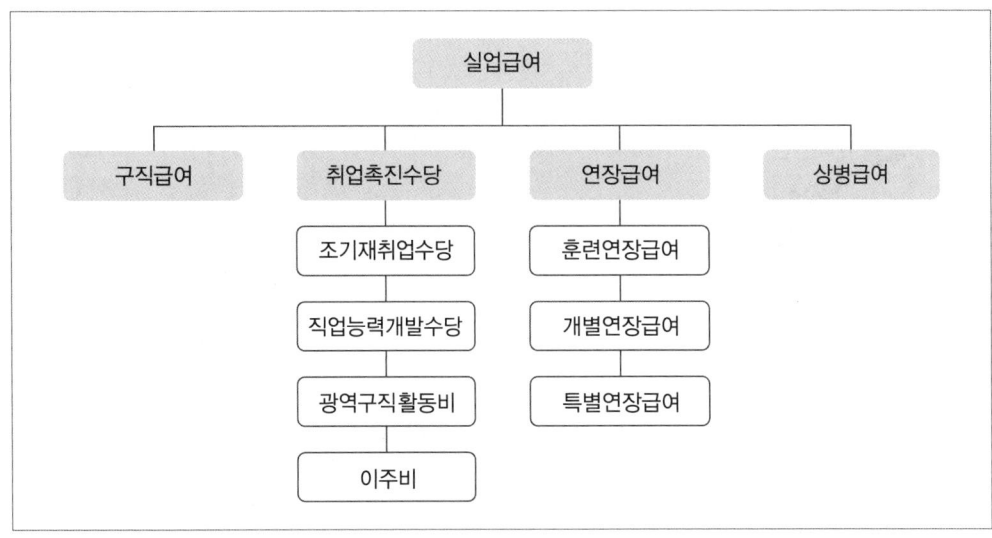

실업급여의 구분		요건 및 내용
구직급여		• 고용보험 적용 사업장에서 실직 전 18개월 동안 피보험 단위기간이 합산하여 180일 이상 근무한 경우 • 근로의 의사 및 능력이 있고 적극적인 재취업활동에도 불구하고 취업하지 못한 상태 • 실직사유가 수급자격의 제한 사유(자발적 이직, 중대한 귀책사유로 해고된 경우)에 해당하지 않는 경우
상병급여		• 실업신고를 한 이후 질병·부상·출산으로 취업이 불가능하여 실업의 인정을 받지 못한 경우 • 7일 이상의 질병·부상으로 취업할 수 없는 경우 증명서를 첨부하여 청구 • 출산의 경우는 출산일로부터 45일간 지급
연장급여	훈련연장급여	실업급여 수급자로서 연령·경력 등을 고려할 때, 재취업을 위해 직업안정기관장의 직업능력개발훈련 지시에 의하여 훈련을 수강하는 자
	개별연장급여	취업이 특히 곤란하고 생활이 어려운 수급자로서 임금수준, 재산상황, 부양가족, 훈련수강 여부 등을 고려하여 생계지원 등이 필요한 자
	특별연장급여	실업급증 등으로 재취업이 특히 어렵다고 인정되는 경우 고용노동부장관이 일정한 기간을 정하고 동 기간 내에 실업급여의 수급이 종료된 자
취업 촉진 수당	조기재취업수당	구직급여를 지급받을 수 있는 소정급여일수를 남기고 재취업한 경우, 6개월 이상 안정된 직장에 재취직되거나 자영업을 영위할 것이 확실하다고 인정될 것(자영업의 경우에는 1회 이상 자영업 준비활동으로 실업인정을 받아야 함)
	직업능력개발수당	실업기간 중 직업안정기관장이 지시한 직업능력개발훈련을 받는 경우
	광역구직활동비	직업안정기관장의 소개로 거주지에서 편도 25km 이상 떨어진 지역에서 재취업 활동을 하는 경우
	이주비	취업 또는 직업안정기관의 장이 지시한 직업능력개발훈련을 받기 위해 그 주거를 이전하는 경우

③ 구직급여의 지급대상　　　　　　　　　　　　　　　　　　　　　　　　　　　2014년 3회

실업급여는 실업의 의미를 충족하는 비자발적 이직자에게 수급자격을 인정하는 것이지만, 자발적 이직자의 경우에도 이직하기 전에 이직회피 노력을 다하였으나 사업주 측의 사정으로 더 이상 근로하는 것이 곤란하여 이직한 경우 이직의 불가피성을 인정하여 수급자격을 부여하고 있다.

④ 구직급여 지급액
  ㉠ **구직급여 지급액**: 퇴직 전 평균임금의 60%×소정급여일수
  ㉡ **상한액**: 1일 66,000원(이직일이 2019년 1월 1일 이후)
  ㉢ **하한액**: 퇴직 당시 「최저임금법」상 시간급 최저임금의 80%×1일 근로시간(8시간)

> ✓ **교수님의 코멘트**
> 「최저임금법」상의 시간급 최저임금은 매년 바뀌므로 실업급여 하한액 역시 매년 달라집니다.

> **더 알아보기**
>
> ■ **실업크레딧** 2025년 1회, 2022년 2회, 2017년 3회
> 실업크레딧은 국민연금공단이 2016년 8월부터 도입한 실업자 안전망이다. 구직급여를 받는 동안 국가에서 국민연금 보험료의 75%를 지원하여 실직 중 보험료 납부부담을 덜어주고 향후 지급받는 국민연금금액을 늘려주는 제도이다.
>
> ■ **일자리 안정자금** 2018년 2회
> • 일자리 안정자금(jobfunds.or.kr)은 최저임금 인상에 따른 소상공인 및 영세중소기업의 경영부담을 완화하고 노동자의 고용불안을 해소하기 위한 지원사업으로 고용노동부 산하 근로복지공단이 주관하며, 2018년 1월부터 도입되어 시행되고 있다.
> • 노동자를 30인 미만 고용하는 사업주에 대해 지원하지만, 공동주택 경비·청소원 고용사업주에 대해서는 30인 이상인 경우에도 지원한다.
> • 고용보험 가입대상자는 고용보험에 가입하여야 지원하고, 법률상 고용보험 적용대상이 아닌 경우에는 가입하지 않아도 지원한다. 일자리 안정자금의 지급방식은 직접지급 또는 사회보험료 대납 중 선택할 수 있다.

3 고용보험의 기업혜택

(1) 고용장려금 지원제도 2025년 1회, 2021년 1회

① 고용장려금 지원제도의 의의
  ㉠ 고용장려금(통합장려금)은 기존에 시행된 고용보험 기업혜택을 통합하고 재구성하여 2017년부터 도입된 제도이다.
  ㉡ 신규근로자를 고용할 계획이 있거나, 소속 근로자들이 안정적으로 오래 일하기를 원하는 경우, 고용을 감소시켜야 하는 사정이 있거나, 고용촉진을 위한 고용환경개선이 필요한 경우 등 각각의 사정이 있는 경우 기존의 여러 지원들을 개편하여 통합지원하는 제도이다.

② 고용장려금 지원제도의 체계

제도내용	지원내용	지원유형
고용창출 장려금	• 연장근로시간을 단축하여 생기는 빈 일자리에 신규로 근로자를 고용 • 국내복귀기업으로 근로자를 신규로 고용 • 신중년 적합직무에 근로자를 신규로 고용 • 취업이 어려운 중증장애인, 가족부양의 책임이 있는 여성실업자, 취약계층 대상 취업지원 프로그램 이수자 등을 신규로 고용하여 고용을 창출한 사업주에게 지원	• 일자리함께하기지원 • 국내복귀기업지원 • 신중년 적합직무 고용지원 • 고용촉진 장려금

고용안정 장려금	• 기간제·파견·사내하도급근로자 또는 특수형태 업무종사자를 정규직으로 전환 • 전일제 근로자의 소정근로시간 단축을 허용 • 시차출퇴근제, 선택근무제, 재택·원격근무제 등 유연근무제를 활용 • 출산육아기 근로자의 고용안정을 위한 조치를 하여 기존 근로자의 고용을 안정시킨 사업주에게 지원	• 정규직 전환지원 • 일·가정 양립 환경개선지원 • 워라밸일자리 장려금 • 출산육아기 고용안정지원
고용유지 지원금	• 생산량 감소·재고량 증가 등으로 고용조정이 불가피하게 된 사업주 • 무급 휴업·휴직을 한 근로자를 지원	• 고용유지 지원금 • 무급휴업·휴직 고용유지 지원금
청년·장년 고용지원	• 청년층에게 장기근속 및 자산형성 기회를 제공 • 중소기업의 청년 인력난 해소 및 청년일자리를 창출 • 고령자의 고용촉진 및 안정을 도모	• 청년내일채움공제 • 청년 추가고용 장려금 • 60세 이상 고령자 고용지원금 • 고령자 계속고용 장려금
고용환경 개선지원	• 직장어린이집의 설치 및 운영을 지원함으로써 여성의 경제활동을 촉진 • 고령자 고용에 따른 환경개선을 지원 • 일자리함께하기 설비투자, 일·생활 균형 인프라 구축을 지원	• 직장어린이집 인건비 및 운영비, 설치비 지원 • 여성·장애인·고령자 고용환경개선 자금 융자 • 일자리함께하기 설비투자비 융자 • 일·생활 균형 인프라 구축비지원
지역고용촉진 지원금	고용위기지역으로 사업을 이전하거나, 신설 또는 증설하는 사업주가 해당 지역 구직자를 신규로 고용하여 고용을 창출한 사업주에게 지원	지역고용촉진 지원금

(2) **고용창출 장려금** 2024년 3회, 2022년 2회, 2016년 1회, 2014년 3회, 2013년 3회

① 사업개요
  ㉠ 통상적 조건하에 취업이 어려운 취약계층을 고용하거나 교대제 개편, 실근로시간 단축, 시간선택제 일자리 도입 등 근무형태를 변경하여 고용기회를 확대한 사업주를 지원하는 제도이다.
  ㉡ 사전에 사업참여신청서 및 사업계획서를 제출받아 고용센터 심사위원회의 심사를 거쳐 선정된 기업에 한하여 예산의 범위 내에서 지원한다. 단, 고용촉진 장려금은 사업참여 신청이 필요 없이 지급요건을 갖추어 장려금지급신청서를 제출하면 지원한다.

② 지원유형

지원유형	지원대상
일자리함께하기지원 (공모형)	교대제 개편, 실근로시간 단축, 일자리 순환제 등을 도입하여 기존 근로자의 근로시간을 줄임으로써 실업자를 신규 고용하여 근로자 수가 증가한 사업주
국내복귀기업지원	산업통상자원부 장관이 지정한 지 5년 이내의 국내복귀기업으로 실업자를 신규 고용한 사업주
신중년 적합직무 고용지원	만 50세 이상 실업자를 신중년 적합직무에 신규 고용한 사업주
고용촉진 장려금	고용노동부장관이 고시하는 취업 프로그램 이수자, 중증장애인, 가족부양의 책임이 있는 여성실업자, 섬지역 거주자 등 취업취약계층을 고용한 사업주
일자리함께하기지원 (요건심사형)	주 최대 52시간 이내로 근로시간을 단축하고 실업자를 고용하여 근로자 수가 증가한 사업주

(3) 고용안정 장려금   2020년 3·4회, 2018년 1회
① 사업개요
- ㉠ 학업, 육아, 간병 등 생애주기별로 고용불안이 가속될 때 근로시간 단축, 근로형태 유연화 등을 도입하여 근로자의 계속고용을 지원하거나 기간제 근로자 등을 정규직으로 전환하는 사업주를 지원하여 기존 근로자의 고용안정과 일자리 질 향상을 도모한다.
- ㉡ 사전에 사업참여신청서 및 사업계획서를 제출받아 고용센터 심사위원회의 심사를 거쳐 선정된 기업에 한하여 예산의 범위 내에서 지원한다.
- ㉢ 단, 출산육아기 고용안정지원은 사전참여 신청이 필요 없이 소정근로시간을 단축한 근로자의 근로시간 단축 개시일로부터 6개월 이내에 최초로 장려금 지급 신청을 하면 지원한다.

② 지원유형

지원유형	지원대상
정규직 전환지원	6개월 이상 2년 이하 근속한 비정규직 근로자 및 특수형태 업무종사자를 정규직으로 전환한 우선지원 대상기업 및 중견기업의 사업주
일·가정 양립 환경개선지원	• 소속 근로자가 유연근무제를 활용하도록 한 우선지원 대상기업 및 중견기업의 사업주 • 재택·원격근무 활용계획이 있거나 근무혁신 인센티브제 사업에 참여하여 근무혁신 우수기업으로 선정된 우선지원 대상기업 및 중견기업의 사업주
워라밸일자리 장려금	전일제 근로자가 근로시간 단축이 필요할 때 소정근로시간의 단축을 허용한 사업주
출산육아기 고용안정지원	• 육아휴직, 육아기 근로시간 단축을 부여한 사업주 • 출산전후(유산·사산)휴가, 육아휴직, 육아기 근로시간 단축 등을 부여하고 대체인력을 채용한 사업주

(4) 고용유지 지원금   2024년 3회, 2022년 2회, 2021년 1회, 2016년 2회, 2015년 3회, 2014년 1회
① 사업개요
- ㉠ 경기의 변동, 산업구조의 변화 등으로 생산량·매출액이 감소하거나 재고량이 증가하는 등의 고용조정이 불가피하게 된 사업주가 근로자를 감원하지 않고 근로시간 조정, 교대제 개편, 휴업, 훈련, 휴직과 같은 고용유지조치를 실시하고 고용을 유지하는 경우 임금(수당) 및 훈련비를 지원하여 사업주의 경영부담을 완화하고 근로자의 실직을 예방하는 제도이다.
- ㉡ 지원대상은 생산량 감소, 재고량 증가 등으로 고용조정이 불가피하게 된 사업주가 사전에 계획서를 고용센터에 제출한 후 휴업(근로시간 조정, 교대제 개편)·훈련·휴직과 같은 고용유지조치를 실시하고 그 기간 동안 근로자에게 임금 또는 수당 등을 지급하고, 고용유지조치 기간과 그 이후 1개월까지 당해 사업장 소속 근로자를 고용조정으로 이직시키지 않은 사업주이다.

② 무급휴업·휴직 고용유지 지원금
- ㉠ 경기의 변동, 산업구조의 변화 등으로 고용조정이 불가피한 사업주가 고용유지조치의 수단으로 무급의 휴업 또는 휴직을 실시하는 경우 무급휴업·휴직기간 중 근로자에게 고용유지 지원금을 지원함으로써 근로자의 실직을 예방하고 생계안정을 유지한다.
- ㉡ 지원대상은 고용조정이 불가피한 사업주가 법에 따른 무급휴업·휴직을 실시하는 경우에도 심사위원회 심사를 거쳐 무급휴업·휴직 필요성, 근로자 복귀 가능성, 직업능력 향상 계획 등을 심사하여 지원대상을 결정하여 지원한다.

(5) 청년·장년 고용지원

① 청년내일채움공제   2019년 1회

㉠ 중소·중견기업에 정규직으로 취업한 청년들의 장기근속을 위하여 고용노동부와 중소벤처기업부가 공동으로 운영하는 사업이다. 청년·기업·정부가 공동으로 공제금을 적립하여 성과보상금 형태로 만기공제금을 지급한다.

㉡ 근속기간을 기준으로 2년형은 청년이 중소·중견기업에서 2년간 근속하면서 300만 원을 적립 시 정부(600만 원)와 기업(300만 원)이 같이 적립하여 1,200만 원의 목돈을 마련하도록 지원한다.

㉢ 청년내일채움공제(work.go.kr)의 신청방법은 워크넷 – 청년공제 홈페이지(work.go.kr/youngtomorrow)에서 참여 신청 → 운영기관의 워크넷 승인 완료 후 청년공제 청약 홈페이지(sbcplan.or.kr)에서 청약 신청 순으로 이루어진다.

② 청년 추가고용 장려금

㉠ 청년을 정규직으로 추가로 고용한 중소·중견기업에 인건비를 지원함으로써 양질의 청년일자리를 창출한다.

㉡ 지원대상은 청년(만 15세 이상 34세 이하)을 정규직으로 신규 채용한 5인 이상 중소·중견기업(성장유망업종, 벤처기업 등은 5인 미만도 가능)이다.

UNIT 2 직업훈련정보의 이해

1 직업훈련제도의 개요

(1) 직업능력개발정책의 방향

인적자원개발을 통한 경쟁력 제고, 고용안정 및 근로자의 평생능력개발을 위한 지원체제 구축을 위하여 다음을 추진한다(3대 기본방향).

① 근로자의 평생능력개발체제 구축
② 민간자율성 확대 및 직업훈련의 질적 제고
③ 공공훈련의 효율성 제고 및 내실화 추구

(2) 직업훈련제도   2012년 2회

직업훈련제도는 「국민 평생 직업능력 개발법」과 「고용보험법」을 근간으로 하고 있으며, 다음의 두 가지 정부지원으로 나뉜다.

① 직업훈련 부문의 시장실패를 보완하고 취약계층에 대한 직업훈련의 접근성 제고를 위한 정부지원
② 직업훈련시장을 활성화하고 민간의 직업훈련에 대한 투자확대를 유도하기 위한 정부지원

(3) 직업능력개발 정보망(HRD-Net) 2024년 1회, 2020년 4회, 2017년 2회, 2016년 3회, 2015년 1회, 2012년 1회, 2010년 2회

① HRD-Net의 의의

㉠ HRD-Net, 즉 직업능력개발 정보망은 고용센터, 지방자치단체, 훈련기관 등의 직업훈련과정, 훈련생 등록관리, 훈련비용지원과 같은 직업능력개발업무의 효율적인 수행을 지원하고 있다.

ⓒ HRD-Net은 홈페이지를 통한 대국민 온라인 서비스로 각종 훈련정보제공, 온라인 수강신청 상담 등 평생학습능력배양을 위한 맞춤정보 및 개인 훈련이력정보를 제공하고 있다.

② 통합 HRD-Net의 특징
㉠ 새로운 HRD-Net 사이트에서는 한 번의 검색으로 '훈련-자격증-일자리' 정보를 한눈에 조회할 수 있다.
㉡ 또한 구직자 및 재직자의 직업능력개발 향상을 위하여 무료 학습 콘텐츠를 서비스하고 있으며, 고용노동부 외 타 정부부처 훈련안내 등 다양하고 풍부해진 훈련정보와 훈련안내를 제공받을 수 있다.

2 직업훈련의 종류

(1) 기업(사업주) 훈련
① 사업주지원 훈련
㉠ 의의
ⓐ 사업주가 훈련비용을 부담하여 근로자, 채용예정자, 구직자 등을 대상으로 직업능력개발훈련을 실시할 경우, 훈련비 등 소요비용을 지원함으로써 사업주의 훈련지원 및 근로자의 능력개발 향상을 도모하는 제도이다.
ⓑ 지원대상은 근로자 등을 대상으로 고용노동부의 인정을 받은 교육훈련을 직접(자체훈련) 또는 훈련기관에 위탁하여 실시하는 고용보험 가입 사업주이다.
㉡ 사업주지원 훈련의 종류   2013년 3회

구분	내용
집체훈련 (집합교육)	직업훈련전용시설 및 기타 교육을 실시하기에 적합한 시설에서 실시하는 훈련
현장훈련	사업주가 1주 이상의 집체훈련방법(집합교육)으로 양성훈련을 이수한 재직근로자, 공업계 고등학교 졸업자를 대상으로 산업체의 생산시설 또는 근무장소에서 실시하는 훈련
원격훈련	인터넷원격, 우편원격, 스마트훈련 등을 근로자에게 실시하는 훈련

㉢ 사업주지원 훈련대상
ⓐ 고용보험 피보험자
ⓑ 고용보험 피보험자가 아닌 자로서 해당 사업주에게 고용된 자
ⓒ 해당 사업이나 그 사업과 관련되는 시설에서 고용하려는 자(채용예정자)
ⓓ 직업안정기관에 구직등록한 자(자체훈련만 가능)

ⓔ 사업주 직업능력개발훈련 수행기관 2025년 2회, 2020년 3·4회

수행기관	주요 수행업무
한국산업인력공단	• 훈련과정 인정 • 실시신고 접수 및 수료자 확정 • 비용신청서 접수 및 지원 • 훈련과정 모니터링
전국 고용센터	• HRD-Net 사용 인증 • 지정 훈련시설 인정·지정 • HRD-Net 회원가입 승인 • 훈련과정 지도·점검 • 행정처분, 부정수급액 반환·징수
한국고용정보원	HRD-Net 시스템 운영 및 관리
한국기술교육대학교 직업능력심사평가원	• 위탁훈련(상시심사 제외)과정 심사 • 원격훈련과정 심사 • 훈련기관(위탁훈련기관) 평가
근로복지공단	• 기업규모 결정(대규모기업, 우선지원 대상기업) • 보험료 부과(징수는 국민건강보험공단에서 담당)

② 국가인적자원개발컨소시엄 2021년 3회, 2019년 1회

㉠ 사업의 의의: 국가인적자원개발컨소시엄(CHAMP) 사업은 중소기업 재직근로자의 직업훈련 참여 확대와 신성장동력분야, 융복합분야 등의 전략산업 전문인력육성, 산업계 주도의 지역별 직업훈련기반 조성 등을 위해 복수의 중소기업과 인적자원개발컨소시엄(협약)을 구성한 기업 등에 공동훈련에 필요한 훈련 인프라와 훈련비 등을 지원하는 대한민국의 대표적인 직업능력개발훈련사업이다(www.c-hrd.net).

㉡ 사업목적: 사업주, 사업주 단체, 「고등교육법」에 따른 대학이 자체 훈련시설을 활용하여 중소기업 근로자를 대상으로 훈련을 실시할 수 있도록 훈련시설·장비, 운용비용 등을 지원함으로써 중소기업 필요 인력의 적기 공급에 따른 인력부족을 해소하고 중소기업 재직근로자의 직업훈련 기회를 확대한다.

㉢ 지원대상

ⓐ 향상과정: 중소기업(공동훈련센터와 협약을 체결한 기업) 재직자

ⓑ 채용예정자과정: 중소기업(공동훈련센터와 협약을 체결한 기업)에 취업 예정인 채용예정자

㉣ 지원내용: 훈련실시 및 장비 구축비 지원, 운영비 및 훈련 프로그램 개발비 지원, 훈련비용 환급, 훈련수당 환급(채용예정자과정에 한함)

(2) **국민내일배움카드** 2021년 2회, 2020년 3·4회

① **국민내일배움카드의 연혁**

2008년에 도입한 직업능력개발계좌제(2011년부터 '내일배움카드제' 별칭 사용)에서 분리하여 운영해 온 실업자와 재직자 내일배움카드를 통합·개편하여 '국민내일배움카드'를 2020년 1월 1일부터 도입·시행하고 있다.

② **국민내일배움카드의 기본방향**

㉠ 평생교육훈련 시대에 맞게 사각지대 없이 국민들에게 카드를 발급한다.

ⓒ 평생교육훈련 시대를 맞아 자기주도훈련 기반을 확대하여 개인의 역량을 강화하고, 보다 장기적인 안목을 가지고 훈련투자 설계가 가능하도록 카드 유효기간 및 지원금액을 상향 조정한다.
ⓒ 경제활동 상태 변동, 휴직·실업·경력단절 등의 사유가 발생하더라도 한 장의 카드로 계속 사용할 수 있도록 하여 국민의 편의를 증진하고 행정부담을 감소시킨다.
ⓔ 자부담 비율은 가급적 통일하여 부담의 형평성을 제고한다.
ⓜ 양질의 훈련과정을 제공하고 기업수요에 맞는 훈련을 설계한다.

③ 국민내일배움카드의 주요 내용
㉠ 분리 운영되었던 실업자·재직자 내일배움카드를 하나로 통합: 재직, 휴직, 실업 등 경제활동 상태에 따라 카드를 바꾸는 불편 없이 하나의 카드로 계속 이용할 수 있다.
㉡ 훈련을 희망하는 국민들은 누구나 신청 가능(일정 소득 이상인 자는 제외)
ⓐ 실업자, 재직자, 특수 고용직, 자영업자(일정 소득 이하) 등 여부에 관계없이 직업훈련이 필요하면 적극 지원함으로써 훈련의 사각지대를 없애고 평생능력개발이 요구되는 환경에 맞도록 개인 주도의 훈련을 확대한다.
ⓑ 실업, 재직, 자영업 여부에 관계없이 카드발급이 가능하지만 공무원, 사립학교 교직원, 졸업예정자 이외 재학생(3학년 미만), 연매출액 1억 5천만 원 이상의 자영업자, 월 임금 300만 원 이상인 대기업근로자(45세 미만)·특수형태근로 종사자는 제외한다.
㉢ 지원기간은 길어지고, 지원규모는 확대
ⓐ 유효기간을 '5년'(재발급 가능)으로 연장하여 정부지원 훈련비를 본인이 필요한 시기에 탄력적으로 활용할 수 있도록 한다.
ⓑ 지원한도 역시 유효기간 연장에 맞추어 '300~500만 원'으로 상향한다.
ⓒ 훈련생은 직업훈련포털(HRD-Net)을 통해 훈련 계좌잔액, 수강과정명, 유효기간 등을 실시간으로 확인할 수 있다.
㉣ 취약계층 및 특화훈련 등 지원 계속 강화
ⓐ 국민취업지원제도 I 유형 참여자 등 취약계층은 자부담을 면제한다.
ⓑ 국가기간·전략산업직종훈련 및 4차 산업혁명 양성훈련 등 정책적 지원의 필요가 큰 훈련 분야는 지원 한도에 관계없이 전액 지원한다.
㉤ 훈련과정의 질 높이기 병행
ⓐ 기업수요를 반영하여 맞춤형으로 훈련과정을 설계·운영하고 훈련심사·평가 시 산업계 참여를 강화하는 등 직업훈련이 취업에 실질적 도움이 될 수 있도록 한다.
ⓑ 역량이 검증된 기관 중심으로 기업수요를 고려한 질 높은 훈련을 제공하고, 훈련기관·협약기업이 원하는 훈련생을 선발할 수 있도록 자율권을 보장한다.
ⓒ 과정 운영 역량이 부족한 기관의 진입을 차단하고, 저성과 운영기관은 배제하며, 부정 훈련기관은 퇴출시키는 등 촘촘한 관리도 병행한다.
㉥ 자기 부담은 합리적으로 재설계
ⓐ 실업자, 재직자 등 여부에 관계없이 동일한 자부담 비율을 적용하되, 직종별 취업률을 고려하여 다르게 적용한다.
ⓑ 저소득 재직자(예 근로장려금 수급)에게는 자부담률 50%를 경감한다.

누구나 신청 가능
단, 공무원, 사학연금 대상자, 재학생, 일정 임금 이상 대규모기업 종사자, 일부 고소득 자영업자 및 특수고용형태 종사자 제외

유효기간 5년
실업, 재직, 자영업 여부 관계없이 5년간 사용 가능

훈련비 지원
취업성공 패키지 I 유형 등 저소득층 500만 원, 국가기간·전략산업직종훈련 전액 지원

개인맞춤 수강
상담절차를 거쳐 개인에 맞는 훈련을 선택 수강

HRD-Net 실시간 확인
개인의 훈련이력, 계좌잔액 등 HRD-Net을 통해 실시간 확인

자부담 비율 동일 적용
실업자, 재직자, 자영업자 자부담 비율 동일

※ 자료: 고용노동부(www.moel.go.kr)

④ **국민내일배움카드의 운영규정**   2022년 1·2회, 2021년 1회, 2020년 1·2(통합)·3·4회, 2015년 1·3회

㉠ 용어의 정의

단위기간	훈련개시일로부터 매 1개월을 단위로 하는 기간을 말한다. 이 경우 인터넷원격훈련과정은 훈련기간 전체를, 인터넷원격훈련과정이 포함된 혼합훈련과정은 인터넷원격훈련에 해당되는 부분을 하나의 단위기간으로 본다.
집체훈련	훈련을 실시하기 적합하다고 인정받은 시설에서 훈련생을 모아 놓고 실시하는 훈련을 말한다.
인터넷원격훈련	직업능력개발훈련을 실시하려는 자가 정보통신매체를 활용하여 훈련을 실시하고, 훈련생관리 등이 정보통신망으로 이루어지는 원격훈련을 말한다.
우편원격훈련	직업능력개발훈련을 실시하려는 자가 인쇄매체로 된 훈련교재를 이용하여 훈련을 실시하고, 훈련생관리 등이 정보통신망으로 이루어지는 원격훈련을 말한다.
스마트훈련	직업능력개발훈련을 실시하려는 자가 위치기반 서비스, 가상현실 등 스마트기기의 기술적 요소를 활용하거나 특성화된 교수방법을 적용하여 원격제어 등의 방법으로 훈련을 실시하고, 훈련생관리 등이 정보통신망으로 이루어지는 훈련을 말한다.
혼합훈련	집체훈련과 인터넷원격훈련을 병행하여 이루어지는 훈련을 말한다.
법정직무훈련	다른 법률이나 규정에 의해서 직무를 수행하기 위해 의무적으로 실시하는 훈련을 말한다.

㉡ **적용범위**: 이 규정은 다음 어느 하나에 해당하는 직업능력개발훈련을 실시하거나 그 비용을 지원받으려는 자에게 적용한다.
    ⓐ 국가기간·전략산업직종훈련
    ⓑ 「국민 평생 직업능력 개발법」에 따른 직업능력개발계좌제 훈련

㉢ **지원대상**: 지방고용노동서의 장은 직업훈련이 필요하다고 인정하는 경우에는 훈련비 등을 지원할 수 있는 직업능력개발 계좌를 발급할 수 있다.

ⓔ **지원제외대상** 2025년 2회, 2024년 2·3회, 2023년 3회, 2022년 2회

- 「공무원연금법」 및 「사립학교교직원 연금법」을 적용받고 현재 재직 중인 사람
- 「군인연금법」을 적용받고 현재 재직중인 사람(6개월 이내에 전역 예정인 경우 제외)
- 만 75세 이상인 사람
- 「출입국관리법」에 따른 외국인(단, 고용보험 피보험자, 난민 중 직업능력개발훈련이 필요하다고 인정하여 법무부장관이 추천한 사람, 「다문화가족지원 시행령」에 따라 직업교육·훈련을 받을 수 있는 결혼이민자 등은 제외)
- 이 법에 따른 지원·융자·수강 제한의 기간이 종료되지 않은 사람
- 「고용보험법 시행령」에 따라 부정행위에 따른 지원금 등의 반환 명령을 받고 그 납부의 의무를 이행하지 아니하는 사람
- 중앙행정기관 또는 지방자치단체로부터 훈련비를 지원받는 훈련(또는 사업)에 참여하는 사람
- 「국민기초생활 보장법」에 따라 생계급여를 수급받는 사람(단, 조건부수급자는 제외)
- 「초·중등교육법」에 따른 학교의 재학생(다만, 고등학교 3학년에 재학 중인 사람은 제외)
- 대학교의 재학생(다만, 졸업까지 남은 수업연한이 2년 이내인 사람, 원격대학에 재학 중인 사람은 제외)
- 대규모기업에 고용된 만 45세 미만인 사람으로서 최근 3개월간 월평균 임금이 300만 원 이상인 사람(단 기간제·단시간·파견·일용근로자, 직업안정기관의 장에게 취업훈련을 신청한 날부터 180일 이내에 이직 예정인 사람, 경영상의 이유로 90일 이상 무급 휴직 중인 사람, 사업주가 실시하는 직업능력개발훈련을 수강하지 못한 기간이 3년 이상인 사람, 육아휴직 중인 사람은 제외)
- 사업자 또는 영리를 목적으로 자기의 계산과 책임하에 근로를 제공하는 사람으로서 최근 3개월간 월평균 소득이 500만 원 이상인 사람
- 사업자등록증을 발급받은 사람으로서 사업 기간이 1년 미만이거나, 최근 1년간 매출과세표준(수입금액)이 4억 원 이상인 사람
- 사업자등록증을 발급받은 법인의 대표자로서 사업기간이 1년 미만이거나, 최근 1년간 월평균 소득이 300만 원 이상인 사람
- 「소득세법」에 따라 고유번호를 부여받은 단체의 대표로서 최근 1년간 월평균 소득이 300만 원 이상인 사람
- 기타 직업훈련의 필요성이 인정되지 않는 사람

ⓜ **계좌의 지원한도 및 유효기간**

ⓐ 발급받은 계좌의 1인당 지원한도(계좌한도)는 300만 원으로 정한다.

ⓑ 다음의 어느 하나에 해당하는 경우에는 200만 원을 ⓐ에 따른 계좌한도에 추가하여 지원할 수 있다. 이 경우 계좌의 총한도는 500만 원을 초과할 수 없다.

구분	추가액
1. 기간제, 파견·단시간·일용근로자로 재직 중인 피보험자	200만 원
2. 고용위기지역 및 고용위기 선제대응지역 지원 대상자	
3. 특별고용지원업종 종사자	
4. 출소(예정)자 등	
5. 기초생활수급자 및 차상위 계층	
6. 장애인	
7. 「아동복지법」에 따른 보호종료아동 중 34세 이하자(자립준비청년)	
8. 한부모가족 해당자	
9. 북한이탈주민	
10. 아프간 특별기여자	
11. 「청소년복지 지원법」에 따른 가정밖 청소년	

ⓒ ⓑ에도 불구하고 지방고용노동관서의 장은 K-디지털 기초역량훈련(K-디지털 크레딧)에 참여하려는 사람에게 1회에 한하여 50만 원을 추가 지원할 수 있다.

ⓓ 발급받은 계좌의 유효기간은 계좌발급일로부터 5년으로 한다. 유효기간이 만료되는 경우 그 계좌의 잔액은 소멸한다.

ⓗ **국민내일배움카드의 차감액**   2025년 3회, 2022년 3회

질병·사고, 훈련기관 사정, 천재지변 등 불가피한 사유 없이 중도에 훈련 수강을 그만 둔 경우가 1회이면 20만 원, 2회이면 50만 원, 3회 이상이면 100만 원을 계좌잔액에서 차감한다.

Ⓐ **내일배움카드 훈련과정의 요건**

훈련비 지원이 가능한 내일배움카드 훈련과정	ⓐ 국가기간·전략산업직종 훈련과정 ⓑ 일반계좌제 훈련과정(단, 요양보호사 양성과정, 아이돌봄인력 양성과정은 제외) ⓒ 법정직무훈련과정(단, 사업주에게 의무가 지워지는 공통 법정직무훈련 등은 제외) ⓓ 외국어 훈련과정 ⓔ 일반고 특화과정, 과정평가형 자격과정, 디지털 신기술 핵심 실무인재 양성훈련(K-디지털 트레이닝), 디지털 기초역량 훈련과정(K-디지털 크레딧) 및 플랫폼 종사자 특화훈련

Ⓞ **내일배움카드 훈련과정으로 인정받을 수 없는 경우**   2014년 3회

ⓐ 세미나, 심포지엄 등 단순한 정보교류나 시사 및 일반상식 등 교양의 습득을 주된 목적으로 하는 과정
ⓑ 직무에 필요한 지식 및 기술·기능과 직접 관련이 없는 취미활동, 오락 및 스포츠 등을 목적으로 하는 과정
ⓒ 전문대학 이상의 교육기관에서 학위를 부여할 목적으로 개설되어 있는 정규교육과정
ⓓ 훈련수료 후 창업이나 취업 시 「의료법」 등 관련 법 위반의 우려가 있는 과정
ⓔ 변호사·변리사·공인중개사·공인노무사 등의 자격시험 및 공무원 공채시험과 관련된 과정 등 지원의 필요성이 적은 과정
ⓕ 다른 법령에 따라 중앙행정기관 등 공공기관에서 지원을 받는 훈련과정
ⓖ 근로자의 직무와 관계없이 다른 법령에서 정한 바에 따라 사업주가 자신이 사용하는 모든 근로자를 대상으로 하는 훈련과정(원격훈련 포함). 다만, 근로자가 이·전직을 위해 자격취득에 필요한 훈련과정은 제외
ⓗ 그 밖에 지원의 필요성이 적다고 판단한 과정

(3) **직업능력개발훈련의 종류 및 실시방법**   2015년 3회

① 훈련의 목적에 따른 구분   2017년 1회

양성훈련	근로자에게 직업에 필요한 기초적 직무수행능력을 습득시키기 위하여 실시하는 직업능력개발훈련
향상훈련	양성훈련을 받은 자 또는 직업에 필요한 기초적 직무수행능력을 가지고 있는 자에게 더 높은 직무수행능력을 습득시키거나 기술발전에 대응하여 지식·기능을 보충하기 위하여 실시하는 직업능력개발훈련
전직훈련	근로자에게 종전의 직업과 유사하거나 새로운 직업에 필요한 직무수행능력을 습득시키기 위하여 실시하는 직업능력개발훈련으로 재취업을 시키려고 실시하는 훈련

② 훈련의 방법에 따른 구분

집체훈련	직업능력개발훈련을 실시하기 위하여 설치한 훈련전용시설, 그 밖에 훈련을 실시하기에 적합한 시설(산업체의 생산시설 및 근무장소는 제외)에서 실시하는 방법
현장훈련	산업체의 생산시설 또는 근무장소에서 실시하는 방법
원격훈련	인터넷원격, 우편원격, 스마트훈련 등을 이용하여 먼 곳에 있는 근로자에게 실시하는 방법

UNIT 3 고용24(구 워크넷)의 이해

1 고용24(구 워크넷)의 의의와 연혁

(1) 고용24의 의의

① 고용24의 정의

2019년 1회, 2018년 1회

㉠ 고용24는 고용노동부 산하의 한국고용정보원에서 운영하는 고용안정 정보망(www.work24.go.kr)이다.

㉡ 고용24는 신뢰할 수 있는 구직·구인정보와 직업·진로정보를 서비스하여 노동시장 정보부족으로 인한 마찰적 실업을 최소화하기 위하여 구축된 대한민국 공공 취업포털이다.

㉢ 정부 3.0 공공데이터 개방과 관련하여 Open API 제공과 지역워크넷, 정부지원 일자리, 시간선택제, 강소기업 등 다양한 서비스를 마련하였으며, 모바일 서비스를 제공하여 PC 외에도 스마트폰, 태블릿 PC 등을 이용하여 언제 어디서나 워크넷 서비스를 이용할 수 있다.

㉣ 2024년「고용24」(www.work24.go.kr) 서비스가 개시됨에 따라 그동안 워크넷 홈페이지, 고용24 홈페이지에서 제공 중인 구직신청 민원신청 서비스는 2024년 8월 21일 부터 고용24 홈페이지를 통해서만 이용 가능하다.

② 고용24의 특징

2021년 3회, 2019년 1회, 2016년 3회

㉠ 고용24-공공·민간 일자리 정보 통합서비스(잡코리아, 사람인, 커리어, 서울시, 경기도, 인천시)
㉡ 구직자의 온라인 입사지원과 구인기업의 효율적인 인재채용을 위한 온라인 e-채용마당 서비스
㉢ 웹상에 흩어져 있는 일자리 정보를 한곳에 웹사이트 수집 채용정보
㉣ 청년 취업준비생과 경쟁력 있는 중소기업을 위한 청년채용 서비스
㉤ 직업심리검사, 직업정보검색, 진로상담 등 다양한 직업·진로 서비스
㉥ 취업취약계층을 위한 여성, 장년, 장애인, 청년층 우대 채용정보 검색 서비스
㉦ 메일이나 휴대전화 문자메시지(SMS)로 구인기업은 입사제안, 구직자는 입사지원 서비스
㉧ 언제 어디서나 손쉽게 이용할 수 있는 모바일 서비스(모바일 웹, 안드로이드, 아이폰, 아이패드)

(2) **고용24의 주요 서비스**
① 일반국민 대상 서비스(인터넷 시스템)
  ㉠ 인터넷 시스템(고용24)은 개인구직자에게 지역별, 역세권별, 직종별, 기업형태별 등 다양한 일자리정보를 비롯하여 온라인 구직신청, 이메일 입사지원, 맞춤정보 서비스, 구직활동 내역 조회·출력, 메일링 서비스 등의 취업지원 서비스를 제공한다.
  ㉡ 구인기업에는 지역별, 직종별, 전공계열별 등 다양한 인재정보를 비롯하여 온라인 구인신청, 인재정보관리, 맞춤정보 서비스, 찜하기, e-채용마당 등의 채용지원 서비스를 제공한다.
  ㉢ 그 밖에 직업심리검사, 나에게 적합한 직업찾기, 자료탐색, 취업가이드, 직업지도 프로그램, 사이버직업상담, 직무분석자료 등 직업정보 서비스와 Job Map, 일자리·인재동향, 통계간행물·연구자료 등의 고용동향 서비스를 제공한다.
② 직업상담원 등을 위한 서비스(인트라넷 시스템)   2021년 3회
  ㉠ 고용센터 상담원 및 지자체 공무원 등에게 구인신청 또는 구직신청을 통한 구인자와 구직자 사이의 고용계약의 성립 등 취업알선업무와 구인구직통계, SMS·FAX, 모니터링 업무를 지원해 주는 취업알선 서비스를 제공한다.
  ㉡ 청년강소기업체험, 청년인턴, 취업성공패키지, 취업지원 민간위탁 등 취업지원사업에 대한 행정지원 서비스를 제공한다.
  ㉢ 고용센터에서 실시하고 있는 성취 프로그램, 청년층 직업지도 프로그램, 취업희망 프로그램 등 다양한 집단상담 프로그램에 대한 서비스를 제공한다.

2 고용24 한국직업정보시스템

(1) **채용정보**
① 채용정보의 주요 메뉴
  ㉠ 공채기업관 및 공공기관, 강소기업 및 청년친화강소기업과 중견기업, 4차 산업혁명 채용관, 정부지원 일자리, 시간선택제 일자리 등으로 구분하여 채용정보를 제공하고 있다.
  ㉡ 4차 산업혁명 채용관에서는 사물인터넷(IoT), 인공지능(AI), 빅데이터, 가상·증강현실(VR·AR), 생명과학, 정보보호, 로봇공학, 자율주행, 스마트팜, 환경공학, 스마트헬스케어, 3D 프린팅, 드론, 소프트웨어, 신·재생에너지 등 15개 분야에 대한 채용정보를 구분하여 제공한다.
  ㉢ 기타 대체인력 일자리, e-채용마당, 청년내일채움공제, 국민취업지원제도 및 일경험 프로그램 등에 관한 정보를 제공하고 있다.
② 채용정보의 주요 분류   2024년 3회, 2023년 3회, 2022년 2회, 2021년 3회
  ㉠ 채용정보의 테마별 채용관에서는 기업의 유형을 정부인증기업, 든든한 복지, 경험·경력별, 직종·직군별, 지역별 추천, 사회 기여형 및 공공·참여형 등으로 구분하고 각 테마에 맞는 채용정보를 제공하고 있다.
  ㉡ 이와 함께 17개 근무희망지역별, 역세권별 그리고 10개 직종별로 키워드 입력을 통해 원하는 일자리 조건(근무지역, 직종, 희망임금, 학력, 경력, 우대조건 등)을 선택하여 검색할 수 있도록 서비스를 제공하고 있다.

③ **기업형태별 채용정보** <small>2025년 1·3회, 2024년 1회, 2023년 1회, 2022년 1·3회, 2021년 2·3회, 2019년 1회, 2018년 2회, 2016년 1회, 2015년 1회, 2014년 2회, 2013년 3회, 2011년 2회</small>

㉠ 기업형태를 강소기업, 청년친화강소기업, 대기업, 중견기업, 공무원·공기업·공공기관, 코스피·코스닥, 외국계기업, 벤처기업, 일학습병행기업, 가족친화인증기업 등으로 구분하여 원하는 채용정보를 검색할 수 있도록 서비스를 제공하고 있다.

㉡ 강소기업은 중앙정부와 자치단체, 공공기관, 민간부분에서 선정된 우수기업을 대상으로 일자리 친화, 기술력 우수, 글로벌 역량, 사회적 가치, 지역선도기업, 재무건전성 등을 기준으로 최종적으로 선정된 작지만 강한 경쟁력을 가진 우수기업이다.

④ **입력정보** <small>2024년 1·3회, 2023년 3회, 2022년 2회, 2019년 2회, 2017년 1·3회, 2016년 2회, 2015년 1회, 2014년 1회</small>

㉠ 고용24의 채용정보의 검색조건은 근무지역, 직종, 고용형태, 희망임금(연봉, 월급, 일급, 시급), 경력(관계없음, 신입, 경력) 및 학력(무관, 중졸 이하, 고졸, 대졸 2~3년, 대졸 4년, 석사, 박사), 우대조건(청년층, 장년, 여성), 장애인 희망채용 등이다.

㉡ 이와 함께 기업형태(10개), 근무형태, 교대근무 여부, 식사제공, 복리후생(통근버스, 기숙사, 교육비 지원, 주택자금 지원, 자녀학자금지원 등), 채용구분(상용직, 일용직) 등의 조건을 입력하여 채용정보를 검색할 수 있다.

㉢ 현재 「고용상 연령차별금지 및 고령자고용촉진에 관한 법률」이 시행됨에 따라 채용정보에서 연령은 삭제되었다.

㉣ 고용24 입사지원이 가능한 채용정보를 검색할 수 있고, 최대 10개의 직종선택이 가능하다.

⑤ **우대 채용정보** <small>2021년 3회, 2018년 3회</small>

청년, 장년, 여성, 장애인 우대 채용정보 메뉴를 별도로 개설하여 검색할 수 있도록 서비스를 제공하고 있다.

(2) **인재정보** <small>2021년 3회, 2019년 1회, 2018년 1회, 2014년 1회</small>

① 희망직종, 희망근무지역, 희망임금, 학력, 전공, 경력, 성별, 연령(최저와 최고)을 입력하여 인재정보를 검색할 수 있도록 서비스를 제공하고 있다.

② 10개 직종별, 17개 근무희망지역별, 7개 전공계열별로 인재정보를 검색할 수 있다. 이와 함께 자격증별, 석·박사 인재정보, 해외취업희망인재, 취업희망풀 등을 제공하고 있다.

③ 고용24 기업회원은 워크넷에서 인재정보를 검색하고 기업에 알맞은 인재채용을 위해 온라인상으로 구인신청서를 작성한다.

④ 구인신청 후 고용센터 담당자의 인증을 받은 구인신청서는 고용24 채용정보에 공개된다. 고용센터를 방문하여 구인신청서를 작성하는 것이 아니다.

(3) **직업정보 찾기**

① **키워드 검색** <small>2021년 2회, 2020년 1·2(통합)회, 2019년 2회, 2017년 2회, 2013년 1·2회, 2012년 1·2회</small>

교육, 의료, 방송, 마케팅, 과학기술 등 키워드를 입력하여 원하는 직종을 찾을 수 있다.

② **조건별(평균연봉, 직업전망) 검색**

조건별 검색에서 평균연봉은 3,000만 원 미만, 3,000~4,000만 원 미만, 4,000~5,000만 원 미만, 5,000만 원 이상으로 구분하고 있다. 직업전망은 매우 밝음(상위 10% 이상), 밝음(상위 20% 이상), 보통(중간 이상), 전망 안 좋음(감소예상직업)으로 구분하고 있다.

③ 직업정보 찾기

분류별 찾기(10개 분야별 분류), 지식별 찾기, 업무수행능력별 찾기, 통합 찾기(지식, 업무수행능력, 흥미, 환경), 신직업·창직 찾기, 대상별 찾기(청소년, 인문계 대졸 청년, 3050여성, 중·장년 등), 이색직업별 찾기, 테마별 찾기(20가지 테마) 등을 통해 자신의 특성에 맞는 직업정보를 찾을 수 있다.

(4) 학과정보(고용24)

① 학과정보의 검색방법 2021년 3회, 2020년 1·2(통합)회, 2018년 3회, 2014년 1회, 2013년 3회, 2012년 3회

㉠ 한국직업정보시스템에서 제공하는 학과정보는 모든 학과를 7개 계열로 구분하여 각 계열에 속하는 학과정보를 제공한다. 7개 계열은 인문계열, 사회계열, 교육계열, 자연계열, 공학계열, 의약계열, 예체능계열로 한국교육개발원의 분류에 따른 것이다.

㉡ 한국직업정보시스템에서 제공하는 학과정보 검색은 키워드로 학과 찾기, 계열별 검색(7개 계열)의 방법으로 할 수 있다.

㉢ 학과정보는 학과소개(개요, 적성 및 흥미), 관련학과·교과목(관련학과, 주요 교과목, 취득자격·면허), 개설대학, 진출분야, 취업현황으로 구성되어 있다.

㉣ 취업현황에서 취업률은 한국교육개발원 교육통계 DB(2019년 4월)를 참조하여 졸업자 중 진학자와 입대자 및 외국인 등을 뺀 인원수에서 차지하는 취업자의 비율을 계산한 것으로 대학과 전문대학으로 구분하여 제시하고 있다. 그리고 학과별 취득자격은 국가자격과 민간자격으로 구분하여 정보를 제공한다.

② 계열구분에서 유의할 점 2012년 1회

㉠ 공학계열은 대부분 ○○공학과라는 명칭으로 되어 있지만 건축학과, 건축설비학과, 조경학과도 공학계열에 포함시키고 있다.

㉡ 한편, 식품공학과, 임산공학과, 생명공학과, 바이오산업공학과, 동물생명공학과 등은 ○○공학과라는 명칭으로 되어 있지만 자연계열로 분류된다.

㉢ 수의예과는 자연계열로 분류한다.

③ 학과의 계열별 분류 2025년 1·2·3회, 2024년 1·3회, 2023년 3회, 2022년 1·2·3회, 2021년 2회,, 2020년 1·2(통합)·3·4회, 2019년 1회, 2018년 3회, 2016년 2·3회, 2011년 2회

계열	학과
인문계열	언어학과, 국어국문학과, 문예창작학과, 문헌정보학과, 문화인류학과, 미술사학과, 문화재학과, 사학과, 고고학과, 종교학과, 불교학과, 신학과, 철학과, 윤리학과, 국제지역학과, 일본학과, 심리학과 등
사회계열	경영학과, 경제학과, 법학과, 사회복지학과, 아동·청소년·노인복지학과, 국제관계학과, 도시계획학과, 사회학과, 언론정보학과, 정치외교학과, 행정학과, 비서학과, 지리학과 등
교육계열	교육학과, 교육공학과, 교육심리학과, 유아교육학과, 보육학과, 초등교육과, 특수교육과, 국어교육과 등
자연계열	수학과, 통계학과, 지적학과, 생명공학과, 의생명과학과, 수의학과, 농학과, 축산학과, 동물생명공학과, 임산공학과, 원예학과, 아동가족학과, 소비자·주거학과, 식품영양학과, 식품공학과, 의류·의상학과, 바이오산업공학과 등
공학계열	건축학과, 건축공학과, 조경학과, 도시공학과, 섬유공학과, 컴퓨터공학과, 소프트웨어공학과, 정보통신공학과, 산업공학과, 화학공학과, 환경(공)학과, 항공우주공학과, 해양공학과 등
의약계열	의학과, 치의학과, 한의학과, 간호학과, 약학과, 재활학과, 물리치료학과, 의료공학과, 임상병리(학)과, 방사선과, 응급구조과, 치기공과 등

예체능계열	산업디자인학과, 패션디자인학과, 공예학과, 도예학과, 사진학과, 애니메이션학과, 방송영상학과, 연극영화학과, 체육학과, 경호학과, 회화과, 조소과, 기악과, 뷰티아트과 등

(5) 고용24 고용복지정책
2025년 2회, 2024년 1회, 2022년 3회

① 국민취업지원제도의 의의

㉠ 국민취업지원제도는 취업을 원하는 사람에게 취업지원서비스를 종합적으로 제공하고, 저소득 구직자에게는 생계를 위한 최소한의 소득도 지원한다.

㉡ 국민취업지원제도 참여 자격요건을 갖춘 사람에게 고용복지플러스센터에서 관련 취업지원서비스와 수당(비용)을 지원한다.

② **지원대상**: 참여자의 소득과 재산 등에 따라 I유형과 II유형 두 가지 지원유형으로 구분하여 지원한다.

I유형	II유형
• 요건심사형: 15~69세 구직자 중 가구단위 중위소득 60% 이하이고 재산 4억 원(18~34세 청년은 5억 원) 이하이면서, 최근 2년 안에 100일 또는 800시간 이상의 취업경험이 있는 사람 • 선발형: 요건심사형 중 취업경험요건을 충족하지 못한 사람(단, 18~34세의 청년은 가구단위 중위소득 120% 이하이고 재산 5억 원 이하이면서, 취업경험 무관)	• 특정계층: 기초생활수급자, 북한이탈주민, 결혼이민자, 위기청소년, 월 소득 250만 원 미만인 특수형태근로종사자, 영세 자영업자 등 • 청년: 18세~34세 구직자 • 중장년: 35~69세 구직자 중 중위소득 100% 이하인 사람
구직촉진수당(50만 원×6개월) 및 취업지원서비스 제공	취업활동비용 및 취업지원서비스 제공 * 소득, 재산, 취업경험 모두 무관

더 알아보기 국민취업지원제도 I유형에 참여할 수 없는 대상

- 근로능력, 취업 및 구직의사가 없는 사람
- 상급학교 진학 및 전문자격증 취득을 목적으로 각종 학교에 재학 또는 학원 등에서 수강 중인 사람
- 군 복무 등으로 즉시 취업이 어려운 사람(단, 2개월 이내 전역예정인자 제외)
- 국민기초생활보장법 생계급여 수급자(단, II유형에는 참여할 수 있음)
- 실업급여를 받고 있거나 수급 종료 후 6개월이 지나지 않은 사람
- 국가 또는 지방자치단체가 구직활동에 필요한 비용을 지원하는 수당이 월 평균 지원금액 50만 원 이상이거나 총 지원액 총 지원액 300만 원 이상인 사업에 참여중이거나 수급 종료 후 6개월이 지나지 않은 사람
- 정부 재정지원 직접일자리에 참여하고 있거나 참여 종료 후 6개월이 지나지 않은 사람
- 신청인 본인의 월평균 총소득이 1인 가구 기준 중위소득의 60%(2022년 1,166,887원)를 넘는 사람
- 매월 정기적으로 구직촉진수당 수급액(50만 원) 이상 소득(근로, 사업, 재산, 이전)이 발생하는 자는 I유형 수급자격이 인정되더라도 구직촉진수당을 지급받을 수 없음

3 고용24(구 워크넷) 직업심리검사

(1) 직업심리검사

① 직업심리검사의 종류

㉠ 한국고용정보원 직업심리검사는 개인의 능력과 흥미, 성격 등의 심리적인 특성들이 각 직업에서 요구하는 능력수준 및 특성에 얼마나 적합한지를 과학적인 방법으로 측정하여 보다 성공 가능성이 높고 만족할 만한 직업들을 탐색할 수 있게 해 준다.

ⓒ 한국고용정보원 직업심리검사는 청소년(8종)과 성인(11종), 공통(3종)을 대상으로 총 22종의 검사가 있어 자신에게 필요한 검사를 받을 수 있다.
ⓒ 청소년의 경우 청소년 직업흥미검사, 고등학생 적성검사 및 직업가치관검사 등이 있다. 성인의 경우 직업선호도검사(L형, S형), 구직준비도검사, 창업적성검사, 직업가치관검사 등을 제공하고 있다.

② 직업심리검사의 방법   2017년 2회
ⓐ 검사는 온라인검사와 지필검사로 모두 받을 수 있으며, 단체검사도 실시할 수 있다. 워크넷을 통한 온라인검사는 검사실시 후 결과표를 즉시 확인할 수 있다. 지필검사는 가까운 고용노동부 고용센터에서 무료로 실시하고 있다.
ⓑ 워크넷의 청소년 대상 직업심리검사 7가지 중 대학 전공(학과) 흥미검사는 인터넷으로만 실시할 수 있고, 나머지는 인터넷과 지필검사 모두 가능하다.

③ 성인용 직업적성검사
ⓐ 만 18세 이상을 대상으로 직업선택 시 중요한 능력과 적성을 토대로 적합한 직업을 선택할 수 있도록 도와주기 위한 검사이다.
ⓑ 인터넷과 지필검사 모두 가능하고, 약 80분이 소요되며, 직업적성을 종합적으로 판단하는 능력검사로 구성되어 있다.
ⓒ 적성요인과 하위검사   2022년 2회, 2014년 3회

적성 요인	의미	하위검사
언어력	일상생활에서 사용되는 다양한 단어의 의미를 정확히 알고 글로 표현된 문장들의 내용을 올바르게 파악하는 능력	어휘력, 문장독해력
수리력	사칙연산을 이용하여 수리적 문제들을 풀어 내고 일상생활에서 접하는 통계적 자료(표와 그래프)들의 의미를 정확하게 해석하는 능력	계산력, 자료해석력
추리력	주어진 정보를 종합해서 이들 간의 관계를 논리적으로 추론해 내는 능력	수열추리Ⅰ, 수열추리Ⅱ, 도형추리
공간지각력	물체를 회전시키거나 배열했을 때, 변화된 모습을 머릿속에 그릴 수 있으며, 공간 속에서 위치나 방향을 정확히 파악하는 능력	조각맞추기, 그림맞추기
사물지각력	서로 다른 사물들 간의 유사점이나 차이점을 빠르고 정확하게 지각하는 능력	지각속도
상황판단력	실생활에서 자주 당면하는 문제나 갈등 상황에서 문제를 해결하기 위한 여러 가지 가능한 방법들 중 보다 바람직한 대안을 판단하는 능력	상황판단력
기계능력	기계의 작동원리나 사물의 운동원리를 정확히 이해하는 능력	기계능력
집중력	작업을 방해하는 자극이 존재함에도 불구하고 정신을 한곳에 집중하여 지속적으로 문제를 해결할 수 있는 능력	집중력
색체지각력	서로 다른 두 가지 색을 혼합하였을 때의 색을 유추할 수 있는 능력	색혼합, 색구분
문제해결능력	문제 및 장애요소를 해결하기 위해 논리적 사고와 올바른 의사결정 과정을 통해 구체적인 행동으로 연계할 수 있는 해결방안을 찾아내는 능력	문제해결능력
사고유창력	주어진 상황에서 짧은 시간 내에 서로 다른 많은 아이디어를 개발해 내는 능력	사고유창력

(2) 직업선호도검사

① 직업선호도검사의 유형 _{2022년 1회, 2020년 1·2(통합)회, 2018년 1·3회, 2015년 3회, 2014년 1·2회, 2013년 2회}

㉠ 직업선호도검사는 L형(60분)과 S형(25분) 두 가지 유형이 있다. 이 중 L형은 흥미검사, 성격검사, 생활사검사로 구성되어 있고 S형은 흥미검사만으로 이루어져 있다. 직업선호도검사 L형과 S형의 공통적인 하위검사는 흥미검사이다.

㉡ 직업선호도검사 S형은 만 18세 이상을 대상으로, 성인이 좋아하는 활동, 관심 있는 직업, 선호분야 선택을 파악하기 위한 검사이다. 하위검사인 흥미검사를 통해 홀랜드가 제시하는 현실형(R), 탐구형(I), 예술형(A), 사회형(S), 진취형(E), 관습형(C) 등 6가지 측정요인을 확인하게 된다.

② 청소년 직업흥미검사 _{2021년 1회, 2017년 3회, 2015년 2회, 2013년 1회}

㉠ 청소년 직업흥미검사는 청소년들이 자신의 직업적 흥미를 발견하고 이를 토대로 효율적인 진로, 직업설계를 할 수 있도록 개인의 직업흥미에 적합한 직업과 학과에 관한 정보를 제공해 주는 검사이다.

㉡ 6개의 일반흥미유형(현실형, 탐구형, 예술형, 사회형, 진취형, 관습형)과 14개 기초흥미분야를 측정하여 흥미유형에 적합한 학과와 직업을 추천해 준다.

㉢ 청소년 직업흥미검사의 하위척도는 활동, 자신감, 직업 등 3가지이다.

(3) 성인을 위한 직업적응검사

① 성인을 위한 직업적응검사의 종류 _{2025년 2회}

직업심리검사 중 성인을 위한 직업적응검사는 구직준비도검사, 창업적성검사, 직업전환검사, 이주민 취업준비도검사 및 중장년 직업역량검사 등 5개 검사로 구성되어 있다.

② 창업적성검사 _{2025년 2·3회, 2024년 1회, 2022년 3회, 2020년 3회}

㉠ 만18세 이상 직장 창업희망자를 대상으로 창업소질이 있는지를 진단해주고, 가장 적합한 업종이 무엇인지 추천해주는 검사로, 20분 정도 소요되며 인터넷과 지필검사 모두 가능하다.

㉡ 창업적성검사는 문제해결, 사업지향성, 효율적 처리, 주도성, 자신감, 목표설정, 설득력, 대인관계, 자기개발노력, 책임감수, 업무완결성 및 성실성 등 12개 요인을 측정한다.

4 기타 고용정보망

(1) Job Map _{2018년 2회, 2017년 1회, 2016년 3회, 2013년 2·3회, 2012년 3회}

① Job Map의 의의

워크넷(직업·진로)의 2013~2014 Job Map은 통계청에서 실시한 「2013 하반기 지역별고용조사」 결과를 바탕으로 재구성된 자료로서 228개 산업(KSIC 소분류)과 426개 직업별(KECO 세분류) 월평균소득과 소득중위값, 종사자 수(해당 직업/전체), 여성비율, 근속연수 등 노동시장 정보를 제공하고 있다.

② Job Map의 구성

Job Map은 직업명 검색, 산업분류별 검색 및 잡맵관련 자료 등으로 구성되어 있어 직업과 산업 대분류에서 시작하여 단계적으로 검색할 수 있도록 하고 있다.

(2) 기타 직업관련 정보망 2019년 2회(종합), 2015년 1회, 2012년 1회

① **직업훈련포털(HRD-Net)** 2019년 2회, 2018년 3회, 2017년 2회, 2016년 3회, 2015년 1회, 2012년 1회

한국고용정보원이 운영하는 직업훈련포털(hrd.go.kr)은 직업능력개발관련 훈련기관·훈련과정 정보를 수집·가공하여 국민에게 제공하고 구직자의 취업능력 제고와 근로자의 능력개발 향상을 위하여 e-learning 등 무료학습 콘텐츠를 제공하고 있다.

② **월드잡플러스(WORLDJOB+)** 2016년 2회

㉠ 한국산업인력공단이 1998년부터 제공해 오던 해외취업정보 제공 사이트였던 월드잡(WORLD JOB)을 2015년 5월부터 해외통합정보망 월드잡플러스(worldjob.or.kr)로 개편하여, 청년 해외진출의 효과적인 지원을 위한 통합정보 제공 서비스 기반을 구축하였다.

㉡ 월드잡플러스는 각 부처·기관별로 분산된 14개 기관의 사업을 통합하고 8개 기관과 연계해 총 22개 기관의 27개 해외진출관련 사업정보를 제공하고 있다.

㉢ 해외취업·연수·인턴·봉사·창업 등의 정보를 확인할 수 있고, 국가별 공고 현황도 게시해 확인 후 바로 지원할 수 있다. 이와 함께 청년들의 해외진출을 위해 정부가 수행하고 있는 케이무브(K-Move) 사업을 통해 온·오프라인 서비스를 통합하는 가교역할을 하고 있다.

③ **평생학습계좌제(www.all.go.kr)** 2021년 2회, 2019년 2회, 2012년 1회

㉠ 교육부 국가평생교육진흥원이 운영하는 것으로, 「평생교육법」에 근거하여 개인의 다양한 학습경험을 학습계좌(온라인 학습이력관리시스템)에 기록·누적하여 체계적인 학습설계를 지원하고 학습결과를 학력이나 자격인정과 연계하거나 고용정보로 활용할 수 있게 하는 제도이다.

㉡ 이 제도는 전 국민을 대상으로 하여 원하는 경우 누구나 계좌를 개설할 수 있다.

㉢ 계좌개설은 온라인 신청, 방문 신청, 대리 신청 모두 가능하다. 방문 신청의 경우 평생교육진흥원을 방문하여 개설한다.

④ **외국인 고용관리 시스템(EPS; Employment Permit System)** 2019년 2회

한국고용정보원이 운영하는 외국인 고용관리 시스템(eps.go.kr)은 국내인력을 구하지 못한 기업에 적정규모의 외국인근로자를 합법적으로 고용할 수 있도록 허가해 주는 제도이다.

5 고용24 구인·구직 통계자료 및 통계간행물

(1) 고용24 구인·구직 통계의 의미 2019년 1회, 2017년 1회, 2015년 2회, 2014년 1회, 2013년 2회, 2012년 1·2회

① **신규구인인원**: 해당 기간 동안 워크넷을 통해(또는 고용센터를 통해) 구인신청한 일자리 수(모집인원수)를 말한다.

② **유효구인인원**: 워크넷을 통하여 구인신청한 일자리 수(모집인원수) 중 해당 기간 말 현재 알선 가능한 일자리 수를 말한다. 신청취소, 자체충족, 신청기간만료(신청일로부터 60일 경과) 등으로 마감처리된 일자리와 채용된 일자리들을 제외한 것으로, 실제 취업 알선이 가능한 일자리 수를 말한다.

③ **신규구직건수**: 해당 기간 동안 워크넷을 통해 구직신청을 한 인원수의 합(구직건수)을 말한다.

④ **유효구직건수**: 워크넷을 통하여 구직신청한 일자리 수 중 해당 기간 말 현재 알선 가능한 인원수의 합을 말한다. 신청취소, 본인취업, 신청기간만료(신청일로부터 90일 경과) 등으로 마감처리된 자와 취업된 자를 제외한 실제 취업 알선이 가능한 구직건수를 말한다.

⑤ **알선건수**: 워크넷을 통하여 해당 기간 동안 알선처리한 건수의 합을 말한다.

⑥ 취업건수: 해당 기간 동안 워크넷을 통해 취업으로 결과처리된 건수의 합을 말한다.
⑦ 구인배율(구인배수): 신규구인인원을 신규구직건수로 나눈 값이다. 구인배율이 1이면 기업이 필요로 하는 구인인원과 취업을 원하는 구직건수가 같다는 것이다. 그러므로 구인배율이 1 이하로 떨어질수록 일자리 구하기가 어려워진다는 것을 의미한다.

$$구인배율 = \frac{신규구인인원}{신규구직건수}$$

⑧ 구직배율(구직배수): 신규구직건수를 신규구인인원으로 나눈 값으로, 구인배율과는 반대되는 개념이다. 구직배율이 1보다 크면 클수록 일자리를 구하기가 어려워진다는 것을 의미하므로 일자리경쟁배수라고도 한다.

$$구직배율 = \frac{신규구직건수}{신규구인인원}$$

⑨ 유효구인배율(유효구인배수): 유효구인인원을 유효구직자 수로 나눈 값으로, 1보다 작을수록 일자리 구하기가 어렵다는 것을 의미한다.

$$유효구인배율 = \frac{유효구인인원}{유효구직자 수}$$

⑩ 취업률(%): 취업률은 신규구직건에 대한 취업자 수의 비율을 백분율(%)로 나타낸 것이다.

$$취업률 = \frac{취업자 수}{신규구직건수} \times 100$$

⑪ 충족률(%): 이는 기업이 필요로 하는 인력을 얼마나 충원했는가를 나타내는 것으로, 구인인원(구인 수)에 대한 취업자 수의 비율을 백분율(%)로 나타낸 것이다.

$$충족률 = \frac{취업자 수}{신규구인인원} \times 100$$

⑫ 알선율(%): 알선율은 신규구직건수에 대한 알선건수의 비율을 백분율(%)로 나타낸 것이다. 알선율이 높으면 적중률(한 번 알선으로 취업이 되면 적중률은 100%이다)이 낮아지는 경향이 있다. 반면, 알선율이 낮으면 알선할 기업이 별로 없다는 것을 의미한다.

$$알선율 = \frac{알선건수}{신규구직건수} \times 100$$

⑬ 제시임금과 요구임금: 제시임금(offer wage)은 구인기업이 구직자에게 제시하는 임금을 말하고, 보상요구임금(의중임금, 유보임금)은 구직자가 구인기업에 요구하는 임금을 말한다.
⑭ 의중임금 충족률: 의중임금에 대한 제시임금의 비율을 의미하는 것으로, 이 비율이 낮을수록 구인기업과 구직자 간의 임금에 관한 견해차이가 크기 때문에 구직자의 취업이 어려워진다.

(2) 고용24 구인·구직 통계간행물
2015년 3회

① 고용24 구인·구직 및 취업동향
2019년 3회, 2016년 2회

㉠ 공공고용안정기관의 취업지원 서비스를 통해 산출되는 구인·구직통계를 제공하여, 취업지원사업 등의 국가고용정책사업 수행을 위한 기초자료를 제공하는 데 목적이 있다.

㉡ 수록된 통계는 전국 고용센터, 한국산업인력공단, 시·군·구 등에서 입력한 자료를 고용24 구인·구직 DB로 집계한 것이다.

㉢ 통계표에 수록된 단위가 반올림되어 표기되어 전체 수치와 표 내의 합계가 일치하지 않을 수 있다. 고용24 구인·구직 및 취업동향은 고용24를 이용한 구인·구직자들만을 대상으로 하므로 통계자료가 노동시장 전체의 수급상황과 정확히 일치하는 것은 아니다.

② 고용보험통계
고용보험제도의 적용 및 사업추진현황을 분석하여 노동시장 및 복지정책의 수립·집행·평가·연구 등을 위한 기초자료를 제공한다.

③ 직업능력개발 통계연보
직업훈련정보망(HRD-Net)을 통해 실업자·재직자의 직업훈련현황과 성과를 반기별로 분석하여 직업능력개발 훈련정책 수립에 대한 기초자료로 제공한다. HRD-Net은 수요자 중심의 인적자원개발(HRD) 정보를 제공하고, 행정지원 시스템을 통해 직업능력개발 행정의 효율성 및 편의성을 제고하며, 데이터 웨어하우스(data warehouse)를 통해 직업능력개발 정책의 과학화를 추구한다.

UNIT 4 자격제도의 이해

1 국가기술자격제도의 이해

국가기술자격제도는 「국가기술자격법」과 시행령 및 시행규칙에 근거하여 고용노동부장관의 주관하에 산업인력공단 등이 시행하고 있다. 자세한 내용은 한국산업인력공단이 운영하는 큐넷(www.q-net.or.kr)을 참조하면 된다.

(1) 주요 용어

① 국가기술자격
「자격기본법」에 따른 국가자격 중 산업과 관련이 있는 기술·기능 및 서비스 분야의 자격으로서 이 법에서 정하는 것을 말한다.

② 국가기술자격의 등급
기술인력이 보유한 직무수행능력의 수준에 따라 차등적으로 부여되는 국가기술자격의 단계를 말한다.

㉠ 기술·기능 분야: 기술사, 기능장, 기사, 산업기사 및 기능사

㉡ 서비스 분야: 국가기술자격의 종목별로 3등급의 범위 안에서 대통령령으로 정하는 등급

(2) **국가기술자격의 등급 및 응시자격**   2023년 2회, 2021년1회, 2020년 1회, 2018년 1·3회, 2017년 3회

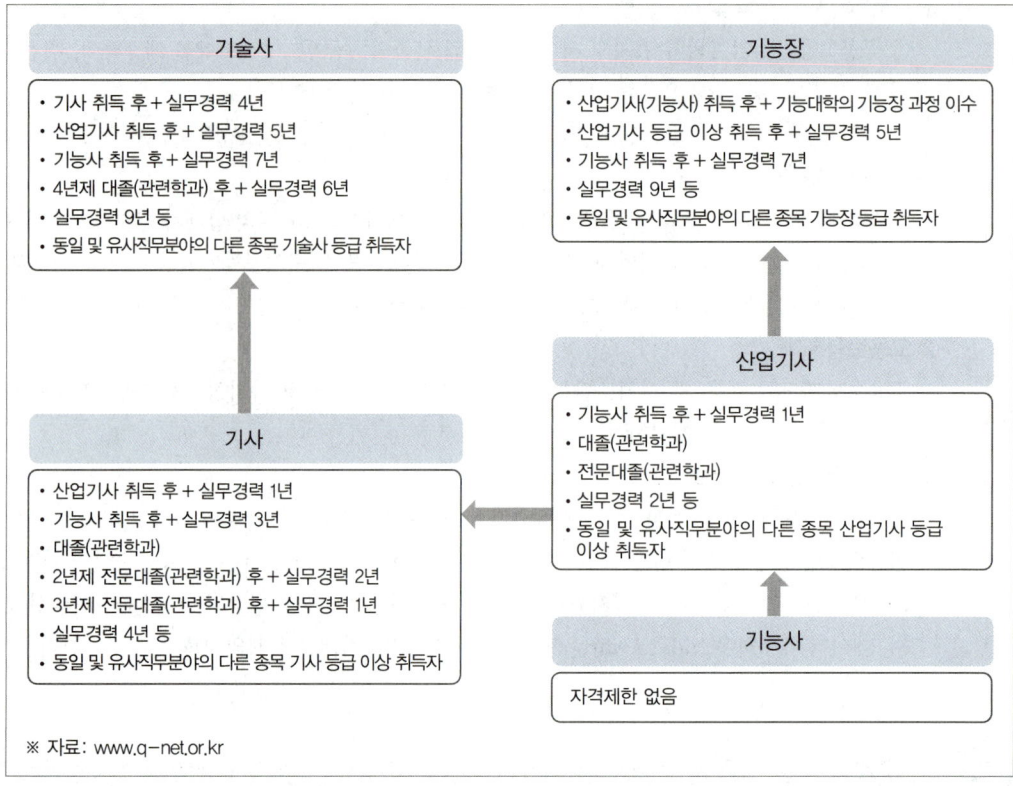

※ 자료: www.q-net.or.kr

2 자격정보

(1) **자격의 구분**

① 국가자격
  ㉠ **국가기술자격**: 국가가 「국가기술자격법」에 근거하여 부여하는 자격을 말한다. 한국산업인력공단과 대한상공회의소 등이 시행한다.
  ㉡ **국가자격**: 국가가 개별 법률에 따라 부여하는 자격으로 각 중앙부처에서 주관하고 관리한다.

② 민간자격
  ㉠ **공인민간자격**: 「자격기본법」에 근거하여 국가가 인정한 민간자격을 말한다.
  ㉡ **민간자격**: 민간단체가 임의로 부여하는 자격(사내자격 포함)을 말한다.

(2) **국가기술자격의 직무분야**   2025년 1회, 2024년 3회, 2023년 3회, 2021년 1·2·3회, 2020년 3·4회,
2019년 2회, 2018년 2·3회, 2017년 1·3회, 2016년 2·3회, 2013년 1회

국가기술자격 중 한국산업인력공단이 주관하는 자격은 디자인, 방송, 사무, 보건·의료 등 53개 직무분야로 나누어 시행되고 있다. 주요 중직무분야에 해당하는 국가기술자격을 정리하면 다음과 같다.

직무분야(26)	중직무분야(61)	국가기술자격
02 경영·회계·사무	경영	사회조사분석사 1급, 2급 소비자전문상담사 1급, 2급 컨벤션기획사 1급, 2급
	회계	전산회계운용사 1급, 2급, 3급
	사무	비서 1급, 2급, 3급 워드프로세서 컴퓨터활용능력 1급, 2급 한글속기 1급, 2급, 3급
	생산관리	공장관리기술사 포장기술사, 포장기사, 포장산업기사 품질경영기사, 품질경영산업기사 품질관리기술사
06 보건·의료	보건·의료	임상심리사 1급, 2급 국제의료관광코디네이터
07 사회복지·종교	사회복지·종교	직업상담사 1급, 2급
10 영업·판매	영업·판매	전자상거래관리사 1급, 2급 전자상거래운용사 텔레마케팅관리사
12 이용·숙박·여행·오락·스포츠	이용·미용	이용기능장, 이용기능사 미용기능장, 미용기능사(일반, 피부, 네일, 메이크업)
	숙박·여행·오락·스포츠	스포츠경영관리사
25 안전관리	안전관리	가스기술사·기능장·기사·산업기사·기능사 건설안전기술사·기사·산업기사 산업안전기사·산업기사 소방기술사, 소방설비기사(기계, 전기)·산업기사(기계, 전기) 인간공학기술사·기사

(3) 국가기술자격의 검정기준 2025년 1·3회, 2024년 1·2회, 2023년 2회, 2022년 2·3회, 2021년 2회, 2019년 3회, 2018년 2·3회, 2017년 1·3회, 2014년 1회, 2013년 1·2·3회

자격등급	검정기준
기술사	응시하고자 하는 종목에 관한 고도의 전문지식과 실무경험에 입각한 계획, 연구, 설계, 분석, 조사, 시험, 시공, 감리, 평가, 진단, 사업관리, 기술관리 등의 기술업무를 수행할 수 있는 능력의 유무
기능장	응시하고자 하는 종목에 관한 최상급 숙련기능을 가지고 산업현장에서 작업관리, 소속 기능인력의 지도 및 감독, 현장훈련, 경영계층과 생산계층을 유기적으로 연계시켜 주는 현장관리 등의 업무를 수행할 수 있는 능력의 유무
기사	응시하고자 하는 종목에 관한 공학적 기술이론지식을 가지고 설계, 시공, 분석 등의 기술업무를 수행할 수 있는 능력의 유무
산업기사	응시하고자 하는 종목에 관한 기술기초이론지식 또는 숙련기능을 바탕으로 복합적인 기능업무를 수행할 수 있는 능력의 유무
기능사	응시하고자 하는 종목에 관한 숙련기능을 가지고 제작, 제조, 조작, 운전, 보수, 정비, 채취, 검사 또는 작업관리 및 이에 관련되는 업무를 수행할 수 있는 능력의 유무

(4) **실기시험만 시행할 수 있는 종목** 2025년 3회, 2024년 1·3회, 2023년 1·2·3회, 2022년 3회, 2021년 3회, 2020년 1·2(통합)회, 2019년 1회, 2016년 1·3회, 2015년 1·2회, 2012년 2회

직무분야	중직무분야	자격종목
02 경영·회계·사무	023 사무	한글속기 1급·2급·3급
14 건설	141 건축	거푸집기능사, 건축도장기능사, 건축목공기능사, 도배기능사, 미장기능사, 방수기능사, 비계기능사, 온수온돌기능사, 유리시공기능사, 조적기능사, 철근기능사, 타일기능사
	142 토목	도화기능사, 석공기능사, 지도제작기능사, 항공사진기능사
17 재료	172 판금·제관·새시	금속재창호기능사

(5) **서비스(전문사무)분야 응시자격** 2025년 1회, 2024년 1·3회, 2023년 1·3회, 2022년 3회, 2021년 1·3회, 2020년 3회, 2019년 1·3회, 2018년 1회, 2017년 1회, 2015년 2·3회, 2014년 3회

직무분야	종목	응시자격
기초사무	워드프로세서 한글속기 1급 내지 3급 비서 1급 내지 3급 컴퓨터활용능력 1급 내지 2급 전산회계운용사 1급 내지 3급 전자상거래운용사	제한 없음
전문사무	사회조사분석사 1급 전자상거래관리사 1급 직업상담사 1급	다음의 어느 하나에 해당하는 자 ① 해당 종목의 2급 자격을 취득한 후 해당 실무에 2년 이상 종사한 자 ② 해당 실무에 3년 이상 종사한 자
	사회조사분석사 2급 전자상거래관리사 2급 직업상담사 2급	제한 없음
	컨벤션기획사 1급	다음의 어느 하나에 해당하는 자 ① 해당 종목의 2급 자격을 취득한 후 응시하고자 하는 종목이 속하는 동일직무분야(유사직무분야 포함)에서 3년 이상 실무에 종사한 자 ② 응시하고자 하는 종목이 속하는 동일직무분야에서 4년 이상 실무에 종사한 자 ③ 외국에서 동일한 종목에 해당하는 자격을 취득한 자
	컨벤션기획사 2급	제한 없음
	소비자전문상담사 1급	다음의 어느 하나에 해당하는 자 ① 해당 종목의 2급 자격 취득 후 소비자상담 실무경력 2년 이상인 자 ② 소비자상담관련 실무경력 3년 이상인 자 ③ 외국에서 동일한 종목에 해당하는 자격을 취득한 자
	소비자전문상담사 2급	제한 없음

임상심리사 1급	다음의 어느 하나에 해당하는 자 ① 임상심리와 관련하여 2년 이상 실습수련을 받은 자 또는 4년 이상 실무에 종사한 자로서 심리학분야에서 석사학위 이상의 학위를 취득한 자 및 취득예정자 ② 임상심리사 2급 자격 취득 후 임상심리와 관련하여 5년 이상 실무에 종사한 자 ③ 외국에서 동일한 종목에 해당하는 자격을 취득한 자
임상심리사 2급	다음의 어느 하나에 해당하는 자 ① 임상심리와 관련하여 1년 이상 실습수련을 받은 자 또는 2년 이상 실무에 종사한 자로서 대학졸업자 및 그 졸업예정자 ② 외국에서 동일한 종목에 해당하는 자격을 취득한 자
국제의료관광코디네이터	공인어학성적 기준요건을 충족하고, 다음의 어느 하나에 해당하는 사람 ① 보건의료 또는 관광분야 관련학과의 대학졸업자 또는 졸업예정자 ② 2년제 전문대학 관련학과 졸업자 등으로서 졸업 후 보건의료 또는 관광분야에서 2년 이상 실무에 종사한 사람 ③ 3년제 전문대학 관련학과 졸업자 등으로서 졸업 후 보건의료 또는 관광분야에서 1년 이상 실무에 종사한 사람 ④ 보건의료 또는 관광분야에서 4년 이상 실무에 종사한 사람 ⑤ 관련자격증(의사, 간호사, 보건교육사, 관광통역안내사, 컨벤션기획사 1·2급)을 취득한 사람
텔레마케팅관리사, 게임프로그래밍전문가, 게임그래픽전문가, 게임기획전문가, 멀티미디어콘텐츠제작전문가	제한 없음
스포츠경영관리사	제한 없음

(6) **과정평가형 자격 및 신규검정 자격**

① 과정평가형 자격의 정의

㉠ 국가직무능력표준(NCS)에 따라 편성·운영되는 교육·훈련과정을 일정수준 이상 이수하고 평가를 거쳐 합격기준을 통과한 사람에게 국가기술자격을 부여하는 제도이다.

㉡ 「국가기술자격법」 제10조 제1항의 과정평가형 자격 신청자격에 충족한 기관 중 공모를 통하여 지정된 교육·훈련기관의 단위과정별 교육·훈련을 이수하고 내부평가에 합격한 자에게 국가기술자격을 부여한다.

② 2022년 신규검정 종목   2022년 2회

2022년 신규검정 종목은 정밀화학기사, 제과산업기사, 제빵산업기사이다.

③ 2023년 신규검정 종목

2023년 신규검정 종목은 공간정보융합산업기사, 공간정보융합기능사, 이러닝운영관리사, 한복기능장이다.

(7) **Q-Net**   2025년 2회, 2017년 1·2회

한국산업인력공단이 운영하는 자격정보시스템인 큐넷(Q-Net)에서는 국가자격과 민간자격 및 외국자격에 관한 정보를 제공하고 있다.

① 국가자격
  ㉠ 국가기술자격 2024년 2회, 2023년 1회, 2022년 1회, 2019년 2회, 2016년 2회, 2014년 2회
    ⓐ 한국산업인력공단: 건축, 기계, 전기, 전자, 조선, 통신, 항공, 해양, 환경 등 53개 분야에 대해 기술사, 기능장, 기사, 산업기사, 기능사 등의 검정을 실시하고 있다.
    ⓑ 기타: 한국데이터산업진흥원(빅데이터분석기사), 한국콘텐츠진흥원(게임기획전문가, 게임프로그래밍전문가 등), 한국전파진흥원(무선설비, 방송통신, 전파전자 분야 등), 한국광해관리공단(광해방지 분야), 대한상공회의소(비서, 워드프로세서, 컴퓨터활용능력, 전산회계운용사, 전자상거래관리사, 한글속기), 한국원자력안전기술원, 영화진흥위원회 등이 기술사, 기사, 산업기사, 기능사 등의 검정을 실시하고 있다.
  ㉡ 국가전문자격 2024년 2회, 2019년 2회, 2016년 2회
    ⓐ 국가기술자격이 주로 산업과 관련이 있는 기술, 기능 및 서비스 분야의 자격인 반면 국가전문자격은 주로 전문서비스 분야(의료, 법률 등)의 자격으로 보건복지부, 법무부, 국토교통부 등 개별 부처의 필요에 의해 신설·운영되며 대부분 면허적 성격을 지니고 있다.
    ⓑ 현재 변호사(변호사법), 의사(의료법), 감정평가사, 주택관리사보, 문화재수리기능자 등 14개 부처에서 128개 종목을 운영하고 있다.
② 민간자격
  민간자격은 국가공인 민간자격과 등록민간자격으로 구분된다.
  ㉠ 민간자격 등록제도: 민간자격 등록은 민간자격관리자가 민간자격을 관리·운영하고 있다는 것을 등록관리기관에 등록하는 것으로서, 등록에 따른 효력은 민간자격 관리운영과 국가공인 신청에 대한 요건의 획득이다.
  ㉡ 민간자격 국가공인제도 2012년 3회
    ⓐ 민간자격 국가공인제도는 「자격기본법」 제19조에 따라 국가 외의 법인·단체 또는 개인이 운영하는 민간자격 중에서 사회적 수요에 부응하는 우수 민간자격을 국가가 공인해 주는 제도이다.
    ⓑ 자격제도를 활성화하고 공신력을 높임으로써 산업체가 요구하는 질 높고 다양한 인력을 양성하고, 자격증에 대한 사회적인 효용 가치를 높이는 데 그 목적이 있다.
  ㉢ 민간자격정보 2018년 1회, 2017년 1회
    민간자격정보는 교육부 산하의 한국직업능력연구원(krivet.re.kr)이 제공하는 민간자격정보서비스(pqi.or.kr)에서 상세한 정보를 확인할 수 있다. 민간자격정보서비스에서는 12,441개의 등록민간자격과 59개의 공인민간자격(2022년 8월 기준)에 대해 자격별 발급기관 및 자격관련 각종 통계자료를 제공하고 있다.
③ 외국자격 2017년 2회, 2012년 1회
  Q-Net은 미국, 영국, 프랑스, 독일, 일본, 호주 등 6개국의 자격제도의 운영체계와 운영현황 및 자격제도의 특징 등 자격정보를 제공하고 있다.
④ Q-Net의 제공정보 2021년 2회, 2019년 3회, 2018년 3회
  Q-Net에서는 각 자격종목마다 시험정보(수수료, 출제경향, 출제기준, 취득방법 등), 기본정보(수행직무, 실시기관, 진로 및 전망), 자격취득자에 대한 법령상 우대현황, 연도별 검정현황(응시자 수, 합격률 등) 및 수험자동향(응시목적별, 연령별)에 대한 정보를 제공하고 있다.

UNIT 5 국가직무능력표준(NCS)의 이해

1 국가직무능력표준(NCS)

2024년 1·2회, 2023년 3회, 2022년 1회, 2018년 2회(종합), 2017년 3회(종합), 2014년 3회

(1) 국가직무능력표준의 개념

국가직무능력표준(NCS; National Competency Standards)은 산업현장에서 직무를 수행하기 위해 요구되는 지식, 기술, 소양 등의 내용을 국가가 산업부문별·수준별로 체계화한 것으로, 산업현장의 직무를 성공적으로 수행하기 위해 필요한 능력(지식, 기술, 태도)을 국가적 차원에서 표준화한 것을 의미한다.

> ✔ **교수님의 코멘트**
> 국가직무능력표준은 새로 개발되어 매우 중요시되는 분야입니다. 이미 시험문제에도 출제되었지만, 앞으로 출제 가능성이 높은 분야입니다. 기본적인 사항들은 정리해 두어야 합니다.

(2) 국가직무능력표준의 특성

① 근로자가 업무를 성공적으로 수행하기 위하여 요구되는 실제적인 수행능력
  ㉠ 직무수행능력 평가를 위한 최종 결과의 내용을 반영한다.
  ㉡ 최종 결과는 '무엇을 하여야 한다'보다는 '무엇을 할 수 있다'는 형식으로 제시한다.

② 해당 직무를 수행하기 위한 모든 종류의 수행능력 포괄
  ㉠ **작업능력**: 특정 업무를 수행하기 위해 요구되는 능력이다.
  ㉡ **작업관리능력**: 다양한 작업을 계획하고 조직화하는 능력이다.
  ㉢ **돌발상황대처능력**: 일상적인 업무가 마비되거나 예상치 못한 일이 발생했을 때 대처하는 능력이다.
  ㉣ **미래지향적 능력**: 해당 산업과 관련된 기술적 및 환경적 변화를 예측하여 상황에 대처하는 능력이다.

③ 모듈(module)형태의 구성
  ㉠ 한 직업 내에서 근로자가 수행하는 개별 역할인 직무능력을 능력단위화하여 개발한다.
  ㉡ 국가직무능력표준은 여러 개의 능력단위 집합으로 구성된다.

④ 산업계 단체의 주도적 참여 및 개발
  ㉠ 해당 분야 산업별 인적자원개발협의체(SC), 관련 단체 등이 참여하여 국가직무능력표준을 개발한다.
  ㉡ 산업현장에서 우수한 성과를 내고 있는 근로자 또는 전문가가 국가직무능력표준 개발단계마다 참여한다.

2 국가직무능력표준(NCS)의 분류체계와 구성

(1) 국가직무능력표준의 분류체계

2025년 2회, 2024년 1·2회, 2023년 3회, 2022년 1회

① 국가직무능력표준의 분류체계는 직무의 유형을 중심으로 국가직무능력표준의 단계적 구성을 나타내는 것으로, 국가직무능력표준 개발의 전체적인 로드맵을 제시한다.
② 한국고용직업분류(KECO)를 중심으로, 한국표준직업분류, 한국표준산업분류 등을 참고하여 분류하였으며, '대분류(24개) → 중분류(81개) → 소분류(269개) → 세분류(1,064개)'의 순으로 구성된다.

(2) 국가직무능력표준의 구성

① 능력단위

2025년 2회, 2024년 1·2회, 2023년 3회, 2022년 1회, 2015년 2회

㉠ 직무는 국가직무능력표준 분류체계의 세분류를 의미하고, 원칙상 세분류 단위에서 표준이 개발된다.

ⓒ 능력단위는 국가직무능력표준 분류체계의 하위단위로서, 국가직무능력표준의 기본 구성요소에 해당된다.

ⓒ 능력단위는 능력단위분류번호, 능력단위정의, 능력단위요소(수행준거, 지식·기술·태도), 적용범위 및 작업상황, 평가지침, 직업기초능력으로 구성된다.

구성항목	내용
능력단위분류번호 (competency unit code)	능력단위를 구분하기 위하여 부여되는 일련번호로서 14자리로 표현
능력단위명칭	능력단위의 명칭을 기입한 것
능력단위정의	능력단위의 목적, 업무수행 및 활용범위를 개략적으로 기술한 것
능력단위요소	능력단위를 구성하는 중요한 핵심 하위능력을 기술한 것
수행준거	능력단위요소별로 성취 여부를 판단하기 위하여 개인이 도달해야 하는 수행의 기준
지식·기술·태도(KSA)	능력단위요소를 수행하는 데 필요한 지식·기술·태도
적용범위 및 작업상황	• 능력단위를 수행하는 데 있어 관련되는 범위와 물리적 혹은 환경적 조건 • 능력단위를 수행하는 데 있어 관련되는 자료, 서류, 장비, 도구, 재료
평가지침	능력단위의 성취 여부를 평가하는 방법과 평가 시 고려되어야 할 사항
직업기초능력	능력단위별로 업무수행을 위해 기본적으로 갖추어야 할 직업능력

② 국가직무능력표준의 수준체계 2025년 1·3회, 2023년 1회, 2022년 3회, 2018년 2회

㉠ 국가직무능력표준의 수준체계는 산업현장 직무의 수준을 체계화한 것으로, '산업현장-교육훈련-자격' 연계, 평생학습능력 성취단계 제시, 자격의 수준체계 구성에서 활용한다.

ⓒ 국가직무능력표준 개발 시 8단계의 수준체계에 따라 능력단위 및 능력단위요소별 수준을 평정하여 제시한다.

수준	내용
8수준	해당 분야에 대한 최고도의 이론 및 지식을 활용하여 새로운 이론을 창조할 수 있고, 최고도의 숙련으로 광범위한 기술적 작업을 수행할 수 있으며, 조직 및 업무 전반에 대한 권한과 책임이 부여된 수준
7수준	해당 분야의 전문화된 이론 및 지식을 활용하여, 고도의 숙련으로 광범위한 작업을 수행할 수 있으며, 타인의 결과에 대하여 의무와 책임이 필요한 수준
6수준	독립적인 권한 내에서 해당 분야의 이론 및 지식을 자유롭게 활용하고, 일반적인 숙련으로 다양한 과업을 수행하며, 타인에게 해당 분야의 지식 및 노하우를 전달할 수 있는 수준
5수준	포괄적인 권한 내에서 해당 분야의 이론 및 지식을 사용하여 매우 복잡하고 비일상적인 과업을 수행하고, 타인에게 해당 분야의 지식을 전달할 수 있는 수준
4수준	일반적인 권한 내에서 해당 분야의 이론 및 지식을 제한적으로 사용하여 복잡하고 다양한 과업을 수행하는 수준
3수준	제한된 권한 내에서 해당 분야의 기초이론 및 일반지식을 사용하여 다소 복잡한 과업을 수행하는 수준
2수준	일반적인 지시 및 감독하에 해당 분야의 일반지식을 사용하여 절차화되고 일상적인 과업을 수행하는 수준
1수준	구체적인 지시 및 철저한 감독하에 문자이해, 계산능력 등 기초적인 일반지식을 사용하여 단순하고 반복적인 과업을 수행하는 수준

CHAPTER 03 직업관련 정보의 이해

핵심 기출문제

빈출 최신 법령 개정에 따라 변형한 문제입니다.

01 구직자 및 재직자에게 일정한 금액을 지원하여 그 범위 이내에서 직업능력개발훈련에 참여할 수 있도록 하고, 훈련이력 등을 개인별로 통합관리하는 제도는?

2021년 1·2회, 2020년 4회, 2015년 3회, 2014년 1회

① 훈련계좌발급제
② 직업능력훈련제도
③ 국민내일배움카드
④ 직업능력카드

빈출

02 국민내일배움카드의 지원대상에 해당하지 않는 것은?

2024년 2·3회, 2023년 3회, 2022년 2회, 2020년 1·2(통합)·4회,
2015년 1·3회, 2011년 2·3회

① 「한부모가족지원법」에 따른 지원대상자
② 「고용보험법 시행령」에 따른 기간제근로자인 피보험자
③ 「수산업·어촌 발전 기본법」에 따른 어업인으로서 어업 이외의 직업에 취업하려는 사람
④ 만 75세 이상인 사람

03 국민 평생 직업능력 개발법상 훈련방법에 따른 구분이 아닌 것은?

2015년 3회, 2012년 2회

① 집체훈련   ② 향상훈련
③ 현장훈련   ④ 원격훈련

04 고용24에 대한 설명으로 틀린 것은?

2019년 1회, 2018년 1회

① 고용24는 개인구직자와 구인기업을 위한 취업지원 또는 채용지원 서비스를 제공할 뿐만 아니라, 고용센터 직업상담원이나 지자체 취업알선담당자 등의 취업알선업무 수행을 지원하기 위한 내부 취업알선 시스템이기도 하다.
② 고용24는 여성, 장년, 장애인, 청년 등 취약계층을 위한 우대 채용정보를 제공한다.
③ 고용24는 구인·구직관련 서비스 외에 직업 및 진로정보도 제공한다.
④ 고용24는 정부에서 운영하는 취업정보사이트이기 때문에 고용센터 등 공공직업안정기관에서 생산한 구인·구직정보만 제공한다.

꼼꼼하게 풀어 주는 정답과 해설

01 ③ 구직자에게 일정한 금액을 지원하여 그 범위 이내에서 직업능력개발훈련에 참여할 수 있도록 하고, 훈련이력 등을 개인별로 통합관리하는 제도는 국민내일배움카드(직업능력개발계좌제)이다(hrd.go.kr).

02 ④ 만 75세 이상인 사람은 국민내일배움카드 운영규정에 따른 훈련비 등을 지원하지 아니한다.

03 훈련방법에 따라 직업능력개발훈련을 구분하면 현장훈련, 집체훈련, 원격훈련 및 혼합훈련이 있다.
② 향상훈련, 양성훈련, 전직훈련 등은 훈련의 목적 또는 훈련대상에 따른 구분이다.

04 ④ 고용24(개편 전 워크넷은 2011년부터 통합일자리 서비스 제공)는 잡코리아·사람인·리쿠르트 등 민간취업포털과 지방자치단체 일자리 정보를 한 곳에 쉽고 빠르게 검색할 수 있도록 통합일자리 서비스를 제공하고 있다.

정답 01 ③ 02 ④ 03 ② 04 ④

빈출

05 고용24(구 워크넷) 채용정보 검색에서 기업형태별 분류에 해당하지 않는 것은?

2025년 1·3회, 2021년 2회, 2020년 3회, 2019년 1회,
2018년 2회, 2017년 2회, 2015년 1회, 2014년 2회

① 가족친화인증기업
② 외국계기업
③ 일학습병행기업
④ 환경친화기업

빈출

06 실기능력이 중요하여 고용노동부령이 정하는 필기시험이 면제되는 국가기술자격 기능사 종목이 아닌 것은?

2025년 3회, 2024년 1·3회, 2023년 1·2·3회, 2022년 3회,
2021년 3회, 2019년 1회, 2016년 3회, 2015년 1·2회, 2012년 2회

① 석공기능사   ② 항공사진기능사
③ 한복기능사   ④ 조적기능사

빈출

07 국가기술자격 기사의 응시자격기준으로 틀린 것은?

2019년 1회, 2017년 3회,
2016년 2회, 2015년 1·3회, 2014년 2회

① 기능사 자격을 취득한 후 응시하려는 종목이 속하는 동일 및 유사직무분야에서 2년 이상 실무에 종사한 사람
② 산업기사 등급 이상의 자격을 취득한 후 응시하려는 종목이 속하는 동일 및 유사직무분야에서 1년 이상 실무에 종사한 사람
③ 응시하려는 종목이 속하는 동일 및 유사직무분야의 다른 종목의 기사 등급 이상의 자격을 취득한 사람
④ 응시하려는 종목이 속하는 동일 및 유사직무분야에서 4년 이상 실무에 종사한 사람

빈출

08 국가 직업훈련에 관한 정보를 검색할 수 있는 정보망은?

2020년 4회, 2018년 3회,
2017년 2회, 2016년 3회, 2015년 1회

① JT-Net   ② T-Net
③ HRD-Net   ④ Training-Net

꼼꼼하게 풀어 주는 정답과 해설

05 고용24에서 제공하는 채용정보 중 기업형태별 검색의 메뉴는 대기업, 중견기업, 공무원·공기업·공공기관, 강소기업, 코스피·코스닥, 외국계기업, 일학습병행기업, 벤처기업, 청년친화강소기업 및 가족친화인증기업 등이다.

06 실기시험만 시행할 수 있는 종목은 사무분야의 한글속기 1·2·3급, 건축분야의 거푸집기능사, 건축도장기능사, 건축목공기능사, 도배기능사, 미장기능사, 방수기능사, 비계기능사, 온수온돌기능사, 유리시공기능사, 조적기능사, 철근기능사, 타일기능사 등, 토목분야의 도화기능사, 석공기능사, 지도제작기능사, 항공사진기능사, 판금·제관·새시분야의 금속재창호기능사 등이 있다.

07 ① 기능사 자격을 취득한 후 응시하려는 종목이 속하는 동일 및 유사직무분야에서 3년 이상 실무에 종사한 사람이다.

08 ③ 훈련기관, 훈련과정정보 등 국가 직업훈련에 관한 정보를 검색할 수 있는 정보망은 한국고용정보원이 운영하는 직업능력지식포털 HRD-Net이다. HRD-Net에서는 한 번의 검색으로 '훈련-자격증-일자리' 정보를 한눈에 조회할 수 있다.

정답 05 ④ 06 ③ 07 ① 08 ③

09 다음 검정기준에서 설명하는 국가기술자격 등급은?
　　　　　　　　　　　　2025년 2회, 2022년 3회, 2015년 2회

> 응시하고자 하는 종목에 관한 고도의 전문지식과 실무경험에 입각한 계획·연구·설계·분석·조사·시험·시공·감리·평가·진단·사업관리·기술관리 등의 기술업무를 수행할 수 있는 능력의 보유

① 기술사　　② 기능장
③ 기사　　　④ 산업기사

빈출
10 고용24에서 제공하는 학과정보 중 공학계열에 해당하는 것은?
　　　　2024년 1·3회, 2023년 3회, 2020년 1회, 2019년 1회, 2018년 3회,
　　　　2016년 3회, 2012년 1회, 2010년 4회, 2010년 1회

① 생명과학과　　② 조경학과
③ 통계학과　　　④ 응용물리학과

11 실기능력이 중요하여 고용노동부령이 정하는 필기시험이 면제되는 기능사 종목이 아닌 것은?
　　　　2025년 3회, 2023년 3·2·1회, 2022년 3회, 2021년 3회,
　　　　2020년 1회, 2019년 1회, 2016년 3·1회, 2015년 1·2회,
　　　　2012년 2회, 2011년 3회, 2010년 1·2회

① 측량기능사　　② 도화기능사
③ 도배기능사　　④ 방수기능사

12 직업정보 제공과 관련된 인터넷 사이트 연결이 틀린 것은?
　　　　　　　　　　　　　　　2019년 2회, 2016년 2회

① 직업훈련정보: HRD-Net(hrd.go.kr)
② 자격정보: Q-Net(q-net.or.kr)
③ 외국인고용관리정보: EI넷(ei.go.kr)
④ 해외취업정보: 월드잡플러스(worldjob.or.kr)

꼼꼼하게 풀어 주는 정답과 해설

09 고도의 전문지식과 실무경험은 기술사, 최상급 숙련기능은 기능장, 공학적 기술이론지식은 기사, 기술기초이론지식 또는 숙련기능은 산업기사, 숙련기능은 기능사 등의 검정기준의 포인트이다.
① 응시하고자 하는 종목에 관한 고도의 전문지식과 실무경험이 필요한 국가기술자격 등급은 기술사이다.

10 조경학과는 공학계열이고, 나머지는 자연계열에 해당하는 학과이다.
학과정보에서 공학계열은 대부분 ○○공학과라는 명칭으로 되어있지만 농공학과, 식품공학과, 임산공학과, 생명공학과, 동물공학과, 환경공학과 등은 자연계열로 분류된다. 그리고 건축학과, 건축설비학과, 조경학과도 공학계열에 포함시키고 있다.

11 국가기술자격법 시행규칙(고용노동부령)에서 규정한 실기시험만 실시할 수 있는 종목은 다음과 같다.
㉠ 토목분야: 석공기능사, 지도제작기능사, 도화기능사, 항공사진기능사
㉡ 건축분야: 조적기능사, 미장기능사, 타일기능사, 온수온돌기능사, 유리시공기능사, 비계기능사, 건축목공기능사, 거푸집기능사, 금속재창호기능사, 건축도장기능사, 도배기능사, 철근기능사, 방수기능사
㉢ 판금·제관·새시분야: 금속재창호

12 ③ 외국인고용관리정보는 한국고용정보원의 외국인고용관리시스템(EPS ; Employment Permit System, www.eps.go.kr)에서 제공하고 있다. 티넷(ei.go.kr)은 고용보험 사이트이다.

정답 09 ①　10 ②　11 ①　12 ③

CHAPTER 04 직업정보의 수집 · 분석

회당 평균 출제 문항수 **3.2개**

수험 전략
- 직업정보의 수집·분석에서는 매 시험마다 2~3문제, 많은 경우에는 4문제까지도 출제되고 있다.
- 직업정보의 수집방법, 정보수집·분석·가공·제공 시의 유의사항에서 자주 출제되며, 고용통계 용어와 구인·구직 용어에 대해서는 기본개념은 물론 계산문제도 출제되고 있으니 잘 정리해 두어야 한다.

NEW & HOT! 키워드
- \# 직업정보관련 유의사항
- \# 직업정보 수집방법
- \# 제공유형별 장단점
- \# 경제활동인구조사의 용어
- \# 실업률 계산

UNIT 1 고용정보의 생산

1 고용정보

(1) 고용정보의 의의

① 고용정보의 의미

고용정보(employment information)란 직업별 직무내용, 직업전망, 직업별 임금수준 등과 이의 분류에 관한 정보로서 이러한 정보의 수집·관리·제공까지 해당되며, 노동시장에서 직업별로 발생하는 구인·구직정보가 포함된다.

② 고용정보가 갖추어야 할 요건
  ㉠ 고용정보는 객관성이 있어야 한다.
  ㉡ 필요한 때(적시성) 필요한 형태로(적합성) 제공될 수 있어야 한다.
  ㉢ 고용정보는 유동적·다면적·통합적인 것이어야 한다.

(2) 직업정보의 관리

① 직업정보의 관리단계 2025년 1·2·3회, 2024년 2회, 2023년 1회, 2022년 1·2회, 2021년 1회, 2020년 3회, 2019년 2·3회, 2017년 1·3회, 2013년 1회

  ㉠ 직업정보는 정보를 수집하여 이를 분석한 후, 정보이용자(의사결정자)가 쉽게 이용할 수 있도록 가공 및 체계화한 후 제공된다.
  ㉡ 제공된 정보는 축적되고, 평가를 거친 후 피드백과정을 거쳐 다음 단계의 정보수집 및 분석활동에 반영된다.

■ 직업정보의 관리과정(처리단계)   2025년 1·2회, 2022년 1·3회

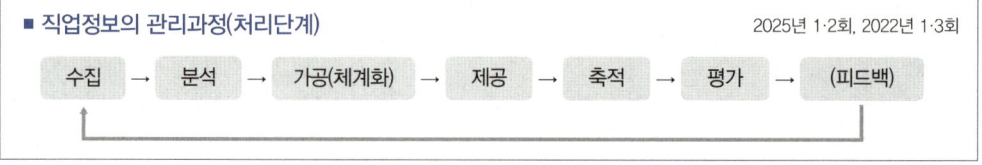

수집 → 분석 → 가공(체계화) → 제공 → 축적 → 평가 → (피드백)

② **직업정보의 유효기간**
　㉠ 직업의 세계는 수시로 변화하고 있으므로 직업정보의 필수 요건 중 하나는 바로 정보의 '최신성'이다. 그러므로 직업정보를 이용할 때는 언제 생산되고 조사된 정보인지를 확인해야 한다.
　㉡ 각 직업정보에는 '조사연도', '발간연도' 등이 기록되어 있는데, 오랜 조사기간이 필요한 자료(예 『한국직업사전』)들의 경우 조사연도와 발간연도가 달라질 수도 있다.

2 직업정보의 수집·분석 및 가공

(1) 직업정보의 수집　　　2025년 1·3회, 2019년 3회, 2018년 1·2회, 2017년 2·3회, 2016년 2회

① **직업정보 수집의 의의**
　㉠ 직업정보의 수집은 사용자의 요구에 충실하여야 한다. 여기서 사용자의 요구란 현재 요구하고 있는 것과 장차 요구할 것이라고 예상되는 것을 포함한다.
　㉡ 직업정보의 범위는 개인, 직업, 미래에 대한 정보 등으로 구성되어 있다. 직업정보원은 정부부처, 정부출연연구기관, 단체 및 협회, 연구소, 기업과 개인 등이 있다.
　㉢ 직업정보의 수집에는 많은 비용과 시간, 노력 등이 요구된다. 직업정보는 구입·기증·상담·조사·관찰 등의 방법을 통해서 수집될 수 있다.
　㉣ 직업정보는 다양한 형태로 수집된다. 예를 들면, 책·잡지·신문·방송 및 TV프로그램·팸플릿·상품·광고·견학·경험담 등을 통해 수집될 수 있다.

> **더 알아보기 2차 자료와 1차 자료**　　　2021년 3회, 2019년 2회
>
> 어떤 문제를 해결하기 위해 수집하는 자료에는 2차 자료와 1차 자료가 있다.
>
> | 2차 자료 (secondary data) | • 과거에 다른 문제를 해결하기 위해 이미 수집한 자료
• 정부나 각 기관이 수집하여 제공하는 각종 통계자료
예 한국고용정보원에서 발행하는 직종별 직업사전, 통계청에서 실시한 지역별 고용조사 결과 |
> |---|---|
> | 1차 자료 (primary data) | 현재 당면한 문제를 해결하기 위해 질문지법, 면접법 등을 통해 새로이 조사하여 수집하는 자료 |

② **정보수집 시 유의점**　　　2022년 1·2회, 2021년 1회, 2019년 2·3회, 2014년 1·2·3회, 2013년 2회, 2012년 3회
　㉠ 명확한 목표를 세우고, 계획적으로 수집한다
　　　ⓐ '누구를 위하여', '무슨 목적으로', '어디서', '어떻게 해서', '무엇을' 수집할 것인가를 명확히 하여야 한다. 또한 사용자가 무엇을 요구하는지에 대한 명확한 목표 설정이 있어야 한다.
　　　ⓑ 직업정보는 우연히 눈에 띄거나 외부로부터 제공되는 자료를 모아 둔다고 해서 충분한 것은 아니다. 직업정보를 조직적이고 계획적으로 수집하기 위해서는 직업정보 제공원을 파악하고 유기적인 관계 속에서 직업정보가 수집되는 흐름을 설정해야 한다.
　㉡ 항상 최신의 자료인가 확인한다: 정보는 늘 변화한다. 수집한 정보는 항상 유효한 것이 아니기 때문에 불필요한 자료를 폐기하고 새로운 정보를 보완하는 작업이 지속적으로 진행되어야 한다.
　㉢ 자료의 출처와 수집일자를 반드시 기록한다: 자료를 수집하면 자료의 출처, 저자, 발행연도 등을 반드시 명기하고, 수집한 일자도 기입해 두어야 한다.

② 직업정보 수집에 필요한 도구를 사용한다 : 직업정보를 수집하기 위하여는 쓰기·옮겨 쓰기·사진 오려붙이기·녹음·녹화·입력 등의 작업이 이루어져, 정리와 활용을 용이하게 하기 위한 상태로 제작되어야 한다. 그러나 자료를 재구성해서는 안 된다.

③ 직업정보의 수집방법

㉠ 질문지법 2025년 2회, 2024년 3회, 2022년 1·2회, 2021년 1회, 2019년 1·3회, 2018년 1회, 2017년 1·2회, 2014년 1회, 2013년 2회

ⓐ 질문지법(questionnaire method)은 질문지나 조사표에 의해 각종 자료를 수집하는 조사방법으로, 질문지는 구체적이고 쉬운 용어로 표현하여야 한다.

ⓑ 질문은 논리적인 순서에 따라 자연스럽게 배치하고, 일반적인 것을 먼저 질문하고 난 후 특수한 것을 질문하는 것이 바람직하다. 응답하기 쉬운 문항일수록 설문지의 앞에 배치하는 것이 좋다. 또한 개인의 사생활에 관한 질문과 같이 민감한 질문은 가급적 뒤로 배치하는 것이 좋다.

ⓒ 객관식 문항의 응답항목은 상호배타적이어야 한다. 또한 응답의 고정반응을 피할 수 있도록 질문형식을 다양화하는 것이 좋다.

ⓓ 폐쇄형 질문(closed-ended question)은 미리 준비된 항목들 가운데서 답을 선택하도록 하거나 또는 제한된 수만큼의 단어로 답하도록 구성된 질문을 말한다. 반면, 개방형 질문(open-ended question)은 응답자가 자신의 견해나 태도를 자유롭게 표현할 수 있도록 구성된 질문을 말한다.

ⓔ 폐쇄형 질문의 응답범주는 포괄적(exhaustive)이어야 하고 상호배타적(mutually exclusive)이어야 한다. 그리고 이중질문(double-barreled question)과 유도질문은 피하는 것이 좋다.

㉡ 면접법 2025년 2회, 2024년 2회, 2022년 1회, 2021년 1회, 2018년 1회, 2017년 3회, 2016년 2회, 2013년 3회, 2012년 1회

ⓐ 면접법(interview method)은 내담자에 대해 질문을 통해 자료를 수집하는 방법으로, 질문지법에 비해 응답범주를 표준화하기 어렵지만 제3자의 영향을 배제할 수 있다는 장점이 있다.

ⓑ 표준화 면접은 질문의 내용이 표준화되어 정해진 내용을 질문하는 것이고, 비표준화 면접은 면접자가 자유롭게 질문하는 방법이다. 표준화 면접은 비표준화 면접보다 타당도(validity)는 낮고 신뢰도(reliability)는 높다. 표준화 면접에는 개방형 및 폐쇄형 질문을 모두 사용할 수 있다.

ⓒ 개방형 질문인 경우에는 응답내용을 그대로 기록한 후, 차후에 전문가들에 의해 해석되도록 하여야 한다. 면접자는 질문지를 숙지하고 있어야 하며, 응답자와 친숙한 분위기를 형성해야 한다.

ⓓ 면접자는 응답자가 이질감이나 거부감을 느끼지 않도록 복장을 단정히 하고 언어사용에도 주의를 기울여야 한다.

㉢ 내용분석법 2025년 2·3회, 2022년 3회, 2020년 1·2(통합)회, 2019년 3회, 2018년 2회, 2016년 3회, 2013년 3회

ⓐ 내용분석법(content analysis)은 인간이 남기는 모든 형태의 이용 가능한 자료의 성질 및 대상 인물의 성질을 탐구함으로써 전체 상황에 관한 통찰을 하여 어떤 가설을 설정하고, 그 가설을 검증할 수도 있도록 하기 위해 개발된 방법이다.

ⓑ 문헌연구법의 일종이므로 장기간의 종단연구가 가능하고, 필요한 경우 재조사가 가능하며, 역사연구 등 소급조사도 가능하지만, 연구대상에는 영향을 미치지 않고 정보제공자의 반응성은 낮다.

ⓒ 내용분석을 위해 가능한 표본추출방법으로는 무작위표본추출, 층화표본추출, 군집(집락)표본추출 및 체계적표본추출 등이 있다.

ⓓ 예를 들어 '4차 산업혁명에 따른 새로운 직업'에 대한 국내 일간지의 사설을 내용분석하는 경우 그 목적과 내용에 따라 위 네 가지 표본추출방법을 모두 사용할 수 있다.

ⓔ **패널조사** 2013년 2회

ⓐ 패널조사(panel survey)는 조사대상을 고정시키고, 동일한 조사대상에 대하여 동일한 질문을 반복 실시하여 조사하는 방법이다.

ⓑ 예를 들어, 사전에 조사대상으로 특정 표본을 선정하고, 이들을 대상으로 6개월 혹은 1년 단위로 고용현황 등 직업정보를 반복하여 수집하는 조사방법이다.

> **더 알아보기 서베이조사** 2021년 3회, 2019년 2회
>
> - 서베이조사는 모집단의 특성을 파악하기 위해 일정 수의 표본을 추출하여 설문조사를 실시하는 것이다. 우편이나 전화, 면접 등의 방법을 이용하여 설문에 답하도록 하는 방법이다.
> - 면접조사는 우편조사에 비해 비언어적 행위의 관찰이 가능하고, 질문의 순서는 응답률에 영향을 줄 수 있다. 면접조사에 비해 전화조사가 시간이 적게 걸리는 편이다.
> - 폐쇄형 질문의 응답범주는 상호배타적이어야 한다.

(2) 직업정보의 분석

① 직업정보 분석의 의의 2022년 2회

㉠ 직업정보의 분석은 직업전문가에 의해 이루어져야 한다. 정보분석자는 수집된 직업정보를 필요도에 따라 선택하고, 항목별로 분류하며, 오래되거나 불필요한 것은 버려야 한다.

㉡ 직업정보의 분석에는 유사한 자료 중 정확성을 평가하고 접근(access)하는 과정이 포함된다.

㉢ 다양한 정보를 충분히 검토하여 가장 효율적으로 검색이나 활용을 할 수 있는 방법으로 분류한다.

㉣ 분석된 정보에 대하여 목적에 맞도록 몇 번이고 분석하여 가장 객관성이 있고 정확한 최신의 자료를 선정한다.

② 직업정보 분석 시 유의점 2022년 1·3회, 2021년 2회, 2020년 1·2(통합)·3회, 2019년 2회, 2017년 2회, 2016년 3회, 2014년 2회, 2013년 1·2·3회

㉠ 동일한 정보일지라도 다각적인 분석을 시도하여 해석을 풍부히 한다. 정보는 여러 가지 측면에서 분석하면 다양한 의미를 갖게 된다.

㉡ 전문적인 시각에서 분석한다. 전문적인 지식이 없는 개인이 정보를 왜곡되게 받아들이지 않도록 하는 장치이다.

㉢ 분석과 해석은 원자료의 생산일, 자료표집방법, 대상, 자료의 양 등을 검토한다. 정보생산자가 의도한 정보생산 목적에 부합하는 분석과 해석이어야 하며, 비교기준에 적합하지 않은 정보들과 비교하는 일이 없도록 해야 한다.

㉣ 직업정보원과 제공원에 대하여 제시한다. 이용자가 분석된 자료에 대한 2차적 정보를 얻기를 원할 경우가 있으므로, 각 정보에 대한 직업정보원과 제공원을 분명히 밝혀야 한다.

(3) 직업정보의 가공(체계화)

① 직업정보 가공의 의의 2025년 1·2회, 2021년 2회, 2020년 1·2(통합)회, 2017년 1회, 2007년 1회

㉠ 분석된 직업정보는 활용하기 쉬운 형태로 보존하거나 내용을 요약하거나 적절한 형태로 정리하여 능동적으로 활용이 가능하도록 편집·가공하는 것이 중요하다.

ⓒ 직업정보의 가공은 정보를 공유하는 방법을 강구하는 단계이다.
ⓒ 직업정보의 가공 시에는 처리된 자료를 선정해 정보관리(information management)로 전환시켜 정보를 공유하는 방법을 강구하고, 어떠한 자료를 어떻게 저장할 것인가에 관해 설계하는 과정이 있어야 한다.
ⓔ 직업정보 가공 시에는 정보의 생명력을 측정하여 활용방법을 선정하고, 이용자의 동기를 부여할 수 있도록 구상하여야 한다.

② 직업정보 가공(체계화) 시 유의점   2025년 1회, 2024년 1·3회, 2023년 3회, 2022년 3회, 2020년 1·2(통합)·3회, 2018년 3회, 2017년 1회, 2016년 1·3회, 2014년 1회, 2013년 2·3회, 2012년 3회

ⓐ 직업정보의 이용자는 일반인이므로 전문적인 지식이 없이도 이해할 수 있도록 가급적 평이한 언어로 가공해야 한다.
ⓑ 중립적인 입장에서 직업에 대한 장·단점을 편견 없이 제공해야 한다.
ⓒ 가장 최신의 자료를 활용하되 표준화된 정보(예 『한국직업사전』, 한국표준직업분류, 한국표준산업분류)를 활용한다.
ⓓ 객관성이 없는 정보나 문자, 어투는 삼간다.
ⓔ 시청각(동영상)의 효과를 부가하여 정보의 이용에 있어 관심을 높인다.
ⓕ 정보는 적절한 형태로 가공하여 제공방법에 맞춰 적절한 형태로 제공한다.

3 직업정보의 제공 및 평가

(1) **직업정보의 제공**

① 직업정보의 제공방법
   ⓐ 인쇄매체를 통한 방법
   ⓑ 시청각매체를 통한 방법
   ⓒ 집회, 면담, 견학, 실습, 상담 등을 통한 방법
   ⓓ 시뮬레이션, 교육과정, 컴퓨터 활용 등을 통한 방법

■ 직업정보의 제공유형별 장단점
2025년 1회, 2024년 3회, 2023년 3회, 2022년 1회, 2021년 1회, 2019년 1회, 2018년 2회, 2017년 3회, 2015년 3회, 2014년 1·2회

제공유형	비용	학습자 참여도	접근성
인쇄물	저	수동적	용이
시청각자료	고	수동적	제한적
게임	저	적극적	제한적
면접	저	적극적	제한적
관찰	고	수동적	제한적
직업경험	고	적극적	제한적

② 직업정보 제공 시 유의점   2025년 1회, 2022년 2회, 2017년 2회, 2014년 2회, 2013년 3회

ⓐ 상담사는 내담자에게 필요한 직업정보를 제공하기 위하여 지속적으로 다양한 정보를 수집하고 분석하여야 한다.

ⓒ 직업정보의 제공에 앞서 직업정보의 생산과정을 공개하여야 한다. 이와 함께 직업정보는 이용자의 요구에 맞도록 생산·제공되어야 한다.
ⓒ 진로정보의 제공은 상담의 후기단계에서 이루어지며, 이 경우 내담자의 피드백을 고려하여야 한다.
ⓔ 표준화된 정보보다는 내담자가 속한 가족이나 문화를 우선적으로 고려하여 내담자에게 알맞은 정보를 제공하여야 한다.

(2) **직업정보의 평가**
① 직업정보의 조건
직업정보는 정확성, 신뢰성, 효용성을 갖추어야 한다. 여기서 직업정보가 신뢰성을 갖기 위해서는 발행인, 전문적인 컨설턴트, 후원자, 기고가, 기금의 출처 등을 공개해야 한다. 즉, 어떠한 기금을 지원받아, 어떤 조직이나 기관의 후원하에 직업정보를 개발했으며, 누가 정보에 대하여 책임을 지는지 등을 밝혀야 한다.
② 직업정보의 평가기준 2025년 1회, 2024년 1회, 2023년 1회, 2021년 2회, 2018년 3회, 2016년 1회, 2013년 3회
직업정보의 평가에서는 그 직업정보를 누가 만들었는지, 어떤 목적으로 만들었는지를 파악해야 한다. 또한 정보는 시간이 흐르면 가치가 없어지는 경우가 많기 때문에 언제 만들어진 것인지도 평가내용에 포함되어야 한다.

UNIT 2 고용정보의 관리

1 통계의 작성

(1) **통계의 작성방법**
① 통계자료의 출처
㉠ 통계자료는 대부분 크게 두 가지 출처로부터 얻어진다. 하나는 가구조사(household survey)이고, 다른 하나는 사업체조사(establishment survey)이다. 고용통계도 마찬가지이다.
ⓒ 고용통계를 위한 대표적인 가구조사로는 통계청에서 실시하는 '경제활동인구조사'가 있으며, 사업체조사로는 고용노동부에서 실시하고 있는 '사업체 노동력 조사', '사업체 노동실태 조사', '노동력 유동실태 조사' 및 '노동력 수요동향 조사' 등이 있다.
ⓒ 이 중 우리나라에 존재하는 모든 노동력, 취업자와 실업자를 파악할 수 있는 조사는 가구조사인 '경제활동인구조사'이다. 실업률 통계도 이 조사로부터 얻어진다.
② 표본규모 및 조사방법
㉠ 경제활동인구조사는 표본조사이며, 전국의 36,000가구(2025년)에 상주하는 만 15세 이상 가구원을 대상으로 조사한다. 사업체조사도 표본조사이다.
ⓒ 조사방법은 조사담당직원이 PDA를 휴대하고 조사대상 가구나 사업체를 방문하여 면접을 통해 직접 입력한다.

(2) 통계의 보조지표

① 체감실업의 존재
  ㉠ 우리나라의 고용통계는 국제노동기구(ILO; International Labor Organization) 권고안에 따라 국제적으로 통용되는 기준을 기초로 작성된다. 이 기준에 따르면 통계상으로는 실업자로 잡히지 않지만 일반인은 실업자로 느끼는 사람들이 있을 수 있다.
  ㉡ 현재의 통계작성기준에서 실업자로 분류되지는 않지만 일반국민들에게는 실업자로 인식될 수 있는 유형으로는 구직단념자(discouraged worker)와 불완전취업자(under-employment), 취업준비자(job seeker) 등이 있다.

② 보조지표
  ㉠ 구직단념자
    ⓐ 단순하게 표현하면 구직을 포기한 사람, 즉 구직의사는 있지만 일정한 이유로 조사대상 주간(15일이 포함된 한 주간)에 일자리를 찾지 않은 사람이다.
    ⓑ 이 통계는 유휴 노동인력의 규모를 파악할 목적으로 작성되는 것으로, 경기하강 및 경기상승기에 노동인력의 유휴 정도를 측정하여 실업 및 고용대책 수립에 활용하기 위해서 작성된다.
  ㉡ 불완전취업자
    ⓐ 불완전취업은 ILO에 따르면 '취업자의 생산적 능력이 불충분하게 활용되는 상황'으로 정의된다.
    ⓑ 그러나 불완전취업은 두 가지 부분에서 논란이 되고 있다. 첫째, '생산적 능력의 불충분한 활용'이라는 개념의 정확한 내용에 대한 것이고 둘째, 불완전취업의 측정기준에 대한 것이다.
    ⓒ 우리나라는 취업자 동향 발표 시에 취업시간대별로 취업자 수를 발표하고 있으며, 36시간 미만의 취업자에 대해서는 36시간 미만의 취업사유 및 추가취업, 전직희망 여부를 묻고 있다.
  ㉢ 취업준비자
    ⓐ 우리나라의 독특한 취업문화로 인해 학교를 졸업하고도 장기간 취업준비를 하면서 현재 구직활동을 하지 않고 있는 사람들을 말한다.
    ⓑ 이는 비경제활동인구조사 대상 주간 동안 주된 활동이 무엇이었는지에 대해 취업준비라고 응답한 사람들을 따로 구분한 것이다.

2 고용통계와 임금통계

(1) 고용통계

① 고용통계의 의의
  고용통계는 한 나라의 노동력 규모와 취업자 및 실업자 실태를 파악하기 위한 통계이다. 한 나라의 고용상황을 파악하고자 할 경우, 전체 인구보다는 경제적으로 생산활동이 가능한 인구가 더욱 중요한 의미를 갖는다.

② 노동가능인구
  ┌ 우리나라의 경우에는 15세 이상 인구를 노동가능인구로 파악하고 있지만, 미국의 경우에는 16세 이상 인구를 노동가능인구로 파악한다.
  ㉠ 현재 각국에서 작성하는 고용통계는 <u>일정연령 이상의 인구를 대상으로 작성</u>되고 있으며, 이 인구는 다시 노동력 제공 등을 통해 경제활동에 참가할 의사가 있는 경제활동인구와 경제활동에 참가할 의사가 없는 비경제활동인구로 나뉜다.

ⓛ 경제활동인구는 다시 취업자와 실업자로 구분되는데, 실업자가 경제활동인구에 포함되는 이유는 비록 조사시점 당시에는 일시적인 이유로 직장이 없어 실업상태에 있으나 언제든지 일자리가 주어지면 경제활동을 할 수 있는 인구로 분류되기 때문이다.

ⓒ 노동력 조사를 통하여 노동가능인구, 경제활동인구, 취업자 및 실업자 등의 노동력과 유휴노동력의 규모가 파악되면 경제활동참가율, 고용률, 실업률 등의 지표를 산출하여 노동시장 변화를 판단하게 된다.

③ 우리나라의 고용통계(경제활동인구조사) 2024년 3회, 2023년 3회, 2022년 2회, 2021년 3회, 2016년 1·3회, 2015년 1·3회, 2014년 2·3회

㉠ 조사범위

ⓐ 경제활동인구의 조사범위는 대한민국의 행정권이 미치는 모든 지역(해외공관 제외)을 대상으로 한다.

ⓑ 약 36,000개(2025년 기준) 표본가구를 대상으로 15세 이상 인구(현역군인, 사회복무요원, 형이 확정된 교도소 수감자 등은 제외)의 경제활동 여부 등을 조사한 후 인구주택총조사 결과를 기초로 전체 경제활동인구 규모를 추정한다.

ⓒ 경제활동인구조사(월간)에서는 2009년부터 조사대상에 외국인이 포함되어 있다. 이에 따라 표본가구에 외국인 가구도 포함되어 있다. 한편, 2012년부터 외국인고용조사(연간)를 별도로 실시하여 외국인고용상황을 상세히 파악할 수 있다.

ⓓ 조사대상기간은 15일이 포함된 1주간(일요일~토요일)을 말하고, 조사대상기간 전 1주간을 준비조사기간, 조사대상기간 다음 주 1주간을 조사기간이라고 한다.

㉡ 노동가능인구(15세 이상 인구)

ⓐ 경제활동인구조사에서는 만 15세 이상의 인구를 경제적으로 노동이 가능한 인구로 정의한다.

ⓑ 수입이 있는 일에 종사하고 있거나 취업을 하기 위하여 구직활동 중에 있는 사람을 경제활동인구로, 경제활동에 참여할 의사가 없는 사람을 비경제활동인구로 분류한다.

㉢ 비경제활동인구 실망노동자라고도 하며, 취업의사와 능력은 있으나 노동시장 수급상의 불균형 등의 사유로 일자리를 구하지 못한 자 가운데 조사대상기간 중에는 구직활동을 하지 않았으나 지난 1년간 구직경험이 있었던 사람을 말한다.

ⓐ 비경제활동인구에는 전업주부, 학생, 일을 할 수 없는 연로자·심신장애인, 자원봉사자, 구직단념자, 취업준비자 등이 포함된다. ― 취업을 위해 고시학원, 직업훈련기관 등의 학원 및 기관에 통학하는 사람을 말한다.

ⓑ 15세 이상 인구 중 경제활동인구가 차지하는 비율을 경제활동참가율이라 한다.

㉣ 경제활동인구

ⓐ 경제활동인구는 다시 현재 취업하고 있는가를 기준으로 취업자와 실업자로 구분한다.

ⓑ 취업자는 종사상 지위에 따라 크게 자영업주 및 무급가족종사자와 임금근로자로 구분된다.

ⓒ 실업자는 조사대상기간 중 적극적으로 일자리를 구해 보았으나 수입이 있는 일에 전혀 종사하지 못한 사람으로서 일자리가 있으면 즉시 취업이 가능한 사람으로 정의된다.

ⓓ 실업자에는 지난 4주간 구직활동을 계속하였으나 일시적인 질병, 일기불순, 구직결과 대기, 자영업 준비 등 특별한 사유로 조사기간 중에 구직활동을 하지 못한 사람도 포함된다.

ⓔ 실업률은 경제활동인구에서 실업자가 차지하는 비율로서, 실업자 수를 경제활동인구수로 나누어 산출한다.

ⓕ 고용보조지표의 하나인 잠재경제활동인구는 구직활동을 하지 않았거나 현실적으로 취업이 불가능하여 비경제활동인구로 분류되지만 잠재적으로 취업이나 구직이 가능한 자이다. 잠재경제활동인구=잠재취업가능자+잠재구직자이다.

> **더 알아보기**
>
> ■ **취업자**　　　　　　　　　　　　　　　　　　　　　　　　　　　　　2021년 3회, 2020년 4회
> - 취업자는 기본적으로 매월 15일이 포함된 1주일 동안에 수입을 목적으로 1시간 이상 일한 사람으로 정의되고 있다.
> - 여기에는 수입을 목적으로 하지 않았더라도 자기 가구에서 경영하는 농장이나 사업체를 위하여 주당 18시간 이상 일한 무급가족종사자도 포함시키고 있다.
> - 그리고 원래 직장이나 사업체를 가지고 있으나 일시적인 질병, 사고, 연가, 노사분규 등의 사유로 조사대상기간 중에 일을 하지 못한 일시휴직자도 포함된다.
>
> ■ **자영업자 및 무급가족종사자**
> - **단독 자영업자**: 자기 혼자 또는 무급가족종사자와 함께 자기책임하에 독립적인 형태로 사업체를 운영하는 자
> - **고용주**: 유급종업원을 한 사람 이상 두고 사업체를 경영하는 자
> - **무급가족종사자**: 자기에게 직접 수입이 오지 않더라도 동일가구 내 가족이 경영하는 사업체에서 무보수로 18시간 이상 일한 자
>
> ■ **임금근로자**　　　　　　　　　　　　　　　　　　　　　　　　　　　　　　　　　2017년 2회
> - **상용근로자**: 고용계약기간이 1년 이상인 자 또는 고용계약기간을 정하지 않은 경우 소정의 채용절차에 의해 입사한 사람으로서 회사의 인사관리규정이 적용되는 자
> - **임시근로자**: 고용계약기간이 1개월 이상 1년 미만인 자 또는 일정한 사업(사업완료기간 1년 미만)의 필요에 의해 고용된 자
> - **일용근로자**: 고용계약기간이 1개월 미만인 자 또는 매일매일 고용되어 근로의 대가로 일급 또는 일당제 급여를 받고 일하는 자
>
> ■ **비정규직 근로자**
> - **한시적 근로자**: 근로계약기간을 정한 자 또는 정하지 않았으나 비자발적 사유로 계속 근무를 기대할 수 없는 자
> - **기간제 근로자**: 기간의 정함이 있는 근로계약(기간제 근로계약)을 체결한 자
> - **시간제 근로자**: 근로시간이 짧은 파트타임 근로자
> - **비전형 근로자**: 파견근로자, 용역근로자, 특수고용 종사자, 가정 내 근로자(재택, 가내), 일일(호출)근로자 등

④ 구직단념자와 체감실업률
　㉠ 구직단념자(실망실업자)의 처리
　　　ⓐ 취업준비자 및 구직단념자의 경우 실질적인 의미의 실업자이나 조사대상기간 동안 구직활동을 하지 않았으므로 실업자가 아닌 비경제활동인구로 분류된다.
　　　ⓑ 따라서 취업준비자 및 구직단념자가 증가하는 경우 실업률에는 영향을 미치지 않거나 오히려 실업률이 낮아지게 된다.
　㉡ 실제실업률과 체감실업률의 괴리
　　　ⓐ 구직활동을 열심히 하던 자가 구직이 잘되지 않아 구직활동을 포기하거나 또는 취업학원을 통해 취업준비를 하게 되는 경우, 실업자에서 비경제활동인구로 이동하게 되므로 실업자 수가 감소하게 되어 실업률이 낮아지게 된다.
　　　ⓑ 따라서 국민이 실제 피부로 느끼는 체감실업률과 정부가 발표하는 실업률 간에는 괴리가 발생할 수 있다.

ⓒ 고용률지표의 이용 2022년 1회, 2014년 2회
ⓐ 최근에는 실제실업률과 체감실업률이 괴리되는 문제점을 해소할 수 있는 지표로 고용률이 보조지표로 이용되기도 한다.
ⓑ 고용률은 취업자 수를 15세 이상 인구수로 나누어 산출한다. 고용률은 실업률과 달리 실업자와 비경제활동인구 간의 잦은 이동 등으로 인한 경제활동인구수 변동의 영향을 받지 않는다.

(2) **기타 주요 고용관련 통계** 2024년 1·2·3회, 2023년 3회, 2022년 1·2회, 2021년 2회, 2012년 2회
① 고용보험 통계
㉠ 고용보험 통계는 우리나라의 고용보험제도가 1995년부터 실시됨에 따라 자동적으로 산출되는 통계로서 고용노동부 산하의 한국고용정보원(www.keis.or.kr)에서 피보험자의 산업별·지역별·직종별 이동현황 및 실업급여 신청자 수, 일자리 창출 및 소멸 현황 등이 작성된다.
㉡ 고용보험 통계는 고용시장 동향을 나타내는 중요한 지표가 된다. 특히 고용보험 통계는 고용보험 제도의 운영과 동시에 산출되는 통계로 별도의 조사를 거치지 않으므로, 노동시장 동향을 신속하게 파악하는 지표로 활용될 수 있다.
② 고용24 구인·구직 및 취업동향 통계 2019년 3회, 2017년 1회, 2016년 2회
고용24 구인·구직 및 취업동향 통계는 신규구인인원, 신규구직자 수, 취업건수를 파악하여 구인배수, 일자리경쟁배수, 취업률 등이 작성되는 통계이나, 고용24를 이용한 구인·구직자만을 대상으로 하므로 노동시장의 전체 수급상황을 대표한다고 볼 수는 없다.

▶ **주요 고용관련 통계**

통계명	작성기관	작성주기	조사대상	조사내용
경제활동인구조사	통계청	월간	2015년 인구총조사를 모집단으로 한 35,000개 표본가구	만 15세 이상 인구, 경제활동인구, 취업자, 실업자
사업체 노동력조사	고용노동부	월간	종사자 1인 이상 민간사업체 및 공공기관 중 2만 5천여 개 표본사업체	현원, 빈 일자리 및 입·이직에 관한 사항과 고용, 임금 및 근로시간에 관한 사항
지역별 사업체 노동력조사	고용노동부	반기 (연 2회)	종사자 1인 이상 20만 개 사업체	종사자 수, 빈 일자리 수, 입·이직자 수
직종별 사업체 노동력조사	고용노동부	반기 (연 2회)	상용근로자 5인 이상 32,000개 사업체	현원, 부족인원 및 채용계획인원
기업체 노동비용조사	고용노동부	연간	상용근로자 10인 이상 3,300개 기업체	직접노동비용(현금급여), 간접노동비용(복리비용)
시도별 임금·근로시간조사	고용노동부	연간	상용근로자 5인 이상 표본사업체	사업체 현황, 사용근로자, 임시·일용근로자의 임금 및 근로시간
고용24 구인·구직 및 취업동향 통계	한국고용정보원	월간	고용24에 등록된 구인·구직자	구인배수, 일자리경쟁배수, 취업률 등

※ 자료: 한국은행, 『알기 쉬운 경제지표해설』, 2019

CHAPTER 04 | 직업정보의 수집·분석

핵심 기출문제

빈출

01 직업정보를 제공하는 유형별 방식의 설명이다. ( ) 안에 가장 알맞은 것은?

2025년 1회, 2024년 3회, 2023년 3회, 2022년 1회,
2021년 1회, 2019년 1회, 2017년 3회, 2015년 3회

종류	비용	학습자 참여도	접근성
인쇄물	(A)	수동	용이
면접	저	(B)	제한적
직업경험	고	적극	(C)

① A - 고, B - 적극, C - 용이
② A - 고, B - 수동, C - 제한적
③ A - 저, B - 적극, C - 제한적
④ A - 저, B - 수동, C - 용이

빈출

02 직업정보를 수집·제공 시 고려해야 할 사항과 가장 거리가 먼 것은?

2022년 2·3회, 2021년 1회, 2020년 3회, 2017년 2회, 2014년 3회

① 명확한 목표를 가지고 계획적으로 수집한다.
② 최신의 자료를 수집한다.
③ 자료를 수집할 때 자료출처와 일자를 기록한다.
④ 직업정보는 전문성이 있으므로 전문용어를 사용하여 제공한다.

빈출

03 통계청 경제활동인구조사에서 사용하는 용어에 관한 설명으로 틀린 것은?

2020년 4회, 2018년 1회, 2016년 1·3회, 2010년 1·2회

① 잠재취업가능자: 비경제활동인구 중에서 지난 4주간 구직활동을 하였으나, 조사대상주간에 취업이 가능하지 않은 자
② 고용률: 만 15세 이상 인구 중 취업자가 차지하는 비율
③ 취업자: 조사대상주간 중 수입을 목적으로 18시간 이상 일한 자
④ 자영업자: 고용원이 있는 자영업자 및 고용원이 없는 자영업자를 합친 개념

빈출

04 직업정보 조사를 위한 설문지 작성법으로 틀린 것은?

2024년 3회, 2022년 2회, 2021년 1회,
2019년 1회, 2017년 1·2회, 2014년 1회

① 이중질문은 피한다.
② 조사주제와 직접 관련이 없는 문항은 줄인다.
③ 응답률을 높이기 위해 민감한 질문은 앞에 배치한다.
④ 응답의 고정반응을 피하도록 질문형식을 다양화한다.

꼼꼼하게 풀어 주는 정답과 해설

01 ③ 인쇄물은 저비용, 면접의 학습자 참여도는 적극적이다. 직업경험의 접근성은 일부만이 참여하므로 제한적이다.

02 ④ 직업정보의 이용자는 일반인이므로 직업정보의 수집·제공 시 이용자의 수준에 맞는 평이한 언어로 제공한다.

03 ③ 취업자는 조사대상주간(15일이 포함된 1주일) 중 수입을 목적으로 1시간 이상 일한 자이다.
＊경제활동인구조사
통계청이 실시하는 경제활동인구조사는 취업, 실업, 노동력 등과 같은 인구의 경제적 특성을 조사하여 노동공급, 고용구조, 노동시간, 인력자원의 활용 정도 파악, 고용창출을 위한 정부정책 입안 및 평가자료로 제공하기 위한 것이다.

04 ③ 직업정보 조사를 위해 설문지를 작성하는 경우, 응답률을 높이기 위해 개인의 사생활에 관한 질문과 같이 민감한 질문은 가급적 뒤로 배치하는 것이 좋다.

정답 01 ③ 02 ④ 03 ③ 04 ③

05 직업정보에 대한 설명으로 틀린 것은?
2022년 1·3회, 2020년 3회, 2019년 3회, 2017년 3회, 2016년 2회

① 직업정보는 경험이 부족한 내담자들에게 다양한 직업을 접할 기회를 제공한다.
② 직업정보의 수집 → 체계화 → 분석 → 가공 → 제공 → 축적 → 평가 등의 단계를 거쳐 처리된다.
③ 직업정보를 수집할 때는 항상 최신의 자료인지 확인한다.
④ 동일한 정보라 할지라도 다각적인 분석을 시도하여 해석을 풍부히 한다.

06 고용노동통계조사의 각 항목별 조사주기의 연결이 틀린 것은?
2024년 1·2·3회, 2023년 3회, 2021년 2회, 2022년 1회, 2010년 3회

① 사업체 노동력 조사: 연 1회
② 시도별 임금 및 근로시간 조사: 연 1회
③ 지역별 사업체 노동력 조사: 연 2회
④ 기업체 노동비용 조사: 연 1회

07 직업정보 수집방법으로서 면접법에 관한 설명으로 가장 적합하지 않은 것은?
2021년 1회, 2017년 3회, 2016년 2회, 2013년 3회

① 표준화 면접은 비표준화 면접보다 타당도가 높다.
② 면접법은 질문지법보다 응답범주의 표준화가 어렵다.
③ 면접법은 질문지법보다 제3자의 영향을 배제할 수 있다.
④ 표준화 면접에는 개방형 및 폐쇄형 질문을 모두 사용할 수 있다.

08 내용분석법을 통해 직업정보를 수집할 때의 장점이 아닌 것은?
2020년 1·2(통합)회, 2016년 3회, 2013년 3회

① 정보제공자의 반응성이 높다.
② 장기간의 종단연구가 가능하다.
③ 필요한 경우 재조사가 가능하다.
④ 역사연구 등 소급조사가 가능하다.

꼼꼼하게 풀어 주는 정답과 해설

05 ② 직업정보시스템의 정보관리는 직업정보의 수집 → 분석 → 가공 → 체계화 → 제공 → 축적 → 평가의 순서로 이루어진다.

06 ① 사업체 노동력 조사는 고용노동부가 매월 사업체를 대상으로 수요 측면의 사업체 내 종사자 총량, 근로자의 전체 임금 총량 단위로 파악하는 조사이다.
매월 노동수요측(사업체)의 관점에서 근로자 수, 입직자 및 이직자 수와 임금 및 근로시간에 관한 사항을 조사하여 노동정책의 기초자료 활용 및 경기전망 등을 위한 경기지표를 생산하기 위한 조사이다.

07 ① 표준화 면접은 질문의 내용이 표준화되어 정해진 내용을 질문하는 것이고, 비표준화 면접은 면접자가 자유롭게 질문하는 방법이다. 따라서 표준화 면접은 비표준화 면접보다 타당도(validity)는 낮고, 신뢰도(reliability)는 높다.

08 ① 내용분석법(content analysis)은 인간이 남기는 모든 형태의 이용 가능한 자료의 성질 및 대상인물의 성질을 탐구함으로써 전체 상황에 관한 통찰을 하여 어떤 가설을 설정하고, 그 가설을 검증할 수도 있도록 하기 위해 개발된 방법이다. 즉, 문헌연구법의 일종이다. 따라서 장기간의 종단연구가 가능하고 필요한 경우 재조사가 가능하며, 역사연구 등 소급조사도 가능하지만, 연구대상에는 영향을 미치지 않고 정보제공자의 반응성은 낮다.

정답 05 ② 06 ① 07 ① 08 ①

09 직업정보 제공에 관한 설명으로 옳은 것은?

2020년 3회, 2017년 2회, 2013년 3회

① 모든 내담자에게 직업정보를 우선적으로 제공한다.
② 상담사는 다양한 정보를 수집하기 위해 지속적으로 노력한다.
③ 진로정보 제공은 상담의 초기단계에서 이루어지며, 이 경우 내담자의 피드백은 고려하지 않는다.
④ 내담자가 속한 가족, 문화보다는 표준화된 정보를 우선적으로 고려하여 정보를 제공한다.

빈출
10 직업정보의 가공에 대한 설명으로 가장 적합하지 않은 것은?

2025년 1회, 2021년 2회, 2020년 1·2(통합)회, 2018년 2회, 2016년 3회, 2013년 3회, 2012년 2회, 2006년 1회

① 효율적인 정보제공을 위해 시각적 효과를 부가한다.
② 정보를 공유하는 방법과도 연관되어 있다.
③ 긍정적인 정보를 제공하는 입장에서 출발해야 한다.
④ 정보의 생명력을 측정하여 활용방법을 선정하고 이용자에게 동기를 부여할 수 있도록 구상한다.

빈출
11 직업정보 분석 시 유의점으로 틀린 것은?

2022년 2회, 2021년 2회, 2019년 2회, 2017년 2회, 2016년 3회, 2012년 1회, 2010년 3·4회

① 전문적인 시각에서 분석한다.
② 직업정보원과 제공원에 대하여 제시한다.
③ 동일한 정보에 대해서는 한 가지 측면으로 분석한다.
④ 원자료의 생산일, 자료표집방법, 대상 등을 검토한다.

12 통계청 경제활동인구조사의 주요 용어에 관한 설명으로 틀린 것은?

2020년 4회, 2016년 1·3회, 2010년 1·2회

① 경제활동인구: 만 15세 이상 인구 중 취업자와 실업자를 말한다.
② 육아: 조사대상주간에 주로 미취학자녀(초등학교 입학 전)를 돌보기 위하여 집에 있는 경우가 해당된다.
③ 취업준비: 학교나 학원에 가지 않고 혼자 집이나 도서실에서 취업을 준비하는 경우가 해당된다.
④ 자영업자: 고용원이 없는 자영업자를 제외한 고용원이 있는 자영업자를 말한다.

꼼꼼하게 풀어 주는 정답과 해설

09 ② 상담사는 내담자에게 필요한 직업정보를 제공하기 위하여 지속적으로 다양한 정보를 수집하고 분석하여야 한다.
10 ③ 직업정보를 가공할 때는 중립적인 입장에서 직업에 대한 장단점을 편견 없이 제공해야 한다.
11 ③ 직업정보 분석 시 동일한 정보라도 다각적인 분석을 시도하여 해석을 풍부히 하여야 한다.
12 ④ 자영업자는 사업규모에 상관없이 한 사람 이상의 유급고용원을 두거나(고용주), 유급종업원 없이 자기 혼자 또는 무급가족종사자와 함께 일을 하는 자(단독 자영업자)를 말한다.

정답 09 ② 10 ③ 11 ③ 12 ④

에듀윌이 너를 지지할게
ENERGY

깊은 땅 속 흙더미 바위 더미를 헤치지 않고
광맥을 찾을 수는 없습니다.

캐낸 원석을 이리저리 깎고 다듬지 않고서는
보석이 될 수 없습니다.

가치 있는 것은 결코 편하고 쉽지 않습니다.

– 조정민, 『인생은 선물이다』, 두란노

IV

노동시장

🔭 노동시장, 어떻게 접근할까?

- 노동시장은 경제학의 기본 이론을 바탕으로 노동시장이 작동하는 원리를 설명하고 있어, 경제학의 배경지식이 없는 수험생에게는 조금 어려울 수 있습니다.
- 시험에 나오는 유형은 정해져 있으므로 기본 내용을 중심으로 학습하시고 기출문제와 모의고사를 반복하여 풀어 보시면 높은 점수를 얻을 수 있을 것입니다.

CHAPTER 01   노동시장의 이해

CHAPTER 02   임금의 이해

CHAPTER 03   실업의 제 개념

CHAPTER 04   노사관계이론

CHAPTER 01 노동시장의 이해

회당 평균 출제 문항수 **7.4개**

수험 전략
- 노동시장에서 가장 핵심적인 영역으로 노동수요의 결정요인, 단기에서 기업의 이윤극대화 원리, 노동수요곡선의 의의, 장기의 노동수요곡선 등 전 분야에 걸쳐 고르게 출제되고 있다.
- 노동공급의 의미와 그 결정요인, 후방굴절 노동공급곡선, 임금상승의 소득효과와 대체효과, 노동공급의 탄력성, 인적자본이론 등에 대한 정확한 이해가 필요하며, 노동시장의 경쟁과 분단, 우리나라 노동시장의 특성에 대해서도 알아 두어야 한다.

NEW & HOT! 키워드
- # 노동수요
- # 노동수요 및 노동공급 탄력성
- # 노동수요 탄력성의 크기 결정요인
- # 내부노동시장의 형성요인·장점

UNIT 1 노동시장과 노동의 수요

1 노동의 수요

(1) 노동수요의 의미와 특징

① **노동수요의 의미**

노동수요(demand for labor)는 일정기간 동안 노동수요자인 기업들이 구입할 의사가 있는 노동의 양을 의미한다. 노동수요량은 일정기간 동안에 구입하려는 수량이므로 유량(flow) 개념이다.

② **노동수요의 특징** 2020년 3회, 2018년 1회, 2015년 3회, 2013년 1회

㉠ 노동을 비롯한 생산요소에 대한 수요를 유발수요(derived demand) 또는 파생수요, 간접수요라고 하는데, 그 이유는 노동을 비롯한 생산요소에 대한 수요는 최종재화에 대한 소비자의 수요에서 유발되기 때문이다.

㉡ 또한 노동은 다른 생산요소와 결합되어야만 재화를 생산할 수 있기 때문에 노동수요는 결합수요 (combined demand)이다.

(2) 노동수요의 결정요인 2018년 2회, 2013년 3회

① **노동수요의 동기**

기업은 노동을 고용하여 재화를 생산하고 이를 판매해서 얻는 이윤을 극대화하려고 한다. 여기서 기업의 총이윤은 생산물을 판매해서 얻은 총수입(total revenue)에서 생산물의 생산에 투입된 총비용 (total cost)을 뺀 것이므로, 기업의 총수입과 총비용에 영향을 미치는 요인이 곧 기업의 노동수요를 결정한다고 할 수 있다.

② **노동수요의 결정요인**

㉠ 노동의 가격(임금): 노동의 가격, 즉 임금이 상승하면 노동수요량은 감소하고, 임금이 하락하면 노동수요량은 증가한다. 이러한 관계를 그래프로 나타내면 우하향하는 노동의 수요곡선이 그려진다.

㉡ 다른 생산요소(자본 등)의 가격: 예를 들어, 자본 서비스의 가격이 상승하면 기업들은 자본 대신 노동을 더 투입하므로 노동수요는 증가한다.

ⓒ **상품에 대한 소비자의 수요**: 상품에 대한 수요가 증가하면 상품생산이 증가하고, 상품생산이 증가하면 유발수요인 노동수요는 증가한다.

ⓓ **노동의 생산성**: 노동의 생산성 증대로 생산비가 하락하면 상품의 가격이 하락하므로 상품수요량은 증가하고 이로 인해 생산량이 증가하면 노동수요는 증가한다.

ⓔ **생산기술**: 기술혁신(innovation)은 노동의 생산성을 증대시키고, 이로 인해 노동수요는 증가한다.

(3) 노동수요곡선의 도출과 변화

① 노동수요곡선의 도출

ⓐ 임금을 제외한 나머지 요인이 일정불변이라면 노동에 대한 수요는 임금의 크기에 의존한다.

ⓑ 각각의 임금수준에 대응하여 기업들이 일정기간 동안 구입하려는 노동의 양을 그래프로 표시하면 우하향하는 노동수요곡선(labor demand curve)이 도출된다.

② 노동수요의 변화와 노동수요곡선의 이동 2025년 1·2회, 2024년 1·2회, 2023년 2회, 2022년 1·2·3회, 2019년 2·3회, 2017년 2회, 2016년 1회, 2015년 3회, 2014년 2회

ⓐ 노동수요에 영향을 미치는 요인 중 임금이 변화(상승과 하락)하면 노동수요곡선을 따라 노동의 수요점이 이동하게 되는데, 이러한 노동수요곡선상의 이동을 노동수요량의 변화라고 한다[그림 (a)].

ⓑ 임금을 제외한 기타 요인(생산물에 대한 수요, 다른 생산요소의 가격, 노동생산성 및 생산기술의 변화 등)이 변화하면 노동수요곡선 자체가 이동하는데, 이를 노동수요의 변화라고 한다[그림 (b)].

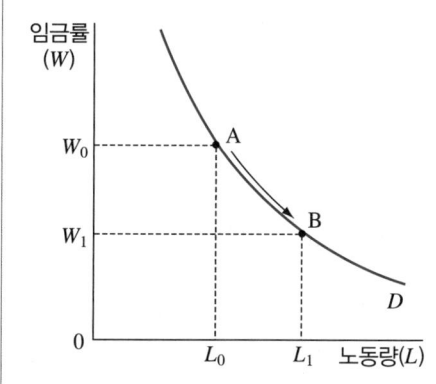

(a) 노동수요량의 변화

노동수요곡선의 이동 없이 동일한 노동수요곡선상에서 노동의 수요점이 이동(A ⇨ B)하는 것을 노동수요량의 변화라고 한다. 원인은 임금의 변화이다.

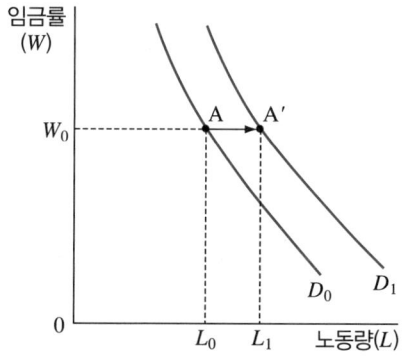

(b) 노동수요의 변화

임금의 변화 없이 노동수요곡선 자체가 좌우로 이동하는 것을 노동수요의 변화라고 한다. 임금을 제외한 다른 요인이 변화할 때 나타난다.

■ **노동수요의 증가요인**

노동수요의 증가요인, 즉 노동수요곡선을 오른쪽으로 이동시키는 요인은 다음과 같다.
- 노동을 투입하여 생산하는 생산물에 대한 수요의 증가
- 자본·토지 등 다른 생산요소의 가격상승
- 노동생산성의 증대
- 생산기술의 진보

2 단기의 노동수요곡선

(1) 단기와 장기

① **단기(short run)**

생산량을 증가시키고자 할 때, 투입량을 변화시킬 수 없는 고정 생산요소가 존재하는 기간을 단기라고 한다. 즉, 단기에는 자본이나 토지의 양은 변화시킬 수 없으므로, 생산량의 증가를 위해서는 노동·원료 등 가변 생산요소의 투입을 증가시켜야 한다.

② **장기(long run)**

장기에는 모든 투입요소가 가변적이다. 따라서 장기에는 생산량의 증가를 위해 자본이나 토지의 양도 증가시킬 수 있다.

③ **단기의 기업의 의사결정**

노동수요 분석에서 가장 기본적인 의사결정 단위는 기업이다. 전통적으로 경제학에서는 기업이 이윤의 극대화를 추구한다고 가정한다. 이윤극대화를 추구하는 기업은, 추가적인 생산요소(노동)의 투입에서 생기는 산출물을 판매해서 생기는 수입(한계수입)과 추가적인 생산요소의 비용(한계비용)을 비교하여 생산에 관한 의사결정을 한다.

(2) 단기에서의 기업의 이윤극대화

노동만이 유일한 가변요소이고, 자본은 고정되어 있다고 가정한다. 기업이 자본투입을 증가시키는 것이 불가능하고 생산량 증가를 위해 노동투입의 증가만이 가능한 이러한 기간이 단기(short run)이다.

① **노동의 평균생산과 한계생산**

㉠ **노동의 평균생산**

노동 1단위당 생산량을 노동의 평균생산(AP_L; Average Products of Labor)이라고 한다.

> 예 10명의 노동자가 자동차 500대를 생산했다면 노동의 평균생산 $AP_L = \dfrac{500대}{10명} = 50대$이다.

㉡ **노동의 한계생산** 2021년 3회, 2018년 3회, 2017년 3회, 2014년 3회

노동 1단위를 생산에 추가로 투입할 때 그로 인한 총생산량의 증가분을 노동의 한계생산(MP_L; Marginal Products of Labor)이라고 한다.

> 예 8명의 노동자가 자동차 440대를 생산하고 있을 때 노동자 2명이 추가로 투입되어 자동차 생산량이 500대로 증가했다면 노동의 한계생산 $MP_L = \dfrac{(500-440)대}{2명} = 30대$이다.

$$\text{노동의 평균생산}(AP_L) = \dfrac{\text{총생산량}(TP)}{\text{노동투입량}(L)}$$

$$\text{노동의 한계생산}(MP_L) = \dfrac{\text{총생산량의 증가분}(\Delta TP)}{\text{노동투입량의 증가분}(\Delta L)}$$

㉢ **한계생산 체감의 법칙**

ⓐ 노동의 투입량을 증가시키면 총생산량은 증가하지만 총생산량의 증가분, 즉 한계생산은 처음에는 체증하다가 일정 한계를 지나면 체감하는데, 이러한 현상을 한계생산 체감의 법칙 또는 수확체감의 법칙이라고 한다.

ⓑ 수확체감의 법칙은 경험적으로 관찰할 수 있는 모든 생산을 지배하는 생산의 자연법칙이다. 한계생산 체감의 법칙은 노동과 자본을 비롯한 모든 생산요소에 적용된다.

ⓒ 총생산량이 극대가 되면 한계생산은 0이 되고, 총생산량이 감소하면 한계생산은 음(-)이 된다.

② 단기에서의 기업의 이윤극대화
2025년 1·2·3회, 2024년 2·3회, 2023년 3회, 2022년 3회, 2021년 1·2회, 2020년 3·4회, 2017년 2회(2문제), 2016년 3회, 2015년 3회, 2014년 2·3회

㉠ 총이윤: 기업의 총이윤은 생산물을 판매해서 얻은 총수입에서 생산에 투입된 총비용을 공제한 것이다.

> 총이윤 = 총수입 - 총비용

㉡ 총이윤의 극대화

ⓐ 총이윤이 극대이면 한계이윤이 0이므로, 기업은 노동 1단위를 추가로 투입해서 얻는 생산물의 증가분(노동의 한계생산)을 시장에서 판매하여 얻는 금액, 즉 노동의 한계생산가치(VMP_L = $P \cdot MP_L$)와 노동 1단위에 지급되는 임금률(W)을 비교하여 노동의 고용 여부를 결정한다.

ⓑ 기업은 노동 1단위를 추가로 고용했을 때 얻는 노동의 한계생산가치가 기업이 노동자에게 지급하는 임금률보다 클 경우에는 노동투입량(노동수요량, 즉 고용량)을 늘려 생산을 증가시키려고 할 것이다. 그러나 반대의 경우에는 기업이 지급하는 임금률이 더 크기 때문에 노동투입량을 줄여 생산을 감소시키려고 할 것이다.

ⓒ 따라서 기업이 이윤을 극대화하기 위해서는 노동의 한계생산가치와 임금률이 같은 수준에서 노동투입량을 결정해야 한다. 이상의 내용을 정리하면 다음과 같다.

> 노동의 한계생산가치(VMP_L = $P \cdot MP_L$) > 임금률(W) ⇨ 고용 증가 ⇨ 이윤 증가
> 노동의 한계생산가치(VMP_L = $P \cdot MP_L$) < 임금률(W) ⇨ 고용 감소 ⇨ 이윤 증가
> 노동의 한계생산가치(VMP_L = $P \cdot MP_L$) = 임금률(W) ⇨ 고용 결정 ⇨ 이윤 극대

더 알아보기 | 기업의 이윤극대화 조건

기업의 총이윤이 극대이면, 극대점에서는 증가분이 없으므로 총이윤의 증가분, 즉 한계이윤은 0이 된다.
한계이윤 = 한계수입 - 한계비용이므로, 한계수입 = 한계비용이 기업의 이윤극대화 조건이 된다.

더 알아보기 | 노동의 한계생산가치와 한계수입생산

- 노동의 한계생산가치(VMP_L)는 한계생산물(MP_L)의 시장가치이다. 따라서 한계생산물(MP_L)에 생산물의 시장가격(P)을 곱하여 계산할 수 있다. 즉, VMP_L = $P \cdot MP_L$이다.
- 한편, 한계수입생산물(MRP_L; Marginal Revenue Products of Labor)은 한계생산(MP_L)에 한계수입(MR; Marginal Revenue)을 곱하여 구해진다. 한계수입은 생산물 1단위를 추가로 생산하여 판매할 때 그로 인한 총수입의 증가분이다.
- 완전경쟁시장에서는 한계수입(MR)이 생산물의 시장가격(P)과 같으므로 VMP_L = MRP_L이다. 그러나 독점시장에서는 시장가격>한계수입이므로 VMP_L > MRP_L이 된다.

③ 단기에서의 기업의 노동수요곡선   2019년 1회, 2014년 1·2회, 2013년 1회

㉠ 상품시장이 경쟁적인 경우

ⓐ 다른 생산요소의 투입이 불변인 경우, 우하향하는 노동의 한계생산가치(VMP_L) 곡선이 단기에서 경쟁적 기업의 노동에 대한 수요곡선이 된다. 그 이유는 다음과 같다.

ⓑ 임금률(W)이 상승하면 $W > VMP_L$이 된다. 이 경우 이윤을 극대화하려는 기업은 노동투입량(수요량)을 감소시켜야 한다. 그래야만 한계생산 체감의 법칙에 따라 VMP_L이 커지므로 $W = VMP_L$이 되어 이윤의 극대화가 이루어진다.

ⓒ 결국 임금률과 노동수요량은 음(-)의 관계에 있게 되고, 기업의 노동수요곡선은 우하향한다. 그리고 임금률(W) = 노동의 한계생산가치(VMP_L)에서 고용량(노동수요량)을 정하므로, 노동의 한계생산가치(VMP_L) 곡선이 바로 노동의 수요곡선이 된다.

ⓓ 노동의 한계생산가치(VMP_L) 곡선이 노동의 수요곡선이므로, 노동의 수요곡선은 우하향하는 형태이다. 따라서 노동의 수요곡선이 우하향하는 이유는, 노동의 한계생산(MP_L)이 체감하기 때문이다.

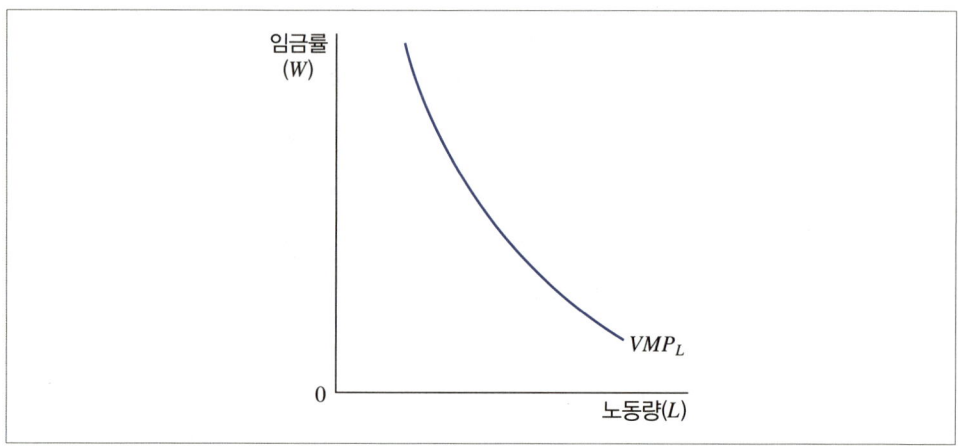

㉡ 상품시장이 독점인 경우

ⓐ 상품시장이 완전경쟁이 아니고 하나의 기업이 시장을 지배하는 독점(monopoly)상태에 있는 경우에는, 생산물의 가격이 일정하지 않고 기업의 생산량에 따라 달라진다. 따라서 기업의 한계수입(MR)도 달라진다. 그러므로 이러한 조건하에서 독점기업의 노동수요곡선은 한계생산가치($VMP_L = P \cdot MP_L$) 곡선이 아니고, $MR \cdot MP_L$인 한계수입생산(MRP_L) 곡선이 된다.

> **더 알아보기 | 완전경쟁시장의 이윤극대화**
>
> 완전경쟁시장에서는 다수의 공급자가 동질의 상품을 공급하므로 시장의 누구도 시장가격에는 영향을 미칠 수 없는 가격수용자(price taker)이다. 따라서 완전경쟁시장의 기업은 시장에서 주어지는 가격을 그대로 수용하고 그 가격하에서 이윤을 극대화하는 생산량만 결정하게 된다. 그러므로 기업의 생산량이 얼마이든 가격은 일정하고, 가격이 일정하면 가격 = 한계수입이 된다.

> **더 알아보기 | 독점과 수요독점: 시장의 연관성**
>
> 상품시장에서의 독점(공급독점)기업은 노동시장에서는 수요독점(monopsony)기업이 된다.

ⓑ 경쟁시장에서는 생산물의 가격이 일정하므로 가격(P)과 한계수입(MR)이 같다. 즉, 한계수입 곡선은 수평이다. 그러나 독점기업처럼 기업의 생산물에 대한 수요곡선이 우하향일 때는 한계수입곡선은 수요곡선보다 아래에 위치하고, 그 기울기는 더 가파르다.

ⓒ 그러므로 독점기업의 노동에 대한 수요곡선(한계수입생산 곡선)은 경쟁적 기업의 노동에 대한 수요곡선(한계생산가치 곡선)보다 기울기가 더 가파르다.

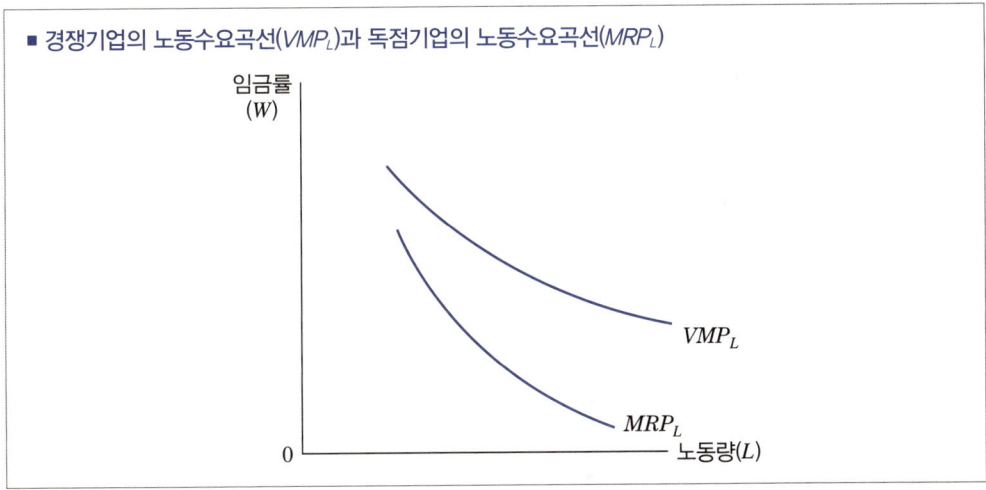

■ 경쟁기업의 노동수요곡선(VMP_L)과 독점기업의 노동수요곡선(MRP_L)

④ 고임금 경제와 노동수요

ⓐ 고임금 경제(economies of high wage)는 고임금의 지급이 노동의 생산성을 향상시키고, 이로 인해 생산물의 단위당 생산비(평균비용)가 하락하는 효과를 의미한다. 고임금 경제의 효과를 얻으려는 기업의 임금정책을 효율임금(efficiency wage) 정책이라고 한다.

ⓑ 효율임금은 기업주가 노동생산성을 높이기 위하여 노동자에게 지급하는 시장임금 이상의 높은 임금을 의미한다. 이러한 현상을 설명하는 이론을 효율임금이론이라고 한다.

> **더 알아보기** 효율임금이론(효율임금가설)
>
> - 효율임금(efficiency wage)은 시장의 균형임금(시장임금)보다 더 높은 임금을 의미한다. 기업은 높은 임금을 지급함으로써 생산성을 향상시키고 높은 성취동기를 유발할 수 있으므로 효율임금정책을 사용한다.
> - 효율임금은 전문직과 같이 노동자들의 생산성을 관측하기 어려운 경우 채택될 가능성이 높다.
> - 이 경우 높은 임금을 지급하면 이 임금은 기업의 생산비에 반영되고 이 생산비를 기초로 이윤을 극대화하는 생산량과 가격을 결정하게 된다.
> - 효율임금은 임금의 증가율(%)보다 생산량의 증가율(%)이 커야만 도입할 수 있다. 따라서 효율임금은 생산의 임금탄력성(= 생산량의 증가%/임금의 증가%)이 1이 되는 점에서 결정된다.
> - 또한, 임금인상에 따른 한계생산이 임금의 평균생산과 일치하는 점에서는 평균생산이 극대가 되므로 이 점에서 효율임금이 결정된다.

ⓒ 다음 [그림]에서 임금이 W_0일 때 기업의 이윤을 극대화하기 위한 고용량은 L_0이다. 여기서 임금이 W_1으로 상승하면 고용량은 노동수요곡선(VMP_L곡선)상의 A에서 B로 이동하여 L_1으로 감소한다.

② 그러나 고임금 경제가 있는 경우, 임금의 상승은 노동의 생산성(MP_L)을 증가시키고 이에 따라 노동수요곡선(VMP_L곡선)이 VMP_L^1로 상방 이동하므로, 노동수요점이 C로 이동하여 고용량은 L_2로 감소한다.

⑩ 따라서 고임금 경제가 있는 경우 노동수요곡선은 A와 C를 연결한 D_L이 되어 고임금 경제가 없는 경우의 노동수요곡선보다 가파른 모양(비탄력적인)을 보이게 된다. 그리고 고임금 경제가 없는 경우에 비해 고용량은 적게 감소한다.

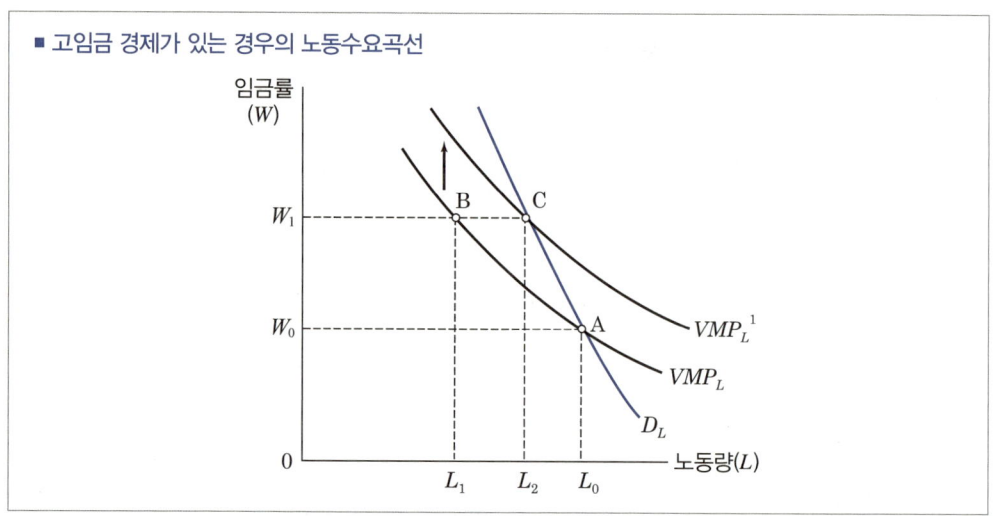

■ 고임금 경제가 있는 경우의 노동수요곡선

3 장기의 노동수요곡선

(1) 장기에서의 노동수요

2016년 2회

① 자본의 고용수준 변화

㉠ 장기에 노동의 고용비용, 즉 임금이 하락하면 기업은 일반적으로 노동의 고용수준뿐만 아니라 다른 생산요소의 고용량, 예컨대 자본의 고용수준도 변화시키게 된다.

㉡ 일반적으로 주어진 노동에 보다 많은 자본이 결합되면 노동의 한계생산은 증가하고, 이는 노동의 한계생산가치 곡선을 상방으로 이동시킨다.

② 대체효과와 규모효과

장기에 임금률이 하락하면 생산량과 고용량 및 자본량이 증가하게 되는데, 이를 대체효과와 산출량효과로 나눌 수 있다.

㉠ 대체효과(substitution effect)란 상대적으로 값이 싸진 노동이라는 요소를 생산에 상대적으로 더 많이 투입하는 효과를 말한다.

㉡ 산출량효과(output effect) 또는 규모효과(scale effect)란 임금률의 하락으로 생산비가 낮아져 해당 기업의 생산량이 증가하는 효과를 말한다.

(2) 장기 노동수요곡선

2025년 1회, 2015년 2회, 2013년 3회

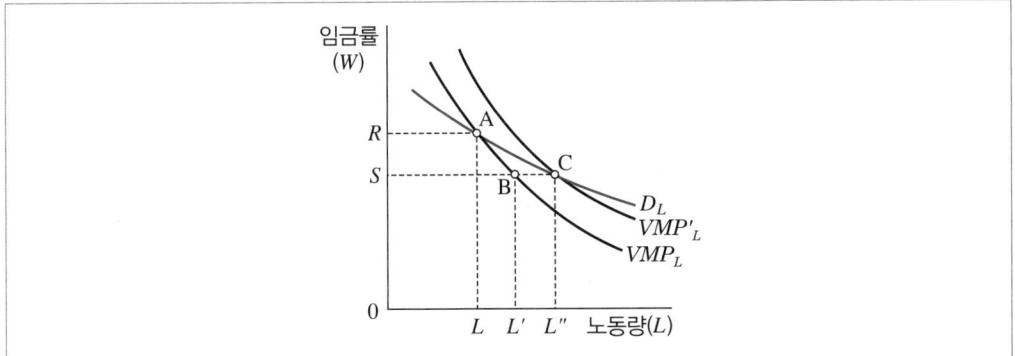

① 점 A와 점 C는 기업이 임금변화에 대응하여 모든 투입요소의 고용을 조정할 때 기업의 노동에 대한 수요를 나타내므로, A와 C를 연결하면 새로운 노동수요곡선 D_L를 얻게 되는데, 이것이 장기의 노동수요곡선이다.
② 위 [그림]에서 보는 바와 같이 장기 노동수요곡선은 단기에 비해 더 탄력적(elastic)이다. 즉, 장기 노동수요곡선은 단기 노동수요곡선에 비해 더 완만하다.

(3) 장기 노동수요의 변동

① 장기 노동수요와 합리적 생산

㉠ 장기에는 생산량을 증가시키려고 할 때 노동량뿐만 아니라 자본량도 늘릴 수 있다. 이 경우 기업이 직면하는 문제는 주어진 총비용을 가지고 노동과 자본을 어떻게 배합할 것인가 하는 것이다.

㉡ 기업은 노동과 자본의 생산에서의 기여도를 나타내는 한계생산을 비교하여 노동과 자본의 배합을 결정한다. 이때 노동과 자본의 가격이 다르므로 화폐 1단위의 한계생산을 비교하여 양자가 같아지는 수준에서 노동과 자본의 배합을 결정한다(한계생산 균등의 법칙).

$$\frac{MP_L}{w} = \frac{MP_K}{r}$$

위의 조건이 성립하는 수준에서 노동과 자본의 투입량을 결정하면 주어진 총비용으로 생산량을 극대화할 수 있다. 여기서 w는 임금률(노동의 가격), r은 이자율(자본의 가격)이다. MP_K는 자본의 한계생산으로 MP_L과 마찬가지로 한계생산 체감의 법칙이 적용된다.

② 장기 노동수요의 변동

2016년 2회, 2012년 2회

㉠ $\frac{MP_L}{w} > \frac{MP_K}{r}$ 인 경우, 즉 노동의 화폐 1단위의 한계생산이 자본의 화폐 1단위의 한계생산보다 큰 경우이다. 이때는 노동량을 늘리고 자본량을 줄여야 한다. 노동량을 늘리면 MP_L이 감소하고, 자본량을 줄이면 MP_K가 증가하기 때문이다.

㉡ 반면, $\frac{MP_L}{w} < \frac{MP_K}{r}$ 인 경우에는 노동량을 줄이고 자본량을 늘려야 주어진 총비용으로 생산량을 극대화할 수 있다.

③ 등량곡선   2017년 1회, 2011년 3회, 2008년 3회

㉠ 등량곡선(isoquant)은 일정한 양(X_1)의 생산을 가능하게 하는 노동량(L)과 자본량(K)의 배합점들을 연결한 선이다. 다음 [그림]에서 A, B, C 각 점은 노동과 자본의 배합비율은 다르지만 동일한 양(X_1)을 생산할 수 있다.

㉡ 등량곡선은 우하향하는데, 이는 노동과 자본 간의 대체가 가능하다는 것을 의미한다. 즉, 자본 대신 노동을 더 투입하거나, 노동 대신 자본을 더 투입해도 생산량을 동일하게 유지할 수 있음을 의미한다.

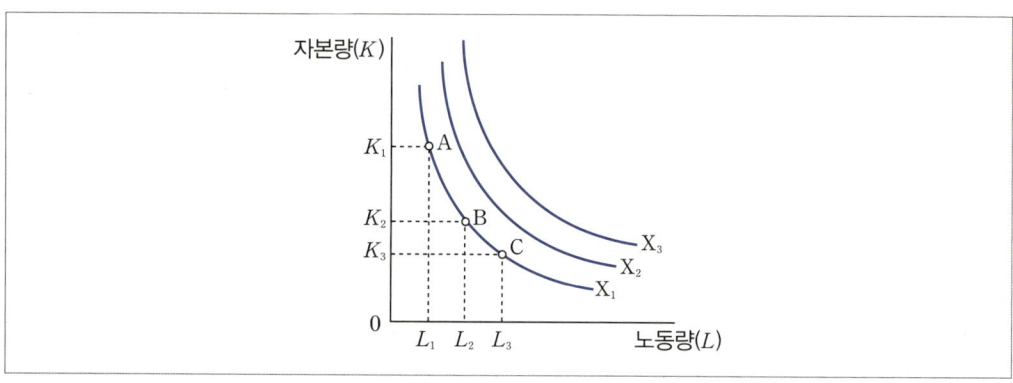

4 산업의 노동수요곡선

(1) 산업의 노동수요

① 상품의 시장수요

상품에 대한 수요이론에서는 시장 내 개별 수요자의 수요량을 수평적으로 합계하면 시장(market) 또는 산업(industry)의 전체 수요량을 알 수 있다.

② 노동의 시장수요(산업의 노동수요)

기업의 노동수요에 있어서는 개별기업의 노동수요량을 수평적으로 합계한다고 해서 곧바로 산업의 노동수요량을 얻을 수 있는 것이 아니다. 각 기업의 노동수요가 달라지면 산업 전체의 생산량이 영향을 받게 되고, 따라서 시장가격도 영향을 받기 때문이다.

(2) 산업의 노동수요곡선

① 산업의 노동수요

개별기업이 임금률이 낮을 때 노동을 더 많이 고용한다면, 산업 전체의 노동에 대한 수요도 마찬가지로 보다 낮은 임금률에서는 노동수요량이 증가하며, 따라서 산업 전체의 노동수요곡선 또한 우하향하는 기울기를 가지게 될 것으로 유추할 수 있다.

② 산업의 장기 노동수요곡선

㉠ 임금이 하락하면 개별기업은 고용을 확대시킬 것이고, 그 과정에서 산출량은 증가한다. 상품에 대한 수요가 일정할 때, 산업 내의 모든 기업이 노동의 고용을 늘려서 상품의 공급을 증가시키면, 그 상품의 가격은 하락한다. 그리고 상품의 가격이 하락하면 개별기업의 노동수요곡선은 $VMP_L = P \cdot MP_L$을 반영하기 때문에 하방으로 이동하게 된다.

ⓒ [그림 (a)]에서 임금이 하락하여 상품의 가격이 하락하면 개별기업의 노동수요곡선은 d에서 d'로 이동하므로 [그림 (b)]에서와 같이 산업 전체의 최초 고용점인 A'와 조정이 끝난 후의 산업 전체의 고용점인 C'를 연결하면 산업의 장기 노동수요곡선 DD가 도출된다.

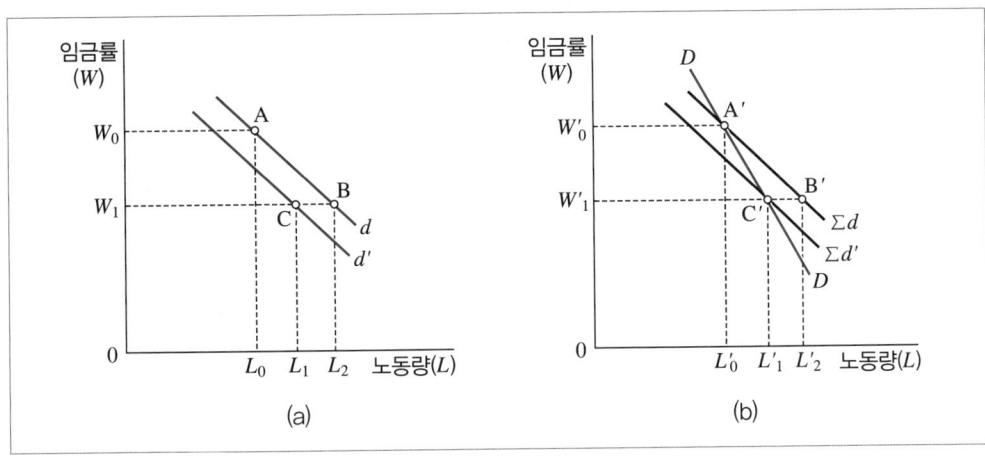

③ 산업의 노동수요곡선의 기울기

산업의 노동수요곡선은 개별기업의 노동수요곡선을 수평적으로 합계한 것보다 비탄력적(inelastic)이다. 즉, 산업의 노동수요곡선은 개별기업의 노동수요곡선을 수평적으로 합계한 것보다 더 가파르다.

5 노동수요의 탄력성

임금의 변동에 대응하는 노동수요의 변화 정도는 기업이 수요하는 노동력의 종류에 따라 달라진다. 즉, 어떤 종류의 노동은 임금이 약간만 상승해도 고용(노동수요)이 크게 줄어들지만, 다른 경우에는 임금이 크게 상승해도 고용이 별로 줄지 않는 경우도 있다. 이러한 현상을 설명할 수 있는 개념이 노동수요의 탄력성이다.

(1) 노동수요의 탄력성의 의미

① 탄력성의 의미

마셜(A. Marshall)이 경제분석에 도입하여 매우 유용하게 사용하고 있는 개념인 탄력성(elasticity)은 독립변수가 1% 포인트 변화할 때 그에 따라 영향을 받는 종속변수가 몇 % 포인트 변화하는가를 나타내는 개념이다.

② 노동수요의 탄력성   2025년 1·3회, 2024년 1회, 2023년 2회, 2022년 1회, 2021년 2회, 2020년 1·2(통합)회, 2018년 2회, 2017년 3회, 2016년 2회, 2015년 1·2회, 2013년 2회

노동수요의 탄력성(elasticity of demand for labor), 정확하게는 노동수요의 임금탄력성은 임금이 변화할 때 노동수요량(고용량)이 변화되는 정도를 측정하는 개념이다. 즉, 임금이 1% 포인트 변동될 때 노동수요량은 몇 % 포인트나 변동되는가를 나타내는 개념이다.

$$\text{노동수요의 탄력성} = -\frac{\text{노동수요량의 변화율(\%)}}{\text{임금의 변화율(\%)}} = -\frac{\dfrac{\text{노동수요량의 변동분}}{\text{원래의 노동수요량}}}{\dfrac{\text{임금의 변동분}}{\text{원래의 임금}}}$$

> **더 알아보기** 노동수요 탄력성이 탄력적인 경우

1. 노동수요함수가 수식으로 주어지면 노동수요의 탄력성(e_D)은 다른 방식으로 계산해야 한다. 즉,

$$e_D = -\frac{\dfrac{\text{노동수요량의 변동분}(\Delta L_d)}{\text{원래의 노동수요량}(L_d)}}{\dfrac{\text{임금의 변동분}(\Delta W)}{\text{원래의 임금}(W)}} = -\frac{\Delta L_d}{\Delta W} \cdot \frac{W}{L_d}$$ 이고

여기에 극한값을 취하면

$$e_D = -\frac{dL_d}{dW} \cdot \frac{W}{L_d}$$ 이다.

여기서 $\dfrac{dL_d}{dW}$ 는 노동수요함수를 임금(W)에 대해 미분한 값이다.

2. 예를 들어, 노동수요 $L_d = 5,000 - 2W$이고, 1시간당 임금이 $W = 2,000$원일 때 노동수요의 임금탄력성(e_D)은 다음과 같이 구해진다.

$$e_D = -\frac{dL_d}{dW} \cdot \frac{W}{L_d} = -(-2) \cdot \frac{2,000}{1,000} = 4$$

③ 노동수요의 탄력성 크기 2014년 1회

노동수요의 탄력성(e_D)은 0에서부터 무한대 사이의 값을 갖는다.

㉠ 노동수요의 탄력성이 0이면 임금이 크게 변화해도 노동수요량은 전혀 변화하지 않는 경우로, 완전 비탄력적이라고 한다. 이 경우 노동수요곡선은 수직선의 형태를 보인다.

㉡ 노동수요의 탄력성이 1보다 작은 경우에는 비탄력적(inelastic)이라고 하는데, 임금이 크게 변화해도 노동수요량은 조금밖에 변화하지 않는다. 즉, 큰 폭의 임금상승에도 노동수요량은 조금만 감소하고, 큰 폭의 임금하락에도 노동수요량은 조금밖에 증가하지 않는다. 이 경우 노동수요곡선은 매우 가파른 형태를 보인다.

㉢ 노동수요의 탄력성이 1이면 단위 탄력적(unit elasticity)이라고 하는데, 임금의 변화율과 노동수요량의 변화율이 같은 경우로 노동수요곡선은 직각쌍곡선의 형태이다.

㉣ 노동수요의 탄력성이 1보다 큰 경우에는 탄력적(elastic)이라고 하는데, 임금이 조금 변화해도 노동수요량은 크게 변화한다. 즉, 약간의 임금상승에도 노동수요량은 크게 감소하고, 약간의 임금하락에도 노동수요량은 크게 증가한다. 이 경우 노동수요곡선은 매우 완만한 형태를 보인다.

㉤ 노동수요의 탄력성이 무한대(∞)이면 완전 탄력적인 경우로, 임금의 변화 없이도 노동수요량이 변화하는 경우이다. 이 경우 노동수요곡선은 수평선의 형태를 보인다.

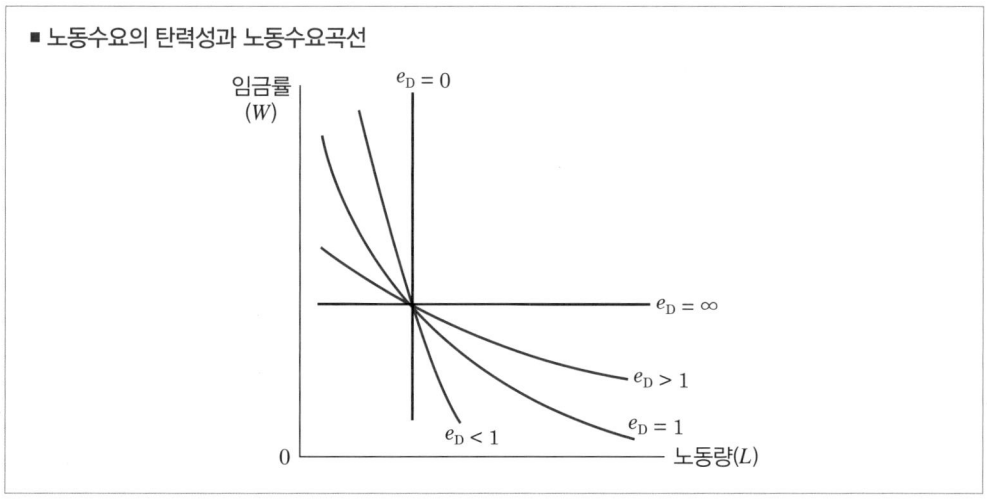

■ 노동수요의 탄력성과 노동수요곡선

(2) 노동수요 탄력성의 크기를 결정하는 요인(힉스-마셜법칙)

2025년 2·3회, 2024년 2회, 2023년 1회, 2022년 3회, 2021년 3회, 2020년 3회, 2019년 1회, 2018년 1·3회, 2017년 1회, 2016년 1·3회, 2015년 2회, 2013년 1회

① 상품에 대한 수요탄력성
  ㉠ 상품에 대한 수요가 탄력적일수록, 노동에 대한 수요는 탄력적이다. 즉, 임금하락 → 상품의 한계비용 하락 → 기업의 산출량 증가 → 산업의 총공급이 증가하는데, 이 경우 상품에 대한 수요가 탄력적이면 가격은 조금 하락하고 산출량은 크게 증가 → 노동수요량이 크게 증가한다.
  ㉡ 임금이 조금 하락해도 노동수요량은 크게 증가하므로, 노동수요의 탄력성은 탄력적이다.
  ㉢ 예를 들어, 자동차의 수입이 자유화되면 국내생산 자동차의 대체재가 많아져 자동차의 수요탄력성이 커지므로, 자동차를 제조하는 노동의 수요탄력성은 탄력적이게 된다.

② 노동비용이 총생산비에서 차지하는 비중
  ㉠ 노동수요의 탄력성은 총생산비 중에서 노동비용이 차지하는 비중에 의해서도 영향을 받는다. 이 경우 노동비용이 총생산비에서 차지하는 비중이 클수록 노동수요의 탄력성은 탄력적이다.
  ㉡ 즉, 노동비용이 총생산비에서 차지하는 비중이 크면 임금하락은 생산비를 크게 하락시키므로 산출량 증가효과가 크고, 따라서 노동수요량은 크게 증가한다.

③ 다른 생산요소와 노동의 대체 가능성
  ㉠ 기업이 생산물을 생산하기 위해서는 노동 이외의 다른 생산요소도 사용한다. 만일 다른 사정은 동일한데 노동의 가격인 임금만이 상승하면 기업은 상대적으로 비싸진 노동을 다른 생산요소로 대체하고자 할 것이다.
  ㉡ 이때 기술적으로 노동을 대체할 수 있는 다른 생산요소의 대체 가능성이 큰가 작은가에 따라 임금상승의 고용감소효과는 달라진다.
  ㉢ 임금이 상승한 경우 노동을 다른 생산요소로 쉽게 대체할 수 있다면 노동수요량은 크게 감소하므로 노동수요의 탄력성은 커지게 된다.

④ 노동과 함께 이용되는 다른 생산요소의 공급탄력성
  ㉠ 노동과 결합하여 사용되고 있는 다른 생산요소의 공급탄력성이 클수록 노동수요의 탄력성은 커진다.
  ㉡ 임금이 상승하여 다른 생산요소, 즉 자본의 투입량을 증가시키고자 할 경우 자본의 공급탄력성이 크다면 노동을 자본으로 대체하는 것이 용이하므로 자본의 투입량을 크게 늘리고 대신 노동의 투입량은 크게 감소하게 된다.
⑤ 노동자의 숙련 정도
  노동자의 숙련도가 높을수록 노동수요의 탄력성은 작아진다. 숙련도가 높은 노동자의 경우에는 생산성이 높으므로 임금이 크게 올라도 노동의 수요량은 적게 감소한다.

■ 노동수요 탄력성이 탄력적인 경우
노동수요 탄력성은 ① 상품의 수요가 탄력적일수록, ② 총비용 중에 노동비용의 비중이 클수록, ③ 노동의 대체 가능성이 클수록, ④ 노동 이외의 다른 생산요소의 공급탄력성이 클수록 커진다. 즉, 임금이 인상될 때 큰 폭의 고용량(노동수요량) 감소가 발생한다.

(3) 힉스-마셜법칙의 중요성
노동수요의 탄력성이 중요시되는 대표적인 경우로 노동조합의 임금인상 요구와 최저임금제를 들 수 있다.
① 노동조합의 예   2022년 2회, 2016년 1회, 2015년 2회
일반적으로 노동조합이 조직되어 임금인상 투쟁을 벌일 때, 노동수요의 탄력성이 작을수록 노조의 힘은 커지게 된다. 임금인상 투쟁이 있을 때, 비탄력적인 노동수요곡선은 임금이 인상되더라도 고용량의 감소가 적다는 사실을 의미하며, 조합원의 고용기회 감소라는 손해를 적게 보면서도 임금인상을 얻을 수 있다는 의미에서 노조의 힘이 커질 수 있다.
② 최저임금제의 예   2022년 3회
최저임금제를 실시하면 시장임금보다 높은 수준에서 최저임금이 정해지므로 노동에 대한 초과공급, 즉 실업이 발생하게 된다. 이 경우 노동수요 탄력성이 비탄력적일수록 실업의 가능성은 줄어든다.

> **더 알아보기** 노동시간의 소득탄력성
> • 탄력성은 독립변수가 1% 포인트 변화할 때 종속변수가 몇 % 포인트 변화하는가를 나타내는 개념이다. 따라서 노동시간의 소득탄력성은 소득이 1% 포인트 변화할 때 노동시간은 몇 % 포인트나 변화하는가를 나타내는 개념이다. 즉, 노동시간의 소득탄력성 = 노동시간의 변화율(%) / 소득의 변화율(%)이다.
> • 일반적으로 소득이 증가하면 노동시간은 감소하므로, 노동시간의 소득탄력성은 마이너스(-)의 값을 갖는다.

6 준고정적 노동비용과 노동수요

(1) 준고정적 노동비용
  ① 준고정적 노동비용의 의의
  단기에서 노동비용은 가변비용(variable cost)이고, 자본비용은 고정비용(fixed cost)이다. 여기서 노동비용은 임금비용과 비임금비용으로 구성되는데, 임금비용은 노동시간에 따라 결정되므로 가변비용이고, 비임금비용은 준고정적(quasi-fixed) 노동비용이라고 한다. 비임금비용을 준고정적 노동비용이라고 하는 이유는 노동시간과 직접적인 관계없이 지급되는 비용이기 때문이다.

② 준고정적 노동비용의 종류 2017년 2회, 2011년 3회

　㉠ 부가급여: 화폐임금 이외에 노동의 대가로 고정적으로 지급되는 비용을 부가급여라고 한다. 기업이 부담하는 퇴직금과 각종 보험료, 유급휴가, 출퇴근 차량지원 등의 부가급여는 노동시간과는 관계없이 지급되므로 준고정적 노동비용이다.

　㉡ 채용비용, 훈련비용, 해고비용: 일자리 공석(vacancy)을 광고하고 지원자를 선발하는 데 소요되는 채용비용, 근로자들에 대한 교육훈련비용, 해고수당이나 명예퇴직금 등 해고비용도 준고정적 노동비용이다.

(2) **준고정비용과 노동수요** 2017년 2회

① 사용자의 초과근무 선택

　㉠ 준고정적 노동비용 때문에 이윤극대화를 추구하는 사용자는 더 많은 근로자를 고용하는 경우의 한계생산과 기존 근로자들을 초과근무하도록 함으로써 발생하는 한계생산을 비교한다.

　㉡ 이 경우 기존 근로자의 초과근무로 인한 한계생산이 더 크다면 사용자는 근로자의 신규채용을 줄이고, 기존 근로자의 초과근무를 선택하게 된다.

② 사용자의 비정규직 선택

　사용자가 비정규직 근로자나 파견근로자를 사용하는 것은 퇴직금을 지불하지 않을 수도 있고, 보너스를 지급하지 않아도 되며, 해고가 용이하기 때문이다. 즉, 준고정적 비용이 매우 낮고 고용조정이 용이하다는 매력 때문에 사용자는 비정규직 근로자를 채용하거나 파견근로자를 사용하게 된다.

UNIT 2 노동의 공급

1 노동공급의 의의

(1) **노동공급의 의미와 특징** 2014년 1회

① 노동공급의 의미

　노동공급(supply for labor)은 일정기간 동안 노동자가 팔기를 원하는 노동의 양을 의미한다. 즉, 노동공급량은 노동자가 팔기를 원하는 일정기간에, 노동시간으로 측정된 동질적인 노동량을 의미한다.

② 노동공급의 특징

　노동수요량과 마찬가지로 노동공급량도 일정기간 동안에 팔기를 원하는 노동량을 의미한다. 이처럼 일정한 기간을 기준으로 측정되는 수량변수를 유량(flow)이라고 하고, 반면 일정한 시점을 기준으로 측정되는 양을 저량(stock)이라고 한다.

(2) **노동공급의 구성요인** 2017년 1회, 2014년 1회

노동공급량은 인구 또는 생산가능인구의 규모(또는 인구의 크기와 구성), 노동을 통한 경제활동에의 참가 의사를 가진 인구의 비율(경제활동참가율), 주당 노동시간 및 연간 노동시간 수, 일에 대한 노력(work effort)의 강도, 노동인구의 교육 및 숙련 정도(노동력의 질) 등의 구성요인으로 되어 있다.

① 인구 또는 생산가능인구의 규모(인구의 크기와 구성)
　노동공급은 노동인구가 일정기간에 제공하는 노동의 양이므로, 인구의 크기 또는 생산가능인구(15세 이상 인구)의 규모가 일차적으로 중요하다. 이와 함께 인구의 연령별·성별 구성도 노동공급의 중요한 구성요인이 된다.

② 경제활동참가율
　㉠ 경제활동참가율: 경제활동참가율(labor force participation rate)이란 15세 이상의 생산가능인구 중에서 경제활동인구의 비율을 의미한다. 경제활동참가율은 산업구조, 여성의 취업에 대한 사회의 인식, 청소년층의 진학률, 여자들의 결혼연령과 출산자녀의 수, 가사노동에 대한 부담의 정도 등과 임금의 크기에 따라 결정된다.
　㉡ 기혼여성의 경제활동 참가에 영향을 미치는 요인　　2019년 3회, 2018년 2회, 2017년 2·3회, 2014년 2회
　　ⓐ 실질임금률: 기혼여성의 실질임금률이 높을수록 기혼여성의 경제활동참가율은 높아진다. 이는 노동의 공급을 결정하는 가장 중요한 요인이 임금이라는 것을 생각하면 쉽게 이해할 수 있다.
　　ⓑ 배우자의 임금수준: 배우자가 경제활동을 하지 않거나 임금수준이 낮을수록 기혼여성의 경제활동참가율은 높아진다. 또한 다른 가구원의 소득이 낮은 경우에도 기혼여성의 경제활동참가율은 높아진다.
　　ⓒ 교육수준: 일반적으로 기혼여성의 교육수준이 높을수록 경제활동참가율이 높아진다.
　　ⓓ 자녀의 수와 연령: 기혼여성의 자녀의 수가 적을수록, 자녀의 나이가 많을수록 기혼여성의 경제활동참가율이 높아진다.
　　ⓔ 기혼여성의 노동력에 대한 기업의 수용태도: 기혼여성에 대한 시간제 근무의 편의 제공, 기혼여성의 노동력에 적합한 직무의 개발, 기혼여성의 노동력에 대한 부가급여의 제공 등 기업의 수용노력이 갖추어지면 기혼여성의 경제활동참가율은 높아진다.
　　ⓕ 전반적인 실업수준: 사회의 전반적인 실업률이 낮을수록 취업기회가 많으므로 기혼여성의 경제활동참가율은 높아진다.
　　ⓖ 법·제도적 요인: 기혼여성의 경제활동을 보호하는 법과 제도가 다양하게 마련되면 기혼여성의 경제활동참가율이 높아진다.
　　ⓗ 사회적 요인: 사회나 기업의 문화와 의식이 개방적일수록 기혼여성의 경제활동참가율이 높아진다.
　　ⓘ 가계생산의 기술: 가계생산의 기술(household technology)이 향상될수록 기혼여성의 경제활동참가율은 높아진다.
　　ⓙ 도시화의 정도: 도시화의 진전은 여가활동에서 시간절약적 여가활동에 의존하게 되어 기혼여성의 시장노동의 가능성을 넓혀준다.
　　ⓚ 파트타임 노동시장의 형성: 파트타임 노동시장의 발달은 기혼여성의 경제활동참가율을 높이는 요인으로 작용한다.
　　ⓛ 육아보조금의 지급: 일정액의 육아보조금이 지급되면 이는 비노동소득의 증가를 가져오므로 기혼여성의 노동공급시간은 감소하게 된다.

ⓒ 여성의 경제활동참가율   2015년 1회, 2014년 2회

여성의 경제활동참가율은 20~29세에서 경제활동참가율이 최고에 이르고, 30~39세에서 이전보다 낮은 참가율을 보이는데, 그 이유는 결혼과 임신·육아기간이 이 연령층에 집중되어 있기 때문이다. 그리고 30대에 비해 40대와 50대에 참가율이 약간 상승하여 M자 형태의 구조를 보이게 된다.

▶ 성별 경제활동참가율 비교(2020)

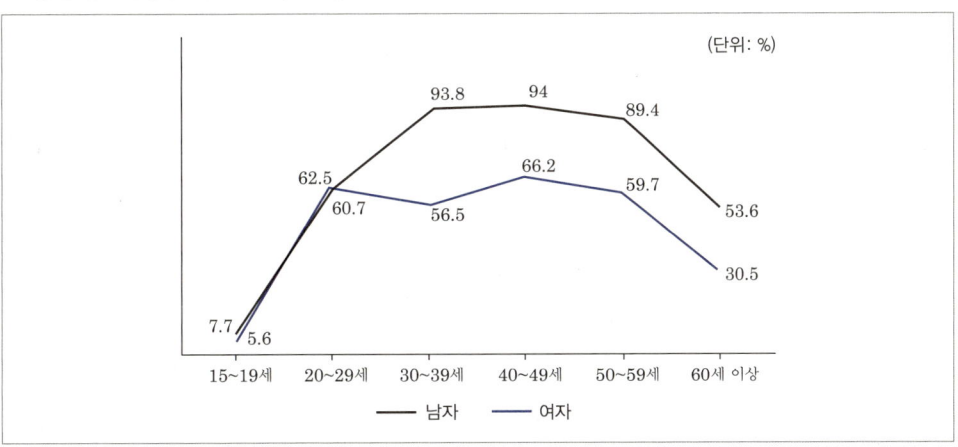

③ 노동시간

노동시장에 참여하는 노동자가 같더라도 노동시간이 다르면 실제로 공급되는 노동량은 달라진다. 노동시간은 산업구조, 노동 관행, 평균적인 소득수준 등에 따라 달라진다.

④ 일에 대한 노력의 강도

일에 대한 노력의 강도가 높을수록 노동공급은 증가한다. 일에 대한 노력의 강도를 결정하는 요인으로는 ㉠ 노동자의 육체적 건강 및 신체적 조건, ㉡ 임금의 지급방법(예 시간급, 성과급), ㉢ 노동의 통제 방법 등이 있다.

⑤ 노동인구의 교육 및 숙련 정도(노동력의 질)

한 나라의 인력공급에 있어서는 그 사회의 노동력 규모에 못지않게 노동력의 질도 중요하다. 따라서 교육훈련을 통하여 기술이 축적되는 과정이 확실히 파악되어야 하며, 그와 같은 인적자본(human capital)에의 투자를 결정하는 요인이 무엇인가를 이해하여야 한다.

(3) **경제활동인구와 관련된 노동통계**   2025년 1·2회, 2024년 1·2회, 2023년 1회, 2022년 1·2·3회, 2021년 1회, 2017년 1회, 2015년 2회, 2014년 3회, 2013년 3회

① 경제활동인구

㉠ 경제활동인구 = 생산가능인구(15세 이상 인구) − 비경제활동인구
          = 취업자 수 + 실업자 수 = 노동력인구 = 노동공급

㉡ 취업자

ⓐ 최근 지정된 1주일(조사대상기간) 동안 수입이 있는 일에 1시간 이상 일한 자

ⓑ 가족이 경영하는 기업이나 농장에서 수입을 높이는 데 도움을 준 무급가족종사자로서 18시간 이상 일을 한 자

ⓒ 일시적인 질병, 일기불순, 휴가 또는 연가, 노동쟁의 등의 이유로 일하지 않고 있는 일시적인 휴직자

ⓒ 실업자
  ⓐ 최근 지정된 1주일(조사대상기간)에 수입이 있는 일을 1시간 이상 하지 않았고
  ⓑ 지난 4주간 일자리를 찾아 적극적으로 구직활동을 하였던 사람으로서
  ⓒ 일자리가 주어지면 즉시 취업이 가능한 사람

② 비경제활동인구   2021년 3회, 2019년 3회, 2014년 3회
  ㉠ 생산가능인구 중 경제활동인구가 아닌 사람
  ㉡ 최근의 지정된 1주일(조사대상기간)간 무직자로서, 과거 4주 동안 구직활동을 하지 않은 자(실망노동자 또는 구직단념자) 및 즉시 취업 가능성이 없는 자
  ㉢ 학생, 전업주부, 연로자, 심신장애인, 자선단체의 자원봉사자, 구직단념자, 취업준비자 등

③ 경제활동참가율   2025년 2회, 2024년 3회, 2022년 1·3회, 2020년 1·2(통합)회, 2019년 2회, 2018년 2회, 2016년 3회, 2015년 1회

$$경제활동참가율(\%) = \frac{경제활동인구}{15세 \; 이상 \; 인구(생산가능인구)} \times 100$$

④ 실업률   2025년 2회, 2024년 1·2·3회, 2023년 2회, 2022년 1·3회, 2021년 3회, 2020년 1·2(통합)·3회, 2019년 1회, 2018년 1·3회, 2017년 1회, 2016년 1회, 2014년 1·2회

$$실업률(\%) = \frac{실업자 \; 수}{경제활동인구} \times 100$$

⑤ 고용률   2025년 3회, 2021년 1회, 2018년 1회, 2015년 2회

$$고용률(\%) = \frac{취업자 \; 수}{15세 \; 이상 \; 인구(생산가능인구)} \times 100$$

(4) 노동공급의 결정요인

① 노동공급의 의의

노동공급은 노동자가 일정기간 동안 팔기를 원하는 노동의 양을 의미한다. 따라서 노동공급은 유량(flow) 개념이고, 사전적(ex-ante) 개념이다.

② 노동공급의 결정요인   2020년 3회, 2019년 2회, 2018년 2회, 2016년 2회, 2013년 1회
  ㉠ **임금률**: 다른 여건이 일정하다면 임금률, 즉 노동의 가격이 상승하면 노동공급량은 증가하고, 임금률이 하락하면 노동공급량은 감소한다. 이러한 임금률과 노동공급량 간의 정(+)의 관계는 노동의 공급법칙을 의미하는 것으로, 이 관계를 그래프로 나타내면 우상향하는 노동공급곡선이 그려진다.
  ㉡ **다른 일자리의 임금**: 다른 일자리의 임금이 상승하면 현재 종사하고 있는 일자리의 노동공급은 감소한다.
  ㉢ **일에 대한 노동자의 선호**: 일에 대한 노동자의 선호가 변화하면 노동공급은 달라진다. 노동자들이 지금 하고 있는 일 대신 다른 일을 선호한다면 노동공급은 감소한다.
  ㉣ **생산가능인구의 크기**: 생산가능인구, 즉 15세 이상의 인구가 증가하면 노동공급은 증가한다.
  ㉤ **개인의 여가에 대한 태도**: 개인이 생각하는 여가의 가치가 높아지면 노동공급은 감소한다.

ⓗ 기타: 비노동소득이 증가하거나, 단시간노동의 기회가 감소하면 노동공급은 감소한다. 또한 구직활동 여부를 근거로 실업급여가 지급되면 경제활동 참가는 증가한다.

(5) 노동공급곡선의 결정과 변화

① 노동공급곡선의 도출

노동공급의 결정요인 중 임금률을 제외한 나머지 요인이 일정불변이라면, 노동공급은 임금률의 크기에 의존한다. 각각의 임금률에 대응하여 노동자가 일정기간 동안 공급하려는 노동공급량을 그래프로 표시하면 정(+)의 기울기를 갖는 노동공급곡선이 도출된다.

② 노동공급량의 변화와 노동공급의 변화

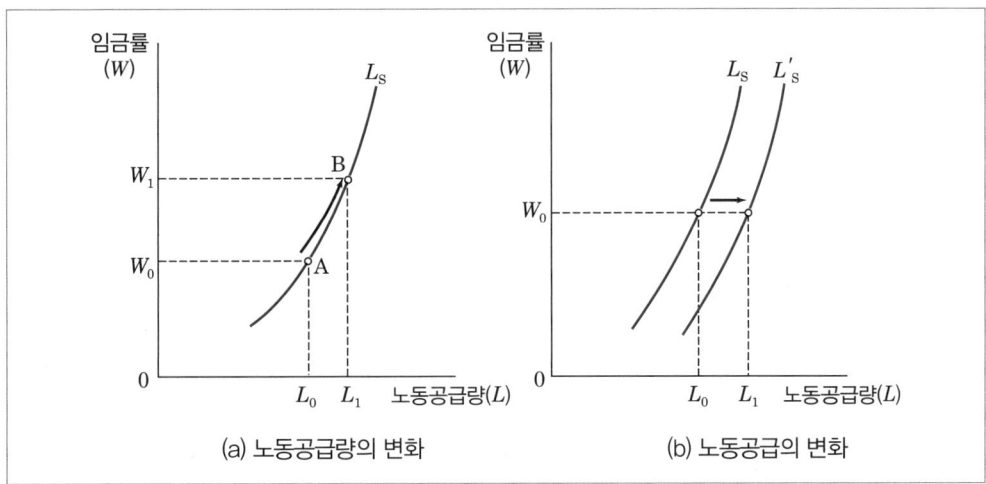

(a) 노동공급량의 변화 (b) 노동공급의 변화

㉠ 노동공급에 영향을 미치는 요인들 중 임금률이 변화하면 노동공급곡선을 따라 노동공급점이 이동하게 되는데, 이러한 노동공급곡선상의 이동을 노동공급량의 변화라고 한다[그림 (a)].

㉡ 한편, 일정불변이라고 가정했던 다른 요인들이 변화하면 노동공급곡선 자체가 이동하는데, 이러한 변화를 노동공급의 변화라고 한다[그림 (b)].

2 노동의 공급곡선

(1) 소득-여가 선택모형 2016년 1회

① 소득-여가 선택모형의 의의

㉠ 노동자가 노동을 공급하면 임금소득이 발생하므로 이를 소비하여 효용을 얻고, 여가(leisure)를 즐기면 임금소득은 얻지 못하지만 휴식을 취함으로써 효용을 얻는다.

㉡ 따라서 노동자는 주어진 시간(하루 24시간)을 노동과 여가에 적절히 배분하여 이를 통해 얻는 효용을 극대화한다고 가정한다. 이처럼 일정한 제약조건(주어진 시간)하에서 효용을 극대화하는 노동과 여가의 배분원리를 설명하는 모형이 소득-여가 선택모형이다.

㉢ 노동자의 효용함수는 무차별곡선(indifference curve)으로 표시되고, 노동자가 직면하는 제약조건은 예산선(budget line)으로 표시된다.

ⓔ 이를 설명하는 모형은 다음 [그림]에서 보는 것처럼 가로축에는 여가시간(A)을 표시하고 세로축에는 노동을 통해서 얻는 소득(M)을 표시한다. 주어진 최대가용시간(하루 24시간)은 T이고, OH_1만큼의 시간을 여가에 이용하고 H_1T만큼의 시간을 노동했을 때 얻는 소득이 OM_1이다.

▶ 소득-여가 간의 무차별곡선

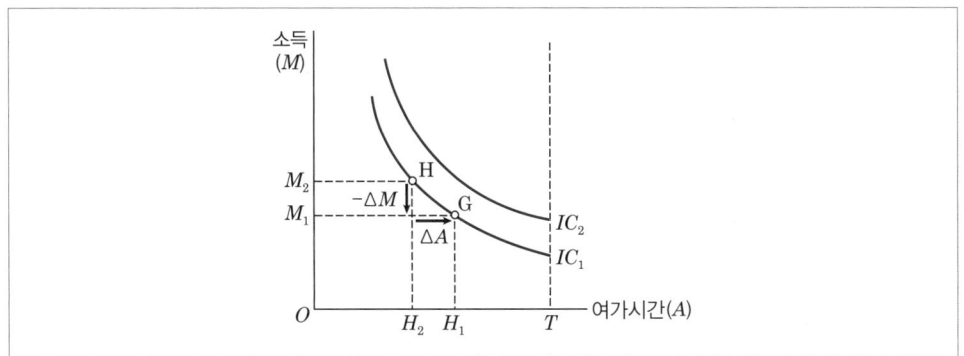

② 노동자의 선호와 무차별곡선
  ㉠ 무차별곡선의 정의
    ⓐ 무차별곡선(IC)은 노동자에게 동일한 효용을 주는 소득-여가의 배합점(G, H점)들을 연결한 선을 의미한다.
    ⓑ 앞선 [그림]에서 G점은 OH_1의 여가와 H_1T의 노동을 통해 얻는 소득 OM_1의 배합점이고, H점은 OH_2의 여가와 H_2T의 노동을 통해 얻는 소득 OM_2의 배합점이다. G점과 H점에서 노동자는 동일한 효용을 얻는다.
  ㉡ 무차별곡선의 특징
    ⓐ 무차별곡선은 우하향하는데, 이는 소득(노동)과 여가는 대체할 수 있다는 것을 의미한다. 즉, 여가시간을 줄이고 노동시간을 늘려도 노동자는 전과 동일한 수준의 효용을 얻을 수 있다는 것이다.
    ⓑ 이 경우 여가(A)와 노동(또는 소득 M) 간에 대체되는 비율을 한계대체율(MRS_{AM})이라고 한다. 한계대체율은 전과 동일한 효용을 유지하면서 여가 한 단위($\triangle A$)를 늘리기 위해 줄여야 하는 소득의 감소분($\triangle M$)을 말하는 것으로 노동자가 주관적으로 평가하는 단위당 임금률, 즉 요구임금률을 의미한다.
    ⓒ 무차별곡선은 일반적으로 원점에 대해 볼록한 모습을 보인다. 이는 여가시간을 늘려 갈수록 여가-소득 간의 한계대체율이 체감한다는 것을 의미한다.
    ⓓ 무차별곡선은 무수히 많이 존재한다. 이 경우 원점에서 멀리 위치한 무차별곡선이 더 높은 효용수준을 나타낸다.

③ 노동자의 제약조건과 예산선
  ㉠ 예산선의 정의
    ⓐ 예산선(BL)은 노동자의 제약조건, 즉 노동자가 선택 가능한 영역을 나타낸다. 노동자에게 주어진 가용시간(하루 24시간)으로 선택할 수 있는 여가-소득의 배합점을 연결한 선이다. 예산제약선(budget constraint line)이라고도 한다.

ⓑ 다음 [그림]에서 노동자가 주어진 시간(T) 전부를 여가에 투입하면 소득은 0이 되고, 주어진 시간 전부 노동을 하면(즉, 여가시간 = 0) 소득은 M_1이 되므로, M_1과 T를 연결한 선(BL_1)이 예산선이 된다. 노동자는 예산선 밖의 영역은 선택할 수 없다.

▶ 예산선

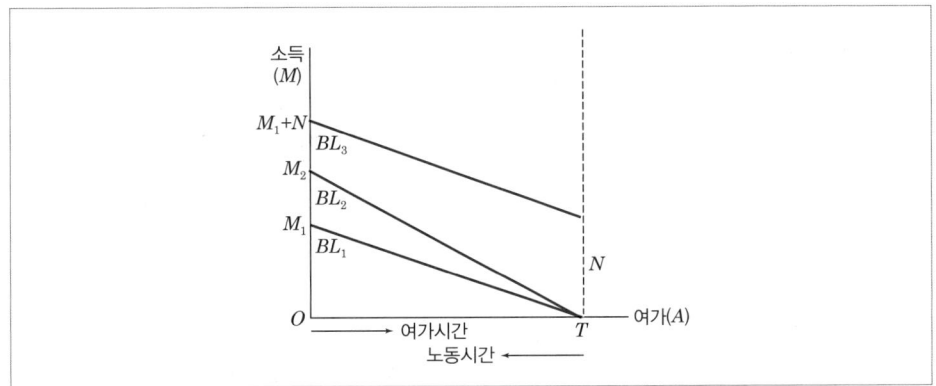

ⓒ 예산선의 기울기는 단위당 임금률을 나타낸다. 이런 이유로 예산선을 (시장)임금률선 또는 간단히 임금선이라고도 한다.

ⓒ 예산선의 이동

ⓐ 시장임금률이 상승하면 주어진 시간을 전부 노동에 투입한 경우의 소득이 증가하므로, 예산선은 BL_2처럼 가파른 형태로 이동한다.

ⓑ 이자나 임대료와 같은 재산소득, 즉 비임금소득(또는 비노동소득)이 N만큼 발생하면 주어진 시간을 전부 여가에 투입하는 경우에도 N만큼의 소득이 있게 되므로, 예산선은 비임금소득(N)만큼 상방으로 이동하여 BL_3가 된다.

④ 노동자의 선택   2015년 1회

㉠ 선택의 원리

ⓐ 노동자는 주어진 제약조건(예산선)하에서 효용을 극대화하려고 한다. 다음 [그림]의 예산선상에서 선택 가능한 점은 B, C, E점이다.

ⓑ 그러나 무차별곡선 IC_0상에 있는 B나 C보다는 더 높은 만족을 나타내는 무차별곡선 IC_1상에 있는 E점을 선택하여 OH_1의 여가와 H_1T의 노동을 배합하는 것이 노동자의 효용을 극대화하는 선택이 된다. 이때 E점에서의 효용극대화를 내부해(interior solution)라고 한다.

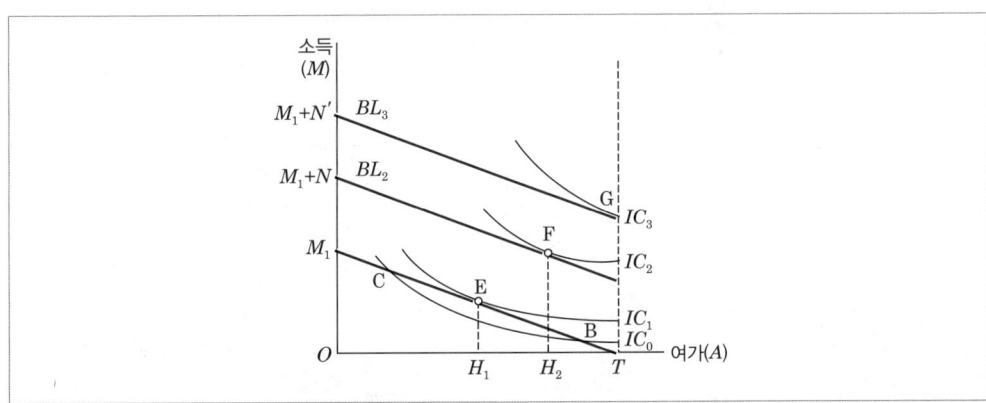

ⓒ 비임금소득이 있는 경우 2016년 1회

ⓐ 비임금소득이 있는 경우의 예산선은 BL_2이다. 따라서 노동자는 전보다 더 큰 효용을 주는 무차별곡선 IC_2와 접하는 F점에서 OH_2의 여가와 H_2T의 노동을 선택하여 효용을 극대화한다.

ⓑ 따라서 비임금소득이 있는 경우 이전보다 여가시간을 늘리고 노동시간을 줄이고도 전보다 더 큰 효용을 얻게 됨을 알 수 있다.

ⓒ 비임금소득이 아주 많은 경우 예산선이 BL_3가 되어 무차별곡선 IC_3와는 코너(G)에서 접하게 된다. 이 경우 노동자는 주어진 시간을 전부 여가에만 투입하고 노동은 하지 않으려고 한다. 이 경우 G점에서의 효용극대화를 코너 해(corner solution) 또는 모서리 해라고 한다.

■ 여가-소득 선택모형에서 노동자가 노동공급을 포기하는 경우
2025년 3회, 2021년 2회, 2015년 1회, 2008년 1회, 2005년 2회

- 소득에 비해 여가의 효용이 매우 큰 경우
- 일정수준의 효용을 유지하기 위해 1시간 추가적으로 더 일하는 것을 보상하는 데 요구되는 임금(= 요구임금률)이 시장임금률보다 더 큰 경우
- 개인의 여가-소득 간의 무차별곡선과 예산제약선 간의 접점이 존재하지 않는 경우
- 개인의 여가-소득 간의 무차별곡선이 수직선에 가까워 가로축 코너(corner)점에서만 접점이 이루어질 경우

⑤ 임금률의 변화와 노동공급곡선

㉠ 임금률의 변화와 노동시간의 선택

ⓐ 다음 [그림]에서 보는 것처럼 임금률이 상승하면 예산선은 BL_1에서 BL_2로 이동하고 전보다 높은 효용을 주는 무차별곡선에 접하게 되어 소비자 선택점은 B에서 C로 이동한다. 이는 임금률의 상승으로 노동공급량이 H_1H_2만큼 증가했음을 의미한다.

ⓑ 임금률이 상승한 경우 노동자가 더 높은 효용을 얻기 위해 노동공급량을 증가시키는 것은 우상향하는 노동공급곡선으로 나타낼 수 있다.

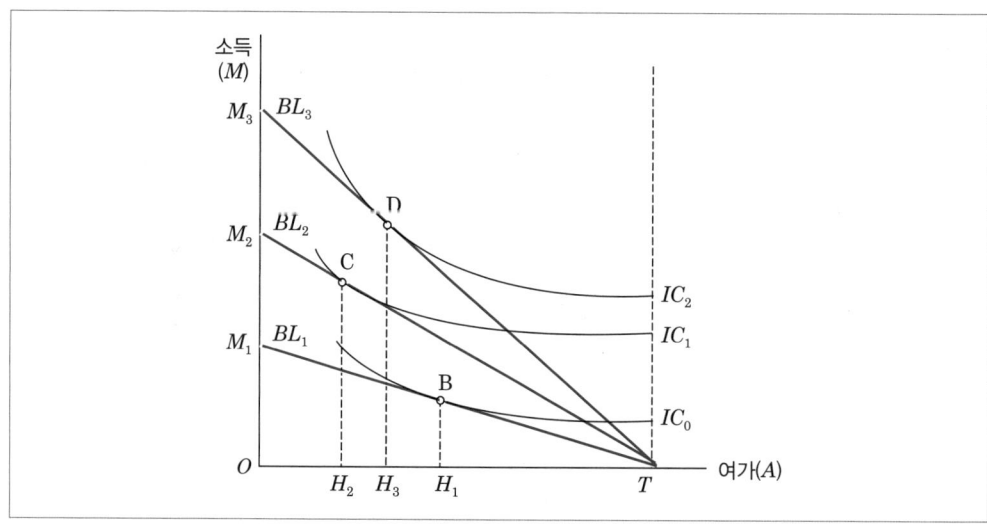

ⓒ 우하향의 노동공급곡선
ⓐ 앞 [그림]에서 보는 것처럼 임금률이 아주 크게 상승한 경우에는 예산선이 BL_3가 되어 노동자는 D점에서 노동시간을 선택함으로써 효용을 극대화한다. 이 경우에는 임금률이 전보다 상승했음에도 불구하고 노동공급량은 오히려 H_2H_3만큼 감소하였다.
ⓑ 따라서 이 경우의 노동공급곡선은 우하향하는 모습을 보이게 된다. 우상향하던 노동공급곡선이 임금률이 아주 높아져 우하향하는 모습을 보이므로 후방굴절(backward-bending), 즉 '뒤쪽으로 구부러지는' 노동공급곡선의 모습을 지니게 된다.
ⓒ 임금수준이 아주 높은 선진국이나 아니면 우리나라의 고소득층의 경우에도 흔히 관찰되는 노동공급곡선이다.

(2) **임금상승의 효과** 2021년 2회, 2017년 3회, 2013년 1회
① 대체효과
임금상승 → 여가의 기회비용 증가 → 여가 대신 노동공급 증가, 즉 임금상승의 대체효과는 노동공급을 증가시킨다.
② 소득효과
임금상승 → 전보다 적은 노동을 공급해도 전과 동일한 소득을 얻음 → 노동공급 감소, 따라서 임금상승의 소득효과는 노동공급을 감소시킨다.
③ 총효과
임금상승의 총효과는 소득효과 + 대체효과이다. 따라서 임금상승에 따른 노동공급의 변화는 대체효과와 소득효과의 상대적 크기에 의해 결정된다.

(3) **개인의 노동공급곡선** 2025년 1회, 2020년 3·4회, 2019년 3회, 2018년 1·3회, 2015년 1회, 2014년 1·2·3회, 2013년 3회
① 일반적인 경우
일반적인 경우 임금이 상승하면 대체효과 > 소득효과이므로, 임금상승은 노동공급량을 증가시킨다. 따라서 우상향하는 노동공급곡선이 도출된다.
② 후방굴절 노동공급곡선 2025년 1·2회, 2024년 3회, 2022년 1·3회, 2021년 3회, 2020년 3·4회, 2019년 3회
㉠ 임금수준이 이미 상당히 높은 수준에 있는 경우에는 임금이 상승하는 경우 대체효과보다 소득효과가 더 크다. 따라서 임금이 상승해도 노동 대신 여가를 더 선호하므로 노동공급량은 감소하여 우하향하는 노동공급곡선이 도출된다.
㉡ 결국 임금수준이 낮을 때는 노동공급곡선은 우상향하지만, 임금수준이 높을 때는 노동공급곡선이 뒤쪽으로 구부러지는(backward-bending) 형태임을 알 수 있다. 이를 후방굴절 노동공급곡선이라고 한다.
㉢ 이를 통해 연장근로 등 일정량 이상의 노동을 기피하는 풍조가 확산되는 현상에 대한 설명이 가능하다.

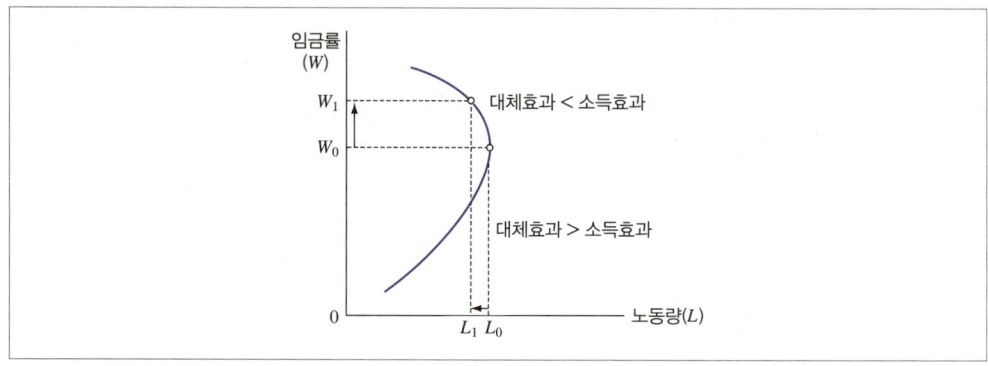

③ 여가가 열등재인 경우 노동공급곡선 2025년 2회, 2024년 1·2·3회, 2023년 1회, 2021년 1회, 2020년 1·2(통합)회

㉠ 열등재(inferior goods)는 소득이 증가할 때 수요가 감소하는 재화를 말한다. 반면 정상재(normal goods)는 소득이 증가할 때 수요가 증가하는 재화이다. 일반적인 경우 소득이 증가하면 노동공급을 줄이고 여가(leisure)를 증가시키므로 여가는 정상재이다.

㉡ 여가가 정상재(normal goods)인 경우 임금수준에 따라 임금상승의 대체효과와 소득효과의 크기가 달라진다. 따라서 개인의 노동공급곡선은 임금상승에 따라 우상향하다가 우하향하는 형태, 즉 후방굴절하는 형태를 보이게 된다.

㉢ 그러나 만일 여가가 열등재라면 임금수준에 관계없이 노동공급량은 증가한다. 즉, 임금이 상승하여 소득수준이 높아져도 여가는 감소하므로 노동공급량은 증가한다. 따라서 노동공급곡선은 우상향한다.

3 노동공급의 탄력성

(1) 노동공급의 탄력성의 뜻 2020년 3·4회, 2019년 2회, 2013년 3회

노동공급의 탄력성, 정확하게 노동공급의 임금탄력성은 임금의 변화에 대한 노동공급량의 변화 정도를 나타내는 개념이다. 즉, 임금이 1% 포인트 변화할 때 노동공급량은 몇 % 포인트나 변화하는가를 나타낸다. 노동공급의 탄력성은 다음 식에 의해 계산된다. 임금과 노동공급은 양(+)의 관계에 있으므로, 노동수요의 탄력성과는 달리 앞에 마이너스(-) 부호를 붙이지 않는다.

$$\text{노동공급의 탄력성} = \frac{\text{노동공급량의 변화율(\%)}}{\text{임금의 변화율(\%)}}$$

(2) 노동공급의 탄력성의 크기와 결정요인 2025년 1회, 2021년 3회

① 노동공급의 탄력성 크기 2025년 1·3회, 2019년 1회

노동공급의 탄력성은 노동수요의 탄력성과 마찬가지로 0에서부터 무한대 사이의 값을 갖는다.

㉠ 노동공급의 탄력성이 0이면 임금이 크게 변화해도 노동공급량은 전혀 변화하지 않는 경우(완전비탄력적)로 노동공급곡선은 수직선의 형태를 보인다. 숍 시스템(shop system)의 유형 중 클로즈드 숍(closed shop)의 노동공급곡선이 여기에 해당한다.

㉡ 노동공급의 탄력성이 1보다 작은 경우에는 비탄력적(inelasticity)이라고 하는데 임금이 크게 변화해도 노동공급량은 조금밖에 변화하지 않는다. 이 경우 노동공급곡선은 매우 가파른 형태를 보인다.

ⓒ 노동공급의 탄력성이 1이면 단위 탄력적(unit elasticity)이라고 하는데 임금의 변화율과 노동공급량의 변화율이 같은 경우로 노동공급곡선은 원점을 지나는 직선의 형태이다.
ⓔ 노동공급의 탄력성이 1보다 큰 경우에는 탄력적(elasticity)이라고 하는데 임금이 조금 변화해도 노동공급량은 크게 변화한다. 이 경우 노동공급곡선은 매우 완만한 형태를 보인다.
ⓓ 노동공급의 탄력성이 무한대(∞)이면(완전탄력적) 임금의 변화 없이도 노동공급량이 변화하는 경우이다. 이 경우 노동공급곡선은 수평선의 형태를 보인다.

② 노동의 공급탄력성의 결정요인   2025년 1·3회, 2019년 3회, 2016년 3회, 2014년 1회

노동의 공급탄력성은 임금의 변화에 따라 노동공급량이 얼마나 신축적으로 변화하는가에 따라 그 크기가 결정된다. 따라서 다음의 요인들이 노동의 공급탄력성에 영향을 미친다.
㉠ 한 나라의 노동력 규모를 나타내는 인구수
㉡ 노동조합의 결성 여부와 교섭력의 정도
㉢ 여성 취업기회의 용이성
㉣ 여러 부문들(지역, 산업) 간의 노동이동의 용이성
㉤ 산업구조의 변화
㉥ 기간(단기와 장기)

③ 단기와 장기의 노동공급 탄력성
㉠ 단기에 있어서, 일정한 훈련을 요하는 특정한 직종의 노동공급량은 임금에 대해 매우 비탄력적이다.
㉡ 장기적으로 보면 신규 노동력의 유입으로 인해 동일한 직종의 노동공급곡선은 점점 더 탄력적이 된다.
㉢ 인적자본량이 가변적인 장기의 노동공급량은 단기의 노동공급량에 비해 탄력적이다.
㉣ 장기에는 임금이 상승할 때 다른 직종에서의 노동력의 유입, 훈련기간의 경과, 인적자본 투자의 증가 등으로 노동공급이 크게 증가하므로 노동공급은 단기에 비해 탄력적이 된다. 즉, 장기에 노동공급곡선의 기울기는 더 완만하다.

4 근로를 유인하는 복지프로그램

(1) 국민기초생활보장

① 국민기초생활보장의 의의
㉠ 국민기초생활보장은 최저생계비 이하의 저소득자에게 국가가 부조를 통해 기초적인 생활을 보장해 주는 제도이다.
㉡ 가구의 소득평가액과 재산의 소득환산액을 합산한 소득인정액이 최저생계비 이하이고, 부양의무자가 없거나 부양의무자가 있어도 부양능력이 없거나 부양을 받을 수 없는 사람에게 기초생활급여가 제공된다.

② 복지프로그램의 운영방법
빈곤층을 지원하기 위하여, 현금을 지급할 수도 있고 현물급여를 제공할 수도 있다. 그리고 근로를 유인하는 근로연계 복지프로그램을 운영할 수도 있다.

(2) 현금지급과 부(-)의 소득세제

① 현금지급과 노동공급
  ㉠ 일반적으로 현금을 지급하는 복지프로그램을 실시하는 경우, 현금을 지급받기 전에는 소득이 낮아도 노동을 하게 된다.
  ㉡ 그러나 정부가 현금을 지급하는 프로그램을 실시하는 경우, 소득이 있으면 지원 프로그램에서 제외되므로 일을 하지 않고 정부의 지원만을 받게 된다.

② 부(-)의 소득세제
  ㉠ 현금지원 프로그램이 갖는 노동공급 감소효과 때문에 미국의 경제학자인 밀턴 프리드먼(M. Friedman)은 부(-)의 소득세제를 제안한 바 있다. 정(+)의 근로소득세는 일하고 얻은 소득에 대해 정부가 세금을 거두어가는 것이지만, 부(-)의 소득세는 정부가 일하는 것에 대해 보조금을 지급하는 것을 의미한다.
  ㉡ 이 제도는 수혜자의 노동시간을 늘리는 효과가 있고, 현금지급에 비해 정부의 지출을 줄이는 효과가 있다.
  ㉢ 또한 수혜자가 수급자라는 심리적 부담 없이 떳떳하게 정부 보조금을 받을 수 있게 만든다는 장점이 있다.
  ㉣ 이 제도는 각종 사회보장제도나 현금 보조금 지급제도의 행정적 비용과 번거로움을 줄일 수 있다. 일한 후 근로소득을 파악하여, 보조금을 개인계좌에 입금하면 되기 때문이다.

(3) 근로장려세제   2017년 1회, 2012년 1회

① 근로장려세제의 의의
  ㉠ 현금지급 복지프로그램은 복지수혜자가 일을 하여 소득이 발생하면 현금지급을 즉시 중단하여 노동공급을 하지 않도록 만드는 제도이다. 그리고 부(-)의 소득세제는 복지수혜자가 일을 하면 일정한 비율만큼 현금지급을 깎아나가는 제도이다. 그러나 부(-)의 소득세제는 일을 하지 않아도 현금지급이 있다.
  ㉡ 이에 비해 근로장려세제는 일을 하지 않으면 현금지급은 전혀 없다. 일을 할 경우에만 보조금을 지급하는 제도이다.
  ㉢ 즉, 저소득 빈곤층의 최저생활을 보장하기 위해 현금지원 프로그램을 실시하는 경우, 저소득이지만 일을 하는 경우보다 일을 하지 않고 정부의 지원을 받는 것이 이익이 되므로 저소득 빈곤층은 노동시장을 떠나게 된다. 이런 문제점을 해결하기 위해 도입한 제도가 근로장려세제(EITC; Earned Income Tax Credit)이다.

② 우리나라의 근로장려세제
  ㉠ 근로장려세제(EITC)는 우리나라가 2009년부터 도입한 것으로 근로빈곤층(working poor)의 근로유인을 높이고, 실질소득을 지원하기 위한 환급형 세액공제(tax credit)제도이다. 즉, 일정수준 이하의 저소득가구에 근로소득 금액을 기준으로 산정한 근로장려금을 세금환급의 형태로 지급하는 제도이다.
  ㉡ 우리나라에서는 근로소득, 종교인소득 또는 사업소득(전문직 제외)이 있는 가구로서 18세 미만 부양자녀나 70세 이상의 부양부모가 있는 경우 총소득 요건과 재산 요건이 충족되는 경우 근로장려금을 받을 수 있다.

ⓒ 총소득 요건은 단독가구 2,200만 원 미만, 홀벌이가구 3,200만 원 미만, 맞벌이가구 3,800만 원 미만이고, 가구원 모두가 소유하고 있는 재산 합계액이 2억 원 미만이어야 한다.

③ **근로장려세제의 기대효과와 한계**
ⓐ 근로장려세제는 저소득 근로자 또는 사업자(보험모집인·방문판매원 등)가구에 현금급여를 지급하여 실질소득을 증가시킴으로써 조세제도를 통한 소득재분배 효과를 기대할 수 있다.
ⓑ 근로장려세제의 도입으로 사회안전망이 2중(사회보험, 국민기초생활보장제도)에서 3중으로 확충되어 저소득 계층의 사회적 보호를 한층 강화하게 될 것이다.
ⓒ 최저임금제를 실시하면 사중손실(deadweight loss)이 발생하여 사회후생을 감소시킨다. 그러나 EITC의 경우 소득구간에 따라 사중손실이 발생할 수도 있고, 발생하지 않을 수도 있다.

5 인적자본이론

(1) 인적자본의 의의

2016년 1·2회

① **인적자본의 뜻**
ⓐ 인적자본(human capital)이란 1950년대 말부터 미국의 노동경제학에서 새롭게 나타난 개념으로, 인간에 대한 장기적인 투자를 통해 인체에 내재하여 인간의 생산성을 높이는 기술, 기능, 지식을 의미한다.
ⓑ 인적자본이론에서는 인간을 투자에 의하여 그 경제가치 내지 생산력의 크기를 증가시킬 수 있는 자본으로 보고 있다. 즉, 투자를 통하여 인간에게 인적자본이 축적되면 그만큼 인간의 자본적 가치가 높아지게 되고, 그 때문에 인적자본 투자가 많을수록 더 높은 소득을 얻게 된다는 것이다.

② **인적자본이론의 전개**
인간에 대한 투자, 즉 인적자본에 대한 투자이론은 1950년대 말부터 미국의 슐츠(T. W. Schultz)와 베커(G. S. Becker) 등에 의하여 정교한 이론으로 등장하였다.

(2) 인적자본의 종류

① **일반적 인적자본**
ⓐ 일반적 인적자본 또는 일반적 숙련(general skill)은 현재 일하는 기업에서도 유용하고, 다른 기업으로 이직하면 그 기업에서도 똑같이 유용한 인적자본이다.
ⓑ 기초적인 기술, 지식이나 어떤 산업에서나 공통적으로 이용될 수 있는 기술이다.
> 예 대학교육이나 인턴, 레지던트 과정을 이수한 의사의 의술

② **기업특수적 인적자본** 2025년 3회, 2021년 1회, 2016년 2회, 2007년 1회, 2004년 2회

기업특수적 인적자본은 특정한 기업에만 유용한 기술, 기능, 정보, 지식이며, 그 기업과의 고용관계가 끝나면 그 가치가 상실되는 인적자본이다. 기업특수적 인적자본이 형성되는 경우는 다음과 같다.
ⓐ **차별화된 제품생산**: 제품의 차별화를 위해 디자인·성능·모양 등에서 다른 상품과 차이가 나도록 하는 과정에서 기업특수적 인적자본이 형성된다.
ⓑ **장비의 특수성**: 한 기업만이 가지고 있는 장비가 있고, 그 장비의 작동방법이 표준화되어 있지 않아 경험을 통해서 그 작동방법을 익혀야 하는 경우이다.
ⓒ **공정(process)의 특수성**: 종업원들이 작업수행 과정에서 고안해 낸 작업방법으로서, 해당 기업에서만 적용할 수 있는 작업방법이 있는 경우이다.

② 기업특수적인 팀워크: 작업 팀 구성원들이 계속적으로 서로 접촉하는 과정에서 상호협조관계, 즉 팀워크가 생겨난다. 이러한 팀워크는 현장에서 특정 근로자 사이에 형성되기 때문에 팀 구성원에 변화가 생기면 생산성에 영향을 주게 된다.

③ 의사소통 특수성: 한 기업에서만 오래 근무하는 구성원 간에는 기업 내에서만 사용 가능한 정보통로와 언어가 생긴다. 이것도 한 기업에서만 사용 가능한 능력이기 때문에 기업특수적 인적자본이다.

(3) 인적자본에 대한 투자대상
<small>2015년 3회</small>

인적자본에 대한 투자의 대상은 크게 5가지로 구분하여 생각될 수 있다. 즉, **정규교육 또는 학교교육, 현장훈련, 이주, 건강(health), 정보(information) 등을 포함한다.**

① **정규교육**

정규교육(formal education) 또는 학교교육은 가장 일반적인 형태의 인적자본 투자의 대상이 된다.

② **현장훈련**

㉠ 현장훈련(OJT; On-the-Job Training)은 취업자가 취업 후에 사업장의 작업현장에서 작업을 통하여 획득하는 기술훈련을 말한다.

㉡ 민서(J. Mincer)의 연구에 따르면, 현장훈련에 의하여 축적되는 자본의 양은 정규교육을 통하여 축적되는 자본의 양에 비하여 1956년의 경우 약 절반 정도에 이르며, 투자수익률에 있어서도 몇몇 분야에서 정규교육의 투자수익률보다 낮지 않은 것으로 나타나고 있다.

㉢ 따라서 정규교육과 현장훈련을 통한 인적자본의 형성이 인적자본의 투자에 있어서 가장 큰 비중을 차지하게 된다.

> **더 알아보기 현장훈련의 종류**   <small>2017년 3회, 2014년 3회</small>
>
> 현장훈련에는 일반적 훈련과 기업특수적 훈련의 2가지 종류가 있다.
> - **일반적 훈련**: 일반적 훈련(general training)은 학교교육에서의 경우와 같이 어떠한 기업에서 일하더라도 다 같이 생산성을 향상시킬 수 있는 훈련을 말한다. 기초적인 기술·지식이나 어떤 산업에서나 공통적으로 이용될 수 있는 기술 등이 이에 속한다. 일반적 훈련의 비용은 노동자 개인이 부담한다.
> - **기업특수적 훈련**: 기업특수적 훈련(firm specific training)은 현장훈련을 통하여 습득된 기술이나 지식이 해당 기업에서만 생산성을 높이게 되고, 다른 기업에서는 아무런 이용가치가 없는 훈련을 말한다. 기업특수적 훈련의 비용은 전적으로 기업이 부담하지 않으면 안 된다. 그리고 그 훈련투자로 인해서 생기는 생산성의 상승분은 기업이 회수하게 된다.
> - **현장훈련이 노동이동에 미치는 영향**: 현장훈련은 종류에 따라서 노동자들의 노동이동(labor turnover)에 여러 가지 영향을 미치게 된다. 특히 기업특수적 훈련에는 비용투입에 따른 자본회수기간이 필요하므로 기업으로서는 자진 퇴직률이 높은 여성노동자에게는 훈련을 시키지 않는다든가, 기업특수적 훈련을 받은 사람은 해고를 시키지 않는 등 다르게 취급하게 된다.

③ **이주**

이주(migration)란 일정한 인적자본을 축적한 노동자가 자신의 생산능력을 최대한 발휘하기 위해서 보다 알맞은 곳으로 이동함으로써 자신의 가치를 더욱 높이는 과정을 말한다. 이주에도 비용이 투입되고, 이주에 의하여 더 높은 수익을 얻을 수 있기 때문에 이것도 일종의 인적자본 투자로 간주된다.

④ **건강**

건강(health)에 대한 투자도 인적자본 투자의 일종으로 본다. 건강수준을 높임으로써 노동공급시간을 일정수준 이상으로 유지시킬 수 있고, 결근 등에 따른 경제적 손실을 줄일 수 있기 때문이다.

⑤ 정보

정보(information)에 대한 투자도 인적자본 투자의 대상으로 생각할 수 있다. 특히 노동시장은 정보가 불완전한 상태에 있으므로 일정한 탐색비용의 지출, 기타 노동시장관련 정보를 얻기 위한 투자비용의 지출은 더 많은 수익을 확보해 줄 수 있게 한다.

(4) 인적자본 투자의 수익률   2011년 3회

인적자본 투자, 즉 교육투자의 수익률은 사적 수익률(개인적 수익률)과 사회적 수익률로 구분하여 살펴볼 수 있다.

① 교육의 사적 수익률

교육의 사적 수익률(private rate of return)은 개인이 자신에 대한 개인적인 교육투자에서 얻는 수익률이다.

② 교육의 사회적 수익률

교육의 사회적 수익률(social rate of return)은 사회가 교육투자(개인적으로 부담하는 등록금을 포함한 모든 교육비용)에서 얻는 수익률로, 여기에는 교육에서 발생하는 외부경제 이익을 포함해야 한다. 즉, 사회적 수익률에는 측정하기는 매우 어렵지만 정부의 교육투자로 인한 건강증진, 사회의 민주화 진전, 범죄의 감소, 환경개선 등이 포함된다.

③ 수익률의 크기

㉠ 대부분의 선진국에서는 교육의 사적 수익률이 사회적 수익률보다 높은 것으로 나타나고 있다. 이는 많은 국가에서 학생들이 정부나 자치단체의 교육보조금으로 인해 교육비를 실제의 교육비용만큼 부담하지 않기 때문이다.

㉡ 교육의 사적 수익률이 사회적 수익률보다 낮다는 것은 정부의 인적자본 투자가 비효율적으로 이루어지고, 개인의 사적인 교육비 부담이 높다는 것을 의미한다.

㉢ 따라서 이 경우 정부의 인적자본 투자는 개인이 사적으로 부담하는 교육비를 줄이는 방향으로 이루어져야 한다. 즉, 정부와 지방자치단체의 교육비 보조를 확대하여야 한다. 이와 함께 교육의 질을 높여 교육투자의 효율성을 높여야 한다.

(5) 인적자본이론의 의의와 한계

① 인적자본이론의 의의

㉠ 인적자본이론은 개인 간의 소득격차가 학교교육과 현장훈련 등에 의존한다고 설명한다. 따라서 개인 간 소득불평등의 완화를 위한 정책적 방향을 제시해 준다.

㉡ 노동자의 생애에 있어 근로소득의 변화와 노동자들 간의 임금격차를 설명해 준다. 이는 역U자형의 연령-소득곡선(age-earning profile)을 통해 살펴볼 수 있다.

㉢ 한 국가의 경제성장은 인적자본 투자가 생산성을 높임으로써 이루어지는 것으로 설명하고 있다.

② 인적자본이론의 한계

㉠ 동일한 학력과 경력을 지닌 사람들 사이의 임금격차를 제대로 설명하기가 어렵다.

㉡ 높은 수준의 교육·훈련이 높은 수준의 임금을 가져온다는 것은 입증이 되지만, 생산성을 높인다는 주장은 입증되지 않고 있다.

③ 인적자본이론과 노동이동 　　　　　　　　　　　　　　　　　　　　　2019년 1회, 2012년 1회
　㉠ 인적자본이론에서는 장기근속자일수록 기업특수적 인적자본량이 많아져 임금률은 높지만 해고율이 낮아진다고 주장한다.
　㉡ 사직률과 해고율은 기업특수적 인적자본과 음(-)의 상관관계를 갖고, 경기변동에 따라 상반되는 관련성을 가지고 있다.

6 선별가설과 신호가설

(1) 선별가설　　　　　　　　　　2025년 2회, 2024년 3회, 2023년 3회, 2022년 2·3회, 2015년 2회, 2012년 1회

① 선별가설의 의의
　㉠ 선별가설(screening hypothesis)은 교육·훈련과 높은 생산성의 상관관계와 관련하여 교육·훈련이 높은 임금을 가져온다는 인적자본이론을 비판하며 루카스(R. Lucas), 애로우(K. Arrow), 스펜스(M. Spence) 등에 의하여 주장된 가설이다.
　㉡ 선별가설은 교육·훈련이 생산성을 높이기보다는 단지 능력 있는 사람을 식별하거나 선별하는 데만 이용된다는 것이다. 즉, 노동자 채용 시에는 채용 및 선별비용, 훈련비용이 드는데, 사용자는 이 선별비용을 줄이기 위해 능력의 대리변수인 교육에 높은 임금을 지불하게 된다는 것이다. 이 가설에 의하면 교육제도는 유능한 사람을 식별 내지 선별하는 기구에 불과하다는 것이다.

② 교육투자의 방향
　㉠ 인적자본이론이 주장하는 것처럼 교육·훈련이 생산성을 향상시키는 직접적인 원인이라면 저소득층의 교육수준을 향상시키는 정책에 의해 그들의 빈곤을 해소할 수 있다.
　㉡ 그러나 선별가설이 주장하는 것처럼 교육·훈련이 높은 소득을 얻게 하는 직접적인 원인이 아니라면 저소득층에 교육기회를 확대하는 교육기회의 평등화 정책은 의미가 없게 된다.

(2) 신호가설　　　　　　　　　　　　　　　　2020년 1·2(통합)회, 2017년 3회, 2015년 2회, 2012년 1·2회

① 신호가설의 의의
　㉠ 인적자본이론에 대한 가장 중요한 비판 중 하나는 "교육이 과연 노동자의 생산성을 향상시키는가"이다. 이러한 비판적인 견해에는 앞서 본 선별가설과 신호가설(signaling hypothesis)이 있다.
　㉡ 신호가설 혹은 시그널링 가설은 교육이 노동자들의 선천적인 재능을 보여주거나 숨은 생산성을 시그널(signal) 혹은 신호로 나타내 줄 뿐 직접적으로 생산성을 높이는 것은 아니라는 주장이다. 신호가설은 스펜스(M. Spence)에 의해 주장되었다.

② 선별가설과 신호가설
　㉠ 노동자의 채용에 있어 정보의 비대칭성(information asymmetries)에 직면한 기업이 능력 있고 생산성이 높은 노동자를 선별(screening)하고자 할 때, 기업은 대학교육이라는 간판을 능력과 생산성의 지표로 이용할 수 있다는 것이 선별가설이다.
　㉡ 이 경우 노동자 개인은 대학교육을 받아 자신의 선천적 재능과 숨겨져 있는 생산성을 기업에 신호하기 위해 교육투자를 하게 된다. 이처럼 교육은 신호에 대한 투자라는 것이 신호가설이다.

UNIT 3 노동시장의 균형

1 노동시장의 유형

(1) 경쟁노동시장과 독점노동시장

① **경쟁노동시장**

경쟁노동시장(competitive labor market)은 수많은 노동자(노동공급자)와 고용주(노동수요자)가 존재하고, 이들 간에 동질적인 노동의 거래가 자유로이 이루어지는 노동시장을 의미한다.

② **독점노동시장**

독점노동시장(monopolistic labor market)은 노동수요자 또는 공급자가 하나이기 때문에, 누군가가 임금이나 근로조건의 결정에서 지배력을 행사할 수 있는 노동시장을 의미한다. 특히 노동수요자(기업)가 하나인 경우를 수요독점적 노동시장(monopsonistic labor market)이라고 한다.

(2) 내부노동시장과 외부노동시장

내부노동시장은 하나의 기업 또는 사업장 내에서 형성되는 노동시장을 말한다. 그리고 그와 같은 기업 또는 사업장의 입장에서 자기들의 종업원이 아닌, 즉 내부노동시장 밖에 있는 근로자들은 바로 외부노동시장의 근로자로 간주된다.

① **내부노동시장의 의의** 2021년 2회, 2020년 3회, 2018년 2회, 2015년 2회

㉠ 내부노동시장(internal labor market)이란 임금, 상여금, 부가급여로 구성되는 노동의 가격결정과 직무배치·전환, 현장훈련 및 승진 등 고용의 여러 측면이 일련의 관리규칙과 절차에 의해 지배되는 노동시장이다. 이 경우 "내부노동시장이 존재한다."라고 한다.

㉡ 내부노동시장에서의 임금, 직무배치 및 승진은 외부노동시장의 작용으로부터 단절된 채로 기업 내부에서 정해진 규칙과 절차에 의해 결정된다. 다만, 입직문(ports of entry), 즉 기업으로 들어오는 통로는 외부노동시장과 연결되어 외부노동시장에서 신규채용이 이루어진다.

㉢ 기업 내부의 직무위계의 각 단계(대리, 과장, 부장, 이사 등)는 내부승진에 의해 충원되는 것이 일반적이고, 필요한 시기에 적당한 사람이 내부에 없는 경우에만 외부로부터 모집한다.

② **내부노동시장의 형성요인** 2025년 3회, 2022년 2회, 2020년 4회, 2019년 2회, 2018년 1회, 2016년 3회, 2015년 2·3회, 2014년 1회

도린저와 피요르는 내부노동시장이 형성되는 요인으로 ㉠ 숙련의 특수성, ㉡ 현장훈련, ㉢ 관습 등 3가지를 제시한다.

㉠ **숙련의 특수성(skill specificity)**: 특수한 또는 고유한 숙련은 기록이나 문서를 통한 전수가 불가능하고, 기업의 내부노동력만이 유일하게 소유하는 숙련을 말한다. 기업은 이러한 기업특수적 숙련의 유지를 위해 기업 내부의 노동력을 유지하려고 하므로 내부노동시장을 강화하게 된다.

㉡ **현장훈련(OJT)**: 실제 직무수행에 이용되는 기술 및 숙련의 대부분은 현장훈련을 통해 얻어진다. 그리고 현장훈련은 숙련의 특수성과 상호작용하여 생산과정을 통해 선임자가 습득한 기술과 숙련을 직접 전수하도록 하는 계기가 된다. 이로 인해 기업은 내부노동시장을 형성하는 것이다.

㉢ **관습(custom)**: 작업장에서의 관습은 선례로 내려온 문서화되지 않은 규정의 체계를 말한다. 이러한 관습이 노동에 대한 보수나 징계 등 노동관계의 각종 사안을 규율하게 된다. 노동현장에서의 관습은 대부분 노동시장 내부의 고용 안정성에서 형성된 것으로, 사용자나 근로자 모두에게 중요한 의미를 갖기 때문에 내부노동시장을 형성시키는 또 하나의 요인으로 작용하게 된다.

③ 내부노동시장의 장점 2018년 2회
  ㉠ 고용 안정성과 승진기회의 보장으로 기업에 대한 소속감이 향상된다.
  ㉡ 기업의 특수한 인적자원 육성에 유리하다.
  ㉢ 임금 및 근로조건이 향상되므로 생산성을 향상시킨다.
  ㉣ 합리적인 인적자원의 확보 및 유지에 유리하다.
④ 외부노동시장의 의의
  ㉠ 외부노동시장(external labor market)은 기업 내부의 명문화된 규칙과 절차와는 관계없이, 노동시장의 거래에 의해 임금과 고용이 결정되는 노동시장을 말한다. 일반적으로 말하는 노동시장은 외부노동시장이다.
  ㉡ 신규 구직자들이 형성하는 노동시장은 기업 내부의 명문화된 규칙이나 절차와는 무관하므로 외부노동시장이다. 또한 소기업의 경우에는 노동수요가 발생하면 수시로 외부노동시장에서 직접 채용하므로 외부노동시장이다.

(3) **1차 노동시장과 2차 노동시장** 2022년 2회, 2017년 3회, 2016년 1회, 2010년 1회, 2009년 2회, 2008년 1회
  ① 1차 노동시장
    ㉠ 1차 노동시장(primary labor market)은 높은 임금, 좋은 근로조건과 고용안정, 양질의 교육훈련, 승진 가능성을 제공하는 기업들이 구인행위를 행하는 노동시장을 말한다.
    ㉡ 내부노동시장을 가진 기업들은 신입 노동자를 외부노동시장에서 선발한 후, 교육훈련을 시키고 승진에 따른 높은 임금과 양호한 근로조건 및 고용안정을 보장하므로, 1차 노동시장은 주로 내부노동시장을 가진 기업들에 존재한다.
  ② 2차 노동시장
    2차 노동시장(secondary labor market)은 낮은 임금, 열악한 근로조건과 고용불안정, 교육훈련과 승진기회의 부재 등의 특징을 지닌 노동시장이다. 2차 노동시장은 내부노동시장을 갖지 못한 기업들에 존재한다.

2 노동시장의 균형

(1) **노동시장의 의의와 특성**
  ① 노동시장과 생산물시장의 차이 2018년 1회
    ㉠ 노동시장에서 거래되는 노동력 상품은 노동자와 분리가 될 수 없기 때문에 노동시장에서는 노동조건을 둘러싼 노사관계 등 사회적 관계가 개입된다.
    ㉡ 노동은 사용자의 입장에서 보면 생산요소이며, 노동자의 입장에서 보면 소득의 원천이 되는 한편, 국민경제적 관점에서는 인적자원이 된다.
    ㉢ 일반상품과 달리 노동력 상품은 비교적 이질적이며, 따라서 노동시장은 단일한 시장으로 존재하는 경우가 드물다.
    ㉣ 노동력은 인적자원이기 때문에 화폐소득 이외에 사용되는 장소, 일의 성격 등에 의하여 노동공급이 영향을 받는다.

② 경쟁노동시장의 의의
　㉠ 노동시장에서는 노동의 수요와 공급에 의해 균형임금이 결정되고, 균형임금이 결정되면 노동력의 거래량이 결정된다.
　㉡ 노동시장의 균형을 분석하는 노동의 수요·공급이론은 기본적으로 노동력의 거래가 아무런 제약 없이 자유롭게 이루어지는 경쟁노동시장을 전제로 한 것이다. 경쟁노동시장은 경제학자들이 파악하는 가장 이상적인 노동시장이다.

③ 경쟁노동시장의 기본가정　　　　2020년 1·2(통합)회, 2018년 2·3회, 2017년 3회, 2012년 1회, 2010년 3회
　㉠ 노동시장에는 아무런 제약을 받지 않고 서로 경쟁하는 수많은 노동자와 고용주(기업)가 있어, 노동자 개인이나 개별 고용주는 시장에서 결정된 시장임금에 아무런 영향력을 행사할 수 없다. 즉, 누구도 시장임금을 변화시킬 수 없고, 시장에서 주어지는 임금을 받아들여야 하는 임금수용자(wage taker)이다.
　㉡ 모든 노동자는 동질적이다. 즉, 노동시장의 공급자인 노동자는 성·나이·능력이나 숙련도 등에서 차이가 없다고 가정한다. 그리고 모든 노동자의 일에 대한 자세 및 노력의 강도도 동일하다.
　㉢ 노동자와 고용주는 자유로이 노동시장에 진입하거나 시장을 떠날 수 있다. 그리고 노동자는 자유로이 직장을 바꿀 수 있다.
　㉣ 노동자의 단결조직(노동조합)이나 사용자의 단결조직(사용자 단체)은 없다. 사용자는 인위적으로 임금을 낮추기 위해 단결하지 않으며, 노동자도 임금을 높이기 위해 어떤 단체도 만들지 않는다.
　㉤ 정부는 노동시장에 개입(간섭)하지 않는다. 따라서 노동시장을 규제하는 법률도 없고, 최저임금제 등 정부에 의한 임금결정도 없다.
　㉥ 노동시장에는 완전한 정보가 주어진다. 노동자는 임금·직무·근로조건 등에 관하여, 고용주는 노동자의 특성에 대하여 완전한 정보를 갖는다.
　㉦ 하는 일의 성격(예 직장의 안정성, 위험)은 모두 동일하며, 단지 임금의 차이만 존재한다. 즉, 임금은 직무의 특성을 나타내는 유일한 지표이다.
　㉧ 개별기업들은 상품시장에서 가격순응자(price taker)이다. 즉, 상품시장은 경쟁적 시장이다.
　㉨ 모든 가격과 임금은 완전 신축적이며, 가격의 경직성은 존재하지 않는다.
　㉩ 모든 직무의 빈자리는 외부노동시장을 통해서만 채워진다. 즉, 내부노동시장은 존재하지 않는다.

(2) **노동시장의 균형**
① 균형의 성립　　　　2020년 3회, 2016년 3회
　노동시장에서는 노동수요자와 노동공급자 간의 경쟁에 의해, 즉 수요와 공급의 상호작용에 의해 균형임금과 균형고용량이 결정된다. 다음 [그림 (a)]에서 DD는 노동의 시장수요곡선, SS는 노동의 시장공급곡선이다. 시장에서 수요와 공급의 상호작용에 의해 균형임금은 W_e, 균형고용량은 L_e에서 결정된다.

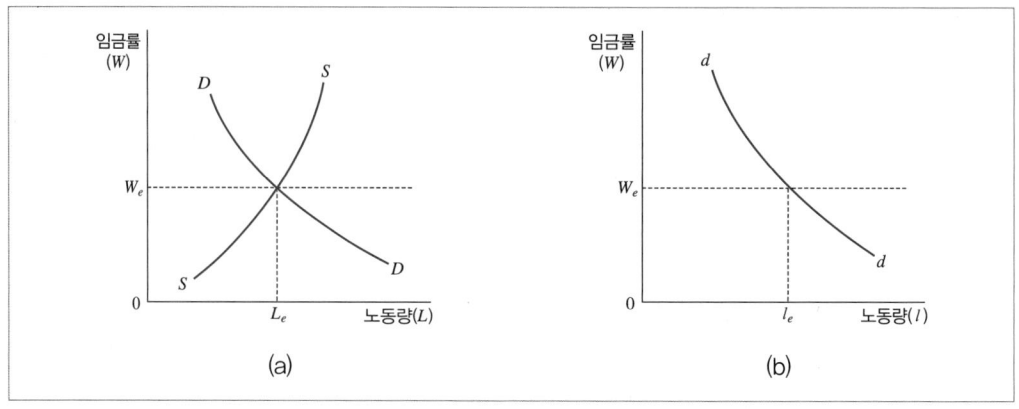

② **개별기업의 균형**
  ㉠ 위 [그림 (b)]에서 dd는 개별기업의 노동수요곡선이고, 이는 노동의 한계생산가치($VMP_L = P \cdot MP_L$) 곡선이다. 경쟁시장에서는 노동수요자인 기업이나 노동공급자인 노동자 모두 시장에서 결정되어 주어지는 임금에는 영향을 미치지 못하므로 시장임금 W_e를 그대로 받아들여야만 하는 임금수용자(wage taker)가 된다.
  ㉡ 이는 곧 개별기업이 직면하는 노동공급곡선이 W_e에서 수평선이 된다는 것을 의미한다. 따라서 개별기업의 이윤극대화 고용량은 l_e에서 결정된다.

③ **노동시장 균형의 변화** 2025년 1회, 2022년 1회, 2021년 2회, 2019년 1회, 2017년 2회, 2016년 2회
  ㉠ **노동에 대한 수요의 증가**: 최종 생산물의 수요증가, 다른 생산요소의 가격상승, 노동생산성의 상승 등으로 노동에 대한 수요가 증가하면 노동수요곡선이 오른쪽으로 이동하여 임금은 상승하고 고용량은 증가한다.

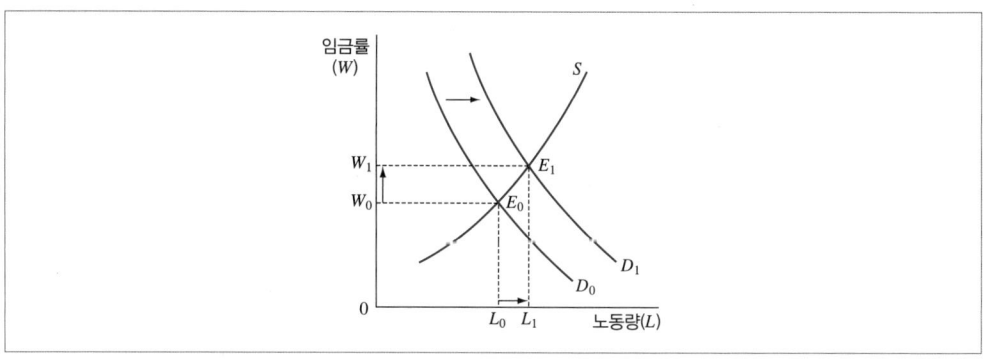

  ㉡ **노동공급의 증가**: 외국인노동자의 노동시장 진입 증가, 기타 경제활동인구의 증가 등으로 노동공급이 증가하면 노동공급곡선이 오른쪽으로 이동하여 노동에 대한 초과공급(surplus)이 발생하므로, 임금은 하락하고 고용량은 증가한다.

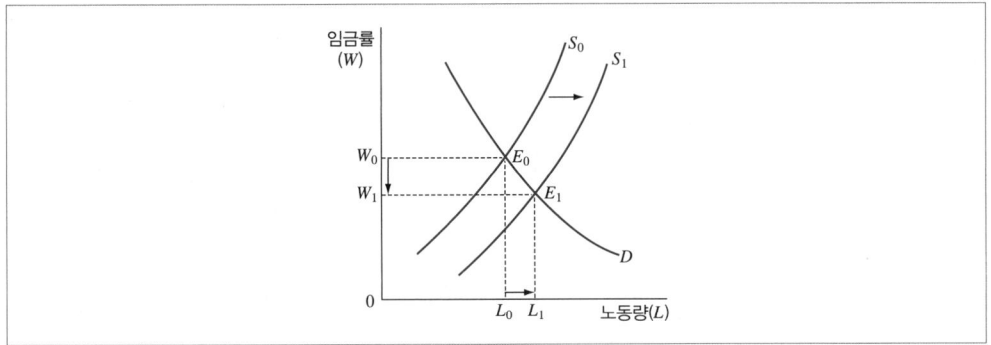

ⓒ **노동공급의 감소**: 저출산 고령화가 지속되어 노동공급이 감소하면 노동공급곡선이 왼쪽으로 이동하여 일시적인 초과노동수요(공급부족, shortage) 현상을 유발한다. 이로 인해 임금수준은 상승하고 고용수준은 감소한다.

ⓔ **노동수요와 공급의 동시 변화**: 예컨대, 노동수요와 노동공급이 함께 증가하면 노동수요곡선과 노동공급곡선이 오른쪽으로 이동하여 균형고용량은 증가한다. 그러나 노동수요가 증가하면 임금이 상승하고, 노동공급이 증가하면 임금이 하락하므로 임금수준의 변화방향은 불확실하다.

④ **동일노동에 대한 동일임금의 원리**

㉠ 의의: 동질의 숙련도를 갖고 있는 노동자에 대한 임금이 산업 간(또는 지역 간)에 차이가 있는 경우, 임금이 낮은 산업으로부터 임금이 높은 산업으로 노동력이 이동한다. 그 결과 임금이 낮은 산업에서는 노동공급의 감소로 임금이 상승하고, 임금이 높은 산업에서는 노동공급의 증가로 임금이 하락한다.

㉡ 결과
   ⓐ 이 과정은 두 산업에서의 임금이 균등화될 때까지 계속되는데, 이러한 현상은 시장에서의 경쟁의 힘에 의해서 나타나는 것으로, 이를 동일노동에 대한 동일임금(equal pay for equal work)의 원리라고 한다.
   ⓑ 이러한 현상은 지역 간 임금격차가 있는 경우에도 발생하고, 이러한 원리에 따라 각 산업 간(또는 지역 간) 노동배분의 효율성(allocative efficiency)이 달성된다.
   ⓒ 동일노동에 대한 동일임금은 경쟁적인 노동시장에서 나타날 수 있다. 경쟁적 노동시장에서는 사회후생이 극대화되므로 인적자원의 효율적(최적) 배분이 이루어진다.

(3) 불완전경쟁 재화시장 및 불완전경쟁 노동시장의 균형 비교

① 재화시장과 노동시장 모두 완전경쟁인 경우
   ㉠ 재화시장과 노동시장이 모두 완전경쟁일 때 재화가격(P)이 상승하면 노동수요곡선이 오른쪽으로 이동한다. 그 이유는 노동수요곡선, 즉, $VMP_L = P \cdot MP_L$곡선에서 재화가격(P)이 상승하면 한계생산가치(VMP_L)가 상승하기 때문이다.
   ㉡ 재화시장과 노동시장이 모두 완전경쟁일 때 임금이 하락하면 노동수요량은 장기에 더 크게 증가한다.

② 어느 한 시장이 불완전경쟁(독점)인 경우
   ㉠ 재화시장은 불완전경쟁이더라도 노동시장이 완전경쟁이면 개별기업의 한계요소비용(한계노동비용, MFC)은 일정하다.

ⓒ 재화시장이 완전경쟁이고 노동시장이 불완전경쟁일 때 임금(W)은 한계수입생산(MRP_L)보다 낮은 수준으로 결정된다. 노동시장이 불완전경쟁이므로 고용량은 $MRP = MFC$인 E_L에서 결정된다. 임금은 노동공급곡선(S)에 의해 결정되므로 MRP보다 낮은 W_M에서 결정된다.

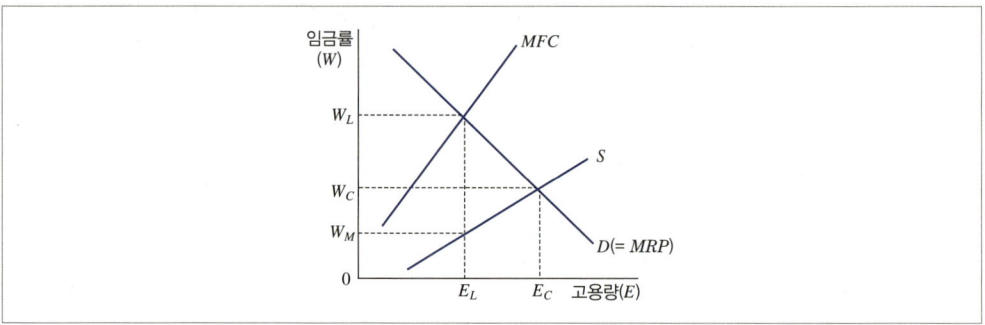

더 알아보기

■ **노동의 한계비용(marginal cost of labor)** 2019년 1회, 2013년 2회
- 노동의 한계비용은 노동 1단위(시간)를 추가로 투입할 때 그로 인한 노동총비용의 증가분을 의미한다.
- 다음 [표]에서 노동투입량을 5,000시간에서 6,000시간으로 증가시키는 경우, 노동의 한계비용을 구하면 다음과 같다.

노동투입량(시간)	시간당 임금(원)	한계수입생산(원)
4,000	5,000	18,000
5,000	6,000	17,000
6,000	7,000	15,000

- 노동투입량이 5,000시간일 때 노동총비용은 5,000 × 6,000원 = 3,000만 원. 노동투입량이 6,000시간일 때 노동총비용은 6,000 × 7,000원 = 4,200만 원이다. 따라서 노동의 한계비용 = (4,200만 원 − 3,000만 원) / 1,000시간 = 12,000원이다.

■ **한계요소비용(MFC; Marginal Factor Cost)**
한계요소비용도 노동의 한계비용과 같은 개념으로, 생산요소(예 노동) 1단위를 추가로 투입할 때 그로 인한 총비용의 증가분이다.

3 노동의 이동

(1) **노동이동의 두 가지 의미**

① **노동이동(labor mobility)**

ⓐ 노동이동(labor mobility)이란 노동자들이 더 좋은 일자리를 찾아 다른 지역으로 이주(migration)하거나 또는 산업·직종 및 기업 간에 이동하는 것을 의미한다.

ⓑ 이러한 노동이동은 노동자를 적재적소에 배치시켜 그들의 생산성을 높이고 노동에 대한 보상을 높인다는 점에서 인적자원을 효율적으로 배분하는 결과를 가져온다. 또한 경제 전체적으로는 노동의 생산성을 높이게 된다.

② 노동이동(labor turnover)   2019년 2회, 2015년 1·2회
   ㉠ 노동이동(labor turnover)은 노동자의 이동(mobility)을 하나의 기업을 중심으로 파악하는 것으로, 노동자의 입직(accessions)과 이직(separations)을 의미한다.
   ㉡ 입직은 새로운 노동자의 채용인 신규채용(new hires), 기존 노동자의 해고 후 재고용(rehires), 회사 내 공장 간 전직(transfer)으로 구성된다.
   ㉢ 이직은 고용이 종료되는 것으로 사직(quits), 일시해고(layoffs), 해고(discharges), 파면, 군복무나 정년퇴직 또는 사망 등에 기인하는 기타 이직 등으로 구성된다.
   ㉣ 일시해고는 근로자의 귀책사유 없이 기업의 가동률 저하로 인하여 근로자가 기업으로부터 떠나는 것으로, 미국 등에서 잘 발달되어 있다.

> **더 알아보기 입직률**   2015년 1회, 2014년 1회
> 입직은 노동자가 기업으로 들어오는 것을 의미하는 것으로, 노동자가 기업에 처음 들어오는 신규채용과 동일기업 내 다른 사업체로부터의 전입으로 이루어진다. 노동이동률 지표의 하나인 입직률은 입직자 수를 전월 말 근로자 수로 나누어 계산한다.
>
> $$\text{입직률}(\%) = \frac{\text{입직자 수}}{\text{전월 말 근로자 수}} \times 100$$

(2) **노동이동(labor mobility)의 원인**
   ① 임금격차설
      ㉠ 노동력의 이동이 자유로운 경쟁노동시장에서 노동력이 부족한 부문에서는 임금 및 근로조건이 다른 부문에 비해 개선되어 새로운 노동력이 유입되며, 노동력이 과잉인 부문에서는 반대의 이유로 노동력이 유출된다는 주장이다.
      ㉡ 즉, 두 부문 간의 임금률의 격차가 있는 경우 노동자는 임금률이 높은 부문으로 이동한다.
   ② 취업기회설
      슐츠(T. Schultz)는 노동력이 다른 산업, 다른 지역으로 이동하는 것은 소득격차나 임금격차가 아니라 취업기회의 존재 여부에 의해서 결정된다고 주장한다. 이 주장은 노동력의 수요 측면이 노동이동을 가져온다는 주장이다.
   ③ 인적자본이론
      ㉠ 인적자본이론은 노동이동을 인적자원의 생산성을 향상시키는 투자로 파악하고 투자에 따른 비용과 수익을 고려하여 파악함으로써 비현실적인 가정에 기초한 신고전학파 이론의 한계를 극복한다.
      ㉡ 노동이동을 결정하는 요인은 전의 직장과 새로운 직장 간의 수익의 차이, 새로운 직장에서의 예상 근속연수, 장래의 기대수익을 현재가치로 할인해 주는 할인율, 노동이동에 수반되는 직접비용 및 심리적 비용 등이다.

4 노동시장의 경쟁과 분단

(1) **경쟁시장가설(신고전학파의 견해)**   2019년 3회, 2012년 3회
   ① 경쟁시장가설의 의의
      ㉠ 신고전학파는 노동시장을 경쟁시장으로 파악한다. 이를 경쟁시장가설이라고 한다. 경쟁시장가설(competitive market hypothesis)이란 산업이나 지역 간에 노동력의 자유로운 이동이 이루어지므로, 동일한 노동에 대해서는 동일한 임금이 지급된다는 주장이다.

ⓒ 즉, 노동력의 이동과 노동자의 채용·배치에 따르는 제도적인 장애요인이 존재하지 않고, 다른 시장의 경우와 마찬가지로 수요자와 공급자 간의 경쟁에 의해 균형임금이 성립하며, 노동자와 기업은 이 균형임금을 수용한다고 보는 견해이다.

② 노동시장 불균형에 대한 신고전학파의 설명

경쟁적 노동시장에서는 균형임금과 균형고용량이 달성되므로 완전고용이 이루어진다. 그러나 현실에서는 대량실업이나 인력난이 장기간 지속되기도 하는데, 신고전학파는 이러한 시장의 불균형 현상이 지속되는 이유를 다음과 같은 요인들로 설명한다.

ⓐ 현직 노동자인 내부자와 실업자인 외부자 간의 경쟁제한
ⓑ 정보의 불완전성
ⓒ 기업의 고임금 정책
ⓓ 노동조합의 영향
ⓔ 최저임금제
ⓕ 지나치게 후한 사회보장
ⓖ 과도한 소득세 징수

(2) 분단노동시장가설(제도학파의 견해) _{2020년 1·2(통합)·4회}

분단노동시장가설은 노동시장에는 자유로운 노동력의 이동을 저해하는 제도적인 요인이 있고, 따라서 노동시장을 하나의 경쟁적인 시장으로 파악하기는 어렵다고 보는 견해이다. 이러한 관점 중 여기서는 직무경쟁이론과 이중 노동시장론을 검토한다.

① 직무경쟁이론

ⓐ 직무경쟁이론(job competition theory)에서는 노동시장에서 의미가 있는 경쟁은 임금경쟁이 아니라 자리(직무)를 차지하기 위한 경쟁이라고 보고, 기업과 노동자의 시장행동을 설명한다.
ⓑ 즉, 기업의 노무관리정책에 따라 기업의 직무는 단기적으로 고정되는 제도를 가지고 있는데 일의 내용, 임금 및 대우는 직무의 서열에 따라 달라지고, 이러한 제도하에 고용되어 있는 노동자들은 보다 높은 서열의 직무를 차지하기 위해 경쟁한다는 이론이다.

② 이중 노동시장론 _{2024년 1·2·3회, 2023년 1·3회, 2022년 2회, 2016년 1회}

ⓐ 노동시장이 1차 부문과 2차 부문으로 구조적으로 분단되어 있다고 보는 것이 도린저(P. Doeringer)와 피요르(M. Piore)의 이중 노동시장론(dual labor market theory)으로 이중 구조론과 유사한 관점이다.

ⓐ 1차 부문(primary sector): 비교적 대기업, 기업의 내부승진제도가 정비되어 승진 가능성이 높고, 비교적 높은 임금과 양호한 고용조건을 유지, 근무자는 결근율이 낮고, 교육과 훈련을 통해 자신의 인적자본을 높이려는 열의가 강하며, 기업에 대한 일체감과 충성심이 높다.
ⓑ 2차 부문(secondary sector): 고용기간이 짧고, 승진 가능성이 적으며, 직장 내에서 숙련이 향상될 기회도 없고, 임금과 근로조건이 열악한 상태이다.

ⓒ 이처럼 노동의 수요 측인 기업과 직무에 있어서의 차이, 공급되는 노동력의 차이가 현저하게 존재하기 때문에, 서로 다른 부문 간의 노동력 이동은 매우 드문 현상이다.

③ 분단노동시장의 의의 _{2025년 3회, 2024년 3회, 2022년 2·3회, 2021년 1회, 2020년 1·2(통합)회, 2010년 3회}

ⓐ 분단노동시장가설에서는 경쟁시장가설에서 소홀히 다루기 쉬운 측면, 즉 노동의 인간화를 도모하기 위한 의식적인 정책노력이 필요하다는 점을 강조하는 점에서 정책적 의의가 있다.

ⓒ 노동시장 정책을 수립하거나 저임금층의 시장적응을 도와주기 위한 정책을 실시하려 할 때 직업훈련의 확충이나 공공 직업소개소의 증설과 같은 노동공급 측면의 정책만으로는 불충분하다.
ⓒ 기업이 노동자 고용에 있어서 제도적 차별을 철폐하도록 유도하고, 공공투자에 의해 고용기회를 확대하는 등 수요 측면의 정책도 매우 중요하다.

> **더 알아보기** 분단노동시장가설의 등장배경 2022년 3회, 2020년 4회, 2016년 3회, 2010년 4회
> - 빈곤퇴치를 위한 정책적 노력의 실패
> - 교육훈련 프로그램에 의한 빈곤퇴치의 실패
> - 개개인의 특성의 분포와 소득분포 간의 상이(소수 인종에 대한 현실적 차별)
> - 실업이 인구의 특정 부문의 사람들에게 집중 발생
> - 노동시장의 경쟁제한

5 한국 노동시장의 구조와 특성

(1) 산업화의 진전과 노동시장의 전환점 2013년 1회

① 비숙련 노동의 무제한적 공급(1960년대의 노동시장)

㉠ 1963년 기준 경제활동인구의 60% 이상이 농림어업 부문에 취업하는 전형적인 1차 산업 위주의 경제구조를 가지고 있었고, 또한 농촌 내부에는 농업노동자(머슴), 소작농, 소농 등으로 구성된 과잉노동인구가 존재하였다.

㉡ 농업 내부의 과잉인구는 잠재실업자(disguised unemployment)나 불완전유업자(person with insufficient volume of work)로 존재하고 있었다. 즉, 농업노동자의 한계생산은 거의 0에 가까웠다.

㉢ 그러나 이들의 농업소득은 한계생산이 0에 가까웠지만 농촌인구의 최저생존을 보장하는 어떤 수준에서 결정되었다.

㉣ 도시 근대부문에서는 농촌 과잉인구에 최저생존소득 W_0에 도시로의 이동에 필요한 이주비용 및 도시 정착비용 C_0를 더한 W_0^*만을 지급하면 무제한적으로 노동공급이 가능하다. 따라서 도시 근대부문의 노동시장에서 노동공급곡선은 W_0^*의 임금수준에서 N_1의 고용량에 이르기까지는 완전탄력적인 형태, 즉 수평선의 형태이다.

㉤ 이러한 수평선 형태의 노동공급곡선은 루이스(W. A. Lewis)에 의해 주장된 것으로, 루이스는 농촌 생존부문의 과잉인구를 도시의 근대화된 산업부문에서 고용함으로써 저개발국의 경제발전을 이룰 수 있다는 이중구조적 경제발전 모형을 제시하였다.

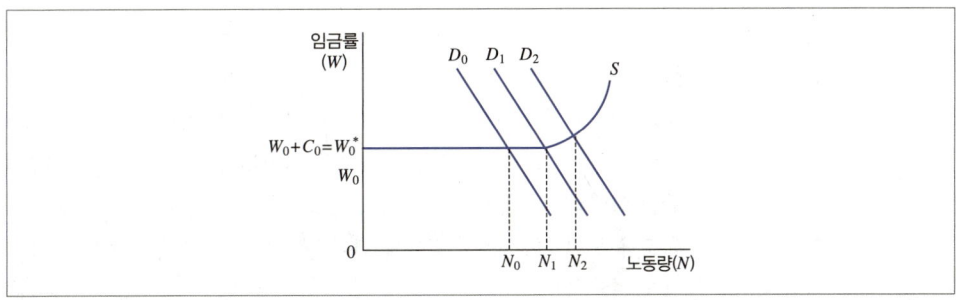

② 비숙련 노동의 공급제약과 전환점
  ㉠ 1960년대 이후의 산업화에 따라 농촌 과잉인구는 고갈되었다. 그러나 비숙련 노동에 대한 수요는 계속 증가하여, N_1 이상으로 노동수요가 증가하면 노동공급곡선은 우상향한다. 이는 비숙련 노동의 무제한적 공급이 끝났기 때문에 고용을 증가시키기 위해서는 실질임금이 인상되어야 함을 의미한다.
  ㉡ 이처럼 무제한적 노동공급이 끝나고 비숙련 노동의 실질임금이 인상되기 시작하는 시점을 전환점(turning point)이라고 하는데, 우리나라는 1970년대 중반에 이 전환점을 통과한 것으로 알려져 있다.

> **더 알아보기** 도시 공식부문과 도시 비공식부문　　　　　　　　　　　2010년 4회
> 토다로(Michael Todaro)는 저개발국들에서 도시에 대량의 불완전취업자와 실업자가 존재함에도 불구하고 농촌지역에서 도시로의 노동이동이 계속되고 있는 현상에 주목했다. 이러한 현상을 설명하기 위해 도시 비공식부문 개념을 제시하였다. 즉, 토다로는 농촌·도시 간의 노동력 이동현상을 농촌에 있는 노동력이 도시의 전통부문, 즉 도시의 비공식부문(urban informal sector)에 먼저 이동하고, 도시생활에 점차 익숙해지면서 근대적인 취업에 대한 준비를 통해 근대부문(도시 공식부문)에 취업하는 것으로 분석하고 있다.

(2) **노동시장의 불균형**
  ① **기능인력 부족과 대졸자의 취업난**
    한국의 노동시장은 1990년대 중반 이후부터 심한 기능인력 부족과 대졸자 취업난이라는 불균형 현상을 보이고 있다. 즉, 고학력일수록 높은 실업률을 보이는 반면, 산업현장에서는 생산직을 중심으로 극심한 구인난(3D 업종은 더욱 심각)을 보이고 있다.
  ② **외국인 노동자의 증가**　　　　　　　2024년 3회, 2023년 3회, 2021년 1회, 2009년 2회, 2007년 2회, 2005년 1회
    ㉠ 1980년대 말부터 외국인 노동자의 취업이 본격화되면서, 2025년 취업비자를 받은 외국인 노동자만 하더라도 148만 명을 넘어섰다.
    ㉡ 외국인 노동자들은 내국인이 취업을 기피하는 3D 직종에 주로 종사하고 있다. 이들의 취업이 증대되면서 내국인 노동시장에서의 임금과 고용은 낮아지는 경향을 보이고 있다. 그러나 외국인 노동자가 유입된다고 해서 그만큼 자국 노동자의 실업이 증가하는 것은 아니다.
    ㉢ 한편 숙련 노동시장과 비숙련 노동시장이 완전히 단절되어 있는 경우 비숙련 외국인 노동자가 유입되면 국내 비숙련 노동자가 가장 큰 피해를 입게 된다.
  ③ **비정규직 고용의 증가**　　　　　　　　　　　　　　　　　　2025년 2회, 2024년 1·3회, 2023년 3회, 2021년 1회
    ㉠ 내부노동시장 제도에서는 불경기라고 해도 기업의 고용조정이 쉽지 않다. 고용조정이 어려워지면 임금은 고정비용(fixed cost)의 성격을 띠게 된다.
    ㉡ 오늘날처럼 세계화로 인해 기업 간의 경쟁이 심화되는 상황에서 기업이 고용조정능력을 갖지 못하게 되면 기업은 생존이 어려워진다. 이러한 상황에서 기업들은 고용과 임금의 유연성을 높이기 위해 비정규직 고용을 확대하고 있다.
    ㉢ 기업이 비정규직 고용을 선호하는 이유로는 인건비 절감, 고용조정 유연성의 제고, 노동조합 교섭력의 무력화 등을 들 수 있다.

CHAPTER 01 | 노동시장의 이해

핵심 기출문제

빈출

01 생산요소에 대한 수요를 파생수요(derived demand)라 부르는 이유로 가장 적합한 것은?
2020년 3회, 2018년 1회, 2015년 3회, 2013년 1회, 2010년 2·3회

① 생산요소의 수요곡선은 이윤극대화에서 파생되기 때문이다.
② 정부의 요소수요는 민간의 수요를 보완하기 때문이다.
③ 생산요소에 대한 수요는 그들이 생산한 생산물에 대한 수요에 의존하기 때문이다.
④ 생산자들은 저렴한 생산요소로 늘 대체하기 때문이다.

02 만일 여가가 열등재라면 개인의 노동공급곡선의 형태는?
2025년 2회, 2024년 1·2·3회, 2023년 1회, 2020년 1·2(통합)회, 2017년 2회

① 후방굴절한다.
② 완전 비탄력적이다.
③ 완전 탄력적이다.
④ 우상향한다.

빈출

03 노동의 수요탄력성이 0.5이고 다른 조건이 일정할 때, 임금이 5% 상승한다면 고용량의 변화는?
2022년 1회, 2018년 2회, 2017년 3회, 2016년 2회, 2015년 1·2회, 2013년 2회

① 0.5% 감소한다.
② 2.5% 감소한다.
③ 5% 감소한다.
④ 5.5% 감소한다.

꼼꼼하게 풀어 주는 정답과 해설

01 ③ 노동을 비롯한 생산요소에 대한 수요를 유발수요(derived demand) 또는 파생수요, 간접수요라고 하는데, 그 이유는 노동을 비롯한 생산요소에 대한 수요는 최종재화에 대한 소비자의 수요에서 유발되기 때문이다.

02 ④ 열등재(inferior goods)는 소득이 증가할 때 수요가 감소하는 재화를 말한다. 여가가 열등재라면 임금상승으로 소득수준이 높아져도 여가의 수요는 감소한다. 임금상승에 따른 여가의 수요감소는 노동공급량의 증가를 의미하므로, 노동의 공급곡선은 우상향한다.

03 ② 노동의 수요탄력성 = $-\dfrac{\text{노동수요량(고용량)의 변화율}}{\text{임금 변화율}}$ = 0.5

이므로, 임금이 5% 상승하면 노동수요량은 2.5% 감소한다.

정답 01 ③ 02 ④ 03 ②

04 경쟁시장에서 아이스크림 가게를 운영하는 A씨는 5명을 고용하여 1개당 2,000원에 판매하고 있다. 시간당 12,000원을 임금으로 지급하면서 이윤을 극대화하고 있다. 만일 아이스크림 가격이 3,000원으로 오른다면 현재의 고용수준에서 노동의 한계생산물가치는 시간당 얼마이며, 이때 A씨는 노동의 투입량을 어떻게 변화시킬까?

2025년 1회, 2015년 3회, 2008년 1회

① 9,000원, 증가시킨다.
② 18,000원, 증가시킨다.
③ 9,000원, 감소시킨다.
④ 18,000원, 감소시킨다.

05 다음 중 기업이 이윤을 극대화하기 위해 장기 노동수요를 감소시켜야 하는 경우는?

2016년 2회, 2012년 2회

① 1원당 노동의 한계생산이 1원당 자본의 한계생산보다 작을 경우
② 1원당 노동의 한계생산이 1원당 자본의 한계생산과 일치할 경우
③ 노동의 한계생산물가치가 명목임금보다 클 경우
④ 노동의 한계생산량이 실질임금보다 클 경우

06 노동 수요측면에서 비정규직 증가의 원인과 가장 거리가 먼 것은?

2025년 2회, 2024년 1·3회, 2023년 3회, 2021년 1회, 2017년 1회, 2011년 3회

① 세계화에 따른 기업간 경쟁 환경의 변화
② 정규직 근로자 해고의 어려움
③ 고학력 취업자의 증가
④ 정규노동자 고용비용의 증가

07 기업특수적 인적자본형성의 원인이 아닌 것은?

2025년 3회, 2021년 1회, 2016년 2회, 2007년 1회, 2004년 2회

① 기업 간 차별화된 제품생산
② 생산공정의 특유성
③ 생산장비의 특유성
④ 일반적 직업훈련의 차이

꼼꼼하게 풀어 주는 정답과 해설

04 ② 기업의 이윤극대화 고용량(5명)은 시간당 임금률 = 노동의 한계생산가치에서 결정되므로 12,000 = MP_L · 2,000이고 따라서 노동의 한계생산은 MP_L = 6이다. 노동의 한계생산가치(VMP_L) = $P · MP_L$이므로 VMP_L = 3,000 · 6 = 18,000이다. 그리고 노동의 한계생산가치 > 임금률이므로, 고용량을 증가시켜야 이윤을 증대시킬 수 있다.

05 ① 기업이 장기에 이윤을 극대화하기 위해서는 한계생산 균등의 법칙에 따라 노동(L)과 자본(K)의 투입량을 결정해야 한다. 즉, 1원당 노동의 한계생산$\left(\frac{MP_L}{w}\right)$= 1원당 자본의 한계생산$\left(\frac{MP_K}{r}\right)$이어야 한다. 여기서 w는 노동의 가격(임금률)이고, r은 자본의 가격(이자율)이다. 1원당 노동의 한계생산이 1원당 자본의 한계생산보다 작을 경우에는, 노동투입량을 줄이고 자본투입량을 늘려야 한다. 그 이유는 투입량을 늘리면 한계생산(MP)이 체감하기 때문이다.

06 ③ 비정규적 고용은 임시직 고용, 시간제 고용 등을 포함하는데 주로 저학력 취업자에게 적용된다.
기업이 비정규적 고용을 선호하는 이유는 인건비 절감, 고용조정 유연성의 제고, 노동조합의 약화 등으로 정리해 볼 수 있다.

07 기업특수적 인적자원은 해당 기업에서만 활용할 수 있는 인적자원이다. 기업 간 제품생산의 차별화나 생산공정 및 생산장비가 다른 기업과 다른 경우 기업특수적 인적자원이 형성된다.

정답 04 ② 05 ① 06 ③ 07 ④

08 개인의 노동공급시간 결정이 소득과 여가 간의 무차별곡선과 예산선 간의 관계에서 이루어질 때, 다음 설명 중 틀린 것은?

2016년 1회, 2015년 1회(유사)

① 예산선의 기울기는 시간당 임금률이다.
② 무차별곡선의 기울기는 여가를 한 단위 증가시키기 위해 노동자가 기꺼이 포기하고자 하는 소득의 크기를 의미한다.
③ 무차별곡선과 예산선이 접하는 점에서 노동시간이 결정된다는 것은 이 점에서 시장임금률과 노동자의 의중임금(reservation wage)이 일치함을 의미한다.
④ 여가-소득 평면상의 모든 점에서 무차별곡선의 기울기(절댓값)가 예산선의 기울기(절댓값)보다 작은 경우 노동자는 노동공급을 포기한다.

빈출

09 후방굴절형 노동공급곡선이 의미하는 것은?

2024년 3회, 2022년 1·3회, 2021년 3회, 2020년 1·2(통합)·3회, 2018년 1·3회, 2014년 2회, 2010년 1회, 2008년 2회, 2006년 1·2회

① 최저생계비 이하에서는 임금하락이 오히려 노동공급을 증가시킬 수 있다.
② 후방굴절부분에서는 임금인상이 노동공급의 대체효과만으로 결정된다.
③ 개인의 노동공급은 임금상승의 대체효과보다 소득효과가 클 때 감소한다.
④ 경기회복 시에는 노동공급이 증가하고, 경기후퇴 시에는 노동공급이 감소한다.

10 노동공급의 탄력성 결정요인이 아닌 것은?

2019년 3회, 2016년 2회, 2007년 1회

① 노동조합의 결성과 교섭력의 정도
② 노동이동의 용이성 정도
③ 여성의 취업기회의 창출 가능성 여부
④ 다른 생산요소로의 노동의 대체 가능성

꼼꼼하게 풀어 주는 **정답과 해설**

08 ④ 여가-소득 평면상에서 무차별곡선과 예산선 모두 우하향하는 형태이다. 따라서 무차별곡선의 기울기(절댓값)가 예산선의 기울기(절댓값)보다 작은 경우 세로축(소득축)에서 코너 해가 성립되므로 여가시간은 0이 되고 주어진 시간 전부를 노동에 투입해야 효용의 극대화를 달성할 수 있다.

09 ③ 임금상승의 대체효과는 노동공급량을 증가시키고, 소득효과는 노동공급량을 감소시킨다. 임금수준이 높은 경우에는 임금상승의 대체효과보다 소득효과가 더 크기 때문에 임금이 상승해도 노동공급량이 감소하므로 노동공급곡선은 우하향, 즉 후방굴절한다.

10 노동의 공급탄력성은 경제활동에의 참가 여부 결정, 노동공급시간의 선택, 여러 부문들 간의 노동이동의 정도, 노동조합의 교섭력 등에 의해 그 크기가 결정된다.
④ 다른 생산요소로의 노동의 대체 가능성은 노동공급의 탄력성이 아닌, 노동수요의 탄력성에 영향을 미친다.

정답 08 ④ 09 ③ 10 ④

11 노동수요곡선을 이동(shift)시키는 요인이 아닌 것은?

① 임금의 변화
② 생산성의 변화
③ 제품 생산기술의 발전
④ 최종상품에 대한 수요의 변화

13 선별가설(screening hypothesis)에 대한 설명과 가장 거리가 먼 것은?

① 교육훈련이 생산성을 높이는 것은 아니고 유망한 근로자를 식별해주는 역할을 한다.
② 빈곤문제 해결을 위해서는 교육훈련 기회를 확대하는 것이 중요하다.
③ 학력이 높은 사람이 소득이 높은 것은 교육 때문이 아니고 원래 능력이 우수하기 때문이다.
④ 근로자들이 자신의 능력과 재능을 보여주기 위해 교육에 투자한다.

12 K회사는 4번째 직원을 채용할 때, 모든 근로자의 시간당 임금을 8천 원에서 9천 원으로 인상할 것이다. 만약 4번째 직원의 시간당 한계수입생산이 1만 원이라면 K회사가 4번째 직원을 새로 고용함에 따라 얻을 수 있는 시간당 이윤은?

① 1천 원 증가
② 2천 원 증가
③ 1천 원 감소
④ 2천 원 감소

정답과 해설

11 ① 노동수요곡선의 세로축에 표시되는 내생변수인 임금이 변화하면 노동수요곡선상에서 노동수요점이 이동한다. 반면, 외생변수인 나머지 요인들이 변화하면 노동수요곡선 자체가 이동(shift)한다.

12 ④ 3명 고용 시 시간당 임금총액 = 3명 × 8,000원 = 24,000원이다. 4명 고용 시 시간당 임금총액 = 4명 × 9,000원 = 36,000원으로 12,000원 증가하였다. 이 경우 시간당 한계수입생산이 10,000원이므로, 이윤은 2천 원 감소하였다.

13 ② 빈곤문제 해결을 위해서는 교육훈련 기회를 확대하는 것이 중요하다는 것은 인적자본이론에 근거한 설명이다.

정답 11 ① 12 ④ 13 ②

14 힉스-마셜법칙에 관한 설명으로 틀린 것은?

2021년 3회, 2016년 1회, 2015년 2회,
2011년 3회, 2007년 3회, 2005년 3회

① 최종생산물에 대한 수요가 탄력적일수록 노동에 대한 수요는 탄력적이 된다.
② 다른 생산요소와의 대체 가능성이 높을수록 노동에 대한 탄력성은 작게 된다.
③ 다른 생산요소의 공급탄력성이 작을수록 노동을 다른 생산요소(자본)로 대체하기가 어렵게 되기 때문에 노동수요의 탄력성은 작아진다.
④ 총생산비에서 차지하는 노동비용의 비중이 높을수록 노동에 대한 수요탄력성은 크게 된다.

15 내부노동시장의 형성요인이 아닌 것은?

2025년 3회, 2022년 2회, 2020년 4회, 2018년 1회,
2016년 3회, 2015년 3회, 2012년 2회, 2010년 3회

① 기술변화에 따른 산업구조의 변화
② 장기근속 가능성
③ 위계적 직무서열
④ 기능의 특수성

16 완전경쟁시장에서 노동의 수요곡선을 우하향하게 하는 주된 요인은 무엇인가?

2019년 1회, 2015년 2회, 2010년 3회

① 노동의 한계생산력
② 노동의 가격
③ 생산물의 가격
④ 한계비용

정답과 해설

14 힉스-마셜법칙에 따르면, 노동수요 탄력성은 ⊙ 상품의 수요가 탄력적일수록, ⓒ 총비용 중에 노동비용의 비중이 클수록, ⓒ 노동의 대체 가능성이 클수록, ② 노동 이외의 다른 생산요소의 공급탄력성이 클수록 커진다.

15 도린저와 피오르는 내부노동시장이 형성되는 요인으로 ⊙ 숙련의 특수성, ⓒ 현장훈련, ⓒ 관습의 3가지를 제시한다. 이 밖에도 장기근속의 가능성, 기업의 대규모성, 기업 내의 위계적인 직무서열 등을 제시하는 학자들도 있다.

16 ① 완전경쟁시장에서 노동수요자인 기업의 이윤극대화 조건은 임금(W) = 노동의 한계생산가치($VMP_L = P \cdot MP_L$)이다. 따라서 노동의 수요곡선은 노동의 한계생산가치 곡선이다. 여기서 노동의 한계생산(MP_L)이 체감하므로 우하향한다.

정답 14 ② 15 ① 16 ①

CHAPTER 02 임금의 이해

회당 평균 출제 문항수 **4.6개**

수험 전략
- 임금에 대해서는 임금관리의 3영역 모두 출제되고 있다. 임금수준과 임금체계, 임금형태에 대해 정확하게 이해하고 있어야 한다.
- 임금결정이론과 임금의 기능, 최저임금제도 자주 출제되는 내용이다.
- 특히 임금체계에서 직무급과 연공급의 장단점, 임금형태에서 시간급과 성과급 및 특수임금제도, 임금격차의 여러 원인에 대해서도 언제든지 출제될 수 있다.

NEW & HOT! 키워드
- \# 최저임금제의 기대효과
- \# 직무급·연공급의 장단점
- \# 임금격차 원인
- \# 기업주의 효율임금정책

UNIT 1 임금의 의의와 임금이론

1 임금의 의의와 기능

(1) 임금의 의의

① **임금의 의미**

임금(wage)은 노동 서비스에 대한 보수를 의미한다. 한편, 한 단위의 노동 서비스에 대한 보수는 임금률(wage rate)이라고 한다. 「근로기준법」에서는 "임금이란 사용자가 근로의 대가로 근로자에게 임금, 봉급, 그 밖에 어떠한 명칭으로든지 지급하는 일체의 금품을 말한다."라고 정의하고 있다.

② **명목임금과 실질임금**   2019년 3회, 2014년 2·3회

  ㉠ **명목임금**: 화폐액으로 표시된 임금을 명목임금(nominal wage) 또는 화폐임금(money wage)이라고 한다.

  ㉡ **실질임금**: 실질임금(real wage)은 일정한 액수의 명목임금으로 살 수 있는 상품의 양, 즉 명목임금의 구매력(purchase power)을 나타낸다. 따라서 물가가 상승하면 실질임금은 하락한다.

  ㉢ **양자의 차이**: 명목임금과 실질임금의 차이는 물가수준에 의해 결정된다. 따라서 실질임금은 명목임금을 물가지수(소비자물가지수)로 나누어 구한다.

$$실질임금(w) = \frac{명목임금(W)}{물가지수(P)} \times 100$$

③ **유보임금과 제시임금**   2025년 1회, 2024년 1·2회, 2023년 1회, 2022년 1·3회, 2015년 2회, 2013년 3회

  ㉠ **유보임금**

   ⓐ 유보임금(reservation wage) 또는 요구임금(asking wage)은 노동자가 시장에 노동을 공급하기 위해 받기를 희망하는 최소한의 임금수준을 의미한다.

   ⓑ 유보임금은 희망임금, 의중임금, 눈높이임금 등으로도 불리는데, 개인이 경제활동 참가를 결정할 때 기본이 되는 주관적 임금수준이다.

   ⓒ 유보임금(요구임금)이 상승하면 직업탐색기간이 길어지므로 실업(탐색적 실업)기간이 길어진다.

ⓓ 요구임금(률)은 소득-여가 모형에서 소득-여가 간 무차별곡선의 기울기, 즉 소득-여가 간 한계대체율(MRS_{AM})을 의미한다.

ⓒ **제시임금**: 제시임금(offer wage) 또는 제안임금은 노동자를 채용하려는 기업이 구직자에게 제시하는 임금을 의미한다.

④ **임금 패리티지수** 2025년 3회, 2023년 1회, 2017년 1회

㉠ 국가별 임금수준을 비교하는 경우 나라마다 국민소득수준과 물가수준이 다르기 때문에 단순 비교하는 것은 의미가 없다.

㉡ 국가별 국민소득을 고려하여 임금수준을 비교할 때 임금 패리티(parity)지수를 사용한다. 임금 패리티지수는 전체 국민경제 대비 노동자의 상대적 지위를 의미한다.

$$임금\ 패리티지수 = \frac{(피용자보수/요소국민소득)}{(노동자\ 수/취업자\ 수)} \times 100$$

$$= \frac{노동자\ 1인당\ 임금}{취업자\ 1인당\ 요소국민소득} \times 100$$

㉢ 예컨대, 한국의 임금 패리티지수가 100이고 일본의 임금 패리티지수가 80으로 한국의 임금 패리티지수가 일본보다 높다면, 국민소득을 감안한 한국의 임금수준이 일본보다 높다는 것을 의미한다.

(2) 임금의 경제적 기능 2022년 2회, 2020년 4회

① **생산비와 소득의 원천**
임금은 기업주에게는 생산비(요소비용)이지만, 노동자에게는 가족의 생계를 꾸려나가는 가장 중요한 소득의 원천이다.

② **실질임금이 중요**
임금은 기업주에게는 비용이므로 화폐임금(또는 명목임금)이 중요하지만, 노동자에게는 생계수단이므로 실질임금이 중요하다.

③ **동일노동 동일임금**
기업주는 임금총액을 줄이고 노동생산성을 높이기 위해 노동자들 사이에 임금의 차이를 두지만, 노동자는 그들끼리의 단결을 위해 '동일노동 동일임금'을 선호한다.

④ **투자결정의 요인**
임금수준은 노동과 대체관계에 있는 다른 생산요소, 예를들면 자본(예 기계, 생산설비 등)에 대한 기업주의 투자를 결정하는 중요한 요인이 된다.

⑤ **인적자본 투자수요의 원인**
임금이 인간의 후천적인 특징, 예컨대 교육수준에 따라 차이가 난다면, 이러한 임금격차는 사람들의 이러한 특징에 대한 투자수요를 결정하는 중요한 요인이 된다(인적자본이론).

⑥ **국민소득에 영향**
임금은 기업이 생산하는 생산물 구입을 위해 지출되므로 한 나라의 유효수요의 크기를 결정하는 가장 중요한 요인이 되고, 따라서 한 나라의 국민소득의 크기를 결정하는 데 중요한 영향을 미친다.

> **더 알아보기** 케인즈(J. M. Keynes)의 국민소득 결정이론(유효수요이론)
>
> 한 나라의 균형국민소득(또는 균형산출량, 국내총생산)의 크기는 총수요의 크기에 의해 결정된다. 여기서 총수요는 가계의 소비(C), 기업의 투자(I), 정부지출(G) 및 수출에서 수입을 뺀 순수출(NX)로 구성된다. 임금이 상승하면 가계의 소득이 증가하므로 가계의 소비지출이 증가하고, 따라서 총수요가 증가하여 생산 및 고용의 증가를 가져와 국민소득을 증가시킨다.

2 임금결정이론

2016년 3회, 2013년 2회, 2012년 2회, 2010년 4회

임금결정에 관한 이론은 ① 고전학파(classical school)의 임금생존비설과 임금기금설, 임금철칙설 등이 있고, ② 신고전학파(neo-classical school)의 한계생산력설과 이를 발전시킨 인적자본이론, 임금교섭력설 등이 있다.

> ✓ **교수님의 코멘트**
>
> 인적자본이론은 CHAPTER 01 '노동시장의 이해'에서 다룬 내용입니다.

(1) 임금생존비설
2019년 3회, 2016년 3회, 2013년 2회

임금생존비설(subsistence theory of wages)은 임금결정이론 중 가장 먼저 체계화된 것으로, 17세기의 중상주의를 배경으로 등장하여, 애덤 스미스(A. Smith)를 비롯한 고전학파 경제학자들이 주장하였다.

① **임금의 결정원리**

임금생존비설은, 임금은 장기적으로 노동자와 그 가족을 부양하는 데 필요한 최저임금 수준으로 수렴한다는 주장이다. 임금이 최저임금 수준으로 수렴하는 이유는 맬더스(T. R. Malthus)의 인구법칙에 따라 임금의 상승 또는 하락이 노동공급의 변화를 초래하기 때문이다.

> **더 알아보기** 토머스 맬더스(T. R. Malthus)의 인구법칙
>
> 임금이 생존비 이상으로 상승하면 인구가 증가하게 되고 노동공급을 증가시켜 결국 임금은 생존비 수준으로 하락한다는 것이다. 그리고 임금이 생존비에 미달되면 기아, 사망률의 상승, 혼인의 연기, 기타 도덕적 절제에 의하여 인구가 감소하므로 노동공급이 감소하고 임금은 다시 생존비 수준으로 상승한다는 것이다.

② **자연임금과 시장임금**

㉠ 리카도(D. Ricardo)는 임금을 자연임금과 시장임금으로 구분하는데, 여기서 자연임금(natural wage, W_n)은 생계비 수준과 일치하는 임금이고, 시장임금(market wage, W_m)은 시장에서 수요와 공급의 상호작용에 의해 결정되는 임금이다.

㉡ 리카도의 주장은 시장임금은 장기적으로 자연임금에 수렴한다는 것이다. 그 원리는 다음과 같다. 만일 시장임금(W_m)이 자연임금(W_n)보다 높으면 생활에 여유가 생기므로 맬더스의 인구법칙에 따라 인구가 증가한다. 인구의 증가는 노동공급을 증가시키므로 시장임금은 하락한다. 시장임금의 하락은 자연임금과 일치할 때까지 지속되어 장기적으로 시장임금은 자연임금에 수렴한다.

> $W_m > W_n$ ⇨ 인구 증가 ⇨ 노동공급 증가 ⇨ $W_m \downarrow$ ⇨ $W_m = W_n$
>
> $W_m < W_n$ ⇨ 인구 감소 ⇨ 노동공급 감소 ⇨ $W_m \uparrow$ ⇨ $W_m = W_n$

㉢ 임금생존비설은 임금수준이 노동자와 그 가족의 생활에 필요한 최저생계비 수준에서 결정된다는 점에서 마르크스(K. Marx)의 노동력 재생산비설과 유사하다.

㉣ 그러나 고전학파의 임금생존비설은 노동공급 측면의 역할을 중시하지만, 마르크스의 노동력 재생산비설은 노동수요 측면의 역할을 중시한다는 점에서 큰 차이가 있다.

(2) 임금기금설
2018년 3회, 2017년 3회, 2016년 3회, 2013년 1회, 2012년 2회

① **임금기금설의 의의**
  ㉠ 고전학파 경제학자인 밀(J. S. Mill)의 임금기금설(wage fund theory)은 경쟁상태에서는 임금이 자본과 노동력 인구의 상대적 크기에 의하여 결정된다는 이론이다.
  ㉡ 임금생존비설이 임금결정에 있어서 노동공급의 역할을 중요시한 데 비하여, 밀의 임금기금설은 노동수요의 역할을 중요시한다.

② **임금기금설의 내용**
2012년 2회
  ㉠ 임금기금설에 의하면, 특정 사회의 어느 시기에 임금으로 지급되는 자본부분, 즉 임금기금(임금으로 지급될 총액)은 일정한데 이에 따라 노동에 대한 수요가 결정되고, 한편 일정기간 한 사회의 노동자 수도 일정한데 이에 따라 노동공급이 결정된다.
  ㉡ 이 경우 시장임금(1인당 임금수준)의 크기는 임금기금을 노동자의 수로 나눈 값, 즉 1인당 임금수준을 w, 노동자의 수를 L, 임금기금을 F로 표시하면 $w = \dfrac{F}{L}$ 이고, 노동수요량을 D라고 하면 $D = \dfrac{F}{w}$ 가 된다.
  ㉢ 여기서 임금기금 F는 일정하므로 노동수요곡선은 직각쌍곡선이 되고, 노동공급곡선은 단기적으로 노동공급이 일정하다고 가정하므로 수직선이 되어 양자가 교차하는 점에서 균형임금 W_0가 결정된다.

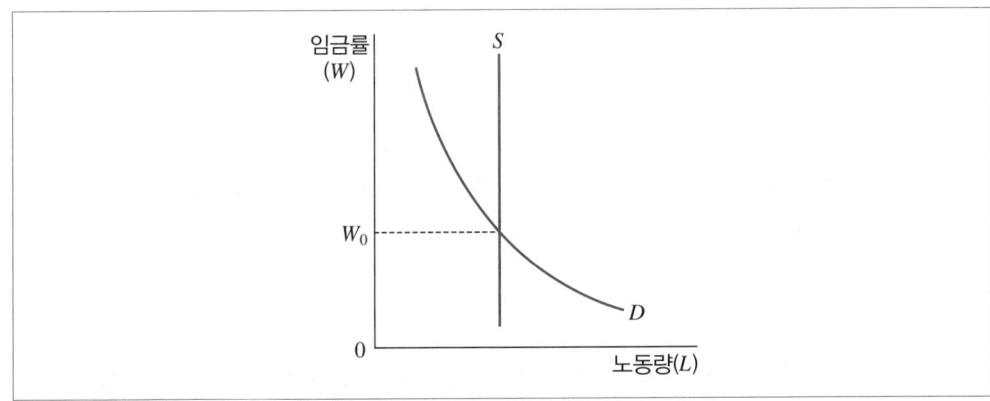

  ㉣ 임금기금설은 고임금이 고실업을 야기시킨다고 하여 고용이론에 영향을 주었고, 노동조합의 교섭력을 통한 임금의 인상은 불가능하다는 노동조합무용론이 제기되는 계기가 되었다.

③ **임금기금설의 평가**
2021년 1회, 2017년 3회, 2013년 1회
  ㉠ 임금기금설에서는 임금생존비설의 경직성(rigidity)을 완화시켜 현실적인 임금의 변동을 설명하려고 시도한다. 즉, 균형임금은 자본축적과 인구의 증감에 의하여 규정되는 임금기금(wage fund)과 노동자 수의 변화에 의하여 결정된다.
  ㉡ 노동수요의 역할을 중요시하는 밀의 임금기금설은 임금-물가 악순환설, 지급능력설 및 한계생산력설에 영향을 미쳤다. 특히 임금이 개별기업의 지급능력에 의거하여 결정된다는 지급능력설도 개별기업에 적용된 임금기금설의 변형이라고 볼 수 있다.

(3) 임금철칙설

① 임금철칙설의 의의
임금철칙설(iron law of wage)은 리카도(D. Ricardo)의 임금론에 맬더스(T. R. Malthus)의 인구론을 도입하여 임금결정을 설명하는 이론이다.

② 임금철칙설의 내용
임금철칙설은 스미스(A. Smith)의 임금생존비설과 마찬가지로, 임금은 노동자의 생활비에 상응하는 수준에서 결정되고, 일상의 임금변동도 노동자의 생활비를 기준으로 변화한다는 것이다. 따라서 인구가 기하급수적으로 증가하면 임금은 최저생활 수준까지 필연적으로 저하되는 경향이 있음을 설명한다.

(4) 노동력 재생산비설

① 노동력 재생산비설의 의의
노동력 재생산비설은 마르크스(K. Marx)에 의하여 주장된 것으로, 노동가치설(labor value theory of wages)에 기초하였다.

② 노동력 재생산비설의 내용
㉠ 노동력 재생산비설에서는 노동력의 가격인 임금이 노동력에 대한 수요와 공급에 의하여 변동할 수 있으나 결국은 노동력의 가치, 즉 노동력을 재생산하는 데 필요한 재화의 가치(노동자 본인의 노동력 유지에 필요한 재화의 가치, 노동자 가족의 생활 유지에 필요한 재화의 가치, 노동자의 기술 및 기능의 훈련비용 등을 포함하는)로 귀착된다고 주장한다.

㉡ 이 경우 임금상승 → 자본가의 이윤(또는 잉여가치) 감소 → 자본가는 노동 절약적인 기술 도입 → 실업의 증가 → 임금은 노동력의 재생산비 수준으로 회귀한다.

㉢ 즉, 임금이 상승하면 자본가들은 기계의 도입에 의하여 이를 극복하고자 하므로 기술적 실업(마르크스적 실업)이 발생하고, 그것이 산업예비군(industrial reserve army)을 증가시키며, 다시 임금을 생존비 수준으로까지 하락시킨다고 설명한다.

(5) 임금교섭력설

① 임금교섭력설의 의의
㉠ 임금교섭력설은 임금은 일정한 범위 내에서 노동조합(또는 노동자)과 사용자 간의 교섭력에 의하여 변화될 수 있다는 주장이다.

㉡ 즉, 고용기회나 노동공급량에 불리한 영향을 미치지 않으면서도 일정한 범위 내에서 임금이 교섭력 강도에 따라 변화할 수 있다는 학설로 스미스, 던롭(J. T. Dunlop), 로스 등에 의해 주장되었다.

② 임금교섭력설의 내용
㉠ 스미스(A. Smith)는 교섭력이 임금에 미치는 영향을 인식하여 노동에 대한 수요가 증가해도 생존비 수준보다 임금이 오르지 않는 것은 교섭력에서의 노동자의 열위 때문이라고 생각하였다.

㉡ 로스(A. Ross)는 임금은 노동자의 생활비를 최저한도로, 노동의 한계생산가치를 최고한도로 하여 그 중간에서 결정되며, 그 크기는 노동조합의 세력, 즉 교섭력에 의해 영향을 받는다고 주장하는데, 이를 임금세력설이라고도 한다.

3 최저임금제도

(1) **최저임금제의 의의**

① **최저임금제의 뜻**

최저임금제(minimum wage)란 국가가 법적 강제력을 가지고 임금의 최저한도를 정하여 기업주에게 그 지급을 강제함으로써 일정수준 이하의 저임금 노동자 계층의 생활을 보호하는 제도를 말한다.

② **최저임금제의 역사**

㉠ 최저임금제는 뉴질랜드에서 1894년에 제정된 「산업조정중재법」에 의해 최초로 시행되었다. 미국에서는 1912년 매사추세츠주에서 처음으로 실시된 이후, 1938년에 제정된 「공정노동기준법」 (Fair Labor Standard Act)에 의해 전국적으로 시행되었다.

㉡ 국제노동기구(ILO)는 1928년 「최저임금제도의 창설에 관한 협약」(제26호 협약)을 채택하여 각국이 최저임금제를 도입하도록 촉구하였다.

(2) **최저임금제의 영향**

최저임금제는 일정수준 이하의 저임금 노동자 계층의 최저생활을 보장해 주는 효과가 있다. 그러나 전통적인 신고전학파의 이론에 의하면 최저임금제는 경제에 좋지 않은 영향을 미치기도 한다.

① **전체 부문에 대해 최저임금제를 실시하는 경우**

㉠ 한 나라 경제의 모든 부문에 대하여 최저임금제가 실시되면, 나라 경제 전체의 임금이 상승하는 효과가 있기 때문에 전반적으로 고용이 감소하고 실업이 증가하는 역기능이 발생하기도 한다.

▶ **최저임금제의 고용효과(1)**

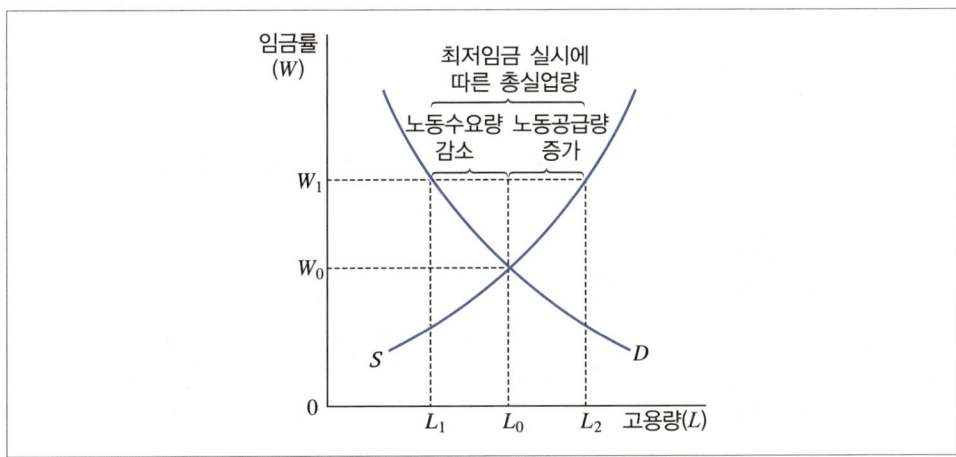

㉡ 시장의 균형임금(W_0)보다 높은 수준(W_1)에서 최저임금을 정하면 기업의 노동수요량은 L_1L_0만큼 감소하고, 노동공급량은 L_0L_2만큼 증가하여 L_1L_2만큼의 노동의 초과공급, 즉 실업이 발생한다.

㉢ 이 경우 노동의 수요탄력성과 노동의 공급탄력성이 클수록 노동수요곡선과 노동공급곡선이 완만해지므로 실업은 크게 발생한다.

㉣ 이 경우 기업들은 최저임금에서 가급적이면 숙련도가 높은 노동자를 고용하려고 하기 때문에 주로 미숙련노동자의 실업이 증가한다. 또 이로 인해 노동시장에 암시장(black market)이 발생할 수도 있다.

② 일부 부문에 대해 최저임금제를 실시하는 경우
  ㉠ 최저임금제가 한 나라의 한 부문에 대해서만 실시된다면 최저임금 적용부문과 비적용부문 사이에 이동성(mobility) 정도에 따라 최저임금의 고용효과는 다르게 나타난다.

▶ **최저임금제의 고용효과(2)**

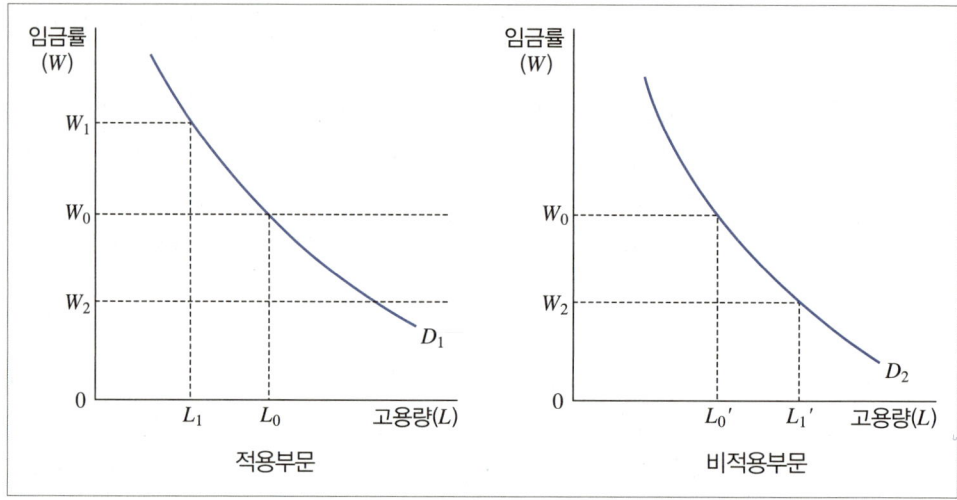

  ㉡ 두 부문 사이의 노동이동이 자유로운 경우에는, 적용부문에서의 실업(L_1L_0)이 비적용부문으로 이동하여 비적용부문의 임금을 하락시켜 두 부문 간 임금격차가 심화(W_1W_2)되고 고용량의 차이가 발생한다.
  ㉢ 두 부문 사이의 노동이동이 자유롭지 못한 경우, 적용부문의 임금만이 상승하고 L_1L_0만큼의 고용 감소, 즉 실업이 발생한다.

③ 최저임금제가 고용을 증가시키는 경우   2025년 1·2회, 2024년 2회, 2023년 2회, 2021년 3회, 2016년 2회, 2013년 3회
전통적인 신고전학파의 경쟁이론에서는 최저임금제가 고용에 부정적인 결과를 가져온다고 주장한다. 그러나 최저임금제가 고용을 증가시킬 수 있다는 주장도 있다.
  ㉠ 노동시장이 수요독점인 경우   2014년 1회, 2013년 1회
    ⓐ 노동시장이 수요독점(monopsony)이라면 최저임금제는 고용을 증가시킬 수도 있다. 수요독점적 노동시장에서 적절히 산출된 최저임금이 지금을 강제하면 이것은 수요독점력을 상쇄하는 힘으로 작용하여 보다 경쟁균형에 가까운 상태를 만들어 임금상승과 동시에 고용도 증가시킨다는 것이다.

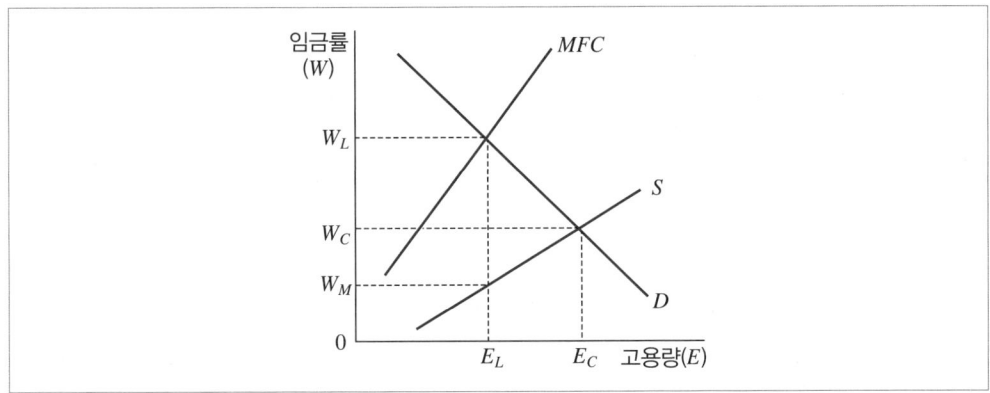

ⓑ 노동시장이 수요독점인 경우 고용량은 노동수요곡선과 노동공급곡선에 의해 결정되는 것이 아니라, 노동수요곡선(D)과 우상향하는 한계요소비용(MFC)에 의해 결정된다. 여기서 노동의 수요곡선(D)은 노동의 한계수입생산(MRP)이라는 점에 유의할 필요가 있다.

ⓒ 즉, 수요독점자는 MFC와 $D(=MRP)$가 만나는 점에서 E_L의 고용량을 결정하고, 임금은 노동의 공급가격인 W_M을 지급하려고 한다. 이 경우 최저임금제가 실시되어 임금이 W_C로 상승하면 고용량은 E_C로 증가하게 된다.

ⓓ 한편, 수요독점기업의 임금수준 W_M이 MRP보다 낮은 수준에서 결정된다는 점도 유의해야 한다. E_L의 고용량에서 MRP와 같은 수준의 임금은 W_L이지만 기업이 지급하는 임금은 W_M이다.

ⓒ 생산성 증대효과: 최저임금제의 실시에 따른 노동력의 질 향상 및 생산성의 증대효과는 노동수요곡선을 우측으로 이동시키고 노동수요를 증가시킬 것이다. 따라서 최저임금제의 생산성 증대효과가 충분히 크다면 고용은 오히려 증가할 수 있다.

ⓒ 유효수요의 증대효과: 최저임금제의 실시로 근로자들의 소득이 증가하면 이는 소비성향을 높이고 유효수요를 증대시켜 생산과 고용을 증대시키는 효과가 있다. 즉, 유효수요의 증대는 나라 경제 전체의 고용수준을 증가시키게 된다.

④ **최저임금제의 소득에 대한 효과**   2025년 1회

최저임금제의 실시로 임금이 오르면 노동자들의 총소득이 증가하지만, 고용량이 감소하기 때문에 노동자들의 총소득은 감소하기도 한다. 따라서 이 경우 노동자들의 총소득은 임금상승에 따른 총소득의 증가와 고용량 감소로 인한 총소득의 감소를 함께 고려하여 비교해야 한다.

㉠ **노동수요의 임금탄력성이 탄력적인 경우**: 임금상승에 따른 총소득의 증가보다 고용량 감소로 인한 총소득의 감소가 크기 때문에 노동자들의 총소득은 감소한다.

㉡ **노동수요의 임금탄력성이 비탄력적인 경우**: 임금상승에 따른 총소득의 증가가 고용량 감소로 인한 총소득의 감소보다 크기 때문에 노동자들의 총소득은 증가한다.

(3) 최저임금제의 효과
2025년 1·3회, 2022년 2회, 2021년 2회, 2020년 3회, 2019년 1회, 2018년 1회, 2017년 2·3회, 2015년 1회, 2014년 2·3회, 2013년 1·2회

① **최저임금제의 긍정적 효과**

㉠ 노동자에 대하여 임금의 최저수준을 보장함으로써 노동자의 최저생활을 보장하고 생활안정을 이룰 수 있다.

ⓒ 노동자들의 생활수준이 향상되어 노동력의 질적 향상이 이루어지고 노동의 생산성을 향상시켜 고임금의 경제(economies of high wage) 효과를 얻을 수 있다.
ⓒ 저임금이 해소되므로 산업 간·직종 간의 임금격차가 완화되어 계층별 소득분배 상태가 개선될 수 있다.
ⓔ 저임금으로 인한 노사분규를 사전에 예방하여 노사관계가 개선되고 노동시장에서 산업평화를 유지할 수 있게 된다.
ⓜ 임금의 상승은 소득을 증대시키고, 이로 인해 소비가 증가하여 유효수요(총수요)를 증대시키므로 경기 활성화와 경제성장, 고용증대 효과를 기대할 수 있다.
ⓗ 기업 간에 저임금을 바탕으로 한 불공정 경쟁을 지양하고 적정한 임금을 지급하도록 하여 공정한 경쟁을 촉진하고 기업의 경영 합리화를 촉진할 수 있다.
ⓢ 기업에 충격효과(shock effect)를 주어, 저임금에의 의존에서 벗어나게 하고, 기업경영의 합리화와 경쟁력 강화를 유도할 수 있다.
ⓞ 국가 간의 경쟁에서 저임금을 무기로 한 소셜 덤핑(social dumping)이 해소되고, 공정한 경쟁이 이루어지며, 대외적인 신뢰도를 높일 수 있다.
ⓩ 최저임금제는 생산성이 낮은 산업에서 어느 정도의 해고를 불가피하게 하는데, 해고된 노동자가 생산성이 높은 부문에 취업할 수 있다면 산업구조의 고도화에 기여하게 된다.
ⓒ 사회계층 간의 위화감, 저소득 계층의 소외감을 해소하여 국민적 일체감을 조성한다.

② 최저임금제의 부정적 효과
ⓐ 최저임금제는 기업의 노동수요량을 감소시켜 미숙련노동자의 실업을 유발한다. 이 경우 노동수요곡선과 노동공급곡선이 모두 탄력적이면(즉, 노동수요곡선과 노동공급곡선이 모두 완만하면) 노동수요량은 크게 감소하고, 노동공급량은 크게 증가하므로 실업이 크게 발생한다.
ⓑ 정부에 의한 노동시장의 통제는 사회후생의 순손실(deadweight loss)을 야기하여 인적자원의 비효율적 배분을 초래한다.
ⓒ 노동시장에서 불법행위를 야기한다. 즉, 많은 실업자들이 최저임금보다 임금이 낮더라도 일하기를 원할 경우 노동시장에 암시장(black market)이 형성될 수 있다.
ⓓ 기업의 경영상태가 악화될 수 있다. 최저임금이 높을수록 기업의 인건비 부담이 증가하고, 이는 재정상태가 좋지 않은 중소기업의 경영상태 악화로 이어질 수 있다.
ⓔ 기업은 인건비 상승의 부담을 줄이기 위해 유급휴가, 자녀 학자금 지원, 출퇴근 교통편 제공 등의 부가급여를 축소할 수 있다.

(4) 우리나라의 최저임금제

① 최저임금제의 도입근거
ⓐ 헌법 제32조를 통해 근로자의 고용증진과 적정임금 보장을 위해 최저임금제를 시행하여야 함을 다음과 같이 규정하고 있다.

> 헌법 제32조 ① 모든 국민은 근로의 권리를 가진다. 국가는 사회적·경제적 방법으로 근로자의 고용의 증진과 적정임금의 보장에 노력하여야 하며, 법률이 정하는 바에 의하여 최저임금제를 시행하여야 한다.

ⓒ 「최저임금법」(1986)은 근로자에 대하여 임금의 최저수준을 보장하여 근로자의 생활안정과 노동력의 질적 향상을 꾀함으로써 국민경제의 건전한 발전에 이바지하는 것을 목적으로 한다.

② **「최저임금법」의 주요 내용** <small>2024년 2회, 2022년 2회, 2021년 3회, 2019년 1·3회, 2018년 3회, 2017년 1·3회</small>

㉠ 적용대상 사업체 및 노동자

ⓐ 이 법은 근로자를 사용하는 모든 사업 또는 사업장에 적용한다. 다만, 동거하는 친족만을 사용하는 사업과 가사 사용인에게는 적용하지 아니한다. 또한 이 법은 「선원법」의 적용을 받는 선원과 선원을 사용하는 선박의 소유자에게는 적용하지 아니한다.

ⓑ 최저임금액 이상의 임금을 지급해야 하는 근로자의 범위에는 상용근로자는 물론 임시근로자, 일용근로자, 시간제 근로자까지 포함시킴으로써 모든 근로자를 적용대상으로 하였다.

ⓒ 다만, 정신장애나 신체장애로 근로능력이 현저히 낮은 자, 그 밖에 최저임금을 적용하는 것이 적당하지 아니하다고 인정되는 자에 대해서는 최저임금을 적용하지 않는다.

㉡ **최저임금액의 결정기준**: 최저임금은 근로자의 생계비, 유사 근로자의 임금, 노동생산성 및 소득분배율 등을 고려하여 사업의 종류별로 구분하여 정할 수 있다.

㉢ **최저임금의 적용을 위한 임금의 범위**

ⓐ 최저임금의 적용기준은 매월 소정의 근로시간 및 노동에 대하여 정기적으로 지급되는 임금이다. 즉, 최저임금은 통상임금을 기준으로 결정한다.

ⓑ 부정기적이거나 소정의 근로시간과 노동 이외에 대하여 지급하는 급여는 최저임금의 적용을 위한 임금에 산입하지 않는다.

㉣ **최저임금 결정방식 및 절차**: 매년의 최저임금은 근로자위원, 사용자위원, 공익위원 각각 9명씩 합계 27명으로 구성된 최저임금위원회의 심의를 거쳐 고용노동부장관이 결정·고시한다.

㉤ **최저임금의 고지**: 최저임금의 적용을 받는 사용자는 해당 최저임금을 그 사업의 근로자가 쉽게 볼 수 있는 장소에 게시하거나 그 외의 적당한 방법으로 근로자에게 널리 알려야 한다.

㉥ **2026년 최저임금**: 2026년의 최저시급은 2025년의 최저시급에 비해 2.9% 인상된 10,320원이다. 월환산액은 2,156,880원(주 40시간, 주휴시간 35시간 포함 월 209시간 기준)이다.

4 임금관리

(1) **임금관리의 의의**

① 임금관리의 목적

임금관리는 기업과 노동자 간에 상반되는 이해관계를 조정하여 상호 이익이 되는 방향으로 임금제도를 형성함으로써 노사관계의 안정을 도모하고, 이를 바탕으로 노사협력에 의한 기업의 생산성 증진과 노동자들의 생활수준 향상을 달성하는 데 그 목적이 있다.

② 임금관리의 원리

이러한 임금관리의 내용과 목적은 취급하는 의도에 따라 서로 달라지겠지만, 그 기본적인 사고로서 적정성과 공정성·합리성을 들 수 있으며, 이에 따라 임금관리의 체계도 임금수준, 임금체계, 임금형태의 순으로 나누어 파악할 수 있다.

③ 임금관리의 내용   2021년 3회, 2020년 3회, 2017년 1회
  ㉠ 임금수준의 관리: 임금수준(wage level)의 관리란 종업원들에게 제공하는 임금의 크기와 관련된 것이다. 가장 기본적이면서도 적정한 임금수준은 종업원의 생계비 수준, 기업의 지급능력, 사회 일반의 임금수준을 충분히 고려하면서 관리되어야 한다.
  ㉡ 임금체계의 관리
    ⓐ 임금체계(wage structure)는 임금의 구성내용을 의미한다. 임금체계의 관리는 임금총액을 종업원에게 배분하여 개인 간의 임금격차를 가장 공정하게 설정함으로써 종업원들이 만족하고 동기유발(motivation)이 되도록 하는 데 그 내용의 중점이 있다.
    ⓑ 임금체계를 결정하는 기본적인 요인으로는 필요기준, 담당직무기준, 능력기준, 성과기준 등을 들 수 있는데, 이는 임금체계의 유형인 연공급·직능급·직무급 체계와 관련된다.
  ㉢ 임금형태의 관리
    ⓐ 임금형태(method of wage payment)의 관리란 임금의 계산 및 지급방법에 관한 것으로서, 종업원의 작업의욕 향상과 직접적으로 관련되어 있어서 그 적용에 합리성이 요구된다.
    ⓑ 임금형태로는 시간급, 성과급 이외에 이러한 구분에 해당되지 않는 특수임금제의 형태로 주로 집단자극임금제, 순응임금제, 이윤분배제, 성과분배제도를 들 수 있다.

(2) **임금수준의 관리**
  ① 임금수준의 결정
    ㉠ 임금수준의 결정요인: 기업에 있어서 임금수준의 결정은 임금지급의 대상이 되는 직무 및 관점의 다양성으로 인하여 매우 복잡하고 어려운 일이다. 그러나 임금수준을 결정하는 데 있어서 반드시 고려하지 않으면 안 되는 몇 가지 결정요인이 있다.
    ㉡ 학자들의 견해
      플리포(E. B. Flippo)는 숙련종업원의 수급, 노동조직, 기업의 지급능력, 기업의 생산성과 경제성, 생계비, 정부 등 6가지를 제시하고 있다.
  ② 임금수준 결정의 3요소   2021년 2회, 2012년 2회
    ㉠ 생계비 수준: 임금은 생계를 유지하는 가장 기본적이고 원천적인 수입원으로서, 노동자 가족의 생계비를 충당할 수 있는 정도의 수준이 되어야 한다.
    ㉡ 기업의 지급능력
      ⓐ 한 기업이 종업원에게 임금으로서 지급하는 인건비는 우선적으로 그 기업의 지급능력 내에서 이루어져야 한다.
      ⓑ 여기서 기업의 지급능력이란 기업이 안정된 성장을 계속할 수 있다는 전제조건하에 종업원의 표준생계비 수준을 기준으로 하여 정해진 인건비를 지급할 수 있는 기업의 능력을 말하는 것이다.
    ㉢ 사회 일반의 임금수준
      ⓐ 임금은 제반 요건을 충분히 감안하여 합리적으로 결정되었다 하더라도 같은 지역, 같은 업종의 임금수준, 즉 시장임금수준과 균형을 이루지 못하고 낮은 수준을 유지하고 있다면 필요한 종업원을 고용하기가 불가능할 것이고 생산성의 향상은 더욱 기대하기 어려울 것이다.
      ⓑ 이런 이유로 임금은 그 수준의 결정에 있어서 반드시 사회 일반의 임금수준을 고려해야 하는데, 특히 동종기업 간의 임금수준 균형은 더욱 큰 의미를 갖는다.

UNIT 2 임금체계

1 임금체계의 의의

(1) **임금체계의 의미와 범위**

① 임금체계의 의미

임금체계(wage structure)란 일반적으로 임금의 구성내용을 의미한다. 임금체계는 넓은 의미와 좁은 의미로 나누어 볼 수 있다.

② 임금체계의 범위

㉠ 넓은 의미의 임금체계란 한 개인이 받는 임금을 포괄적으로 해석하여 전체의 구성내용이 어떻게 되어 있는가를 이해하는 것이다.

㉡ 좁은 의미의 임금체계란 주로 표준적인 근무에 대한 임금으로서 임금의 기본적 부분을 구성하는 기준 내 임금, 즉 기본급 부분의 지급원리에 초점을 맞춘 것이다. 그 내용을 살펴보면 연공급, 직무급, 직능급 등이다.

(2) **우리나라의 임금체계** 2018년 2회, 2015년 2회, 2014년 3회

① 우리나라 임금의 구성

㉠ 유럽이나 미국 등 선진국의 임금은 대부분이 기본급이며 여기에 간혹 성과 배분적 상여금이 부가되는 형태를 취하고 있는 데 비하여, 우리나라의 임금은 기본급의 비중이 낮을 뿐만 아니라 전체 임금이 복잡한 요소로 구성되어 있다.

▶ **한국의 임금체계**

㉡ 우리나라의 임금은 크게 월간 기준으로 지급되는 정액 및 초과급여와, 연간 기준으로 지급되는 특별급여로 나뉜다. 그리고 이는 다시 ⓐ 단체협약 또는 취업규칙 등에 의하여 고정적으로 지급되는 정액급여와 고정적 상여금(보너스)을 포함하는 고정적 임금과, ⓑ 초과근로 또는 작업성과에 따라 변동적으로 지급되는 초과급여와 변동적 상여금으로 구성되는 변동적 임금으로 구성되어 있다.

② 정액급여 2016년 1회

정액급여는 기본급, 통상적 수당 및 기타 수당으로 나뉜다. 기본급과 통상적 수당을 합하여 통상임금이라 하는데, 통상임금은 초과근무에 따른 초과급여나 최저임금을 계산하는 기준이 된다.

㉠ **기본급**: 기본급은 연령, 학력, 근속연수, 능력, 자격, 지위, 직위 등 노동자 본인 또는 그가 맡고 있는 직무의 특성에 따라 지급되는 임금이다.

㉡ **통상적 수당**: 통상적 수당은 일정한 요건을 갖춘 노동자 모두에게 정기적·일률적으로 지급하는 임금이다. 예) 직무수당·직책수당·특수작업수당·특수근무수당·기능수당

ⓒ 기타 수당: 통상임금에 포함되지 않는 고정적인 수당이다. 예 가족수당·연월차수당·교통수당·급식수당
③ **고정적 상여금**
고정적 상여금은 단체협약이나 취업규칙에 지급이 규정된 임금으로 1년에 월간 기본급이나 정액급여의 4배 이상이 지급되고 있다. 최근에는 기업규모에 따라 지급률에 큰 차이가 나고 있어 기업규모별 임금격차를 확대시키는 주요 원인이 된다.

(3) **평균임금과 통상임금** 2021년 2회, 2015년 2회
① **평균임금**
㉠ 평균임금(average wage)은 근로의 대가로 지급되는 임금의 총액을 의미하는 것으로, 고정적 임금과 변동적 임금 모두를 포함한다.
㉡ 평균임금에는 실제 지급된 임금뿐만 아니라, 연차유급휴가수당처럼 지급되지 않았다고 해도 사유발생일에 이미 채권으로 확정된 임금이 있으면 모두 포함된다.
㉢ 평균임금은 퇴직금, 휴업수당 및 산재보상 등을 산정하는 데 기초가 된다.
② **통상임금** 2021년 3회, 2020년 1·2(통합)회, 2015년 1회
㉠ 통상임금(ordinary wage)은 근로자에게 정기적이고 일률적으로 소정근로 또는 총근로에 대하여 지급하기로 약정되어 있는 임금을 의미한다.
㉡ 통상임금에는 정액급여를 구성하는 것 중 기본급과 통상적 수당이 포함된다. 즉, 통상임금에는 기본급, 직무관련 직책·직급·근무수당이 포함되며, 초과급여, 특별급여, 부정기적으로 지급되는 업적수당과 생활보조수당은 제외된다.
㉢ 통상임금은 연장근로, 야간근로, 휴일근로 등을 한 경우 그러한 특별근로에 대한 법정수당액을 산출하는 데 기초가 된다. 즉, 초과급여와 최저임금 산정의 기초가 된다.

> **더 알아보기** **초과급여, 특별급여** 2021년 2회, 2015년 2회, 2014년 3회
> 고용노동부의 사업체노동력조사에서는 세금 공제 전 임금총액을 정액급여, 초과급여 및 특별급여의 합으로 계산하고 있다.
> - **정액급여**: 소정근로시간에 대하여 미리 정한 기본급과 통상적 수당, 기타 수당으로 지급한 총액, 즉 고정적 임금
> - **초과급여**: 「근로기준법」 제56조에 따라 연장·휴일·야간근로에 대한 수당으로 지급한 총액, 즉 변동적 임금
> - **특별급여**: 상여금, 성과급, 임금인상 소급분, 학자금(대출금 제외) 등으로 지급한 총액

2 임금체계의 결정

(1) **임금체계의 결정기준** 2016년 1회, 2015년 3회
임금체계란 개별임금을 결정하는 기준을 말하며, 좀 더 구체적으로 말하면 사내의 개별임금 간의 격차를 결정하는 기준에 관한 것이다. 임금체계의 종류는 다음과 같다.
① **속인급 체계** 2015년 3회
속인급 체계는 학력, 연령, 근속연수 등을 기준으로 하여 임금의 개인배분을 결정하는 임금체계로, 한국과 일본에서 보편적으로 시행되고 있다.
② **직무·직능급 체계**
직무·직능급 체계는 직무평가 결과에 따른 직무급과 직무수행능력을 가미하여 임금을 결정하는 체계이다. 유럽이나 미국 등 선진국에서 일반화되어 있다.

③ 종합급 체계

종합급 체계는 속인적인 요소와 직무·직능적인 요소를 종합적으로 반영하는 임금체계이다.

(2) **임금체계 결정의 원칙**　　　　　　　　　　　　　　　　　　　　　　　　　　　2016년 3회

① 기본사고

임금체계의 결정에는 기본적으로 고려해야 될 두 가지 사고가 있다. 이는 생계보장의 원칙과 노동대응의 원칙이다.

② 고려요소

임금체계 결정의 기본사고는 다시 이와 관련되어 고려대상이 되는 몇 가지 요소로 나뉜다. 즉, 생계보장의 원칙에는 연령과 근속 및 연공을 고려해야 하고, 노동대응의 원칙에는 직무와 능력을 고려해야 한다. 여기서 능력은 다시 보유하고 있는 능력과 발휘된 능력으로 구분된다.

3 임금체계의 유형

(1) **연공급**　　2025년 2·3회, 2024년 3회, 2023년 3회, 2022년 3회, 2020년 1·2(통합)회, 2015년 1회, 2013년 3회
　　　　　　　　　　　　　　　　　　　　　　　　　　　　　　　　　　　　　　　2021년 1·2회

① 연공급의 의의

㉠ 연공급이란 임금이 개인의 근속연수·학력·연령 등 인적요소 기준을 중심으로 변화하는 것으로, 기본적으로는 생활급적 사고원리에 따른 임금체계라고 할 수 있다.

㉡ 장기간의 훈련이 필요한 직종에서는 연공에 따라 임금이 승급되어 임금격차가 연공에 의하여 정해지는 과정을 거치는 것이 '연공 = 능력 = 업적' 등의 논리와 어느 기간까지는 일치되는 면이 있다.

② 연공급의 장단점　　　2025년 2회, 2022년 2회, 2018년 1회, 2017년 1·2회, 2016년 2회, 2014년 1회, 2013년 1·2회

장점	단점
• 고용의 안정화 및 노동력의 정착화가 가능하다. • 노동자의 생활보장으로 기업에 대한 귀속의식을 제고한다. • 보수성이 강한 기업풍토에서 질서확립과 사기유지에 유리하다.	• 동일직무에 대한 동일임금의 지급이 불가능하다. • 전문기술인력의 확보가 곤란하다. • 기업의 인건비 부담이 높아진다. • 종업원들의 소극적·무사안일주의적인 근무태도를 야기한다.

(2) **직능급**　　　　　　　2025년 2·3회, 2024년 1·3회, 2022년 3회, 2019년 1·3회, 2018년 2회, 2013년 2회

① 직능급의 의의

직능급 체계는 종업원의 학력이나 종사하는 직종에 관계없이 직무의 내용과 종업원의 직무수행능력에 따라 기본급을 산정하는 방식이다.

② 직능급의 장단점

장점	단점
• 능력에 따른 임금결정으로 종업원의 불평을 해소할 수 있다. • 높은 동기부여 효과를 가져온다. • 능력자극으로 유능한 인재를 확보할 수 있다. • 완전한 직무급 도입이 어려운 동양적 기업풍토에 적합하다.	• 직능파악과 평가방법이 용이하지 않다. • 직무수행능력이 떨어지는 노동자가 근로의욕 상실을 겪을 수 있다. • 직무수행능력에 치우쳐 노동자가 일상의 업무를 소홀히 하는 경향이 있다. • 제도운용에 미숙할 경우 연공 본위가 될 우려가 있다.

(3) 직무급
2025년 2·3회, 2024년 2·3회, 2022년 1·2·3회, 2019년 1·2회, 2018년 3회, 2015년 3회

① 직무급의 의의

직무급 체계란 직무의 중요성과 곤란도 등에 따라서 각 직무의 상대적 가치를 평가하고, 그 결과에 의거하여 임금액을 결정하는 체계이다.

② 직무급의 특징

㉠ 직무급(wage based upon job evaluation)은 기업 내의 각자가 담당하는 직무의 상대적 가치(직무의 질과 양 모두에서)를 기초로 하여 지급되는 임금이므로 먼저 **직무의 가치서열이 확립되어야 하고**, 이 가치서열의 확립을 위하여 직무평가가 이루어져야 한다.

㉡ 이는 동일한 직무에 대하여는 동일한 임금을 지급한다는 원칙(equal pay for equal work)에 입각한 것으로서, 적정한 임금수준의 책정과 더불어 각 직무 간에 공정한 임금격차를 유지할 수 있는 기반이 된다.

③ 직무급의 장단점
2017년 3회

장점	단점
• 동일직무에 동일임금을 지급한다. • 개인별 임금격차에 대한 불만을 해소할 수 있다. • 전문기술인력의 확보가 용이하다. • 능력 위주의 인사풍토를 조성한다. • 불합리한 노무비 상승을 방지한다.	• 공정하고 철저한 직무분석과 직무평가의 실시가 곤란하다. • 임금수준이 종업원의 생활을 보장할 수 있을 만큼 높지 않을 때는 실시가 곤란하다. • 연공중심의 풍토에서 오는 저항감이 강한 경우에는 적용이 곤란하다. • 인적자원관리의 융통성이 부족하다.

4 우리나라의 임금제도

(1) 부가급여
2010년 3회

① 부가급여의 의미와 종류

㉠ 의미: 기업차원에서의 노동자에 대한 보상(compensation)은 화폐임금에 부가급여를 더한 것이다. 부가급여(fringe benefits)는 사용자가 개별적 또는 단체적으로 종업원에게 지급하는 화폐임금이 아닌 형태의 모든 보상을 의미한다.

㉡ 종류: 부가급여에는 사용자가 적립하는 퇴지금, 유급휴가(예 월차 및 연차휴가, 신진·신후휴가), 유급휴일, 사용자 부담 보험료(예 국민연금, 건강보험, 고용보험), 회사 부담의 교육훈련비, 무료식사 제공, 출퇴근 교통편 제공 등이 포함된다.

② 근로자들이 부가급여를 선호하는 이유

원래 동일한 가치의 보상이라면 현금으로 받는 것이 근로자의 효용을 높인다. 그러나 보상을 현금으로 받게 되면 근로자는 근로소득세와 사회보험료를 부담하게 된다. 그러나 비현금형태인 부가급여로 받게 되면 세금을 내지 않으므로 근로자는 부가급여를 선호한다.

③ 사용자들이 부가급여를 선호하는 이유
2017년 1회

㉠ 부가급여만큼 화폐임금액이 줄어들면 그만큼 조세나 보험료 부담(사회보험에 대한 기업 부담)이 줄어든다.

ⓒ 사용자는 그들이 희망하는 어떤 노동 특성을 가진 근로자들을 채용하고자 할 때 그와 같은 희망 근로자의 기호에 알맞은 부가급여를 제공하는 방법을 채택할 수 있다. 예컨대, 기혼여성근로자를 채용해야 하는 경우 사내 어린이집을 만들어 무상보육서비스를 제공함으로써 채용을 쉽게 할 수 있다.

ⓒ 정부가 높은 물가상승을 이유로 임금 등에 대한 규제를 강화할 때, 사용자는 그것을 회피하는 수단으로서 임금인상 대신 정부 측에서 식별하기 어려운 부가급여 수준을 높여 대응할 수 있다.

ⓔ 사용자는 이직률이 높은 데서 오는 각종 채용 및 훈련비용을 절감하고 근로자의 장기근속을 유도하는 방편으로 부가급여를 이용한다.

ⓜ 인사관리 수단으로서 사기를 진작시키고 근로자가 기업에 대해 충성심을 발휘하게 하며, 근로자에 대한 내부통제를 용이하게 하는 데 이용된다.

(2) **생산성 임금제**

① 노동생산성의 의미

㉠ 통계상의 노동생산성은 국민경제 전체에서 보는 생산성(1인당 GDP, 1인당 GNI)과 특정 산업이나 업종, 기업에서의 생산성(취업자와 고용자 1인당에서 본 생산량·생산액, 출하액, 부가가치액 등)으로 나타낸다.

㉡ 노동생산성 가운데 산출을 수량으로 파악한 것을 물적생산성(physical productivity)이라고 하고, 현재가격으로 표시한 것을 부가가치 생산성(value added productivity)이라고 한다.
부가가치 생산성은 다음과 같이 계산된다.

$$\text{부가가치 노동생산성} = \frac{\text{생산량} \times \text{단가}}{\text{노동투입량}}$$

② 생산성 임금제의 의미   2021년 3회, 2017년 1회, 2016년 2회, 2012년 1회

생산성 임금제란 매년의 임금결정을 위한 교섭에 있어서 실질임금 상승률을 노동생산성의 증가율과 일치시키거나 연계시키는 임금제도이다. 따라서 다음의 식으로 나타낼 수 있다.

$$\text{명목임금 상승률} = \text{부가가치 생산성 상승률}$$

③ 생산성 임금제의 효과

생산성 임금제는 명목임금 상승률을 노동의 부가가치 생산성과 일치시키거나 연계시키는 임금결정 방식이므로, 매년의 임금상승률이 노동생산성의 증가율과 일치할 때에는 임금상승에 의한 물가상승은 이루어지지 않는다.

UNIT 3 임금형태

1 임금형태의 의의

(1) 임금형태의 의미와 중요성

① 임금형태의 의미

임금형태(method of wage payment)는 임금의 계산 및 종업원에게 지급하는 방식에 관한 것이다. 임금형태 중에서 가장 중심이 되는 것은 시간급제와 성과급제이고, 이와 함께 다양한 형태의 특수임금제(special wage system)가 있다.

② 임금형태의 중요성

기업의 임금정책에 있어서 임금형태는 임금수준의 결정, 임금체계의 구성과 더불어 매우 중요한 대상이 된다. 임금형태는 특히 종업원의 작업의욕의 향상과 직접적으로 관련된다.

(2) 합리적인 임금형태

기업의 경영자는 임금형태를 채택함에 있어서 기본적으로 여러 조건을 신중히 고려할 필요가 있다. 즉, 종업원의 노력에 상응하는 적정한 보수를 주고, 기업의 업적에 따라 임금을 공정히 산정하며, 종업원의 능률향상을 통하여 임금액을 증가시키고, 종업원의 생활과 노동력의 재생산을 고려한다는 것이다.

2 시간급제와 성과급제, 연봉제

(1) 시간급제

2019년 2·3회, 2016년 3회, 2014년 2회

① 시간급제의 의의

시간급제(time-rate plan)는 수행한 작업의 양과 질에는 관계없이 단순히 근로시간을 기준으로 하여 시급제·일당제·연봉제 등으로 임금을 산정·지급하는 고정급제 방식이다.

② 시간급제의 장단점

장점	단점
• 노동자의 입장에서 보면 일정액의 임금이 확정적으로 보장되어 있다. • 기업의 입장에서는 근로일수나 근로시간 수가 산출되면 임금계산에 관한 업무는 간단히 처리될 수 있으므로 임금산정의 간편과 공정을 기할 수 있다. • 제품의 생산에 시간적 제약을 받지 않으므로 품질의 저하를 방지할 수 있다.	• 작업수행의 양과 질에 관계없이 임금이 지불되므로 노동자를 자극할 수 없어 작업능률이 오르지 않는다. • 단위시간당의 임금계산이 용이하지 않다.

③ 시간급제가 유용한 경우

시간급제는 실제로 다음과 같은 경우에 성과급제를 대신하여 사용되고 있다.

㉠ 생산단위가 명확하지 않거나 측정될 수 없는 경우

㉡ 작업자가 생산량을 통제할 수 없을 경우, 즉 작업자의 노력과 생산량의 관계가 없으며 기계에 의해 작업속도가 결정될 경우

㉢ 작업지연이 빈번하고 작업자가 그것을 통제할 수 없을 경우

② 작업의 질이 특히 중요할 경우
⑩ 감독이 철저하고 감독자가 공정한 과업의 양을 잘 알고 있는 경우
⑪ 생산단위당 원가 중 노무비의 통제가 필요하지 않은 경우

(2) 성과급제
2025년 1회, 2021년 1회, 2020년 1·2(통합)회, 2014년 2회

① 성과급제의 의의
㉠ 성과급제(piece-rate plan)는 능률급제라고도 하는데, 노동성과를 측정하여 측정된 성과에 따라 임금을 산정·지급하는 변동급제이다.
㉡ 성과급제에서 임금은 성과와 비례한다. 작업성과만 계산하여, 여기에 일정한 임률을 적용하여 임금을 계산하기 때문이다.
㉢ 성과급제에서 성과를 측정하는 도구로는 생산량, 생산액, 이윤액, 원가절감액 등이 있다.

② 성과급제의 장단점
2024년 1회, 2022년 1회, 2020년 4회, 2018년 3회, 2014년 3회

장점	단점
• 성과급제에 있어서는 작업성과와 임금이 정비례하므로 노동자에게 합리성과 공평감을 준다. • 작업능률을 크게 자극할 수 있으므로 생산성 제고, 원가절감, 노동자의 소득증대에 효과가 있다. • 직접노무비가 일정하므로 시간급제보다 원가계산이 용이하다.	• 표준단가의 결정과 정확한 작업량의 측정이 어렵다. • 임금액을 올리고자 무리하게 노동한 결과 심신의 과로, 조직적 태업을 유발할 가능성이 있다. • 임금액이 확정적이 아니므로 노동자의 수입이 불안정하고 미숙련자에게는 불리하다. • 작업량에만 치중하므로 제품의 품질저하가 나타날 수 있다. • 기계설비의 소모가 심하다.

③ 성과급제가 유용한 경우
2024년 3회, 2023년 3회, 2020년 1회

성과급제의 임금형태를 채택하는 경우에는 그 생산과정이나 대상작업이 여기에 합당한 제반조건을 갖추고 있어야 한다. 즉, 다음과 같은 경우가 전제되어야 한다.
㉠ 생산단위의 측정이 가능할 경우
㉡ 작업자의 노력과 생산량의 관계가 명확할 경우
㉢ 직무가 표준화되어 있고 작업의 흐름이 정규적일 경우
㉣ 제품의 질이 생산량보다 덜 중요하거나 그 질이 일정할 경우
㉤ 각 작업자에 대한 감독을 철저히 할 수 없는 경우
㉥ 노동시장이 경쟁적이어서 사전에 단위생산비 중 노무비가 결정되어 있는 경우

(3) 연봉제
2022년 1회, 2020년 1·2(통합)회, 2019년 2회, 2016년 3회, 2015년 1·2회

① 연봉제의 의의
㉠ 연봉제는 개개인의 능력·실적 및 공헌도에 대한 평가를 바탕으로 계약을 통해 연간 임금액을 결정하는 실적 중심형의 임금형태이다. 미국에서는 보편화되어 있다.
㉡ 최근 우리나라의 대기업에서, 국가 간의 경쟁이 치열해지고 개인의 창의성 발휘와 가치창조를 통한 기업 성과의 극대화가 요청됨에 따라 관리직·전문기술직 등과 같은 특수한 직종에서 많이 채택하고 있다.

② 연봉제의 특징
　　㉠ 연봉제는 임금이 근로자가 수행하는 직무의 특성에 따라 달라지는 직무급이나 종업원의 근속연수·연령 등에 따라 달라지는 연공급과는 달리, 종업원이 수행한 성과(실적)에 의하여 임금이 결정되는 방식으로, 기업과 근로자 개인 간의 개별적 고용계약에 의한 개별 성과급이라는 특징이 있다.
　　㉡ 생산량이나 매출액에 따라 임금이 결정되는 인센티브 제도와도 구별되고, 직무급이나 연공급처럼 일정한 기준에 따라 고정적으로 임금이 결정되는 방식이 아닌, 노력한 만큼 보상이 주어진다는 기대감을 줄 수 있는 동기부여형 임금체계라고 할 수 있다.
　　㉢ 연봉제를 도입하는 경우에는 임금의 구성항목들을 통합한 연봉금액을 계약에 의하여 결정하는 것으로, 보통 기본급·제 수당·상여금 등의 구분 없이 지급된다.

③ 연봉제의 장단점

장점	단점
• 능력과 실적이 임금과 직결되어 있으므로 능력주의나 성과주의(실적주의)를 실현하여 근로자들에게 동기를 부여하고 근로의욕을 높여 조직의 활성화를 유도할 수 있다. • 과감하게 유능한 인재를 확보할 수 있다. • 연공급의 복잡한 임금체계와 임금지급 구조를 단순화하여 임금관리의 효율성을 높일 수 있다. • 종업원들의 경영감각을 배양할 수 있다.	• 성과의 평가결과에 대한 객관성과 공정성 문제가 제기될 수 있다. • 실적의 저조로 연봉액이 삭감될 경우 사기가 저하될 수 있다. • 종업원 상호 간의 불필요한 경쟁심이나 위화감의 조성, 불안감 증대 등의 문제가 발생할 수 있다.

3 특수임금제도

(1) 이익분배제　　　　　　　　　　　　　　　　　　　　　　　　2019년 1회, 2016년 2회, 2013년 1회

① 이익분배제의 의의
　　㉠ 이익분배제(profit-sharing plan)는 1886년 미국의 토웬(Henry R. Towen)이 주장한 것으로, 기본적인 보상 이외에 각 영업기마다 결산이익의 일부를 종업원에게 부가적으로 지급하는 제도이다.
　　㉡ 그 목적은 노사관계의 개선, 작업능률의 증진, 노동자의 생활안정 등에 있다.

② 이익분배제의 효과
　　㉠ 기업과 종업원의 협동정신을 함양·강화하여 노사관계의 개선에 도움이 된다.
　　㉡ 종업원이 자기의 이익배당액을 증가시키려고 작업에 열중하게 되므로 능률증진을 기할 수 있다.
　　㉢ 종업원의 이익배당 참여권과 분배율을 근속연수와 관련시킴으로써 종업원의 장기근속을 장려하게 된다.

(2) 집단성과급제(성과분배제도)

① 집단성과급제의 의의
　　집단성과급제(wage payment by group output) 또는 성과분배제도는 집단의 성과와 관련하여 기업에 이익의 증가나 비용의 감소가 있을 경우 노동자에게 정상임금 이외의 부가적 급여를 제공하는 제도이다.

② 집단성과급제의 유용성
⊙ 집단성과급제는 개별 성과측정이 어렵거나 성과달성에 있어서 집단구성원 간의 협조와 공동노력이 필요한 상황에 적용된다. 또한 개인성과급제의 단점을 보완하고 원만한 노사관계의 형성을 위하여 활용된다.
ⓒ 집단성과급제의 대표적인 것으로는 스캔론 플랜(Scanlon plan)과 럭커 플랜(Rucker plan)이 있다.

(3) **스캔론 플랜**　　　　　　　　　　　　　　　　　　　　　　　　　　2018년 1회, 2015년 2회, 2011년 1회

① 스캔론 플랜의 의의

스캔론 플랜(Scanlon plan)은 1940년대 초에 스캔론(Joseph N. Scanlon)이 종업원의 참여의식을 높이기 위하여 고안한 성과분배제도의 하나이다. 이 제도는 매출액, 즉 생산물의 판매가치를 기준으로 한 상여결정방식과, 위원회를 통한 집단적 제안제도를 중심으로 한 경영참가가 가장 핵심적인 내용이다.

② 스캔론 플랜의 주요 내용
⊙ 위원회 참여를 포함한 종업원의 경영참가
ⓒ 판매가치(매출액)에 기초한 상여결정방식
ⓒ 생산성을 인건비/매출액으로 측정

(4) **럭커 플랜**

① 럭커 플랜의 의의

럭커 플랜(Rucker plan)은 럭커(A. W. Rucker)가 주장한 성과분배방식이다. 럭커 플랜이 스캔론 플랜과 다른 것은 스캔론 플랜이 성과분배의 기초를 생산의 판매가치에 둔 데 비하여 럭커 플랜은 생산가치, 즉 부가가치를 그 기초로 하고 있다는 점이다.

② 럭커 플랜의 주요 내용

럭커 플랜의 주요 내용으로는 생산가치(부가가치)를 기준으로 한 성과배분방식과 위원회를 통한 노사관계의 협력에 의한 생산성 향상의 도모이다.

UNIT 4　임금격차

1　임금격차의 의의

(1) **임금격차의 의미와 유형**

① 임금격차의 의미

경쟁적 노동시장에서는 같은 종류의 노동에 동일한 임금이 지급된다. 그러나 현실은 그렇지 않다. 어떤 노동시장이 경쟁상태에 있는데도 불구하고 임금이 사람 또는 직종(occupation)에 따라 차이가 나는 사례를 흔히 볼 수 있다. 이와 같이 사람 또는 직종에 따라 임금에 차이가 나는 현상을 임금격차(wage differentials)라고 한다.

② **임금격차의 유형**

임금격차는 기본적으로는 노동자 개인 사이의 격차가 문제가 되지만, 한편으로는 노동자의 인적 속성별, 즉 성별·학력별·경력별 또는 인종별 임금격차가 주된 관심이 되기도 하고, 다른 한편에서는 노동수요 측면에서 기업규모별·산업별·지역별·직종별 임금격차가 문제가 되기도 한다.

(2) **임금격차의 원인** 2022년 2·3회, 2020년 3회, 2018년 3회, 2015년 3회, 2013년 2회

① 경쟁적 요인

임금격차의 경쟁적 요인은 신고전학파 경제학자들이 주장하는 요인으로, 노동자의 생산성의 차이, 임금의 보상격차(균등화 격차), 시장의 단기적 불균형 등을 들 수 있다.

② 경쟁 외적 요인

임금격차의 경쟁 외적 요인은 제도나 인간의 의사결정이 임금결정에 영향을 미친다고 보는 제도학파 경제학자들이 주장하는 요인이다. 주로 노동시장의 불완전성을 반영하는 것이다. 경쟁 외적 요인으로는 차별화 및 노동시장의 분단, 노동자에 대한 독점지대 배당, 기업주의 **효율임금정책**, 노동조합의 영향 등을 들 수 있다.

> **더 알아보기** 임금격차 요인으로서의 효율임금정책
>
> 임금격차의 경쟁적 요인으로 기업주의 효율임금정책을 포함시키는 경우도 있다. 효율임금정책은 내용상으로는 경쟁외적 요인에 포함시키지만, 신고전학파 학자들이 주장했기 때문에 경쟁적 요인에 포함시키기도 한다.

2 임금격차 요인

(1) **임금격차의 경쟁적 요인** 2025년 2회, 2024년 1회, 2023년 1회, 2022년 2회

① 노동자의 생산성 격차

㉠ 경쟁시장이론: 신고전학파의 경쟁시장이론에 따르면 임금은 노동자 개인의 생산적 기여(노동의 한계생산가치)에 의하여 결정되므로, 노동자 사이의 임금격차는 결국 노동자의 생산적 기여에서의 차이를 반영한다는 것이다.

㉡ 인적자본의 차이

인적자본이론(human capital theory)에 의하면 노동자의 인적자본에 대한 투자의 차이가 노동자 사이의 생산적 기여의 차이를 가져오고 임금격차를 가져온다.

㉢ 보이지 않는 질적 차이: 한편, 동일한 인적자본을 가진 근로자 사이의 임금격차는 관찰되지 않는 근로자의 질적인 차이(unobserved quality differences), 즉 근로자의 자질 및 성향의 차이 등 통제할 수 없는 변수의 차이에 따른 생산성의 차이에서 비롯된다.

㉣ 저임금 근로자의 해소를 위한 대책: 이러한 주장에 따를 때 저임금 노동자의 해소를 위해서는 이들의 생산성 증대를 위한 정책, 예를 들면 노동자의 교육훈련 지원, 저소득층 자녀에 대한 의무교육 연한의 확대나 장학금 지원과 같은 정책이 필요하다.

② **임금의 보상격차(균등화 격차)** 2025년 1회, 2024년 1·3회, 2023년 3회, 2022년 2회, 2019년 2회, 2018년 1회, 2016년 1·2회, 2015년 2·3회, 2014년 1회

㉠ **임금의 보상격차의 의의**: 임금의 보상격차(compensating wage differentials)는 스미스(A. Smith)에 의해 주장되었는데, 그는 노동자들의 직업선택 및 전직이 자유로운 사회에서는 각 직업의 좋은 점과 나쁜 점을 모두 고려한 순이익이 한 사회의 여러 가지 대체적인 직업 사이에서 균등하게 된다고 보았다.

㉡ **임금의 보상격차의 원인**: 이와 같은 경우의 임금격차는 직업의 임금 외적인 불리한 측면(비금전적 불이익)을 상쇄하여 노동자에게 돌아가는 순이익을 다른 직업과 같게 해 주기 위한 것이므로 균등화 격차(equalizing wage differentials)라고도 한다. 스미스는 임금의 보상격차(균등화 격차)를 가져오는 직업의 성격으로 다음을 지적하였다.

ⓐ **고용의 안정성 여부**: 고용의 불안정으로 실업의 가능성이 높아지면 실업으로 인한 소득상실을 보상해 줄 정도로 높은 임금을 지급해야 한다.

ⓑ **작업의 쾌적성 여부**: 어떤 직업의 작업내용이 다른 직업에 비해 더 위험하고, 작업환경이 열악하다면, 더 높은 임금을 지급하여 작업에서의 비금전적 불이익을 보상해 주어야 한다.

ⓒ **교육 및 훈련비용**: 어떤 직업에 취업하기 위하여 교육 및 훈련비용이 들어간다면 이 비용은 이자까지 포함하여 임금으로 회수되어야 한다.

ⓓ **책임의 정도**: 변호사, 의사처럼 책임이 따르는 일에 종사하면 그 책임 때문에 더 높은 임금을 받는다.

ⓔ **성공 또는 실패의 가능성**: 장래에 대한 불확실성이 평균 이상인 직업에 대해서는 보다 높은 임금을 지급해야 한다.

③ **시장의 단기적 불균형**

㉠ 예상하지 못한 요인으로 일정한 훈련을 요하는 어떤 직종에 대한 노동수요가 갑자기 증가하게 되면, 단기적으로는 노동공급이 비탄력적(inelastic)이므로 초과수요(excess demand)가 발생하여 이 직종에 대한 임금이 상승한다.

㉡ 그러나 장기적으로는 이 직종에 대한 노동공급이 증가하므로 장기적인 노동공급곡선은 보다 탄력적이 되고 임금은 다시 하락한다.

(2) **임금격차의 경쟁 외적 요인**

① **차별화 및 노동시장의 분단** 2025년 2회, 2024년 1회, 2023년 1회, 2022년 2회, 2020년 1·2(통합)회

차별화에는 임금차별, 고용에서의 차별화, 특정 노동자 집단에 대한 차별화가 있다. 한편, 특정 노동자 집단에 대한 차별적 관행이 노동시장의 어떤 부문에서 공통적으로 이루어져 이들 노동자의 진입이 제도적으로 제한되어 있을 때 노동시장의 분단이 나타나고, 이로 인해 노동자 사이의 임금격차가 발생한다.

> **더 알아보기** 노동시장 차별   2024년 2회, 2020년 1회
>
> 1. **노동시장 차별의 의의**: 노동시장 차별(labor market discrimination)은 생산성에 차이가 없는 노동자가 인종, 성, 학력, 나이, 민족 그리고 그들의 업무수행과 관련이 없는 특성 때문에 고용, 임금, 승진 등에 있어서 다른 대우를 받는 것이다.
> 2. **노동시장 차별이론**
>   - **베커의 개인편견이론**: 노동시장 차별에 관한 이론은 게리 베커(Gary S. Becker)에 의해 처음 제시되었다. 베커는 개인편견이론(personal prejudice theory)에서 노동시장의 개인편견 차별의 주요 근원으로 고용주의 선호에 의한 차별, 노동자의 선호에 의한 차별, 그리고 소비자의 선호에 의한 차별 등을 들고 있다.
>   - **통계적 차별이론**: 고용주, 노동자, 소비자가 차별행위를 하는 이유를 설명하지 못하는 베커의 이론과는 달리, 통계적 차별(statistical discrimination)이론은 차별이 정보의 불완전성(정보가 부족하거나 정확한 정보의 결핍) 때문에 발생한다고 설명한다. 통계적 차별은 개인의 성취도에 근거한 신호(대학 졸업장, 학교성적, 추천장 등)에 기초하는 경우도 있고, 개인이 속한 집단(성, 출신학교, 출신지역, 인종 등)의 평균적인 특성에 기초한 고정관념에 기초하는 경우도 있다.
>   - **기타 차별모형**: 또 다른 차별이론으로는 붐빔모형(crowding model) 또는 혼잡모형이 있다. 이는 특히 여성-남성노동자의 임금격차를 설명하기 위해 가끔 이용된다.

② 노동자의 독점지대 배당
  ㉠ 경제의 이중구조(dual structure)를 주장하는 이중구조론자들은 임금의 기업별 격차를 노동자가 수취하는 지대(rent)로 설명한다.
  ㉡ 즉, 노동자 사이의 임금격차는 독과점적인 대기업에 취업하고 있는 노동자가 기업의 독점적 지대(초과이윤)의 일부를 배당받기 때문에 발생한다는 것이다.

③ 기업주의 효율임금정책   2025년 2회, 2021년 3회, 2020년 4회,
2019년 1회, 2018년 3회, 2017년 3회, 2016년 1회, 2014년 3회, 2013년 1회

효율임금정책(efficiency wage policy)이란 어떤 기업주가 노동자에게 시장임금 이상의 높은 임금을 지급함으로써 노동생산성의 향상을 꾀하는 것을 말한다. 신고전학파의 효율임금이론에서는 고임금이 높은 생산성을 가져오는 원인으로 다음의 5가지를 지적한다.
  ㉠ 고임금은 노동자의 직장 상실의 비용을 증대시켜 노동자로 하여금 작업 중에 태만하지 않게 한다.
  ㉡ 고임금 지급은 노동자의 이직을 감소시켜 신규 노동자의 채용 및 훈련비용을 감소시켜 준다.
  ㉢ 고임금 지급에 따라 기업의 명성이 높아지면 신규 노동자를 채용할 때 지원 노동자의 평균적인 질이 높아져 보다 높은 질의 노동자를 고용할 수 있게 된다.
  ㉣ 고임금은 노동자의 기업에 대한 충성심과 귀속감을 증대시킨다.
  ㉤ 고임금은 안정적인 노사관계를 유지하거나 노동조합이 조직화를 방지할 수 있다.

이와 같은 고임금 정책에 대한 유인은 일반적으로 중소기업의 경우보다 대기업이 더 많이 가지고 있으므로, 이에 따라 대기업과 중소기업 간 임금격차가 발생한다.

④ 노동조합의 영향
  노동조합이 조직되어 있는지의 여부가 임금격차를 가져온다. 즉, 일반적인 경우 노동조합이 조직되어 있는 기업의 임금은 그렇지 않은 기업에 비해 높은 것으로 알려져 있다.

(3) 헤도닉 임금이론
  ① 헤도닉 임금이론의 의의
    ㉠ 헤도닉 임금이론은 스미스(A. Smith)의 보상적 임금격차이론과 함께 보상적 임금격차를 설명하는 대표적인 이론이다. 즉, 산업재해 위험수준이 산업마다 다를 때 시장임금이 결정되는 원리를 설명하는 이론이다.

ⓒ 시카고대학의 로젠(Sherwin Rogen) 교수가 제시한 헤도닉 임금(hedonic wage)은 고통스럽고 불유쾌한 직무에 대해 노동자의 고통과 불유쾌한 직무특성에 대한 보상요구를 반영한 시장임금수준, 또는 편하고 쾌적한 직무에 대해 노동자가 누리는 편함과 쾌적함이라는 직무특성에 대한 대가지불을 반영한 시장임금을 의미한다.

② 헤도닉 임금이론의 가정   2018년 2회, 2013년 1회, 2010년 2·4회
    ⓐ 직무의 다른 특성은 전부 동일한데 산업재해의 위험도만 다르다.
    ⓑ 노동자는 효용을 극대화하며, 노동자 간에는 산업재해 또는 산업안전에 관한 선호의 차이가 존재한다. 즉, 노동자 간에는 산업재해에 대한 보상요구임금의 차이가 있다.
    ⓒ 기업은 이윤극대화를 추구하며, 좋은 노동조건인 산업안전에 투자해야 한다.
    ⓓ 노동자는 각종 직업들에 대해 정확한 정보를 갖고 있으며, 직업 간에 자유롭게 이동할 수 있다.

③ 헤도닉 임금의 결정
    ⓐ 헤도닉 임금함수는 산업안전과 임금 간의 역(−)의 관계로 표시되고, 산업재해와 임금 간의 정(+)의 관계로 표시할 수 있다. 이는 산재위험이 높아질수록 높은 산재위험이라는 고통에 대한 노동자의 보상요구를 충족시키는 헤도닉 임금이 점점 커진다는 것을 의미한다.
    ⓑ 그러나 현실에서 이 이론은 잘 적용되지 않는 경우가 많다. 한국에서 흔히 3D(Dirty, Dangerous, Difficult) 업종이라고 불리는 업종에 속하는 중소기업들은 불리한 일자리 특성을 지니고 있지만 지불능력이 낮기 때문에 충분히 '만족스러운 임금(헤도닉 임금)'을 지불하지 못하는 경우가 많다.
    ⓒ 한국에서 한편으로는 취업난이 심각하고 다른 한편으로는 중소기업의 만성적인 인력난이 존재하는 것은 헤도닉 임금이 현실적으로 적용되지 않고 있어 노동시장의 불균형이 발생하여 지속되고 있음을 보여준다.

3 성별·학력별 임금격차

(1) 성별 임금격차

① 성별 임금격차의 의의
    ⓐ 여성가족부가 조사한 '2020년 성별 임금격차'에 따르면 국내 상장기업의 여성근로자 평균임금이 남성근로자보다 35.9%나 적은 것으로 나타났다.
    ⓑ 그러나 전체적으로 볼 때 남성근로자는 내부적 구성에 있어 연령이나 학력, 경력 등이 일반적으로 높거나 길기 때문에 이러한 특성들을 무시한 단순한 평균치의 비교는 큰 의미가 없다.
    ⓒ 즉, 남녀 간의 진정한 임금격차를 살펴보기 위해서는 같은 수준의 학력과 연령, 같은 수준의 경력을 가진 남녀의 임금을 비교하여야만 한다.

② 성별 임금격차의 원인   2019년 3회
성별 임금격차가 발생하는 원인은 학력·연령·경력 등의 차이에서 오는 노동생산성의 차이와 소위 차별대우에서 오는 임금격차로 나누어 볼 수 있다.
    ⓐ 노동생산성의 차이: 여성근로자에 대한 노동시장 내부적인 차별, 즉 저임금(교육투자에 대한 낮은 투자수익률)과 각종 여성에게 불리한 고용관행 등이 바로 노동시장의 외부적인 차별, 즉 여성에 대한 낮은 학력(교육투자의 기피로 인한)의 원인으로 작용하고 있다. 그리고 이러한 낮은 학력은 낮은 노동생산성으로 이어져 저임금의 원인으로 작용하고 있다.

ⓒ 차별대우
  ⓐ 노동생산성의 차이가 아닌 순수한 여성근로자에 대한 차별대우에 기인하는 임금격차는 다시 채용 시의 직종차별과 순수한 임금차별로 나눌 수 있다.
  ⓑ 일반적으로 채용 시의 직종차별(고용차별)과 임금차별은 동시에 나타나는 것으로 알려져 있지만, 버그만(B. R. Bergman)은 고용차별이 임금차별을 가져온다고 보고, 고용차별이 더 중요하다고 하였다.

ⓒ 채용 시의 직종차별(혼잡효과)   2017년 1회, 2006년 1회
  ⓐ 여러 가지 여성에 대한 편견 때문에 여성들은 어느 나라에서나 임금이나 근로조건이 유리한 직종에 고용되는 비율이 아주 낮다. 주로 여성근로자들로 구성되는 일부 저임금 직종에 집중적으로 고용되게 된다.
  ⓑ 이러한 저임금 직종에의 집중화 현상으로 여성근로자 간의 경쟁이 격화되고, 이로 인해 임금이 낮아지는 현상을 혼잡효과(crowding effect) 또는 쇄도효과라고 한다.
  ⓒ 그리고 이러한 일부 직종에의 여성근로자 간의 경쟁격화에 의한 저임금 현상을 설명하는 모형은 버그만에 의해 제시되었는데 이를 혼잡가설(crowding hypothesis) 또는 쇄도가설, 과밀가설이라고 한다.

ⓔ 순수한 의미의 임금차별: 순수한 임금차별도 직종차별과 같이 여성근로자는 남성근로자와 같은 임금을 받을 수 없다는 편견을 바탕으로 하고 있다. 그리고 사실상은 남성과 동등한 경우에도 여성근로자는 노동생산성이 낮다는 막연한 인식으로 임금차별을 하는 경우도 있다. 또한 여성은 직장 내에서의 승진기회가 남성에 비해 적은 것도 한 가지 이유가 될 수 있다.

(2) 학력별 임금격차

① 학력별 임금격차의 의의
  ㉠ 우리나라의 학력별 노동시장에서는 수요와 공급이라는 노동시장적 요인 이외에 학력별 차별이 독자적인 요인으로 작용하고 있다.
  ㉡ 학력별 차별이란 일반적으로 동등한 능력이나 생산성을 갖고 있다고 하더라도 노동자 집단 간에 임금이나 인적자본 투자수익률 및 고용기회의 측면에서 지속적으로 나타나는 불평등한 대우를 말한다.

② 통계적 차별가설   2010년 3회, 2014년 2회
  ㉠ 통계적 차별가설의 의의
    ⓐ 근로자의 생산성에 관한 충분한 정보를 갖고 있지 못한 상황에서 고용주는 생산성과 상관관계가 있다고 통계적으로 밝혀진 학력·성·연령 등과 같은 특성을 근거로 임금수준이나 채용 여부를 결정하는 경우가 많은데, 이를 통계적 차별(statistical discrimination)이라고 한다.
    ⓑ 채용비용과 선별비용을 줄이려는 의도에서 일정수준 이상의 학력과 연령 등을 특정한 직종의 응모기준으로 하는 관행이 발생한다.
    ⓒ 즉, 근로자의 잠재적 노동생산성의 수준은 쉽게 관찰될 수 없으므로, 근로자의 잠재적 생산성에 대한 평균적인 추정공식으로 학력을 채용기준으로 하는 관행이 있게 된다. 이를 통계적 차별가설이라고 한다.

ⓒ 통계적 차별이 이루어지는 경우
　　　ⓐ 근로자가 동질적이지 않으므로 각자의 능력, 적성, 소질, 육체적인 힘 등 개인적인 특성이 달라 고용해 보지 않고서는 미리 알 수 없는 경우
　　　ⓑ 근로자의 생산성과 능력을 일일이 확인하는 채용·선별비용이 상당히 높은 경우
　　　ⓒ 잘못 판단되어 채용된 근로자 때문에 생산의 손실이 있거나 현장훈련비용이 추가로 많이 드는 경우
　③ 대기실업가설　　　　　　　　　　　　　　　　　　　　2015년 3회, 2013년 3회, 2012년 1회
　　ⓞ 대기실업가설의 의의: 대기실업가설(wait unemployment theory)은 엄밀하게는 임금격차를 설명하는 이론이라기보다는, 두 부문의 임금격차에 의하여 실업이 발생하는 과정을 설명하는 이론이다.
　　ⓒ 대기실업가설의 내용
　　　ⓐ 대기업이 중소기업에 비해 높은 임금을 주고 있는 경우, 구직자들은 비교적 쉽게 취업할 수 있는 중소기업에 취업하지 않고 어느 정도의 실업기간을 자발적으로 감수하면서 대기업에 취업하기 위하여 기다린다는 것이다.
　　　ⓑ 이 경우 취업자는 중소기업과 대기업의 기대임금(expected earnings)이 같아지는 수준까지 자발적인 실업상태로 구직활동을 하게 된다.
　　ⓒ 시사점: 우리나라의 경우 대기업의 구직난과 중소기업의 인력난이 병존하는 상황에서 고학력자의 실업률이 저학력자에 비해 높은 것은 이 가설을 어느 정도 뒷받침하고 있다고 볼 수 있다.

4 기타의 임금격차

(1) **산업별 임금격차**
　① 산업별 임금격차의 특징
　　산업별 임금격차는 많은 나라에서 장기에 걸쳐 안정적이며 변화가 적은 것으로 나타나고 있다. 경쟁적 노동시장 모형에 의하면 장기적으로 산업 간의 노동이동이 자유로운 경우 교육훈련의 차이나 비금전적 차이 등의 요인만 없다면 산업간 임금격차는 발생할 수 없다. 그러나 현실적으로는 여러 가지 이유로 산업 간에 임금격차가 발생하고 있다.
　② 산업별 임금격차의 원인
　　ⓞ **노동생산성의 차이**: 임금이론의 한계생산력설에 의하면 노동생산성이 높은 산업은 다른 사정이 동일할 경우 임금수준도 높게 된다. 따라서 산업 간 생산성의 차이가 클수록 산업 간의 임금격차는 커지게 된다.
　　ⓒ **노동조합의 존재 여부**: 노동조합이 광범위하게 조직되어 있거나 교섭력이 강한 산업의 경우 그렇지 않은 산업과 비교할 때 임금격차는 커지게 된다.
　　ⓒ **산업별 집중도의 차이**: 집중도는 상품시장에서의 독과점의 정도를 의미한다. 산업별 집중도의 차이가 클수록 산업별 임금격차는 커지게 된다.

(2) 기업규모별 임금격차

① **기업규모별 임금격차의 의의**　　　　　　　　　　　　　　　　　　　　　2021년 2회

　㉠ 현실적으로 대기업과 중소기업 간에는 상당히 큰 임금격차가 존재하고 있다. 대기업에는 중소기업보다 종신고용제나 연공임금제적인 관행이 잘 갖추어져 있으므로, 중소기업보다 높은 임금을 지급하게 되는 것으로 볼 수 있다.

　㉡ 한국 노동시장에서 인력난과 유휴인력이 공존하는 이유로 기업규모별 임금격차의 확대를 들 수 있다. 대기업과 중소기업 간 임금격차가 확대되면 저임금을 지급하는 중소기업은 필요한 인력을 구하지 못하고(인력난), 구직자는 대기업에 취업하기 위해 실업(대기실업)을 택하기 때문에 유휴인력 또한 존재하게 된다.

② **기업규모별 임금격차가 발생하는 이유**

　㉠ **자본집중도 가설**: 대기업은 자본집중도가 높아 근로자 1인당 부가가치 생산성이 높고, 따라서 이러한 부가가치 생산성에 대응하여 임금이 높아질 수 있다는 것이다.

　㉡ **생산물 시장구조 가설**: 이는 기업의 제품판매과정에서 시장지배력을 행사할 수 있느냐의 문제와 관련된다. 물론 대기업일수록 시장지배력이 높고 따라서 시장점유율이 높을 가능성이 많으며, 상대적인 고임금을 지불할 수 있게 된다.

　㉢ **노동조합의 존재**: 대기업일수록 노동조합이 조직되어 있을 가능성이 높다는 것도 한 가지 이유로 제시할 수 있다.

　㉣ **이질노동력 가설**: 대기업일수록 학력이나 경력에서 우수한 인재를 채용할 수 있으므로, 중소기업에 비해 더 높은 노동생산성을 실현할 수 있고 따라서 더 높은 임금이 지급된다는 것이다.

(3) 직종별 임금격차

① **직종별 임금격차의 의의**

　직종 내지 직업의 차이에 의해 발생하는 임금격차를 직종별 임금격차(occupational wage differentials)라고 한다.

② **직종별 임금격차가 발생하는 이유**　　　　　　2021년 1회, 2019년 1회, 2017년 2회, 2014년 3회, 2008년 1회

　㉠ 직종별 임금격차가 발생하는 원인은 앞에서 살펴본 보상적 임금격차와 과도적 임금격차, 그리고 다른 직종의 비경쟁집단의 존재에 의해 설명될 수 있다.

　㉡ 또한 직종에 따라 근로환경의 차이, 노동조합 조직률의 차이, 노동자들의 특정 직종에 대한 회피와 선호의 차이 때문이다.

CHAPTER 02 임금의 이해

핵심 기출문제

빈출

01 다음 중 연봉제의 장점과 가장 거리가 먼 것은?
2022년 1회, 2019년 2회, 2015년 2회, 2011년 3회, 2010년 4회

① 능력주의, 성과주의를 실현할 수 있다.
② 과감한 인재기용에 용이하다.
③ 종업원 상호 간의 협조성이 높아진다.
④ 종업원들의 경영감각을 배양할 수 있다.

02 연공급의 특징과 가장 거리가 먼 것은?
2024년 3회, 2023년 3회, 2022년 3회, 2017년 1·2회, 2015년 1회

① 회사에 대한 높은 귀속의식
② 동일노동·동일임금의 원칙
③ 직무와 상관없는 비합리적인 인건비 지출
④ 적당주의의 증가

빈출

03 유보임금(reservation wage)에 관한 설명으로 옳은 것은?
2025년 1회, 2024년 1회, 2023년 1회, 2022년 1·3회, 2018년 2회, 2015년 2회, 2014년 1회

A. 유보임금의 상승은 실업기간을 연장한다.
B. 유보임금의 상승은 기대임금을 하락시킨다.
C. 유보임금은 기업이 근로자에게 제시한 최고의 임금이다.
D. 유보임금은 근로자가 받고자 하는 최저의 임금이다.

① A, C
② B, C
③ B, D
④ A, D

빈출

04 최저임금제의 기대효과와 가장 거리가 먼 것은?
2025년 3회, 2022년 2회, 2020년 3회, 2019년 1회, 2018년 1회, 2017년 2·3회, 2014년 1·3회, 2013년 1회, 2011년 1회, 2008년 1회

① 산업 간·직업 간 임금격차 해소
② 경기활성화에 기여
③ 산업구조의 고도화
④ 청소년 취업촉진

꼼꼼하게 풀어 주는 **정답과 해설**

01 ③ 종업원 상호 간의 협조성이 높아지는 것은 연공급 임금체계의 장점이다. 연봉제는 개개인의 능력·실적 및 공헌도에 대한 평가를 바탕으로 계약을 통해 연간 임금액을 결정하는 실적 중심형의 임금형태이다. 연봉제를 실시하는 경우 종업원 상호 간의 불필요한 경쟁심이나 위화감의 조성, 불안감 증대 등의 문제를 야기할 수 있다.

02 ② 동일노동·동일임금의 원칙은 직무급 체계의 특징이다. 직무급 체계란 직무의 중요성과 곤란도 등에 따라서 각 직무의 상대적 가치를 평가하고, 그 결과에 의거하여 임금액을 결정하는 체계이다. 따라서 동일노동·동일임금의 원칙이 적용된다.

03 ④ 유보임금(reservation wage)은 노동자가 노동을 공급하기 위해 받기를 원하는 최소한의 임금을 말한다(D). 이는 요구임금(또는 희망임금, 의중임금, 눈높이임금)이라고도 하는데, 여가의 기회비용이 된다. 즉, 노동시간만큼 여가를 즐긴다고 할 때 여가를 통해서 얻는 주관적 효용에 해당하는 임금이다. 따라서 유보임금이 상승하면 직업탐색기간이 길어지므로 실업(탐색적 실업)기간이 길어진다(A).

04 ④ 시장임금보다 높은 수준에서 최저임금을 결정하면 노동수요량은 감소하고 노동공급량은 증가하여 노동의 초과공급, 즉 실업이 발생한다. 이 경우의 실업은 청소년과 같은 미숙련자에게서 주로 발생한다.

정답 01 ③ 02 ② 03 ④ 04 ④

05 다음은 어떤 형태의 능률급인가?
2019년 1회, 2016년 2회, 2013년 1회, 2010년 2회

- 1886년 미국의 토웬(Henry R. Towen)이 제창
- 경영활동에 의해 발생한 이익을 그 이익에 관여한 정도에 따라 배분하는 제도
- 기본취지는 작업비용으로 달성된 이익을 노동자에게 환원하자는 것

① 표준시간제 ② 이익분배제
③ 할시제   ④ 테일러제

07 성과급 제도의 장점으로 옳은 것은?
2025년 1회, 2024년 1회, 2021년 2회, 2021년 1회, 2020년 4회, 2018년 3회, 2014년 3회

① 직원 간 화합이 용이하다.
② 근로의 능률을 자극할 수 있다.
③ 임금의 계산이 간편하다.
④ 확정적 임금이 보장된다.

06 직무분석과 직무평가를 기초로 하여 직무의 중요성과 난이도 등 직무의 상대적 가치에 따라 개별 임금을 결정하는 것은?
2015년 3회, 2009년 1회

① 연공급 ② 직무급
③ 직능급 ④ 기본급

08 임금의 법적 성격에 관한 학설의 하나인 노동대가설로 설명할 수 있는 임금은?
2020년 1·2(통합)회, 2015년 1회, 2009년 3회

① 직무수당 ② 휴업수당
③ 휴직수당 ④ 가족수당

꼼꼼하게 풀어 주는 정답과 해설

05 ② 경영활동에 의해 발생한 이익을 그 이익에 관여한 정도에 따라 배분하는 제도는 이익분배제이다. 이익분배제(profit-sharing plan)는 기본적인 보상 이외에 각 영업기마다 결산이익의 일부를 종업원에게 부가적으로 지급하는 제도를 말한다. 그 목적은 노동관계의 개선, 작업능률의 증진, 노동자의 생활안정 등에 있다.

06 ② 직무의 중요성과 곤란도 등에 따라서 각 직무의 상대적 가치를 평가하고, 그 결과에 의거하여 임금액을 결정하는 것은 직무급이다.

07 ② 성과급 제도의 가장 큰 장점은 근로의 능률을 자극할 수 있다는 것이다.

오답풀이
①, ③, ④ 시간급 제도의 장점이다.

08 ① 임금을 노동의 대가로 파악하는 경우에는 통상임금이 여기에 해당된다. 통상임금은 기본급과 통상적 수당으로 구성되는데, 통상적 수당은 일정한 요건을 갖춘 노동자 모두에게 정기적·일률적으로 지급하는 임금으로 직무수당, 특수작업수당, 특수근무수당, 기능수당 등이 포함된다.

정답 05 ② 06 ② 07 ② 08 ①

09 스캔론 플랜(Scanlon plan)에 대한 설명과 가장 거리가 먼 것은?

2018년 1회, 2015년 2회, 2011년 2회, 2009년 2회

① 근로자 경영참가 중에서 이익참가의 대표적 유형이다.
② 노사협력에 의한 생산성 향상을 목적으로 한다.
③ 매출액을 성과배분의 기준으로 삼는다.
④ 종업원 개개인의 능률을 자극하는 제도이다.

11 임금격차의 원인을 모두 고른 것은?

2025년 2회, 2022년 2·3회, 2015년 3회

A. 인적자본 투자의 차이로 인한 생산성 격차
B. 보상적 격차
C. 차별

① A
② B
③ A, B
④ A, B, C

[빈출] 10 보상적 임금격차를 발생시키는 요인이 아닌 것은?

2024년 1·3회, 2023년 3회, 2018년 1회, 2016년 1회, 2015년 3회, 2010년 1회, 2008년 2회, 2006년 1회

① 작업환경의 쾌적성 여부
② 성별 간의 소득차이
③ 교육훈련 기회의 차이
④ 고용의 안정성 여부

12 임금격차의 원인 중 경쟁적 요인이 아닌 것은?

2018년 3회, 2013년 2회, 2011년 2회, 2009년 3회

① 인적자본량
② 보상적 임금격차
③ 노동조합의 효과
④ 기업의 합리적 선택으로 효율성 임금정책

꼼꼼하게 풀어 주는 정답과 해설

09 스캔론 플랜(Scanlon plan)은 1940년대 초에 스캔론(Joseph N. Scanlon)이 종업원의 참여의식을 높이기 위하여 고안한 집단 성과분배제도의 하나이다.
④ 이 제도는 종업원 개개인의 능률을 자극하는 것이 아니라, 집단적 능률을 자극하는 제도이다.

10 임금의 보상격차(compensating wage differentials)는 애덤 스미스(A. Smith)에 의해 주장되었는데, 스미스는 임금격차를 가져오는 직업의 성격으로 ㉠ 고용의 안정성 여부, ㉡ 작업의 쾌적성 여부, ㉢ 교육 및 훈련비용, ㉣ 책임의 정도, ㉤ 성공 또는 실패의 가능성을 지적하였다.

11 임금격차의 경쟁적 요인으로는 ㉠ 노동자의 생산성 격차, ㉡ 임금의 보상격차(균등화 격차), ㉢ 시장의 단기적 불균형 등을 들 수 있고, 경쟁 외적 요인으로는 ㉠ 차별화, ㉡ 노동시장의 분단, ㉢ 근로자에 대한 독점지대 배당, ㉣ 기업주의 효율임금 정책(고임금 정책), ㉤ 노동조합의 영향 등을 들 수 있다.

12 임금격차의 경쟁적 요인으로는 ㉠ 노동자의 생산성 격차(인적자본량), ㉡ 임금의 보상격차(균등화 격차), ㉢ 시장의 단기적 불균형 등이 있다. 노동조합의 영향(효과)은 경쟁 외적 요인에 해당한다.
④ 기업주의 효율임금정책은 신고전학파가 주장했기 때문에 경쟁적 요인에 포함시키는 경우도 있다.

정답 09 ④ 10 ② 11 ④ 12 ③

13 다음 중 임금 학설에 관한 설명으로 틀린 것은?
2016년 3회, 2013년 2회, 2012년 2회, 2010년 4회

① 임금생존비설은 임금상승이 노동절약적 기계도입에 따른 기술적 실업의 발생으로 산업예비군을 증가시켜 다시 임금을 생존비 수준으로 저하시킨다는 학설이다.
② 임금기금설은 어느 한 시점에 근로자의 임금으로 지불될 수 있는 부의 총액 또는 기금은 정해져 있고, 이 기금은 시간이 지남에 따라 변화될 수 있다는 학설이다.
③ 임금교섭력설은 고용기회나 노동공급량에 불리한 영향을 미치지 않으면서도 일정한 범위 내에서 임금이 교섭력 강도에 따라 변화할 수 있다는 학설이다.
④ 임금철칙설은 노동자의 임금이 생활비에 귀착되며, 생활비를 중심으로 약간 변동이 있더라도 궁극적으로는 임금이 생활비에 일치된다는 학설이다.

14 최저임금제의 도입이 근로자에게 유리하게 될 가능성이 높은 경우는?
2025년 2회, 2016년 2회, 2013년 3회, 2007년 1회, 2004년 2회

① 노동시장이 수요독점 상태일 경우
② 최저임금과 한계요소비용이 일치할 경우
③ 최저임금이 시장균형 임금수준보다 낮을 경우
④ 노동시장이 완전경쟁상태일 경우

15 임금형태에 관한 설명 중 잘못된 것은?
2014년 2회

① 임금형태는 경영이 안정지향적이냐 혹은 성과지향적이냐에 따라 고정급과 성과급으로 구분된다.
② 성과급은 노동능률이나 업적을 지급기준으로 하는 임금제도로 능률급 혹은 업적급이라 한다.
③ 일반적으로 성과급의 도입은 제품의 질을 향상시켜 품질관리에 필요한 비용을 절감시킨다.
④ 성과를 측정하는 도구로서는 생산량, 생산액, 이윤액, 원가절감액 등이 있다.

16 임금격차의 원인으로서 통계적 차별(statistical discrimination)이 일어나는 경우는?
2016년 3회, 2014년 2회

① 비숙련 외국인노동자에게 낮은 임금을 설정할 때
② 임금이 개별 노동자의 한계생산성에 근거하여 설정될 때
③ 사용자가 자신의 경험을 기준으로 근로자의 임금을 결정할 때
④ 사용자가 근로자의 생산성에 대해 불완전한 정보를 갖고 있어 평균적인 인식을 근거로 임금을 결정할 때

꼼꼼하게 풀어 주는 정답과 해설

13 ① 임금이 상승하면 자본가들은 기계도입을 통해 이를 극복하고자 하므로 기술적 실업(마르크스적 실업)이 발생하고, 그것이 산업예비군(industrial reserve army)을 증가시키며, 다시 임금을 생존비 수준으로 하락시킨다고 설명하는 이론은 마르크스의 노동력 재생산비설이다.

14 ① 전통적인 신고전학파의 경쟁노동시장이론에서는 최저임금제가 실업을 증가시킨다고 주장한다. 그러나 최저임금제가 고용을 증가시킬 수 있다는 주장도 있다. 최저임금제가 고용을 증가시키는 것은 ㉠ 노동시장이 수요독점 노동시장인 경우, ㉡ 생산성 증대효과가 있는 경우, ㉢ 유효수요 증대효과가 있는 경우 등이다.

15 ③ 성과급을 도입하면 높은 임금을 받기 위해 무리하게 작업량을 늘리는 과정에서 제품의 질적 저하가 나타나기 쉽다.

16 ④ 통계적 차별(statistical discrimination)은 근로자의 생산성에 관한 충분한 정보를 갖고 있지 못한 상황에서, 고용주가 생산성과 상관관계가 있다고 통계적으로 밝혀진 학력·성·연령 등과 같은 특성을 근거로 임금수준이나 채용 여부를 결정하는 경우를 말한다.

정답 13 ① 14 ① 15 ③ 16 ④

CHAPTER 03 실업의 제 개념

회당 평균 출제 문항수
3.5개

수험 전략
- 실업에서는 실업이론과 필립스 곡선, 자연실업률 이론, 자발적 실업과 비자발적 실업 등 여러 가지 실업의 원인과 대책에 대해 정확히 이해하고 있어야 한다.
- 그 밖에도 부가노동자 효과, 실망노동자 효과도 언제든지 출제될 수 있는 내용이다.

NEW & HOT! 키워드
\# 마찰적·경기적·구조적 실업
\# 소득정책
\# 필립스 곡선
\# 실망노동자·부가노동자 효과
\# 실업결원곡선

UNIT 1 실업의 이론과 유형

1 실업의 의의

(1) 실업의 의미와 본질

① 실업의 의미
  ㉠ 실업(unemployment)이란 일할 의사와 능력을 가지고 있음에도 불구하고 취업의 기회가 주어지지 않는 상태를 의미한다.
  ㉡ 통계적으로는 ⓐ 조사대상기간 동안 수입이 생기는 일에 전혀 종사하지 못했고, ⓑ 최근의 일정기간 동안 구직활동을 했으며, ⓒ 취업처가 발견될 때에는 즉시 취업이 가능한 경우를 실업으로 파악하고 있다.

② 실업의 본질   2020년 4회, 2017년 2회, 2013년 3회
  실업, 특히 구조적 실업은 노동시장의 임금이 균형임금보다 높기 때문에 발생하는 것이다. 임금이 균형임금보다 높은 경우 노동의 초과공급(surplus of labor)이 발생하는데, 이 초과공급만큼 실업이 발생한다. 노동시장의 임금이 균형임금보다 높아서 실업을 발생시키는 원인으로는 3가지를 들 수 있다.
  ㉠ 최저임금제: 최저임금제는 숙련도가 낮고 경험이 부족한 근로자들의 임금을 균형수준 이상으로 올림으로써 노동의 공급량을 증가시키고 수요량을 감소시킨다. 이로 인한 노동의 초과공급만큼 실업이 발생한다.
  ㉡ 노동조합의 시장 지배력: 노동조합이 한 산업의 임금을 균형수준 이상으로 책정할 것을 고집할 경우 노동의 초과공급, 즉 실업이 발생한다.
  ㉢ 효율임금 이론: 효율임금 이론에 따르면 균형수준 이상의 높은 임금을 지급하는 것이 기업에 더 이익이 된다. 높은 임금은 근로자의 건강을 향상시키고 이직률을 낮추며, 근로자의 평균자질을 높이고 근로의 열의를 증가시키기 때문이다.

(2) 실업의 통계적인 파악방법

① 직업소개소 방식
  직업소개소 방식은 공공 직업소개소 제도가 발달된 나라에서 이용되는 방법으로, 구직과 실업보험금 수령을 위해 직업소개소에 등록되어 있는 실업자를 기준으로 측정하는 방식이다.

② 경제활동인구 조사방식
  ㉠ 직업소개소의 통계를 이용할 수 없을 때, 인구센서스나 표본조사를 통해 앞의 3가지 기준에 따라 실업자를 식별하여 집계하는 방식이다. 보통 국제노동기구(ILO)의 기준에 따라 1주일에 1시간 이상 일한 자는 실업자가 아닌 것으로 간주한다.
  ㉡ 우리나라에서는 경제활동인구 조사방식을 택하고 있으며, 매월 경제활동인구조사를 실시하여 실업통계를 작성하고 있다.

③ 실업통계의 문제점
  ㉠ 국제노동기구(ILO)의 기준에 따르면 임시로 고용되거나 파트타임으로 일하면서 정식고용을 원하는 사람은 취업자로 간주되어 실업통계에서 빠지게 된다.
  ㉡ 또한 너무 오랫동안 일자리를 찾아다니느라고 지쳐서 당분간 구직활동을 포기한 구직단념자 또는 실망노동자(discouraged worker)도 일할 의사가 없는 사람으로 간주되어 실업자로 포함하지 않는다.
  ㉢ 실업률은 생산가능인구에 대한 취업자 비율인 고용률에 대해서는 아무런 정보를 제공하지 않는다.
  ㉣ 실업률이 노동력의 저활용 실태를 정확하게 반영하는 지표인가에 대한 논란이 제기된다. 즉, 실업률은 경제활동상태가 실업자인 완전실업자 이외에 불완전취업자, 구직단념자(실망노동자) 등은 포함하지 않는다는 비판이 있다.

> **더 알아보기** 통계상의 실업률이 체감실업률보다 낮게 나타나는 이유
> • 사실상 실업자인 구직단념자(실망노동자)가 비경제활동인구로 분류되기 때문이다. 즉, 지난 1주간 일자리를 구한 적이 있지만 조사대상기간 중에 구직의사가 없었던 구직단념자를 실업자가 아닌 비경제활동인구로 분류하기 때문에 그 수가 늘어날 경우 실업률은 오히려 낮아지게 된다.
> • 임시직 또는 시간제로 1주일에 1시간 이상 수입이 있는 일에 종사하면 취업자로 분류되기 때문이다. 이들처럼 불안정한 준실업상태에 있는 사람의 입장에서는 자신들이 구직하고 있는 상황에 비추어 통계상의 실업률이 상대적으로 낮게 느껴질 수 있다.

④ 고용보조지표   2022년 1회
  ㉠ **고용보조지표의 의의**: 정부는 국제노동기구(ILO)가 제시한 기준에 따라 2014년 '일하고 싶은 욕구가 완전히 충족되지 못한 노동력'을 나타내는 지표로 고용보조지표를 개발하였다. 이 지표는 실업자 이외에 일하기를 희망하여 고용시장에 진입 가능한 사람을 별도로 분류하기 위하여 개발되었다. 실업자 이외에 일하기를 희망하는 노동력으로는 시간관련 추가취업가능자, 잠재경제활동인구가 있다.
  ㉡ **시간관련 추가취업가능자**: 이는 취업자 중 단시간 근로자(36시간 미만)이면서 추가취업을 희망하고, 추가취업이 가능한 자를 의미한다.
  ㉢ **잠재경제활동인구**: 구직활동을 하지 않았거나 현실적으로 취업이 불가능하여 비경제활동인구로 분류되지만, 잠재적으로 취업이나 구직이 가능한 자이다. 이는 다시 잠재취업가능자와 잠재구직자로 분류된다.

잠재취업가능자	비경제활동인구 중에서 지난 4주간 구직활동을 하였으나, 조사대상주간에 취업이 가능하지 않은 자
잠재구직자	비경제활동인구 중에서 지난 4주간 구직활동을 하지 않았지만, 조사대상주간에 취업을 희망하고 취업이 가능한 자

        ㉣ 확장경제활동인구
            ⓐ 잠재경제활동인구 = 잠재취업가능자 + 잠재구직자
            ⓑ 확장경제활동인구 = 경제활동인구 + 잠재경제활동인구

2 실업이론

(1) 케인즈의 실업이론
    ① 케인즈 실업이론의 의의
        ㉠ 케인즈(J. M. Keynes) 이전의 신고전학파 경제학자들은 실업의 원인이 정보의 부족과 같은 노동시장의 불완전성이나 노동시장이 균형을 이루는 데 오랜 시간이 걸린다는 점에 있다고 보고 실업을 정책적으로 대처해야 할 중대한 사회문제라고는 생각하지 않았다.
        ㉡ 그러나 1930년대 세계대공황(The Great Depression)을 배경으로 등장한 케인즈는 실업을 사회의 유효수요(총수요) 부족과 관련시켜 설명함으로써 실업에 대한 인식과 정부의 대응자세에 일대 전환을 가져왔다.
    ② 케인즈 실업이론의 내용   2021년 1회, 2014년 3회
        ㉠ 실업은 노동시장에서 노동에 대한 수요보다 공급이 많기 때문에 발생하는 현상이다. 다음 [그림]에서 노동수요곡선은 노동의 한계생산가치(VMP_L)를 반영하여 우하향하는 곡선이 된다. 그러나 노동공급곡선은 S처럼 E점에서 불연속적으로 구부러지는 형태를 보인다. 여기서 노동공급곡선이 수평인 구간은 노동자들이 화폐환상(money illusion)을 갖고 있어 명목임금(또는 화폐임금)의 하락에 저항하며, 이로 인해 시장의 명목임금이 하방경직성(downward rigidity)을 띠기 때문이라는 것이다.

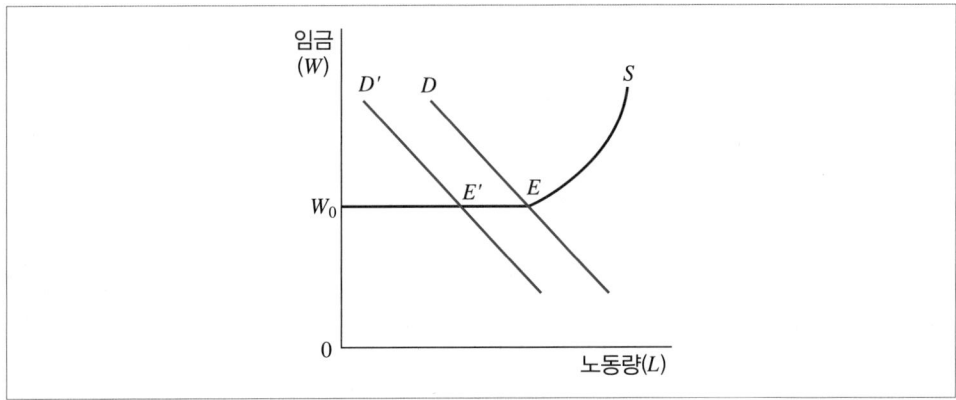

        ㉡ 위 [그림]에서 수요곡선이 D인 경우 실업은 존재하지 않으며 시장임금 W_0에서 취업을 원하는 사람은 모두 취업할 수 있다. 그러나 총수요(유효수요)가 감소하여 수요곡선이 D'이 되면 $E'E$만큼의 실업이 발생한다. 임금의 하방경직성 때문에 시장임금은 하락하지 않고 따라서 노동공급은 감소하지 않았는데도, 총수요의 감소로 노동에 대한 수요는 감소한다. 그 결과 주어진 시장임금 W_0에서 취업을 원하는 사람들 중의 일부는 일자리를 얻지 못하고 실업자가 된다.

ⓒ 이와 같이 케인즈가 중시한 실업은 유효수요 부족 때문에 나타나는 경기적 실업이다. 따라서 실업에 대한 정부의 대책도 재정 투·융자의 확대나 통화량의 증대와 같은 유효수요를 늘릴 수 있는 거시적인 정책이 되어야 한다는 것이다.

> **더 알아보기** 명목임금이 하방경직적인 이유   2025년 3회, 2021년 1회, 2018년 2회, 2012년 3회
>
> 케인즈 이후 새케인즈학파(new-Keynesian) 경제학자들은 명목임금이 하방경직적인 이유를 주로 연구했다. 명목임금이 하방경직적인 이유는 다음과 같다.
> - 통상의 고용계약이 2~3년의 장기계약이므로 그 기간 동안에는 임금이 경직적이다.
> - 강력한 노동조합이 존재하면 명목임금은 하락하지 않는다.
> - 최저임금제가 시행되는 경우에는 그 아래로 임금이 하락하지 않는다.
> - 화폐환상으로 인한 노동자의 역선택이 있게 되면 명목임금은 하락하지 않는다.
> - 연공급 임금제도하에서는 명목임금이 하락하는 경우가 없다.

(2) 필립스 곡선

① 필립스 곡선의 의의   2025년 1회, 2024년 1·2회, 2023년 3회, 2022년 3회, 2020년 3회, 2019년 1회, 2016년 1회, 2015년 1회, 2014년 2회

영국의 경제학자인 필립스(A. Phillips)는 1861~1957년간 영국경제를 대상으로 실증분석을 행한 결과 실업률과 명목임금 상승률 간에 안정적인 음(-)의 관계, 즉 상충관계(trade-off)가 있다는 사실을 발견하였는데, 이 관계를 회귀곡선으로 표시한 것을 필립스 곡선(Phillips curve)이라고 한다.

② 필립스 곡선의 의미

ⓐ 필립스 곡선은 실업률과 물가상승률의 관계를 나타내는 곡선으로 그릴 수도 있다. 이 경우 다음의 [그림]에서 보는 바와 같이 필립스 곡선은, 높은 실업률은 물가의 안정이나 하락을 수반하며, 실업률이 낮을 때는 물가상승률이 높아짐으로써 실업률과 물가상승률 간에 음(-)의 상관관계가 존재함을 보여준다.

ⓑ 필립스 곡선은 물가안정과 완전고용이라는 두 가지 정책목표는 동시에 달성하기가 매우 어려우며, 두 목표 중에서 어느 한쪽을 중점적으로 추진할 때는 다른 한쪽은 포기할 수밖에 없음을 보여준다.

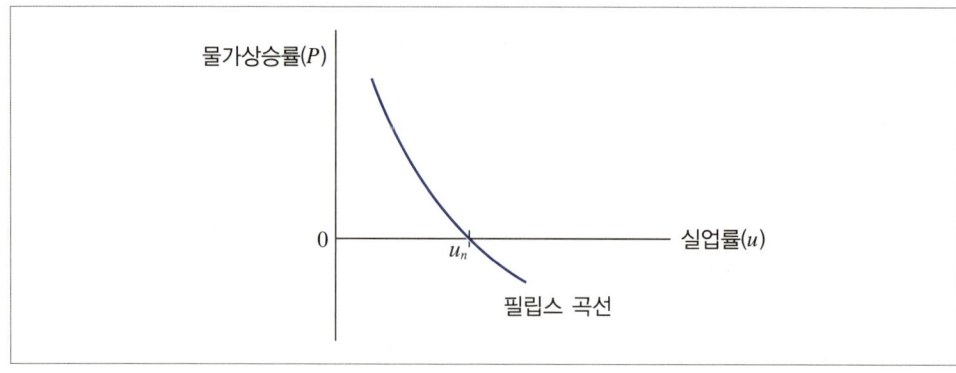

(3) **소득정책** 2025년 2회, 2024년 2회, 2023년 3회, 2021년 2·3회, 2018년 3회, 2017년 1회, 2016년 3회, 2015년 1회, 2014년 1회, 2013년 2회

① 소득정책의 의의

소득정책(income policy)은 1960년대 선진국에서 실업률과 물가상승률 간의 상충관계를 개선하고자 실시했던 정책을 말한다. 또한 소득정책은 1980년대 세계적인 스태그플레이션(stagflation)을 해결하기 위해 도입되었다.

② 소득정책의 효과

소득정책은 정부가 임금인상의 가이드라인(guide line)을 제시함으로써 임금 및 물가상승률을 완화시키는 측면에서는 어느 정도 효과가 있다고 볼 수 있다. 그러나 이 정책이 가져오는 불평등과 비효율의 문제로 많은 경제학자가 반대입장을 취하고 있다.

③ 소득정책의 문제점

㉠ 경직적인 가이드라인이나 기준을 적용하게 되면 소득분배의 불평등이 심화되고 지속되게 된다.

㉡ 비효율을 초래하게 된다. 성장산업의 경우 노동력의 수요증대로 임금이 인상되어야 하지만, 임금이 동결되면 성장산업으로의 노동력의 재배분이 이루어지지 않아 성장산업의 성장이 위축된다.

㉢ 행정적 관리비용이 지나치게 높아진다. 정부가 제시하는 가이드라인을 잘 지키고 있는지를 감시하는 비용이 크게 높아진다.

3 자발적 실업

(1) **자발적 실업의 의의**

① 자발적 실업과 비자발적 실업

㉠ **자발적 실업**: 자발적 실업(voluntary unemployment)은 글자 그대로 여러 가지 이유로 인해서 자발적으로 실업을 선택하고 있는 경우를 의미한다. 자발적 실업의 유형으로는 마찰적 실업이 있다.

㉡ **비자발적 실업**: 비자발적 실업(involuntary unemployment)은 일할 의사와 능력이 있음에도 불구하고 일자리를 얻지 못하는 경우를 의미하는 것으로, 경기적 실업, 구조적 실업 및 계절적 실업 등이 있다.

② 비자발적 실업에 대한 견해

㉠ 고전학파(신고전학파)

ⓐ 고전학파는 완전한 정보가 주어진 시장에서는 노동에 대한 수요와 공급 모두 실질임금의 함수라고 본다.

ⓑ 이 경우 노동시장에 초과공급(즉, 실업)과 같은 불균형이 발생하면 명목임금이 즉시 하락하여 초과공급, 즉 실업은 해소되어 완전고용이 이루어진다고 주장한다.

ⓒ 따라서 고전학파 경제학에서는 완전고용을 전제로 하므로 비자발적 실업은 존재할 수 없고, 일시적인 자발적 실업(마찰적 실업)만이 존재할 수 있다.

> **더 알아보기** 고전학파 경제학
>
> 고전학파 경제학은 자유방임주의(laissez-faire)에 기초하여, "공급은 스스로의 수요를 창조한다."라는 세이(J. B. Say)의 법칙과 물가와 임금의 완전신축성이라는 가정에 바탕을 두고 있다. 따라서 일정기간 한 경제에서 생산된 것은 전부 판매되므로 고용감소에 따른 실업(비자발적 실업)은 있을 수 없다는 것이다. 그러나 이러한 고전학파의 주장은 1930년대 극도의 경기침체와 대량실업을 특징으로 하는 '세계대공황'이라는 현실 앞에서 설득력을 잃게 되었다.

ⓒ 케인즈
  ⓐ 케인즈(J. M. Keynes)는 그의 유효수요 이론에서 한 경제의 총수요가 부족하여 생산활동이 위축되는 경기침체 상태에 빠져 있는 경우 비자발적 실업이 존재한다고 주장한다.
  ⓑ 총수요의 부족으로 재고가 증가하여 생산활동이 위축되면 기업들은 고용을 감소시키므로 실업, 즉 비자발적 실업이 불가피하다는 것이다.

(2) **마찰적 실업** 2025년 1·2·3회, 2024년 1회, 2023년 2회, 2022년 1·2회, 2021년 1·2·3회, 2020년 1·2(통합)·3회, 2019년 1회, 2017년 3회, 2016년 3회, 2015년 2·3회, 2013년 1회

① 마찰적 실업의 원인과 특징
  ㉠ 마찰적 실업의 원인
    ⓐ 케인즈 이전의 신고전학파 경제학자들은 노동시장에서의 마찰이 노동력의 수요와 공급의 불일치를 가져오고, 따라서 실업을 초래하는 주요 원인으로 보았다.
    ⓑ 즉, 실업문제란 노동시장에서 정보의 불완전으로 인하여 기업에서는 빈자리가 생겨도 여기에 배치할 노동자를 찾지 못하고, 노동자는 기업에 빈자리가 생겨도 그것을 쉽게 발견하지 못하는 데서 생기는 문제라고 본 것이다.
  ㉡ 마찰적 실업의 특징
    ⓐ 이처럼 노동시장의 정보의 불완전으로 발생되는 실업을 마찰적 실업(frictional unemployment)이라고 한다. 마찰적 실업은 자발적이고 불가피한 실업이고, 또한 대부분의 경우에는 자연적인 실업이므로 인위적으로 줄이기 어렵다. 이러한 이유로 마찰적 실업은 사회적 비용이 가장 적은 실업이라고 할 수 있다.
    ⓑ 따라서 마찰적 실업만이 있는 상태를 완전고용(full employment)이라고 하며, 이때의 실업률을 자연실업률(natural rate of unemployment)이라고 한다. 마찰적 실업은 비교적 짧은 기간에 걸친 실업을 설명할 수 있다.

② 마찰적 실업의 대책 2017년 1·2회, 2014년 3회, 2013년 2회
마찰적 실업은 노동자의 전직과정에서 정보의 불완전성 때문에 주로 발생하므로, 취업에 관한 정보 제공을 포함한 노동시장의 기능이 효과적일수록 감소하게 된다. 따라서 취업정보를 효율적으로 제공하여 구인·구직정보의 흐름을 원활하게 하면 이 실업을 줄일 수 있다.

(3) **탐색적 실업** 2022년 1·2회

① 탐색적 실업의 의의 2021년 3회, 2015년 1회, 2006년 3회
  ㉠ 탐색적 실업(search unemployment)이란 보다 나은 일자리를 탐색(job search)하면서 일시적으로 실업상태에 있는 것을 말한다. 이와 같은 실업은 통화주의자(monetarists) 및 새고전학파(합리적 기대학파)가 강조하고 있는 것으로, 이들은 실업을 경제주체들의 합리적인 선택이라고 하는 관점에서 접근하고 있다.
  ㉡ 이 실업은 마찰적 실업이론이 발전되어, 일자리를 찾기 위한 노동자의 행동과 실업을 연관시키는 직업탐색이론(job search theory)에 기초하고 있다.
  ㉢ 실업급여가 확대되면 실업자들은 일자리가 나와도 계속하여 실업을 선택하는 실업함정(unemployment trap)이 발생하여 높은 수준의 임금을 주는 기업을 찾을 때까지 탐색활동을 하게 되므로 탐색적 실업이 증가할 수 있다.

② **직업탐색이론**   2016년 3회, 2015년 3회, 2014년 1회

- ㉠ 노동자들은 그 이상의 수준이 되지 않으면 취업을 하지 않고 계속해서 일자리를 찾겠다고 생각하는 요구임금(asking wage)을 갖고 있다. 그러나 노동시장에는 정보가 불완전하기 때문에 노동자들은 요구임금을 받을 수 있는 일자리를 찾을 때까지 구직활동을 계속하게 되는데, 이를 직업탐색(job search)이라고 한다.
- ㉡ 직업탐색에는 교통비·광고비·전화비 등 직접비용과, 탐색활동 중에 포기되는 임금소득이라는 기회비용(opportunity cost)이 소요된다. 이에 비해 탐색활동은 장래의 소득증가라는 수익을 가져온다. 이 경우 노동자들은 탐색활동에 따르는 비용과 수익을 비교하여 비용보다 수익이 크다고 판단하는 한 탐색활동을 계속함으로써 실업자로 남아 있을 것이다.
- ㉢ 탐색을 통해 얻어지는 일자리의 근속기간이 길수록, 임금소득의 증가분이 클수록 탐색기간은 길어지고, 그 결과 실업(탐색적 실업) 역시 증가할 것이다.
- ㉣ 여기서 요구임금 수준은 실업자에게 지급되는 실업보험 지급액이나 최저임금액이 클수록 높아져 그 결과 탐색기간은 길어지고 실업은 증가한다.

4 비자발적 실업

비자발적 실업(involuntary unemployment)은 일할 능력과 현재의 임금수준에서 일할 의사를 가지고 있음에도 불구하고 취업기회가 주어지지 않아 생기는 실업으로, 케인즈가 처음 제시한 개념이다. 일반적으로 경기적 실업, 구조적 실업, 기술적 실업 등이 비자발적 실업에 해당하는 것으로 본다.

(1) 경기적 실업   2025년 1회, 2024년 2회, 2023년 1회, 2022년 1회, 2021년 3회, 2020년 3회, 2018년 1회, 2016년 1·2회, 2015년 2회

① 경기적 실업의 의의

경기적 실업(cyclical unemployment)은 불경기에 수반하여 발생하는 실업으로, 주된 원인은 총수요의 부족이라고 할 수 있다. 즉, 어떤 경제의 총수요가 전체 노동력을 고용할 수 있을 만큼 크지 않을 때 발생하는 수요부족 실업의 단기적인 현상이 경기적 실업이다. 경기적 실업의 존재는 케인즈에 의해 처음 언급되어 이를 케인즈적 실업이라고도 한다.

② 경기적 실업의 대책

경기적 실업은 재정정책과 통화정책을 이용한 총수요의 증대를 통해 해결할 수 있다. 즉, 정부가 공공투자를 확대하여 정부지출을 늘리고 조세를 감면해 주는 확장적 재정정책을 실시한다든가, 중앙은행이 통화량을 늘리는 확장적 통화정책을 실시하여 총수요를 늘리면, 생산의 증가와 함께 고용이 증가하므로 경기적 실업을 해결할 수 있다.

(2) 구조적 실업   2025년 1·2회, 2022년 1·2회, 2024년 1·3회, 2022년 1·3회, 2020년 1·2(통합)·3·4회, 2019년 3회, 2018년 1·2·3회, 2017년 2회, 2016년 2·3회, 2015년 2회, 2013년 2·3회

① 구조적 실업의 의의

- ㉠ 구조적 실업(structural unemployment)이란 산업구조의 변화로 사양산업에서 발생한 실업자가 성장산업(유망산업)으로 이동하지 못하여 발생하는 실업을 말한다.
- ㉡ 즉, 구조적 실업은 구인처에서 요구하는 기술을 갖춘 근로자가 없어서 발생하는 실업으로, 산업 간·지역 간 노동의 이동성이 부족하기 때문에 발생하는 실업이다.

ⓒ 한편, 최근 맨큐(N. G. Mankiw) 등의 학자들은 구조적 실업은 노동시장에서 제공되는 일자리의 수가 직장을 찾고 있는 노동자들의 수에 비해 적기 때문에 발생하는 실업으로 설명한다.

ⓓ 여기서 일자리의 수가 적은 이유는 어떤 이유로 임금이 노동의 수요와 공급이 같아지는 임금(균형임금)보다 높기 때문이다. 그리고 임금이 균형임금보다 높아지게 되는 이유로 최저임금제, 노동조합의 임금인상 압력, 효율임금(efficiency wage) 등 3가지를 제시한다.

② 구조적 실업의 대책

㉠ 구조적 실업은 경기적 실업보다 장기적으로 지속되기 쉽다. 왜냐하면, 경기적 실업은 총수요가 증가하여 경기가 회복되면 해소되지만, 구조적 실업은 총수요의 증가로 해결될 성질의 것이 아니기 때문이다.

㉡ 따라서 구조적 실업을 해결하기 위해서는 인력정책(human power policy)의 필요성이 강조되고 있는데, 그 구체적인 내용으로는 노동자나 실업자에 대한 교육 및 재훈련, 노동자의 지역적 이동을 촉진하는 방안의 강구, 장래의 노동수요 예측, 직업소개·직업보도 등과 같은 직업알선 등 다양한 정책이 요구된다.

(3) 기술적 실업

① 기술적 실업의 의의

산업 간의 불균형을 초래하는 원인의 하나로 기술혁신과 기업의 노동절약적 신기술 도입을 들 수 있다. 산출량은 일정하면서 노동절약적 신기술이 도입되면 기업의 노동수요가 감소하므로 기존 취업자 중의 일부는 일자리를 잃을 수밖에 없는데, 이러한 원인에 의해서 발생하는 실업을 마르크스적 실업 또는 기술적 실업(technical unemployment)이라고 한다. 한편, 마르크스(K. Marx)는 이와 같은 기술진보로 인해 발생하는 실업자를 '상대적 과잉인구'로 표현하고 있다.

② 기술적 실업의 대책

기술진보는 분명히 실업이라는 부정적인 효과를 가져오지만, 그러나 다른 한편에서는 새로운 일자리를 창출해 내는 긍정적인 측면이 있기도 하기 때문에 결국 기술적 실업의 문제는 노동의 이동성(labor mobility)으로 귀착된다고 할 수 있다. 따라서 기술적 실업의 해소를 위해서는 노동자들의 직업전환을 위한 재교육 및 재훈련이 필요한 경우가 많다.

(4) 계절적 실업

① 계절적 실업의 의의

사회전반에 걸친 광범위한 실업이 없더라도 건설업, 농업, 음식료업 등에서는 계절에 따라 산업의 가동률이 크게 달라지고 노동수요가 달라지는 일이 흔히 발생한다. 이처럼 산업 자체의 계절성으로 인해 발생하는 실업을 계절적 실업(seasonal unemployment)이라고 한다.

② 계절적 실업의 특징

계절적 실업은 그 산업 내에서 보면 경기적 실업과 상당히 유사한 성격을 가지고 있지만, 계절성에 의하여 확실하게 실업을 예측할 수 있다는 점에서 경기적 실업과 다르다.

③ 계절적 실업의 대책

계절적 실업은 경제가 발전하고 생산방법이 진보되어 계절적인 노동수요의 변동요인이 사라지면 점차 없어진다. 그리고 농가시설자금 지원, 공공근로사업 등의 정책을 통해 해결할 수 있다.

> **더 알아보기** 수요부족 실업과 비수요부족 실업 2021년 1·3회, 2019년 2회, 2018년 3회, 2017년 3회, 2014년 2회
>
> - 수요부족 실업은 총수요의 부족으로 말미암아 노동력에 대한 수요가 감소하고 그에 따라 발생하는 실업으로, 가장 전형적인 것으로 경기적 실업이 있다. 반면, 비수요부족 실업은 마찰적 실업, 구조적 실업, 계절적 실업 등이 이에 해당한다.
> - 수요부족 실업의 경우에는 실업을 예방하는 대책이나 경기부양정책이나, 공공사업을 통한 고용창출정책을 실시하면 효과가 있으나, 비수요부족 실업의 경우에는 그렇지 않다.

(5) 실업-결원곡선

① 실업-결원곡선의 의의 2025년 3회, 2019년 1회, 2014년 1·2회, 2011년 1회

  ㉠ 실업-결원곡선은 베버리지(W. Beveridge)가 제시한 개념으로, 실업의 구조(수요부족 실업자와 비수요부족 실업자)와 완전고용 실업률에 대해 설명할 수 있다.

  ㉡ 다음 [그림]에서 가로축은 실업자 수(U), 세로축은 결원 수(V), 즉 미충원공석 수를 나타낸다. 우하향하는 곡선이 실업-결원곡선으로 베버리지 곡선(Beveridge curve)이라고도 한다. 이 곡선이 우하향하는 것은 실업자 수가 증가하면 결원 수가 감소한다는 것을 의미한다. 또한 베버리지 곡선이 원점에서 멀어질수록 구조적 실업이 증가하고 있다는 것을 나타낸다.

  ㉢ [그림]의 t에서는 베버리지 곡선이 45°선상에서 만나므로 실업자 수와 결원자 수가 동일하고, 따라서 완전고용상태에 있다는 것을 의미한다. 완전고용상태의 실업자 수는 U_t이다.

  ㉣ 현재의 노동시장을 반영하는 곡선이 B_3라고 하고, 현재 A점이 구체적인 실업-결원 간의 관계를 나타낸다고 하면, 현재의 실업자 수(U_3)에서 현재의 결원 수(V_3)를 뺀 것이 수요부족 실업자 수이다. [그림]에서 수요부족 실업자 수는 $U_3 - U^*$가 아니라, 완전고용 실업자 수를 고려한 $U_3 - U_t$이다. 그리고 나머지는 비수요부족 실업자 수이다. 비수요부족 실업자 수는 구조적 실업과 마찰적 실업으로 구성된다.

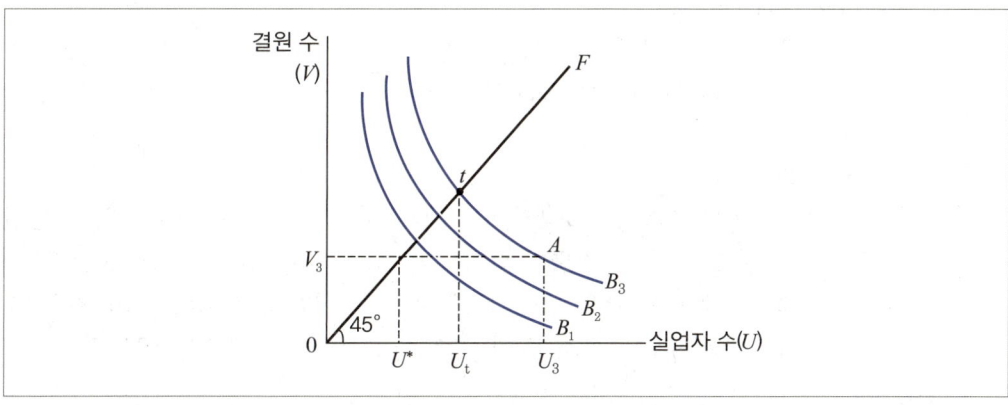

② 실업-결원곡선의 해석 2014년 1회

  ㉠ 실업-결원곡선에 의하여 수요부족 실업자와 마찰적 실업과 구조적 실업을 합한 비수요부족 실업자를 구분할 수 있다. 그러나 이 곡선에 의하여 마찰적 실업과 구조적 실업을 구별할 방법은 없다.

  ㉡ 만일 노동자들이 동질적이라면 완전고용상태에서의 실업자 수는 대부분 마찰적 실업자로 볼 수 있지만, 노동시장에서 산업 간·지역 간의 이동에 많은 장애가 존재한다면 완전고용상태에서의 실업자 수의 많은 부분은 구조적 실업자로 구성되어 있다고 볼 수 있다.

5 기타의 실업

(1) 부가노동자 효과 2025년 3회, 2024년 1·3회, 2023년 3회, 2022년 2·3회, 2019년 2회, 2015년 1회

① 부가노동자의 의미

경기가 후퇴하여 노동력에 대한 수요가 감소하면 실업이 증가한다. 이때 가구주의 실직이나 노동시간의 감소를 보전하기 위하여, 그 가구의 배우자나 자녀들이 새롭게 취업하기 위해 노동시장에 참가하여 구직활동을 하게 되는데, 이들을 부가노동자(added worker)라고 한다. 즉, 부가노동자란 비경제활동인구가 경제활동인구로 전환된 것이다.

② 부가노동자 효과

경기후퇴가 진행되는 경우에 부가노동자들의 노동시장 참가로 말미암아 실업률이 더욱 증가한다는 가설을 부가노동자 가설(added worker hypothesis)이라고 하고, 이러한 사정으로 실업률이 증가되는 효과를 부가노동자 효과(added worker effect)라고 한다.

(2) 실망노동자 효과 2025년 3회, 2024년 1·3회, 2023년 3회, 2022년 2·3회, 2021년 2회, 2019년 2회, 2018년 1·2·3회, 2015년 1·3회, 2014년 1·2회

① 실망노동자(구직단념자)

㉠ 부가노동자 효과와는 대조적으로 실업률이 높을 때에는 일부 실업자들이 취업 가능성이 줄어듦에 실망한 나머지 구직활동을 포기하는 경우가 있다. 구직활동 포기는 노동시장 참가 자체를 포기하는 것이므로 이들은 경제활동인구에서 비경제활동인구로 전환된다. 이들을 실망노동자(discouraged worker) 또는 실망실업자라고 하며, 통계용어로는 구직단념자라고 한다.

㉡ 그리고 이 경우 비경제활동인구이지만 사정이 좋았더라면 노동시장에 참가했을 사람도 경제전반에 걸친 높은 실업률 때문에 노동시장 참가 자체를 포기하게 되는데 이들도 실망노동자이다.

② 실망노동자 효과

불경기에 실망하여 구직활동을 포기하는 노동자들로 인해 실업률이 낮아진다는 가설을 실망노동자 가설(discouraged worker hypothesis)이라고 하고, 이처럼 실업자(경제활동인구)가 비경제활동인구로 전환되어 실업률이 낮아지는 효과를 실망노동자 효과(discouraged worker effect)라고 한다.

③ 실증적 연구의 결과

㉠ 부가노동자 효과와 실망노동자 효과의 크기에 대하여 많은 경제학자들이 실증적 연구를 한 결과를 보면 대체로 실망노동자 효과가 부가노동자 효과보다 더 큰 것으로 나타나고 있다.

㉡ 한편, 두 효과에 대한 우리나라의 실증적 연구에 따르면 실망노동자 효과가 더 큰 것으로 나타나고 있다. 이에 따라 불경기에는 이들 효과가 실업률을 감소시키는 결과를 가져오는 것으로 보인다.

(3) 잠재실업 2017년 3회, 2012년 3회

① 실망노동자 가설은 불경기에 많은 실망노동자들이 구직포기로 비경제활동인구화됨에 따라, 비경제활동인구 속에는 잠재실업이 존재한다고 할 수 있다.

② 잠재실업(hidden unemployment)이란 구직의 가능성이 높았더라면 노동시장에 참가하여 적어도 구직활동을 했을 사람이 그와 같은 전망이 없거나 낮다고 판단하여 비경제활동인구화되어 있는 경우를 말하며, 내용상으로는 은폐된 실업이라고 할 수 있다.

UNIT 2 　노동시장 정책과 노동시장의 유연성

1 노동시장 정책

(1) 유연성과 안정성을 연계하는 노동시장 정책

① 소극적 노동시장 정책

　소극적(passive) 노동시장 정책은 실업이 발생했을 때 실업자에게 실업급여(또는 실업보험금) 지급이나, 실업자 대부 또는 실직자 자녀 학자금 지급 등을 제공하는 노동시장 정책을 말한다.

② 적극적 노동시장 정책　　　　　　　　　　　　　　　　2019년 3회, 2017년 2회, 2014년 2회, 2013년 3회

　㉠ 적극적 노동시장 정책(ALMP; Active Labor Market Policy)은 1980년대부터 미국·유럽 등에서 장기실업이 발생하자 기존에 실시하던 실업급여의 지급에 더하여 직업훈련에 의한 기술 업그레이드와 고용보조금에 의한 취업기회 제공 등을 추가하여 실업기간의 단축에 초점을 맞춘 노동시장 정책이다.

　㉡ 또한 정부가 노동력의 수요와 공급에 대한 정보서비스를 확대하고 취업알선을 한다든가, 노동자를 훈련·재훈련시키며, 보조금을 지급하여 산업 간·지역 간 이동을 촉진하는 대책들을 의미한다.

(2) 사회안전망 정책　　　　　　　　　　　　　　　　　　　　　　　　　　　　　2018년 2회, 2013년 2회

① 사회안전망의 의의

　㉠ 사회안전망(social safety net)은 개인이 직장을 잃고 실업자가 된 뒤 다시 직장을 얻으려고 노력하는 대신 노숙자 같은 사회적 무기력층이 되는 것을 막기 위해 정부가 최소한의 생계를 유지할 수 있도록 해 주는 제도를 말한다.

　㉡ 즉, 경제의 구조조정으로 불가피하게 발생한 실업자들에게 공공사업을 통해 일자리를 제공하거나 실업급여를 지급하여 생계비를 보조해 주는 소극적인 노동시장 정책을 말한다.

② 실업급여의 효과　　　　　　　　　　　　　　　　　　　　　　　　　　　　　　　　　　2016년 2회

　㉠ 실업급여의 중심을 이루는 구직급여는 근로의 의사 및 능력이 있고 적극적인 재취업활동에도 불구하고 취업하지 못한 상태에 있을 때 지급된다. 따라서 실업급여를 지급받기 위해서는 적극적인 재취업활동을 해야 하므로 경제활동 참가를 증대시킨다. 그러나 노동시간의 증감에 미치는 영향은 불분명하다.

　㉡ 지나치게 높은 실업급여가 지급되면 실업자의 요구임금은 높아지고 구직유인은 낮아져 계속하여 실업을 택하게 되는데, 이러한 현상을 실업함정(unemployment trap)이라고 한다.

(3) 인력개발 정책

① 인력개발 정책의 의의

　좁은 의미의 인력개발 정책은 주로 구조적 실업에 대한 대책을 의미하고, 넓은 의미의 인력개발 정책은 현존하는 노동력 및 잠재적 노동력을 창출하고 유지하며 활용하는 정책이라고 할 수 있다.

② 인력개발 정책의 내용

　㉠ 인력수급의 예측　　　　　　　　　　　　　　　　　　　　　　　　　　2019년 2회, 2013년 2회

　　ⓐ 정책적 차원에서 인력에 대한 장·단기 수요와 공급을 예측하고, 그에 관한 정보를 제공해 주는 것은 매우 중요하다.

ⓑ 경제성장률, 고용전망, 취업탄력성, 취업유발계수 및 취업계수 등이 미래의 인력수요에 영향을 미치는 요인이다. 사회전체의 인력수요에 가장 큰 영향을 주는 요인은 경제성장률(GDP 증가율)이다. 경제성장률에 따라 고용전망이 달라지고, 인력수요에 영향을 미치게 된다.
ⓒ 한편, 산출액 10억 원당 취업자 수를 취업계수라고 하는데, 여기에다 생산유발계수를 곱한 것을 취업유발계수라고 한다.
ⓒ **직업훈련**: 교육훈련을 받은 노동력의 공급원천은 정규교육, 각종 직업훈련 그리고 현장훈련 등이다. 그러나 노동시장 정책으로서 보다 적극적인 정책의 대상이 되는 것은 공공 직업훈련과 사내 직업훈련이라고 할 수 있다.

2 고용조정과 노동시장 유연성

(1) 고용조정과 노동시장 유연성의 의의
2020년 4회, 2018년 1회, 2017년 1회

① **고용조정의 의의**
ⓐ 노동시장에서 기업은 노동수요의 원리에 따라 근로자를 고용하거나 해고하는데, 이는 생산활동에서 파생되는 노동수요를 조정하는 것으로 고용조정(adjustment of employment)이라고 한다.
ⓑ 고용조정은 산업구조의 변화에 따른 고용구조 및 고용형태의 변화, 즉 거시적인 시각(macro perspective)에서 노동시장의 변화에 초점을 맞춘 개념이다.

② **노동시장 유연성의 의의**
ⓐ 노동시장 유연성(labor market flexibility)은 일반적으로 외부환경 변화에 인적자원이 신속하고 효율적으로 배분 및 재배분되는 노동시장의 능력을 의미한다.
ⓑ 즉, 노동시장 유연성은 개별산업이나 기업에서 기술변화나 작업조직의 변화에 따른 인사·보수·노무관리의 변화, 즉 미시적인 시각(micro perspective)을 보다 강조하는 것으로, 고용조정과 의미상 약간의 차이가 있다. 하지만 그 핵심적 내용과 과정은 동일하기 때문에 두 개념을 동일하게 사용할 수 있다.

③ **노동시장 유연성의 형태**
2016년 2회, 2014년 3회

브룬헤스(B. Brunhes)는 노동시장 유연성의 형태를 ⓐ 외부노동시장에서의 수량적 유연성, ⓑ 작업의 외부화, ⓒ 기업 내 수량적 유연성, ⓓ 기능적 유연성, ⓔ 임금 유연성 등으로 나누어 설명한다.

(2) 외부노동시장에서의 수량적 유연성
2014년 3회

① **등장 배경**
ⓐ 외부노동시장에서의 수량적 유연성(external numerical flexibility)을 확보하려는 노력은 과거 완전고용과 지속적 성장시대의 고용관행에 대한 반성에서 출발한다.
ⓑ 1950년대와 1960년대 자본주의 경제의 호황기에 유럽의 선진국들은 완전고용을 경험하였다. 그 결과 잦은 노동이동과 노동력 부족현상이 나타났고, 경영자는 근로자를 확보하기 위해 고용안정을 보장하고 장기근속을 유도하기 위해 연공급 임금체계를 도입하게 되었다.
ⓒ 그러나 1980년대 들어와 경제상황이 바뀌면서 이러한 고용형태와 임금체계는 변화하는 환경에 대응하는 경영의 유연성에 큰 제약으로 등장하게 되었다. 이에 따라 유럽의 기업들은 외부노동시장에서의 수량적 유연성을 높이는 방향으로 고용형태의 새로운 변화를 추구하게 되었다.

② 주요 내용

외부노동시장에서의 수량적 유연성의 주된 내용은 ⑤ 보다 유연한 정리해고 절차, ⑥ 계약근로(fixed-term contract), 즉 단기계약근로나 임시근로, ⑥ 다양한 시간제 근로(part-time work)의 확산, 예를 들면 일일고용, 직무분할(work sharing) 등으로 나타나고 있다.

(3) 작업의 외부화
2014년 3회

① 작업의 외부화 형태

⑤ 작업의 외부화(externalization)는 하청(putting work out), 공장 내 하청(on-site subcontracting), 인력파견회사로부터의 파견근로자 사용 및 자영업자의 사용 등으로 다양하게 나타난다.

⑥ 작업의 외부화의 근본내용은 노동법상의 고용계약(employment contracts)을 「상법」상의 상업적 계약(commercial contracts)으로 대체하는 데 있는데, 노동법은 근로자의 권리가 우선하는 반면 「상법」은 쌍방의 동등한 권리가 보장된다고 볼 수 있다.

⑥ 예를 들어, 불황 시에 하청기업이나 인력파견회사와 상업적 계약을 체결할 경우 노조와의 협의나 합의 없이도 유휴노동력을 쉽게 정리할 수 있는 장점이 있다.

② 작업의 외부화 추세

⑤ 이러한 형태는 과거부터 존재하였으나 최근 증가하는 추세에 있으며, 그렇게 된 배경으로는 국제 경제 환경의 불확실성의 증대를 들 수 있다.

⑥ 생산의 위험요인을 기업 외부로 전가하거나 최소한 위험을 공동부담(pooling risks)하려는 기업의 노력이 작업의 외부화 추세를 강화시키고 있다.

(4) 내부노동시장에서의 수량적 유연성

① 내부노동시장에서의 수량적 유연성의 의의

⑤ 내부노동시장에서의 수량적 유연성이란, 기업이 근로자 수를 변화시키지 않고 근로시간을 조절(flexible working hours)하는 것을 말한다.

⑥ 노동법에 의해 기준근로시간이 정해져 있는 경우 근로시간의 변경은 크게 제약을 받기 때문에, 나라마다 근로시간 조절의 방법과 정도는 매우 다양하게 나타난다.

⑥ 예를 들어, 영국에서는 노동시간이 법에 규정되어 있지 않아 경영자가 조절할 수 있는 여지가 큰 반면, 스웨덴에서는 근로시간이 거의 변경될 여지가 없다.

② 유연 노동시간의 유형

⑤ 일정기간(예 일주일) 동안의 근로시간만 정하고 매일의 근로시간은 자유롭게 조절할 수 있는 변형 근로시간제

⑥ 휴가나 공휴일을 유연하게 사용하는 변형 근무일제

⑥ 다양한 형태의 교대근무제(예 3조 2교대, 4조 3교대, 주말 교대제)

③ 유연 노동시간의 효과

⑤ 유연 노동시간의 도입을 통해 전체 근로시간을 변경하지 않으면서도 근로시간을 변경하여 발생할 수 있는 잔업수당과 같은 추가 임금비용을 피할 수 있으며, 자본재의 가격이 상승하는 경우 다양한 형태의 교대제를 통해 자본재 운용의 효율성을 높일 수 있다.

⑥ 유연 노동시간은 실제로 상용 근로자의 경우 노조의 반대로 실현되기가 매우 어렵기 때문에 대부분 임시직이나 시간제 근로와 같은 비정규 노동과 결합되어 나타난다.

(5) 기능적 유연성

① 기능적 유연성의 의의

㉠ 기능적 유연성(functional flexibility)의 핵심은 다기능공화에 있다. 근로자가 여러 기능을 보유하고 있을 경우 생산과정이 바뀔 때 적응력이 높아지기 때문이다.

㉡ 기능적 유연성이 점차 강조되고 있는 배경은 생산방식이 소품종 대량생산에서 다품종 소량생산으로 전환되면서 테일러식 작업조직의 약점, 즉 환경변화에 대한 비탄력성이 노출되었음은 물론, 고기능·고부가가치 산업이 발달하면서 작업과정에서 근로자의 자발성과 다양성(initiative and variety)이 요구되고 있기 때문이다.

㉢ 이와 더불어 생산의 변동이 심할 경우 작업장 내 배치전환이나 작업장 간 노동이동이 필요하게 되며 이를 위해서는 근로자의 다기능화가 전제되어야 한다.

② 기능적 유연성의 방법

기능적 유연성은 근로자의 평생에 걸친 훈련에 의해 높아질 수 있다. 훈련은 사외 교육훈련(off-the-job training)과 현장훈련(on-the-job training)으로 구별될 수 있는데, 일반적 기능훈련(general training)보다는 기업특수적 기능훈련(firm specific training)이 보다 효율적이라는 경험과 인식이 확산되면서 작업장 내에서의 숙련형성에 대한 관심이 높아지고 있다.

(6) 임금 유연성

① 임금 유연성의 의의

임금관리의 유연성(wage flexibility) 제고는 과거 연공급 및 직무급이나 단체협약에 의해 결정되던 임금구조를 개인 혹은 집단의 능력과 성과에 연계하여 결정하는 임금체계로 전환하려는 노력을 말한다.

② 임금 유연성의 형태

임금 유연성의 형태는 ㉠ 개별 성과급이나 집단 성과급 혹은 직능급과 같이 기본급(basic wage) 구조를 근본적으로 바꾸려는 노력에서부터, ㉡ 보너스의 차등지급이나 성과배분(profit sharing)과 같이 기본급 체계를 보완하는 형태로까지 매우 다양하게 나타나고 있다.

CHAPTER 03 | 실업의 제 개념

핵심 기출문제

01 필립스 곡선은 어떤 변수 간의 관계를 설명하는 것인가?

2024년 12회, 2023년 3회, 2022년 3회, 2020년 3회, 2019년 1회, 2016년 1회, 2015년 1회, 2014년 2회, 2011년 2회, 2009년 3회

① 임금상승률과 노동참여율
② 경제성장률과 실업률
③ 환율과 실업률
④ 임금상승률과 실업률

02 다음 중 구조적 실업에 대한 대책이 아닌 것은?

2020년 4회, 2016년 3회, 2012년 2회, 2010년 2회

① 경기활성화
② 직업전환교육
③ 이주에 대한 보조금
④ 산업구조 변화예측에 따른 인력수급정책

03 정부가 노동시장에서 구인·구직정보의 흐름을 원활하게 하면 직접적으로 줄어드는 실업의 유형은?

2024년 1회, 2021년 2·3회, 2019년 3회, 2015년 3회, 2012년 2·3회, 2010년 1회

① 마찰적 실업
② 경기적 실업
③ 구조적 실업
④ 계절적 실업

04 다음의 현상을 설명하는 실업의 종류와 대책을 연결한 것으로 옳은 것은?

2018년 3회, 2017년 2회, 2016년 2회, 2013년 3회, 2009년 1회

> 성장산업에서는 노동에 대한 초과수요로 인하여 노동력의 부족현상이 야기되고, 사양산업에서는 노동에 대한 초과공급으로 인하여 노동력의 과잉현상이 야기되고 있다.

① 마찰적 실업 – 구인·구직정보망 확충
② 경기적 실업 – 유효수요의 증대
③ 구조적 실업 – 인력정책
④ 기술적 실업 – 기술혁신

꼼꼼하게 풀어 주는 정답과 해설

01 ④ 필립스 곡선(Phillips curve)은 임금상승률과 실업률 간의 관계를 실증분석한 결과를 보여주는 곡선이다. 즉, 실업률과 임금상승률 간에는 역(−)의 상관관계가 있다는 것으로, 케인즈의 이론을 뒷받침해 주는 분석이다. 이후에 물가상승률과 실업률 간의 역(−)의 관계를 보여주는 것으로 정착되었다.

02 구조적 실업(structural unemployment)이란 산업 간·지역 간 노동의 이동성이 부족하기 때문에 발생하는 실업이다. 따라서 노동의 이동성을 높이는 대책이 필요하다. 즉, 직업전환교육 등 인력정책, 지역 간 이동을 촉진하기 위한 이주보조금, 산업구조의 변화예측에 따른 인력수급정책 등이 필요하다.
① 경기활성화는 경기적 실업에 대한 대책이다.

03 ① 마찰적 실업(frictional unemployment)은 새로 직장을 구하거나 직장을 옮길 때 노동시장의 정보부족으로 인해 발생하는 자발적인 실업이다. 따라서 마찰적 실업은 노동시장에서 구인·구직정보의 흐름을 원활하게 하면 줄일 수 있다.

04 ③ 구조적 실업(structural unemployment)이란 전체 노동력에 대한 수요가 부족하여 발생하는 것이 아니라, 어떤 특수한 종류의 노동에 대한 수요부족으로 발생하는 실업을 말한다. 따라서 구조적 실업을 해결하기 위해서는 인력정책(human power policy)의 필요성이 강조되고 있다.
예 직업알선, 재훈련, 지역적 이동촉진 등

정답 01 ④ 02 ① 03 ① 04 ③

05 실업-결원곡선(Beveridge curve)에 관한 설명으로 틀린 것은?

2025년 3회, 2019년 1회, 2014년 1·2회, 2011년 1회

① 종축에는 결원 수, 횡축에는 실업자 수를 표시한다.
② 원점에서 멀어질수록 구조적 실업자 수가 증가함을 의미한다.
③ 마찰적 실업과 구조적 실업을 구분하는 것이 가능하다.
④ 현재의 실업자 수에서 현재의 결원 수를 뺀 것이 수요부족 실업자 수이다.

빈출

06 경기침체 시 일자리를 찾게 될 확률이 낮아져 구직을 포기하는 사람들이 늘어나 경제활동인구를 감소시키는 효과는?

2021년 2회, 2018년 1·3회, 2015년 1·3회, 2014년 1회, 2012년 3회, 2011년 3회, 2010년 1·3회

① 실망노동자 효과(discouraged worker effect)
② 부가노동자 효과(added worker effect)
③ 대체효과(substitution effect)
④ 대기실업효과(wait unemployment effect)

빈출

07 디지털카메라의 등장으로 기존의 필름산업이 쇠퇴하여 필름산업 종사자들이 일자리를 잃을 때 발생하는 실업은?

2018년 2·3회, 2016년 2회, 2013년 3회, 2009년 1회

① 구조적 실업
② 계절적 실업
③ 경기적 실업
④ 마찰적 실업

08 해고에 대한 사전 예고와 통보가 실업을 감소시킬 수 있는 실업의 유형을 모두 짝지은 것은?

2018년 1회, 2015년 2회, 2011년 3회

A. 마찰적 실업
B. 구조적 실업
C. 경기적 실업

① A, B
② A, C
③ B, C
④ A, B, C

꼼꼼하게 풀어 주는 정답과 해설

05 ③ 실업-결원곡선에 의하여 수요부족 실업자와 마찰적 실업과 구조적 실업을 합한 비수요부족 실업자를 구분할 수 있다. 그러나 이 곡선에 의하여 마찰적 실업과 구조적 실업을 구별할 방법은 없다.

06 ① 실망노동자 효과(discouraged worker effect)는 불경기에 실업자의 일부가 구직활동을 포기함으로써 경제활동인구가 감소하는 효과(경제활동인구가 비경제활동인구로 전환)를 말한다. 실망노동자 효과가 나타나면 경제활동참가율과 실업률이 모두 낮아진다.

07 ① 산업구조 변동 시 성장산업의 기업들이 요구하는 기술과 사양산업에 종사하던 노동자들이 제공하는 기술이 서로 맞지 않아서 사양산업에 종사하던 노동자들이 성장산업으로 즉시 이동할 수 없어 발생하는 실업은 구조적 실업이다. 구조적 실업에 대한 대책으로는 교육훈련이나 이주비 보조, 노동수요의 예측과 같은 인력정책을 들 수 있다.

08 A. 해고에 대한 사전 예고와 통보가 있게 되면 노동시장의 정보부족으로 인한 마찰적 실업은 감소한다. 마찰적 실업은 일시적인 실업이기 때문이다.
B. 구조적 실업의 경우에도 사전 예고 및 통보(또는 사전예고 퇴직제)가 있게 되면 재직근로자로 하여금 새로운 기술을 미리 배울 수 있는 기회를 제공하여 노동의 이동성을 높일 수 있으므로 실업이 감소하게 된다.

오답풀이

C. 경기적 실업은 불경기에 유효수요의 부족으로 발생하는 실업이므로 해고에 대한 사전 예고와 통보가 있다고 해도 감소시킬 수 없다.

정답 05 ③ 06 ① 07 ① 08 ①

09 이윤극대화를 추구하는 기업이 이직률을 낮추기 위해 효율성임금(efficiency wage)을 지불할 경우 발생할 수 있는 실업은?

2025년 1·2회, 2022년 3회, 2019년 3회, 2013년 3회

① 마찰적 실업　② 구조적 실업
③ 경기적 실업　④ 지역적 실업

10 소득정책의 효과에 대한 설명으로 틀린 것은?

2021년 3회, 2018년 3회, 2017년 1회, 2014년 1회

① 성장산업의 위축을 초래할 수 있다.
② 행정적 관리비용을 절감할 수 있다.
③ 임금억제에 이용될 가능성이 크다.
④ 급격한 물가상승기에 일시적으로 사용하면 효과를 거둘 수 있다.

11 실업에 대한 설명으로 가장 적절한 것은?

2015년 2회

① 사이버 뱅킹, 폰 뱅킹과 같은 은행업무의 변화로 인하여 은행원의 공급과잉이 발생하는 반면, 정보통신(IT)산업의 경우 노동 공급부족이 발생하고 있는 현상은 경기적 실업과 밀접한 관련이 있다.
② 자발적 실업은 노동시장의 정보부족과 같은 노동시장의 불완전성에 의해 발생하는 것으로서 임금의 경직성과도 매우 밀접한 관련이 있다.
③ 사람들이 더 좋은 직장을 찾기 위하여 잠시 쉬고 있다거나 학교를 졸업하고 직장을 찾는 과정에서 발생하는 실업을 마찰적 실업이라고 하며, 이는 완전고용상태에서도 존재한다.
④ 일반적으로 정부 고용정책의 주된 대상이 되는 비자발적 실업으로는 경기적 실업, 계절적 실업, 구조적 실업, 마찰적 실업 등이 있다.

꼼꼼하게 풀어 주는 정답과 해설

09 ② 맨큐(N. G. Mankiw)는 실업을 마찰적 실업과 구조적 실업으로 구분하고, 구조적 실업은 노동시장에서 제공되는 일자리의 수가 직장을 찾고 있는 노동자들의 수에 비해 적기 때문에 발생한다고 설명한다. 일자리의 수가 적은 이유는 어떤 이유로 임금이 노동의 수요와 공급이 같아지는 임금(균형임금)보다 높기 때문이다. 임금이 균형임금보다 높아지게 되는 이유 3가지는 최저임금제, 노동조합의 임금인상 압력, 효율임금(efficiency wage)이다.

10 소득정책은 경기를 회복시키면서 물가안정을 이루기 위한 것으로, 과도한 임금인상을 억제하는 임금 가이드라인 정책이 대표적이다.
② 민간기업들의 과도한 임금인상을 규제하고 감시하기 위한 행정관리비용이 증가할 수 있다.

11 ③ 마찰적 실업(탐색적 실업)만이 있는 경우 실업률을 자연실업률이라고 하고, 이 상태를 완전고용으로 파악한다.

오답풀이
① 구조적 실업에 대한 설명이다.
② 임금의 경직성과 밀접한 관련이 있는 실업은 케인즈의 경기적 실업이다.
④ 마찰적 실업은 자발적 실업이다.

정답　09 ②　10 ②　11 ③

12 수요부족 실업에 해당되는 것은?
2021년 1회, 2019년 2회, 2018년 3회, 2017년 3회, 2014년 2회, 2011년 2회, 2010년 2회, 2007년 2회

① 마찰적 실업　② 구조적 실업
③ 계절적 실업　④ 경기적 실업

13 실업정책을 크게 고용안정정책, 고용창출정책, 사회안전망 정책으로 구분할 때 사회안전망 정책에 해당하는 것은?
2018년 2회, 2013년 2회

① 실업급여
② 취업알선 등 고용서비스
③ 창업을 위한 인프라 구축
④ 직업훈련의 효율성 제고

14 다음 중 경기적 실업에 대한 대책으로 가장 적합한 것은?
2025년 1회, 2024년 2회, 2023년 1회, 2022년 1회, 2018년 1회, 2016년 2회, 2010년 3회, 2005년 1회

① 지역 간 이동 촉진
② 유효수요의 확대
③ 기업의 퇴직자 취업알선
④ 구인·구직에 대한 전산망 확대

정답과 해설

12 ④ 실업을 수요부족 실업과 비수요부족 실업으로 구분하는 것은 실업에 대한 대책이 다르기 때문이다. 수요부족 실업으로는 케인즈(J. M. Keynes)가 설명하는 경기적 실업이 있다. 경기적 실업은 유효수요(총수요)의 부족으로 생산과 고용이 감소하여 발생하는 실업이다.

13 ① 사회안전망(social safety net)은 개인이 직장을 잃고 실업자가 된 뒤 다시 직장을 얻으려고 노력하는 대신 노숙자 같은 사회적 무기력층이 되는 것을 막기 위해 정부가 최소한의 생계를 유지할 수 있도록 해 주는 제도를 말한다. 경제의 구조조정으로 불가피하게 발생한 실업자들에게 공공사업을 통해 일자리를 제공하거나 실업급여를 지급하여 생계비를 보조해 주는 정책 등이 있다.

14 ② 경기적 실업(cyclical unemployment)은 불경기에 수반하여 발생하는 실업으로 주된 원인은 총수요(유효수요)의 부족이라고 할 수 있다. 따라서 경기적 실업은 재정정책과 금융정책을 이용한 총수요의 증대를 통해 해결할 수 있다. 즉, 정부가 공공투자를 확대하여 정부지출을 늘리고 조세를 감면해 주는 확장적 재정정책을 실시한다든가, 중앙은행이 통화량을 늘리는 확장적 금융정책을 실시하여 총수요를 늘리면 생산의 증가와 함께 고용이 증가하므로 경기적 실업을 해결할 수 있다.

정답　12 ④　13 ①　14 ②

CHAPTER

04 노사관계이론

회당 평균 출제 문항수
4.5개

수험 전략
- 노사관계의 이념과 목표 및 유형, 노동조합의 기능과 형태, 숍 제도 등에 대해 꾸준히 출제가 되고 있으며, 부당노동행위의 유형, 노동조합 조직화의 이론에 대해서도 정리해 두어야 한다.
- 단체교섭의 원칙과 유형, 단체협약의 성격과 효력·내용 및 단체협약의 관리도 언제든지 출제될 수 있다. 기타 노동쟁의의 조정방법, 쟁의행위의 유형과 노동자의 경영참가제도, 파업에 관한 이론도 잘 알고 있어야 한다.

NEW & HOT! 키워드
\# 노사관계 규제여건
\# 노사관계의 3주체
\# 노동조합의 임금효과
\# 숍 제도 \# 대각선 교섭
\# 힉스의 파업이론

UNIT 1 노사관계의 의의와 특성

1 노사관계의 의의

(1) 노사관계의 개념과 특징

① 노사관계의 개념

노사관계(industrial relations)는 노동자와 사용자(고용주)의 관계를 말한다. 노사관계는 개별적 노사관계와 집단적 노사관계로 나누어 파악할 수 있다.

㉠ **개별적 노사관계**: 사용자와 노동자 개개인의 개별적인 고용계약에 바탕을 둔 관계이다. 개별적 노사관계를 규율하는 것은 취업규칙 내지 근로계약이며, 기업의 노무·인적자원관리는 이 관계를 유지·발전시키고자 하는 기업의 직능이다.

㉡ **집단적 노사관계**: 집단적 계약에 바탕을 둔 노동조합과 사용자 사이의 관계이다. 이것을 규율하는 것은 노동조합과 사용자 사이에 체결한 단체협약이며, 집단적 노사관계를 협조적인 것으로 유지·발전시키고자 하는 것이 노사관계 원리이다.

㉢ **이원적 노사관계**   2022년 1회, 2018년 3회, 2013년 3회, 2011년 1회

ⓐ 노사관계를 개별적 노사관계와 집단적 노사관계로 나누어 파악하는 것을 이원적 노사관계라고 한다. 즉, 이원적 노사관계에서 제1차 관계는 사용자 대 근로자 관계이고, 제2차 관계는 사용자 대 노동조합 관계이다.

ⓑ 제1차 관계는 노사의 친화, 우호, 협력의 관계이고, 제2차 관계는 임금 및 기타 근로조건의 유지·개선을 중심으로 파악되는 관계이다.

(2) 노사관계의 구조   2024년 1회, 2023년 1회, 2022년 3회, 2017년 1회, 2016년 3회, 2013년 2회

던롭(J. T. Dunlop)은 하나의 노사관계가 3주체로 구성되어 있다고 가정한다. 그리고 이들 주체가 직·간접적으로 영향을 받으면서 행동하게 되는 환경조건 내지 노사관계를 규제하는 여건을 몇 가지 들고 있다. 이러한 던롭의 노사관계이론을 노사관계 시스템이론이라고 한다.

① 노사관계의 3주체   2021년 2회, 2019년 1회, 2016년 2회, 2012년 3회, 2010년 3회

던롭이 제시하는 노사관계의 3주체는 ㉠ 근로자와 그 조직(노동조합), ㉡ 경영자와 그 조직(협회, 경제단체, 협동조합 등), ㉢ 노사관계를 담당하는 정부의 기구 및 기관이다.

> **더 알아보기   경제사회노동위원회**   2019년 3회, 2016년 3회, 2010년 4회
>
> - 노사정위원회가 2018년 경제사회노동위원회로 개편되었다. 사회적 합의주의의 구체적인 제도적 장치인 경제사회노동위원회는 노동조합(노동자 단체)과 사용자 단체 및 정부로 구성된다.
> - 우리나라의 경제사회노동위원회(eslc.go.kr)는 대화와 타협을 통한 사회통합 구현을 목표로 근로자위원(한국노총), 사용자위원(한국경총, 대한상공회의소), 정부위원(기획재정부, 고용노동부, 산업통상자원부) 및 공익위원으로 구성되어 있다.

② 노사관계를 규제하는 여건   2025년 3회, 2021년 3회, 2020년 3회, 2018년 2회, 2016년 1회,
                                                         2013년 2회, 2011년 3회, 2010년 1회

던롭의 노사관계구조에서는 노사관계의 3주체들이 다음의 3가지 여건 내지 환경의 규제를 받는 것으로 파악하고 있다.

㉠ **기술적 특성**: 기술적 특성(technical characteristics)에는 주로 생산현장에서의 근로자의 질이나 양 그리고 생산과정, 생산방법 등이 포함된다.

㉡ **시장 또는 예산제약**: 시장 또는 예산제약(budget constraints)은 제품시장의 형태와 기업을 경영하는 조건으로서 비용, 이윤 등의 내용을 포괄한다.

㉢ **각 주체의 세력관계**: 노사관계를 포함하여 더욱 광범위한 사회 내에서 주체들의 세력관계 또는 세력균형관계를 들 수 있다.

㉣ **3여건의 평가**: 3가지 여건 중 앞의 두 가지는 경제적 요인이라고 할 수 있고, 세 번째 여건은 세력관계, 즉 3주체 상호 간 영향력의 크기라고 할 수 있다.

> **더 알아보기   뢰프케(W. Röpke)의 인본적 경제**   2016년 1회, 2006년 2회, 2004년 1회
>
> - 독일의 경제철학자인 빌헬름 뢰프케(Wilhelm Röpke)는 경쟁적 시장을 순수한 시장경제(pure market economy) 또는 진성(genuine) 시장경제라고 부르고, 경쟁적 시장에 사회적 형평성을 보장하는 국가정책 및 제도가 있을 때의 시장경제를 인본적인 경제질서로 정의하였다.
> - 즉, 인본적 경제(humane economy)는 경쟁적 시장과 인본주의가 결합된 경제질서를 의미하는 것으로, 경쟁시장을 통한 효율성과 성장을 추구하며 국가정책과 제도를 통한 형평성의 확대가 조화를 이루는 경제를 말한다.

2 노사관계의 전개과정

(1) 전제적 노사관계

전제적 노사관계는 대체로 자본주의 초기단계인 19세기 중엽까지 존재하였던 관계로, 자유로운 자본시장이나 근대적인 노동시장이 형성되지 못한 상태에서, 소유자에 의한 소유경영의 형태로서 독재적 성격을 띠고 있다.

(2) 온정적 노사관계

전제적 노사관계에 의해서 노동자의 협조를 얻지 못했을 뿐만 아니라 생산성이 떨어지자, 사용자는 주택·의료 등 가부장적 온정주의에 입각한 복지후생 시설과 제도를 제공하였다.

(3) 완화적 노사관계

19세기 말부터 자본의 집중과 경영규모의 확대, 그리고 경영 합리화가 진전되었다. 다른 한편으로는 고용의 정착과 전문화, 숙련의 객관화 내지 사회화가 실현되고 근대적 노동시장이 형성되었으며, 직업별 노동조합이 출현하였다. 이러한 노동조합의 출현으로 인하여 사용자의 전제는 어느 정도 완화되었다.

(4) 민주적 노사관계
2020년 1·2(통합)회, 2016년 2회, 2013년 3회

① 1929년의 세계대공황 이후 기업의 규모가 확대되고, 소유와 경영의 분리로 전문 경영자가 핵심적인 역할을 담당하게 되며 경영자 단체의 조직화가 일반화된다.
② 기계화와 표준화에 따라 미숙련노동자, 부녀노동자들이 참여한 산업별 노동조합이 출현하였다.
③ 이러한 노사관계에서는 노동관계법을 전제로 하게 되며, 단체교섭 과정에서 노사가 대등한 사회적 지위를 인정받게 된다. 즉, 민주적 노사관계의 정립을 통하여 산업 민주주의 이념의 형성이 가능해지게 된다.
④ 민주적 노사관계를 뉴딜적 노사관계라고도 하는데, 그 이유는 뉴딜정책이 계기가 되어 형성되었기 때문이다. 1930년대 세계대공황을 극복하기 위해 1933년부터 미국의 루스벨트 대통령에 의해 추진된 정책을 뉴딜(New Deal)정책이라고 한다. 이 정책에 기초하여 1935년에 와그너법(Wagner Act)이 제정되었고, 이 법에 기초한 노사관계를 민주적 노사관계라고 한다.

UNIT 2 노동조합의 이해

1 노동조합의 의의와 기능

(1) 노동조합의 의의와 목표

① 노동조합의 의의
2020년 1·2(통합)회, 2017년 3회, 2015년 1회

㉠ 노동조합이란 근로자가 주체가 되어 자주적으로 단결하여 근로조건의 유지·개선 기타 근로자의 경제적·사회적 지위의 향상을 도모함을 목적으로 조직하는 단체 또는 그 연합단체를 말한다(노동조합 및 노동관계조정법 제2조).
㉡ 노동조합이란 임금근로자들이 근로생활의 제 조건을 유지 또는 개선할 것을 목적으로 자주적으로 조직한 항구적인 단체이다(Sidney & Beatrice Webb).

② 노동조합의 목표
오늘날 많은 노동조합들은 노동자의 임금 및 근로조건의 개선을 가장 중요한 목표로 삼고 있다.

(2) 노동조합의 기능
2021년 1회, 2015년 1회

종래에는 노동조합의 기능을 공제적 기능과 경제적 기능, 정치적 기능으로 분류했으나, 이는 일단 조합이 성립된 후의 기능에만 초점을 맞춘 분류이다. 오늘날에 와서는 노동조합을 조직하고 유지·확장하는 기본적 기능, 조합원의 근로조건의 유지·향상을 위한 집행기능, 앞의 두 기능을 보조하는 참모기능으로 분류하는 것이 더 일반적이다.

① 기본적 기능(조직기능)
기본적 기능은 노동조합을 조직하기 위하여 비조합원인 노동자를 조직화하는 1차적 기능과, 노동조합을 조직한 후에 그 조합원들을 관리하는 2차적 기능으로 구분된다.

② **집행기능**

집행기능은 단체교섭 기능, 경제활동 기능 그리고 정치활동 기능으로 구분하여 파악할 수 있다.
- ⑤ **단체교섭기능**: 단체교섭을 통하여 근로조건의 유지·개선을 꾀하며 단체협약을 맺어 이를 보장하거나, 쟁의행위를 통해 이를 추구하는 것으로 노동조합의 가장 본질적이고 핵심적인 기능이다.
- ⓒ **경제활동기능**: 경제활동 기능은 공제기능과 협동기능으로 구분된다. 공제기능은 노동조합이 미리 마련한 공동기금으로 상호부조활동을 수행(상호보험)하는 것으로, 단체교섭제도가 확립되고 사회보장제도가 발전하면 중요성이 감소된다. 협동기능은 노동자가 획득한 임금을 경제적으로 보호하기 위한 활동이다.(예 생산자 협동조합, 소비자 협동조합, 신용조합).
- ⓒ **정치활동기능**: 노동조합은 노동운동에 불리한 법률을 개정·폐지하기 위해서 정당에 대한 지지 및 반대를 통해 정치활동을 한다.

③ **참모기능**

참모기능은 기본적 기능과 집행기능을 보조하는 기능이다. 노동조합의 간부 및 조합원에 대한 교육훈련, 선전활동, 연구조사활동, 사회사업활동 등이 포함된다.

> **더 알아보기 노동조합의 기능**
>
> 웹 부부(Sidney & Beatrice Webb)는 노동조합의 목적과 관련하여 노동자의 생활조건을 유지하고 개선하는 방법으로 상호보험(mutual insurance), 단체교섭(collective bargaining) 및 입법활동(legal enactment)을 들고, 이 3가지 기능이 서로 중복되면서 그 중심이 상호보험으로부터 단체교섭으로 옮겨지고, 다시 입법활동의 비중이 커질 것으로 예상하고 있다.

(3) 노동조합운동의 이념

지금까지 산업화 사회에 나타난 여러 나라의 노동조합운동의 이념들을 크게 구분하면 정치적 조합주의, 경제적 조합주의, 국민적 조합주의 등 3가지로 나누어 볼 수 있다.

① **정치적 조합주의(정치주의)**

정치적 조합주의는 노사관계를 적대적 대립관계, 즉 이해대립의 조정이 불가능한 관계로 본다. 노동조합의 목적은 자본주의 체제의 타파와 사회주의의 실현에 있다고 보는 입장이다. 그리고 노동조합운동은 정치에 종속된다는 입장이다.

② **경제적 조합주의(경제주의)** 2025년 1회, 2022년 1회, 2019년 2회, 2013년 3회
- ⑤ 경제적 조합주의는 노사관계를 이해대립의 관계로 보고 있으나 이해조정이 가능한 비적대적 관계로 이해한다. 따라서 노동자들의 정치적·경제적·사회적 지위향상과 복지실현은 자본주의 체제하에서도 얼마든지 가능하고 또 바람직한 것으로 본다.
- ⓒ 노동조합운동의 목적은 노동자들의 생활조건(근로조건 포함)의 개선과 유지에 있다고 본다. 그리고 그 방법으로 가장 중요한 것이 단체교섭이다.
- ⓒ 노동조합운동은 정치로부터 독립되어야 한다고 본다. 즉, 노동조합운동의 독자성·자주성 확보 및 조합 내 민주주의의 실현이 중요한 조직원리이며 운동의 기본원칙이다.

③ **국민적 조합주의**

국민적 조합주의는 노사관계를 이해공동의 관계로 보는 입장이다. 노동조합의 목적과 기업의 목적, 그리고 거시적으로 분배와 성장의 문제를 같은 것으로 파악한다. 노사는 공동협력자(co-worker) 혹은 사회적 동반자(social partner)로 파악한다. 또한 노동운동과 정치의 관계는 사회적 협동주의 성격을 띠게 된다.

2 노동조합의 경제적 효과

(1) 노동조합이 노동시장에 미치는 영향
노동시장에서 노동조합의 경제적 기능은 크게 2가지로 구분해서 논의해 볼 수 있다.

① **노동공급 독점자(자원의 비효율적 배분효과)**
노동조합은 단결력을 바탕으로 임금을 인상시킨다. 즉, 노동의 공급독점을 형성하여 노동공급에 관한 의사결정을 공동으로 하는 것이다. 이로 인해 노동조합은 노동공급면에 있어서 왜곡을 초래하여 자원의 효율적 배분을 저해한다.

② **집단적 발언기구(노동생산성의 증대효과)**
노동조합은 이해의 갈등 또는 노동자의 불만을 제도적으로 표출시키고 이를 해결하기 위해 노력하는 집단적 발언(collective voice)기구이다. 집단적 발언으로 인해 노동조합은 노동생산성의 증대에 기여한다.

(2) 노동공급 독점자로서의 노동조합

① **노동조합의 임금효과** 2021년 2회, 2020년 1·2(통합)회, 2019년 2·3회, 2018년 2회, 2015년 2·3회, 2014년 1·3회

㉠ **노동공급 독점에 의한 임금인상(실업효과)**: 노동조합은 임금과 근로조건을 개선하는 데 그 존재의 의가 있다. 노동조합에 의한 임금인상은 산업 전체의 고용수준을 감소시키고 실업을 증가시킨다. 이 경우 노동에 대한 수요가 비탄력적일수록 실업은 적게 발생하고, 따라서 노동조합은 임금인상 교섭에서 강력한 힘을 발휘할 수 있다.

㉡ **노동조합의 파급효과(임금하락 효과)**: 노동조합의 임금인상으로 실업자가 된 노동자들은 노동조합이 조직되어 있지 않은 부문으로 이동한다. 이에 따라 비조직부문에서는 노동공급이 증가하여 임금이 하락하는데, 이를 파급효과, 이전효과(spillover effect) 또는 해고효과(displacement effect)라고 한다.

㉢ **노동조합의 위협효과(임금상승 효과)**: 비조직부문에서의 임금하락은 비조직부문 노동자들에게 위기감을 주고 이에 따라 비조직부문에서도 노동조합 결성 움직임이 나타난다. 이에 위협을 느낀 사용자들은 임금을 인상하여 노동조합의 결성을 저지하게 되는데, 이를 위협효과(threat effect)라고 한다.

㉣ **대기실업효과(임금상승 효과)**: 비조직부문의 노동자들이, 노동조합이 조직되어 높은 임금을 지불하는 조직부문에 취업하기를 희망하여 비조직부문의 기업을 사직하고 조직부문에서 실업상태로 대기하는 경우를 대기실업효과(wait unemployment effect)라고 한다. 이로 인해 비조직부문의 노동공급은 감소하여 임금이 상승하게 된다.

② **노동조합의 자원배분 효과** 2013년 3회

㉠ **최적 인적자원배분**: 동일노동에 대해 동일임금이 성립하는 경쟁노동시장에서는 한 나라의 산출량이 최대가 되는 최적 인적자원배분이 이루어진다.

㉡ **비효율적 자원배분**: 노동조합에 의한 임금인상으로 기업이 노동수요량을 감소시키면 사회후생의 순손실(deadweight loss)이 발생한다. 사회후생의 순손실은 자원의 비효율적 배분을 의미한다.

└ 소비자 잉여와 생산자 잉여를 합한 총잉여가 감소하는 것을 의미한다.
사회후생의 순손실은 사중손실, 사장손실 또는 자중손실이라고도 번역한다.

(3) 집단적 발언기구로서의 노동조합

① **노동조합의 두 얼굴** 2021년 2회, 2019년 3회, 2017년 2회, 2012년 3회

㉠ 하버드대학의 프리먼과 메도프(R. Freeman & J. Medoff) 교수에 의하면 노동조합은 노동공급 독점자로서 부정적인 기능만 갖는 것이 아니라 집단적 발언기구(collective voice mechanism)로서 성공적으로 노동자의 불만을 표출시키며 이를 집약하여 단체협약을 통해 그 불만을 해결할 때 노동생산성을 높이는 긍정적인 기능을 한다.

㉡ 따라서 노동조합은 부정적인 측면과 긍정적인 측면을 함께 고려하여야 한다는 것이다. 이를 노동조합의 두 얼굴(two faces of unionism)이라고 한다.

② **노동조합의 생산성에 대한 효과**

노동조합의 단체적인 발언권 행사는 이직률을 낮추어 궁극적으로 생산성의 향상과 이윤증대에 기여하게 된다. 낮은 이직률은 기업의 채용·훈련비용의 절감뿐만 아니라 노동자들의 높은 숙련도를 유지하게 하여 생산성을 향상시킨다.

(4) 노동조합과 사회적 비용 2020년 1·2(통합)회, 2017년 1회, 2013년 1회

신고전학파의 전통적인 견해에 의하면 노동조합은 사회적 수익을 증대시키기보다는 3가지 측면에서 사회적 비용을 증가시킨다.

① **배분적 비효율**

노동조합은 상대적으로 높은 임금이 지급되는 노조 조직부문과 상대적으로 낮은 임금이 지급되는 노조 비조직부문 간의 임금격차를 발생시키고, 노조 조직부문의 고용감소를 가져오므로 노동력의 비효율적 배분, 즉 배분적 비효율(allocative inefficiency)을 야기한다.

② **기술적 비효율**

노동조합의 압력에 의한 경직적인 인력배치 등은 노동의 가동률을 저하시키고, 노동의 자본으로의 대체를 어렵게 하며, 새로운 기술의 도입을 지연시켜 기술적 비효율(technical inefficiency)을 야기한다.

③ **생산적 비효율**

노동조합에 의한 파업행위는 생산활동을 중단시킴으로써 생산에서의 손실을 야기하는데, 이는 생산적 비효율(productive efficiency)이다.

3 노동조합의 형태

노동조합의 조직형태가 어떠한가에 따라서 노동시장과 사용자에 대한 영향력이 달라진다. 일반적으로 노동조합은 직업별 또는 직능별 조합으로부터 산업별 조합으로 발전해 왔다.

(1) 직업별 노동조합 2024년 2·3회, 2019년 2회, 2017년 1회, 2016년 1·2·3회, 2013년 1회

① **직업별 노동조합의 의의**

직업별 노동조합(craft union)은 같은 직종 또는 직업에 종사하는 노동자가 조직하는 노동조합을 말한다. 직종별 조합 또는 직능별 조합이라고도 한다.

② **직업별 노동조합의 역사**

역사적으로는 가장 오래된 형태의 노동조합으로, 영국을 중심으로 발전해 왔다. 숙련공 중심의 배타적·폐쇄적이고 독점적인 조직형태이며, 철도나 항만에서 하역작업을 하는 항운노조와 인쇄공 조합·목공 조합 등을 예로 들 수 있다.

③ 직업별 노동조합의 장단점
  ㉠ 장점: 단체교섭 사항과 내용이 명확하고 조직의 단결력이 공고하며, 실업자의 조합가입이 가능하고 조합원 실업을 예방할 수 있다.
  ㉡ 단점: 조직대상이 한정(숙련노동자)되어 있고, 미숙련노동자의 반발로 전체 노동자의 분열을 가져올 수 있다는 점과 사용자와의 관계가 희박하다는 점을 들 수 있다.

(2) 일반 노동조합
① 일반 노동조합의 의의
  일반 노동조합(general union)은 모든 노동자들을 대상으로 하고 있으며, 주로 미숙련노동자들과 잡노동자가 중심이 되어 전국에 걸쳐 만든 단일 노동조합이다. 입법활동을 중시하였고, 영국의 경우 일반 노동조합은 직업별 노동조합에 뒤이어 일찍부터 발달했다.
② 일반 노동조합의 장단점
  ㉠ 장점: 일반 노동조합은 광범위한 노동자들의 최저생활에 필요한 조건(예 안정된 고용, 노동시간의 최고한도 규제, 임금의 최저한도 규제)을 확보할 수 있다는 장점이 있다.
  ㉡ 단점: 일반 노동조합은 노동시장의 통제 곤란, 중앙집권적 관료체제에 의한 조합 민주주의의 저해, 의견의 조정 및 통일 곤란, 단체교섭기능 약화 등의 단점이 있다.

(3) **산업별 노동조합** 2025년 1회, 2022년 1회, 2021년 3회, 2019년 1회, 2015년 1·3회, 2011년 1회, 2010년 1회
① 산업별 노동조합의 의의
  산업별 노동조합(industrial union)은 동일한 산업에 종사하는 모든 노동자가 하나의 노동조합을 구성하는 형태이다. 현대의 노동조합의 가장 대표적인 형태로, 1산업 1조합의 특성과 함께 강한 정치적 성향을 갖고 있다.
② 산업별 노동조합의 장단점
  ㉠ 장점: 산업별 노동조합의 장점으로는 조합원 수에서 볼 때 거대조직이라는 점, 따라서 단결력을 강화할 수 있다는 점, 산업별로 교섭력이 통일화된다는 점을 들 수 있다.
  ㉡ 단점: 산업별 노동조합의 단점으로는 직종 간에 이해관계가 대립되고, 형식적 단결에 그칠 경우 교섭력이 약화된다는 문제점도 지적된다.

(4) **기업별 노동조합** 2022년 2회, 2020년 1·2(통합)회, 2018년 1회, 2014년 2회
① 기업별 노동조합의 의의
  기업별 노동조합(company union)은 동일한 기업에 종사하는 노동자로 구성되는 노동조합의 형태이다. 현재 우리나라는 대부분의 기업이 기업별 노동조합을 결성하고 있다.
② 기업별 노동조합의 특징
  ㉠ 노동자들의 횡단적 연대의식이 뚜렷하지 않거나, 동종·동일산업이라도 기업 간의 시설규모, 지불능력의 차이가 큰 곳에서 조직된다.
  ㉡ 횡단적 노동조직이 자기 기업으로 확대되는 것을 막기 위해 사용자 측이 앞장서서 조직하는 경우도 있다.
  ㉢ 노동조합이 회사의 사정에 정통하여 무리한 요구로 인한 노사분규의 가능성이 낮다.

③ 기업별 노동조합의 단점   2015년 1회
　㉠ 노동시장에 대한 지배력이 전혀 없고, 조직역량이 약하다.
　㉡ 기업 내 각 직종 간의 요구조건의 공평한 처리가 어렵다.
　㉢ 어용화될 가능성이 크고, 각 직종 간의 구체적 요구조건을 공평하게 처리하기 곤란하여 직종 간에 반목과 대립이 발생할 수 있다.
　㉣ 중기업 이하인 경우 조합기능의 약화를 가져오게 된다.

4 노동조합의 교섭력

(1) 숍 시스템

① 숍 시스템의 의의

노동조합의 가입방법으로 숍 시스템(shop system)은 조합비 일괄징수제도인 체크오프 시스템(check off system)과 함께 노동조합의 안정을 유지하기 위한 제도이다. 따라서 단체협약의 중요한 내용이 된다.

② 숍 시스템의 목적

숍 시스템은 노동조합의 가입과 취업을 관련시키는 것으로 조합원에 대한 통제력 강화를 목적으로 하는 제도이다.

③ 숍 시스템의 유형   2025년 1·2회, 2024년 1·2·3회, 2023년 1회, 2022년 1·2·3회, 2021년 1·2·3회, 2020년 3·4회, 2019년 1·3회, 2018년 1·3회, 2017년 2·3회, 2016년 1회, 2015년 1·2·3회

숍 시스템을 안정의 강도, 즉 기업에 대한 노동조합의 통제력이 강한 순서로 보면 클로즈드 숍(closed shop), 유니언 숍(union shop), 조합원 유지 숍(maintenance shop), 우선 숍(preferential shop), 에이전시 숍(agency shop), 오픈 숍(open shop)의 순이다. 숍 시스템의 특징을 정리하면 다음과 같다.

기본적 제도	오픈 숍 (open shop)	조합원, 비조합원 모두 고용이 가능하다. 즉, 조합에의 가입은 고용조건이 아니다.
	유니언 숍 (union shop)	사용자가 자유롭게 채용할 수 있으나 채용 후 일정기간 내에 반드시 조합에 가입하여야 하고, 조합에서 탈퇴하거나 제명되어 조합원 자격을 상실하면 반드시 해고해야 한다.
	클로즈드 숍 (closed shop)	• 조합원 자격이 있는 노동자만을 채용하고, 일단 고용된 노동자라도 조합원 자격을 상실하면 종업원이 될 수 없다. • 노동조합이 교섭력을 가장 강화시킬 수 있고, 조합이 노동 통제력이 가장 강력하다. • 조합이 노동의 공급을 통제할 수 있어 임금수준과는 관계없이 노동의 공급이 고정되어 있으므로 노동의 공급곡선은 수직형태이다. • 미국은 태프트-하틀리법(Taft-Hartley Act)에 의해 불법화되었지만 건설업, 해운업 등에서 현실적으로 인정되고 있으며, 우리나라의 경우도 현실적으로 항운노동조합에서 적용되고 있다.
변형적 제도	에이전시 숍 (agency shop)	조합원이 아니더라도 모든 종업원에게 노동조합이 조합비를 징수하는 제도이다.
	프리퍼렌셜 숍 (preferential shop)	우선 숍 제도라고 하며, 채용에 있어서 조합원에게 우선권을 주는 제도이다.
	메인터넌스 숍 (maintenance shop)	조합원 유지 숍 제도라고 하며, 조합원이 되면 일정기간 동안 조합원으로 머물러 있어야 하는 제도이다.

(2) **체크오프 시스템(check off system)**

조합비의 확보를 통해 노동조합의 안정을 유지하기 위한 제도로, 조합비 일괄 공제제도라고 한다. 즉, 조합비를 징수할 때 사용자가 노동조합의 의뢰에 의하여 조합비를 급료 계산 시에 일괄 공제하여 전달해 주는 방법이다. 우리나라는 조합원 3분의 2 이상의 동의가 있으면 단체협약에 체크오프 조항을 둘 수 있다.

5 부당노동행위

(1) **부당노동행위의 의의**

부당노동행위(ULP; Unfair Labor Practices) 제도는 사용자의 노동조합 방해행위인 노동3권 침해로부터 신속하게 노동3권을 보호·회복시키기 위한 행정적 구제제도이다.

(2) **부당노동행위의 유형**   2024년 3회, 2023년 3회, 2022년 1회
① 단체협약 체결, 단체교섭의 거부
② 황견계약의 체결
③ 노동조합의 조직·가입·활동에 대한 불이익 대우
④ 노동조합의 조직·운영에 대한 지배·개입과 경비 원조
⑤ 단체행동에의 참가를 이유로 한 불이익 대우
⑥ 기타 노동위원회와의 관계에 있어서의 행위에 관한 보복적 불이익 대우

(3) **황견계약(yellow dog contract)**

황견계약(黃犬契約)은 노동자가 노동조합에 가입하지 아니할 것 또는 탈퇴할 것을 고용조건으로 하거나 특정 노동조합원이 될 것을 고용조건으로 하는 행위이다.

UNIT 3   노동조합 가입결정의 경제분석

1 조직화의 수요·공급이론

(1) **조직화의 수요·공급이론의 의의**

조직화의 수요·공급이론에서 조직화의 수요는 노동자들이 노동조합의 조합원이 되고자 하는 것을 나타내고, 조직화의 공급은 노동자들을 조직화하는 데 소요되는 비용을 반영한다. 따라서 조직화의 수요와 공급은 조직화되는 노동자의 균형비율을 결정해 주고 또한 노동조합 서비스에 대한 균형가격을 결정해 준다.

(2) **수요와 공급 측면의 결정요인**
① 노동조합 활동에 대한 수요 측면
㉠ 노동자들이 노동조합원이 되고자 하는 수요는 조합원 자격을 얻기 위한 가격의 함수이다. 이 가격에는 조합의 가입비(initiation fees)와 매월의 조합비, 노동조합 활동에 투입되는 시간의 가치 등이 포함된다.
㉡ 따라서 이 가격이 높을수록 노동자 중 노조원이 되기를 원하는 사람의 비율은 낮게 될 것이고, 이는 우하향의 수요곡선으로 나타난다.

② 노동조합 활동에 대한 공급 측면
　㉠ 단체교섭에서 조합원을 대표하여 협상을 벌이는 과정뿐만 아니라 노동조합의 운영에는 여러 가지 비용이 소요된다. 그리고 노동조합의 입장에서 볼 때 노동조합 활동에 점점 더 소극적인 노동자를 조합원으로 만들려면 점점 더 많은 비용이 소요된다.
　㉡ 따라서 노동조합 서비스를 제공하려는 공급 측면은 조합원 자격의 가격에 대해 우상향하는 함수로 나타난다.

③ 노동조합 서비스의 균형가격
　㉠ 노동조합 서비스의 수요곡선과 공급곡선이 교차하는 점에서 조직화되는 노동자의 균형비율인 U^*와 노동조합 서비스의 균형가격 P^*가 결정된다.
　㉡ 다음 [그림]에서 보는 것처럼 수요곡선과 공급곡선의 위치를 결정하는 요인에 따라 조직화되는 노동력의 비율이 달라지는 것을 알 수 있다. 즉, 두 곡선 모두가 오른쪽으로 이동하면 조직화의 비율은 높아진다.
　㉢ 따라서 두 곡선을 오른쪽으로 이동시키는 요인을 파악하면 장기에 걸쳐 어떤 경제 내에서 노동조합 조직화의 수준을 높이는 요인을 알 수 있다.

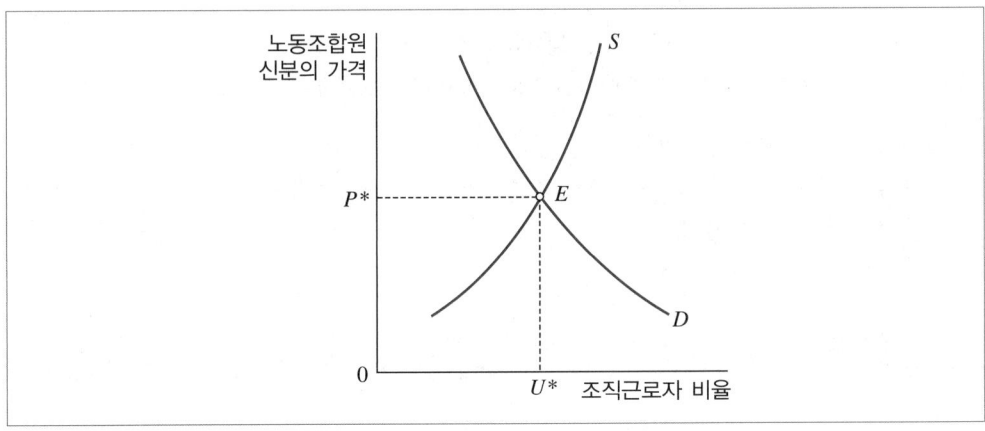

(3) **수요곡선의 이동요인**
　① 조합원 신분이 주는 순편익
　　㉠ 노동자가 조합원이 되려는 수요는 조합원 신분이 주는 순편익(net benefits)에 대한 인식에 따라 달라진다. 즉, 노동조합에 의한 임금인상 효과가 크다고 생각하면 수요곡선은 오른쪽으로 이동한다.
　　㉡ 근로조건 열악 등에서 오는 불안과 분노의 양이 클수록 노조의 집단적 발언효과로 인하여 노조가입의 순편익(예상순이익)이 증가할 수 있다.
　　㉢ 여성의 경제적 지위향상에 대한 노조의 관심과 노력이 있으면 전체 노동력에서 여성고용의 비중이 증가함에 따라 노조가입은 증가한다.
　② 노동자 선호의 변화
　　노동자 선호(preference)의 변화는 노동조합에 대한 사회적 태도의 변화나 노동조합의 가입을 조장하는 입법에 의해 영향을 받는다. 이러한 것들이 유리하게 작용하면 가입자 비율은 증가한다.

(4) 공급곡선의 이동요인

① 노동조합의 조직활동에 관련되는 비용

노동조합의 조직활동에 관련되는 비용을 줄일 수 있는 입법이나 여건이 조성되면 공급곡선을 오른쪽으로 이동시킨다.

② 조직화가 곤란한 노동력의 비중

노동력의 구성이 조직하기에 곤란한 계층이 상대적으로 줄어드는 산업구조상의 변화가 있다면 공급곡선을 오른쪽으로 이동시킨다.

2 노동조합 조직화의 비율을 저하시키는 요인

2020년 3회, 2018년 1회, 2014년 1회

(1) 실업률의 증가

실업률이 높으면 높을수록 노동조합 조직화의 비율 또는 성장률은 저하된다. 이는 포만효과(saturation effect)가 존재하기 때문이다. 포만효과는 노동조합의 조직률이 높을수록 그 이상의 조직확대가 더욱 어렵다는 것이다.

(2) 여성노동자 비율의 증가

전체 노동력 중 여성노동자의 비율이 높아지면 노동조합 조직화의 비율은 낮아진다. 여성노동자는 결혼과 출산·육아 등으로 동일한 직장에의 정착률이 상대적으로 낮기 때문이다.

(3) 산업구조의 변화

산업구조가 제조업이나 광공업 중심에서 서비스업 중심으로 변화되면 노동조합 조직화의 비율은 낮아진다. 최근 세계적으로 서비스업의 비중이 확대됨에 따라 노동조합 조직률은 크게 감소하고 있다.

(4) 노동자의 기호와 가치관의 변화

노동자들이 점차 개인주의를 추구하면 할수록 조직화의 비율은 낮아진다.

(5) 국제경쟁의 격화

국제경쟁이 격화되어 기업의 경영여건이 악화되면 노동조합 조직화의 비율은 낮아진다.

UNIT 4 단체교섭과 파업의 경제분석

1 단체교섭

(1) 단체교섭의 의의와 특징

① 단체교섭의 의미

단체교섭(collective bargaining)은 노동자들이 노동조합이라는 교섭력을 바탕으로 임금을 비롯한 노동자의 근로조건의 유지·개선과 복지증진 및 경제적·사회적 지위의 향상을 위하여 사용자와 교섭하는 것이다.

② 단체교섭의 특징
  ㉠ 노동조합과 사용자 또는 사용자대표 간, 대등한 위치에서의 쌍방적 교섭이다.
  ㉡ 그 자체가 목적이나 귀결점이 아닌 단체협약을 향해 나아가는 과정이다.
  ㉢ 노사가 상반되는 주장에 대하여 타결점을 찾으려는 정치적 과정이다.

(2) 단체교섭의 대상과 내용
  ① 단체교섭 사항이 되기 위한 기본적 조건
    ㉠ 사용자가 처리·처분할 수 있는 성질의 것이어야 한다.
    ㉡ 집단적 성격을 띤 것이어야 한다.
    ㉢ 노동자의 근로조건과 관련성이 있는 것이어야 한다.
      예 임금에 관한 사항, 근로환경에 관한 사항, 재해보상, 복지시설, 노동자의 단결 및 노동조합의 활동 보장에 관한 사항
    ㉣ 경영자가 정당한 사유 없이 단체교섭을 거부하는 행위는 불법행위에 해당한다.
    ㉤ 이익분쟁은 임금 및 근로조건 등에 합의하지 못해 발생하는 분쟁이다.
  ② 단체교섭 사항이 될 수 없는 사항
    고유한 의미에서의 근로조건이 아닌 인사 및 경영에 관한 사항은 노사협의회를 통하여 고충을 처리한다.

(3) 단체교섭의 유형
  ① 기업별 교섭
    ㉠ 우리나라에서 가장 보편적인 방식으로, 기업단위 노동조합과 사용자가 단체교섭을 한다.
    ㉡ 개별기업의 특수한 사정이 잘 반영될 수 있지만, 노조의 교섭력이 취약하다는 문제점이 있다.
  ② 집단교섭(연합교섭, 집합교섭)
    ㉠ 집단교섭은 여러 개의 단위노조와 사용자가 집단으로 연합전선을 형성하여 교섭하는 것을 말한다.
      예 면방직업계의 임금인상 교섭
    ㉡ 노동조합이 상부단체에 소속되어 있지 않거나 상부단체가 없는 경우, 기업별 교섭의 약점을 보완하기 위한 경우, 상부단체가 있더라도 그 통제 내지 지도하에 단위 노동조합이 연합하여 교섭하기도 한다.
  ③ 통일교섭
    ㉠ 전국에 걸친 산업별 노동조합이나 또는 하위단위 노동조합으로부터 교섭권을 위임받은 연합체 노동조합과 이에 대응하는 산업별 또는 지역별 사용자 단체 간의 교섭을 말한다.
    ㉡ 노동조합이 산업별 또는 직종별로 전국적 또는 지역적인 노동시장을 지배하고 강력한 통제력을 가지고 있는 경우에 행해진다.
      예 항만 하역 분야
  ④ 대각선 교섭
    ㉠ 단위 노동조합이 소속된 상부단체와 각 단위 노동조합에 대응하는 개별기업의 사용자 간에 이루어지는 교섭을 말한다.
    ㉡ 사용자 단체가 조직되어 있지 않은 경우 또는 조직되어 있다고 할지라도 각 기업에 특수한 사정이 있는 경우에 행해진다.
  ⑤ 공동교섭
    기업별 노동조합 또는 지역 또는 기업단위 지부가 상부단위의 노동조합과 공동으로 참가하여 기업별 사용자 측과 교섭하는 것을 말한다.

(4) 노사의 교섭력의 원천

① 노동조합의 교섭력의 원천   2019년 1회, 2015년 2회

 ⊙ 파업(strike)이나 태업(slow-down)을 할 수 있는 권리가 보장되면 노동조합의 교섭력이 커진다.
 ⓒ 파업근로자들이 외부에 임시로 취업할 수 있는 능력이 클수록 파업에 견디는 힘은 증가하여 교섭력이 커진다.
 ⓒ 노동조합이 정치적인 영향력을 발휘할 수 있는 능력, 노동조합의 파업기금의 규모, 실직할 경우 국가로부터 받는 각종 복리후생적 지급금의 규모가 클수록 교섭력이 커진다.
 ⓔ 소비자들에게 호소하는 불매운동(boycott)이나 노동공급의 제한도 노동조합의 교섭력을 높일 수 있다.

② 사용자의 교섭력의 원천   2025년 2회, 2024년 2회, 2023년 1회, 2022년 2·3회, 2018년 3회, 2017년 2회, 2014년 3회

 ⊙ 파업근로자 대신 다른 근로자로 대체할 수 있는 능력이다. 이러한 근로자들을 파업분쇄자(strike breakers)라고 하는데, 우리나라에서는 사용자는 쟁의행위기간 중 당해 사업과 관계없는 자를 채용 또는 대체할 수 없도록 하고 있다(노동조합 및 노동관계조정법 제43조).
 ⓒ 파업 중인 기업의 관리직, 사무직 등의 근로자가 통상활동을 벗어나서 생산활동을 계속하도록 할 수 있는 능력이 있으면 사용자의 교섭력은 커진다.
 ⓒ 기업의 재정능력이 클수록 사용자의 교섭력이 커진다.
 ⓔ 사용자의 교섭력의 원천으로서 중요한 것은 사용자가 직장폐쇄(lockout)를 할 수 있는 권리이다.

2 단체협약

(1) 단체협약의 의의   2025년 1회, 2024년 3회, 2023년 3회, 2022년 1회

단체협약(collective agreement, labor contract)은 노동조합 또는 그 연합체와 사용자 또는 사용자 단체 간에 체결되는 개별적 근로관계 및 당사자의 집단적 근로관계에 대한 계약이다. 단체협약은 노동조합과 사용자 단체가 단체교섭 후 협의된 사항을 문서로 남긴 것으로 강제적 효력이 있다.

(2) 단체협약의 내용

① 노조안정과 경영권
 유일 교섭단체 조항, 숍 제도(유니언 숍), 노동조합 활동 조항, 경영권 등
② 보수
 임금 조항, 상여·일시금 조항, 퇴직금 조항 등
③ 인사조항
 수습기간, 승진 및 승급, 해고 등
④ 작업 안전·보건 조항
 안전·보건위원회의 구성, 건강진단, 안전·보건교육 등
⑤ 근무조건
 근로시간, 휴일, 휴가 등
⑥ 단체교섭·쟁의·노사협의제 조항
 단체교섭권 조항, 쟁의 조항, 노사협의제 조항 등

3 노동쟁의와 그 조정

(1) 노동쟁의의 의의와 유형

① **노동쟁의의 뜻**

노동쟁의(labor disputes)라 함은 노동조합과 사용자 또는 사용자 단체, 즉 노동관계 당사자 간에 임금·근로시간·복지·해고 기타 대우 등 근로조건의 결정에 관한 주장의 불일치로 인하여 발생한 분쟁상태를 말한다.

② **쟁의조정의 원리**

㉠ 노사 간의 자주적 해결이 원칙이다(자주적 해결의 원칙).
㉡ 정부는 노동관계 당사자가 자주적으로 조정할 수 있도록 노력하여 노동쟁의의 신속·공정한 해결에 노력한다(신속한 처리의 원칙, 공정성의 원칙).
㉢ 국민경제에 중대한 영향을 주거나 공익을 해친다고 인정될 때에는 국가가 개입한다(공익성의 원칙).

③ **쟁의조정의 유형**

㉠ 조정: 노동위원회에 설치된 조정위원회가 관계 당사자의 의견을 청취한 뒤 조정안을 작성하여 노사 쌍방에게 그 수락을 권고하는 형식의 조정방법을 말한다.
㉡ 중재: 노동위원회에 설치된 중재위원회가 노동쟁의의 해결조건을 정한 해결안(중재재정)을 작성하고, 당사자는 무조건 그 해결안에 구속되는 조정방법을 말한다.

(2) 노동쟁의 조정의 방법 2012년 1회, 2009년 1·2회

① **조정(mediation)**

㉠ 조정의 요건과 개시: 노동관계 당사자의 일방이 노동쟁의 조정을 신청한 때, 고용노동부장관이 긴급조정의 결정을 한 때
㉡ 조정기간: 일반사업에 있어서는 10일, 공익사업에 있어서는 15일
㉢ 조정서의 효력: 조정서는 단체협약과 같은 효력을 지닌다. 그리고 조정위원회 또는 단독 조정인이 제시한 해석 또는 이행방법에 관한 견해는 중재재정과 동일한 효력을 가진다.

② **중재(arbitration)**

중재에는 임의중재와 강제중재가 있는데, 임의중재는 관계 당사자의 신청이 있을 때에 중재절차가 개시되는 중재이며, 강제중재는 관계 당사자의 신청 없이 강제적으로 중재절차가 개시되는 중재이다.

③ **긴급조정(고용노동부장관의 결정에 의한 강제 개시)**

㉠ 긴급조정의 요건

실질적 요건	• 긴급조정은 당해 쟁의행위가 공익사업에 관한 것이거나, 그 규모가 크거나, 그 성질이 특별한 것이어야 한다. • 긴급조정은 이상의 요건을 갖춘 것으로서 현저히 국민경제를 해하거나, 국민의 일상생활을 위태롭게 할 위험이 현존하는 때에 한한다.
형식적 요건	고용노동부장관이 긴급조정의 결정을 하고자 할 때에는 미리 중앙노동위원회 위원장의 의견을 들어야 한다. ➡ 고용노동부장관은 그 의견에 구속되지 아니한다.

㉡ 긴급조정과 쟁의행위의 금지: 긴급조정의 결정이 공포되면 관계 당사자는 즉시 쟁의행위를 중지하여야 하며, 공포일로부터 30일이 지나지 않으면 쟁의행위를 재개할 수 없다.
㉢ 긴급조정의 효과: 긴급조정에 의하여 조정안이 관계 당사자에 의하여 수락되거나 또는 중재재정이 내려지면 단체협약과 동일한 효력을 갖는다.

(3) 쟁의행위의 의의

① **쟁의행위의 개념**

쟁의행위는 파업·태업·직장폐쇄 기타 노동관계 당사자가 그 주장을 관철할 목적으로 행하는 행위와 이에 대항하는 행위로서 업무의 정상적인 운영을 저해하는 행위를 말한다.

- ㉠ **목적**: 노동쟁의의 당사자가 근로 문제에 관한 주장을 관철할 목적으로 행하는 행위이다(동정파업, 정치파업은 노동조합 및 노동관계조정법상의 쟁의행위가 아님).
- ㉡ **수단**: 업무의 정상적인 흐름을 저해하는 노동자 측의 노동력 제공 거부(동맹파업) 또는 사용자 측의 노동력 수령 거부(직장폐쇄) 등이 있다. 반면, 업무를 정상적으로 운영하면서 완장 또는 리본 착용 등에 의한 시위적 단체행동과 총사직은 쟁의행위라고 볼 수 없다.

② **노동자의 쟁의행위와 면책**

쟁의행위가 정당성을 가지는 한 형사상·민사상의 면책을 규정하고 있다.

> **더 알아보기** 쟁의행위의 정당성 요건
> - 쟁의행위가 정당성을 갖추기 위해서는 ① 쟁의행위가 노조법의 목적과 현행 법 질서 전체에 부합하여야 하며(쟁의행위의 실질적 정당성), ② 실정 노동법규에 위배되지 않아야 한다(적법성 또는 합법성).
> - 쟁의행위가 실질적 정당성을 갖지 못하면 그 쟁의행위가 전체 위법하게 되어 민·형사상의 면책을 받지 못하게 될 수 있으나, 쟁의행위가 노동법상의 일정한 제한 규정에 위반했다고 해서 반드시 쟁의행위 전체가 위법성을 띠는 것은 아니다.
> - 폭력이나 파괴적 행위는 어떤 경우에도 정당하지 못하다.

(4) 노동자 측의 쟁의행위
2025년 1회, 2024년 3회, 2023년 3회, 2022년 1회, 2014년 3회

① **동맹파업(general strike)**

- ㉠ **동맹파업의 의의**: 동맹파업은 노동자가 단결하여 근로조건의 유지·개선을 달성하기 위하여 집단적으로 노무의 제공을 거부하는 쟁의행위이다(계속 근무 의사가 있는 노무제공의 일시적 정지 상태).
- ㉡ **동맹파업의 요건**: 쟁의의 내용이 노동조합과 사용자 사이의 문제(경제적 지위의 향상)에 관한 것이고, 사회적 통념에 비추어 부당하거나 불가능한 또는 과대한 요구를 내세우지 않을 것을 요건으로 한다.

> **더 알아보기** 파업의 종류
> 2017년 3회, 2012년 3회
> - **정치적 파업(political strike)**: 정부의 정책이나 활동에 영향을 미칠 것을 목적으로 하는 파업을 말한다.
> - **조직관련 파업(organizational strike)**: 노동조합이 사용자로 하여금 종업원의 대표권을 인정하도록 요구하는 것을 목적으로 하는 파업이다.
> - **고충파업(grievance strike)**: 승진 또는 징계 등에서 작업할당량에 이르기까지 일상적인 사업장 현장에서 관리자의 노무관리에 노동자들이 불만을 가지거나 또는 고충을 느끼기 때문에 일으키는 파업이다.
> - **계약파업(contract strike)**: 노동조합과 사용자가 단체협약의 체결에 성공하지 못할 때 발생하는 파업이다. 계약파업은 새로운 노동계약을 둘러싸고 벌어지므로 쉽게 해결되지 않는 경우가 많다. 오늘날 선진국에서 발생하는 파업의 대부분은 계약파업이다.
> - **전략적 파업(strategic strike)**: 일반적인 파업은 임금이나 근로조건의 개선, 노동자의 경제적·사회적 지위향상을 위한 단체교섭이 결렬되거나 사용자가 단체협약 사항을 지키지 않는 경우에 발생한다. 이러한 이유와는 관계없이 특별한 이슈 없이 미래의 단체교섭력 증진, 조합원의 응집력과 단결력 훈련을 목적으로 또는 조합원의 신뢰를 얻기 위하여 실시하는 파업을 의미한다.

② 태업
  ㉠ 태업의 개념: 노동자들이 단결해서 의식적으로 작업능률을 저하시키는 것이다.
    예 생산품의 양을 감소시킴, 불량품 생산, 서비스의 질을 저하시킴, 사용자에 대한 비판
  ㉡ 사보타지(sabotage): 생산 또는 사무를 방해하는 행위로서 단순한 태업에 그치지 않고 적극적으로 생산설비를 파괴하는 행위까지 포함하는 개념이다. 이는 정당성이 결여된 쟁의행위이다.
③ 준법투쟁(work to rule)
  일반적으로 준수하게 되어 있는 보안·안전·근무규정 등을 필요 이상으로 엄정하게 준수함으로써 작업능률을 의식적으로 저하시키는 행위를 준법투쟁이라고 한다.
④ 불매동맹(boycott)
  ㉠ 일차적 불매동맹은 사용자에 대하여 사용자의 제품의 구매 또는 시설을 거부함으로써 압력을 가하는 것이다.
  ㉡ 이차적 불매동맹은 사용자에게 그와 거래관계에 있는 제3자와의 거래를 단절할 것을 요구하고, 이에 응하지 않을 경우 제품의 구입이나 시설의 이용 또는 노동력의 공급을 중단하겠다는 압력을 가하는 것이다.
⑤ 생산관리
  노동자들이 단결하여 사용자의 지휘·명령을 거부하고 사업장 또는 공장을 점거함으로써 조합 간부의 지휘하에 노무를 제공하는 투쟁행위를 말한다(부당한 쟁의행위).
⑥ 피케팅(picketting)
  피케팅은 파업을 효과적으로 수행하기 위하여 근로희망자(파업 비참가자)들의 사업장 또는 공장의 출입을 저지하고 파업 참여에 협력할 것을 요구하는 행위이다.

(5) **사용자 측의 대항행위** 2025년 1회, 2024년 3회, 2023년 3회, 2022년 2회, 2015년 3회, 2014년 3회
  ① 조업계속
    ㉠ 동맹파업 시 사용자는 노동조합원 이외의 노동자(비노조원)들로서 이미 근로관계에 있는 종업원이나 노동조합원을 사용해서 조업을 계속할 수 있다.
    ㉡ 노동조합이 쟁의행위를 행하고 있는 단계에서 신규로 노동자를 채용해서 조업을 계속할 수는 없다.
  ② 직장폐쇄(lockout)
    직장폐쇄는 사용자가 자기의 주장을 관철하기 위하여 노동자 집단에 대해 생산수단에의 접근을 차단하고 노동자의 노동력 수령을 조직적·집단적·일시적으로 거부하는 행위를 말한다. 직장폐쇄는 노동조합이 쟁의행위를 개시한 이후에만 가능하다.

4 경영참가제도

(1) **경영참가의 의의**
  ① 경영참가의 뜻
    경영참가(participation in management)란 노동자 또는 노동자 대표가 경영의사결정에 참여하는 것을 의미한다. 경영참가는 단체교섭과는 달리 공동체의 원리를 강조한다는 특징이 있다.

② **경영참가의 배경**

오늘날 경영참가 문제에 대한 논의가 활발하게 전개되고 있는 배경에는 노동자 측의 강력한 요구와 변화에 따른 주체의식·권리의식·참여의식의 향상, 노동조합의 경영참가에 대한 강력한 지지를 들 수 있다.

(2) **경영참가의 형태**

넓은 의미에서 경영참가는 주로 자본참가를 의미하지만, 이 밖에도 이익참가와 노사협의제가 있다. 자본참가는 간접참가방식이고, 이익참가와 노사협의제는 직접참가방식이다.

① **자본참가** 2024년 3회 2023년 3회 2020년 4회, 2017년 2회, 2014년 1회

㉠ 자본참가는 종업원을 출자자로서 기업경영에 참여시키는 것으로, 주요 형태로는 종업원지주제도(ESOP; Employee Stock Ownership Plan)와 노동주(labor stock) 제도가 있다.

㉡ 종업원지주제도는 종업원에게 자사의 주식을 취득하도록 하여 주주의 지위를 가지게 하는 것이고, 노동주 제도는 일정조건이 충족되는 노동자의 근로 자체를 일종의 출자로 보아 주식을 발행하여 주주의 지위를 갖도록 하는 것이다.

② **이익참가**

기업의 경영능률을 높이기 위하여, 노동조합이 적극적으로 참가하여 협력한 데 대한 일종의 보상으로 기업이 얻은 이윤의 일부를 임금 이외의 형태로 노동자에게 분배하는 것이다. 이익참가에는 이윤분배, 스캔론 플랜, 럭커 플랜 등이 있다.

③ **노사협의제** 2020년 3회, 2014년 3회

㉠ 노사협의제(joint labor-management conference system)는 노동자와 사용자 모두에게 공통적으로 관련되는 문제가 발생하였지만 단체교섭만으로는 해결하기 힘든 경우, 노사가 협력을 통해 문제를 해결하는 제도적 장치이다. 노사협의제는 1951년 독일의 공동결정법으로부터 시작되었다.

㉡ 노사협의제는 노동자의 경영참가 중 가장 대표적인 형태이다. 따라서 좁은 의미에서 경영참가라고 하면 흔히 노사협의제를 의미하기도 한다.

㉢ 복지시설의 설치와 관리, 근로자의 교육훈련 및 능력개발 기본계획 수립, 사내 근로복지기금의 설치 등은 노사협의회의 의결사항이다.

㉣ 그리고 노사협의회의 협의사항으로는 생산성 향상 및 성과배분, 근로자의 채용·배치·교육훈련, 노동쟁의의 예방, 안전·보건·기타 작업환경 개선과 근로자의 건강증진, 인사·노무관리의 제도개선, 인력의 배치전환·재훈련·해고 등 고용조정의 일반원칙, 종업원지주제, 근로자의 복지증진 등이 있다.

④ **근로자 중역·감사역제에 의한 참가** 2024년 1·2회, 2022년 2회, 2018년 1회, 2015년 2회

근로자 측의 중역 및 감사역을 중역회의 및 감사역회의에 참가시키는 방식으로 경영에 참여하는 형태이다. 근로자가 기업경영에 관한 의사결정에 직접 참가한다는 점에서 근로자의 경영참가방식 중 가장 적극적인 것이라고 할 수 있다. 과거 독일의 경영조직법(1951)과 공동결정법(1976)에 의한 근로자 대표의 참가가 가장 대표적인 사례라고 할 수 있는데, 독일에서는 이미 이 제도가 50년 이상 지속되어 왔다.

⑤ 노사공동결정   2021년 2회, 2017년 3회, 2013년 2회

노사공동결정(co-determination)은 노동자·종업원 또는 노동조합의 대표가 기업의 의사결정기관에 직접 참가하여 기업경영의 여러 문제를 노사공동으로 결정하는 제도를 의미한다. 따라서 공동결정은 '경영참가제도' 또는 '노사협의제'의 한 형태라고 할 수 있다. 공동결정의 가장 전형적인 예로는 독일에서의 공동결정법(1976)에 의한 경영참가제도가 있다.

⑥ 노동자 자주관리   2018년 2회, 2013년 3회, 2010년 4회, 2009년 3회

노동자 자주관리(worker's self-management)는 기업 등의 경영권이 자본이나 국가에 있지 않고 노동자 집단에 귀속되어 있는 상태를 의미한다. 산업민주화 정도가 가장 높은 형태의 기업이다.

> **더 알아보기** 마이크로 코포라티즘   2024년 1회, 2023년 1회, 2022년 2회, 2018년 3회, 2013년 1회
> - 코포라티즘은 사회적 합의제를 의미하는 것으로 조직수준을 기준으로 거시적 코포라티즘(macro-corporatism), 중위적 코포라티즘(meso-corporatism), 미시적 코포라티즘(micro-corporatism)으로 구분할 수 있다.
> - 마이크로(미시적) 코포라티즘은 사회민주주의형 정치조직이 무력하여 국가차원보다 개별기업 단위의 복지제도가 광범위하게 시행되고 있는 사회적 합의제를 의미하는 것으로 일본이 대표적이다.

5 파업에 관한 이론

(1) 힉스의 이론   2025년 2회, 2024년 1회, 2022년 3회, 2021년 3회, 2020년 3회, 2019년 1·3회, 2017년 3회, 2016년 2회, 2015년 2·3회, 2013년 2·3회

① 이론의 아이디어

힉스(J. R. Hicks)는 단체교섭이 결렬되어 파업이 발생하면 파업의 기간에 따라 노사 양측의 요구임금(asking wages) 및 제안임금(offering wages)의 수준이 달라진다고 생각하였다. 즉, 노사 양측이 수락하는 임금수준은 그 임금수준에 도달되기까지 필요한 파업기간의 함수라고 보았다.

> **더 알아보기** 유보(요구)임금과 제안임금   2018년 2·3회, 2015년 2회, 2011년 2회
> - 유보임금(reservation wages): 유보임금은 노동자가 노동을 공급하기 위해 받기를 원하는 최소한의 임금을 말한다. 이는 요구임금(asking wages)이라고도 하는데, 여가의 기회비용이 된다. 즉, 노동시간만큼 여가를 즐긴다고 할 때 여가를 통해서 얻는 주관적 효용에 해당하는 임금이다. 의중임금, 눈높이임금이라고도 하는데, 일반적으로 전업주부의 유보임금은 실제임금보다 높기 때문에 노동을 포기하고 전업주부로 남게 된다.
> - 제안임금(offering wages): 제안임금 또는 제시임금은 사용자가 최대한 지불하고자 하는 임금을 말한다.

② 이론의 내용

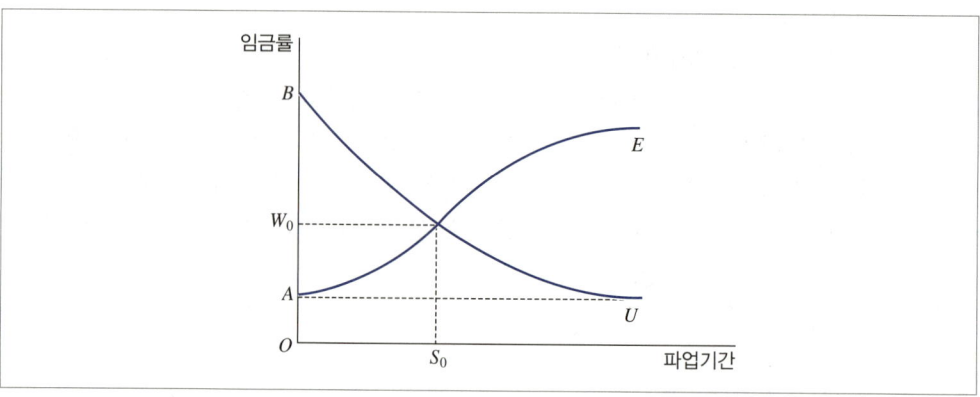

㉠ 앞 [그림]에는 우하향하는 형태의 노동조합의 저항곡선(union's resistance curve)과 우상향하는 형태의 사용자의 양보곡선(employer's concession curve)이 표시되어 있다.

㉡ 노동조합의 요구임금은 파업기간이 경과할수록 조금씩 양보하여 낮아지므로 노동조합의 저항곡선은 우하향하는 반면, 사용자의 양보곡선은 파업기간이 길어짐에 따라 조금씩 양보하여 제안임금을 높이게 되므로 우상향한다.

㉢ 협상의 타결은 두 곡선이 교차하는 임금수준인 OW_0에서 이루어진다. 만일 노동조합이 OW_0보다 더 높은 임금을 요구하면 사용자는, 노동조합이 사용자가 양보하도록 오랜 기간 파업을 지속하지 못할 것이라고 생각하여 그 요구를 거부하게 된다.

㉣ 반면, 노동조합이 OW_0보다 낮은 임금을 수락하게 되면 노동조합 내부에서 교섭대표들과 일반조합원 간의 마찰이 발생할 수 있으므로 노동조합은 그 임금을 수락하지 않을 것이다.

(2) 카터-체임벌린의 이론
2021년 3회, 2019년 1회, 2015년 2회

① 이론의 의의
㉠ 단체교섭 과정에서 임금 등이 결정되는 과정을 체임벌린(N. W. Chamberlin)은 교섭력(bargaining power)이라는 개념으로 설명한다.

㉡ 따라서 그의 이론은 한 교섭당사자의 교섭력의 크기가 교섭결과인, 예컨대 임금률의 수준을 결정하고 또한 각 당사자의 교섭력에 영향을 미치는 요인을 자기 측에 유리하도록 변화시키면 이에 따라 교섭력이 커지고 교섭결과가 더욱 유리하게 된다는 것이다.

② 이론의 내용
㉠ 체임벌린은 한 교섭당사자의 교섭력이란 교섭당사자가 자신의 조건을 수락하는 비용에 대하여 거부하는 비용의 비율로 나타낸다.

㉡ 단체교섭이 결렬되어 파업을 시작하는 경우 파업의 비용은 사용자에게는 이윤의 상실이며, 노동조합에는 임금소득의 상실이 된다.

㉢ 따라서 노조의 요구를 거부할 때 발생하는 사용자의 비용이 노조의 요구를 수락했을 때 발생하는 사용자의 비용보다 클 때 노조의 교섭력이 커진다.

(3) 매브리의 이론
2021년 3회, 2019년 1회, 2015년 2회

① 매브리 이론의 의의
㉠ 매브리(B. D. Mabry)의 이론은 노사 양측이 단체교섭에 임할 때 최종적으로 수락할 용의가 있는 자신의 조건과 교섭과정에서 겉으로 제안하는 조건과의 사이에 차이가 있다는 점에 주목한다.

㉡ 즉, 실제로 교섭상대에게는 나타내지 않지만 각 당사자들이 최종적으로 수락하려고 마음먹은 조건 내지는 일정수준이 어떤 위치에 있는가를 파악하고, 다음에는 교섭과정에서 상대방의 그 수락용의 조건을 자신에게 유리한 방향으로 바꾸도록 노력한다는 이론이다.

② 매브리 이론의 내용
매브리 이론에 따르면, 노조의 최종 수락조건이 사용자의 최종 수락조건보다 클 때 파업이 발생한다.

6 파업의 경제적 비용과 기능

(1) 파업의 경제적 비용
2021년 1회, 2020년 4회, 2018년 1·2회, 2014년 1회, 2012년 3회

파업의 비용, 즉 파업에 따른 경제적 손실은 파업에 관계되는 노사 양 당사자 간의 사적 비용(private cost) 또는 손실과 국민경제적 차원의 사회적 비용(social cost) 또는 손실로 나누어 볼 수 있다.

① 사적 비용(사적 손실)
  ㉠ 노동조합 측: 노동조합 측은 생산활동의 중단에 따라 임금을 받지 못하므로 노동소득이 줄어든다. 그러나 노동조합 측의 노동소득의 순상실분은 해당 기업에서의 임금소득의 상실보다 훨씬 적을 수도 있다. 그 이유는 파업기간 중이라도 자체적으로 적립한 파업수당을 받을 수도 있고, 국가에 따라서는 사회보장금을 받을 수도 있기 때문이다.
  ㉡ 사용자 측: 사용자 측의 사적 비용은 생산의 중단에 따른 이윤의 감소를 들 수 있다. 그러나 이 경우에도 사용자의 이윤의 순감소분은 생산중단에서 오는 것보다 적을 수도 있다. 그 이유는 생산이 중단되어도 어느 정도는 재고의 처분을 통해서 충당할 수 있고, 또 생산의 중단에 따라 가변비용의 지출을 절약할 수 있기 때문이다.

② 사회적 비용(사회적 손실)
  ㉠ 파업에 따른 사회적 비용(social cost)이란 상품 및 서비스의 생산량 감소로 사회적으로 소비 내지는 투자수준이 저하됨으로써 나타나는 손실을 말한다.
  ㉡ 그런데 산업에 따라서는 한 기업의 파업에 따른 생산량 감소를 다른 기업의 생산량 증가로 보전할 수 있기 때문에 국민경제 전체로는 큰 문제가 되지 않는 경우가 많다.
  ㉢ 파업에 따르는 사회적 비용이 가장 큰 분야는 서비스 산업이다. 전력·통신·운수·의료 등의 서비스 산업에서는 재고의 조절이 있을 수 없으므로, 파업이 발생하면 그만큼 경제 전체의 서비스 소비수준은 떨어진다고 할 수 있다.

(2) 파업의 경제적 기능

① 협상의 성공 가능성이 높아짐
단체교섭을 행함에 있어서 노사 양측은 노동조합 측의 파업이나 사용자의 직장폐쇄제도가 없을 때보다 협상체결에 대한 압력을 더 받게 되어 그만큼 협상이 성공할 가능성이 높아진다고 할 수 있다.

② 협상에서 자발적인 해결 노력
파업제도가 없는 경우에는 단체교섭 과정에서 노사 양측이 자발적으로 협상이 체결되도록 각각의 요구안을 접근시키지 못하게 된다. 그러나 파업제도가 있는 경우에는 협상과정에서 자발적인 해결을 위한 노력을 하게 된다.

③ 국가의 개입을 줄이는 기능
단체교섭이 결렬될 때 국가의 중재 등에 의해 근로조건이 결정되는 경우에는 그만큼 국가가 노사관계에 더 많이 개입하게 된다. 그러나 파업제도가 인정되는 상황에서는 단체교섭의 체결을 위한 노력을 더 기울이게 되므로 국가의 개입을 줄일 수 있다.

CHAPTER 04 | 노사관계이론

핵심 기출문제

01 노사관계의 주체를 사용자 및 단체, 노동자 및 단체, 정부로 규정하고 이들 간의 관계는 기술, 시장 또는 예산상의 제약, 권력구조에 의해 결정된다는 노사관계이론은?

2022년 3회, 2021년 2회, 2017년 1회, 2013년 2회

① 시스템이론　② 수렴이론
③ 분산이론　④ 단체교섭이론

02 이원적 노사관계론의 구조를 바르게 나타낸 것은?

2022년 1회, 2018년 3회, 2013년 3회, 2011년 1회

① 제1차 관계: 경영자 대 노동조합 관계
　제2차 관계: 경영자 대 정부기관 관계
② 제1차 관계: 경영자 대 노동조합 관계
　제2차 관계: 경영자 대 종업원 관계
③ 제1차 관계: 경영자 대 종업원 관계
　제2차 관계: 경영자 대 노동조합 관계
④ 제1차 관계: 경영자 대 종업원 관계
　제2차 관계: 정부기관 대 노동조합 관계

[빈출]
03 노동조합의 역사에서 가장 오래된 조합의 형태는?

2024년 2회, 2019년 2회, 2016년 1·3회, 2013년 1회, 2012년 1회

① 산업별 노동조합(industrial union)
② 기업별 노동조합(company union)
③ 직업별 노동조합(craft union)
④ 일반 노동조합(general union)

04 노동조합에 관한 설명으로 옳은 것은?

2021년 2회, 2013년 1회

① 노조부분과 비노조부분 간의 임금격차를 해소시킨다.
② 집단적 소리로서의 기능을 하여 비효율을 제거하고 생산성을 증진시킬 수 있다.
③ 시장기능에 의해 결정된 임금수준을 반드시 수용한다.
④ 노동조합의 임금수준은 일반적으로 비노조부문의 임금수준에 비해 낮게 책정되어 있다.

꼼꼼하게 풀어 주는 정답과 해설

01 ① 던롭(J. T. Dunlop)의 노사관계 시스템이론은 하나의 노사관계가 3주체로 구성되어 있다고 가정한다. 그리고 이들 주체가 직·간접적으로 영향을 받으면서 행동하게 되는 환경조건 내지 노사관계를 규제하는 여건으로 기술적 특성, 시장 또는 예산제약, 각 주체의 세력관계(권력구조)를 제시한다.

02 ③ 이원적 노사관계(dualistic industrial relations)란 노사관계를 개별적 노사관계와 집단적 노사관계로 나누어 파악하는 것을 의미한다. 이원적 노사관계에서 제1차 관계는 사용자 대 근로자 관계 즉, 경영자 대 종업원 관계이고, 제2차 관계는 사용자 대 노동조합 관계 즉, 경영자 대 노동조합 관계이다.

03 ③ 직업별 노동조합(craft union)은 역사적으로 가장 오래된 형태의 노동조합으로, 영국을 중심으로 발전해 왔으며, 같은 직종 또는 직업에 종사하는 노동자가 조직하는 노동조합을 말한다. 직종별 조합 또는 직능별 조합이라고도 한다. 숙련공 중심의 배타적·폐쇄적·독점적인 조직형태로, 철도나 항만에서 하역작업을 하는 항운노조와 인쇄공조합·목공조합 등을 예로 들 수 있다.

04 오답풀이
① 노동조합이 결성되면 파급효과로 인해 노조 조직부문과 비조직부문 간의 임금격차는 확대된다.

정답 01 ① 02 ③ 03 ③ 04 ②

05 던롭(Dunlop)이 노사관계를 규제하는 여건 혹은 환경으로 지적한 사항이 아닌 것은?

2020년 3회, 2018년 3회, 2017년 1회, 2016년 1·2회, 2013년 2회, 2011년 3회, 2010년 1회

① 시민의식
② 기술적 특성
③ 시장 또는 예산제약
④ 각 주체의 세력관계

06 파업의 경제적 비용과 기능에 관한 설명으로 옳은 것은?

2021년 1회, 2018년 2회, 2014년 1회

① 사적 비용과 사회적 비용은 동일하다.
② 사용자의 사적 비용은 직접적인 생산중단에서 오는 이윤의 순감소분과 같다.
③ 사적 비용이란 경제의 한 부문에서 발생한 파업으로 인한 타 부문에서의 생산 및 소비의 감소를 의미한다.
④ 파업에 따른 사회적 비용이 가장 큰 분야는 서비스 산업부문이다.

07 단체교섭에서 사용자의 교섭력에 대한 설명과 가장 거리가 먼 것은?

2025년 2회, 2022년 2·3회, 2018년 3회, 2017년 2·3회, 2015년 3회, 2014년 3회

① 기업의 재정능력이 좋으면 사용자의 교섭력이 높아진다.
② 사용자 교섭력의 원천 중 하나는 직장폐쇄(lockout)를 할 수 있는 권리이다.
③ 사용자는 쟁의행위기간 중 그 쟁의행위로 중단된 업무를 원칙적으로 도급 또는 하도급을 줄 수 있다.
④ 비조합원이 조합원의 일을 대신할 수 있는 여지가 크다면, 그만큼 사용자의 교섭력은 높아진다.

08 산업별 노동조합의 특성과 가장 거리가 먼 것은?

2025년 1회, 2022년 1회, 2015년 1회

① 기업별 특수성을 고려하기 어려워진다.
② 임시직·일용직 근로자를 조직하기 용이해진다.
③ 해당 산업분야의 정보자료 수집·분석이 용이해진다.
④ 숙련공만의 이익옹호단체가 되기 쉽다.

정답과 해설

05 던롭(Dunlop)은 노사관계의 3주체들이 다음의 3가지 여건 내지 환경의 규제를 받는 것으로 파악하고 있다. 그것은 ⊙ 기술적 특성, ⓒ 시장 또는 예산제약, ⓒ 각 주체의 세력관계이다. 이를 노사관계를 규제하는 3여건이라고 한다.

06 오답풀이
① 사적 비용은 파업으로 인해 노동자나 사용자 개인이 입게 되는 손실이고, 사회적 비용은 상품이나 서비스의 생산량 감소로 사회적으로 소비 내지는 투자가 감소함으로써 나타나는 손실을 말한다.
② 사용자 측의 사적 비용은 생산의 중단에 따른 이윤의 감소를 들 수 있다. 그러나 이 경우 사용자의 이윤의 순감소분은 생산중단에서 오는 것보다 적을 수도 있다.
③ 사회적 비용에 대한 설명이다.

07 ③ 사용자는 쟁의행위기간 중 그 쟁의행위로 중단된 업무를 원칙적으로 도급 또는 하도급을 줄 수 없다.

08 산업별 노동조합(industrial union)은 동일한 산업에 종사하는 모든 노동자가 하나의 노동조합을 구성하는 형태이다. 산업 전체의 이익을 고려하므로 기업별 특수성은 고려하기 어렵지만, 해당 산업에 종사하는 모든 노동자가 가입하므로 임시직이나 일용직 노동자의 조직이 용이해진다는 장점이 있다.
④ 직업별 노동조합의 한계이다.

정답 05 ① 06 ④ 07 ③ 08 ④

09 근로자의 경영참가형태 가운데 가장 적극적인 것은? 2024년 2회, 2022년 2회, 2018년 1회, 2015년 2회

① 단체교섭에 의한 참가
② 단체행동에 의한 참가
③ 노사협의회에 의한 참가
④ 근로자 중역, 감사역제에 의한 참가

10 다음은 어떤 숍제도에 대한 설명인가? 2025년 1회, 2022년 1회, 2020년 4회, 2020년 2회, 2019년 1회, 2018년 3회, 2018년 1회, 2017년 3회, 2017년 2회, 2016년 1회, 2015년 3회, 2015년 2회, 2013년 2회

> 기업이 노동자를 채용할 때는 노동조합에 가입하지 않은 노동자를 채용할 수 있지만 일단 채용된 노동자는 일정기간 내에 노동조합에 가입하여야 하며 또한 조합에서 탈퇴하거나 제명되는 경우 종업원자격을 상실하도록 되어있는 제도

① 클로즈드 숍(closed shop)
② 오픈 숍(open shop)
③ 에이전시 숍(agency shop)
④ 유니온 숍(union shop)

11 다음은 무엇에 관한 설명인가? 2025년 2회, 2024년 3회, 2022년 3회, 2021년 3회, 2018년 3회, 2017년 2회, 2015년 3회, 2013년 2회

> 노동조합 가입에 대한 강제조항이 없는 경우, 비노조원은 노력 없이 노조원들의 조합활동에 따른 혜택을 보게 된다. 따라서 노동조합은 혜택에 대한 대가로 비노조원들에게서 노동조합비에 상당하는 금액을 징수한다.

① closed shop
② union shop
③ agency shop
④ maintenance shop

12 노동조합 조직부문과 비조직부문 간의 임금격차를 축소시키는 효과를 모두 짝지은 것은? 2019년 2회, 2015년 3회, 2012년 1회

> A. 이전효과(spillover effect)
> B. 위협효과(threat effect)
> C. 대기실업효과(wait unemployment effect)
> D. 해고효과(displacement effect)

① A, B
② B, C
③ C, D
④ A, D

꼼꼼하게 풀어 주는 정답과 해설

09 ④ 근로자의 경영참가에는 자본참가, 이익참가 등이 있으나 가장 적극적인 참가는 경영의사결정에 직접 참여하거나 경영을 감시하는 것이다.

10 ④ 유니온 숍(union shop)은 사용자가 자유롭게 채용할 수 있으나 채용 후 일정기간이 지나면 반드시 조합에 가입하여야 하는 제도이다. 또한 조합으로부터 탈퇴하거나 제명되어 조합원 자격을 상실할 때에는 해고된다는 노사 간의 협약을 의미한다.

11 ③ 조합원이 아니더라도 모든 종업원에게 노동조합이 조합비를 징수하는 제도는 에이전시 숍(agency shop)이다.

12 B. 위협효과는 비조직부문의 임금을 상승시키므로 임금격차를 축소시킨다.
C. 대기실업효과는 비조직부문의 노동공급이 감소하여 임금을 상승시키므로 임금격차를 축소시킨다.

오답풀이
A, D. 이전효과(파급효과, 해고효과)는 비조직부문의 임금을 하락시키므로 임금격차를 크게 만든다.

정답 09 ④ 10 ④ 11 ③ 12 ②

13 파업의 경제적 손실에 대한 설명으로 틀린 것은?
2020년 4회, 2018년 1회, 2012년 3회, 2008년 2회

① 노동조합 측 노동소득의 순상실분은 해당 기업에서의 임금소득의 상실보다 훨씬 적을 수 있다.
② 사용자 이윤의 순감소분은 직접적인 생산 중단에서 오는 것보다 항상 더 크다.
③ 파업에 따르는 사회적 비용은 제조업보다 서비스업에서 더 큰 것이 보통이다.
④ 파업에 따르는 생산량 감소는 타 산업의 생산량 증가로 보충하기도 한다.

14 단체교섭에서 힉스의 이론에 대한 설명으로 틀린 것은?
2025년 2회, 2022년 3회, 2021년 3회, 2020년 3회

① 노사 양측이 수락하는 임금수준은 그 임금수준에 도달시키기까지 필요한 파업기간의 함수이다.
② 사용자들은 파업기간이 길어짐에 따라 점차 높은 수준의 임금을 지불하는 방향으로 양보할 수밖에 없다.
③ 단체교섭에서 임금 등이 결정되는 과정을 교섭력(bargaining power)이라는 개념으로 설명한다.
④ 노동조합은 파업이 진행됨에 따라 많은 손실, 즉 비용이 발생하므로 자신의 요구임금률 수준을 낮출 수밖에 없다.

15 노동조합의 임금효과에 관한 설명으로 틀린 것은?
2025년 3회, 2019년 3회, 2018년 2회, 2016년 3회, 2013년 3회, 2011년 3회

① 노동조합 조직부문과 비조직부문 간의 임금격차는 불경기 시에 감소한다.
② 노동조합 조직부문에서 해고된 근로자들이 비조직부문에 몰려 비조직부문의 임금을 떨어뜨릴 수 있다.
③ 노동조합이 조직될 것을 우려하여 비조직부문의 기업이 이전보다 임금을 더 많이 인상시킬 수 있다.
④ 노조 조직부문에 입사하기 위해 비조직부문 근로자들이 사직하는 경우가 많아 비조직부문의 임금이 상승할 수 있다.

16 기업별 조합의 상부조합(산업별 또는 지역별)과 개별 사용자 간, 또는 사용자 단체와 기업별 조합과의 사이에서 행해지는 단체교섭은?
2019년 2회, 2018년 2회, 2016년 3회, 2011년 2회, 2009년 1회

① 기업별 교섭
② 대각선 교섭
③ 통일교섭
④ 방사선 교섭

꼼꼼하게 풀어 주는 정답과 해설

13 ② 사용자의 이윤의 순감소분은 생산중단에서 오는 것보다 적을 수도 있다. 그 이유는 생산이 중단되어도 어느 정도는 재고의 처분을 통해서 충당할 수 있고, 또 생산의 중단에 따라 가변비용의 지출을 절약할 수 있기 때문이다.

14 ③ 단체교섭 과정에서 임금 등이 결정되는 과정을 교섭력(bargaining power)이라는 개념으로 설명하는 것은 체임벌린(N. W. Chamberlin)의 모형이다. 이 모형은 한 교섭당사자의 교섭력의 크기가 교섭결과인 임금률의 수준을 결정하고, 또한 각 당사자의 교섭력에 영향을 미치는 요인을 자기 측에 유리하도록 변화시키면 이에 따라 교섭력이 커지고 교섭결과가 더욱 유리하게 된다는 것이다.

15 ① 노동조합 조직부문과 비조직부문의 임금격차는 파급효과와 위협효과로 설명되는데, 이는 경기상황과는 관계가 없다. 노조부문의 임금인상으로 실업이 발생하여 이들이 비노조부문으로 가는 경우 비노조부문의 임금이 하락하면 파급효과(spillover effect)이고, 비노조부문에서 노조결성 움직임이 발생하여 임금을 올려주는 효과가 위협효과(threat effect)이다.

16 ② 대각선 교섭은 단위 노동조합이 소속된 상부단체와 각 단위 노동조합에 대응하는 개별기업의 사용자 간에 이루어지는 교섭을 말한다. 사용자 단체가 조직되어 있지 않은 경우 또는 조직되어 있다고 할지라도 각 기업에 특수한 사정이 있는 경우에 행해진다.

정답 13 ② 14 ③ 15 ① 16 ②

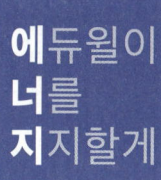

풍랑은 영원하지 않습니다.
터널은 무한하지 않습니다.
견디면 다 지나갑니다.

지나고 보면 그 시간이 유익입니다.

— 조정민, 『고난이 선물이다』, 두란노

V

고용노동관계법규

고용노동관계법규, 어떻게 접근할까?

- 고용노동관계법규는 노동기본권을 비롯하여 다양한 법령이 포함되어 분량이 방대하고, 매해 개정되는 법령을 확인해야 하므로 수험생들이 더욱 부담을 느끼는 과목입니다.
- 그러나 고용노동관계법규 역시 출제 유형이 정해져 있으므로, 반복하여 출제되는 내용에 집중하여 공부한다면 합격점수를 얻는 데는 어려움이 없을 것입니다.

CHAPTER 01 노동기본권

CHAPTER 02 근로기준법

CHAPTER 03 최저임금법

CHAPTER 04 직업안정법

CHAPTER 05 고용보험법

CHAPTER 06 국민 평생 직업능력 개발법

CHAPTER 07 남녀고용평등과 일·가정 양립 지원에 관한 법률

CHAPTER 08 구직자취업촉진법

CHAPTER 09 채용절차의 공정화에 관한 법률

CHAPTER 10 개인정보 보호법

CHAPTER 01 노동기본권

회당 평균 출제 문항수 **1개**

수험 전략
- 학습범위가 넓지 않아 공부하기 어렵지 않은 분야이다.
- 노동기본권은 헌법 제32조 근로권과 제33조 노동3권으로 구성되는데, 두 영역에서 번갈아가며 출제되고 있다.
- 다른 시험과목과 마찬가지로 이전 기출문제에서 다수 반복 출제되고 있으므로, 기출문제를 자주 풀어보고 확실히 이해해야 한다.

NEW & HOT! 키워드
\# 근로권
\# 노동3권

UNIT 1 노동법의 의의

2019년 2회, 2014년 3회, 2010년 4회

① 노동법이란 헌법과 국제법상의 인권에 근거하여 인간의 존엄성을 보장하기 위한 근로자의 고용, 근로조건 및 노동단체에 관한 법이다.
② 노동법이란 근로자의 권리를 보호하고 근로조건을 유지·개선하기 위한 법을 말한다.
③ 노동법은 자본주의 경제의 기본적 틀은 그대로 유지하되 근대 시민법(또는 근대사법)의 3대 원칙[소유권 절대의 원칙, 계약자유의 원칙, 과실(자기)책임의 원칙]을 수정(소유권 상대의 원칙, 계약공정의 원칙, 무과실책임의 원칙의 도입 등)함으로써, 자본주의 경제를 안정적이고 지속적으로 유지·발전시키고자 대두된 새로운 법 원리이다.
④ 이러한 노동법은 사회적·경제적으로 약자인 근로자의 생존권을 보장하고 기업의 생산활동을 촉진함으로써 근로자의 보호와 기업의 발전에 이바지하는 역할을 한다.

☑ 교수님의 코멘트
근대 시민법의 3대 원칙 수정을 통해 노동기본권을 보장하며 사용자의 고용보험료 납부의무 등을 통해 소유권 절대원칙을 제한하였고, 근로조건의 최저기준을 정함으로써 계약자유원칙을 제한하였으며, 재해보상에서 사용자의 무과실책임원칙이 도입되어 과실책임의 원칙이 수정되었습니다.

더 알아보기 노동법의 효력관계

상위법 및 유리조건 우선의 원칙	신법 및 특별법 우선의 원칙
상위법과 하위법이 충돌하는 경우에는 상위법이 적용된다(상위법 우선의 원칙). 그러나 하위법이라고 하더라도 근로자에게 유리한 내용은 유리한 규정을 적용한다(유리조건 우선의 원칙). 예 「근로기준법」에서는 여성의 생리휴가가 무급휴가로 되어 있으나, 회사의 취업규칙에서 법과 다르게 유급휴가로 규정되어 있는 경우에는 취업규칙이 적용된다.	같은 위치에 있는 법원 간에 충돌이 발생한 경우에는 구법보다 신법이 불리하더라도 신법이 적용되며(신법 우선의 원칙), 일반법보다 특별법이 우선 적용된다(특별법 우선의 원칙). 예 공무원 노동조합의 설립 시에는 일반노조법에 우선하여 특별법인 공무원노조법이 적용된다.

UNIT 2 노동기본권

2025년 2회, 2019년 1회, 2015년 2회, 2012년 2회

① 노동기본권이란 근로자의 생존을 보장하기 위하여 헌법에서 보장한 기본적인 권리로, 근로권(헌법 제32조)과 노동3권(헌법 제33조 제1항)을 말한다.
② 근로권의 주체는 모든 국민이며, 노동3권의 주체는 근로자 개인 및 노동조합을 비롯한 근로자 단체이다.
③ 노동3권 중 단체교섭권과 단체행동권은 근로자 개인이 보유주체는 될 수 있으나, 행사주체는 될 수 없다(행사주체는 노동조합).
④ 근로권은 근로자를 개인적 차원에서 보호하는 것이며, 노동3권은 근로자의 집단적 활동을 보장하기 위한 것이다.
⑤ 노동기본권은 자유권적 성격과 생존권적 성격을 동시에 가지고 있으나, 생존권적 기본권의 성격이 보다 강하다.
⑥ 외국인은 노동3권의 주체는 될 수 있으나, 근로권의 주체는 될 수 없다.

> ✓ 교수님의 코멘트
>
> 노동기본권의 구성에는 근로권, 노동3권(단결권, 단체교섭권, 단체행동권)이 있습니다.

더 알아보기 자유권과 생존권

자유권이란 국가권력에 의하여 개인의 자유를 제한받지 아니하는 권리(신앙·학문·언론·집회·결사·직업선택·주거이전의 자유 등)를 말하며, 생존권이란 각 개인이 생존하는 데에 필요한 모든 것을 국가에 요구할 수 있는 권리(근로권, 노동3권 등)를 말한다.

UNIT 3 근로권

2024년 3회, 2022년 1회, 2021년 1·2회, 2020년 3회, 2019년 3회, 2018년 1·2·3회, 2017년 1·2·3회, 2016년 1·2·3회, 2015년 1회, 2014년 1·2·3회, 2013년 3회, 2012년 1·3회, 2010년 1·4회

① 모든 국민은 근로의 권리를 가진다. 국가는 사회적·경제적 방법으로 근로자의 고용증진과 적정임금의 보장에 노력하여야 하며, 법률이 정하는 바에 의하여 최저임금제를 시행하여야 한다.
② 모든 국민은 근로의 의무를 진다. 국가는 근로의 의무의 내용과 조건을 민주주의 원칙에 따라 법률로 정한다.
③ 근로조건의 기준은 인간의 존엄성을 보장하도록 법률로 정한다.
④ 여자의 근로는 특별한 보호를 받으며, 고용·임금 및 근로조건에 있어서 부당한 차별을 받지 아니한다.
⑤ 연소자의 근로는 특별한 보호를 받는다.
⑥ 국가유공자·상이군경 및 전몰군경의 유가족은 법률이 정하는 바에 의하여 우선적으로 근로의 기회를 부여받는다.

> ✓ 교수님의 코멘트
>
> • 국가는 법에 의해 최저임금제를 반드시 실시해야 하며, 적정임금은 가능한 한 보장되도록 노력해야 합니다.
> • 근로조건의 특별보호대상은 여자·연소자이며, 우선적 취업기회 부여대상은 국가유공자·상이군경·전몰군경 유가족입니다.

UNIT 4 노동3권

1 노동3권의 내용
2020년 1·2(통합)·4회, 2019년 2회, 2018년 1·2회, 2017년 1·2·3회, 2016년 2·3회, 2015년 1·2·3회, 2014년 1·2회, 2013년 3회, 2012년 3회, 2011년 1·2회, 2010년 1·2·3회

구분	주요 내용
단결권	• 단결권이란 근로자가 사용자 또는 사용자 단체에 대응해서 근로조건의 유지, 개선, 기타 근로자의 경제적 지위향상을 도모하기 위해 단결할 수 있는 권리를 말한다. • 개인적 단결권과 근로자 단체의 단결권: '개인적 단결권'이란 근로자 개인이 단체에 참여할 수 있는 권리(노동조합의 결성·가입·탈퇴, 노조활동 참여 등)를 말하며, '근로자 단체의 단결권'이란 조직을 유지·확대하고 상급단체에 가입·탈퇴할 수 있는 권리를 말한다. • 적극적 단결권과 소극적 단결권: '적극적 단결권'이란 근로자가 적극적으로 노동조합을 결성하고 이에 가입하며 노동조합 구성원으로서 활동할 수 있는 권리를 말하며, '소극적 단결권'이란 단결하지 않을 자유 또는 단체불가입의 자유를 말한다.
단체교섭권	• 단체교섭권이란 노동조합이 근로조건의 유지·개선과 경제적·사회적 지위향상을 위하여 사용자와 직접 교섭할 수 있는 권리를 말한다. • 개개 근로자가 직접 행사할 수 있는 권리가 아니며, 단체교섭의 주체는 노동조합이다. • 사용자는 단체교섭권을 가지지 않으며, 노동조합의 단체교섭에 응해야 할 의무를 진다.
단체행동권	• 단체행동권이란 단결권의 존립과 그 목적활동인 단체교섭을 근로자의 단결력을 배경으로 하여 관철시킬 수 있는 권리를 말한다. • 법률이 정하는 주요방위산업체에 종사하는 근로자의 단체행동권은 법률이 정하는 바에 의하여 이를 제한하거나 인정하지 아니할 수 있다(헌법 제33조 제3항). • 정당한 단체행동권의 행사는 민사상·형사상 책임을 면제시키므로, 시민법에 대한 중대한 수정을 의미한다. • 사용자는 단체행동권의 주체가 될 수 없다.

> ✓ **교수님의 코멘트**
> 이익균점권, 단체요구권, 노사공동결정권, 평등권, 경영참가권은 노동3권에 해당되지 않습니다.

> **더 알아보기** 노동3권의 주체
> • 단결권의 주체는 근로자 및 노동조합이며, 단체교섭권 및 단체행동권의 행사주체는 노동조합이다(근로자 개인은 행사주체가 될 수 없음).
> • 사용자는 단체행동권의 주체는 아니지만 노동조합의 단체행동권 행사에 대항하여 쟁의행위를 할 수 있는데, 이것을 직장폐쇄라고 한다. 즉, 사용자는 단체행동권의 주체는 될 수 없으나, 쟁의행위의 주체는 될 수 있다.
> • 노동조합의 쟁의행위(파업, 태업, 보이콧, 피케팅, 준법투쟁 등)는 헌법에서 보장하고 있으며, 사용자의 쟁의행위(직장폐쇄)는 「노동조합 및 노동관계조정법」에서 보장하고 있다. 2022년 3회, 2019년 1회, 2014년 1회
> • 외국인은 노동3권의 주체는 될 수 있으나, 근로권의 주체는 될 수 없다.

2 노동3권의 상호관계
① 노동3권은 근로자의 생존보장을 이념으로 하는 생존권적 기본권으로서 상호 밀접한 관련을 가지고 있으므로 원칙적으로 통일적 권리로서 보장되어 있다.
② 단결권이 근로자 집단의 근로조건 향상을 추구하는 주체라면, 단체교섭권은 그 목적활동이고, 단체행동권은 단체교섭을 지원하는 수단이다.

3 노동3권의 제한
2024년 1회, 2022년 2회, 2019년 3회, 2018년 3회, 2013년 1·3회, 2011년 3회, 2009년 2회

① 헌법 제33조 제1항은 근로자의 노동3권이 근로조건의 향상을 위하여 자주적으로 행사될 것을 규정하고 있으므로, 근로조건의 향상과 직접 관련이 없는 정치파업 등은 제한된다.

② 공무원의 노동3권 제한(헌법 제33조 제2항)
  ㉠ 공무원인 근로자는 법률이 정하는 자에 한하여 단결권·단체교섭권 및 단체행동권(노동3권)을 가진다.
  ㉡ 일반직 공무원은 단결권과 단체교섭권은 인정되나 단체행동권은 제한되며, 특정직 공무원(경찰·군인 등)은 노동3권 모두가 제한되어 있다.
  ㉢ 공무원 중 '사실상 노무에 종사하는 공무원(과학기술정보통신부 소속 현업기관의 작업현장에서 노무에 종사하는 우정직 공무원)'은 노동3권이 모두 보장되어 있다.

③ 교원(국공립학교 및 사립학교 포함)의 경우 단결권과 단체교섭권은 허용되어 있으나 단체행동권은 제한되어 있다(교원의 노동조합 설립 및 운영 등에 관한 법률 제8조).

④ 주요방위산업체 종사자 중 전력·용수 및 주로 방산물자 생산업무에 종사하는 자의 단체행동권은 제한된다(헌법 제33조 제3항).

⑤ 선원의 경우 선박이 외국의 항구에 있거나, 여객선이 승객을 태우고 항해 중인 경우 등에는 쟁의행위를 할 수 없다(선원법 제25조).

⑥ 기타 헌법 제37조 제2항(공공복리)에 의한 제한, 헌법 제76조, 제77조(비상사태 등)에 의한 제한 등이 있다.

> ✓ **교수님의 코멘트**
> - 국공영기업체 종사자가 아니라 방위산업체 종사자라는 점에 유의하세요.
> - 주요방위산업체 종사자 중 전력·용수·방산물자 생산업무에 종사하는 자는 단체행동권이 제한될 뿐이지, 단결권·단체교섭권이 제한되는 것은 아닙니다.

더 알아보기 | 주요방위산업체 종사 근로자 중 단체행동권이 제한되는 자

- 주요방위산업체 종사 근로자 중 전력·용수 및 주로 방산물자 생산업무에 종사하는 자는 단체행동권이 제한된다.
- '주로 방산물자를 생산하는 업무에 종사하는 자'란 방산물자의 완성에 필요한 제조·가공·조립·정비·재생·개량·성능검사·열처리·도장·가스취급 등의 업무에 종사하는 자를 말한다.
- 따라서 주요방위산업체 종사자 중에서도 민수물자 생산에 종사하는 자 및 방산물자 생산과 직접 관련 없는 시험·관리업무 등 간접지원부서 종사 근로자는 쟁의행위에 참여할 수 있다.

더 알아보기 | 노동조합 가입이 제한되는 항상 사용자의 이익을 대표하여 행동하는 자

'사용자의 이익을 대표하여 행동하는 자'란 직무상의 의무와 책임이 노동조합 조합원으로서의 성의와 책임에 직접적으로 저촉되는 지위에 있는 근로자를 말하는데, 여기에 해당하는 자는 「노동조합 및 노동관계조정법」 제2조 제4호에 따라 근로자이면서도 노동조합의 가입이 제한되는 것으로 해석된다(예 인사·노무담당자, 임원의 비서, 임원의 운전기사, 근로자 감시·순찰·경비업무담당자 등).

CHAPTER 01 | 노동기본권

핵심 기출문제

01 노동기본권에 관한 설명으로 틀린 것은?
2018년 1회

① 모든 국민은 근로의 권리를 가진다.
② 공무원인 근로자는 법률이 정하는 자에 한하여 노동3권을 가진다.
③ 고용·임금 및 근로조건에 있어서 모든 근로자는 성별에 관계없이 평등하다.
④ 법률이 정하는 주요방위산업체에 종사하는 근로자의 단체행동권은 법률이 정하는 바에 의하여 이를 제한하거나 인정하지 아니할 수 있다.

02 헌법 제32조에서 명시된 내용이 아닌 것은?
2021년 2회, 2018년 2회

① 국가는 근로의 의무의 내용과 조건을 민주주의 원칙에 따라 법률로 정한다.
② 장애인의 근로는 특별한 보호를 받는다.
③ 국가는 법률이 정하는 바에 의하여 최저임금제를 시행하여야 한다.
④ 근로조건의 기준은 인간의 존엄성을 보장하도록 법률로 정한다.

03 헌법상 근로의 특별한 보호 또는 우선적인 근로기회 보장의 대상자로서 명시되어 있지 않은 것은?
2017년 1회

① 여자　　　② 연소자
③ 실업자　　④ 국가유공자

빈출
04 헌법상 근로3권과 그 제한에 대한 설명으로 틀린 것은?
2018년 3회, 2015년 2회

① 근로조건의 향상과 무관한 근로3권의 행사는 제한될 수 있다.
② 공무원인 근로자는 법률이 정하는 자에 한하여 단결권, 단체교섭권 및 단체행동권을 가진다.
③ 법률이 정하는 주요방위산업체에 종사하는 근로자의 단체교섭권, 단체행동권은 법률이 정하는 바에 의하여 제한될 수 있다.
④ 근로3권은 국가안전보장, 질서유지 또는 공공복리를 위하여 필요한 경우에 한하여 법률로써 제한될 수 있다.

꼼꼼하게 풀어 주는 정답과 해설

01 ③ 「헌법」 제32조 제4항에 의하면 여자의 근로는 특별히 보호받게 되어 있으므로, 모든 근로자는 근로조건에 있어서 성별에 관계없이 평등한 것은 아니다.

02 ② 「헌법」 제32조에서 장애인에 대해서는 직접 언급하고 있지 않다. 명시된 근로조건의 특별보호대상은 여성, 연소자이다.

03 「헌법」 제32조에서 근로조건의 특별보호 또는 우선적 근로기회 부여대상으로 언급하고 있는 사람은 여자, 연소자, 국가유공자, 상이군경 및 전몰군경의 유가족이다.

04 ③ 법률이 정하는 주요방위산업체에 종사하는 근로자의 경우 단체행동권이 제한될 수 있을 뿐이다. 따라서 단체교섭권은 제한대상이 아니다.

정답　01 ③　02 ②　03 ③　04 ③

05 헌법상 노동3권과 관련이 있는 것은? 2015년 1회

① 법률에 의해 최저임금제 보장
② 자주적인 단체교섭권의 보장
③ 연소근로자 특별 보호
④ 국가유공자의 우선 근로기회 부여

06 헌법에 명시된 노동기본권으로만 짝지어진 것은? 2019년 1회, 2015년 2회

① 근로권, 단결권, 단체교섭권, 단체행동권
② 근로권, 노사공동결정권, 단체교섭권, 단체행동권
③ 근로권, 단결권, 경영참가권, 단체행동권
④ 근로의 의무, 단결권, 단체교섭권, 이익균점권

07 [빈출] 다음 중 헌법상 보장된 쟁의행위로 볼 수 없는 것은? 2022년 3회, 2019년 1회, 2014년 1회

① 파업
② 태업
③ 직장폐쇄
④ 보이콧

08 [빈출] 노동기본권에 관하여 헌법에 명시된 내용으로 틀린 것은? 2019년 3회, 2016년 3회

① 공무원인 근로자는 법률이 정하는 자에 한하여 단결권·단체교섭권 및 단체행동권을 가진다.
② 근로자는 근로조건의 향상을 위하여 자주적인 단결권·단체교섭권 및 단체행동권을 가진다.
③ 법률이 정하는 주요방위산업에 종사하는 근로자의 단체행동권은 법률이 정하는 바에 의하여 이를 제한하거나 인정하지 아니할 수 있다.
④ 공익사업에 종사하는 근로자의 단체행동권은 법률이 정하는 바에 의하여 이를 제한하거나 인정하지 아니할 수 있다.

꼼꼼하게 풀어 주는 정답과 해설

05 ② 노동기본권은 근로권(「헌법」 제32조)과 노동3권(「헌법」 제33조)으로 구분되는데, 단체교섭권은 노동3권에 해당한다.
오답풀이
①, ③, ④ 근로권(「헌법」 제32조)에 해당하는 내용이다.
06 ① 노동기본권은 근로권과 노동3권(단결권, 단체교섭권, 단체행동권)을 말한다.
07 ③ 직장폐쇄는 사용자에 의한 쟁의행위로서, 「헌법」이 아닌 「노동조합 및 노동관계조정법」에서 규정하고 있다.
08 ④ 공무원·교원이 아닌 일반기업에서 근로자의 단체행동권을 제한할 수 있는 대상은 주요방위산업체에 종사하는 근로자(전력, 용수, 생산)에 한하며, 공익사업은 이에 해당하지 않는다.

정답 05 ② 06 ① 07 ③ 08 ④

09 헌법상 근로의 권리와 관련하여 명시되어 있지 않은 것은? 2018년 3회

① 최저임금제 시행
② 국가유공자의 유가족에 대한 우선적 근로 기회 부여
③ 여자·연소자의 근로에 대한 특별한 보호
④ 산업재해로부터 특별한 보호

10 노동법에 대한 설명과 가장 거리가 먼 것은? 2014년 3회

① 근로자의 인간다운 생활보장
② 근대 시민법 원리의 부정
③ 노사대등의 실현
④ 자본주의 체제의 유지, 발전

11 다음 ( ) 안에 알맞은 것은? 2016년 3회

> 헌법 제32조 제2항에 의하면 국가는 근로의 의무의 내용과 조건을 ( )에 따라 법률로 정한다.

① 민주주의 원칙
② 자유주의 원칙
③ 사회주의 원칙
④ 복지국가 원칙

12 헌법상 근로에 관한 설명으로 틀린 것은? 2025년 3회, 2023년 1회, 2019년 3회, 2016년 1회

① 모든 국민은 근로의 권리를 가진다.
② 모든 국민은 근로의 의무를 진다.
③ 연소자의 근로는 특별한 보호를 받는다.
④ 근로기회의 제공을 통하여 생활무능력자에 대한 국가적 보호의무를 증가시킨다.

꼼꼼하게 풀어 주는 정답과 해설

09 ④ 「헌법」 제32조에서는 산업재해에 대하여 규정하고 있지는 않다.

10 ② 노동법은 근대 시민법 원리를 부정한 것이 아니라 수정한 것으로 봐야 한다. 즉, 소유권 절대의 원칙은 소유권 상대의 원칙으로, 계약자유의 원칙은 계약공정의 원칙으로, 과실책임의 원칙은 무과실책임의 원칙으로 수정한 것으로 이해된다.

11 ① 모든 국민은 근로의 의무를 진다. 국가는 근로의 의무의 내용과 조건을 민주주의 원칙에 따라 법률로 정한다(「헌법」 제32조 제2항).

12 ④ 근로의 기회가 제공될수록 국가적 보호의무는 감소하게 된다.

정답 09 ④ 10 ② 11 ① 12 ④

13 헌법상 근로의 권리에 관한 내용으로 틀린 것은? 2016년 2회

① 국가의 고용증진 의무
② 근로조건 기준의 법정주의
③ 여자와 연소자 근로의 특별보호
④ 국가유공자 등에 대한 근로기회의 평등보장

15 근로3권에 관한 설명으로 옳은 것은? 2019년 2회

① 근로자는 자주적인 단결권, 단체교섭권, 단체행동권을 가진다.
② 공무원도 근로자이므로 근로3권을 당연히 갖는다.
③ 주요방위산업체의 근로자는 국가안보를 위해 당연히 단체행동권이 인정되지 않는다.
④ 미취업근로자 개개인에게 주어지는 구체적 권리이다.

빈출
14 헌법 제32조에 명시된 내용이 아닌 것은?
2024년 3회, 2022년 1회

① 연소자의 근로는 특별한 보호를 받는다.
② 근로조건의 기준은 인간의 존엄성을 보장하도록 법률로 정한다.
③ 여자의 근로는 특별한 보호를 받으며, 고용·임금 및 근로조건에 있어서 차별을 받지 아니한다.
④ 국가는 사회적·경제적 방법으로 근로자의 고용의 증진과 최저임금의 보장에 노력하여야 한다.

16 다음 중 노동법의 성격에 가장 적합한 원칙은?
2019년 2회

① 계약자유의 원칙
② 자기책임의 원칙
③ 소유권 절대의 원칙
④ 당사자의 실질적 대등의 원칙

꼼꼼하게 풀어 주는 정답과 해설

13 ④ 국가유공자 등에 대해서는 근로기회를 우선적으로 부여하도록 되어 있으므로, 근로기회의 평등보장은 옳지 않다.
14 ④ '최저임금'은 법률에 의해 실시해야 하며, '적정임금'은 보장하도록 노력해야 하는 대상이다.
15 오답풀이
② 공무원은 법률이 정하는 자에 한하여 근로3권을 가진다.
③ 주요방위산업체 종사자 중 전력, 용수, 주로 방산물자 생산업무에 종사하는 자의 단체행동권이 제한된다.
④ 근로3권은 원칙적으로 취업한 근로자에게 주어지는 권리이다.
16 계약자유의 원칙, 자기책임의 원칙, 소유권 절대의 원칙은 노동법이 아닌 근대 민법의 3대 원칙이다. 노동법은 당사자의 실질적인 대등성을 확보하도록 도와준다.

정답 13 ④ 14 ④ 15 ① 16 ④

CHAPTER 02 근로기준법

회당 평균 출제 문항수 **3.1개**

▌수험 전략
- 「근로기준법」은 학습범위가 가장 넓은 분야이다.
- 노동관계법규의 기초가 되는 법으로, 임금·근로시간·휴일·휴가 등의 기본적 용어에 대한 이해가 필수적이다.
- 전 분야에서 고루 출제되고 있으며, 특히 해고에 대한 사항은 반드시 이해해야 한다.

▌NEW & HOT! 키워드
\# 평균임금 \# 취업규칙
\# 근로계약 \# 해고
\# 근로시간 \# 휴일·휴가

이 법은 헌법에 따라 근로조건의 기준을 정함으로써 근로자의 기본적 생활을 보장·향상시키며 균형 있는 국민경제의 발전을 꾀하는 것을 목적으로 한다(제1조).

UNIT 1 총칙

1 「근로기준법」의 기본원칙

2022년 1회, 2018년 3회, 2016년 2회

(1) 최저근로조건 보장
「근로기준법」에서 정하는 근로조건의 기준은 최저기준으로, 이를 이유로 해서 기존의 근로조건을 저하시킬 수 없다(제3조).

(2) 근로조건 대등결정의 원칙 및 근로조건의 준수
근로자와 사용자는 형식적으로나 실질적으로 동등한 입장에서 자유의사에 따라 근로조건을 결정해야 하며, 노사는 이를 준수할 의무가 있다(제4조, 제5조).

(3) 강제근로의 금지
사용자는 폭행, 협박, 감금, 기타 정신상 또는 신체상의 자유를 부당하게 구속하는 수단으로써 근로자의 자유의사에 반하는 근로를 강요하지 못한다(제7조).

(4) 폭행의 금지
사용자는 사고의 발생이나 그 밖의 어떠한 이유로도 근로자에게 폭행을 하지 못한다(제8조).

(5) 중간착취의 배제
누구든지 법률에 따르지 아니하고는 영리로 타인의 취업에 개입하거나 중간인으로서 이익을 취득하지 못한다(제9조).

(6) 균등처우

2016년 1회, 2012년 2회

사용자는 근로자에 대하여 남녀의 성을 이유로 차별적 대우를 하지 못하며, 국적·신앙 또는 사회적 신분을 이유로 근로조건에 대한 차별적 처우를 하지 못한다(제6조).

> ☑ **교수님의 코멘트**
>
> 「근로기준법」에서는 채용 후의 남녀차별금지(승진 등)를 규정하고 있으며, 채용할 때의 남녀차별금지에 대해서는 「남녀고용평등과 일·가정 양립 지원에 관한 법률」에서 정하고 있습니다.

(7) 공민권 행사의 보장

근로자가 근로시간 중에 선거권, 기타 공민권의 행사(예 헌법 개정의 국민투표권, 피선거권의 행사, 공직선거법상의 선거 또는 당선에 관한 소송 등) 또는 공의 직무(예 국회의원·노동위원회의 위원으로서의 직무, 증인·감정인으로서의 법원에 출석하는 행위, 향토예비군·민방위 훈련 등)를 집행하기 위하여 필요한 시간을 청구하는 경우에는 거부하지 못한다. 다만, 그 권리행사나 공의 직무를 수행하는 데에 지장이 없는 한 청구시간을 변경할 수 있다(제10조).

2 「근로기준법」의 적용범위

2022년 3회, 2019년 2회, 2018년 3회, 2015년 3회

구분	주요 내용
전부적용대상	• 이 법은 상시 5명 이상의 근로자를 사용하는 모든 사업 또는 사업장에 적용한다. • 이 법과 이 법에 따른 대통령령은 국가, 특별시·광역시·도, 시·군·구, 읍·면·동, 그 밖에 이에 준하는 것에 대하여도 적용된다.
일부적용대상	• 상시 4명 이하의 근로자를 사용하는 사업 또는 사업장에는 일부 규정만을 적용한다. • 상시 4명 이하 사업장에 적용되지 않는 주요 내용: 정당한 이유 없는 해고금지, 경영상 해고제한, 휴업수당 지급, 근로시간 제한, 연차휴가, 연장·야간·휴일근로 시 가산임금 지급, 생리휴가, 취업규칙 작성 신고 등
적용제외대상	• 동거하는 친족만을 사용하는 경우 • 가사사용인(가사도우미 등) • 특별법 우선 적용대상 선원, 공무원, 사립학교 교원 등

3 근로자와 사용자

2024년 2회, 2022년 3회, 2020년 4회, 2017년 3회, 2016년 1회, 2015년 2회, 2014년 3회, 2012년 2회, 2010년 4회

① '근로자'란 직업의 종류와 관계없이 임금을 목적으로 사업이나 사업장에 근로를 제공하는 자이다(제2조).

② 「근로기준법」은 현재 근로계약관계에 있는 근로자의 근로조건을 확보하려는 것이므로, 실업상태에 있는 자는 「근로기준법」상의 근로자의 개념에 포함되지 않는다. 따라서 「근로기준법」상의 근로자의 개념은 실업상태에 있는 자까지를 포함하는 「노동조합 및 노동관계조정법」상의 근로자의 개념과는 다르다.

> ☑ **교수님의 코멘트**
>
> 「노동조합 및 노동관계조정법」상의 근로자란 직업의 종류를 불문하고 임금·급료 기타 이에 준하는 수입에 의해 생활하는 자(노동조합의 설립·가입자격을 가지는 근로자)를 뜻합니다.

③ '단시간근로자'란 1주 동안의 소정근로시간이 그 사업장에서 같은 종류의 업무에 종사하는 통상근로자의 1주 동안의 소정근로시간에 비하여 짧은 근로자를 말한다(제2조). 4주간을 평균하여 1주간의 소정근로시간이 15시간 미만인 근로자에 대해서는 퇴직금, 유급주휴일, 유급연차휴가가 부여되지 않는다.

④ '사용자'란 사업주 또는 사업경영담당자, 그 밖에 근로자에 관한 사항에 대하여 사업주를 위하여 행위하는 자를 말한다(제2조).

UNIT 2 근로계약

근로계약이란 근로자가 사용자에게 근로를 제공하고, 사용자는 이에 대하여 임금을 지급하는 것을 목적으로 체결된 계약을 말한다(제2조). 「근로기준법」에 정한 기준(최저기준)에 미치지 못하는 근로조건을 정한 근로계약은 그 부분에 한하여 무효로 하며, 무효로 된 부분은 「근로기준법」에 정한 기준에 따른다.

1 근로계약 체결 시 근로자 보호규정

(1) 근로조건의 명시
<small>2018년 1·3회, 2012년 2·3회, 2010년 4회, 2009년 2회</small>

① 사용자는 근로계약을 체결할 때에 근로자에게 임금, 소정근로시간, 주휴일, 연차유급휴가, 취업장소와 종사업무, 취업규칙의 필요적 기재사항을 명시해야 한다. 이 경우 임금의 구성항목·계산방법·지급방법, 소정근로시간, 주휴일·공휴일 및 연차유급휴가에 관한 사항은 서면(전자문서 포함)으로 명시하여 근로자에게 교부해야 한다(교부의무). 다만, 본문에 따른 사항이 법령, 단체협약 또는 취업규칙의 변경 등으로 인하여 변경되는 경우에는 근로자의 요구가 있으면 그 근로자에게 교부해야 한다(제17조).

> ✓ **교수님의 코멘트**
> 근로계약 체결 시 명시해야 하는 것과 서면으로 명시해야 하는 것을 구분해야 합니다.

② 명시된 근로조건이 사실과 다를 경우에 근로자는 근로조건 위반을 이유로 사용자에 대해 손해배상을 청구할 수 있으며 즉시 근로계약을 해제할 수 있다. 근로계약이 해제되었을 경우 사용자는 취업을 목적으로 거주를 변경하는 근로자에게 귀향여비를 지급하여야 한다(제19조).

(2) 위약예정의 금지
<small>2025년 2회, 2021년 2회, 2020년 1·2(통합)회, 2018년 2회, 2015년 3회, 2012년 3회, 2011년 2회</small>

사용자는 근로계약 불이행에 대한 위약금 또는 손해배상액을 예정하는 계약을 체결하지 못한다(제20조).

(3) 전차금 상계의 금지

사용자는 전차금이나 그 밖에 근로할 것을 조건으로 하는 전대채권과 임금을 상계하지 못한다(제21조).

> **더 알아보기 전차금과 전대채권, 상계**
> - '전차금'이라 함은 취업한 후에 임금에서 변제할 것을 예정하여 근로계약 체결 시에 사용자가 근로자 또는 친권자에게 대부하는 금전을 말하며, '전대채권'이란 전차금 이외에 전차금에 추가해서 근로자 또는 그 친권자 등에게 지급되는 금전으로서 전차금과 동일한 목적을 가진다.
> - '상계'란 쌍방이 서로 같은 종류의 채권을 가지고 있는 경우(서로 주고받을 돈이 있는 경우)에 서로의 채권을 대등액만큼 소멸시키는 것을 말한다.

(4) 강제저금의 금지

사용자는 근로계약을 할 때에 강제저축 또는 저축금의 관리를 규정하는 계약을 체결하지 못한다(제22조).

2 해고

(1) 해고의 제한
<small>2017년 1회</small>

① 사용자는 근로자에게 정당한 이유 없이 해고·휴직·정직·전직·감봉 그 밖의 징벌을 하지 못한다(제23조).

② 해고의 정당한 사유가 존재하더라도 출산전후휴가기간과 그 후 30일간, 육아휴직기간, 업무상 부상 또는 질병의 요양을 위한 휴업기간과 그 후 30일간은 해고할 수 없다.
③ 절대적 해고금지기간이라도 '사업을 계속할 수 없는 경우'나 '요양개시 후 2년이 지난 후 질병·부상이 완치되지 않아 계속 요양 중이라 하더라도 평균임금 1,340일분의 일시보상을 한 경우'에는 해고가 가능하다.
④ 노동위원회에 부당해고 구제신청을 제기할 때에는 부당해고가 있었던 날로부터 3개월 이내에 해야 한다(제28조).

(2) 해고의 서면 통보
① 사용자는 근로자를 해고하고자 할 경우에 해고사유·시기 등을 서면으로 통지해야 하며, 해고사유를 서면으로 통지해야 효력이 발생한다.
② 해고사유와 해고시기를 명시하여 서면으로 해고예고를 한 경우 서면통지로 본다.

(3) 해고의 예고
① 근로자를 해고할 경우에는 그 해고가 정당한 이유가 있더라도 해고일의 30일 전에 해고예고를 하여야 하고, 해고예고를 하지 않았을 경우 30일분 이상의 통상임금을 지급하여야 한다(제26조).
② 해고예고의 예외

해고예고의 예외(특별한 사유)	해고예고의 적용제외(단기취업자)
• 천재·사변, 그 밖의 부득이한 사유로 사업계속이 불가능한 경우 • 근로자가 고의로 사업에 막대한 지장을 초래하거나 재산상 손해를 끼친 경우로서 고용노동부령이 정하는 사유에 해당하는 경우	근로자가 계속해서 근로한 기간이 3개월 미만인 경우

(4) 이행강제금 부과와 구제명령
① 노동위원회는 부당해고 구제명령(구제명령을 내용으로 하는 재심판정 포함)을 받은 후 이행기한까지 구제명령을 이행하지 아니한 사용자에게 3천만 원 이하의 이행강제금을 부과한다(제33조).
② 노동위원회는 이행강제금을 부과하기 30일 전까지 이행강제금을 부과·징수한다는 뜻을 사용자에게 미리 문서로써 알려주어야 하며, 이때 10일 이상의 기간을 정하여 구술 또는 서면(전자문서 포함)으로 의견을 진술할 수 있는 기회를 주어야 한다.
③ 이행강제금을 부과할 때에는 이행강제금의 액수, 부과사유, 납부기한, 수납기관, 이의제기방법 및 이의제기기관 등을 명시한 문서로써 해야 한다.
④ 노동위원회는 최초의 구제명령을 한 날을 기준으로 매년 2회의 범위에서 구제명령이 이행될 때까지 반복하여 이행강제금을 부과·징수할 수 있다. 이 경우 이행강제금은 2년을 초과하여 부과·징수하지 못한다.
⑤ 노동위원회는 구제명령을 받은 자가 구제명령을 이행하면 새로운 이행강제금을 부과하지 아니하되, 구제명령을 이행하기 전에 이미 부과된 이행강제금은 징수하여야 한다.
⑥ 노동위원회는 중앙노동위원회의 재심판정이나 법원의 확정판결에 따라 노동위원회의 구제명령이 취소되면 직권 또는 사용자의 신청에 따라 이행강제금의 부과·징수를 즉시 중지하고 이미 징수한 이행강제금을 반환해야 한다.

⑦ 노동위원회가 이행강제금을 반환하는 때에는 이행강제금을 납부한 날부터 반환하는 날까지의 기간에 대하여 고용노동부령으로 정하는 이율을 곱한 금액을 가산하여 반환해야 한다.
⑧ 노동위원회는 구제명령(해고에 대한 구제명령만을 말함)을 할 때에 근로자가 원직복직을 원하지 아니하면 원직복직을 명하는 대신 근로자가 해고기간 동안 근로를 제공하였더라면 받을 수 있었던 임금상당액 이상의 금품을 근로자에게 지급하도록 명할 수 있다(이를 금전보상제라고 함).

3 경영상 해고

① '경영상 이유에 의한 해고'란 경제적·산업구조적·기술적 성격에 기인한 기업합리화 계획에 따라 근로자의 인원수를 줄이거나 인원구성을 바꾸기 위하여 행하는 해고를 말한다(정리해고, 집단해고, 감원, 고용조정 등으로 불림).

② 사용자는 1개월 동안에 다음에 해당하는 인원을 해고하고자 하는 경우에는 최초로 해고하고자 하는 날의 30일 전까지 해고인원, 해고사유, 해고일정, 근로자대표와의 협의내용을 고용노동부장관에게 신고해야 한다(승인사항이 아님). 2021년 1회, 2019년 1·3회, 2017년 2회

> ✓ **교수님의 코멘트**
> 고용노동부장관에게 신고하지 않았다고 하여 해고의 효력이 부인되는 것은 아닙니다(즉, 고용노동부장관에의 신고는 정리해고의 성립요건이 아님).

1. 상시 근로자 수가 99명 이하인 사업 또는 사업장: 10명 이상
2. 상시 근로자 수가 100명 이상 999명 이하인 사업 또는 사업장: 상시 근로자 수의 10% 이상
3. 상시 근로자 수가 1,000명 이상 사업 또는 사업장: 100명 이상

③ 경영상 이유로 근로자를 해고한 사용자는 근로자를 해고한 날부터 3년 이내에 해고된 근로자가 해고 당시 담당했던 업무와 같은 업무를 할 근로자를 채용하고자 할 때에는 해고된 근로자가 원하는 경우 그 근로자를 우선적으로 고용해야 한다(고용의무).

④ 정부는 해고된 근로자에 대하여 생계안정·재취업·직업훈련 등 필요한 조치를 우선적으로 취해야 한다.

⑤ 경영상 해고의 요건   2015년 3회, 2014년 2·3회, 2010년 2회, 2009년 2회

구분	주요 내용
긴박한 경영상의 필요	사용자는 경영상 이유에 의하여 근로자를 해고하려면 긴박한 경영상의 필요가 있어야 한다. 이 경우 경영악화를 방지하기 위한 사업의 양도·인수·합병은 긴박한 경영상의 필요가 있는 것으로 본다(제24조). 예 도산 및 도산의 경영위기, 사업부서 폐지와 직제개편, 경쟁력 회복을 위한 경영합리화와 생산성 향상 등
해고회피노력	긴박한 경영상의 필요성이 인정된다 하더라도 이를 회피할 수 있는 가능성이 남아 있는 한 사용자는 해고를 회피할 수 있는 최선의 노력을 기울여야 한다. 예 경영방침의 개선·변경이나 경영진의 교체 및 작업방식의 과학화·합리화 등을 통한 경영합리화 방법, 전직(배치전환) 등의 노동력 이동방법, 신규채용(중도채용 포함)의 중지, 일시휴직(휴업, 자택대기발령 등), 퇴직장려 및 희망퇴직자의 모집, 근로시간 단축, 임금의 삭감·반납 등
합리적이고 공정한 해고기준	긴박한 경영상의 필요성이 인정되고 사용자가 해고회피노력을 다하였다고 하더라도 해고 대상자 선정은 합리적이고 공정한 기준에 따라 이루어져야 한다.
근로자대표와의 협의	사용자는 해고를 피하기 위한 방법 및 해고기준 등에 관하여 당해 사업 또는 사업장에 근로자의 과반수로 조직된 노동조합이 있는 경우에는 그 노동조합(근로자의 과반수로 조직된 노동조합이 없는 경우에는 근로자의 과반수를 대표하는 자)에 해고를 하고자 하는 날의 50일 전까지 통보하고 성실하게 협의해야 한다(합의, 동의가 아님).

4 근로관계 종료 시 근로자 보호

(1) 금품청산
2018년 2회, 2010년 3회

사용자는 근로자가 사망 또는 퇴직한 경우에는 그 지급사유가 발생한 때로부터 14일 이내에 임금·보상금, 그 밖의 모든 금품을 지급하여야 한다. 다만, 특별한 사정이 있을 경우에는 당사자의 합의에 의하여 기일을 연장할 수 있다(제36조). 사용자가 당해 사업장에서 사망 또는 퇴직한 근로자의 임금지급을 지연하는 경우 연 100분의 20의 이율로 지연이자를 지급해야 한다(제37조).

(2) 사용증명서 교부
2016년 3회, 2013년 1·2회, 2009년 3회

사용자는 근로자가 퇴직 후 사용기간, 업무종류, 지위와 임금 기타 필요한 사항에 관한 증명서를 청구한 때에는 근로자가 요구하는 사항에 대해서만 사실대로 기입하여 즉시 교부해야 한다(제39조). 사용증명서를 청구할 수 있는 자는 계속하여 30일 이상 근무한 근로자로 하되, 청구할 수 있는 기한은 퇴직 후 3년 이내로 한다.

> **알아보기 사용증명서 기재사항**
>
> 사용증명서에는 근로자가 요구한 사항만 기재해야 하며, 법적 기재사항이라도 근로자가 청구하지 않은 것은 기재가 금지된다.

(3) 취업방해의 금지

누구든지 근로자의 취업을 방해할 목적으로 비밀기호 또는 명부를 작성·사용하거나 통신을 해서는 안 된다(제40조).

(4) 임금채권의 우선변제

임금, 재해보상금, 그 밖에 근로관계로 인한 채권은 사용자의 총재산에 대하여 질권·저당권 또는 「동산·채권 등의 담보에 관한 법률」에 따른 담보권에 의하여 담보된 채권을 제외하고는 조세·공과금 및 다른 채권에 우선하여 변제되어야 한다. 다만, 질권·저당권 또는 「동산·채권 등의 담보에 관한 법률」에 따른 담보권에 우선하는 조세·공과금에 대하여는 그러하지 아니하다(제38조).

> ✓ **교수님의 코멘트**
>
> 우선변제 1순위 채권은 최종 3개월분의 임금, 재해보상금(최우선변제)이 해당합니다.

(5) 계약서류의 보존
2025년 1회, 2022년 2회

사용자는 다음 서류를 3년간 보존해야 한다(제42조).

근로자 명부, 근로계약서, 임금대장, 임금의 결정·지급방법과 임금계산의 기초에 관한 서류, 고용·해고·퇴직에 관한 서류, 승급·감급에 관한 서류, 휴가에 관한 서류, 탄력근로시간제 등 서면 합의 서류, 연소자의 증명에 관한 서류

> **더 알아보기 근로자 명부 기재사항**
> 2020년 1·2(통합)회
>
> 성명, 성별, 생년월일, 주소, 이력, 종사하는 업무의 종류, 고용 또는 고용갱신 연월일, 계약기간을 정한 경우에는 그 기간, 그 밖의 고용에 관한 사항, 해고, 퇴직 또는 사망한 경우에는 그 연월일과 사유를 적는다.
>
> ※ 일용근로자에 대해서는 근로자 명부를 작성하지 않을 수 있음

UNIT 3 취업규칙

1 취업규칙의 작성 및 신고
2017년 1회, 2013년 3회, 2012년 2회, 2010년 4회, 2009년 3회

① '취업규칙'이란 각 사업장에서 근로자가 준수해야 하는 취업상의 규율과 직장질서 및 근로조건에 대한 구체적인 사항을 정한 규칙을 말한다.
② 상시 10명 이상의 근로자를 사용하는 사용자는 취업규칙을 작성하여 고용노동부장관에게 신고해야 한다(승인사항이 아님, 제93조).
③ 고용노동부장관은 취업규칙이 법령 또는 단체협약에 저촉되는 경우 그 변경을 명할 수 있다.

2 취업규칙의 기재내용
2020년 3회, 2017년 3회, 2014년 1회

① 업무의 시작과 종료시각, 휴게시간, 휴일, 휴가 및 교대근로에 관한 사항
② 임금의 결정·계산·지급방법, 임금의 산정기간·지급시기 및 승급에 관한 사항
③ 가족수당의 계산과 지급방법에 관한 사항
④ 퇴직에 관한 사항
⑤ 퇴직금, 상여 및 최저임금에 관한 사항
⑥ 근로자의 식비, 작업용품 등의 부담에 관한 사항
⑦ 근로자를 위한 교육시설에 관한 사항
⑧ 출산전후휴가·육아휴직 등 근로자의 모성보호 및 일·가정 양립 지원에 관한 사항
⑨ 안전과 보건에 관한 사항
⑩ 근로자의 성별·연령 또는 신체적 조건 등의 특성에 따른 사업장 환경의 개선에 관한 사항
⑪ 업무상과 업무 외의 재해부조에 관한 사항
⑫ 직장 내 괴롭힘의 예방 및 발생 시 조치에 관한 사항
⑬ 표창과 제재에 관한 사항
⑭ 그 밖에 해당 사업 또는 사업장의 근로자 전체에 적용될 사항

3 취업규칙의 작성·변경절차
2021년 1회, 2015년 2회, 2011년 3회, 2010년 2·3회

불리하게 변경하지 않는 경우	불리하게 변경하는 경우
근로자 과반수의 의견을 들어야 한다(근로자의 과반수로 조직된 노동조합이 있는 경우에는 그 노동조합의 의견을 들어야 함).	근로자 과반수의 동의를 얻어야 한다(근로자의 과반수로 조직된 노동조합이 있는 경우에는 그 노동조합의 동의를 얻어야 함).

✓ **교수님의 코멘트**

경영상 해고 시 협의대상은 과반수 노조(과반수 노조가 없는 경우 근로자대표)이며, 취업규칙 변경 시 의견청취·동의대상은 과반수 노조(과반수 노조가 없는 경우 근로자 과반수)입니다.

4 제재 규정의 제한   2017년 2회

취업규칙에서 근로자에 대해서 감급의 제재를 정할 경우에 그 감액은 1회의 금액이 평균임금의 1일분의 2분의 1을, 총액이 1임금지급기의 임금총액의 10분의 1을 초과하지 못한다.

5 취업규칙과 다른 법령 등의 관계   2012년 2회

구분	주요 내용
법령과의 관계	취업규칙은 법령에 반할 수 없으며, 법령에 반한 부분은 당연히 무효이다.
단체협약과의 관계	단체협약·취업규칙은 둘 다 근로조건에 관해 규정하고 있으나, 사용자의 일방적 의사에 의해 작성되는 취업규칙보다 합의에 의한 단체협약이 우선하여 적용된다.
근로계약과의 관계	취업규칙을 하회하는 근로조건을 정한 근로계약은 그 부분에 관해서는 무효이며, 이 경우 무효로 된 부분은 취업규칙의 기준에 의한다.

UNIT 4 임금

1 평균임금   2025년 1회, 2024년 1·2회, 2019년 2회, 2017년 1회, 2013년 3회

① '임금'이란 사용자가 근로의 대가로 근로자에게 임금, 봉급, 기타 어떠한 명칭으로든지 지급하는 일체의 금품을 말한다(제2조).
② '평균임금(average wage)'이란 평균임금 산정사유 발생일 이전 3개월간에 그 근로자에게 지급된 임금총액을 그 기간의 총일수로 나눈 금액을 말하며, 취업 후 3개월 미만인 경우도 이에 준한다.

$$평균임금 = \frac{사유발생일\ 이전\ 3개월간의\ 임금총액}{사유발생일\ 이전\ 3개월간의\ 총일수}$$

③ '임금총액'에는 임시로 지불된 임금·수당과 통화 외의 것으로 지불된 임금은 이를 산입하지 않는다. 다만, 고용노동부장관이 정하는 것에 대하여는 그러하지 아니하다(영 제2조).
④ '3개월간의 총일수'는 산정시점에서 소급하여 달력상의 3개월간(89일 내지 92일)을 의미한다(실근로일수가 아님). 취업 후 3개월 미만인 경우에는 그 기간만을 기준으로 한다.
⑤ 산출된 평균임금이 그 근로자의 통상임금보다 저액일 경우에는 그 통상임금을 평균임금으로 한다.
⑥ 일용근로자의 평균임금은 고용노동부장관이 사업이나 직업에 따라 정하는 금액으로 한다(영 제3조).
⑦ 법에 따라 평균임금을 산정할 수 없는 경우에는 고용노동부장관이 정하는 바에 따른다(영 제4조).

더 알아보기

■ 평균임금으로 계산하는 것 2017년 3회, 2014년 2회, 2013년 1회, 2012년 1회

구분	지급액
퇴직금	계속근로연수 1년에 대하여 평균임금의 30일분 이상
휴업수당	평균임금의 70% 이상
연차유급휴가수당	평균임금의 100%(또는 통상임금의 100%)
재해보상금	재해보상유형에 따라 다름
감급액	1회의 액이 평균임금의 1일분의 2분의 1을 초과하지 못하고, 그 총액이 1임금지급기 임금총액의 10분의 1을 초과하지 못함

■ 3개월에서 제외되는 기간 2019년 1회, 2015년 2회

구분	지급액
제외되는 기간 (영 제2조)	• 수습사용 중의 기간 • 사용자의 귀책사유로 휴업한 기간 • 출산전후휴가기간, 유산·사산휴가기간 • 업무상 부상 또는 질병으로 요양하기 위하여 휴업한 기간 • 법에 따른 육아휴직기간 • 적법한 쟁의행위기간 • 「병역법」, 「예비군법」 또는 「민방위기본법」에 따른 의무를 이행하기 위하여 휴직하거나 근로하지 못한 기간(다만, 그 기간 중 임금을 지급받은 경우에는 그러하지 아니함) • 업무 외 부상이나 질병, 그 밖의 사유로 사용자의 승인을 받아 휴업한 기간
제외되지 않는 기간	• 근로자의 귀책사유로 인해 결근·휴업한 기간 • 개인적인 범죄로 구속 기소되어 직위해제되었던 기간

2 통상임금

2025년 1회, 2021년 2회, 2020년 3회

'통상임금(ordinary wage)'이란 근로자에게 정기적·일률적으로 소정근로 또는 총근로에 대하여 지급하기로 정하여진 시간급금액·일급금액·주급금액·월급금액 또는 도급금액을 말한다(영 제6조).

더 알아보기

■ 통상임금으로 계산하는 것

구분	지급액
해고예고수당	통상임금의 30일분
연장·야간·휴일근로 가산수당	통상임금 50%
연차유급휴가수당	통상임금 100%(또는 평균임금 100%)
법정유급휴가 및 법정유급휴일수당	통상임금 100%

3 임금의 지급방법(제43조)

2017년 2회, 2014년 3회, 2012년 2회, 2011년 1회, 2009년 2회

구분	주요 내용
직접지급원칙	임금은 반드시 근로자 본인에게 지급해야 한다(근로자 본인 이름으로 된 은행계좌에 입금하는 것은 직접지급한 것으로 봄).
전액지급원칙	임금은 그 전액을 근로자에게 지급해야 한다(임금의 일부공제는 법령 또는 단체협약에 특별한 규정이 있는 경우에 가능, 갑근세·노동조합비 등).
통화지급원칙	임금은 통화로 지불되어야 한다(주식, 어음, 은행에 의해 그 지급이 보증되지 않는 당좌수표, 물건 등으로 임금을 지급하는 것은 통화불 원칙에 위반).
정기지급원칙	임금은 일정한 기일(특정일을 정하는 것으로 그 기일이 주기적으로 도래하여야 함)을 정하여 지급해야 한다(예 매월 10일 등).
월 1회 이상 지급원칙	임금은 최소 월 1회 이상 지급되어야 한다(임시로 지급되는 임금·수당 등은 예외).

4 임금의 비상시 지급(제45조)

2019년 3회, 2016년 2회, 2013년 1회, 2012년 1회, 2010년 3회

사용자는 근로자나 그 수입으로 생계를 유지하는 자가 출산하거나 질병에 걸리거나 재해를 당한 경우, 혼인 또는 사망한 경우, 부득이한 사유로 1주일 이상 귀향하게 되는 경우 그 비용에 충당하기 위하여 임금지급을 청구하면 지급기일 전이라도 이미 제공한 근로에 대한 임금을 지급해야 한다.

> ✓ 교수님의 코멘트
> 자녀의 대학입학은 임금의 비상시 지급사유에 해당하지 않습니다.

5 휴업수당

2025년 1·3회 2024년 2회, 2022년 3회, 2020년 3·4회, 2012년 1회, 2011년 1회

① 사용자의 귀책사유로 휴업하는 경우에 사용자는 휴업기간 동안 그 근로자에게 평균임금의 100분의 70 이상의 수당을 지급하여야 한다. 다만, 평균임금의 100분의 70에 해당하는 금액이 통상임금을 초과하는 경우에는 통상임금을 휴업수당으로 지급할 수 있다(제46조).
② 부득이한 사유로 사업을 계속하는 것이 불가능하여 노동위원회의 승인을 받은 경우에는 ①의 기준에 못 미치는 휴업수당을 지급할 수 있다.
③ 사용자의 귀책사유로 휴업한 기간 중에 근로자가 임금의 일부를 지급받은 경우에는 사용자는 근로자의 평균임금에서 그 지급받은 임금을 뺀 금액을 계산하여 그 금액의 100분의 70 이상에 해당하는 수당을 지급해야 한다. 다만, 통상임금을 휴업수당으로 지급하는 경우에는 통상임금에서 휴업한 기간 중에 지급받은 임금을 뺀 금액을 지급해야 한다(영 제26조).

> 더 알아보기 **임금채권의 소멸시효** 2025년 2회, 2024년 2·3회, 2021년 1회, 2018년 1회, 2015년 1회, 2011년 2회, 2009년 3회
> 임금채권의 소멸시효는 3년이다.

6 임금대장 및 임금명세서

① 사용자는 각 사업장별로 임금대장을 작성하고 근로일수 등 필요한 사항을 임금대장에 근로자 개인별로 임금을 지급할 때마다 적어야 한다(제48조).
② 사용자는 임금을 지급하는 때에는 근로자에게 임금명세서를 서면(전자문서 포함)으로 교부해야 한다.
③ 사용기간이 30일 미만인 일용근로자에 대하여는 임금대장에 주민등록번호, 임금 및 가족수당의 계산기초가 되는 사항을 적지 않을 수 있으며, 임금명세서에는 생년월일, 사원번호 등 근로자를 특정할 수 있는 정보를 적지 않을 수 있다.

UNIT 5 근로시간

1 법정기준 근로시간

구분	기준근로시간
성인근로자	• 1주간의 근로시간은 휴게시간을 제하고 40시간을 초과할 수 없으며, 1일의 근로시간은 휴게시간을 제하고 8시간을 초과할 수 없다(제50조). • 1주란 휴일을 포함한 7일을 말한다.
연소근로자	• 연소근로자(15세 이상 18세 미만)의 근로시간은 1일에 7시간, 1주에 35시간을 초과하지 못한다(제69조). • 고용노동부장관의 취직인허증을 발급받아 취업한 15세 미만자의 경우도 1일 7시간, 1주 35시간으로 보아야 한다.
유해위험작업	유해위험작업에서의 근로시간은 1일 6시간, 1주 34시간을 초과할 수 없다.

> **더 알아보기** 근로시간 포함 여부
> • 근로시간을 산정함에 있어 작업을 위하여 근로자가 사용자의 지휘·감독 아래에 있는 대기시간 등은 근로시간으로 본다.
> • 휴게시간은 근로시간에 포함되지 않는다.

2 연장근로(시간 외 근로)

① '연장근로'란 「근로기준법」에서 정한 법정기준 근로시간을 초과하는 근로를 말한다(제53조).
② 성인근로자의 경우 1주 12시간 한도에서 당사자 간의 합의에 의해 연장근로를 할 수 있다(1일 연장근로 한도 없음).
③ 출산 후 1년이 경과되지 아니한 여성근로자의 경우 1주 6시간(1일 2시간, 1년 150시간) 한도에서 연장근로를 할 수 있다.
④ 임신 중인 여성근로자에 대하여는 연장근로를 시키지 못한다.
⑤ 연소자의 연장근로는 1주 5시간(1일 1시간)을 초과할 수 없다.
⑥ 사용자는 특별한 사정이 있는 경우 고용노동부장관의 인가와 근로자의 동의를 받아 1주 12시간을 초과하는 연장근로를 시킬 수 있으며, 사태가 급박하여 고용노동부장관의 인가를 받을 시간이 없는 경우에는 사후에 지체 없이 승인을 받아야 한다.

⑦ 사용자는 연장근로·야간근로·휴일근로에 대하여는 통상임금의 50% 이상을 가산하여 지급해야 한다.
⑧ 휴일근로를 할 경우 8시간 이내의 휴일근로는 통상임금의 100분의 50을 가산하여 지급해야 하고, 8시간을 초과한 휴일근로는 통상임금의 100분의 100을 가산하여 지급해야 한다.

3 야간근로

2025년 3회, 2022년 1회, 2019년 1회, 2014년 1회, 2012년 3회

① '야간근로'란 오후 10시부터 다음 날 오전 6시 사이의 근로를 말한다(제56조).
② 사용자는 18세 이상의 여성을 야간 및 휴일에 근로시키고자 하는 경우에는 해당 근로자의 동의를 얻어야 한다.
③ 사용자는 임산부와 18세 미만자를 야간 및 휴일에 근로시키지 못한다. 다만, 다음에 해당하는 경우로서 고용노동부장관의 인가를 얻은 경우에는 그러하지 아니하다.

> 1. 18세 미만자의 동의가 있는 경우
> 2. 산후 1년이 경과되지 아니한 여성의 동의가 있는 경우
> 3. 임신 중의 여성이 명시적으로 청구하는 경우

④ 야간근로의 경우 통상임금의 50% 이상의 가산임금을 지급해야 하며, 소정근로시간 이내의 근로일지라도 야간근로(밤 10시~익일 오전 6시 사이의 근로)일 경우에는 가산임금을 지급해야 한다.

더 알아보기 법정기준 근로시간, 연장근로, 야간근로, 휴일근로

구분	법정기준 근로시간	연장근로	야간근로	휴일근로
남성근로자	1주 40시간, 1일 8시간	1주 12시간	제한 없음	합의
여성근로자	1주 40시간, 1일 8시간	1주 12시간	동의	동의
임신 중인 자	1주 40시간, 1일 8시간	금지	명시적 청구, 고용노동부장관 인가	명시적 청구, 고용노동부장관 인가
산후 1년 이하인 자	1주 40시간, 1일 8시간	1주 6시간 (1일 2시간, 1년 150시간)	동의, 고용노동부장관 인가	동의, 고용노동부장관 인가
18세 미만자	1주 35시간, 1일 7시간	1주 5시간 (1일 1시간)	동의, 고용노동부장관 인가	동의, 고용노동부장관 인가

4 유연적 근로시간제

(1) **탄력적 근로시간제**
① '탄력적 근로시간제'란 어떤 근로일의 근로시간을 연장시키는 대신에 다른 근로일의 근로시간을 단축시킴으로써, 일정기간의 평균근로시간을 기준근로시간 내로 맞추는 변형근로시간제를 말한다(제51조).
② 연소자(15세 이상 18세 미만자), 임신 중인 여성근로자에게는 실시할 수 없다.
③ 탄력적 근로시간제는 2주 이내 단위, 3개월 이내 단위, 3개월 초과 6개월 이내 단위로 구분된다.

(2) 선택적 근로시간제
① '선택적 근로시간제'란 노사합의로 일정한 기간(1개월 이내, 신상품 또는 신기술의 연구개발 업무의 경우에는 3개월 이내) 동안 근로해야 할 총근로시간만 정하고 각 근로일에 있어서의 근로시간과 그 시업 및 종업시각은 근로자의 자유에 맡김으로써, 효율적인 시간 활용을 통해 업무효율을 증대시키고자 하는 제도이다(제52조).
② 사용자와 근로자대표는 서면합의를 해야 한다.
③ 연소자(15세 이상 18세 미만자)에 대해서는 실시할 수 없다.

> **✓ 교수님의 코멘트**
> 탄력적 근로시간제는 연소자 및 임신 중인 여성근로자에게는 실시할 수 없으며, 선택적 근로시간제는 연소자에 대해 실시할 수 없습니다.

(3) 인정근로시간제
① '인정근로시간제'란 실제근로시간을 계산하기 어려운 경우 일정요건하에 소정근로시간, 업무수행에 통상 필요한 시간 또는 노사가 서면합의한 시간을 근로시간으로 인정하는 제도이다(간주근로시간제라고도 함, 제58조).
② 인정근로시간제에는 사업장 밖 근로에 대한 인정근로(외근근로)와 연구개발 등 업무성질의 특성에 따른 인정근로(재량근로)의 2가지 유형이 있다.

UNIT 6 휴식

1 휴게시간
① 사용자는 4시간 근로에 30분, 8시간 근로에 1시간 이상의 휴게시간을 근로시간 중간에 주어야 한다(제54조).
② 휴게시간은 근로자가 자유로이 활용할 수 있는 시간으로서, 근로시간에 포함되지 않고 임금도 지급되지 않는다.
③ 작업을 위하여 근로자가 사용자의 지휘·감독 아래에 있는 대기시간은 근로시간으로 본다.

2 휴일

구분	주요 내용
주휴일	• 사용자는 근로자에 대하여 1주일에 평균 1회 이상의 유급휴일을 주어야 한다(제55조). • 주 1회의 유급휴일을 가질 수 있는 자는 1주간의 소정의 근로일수를 개근한 자에 한한다.
근로자의 날	근로자의 날(5월 1일)은 「근로자의 날 제정에 관한 법률」에 의해 유급휴일로 지정되어 있다.
공휴일	사용자는 근로자에게 「관공서의 공휴일에 관한 규정」 제2조의 공휴일(일요일은 제외) 및 제3조의 대체공휴일을 유급으로 보장해야 한다. 다만, 근로자대표와 서면으로 합의한 경우 특정한 근로일로 대체할 수 있다(제55조 제2항).

※ 휴일근로의 경우 8시간 이내는 통상임금의 100분의 50 이상, 8시간 초과 시에는 통상임금의 100분의 100 이상을 지급하여야 한다.

3 연차유급휴가

① 사용자는 1년간 80% 이상 출근한 근로자에 대하여 15일의 유급휴가를 부여해야 하며, 계속하여 근로한 기간이 1년 미만인 근로자(입사 후 1년 미만인 근로자) 또는 1년간 80% 미만 출근한 근로자에게 1개월 개근 시 1일의 유급휴가를 주어야 한다(제60조).
② 3년 이상 근로한 근로자에게 2년마다 1일의 유급휴가가 가산되며, 휴가일수의 총한도는 25일로 한다.
③ 사용자는 연차휴가를 근로자가 청구한 시기에 주어야 하고, 그 기간에 대하여는 취업규칙 등에서 정하는 통상임금(또는 평균임금)을 지급하여야 한다. 다만, 근로자가 청구한 시기에 휴가를 주는 것이 사업운영에 막대한 지장이 있는 경우에는 그 시기를 변경할 수 있다(사용자의 시기변경권).
④ 연차유급휴가는 1년간(계속하여 근로한 기간이 1년 미만인 근로자의 유급휴가는 최초 1년의 근로가 끝날 때까지의 기간을 말함) 행사하지 아니하면 소멸된다. 다만, 사용자의 귀책사유로 사용하지 못한 경우에는 그러하지 아니하다.
⑤ 사용자의 적극적인 휴가사용 권유에도 불구하고 근로자가 휴가를 사용하지 않는 경우 사용자는 연차휴가 미사용수당을 지급할 의무가 없다(제61조).
⑥ 사용자는 근로자대표와의 서면합의에 의하여 연차유급휴가일에 갈음하여 특정일에 근로자를 휴무시킬 수 있다(제62조).

> **더 알아보기** 출근율 계산 시 출근한 것으로 보는 경우
> - 근로자가 업무상의 부상 또는 질병으로 휴업한 기간
> - 육아휴직기간
> - 임신기 근로시간 단축시간
> - 임신 중의 여성이 출산전후휴가로 휴업한 기간
> - 육아기 근로시간 단축시간

4 출산전후휴가

2019년 3회, 2015년 3회, 2013년 2회

① 사용자는 임신 중의 여성에 대하여 출산전후를 통하여 90일(미숙아 출산은 100일, 한 번에 둘 이상 자녀를 임신한 경우에는 120일)의 휴가를 주어야 한다. 이 경우 휴가기간의 배치는 산후에 45일(한 번에 둘 이상 자녀를 임신한 경우에는 60일) 이상이 되어야 한다(제74조).
② 휴가 중 최초 60일(한 번에 둘 이상 자녀를 임신한 경우에는 75일)은 사용자가 급여를 지급하며, 나머지 30일(한 번에 둘 이상 자녀를 임신한 경우에는 45일)에 대해서는 고용보험에서 지급한다(고용보험에서 지급하는 금액을 '출산전후휴가급여'라고 함). 「고용보험법」상 우선지원 대상기업의 경우 출산전후휴가 기간 90일분 급여 전부에 대해 고용보험에서 지급한다.
③ 사용자는 임신 후 12주 이내 또는 32주 이후에 있는 여성근로자가 1일 2시간의 근로시간 단축을 신청하는 경우 이를 허용하여야 한다(유산, 조산의 위험 등이 있는 경우에는 임신 전 기간). 다만, 1일 근로시간이 8시간 미만인 근로자에 대하여는 1일 근로시간이 6시간이 되도록 근로시간 단축을 허용할 수 있다. 사용자는 이러한 근로시간 단축을 이유로 해당 근로자의 임금을 삭감하여서는 아니 된다.
④ 사용자는 임신 중인 여성근로자가 1일 소정근로시간을 유지하면서 업무의 시작 및 종료시각의 변경을 신청하는 경우 이를 허용해야 한다. 다만, 다음의 경우에는 그러하지 아니하다.

> 1. 정상적인 사업운영에 중대한 지장을 초래하는 경우
> 2. 임신중인 여성 근로자의 안전과 건강에 관한 관계 법령을 위반하게 되는 경우

> **더 알아보기** 임신 초기에 휴가를 청구할 수 있는 경우
>
> 임신 초기에도 다음의 사유가 있는 경우에는 휴가청구가 가능하다.
> - 과거에 유산경험이 있는 경우
> - 임신한 근로자가 출산전후휴가 청구 당시 40세 이상인 경우
> - 진단 결과 의사 소견상 유산위험이 있어 안정이 필요한 경우

5 유산·사산휴가

2015년 1회

① 사용자는 임신 중인 여성이 유산 또는 사산한 경우로서 근로자가 청구하면 대통령령으로 정하는 바에 따라 유산·사산휴가를 주어야 한다. 다만, 인공임신중절수술(모자보건법 제14조 제1항에 따른 경우는 제외)에 따른 유산의 경우는 그러하지 아니하다(제74조 제3항).

② 유산 또는 사산한 근로자로서 보호휴가(유산·사산휴가)를 청구하는 근로자는 휴가청구사유, 유산·사산 발생일 및 임신기간 등이 기재된 유산·사산에 따른 보호휴가신청서에 의료기관의 진단서를 첨부하여 사업주에게 제출해야 한다.

③ 사업주는 유산·사산휴가를 청구한 근로자에 대하여 다음의 기준에 따라 유산·사산휴가를 주어야 한다.
  ㉠ 임신기간이 15주 이내인 경우: 유산 또는 사산한 날부터 10일
  ㉡ 임신기간이 16주 이상 21주 이내인 경우: 유산 또는 사산한 날부터 30일
  ㉢ 임신기간이 22주 이상 27주 이내인 경우: 유산 또는 사산한 날부터 60일
  ㉣ 임신기간이 28주 이상인 경우: 유산 또는 사산한 날부터 90일

6 생리휴가

2024년 3회, 2015년 2회

사용자는 여성인 근로자가 청구하는 때에는 월 1일의 생리휴가를 주어야 한다(제73조).

> ✓ **교수님의 코멘트**
>
> '출산휴가, 유·사산휴가 및 생리휴가'는 「근로기준법」에서 규정하고 있으나, '배우자 출산휴가'는 「남녀고용평등과 일·가정 양립 지원에 관한 법률」에서 규정하고 있으니 혼동하지 마세요!

7 보상휴가제

사용자는 근로자대표와의 서면합의에 따라 연장근로·야간근로 및 휴일근로에 대하여 임금을 지급하는 것에 갈음하여 휴가를 부여할 수 있다(제57조).

8 근로시간 등의 적용특례

2014년 1회, 2012년 3회

구분	근로시간 및 휴게시간의 특례	근로시간·휴게·휴일 규정의 적용제외
의의	일정사업에 대하여 사용자가 근로자대표와 서면합의를 한 때에는 주 12시간을 초과하여 연장근로하게 하거나 휴게시간을 변경할 수 있다(제59조).	사업 또는 종사하는 사무의 특수성으로 인하여 8시간근로제·주휴제 등의 적용이 적합하지 않은 근로자에 대하여는 「근로기준법」 제4장(근로시간과 휴식) 및 제5장(여성과 소년)의 근로시간·휴게·휴일에 관한 규정의 적용을 배제한다(휴가규정은 적용됨, 제63조).

적용 대상	• 육상운송 및 파이프라인 운송업 • 수상운송업 • 항공운송업 • 기타 운송 관련 서비스업 • 보건업	• 토지의 경작·개간, 식물의 식재·재배·채취사업, 기타의 농림사업 • 동물의 사육, 수산동식물의 채취·포획·양식사업, 기타의 축산, 양잠, 수산사업 • 감시 또는 단속적으로 근로에 종사하는 자로서 고용노동부장관의 승인을 얻은 자 • 관리·감독업무 또는 기밀취급업무에 종사하는 근로자

> **더 알아보기** 감시 또는 단속적 근로
>
> '감시적 근로'란 일정부서에서 단순한 감시업무에 종사하는 자로서 상대적으로 정신적 긴장이나 심신의 피로가 적은 업무(예 수위, 경비원 등)를 말하며, '단속적 근로'란 근로가 간헐적으로 이루어져 업무시간 중에 대기시간이 많고 실근무시간이 적은 간헐적인 업무(예 통근버스 운전기사 등)를 말한다.

UNIT 7 여성 및 연소자의 특별보호

1 여성근로자의 보호

(1) 육아시간

생후 1년 미만의 유아를 가진 여성근로자의 청구가 있는 경우에는 1일 2회 각각 30분 이상의 유급수유시간을 주어야 한다(제75조).

(2) 태아검진시간의 허용

사용자는 임신한 여성근로자가 「모자보건법」 제10조에 따른 임산부 정기건강진단을 받는 데 필요한 시간을 청구하는 경우 이를 허용하여 주어야 한다(제74조의2). 사용자는 위의 건강진단시간을 이유로 그 근로자의 임금을 삭감하여서는 안 된다.

(3) 갱내근로금지

여성과 18세 미만인 자를 갱내에서 근로시키지 못한다. 다만, 보건·의료, 보도·취재 등 대통령령이 정하는 업무를 수행하기 위하여 일시적으로 필요한 경우에는 근로시킬 수 있다(제72조).

(4) 유해·위험한 사업에의 사용금지

임신 중인 여성, 산후 1년이 경과되지 아니한 여성, 임산부가 아닌 18세 이상의 여성, 18세 미만자는 임신 또는 출산에 관한 기능에 유해·위험하거나, 도덕상 또는 보건상 유해·위험한 사업에 사용하지 못한다(제65조).

2 연소근로자의 보호

(1) 취업의 금지와 제한
2018년 2회, 2014년 1회

① 15세 미만인 자(초·중등교육법에 따른 중학교에 재학 중인 18세 미만인 자를 포함)는 근로자로 사용하지 못한다. 다만, 고용노동부장관이 발급한 취직인허증을 지닌 자는 근로자로 사용할 수 있다(제64조).
② 13세 미만자에 대해서는 예술공연 참가를 위한 경우에만 취직인허증 발급이 가능하다.
③ 취직인허증은 본인의 신청에 따라 의무교육에 지장이 없는 경우 직종을 지정하여서만 발행할 수 있다.
④ 고용노동부장관은 거짓이나 그 밖의 부정한 방법으로 취직인허증을 발급받은 자에게는 그 인허를 취소하여야 한다.

> ✔ 교수님의 코멘트
> 취업최저연령은 만 15세 이상입니다.

(2) 연소자 증명서의 비치
사용자는 18세 미만인 자에 대하여는 그 연령을 증명하는 가족관계기록사항에 관한 증명서와 친권자 또는 후견인의 동의서를 사업장에 갖추어 두어야 한다(제66조).

(3) 미성년자의 근로계약
2022년 2회, 2009년 1회

① 친권자나 후견인은 미성년자의 근로계약을 대리할 수 없다(제67조).
② 친권자·후견인 또는 고용노동부장관은 근로계약이 미성년자에게 불리하다고 인정하는 경우에는 이를 해지할 수 있다.
③ 사용자는 18세 미만인 자와 근로계약을 체결하는 경우에는 근로조건을 서면(전자문서 포함)으로 명시하여 교부해야 한다.
④ 미성년자는 독자적으로 임금을 청구할 수 있다(제68조).

UNIT 8 재해보상

2025년 2회, 2024년 1회, 2016년 1회, 2011년 2·3회

구분	주요 내용
요양보상	• 근로자가 업무상 부상 또는 질병에 걸리면 사용자는 그 비용으로 필요한 요양을 행하거나 필요한 요양비를 부담해야 한다. • 요양보상을 받는 근로자가 요양을 시작한 지 2년이 지나도 부상 또는 질병이 완치되지 아니하는 경우에는 사용자는 그 근로자에게 평균임금 1,340일분의 일시보상을 하여 그 후의 이 법에 따른 모든 보상책임을 면할 수 있다.
휴업보상	• 사용자는 요양 중에 있는 근로자에게 그 근로자의 요양 중 평균임금의 100분의 60의 휴업보상을 해야 한다. • 휴업보상을 받을 기간에 그 보상을 받을 자가 임금의 일부를 지급받은 경우에는 사용자는 평균임금에서 그 지급받은 금액을 뺀 금액의 100분의 60의 휴업보상을 해야 한다.
장해보상	• 근로자가 업무상 부상 또는 질병에 걸리고, 완치된 후 신체에 장해가 있으면 사용자는 그 장해 정도에 따라 평균임금에 법에서 정한 일수를 곱한 금액의 장해보상을 해야 한다. • 이미 신체에 장해가 있는 자가 부상 또는 질병으로 인하여 같은 부위에 장해가 더 심해진 경우에 그 장해에 대한 장해보상 금액은 장해 정도가 더 심해진 장해등급에 해당하는 장해보상의 일수에서 기존의 장해등급에 해당하는 장해보상의 일수를 뺀 일수에 보상청구사유 발생 당시의 평균임금을 곱하여 산정한 금액으로 한다.

유족보상	• 근로자가 업무상 사망한 경우에는 사용자는 근로자가 사망한 후 지체 없이 그 유족에게 평균임금 1,000일분의 유족보상을 해야 한다. • 유족의 순위를 정하는 경우에 부모는 양부모를 선순위로 친부모를 후순위로 하고, 조부모는 양부모의 부모를 선순위로 친부모의 부모를 후순위로 하되, 부모의 양부모를 선순위로 부모의 친부모를 후순위로 한다.
장례비	근로자가 업무상 사망한 경우에는 사용자는 근로자가 사망한 후 지체 없이 평균임금 90일분의 장례비를 지급해야 한다.

UNIT 9 근로감독관

2019년 2회, 2013년 2회

① 근로조건의 기준을 확보하기 위하여 고용노동부와 그 소속 기관에 근로감독관을 둔다(제101조).
② 근로감독관은 사업장, 기숙사, 그 밖의 부속 건물을 현장조사하고 장부와 서류의 제출을 요구할 수 있으며, 사용자와 근로자에 대하여 심문할 수 있다(제102조).
③ 의사인 근로감독관이나 근로감독관의 위촉을 받은 의사는 취업을 금지하여야 할 질병에 걸릴 의심이 있는 근로자에 대하여 검진할 수 있다.
④ 근로감독관은 이 법이나 그 밖의 노동관계법령 위반의 죄에 관하여 「사법경찰관리의 직무를 수행할 자와 그 직무범위에 관한 법률」에서 정하는 바에 따라 사법경찰관의 직무를 수행한다.
⑤ 이 법이나 그 밖의 노동관계법령에 따른 현장조사, 서류의 제출, 심문 등의 수사는 검사와 근로감독관이 전담하여 수행한다. 다만, 근로감독관의 직무에 관한 범죄의 수사는 그러하지 아니하다(제105조).

UNIT 10 직장 내 괴롭힘

① '직장 내 괴롭힘'이란 사용자 또는 근로자가 직장에서의 지위 또는 관계 등의 우위를 이용하여 업무상 적정범위를 넘어 다른 근로자에게 신체적·정신적 고통을 주거나 근무환경을 악화시키는 행위를 말한다(제76조의2).
② 누구든 직장 내 괴롭힘 발생 사실을 알게 된 경우 그 사실을 사용자에게 신고할 수 있다(제76조의3 제1항).
③ 사용자는 신고를 접수하거나 직장 내 괴롭힘 발생 사실을 인지한 경우에는 지체 없이 당사자 등을 대상으로 그 사실 확인을 위하여 객관적으로 조사를 실시해야 한다(동조 제2항).
④ 사용자는 조사기간 동안 직장 내 괴롭힘과 관련하여 피해를 입은 근로자 또는 피해를 입었다고 주장하는 근로자를 보호하기 위해 필요한 경우 해당 근로자에 대하여 근무장소 변경, 유급휴가 명령 등 적절한 조치를 해야 한다. 이 경우 사용자는 피해근로자 등의 의사에 반하는 조치를 해서는 아니 된다(동조 제3항).
⑤ 사용자는 조사결과 직장 내 괴롭힘 발생 사실이 확인된 때에는 피해근로자가 요청하면 근무장소의 변경, 배치전환, 유급휴가 명령 등 적절한 조치를 해야 한다(동조 제4항).
⑥ 사용자는 조사결과 직장 내 괴롭힘 발생 사실이 확인된 때에는 지체 없이 행위자에 대하여 징계, 근무장소의 변경 등 필요한 조치를 해야 한다. 이 경우 사용자는 징계 등의 조치를 하기 전에 그 조치에 대하여 피해근로자의 의견을 들어야 한다(동조 제5항).

⑦ 사용자는 직장 내 괴롭힘 발생 사실을 신고한 근로자 및 피해근로자 등에게 해고나 그 밖의 불리한 처우를 해서는 아니 된다(동조 제6항).

⑧ 직장 내 괴롭힘 발생 사실을 조사한 사람, 조사내용을 보고받은 사람 및 그 밖에 조사과정에 참여한 사람은 해당 조사과정에서 알게 된 비밀을 피해근로자 등의 의사에 반하여 다른 사람에게 누설하여서는 아니 된다. 다만, 조사와 관련된 내용을 사용자에게 보고하거나 관계기관의 요청에 따라 필요한 정보를 제공하는 경우는 제외한다(동조 제7항).

⑨ 사용자(사용자의 배우자, 4촌 이내의 혈족, 4촌 이내의 인척이 사업장의 근로자인 경우를 포함)가 직장 내 괴롭힘을 한 경우에는 1천만 원 이하의 과태료를 부과한다(제116조).

CHAPTER 02 근로기준법

핵심 기출문제

01 근로기준법상 경영상 이유에 의한 해고에 대한 설명으로 틀린 것은?　　2019년 1회, 2015년 3회

① 사용자가 경영상 이유에 의하여 근로자를 해고하려면 긴박한 경영상의 필요가 있어야 한다.
② 사용자는 해고를 피하기 위한 노력을 다하여야 하며, 합리적이고 공정한 해고기준을 정하고 이에 따라 그 대상자를 선정하여야 한다.
③ 사용자는 해고를 피하기 위한 방법과 해고의 기준 등에 관하여 그 사업 또는 사업장에 근로자의 과반수로 조직된 노동조합이 있는 경우에는 그 노동조합에 해고를 하려는 날의 50일 전까지 통보하고 성실하게 협의하여야 한다.
④ 사용자는 일정한 규모 이상의 인원을 해고하려면 고용노동부장관의 승인을 얻어야 한다.

빈출

02 근로기준법상 취업규칙의 작성과 변경에 관한 설명으로 맞는 것은?　　2015년 2회

① 취업규칙의 작성·변경에는 반드시 노동조합의 동의를 필요로 한다.
② 취업규칙의 변경으로 근로자가 불리하게 되는 경우에는 노동조합(근로자 과반수로 조직된 노동조합이 있는 경우) 또는 근로자 과반수의 동의를 필요로 한다.
③ 취업규칙은 사용자와 근로자가 합의로 작성한다.
④ 취업규칙에서 근로자에 대하여 감급의 제재를 정할 경우에는 그 감액은 1회의 금액이 통상금액의 1일분의 2분의 1을 초과하지 못한다.

꼼꼼하게 풀어 주는 정답과 해설

01 ④ 경영상 해고를 하는 경우 사업주는 고용노동부장관에게 신고해야 하는 것이지, 승인을 얻어야 하는 것이 아니다.

02 오답풀이
① 취업규칙의 작성·변경 시 근로조건을 불리하게 변경할 때에는 근로자 과반수(과반수 노동조합이 있을 경우에는 그 노동조합)의 동의를 받아야 한다.
③ 취업규칙은 사용자가 노동조합 또는 근로자 과반수의 의견을 들어 작성하되, 근로자에게 불리하게 변경할 때에는 동의를 필요로 한다.
④ 취업규칙에서 근로자에 대하여 감급의 제재를 정할 경우에는 그 감액은 1회의 금액이 평균임금액 1일분의 2분의 1을 초과하지 못한다.

정답 01 ④　02 ②

03 근로기준법령상 여성의 보호에 관한 설명으로 옳은 것은?   2024년 3회, 2022년 1회

① 사용자는 임신 중의 여성이 명시적으로 청구하는 경우 고용노동부장관의 인가를 받으면 휴일에 근로를 시킬 수 있다.
② 여성은 보건·의료, 보도·취재 등의 일시적 사유가 있더라도 갱내(坑內)에서 근로를 할 수 없다.
③ 사용자는 여성 근로자가 청구하면 월 3일의 유급생리휴가를 주어야 한다.
④ 사용자는 여성을 휴일에 근로시키려면 근로자대표의 서면 동의를 받아야 한다.

04 근로기준법상 미성년자의 근로계약에 관한 설명으로 틀린 것은?   2023년 2회, 2022년 2회

① 원칙적으로 15세 이상 18세 미만인 사람의 근로시간은 1일에 7시간, 1주에 35시간을 초과하지 못한다.
② 미성년자는 독자적으로 임금을 청구할 수 없다.
③ 고용노동부장관은 근로계약이 미성년자에게 불리하다고 인정하는 경우에는 이를 해지할 수 있다.
④ 친권자나 후견인은 미성년자의 근로계약을 대리할 수 없다.

[빈출]

05 근로기준법상 근로감독관에 관한 설명으로 틀린 것은?   2019년 2회, 2013년 2회

① 근로조건의 기준을 확보하기 위하여 고용노동부와 그 소속 기관에 근로감독관을 둔다.
② 근로감독관은 사업장, 기숙사, 그 밖의 부속 건물을 현장조사하고 장부와 서류의 제출을 요구할 수 있으며 사용자와 근로자에 대하여 심문(審問)할 수 있다.
③ 의사인 근로감독관이나 근로감독관의 위촉을 받은 의사는 취업을 금지하여야 할 질병에 걸릴 의심이 있는 근로자에 대하여 검진할 수 있다.
④ 근로감독관은 「근로기준법」이나 그 밖의 노동관계법령 위반의 죄에 관하여, 「사법경찰관리의 직무를 수행할 자와 그 직무범위에 관한 법률」에서 정하는 바에 따라 검사의 직무를 수행한다.

06 근로기준법령상 고용노동부장관에게 경영상의 이유에 의한 해고계획의 신고를 할 때 포함해야 하는 사항이 아닌 것은?   2021년 1회, 2017년 2회

① 퇴직금
② 해고사유
③ 해고일정
④ 근로자대표와 협의한 내용

꼼꼼하게 풀어 주는 정답과 해설

03 오답풀이
② 여성은 보건·의료, 보도·취재 등의 일시적 사유가 있는 경우 갱내(坑內)에서 근로를 할 수 있다.
③ 사용자는 여성 근로자가 청구하면 월 1일의 무급생리휴가를 주어야 한다.
④ 사용자는 여성을 휴일에 근로시키려면 근로자 본인의 동의를 받아야 한다.

04 ② 미성년자는 독자적으로 임금을 청구할 수 있다.
05 ④ 근로감독관은 검사의 직무를 수행하는 것이 아닌, 사법경찰관의 직무를 수행한다.
06 경영상의 이유에 의한 해고를 할 때 신고내용에 포함되어야 하는 사항은 해고사유, 해고예정인원, 해고일정, 근로자대표와 협의한 내용이다.

정답 03 ①   04 ②   05 ④   06 ①

07 근로기준법상 이행강제금에 관한 설명으로 틀린 것은?
2023년 3회, 2021년 2회, 2018년 1회

① 노동위원회는 구제명령을 받은 후 이행기한까지 구제명령을 이행하지 아니한 사용자에게 3천만 원 이하의 이행강제금을 부과한다.
② 노동위원회는 최초의 구제명령을 한 날을 기준으로 매년 2회의 범위에서 구제명령이 이행될 때까지 반복하여 이행강제금을 부과·징수할 수 있다.
③ 근로자는 구제명령을 받은 사용자가 이행기한까지 구제명령을 이행하지 아니하면 이행기간이 지난 때부터 30일 이내에 그 사실을 노동위원회에 알려줄 수 있다.
④ 노동위원회는 이행강제금 납부의무자가 납부기한까지 이행강제금을 내지 아니하면 기간을 정하여 독촉을 하고, 지정된 기간에 이행강제금을 내지 아니하면 국세 체납처분의 예에 따라 징수할 수 있다.

08 근로기준법상 근로계약에 관한 설명으로 틀린 것은?
2021년 2회, 2018년 1회

①「근로기준법」에서 정하는 기준에 미치지 못하는 근로조건을 정한 근로계약은 그 부분에 한하여 무효로 한다.
② 근로계약이 무효로 된 부분은 「근로기준법」에서 정한 기준에 따른다.
③ 사용자는 근로계약을 체결할 때에 근로자에게 임금, 소정근로시간, 휴일, 연차유급휴가 등의 사항을 명시하여야 한다.
④ 명시된 근로조건이 사실과 다를 경우에 근로자는 근로조건 위반을 이유로 손해의 배상을 청구할 수 있으나 근로계약은 해제할 수 없다.

09 근로기준법령상 취직인허증에 대한 설명으로 틀린 것은?
2018년 2회

① 취직인허증을 받으려는 자가 의무교육 대상자로서 재학 중인 경우에는 학교장이 고용노동부장관에게 신청하여야 한다.
② 고용노동부장관은 거짓이나 그 밖의 부정한 방법으로 취직인허증을 발급받은 자에게는 그 인허를 취소하여야 한다.
③ 예술공연 참가를 위한 경우에는 13세 미만인 자도 취직인허증을 받을 수 있다.
④ 취직인허증은 본인의 신청에 따라 의무교육에 지장이 없는 경우에는 직종을 지정하여서만 발행할 수 있다.

꼼꼼하게 풀어 주는 정답과 해설

07 ③ 근로자는 구제명령을 받은 사용자가 이행기한까지 구제명령을 이행하지 아니하면 이행기간이 지난 때부터 15일 이내에 그 사실을 노동위원회에 알려줄 수 있다.

08 ④ 명시된 근로조건이 사실과 다를 경우 근로자는 근로조건 위반을 이유로 손해배상을 청구하거나 즉시 근로계약을 해제할 수 있다.

09 ① 취직인허증은 본인의 신청에 따라 발행할 수 있다.

정답 07 ③ 08 ④ 09 ①

10 근로기준법령상 근로계약을 체결할 때 사용자가 근로자에게 반드시 서면으로 명시하여 교부해야 하는 사항이 아닌 것은? 2018년 3회

① 취업의 장소
② 소정근로시간
③ 연차유급휴가
④ 임금의 구성항목·계산방법·지급방법

12 근로기준법령상 상시 4명 이하의 근로자를 사용하는 사업 또는 사업장에 적용하는 법규정을 모두 고른 것은? 2022년 3회, 2019년 2회

> ㄱ. 「근로기준법」 제9조(중간착취의 배제)
> ㄴ. 「근로기준법」 제18조(단시간근로자의 근로조건)
> ㄷ. 「근로기준법」 제21조(전차금 상계의 금지)
> ㄹ. 「근로기준법」 제60조(연차유급휴가)
> ㅁ. 「근로기준법」 제72조(갱내근로의 금지)

① ㄱ, ㄷ, ㄹ
② ㄴ, ㄹ
③ ㄷ, ㅁ
④ ㄱ, ㄴ, ㄷ, ㅁ

11 근로기준법상 경영상 이유에 의한 해고에 관한 설명으로 틀린 것은? 2019년 3회

① 경영악화를 방지하기 위한 사업의 양도·인수·합병은 긴박한 경영상의 필요가 있는 것으로 본다.
② 사용자는 해고를 피하기 위한 노력을 다하여야 한다.
③ 사용자는 합리적이고 공정한 해고의 기준을 정하고 이에 따라 그 대상자를 선정하여야 한다.
④ 사용자는 해고를 피하기 위한 방법과 해고의 기준 등에 관하여 해고를 하려는 날의 60일 전까지 고용노동부장관의 승인을 받아야 한다.

13 근로기준법령상 근로자 명부의 기재사항에 해당하지 않는 것은? 2020년 1·2(통합)회

① 성명
② 주소
③ 이력
④ 재산

꼼꼼하게 풀어 주는 정답과 해설

10 근로계약 체결 시 서면으로 명시해야 하는 근로조건은 임금, 소정근로시간, 주휴일, 연차유급휴가이다.

11 ④ 사용자는 해고를 피하기 위한 방법 및 해고기준 등에 관하여 당해 사업 또는 사업장에 근로자의 과반수로 조직된 노동조합이 있는 경우에는 그 노동조합(근로자의 과반수로 조직된 노동조합이 없는 경우에는 근로자의 과반수를 대표하는 자)에 해고를 하고자 하는 날의 50일 전까지 통보하고 성실하게 협의해야 한다.

12 오답풀이
ㄹ. 연차유급휴가는 상시 4명 이하 근로자를 사용하는 사업장에는 적용제외대상이다.

13 근로자 명부 기재사항으로는 성명, 성별, 생년월일, 주소, 이력, 종사하는 업무의 종류, 고용 또는 고용갱신 연월일, 계약기간을 정한 경우에는 그 기간, 그 밖의 고용에 관한 사항, 해고, 퇴직 또는 사망한 경우에는 그 연월일과 사유, 그 밖에 필요한 사항이다(근로기준법 시행령 제20조).

정답 10 ① 11 ④ 12 ④ 13 ④

14 근로기준법령상 휴게·휴일에 관한 설명으로 틀린 것은?
2020년 1·2(통합)회

① 사용자는 근로시간이 8시간인 경우에는 1시간 이상의 휴게시간을 근로시간 도중에 주어야 한다.
② 사용자는 근로자에게 1주에 평균 1회 이상의 유급휴일을 보장하여야 한다.
③ 사용자는 연장근로에 대하여는 통상임금의 100분의 50 이상을 가산하여 근로자에게 지급하여야 한다.
④ 사용자는 8시간 이내의 휴일근로에 대하여는 통상임금의 100분의 100 이상을 가산하여 근로자에게 지급하여야 한다.

15 근로기준법령상 용어의 정의에 관한 설명으로 틀린 것은?
2022년 1회, 2021년 2회

① 근로란 정신노동과 육체노동을 말한다.
② 사용자란 사업주 또는 사업경영담당자, 그 밖에 근로자에 관한 사항에 대하여 사업주를 위하여 행위하는 자를 말한다.
③ 통상임금이란 이를 산정하여야 할 사유가 발생한 날 이전 3개월 동안에 그 근로자에게 지급된 임금총액을 그 기간의 총일수로 나눈 금액을 말한다.
④ 단시간근로자란 1주 동안의 소정근로시간이 그 사업장에서 같은 종류의 업무에 종사하는 통상근로자의 1주 동안의 소정근로시간에 비하여 짧은 근로자를 말한다.

16 근로기준법령상 사용자가 3년간 보존하여야 하는 근로계약에 관한 중요한 서류로 명시되지 않은 것은?
2022년 2회

① 임금대장
② 휴가에 관한 서류
③ 고용·해고·퇴직에 관한 서류
④ 퇴직금 중간정산에 관한 증명서류

꼼꼼하게 풀어 주는 **정답과 해설**

14 ④ 사용자는 8시간 이내의 휴일근로에 대하여는 통상임금의 100분의 50 이상을 가산하여 근로자에게 지급하여야 한다(8시간을 초과하는 휴일근로에 대해서는 100분의 100 이상 가산).

15 ③ 통상임금이란 근로자에게 정기적·일률적으로 소정근로 또는 총근로에 대하여 지급하기로 정해진 시간급금액·일급금액·월급금액 또는 도급금액을 말한다. 산정사유 발생일 이전 3개월간에 그 근로자에게 지급된 임금총액을 그 기간의 총일수로 나눈 금액은 평균임금이다.

16 *3년간 보존해야 하는 근로계약에 관한 중요한 서류는 다음과 같다.
1. 근로계약서
2. 임금대장
3. 임금의 결정·지급방법과 임금계산의 기초에 관한 서류
4. 고용·해고·퇴직에 관한 서류
5. 승급·감급에 관한 서류
6. 휴가에 관한 서류
7. 연소자의 증명에 관한 서류 등

정답 14 ④ 15 ③ 16 ④

CHAPTER 03 최저임금법

25년 신규 출제법령

수험 전략
- 2025년부터 시험과목에 새로 추가되었다.
- 최저임금액, 최저임금의 적용을 위한 임금의 환산방법, 최저임금 효력, 최저임금 결정절차를 중심으로 학습한다.

NEW & HOT! 키워드
- # 최저임금
- # 최저임금 결정기준
- # 최저임금위원회

이 법은 근로자에 대하여 임금의 최저수준을 보장하여 근로자의 생활안정과 노동력의 질적 향상을 꾀함으로써 국민경제의 건전한 발전에 이바지하는 것을 목적으로 한다(제1조).

UNIT 1 총칙

(1) 용어의 정의
이 법에서 '근로자', '사용자' 및 '임금'이란 「근로기준법」 제2조에 따른 '근로자', '사용자' 및 '임금'을 말한다.

(2) 적용범위
① 이 법은 근로자를 사용하는 모든 사업 또는 사업장에 적용한다. 다만, 동거하는 친족만을 사용하는 사업과 가사사용인에게는 적용하지 아니한다(제2조).
② 이 법은 「선원법」의 적용을 받는 선원과 선원을 사용하는 선박의 소유자에게는 적용하지 아니한다.

UNIT 2 최저임금

1 최저임금의 결정기준과 구분

① 최저임금은 근로자의 생계비, 유사 근로자의 임금, 노동생산성 및 소득분배율 등을 고려하여 정한다. 이 경우 사업의 종류별로 구분하여 정할 수 있다(제4조).
② 사업의 종류별 구분은 최저임금위원회의 심의를 거쳐 고용노동부장관이 정한다.

> ✅ **교수님의 코멘트**
> 최저임금을 정할 때 경제성장률은 필수 고려조건이 아닙니다.

2 최저임금액

(1) 최저임금액

① 최저임금액은 시간·일(日)·주(週) 또는 월(月)을 단위로 하여 정한다. 이 경우 일·주 또는 월을 단위로 하여 최저임금액을 정할 때에는 시간급으로도 표시해야 한다(제5조제1항).

② 1년 이상의 기간을 정하여 근로계약을 체결하고 수습 중에 있는 근로자로서 수습을 시작한 날부터 3개월 이내인 사람에 대하여는 100분의 10을 뺀 금액을 그 근로자의 시간급 최저임금액으로 한다. 다만, 단순노무업무로 고용노동부장관이 정하여 고시한 직종에 종사하는 근로자는 제외한다.

③ 임금이 통상적으로 도급제나 그 밖에 이와 비슷한 형태로 정하여져 있는 경우로서 ①에 따라 최저임금액을 정하는 것이 적당하지 아니하다고 인정되면 해당 근로자의 생산고 또는 업적의 일정단위에 의하여 최저임금액을 정한다.

(2) 최저임금의 적용을 위한 임금의 환산방법

① 근로자의 임금을 정하는 단위가 된 기간이 그 근로자에게 적용되는 최저임금액을 정할 때의 단위가 된 기간과 다른 경우에는 그 근로자에 대한 임금을 다음 구분에 따라 시간에 대한 임금으로 환산한다(제5조의2, 시행령 제5조).

> 1. 일(日) 단위로 정해진 임금: 그 금액을 1일의 소정근로시간 수로 나눈 금액
> 2. 주(週) 단위로 정해진 임금: 그 금액을 1주의 최저임금 적용기준 시간 수(1주 동안의 소정근로시간 수와 「근로기준법」 제55조제1항에 따라 유급으로 처리되는 시간 수를 합산한 시간 수)로 나눈 금액
> 3. 월(月) 단위로 정해진 임금: 그 금액을 1개월의 최저임금 적용기준 시간 수(제2호에 따른 1주의 최저임금 적용기준 시간 수에 1년 동안의 평균의 주의 수를 곱한 시간을 12로 나눈 시간 수)로 나눈 금액
> 4. 시간·일·주 또는 월 외의 일정 기간을 단위로 정해진 임금: 제1호부터 제3호까지의 규정에 준하여 산정한 금액

② 생산고에 따른 임금지급제나 그 밖의 도급제로 정해진 임금은 그 임금산정기간(임금 마감일이 있는 경우에는 임금마감기간)의 임금총액을 그 임금산정기간 동안의 총근로시간 수로 나눈 금액을 시간에 대한 임금으로 한다.

③ 근로자가 받는 임금이 제1항이나 제2항에서 정한 둘 이상의 임금으로 되어 있는 경우에는 해당 부분을 대하여 각각 해당 규정에 따라 환산한 금액의 합산액을 그 근로자의 시간에 대한 임금으로 한다.

④ 근로자의 임금을 정한 단위가 된 기간의 소정근로시간 수가 그 근로자에게 적용되는 최저임금액을 정할 때의 단위가 된 기간의 근로시간 수와 다른 경우에는 제1항 각 호의 구분에 따라 그 근로자의 임금을 시간에 대한 임금으로 환산한다.

⑤ 사용자가 최저임금에 산입되는 임금에 포함시키기 위하여 1개월을 초과하는 주기로 지급하는 임금을 총액의 변동 없이 매월 지급하는 것으로 취업규칙을 변경하려는 경우에는 「근로기준법」 제94조제1항에도 불구하고 해당 사업 또는 사업장에 근로자의 과반수로 조직된 노동조합이 있는 경우에는 그 노동조합, 근로자의 과반수로 조직된 노동조합이 없는 경우에는 근로자의 과반수의 의견을 들어야 한다(제6조의2).

3 최저임금의 효력

① 사용자는 최저임금의 적용을 받는 근로자에게 최저임금액 이상의 임금을 지급해야 한다(제6조).

② 사용자는 이 법에 따른 최저임금을 이유로 종전의 임금수준을 낮추어서는 아니 된다.

③ 최저임금의 적용을 받는 근로자와 사용자 사이의 근로계약 중 최저임금액에 미치지 못하는 금액을 임금으로 정한 부분은 무효로 하며, 이 경우 무효로 된 부분은 이 법으로 정한 최저임금액과 동일한 임금을 지급하기로 한 것으로 본다.

④ 최저임금에는 매월 1회 이상 정기적으로 지급하는 임금을 산입한다. 다만, 다음 어느 하나에 해당하는 임금은 산입하지 아니한다.

> 1. 「근로기준법」 제2조제1항제8호에 따른 소정근로시간 또는 소정의 근로일에 대하여 지급하는 임금 외의 임금으로서 고용노동부령으로 정하는 임금
> 2. 식비, 숙박비, 교통비 등 근로자의 생활 보조 또는 복리후생을 위한 성질의 임금으로서 통화 이외의 것으로 지급하는 임금

⑤ ④에도 불구하고 「여객자동차 운수사업법」에 따른 일반택시운송사업에서 운전업무에 종사하는 근로자의 최저임금에 산입되는 임금의 범위는 생산고에 따른 임금을 제외한 단체협약·취업규칙·근로계약에 정해진 지급 조건과 지급률에 따라 매월 1회 이상 지급하는 임금을 말한다. 다만, 다음 어느 하나에 해당하는 임금은 산입하지 아니한다(시행령 제5조의3).

> 1. 소정근로시간 또는 소정의 근로일에 대하여 지급하는 임금 외의 임금
> 2. 근로자의 생활보조와 복리후생을 위하여 지급하는 임금

⑥ 다음 어느 하나에 해당하는 사유로 근로하지 아니한 시간 또는 일에 대하여 사용자가 최저임금을 지급할 것을 강제하는 것은 아니다.

> 1. 근로자가 자기의 사정으로 소정근로시간 또는 소정의 근로일의 근로를 하지 아니한 경우
> 2. 사용자가 정당한 이유로 근로자에게 소정근로시간 또는 소정의 근로일의 근로를 시키지 아니한 경우

⑦ 도급으로 사업을 행하는 경우 도급인이 책임져야 할 다음과 같은 사유로 수급인이 근로자에게 최저임금액에 미치지 못하는 임금을 지급한 경우 도급인은 해당 수급인과 연대하여 책임을 진다. 이 경우 두 차례 이상의 도급으로 사업을 행하는 경우에는 '수급인'은 '하수급인'으로 보고, '도급인'은 '직상수급인(하수급인에게 직접 하도급을 준 수급인)'으로 본다.

> 1. 도급인이 도급계약 체결 당시 인건비 단가를 최저임금액에 미치지 못하는 금액으로 결정하는 행위
> 2. 도급인이 도급계약 기간 중 인건비 단가를 최저임금액에 미치지 못하는 금액으로 낮춘 행위

4 최저임금 적용 제외

다음 어느 하나에 해당하는 사람으로서 사용자가 정신 또는 신체의 장애가 업무수행에 직접적으로 현저한 지장을 주는 것이 명백하다고 인정되는 사람으로서 고용노동부장관의 인가를 받은 사람에 대하여는 최저임금을 적용하지 아니한다(제7조).

> 1. 정신장애나 신체장애로 근로능력이 현저히 낮은 사람
> 2. 그 밖에 최저임금을 적용하는 것이 적당하지 아니하다고 인정되는 사람

5 최저임금의 결정

① 고용노동부장관은 매년 8월 5일까지 최저임금을 결정해야 한다. 이 경우 고용노동부장관은 매년 3월 31일까지 최저임금위원회에 최저임금에 관한 심의를 요청하고, 위원회가 심의하여 의결한 최저임금안에 따라 최저임금을 결정해야 한다(제8조).
② 위원회는 고용노동부장관으로부터 최저임금에 관한 심의 요청을 받은 경우 이를 심의하여 최저임금안을 의결하고, 심의 요청을 받은 날부터 90일 이내에 고용노동부장관에게 제출해야 한다.
③ 고용노동부장관은 위원회가 심의하여 제출한 최저임금안에 따라 최저임금을 결정하기가 어렵다고 인정되면 20일 이내에 그 이유를 밝혀 위원회에 10일 이상의 기간을 정하여 재심의를 요청할 수 있다.
④ 고용노동부장관은 위원회가 재심의에서 재적위원 과반수의 출석과 출석위원 3분의 2 이상의 찬성으로 당초의 최저임금안을 재의결한 경우에는 그에 따라 최저임금을 결정해야 한다.
⑤ 고시된 최저임금은 다음 연도 1월 1일부터 효력이 발생한다. 다만, 고용노동부장관은 사업의 종류별로 임금교섭시기 등을 고려하여 필요하다고 인정하면 효력발생 시기를 따로 정할 수 있다.

UNIT 3 최저임금위원회

① 최저임금에 관한 심의와 그 밖에 최저임금에 관한 중요 사항을 심의하기 위하여 고용노동부에 최저임금위원회를 둔다(제12조).
② 위원회에 그 사무를 처리하게 하기 위하여 사무국을 둔다. 사무국에는 최저임금의 심의 등에 필요한 전문적인 사항을 조사·연구하게 하기 위하여 3명 이내의 연구위원을 둘 수 있다(제20조).
③ 위원회는 근로자위원 9명, 사용자위원 9명, 공익위원 9명으로 구성한다(제14조).
④ 근로자위원, 사용자위원 및 공익위원은 고용노동부장관의 제청에 의하여 대통령이 위촉한다(시행령 제12조).
⑤ 위원회에 위원장과 부위원장 각 1명을 두며, 위원장과 부위원장은 공익위원 중에서 위원회가 선출한다(제15조).
⑥ 위원의 임기는 3년으로 하되, 연임할 수 있다.

CHAPTER 03 | 최저임금법

핵심 기출문제

01 최저임금법이 적용되지 않는 대상이 아닌 것은?

① 동거하는 친족만을 사용하는 사업
② 가사사용인
③ 「선원법」의 적용을 받는 선원과 선원을 사용하는 선박의 소유자
④ 상시 4명 이하의 근로자를 사용하는 사업

02 최저임금액의 결정에 대한 설명으로 옳지 않은 것은?

① 최저임금액은 시간·일(日)·주(週) 또는 월(月)·연(年)을 단위로 하여 정한다.
② 일·주 또는 월을 단위로 하여 최저임금액을 정할 때에는 시간급으로도 표시해야 한다.
③ 1년 이상의 기간을 정하여 근로계약을 체결하고 수습 중에 있는 근로자로서 수습을 시작한 날부터 3개월 이내인 사람에 대하여는 100분의 10을 뺀 금액을 그 근로자의 시간급 최저임금액으로 한다. 다만, 단순노무업무로 고용노동부장관이 정하여 고시한 직종에 종사하는 근로자는 제외한다.
④ 임금이 통상적으로 도급제나 그 밖에 이와 비슷한 형태로 정하여져 있는 경우로서 시간·일(日)·주(週) 또는 월(月)을 단위로 최저임금액을 정하는 것이 적당하지 아니하다고 인정되면 해당 근로자의 생산고 또는 업적의 일정단위에 의하여 최저임금액을 정한다.

03 최저임금의 결정기준으로 보기 어려운 것은?

① 근로자의 생계비
② 경제성장률
③ 노동생산성 및 소득분배율
④ 유사 근로자의 임금

04 최저임금의 적용을 위한 임금의 환산방법으로 옳지 않은 것은?

① 일(日) 단위로 정해진 임금: 그 금액을 1일의 소정근로시간 수로 나눈 금액
② 주(週) 단위로 정해진 임금: 그 금액을 1주의 최저임금 적용기준 시간 수(1주 동안의 소정근로시간 수로 나눈 금액)
③ 월(月) 단위로 정해진 임금: 그 금액을 1개월의 최저임금 적용기준 시간 수(제2호에 따른 1주의 최저임금 적용기준 시간 수에 1년 동안의 평균의 주의 수를 곱한 시간을 12로 나눈 시간 수)로 나눈 금액
④ 생산고에 따른 임금지급제나 그 밖의 도급제로 정해진 임금은 그 임금산정기간(임금마감일이 있는 경우에는 임금마감기간)의 임금총액을 그 임금산정기간 동안의 총 근로시간 수로 나눈 금액

꼼꼼하게 풀어 주는 정답과 해설

01 최저임금법은 모든 사업 또는 사업장에 적용한다(제2조).
02 최저임금액은 시간·일(日)·주(週) 또는 월(月)을 단위로 하여 정한다(제5조).
03 최저임금은 근로자의 생계비, 유사 근로자의 임금, 노동생산성 및 소득분배율 등을 고려하여 정한다(제4조)
04 주(週) 단위로 정해진 임금: 그 금액을 1주의 최저임금 적용기준 시간 수(1주 동안의 소정근로시간 수와 「근로기준법」 제55조제1항에 따라 유급으로 처리되는 시간 수를 합산한 시간 수)로 나눈 금액

정답 01 ④ 02 ① 03 ② 04 ②

05 최저임금의 효력에 대한 설명으로 옳지 않은 것은?

① 사용자는 이 법에 따른 최저임금을 이유로 종전의 임금수준을 낮출 수 있다.
② 사용자는 최저임금의 적용을 받는 근로자에게 최저임금액 이상의 임금을 지급해야 한다.
③ 최저임금의 적용을 받는 근로자와 사용자 사이의 근로계약 중 최저임금액에 미치지 못하는 금액을 임금으로 정한 부분은 무효로 하며, 이 경우 무효로 된 부분은 이 법으로 정한 최저임금액과 동일한 임금을 지급하기로 한 것으로 본다.
④ 최저임금에는 원칙적으로 매월 1회 이상 정기적으로 지급하는 임금을 산입한다.

06 최저임금의 적용이 제외되는 대상에 해당하는 자가 아닌 자는?

① 정신장애로 근로능력이 현저히 낮은 사람으로 고용노동부장관의 인가를 받은 사람
② 신체장애로 근로능력이 현저히 낮은 사람으로 고용노동부장관의 인가를 받은 사람
③ 1년 이상의 기간을 정하여 근로계약을 체결하고 수습 중에 있는 근로자로서 수습을 시작한 날부터 3개월 이내인 사람
④ 최저임금을 적용하는 것이 적당하지 아니하다고 인정되는 사람으로 고용노동부장관의 인가를 받은 사람

07 최저임금의 결정절차에 대한 설명으로 옳지 않은 것은?

① 고용노동부장관은 매년 8월 5일까지 최저임금을 결정해야 한다. 이 경우 고용노동부장관은 매년 3월 31일까지 최저임금위원회에 최저임금에 관한 심의를 요청하고, 위원회가 심의하여 의결한 최저임금안에 따라 최저임금을 결정해야 한다.
② 최저임금위원회는 고용노동부장관으로부터 최저임금에 관한 심의 요청을 받은 경우 이를 심의하여 최저임금안을 의결하고, 심의 요청을 받은 날부터 90일 이내에 고용노동부장관에게 제출해야 한다.
③ 고용노동부장관은 최저임금위원회가 심의하여 제출한 최저임금안에 따라 최저임금을 결정하기가 어렵다고 인정되면 20일 이내에 그 이유를 밝혀 최저임금위원회에 10일 이상의 기간을 정하여 재심의를 요청할 수 있다.
④ 고용노동부장관은 최저임금위원회가 재심의에서 재적위원 과반수의 출석과 출석위원 과반수의 찬성으로 당초의 최저임금안을 재의결한 경우에는 그에 따라 최저임금을 결정해야 한다.

꼼꼼하게 풀어 주는 정답과 해설

05 사용자는 이 법에 따른 최저임금을 이유로 종전의 임금수준을 낮추어서는 아니 된다(제6조).
06 1년 이상의 기간을 정하여 근로계약을 체결하고 수습 중에 있는 근로자로서 수습을 시작한 날부터 3개월 이내인 사람에 대하여는 100분의 10을 뺀 금액을 그 근로자의 시간급 최저임금액으로 한다. 다만, 단순노무업무로 고용노동부장관이 정하여 고시한 직종에 종사하는 근로자는 제외한다(제5조).
07 고용노동부장관은 최저임금위원회가 재심의에서 재적위원 과반수의 출석과 출석위원 3분의 2 이상의 찬성으로 당초의 최저임금안을 재의결한 경우에는 그에 따라 최저임금을 결정해야 한다(제8조).

정답 05 ① 06 ③ 07 ④

CHAPTER 04 직업안정법

회당 평균 출제 문항수 **1.6개**

수험 전략
- 학습범위가 다소 넓은 편이기는 하지만, 역시 출제되는 범위는 한정되어 있다.
- 유료직업소개사업, 근로자공급사업, 직업정보제공사업자의 준수사항, 직업소개 절차 등에서 주로 출제되고 있다.

NEW & HOT! 키워드
- \# 근로자공급사업
- \# 직업정보제공사업
- \# 직업안정
- \# 직업소개

이 법은 모든 근로자가 각자의 능력을 계발·발휘할 수 있는 직업에 취업할 기회를 제공하고, 정부와 민간부문이 협력하여 각 산업에서 필요한 노동력이 원활하게 수급되도록 지원함으로써 근로자의 직업안정을 도모하고 국민경제의 균형 있는 발전에 이바지함을 목적으로 한다(제1조).

UNIT 1 총칙

1 용어의 정의

2020년 4회, 2017년 2·3회, 2015년 2회, 2013년 3회, 2011년 2회, 2009년 2회

구분	용어 정의
직업안정기관	직업소개·직업지도 등 직업안정업무를 수행하는 지방고용노동행정기관을 말한다.
직업소개	구인 또는 구직의 신청을 받아 구직자 또는 구인자를 탐색하거나 구직자를 모집하여 구인자와 구직자 간에 고용계약이 성립되도록 알선하는 것을 말한다(결정하는 것이 아님).
직업지도	취업하려는 사람이 그 능력과 소질에 알맞은 직업을 쉽게 선택할 수 있도록 하기 위한 직업적성검사·직업정보제공·직업상담·실습·권유 또는 조언, 그 밖에 직업에 관한 지도를 말한다.
직업소개사업	• '무료직업소개사업'이란 수수료·회비 또는 그 밖의 어떠한 금품도 받지 아니하고 하는 직업소개사업을 말한다. • '유료직업소개사업'이란 무료직업소개사업이 아닌 직업소개사업을 말한다.
모집	근로자를 고용하려는 자가 취업하려는 자에게 피고용인이 되도록 권유하거나 다른 사람으로 하여금 권유하게 하는 것을 말한다.
근로자공급사업	공급계약에 따라 근로자를 타인에게 사용하게 하는 사업을 말한다(근로자파견사업은 제외).
직업정보제공사업	신문, 잡지, 그 밖의 간행물 또는 유선·무선방송이나 컴퓨터 통신 등으로 구인·구직정보 등 직업정보를 제공하는 사업을 말한다.
고용서비스	구인자 또는 구직자에 대한 고용정보의 제공, 직업소개, 직업지도 또는 직업능력개발 등 고용을 지원하는 서비스를 말한다.

2 고용서비스 우수기관 인증

2019년 1회, 2017년 2회

① 고용노동부장관은 구인자·구직자가 편리하게 이용할 수 있는 시설과 장비를 갖추고 직업소개 또는 취업 정보제공 등의 방법으로 구인자·구직자에 대한 고용서비스 향상에 기여하는 기관을 고용서비스 우수기관으로 인증할 수 있다(제4조의5).

② 고용노동부장관은 고용서비스 우수기관으로 인증을 받은 자가 다음 어느 하나에 해당하면 인증을 취소할 수 있다. 　　2011년 1회, 2010년 1회
  ㉠ 거짓이나 그 밖의 부정한 방법으로 인증을 받은 경우
  ㉡ 정당한 사유 없이 1년 이상 계속 사업실적이 없는 경우
  ㉢ 법에서 정한 인증기준을 충족하지 못하게 된 경우
  ㉣ 고용서비스 우수기관으로 인증을 받은 자가 폐업한 경우

③ 고용서비스 우수기관 인증의 유효기간은 인증일부터 3년으로 한다.

④ 고용서비스 우수기관으로 인증을 받은 자가 인증의 유효기간이 지나기 전에 다시 인증을 받으려면 유효기간 만료 60일 전까지 고용노동부장관에게 재인증을 신청해야 한다.

UNIT 2 직업안정기관의 직업안정업무

더 알아보기 직업안정업무의 구분

2017년 1회

직업안정기관(고용노동부)의 직업안정업무	직업안정기관 외의 자(민간)의 직업안정업무
• 직업소개사업(무료) • 직업지도 • 고용정보 수집·제공 • 구인·구직 개척	• 직업소개사업(무료, 유료) • 직업정보제공사업 • 근로자 모집 • 근로자공급사업

1 직업소개

① 직업안정기관의 장은 다음 절차에 따라 직업소개를 하여야 한다(영 제4조).　　2012년 2회, 2009년 2회

> 구인·구직에 필요한 기초적인 사항의 확인 → 구인·구직신청의 수리 → 구인·구직의 상담 → 직업 또는 구직자의 알선 → 취업 또는 채용 여부의 확인

☑ 교수님의 코멘트

직업소개 절차에서 가장 먼저 하는 것은 '구인·구직신청의 수리'가 아니라 '구인·구직에 필요한 기초적인 사항의 확인'이라는 것을 기억해야 합니다. 이는 신청서 기재사항을 제대로 기재했는지 확인한 다음 이상이 없을 때 수리한다는 의미입니다.

② 구인·구직의 신청   2018년 3회, 2013년 2회, 2010년 2·4회

  ㉠ 직업안정기관의 장은 구인·구직신청의 수리를 거부해서는 안 된다. 다만, 다음에 해당되는 경우에는 그러하지 아니하다(제8조, 제9조).

구분	수리거부사유
구인신청서	• 구인신청의 내용이 법령을 위반한 경우 • 구인신청의 내용 중 임금·근로시간 그 밖의 근로조건이 통상적인 근로조건에 비하여 현저하게 부적당하다고 인정되는 경우 • 구인자가 구인조건을 밝히기를 거부하는 경우 • 구인자가 구인신청 당시 명단이 공개 중인 체불사업주인 경우
구직신청서	구직신청의 내용이 법령을 위반한 경우

  ㉡ 구인신청은 구인자의 사업장 소재지를 관할하는 직업안정기관에 하여야 한다. 다만, 사업장 소재지 관할 직업안정기관에 신청하는 것이 적절하지 아니하다고 인정되는 경우에는 인근의 다른 직업안정기관에 신청할 수 있다(영 제5조).

  ㉢ 직업안정기관의 장은 구직자의 요청이 있거나 필요하다고 인정하여 구직자의 동의를 받은 경우에는 직업상담 또는 직업적성검사를 할 수 있다.

  ㉣ 구인자가 직업안정기관의 장에게 구인신청을 할 때에는 구직자가 취업할 업무의 내용과 근로조건을 구체적으로 밝혀야 하며, 직업안정기관의 장은 이를 구직자에게 알려주어야 한다(제10조).

> **더 알아보기** 구인·구직신청의 유효기간   2024년 1회, 2017년 1회
> • 구인신청: 15일 이상 2개월 범위에서 구인업체가 결정
> • 구직신청: 3개월(국외취업희망자: 6개월)
> ※ 접수된 구인신청서·구직신청서는 1년간 관리·보관해야 한다.

③ 직업소개의 원칙(제11조, 영 제7조)   2025년 3회, 2018년 3회, 2016년 1회, 2012년 3회

원칙	주요 내용
적합자 소개의 원칙	구직자에게는 그 능력에 알맞은 직업을 소개하고, 구인자에게는 구인조건에 적합한 구직자를 소개하도록 노력할 것
통근권 내 소개의 원칙	구직자가 가능하면 통근할 수 있는 지역에서 직업을 소개하도록 노력할 것
이익균형의 원칙	구인자 또는 구직자 어느 한쪽의 이익에 치우치지 아니할 것
근로조건 고지의 원칙	구직자가 취업할 직업에 쉽게 적응할 수 있도록 종사하게 될 업무의 내용, 임금·근로시간, 그 밖의 근로조건에 대하여 상세히 설명할 것

※ 직업안정기관의 장은 통근할 수 있는 지역에서 구직자에게 그 희망 및 능력에 알맞은 직업을 소개할 수 없을 때 또는 구인자가 희망하는 구직자나 구인 인원을 채울 수 없는 때에는 광범위한 지역에 걸쳐 직업소개를 할 수 있다(제12조).

> ✓ **교수님의 코멘트**
> 광역지역소개는 직업소개의 원칙이 아니고, 통근권 내 소개를 할 수 없을 때에 하는 직업소개의 예외에 해당합니다.

2 직업지도

2012년 1회

① 직업안정기관의 장은 새로 취업하려는 자, 신체 또는 정신에 장애가 있는 자, 기타 취업을 위하여 특별한 지도를 필요로 하는 자 등에 대하여 직업지도를 해야 한다(제14조).
② 직업안정기관의 장이 신체 또는 정신에 장애가 있는 자에 대하여 직업지도를 하는 경우에는 소속 직원 중에서 이에 대한 특별한 지식과 기능을 가진 자로 하여금 담당하게 해야 한다(영 제9조).
③ 직업안정기관의 장은 직업지도를 받아 취업한 자가 그 직업에 쉽게 적응할 수 있도록 하기 위하여 필요하다고 인정하는 경우에는 취업 후에도 직업지도를 실시할 수 있다(필요한 경우가 아님).
④ 직업안정기관의 장은 각급학교의 장이나 공공직업훈련시설의 장의 요청이 있는 경우에는 학생 또는 직업훈련생에게 직업지도를 할 수 있다(제15조).

3 고용정보의 수집·제공

직업안정기관의 장은 관할 지역 안의 각종 고용정보를 수시 또는 정기적으로 수집하고 정리하여 구인자·구직자 기타 고용정보가 필요한 자에게 적극적으로 제공해야 한다(제16조, 영 제12조). 2016년 1회, 2010년 4회

1. 경제 및 산업동향
2. 노동시장, 고용·실업동향
3. 임금·근로시간 등 근로조건
4. 직업에 관한 정보
5. 채용·승진 등 고용관리에 관한 정보
6. 직업능력개발훈련에 관한 정보
7. 고용관련 각종 지원 및 보조제도
8. 구인·구직에 관한 정보

4 구인·구직의 개척

직업안정기관의 장은 관할 지역 안의 사업장 방문, 전화연락, 신문 등을 통한 구인·구직 알선의 광고, 사업주 간담회 참석 등을 통하여 구인을 개척해야 한다(제17조, 영 제13조).

UNIT 3 직업안정기관 외의 자의 직업안정업무

1 무료직업소개사업

2022년 1회, 2017년 3회

① 무료직업소개사업은 근로자가 취업하고자 하는 장소를 기준으로 국내무료직업소개사업과 국외무료직업소개사업으로 구분한다(제18조).
② 국내무료직업소개사업은 특별자치도지사·시장·군수·구청장(자치구의 구청장에 한함)에게 신고하고, 국외무료직업소개사업은 고용노동부장관에게 신고해야 한다. 2016년 3회, 2015년 1회, 2012년 2회, 2011년 3회
③ 무료직업소개사업의 신고를 할 수 있는 자는 그 설립목적 및 사업내용이 무료직업소개사업에 적합하고, 해당 사업의 유지·운영에 필요한 조직 및 자산을 갖춘 비영리법인 또는 공익단체로 한다(영 제14조).

④ 무료직업소개사업을 행하는 자는 직업소개사업 외의 사업의 확장을 위한 회원모집·조직확대·선전 등의 수단으로 직업소개사업을 운영해서는 안 된다(영 제17조).

> **더 알아보기** 신고 없이 무료직업소개사업을 할 수 있는 경우
> - 한국산업인력공단이 하는 직업소개
> - 한국장애인고용공단이 장애인을 대상으로 하는 직업소개
> - 교육관계법에 따른 각급학교의 장, 「국민 평생 직업능력 개발법」에 따른 공공직업훈련시설의 장이 재학생·졸업생 또는 훈련생·수료생을 대상으로 하는 직업소개
> - 근로복지공단이 업무상 재해를 입은 근로자를 대상으로 하는 직업소개
> ※ 대한상공회의소는 대상기관에 해당하지 않는다.

2 유료직업소개사업

① 국내유료직업소개사업은 특별자치도지사·시장·군수·구청장(자치구의 구청장에 한함)에게 등록하고, 국외유료직업소개사업은 고용노동부장관에게 등록해야 한다(제19조).
② 유료직업소개사업을 하는 자는 고용노동부장관이 결정·고시한 요금 외의 금품을 받아서는 안 된다. 다만, 고급·전문인력을 소개하는 경우에는 당사자 사이에 정한 요금을 구인자로부터 받을 수 있다. 고용노동부장관이 소개요금을 결정하고자 하는 경우에는 고용정책심의회의 심의를 거쳐야 한다.
③ 등록을 하고 유료직업소개사업을 하려는 자는 둘 이상의 사업소를 둘 수 없다. 다만, 사업소별로 다음 ④의 1.~8.에 해당하는 사람을 1명 이상 고용하는 경우에는 그러하지 아니하다.
④ 유료직업소개사업의 등록을 할 수 있는 자는 다음에 해당하는 자에 한한다. 다만, 법인의 경우에는 직업소개사업을 목적으로 설립된 「상법」상 회사 또는 「협동조합 기본법」에 따른 협동조합(사회적협동조합은 제외)으로서 납입자본금이 5천만 원(둘 이상의 사업소를 설치하는 경우에는 추가하는 사업소 1개소당 2천만 원을 가산한 금액) 이상이고, 임원 2명 이상이 다음에 해당하는 자에 한한다(영 제21조).

> 1. 「국가기술자격법」에 의한 직업상담사 1급 또는 2급의 국가기술자격이 있는 자
> 2. 직업소개사업의 사업소, 「국민 평생 직업능력 개발법」에 의한 직업능력개발훈련시설, 「초·중등교육법」 및 「고등교육법」에 의한 학교, 「청소년 기본법」에 의한 청소년단체에서 직업상담·직업지도·직업훈련 기타 직업소개와 관련이 있는 상담업무에 2년 이상 종사한 경력이 있는 자
> 3. 공인노무사
> 4. 조합원이 100인 이상인 단위노동조합, 산업별 연합단체인 노동조합 또는 총연합단체인 노동조합에서 노동조합업무 전담자로 2년 이상 근무한 경력이 있는 자
> 5. 상시사용근로자 300인 이상인 사업 또는 사업장에서 노무관리업무 전담자로 2년 이상 근무한 경력이 있는 자
> 6. 국가공무원 또는 지방공무원으로서 2년 이상 근무한 경력이 있는 자
> 7. 「초·중등교육법」에 의한 교원자격증을 가지고 있는 자로서 교사 근무경력이 2년 이상인 자
> 8. 「사회복지사업법」에 따른 사회복지사

✓ **교수님의 코멘트**

유료직업소개사업을 등록할 수 있는 자에서 공인노무사 등의 공인자격자가 아닌 개인의 경력은 모두 2년 이상인 자로 되어 있다는 것을 참고하세요.

⑤ **유료직업소개사업의 제한·금지** 2018년 3회, 2015년 3회, 2012년 2회, 2010년 1회
  ⊙ **명의대여 금지**: 유료직업소개사업을 등록한 자는 타인에게 자기의 성명 또는 상호를 사용하여 직업소개사업을 하게 하거나, 그 등록증을 대여해서는 안 된다(제21조).
  ⊙ **선급금의 수령금지**: 유료직업소개사업을 하는 자 및 그 종사자는 구직자에게 제공하기 위하여 구인자로부터 선급금을 받아서는 안 된다(제21조의2).
  ⊙ **겸업금지**: 다음 어느 하나에 해당하는 사업을 경영하는 자는 직업소개사업을 하거나 직업소개사업을 하는 법인의 임원이 될 수 없다(제26조). 2025년 2·3회, 2024년 3회, 2022년 2·3회, 2020년 3회, 2013년 2회, 2010년 2회

  > 1. 「결혼중개업의 관리에 관한 법률」의 결혼중개업
  > 2. 「공중위생관리법」의 숙박업
  > 3. 「식품위생법」의 식품접객업 중 대통령령으로 정하는 영업
  >   • 「식품위생법 시행령」상의 휴게음식점영업 중 주로 다류(茶類)를 조리·판매하는 영업(영업자 또는 종업원이 영업장을 벗어나 다류를 배달·판매하면서 소요시간에 따라 대가를 받는 형태로 운영하는 경우로 한정)
  >   • 「식품위생법 시행령」상의 단란주점영업, 유흥주점영업

  ⊙ **고용의 제한**: 유료직업소개사업을 하는 자는 다음에 해당하는 자를 고용해서는 안 된다(제22조).

  > 1. 미성년자, 피성년후견인, 피한정후견인 2025년 2·3회
  > 2. 파산선고를 받고 복권되지 아니한 자
  > 3. 「직업안정법」, 「성매매알선 등 행위의 처벌에 관한 법률」, 「풍속영업의 규제에 관한 법률」 또는 「청소년 보호법」을 위반하거나 직업소개사업과 관련된 행위로 「선원법」을 위반하여 금고 이상의 실형을 선고받고 그 집행이 끝나거나 집행을 하지 아니하기로 확정된 날부터 3년이 지나지 아니한 자, 금고 이상의 형의 집행유예를 선고받고 그 유예기간이 끝난 날부터 3년이 지나지 아니한 자, 벌금형이 확정된 후 2년이 지나지 아니한 자
  > 4. 직업소개사업의 등록이나 허가가 취소된 후 5년이 지나지 아니한 자

⑥ **연소자·청소년에 대한 직업소개의 제한** 2014년 3회
  ⊙ 무료·유료직업소개사업을 하는 자와 그 종사자는 구직자의 연령을 확인해야 하며, 18세 미만의 구직자를 소개하는 경우에는 친권자 또는 후견인의 취업동의서를 받아야 한다(제21조의3).
  ⊙ 18세 미만의 구직자를 18세 미만자의 사용이 금지되는 직종의 업소에 소개해서는 안 되며, 청소년인 구직자를 청소년 유해업소에 소개해서는 안 된다.

⑦ **유료직업소개사업자의 준수사항** 2013년 3회
  유료직업소개사업자 및 그 종사자는 다음 사항을 준수해야 한다(영 제25조, 영 제7조).

  > 1. 직업소개사업자는 사업소에 근무하면서 종사자를 직접 관리·감독하여 직업소개행위와 관련된 비위사실이 발생하지 아니하도록 할 것
  > 2. 구인자의 사업이 행정관청의 허가·신고·등록 등이 필요한 사업인 경우에는 그 허가·신고·등록 등의 여부를 확인할 것
  > 3. 직업소개사업의 광고를 할 때에는 직업소개소의 명칭·전화번호·위치 및 등록번호를 기재할 것
  > 4. 직업소개요금은 구직자의 근로계약이 체결된 후에 받을 것(다만, 회비형식으로 요금을 받고 일용근로자를 소개하는 경우 또는 고급·전문인력을 소개하는 경우에는 제외)
  > 5. 구인자 또는 구직자 어느 한쪽의 이익에 치우치지 아니할 것
  > 6. 구직자가 취직할 직업에 쉽게 적응할 수 있도록 종사하게 될 업무의 내용, 임금, 근로시간, 그 밖의 근로조건에 대하여 상세히 설명할 것
  > 7. 기타 사업소의 부착물 등 고용노동부령이 정하는 사항

⑧ 직업상담원

㉠ 유료직업소개사업을 하는 자는 사업소별로 고용노동부령이 정하는 자격을 갖춘 직업상담원을 1명 이상 고용해야 한다(제22조).

㉡ 유료직업소개사업의 종사자 중 직업상담원이 아닌 자는 직업소개에 관한 사무를 담당해서는 안 된다.

> ■ 직업상담원의 자격(규칙 제19조)   2016년 2회, 2011년 1회
> 1. 소개하려는 직종별로 해당 직종에서 2년 이상 근무한 경력이 있는 사람
> 2. 「국민 평생 직업능력 개발법」에 따른 직업능력개발훈련시설, 「초·중등교육법」 및 「고등교육법」에 따른 학교, 「청소년기본법」에 따른 청소년단체에서 직업상담, 직업지도, 직업훈련, 그 밖에 직업소개와 관련이 있는 상담업무에 2년 이상 종사한 경력이 있는 사람
> 3. 「공인노무사법」에 따른 공인노무사
> 4. 노동조합의 업무, 사업체의 노무관리업무 또는 공무원으로서 행정 분야에 2년 이상 근무한 경력이 있는 사람
> 5. 「사회복지사업법」에 따른 사회복지사
> 6. 「초·중등교육법」에 따른 교원자격증을 가진 사람으로서 교사 근무경력이 2년 이상인 사람 또는 「고등교육법」에 따른 교원으로서 교원 근무경력이 2년 이상인 사람
> 7. 직업소개사업의 사업소에서 2년 이상 근무한 경력이 있는 사람
> 8. 「국가기술자격법」에 따른 직업상담사 1급 또는 2급

✓ 교수님의 코멘트

직업상담원의 자격에서 공인노무사 등의 공인자격자가 아닌 개인의 경력은 모두 2년 이상인 자로 되어 있다는 것을 참고하세요.

⑨ 유료직업소개사업자의 장부비치기간   2020년 4회, 2015년 2회, 2011년 3회

유료직업소개사업을 하는 자는 다음의 장부 및 서류를 작성하여 해당 기간 동안 갖추어 두어야 한다. 다만, 일용근로자의 직업소개에 대해서는 다음의 2·4·6.의 서류를 작성하여 갖추어 두지 아니할 수 있다.

> 1. 종사자명부: 2년
> 2. 구인신청서: 2년
> 3. 구인접수대장: 2년
> 4. 구직신청서: 2년
> 5. 구직접수 및 직업소개대장: 2년
> 6. 소개요금약정서: 2년
> 7. 일용근로자 회원명부(일용근로자를 회원제로 소개·운영하는 경우만 해당함): 2년
> 8. 금전출납부 및 금전출납명세서: 2년

3 직업정보제공사업

① 직업정보제공사업을 하려는 자(무료직업소개사업을 하는 자와 유료직업소개사업을 하는 자 제외)는 고용노동부장관에게 신고해야 한다(제23조).

② 직업정보제공사업소를 둘 이상 두고자 할 때에는 사업소별로 신고해야 한다(영 제27조).

③ 직업정보제공사업을 하는 자 및 그 종사자가 준수해야 할 사항은 다음과 같다(제25조, 영 제28조).

핵심 개념 | 핵심 기출문제

2025년 3회, 2022년 3회, 2019년 2·3회, 2018년 1회, 2016년 3회, 2013년 1회, 2012년 1회, 2010년 3회, 2009년 1·2회

1. 구인자의 업체명(또는 성명)이 표시되어 있지 아니하거나 구인자의 연락처가 사서함 등으로 표시되어 구인자의 신원이 확실하지 아니한 구인광고를 게재하지 아니할 것
2. 직업정보제공매체의 구인·구직광고에는 구인·구직자의 주소 또는 전화번호를 기재하고, 직업정보제공사업자의 주소 또는 전화번호는 기재하지 아니할 것
3. 직업정보제공매체 또는 직업정보제공사업의 광고문에 (무료)취업상담·취업추천·취업지원 등의 표현을 사용하지 아니할 것
4. 구직자의 이력서 발송을 대행하거나 구직자에게 취업추천서를 발부하지 아니할 것
5. 직업정보제공매체에 정보이용자들이 알아보기 쉽게 사업신고로 부여받은 신고번호를 표시할 것
6. 「최저임금법」에 따라 결정·고시된 최저임금에 미달되는 구인정보, 「성매매알선 등 행위의 처벌에 관한 법률」에 따른 금지행위가 행해지는 업소에 대한 구인광고를 게재하지 아니할 것
7. 구인자가 구인신청 당시 「근로기준법」에 따라 명단이 공개 중인 체불사업주인 경우 그 사실을 구직자가 알 수 있도록 게재할 것

☑ 교수님의 코멘트

구인·구직광고에는 구인·구직자의 주소 또는 전화번호는 기재해야 하지만, 직업정보제공사업자의 주소 또는 전화번호는 기재할 수 없다는 것에 주의합니다.

4 근로자의 모집

2021년 2회, 2020년 3회, 2009년 1회

① 근로자를 고용하려는 자는 광고·문서 또는 정보통신망 등 다양한 매체를 활용하여 자유롭게 근로자를 모집할 수 있다(제28조).
② 국외에 취업할 근로자를 모집한 자는 모집한 후 15일 이내에 고용노동부장관에게 신고해야 한다(제30조, 영 제31조).
③ 고용노동부장관은 건전한 모집질서의 확립을 위하여 필요하다고 인정되는 경우에는 고용정책심의회의 심의를 거쳐 근로자 모집방법 등의 개선을 서면으로 권고할 수 있다(제31조).
④ 근로자를 모집하려는 자와 그 모집에 종사하는 자는 어떠한 명목으로든 응모자로부터 그 모집과 관련하여 금품을 받거나 그 밖의 이익을 취해서는 안 된다(제32조).

☑ 교수님의 코멘트

국내 취업자의 모집은 자유롭게 할 수 있으나, 국외 취업자 모집은 모집 후 15일 이내에 고용노동부장관에게 신고해야 합니다.

5 근로자공급사업

2022년 1회, 2021년 1·2회, 2020년 1·2(통합)회, 2019년 1회, 2018년 2회, 2015년 1회, 2014년 3회, 2013년 1회, 2010년 3회, 2009년 3회

(1) 의의

① 누구든지 고용노동부장관의 허가를 받지 아니하고는 근로자공급사업을 하지 못한다(제33조).
② 근로자공급사업 허가의 유효기간은 3년으로 하며, 유효기간이 끝난 후 계속하여 근로자공급사업을 하려는 자는 연장허가를 받아야 한다. 이 경우 연장허가의 유효기간은 연장 전 허가의 유효기간이 끝나는 날부터 3년으로 한다.
③ 근로자공급사업은 국내 근로자공급사업과 국외근로자공급사업으로 구분한다.

국내 근로자공급사업	국외 근로자공급사업
「노동조합 및 노동관계조정법」에 따른 노동조합	• 국내에서 제조업·건설업·용역업, 그 밖의 서비스업을 하고 있는 자 • 연예인을 대상으로 하는 국외 근로자공급사업의 허가를 받을 수 있는 자는 비영리법인으로 한다.

(2) 국외 근로자공급사업의 관리 2013년 2회

① 국외 근로자공급사업자는 다음 기준에 따라 국외 공급근로자를 보호하고 국외 근로자공급사업을 관리해야 한다(규칙 제41조).

> 1. 공급대상국가로부터 취업자격을 취득한 근로자만을 공급할 것('공급대상국가'이지 '공급국가'가 아님)
> 2. 공급 근로자를 공급계약 외의 업무에 종사하게 하거나 공급계약기간을 초과하여 체류하게 하지 아니할 것
> 3. 국외의 임금수준 등을 고려하여 공급 근로자에게 적정임금을 보장할 것
> 4. 임금은 매월 1회 이상 일정한 기일을 정하여 통화로 직접 해당 근로자에게 그 전액을 지급할 것
> 5. 명부(공급근로자의 출국일자, 국외취업기간, 현 근무처 및 귀국일자 기록), 임금대장(공급근로자별 임금, 월별 임금 지급방법 및 지급일자 기록), 고충처리상황을 작성·관리할 것

② 국외 근로자공급사업자는 근로자를 국외에 공급하려는 때에는 해당 근로자를 공급받으려는 사업체와 각 근로자별로 공급계약을 서면으로 체결하되, 근로자공급계약의 내용이 동일한 경우에는 하나의 계약서로 작성할 수 있다(규칙 제41조의2).

③ 국외 근로자공급사업자는 공급 근로자에 대하여 왕복여비, 취업 관련 물품의 탁송료·재료비, 그 밖에 국외 공급과 관련된 경비를 부담시켜서는 아니 된다.

더 알아보기 직업안정업무의 실시요건

직업안정업무	실시요건
무료직업소개사업	• 국내: 특별자치도지사·시장·군수·구청장에게 신고 • 국외: 고용노동부장관에게 신고
유료직업소개사업	• 국내: 특별자치도지사·시장·군수·구청장에게 등록 • 국외: 고용노동부장관에게 등록
직업정보제공사업	고용노동부장관에게 신고
근로자 모집	• 국내: 자유 • 국외: 고용노동부장관에게 신고(모집 후 15일 이내)
근로자공급사업	고용노동부장관의 허가

UNIT 4 기타

2025년 1회

① 국내 유료직업소개사업자는 사업소별로 1천만 원, 국외 유료직업소개사업자는 1억 원, 국외 근로자공급사업자는 2억 원을 금융기관에 예치하거나 보증보험에 가입해야 한다. 다만, 국외연수생만을 소개하는 국외 유료직업소개사업자의 경우에는 5천만 원을 금융기관에 예치하거나 보증보험에 가입해야 한다(영 제34조의2).

② 고용노동부장관 또는 특별자치도지사·시장·군수·구청장은 신고 또는 등록을 하거나 허가를 받고 사업을 하는 자가 공익을 해할 우려가 있는 경우로서 다음의 어느 하나에 해당하는 경우에는 6개월 이내의 기간을 정하여 그 사업을 정지하게 하거나 등록 또는 허가를 취소할 수 있다(다음 2.에 해당할 때에는 등록 또는 허가를 반드시 취소해야 함, 제36조).

> 1. 거짓이나 그 밖의 부정한 방법으로 신고·등록하였거나 허가를 받은 때
> 2. 제38조(결격사유)에 해당하게 된 때
> 3. 이 법 또는 이 법에 따른 명령을 위반한 때

CHAPTER 04 | 직업안정법

핵심 기출문제

빈출

01 직업안정법령상 일용근로자 이외의 직업소개를 하는 유료직업소개사업자의 장부 및 서류의 비치기간으로 옳은 것은?

2024년 2회, 2020년 4회, 2015년 2회

① 종사자명부: 3년
② 구인신청서: 2년
③ 구직신청서: 1년
④ 금전출납부 및 금전출납명세서: 1년

02 직업안정법에 관한 설명으로 틀린 것은?

2020년 3회, 2014년 1회

① 누구든지 어떠한 명목으로든 구인자로부터 그 모집과 관련하여 금품을 받거나 그 밖의 이익을 취하여서는 아니 된다.
② 누구든지 국외에 취업할 근로자를 모집한 경우에는 고용노동부장관에게 신고하여야 한다.
③ 누구든지 고용노동부장관의 허가를 받지 아니하고는 근로자공급사업을 하지 못한다.
④ 누구든지 성별, 연령, 종교, 신체적 조건, 사회적 신분 또는 혼인 여부 등을 이유로 직업소개 또는 직업지도를 받거나 고용관계를 결정할 때 차별대우를 받지 아니한다.

03 직업안정법상 구인·구직의 신청에 관한 설명으로 옳은 것은?

2017년 1회, 2014년 2회

① 국외취업희망자의 구직신청의 유효기간은 1년으로 한다.
② 직업안정기관의 장은 관할 구역의 읍·면·동사무소에 구인신청서와 구직신청서를 갖추어 두어 구인자·구직자의 편의를 도모하여야 한다.
③ 직업안정기관의 장은 접수된 구인신청서 및 구직신청서를 3년간 관리·보관하여야 한다.
④ 수리된 구인신청의 유효기간은 3개월이다.

꼼꼼하게 풀어 주는 **정답과 해설**

01 유료직업소개사업자의 장부비치기간은 종사자명부 2년, 구인신청서 및 구직신청서 2년, 금전출납부 및 금전출납명세서 2년이다.

02 ① 고급·전문인력을 소개하는 경우에는 당사자 사이에 정한 요금을 구인자로부터 받을 수 있다.

03 오답풀이
① 국외취업희망자의 구직신청 유효기간은 6개월이다.
③ 접수된 구인신청서(구인표), 구직신청서(구직표)는 1년간 관리·보관한다.
④ 구인신청 유효기간은 15일 이상 2개월 범위에서 구인업체가 결정한다.

정답 01 ② 02 ① 03 ②

빈출
04 직업안정법상 직업정보제공사업자의 준수사항으로 틀린 것은?　　2013년 1회

① 직업정보제공매체의 구인·구직의 광고에는 구인·구직자 및 직업정보제공사업자의 주소 또는 전화번호를 기재할 것
② 구인자의 연락처가 사서함으로 표시된 구인광고를 게재하지 아니할 것
③ 광고문에 취업상담·추천 등의 표현을 사용하지 아니할 것
④ 구직자의 이력서 발송을 대행하거나 구직자에게 취업추천서를 발부하지 아니할 것

05 직업안정법상 근로자공급사업에 관한 설명으로 틀린 것은?　　2013년 1회

① 근로자공급사업 허가의 유효기간은 3년이다.
② 근로자공급사업 허가의 유효기간이 끝난 후 계속하여 근로자공급사업을 하려는 자는 연장허가를 받아야 하며, 이 경우 연장허가의 유효기간은 연장 전 허가의 유효기간이 끝나는 날부터 3년으로 한다.
③ 국내근로자공급사업의 허가를 받을 수 있는 자는 「노동조합 및 노동관계조정법」에 따른 노동조합이다.
④ 연예인을 대상으로 하는 국외근로자공급사업의 허가를 받을 수 있는 자는 「민법」에 따른 비영리법인이 아니어야 한다.

06 직업안정법상 신고를 하지 아니하고 할 수 있는 무료직업소개사업이 아닌 것은?　　2022년 2회, 2016년 3회

① 한국산업인력공단이 하는 직업소개
② 한국장애인고용공단이 장애인을 대상으로 하는 직업소개
③ 국민체육진흥공단이 체육인을 대상으로 하는 직업소개
④ 근로복지공단이 업무상 재해를 입은 근로자를 대상으로 하는 직업소개

07 직업안정법령상 직업안정기관의 장의 직업소개에 대한 설명으로 틀린 것은?　　2018년 2회

① 구직자에게는 그 능력에 알맞은 직업을 소개하도록 노력하여야 한다.
② 구인자에게는 구인조건에 적합한 구직자를 소개하도록 노력하여야 한다.
③ 가능하면 구직자가 통근할 수 있는 지역에서 직업을 소개하도록 노력하여야 한다.
④ 구인자와 구직자의 이익이 충돌할 경우에는 구직자의 이익을 우선할 수 있도록 노력하여야 한다.

꼼꼼하게 풀어 주는 정답과 해설

04 ① 직업정보제공매체의 구인·구직의 광고에는 구인·구직자의 주소 또는 전화번호는 기재하되, 직업정보제공사업자의 주소 또는 전화번호는 기재하지 않아야 한다.
05 ④ 연예인을 대상으로 하는 국외근로자공급사업의 허가를 받을 수 있는 자는 「민법」에 따른 비영리법인이어야 한다.
06 ③ 국민체육진흥공단은 신고를 하지 않고 무료직업소개사업을 할 수 있는 대상이 아니다.
07 ④ 구인자와 구직자의 이익이 충돌할 경우에는 서로의 이익이 균형되도록 소개를 해야 하므로, 구직자의 이익을 우선하는 것은 옳지 않다.

정답 04 ① 05 ④ 06 ③ 07 ④

08 직업안정법상 유료직업소개사업에 대한 설명으로 옳은 것은? 2018년 3회

① 등록된 유료직업소개사업자는 구직자에게 제공하기 위해 구인자로부터 선급금을 받을 수 있다.
② 등록을 하고 유료직업소개사업을 하려는 자는 원칙적으로 둘 이상의 사업소를 두어야 한다.
③ 국외유료직업소개사업을 하려는 자는 고용노동부장관에게 등록하여야 한다.
④ 유료직업소개사업은 근로자의 주소지를 기준으로 국내유료직업소개사업과 국외유료직업소개사업으로 구분한다.

09 직업안정법상 직업안정기관의 장이 구인신청의 수리를 거부할 수 없는 경우는? 2018년 3회

① 구인신청의 내용이 법령을 위반한 경우
② 구인신청을 구인자의 사업장 소재지를 관할하는 직업안정기관에 하지 않은 경우
③ 구인신청의 내용 중 임금 등 근로조건이 통상적인 근로조건에 비하여 현저하게 부적당하다고 인정되는 경우
④ 구인자가 구인조건을 밝히기를 거부하는 경우

10 직업안정법상 근로자의 모집 및 근로자공급사업에 관한 설명으로 틀린 것은? 2019년 1회

① 근로자를 고용하려는 자는 광고, 문서 또는 정보통신망 등 다양한 매체를 활용하여 자유롭게 근로자를 모집할 수 있다.
② 누구든지 국외에 취업할 근로자를 모집한 경우에는 고용노동부장관에게 신고하여야 한다.
③ 국내근로자공급사업의 경우 그 사업의 허가를 받을 수 있는 자는 「노동조합 및 노동관계조정법」에 따른 노동조합이다.
④ 근로자공급사업에는 「파견근로자 보호 등에 관한 법률」에 따른 근로자파견사업을 포함한다.

꼼꼼하게 풀어 주는 정답과 해설

08 오답풀이
① 선급금을 받을 수 없다.
② 둘 이상의 사업소를 둘 수 없다. 다만, 사업소별로 직업소개 또는 직업상담에 관한 경력, 자격 또는 소양이 있다고 인정되는 사람 등 대통령령으로 정하는 사람을 1명 이상 고용하는 경우는 해당하지 않는다.
④ 유료직업소개사업은 소개대상이 되는 근로자가 취업하려는 장소를 기준으로 국내유료직업소개사업과 국외유료직업소개사업으로 구분한다.

09 ② 구인신청은 구인자의 사업장 소재지를 관할하는 직업안정기관에 하여야 하지만, 사업장 소재지 관할 직업안정기관에 신청하는 것이 적절하지 아니하다고 인정되는 경우 다른 직업안정기관에 신청할 수 있다. 직업안정기관의 장은 구인신청의 수리를 거부하여서는 안 된다.
오답풀이
①, ③, ④의 경우와 더불어 구인자가 구인신청 당시 명단이 공개 중인 체불사업주인 경우는 수리를 거부할 수 있다.
10 ④ 근로자공급사업에는 근로자파견사업이 제외된다.

정답 08 ③ 09 ② 10 ④

11 직업안정법상 직업안정기관의 장이 구인신청의 수리(受理)를 거부할 수 있는 경우가 아닌 것은? 2019년 2회

① 구인신청의 내용이 법령을 위반한 경우
② 구인자가 구인조건을 밝히기를 거부하는 경우
③ 구직자에게 제공할 선급금을 제공하지 않는 경우
④ 구인신청의 내용 중 임금·근로시간 기타 근로조건이 통상의 근로조건에 비하여 현저하게 부적당하다고 인정되는 경우

빈출

12 직업안정법상 직업소개사업을 겸업할 수 있는 자는? 2022년 3회, 2019년 3회

① 「공중위생관리법」에 따른 이용업 사업을 경영하는 자
② 「결혼중개업의 관리에 관한 법률」에 따른 결혼중개업 사업을 경영하는 자
③ 「식품위생법 시행령」에 따른 단란주점영업 사업을 경영하는 자
④ 「식품위생법 시행령」에 따른 유흥주점영업 사업을 경영하는 자

13 직업안정법령상 직업정보제공사업자의 준수사항에 해당되지 않는 것은? 2023년 1회, 2019년 3회

① 구인자의 업체명(또는 성명)이 표시되어 있지 아니하거나 구인자의 연락처가 사서함 등으로 표시되어 구인자의 신원이 확실하지 아니한 구인광고를 게재하지 아니할 것
② 직업정보제공매체의 구인·구직광고에는 구인·구직자 및 직업정보제공사업자의 주소 또는 전화번호를 기재할 것
③ 직업정보제공사업의 광고문에 '(무료)취업상담', '취업추천', '취업지원' 등의 표현을 사용하지 아니할 것
④ 구직자의 이력서 발송을 대행하거나 구직자에게 취업추천서를 발부하지 아니할 것

14 직업안정법령상 직업소개사업에 대한 설명으로 틀린 것은? 2024년 3회, 2020년 1·2(통합)회

① 국내 무료직업소개사업을 하려는 자는 주된 사업소의 소재지를 관할하는 특별자치도지사·시장·군수 및 구청장에게 신고하여야 한다.
② 국외 무료직업소개사업을 하려는 자는 고용노동부장관에게 신고하여야 한다.
③ 국내 유료직업소개사업을 하려는 자는 주된 사업소의 소재지를 관할하는 특별자치도지사·시장·군수 및 구청장에게 등록하여야 한다.
④ 국외 유료직업소개사업을 하려는 자는 고용노동부장관에게 신고하여야 한다.

꼼꼼하게 풀어 주는 정답과 해설

11 ③ 선급금은 인신구속의 우려가 있기 때문에 받을 수 없다.
12 ① 「공중위생관리법」에 따른 이용업 사업을 경영하는 자는 「직업안정법」 제26조에 따른 겸업금지업종에 해당하지 않는다.
13 ② 직업정보제공매체의 구인·구직광고에는 구인·구직자의 주소·전화번호는 기재하고, 직업정보제공사업자의 주소·전화번호는 기재하지 않아야 한다.
14 ④ 유료직업소개사업은 국내·국외 모두 '등록' 대상이다.

정답 11 ③ 12 ① 13 ② 14 ④

15 직업안정법령상 근로자의 모집에 관한 설명으로 틀린 것은?　　2021년 2회

① 누구든지 국외에 취업할 근로자를 모집한 경우에는 고용노동부장관에게 신고해야 한다.
② 고용노동부장관은 건전한 모집질서의 확립을 위하여 필요하다고 인정하는 경우에는 근로자 모집방법 등의 개선을 권고할 수 있다.
③ 고용노동부장관은 근로자의 모집을 원활하게 하기 위하여 필요하다고 인정할 때에는 국외취업을 희망하는 근로자를 미리 등록하게 할 수 있다.
④ 근로자를 모집하려는 자가 응모자로부터 그 모집과 관련하여 금품을 받은 경우 7년 이하의 징역 또는 7천만 원 이하의 벌금에 처한다.

16 직업안정법령상 근로자공급사업의 허가를 받을 수 있는 자는?　　2022년 1회

① 파산선고를 받고 복권되지 아니한 자
② 미성년자, 피성년후견인 및 피한정후견인
③ 이 법을 위반한 자로서, 벌금형이 확정된 후 2년이 지나지 아니한 자
④ 근로자공급사업의 허가가 취소된 후 7년이 지난 자

꼼꼼하게 풀어 주는 정답과 해설

15 ④ 5년 이하의 징역 또는 5천만 원 이하의 벌금에 해당하는 경우이다.

16 ④ 허가가 취소된 후 5년이 경과되지 않은 경우이므로, 7년이 지난 자는 허가를 받을 수 있는 자이다.

정답　15 ④　16 ④

CHAPTER 05 고용보험법

회당 평균 출제 문항수 **3개**

수험 전략
- 학습범위가 상당히 넓은 분야인 관계로 암기해야 하는 사항이 많은 편이지만, 실제 출제되는 범위가 한정되어 있으므로 크게 걱정할 필요는 없다.
- 고용보험의 적용제외자, 실업급여(구직급여, 취업촉진수당, 구직급여소정급여일수), 심사 및 재심사청구 등에서 주로 출제되고 있다.

NEW & HOT! 키워드
구직급여
피보험자격
육아휴직급여
출산휴가급여

이 법은 고용보험의 시행을 통하여 실업의 예방, 고용의 촉진 및 근로자 등의 직업능력의 개발과 향상을 꾀하고, 국가의 직업지도와 직업소개 기능을 강화하며, 근로자 등이 실업한 경우에 생활에 필요한 급여를 실시하여 근로자 등의 생활안정과 구직활동을 촉진함으로써 경제·사회 발전에 이바지하는 것을 목적으로 한다(제1조).

UNIT 1 총칙

1 고용보험사업의 유형과 보험의 관장 등

2015년 1회

① 고용보험은 고용노동부장관이 관장한다(제3조).
② 고용보험사업으로 고용안정사업, 직업능력개발사업, 실업급여, 육아휴직급여, 출산전후휴가급여 등을 실시한다(제4조).
③ 보험사업의 보험연도는 정부의 회계연도에 따른다.
④ 국가는 매년 보험사업에 드는 비용의 일부를 일반회계에서 부담해야 하며, 매년 예산의 범위에서 보험사업의 관리·운영에 드는 비용을 부담할 수 있다(제5조).
⑤ 징수된 고용안정·직업능력개발사업의 보험료 및 실업급여의 보험료는 각각 그 사업에 드는 비용에 충당한다. 다만, 실업급여의 보험료는 국민연금 보험료의 지원, 육아휴직급여의 지급, 육아기근로시간단축급여의 지급, 출산전후휴가급여 등에 따른 출산전후급여 등의 지급에 드는 비용에 충당할 수 있다(제6조).
⑥ 자영업자인 피보험자로부터 징수된 고용안정·직업능력개발사업의 보험료 및 실업급여의 보험료는 각각 자영업자인 피보험자를 위한 그 사업에 드는 비용에 충당한다. 다만, 실업급여의 보험료는 자영업자인 피보험자를 위한 국민연금 보험료의 지원에 드는 비용에 충당할 수 있다.

2 고용보험의 적용사업

구분	주요 내용
원칙	이 법은 근로자를 사용하는 모든 사업 또는 사업장에 적용한다(제8조).

예외 (영 제2조)	① 다음에 해당하는 공사(법 제15조 제2항 각 호에 해당하는 자가 시공하는 공사는 제외) 　㉠ 총공사금액이 2천만 원 미만인 공사 　㉡ 연면적이 100m² 이하인 건축물의 건축 또는 연면적이 200m² 이하인 건축물의 대수선에 관한 공사 ② 가구 내 고용활동 및 달리 분류되지 아니한 자가소비 생산활동 ※ 총공사금액이 2천만 원 미만인 건설공사가 설계변경(사실상의 설계변경이 있는 경우 포함)으로 인하여 2천만 원 이상의 건설공사에 해당하게 되거나 일괄적용을 받게 되는 경우에는 그때부터 법규정의 전부를 적용

3 적용제외 근로자 2022년 2회, 2020년 1·2(통합)·3·4회, 2018년 1회, 2017년 1회, 2015년 1회, 2012년 1·2회, 2010년 4회, 2009년 1회

다음에 해당하는 근로자에게는 이 법을 적용하지 아니한다(제10조, 영 제3조).

1. 65세 이후에 고용되거나 자영업을 개시한 자(65세 전부터 피보험자격을 유지하던 사람이 65세 이후에 계속하여 고용된 경우는 제외. 실업급여, 육아휴직급여, 출산휴가급여는 적용제외, 고용안정사업·직업능력개발사업은 적용)
2. 해당사업에서 1개월간 소정근로시간이 60시간 미만이거나 1주간의 소정근로시간이 15시간 미만인 근로자(해당 사업에서 3개월 이상 계속하여 근로를 제공하는 근로자, 일용근로자는 제외) ← 1개월 미만 동안 고용되는 자
3. 「국가공무원법」과 「지방공무원법」에 따른 공무원
　(※ 별정직·임기제 공무원은 본인 의사에 따라 고용보험에 가입할 수 있음)
4. 「사립학교교직원 연금법」의 적용을 받는 자(사립학교교직원)
5. 「별정우체국법」에 따른 별정우체국 직원

> **더 알아보기** 외국인근로자의 「고용보험법」 적용
> ① 「외국인근로자의 고용 등에 관한 법률」의 적용을 받는 외국인근로자에게도 「고용보험법」을 적용한다. 다만, 제4장(실업급여) 및 제5장(육아휴직급여)은 고용노동부령으로 정하는 바에 따른 신청이 있는 경우에만 적용한다.
> ② 제1항에 해당하는 외국인근로자를 제외한 외국인이 근로계약, 문화예술용역 관련 계약 또는 노무제공계약을 체결한 경우에는 「출입국관리법」에 따른 체류자격의 활동범위 및 체류기간 등을 고려하여 대통령령으로 정하는 바에 따라 이 법의 전부 또는 일부를 적용한다.

UNIT 2 피보험자 관리

1 피보험자격의 취득·상실 2024년 3회, 2022년 3회, 2020년 3회, 2010년 1회, 2016년 2·3회, 2014년 1회, 2012년 1회, 2011년 1회, 2010년 3회, 2009년 2회

피보험자격의 취득일(제13조)	피보험자격의 상실일(제14조)
• 근로자인 피보험자는 이 법이 적용되는 사업에 고용된 날에 피보험자격을 취득 • 적용제외 근로자였던 자가 이 법의 적용을 받게 된 경우에는 그 적용을 받게 된 날 • 보험관계 성립일 전에 고용된 근로자의 경우에는 그 보험관계가 성립한 날	• 근로자인 피보험자가 적용제외 근로자에 해당하게 된 경우에는 그 적용제외 대상자가 된 날 • 보험관계가 소멸한 경우에는 그 보험관계가 소멸한 날 • 근로자인 피보험자가 이직한 경우에는 이직한 날의 다음 날 • 근로자인 피보험자가 사망한 경우에는 사망한 날의 다음 날

※ '피보험자'란 보험에 가입되거나 가입된 것으로 보는 근로자, 예술인, 노무제공자, 자영업자를 말한다(제2조).
※ 이직(離職)이란 피보험자와 사업주 사이의 고용관계가 끝나게 되는 것(예술인 및 노무제공자의 경우에는 문화예술용역 관련 계약 또는 노무제공계약이 끝나게 되는 것)을 말한다.
※ 자영업자는 근로복지공단의 승인을 받아 고용보험에 가입할 수 있다.

> **더 알아보기** 피보험자격의 상실일
>
> 피보험자가 이직·사망한 경우에는 이직·사망한 날의 다음 날이 상실일이 된다.

2 피보험자격에 관한 신고

2025년 1회

① 사업주는 그 사업에 고용된 근로자의 피보험자격의 취득 및 상실 등에 관한 사항을 고용노동부장관에게 신고해야 한다(제15조).
② 원수급인이 사업주로 된 경우에 그 사업에 종사하는 근로자 중 원수급인이 고용하는 근로자 외의 근로자에 대하여는 그 근로자를 고용하는 하수급인이 신고를 해야 한다.
③ 사업주가 피보험자격에 관한 사항을 신고하지 아니하면 근로자가 신고할 수 있다.
④ 사업주나 하수급인은 고용노동부장관에게 그 사업에 고용된 근로자의 피보험자격 취득 및 상실에 관한 사항을 신고하려는 경우에는 그 사유가 발생한 날이 속하는 달의 다음 달 15일까지(근로자가 그 기일 이전에 신고할 것을 요구하는 경우에는 지체 없이) 신고해야 한다(영 제7조).
⑤ 자영업자인 피보험자는 피보험자격의 취득 및 상실에 관한 신고를 하지 아니한다.

3 이중 취업 시 피보험자격

2010년 2회, 2009년 1회

① 보험관계가 성립되어 있는 둘 이상의 사업에 동시에 고용되어 있는 근로자는 다음 순서에 따라 피보험자격을 취득한다. 다만, 일용근로자와 일용근로자가 아닌 자로 동시에 고용되어 있는 경우에는 일용근로자가 아닌 자로 고용된 사업에서 우선적으로 피보험자격을 취득한다(제18조, 규칙 제14조).

> 1. 월 평균보수가 많은 사업 → 2. 월 소정근로시간이 많은 사업 → 3. 근로자가 선택한 사업

② 예술인의 경우에는 다음 구분에 따라 피보험자격을 취득한다.
  ㉠ 둘 이상의 문화예술용역 관련 계약을 동시에 체결한 경우에는 모든 사업에서 피보험자격을 취득
  ㉡ 문화예술용역 관련 계약과 근로계약 또는 노무제공계약을 동시에 체결한 경우에는 모든 사업에서 피보험자격을 취득
  ㉢ 문화예술용역 관련 계약과 둘 이상의 근로계약을 동시에 체결한 경우에는 ㉠ 및 ㉡에 따르되, 근로자로서의 피보험자격의 이중 취득의 제한에 관하여는 제1항에 따름
③ 노무제공자의 경우에는 다음 구분에 따라 피보험자격을 취득한다.
  ㉠ 둘 이상의 노무제공계약을 동시에 체결한 경우에는 모든 사업에서 피보험자격을 취득
  ㉡ 노무제공계약과 근로계약 또는 문화예술용역 관련 계약을 동시에 체결한 경우에는 모든 사업에서 피보험자격을 취득
  ㉢ 노무제공계약과 둘 이상의 근로계약을 동시에 체결한 경우에는 ㉠ 및 ㉡에 따르되, 근로자로서의 피보험자격의 이중 취득의 제한에 관하여는 제1항에 따름

UNIT 3 고용안정사업

1 고용안정사업의 종류
2021년 2회, 2016년 3회

(1) 고용창출의 지원

고용노동부장관은 고용환경 개선, 근무형태 변경 등으로 고용의 기회를 확대한 사업주에게 임금의 일부를 지원할 수 있다(제20조, 영 제17조).

(2) 고용조정의 지원

고용노동부장관은 경기의 변동, 산업구조의 변화 등에 따른 사업규모의 축소, 사업의 폐업 또는 전환으로 고용조정이 불가피하게 된 사업주가 근로자에 대한 휴업, 휴직, 직업전환에 필요한 직업능력개발훈련, 인력의 재배치 등을 실시하거나 그 밖에 근로자의 고용안정을 위한 조치를 하면 그 사업주에게 지원금이나 장려금을 지급한다. 이 경우 휴업이나 휴직 등 고용안정을 위한 조치로 근로자의 임금(근로기준법상의 임금)이 대통령령으로 정하는 수준으로 감소할 때에는 대통령령으로 정하는 바에 따라 그 근로자에게도 필요한 지원을 할 수 있다(제21조).

(3) 지역고용의 촉진

고용노동부장관은 고용기회가 뚜렷이 부족하거나 산업구조의 변화 등으로 고용사정이 급속하게 악화되고 있는 지역으로 사업을 이전하거나 그러한 지역에서 사업을 신설 또는 증설하여 그 지역의 실업예방과 재취업촉진에 기여한 사업주, 그 밖에 그 지역의 고용기회 확대에 필요한 조치를 한 사업주에게 필요한 지원을 할 수 있다(제22조).

(4) 취업취약계층에 대한 고용촉진의 지원

고용노동부장관은 고령자, 임신·출산여성 등 노동시장의 통상적인 조건에서는 취업이 특히 곤란한 사람의 고용을 촉진하기 위하여 고령자 등을 새로 고용하거나 이들의 고용안정에 필요한 조치를 하는 사업주 또는 사업주가 실시하는 고용안정 조치에 해당된 근로자에게 필요한 지원을 할 수 있다(제23조).

(5) 건설근로자 등의 고용안정 지원

고용노동부장관은 건설근로자 등 고용상태가 불안정한 근로자를 위하여 고용안정사업을 실시하는 사업주에게 필요한 지원을 할 수 있다(제24조).

(6) 고용안정 및 취업촉진

고용노동부장관은 피보험자 등의 고용안정 및 취업을 촉진하기 위한 사업을 직접 실시하거나 이를 실시하는 자에게 필요한 비용을 지원 또는 대부할 수 있다(제25조).

(7) 고용촉진시설에 대한 지원

고용노동부장관은 피보험자 등의 고용안정·고용촉진 및 사업주의 인력확보를 지원하기 위하여 상담시설, 어린이집, 그 밖에 대통령령으로 정하는 고용촉진시설을 설치·운영하는 자에게 필요한 지원을 할 수 있다(제26조).

UNIT 4　직업능력개발사업

1 사업주에 대한 직업능력개발훈련의 지원
2013년 1회

① 고용노동부장관은 피보험자 등의 직업능력을 개발·향상시키기 위하여 대통령령으로 정하는 직업능력개발훈련을 실시하는 사업주에게 그 훈련에 필요한 비용을 지원할 수 있다(제27조).
② 다음 어느 하나에 해당하는 사람에게 위 ①에 따라 직업능력개발훈련을 실시하는 경우에는 대통령령으로 정하는 바에 따라 우대 지원할 수 있다.
　㉠ 「기간제 및 단시간근로자 보호 등에 관한 법률」에 따른 기간제 근로자
　㉡ 「근로기준법」에 따른 단시간근로자
　㉢ 「파견근로자 보호 등에 관한 법률」에 따른 파견근로자
　㉣ 일용근로자
　㉤ 「고용상 연령차별금지 및 고령자고용촉진에 관한 법률」에 따른 고령자 또는 준고령자

2 피보험자 등에 대한 지원
2010년 3회

① 고용노동부장관은 다음 어느 하나에 해당하는 피보험자가 자기 비용으로 직업능력개발훈련을 수강한 경우에는 필요한 비용의 전부나 일부를 지원할 수 있다(근로자 수강지원금의 지원, 제29조, 영 제43조).
　㉠ 우선지원 대상기업에 고용된 피보험자
　㉡ 기간제 근로자, 단시간근로자, 파견근로자, 일용근로자, 고령자 또는 준고령자
　㉢ 자영업자인 피보험자
　㉣ 직업안정기관의 장에게 취업훈련을 신청한 날부터 180일 이내에 이직예정인 피보험자
　㉤ 경영상의 이유로 90일 이상 무급휴직 중인 피보험자
　㉥ 대규모 기업에 고용된 사람으로서 45세 이상이거나 고용노동부장관이 정하여 고시하는 소득액 미만인 피보험자
　㉦ 사업주가 실시하는 직업능력개발훈련을 수강하지 못한 기간이 3년 이상인 피보험자
　㉧ 「남녀고용평등과 일·가정 양립 지원에 관한 법률」제19조에 따른 육아휴직 중인 피보험자
② 고용노동부장관은 저소득 피보험자 등이 직업능력개발훈련을 받는 경우 생계비를 대부할 수 있다.

UNIT 5　실업급여

1 의의

① 실업급여란 근로자가 실직한 경우에 생활안정을 위하여 일정기간 동안 일정수준의 급여를 지급하는 전통적 의미의 실업보험에, 적극적인 취업알선 및 능력개발훈련 등을 통한 재취업의 촉진을 포함하는 제도를 말한다.
② 실업급여를 받을 권리는 양도 또는 압류하거나 담보로 제공할 수 없다(제38조).
③ 실업급여로서 지급된 금품에 대하여는 국가나 지방자치단체의 공과금을 부과하지 아니한다(제38조의2).

> **더 알아보기** 실업급여의 종류 2025년 1회, 2022년 2회, 2019년 2회, 2017년 3회,
> 2012년 2·3회, 2011년 1·2·3회, 2010년 1·3회, 2009년 1·2·3회
> - 구직급여
> - 취업촉진수당(조기재취업수당, 직업능력개발수당, 광역구직활동비, 이주비)

2 실업급여 수급계좌

① 직업안정기관의 장은 수급자격자의 신청이 있는 경우에는 실업급여를 수급자격자 명의의 지정된 계좌(실업급여 수급계좌)로 입금하여야 한다. 다만, 정보통신장애 등의 사유로 실업급여를 실업급여 수급계좌로 이체할 수 없을 때에는 현금 지급 등 대통령령으로 정하는 바에 따라 실업급여를 지급할 수 있다(제37조의2, 영 제58조의2).

② 실업급여 수급계좌의 해당 금융기관은 이 법에 따른 실업급여만이 실업급여 수급계좌에 입금되도록 관리하여야 한다.

③ 지정된 실업급여 수급계좌의 예금 중 150만 원 이하의 금액에 관한 채권은 압류할 수 없다(제38조, 영 제58조의3).

3 구직급여

(1) 구직급여의 수급요건
2025년 3회, 2024년 2·3회, 2021년 2회, 2020년 1·2(통합)회,
2017년 1회, 2014년 3회, 2012년 3회, 2011년 2회, 2010년 1회, 2009년 3회

① 구직급여는 이직한 근로자인 피보험자가 다음 요건을 모두 갖춘 경우에 지급한다. 다만, 다음의 5.와 6.은 최종 이직 당시 일용근로자였던 사람만 해당한다(제40조).

> 1. 이직일 이전 18개월간 피보험 단위기간이 합산하여 180일 이상일 것
> 2. 근로의 의사와 능력이 있음에도 불구하고 취업(영리를 목적으로 사업을 영위하는 경우를 포함)하지 못한 상태에 있을 것
> 3. 이직사유가 수급자격 제한사유에 해당하지 아니할 것
> 4. 재취업을 위한 노력을 적극적으로 할 것
> 5. 수급자격 인정신청일 이전 1개월 동안의 근로일수가 10일 미만이거나 건설일용근로자(일용근로자로서 이직 당시에 통계청장이 고시하는 한국표준산업분류의 대분류상 건설업에 종사한 사람)로서 수급자격 인정신청일 이전 14일간 연속하여 근로내역이 없을 것
> 6. 최종 이직 당시의 기준기간 동안의 피보험 단위기간 중 다른 사업에서 수급자격 제한사유에 해당하는 사유로 이직한 사실이 있는 경우에는 그 피보험 단위기간 중 90일 이상을 일용근로자로 근로하였을 것
>
> ※ 근로자의 피보험 단위기간은 피보험기간 중 보수지급의 기초가 된 날을 합하여 계산한다(제41조).

② 기준기간은 이직일 이전 18개월로 하되, 근로자인 피보험자가 다음 어느 하나에 해당하는 경우에는 다음의 구분에 따른 기간을 기준기간으로 한다(영 제60조).

> 1. 이직일 이전 18개월 동안에 질병·부상, 사업장의 휴업, 임신·출산·육아에 따른 휴직, 휴직이나 그 밖에 이와 유사한 상태로서 고용노동부장관이 정하여 고시하는 사유로 계속하여 30일 이상 보수의 지급을 받을 수 없었던 경우 ➡ 18개월에 그 사유로 보수를 지급받을 수 없었던 일수를 가산한 기간(3년을 초과할 때에는 3년으로 함)
> 2. 다음 요건에 모두 해당하는 경우 ➡ 이직일 이전 24개월
>   가. 이직 당시 1주 소정근로시간이 15시간 미만이고, 1주 소정근로일수가 2일 이하인 근로자로 근로하였을 것
>   나. 이직일 이전 24개월 동안의 피보험 단위기간 중 90일 이상을 위 가.의 요건에 해당하는 근로자로 근로하였을 것

(2) 수급자격 제한사유

피보험자가 다음에 해당한다고 직업안정기관의 장이 인정하는 경우에는 수급자격이 없는 것으로 본다(제58조).

중대한 귀책사유로 해고된 피보험자로서 다음에 해당하는 경우	자기사정으로 이직한 피보험자로서 다음에 해당하는 경우
• 「형법」 또는 직무와 관련된 법률을 위반하여 금고 이상의 형을 선고받은 경우 • 사업에 막대한 지장을 초래하거나 재산상 손해를 끼친 경우로서 고용노동부령이 정하는 기준에 해당하는 경우 • 정당한 사유 없이 근로계약 또는 취업규칙 등을 위반하여 장기간 무단결근한 경우	• 전직 또는 자영업을 하기 위하여 이직한 경우 • 중대한 귀책사유가 있는 자가 해고되지 아니하고 사업주의 권고로 이직한 경우 • 그 밖에 고용노동부령이 정하는 정당한 사유에 해당하지 아니하는 사유로 이직한 경우

(3) 실업의 신고
2014년 1회

① 구직급여를 지급받으려는 사람은 이직 후 지체 없이 직업안정기관에 출석하여 실업을 신고해야 한다(제42조).

② 실업의 신고에는 구직신청과 수급자격 인정신청을 포함해야 한다.

③ 구직급여를 지급받기 위하여 실업을 신고하려는 사람은 이직하기 전 사업의 사업주에게 피보험 단위기간, 이직 전 1일 소정근로시간 등을 확인할 수 있는 자료(이직확인서)의 발급을 요청할 수 있다. 이 경우 요청을 받은 사업주는 고용노동부령으로 정하는 바에 따라 이직확인서를 발급하여 주어야 한다.

(4) 수급자격의 인정

① 구직급여를 지급받으려는 사람은 직업안정기관의 장에게 구직급여의 수급요건을 갖추었다는 사실(수급자격)을 인정하여 줄 것을 신청해야 한다(제43조).

② 직업안정기관의 장은 수급자격의 인정신청을 받으면 그 신청인에 대한 수급자격의 인정 여부를 결정하고, 대통령령으로 정하는 바에 따라 신청인에게 그 결과를 알려야 한다.

③ 신청인이 다음 요건을 모두 갖춘 경우에는 마지막에 이직한 사업을 기준으로 수급자격의 인정 여부를 결정한다. 다만, 마지막 이직 당시 일용근로자로서 피보험 단위기간이 1개월 미만인 사람이 수급자격을 갖추지 못한 경우에는 일용근로자가 아닌 근로자로서 마지막으로 이직한 사업을 기준으로 결정한다.

> 1. 피보험자로서 마지막에 이직한 사업에 고용되기 전에 피보험자로서 이직한 사실이 있을 것
> 2. 마지막 이직 이전의 이직과 관련하여 구직급여를 받은 사실이 없을 것

④ 직업안정기관의 장은 신청인에 대한 수급자격의 인정 여부를 결정하기 위하여 필요하면 신청인이 이직하기 전 사업의 사업주에게 고용노동부령으로 정하는 바에 따라 이직확인서의 제출을 요청할 수 있다. 이 경우 요청을 받은 사업주는 고용노동부령으로 정하는 바에 따라 이직확인서를 제출하여야 한다.

⑤ 수급자격의 인정을 받은 자(수급자격자)가 새로 수급자격의 인정을 받은 경우에는 새로 인정받은 수급자격을 기준으로 구직급여를 지급한다.

(5) 실업의 인정
2015년 3회

① 구직급여는 수급자격자가 실업한 상태에 있는 날 중에서 직업안정기관의 장으로부터 실업의 인정을 받은 날에 대하여 지급한다(제44조).

② 실업의 인정을 받으려는 수급자격자는 실업신고를 한 날부터 계산하기 시작하여 1주부터 4주의 범위에서 직업안정기관의 장이 지정한 날(실업인정일)에 출석하여 재취업을 위한 노력을 하였음을 신고해야 하고, 직업안정기관의 장은 직전 실업인정일의 다음 날부터 그 실업인정일까지의 각각의 날에 대하여 실업인정을 한다.

> **더 알아보기 실업의 인정**
> '실업의 인정'이란 직업안정기관의 장이 수급자격자가 실업한 상태에서 적극적으로 직업을 구하기 위하여 노력하고 있다고 인정하는 것을 말한다.

(6) 급여기초임금일액 및 구직급여일액   2019년 3회, 2011년 1회

급여기초임금일액	구직급여일액
① 구직급여의 산정기초가 되는 임금일액(기초일액)은 수급자격 인정과 관련된 마지막 이직 당시 산정된 평균임금으로 한다. 다만, 마지막 이직일 이전 3개월 이내에 피보험자격을 취득한 사실이 2회 이상인 경우에는 마지막 이직일 이전 3개월간(일용근로자의 경우에는 마지막 이직일 이전 4개월 중 최종 1개월을 제외한 기간)에 그 근로자에게 지급된 임금총액을 그 산정기준이 되는 3개월의 총일수로 나눈 금액을 기초일액으로 한다. ② 산정된 금액이 그 근로자의 통상임금보다 적을 경우에는 그 통상임금액을 기초일액으로 한다. 다만, 마지막 사업에서 이직 당시 일용근로자였던 사람의 경우에는 그러하지 아니하다. ③ 기초일액을 산정하는 것이 곤란한 경우와 보험료를 기준보수를 기준으로 낸 경우에는 기준보수를 기초일액으로 한다(보험료를 기준보수로 낸 경우에도 위에 따라 산정한 기초일액이 기준보수보다 많은 경우에는 그러하지 아니함).	수급자격자의 기초일액에 100분의 60을 곱한 금액 ※ 위에 따라 산정된 구직급여액이 최저구직급여액보다 낮은 경우에는 최저구직급여액을 그 수급자격자의 구직급여일액으로 한다.
위 ①, ②, ③의 방법으로 산정된 기초일액이 그 수급자격자의 이직 전 1일 소정근로시간에 이직일 당시 적용되던 「최저임금법」에 따른 시간단위에 해당하는 최저임금액을 곱한 금액(최저기초일액)보다 낮은 경우에는 최저기초일액을 기초일액으로 한다.	수급자격자의 기초일액에 100분의 80을 곱한 금액(최저구직급여일액이라 함)

※ 구직급여의 산정기초가 되는 임금일액이 11만 원을 초과하는 경우에는 11만 원을 해당 임금일액으로 한다(영 제68조).

(7) 수급기간 및 수급일수

① 구직급여는 「고용보험법」에 따로 규정이 있는 경우 외에는 그 구직급여의 수급자격과 관련된 이직일의 다음 날부터 계산하기 시작하여 12개월 내에 소정급여일수를 한도로 하여 지급한다(제48조).
② 12개월의 기간 중 다음의 사유로 취업할 수 없는 사람이 그 사실을 수급기간에 직업안정기관에 신고한 경우에는 12개월의 기간에 그 취업할 수 없는 기간을 가산한 기간(4년을 넘을 때에는 4년)에 소정급여일수를 한도로 하여 구직급여를 지급한다(제48조).

> 1. 본인의 질병이나 부상(상병급여를 받은 경우의 질병이나 부상은 제외)
> 2. 배우자의 질병이나 부상
> 3. 본인과 배우자의 직계존속 및 직계비속의 질병이나 부상
> 4. 배우자의 국외발령 등에 따른 동거목적의 거소 이전
> 5. 「병역법」에 따른 의무복무
> 6. 범죄혐의로 인한 구속이나 형의 집행

(8) **구직급여의 지급 및 대기기간**
    ① 구직급여는 실업의 인정을 받은 일수분을 지급한다(제56조).
    ② 실업의 신고일부터 계산하기 시작하여 7일간은 대기기간으로 보아 구직급여를 지급하지 아니한다. 다만, 최종 이직 당시 건설일용근로자였던 사람에 대해서는 실업신고일부터 계산하여 구직급여를 지급한다(제49조).

(9) **소정급여일수**
    ① 하나의 수급자격에 따라 구직급여를 지급받을 수 있는 날(소정급여일수)은 대기기간이 끝난 다음 날부터 계산하기 시작하여 피보험기간과 연령에 따라 다음에서 정한 일수가 되는 날까지로 한다(제50조).

    ▶ 구직급여의 소정급여일수 2022년 2·3회, 2019년 1·2회, 2015년 2회, 2013년 3회, 2011년 3회, 2009년 3회

구분		피보험기간				
		1년 미만	1년 이상 3년 미만	3년 이상 5년 미만	5년 이상 10년 미만	10년 이상
이직일 현재 연령	50세 미만	120일	150일	180일	210일	240일
	50세 이상 및 장애인	120일	180일	210일	240일	270일

    ② 수급자격자가 소정급여일수 내에 임신·출산·육아 등의 사유로 수급기간을 연장한 경우에는 그 기간만큼 구직급여를 유예하여 지급한다.

(10) **구직급여 지급의 제한** 2009년 2회
    ① 훈련거부 등에 따른 지급제한
        ㉠ 수급자격자가 직업안정기관의 장이 소개하는 직업에 취직하는 것을 거부하거나 직업안정기관의 장이 지시한 직업능력개발훈련 등을 거부하면 구직급여의 지급을 정지한다. 다만, 다음에 해당하는 정당한 사유가 있는 경우에는 그러하지 아니하다(제60조).

        > 1. 소개된 직업 또는 직업능력개발훈련 등을 받도록 지시된 직종이 수급자격자의 능력에 맞지 아니하는 경우
        > 2. 취직하거나 직업능력개발훈련 등을 받기 위하여 주거의 이전이 필요하나 그 이전이 곤란한 경우
        > 3. 소개된 직업의 임금수준이 같은 지역의 같은 종류의 업무 또는 같은 정도의 기능에 대한 통상의 임금수준에 비하여 100분의 20 이상 낮은 경우
        > 4. 그 밖에 정당한 사유가 있는 경우

        ㉡ 수급자격자가 정당한 사유 없이 고용노동부장관이 정하는 기준에 따라 직업안정기관의 장이 실시하는 재취업촉진을 위한 직업지도를 거부하면 구직급여의 지급을 정지한다.

    ② 부정행위에 따른 지급제한
        거짓이나 그 밖의 부정한 방법으로 실업급여를 받았거나 받으려 한 자에게는 그 급여를 받은 날 또는 받으려 한 날부터의 구직급여를 지급하지 아니한다. 다만, 그 급여와 관련된 이직 이후에 새로 수급자격을 취득한 경우 그 새로운 수급자격에 따른 구직급여에 대하여는 그러하지 아니하다(제61조).

(11) **반환명령**
    직업안정기관의 장은 거짓이나 그 밖의 부정한 방법으로 구직급여를 지급받은 사람에게 고용노동부령으로 정하는 바에 따라 지급받은 구직급여의 전부 또는 일부의 반환을 명할 수 있다(제62조).

4 취업촉진수당

2021년 1·2회, 2020년 4회, 2018년 1회, 2016년 2회

구분	주요 내용
조기재취업수당	수급자격자(외국인근로자는 제외)가 안정된 직업에 재취직하거나 스스로 영리를 목적으로 하는 사업을 영위하는 경우에 지급한다(제64조).
직업능력개발수당	수급자격자가 직업안정기관의 장이 지시한 직업능력개발훈련 등을 받는 경우에 그 기간에 대하여 지급한다(제65조).
광역구직활동비	수급자격자가 직업안정기관의 소개에 따라 광범위한 지역에 걸쳐 구직활동을 하는 경우 직업안정기관의 장이 필요하다고 인정하면 지급할 수 있다(제66조).
이주비	수급자격자가 취업하거나 직업안정기관의 장이 지시한 직업능력개발훈련 등을 받기 위하여 그 주거를 이전하는 경우 직업안정기관의 장이 필요하다고 인정하면 지급할 수 있다(제67조).

> ✔ **교수님의 코멘트**
>
> '조기재취업수당·직업능력개발수당'은 요건에 해당하면 지급해야 하는 것이며, '광역구직활동비·이주비'는 필요하다고 인정되는 경우 지급할 수 있는 것으로 구분되는 것에 주의합시다!

UNIT 6 예술인·노무제공자인 피보험자에 대한 고용보험 특례

1 예술인

① 예술인의 구직급여는 다음 요건을 모두 갖춘 경우에 지급한다. 다만, 다음의 6.은 최종 이직 당시 단기예술인이었던 사람만 해당한다(제77조의3).

> 1. 이직일 이전 24개월 동안의 피보험 단위기간이 통산하여 9개월 이상일 것
> 2. 근로 또는 노무제공의 의사와 능력이 있음에도 불구하고 취업(영리를 목적으로 사업을 영위하는 경우를 포함)하지 못한 상태에 있을 것
> 3. 이직사유가 수급자격의 제한사유에 해당하지 아니할 것. 다만, 전직 또는 자영업을 하기 위하여 이직한 경우(제58조 제2호 가목)에도 불구하고 예술인이 이직할 당시 대통령령으로 정하는 바에 따른 소득감소로 인하여 이직하였다고 직업안정기관의 장이 인정하는 경우에는 수급자격의 제한사유에 해당하지 아니하는 것으로 본다.
> 4. 이직일 이전 24개월 중 3개월 이상을 예술인인 피보험자로 피보험자격을 유지하였을 것
> 5. 재취업을 위한 노력을 적극적으로 할 것

② 고용노동부장관은 예술인인 피보험자 또는 피보험자였던 사람이 출산 또는 유산·사산을 이유로 노무를 제공할 수 없는 경우에는 출산전후급여 등을 지급한다(제77조의4).

2 노무제공자

① 근로자가 아니면서 자신이 아닌 다른 사람의 사업을 위하여 자신이 직접 노무를 제공하고 해당 사업주 또는 노무수령자로부터 일정한 대가를 지급받기로 하는 계약(노무제공계약)을 체결한 사람 중 대통령령으로 정하는 직종에 종사하는 사람(노무제공자)과 이들을 상대방으로 하여 노무제공계약을 체결한 사업에 대해서는 이 장을 적용한다(제77조의6).

② 노무제공자의 구직급여는 다음 요건을 모두 갖춘 경우에 지급한다. 다만, 다음의 6.은 최종 이직 당시 단기노무제공자였던 사람만 해당한다(제77조의8).

> 1. 이직일 이전 24개월 동안 피보험 단위기간이 통산하여 12개월 이상일 것
> 2. 근로 또는 노무제공의 의사와 능력이 있음에도 불구하고 취업(영리를 목적으로 사업을 영위하는 경우를 포함)하지 못한 상태에 있을 것
> 3. 이직사유가 수급자격의 제한사유에 해당하지 아니할 것. 다만, 노무제공자로 이직할 당시 대통령령으로 정하는 바에 따른 소득감소로 인하여 이직하였다고 직업안정기관의 장이 인정하는 경우에는 수급자격의 제한사유에 해당하지 아니하는 것으로 본다.
> 4. 이직일 이전 24개월 중 3개월 이상을 노무제공자인 피보험자로 피보험자격을 유지하였을 것
> 5. 재취업을 위한 노력을 적극적으로 할 것
> 6. 다음 각 목의 요건을 모두 갖출 것
>   가. 수급자격의 인정신청일 이전 1개월 동안의 노무제공일수가 10일 미만이거나 수급자격 인정신청일 이전 14일간 연속하여 노무제공내역이 없을 것
>   나. 최종 이직일 이전 24개월 동안의 피보험 단위기간 중 다른 사업에서 수급자격의 제한사유에 해당하는 사유로 이직한 사실이 있는 경우에는 그 피보험 단위기간 중 90일 이상을 단기노무제공자로 종사하였을 것

③ 고용노동부장관은 노무제공자인 피보험자 또는 피보험자였던 사람이 출산 또는 유산·사산을 이유로 노무를 제공할 수 없는 경우에는 출산전후급여 등을 지급한다. 다만, 같은 자녀에 대하여 출산전후휴가급여 등 또는 출산전후급여 등의 지급요건을 동시에 충족하는 경우 대통령령으로 정하는 바에 따라 지급한다(제77조의9).

UNIT 7 자영업자의 실업급여

1 자영업자인 피보험자의 실업급여의 종류
2025년 3회, 2024년 1회, 2022년 1회, 2018년 1·3회, 2013년 3회

자영업자(근로자를 사용하지 않는 1인 사업자 및 50명 미만의 근로자를 사용하는 사업자)인 피보험자의 실업급여의 종류는 「고용보험법」 제37조에 따른다. 다만, 연장급여와 조기재취업수당은 제외한다(제69조의2).

2 구직급여의 수급요건
2013년 2회

구직급여는 폐업한 자영업자인 피보험자가 다음의 요건을 모두 갖춘 경우에 지급한다(제69조의3).
① 폐업일 이전 24개월간 자영업자인 피보험자로서 갖춘 피보험 단위기간이 합산하여 1년 이상일 것
② 근로의 의사와 능력이 있음에도 불구하고 취업을 하지 못한 상태에 있을 것
③ 폐업사유가 수급자격의 제한사유에 해당하지 아니할 것
④ 재취업을 위한 노력을 적극적으로 할 것

3 기초일액, 구직급여일액

① 자영업자인 피보험자이었던 수급자격자에 대한 기초일액은 다음의 구분에 따른 기간 동안 본인이 납부한 보험료의 산정기초가 되는 고용산재보험료징수법에 따라 고시된 보수액을 전부 합산한 후에 그 기간의 총일수로 나눈 금액으로 한다(제69조의4).
  ㉠ 수급자격과 관련된 피보험기간이 3년 이상인 경우: 마지막 폐업일 이전 3년의 피보험기간
  ㉡ 수급자격과 관련된 피보험기간이 3년 미만인 경우: 수급자격과 관련된 그 피보험기간

② 자영업자인 피보험자로서 폐업한 수급자격자에 대한 구직급여일액은 그 수급자격자의 기초일액에 100분의 60을 곱한 금액으로 한다(제69조의5).

4 소정급여일수

자영업자인 피보험자로서 폐업한 수급자격자에 대한 소정급여일수는 대기기간이 끝난 다음 날부터 계산하기 시작하여 피보험기간에 따라 다음에서 정한 일수가 되는 날까지로 한다.

▶ 자영업자의 구직급여의 소정급여일수

구분	피보험기간			
	1년 이상 3년 미만	3년 이상 5년 미만	5년 이상 10년 미만	10년 이상
소정급여일수	120일	150일	180일	210일

5 지급의 제한

폐업한 자영업자인 피보험자가 다음의 어느 하나에 해당한다고 직업안정기관의 장이 인정하는 경우에는 수급자격이 없는 것으로 본다(제69조의7).
① 법령을 위반하여 허가취소를 받거나 영업정지를 받음에 따라 폐업한 경우
② 방화(放火) 등 피보험자 본인의 중대한 귀책사유로서 고용노동부령으로 정하는 사유로 폐업한 경우
③ 매출액 등이 급격하게 감소하는 등 고용노동부령으로 정하는 사유가 아닌 경우로서 전직 또는 자영업을 다시 하기 위하여 폐업한 경우
④ 그 밖에 고용노동부령으로 정하는 정당한 사유에 해당하지 아니하는 사유로 폐업한 경우

UNIT 8 육아휴직급여

1 지급요건
2025년 1·2회, 2020년 1·2(통합)·3회, 2017년 3회, 2014년 2회, 2013년 1회

① 고용노동부장관은 육아휴직을 30일(출산전후휴가기간과 중복되는 기간은 제외) 이상 부여받은 피보험자 중 육아휴직을 시작한 날 이전에 피보험 단위기간이 통산하여 180일 이상인 피보험자에게 육아휴직급여를 지급한다(제70조).
② 육아휴직급여를 지급받으려는 사람은 육아휴직을 시작한 날 이후 1개월부터 육아휴직이 끝난 날 이후 12개월 이내에 신청해야 한다. 다만, 해당 기간에 다음 사유로 육아휴직급여를 신청할 수 없었던 사람은 그 사유가 끝난 후 30일 이내에 신청해야 한다.

> 1. 천재지변
> 2. 본인이나 배우자의 질병·부상
> 3. 본인이나 배우자의 직계존속 및 직계비속의 질병·부상
> 4. 「병역법」에 따른 의무복무
> 5. 범죄혐의로 인한 구속이나 형의 집행

③ 피보험자가 육아휴직급여 지급신청을 하는 경우 육아휴직기간 중에 이직하거나 고용노동부령으로 정하는 기준에 해당하는 취업을 한 사실이 있는 경우에는 해당 신청서에 그 사실을 기재해야 한다.

2 지급액

2022년 1회, 2021년 1회

① 육아휴직급여는 다음 구분에 따른 금액을 월별 지급액으로 한다(제95조).

> 1. 육아휴직 시작일부터 3개월까지 – 육아휴직 시작일을 기준으로 한 월 통상임금에 해당하는 금액. 다만, 해당 금액이 250만 원을 넘는 경우에는 250만 원으로 하고, 해당 금액이 70만 원보다 적은 경우에는 70만 원으로 한다.
> 2. 육아휴직 4개월째부터 6개월째까지 – 육아휴직 시작일을 기준으로 한 월 통상임금에 해당하는 금액. 다만, 해당 금액이 200만 원을 넘는 경우에는 200만 원으로 하고, 해당 금액이 70만 원보다 적은 경우에는 70만 원으로 한다.
> 3. 육아휴직 7개월째부터 종료일까지 – 육아휴직 시작일을 기준으로 한 월 통상임금의 100분의 80에 해당하는 금액. 다만, 해당 금액이 160만 원을 넘는 경우에는 160만 원으로 하고, 해당 금액이 70만 원보다 적은 경우에는 70만 원으로 한다.

② 육아휴직을 분할하여 사용하는 경우에는 각각의 육아휴직 사용기간을 합산한 기간을 ①에 따른 육아휴직급여의 지급대상 기간으로 본다.
③ 육아휴직급여의 지급대상 기간이 1개월을 채우지 못하는 경우에는 ①에 따른 월별 지급액을 해당 월에 휴직한 일수에 비례하여 계산한 금액을 지급액으로 한다.

3 급여의 지급제한

2017년 2회, 2011년 1회

① 피보험자가 육아휴직기간 중에 그 사업에서 이직한 경우에는 그 이직하였을 때부터 육아휴직급여를 지급하지 아니한다(제73조).
② 피보험자가 육아휴직기간 중에 취업을 한 경우에는 그 취업한 기간에 대해서는 육아휴직급여를 지급하지 아니한다.
③ 피보험자가 사업주로부터 육아휴직을 이유로 금품을 지급받은 경우 대통령령으로 정하는 바에 따라 급여를 감액하여 지급할 수 있다.
④ 거짓이나 그 밖의 부정한 방법으로 육아휴직급여를 받았거나 받으려 한 사람에게는 그 급여를 받은 날 또는 받으려 한 날부터의 육아휴직급여를 지급하지 아니한다. 다만, 그 급여와 관련된 육아휴직 이후에 새로 육아휴직급여 요건을 갖춘 경우 그 새로운 요건에 따른 육아휴직급여는 그러하지 아니하다.
⑤ 육아휴직기간 중 취업한 사실을 기재하지 아니하거나 거짓으로 기재하여 육아휴직급여를 받았거나 받으려 한 사람에 대해서는 위반횟수 등을 고려하여 고용노동부령으로 정하는 바에 따라 지급이 제한되는 육아휴직급여의 범위를 달리 정할 수 있다.

4 육아기 근로시간 단축급여

① 고용노동부장관은 육아기 근로시간 단축을 30일(출산전후휴가기간과 중복되는 기간은 제외) 이상 실시한 피보험자 중 육아기 근로시간 단축을 시작한 날 이전에 피보험 단위기간이 합산하여 180일 이상인 피보험자에게 육아기 근로시간 단축급여를 지급한다(제73조의2).

② 육아기 근로시간 단축급여를 지급받으려는 사람은 육아기 근로시간 단축을 시작한 날 이후 1개월부터 끝난 날 이후 12개월 이내에 신청해야 한다. 다만, 해당 기간에 대통령령으로 정하는 사유로 육아기 근로시간 단축급여를 신청할 수 없었던 사람은 그 사유가 끝난 후 30일 이내에 신청해야 한다.

> ✓ 교수님의 코멘트
>
> 육아휴직 및 육아기 근로시간 단축제도는 「남녀고용평등과 일·가정 양립 지원에 관한 법률」에서 규정하고 있으며, 급여지급에 대해서는 「고용보험법」에서 규정하고 있어요.

UNIT 9 출산전후휴가급여

1 지급요건

고용노동부장관은 피보험자가 출산전후휴가, 유산·사산휴가, 배우자 출산휴가, 난임치료휴가를 받은 경우로서 다음 요건을 모두 갖춘 경우에 출산전후휴가급여 등을 지급한다(제75조).

> 1. 휴가가 끝난 날 이전에 피보험 단위기간이 합산하여 180일 이상일 것
> 2. 휴가를 시작한 날[출산전후휴가 또는 유산·사산휴가를 받은 피보험자가 속한 사업장이 우선지원 대상기업이 아닌 경우에는 휴가 시작 후 60일(한 번에 둘 이상의 자녀를 임신한 경우에는 75일)이 지난 날로 봄] 이후 1개월부터 휴가가 끝난 날 이후 12개월 이내에 신청할 것. 다만, 그 기간에 대통령령으로 정하는 사유로 출산전후휴가급여 등을 신청할 수 없었던 사람은 그 사유가 끝난 후 30일 이내에 신청해야 한다.

> ✓ 교수님의 코멘트
>
> '육아휴직'은 휴직개시일 이전에, '출산전후휴가'는 휴가종료일 이전에 피보험 단위기간이 합산하여 180일 이상이어야 해요. '개시일'과 '종료일'을 혼동하지 않도록 주의합시다.

2 지급기간

① 출산전후휴가 또는 유산·사산휴가기간. 다만, 우선지원 대상기업이 아닌 경우에는 휴가기간 중 60일(한 번에 둘 이상의 자녀를 임신한 경우에는 75일)을 초과한 일수(30일을 한도로 하되(미숙아 출산일은 40일), 한 번에 둘 이상의 자녀를 임신한 경우에는 45일 한도)로 한정한다(제76조).
② 배우자 출산휴가기간은 다만, 피보험자가 속한 사업장이 우선지원 대상기업인 경우로 한정한다.
③ 난임휴가기간 중 최초 2일, 다만, 피보험자가 속한 사업장이 우선지원 대상기업인 경우에 한정한다.

3 지급액

① 출산전후휴가급여 등은 통상임금(휴가를 시작한 날을 기준으로 산정)에 해당하는 금액을 지급한다(제76조).
② 피보험자에게 지급하는 출산전후휴가급여 등의 상한액과 하한액은 다음과 같다(영 제101조).

상한액	하한액
다음 사항을 고려하여 매년 고용노동부장관이 고시하는 금액 • 출산전후휴가급여 수급자들의 평균적인 통상임금 수준 • 물가상승률 • 「최저임금법」에 따른 최저임금 • 그 밖에 고용노동부장관이 필요하다고 인정하는 사항	출산전후휴가, 유산·사산휴가 또는 배우자 출산휴가의 시작일 당시 적용되던 「최저임금법」에 따른 시간급 최저임금액보다 그 근로자의 시간급 통상임금이 낮은 경우에는 시간급 최저임금액을 시간급 통상임금으로 하여 산정된 출산전후휴가급여 등의 지원기간 중 통상임금에 상당하는 금액

UNIT 10 고용보험기금

① 고용노동부장관은 보험사업에 필요한 재원에 충당하기 위하여 고용보험기금을 설치한다(제78조).
② 기금은 보험료와 이 법에 따른 징수금·적립금·기금운용 수익금과 그 밖의 수입으로 조성한다.
③ 기금은 고용노동부장관이 관리·운용하며, 고용노동부장관은 매년 기금운용계획을 세워 고용보험위원회 및 국무회의의 심의를 거쳐 대통령의 승인을 받아야 한다.
④ 기금은 다음의 용도에 사용하여야 한다(제80조).　　　　　2025년 3회, 2022년 1회, 2017년 2회, 2013년 2·3회

> 1. 고용안정·직업능력개발사업에 필요한 경비
> 2. 실업급여의 지급
> 3. 국민연금 보험료의 지원
> 4. 육아휴직급여 및 출산전후휴가급여 등의 지급
> 5. 보험료의 반환(보험료의 지급이 아님)
> 6. 일시차입금의 상환금과 이자
> 7. 「고용보험법」과 「고용산재보험료징수법」에 따른 업무를 대행하거나 위탁받은 자에 대한 출연금
> 8. 보험사업의 관리·운영에 드는 경비
> 9. 기금의 관리·운용에 드는 경비
> 10. 보험사무대행기관에 대한 교부금
> 11. 「고용보험법」과 「고용산재보험료징수법」에 따른 사업이나 업무의 위탁수수료 지급금

UNIT 11 심사 및 재심사청구

1 심사의 청구
2024년 3회, 2022년 3회, 2021년 1회, 2018년 1회, 2016년 1회, 2014년 2회, 2011년 3회, 2010년 2회

① 피보험자격의 취득·상실에 대한 확인, 실업급여 및 육아휴직급여와 출산전후휴가급여 등에 관한 처분에 이의가 있는 자는 심사관에게 심사를 청구할 수 있고, 그 결정에 이의가 있는 자는 고용보험심사위원회에 재심사를 청구할 수 있다(제87조).
② 심사의 청구는 확인 또는 처분이 있음을 안 날부터 90일 이내에 문서로 제기해야 한다(제87조, 제91조).
③ 심사를 청구하는 경우 피보험자격의 취득·상실 확인에 대한 심사청구는 근로복지공단을, 실업급여 및 육아휴직급여와 출산전후휴가급여 등에 관한 처분에 대한 심사청구는 직업안정기관의 장을 거쳐 심사관에게 해야 한다(제90조).

④ 직업안정기관 또는 근로복지공단은 심사청구서를 받은 날부터 5일 이내에 의견서를 첨부하여 심사청구서를 심사관에게 보내야 한다.
⑤ 심사 및 재심사청구는 시효중단에 관하여 재판상의 청구로 본다.
⑥ 심사청구는 원처분 등의 집행을 정지시키지 아니한다. 다만, 심사관은 원처분 등의 집행에 의하여 발생하는 중대한 위해(危害)를 피하기 위하여 긴급한 필요가 있다고 인정하면 직권으로 그 집행을 정지시킬 수 있다(제93조).
⑦ 결정은 심사청구인 및 직업안정기관의 장 또는 근로복지공단에 결정서의 정본을 보낸 날부터 효력이 발생한다(도달한 날이 아님, 제98조).
⑧ 결정은 원처분 등을 행한 직업안정기관의 장 또는 근로복지공단을 기속한다.

2 대리인의 선임

심사청구인 또는 재심사청구인은 법정대리인 외에 다음에 해당하는 자를 대리인으로 선임할 수 있다(제88조).

1. 청구인의 배우자, 직계존속·비속 또는 형제자매
2. 청구인인 법인의 임원 또는 직원
3. 변호사나 공인노무사
4. 고용보험심사위원회의 허가를 받은 자

> **더 알아보기** 심사 및 재심사청구의 대상
> 피보험자격의 취득·상실에 대한 확인, 실업급여·육아휴직급여·출산전후휴가급여에 대한 처분
> ※ 고용보험료 징수처분, 고용안정사업 및 직업능력개발사업에 대한 처분은 심사청구 대상이 아니다.

3 소멸시효

다음 어느 하나에 해당하는 권리는 3년간 행사하지 아니하면 시효로 소멸한다(제107조).

1. 고용안정사업, 직업능력개발사업에 따른 지원금을 지급받거나 반환받을 권리
2. 취업촉진수당을 지급받거나 반환받을 권리
3. 구직급여를 반환받을 권리
4. 육아휴직급여, 육아기 근로시간 단축급여 및 출산전후휴가급여 등을 반환받을 권리

CHAPTER 05 | 고용보험법

핵심 기출문제

01 고용보험법령상 용어의 정의로 옳은 것은?

2022년 2회

① "피보험자"란 「근로기준법」상 근로자와 사업주를 말한다.
② "실업"이란 근로의 의사와 능력이 있음에도 불구하고 취업하지 못한 상태에 있는 것을 말한다.
③ "보수"란 사용자로부터 받는 일체의 금품을 말한다.
④ "일용근로자"란 3개월 미만 동안 고용된 자를 말한다.

[빈출]
02 고용보험법상 실업급여에 관한 처분에 대한 심사 및 재심사의 청구에 관한 설명으로 틀린 것은?

2022년 3회, 2014년 2회

① 심사의 청구는 확인 또는 처분이 있음을 안 날부터 90일 이내에 제기하여야 한다.
② 심사 및 재심사의 청구는 시효중단에 관하여 재판상의 청구로 본다.
③ 심사관에 대한 기피신청은 그 사유를 구체적으로 밝힌 서면으로 하여야 한다.
④ 심사청구인은 법정대리인 외에 청구인의 배우자는 대리인으로 선임할 수 없다.

[빈출]
03 고용보험법상 피보험자격의 취득일과 상실일에 관한 설명으로 틀린 것은?

2024년 3회, 2022년 3회, 2019년 1회, 2016년 3회, 2014년 1회

① 피보험자가 사망한 경우에는 사망한 날의 다음 날에 피보험자격을 상실한다.
② 적용제외 근로자였던 자가 「고용보험법」의 적용을 받게 된 경우 그 사업에 고용된 날에 피보험자격을 취득한 것으로 본다.
③ 보험료징수법에 따른 보험관계 성립일 전에 고용된 근로자의 경우 그 보험관계가 성립된 날 피보험자격을 취득한 것으로 본다.
④ 피보험자가 적용제외 근로자에 해당하게 된 경우 그 적용제외 대상자가 된 날 피보험자격을 상실한다.

[빈출]
04 고용보험법상 자영업자인 피보험자의 실업급여의 종류로 틀린 것은?

2024년 1회, 2022년 1회, 2018년 3회, 2013년 3회

① 조기재취업수당   ② 직업능력개발수당
③ 광역구직활동비   ④ 구직급여

꼼꼼하게 풀어 주는 정답과 해설

01 오답풀이
① "피보험자"란 보험에 가입되거나 가입된 것으로 보는 근로자, 예술인, 노무제공자, 자영업자를 말한다.
③ "보수"란 「소득세법」 제20조에 따른 근로소득에서 대통령령으로 정하는 금품을 뺀 금액을 말한다. 다만, 휴직이나 그 밖에 이와 비슷한 상태에 있는 기간 중에 사업주 외의 자로부터 지급받는 금품 중 고용노동부장관이 정하여 고시하는 금품은 보수로 본다.
④ "일용근로자"란 1개월 미만 동안 고용되는 사람을 말한다.

02 ④ 청구인의 배우자도 대리인으로 선임할 수 있다.
03 ② 적용제외 근로자였던 자가 「고용보험법」의 적용을 받게 된 경우 그 적용을 받게 된 날에 피보험자격을 취득한다.
04 ① 자영업자의 경우 조기재취업수당은 제외한다.

정답 01 ② 02 ④ 03 ② 04 ①

05 고용보험법상 자영업자인 피보험자의 실업급여에 관한 내용이다. ( )에 알맞은 것은?
2013년 2회

> 구직급여는 폐업한 자영업자인 피보험자가 폐업일 이전 (A)간 자영업자인 피보험자로서 갖춘 피보험 단위기간이 합산하여 (B) 이상이 되어야 지급한다.

① A: 12개월, B: 180일
② A: 18개월, B: 180일
③ A: 18개월, B: 1년
④ A: 24개월, B: 1년

06 [빈출] 고용보험법상 고용보험기금의 용도로 틀린 것은?
2017년 2회, 2013년 2회

① 퇴직급여의 지급
② 일시차입금의 상환금과 이자
③ 고용안정·직업능력개발사업에 필요한 경비
④ 육아휴직급여 및 출산전후휴가급여의 지급

07 고용보험법의 적용이 제외되는 자가 아닌 것은?
2019년 3회

① 65세 이후에 고용되거나 자영업을 개시한 자
② 국가공무원법에 의한 공무원
③ 6개월 미만의 기간 동안 고용되는 근로자
④ 별정우체국법에 의한 별정우체국 직원

08 고용보험법령상 용어 정의에 관한 설명으로 틀린 것은?
2020년 1·2(통합)회

① '이직'이란 피보험자와 사업주 사이의 고용관계가 끝나게 되는 것을 말한다.
② '실업'이란 근로의 의사와 능력이 있음에도 불구하고 취업하지 못한 상태에 있는 것을 말한다.
③ '실업의 인정'이란 직업안정기관의 장이 수급자격자가 실업한 상태에서 적극적으로 직업을 구하기 위하여 노력하고 있다고 인정하는 것을 말한다.
④ '일용근로자'란 1일 단위로 근로계약을 체결하여 고용되는 자를 말한다.

꼼꼼하게 풀어 주는 정답과 해설

05 ④ 폐업일 이전 24개월간 자영업자인 피보험자로서 갖춘 피보험 단위기간이 합산하여 1년 이상이어야 한다.
06 ① 퇴직급여는 법정퇴직금과 퇴직연금으로 구분되는데, 법정퇴직금은 사업주가 지급의무를 지며, 퇴직연금은 연금을 관리·운용하는 은행 등의 퇴직연금사업자가 지급의무를 진다.
07 ③ 고용보험 적용에 있어서 6개월 미만이라는 기준은 없다. 구직급여의 경우 피보험단위기간이 180일 이상이어야 하는 것과 구분해야 한다.
08 ④ '일용근로자'란 1개월 미만 동안 고용되는 근로자를 말한다.

정답 05 ④ 06 ① 07 ③ 08 ④

09 고용보험법상 직업능력개발훈련을 실시하는 사업주에 대하여 비용을 지원하는 경우 고용노동부장관이 정하여 고시하는 바에 따라 지원수준을 높게 정할 수 있는 대상자로 틀린 것은?
2013년 1회

① 일용근로자
② 「근로기준법」에 따른 단시간근로자
③ 「산업재해보상보험법」에 따른 특수형태근로종사자
④ 「기간제 및 단시간근로자 보호 등에 관한 법률」에 따른 기간제 근로자

10 고용보험법령상 고용안정·직업능력개발사업의 내용이 아닌 것은?
2021년 2회, 2016년 3회

① 광역구직활동비의 지급
② 임금피크제 지원금의 지급
③ 고용유지 지원금의 지급
④ 고용창출의 지원

11 고용보험법상 실업급여에 관한 설명으로 틀린 것은?
2022년 2회, 2017년 3회

① 구직급여는 실업급여와 취업촉진수당으로 구분한다.
② 실업급여를 받을 권리는 양도하거나 담보로 제공할 수 없다.
③ 실업급여 수급계좌의 해당 금융기관은 이 법에 따른 실업급여만이 실업급여 수급계좌에 입금되도록 관리하여야 한다.
④ 조기재취업수당, 직업능력개발수당, 광역구직활동비, 이주비는 취업촉진수당의 종류이다.

12 고용보험법상 이직한 피보험자의 구직급여 수급요건으로 틀린 것은?
2025년 3회, 2023년 3회,
2020년 1·2(통합)회, 2017년 1회

① 이직일 이전 18개월간 피보험 단위기간이 합산하여 150일 이상일 것
② 근로의 의사와 능력이 있음에도 불구하고 취업하지 못한 상태에 있을 것
③ 재취업을 위한 노력을 적극적으로 할 것
④ 일용근로자는 수급자격 인정신청일 이전 1개월 동안의 근로일수가 10일 미만일 것

꼼꼼하게 풀어 주는 정답과 해설

09 「고용보험법」상 직업능력개발훈련을 실시하는 사업주에 대하여 비용을 지원하는 경우 고용노동부장관이 정하여 고시하는 바에 따라 지원수준을 높게 정할 수 있는 대상자는 일용근로자, 「근로기준법」에 따른 단시간근로자, 「기간제 및 단시간근로자 보호 등에 관한 법률」에 따른 기간제 근로자, 파견근로자이다.
③ 「산업재해보상보험법」에 따른 특수형태근로종사자는 산재보험에 가입할 수 있는 근로자에 해당하나, 지원수준을 높게 정할 수 있는 대상자는 아니다.

10 ① 광역구직활동비의 지급은 실업급여에 해당한다.
11 ① 실업급여는 구직급여와 취업촉진수당으로 구분한다.
12 ① 이직일 이전 18개월간 피보험 단위기간이 합산하여 180일 이상이어야 한다.

정답 09 ③ 10 ① 11 ① 12 ①

13 고용보험법령상 육아휴직급여 신청기간의 연장 사유에 해당하지 않는 것은?

2020년 1·2(통합)회, 2018년 3회

① 천재지변
② 형제의 질병
③ 배우자의 직계존속의 부상
④ 범죄혐의로 인한 구속

14 고용보험법상 구직급여의 산정기초가 되는 임금 일액의 산정방법으로 틀린 것은?

2023년 1회, 2019년 3회

① 수급자격의 인정과 관련된 마지막 이직 당시 산정된 평균임금을 기초일액으로 한다.
② 마지막 사업에서 이직 당시 일용근로자였던 자의 경우에는 산정된 금액이 「근로기준법」에 따른 그 근로자의 통상임금보다 적을 경우에는 그 통상임금액을 기초일액으로 한다.
③ 기초일액을 산정하는 것이 곤란한 경우와 보험료를 보험료징수법에 따른 기준보수를 기준으로 낸 경우에는 기준보수를 기초일액으로 한다.
④ 산정된 기초일액이 그 수급자격자의 이직 전 1일 소정근로시간에 이직일 당시 적용되던 「최저임금법」에 따른 시간단위에 해당하는 최저임금액을 곱한 금액보다 낮은 경우에는 최저기초일액을 기초일액으로 한다.

최신 법령 개정에 따라 변형한 문제입니다.

15 다음 사례에서 구직급여의 소정급여일수는?

2023년 3회, 2022년 2회, 2019년 1회

> 장애인 근로자 A씨(40세)가 4년간 근무하던 회사를 퇴사하여 직업안정기관으로부터 구직급여 수급자격을 인정받았다.

① 90일 ② 120일
③ 150일 ④ 210일

16 고용보험법령상 취업촉진수당의 종류가 아닌 것은?

2021년 1회

① 특별연장급여
② 조기재취업수당
③ 광역구직활동비
④ 이주비

꼼꼼하게 풀어 주는 정답과 해설

13 *육아휴직급여 신청기간의 연장사유
• 천재지변
• 본인이나 배우자의 질병·부상
• 본인이나 배우자의 직계존속 및 직계비속의 질병·부상
• 「병역법」에 따른 의무복무
• 범죄혐의로 인한 구속이나 형의 집행

14 ② 산정된 금액이 그 근로자의 통상임금보다 적을 경우에는 그 통상임금액을 기초일액으로 한다. 다만, 마지막 사업에서 이직 당시 일용근로자였던 경우는 해당하지 않는다.

15 ④ 장애인이고 피보험기간이 4년이므로, 소정급여일수는 210일이다.

16 ① 특별연장급여는 구직급여에 해당한다.

정답 13 ② 14 ② 15 ④ 16 ①

CHAPTER

06 국민 평생 직업능력 개발법

「근로자직업능력 개발법」의 제명이 「국민 평생 직업능력 개발법」(2022.02.18. 시행)으로 변경

회당 평균
출제 문항수
2개

수험 전략
- 학습범위가 다소 넓긴 하지만, 역시 출제범위가 한정되어 있는 편이다.
- 직업능력개발훈련의 기본원칙, 훈련의 종류, 재해위로금, 훈련계약, 직업능력개발훈련의 중시대상, 직업능력개발훈련교사의 자격기준 등에서 주로 출제된다.

NEW & HOT! 키워드
\# 직업능력개발훈련
\# 훈련계약
\# 직업능력개발훈련 중시대상
\# 직업능력개발훈련교사
\# 직업능력개발훈련시설

이 법은 모든 국민의 평생에 걸친 직업능력개발을 촉진·지원하고 산업현장에서 필요한 인력을 양성하며 산학협력 등에 관한 사업을 수행함으로써 국민의 고용창출, 고용촉진, 고용안정 및 사회·경제적 지위향상과 기업의 생산성 향상을 도모하고 능력중심사회의 구현 및 사회·경제의 발전에 이바지함을 목적으로 한다(제1조).
2016년 3회, 2012년 2회

UNIT 1 총칙

1 직업능력개발훈련의 기본원칙
2024년 3회, 2021년 1회, 2019년 1·3회, 2017년 1·2회, 2016년 1회, 2010년 2회, 2009년 1회

① 직업능력개발훈련은 국민 개개인의 희망·적성·능력에 맞게 국민의 생애에 걸쳐 체계적으로 실시되어야 한다(제3조).
② 직업능력개발훈련은 민간의 자율과 창의성이 존중되도록 하여야 하며, 노사의 참여와 협력을 바탕으로 실시되어야 한다.
③ 직업능력개발훈련은 성별, 연령, 신체적 조건, 고용형태, 신앙 또는 사회적 신분 등에 따라 차별하여 실시되어서는 안 되며, 모든 국민에게 균등한 기회가 보장되도록 노력해야 한다.
④ 직업능력개발훈련은 교육관계법에 따른 학교교육 및 산업현장과 긴밀하게 연계될 수 있도록 해야 한다.
⑤ 직업능력개발훈련은 국민의 직무능력과 고용가능성을 높일 수 있도록 지역·산업현장의 수요가 반영되어야 한다.
⑥ 직업능력개발훈련은 직업에 필요한 직무능력뿐만 아니라 지능정보화 및 포괄적 직업·직무기초능력 등 직무수행과 관련되는 직무기초역량을 함께 지원해야 한다.
⑦ 직업능력개발훈련은 「고용정책 기본법」 제6조에 따른 직업소개, 직업지도 및 경력개발 등과 긴밀하게 연계될 수 있도록 해야 한다.
⑧ 다음의 사람을 대상으로 하는 직업능력개발훈련은 중요시되어야 한다.

2025년 1·2·3회, 2024년 2회, 2020년 3회, 2019년 2회, 2018년 1·2회, 2017년 3회, 2016년 2회, 2015년 2·3회, 2014년 3회, 2012년 1회, 2010년 3회

1. 고령자, 장애인
2. 국민기초생활 수급권자
3. 국가유공자와 그 유족 또는 가족이나 보훈보상대상자와 그 유족 또는 가족
4. 5·18민주유공자와 그 유족 또는 가족
5. 제대군인 및 전역예정자
6. 여성근로자
7. 중소기업의 근로자
8. 일용근로자, 단시간근로자, 기간을 정하여 근로계약을 체결한 근로자, 일시적 사업에 고용된 근로자
9. 파견근로자
10. 학교 밖 청소년

✓ **교수님의 코멘트**
- 직업능력개발훈련의 기본원칙을 묻는 문제에서 '주도적'이라는 표현에 '정부'나 '국가'라는 주체가 나오면 무조건 틀린 표현입니다. '주도'는 '국가'나 '정부'가 아닌 '사업주'가 하는 것입니다.

더 알아보기 용어의 정의 2025년 3회, 2022년 2회, 2018년 1회, 2015년 1·3회, 2010년 4회
- 이 법에서 '근로자'란 사업주에게 고용된 사람과 취업할 의사가 있는 사람을 말한다(남녀고용평등과 일·가정 양립 지원에 관한 법률, 고용정책 기본법에서의 근로자 개념과 동일).
- '직업능력개발훈련'이란 모든 국민에게 평생에 걸쳐 직업에 필요한 직무수행능력(지능정보화 및 포괄적 직업·직무기초능력을 포함한다)을 습득·향상시키기 위하여 실시하는 훈련을 말한다.

2 국가 및 사업주 등의 책무
2017년 2회, 2014년 3회, 2010년 3회

① 국가와 지방자치단체는 국민의 생애에 걸친 직업능력개발을 위하여 사업주·사업주 단체 및 근로자 단체 등이 하는 직업능력개발사업과 국민이 자율적으로 수강하는 직업능력개발훈련 등을 촉진·지원하기 위하여 필요한 시책을 마련해야 한다(제4조).

② 사업주는 근로자를 대상으로 직업능력개발훈련을 실시하고 직업능력개발훈련에 많은 근로자가 참여하도록 하며, 근로자에게 직업능력개발을 위한 휴가를 주거나 인력개발담당자(직업능력개발훈련시설 및 기업 등에서 직업능력개발사업의 기획·운영·평가 등을 하는 사람)를 선임하는 등 직업능력개발훈련 여건을 조성하기 위해 노력해야 한다.

③ 국민은 자신의 적성과 능력에 따른 평생 직업능력개발을 위하여 노력해야 하고, 국가·지방자치단체 또는 사업주 등이 하는 직업능력개발사업에 협조해야 한다.

④ 사업주 단체, 근로자 단체 및 지역인적자원개발위원회, 산업부문별 인적자원개발협의체 등은 직업능력개발훈련이 산업현장의 수요에 맞추어 이루어지도록 지역별·산업부문별 직업능력개발훈련 수요조사 등 필요한 노력을 해야 한다.

⑤ 직업능력개발훈련을 실시하는 자는 직업능력개발훈련에 관한 상담·취업지도, 선발기준 마련 등을 함으로써 국민이 자신의 적성과 능력에 맞는 직업능력개발훈련을 받을 수 있도록 노력해야 한다.

⑥ 직업능력개발훈련을 실시하는 자는 의사의 진단결과 감염병에 감염되었거나 감염된 것으로 의심되거나 감염될 우려가 있는 훈련생 또는 직업능력개발훈련교사 등에 대하여 해당 훈련시설로부터 격리시키는 등 고용노동부장관이 정하는 필요한 조치를 해야 한다(제10조의2).

3 직업능력개발기본계획의 수립
2017년 2회, 2014년 3회, 2010년 3회

① 고용노동부장관은 관계 중앙행정기관의 장과 협의하고 「고용정책 기본법」에 따른 고용정책심의회의 심의를 거쳐 국민의 직업능력개발기본계획을 5년마다 수립·시행해야 한다(제5조).
② 고용노동부장관은 직업능력개발기본계획을 수립하는 경우에는 사업주 단체 및 근로자 단체 등 관련 기관·단체 등의 의견을 수렴해야 하며, 필요하다고 인정할 때에는 관계 행정기관, 지방자치단체 및 공공단체의 장에게 자료의 제출을 요청할 수 있다.
③ 고용노동부장관이 직업능력개발기본계획을 수립한 때에는 지체 없이 국회 소관 상임위원회에 보고해야 한다.

UNIT 2 직업능력개발훈련의 구분

1 목적에 따른 구분
2021년 1회, 2019년 3회, 2018년 2회, 2016년 1·2회, 2015년 1회, 2013년 3회, 2011년 1·3회, 2010년 1·2·3회

구분	주요 내용
양성훈련	직업에 필요한 기초적 직무수행능력을 습득시키기 위하여 실시하는 직업능력개발훈련
향상훈련	양성훈련을 받은 사람이나 직업에 필요한 기초적 직무수행능력을 가지고 있는 사람에게 더 높은 직무수행능력을 습득시키거나 기술발전에 맞추어 지식·기능을 보충하게 하기 위하여 실시하는 직업능력개발훈련
전직훈련	종전의 직업과 유사하거나 새로운 직업에 필요한 직무수행능력을 습득시키기 위하여 실시하는 직업능력개발훈련

✅ 교수님의 코멘트

양성훈련과 향상훈련의 구분은 이렇게 합니다.
'기초적'이란 말이 나오면 '양성훈련', '기초적 능력을 가지고 있는'이라고 하면 '향상훈련'을 의미합니다.

2 방법에 따른 구분
2025년 2회, 2021년 2회, 2020년 3회, 2013년 1회

구분	주요 내용
집체훈련	직업능력개발훈련을 실시하기 위하여 설치한 훈련전용시설이나 그 밖에 훈련을 실시하기에 적합한 시설(산업체의 생산시설 및 근무장소는 제외)에서 실시하는 방법
현장훈련	산업체의 생산시설 또는 근무장소에서 실시하는 방법
원격훈련	먼 곳에 있는 사람에게 정보통신매체 등을 이용하여 실시하는 방법
혼합훈련	집체훈련·현장훈련·원격훈련을 2개 이상 병행하여 실시하는 방법

✅ 교수님의 코멘트

직업능력개발훈련은 15세 이상인 사람에게 실시한다(영 제4조).   2025년 1회, 2024년 1회, 2022년 1회, 2015년 2회

UNIT 3 훈련계약과 훈련수당

1 훈련계약과 권리·의무

2025년 3회, 2019년 1회, 2017년 2·3회, 2016년 3회, 2015년 2회, 2013년 1·2회, 2011년 2회, 2010년 3·4회, 2009년 1·2·3회

① 사업주와 직업능력개발훈련을 받으려는 근로자는 직업능력개발훈련에 따른 권리·의무 등에 관하여 훈련계약을 체결할 수 있다(제9조).

② 사업주가 훈련계약을 체결할 때에는 해당 직업능력개발훈련을 받는 사람이 직업능력개발훈련을 이수한 후에 사업주가 지정하는 업무에 일정기간 종사하도록 할 수 있다. 이 경우 그 기간은 5년 이내로 하되, 직업능력개발훈련기간의 3배를 초과할 수 없다. 2020년 4회, 2019년 2회, 2017년 1회, 2011년 2회, 2010년 3회

③ 훈련계약을 체결하지 아니한 경우에 고용근로자가 받은 직업능력개발훈련에 대하여는 그 근로자가 근로를 제공한 것으로 본다.

④ 훈련계약을 체결하지 아니한 사업주는 직업능력개발훈련을 「근로기준법」에 따른 기준근로시간 내에 실시하되, 해당 근로자와 합의한 경우에는 기준근로시간 외의 시간에 훈련을 실시할 수 있다.

⑤ 기준근로시간 외의 훈련시간에 대하여는 연장근로와 야간근로에 해당하는 임금을 지급하지 아니할 수 있다(다만, 생산시설을 이용하거나 근무장소에서 하는 직업능력개발훈련의 경우에는 지급).

> ✓ **교수님의 코멘트**
> 훈련계약은 반드시 체결해야 하는 것은 아니므로, 지문에서 '체결해야 한다'로 나오면 틀린 표현입니다.

2 훈련수당

직업능력개발훈련을 실시하는 자는 직업능력개발훈련을 받는 훈련생에게 훈련수당을 지급할 수 있다(제10조).

3 재해위로금

2025년 1회, 2024년 1회, 2021년 2회, 2019년 3회, 2018년 1·3회, 2015년 1회, 2014년 1회, 2012년 1회, 2011년 3회, 2009년 2회

① 직업능력개발훈련을 실시하는 자는 해당 훈련시설에서 훈련을 받는 국민(산업재해보상보험법을 적용받는 사람은 제외)이 직업능력개발훈련 중에 그 훈련으로 인하여 재해를 입은 경우에는 재해위로금을 지급해야 한다(제11조).

② 이 경우 위탁에 의한 직업능력개발훈련을 받는 국민에 대하여는 그 위탁자가 재해위로금을 부담하되, 위탁받은 자의 훈련시설의 결함이나 그 밖에 위탁받은 자에게 책임이 있는 사유로 인하여 재해가 발생한 경우에는 위탁받은 자가 재해위로금을 지급해야 한다(위탁자가 아님).

③ 재해위로금의 지급에 관하여는 「근로기준법」제8장(재해보상)을 준용한다. 이 경우 재해위로금의 산정기준이 되는 평균임금은 「산업재해보상보험법」에 따라 고용노동부장관이 매년 정하여 고시하는 최고보상기준금액 및 최저보상기준금액을 각각 그 상한 및 하한으로 한다(영 제5조).

UNIT 4 국가·지방자치단체 등에 의한 직업능력개발 촉진

1 직업능력개발훈련의 실시

① 다음 각 호의 사람은 직업능력개발훈련 대상에서 제외한다(제12조, 영 제6조). 2017년 3회, 2014년 3회

> 1. 법 제55조에 따라 수강 또는 지원·융자의 제한 기간 중에 있는 사람
> 2. 국가 또는 지방자치단체가 실시하거나 비용을 지원하는 직업능력개발훈련을 수강하고 있는 사람
> 3. 실업자로서 「직업안정법」에 따른 직업안정기관 또는 지방자치단체(지방자치단체가 실시하는 훈련인 경우로 한정한다)에 구직등록을 하지 않은 사람

② 고용노동부장관은 직업능력개발기본계획과 예산 등을 고려하여 다음 각 호의 사람을 직업능력개발훈련 대상에서 제외할 수 있다.

> 1. 「공무원연금법」 제3조 제1항 제1호 가목에 따른 공무원으로 재직 중인 사람(선거에 의하여 취임하는 사람을 포함)
> 2. 「사립학교교직원 연금법」에 따른 교직원으로 재직 중인 사람
> 3. 「군인연금법」에 따른 군인으로 재직 중인 사람(「제대군인지원에 관한 법률 및 군인사법 시행령」을 적용받는 사람은 제외)
> 4. 「초·중등교육법」 제2조에 따른 학교의 재학생[고등학교(이와 같은 수준의 학력을 인정받는 학교를 포함) 3학년에 재학 중인 사람은 제외]
> 5. 「고등교육법」에 따른 학교의 재학생으로서 해당 학교 졸업까지 수업연한이 2년 넘게 남은 사람
> 6. 그 밖에 소득수준 등을 고려하여 고용노동부령으로 정하는 사람

③ 국가와 지방자치단체는 다음에 해당하는 사람의 고용창출 및 고용촉진을 위하여 필요한 경우 직업능력개발훈련을 실시하거나 그 비용을 지원할 수 있다(제6조의2).

> 1. 「난민법 시행령」 제15조에 따라 직업능력개발훈련이 필요하다고 인정하여 법무부장관이 추천한 사람
> 2. 「다문화가족지원법 시행령」에 따라 직업교육·훈련을 받을 수 있는 결혼이민자 등

④ 직업능력개발훈련의 훈련과정은 취업(영리를 목적으로 사업을 영위하는 경우를 포함)의 용이성, 산업현장의 인력수급 상황, 훈련수요 및 훈련대상자의 특성 등을 고려하여 고용노동부장관이 정한다(영 제7조).
⑤ 직업능력개발훈련을 받는 사람에게는 소득수준, 가족상황 등 훈련생의 여건, 훈련직종, 훈련수강횟수 등을 고려하여 고용노동부장관이 정하는 기준에 따라 훈련수당을 지급할 수 있다.
⑥ 직업능력개발훈련의 훈련기간은 1년 이하로 한다. 다만, 직업능력개발훈련을 실시하는 기관의 장은 효율적인 인력양성을 위하여 필요하다고 인정하는 경우에는 훈련기간을 달리 정할 수 있다.

2 국가기간산업·전략산업직종에 대한 직업능력개발훈련의 실시

국가와 지방자치단체는 다음의 직종에 대한 원활한 인력수급을 위하여 필요한 직업능력개발훈련을 실시할 수 있다(제15조).
① 국가경제의 기간이 되는 산업 중 인력이 부족한 직종(국가기간직종)
② 정보통신산업·자동차산업 등 국가전략산업 중 인력이 부족한 직종(전략산업직종)
③ 그 밖에 산업현장의 인력수요 증대에 따라 인력을 양성할 필요가 있다고 고용노동부장관이 고시하는 직종

UNIT 5 직업능력개발사업의 지원

1 사업주 및 사업주 단체 등에 대한 직업능력개발 지원
2019년 2회, 2016년 2회, 2012년 3회

① 고용노동부장관은 다음 어느 하나에 해당하는 직업능력개발사업을 하는 사업주나 사업주 단체·근로자 단체 또는 그 연합체에 그 사업에 필요한 비용을 지원하거나 융자할 수 있다(제20조).

> 1. 근로자 직업능력개발훈련(위탁하여 실시하는 경우 포함)
> 2. 근로자를 대상으로 하는 자격검정사업
> 3. 「고용보험법」에 따른 우선지원 대상기업 또는 중소기업과 공동으로 우선지원 대상기업 또는 중소기업에서 근무하는 근로자 등을 위하여 실시하는 직업능력개발사업
> 4. 직업능력개발훈련을 위하여 필요한 시설(기숙사 포함) 및 장비·기자재를 설치·보수하는 등의 사업
> 5. 직업능력개발에 대한 조사·연구, 직업능력개발훈련과정 및 매체의 개발·보급 등의 사업

② 고용노동부장관은 지원 또는 융자를 하는 경우에 다음 어느 하나에 해당하는 직업능력개발사업을 하는 사업주 또는 사업주 단체 등을 우대할 수 있다.

> 1. 해당 사업주 외의 다른 사업주에게 고용된 근로자를 대상으로 하는 직업능력개발훈련
> 2. 국가기간·전략산업직종에 대한 직업능력개발훈련
> 3. 노사협의회에서 의결된 근로자의 교육훈련 및 능력개발기본계획에 따라 실시되는 직업능력개발훈련(노사협의회가 없는 경우에는 노동조합 또는 근로자 과반수를 대표하는 대표자와 협의하여 수립된 훈련계획에 따라 실시되는 직업능력개발훈련을 말함)
> 4. 유급휴가(근로기준법에 따른 연차유급휴가는 제외)를 주어서 하는 직업능력개발훈련
> 5. 우선지원 대상기업 또는 중소기업에서 근무하는 근로자 등을 위하여 실시하는 직업능력개발사업
> 6. 우선지원 대상기업에 해당하는 기업의 사업주가 하는 직업능력개발사업
> 7. 「고용상 연령차별금지 및 고령자고용촉진에 관한 법률」에 따른 고령자 또는 준고령자를 대상(전직하려는 경우에 한정)으로 하는 직업능력개발훈련

2 근로자의 자율적 직업능력개발 지원
2012년 3회

고용노동부장관은 근로자의 자율적인 직업능력개발을 지원하기 위하여 근로자에게 비용을 지원 또는 융자를 하는 경우에 다음 근로자를 우대할 수 있다.

> 1. 우선지원 대상기업에 해당하는 기업에 고용된 근로자
> 2. 일용근로자
> 3. 단시간근로자
> 4. 기간제 근로자
> 5. 파견근로자

3 직업능력개발계좌제도
2011년 2회, 2010년 1회

① 고용노동부장관은 국민의 자율적 직업능력개발을 지원하기 위하여 직업능력개발훈련비용을 지원하는 계좌를 발급하고 이들의 직업능력개발에 관한 이력을 종합적으로 관리하는 제도(직업능력개발계좌제도)를 운영할 수 있다(제18조).

② 고용노동부장관은 직업능력개발계좌의 발급을 신청한 사람이 직업능력개발훈련이 필요하다고 판단되는 경우에는 직업능력개발계좌(직업능력개발훈련비용과 직업능력개발에 관한 이력을 전산으로 종합관리하는 계좌를 말함)를 발급할 수 있다(영 제16조).

4 직업능력개발훈련과정의 인정

① 훈련비용을 지원 또는 융자받을 수 있는 직업능력개발훈련을 실시하려는 자와 계좌적합훈련과정을 운영하려는 자는 그 직업능력개발훈련과정에 대하여 고용노동부장관으로부터 인정을 받아야 한다(제19조).
② 고용노동부장관의 인정을 받을 수 있는 훈련과정은 다음 요건을 모두 갖추어야 한다(영 제17조).
　㉠ 훈련기간·시간, 교사·강사, 훈련내용, 훈련시설·장비 등 고용노동부장관이 정하는 요건을 갖출 것
　㉡ 다음 어느 하나에 해당하는 시설 또는 기관에서 실시할 것
　　ⓐ 법에 의한 직업능력개발훈련을 위탁받을 수 있는 시설 또는 기관
　　ⓑ 그 밖에「직업교육훈련 촉진법」등 다른 법령에 따라 직업능력개발훈련을 실시할 수 있는 시설 또는 기관
③ 고용노동부장관의 직업능력개발훈련과정에 대한 인정의 유효기간은 3년의 범위에서 산업의 인력수요와 해당 과정에 대한 훈련수요 등을 감안하여 고용노동부장관이 정한다.

UNIT 6　개인 직무능력

1 개인별 직무능력정보의 수집·제공

① 고용노동부장관은 직무 수행에 요구되는 지식·기술·소양 등 직무능력에 관한 정보를 직업능력개발이나 취업 등에 활용하려는 국민의 신청이 있는 경우 개인별 직무능력정보를 수집·관리하여 제공할 수 있다(제25조).
② 고용노동부장관은 개인별 직무능력정보를「자격기본법」에 따른 국가직무능력표준 등에 따라 관리하여야 한다.

2 직무능력의 인정

① 고용노동부장관은 개인별 직무능력정보를 바탕으로 국민 개개인이 습득한 직무능력을 인정할 수 있다(제26조).
② 인정기준은「자격기본법」제5조에 따른 국가직무능력표준, 인정의 대상이 되는 직무능력정보의 유형 및 신뢰도 등을 고려하여 고용노동부령으로 정한다.

UNIT 7 　직업능력개발훈련시설 및 직업능력개발훈련법인

1 공공직업훈련시설

① 공공직업훈련시설이란 국가, 지방자치단체 및 공공단체가 직업능력개발훈련을 위하여 설치한 시설로서 고용노동부장관과 협의하거나 고용노동부장관의 승인을 받아 설치한 시설을 말한다.
② 국가, 지방자치단체 또는 공공단체는 공공직업훈련시설을 설치·운영할 수 있다. 이 경우 국가 또는 지방자치단체가 공공직업훈련시설을 설치하려는 때에는 고용노동부장관과 협의해야 하며, 공공단체가 공공직업훈련시설을 설치하려는 때에는 고용노동부장관의 승인을 받아야 한다(제27조).

> **더 알아보기** 직업능력개발훈련시설을 설치할 수 있는 공공단체의 범위(영 제2조)
> 2022년 1회, 2018년 2·3회, 2014년 2회, 2013년 3회, 2011년 1회
> - 한국산업인력공단(한국산업인력공단이 출연하여 설립한 학교법인 포함)
> - 한국장애인고용공단
> - 근로복지공단
> ※ '대한상공회의소'는 해당되지 않는다.

2 지정직업훈련시설

① 지정직업훈련시설이란 직업능력개발훈련을 위하여 설립·설치된 직업전문학교, 실용전문학교 등의 시설로서 고용노동부장관이 지정한 시설을 말한다.
② 지정직업훈련시설을 설립·설치하여 운영하려는 자는 다음 요건을 갖추어 고용노동부장관의 지정을 받아야 한다.
③ 지정을 받은 자가 해당 시설에서 3개월 이상 직업능력개발훈련을 실시하지 아니하거나 폐업을 하려는 경우 또는 지정내용을 변경하려는 경우에는 고용노동부장관에게 신고해야 한다.
④ 지정직업훈련시설을 운영하는 자는 훈련생으로부터 훈련비를 받을 수 있다(제30조).

UNIT 8 　직업능력개발훈련교사 및 훈련기준

1 직업능력개발훈련교사의 자격

2011년 2회

① 직업능력개발훈련교사나 그 밖에 해당분야에 전문지식이 있는 사람 등으로서 다음에 해당하는 사람은 직업능력개발훈련을 위하여 훈련생을 가르칠 수 있다(제33조, 영 제27조).

> 1. 「고등교육법」에 따른 학교를 졸업하였거나 이와 같은 수준 이상의 학력을 인정받은 후 해당 분야의 교육훈련경력이 1년 이상인 사람
> 2. 「정부출연연구기관 등의 설립·운영 및 육성에 관한 법률」, 「과학기술분야 정부출연연구기관 등의 설립·운영 및 육성에 관한 법률」에 따른 연구기관 및 기업부설연구소 등에서 해당 분야의 연구경력이 1년 이상인 사람
> 3. 「국가기술자격법」이나 그 밖의 법령에 따라 국가가 신설하여 관리·운영하는 해당 분야의 자격증을 취득한 사람

4. 해당 분야에서 1년 이상의 실무경력이 있는 사람
5. 그 밖에 해당 분야의 훈련생을 가르칠 수 있는 전문지식이 있는 사람으로서 고용노동부령으로 정하는 사람

② 직업능력개발훈련교사가 되려는 사람은 직업능력개발훈련교사 양성을 위한 훈련과정을 수료하는 등 고용노동부장관으로부터 직업능력개발훈련교사 자격증을 발급받아야 한다.

③ 발급받은 자격증은 다른 사람에게 빌려주거나 빌려서는 아니 되며, 이를 알선하여서도 아니 된다.

④ 직업능력개발훈련교사는 1급·2급 및 3급으로 구분하며, 그 자격기준은 다음과 같다(영 제28조).

2016년 3회, 2010년 3회, 2009년 1회

구분	자격기준
1급	직업능력개발훈련교사 2급의 자격을 취득한 후 3년 이상의 교육훈련경력이 있는 사람으로서 향상훈련을 받은 사람
2급	• 직업능력개발훈련교사 3급의 자격을 취득한 후 3년 이상의 교육훈련경력이 있는 사람으로서 향상훈련을 받은 사람 • 기술사 또는 기능장 자격을 취득하고 고용노동부령으로 정하는 훈련을 받은 사람 • 전문대학·기능대학 및 대학의 조교수 이상으로 재직한 후 2년 이상의 교육훈련경력이 있는 사람
3급	• 법 제52조의2에 따라 설립된 기술교육대학에서 학사학위를 취득한 사람 • 고용노동부장관이 정하여 고시하는 직종에 관한 학사 이상의 학위를 취득한 후 해당 직종에서 2년 이상의 교육훈련경력 또는 실무경력이 있는 사람으로서 고용노동부령으로 정하는 훈련을 받은 사람 • 고용노동부장관이 정하여 고시하는 직종에 관한 학사 이상의 학위를 취득한 후 해당 직종에서 요구하는 중등학교 정교사 1급 또는 2급의 자격을 취득한 사람 • 고용노동부장관이 정하여 고시하는 직종에서 요구하는 기술·기능 분야의 기사 자격증을 취득한 후 해당 직종에서 1년 이상의 교육훈련경력 또는 실무경력이 있는 사람으로서 고용노동부령으로 정하는 훈련을 받은 사람 • 고용노동부장관이 정하여 고시하는 직종에서 요구하는 기술·기능 분야의 산업기사·기능사 자격증, 서비스 분야의 국가기술자격증 또는 그 밖의 법령에 따라 국가가 신설하여 관리·운영하는 자격을 취득한 후 해당 직종에서 2년 이상의 교육훈련경력 또는 실무경력이 있는 사람으로서 고용노동부령으로 정하는 훈련을 받은 사람 • 고용노동부장관이 정하여 고시하는 직종에서 5년 이상의 교육훈련경력 또는 실무경력이 있는 사람으로서 고용노동부령으로 정하는 훈련을 받은 사람 • 그 밖에 고용노동부장관이 정하여 고시하는 기준에 적합한 사람으로서 고용노동부령으로 정하는 훈련을 받은 사람

2 직업능력개발훈련교사의 결격사유

2017년 1회, 2016년 1회, 2012년 2회, 2010년 1·4회

다음의 어느 하나에 해당하는 사람은 직업능력개발훈련교사가 될 수 없다(제34조).

1. 피성년후견인·피한정후견인
2. 금고 이상의 실형을 선고받고 그 집행이 끝나거나(집행이 끝난 것으로 보는 경우를 포함) 집행이 면제된 날부터 2년이 지나지 아니한 사람
3. 금고 이상의 형의 집행유예를 선고받고 그 유예기간 중에 있는 사람
4. 법원의 판결에 따라 자격이 상실되거나 정지된 사람
5. 자격이 취소된 후 3년이 지나지 아니한 사람
6. 성폭력범죄로 100만원 이상의 벌금형을 선고받고 그 형이 확정된 후 2년이 지나지 아니한 사람

3 직업능력개발훈련교사의 양성

① 국가·지방자치단체·공공단체 또는 고용노동부장관이 고시하는 법인·단체는 직업능력개발훈련교사 양성을 위한 훈련과정을 설치·운영할 수 있다. 이 경우 국가 및 지방자치단체가 아닌 자가 훈련과정을 설치·운영하려면 고용노동부장관의 승인을 받아야 한다(제36조).
② 직업능력개발훈련교사의 양성을 위한 훈련과정은 양성훈련과정, 향상훈련과정 및 교직훈련과정으로 구분한다(규칙 제18조).

2019년 1회, 2014년 1회

> ✓ 교수님의 코멘트
>
> 직업능력개발훈련은 그 실시목적에 따라 양성훈련, 향상훈련, 전직훈련으로 구분되는데, 훈련교사의 양성의 경우에는 전직훈련 대신 교직훈련이라는 사실에 주의해야 합니다.

UNIT 9 기능대학 및 기술교육대학

2018년 3회, 2014년 3회

① 기능대학이란 「고등교육법」에 따른 전문대학으로서 학위과정인 다기능기술자과정 또는 학위전공심화과정을 운영하면서 작업훈련과정을 병설운영하는 교육·훈련기관을 말한다.
② 국가, 지방자치단체 또는 「사립학교법」에 따른 학교법인은 산업현장에서 필요한 인력을 양성하고 근로자의 직업능력개발을 지원하기 위하여 기능대학을 설립·경영할 수 있다(제39조).
③ 국가가 기능대학을 설립·경영하려면 관계 중앙행정기관의 장은 교육부장관 및 고용노동부장관과 각각 협의해야 하며, 지방자치단체가 기능대학을 설립·경영하려면 해당 지방자치단체의 장은 고용노동부장관과 협의를 한 후 교육부장관의 인가를 받아야 한다.
④ 학교법인이 기능대학을 설립·경영하려면 고용노동부장관의 추천을 거쳐 교육부장관의 인가를 받아야 한다.
⑤ 교육부장관의 인가를 받은 기능대학은 직업능력개발훈련시설로 보며, 기능대학은 그 특성을 고려하여 다른 명칭을 사용할 수 있다.
⑥ 「한국산업인력공단법」에 따른 한국산업인력공단은 직업능력개발훈련교사 등의 양성 및 직무능력향상훈련, 그 밖에 근로자에 대한 직업능력개발훈련 지원 등을 위하여 교육부장관의 인가를 받아 「사립학교법」에 따른 기술교육대학을 설립·운영할 수 있다(제52조의2).

CHAPTER 06 국민 평생 직업능력 개발법

핵심 기출문제

최신 법령 개정에 따라 변형한 문제입니다.

01 국민 평생 직업능력 개발법에서 사용하는 용어의 정의로 틀린 것은? 2013년 2회

① '직업능력개발훈련'이란 모든 국민에게 직업에 필요한 직무수행능력을 습득·향상시키기 위하여 실시하는 훈련을 말한다.
② '근로자'란 사업주에게 고용된 사람과 직업훈련을 받고 있는 사람을 말한다.
③ '양성훈련'이란 직업에 필요한 기초적 직무수행능력을 습득시키기 위하여 실시하는 직업능력개발훈련을 말한다.
④ '집체훈련'이란 직업능력개발훈련을 실시하기 위하여 설치한 훈련전용시설이나 그 밖에 훈련을 실시하기에 적합한 시설(산업체의 생산시설 및 근무장소는 제외)에서 실시하는 방법을 말한다.

빈출

02 국민 평생 직업능력 개발법상 훈련계약에 관한 설명으로 틀린 것은? 2019년 1회, 2013년 1회

① 사업주와 직업능력개발훈련을 받으려는 근로자는 직업능력개발훈련에 따른 권리·의무 등에 관하여 훈련계약을 체결하여야 한다.
② 기준근로시간 외의 훈련시간에 대하여는 생산시설을 이용하거나 근무장소에서 하는 직업능력개발훈련의 경우를 제외하고는 연장근로와 야간근로에 해당하는 임금을 지급하지 아니할 수 있다.
③ 훈련계약을 체결할 때에는 해당 직업능력개발훈련을 받는 사람이 직업능력개발훈련을 이수한 후에 사업주가 지정하는 업무에 일정기간 종사하도록 할 수 있다. 이 경우 그 기간은 5년 이내로 하되, 직업능력개발훈련기간의 3배를 초과할 수 없다.
④ 훈련계약을 체결하지 아니한 경우에 고용근로자가 받은 직업능력개발훈련에 대하여는 그 근로자가 근로를 제공한 것으로 본다.

꼼꼼하게 풀어 주는 **정답과 해설**

01 ② 「국민 평생 직업능력 개발법」에서의 '근로자'란 사업주에게 고용된 사람과 취업할 의사를 가진 사람을 말한다.

02 ① 사업주와 직업능력개발훈련을 받으려는 근로자가 직업능력개발훈련에 따른 권리·의무 등에 관하여 훈련계약을 반드시 체결해야 하는 것은 아니다(임의 규정).

정답 01 ② 02 ①

03 국민 평생 직업능력 개발법상 직업능력개발훈련의 목적에 따라 구분되는 훈련이 아닌 것은?

2021년 1회, 2020년 1·2(통합)회, 2016년 1회

① 혼합훈련　　② 향상훈련
③ 전직훈련　　④ 양성훈련

04 국민 평생 직업능력 개발법령상 직업능력개발훈련에 관한 설명으로 옳은 것은?

2025년 2회, 2021년 2회, 2018년 1회

① 직업능력개발훈련은 18세 미만인 자에게는 실시할 수 없다.
② 직업능력개발훈련의 대상에는 취업할 의사가 있는 사람뿐만 아니라 사업주에게 고용된 사람도 포함된다.
③ 직업능력개발훈련시설의 장은 직업능력개발훈련의 상호인정이 가능하도록 직업능력개발훈련과 관련된 기술 등에 관한 표준을 정할 수 있다.
④ 「산업재해보상보험법」을 적용받는 사람도 재해위로금을 받을 수 있다.

05 국민 평생 직업능력 개발법령에 관한 설명으로 틀린 것은?

2022년 1회

① 「제대군인지원에 관한 법률」에 따른 제대군인 및 전역예정자의 직업능력개발훈련은 중요시되어야 한다.
② 「산업재해보상보험법」에 따른 근로복지공단은 직업능력개발훈련시설을 설치할 수 없다.
③ 이 법에서 "근로자"란 사업주에게 고용된 사람과 취업할 의사가 있는 사람을 말한다.
④ 직업능력개발훈련은 훈련의 목적에 따라 양성훈련, 향상훈련, 전직훈련으로 구분한다.

06 국민 평생 직업능력 개발법에 명시된 직업능력개발훈련이 중요시되어야 하는 사람에 해당하지 않는 것은?

2025년 2회, 2020년 3회, 2019년 2회

① 일용근로자
② 여성근로자
③ 제조업의 생산직에 종사하는 근로자
④ 「중소기업기본법」에 따른 중소기업의 근로자

정답과 해설

03 직업능력개발훈련은 그 목적에 따라 양성훈련, 향상훈련, 전직훈련으로, 그 방법에 따라 집체훈련, 현장훈련, 원격훈련, 혼합훈련으로 구분된다.

04 오답풀이
① 15세 이상인 자에게는 실시할 수 있다.
③ 표준을 정할 수 있는 자는 고용노동부장관이다.
④ 「산업재해보상보험법」의 적용을 받는 사람은 재해위로금을 받을 수 없다.

05 ② 다음 기관은 직업훈련시설을 설치할 수 있는 공공단체에 해당한다.
 1. 한국산업인력공단(한국산업인력공단이 출연하여 설립한 학교법인 포함)
 2. 한국장애인고용공단
 3. 근로복지공단

06 ③ '제조업의 생산직 근로자'는 법개정으로 중요시 대상에서 제외되었다.

정답 03 ① 04 ② 05 ② 06 ③

07 국민 평생 직업능력 개발법상 근로자의 정의로서 가장 적합한 것은? 2022년 2회, 2015년 3회

① 사업주에게 고용되어 근로를 제공하는 자
② 직업의 종류에 관계없이 임금을 목적으로 사업이나 사업장에 근로를 제공하는 자
③ 직업의 종류를 불문하고 임금·급료 기타 이에 준하는 수입에 의해 생활하는 자
④ 사업주에게 고용된 자와 취업할 의사가 있는 자

08 국민 평생 직업능력 개발법상 직업능력개발훈련을 실시하기 위하여 설치한 훈련전용시설이나 그 밖에 훈련을 실시하기에 적합한 시설에서 실시하는 훈련은? 2020년 3회, 2015년 1회

① 향상훈련 ② 전직훈련
③ 집체훈련 ④ 통신훈련

빈출

09 국민 평생 직업능력 개발법령상 다음 ( )에 알맞은 것은? 2025년 3회, 2020년 4회, 2019년 2회, 2017년 1회

> 사업주는 훈련계약을 체결할 때에는 해당 직업능력개발훈련을 받는 사람이 직업능력개발훈련을 이수한 후에 사업주가 지정하는 업무에 일정기간 종사하도록 할 수 있다. 이 경우 그 기간은 (ㄱ)년 이내로 하되, 직업능력개발훈련기간의 (ㄴ)배를 초과할 수 없다.

① ㄱ: 3, ㄴ: 2 ② ㄱ: 3, ㄴ: 3
③ ㄱ: 5, ㄴ: 2 ④ ㄱ: 5, ㄴ: 3

10 국민 평생 직업능력 개발법상 직업능력개발사업을 하는 사업주에게 지원되는 것으로 틀린 것은? 2023년 3회, 2019년 2회, 2016년 2회

① 근로자를 대상으로 하는 자격검정사업비용
② 직업능력개발훈련을 위한 시설의 설치사업비용
③ 근로자의 경력개발관리를 위하여 실시하는 사업비용
④ 고용노동부장관의 인정을 받은 직업능력개발훈련과정의 수강비용

꼼꼼하게 풀어 주는 정답과 해설

07 ④ 「국민 평생 직업능력 개발법」, 「고용정책 기본법」, 「남녀고용평등과 일·가정 양립 지원에 관한 법률」에서의 근로자 개념이다.
  오답풀이
  ①, ② 「근로기준법」에서의 근로자 개념이다.
  ③ 「노동조합 및 노동관계조정법」에서의 근로자 개념이다.

08 **오답풀이**
  ① '향상훈련'이란 양성훈련을 받은 사람이나 직업에 필요한 기초적 직무수행능력을 가지고 있는 사람에게 더 높은 직무수행능력을 습득시키거나 기술발전에 맞추어 지식·기능을 보충하게 하기 위하여 실시하는 직업능력개발훈련을 말한다.

② '전직훈련'이란 종전의 직업과 유사하거나 새로운 직업에 필요한 직무수행능력을 습득시키기 위하여 실시하는 직업능력개발훈련을 말한다.

09 ④ 그 기간은 5년 이내로 하되, 직업능력개발훈련기간의 3배를 초과할 수 없다(제9조 제2항).

10 ④ 사업주에 대한 지원제도가 아니라, 근로자에 대한 지원내용이다.

정답 07 ④ 08 ③ 09 ④ 10 ④

11 국민 평생 직업능력 개발법령상 고용노동부장관이 반드시 지정직업훈련시설의 지정을 취소해야 하는 경우에 해당하는 것은?
2022년 2·3회

① 시정명령에 따르지 아니한 경우
② 변경지정을 받지 아니하고 지정 내용을 변경하는 등 부정한 방법으로 지정직업훈련시설을 운영한 경우
③ 훈련생을 모집할 때 거짓 광고를 한 경우
④ 거짓으로 지정을 받은 경우

12 국민 평생 직업능력 개발법상 직업능력개발훈련의 기본원칙으로 가장 적합하지 않은 것은?
2019년 1회, 2017년 2회

① 국민 개개인의 희망·적성·능력에 맞게 국민의 생애에 걸쳐 체계적으로 실시되어야 한다.
② 사회적 공공성의 원리에 따라 국가 주도로 진행되어야 한다.
③ 직업능력개발훈련이 필요한 국민에게 균등한 기회가 보장되도록 노력하여야 한다.
④ 국민의 직무능력과 고용 가능성을 높일 수 있도록 지역·산업현장의 수요가 반영되어야 한다.

13 국민 평생 직업능력 개발법령상 직업능력개발훈련이 중요시되어야 하는 자를 모두 고른 것은?
2018년 1회

> ㄱ. 고령자
> ㄴ. 「국민기초생활 보장법」에 따른 수급권자
> ㄷ. 여성근로자
> ㄹ. 일용근로자
> ㅁ. 단시간근로자

① ㄱ, ㄴ, ㅁ
② ㄷ, ㄹ, ㅁ
③ ㄱ, ㄴ, ㄷ, ㄹ
④ ㄱ, ㄴ, ㄷ, ㄹ, ㅁ

14 국민 평생 직업능력 개발법상 직업능력개발훈련이 중요시되어야 할 대상에 해당하지 않는 것은?
2018년 2회

① 「국민기초생활 보장법」에 따른 수급권자
② 「제대군인지원에 관한 법률」에 따른 전역 예정자
③ 제조업의 연구직에 종사하는 근로자
④ 일시적 사업에 고용된 근로자

꼼꼼하게 풀어 주는 정답과 해설

11 ④ 거짓이나 그 밖의 부정한 방법으로 지정을 받은 경우에는 반드시 그 지정을 취소해야 한다.
12 ② '주도'는 사업주가 하는 것으로, 국가나 정부는 지원하는 역할을 담당한다.
13 ④ 고령자, 「국민기초생활 보장법」에 따른 수급권자(국민기초생활 수급권자), 여성근로자, 일용근로자, 단시간근로자 모두 중요시되어야 하는 대상이다.
14 ③ 제조업 연구직 종사자는 중시대상이 아니다. 법개정 전에는 '제조업의 생산직 종사자'가 중시대상이었으나 삭제되었다.

정답 11 ④ 12 ② 13 ④ 14 ③

15 국민 평생 직업능력 개발법령에 대한 설명으로 틀린 것은?   2025년 1회, 2018년 3회

① 직업능력개발훈련은 15세 이상인 자에게 실시한다.
② 직업능력개발훈련은 집체훈련, 현장훈련, 원격훈련, 혼합훈련의 방법으로 실시한다.
③ 근로자에게 종전의 직업과 유사하거나 새로운 직업에 필요한 직무수행능력을 습득시키기 위하여 실시하는 직업능력개발훈련을 전직훈련이라고 한다.
④ 재해위로금의 산정기준이 되는 통상임금은 「산업재해보상보험법」에 의한 최고보상기준금액 및 최저보상기준금액을 각각 그 상한 및 하한으로 한다.

16 국민 평생 직업능력 개발법상 재해위로금에 관한 설명으로 틀린 것은?   2019년 3회

① 직업능력개발훈련을 받는 국민이 직업능력개발훈련 중에 그 직업능력개발훈련으로 인하여 재해를 입은 경우에는 재해위로금을 지급하여야 한다.
② 위탁에 의한 직업능력개발훈련을 받는 국민에 대하여는 그 위탁자가 재해위로금을 부담한다.
③ 위탁받은 자의 훈련시설의 결함이나 그 밖에 위탁받은 자에게 책임이 있는 사유로 인하여 재해가 발생한 경우에는 위탁받은 자가 재해위로금을 지급하여야 한다.
④ 재해위로금의 산정기준이 되는 평균임금은 「산업재해보상보험법」에 따라 고용노동부장관이 매년 정하여 고시하는 최고보상기준금액을 상한으로 하고 최저보상기준금액은 적용하지 아니한다.

꼼꼼하게 풀어 주는 정답과 해설

15 ④ 재해위로금의 산정기준이 되는 평균임금은 「산업재해보상보험법」에 따라 고용노동부장관이 매년 정하여 고시하는 최고보상기준금액 및 최저보상기준금액을 각각 그 상한 및 하한으로 한다.

16 ④ 재해위로금의 지급에 관하여는 「근로기준법」 제8장(재해보상)을 준용한다. 이 경우 재해위로금의 산정기준이 되는 평균임금은 「산업재해보상보험법」에 따라 고용노동부장관이 매년 정하여 고시하는 최고보상기준금액 및 최저보상기준금액을 각각 그 상한 및 하한으로 한다.

정답   15 ④   16 ④

CHAPTER 07 남녀고용평등과 일·가정 양립 지원에 관한 법률

> 회당 평균 출제 문항수 **3개**

수험 전략
- 학습범위에 비해 출제 비율이 높은 주제이다.
- 남녀차별 여부, 직장 내 성희롱, 육아휴직, 적극적 고용개선위원회 등에서 주로 출제되고 있다.

NEW & HOT! 키워드
직장 내 성희롱
남녀차별
육아휴직, 육아기 근로시간 단축
배우자 출산휴가
가족돌봄휴직

이 법은 「대한민국헌법」의 평등이념에 따라 고용에서 남녀의 평등한 기회와 대우를 보장하고 모성보호와 여성고용을 촉진하여 남녀고용평등을 실현함과 아울러 근로자의 일과 가정의 양립을 지원함으로써 모든 국민의 삶의 질 향상에 이바지하는 것을 목적으로 한다(제1조). 2019년 1회, 2016년 1회, 2014년 1회

UNIT 1 총칙

1 적용범위
2021년 1회, 2017년 2회, 2014년 3회, 2011년 3회, 2010년 2회, 2007년 1·3회

구분	적용범위
원칙	이 법은 근로자를 사용하는 모든 사업 또는 사업장에 적용한다.
전부적용 제외	동거하는 친족만으로 이루어지는 사업, 가사사용인에 대하여는 법의 전부를 적용하지 않는다.

> **더 알아보기 근로자** 2012년 1회, 2008년 3회
> 이 법에서의 근로자란 사업주에게 고용된 사람과 취업할 의사를 가진 사람을 말한다.

2 고용노동부장관의 역할
2012년 3회, 2009년 3회

① 고용노동부장관은 남녀고용평등과 일·가정의 양립을 실현하기 위하여 적극적 고용개선조치 등의 정책을 수립·시행해야 한다(제6조).
② '적극적 고용개선조치'란 현존하는 남녀 간의 고용차별을 없애거나 고용평등을 촉진하기 위하여 잠정적으로 특정 성(性)을 우대하는 조치를 말한다(제2조).
③ 고용노동부장관은 다음 사항이 포함된 남녀고용평등 실현과 일·가정의 양립에 관한 기본계획을 수립해야 한다(제6조의2). 2020년 3회

1. 여성취업의 촉진에 관한 사항
2. 남녀의 평등한 기회보장 및 대우에 관한 사항
3. 동일가치노동에 대한 동일임금 지급의 정착에 관한 사항
4. 여성의 직업능력 개발에 관한 사항
5. 여성근로자의 모성보호에 관한 사항
6. 일·가정의 양립 지원에 관한 사항
7. 여성근로자를 위한 복지시설의 설치 및 운영에 관한 사항
8. 직전 기본계획에 대한 평가
9. 그 밖에 남녀고용평등의 실현과 일·가정의 양립 지원을 위하여 고용노동부장관이 필요하다고 인정하는 사항

UNIT 2 고용의 평등

1 차별의 개념

2020년 3회, 2017년 3회, 2015년 1·2·3회, 2014년 2회, 2009년 2회

① 차별이란 사업주가 근로자에게 성별, 혼인, 가족 안에서의 지위, 임신 또는 출산 등의 사유로 합리적인 이유 없이 채용 또는 근로의 조건을 다르게 하거나 그 밖의 불리한 조치를 하는 경우를 말한다.
② 차별에는 사업주가 채용조건이나 근로조건은 동일하게 적용하더라도 그 조건을 충족할 수 있는 남성 또는 여성이 다른 한 성(性)에 비하여 현저히 적고 그에 따라 특정 성에게 불리한 결과를 초래하며 그 조건이 정당한 것임을 증명할 수 없는 경우도 포함한다.

> **더 알아보기** 합리적인 이유
> - 이 법에서 제시되고 있는 차별의 판단기준은 '합리적 이유 여부'에 있다.
> - 합리적 이유를 인정하기 위해서는 사업의 목적, 직무의 성질·태양·작업조건 등을 구체적·종합적으로 고려하고, 기업경영상 남녀를 달리 대우할 필요성이 인정되고 그 방법·정도 등이 적정해야 한다.

2 차별의 예외

2016년 1회, 2015년 2회, 2013년 1회, 2010년 1·4회, 2009년 2·3회, 2008년 1회

① 직무의 성격에 비추어 특정 성이 불가피하게 요구되는 경우
② 여성근로자의 임신·출산·수유 등 모성보호를 위한 조치를 하는 경우
③ 적극적 고용개선조치를 하는 경우

3 차별의 유형

2025년 2회, 2024년 2회, 2022년 2회, 2020년 1·2(통합)·4회, 2019년 3회, 2018년 1·2·3회, 2017년 1·2회, 2013년 1회, 2009년 2회, 2007년 1회

구분	주요 내용
모집·채용에서 차별	• 사업주는 근로자를 모집하거나 채용할 때 남녀를 차별해서는 안 된다(제7조). • 사업주는 근로자를 모집·채용할 때 그 직무의 수행에 필요하지 아니한 용모·키·체중 등의 신체적 조건, 미혼조건, 그 밖에 고용노동부령으로 정하는 조건을 제시하거나 요구해서는 안 된다.

임금차별	• 사업주는 동일한 사업 내의 동일가치노동에 대하여는 동일한 임금을 지급해야 한다(제8조). • 동일가치노동의 기준은 직무수행에서 요구되는 기술·노력·책임 및 작업조건 등으로 하고, 사업주가 그 기준을 정할 때에는 노사협의회의 근로자를 대표하는 위원의 의견을 들어야 한다. • 사업주가 임금차별을 목적으로 설립한 별개의 사업은 동일한 사업으로 본다.
임금 외의 금품 등의 차별	사업주는 임금 외에 근로자의 생활을 보조하기 위한 금품의 지급 또는 자금의 융자 등 복리후생에서 남녀를 차별해서는 안 된다(제9조).
교육·배치 및 승진에서 차별	• 사업주는 근로자의 교육·배치 및 승진에서 남녀를 차별해서는 안 된다(제10조). • 교육에는 신입사원교육 및 국내외 연수 등 그 외형·명칭에 상관없이 사업주가 소속 근로자를 대상으로 실시하는 모든 교육 및 직업훈련이 포함된다.
정년·퇴직 및 해고에서 차별	• 사업주는 근로자의 정년·퇴직 및 해고에서 남녀를 차별해서는 안 된다(제11조). • 사업주는 여성근로자의 혼인, 임신 또는 출산을 퇴직사유로 예정하는 근로계약을 체결해서는 안 된다.

> ✓ **교수님의 코멘트**
>
> 「근로기준법」 제6조의 균등처우조항은 근로자로 채용 후의 현실적 차별을 금지하고 있으나, 「남녀고용평등과 일·가정 양립 지원에 관한 법률」에서는 차별을 예정하는 계약 자체를 금지하고 있습니다.

4 차별적 처우 등의 시정신청

2012년 3회, 2009년 3회

근로자는 사업주로부터 다음 어느 하나에 해당하는 차별적 처우 등을 받은 경우 노동위원회에 그 시정을 신청할 수 있다. 다만, 차별적 처우 등을 받은 날(1.~3.호에 따른 차별적 처우 등이 계속되는 경우에는 그 종료일)부터 6개월이 지난 때에는 그러하지 아니하다(제26조).

1. 제7조부터 제11조까지 중 어느 하나를 위반한 행위
2. 제14조 제4항 또는 제14조의2 제1항에 따른 적절한 조치를 하지 아니한 행위
3. 제14조 제6항을 위반한 불리한 처우 또는 제14조의2 제2항을 위반한 해고나 그 밖의 불이익한 조치

UNIT 3 직장 내 성희롱

1 의의

① '직장 내 성희롱'이란 사업주·상급자 또는 근로자가 직장 내의 지위를 이용하거나 업무와 관련하여 다른 근로자에게 성적 언동 등으로 성적 굴욕감 또는 혐오감을 느끼게 하거나 성적 언동 또는 그 밖의 요구 등에 따르지 아니하였다는 이유로 근로조건 및 고용에서 불이익을 주는 것을 말한다(제2조).
② 사업주, 상급자 또는 근로자는 직장 내 성희롱을 해서는 안 된다(제12조).

2 직장 내 성희롱의 성립요건

(1) 행위자와 피해자가 존재할 것

성희롱 행위자는 사업주나 상급자, 동료근로자, 하급자가 모두 해당하며, 피해자는 주로 여성근로자가 대상이지만 남녀근로자 모두가 해당될 수 있다.

(2) 직장 내의 지위를 이용하거나 업무와 관련하여 이루어질 것

직장 내 성희롱은 사업장 안 및 근무시간 내뿐 아니라 사업주, 상급자 또는 근로자가 직장 내의 지위를 이용하거나 업무와 관련이 있는 경우라면 사업장 밖이나 근무시간 외에도 성립될 수 있다.

(3) 성적인 언어나 행동 등을 조건으로 고용에서 불이익을 줄 것

성적 언동이나 성적 요구에 따르지 아니한 것을 이유로 채용탈락·감봉·승진탈락·전직·정직·휴직·해고 등과 같이 채용 또는 근로조건을 일방적으로 불리하게 하는 경우를 말한다(조건형 성희롱).

(4) 성적 굴욕감을 유발하여 고용환경을 악화시킬 것

성적인 언어나 행동 등으로 위협적이고 적대적인 환경을 형성하거나, 성적 굴욕감을 유발하여 업무능률을 저해하는 것을 말한다(환경형 성희롱).

3 직장 내 성희롱 예방교육

2025년 1·3회, 2024년 2회, 2021년 2회, 2020년 1·2(통합)·3회, 2019년 1·2·3회, 2018년 1회, 2014년 2·3회, 2013년 1회, 2009년 3회

① 사업주는 직장 내 성희롱을 예방하고 근로자(파견근로자 등 포함)가 안전한 근로환경에서 일할 수 있는 여건조성을 위하여 직장 내 성희롱의 예방을 위한 교육을 매년(연 1회 이상) 실시해야 한다(제13조, 영 제3조).
② 사업주 및 근로자는 성희롱 예방교육을 받아야 한다.
③ 사업주는 성희롱 예방교육의 내용을 근로자가 자유롭게 열람할 수 있는 장소에 항상 게시하거나 갖추어 두어 근로자에게 널리 알려야 한다.
④ 파견근로에 성희롱 예방교육을 실시해야 하는 사업주는 파견사업주가 아닌 사용사업주(파견근로자가 일하고 있는 사용회사의 사업주)이다.
⑤ 성희롱 예방교육은 사업규모나 특성 등을 고려하여 직원연수·조회·회의, 인터넷 등 정보통신망을 이용한 사이버 교육 등을 통해 실시할 수 있다. 2010년 2회, 2009년 1회
⑥ 단순히 교육자료 등을 배포·게시하거나 전자우편을 보내거나 게시판에 공지하는 데 그치는 등 근로자에게 교육내용이 제대로 전달되었는지 확인하기 곤란한 경우에는 예방교육을 한 것으로 보지 않는다.
⑦ 다음의 어느 하나에 해당하는 사업의 사업주는 성희롱 예방교육 내용을 근로자가 알 수 있도록 교육자료 또는 홍보물을 게시하거나 배포하는 방법으로 직장 내 성희롱 예방교육을 대신할 수 있다.
  ㉠ 상시 10명 미만의 근로자를 고용하는 사업
  ㉡ 사업주 및 근로자 모두가 남성 또는 여성 중 어느 한 성(性)으로 구성된 사업

> ✔ 교수님의 코멘트
> 이 경우 성희롱 예방교육을 간단하게 할 수 있다는 의미이지, 예방교육 자체를 안 해도 된다는 뜻은 아닙니다.

⑧ 사업주가 소속 근로자에게 「국민 평생 직업능력 개발법」에 따라 인정받은 훈련과정 중 성희롱 예방교육 내용이 포함되어 있는 훈련과정을 수료하게 한 경우에는 그 훈련과정을 마친 근로자에게는 성희롱 예방교육을 한 것으로 본다.
⑨ 사업주는 성희롱 예방교육을 고용노동부장관이 지정하는 기관에 위탁하여 실시할 수 있다(제13조의2).
⑩ 성희롱 예방교육기관은 고용노동부령으로 정하는 기관 중에서 지정하되, 고용노동부령으로 정하는 강사를 1명 이상 두어야 한다.

⑪ 고용노동부장관은 성희롱 예방교육기관이 다음의 어느 하나에 해당하면 그 지정을 취소할 수 있다.

> 1. 거짓이나 그 밖의 부정한 방법으로 지정을 받은 경우
> 2. 정당한 사유 없이 위 ③에 따른 강사를 3개월 이상 계속하여 두지 아니한 경우
> 3. 2년 동안 직장 내 성희롱 예방교육 실적이 없는 경우

4 직장 내 성희롱 발생 시 조치   2016년 2회, 2015년 3회, 2013년 2·3회, 2011년 2·3회

① 누구든지 직장 내 성희롱 발생 사실을 알게 된 경우 그 사실을 해당 사업주에게 신고할 수 있다(제14조).
② 사업주는 신고를 받거나 직장 내 성희롱 발생 사실을 알게 된 경우에는 지체 없이 그 사실 확인을 위한 조사를 하여야 한다. 이 경우 사업주는 직장 내 성희롱과 관련하여 피해를 입은 근로자 또는 피해를 입었다고 주장하는 근로자가 조사과정에서 성적 수치심 등을 느끼지 아니하도록 해야 한다.
③ 사업주는 조사기간 동안 피해근로자 등을 보호하기 위하여 필요한 경우 해당 피해근로자 등에 대하여 근무장소의 변경, 유급휴가 명령 등 적절한 조치를 해야 한다. 이 경우 사업주는 피해근로자 등의 의사에 반하는 조치를 해서는 아니 된다.
④ 사업주는 조사결과 직장 내 성희롱 발생 사실이 확인된 때에는 피해근로자가 요청하면 근무장소의 변경, 배치전환, 유급휴가 명령 등 적절한 조치를 해야 한다.
⑤ 사업주는 조사결과 직장 내 성희롱 발생 사실이 확인된 때에는 지체 없이 직장 내 성희롱 행위를 한 사람에 대하여 징계, 근무장소의 변경 등 필요한 조치를 해야 한다. 이 경우 사업주는 징계 등의 조치를 하기 전에 그 조치에 대하여 직장 내 성희롱 피해를 입은 근로자의 의견을 들어야 한다.
⑥ 사업주는 성희롱 발생 사실을 신고한 근로자 및 피해근로자 등에게 불리한 처우를 해서는 아니 된다.
⑦ 직장 내 성희롱 발생 사실을 조사한 사람, 조사내용을 보고받은 사람 또는 그 밖에 조사과정에 참여한 사람은 해당 조사과정에서 알게 된 비밀을 피해근로자 등의 의사에 반하여 다른 사람에게 누설해서는 아니 된다. 다만, 조사와 관련된 내용을 사업주에게 보고하거나 관계기관의 요청에 따라 필요한 정보를 제공하는 경우는 제외한다.

> ☑ 교수님의 코멘트
> 사업주는 직장 내 성희롱 발생 사실이 확인된 경우 지체 없이 조치를 취해야 합니다! '며칠 이내'가 아니죠.

5 고객 등에 의한 성희롱 방지

① 사업주는 고객 등 업무와 밀접한 관련이 있는 사람이 업무수행 과정에서 성적인 언동 등을 통하여 근로자에게 성적 굴욕감 또는 혐오감 등을 느끼게 하여 해당 근로자가 그로 인한 고충 해소를 요청할 경우 근무장소 변경, 배치전환, 유급휴가의 명령 등 적절한 조치를 해야 한다(제14조의2).
② 사업주는 근로자가 피해를 주장하거나 고객 등으로부터의 성적 요구 등에 따르지 아니하였다는 것을 이유로 해고나 그 밖의 불이익한 조치를 하여서는 아니 된다.

UNIT 4 적극적 고용개선조치

2015년 3회

① 고용노동부장관은 다음의 어느 하나에 해당하는 사업주로서 고용하고 있는 직종별 여성근로자의 비율이 산업별·규모별로 고용노동부령으로 정하는 고용기준에 미달하는 사업주에 대하여는 차별적 고용관행 및 제도개선을 위한 적극적 고용개선조치 시행계획을 수립하여 제출할 것을 요구할 수 있으며, 이 경우 해당 사업주는 시행계획을 제출해야 한다(제17조의3, 영 제4조).

> 1. 「공공기관의 운영에 관한 법률」에 따른 공공기관, 「지방공기업법」에 따른 지방공사 및 지방공단
> 2. 「독점규제 및 공정거래에 관한 법률」에 따라 지정된 공시대상기업집단의 사업의 경우에는 상시 300명 이상의 근로자를 고용하는 사업
> 3. 위 2. 외의 사업의 경우에는 상시 500명 이상의 근로자를 고용하는 사업

② 직종별 여성근로자의 비율이 3회 연속 여성고용기준에 미달한 사업주로서 적극적 고용개선조치 시행계획의 이행을 촉구받고 이를 따르지 아니한 경우 고용노동부장관이 그 명단을 공표할 수 있다.
③ 국가와 지방자치단체는 적극적 고용개선조치 우수기업에 행정적·재정적 지원을 할 수 있다(제17조의4).
④ 적극적 고용개선위원회

2012년 2회, 2008년 3회, 2007년 3회

구분	주요 내용
설치	적극적 고용개선조치의 효율적 시행을 위하여 필요하다고 인정하면 관계 행정기관의 장에게 차별의 시정 또는 예방을 위하여 필요한 조치를 하여 줄 것을 요청할 수 있다(제17조의7).
심의사항	• 여성근로자 고용기준에 관한 사항 • 적극적 고용개선조치 시행계획의 심사에 관한 사항 • 적극적 고용개선조치 이행실적의 평가에 관한 사항 • 적극적 고용개선조치 우수기업의 표창 및 지원에 관한 사항 • 그 밖에 적극적 고용개선조치에 관하여 고용정책심의회 위원장이 회의에 부치는 사항

UNIT 5 모성보호 및 일·가정 양립 지원

1 출산전후휴가 등에 대한 지원

2022년 1회, 2021년 1회, 2018년 3회, 2016년 1회, 2011년 2회, 2009년 3회

① 국가는 배우자 출산휴가, 출산전후휴가 또는 유산·사산휴가를 사용한 근로자 중 일정한 요건에 해당하는 사람에게 그 휴가기간에 대하여 통상임금에 상당하는 금액(출산전후휴가급여 등)을 지급할 수 있으며, 지급된 출산전후휴가급여 등은 그 금액의 한도에서 사업주가 지급한 것으로 본다(제18조).
② 출산전후휴가급여 등을 지급하기 위하여 필요한 비용은 국가재정이나 「사회보장기본법」에 따른 사회보험에서 분담할 수 있다.

2 배우자 출산휴가

2025년 1회, 2024년 1·2회, 2022년 2·3회, 2021년 1회, 2020년 1·2(통합)·4회, 2019년 3회, 2018년 3회, 2015년 2회, 2014년 1회, 2011년 2회, 2010년 2회

① 사업주는 근로자가 배우자의 출산을 이유로 휴가(배우자 출산휴가)를 고지하는 경우 20일의 휴가를 주어야 한다. 이 경우 사용한 휴가기간은 유급으로 한다(출산전후휴가급여 등이 지급된 경우에는 그 금액의 한도에서 지급책임을 면함, 제18조의2).
② 배우자 출산휴가는 근로자의 배우자가 출산한 날부터 120일이 지나면 사용할 수 없다.
③ 배우자 출산휴가는 3회에 한정하여 나누어 사용할 수 있다.
④ 사업주는 배우자 출산휴가를 이유로 근로자를 해고하거나 그 밖의 불리한 처우를 하여서는 아니 된다.

3 난임치료휴가

사업주는 근로자가 인공수정 또는 체외수정 등 난임치료를 받기 위하여 휴가(난임치료휴가)를 청구하는 경우에 연간 6일 이내의 휴가를 주어야 하며, 이 경우 최초 2일은 유급으로 한다. 다만, 근로자가 청구한 시기에 휴가를 주는 것이 정상적인 사업운영에 중대한 지장을 초래하는 경우에는 근로자와 협의하여 그 시기를 변경할 수 있다(제18조의3).

4 육아휴직

2025년 2회, 2021년 1회, 2020년 3회, 2019년 1·2회, 2018년 2회, 2017년 1·3회, 2016년 2·3회, 2015년 3회, 2014년 3회, 2013년 2·3회, 2012년 2·3회, 2010년 1·3회

① 사업주는 임신 중인 여성근로자가 모성을 보호하거나 근로자가 만 8세 이하 또는 초등학교 2학년 이하의 자녀(입양한 자녀 포함)를 양육하기 위하여 휴직(육아휴직)을 신청하는 경우에 이를 허용해야 한다(제19조).
② 육아휴직의 기간은 1년 이내로 하며, 그 기간은 근속기간에 포함한다.
③ 다음 어느 하나에 해당하는 근로자의 경우 6개월 이내에서 추가로 육아휴직을 사용할 수 있다.

> 1. 같은 자녀를 대상으로 부모가 모두 육아휴직을 각각 3개월 이상 사용한 경우의 부 또는 모
> 2. 「한부모가족지원법」에 따른 부 또는 모
> 3. 고용노동부령으로 정하는 장애아동의 부 또는 모

④ 사업주는 육아휴직을 이유로 해고나 그 밖의 불리한 처우를 하여서는 안 되며, 육아휴직기간에는 그 근로자를 해고하지 못한다. 다만, 사업을 계속할 수 없는 경우에는 그러하지 아니하다.
⑤ 사업주는 육아휴직을 마친 후에는 휴직 전과 같은 업무 또는 같은 수준의 임금을 지급하는 직무에 복귀시켜야 한다.
⑥ 육아휴직을 시작하려는 날(휴직개시예정일)의 전날까지 해당 사업에서 계속 근로한 기간이 6개월 미만인 근로자에 대해서는 육아휴직을 허용하지 않을 수 있다(영 제10조).
⑦ 육아휴직을 신청하려는 근로자는 휴직개시예정일의 30일 전까지 육아휴직 신청서를 사업주에게 제출해야 한다(영 제11조). 2010년 4회
⑧ 사업주는 육아휴직을 신청한 근로자에게 해당 자녀의 출생 등을 증명할 수 있는 서류의 제출을 요구할 수 있다.
⑨ 근로자는 휴직종료예정일을 연기하려는 경우에는 한 번만 연기할 수 있다.
⑩ 육아휴직을 신청한 근로자는 휴직개시예정일의 7일 전까지 사유를 밝혀 그 신청을 철회할 수 있다(영 제13조).

⑪ 육아휴직 중인 근로자는 다음 사유가 발생하면 그 사유가 발생한 날부터 7일 이내에 그 사실을 사업주에게 알려야 한다(남녀고용평등법시행령 제14조제1항).

> 1. 임신 중인 여성근로자가 육아휴직 중인 경우: 유산 또는 사산
> 2. 제1호 외의 근로자가 육아휴직 중인 경우: 해당 영유아의 사망, 해당 영유아와 동거하지 않고 영유아의 양육에도 기여하지 않게 된 경우

⑫ 기간제 근로자 또는 파견근로자의 육아휴직기간은 기간제 근로자의 사용기간 또는 파견근로자의 근로자파견기간(2년 초과 여부 산정 시)에서 제외한다.
⑬ 육아휴직기간은 연차휴가 산정 시 출근한 것으로 본다.

5 육아기 근로시간 단축

2025년 1·3회, 2024년 1·2회, 2022년 1·3회, 2021년 2회, 2019년 2회

(1) 의의

① 사업주는 근로자가 만 12세 이하 또는 초등학교 6학년 이하의 자녀를 양육하기 위하여 근로시간의 단축(육아기 근로시간 단축)을 신청하는 경우에 이를 허용해야 한다. 다만, 다음의 경우에는 그러하지 아니하다(제19조의2, 영 제15조의2).
  ㉠ 단축개시예정일의 전날까지 해당 사업에서 계속 근로한 기간이 6개월 미만인 근로자가 신청한 경우
  ㉡ 사업주가 직업안정기관에 구인신청을 하고 14일 이상 대체인력을 채용하기 위하여 노력하였으나 대체인력을 채용하지 못한 경우(직업안정기관의 장의 직업소개에도 불구하고 정당한 이유 없이 2회 이상 채용을 거부한 경우는 제외)
  ㉢ 육아기 근로시간 단축을 신청한 근로자의 업무성격상 근로시간을 분할하여 수행하기 곤란하거나, 그 밖에 육아기 근로시간 단축이 정상적인 사업운영에 중대한 지장을 초래하는 경우로서 사업주가 이를 증명하는 경우
② 사업주가 육아기 근로시간 단축을 허용하지 아니하는 경우에는 해당 근로자에게 그 사유를 서면으로 통보하고, 육아휴직을 사용하게 하거나 출근 및 퇴근시간 조정 등 다른 조치를 통하여 지원할 수 있는지를 해당 근로자와 협의해야 한다.
③ 사업주가 근로자에게 육아기 근로시간 단축을 허용하는 경우 단축 후 근로시간은 주당 15시간 이상이어야 하고 35시간(즉, 1일 1시간에서 5시간까지 단축 가능)을 넘어서는 안 된다.
④ 육아기 근로시간 단축의 기간은 1년 이내로 한다. 다만, 육아휴직을 신청할 수 있는 근로자가 육아휴직기간 중 사용하지 아니한 기간이 있으면 그 기간의 2배를 가산한 기간 이내로 한다.
⑤ 사업주는 육아기 근로시간 단축을 하고 있는 근로자에게 단축된 근로시간 외에 연장근로를 요구할 수 없다. 다만, 그 근로자가 명시적으로 청구하는 경우에는 사업주는 주 12시간 이내에서 연장근로를 시킬 수 있다.
⑥ 육아기 근로시간 단축을 한 근로자에 대하여 평균임금을 산정하는 경우에는 그 근로자의 육아기 근로시간 단축기간을 평균임금 산정기간에서 제외한다.

> ✓ 교수님의 코멘트
>
> 육아기 근로시간 단축은 주당 15시간 이상 35시간 이내에서, 가족돌봄을 위한 근로시간 단축은 주당 15시간 이상 30시간 이내에서 시행합니다.

(2) 육아휴직과 육아기 근로시간 단축의 사용형태 2017년 1회, 2011년 3회

① 근로자는 육아휴직을 3회에 한정하여 나누어 사용할 수 있다. 이 경우 임신 중인 여성근로자가 모성보호를 위하여 육아휴직을 사용한 횟수는 육아휴직을 나누어 사용한 횟수에 포함하지 아니한다(제19조의4).

② 근로자는 육아기 근로시간 단축을 나누어 사용할 수 있다. 이 경우 나누어 사용하는 1회의 기간은 1개월(근로계약기간의 만료로 1개월 이상 근로시간 단축을 사용할 수 없는 기간제 근로자에 대해서는 남은 근로계약기간을 말함) 이상이 되어야 한다.

6 근로자의 가족돌봄휴직·휴가

(1) 가족돌봄휴직, 가족돌봄휴가 2022년 1회

① 사업주는 근로자가 조부모, 부모, 배우자, 배우자의 부모, 자녀 또는 손자녀(가족)의 질병, 사고, 노령으로 인하여 그 가족을 돌보기 위한 휴직(가족돌봄휴직)을 신청하는 경우 이를 허용하여야 한다. 다만, 다음의 어느 하나에 해당하는 경우에는 그러하지 아니하다(제22조의2, 영 제16조의3).

> 1. 돌봄휴직개시예정일의 전날까지 해당 사업에서 계속 근로한 기간이 6개월 미만인 근로자가 신청한 경우
> 2. 부모, 배우자, 자녀 또는 배우자의 부모를 돌보기 위하여 가족돌봄휴직을 신청한 근로자 외에도 돌봄이 필요한 가족의 부모, 자녀, 배우자 등이 돌봄이 필요한 가족을 돌볼 수 있는 경우
> 3. 조부모 또는 손자녀를 돌보기 위하여 가족돌봄휴직을 신청한 근로자 외에도 조부모의 직계비속 또는 손자녀의 직계존속이 있는 경우(다만, 조부모의 직계비속 또는 손자녀의 직계존속에게 질병, 노령, 장애 또는 미성년 등의 사유가 있어 신청한 근로자가 돌봐야 하는 경우는 제외)
> 4. 사업주가 직업안정기관에 구인신청을 하고 14일 이상 대체인력을 채용하기 위하여 노력하였으나 대체인력을 채용하지 못한 경우(다만, 직업안정기관의 장의 직업소개에도 불구하고 정당한 이유 없이 2회 이상 채용을 거부한 경우는 제외)
> 5. 근로자의 가족돌봄휴직으로 인하여 정상적인 사업운영에 중대한 지장이 초래되는 경우로서 사업주가 이를 증명하는 경우

② 사업주는 근로자가 가족(조부모 또는 손자녀의 경우 근로자 본인 외에도 직계비속 또는 직계존속이 있는 등 대통령령으로 정하는 경우는 제외)의 질병, 사고, 노령 또는 자녀의 양육으로 인하여 긴급하게 그 가족을 돌보기 위한 휴가(가족돌봄휴가)를 신청하는 경우 이를 허용하여야 한다. 다만, 근로자가 청구한 시기에 가족돌봄휴가를 주는 것이 정상적인 사업운영에 중대한 지장을 초래하는 경우에는 근로자와 협의하여 그 시기를 변경할 수 있다.

③ 가족돌봄휴직 및 가족돌봄휴가의 사용기간과 분할횟수 등은 다음에 따른다.

> 1. 가족돌봄휴직기간은 연간 최장 90일로 하며, 이를 나누어 사용할 수 있을 것. 이 경우 나누어 사용하는 1회의 기간은 30일 이상이 되어야 한다.
> 2. 가족돌봄휴가기간은 연간 최장 10일[제3호에 따라 가족돌봄휴가기간이 연장되는 경우 20일(「한부모가족지원법」 제4조제1호의 모 또는 부에 해당하는 근로자의 경우 25일) 이내]로 하며, 일단위로 사용할 수 있을 것. 다만, 가족돌봄휴가기간은 가족돌봄휴직기간에 포함된다.

④ 가족돌봄휴직 및 가족돌봄휴가기간은 근속기간에 포함한다. 다만, 「근로기준법」에 따른 평균임금 산정기간에서는 제외한다.

(2) 가족돌봄 근로시간 단축

① 사업주는 근로자가 다음 어느 하나에 해당하는 사유로 근로시간 단축을 신청하는 경우 이를 허용하여야 한다. 다만, 대체인력 채용이 불가능한 경우, 정상적인 사업운영에 중대한 지장을 초래하는 경우 등 대통령령으로 정하는 경우에는 그러하지 아니하다(제22조의3).

> 1. 근로자가 가족의 질병, 사고, 노령으로 인하여 그 가족을 돌보기 위한 경우
> 2. 근로자 자신의 질병이나 사고로 인한 부상 등의 사유로 자신의 건강을 돌보기 위한 경우
> 3. 55세 이상의 근로자가 은퇴를 준비하기 위한 경우
> 4. 근로자의 학업을 위한 경우

② 사업주가 근로시간 단축을 허용하지 아니하는 경우에는 해당 근로자에게 그 사유를 서면으로 통보하고 휴직을 사용하게 하거나 그 밖의 조치를 통하여 지원할 수 있는지를 해당 근로자와 협의해야 한다.

③ 사업주가 해당 근로자에게 근로시간 단축을 허용하는 경우 단축 후 근로시간은 주당 15시간 이상이어야 하고 30시간을 넘어서는 아니 된다.

④ 근로시간 단축기간은 1년 이내로 한다. 다만, 위 ①의 1.~3.의 어느 하나에 해당하는 근로자는 합리적 이유가 있는 경우에 추가로 2년의 범위 안에서 근로시간 단축기간을 연장할 수 있다.

⑤ 다음의 어느 하나에 해당하는 경우에는 근로시간 단축을 허용하지 않을 수 있다(영 제16조의8).

> 1. 가족돌봄 등 단축개시예정일의 전날까지 해당 사업에서 계속 근로한 기간이 6개월 미만의 근로자가 신청한 경우
> 2. 사업주가 직업안정기관에 구인신청을 하고 14일 이상 대체인력을 채용하기 위하여 노력했으나 대체인력을 채용하지 못한 경우(다만, 직업안정기관의 장의 직업소개에도 불구하고 정당한 이유 없이 2회 이상 채용을 거부한 경우는 제외)
> 3. 가족돌봄 등 근로시간 단축을 신청한 근로자의 업무 성격상 근로시간을 분할하여 수행하기 곤란하거나 그 밖에 가족돌봄 등 근로시간 단축이 정상적인 사업운영에 중대한 지장을 초래하는 경우로서 사업주가 이를 증명하는 경우
> 4. 가족돌봄 등 근로시간 단축 종료일부터 2년이 지나지 않은 근로자가 신청한 경우

UNIT 6 분쟁의 예방과 해결

1 명예고용평등감독관
2017년 2회, 2016년 3회, 2014년 2회, 2013년 3회, 2012년 3회, 2011년 1회, 2010년 4회, 2009년 3회

① 고용노동부장관은 사업장의 남녀고용평등 이행을 촉진하기 위하여 그 사업장 소속 근로자 중 노사가 추천하는 사람을 명예고용평등감독관(명예감독관)으로 위촉할 수 있다(제24조).

> ✓ **교수님의 코멘트**
> 명예고용평등감독관은 소속 회사의 근로자 중에서 위촉하는 것이지 외부전문가를 위촉하는 것이 아닙니다!

② 명예감독관은 다음 업무를 수행한다.

> 1. 해당 사업장의 차별 및 직장 내 성희롱 발생 시 피해근로자에 대한 상담·조언
> 2. 해당 사업장의 고용평등 이행상태 자율점검 및 지도 시 참여
> 3. 법령위반 사실이 있는 사항에 대하여 사업주에 대한 개선건의 및 감독기관에 대한 신고
> 4. 남녀고용평등제도에 대한 홍보·계몽
> 5. 그 밖에 남녀고용평등의 실현을 위하여 고용노동부장관이 정하는 업무

③ 명예고용평등감독관은 비상임, 무보수로 함을 원칙으로 한다(규칙 제16조).

2 고충의 신고방법 등

2016년 2회

① 고충신고는 구두·서면·우편·전화·팩스 또는 인터넷 등의 방법으로 해야 한다(영 제18조).

② 사업주는 고충신고를 받은 경우 특별한 사유가 없으면 신고접수일부터 10일 이내에 신고된 고충을 직접 처리하거나 노사협의회에 위임하여 처리하게 하고, 사업주가 직접 처리한 경우에는 처리결과를, 노사협의회에 위임하여 처리하게 한 경우에는 위임사실을 해당 근로자에게 알려야 한다.

③ 사업주는 고충접수·처리대장을 작성하여 갖추어 두고, 관련 서류를 3년간 보존해야 한다.

④ 고충접수·처리대장은 전자적 처리가 불가능한 특별한 사유가 없으면 전자적 처리가 가능한 방법으로 작성하여 갖추어 두어야 하며, 서류는 전자적인 방법으로 작성·보존할 수 있다.

⑤ 이 법과 관련한 분쟁(남녀차별, 직장 내 성희롱 등) 해결에서 입증책임은 사업주가 부담한다(제30조).

> ✓ 교수님의 코멘트
> 고충의 신고는 문서가 아닌 구두로도 가능합니다!

> **더 알아보기** 전자문서로 작성·보존할 수 있는 서류 2013년 2회
> • 적극적 고용개선조치에 관한 서류 중 적극적 고용개선조치 시행계획과 그 이행실적 및 직종별·직급별 남녀근로자 현황에 관한 서류는 전자문서로 작성·보관할 수 있는 서류가 아니다.

CHAPTER 07 | 남녀고용평등과 일·가정 양립 지원에 관한 법률

핵심 기출문제

01 남녀고용평등과 일·가정 양립 지원에 관한 법률상 사업주가 동일한 사업 내의 동일가치노동에 대하여 동일한 임금을 지급하지 아니한 경우 벌칙규정은?
2025년 2회, 2020년 1·2(통합)회

① 5년 이하의 징역 또는 3천만 원 이하의 벌금
② 3년 이하의 징역 또는 3천만 원 이하의 벌금
③ 1천만 원 이하의 벌금
④ 500만 원 이하의 벌금

빈출

02 남녀고용평등과 일·가정 양립 지원에 관한 법률상 직장 내 성희롱 예방조치에 관한 설명으로 틀린 것은?
2013년 1회

① 상시 10명 미만의 근로자를 고용하는 사업장의 경우 간접교육(홍보물 게시·배포)도 가능하다.
② 성희롱 예방교육내용에는 직장 내 성희롱 발생 시 처리절차와 조치기준, 고충상담 및 구제절차 등이 있다.
③ 단순한 교육자료 배포나 게시판 공지 등으로 교육내용이 제대로 전달되었는지 확인이 불가능한 경우 예방교육을 한 것으로 보지 않는다.
④ 직장 내 성희롱 예방을 위한 교육은 연 2회 이상 실시하여야 한다.

빈출

03 남녀고용평등과 일·가정 양립 지원에 관한 법률상 육아휴직에 관한 설명으로 옳은 것은?
2019년 2회, 2013년 2회

① 사업주는 근로자가 만 6세 이하의 초등학교 취학 전 자녀(입양한 자녀는 제외)를 양육하기 위하여 휴직을 신청하는 경우에 이를 허용하여야 한다.
② 사업주는 육아휴직을 이유로 해고나 그 밖의 불리한 처우를 하여서는 아니 되며, 육아휴직기간에는 그 근로자를 해고하지 못하지만 사업을 계속할 수 없는 경우에는 그러하지 아니하다.
③ 사업주는 근로자가 육아휴직을 마친 후에는 휴직 전과 같은 업무 또는 같은 수준의 임금을 지급하는 직무에 복귀할 수 있도록 노력하여야 한다.
④ 육아휴직의 기간은 1년 이상으로 하며, 육아휴직기간은 근속기간에 포함하지 아니한다.

꼼꼼하게 풀어 주는 **정답과 해설**

01 ② 3년 이하의 징역 또는 3천만 원 이하의 벌금에 해당한다(제37조 제2항).
02 ④ 직장 내 성희롱 예방을 위한 교육은 연 1회 이상 실시하여야 한다.

03 **오답풀이**
① 육아휴직의 대상에는 만 8세 이하 또는 초등학교 2학년 이하의 자녀이며, 입양한 자녀도 당연히 포함된다.
③ 육아휴직 종료 후에는 휴직 전과 같은 업무 또는 같은 수준의 임금을 지급하는 직무에 복귀시켜야 한다. 노력하는 것이 아니다.
④ 육아휴직의 기간은 1년 이내로 하며, 그 기간은 근속기간에 포함한다.

정답 01 ② 02 ④ 03 ②

04 남녀고용평등과 일·가정 양립 지원에 관한 법률상 명예고용평등감독관에 관한 설명으로 틀린 것은? 　　2016년 3회, 2013년 3회

① 고용노동부장관은 사업장의 남녀고용평등 이행을 촉진하기 위하여 외부전문가 중 노사가 추천하는 자를 명예고용평등감독관으로 위촉할 수 있다.
② 명예고용평등감독관의 업무에는 해당 사업장의 차별 및 직장 내 성희롱 발생 시 피해근로자에 대한 상담·조언이 포함된다.
③ 명예고용평등감독관은 해당 사업장의 고용평등 이행상태 자율점검 및 지도 시 참여한다.
④ 명예고용평등감독관은 남녀고용평등제도에 대한 홍보·계몽활동을 한다.

05 남녀고용평등과 일·가정 양립 지원에 관한 법령상 육아기 근로시간 단축에 관한 설명으로 틀린 것은? 　　2022년 1회

① 사업주는 육아기 근로시간 단축을 하고 있는 근로자의 명시적 청구가 있으면 단축된 근로시간 외에 주 15시간 이내에서 연장근로를 시킬 수 있다.
② 원칙적으로 사업주는 근로자가 초등학교 2학년 이하의 자녀를 양육하기 위하여 근로시간의 단축을 신청하는 경우에 이를 허용하여야 한다.
③ 사업주가 근로자에게 육아기 근로시간 단축을 허용하는 경우 단축 후 근로시간은 주당 15시간 이상이어야 하고 35시간을 넘어서는 아니 된다.
④ 육아기 근로시간 단축을 한 근로자에 대하여 평균임금을 산정하는 경우에는 그 근로자의 육아기 근로시간 단축 기간을 평균임금 산정기간에서 제외한다.

꼼꼼하게 풀어 주는 정답과 해설

04 ① 명예고용평등감독관은 외부전문가 중에서 위촉하는 것이 아니라, 그 사업장 소속 근로자 중에서 위촉한다.

05 ① 육아기 근로시간 단축 시 연장근로 한도는 1주 12시간 이내이다.

정답 04 ① 05 ①

06 남녀고용평등과 일·가정 양립 지원에 관한 법률상 고용에 있어서 남녀의 평등한 기회와 대우를 보장하여야 할 사항으로 명시되어 있지 않은 것은? 2022년 2회, 2019년 3회, 2017년 1회

① 모집과 채용 ② 임금
③ 근로시간 ④ 교육·배치 및 승진

07 남녀고용평등과 일·가정 양립 지원에 관한 법령상 근로자의 가족돌봄 등을 위한 지원에 관한 설명으로 틀린 것은? 2022년 1회

① 사업주는 대체인력 채용이 불가능한 경우 근로자가 신청한 가족돌봄휴직을 허용하지 않을 수 있다.
② 원칙적으로 가족돌봄휴가기간은 연간 최장 10일로 하며, 일단위로 사용할 수 있다.
③ 가족돌봄휴직기간은 연간 최장 90일로 하며, 이를 나누어 사용할 수 있다.
④ 가족돌봄휴직 및 가족돌봄휴가기간은 근속기간에서 제외한다.

08 다음 ( )에 알맞은 것은? 2025년 1회, 2024년 2회, 2022년 3회, 2021년 2회, 2019년 2회

> 「남녀고용평등과 일·가정 양립 지원에 관한 법률」상 사업주가 근로자에게 육아기 근로시간 단축을 허용하는 경우 단축 후 근로시간은 주당 (ㄱ)시간 이상이어야 하고 (ㄴ)시간을 넘어서는 아니 된다.

① ㄱ: 10, ㄴ: 15 ② ㄱ: 10, ㄴ: 20
③ ㄱ: 15, ㄴ: 20 ④ ㄱ: 15, ㄴ: 35

09 남녀고용평등과 일·가정 양립 지원에 관한 법률상 출산전후휴가에 대한 지원에 관한 설명으로 틀린 것은? 2022년 1회, 2018년 3회, 2016년 1회

① 국가는 출산전후휴가를 사용한 근로자 중 일정한 요건에 해당하는 자에게 그 휴가기간에 대하여 평균임금에 상당하는 출산전후휴가급여를 지급하여야 한다.
② 출산전후휴가급여를 지급하기 위하여 필요한 비용은 국가재정이나 「사회보장기본법」에 따른 사회보험에서 분담할 수 있다.
③ 근로자가 출산전후휴가급여를 받으려는 경우 사업주는 관계 서류의 작성·확인 등 모든 절차에 적극 협력하여야 한다.
④ 출산전후휴가급여의 지급요건, 지급기간 및 절차 등에 관하여 필요한 사항은 따로 법률로 정한다.

꼼꼼하게 풀어 주는 정답과 해설

06 고용에 있어서 남녀의 평등한 기회와 대우를 보장해야 할 사항으로 언급하고 있는 것은 모집과 채용, 임금, 임금 외의 금품, 교육·배치·승진, 정년·퇴직·해고이다.
07 ④ 가족돌봄휴직기간은 근속기간에 포함한다.
08 ④ 육아기 근로시간 단축은 주당 15시간 이상 35시간 이내에서 정해진다.
09 ① 국가는 출산전후휴가 또는 유산·사산휴가를 사용한 근로자 중 일정한 요건에 해당하는 자에게 그 휴가기간에 대하여 통상임금에 상당하는 금액(출산전후휴가급여)을 지급할 수 있다.

정답 06 ③ 07 ④ 08 ④ 09 ①

10 남녀고용평등과 일·가정 양립 지원에 관한 법률에 명시되어 있는 내용이 아닌 것은?

2025년 3회, 2022년 2회, 2018년 1회

① 직장 내 성희롱의 금지
② 배우자 출산휴가
③ 육아휴직
④ 생리휴가

빈출 최신 법령 개정에 따라 변형한 문제입니다.

11 남녀고용평등과 일·가정 양립 지원에 관한 법령상 (　)에 들어갈 숫자가 순서대로 나열된 것은?

2022년 2회, 2020년 1·2(통합)회, 2019년 3회

- 사업주는 근로자가 배우자 출산휴가를 고지하는 경우에 (　)일 휴가를 주어야 하다
- 배우자 출산휴가는 근로자의 배우자가 출산한 날부터 (　)일이 지나면 사용할 수 없다.

① 10, 60　　② 10, 90
③ 20, 90　　④ 20, 120

12 남녀고용평등과 일·가정 양립 지원에 관한 법률상 차별에 해당하지 않는 것은? 2018년 2회

① 사업주가 근로자에게 성별, 혼인, 가족 안에서의 지위, 임신 또는 출산 등의 사유로 합리적인 이유 없이 채용 또는 근로의 조건을 다르게 하거나 그 밖의 불리한 조치를 하는 경우
② 사업주가 채용조건이나 근로조건은 동일하게 적용하더라도 그 조건을 충족할 수 있는 남성 또는 여성이 다른 한 성(性)에 비하여 현저히 적고 그에 따라 특정 성에 불리한 결과를 초래하며 그 조건이 정당한 것임을 증명할 수 없는 경우
③ 사업주가 임금 외에 근로자의 생활을 보조하기 위한 금품의 지급 또는 자금의 융자를 특정 성의 직원에게만 하는 경우
④ 현존하는 남녀 간의 고용차별을 없애거나 고용평등을 촉진하기 위하여 잠정적으로 특정 성을 우대하는 조치를 하는 경우

꼼꼼하게 풀어 주는 정답과 해설

10 ④ 생리휴가는 「근로기준법」에서 규정하고 있다.
11 ② 사업주는 근로자가 배우자 출산휴가를 고지하는 경우에 20일의 유급휴가를 주어야 한다. 배우자 출산휴가는 근로자의 배우자가 출산한 날부터 120일이 지나면 사용할 수 없다.
12 ④ 현존하는 남녀 간의 고용차별을 없애거나 고용평등을 촉진하기 위하여 잠정적으로 특정 성을 우대하는 조치를 하는 것은 차별로 볼 수 없다.

정답　10 ④　11 ②　12 ④

13 남녀고용평등과 일·가정 양립 지원에 관한 법률에 관한 설명으로 틀린 것은? 2025년 1회, 2024년 2회, 2020년 1·2(통합)회

① 고용노동부장관은 남녀고용평등 실현과 일·가정 양립에 관한 기본계획을 5년마다 수립하여야 한다.
② 사업주는 동일한 사업 내의 동일가치노동에 대하여는 동일한 임금을 지급하여야 한다.
③ 사업주가 임금차별을 목적으로 설립한 별개의 사업은 동일한 사업으로 본다.
④ 사업주는 직장 내 성희롱 예방을 위한 교육을 분기별 1회 이상 실시하여야 한다.

14 남녀고용평등과 일·가정 양립 지원에 관한 법률상 남녀고용평등 실현과 일·가정의 양립에 관한 기본계획에 포함되어야 할 사항을 모두 고른 것은? 2020년 3회

ㄱ. 여성취업의 촉진에 관한 사항
ㄴ. 여성의 직업능력개발에 관한 사항
ㄷ. 여성근로자의 모성보호에 관한 사항
ㄹ. 직전 기본계획에 대한 평가

① ㄱ, ㄴ
② ㄷ, ㄹ
③ ㄱ, ㄴ, ㄷ
④ ㄱ, ㄴ, ㄷ, ㄹ

최신 법령 개정에 따라 변형한 문제입니다.

15 남녀고용평등과 일·가정 양립 지원에 관한 법률상 배우자 출산휴가에 관한 설명으로 틀린 것은? 2022년 3회, 2021년 1회

① 사업주는 근로자가 배우자 출산휴가를 고지하는 경우 20일의 휴가를 주어야 한다.
② 사용한 배우자 출산휴가기간은 유급으로 한다.
③ 배우자 출산휴가는 근로자의 배우자가 출산한 날부터 90일이 지나면 사용할 수 없다.
④ 배우자 출산휴가는 3회에 한정하여 나누어 사용할 수 있다.

16 남녀고용평등과 일·가정 양립 지원에 관한 법률상 적용범위에 관한 설명으로 틀린 것은? 2025년 3회, 2021년 1회

① 근로자를 사용하는 모든 사업 또는 사업장에 적용하는 것이 원칙이다.
② 동거하는 친족만으로 이루어지는 사업장에 대하여는 법의 전부를 적용하지 아니한다.
③ 가사사용인에 대하여는 법의 전부를 적용하지 아니한다.
④ 「선원법」이 적용되는 사업 또는 사업장에는 모든 규정이 적용되지 아니한다.

꼼꼼하게 풀어 주는 정답과 해설

13 ④ 사업주는 직장 내 성희롱 예방을 위한 교육을 연 1회 이상 실시하여야 한다.
14 ④ 모두 남녀고용평등 실현과 일·가정의 양립에 관한 기본계획에 포함되어야 하는 사항이다. 그 밖에 남녀의 평등한 기회보장 및 대우에 관한 사항, 동일가치노동에 대한 동일 임금 지급의 정착에 관한 사항 등이 포함되어야 한다.
15 ③ 배우자 출산휴가는 근로자의 배우자가 출산한 날부터 120일이 지나면 사용할 수 없다.
16 ④ 「선원법」이 적용되는 사업 또는 사업장은 이 법의 적용대상에 해당한다.

정답 13 ④ 14 ④ 15 ③ 16 ④

CHAPTER 08 구직자취업촉진법

25년 신규 출제법령

수험 전략
- 2025년부터 시험과목에 새로 추가되었다.
- 용어 정의, 구직촉진수당의 수급요건, 취업지원, 수급권 보호를 중심으로 학습한다.

NEW & HOT! 키워드
취업지원서비스
구직촉진수당
수급자격자
수급자

이 법은 근로능력과 구직의사가 있음에도 불구하고 취업에 어려움을 겪고 있는 국민에게 통합적인 취업지원서비스를 제공하고 생계를 지원함으로써 이들의 구직활동 및 생활안정에 이바지함을 목적으로 한다.

UNIT 1 총칙

1 용어의 정의

① '취업지원'이란 수급자의 취업활동에 도움이 될 수 있는 지원(취업지원서비스) 및 구직촉진수당을 지급하는 것을 말한다(제2조).
② '수급자격자'란 취업지원서비스 또는 구직촉진수당의 수급요건을 갖추어 수급자격이 인정된 사람을 말한다.
③ '수급자'란 수급자격자로서 취업지원서비스 또는 구직촉진수당을 받는 사람을 말한다.

2 구직자 취업지원 기본계획의 수립·시행 등

① 고용노동부장관은 관계 중앙행정기관의 장과 협의하여 구직자의 취업을 지원하기 위한 구직자 취업지원 기본계획을 5년마다 수립하고 시행해야 한다(제5조).
② 기본계획에는 다음 사항이 포함되어야 한다.

> 1. 구직자 취업지원의 기본목표 및 추진방향
> 2. 구직자 취업지원에 관한 사업계획 및 추진방법
> 3. 구직자 취업지원 체계의 구축 및 운영
> 4. 구직자 취업지원의 성과분석 및 개선방안
> 5. 구직자 취업지원을 위한 재원조달
> 6. 그 밖에 구직자 취업지원을 위하여 필요한 사항

③ 기본계획은 「고용정책기본법」에 따른 고용정책심의회의 심의를 거쳐 확정한다.

UNIT 2 취업지원 수급자격의 인정 등

1 취업지원서비스의 수급요건

다음 요건에 모두 해당하는 사람은 취업지원서비스 수급자격이 있다(제6조).

> 1. 근로능력과 구직의사가 있음에도 취업하지 못한 상태일 것
> 2. 취업지원을 신청할 당시 15세 이상 64세 이하일 것
> 3. 가구단위의 월평균 총소득이 「국민기초생활보장법」에 따른 기준중위소득의 100분의 100 이하일 것. 다만, 15세 이상 34세 이하(병역의무를 이행한 경우 복무기간 중 3년의 범위에서 실제 복무한 기간을 가산)인 사람은 가구단위의 월평균 총소득이 기준중위소득의 100분의 120 이하이어야 한다.

2 구직촉진수당의 수급요건

① 다음 요건에 모두 해당하는 사람은 구직촉진수당의 수급자격이 있다(제7조).

> 1. 취업지원서비스 수급요건을 갖출 것
> 2. 가구단위의 월평균 총소득이 기준중위소득의 100분의 60 이하일 것
> 3. 가구원이 소유하고 있는 토지·건물·자동차 등 재산의 합계액이 4억 원 이하일 것
> 4. 취업지원 신청일 이전 2년 이내의 범위에서 취업지원 신청인이 취업한 기간을 모두 더하여 100일 또는 800시간이 될 것

> **더 알아보기** 구직촉진수당
>
> 실직한 근로자의 생계지원 목적이 아닌, 구직촉진수당 수급자격을 인정받은 사람에게 취업을 촉진하기 위하여 부가급여 성격으로 지급하는 수당이다. 개인별 취업활동계획 수립을 완료하거나, 취업지원 및 구직활동지원 프로그램을 이행하였을 때 구직활동 및 생활안정에 필요한 비용을 지원하기 위해 지급한다.

② 고용노동부장관은 다음 어느 하나에 해당하는 사람에게는 구직촉진수당 수급자격을 인정하지 아니할 수 있다.

> 1. 제8조에 따른 취업지원 신청 당시 학업, 군복무, 심신장애 및 간병 등 대통령령으로 정하는 사유로 즉시 취업이 어려운 사람
> 2. 「국민기초생활보장법」상의 생계급여 수급자
> 3. 「고용보험법」에 따른 구직급여를 받고 있거나 구직급여를 마지막으로 받은 날의 다음 날부터 6개월이 지나지 아니한 사람
> 4. 「고용정책기본법」에 따른 재정지원 일자리사업 중 대통령령으로 정하는 사업에 참여하고 있거나 참여기간의 마지막 날의 다음 날부터 6개월이 지나지 아니한 사람
> 5. 국가 또는 지방자치단체가 구직활동에 필요한 비용을 지원하는 수당 중 대통령령으로 정하는 수당을 받고 있거나 수당을 마지막으로 받은 날의 다음 날부터 6개월이 지나지 아니한 사람
> 6. 제8조제3항에 따른 취업지원 신청인 본인의 월평균 총소득이 1인 가구 기준중위소득의 100분의 60 이상인 사람
> 7. 구직촉진수당 수급자격을 인정받으려는 사람이 취업할 의사가 없어 고용노동부장관이 취업지원서비스에 참여시키는 것이 적합하지 않다고 인정하는 사람

UNIT 3 구직촉진수당의 지원 등

1 구직촉진수당의 지급

① 고용노동부장관은 구직촉진수당 수급자격을 인정받은 사람이 취업활동계획 수립에 참여하여 그 계획 수립이 완료되거나 취업지원 프로그램 또는 구직활동지원 프로그램을 이행하는 경우에는 구직활동 및 생활안정에 소요되는 비용을 지원하기 위한 구직촉진수당을 지급한다(제18조).
② 구직촉진수당은 금전으로 지급한다.
③ 고용노동부장관은 고용정책심의회의 심의를 거쳐 구직촉진수당의 지급액을 결정한다(제19조).
④ 구직촉진수당의 지급액은 월(月) 단위로 정한다.

2 지급기간 및 지급절차

① 구직촉진수당은 취업지원 신청인이 수급자격의 인정 통지를 받은 날부터 6개월이 되는 날까지 취업지원·구직활동지원 프로그램을 이행한 것에 대하여 지급한다(제20조).
② 구직촉진수당의 지급주기는 1개월로 한다.
③ 구직촉진수당 등을 지급받거나 반환받을 권리는 3년간 행사하지 아니하면 시효로 소멸하며, 소멸시효는 수급자 또는 고용노동부장관의 청구로 중단된다(제24조).

3 수급권의 보호

① 고용노동부장관은 수급자의 신청이 있는 경우에는 구직촉진수당, 취업활동비용 및 취업성공수당을 수급자 명의의 지정된 계좌로 입금해야 한다(제25조).
② 구직촉진수당 등을 지급받을 권리는 양도 또는 압류하거나 담보로 제공할 수 없으며, 수당수급계좌의 예금에 관한 채권은 압류할 수 없다(제23조).
③ 구직촉진수당 등으로 지급된 금전에 대해서는 국가나 지방자치단체의 공과금을 부과하지 아니한다(제25조).

UNIT 4 취업지원의 종료 및 심사·재심사 청구

1 취업지원의 종료

① 고용노동부장관은 다음 구분에 따른 시점부터 수급자에 대한 해당 취업지원서비스의 제공 또는 구직촉진수당의 지급을 하지 아니한다(제29조).

> 1. 취업지원서비스기간(연장된 기간과 사후관리를 한 경우에는 그 기간을 포함)이 만료된 경우: 해당 기간이 만료된 날의 다음 날
> 2. 취업지원서비스기간 중 취업 또는 창업한 경우: 고용노동부령으로 정하는 기준 이상의 일자리에 취업한 날 또는 영리 목적으로 사업을 하기 시작한 날
> 3. 제7조제3항제4호에 따른 사업의 참여자로 선정된 경우: 사업 참여자로 선정된 날
> 4. 「국민기초생활보장법」의 생계급여수급자로 선정된 경우: 생계급여수급자로 선정된 날
> 5. 취업지원서비스에 다시 참여하지 아니하는 경우: 취업지원의 유예기간이 만료된 날의 다음 날 또는 그 유예 사유가 해소된 날의 다음 날부터 30일이 지난 날
> 6. 수급자격의 인정을 철회한 경우: 철회한 날
> 7. 구직촉진수당의 지급기간이 최종 회차인 경우: 최종 회차 지급기간의 마지막 날의 다음 날
> 8. 마지막 지급중단 결정을 받은 경우: 마지막 지급중단 결정이 있은 날

② 제1항에 따라 취업지원을 하지 아니하게 된 경우에는 그 날부터 3년이 지나야 제8조에 따른 취업지원 신청을 할 수 있다.

2 심사 및 재심사

① 처분에 대하여 이의가 있는 사람은 「고용보험법」에 따라 심사 및 재심사를 청구할 수 있다.
② 심사 및 재심사 청구의 제기 가능기간 및 방식 등 세부적인 절차에 관하여는 「고용보험법」을 준용한다. 다만, 재심사의 경우에는 30일 이내에 재결하여야 한다.

CHAPTER 08 | 구직자취업촉진법

핵심 기출문제

01 취업지원서비스의 수급요건으로 옳지 않은 것은?

① 근로능력과 구직의사가 있음에도 취업하지 못한 상태일 것
② 취업지원을 신청할 당시 15세 이상 64세 이하일 것
③ 가구단위의 월평균 총소득이 「국민기초생활보장법」에 따른 기준중위소득의 100분의 100 이하일 것. 다만, 15세 이상 34세 이하(병역의무를 이행한 경우 복무기간 중 3년의 범위에서 실제 복무한 기간을 가산)인 사람은 가구단위의 월평균 총소득이 기준중위소득의 100분의 120 이하이어야 한다.
④ 재취업을 위한 노력을 적극적으로 할 것

02 이 법상의 용어의 정의로서 옳지 않은 것은?

2025년 2회

① '취업지원'이란 수급자의 취업활동에 도움이 될 수 있는 지원(취업지원서비스) 및 구직촉진수당을 지급하는 것을 말한다.
② '수급자격자'란 취업지원서비스 또는 구직촉진수당의 수급요건을 갖추어 수급자격이 인정된 사람을 말한다.
③ '수급자'란 수급자격자로서 취업지원서비스 또는 구직촉진수당을 받는 사람을 말한다.
④ '취업촉진수당'이란 구직활동 및 생활안정에 소요되는 비용을 지원하기 위한 금액을 말한다.

03 구직촉진수당의 수급요건으로 옳지 않은 것은?

① 취업지원서비스 수급요건을 갖출 것
② 가구단위의 월평균 총소득이 기준중위소득의 100분의 70 이하일 것
③ 가구원이 소유하고 있는 토지·건물·자동차 등 재산의 합계액이 4억 원 이하일 것
④ 취업지원 신청일 이전 2년 이내의 범위에서 취업지원 신청인이 취업한 기간을 모두 더하여 100일 또는 800시간이 될 것

04 구직촉진수당 수급자격을 인정하지 아니할 수 있는 사람에 해당하지 않는 자는?

① 취업지원 신청 당시 학업, 군복무, 심신장애 및 간병 등 대통령령으로 정하는 사유로 즉시 취업이 어려운 사람
② 「국민기초생활보장법」상의 생계급여 수급자
③ 「고용보험법」에 따른 구직급여를 받고 있거나 구직급여를 마지막으로 받은 날의 다음 날부터 7개월이 지나지 아니한 사람
④ 「고용정책기본법」에 따른 재정지원 일자리 사업 중 대통령령으로 정하는 사업에 참여하고 있거나 참여기간의 마지막 날의 다음 날부터 6개월이 지나지 아니한 사람

꼼꼼하게 풀어 주는 정답과 해설

01 '재취업을 위한 노력을 적극적으로 할 것'은 고용보험법상의 구직급여 수급요건에 해당한다(제6조).
02 ④는 '취업촉진수당'이 아닌 '구직촉진수당'에 대한 설명이다. '취업촉진수당'은 고용보험법상의 실업급여에 해당한다.
03 가구단위의 월평균 총소득이 기준중위소득의 100분의 60 이하이어야 한다(제7조).
04 「고용보험법」에 따른 구직급여를 받고 있거나 구직급여를 마지막으로 받은 날의 다음 날부터 6개월이 지나지 아니한 사람이다(제7조).

정답 01 ④ 02 ④ 03 ② 04 ③

05 구직촉진수당 수급자격을 인정하지 아니할 수 있는 사람에 해당하지 않는 자는?

① 국가 또는 지방자치단체가 구직활동에 필요한 비용을 지원하는 수당 중 대통령령으로 정하는 수당을 받고 있거나 수당을 마지막으로 받은 날의 다음 날부터 6개월이 지나지 아니한 사람
② 취업지원 신청인 본인의 월평균 총소득이 1인 가구 기준중위소득의 100분의 50 이상인 사람
③ 구직촉진수당 수급자격을 인정받으려는 사람이 취업할 의사가 없어 고용노동부장관이 취업지원서비스에 참여시키는 것이 적합하지 않다고 인정하는 사람
④ 「국민기초생활보장법」상의 생계급여 수급자

06 구직촉진수당의 지급에 대한 내용으로 옳지 않은 것은?

① 구직촉진수당의 지급주기는 1개월로 한다.
② 구직촉진수당은 금전으로 지급한다.
③ 고용노동부장관은 고용정책심의회의 심의를 거쳐 구직촉진수당의 지급액을 결정한다.
④ 구직촉진수당의 지급액은 일(日) 단위로 정한다.

07 구직촉진수당의 수급권 보호에 대한 설명으로 옳지 않은 것은?

① 고용노동부장관은 수급자의 신청이 있는 경우에는 구직촉진수당, 취업활동비용 및 취업성공수당을 수급자 명의의 지정된 계좌로 입금해야 한다.
② 구직촉진수당 등을 지급받을 권리는 양도 또는 압류를 할 수 없지만, 담보로 제공할 수는 있다.
③ 구직촉진수당 등으로 지급된 금전에 대해서는 국가나 지방자치단체의 공과금을 부과하지 아니한다.
④ 구직촉진수당 수급계좌의 예금에 관한 채권은 압류할 수 없다.

08 구직촉진수당의 지급기간 및 지급절차 등에 대한 설명으로 옳지 않은 것은?

① 구직촉진수당의 지급주기는 1개월로 한다.
② 구직촉진수당의 지급액은 월(月) 단위로 정한다.
③ 구직촉진수당 등을 지급받거나 반환받을 권리는 3년간 행사하지 아니하면 시효로 소멸하며, 소멸시효는 수급자 또는 고용노동부장관의 청구로 중단된다.
④ 구직촉진수당은 취업지원 신청인이 수급자격의 인정 통지를 받은 날부터 1년이 되는 날까지 취업지원, 구직활동지원 프로그램을 이행한 것에 대하여 지급한다.

꼼꼼하게 풀어 주는 정답과 해설

05 취업지원 신청인 본인의 월평균 총소득이 1인 가구 기준중위소득의 100분의 60 이상인 사람이다(제7조).
06 구직촉진수당의 지급액은 월(月) 단위로 정한다(제19조).
07 구직촉진수당 등을 지급받을 권리는 양도 또는 압류하거나 담보로 제공할 수 없다.
08 구직촉진수당은 취업지원 신청인이 수급자격의 인정 통지를 받은 날부터 6개월이 되는 날까지 취업지원, 구직활동지원 프로그램을 이행한 것에 대하여 지급한다(제20조).

정답 05 ② 06 ④ 07 ② 08 ④

CHAPTER 09 채용절차의 공정화에 관한 법률

수험 전략
- 출제범위가 넓지 않고, 내용도 어렵지 않은 주제이다.
- 채용서류, 채용절차 공정화를 중심으로 학습한다.

NEW & HOT! 키워드
- # 채용절차
- # 채용서류

회당 평균 출제 문항수 0.5개

이 법은 채용과정에서 구직자가 제출하는 채용서류의 반환 등 채용절차에서의 최소한의 공정성을 확보하기 위한 사항을 정함으로써 구직자의 부담을 줄이고 권익을 보호하는 것을 목적으로 한다(제1조).

UNIT 1 총칙

1 용어의 정의

① '구인자'란 구직자를 채용하려는 자를 말한다.
② '구직자'란 직업을 구하기 위하여 구인자의 채용광고에 응시하는 사람을 말한다.
③ '기초심사자료'란 구직자의 응시원서, 이력서 및 자기소개서를 말한다.
④ '입증자료'란 학위증명서, 경력증명서, 자격증명서 등 기초심사자료에 기재한 사항을 증명하는 모든 자료를 말한다.
⑤ '심층심사자료'란 작품집, 연구실적물 등 구직자의 실력을 알아볼 수 있는 모든 물건 및 자료를 말한다.
⑥ '채용서류'란 기초심사자료, 입증자료, 심층심사자료를 말한다.

2 적용범위

2025년 2·3회, 2021년 1회, 2020년 1·2(통합)회

이 법은 상시 30명 이상의 근로자를 사용하는 사업 또는 사업장의 채용절차에 적용한다. 다만, 국가 및 지방자치단체가 공무원을 채용하는 경우에는 적용하지 아니한다(제3조).

UNIT 2 채용절차의 공정화

1 거짓 채용광고 등의 금지
2022년 3회, 2021년 3회

① 구인자는 채용을 가장하여 아이디어를 수집하거나 사업장을 홍보하기 위한 목적 등으로 거짓의 채용광고를 내서는 아니 된다(제4조).
② 구인자는 정당한 사유 없이 채용광고의 내용을 구직자에게 불리하게 변경해서는 아니 된다.
③ 구인자는 구직자를 채용한 후에 정당한 사유 없이 채용광고에서 제시한 근로조건을 구직자에게 불리하게 변경하여서는 아니 된다.
④ 구인자는 구직자에게 채용서류 및 이와 관련한 저작권 등의 지식재산권을 자신에게 귀속하도록 강요하여서는 아니 된다.
⑤ 누구든지 채용의 공정성을 침해하는 다음 어느 하나에 해당하는 행위를 할 수 없다(제4조의2).

> 1. 법령을 위반하여 채용에 관한 부당한 청탁, 압력, 강요 등을 하는 행위
> 2. 채용과 관련하여 금전, 물품, 향응 또는 재산상의 이익을 제공하거나 수수하는 행위

⑥ 구인자는 구직자에 대하여 그 직무의 수행에 필요하지 아니한 다음 정보를 기초심사자료에 기재하도록 요구하거나 입증자료로 수집하여서는 아니 된다(제4조의3).

> 1. 구직자 본인의 용모·키·체중 등의 신체적 조건
> 2. 구직자 본인의 출신지역·혼인 여부·재산
> 3. 구직자 본인의 직계존비속 및 형제자매의 학력·직업·재산

⑦ 고용노동부장관은 기초심사자료의 표준양식을 정하여 구인자에게 그 사용을 권장할 수 있다(제5조).

UNIT 3 채용절차와 구인자의 의무

1 전자우편 등을 통한 채용서류의 접수

① 구인자는 구직자의 채용서류를 사업장 또는 구인자로부터 위탁받아 채용업무에 종사하는 자의 홈페이지 또는 전자우편으로 받도록 노력하여야 한다(제7조).
② 구인자는 채용서류를 전자우편 등으로 받은 경우에는 지체 없이 구직자에게 접수된 사실을 위 ①에 따른 홈페이지 게시, 휴대전화에 의한 문자전송, 전자우편, 팩스, 전화 등으로 알려야 한다.

2 채용일정, 채용과정, 채용 여부의 고지

① 구인자는 구직자에게 채용일정, 채용심사 지연의 사실, 채용과정의 변경 등 채용과정을 알려야 한다. 이 경우 고지방법은 위 **1**의 ②를 준용한다(제8조).
② 구인자는 채용대상자를 확정한 경우에는 지체 없이 구직자에게 채용 여부를 알려야 한다. 이 경우 고지방법은 위 **1**의 ②를 준용한다(제10조).

3 채용심사비용의 부담금지

구인자는 채용심사를 목적으로 구직자에게 채용서류 제출에 드는 비용 이외의 어떠한 금전적 비용(이하 '채용심사비용'이라고 함)도 부담시키지 못한다. 다만, 사업장 및 직종의 특수성으로 인하여 불가피한 사정이 있는 경우 고용노동부장관의 승인을 받아 구직자에게 채용심사비용의 일부를 부담하게 할 수 있다(제9조).

4 채용서류의 반환 등

① 구인자는 구직자의 채용 여부가 확정된 이후 구직자(확정된 채용대상자는 제외)가 채용서류의 반환을 청구하는 경우에는 본인임을 확인한 후 구직자가 반환청구를 한 날부터 14일 이내에 구직자에게 해당 채용서류를 발송하거나 전달하여야 한다. 다만, 홈페이지 또는 전자우편으로 제출된 경우나 구직자가 구인자의 요구 없이 자발적으로 제출한 경우에는 그러하지 아니하다(제11조, 영 제2조).

> ✅ **교수님의 코멘트**
> 다음 규정을 채용 여부 확정 전까지 구직자에게 알려야 합니다.

② 구인자가 채용서류를 반환하는 때에는 해당 채용서류를 「우편법」에 따른 특수취급우편물을 이용하여야 한다. 다만, 구직자가 원하는 경우에는 구직자와 합의하는 방법으로 전달할 수 있다(영 제2조).
③ 채용서류를 특수취급우편물로 반환하는 경우 채용서류의 반환장소는 채용서류에 기재된 구직자의 주소지로 한다. 다만, 구직자가 채용서류의 반환을 청구할 때 반환장소를 지정한 경우에는 그 장소로 한다.
④ 구직자의 채용서류 반환청구는 서면 또는 전자적 방법 등 고용노동부령으로 정하는 바에 따라 하여야 한다.
⑤ 구인자는 구직자의 반환청구에 대비하여 다음에서 정한 기간 동안 채용서류를 보관하여야 한다. 다만, 천재지변이나 그 밖에 구인자에게 책임 없는 사유로 채용서류가 멸실된 경우 구인자는 채용서류의 반환 의무를 이행한 것으로 본다(제11조, 영 제3조).

> 1. **구직자가 채용서류의 반환을 청구한 경우가 아닌 경우**: 구직자의 반환 청구기간. 채용서류의 반환 청구기간은 구직자의 채용 여부가 확정된 날 이후 14일부터 180일까지의 기간의 범위에서 구인자가 정한 기간으로 한다. 이 경우 구인자는 채용 여부가 확정되기 전까지 구인자가 정한 채용서류의 반환 청구기간을 구직자에게 알려야 한다(영 제4조).
> 2. **구직자가 채용서류의 반환을 청구한 경우**: 구인자가 특수취급우편물을 발송하거나 전달한 시점까지의 기간

⑥ 구인자는 반환의 청구기간이 지난 경우 및 채용서류를 반환하지 아니한 경우에는 「개인정보 보호법」에 따라 채용서류를 파기하여야 한다.
⑦ 채용서류의 반환에 소요되는 비용은 원칙적으로 구인자가 부담한다. 다만, 구인자는 채용서류를 특수취급우편물로 송달하는 경우에 드는 「우편법 시행령」에 따른 우편에 관한 요금 및 우편이용에 관한 수수료에서 채용서류의 반환에 소요되는 비용을 구직자에게 부담하게 할 수 있다(영 제5조).
⑧ 구인자가 채용서류의 반환에 소요되는 비용을 구직자에게 부담하게 하려는 경우에는 채용 여부가 확정되기 전까지 구직자에게 채용서류 반환에 필요한 비용을 입금할 수 있는 금융기관의 계좌를 지정하여 통지하여야 한다. 다만, 구직자의 신청에 따라 「우편법 시행령」에 따른 수취인 부담으로 발송하는 경우에는 그러하지 아니하다.

UNIT 4 기타

① 구인자는 채용시험을 서류심사와 필기·면접 시험 등으로 구분하여 실시하는 경우 서류심사에 합격한 구직자에 한정하여 입증자료 및 심층심사자료를 제출하게 하도록 노력하여야 한다(제13조).

② 과태료 2025년 1·2회, 2024년 2회, 2022년 1회, 2020년 4회

3천만 원 이하	• 채용강요 등의 행위를 한 자
500만 원 이하	• 채용광고의 내용 또는 근로조건을 변경한 구인자 • 지식재산권을 자신에게 귀속하도록 강요한 구인자 • 그 직무의 수행에 필요하지 아니한 개인정보를 기초심사자료에 기재하도록 요구하거나 입증자료로 수집한 구인자
300만 원 이하	• 채용서류 보관의무를 이행하지 아니한 구인자 • 구직자에 대한 고지의무를 이행하지 아니한 구인자 • 시정명령을 이행하지 아니한 구인자

CHAPTER 09 채용절차의 공정화에 관한 법률

핵심 기출문제

01 채용절차의 공정화에 관한 법령에 대한 설명으로 틀린 것은? 2020년 1·2(통합)회

① 기초심사자료란 구직자의 응시원서, 이력서 및 자기소개서를 말한다.
② 이 법은 국가 및 지방자치단체가 공무원을 채용하는 경우에도 적용한다.
③ 직종의 특수성으로 인하여 불가피한 사정이 있는 경우 고용노동부장관의 승인을 받아 구직자에게 채용심사비용의 일부를 부담하게 할 수 있다.
④ 구인자는 구직자 본인의 재산 정보를 기초심사자료에 기재하도록 요구하여서는 아니 된다.

02 채용절차의 공정화에 관한 법률에 관한 설명으로 틀린 것은? 2025년 2·3회, 2023년 2회, 2021년 1회

① 기초심사자료란 구직자의 응시원서, 이력서 및 자기소개서를 말한다.
② 고용노동부장관은 기초심사자료의 표준양식을 정하여 구인자에게 그 사용을 권장할 수 있다.
③ 구직자는 구인자에게 제출하는 채용서류를 거짓으로 작성해서는 아니 된다.
④ 이 법은 지방자치단체가 공무원을 채용하는 경우에도 적용한다.

03 채용절차의 공정화에 관한 법률에 관한 설명으로 틀린 것은? 2022년 3회, 2021년 3회

① 고용노동부장관은 입증자료의 표준양식을 정하여 구인자에게 그 사용을 권장할 수 있다.
② 원칙적으로 상시 30명 이상의 근로자를 사용하는 사업장의 채용절차에 적용한다.
③ 채용서류란 기초심사자료, 입증자료, 심층심사자료를 말한다.
④ 심층심사자료란 작품집, 연구실적물 등 구직자의 실력을 알아볼 수 있는 모든 물건 및 자료를 말한다.

빈출
04 채용절차의 공정화에 관한 법령상 500만 원 이하의 과태료 부과행위에 해당하는 것은? 2025년 1회, 2024년 1·2회, 2022년 1회

① 채용서류 보관의무를 이행하지 아니한 구인자
② 구직자에 대한 고지의무를 이행하지 아니한 구인자
③ 시정명령을 이행하지 아니한 구인자
④ 지식재산권을 자신에게 귀속하도록 강요한 구인자

꼼꼼하게 풀어 주는 정답과 해설

01 ② 이 법은 상시 30명 이상의 근로자를 사용하는 사업장에 적용한다. 국가 및 지방자치단체가 공무원을 채용하는 경우에는 적용하지 않는다.
02 ④ 이 법은 국가 및 지방자치단체가 공무원을 채용하는 경우에는 적용하지 않는다.
03 ① 고용노동부장관은 기초심사자료의 표준양식을 정하여 구인자에게 그 사용을 권장할 수 있다.

04 ④ 500만 원 이하 과태료 부과 대상
 1. 채용광고의 내용 또는 근로조건을 변경한 구인자
 2. 지식재산권을 자신에게 귀속하도록 강요한 구인자
 3. 그 직무의 수행에 필요하지 아니한 개인정보를 기초심사자료에 기재하도록 요구하거나 입증자료로 수집한 구인자

정답 01② 02④ 03① 04④

CHAPTER 10 개인정보 보호법

회당 평균 출제 문항수 0.5개

수험 전략
- 학습범위에 비해 출제 비율은 낮은 주제이다.
- 개인정보 보호원칙, 개인정보 보호위원회를 중심으로 학습해야 한다.

NEW & HOT! 키워드
개인정보 보호
개인정보 보호위원회

이 법은 개인정보의 처리 및 보호에 관한 사항을 정함으로써 개인의 자유와 권리를 보호하고, 나아가 개인의 존엄과 가치를 구현함을 목적으로 한다(제1조).

UNIT 1 총칙

1 용어의 정의

① '개인정보'란 살아 있는 개인에 관한 정보로서 다음 어느 하나에 해당하는 정보를 말한다.

> 1. 성명, 주민등록번호 및 영상 등을 통하여 개인을 알아볼 수 있는 정보
> 2. 해당 정보만으로는 특정 개인을 알아볼 수 없더라도 다른 정보와 쉽게 결합하여 알아볼 수 있는 정보(이 경우 쉽게 결합할 수 있는지 여부는 다른 정보의 입수 가능성 등 개인을 알아보는 데 소요되는 시간, 비용, 기술 등을 합리적으로 고려하여야 함)
> 3. 위 1. 또는 2.를 다음 ②에 따라 가명처리함으로써 원래의 상태로 복원하기 위한 추가 정보의 사용·결합 없이는 특정 개인을 알아볼 수 없는 정보(이하 '가명정보'라 함)

② '가명처리'란 개인정보의 일부를 삭제하거나 일부 또는 전부를 대체하는 등의 방법으로 추가 정보가 없이는 특정 개인을 알아볼 수 없도록 처리하는 것을 말한다.
③ '처리'란 개인정보의 수집, 생성, 연계, 연동, 기록, 저장, 보유, 가공, 편집, 검색, 출력, 정정, 복구, 이용, 제공, 공개, 파기, 그 밖에 이와 유사한 행위를 말한다.
④ '정보주체'란 처리되는 정보에 의하여 알아볼 수 있는 사람으로서 그 정보의 주체가 되는 사람을 말한다.
⑤ '개인정보파일'이란 개인정보를 쉽게 검색할 수 있도록 일정한 규칙에 따라 체계적으로 배열하거나 구성한 개인정보의 집합물을 말한다.
⑥ '개인정보처리자'란 업무를 목적으로 개인정보파일을 운용하기 위하여 스스로 또는 다른 사람을 통하여 개인정보를 처리하는 공공기관, 법인, 단체 및 개인 등을 말한다.

⑦ '공공기관'이란 다음의 기관을 말한다.

> 1. 국회, 법원, 헌법재판소, 중앙선거관리위원회의 행정사무를 처리하는 기관, 중앙행정기관(대통령 소속 기관과 국무총리 소속 기관을 포함) 및 그 소속 기관, 지방자치단체
> 2. 「국가인권위원회법」 제3조에 따른 국가인권위원회
> 3. 「고위공직자범죄수사처 설치 및 운영에 관한 법률」 제3조 제1항에 따른 고위공직자범죄수사처
> 4. 「공공기관의 운영에 관한 법률」 제4조에 따른 공공기관
> 5. 「지방공기업법」에 따른 지방공사와 지방공단
> 6. 특별법에 따라 설립된 특수법인
> 7. 「초·중등교육법」, 「고등교육법」, 그 밖의 다른 법률에 따라 설치된 각급학교

⑧ '고정형 영상정보처리기기'란 일정한 공간에 설치되어 지속적 또는 주기적으로 사람 또는 사물의 영상 등을 촬영하거나 이를 유·무선망을 통하여 전송하는 장치로서 대통령령으로 정하는 장치를 말한다.
  ㉠ 폐쇄회로 텔레비전
    ⓐ 일정한 공간에 지속적으로 설치된 카메라를 통하여 영상 등을 촬영하거나 촬영한 영상정보를 유무선 폐쇄회로 등의 전송로를 통하여 특정 장소에 전송하는 장치
    ⓑ 촬영되거나 전송된 영상정보를 녹화·기록할 수 있도록 하는 장치
  ㉡ 네트워크 카메라: 일정한 공간에 지속적으로 설치된 기기로 촬영한 영상정보를 그 기기를 설치·관리하는 자가 유무선 인터넷을 통하여 어느 곳에서나 수집·저장 등의 처리를 할 수 있도록 하는 장치
⑨ '이동형 영상정보처리기기'란 사람이 신체에 착용 또는 휴대하거나 이동 가능한 물체에 부착 또는 거치하여 사람 또는 사물의 영상 등을 촬영하거나 이를 유·무선망을 통하여 전송하는 장치로서 대통령령으로 정하는 장치를 말한다.
⑩ '과학적 연구'란 기술의 개발과 실증, 기초연구, 응용연구 및 민간투자연구 등 과학적 방법을 적용하는 연구를 말한다.

2 개인정보 보호원칙

① 개인정보처리자는 개인정보의 처리목적을 명확하게 하여야 하고 그 목적에 필요한 범위에서 최소한의 개인정보만을 적법하고 정당하게 수집하여야 한다(제3조).
② 개인정보처리자는 개인정보의 처리목적에 필요한 범위에서 적합하게 개인정보를 처리하여야 하며, 그 목적 외의 용도로 활용하여서는 아니 된다.
③ 개인정보처리자는 개인정보의 처리목적에 필요한 범위에서 개인정보의 정확성, 완전성 및 최신성이 보장되도록 하여야 한다.
④ 개인정보처리자는 개인정보의 처리 방법 및 종류 등에 따라 정보주체의 권리가 침해받을 가능성과 그 위험 정도를 고려하여 개인정보를 안전하게 관리하여야 한다.
⑤ 개인정보처리자는 개인정보 처리방침 등 개인정보의 처리에 관한 사항을 공개하여야 하며, 열람청구권 등 정보주체의 권리를 보장하여야 한다.
⑥ 개인정보처리자는 정보주체의 사생활 침해를 최소화하는 방법으로 개인정보를 처리하여야 한다.
⑦ 개인정보처리자는 개인정보를 익명 또는 가명으로 처리하여도 개인정보 수집목적을 달성할 수 있는 경우 익명처리가 가능한 경우에는 익명에 의하여, 익명처리로 목적을 달성할 수 없는 경우에는 가명에 의하여 처리될 수 있도록 하여야 한다.

⑧ 개인정보처리자는 이 법 및 관계 법령에서 규정하고 있는 책임과 의무를 준수하고 실천함으로써 정보주체의 신뢰를 얻기 위하여 노력하여야 한다.

3 정보주체의 권리

정보주체는 자신의 개인정보 처리와 관련하여 다음의 권리를 가진다(제4조).

> 1. 개인정보의 처리에 관한 정보를 제공받을 권리
> 2. 개인정보의 처리에 관한 동의 여부, 동의 범위 등을 선택하고 결정할 권리
> 3. 개인정보의 처리 여부를 확인하고 개인정보에 대하여 열람(사본의 발급을 포함) 및 전송을 요구할 권리
> 4. 개인정보의 처리정지, 정정·삭제 및 파기를 요구할 권리
> 5. 개인정보의 처리로 인하여 발생한 피해를 신속하고 공정한 절차에 따라 구제받을 권리
> 6. 완전히 자동화된 개인정보 처리에 따른 결정을 거부하거나 그에 대한 설명 등을 요구할 권리

UNIT 2 개인정보 보호정책의 수립 등

1 개인정보 보호위원회

2024년 3회, 2022년 2회, 2021년 2회, 2020년 3회

① 개인정보 보호에 관한 사무를 독립적으로 수행하기 위하여 국무총리 소속으로 개인정보 보호위원회를 둔다(제7조).
② 보호위원회는 「정부조직법」에 따른 중앙행정기관으로 본다.
③ 보호위원회는 상임위원 2명(위원장 1명, 부위원장 1명)을 포함한 9명의 위원으로 구성한다.
④ 보호위원회의 위원은 개인정보 보호에 관한 경력과 전문지식이 풍부한 다음 사람 중에서 위원장과 부위원장은 국무총리의 제청으로, 그 외 위원 중 2명은 위원장의 제청으로, 2명은 대통령이 소속되거나 소속되었던 정당의 교섭단체 추천으로, 3명은 그 외의 교섭단체 추천으로 대통령이 임명 또는 위촉한다.

> 1. 개인정보 보호 업무를 담당하는 3급 이상 공무원(고위공무원단에 속하는 공무원을 포함)의 직에 있거나 있었던 사람
> 2. 판사·검사·변호사의 직에 10년 이상 있거나 있었던 사람
> 3. 공공기관 또는 단체(개인정보처리자로 구성된 단체를 포함)에 3년 이상 임원으로 재직하였거나 이들 기관 또는 단체로부터 추천받은 사람으로서 개인정보 보호 업무를 3년 이상 담당하였던 사람
> 4. 개인정보 관련 분야에 전문지식이 있고 「고등교육법」에 따른 학교에서 부교수 이상으로 5년 이상 재직하고 있거나 재직하였던 사람

⑤ 위원장과 부위원장은 정무직 공무원으로 임명한다.
⑥ 위원의 임기는 3년으로 하되, 한 차례만 연임할 수 있다. 위원이 궐위될 때에는 지체 없이 새로운 위원을 임명 또는 위촉하여야 하며, 이 경우 후임으로 임명 또는 위촉된 위원의 임기는 새로이 개시 된다.
⑦ 위원은 재직 중 다음의 직(職)을 겸하거나 직무와 관련된 영리업무에 종사하여서는 아니 된다.

> 1. 국회의원 또는 지방의회의원
> 2. 국가공무원 또는 지방공무원
> 3. 그 밖에 대통령령으로 정하는 직

⑧ 다음의 어느 하나에 해당하는 사람은 위원이 될 수 없다.

> 1. 대한민국 국민이 아닌 사람
> 2. 「국가공무원법」의 공무원 결격사유에 해당하는 사람
> 3. 「정당법」에 따른 당원

⑨ 보호위원회의 회의는 위원장이 필요하다고 인정하거나 재적위원 4분의 1 이상의 요구가 있는 경우에 위원장이 소집한다.
⑩ 보호위원회의 회의는 재적위원 과반수의 출석으로 개의하고, 출석위원 과반수의 찬성으로 의결한다.

2 개인정보 보호 기본계획

① 보호위원회는 개인정보의 보호와 정보주체의 권익 보장을 위하여 3년마다 개인정보 보호 기본계획을 관계 중앙행정기관의 장과 협의하여 그 3년이 시작되는 해의 전년도 6월 30일까지 수립한다(제9조, 영 제11조).
② 국회, 법원, 헌법재판소, 중앙선거관리위원회는 해당 기관(그 소속 기관을 포함)의 개인정보 보호를 위한 기본계획을 수립·시행할 수 있다.
③ 중앙행정기관의 장은 기본계획에 따라 매년 개인정보 보호를 위한 시행계획을 작성하여 보호위원회에 제출하고, 보호위원회의 심의·의결을 거쳐 시행하여야 한다(제10조).

UNIT 3 개인정보의 수집, 이용, 제공 등

① 개인정보처리자는 다음 어느 하나에 해당하는 경우에는 개인정보를 수집할 수 있으며 그 수집 목적의 범위에서 이용할 수 있다(제15조).

> 1. 정보주체의 동의를 받은 경우
> 2. 법률에 특별한 규정이 있거나 법령상 의무를 준수하기 위하여 불가피한 경우
> 3. 공공기관이 법령 등에서 정하는 소관 업무의 수행을 위하여 불가피한 경우
> 4. 정보주체와 체결한 계약을 이행하거나 계약을 체결하는 과정에서 정보주체의 요청에 따른 조치를 이행하기 위하여 필요한 경우
> 5. 명백히 정보주체 또는 제3자의 급박한 생명, 신체, 재산의 이익을 위하여 필요하다고 인정되는 경우
> 6. 개인정보처리자의 정당한 이익을 달성하기 위하여 필요한 경우로서 명백하게 정보주체의 권리보다 우선하는 경우(이 경우 개인정보처리자의 정당한 이익과 상당한 관련이 있고 합리적인 범위를 초과하지 아니하는 경우에 한함)
> 7. 공중위생 등 공공의 안전과 안녕을 위하여 긴급히 필요한 경우

② 개인정보처리자는 개인정보를 수집하는 경우에는 그 목적에 필요한 최소한의 개인정보를 수집하여야 한다. 이 경우 최소한의 개인정보 수집이라는 입증책임은 개인정보처리자가 부담한다(제16조).

③ 개인정보처리자는 다음 어느 하나에 해당되는 경우에는 정보주체의 개인정보를 제3자에게 제공(공유를 포함)할 수 있다(제17조).

> 1. 정보주체의 동의를 받은 경우
> 2. 개인정보를 수집한 목적 범위에서 개인정보를 제공하는 경우

④ 공공기관은 개인정보를 목적 외의 용도로 이용하거나 이를 제3자에게 제공하는 경우에는 그 이용 또는 제공의 법적 근거, 목적 및 범위 등에 관하여 필요한 사항을 보호위원회가 고시로 정하는 바에 따라 관보 또는 인터넷 홈페이지 등에 게재하여야 한다.

⑤ 개인정보처리자로부터 개인정보를 제공받은 자는 다음의 어느 하나에 해당하는 경우를 제외하고는 개인정보를 제공받은 목적 외의 용도로 이용하거나 이를 제3자에게 제공하여서는 아니 된다(제19조).

> 1. 정보주체로부터 별도의 동의를 받은 경우
> 2. 다른 법률에 특별한 규정이 있는 경우

⑥ 개인정보처리자는 보유기간의 경과, 개인정보의 처리목적 달성, 가명정보의 처리 기간 경과 등 그 개인정보가 불필요하게 되었을 때에는 지체 없이 그 개인정보를 파기하여야 한다. 다만, 다른 법령에 따라 보존하여야 하는 경우에는 그러하지 아니하다(제21조).

⑦ 개인정보처리자가 위 ⑥에 따라 개인정보를 파기할 때에는 복구 또는 재생되지 아니하도록 조치하여야 한다.

UNIT 4 개인정보의 처리 제한

1 민감정보의 처리 제한

① 개인정보처리자는 사상·신념, 노동조합·정당의 가입·탈퇴, 정치적 견해, 건강, 성생활 등에 관한 정보, 그 밖에 정보주체의 사생활을 현저히 침해할 우려가 있는 개인정보로서 대통령령으로 정하는 정보(민감정보)를 처리하여서는 아니 된다. 다만, 다음 어느 하나에 해당하는 경우에는 그러하지 아니하다(제23조).

> 1. 정보주체에게 개인정보의 수집·이용 또는 개인정보의 제공에 따라 알려야 하는 사항을 알리고 다른 개인정보의 처리에 대한 동의와 별도로 동의를 받은 경우
> 2. 법령에서 민감정보의 처리를 요구하거나 허용하는 경우

② '민감정보'란 다음 어느 하나에 해당하는 정보를 말한다. 다만, 공공기관이 다음 어느 하나에 해당하는 정보를 처리하는 경우의 해당 정보는 제외한다(영 제18조).

> 1. 유전자검사 등의 결과로 얻어진 유전정보
> 2. 「형의 실효 등에 관한 법률」에 따른 범죄경력자료에 해당하는 정보
> 3. 개인의 신체적, 생리적, 행동적 특징에 관한 정보로서 특정 개인을 알아볼 목적으로 일정한 기술적 수단을 통해 생성한 정보
> 4. 인종이나 민족에 관한 정보

2 고유식별정보의 처리 제한

① 개인정보처리자는 다음의 경우를 제외하고는 법령에 따라 개인을 고유하게 구별하기 위하여 부여된 식별정보로서 대통령령으로 정하는 정보(고유식별정보)를 처리할 수 없다(제24조).

> 1. 정보주체에게 개인정보의 수집·이용 또는 개인정보의 제공에 따라 알려야 하는 사항을 알리고 다른 개인정보의 처리에 대한 동의와 별도로 동의를 받은 경우
> 2. 법령에서 구체적으로 고유식별정보의 처리를 요구하거나 허용하는 경우

② '고유식별정보'란 다음 어느 하나에 해당하는 정보를 말한다. 다만, 공공기관이 다음 어느 하나에 해당하는 정보를 처리하는 경우의 해당 정보는 제외한다(영 제19조).

> 1. 「주민등록법」에 따른 주민등록번호
> 2. 「여권법」에 따른 여권번호
> 3. 「도로교통법」에 따른 운전면허의 면허번호
> 4. 「출입국관리법」에 따른 외국인등록번호

③ 개인정보처리자는 다음 어느 하나에 해당하는 경우를 제외하고는 주민등록번호를 처리할 수 없다(제24조의2).

> 1. 법률·대통령령·국회규칙·대법원규칙·헌법재판소규칙·중앙선거관리위원회규칙 및 감사원규칙에서 구체적으로 주민등록번호의 처리를 요구하거나 허용한 경우
> 2. 정보주체 또는 제3자의 급박한 생명, 신체, 재산의 이익을 위하여 명백히 필요하다고 인정되는 경우
> 3. 위 1. 및 2.에 준하여 주민등록번호 처리가 불가피한 경우로서 보호위원회가 고시로 정하는 경우

3 고정형 영상정보처리기기의 설치·운영 제한

① 누구든지 다음 경우를 제외하고는 공개된 장소에 고정형 영상정보처리기기를 설치·운영하여서는 아니 된다(제25조).

> 1. 법령에서 구체적으로 허용하고 있는 경우
> 2. 범죄의 예방 및 수사를 위하여 필요한 경우
> 3. 시설의 안전 및 관리, 화재 예방을 위하여 정당한 권한을 가진 자가 설치·운영하는 경우
> 4. 교통단속을 위하여 정당한 권한을 가진 자가 설치·운영하는 경우
> 5. 교통정보의 수집·분석 및 제공을 위하여 정당한 권한을 가진 자가 설치·운영하는 경우
> 6. 촬영된 영상정보를 저장하지 아니하는 경우로서 대통령령으로 정하는 경우

② 누구든지 불특정 다수가 이용하는 목욕실, 화장실, 발한실, 탈의실 등 개인의 사생활을 현저히 침해할 우려가 있는 장소의 내부를 볼 수 있도록 고정형 영상정보처리기기를 설치·운영하여서는 아니 된다. 다만, 교도소, 정신보건시설 등 법령에 근거하여 사람을 구금하거나 보호하는 시설로서 대통령령으로 정하는 시설에 대하여는 그러하지 아니하다.

③ 고정형 영상정보처리기기운영자는 고정형 영상정보처리기기의 설치 목적과 다른 목적으로 고정형 영상정보처리기기를 임의로 조작하거나 다른 곳을 비춰서는 아니 되며, 녹음기능은 사용할 수 없다.

4 이동형 영상정보처리기기의 운영 제한

① 업무를 목적으로 이동형 영상정보처리기기를 운영하려는 자는 다음의 경우를 제외하고는 공개된 장소에서 이동형 영상정보처리기기로 사람 또는 그 사람과 관련된 사물의 영상(개인정보에 해당하는 경우로 한정)을 촬영하여서는 아니 된다(제25조의2).

> 1. 법 제15조제1항 각 호의 어느 하나에 해당하는 경우
> 2. 촬영사실을 명확히 표시하여 정보주체가 촬영사실을 알 수 있도록 하였음에도 불구하고 촬영 거부의사를 밝히지 아니한 경우. 이 경우 정보주체의 권리를 부당하게 침해할 우려가 없고 합리적인 범위를 초과하지 아니하는 경우로 한정한다.
> 3. 그 밖에 제1호 및 제2호에 준하는 경우로서 대통령령으로 정하는 경우

② 누구든지 불특정 다수가 이용하는 목욕실, 화장실, 발한실, 탈의실 등 개인의 사생활을 현저히 침해할 우려가 있는 장소의 내부를 볼 수 있는 곳에서 이동형 영상정보처리기기로 사람 또는 그 사람과 관련된 사물의 영상을 촬영하여서는 아니 된다. 다만, 인명의 구조·구급 등을 위하여 필요한 경우로서 대통령령으로 정하는 경우에는 그러하지 아니하다.

UNIT 5 가명정보의 처리에 관한 특례

① 개인정보처리자는 통계작성, 과학적 연구, 공익적 기록보존 등을 위하여 정보주체의 동의 없이 가명정보를 처리할 수 있다(제28조의2).
② 개인정보처리자는 가명정보를 제3자에게 제공하는 경우에는 특정 개인을 알아보기 위하여 사용될 수 있는 정보를 포함해서는 아니 된다.
③ 통계작성, 과학적 연구, 공익적 기록보존 등을 위한 서로 다른 개인정보처리자 간의 가명정보의 결합은 보호위원회 또는 관계 중앙행정기관의 장이 지정하는 전문기관이 수행한다(제28조의3).
④ 결합을 수행한 기관 외부로 결합된 정보를 반출하려는 개인정보처리자는 가명정보 또는 법 제58조의2(적용제외)에 해당하는 정보로 처리한 뒤 전문기관의 장의 승인을 받아야 한다.
⑤ 개인정보처리자는 가명정보를 처리하는 경우에는 원래의 상태로 복원하기 위한 추가 정보를 별도로 분리하여 보관·관리하는 등 해당 정보가 분실·도난·유출·위조·변조 또는 훼손되지 않도록 대통령령으로 정하는 바에 따라 안전성 확보에 필요한 기술적·관리적 및 물리적 조치를 하여야 한다(제28조의4).
⑥ 가명정보를 처리하는 자는 특정 개인을 알아보기 위한 목적으로 가명정보를 처리해서는 아니 된다(제28조의5).
⑦ 개인정보처리자는 가명정보를 처리하는 과정에서 특정 개인을 알아볼 수 있는 정보가 생성된 경우에는 즉시 해당 정보의 처리를 중지하고, 지체 없이 회수·파기하여야 한다.

UNIT 6 　개인정보의 안전한 관리

① 개인정보처리자는 개인정보의 처리에 관한 업무를 총괄해서 책임질 개인정보 보호책임자를 지정하여야 한다(제31조).
② 개인정보처리자는 개인정보가 분실·도난·유출되었음을 알게 되었을 때에는 지체 없이 해당 정보주체에게 다음 사항을 알려야 한다. 다만, 정보주체의 연락처를 알 수 없는 경우 등 정당한 사유가 있는 경우에는 대통령령으로 정하는 바에 따라 통지를 갈음하는 조치를 취할 수 있다(제34조).

> 1. 유출등이 개인정보의 항목
> 2. 유출등이 시점과 그 경위
> 3. 유출등으로 인하여 발생할 수 있는 피해를 최소화하기 위하여 정보주체가 할 수 있는 방법 등에 관한 정보
> 4. 개인정보처리자의 대응조치 및 피해 구제절차
> 5. 정보주체에게 피해가 발생한 경우 신고 등을 접수할 수 있는 담당부서 및 연락처

③ 정보통신서비스 제공자등은 주민등록번호, 계좌정보, 신용카드정보 등 이용자의 개인정보가 정보통신망을 통하여 공중에 노출되지 아니하도록 해야 한다(제34조의2).

UNIT 7 　정보주체의 권리 보장

① 정보주체는 개인정보처리자가 처리하는 자신의 개인정보에 대한 열람을 해당 개인정보처리자에게 요구할 수 있다(제35조).
② 자신의 개인정보를 열람한 정보주체는 개인정보처리자에게 그 개인정보의 정정 또는 삭제를 요구할 수 있다. 다만, 다른 법령에서 그 개인정보가 수집 대상으로 명시되어 있는 경우에는 그 삭제를 요구할 수 없다(제36조).
③ 개인정보처리자는 위 ②에 따른 정보주체의 요구를 받았을 때에는 개인정보의 정정 또는 삭제에 관하여 다른 법령에 특별한 절차가 규정되어 있는 경우를 제외하고는 지체 없이 그 개인정보를 조사하여 정보주체의 요구에 따라 정정·삭제 등 필요한 조치를 한 후 그 결과를 정보주체에게 알려야 한다.
④ 정보주체는 개인정보처리자에 대하여 자신의 개인정보 처리의 정지를 요구하거나 개인정보 처리에 대한 동의를 철회할 수 있다. 이 경우 공공기관에 대해서는 등록대상이 되는 개인정보파일 중 자신의 개인정보에 대한 처리의 정지를 요구하거나 개인정보 처리에 대한 동의를 철회할 수 있다(제37조).
⑤ 정보주체는 개인정보처리자가 이 법을 위반한 행위로 손해를 입으면 개인정보처리자에게 손해배상을 청구할 수 있다. 이 경우 그 개인정보처리자는 고의 또는 과실이 없음을 입증하지 아니하면 책임을 면할 수 없다(제39조).
⑥ 개인정보처리자의 고의 또는 중대한 과실로 인하여 개인정보가 분실·도난·유출·위조·변조 또는 훼손된 경우로서 정보주체에게 손해가 발생한 때에는 법원은 그 손해액의 5배를 넘지 아니하는 범위에서 손해배상액을 정할 수 있다. 다만, 개인정보처리자가 고의 또는 중대한 과실이 없음을 증명한 경우에는 그러하지 아니하다.

UNIT 8　개인정보 분쟁조정위원회

① 개인정보에 관한 분쟁의 조정을 위하여 개인정보 분쟁조정위원회를 둔다(제40조).
② 분쟁조정위원회는 위원장 1명을 포함한 30명 이내의 위원으로 구성하며, 위원은 당연직위원과 위촉위원으로 구성한다.
③ 위원장은 위원 중에서 공무원이 아닌 사람으로 보호위원회 위원장이 위촉한다.
④ 위원장과 위촉위원의 임기는 2년으로 하되, 1차에 한하여 연임할 수 있다.
⑤ 분쟁조정위원회 또는 조정부는 재적위원 과반수의 출석으로 개의하며 출석위원 과반수의 찬성으로 의결한다.
⑥ 개인정보와 관련한 분쟁의 조정을 원하는 자는 분쟁조정위원회에 분쟁조정을 신청할 수 있다(제43조).
⑦ 공공기관이 분쟁조정의 통지를 받은 경우에는 특별한 사유가 없으면 분쟁조정에 응하여야 한다.
⑧ 분쟁조정위원회는 분쟁조정 신청을 받은 날부터 60일 이내에 이를 심사하여 조정안을 작성하여야 한다. 다만, 부득이한 사정이 있는 경우에는 분쟁조정위원회의 의결로 처리기간을 연장할 수 있다(제44조).
⑨ 분쟁조정위원회는 분쟁조정 신청을 받았을 때에는 당사자에게 그 내용을 제시하고 조정 전 합의를 권고할 수 있다(제46조).
⑩ 분쟁조정위원회는 조정안을 작성하면 지체 없이 각 당사자에게 제시하여야 한다(제47조). 조정안을 제시받은 당사자가 제시받은 날부터 15일 이내에 수락 여부를 알리지 아니하면 조정을 수락한 것으로 본다.
⑪ 당사자가 조정내용을 수락한 경우 분쟁조정위원회는 조정서를 작성하고, 분쟁조정위원회의 위원장과 각 당사자가 기명날인 또는 서명을 한 후 조정서 정본을 지체 없이 각 당사자 또는 그 대리인에게 송달하여야 한다. 조정의 내용은 재판상 화해와 동일한 효력을 갖는다.
⑫ 국가 및 지방자치단체, 개인정보 보호단체 및 기관, 정보주체, 개인정보처리자는 정보주체의 피해 또는 권리침해가 다수의 정보주체에게 같거나 비슷한 유형으로 발생하는 경우로서 대통령령으로 정하는 사건에 대하여는 분쟁조정위원회에 일괄적인 분쟁조정(집단분쟁조정)을 의뢰 또는 신청할 수 있다(제49조).

CHAPTER 10 | 개인정보 보호법

핵심 기출문제

최신 법령 개정에 따라 변형한 문제입니다.

01 개인정보 보호법령상 개인정보 보호위원회에 관한 설명으로 틀린 것은? 2020년 3회

① 보호위원회는 상임위원 2명(위원장 1명, 부위원장 1명)을 포함한 9명의 위원으로 구성한다.
② 위원장과 위원의 임기는 2년으로 하되, 1차에 한하여 연임할 수 있다.
③ 보호위원회의 회의는 위원장이 필요하다고 인정하거나 재적위원 4분의 1 이상의 요구가 있는 경우에 위원장이 소집한다.
④ 보호위원회는 재적위원 과반수의 출석과 출석위원 과반수의 찬성으로 의결한다.

02 개인정보 보호법령에 관한 설명으로 틀린 것은? 2021년 2회

① '정보주체'란 처리되는 정보에 의하여 알아볼 수 있는 사람으로서 그 정보의 주체가 되는 사람을 말한다.
② 개인정보처리자는 개인정보의 처리 목적에 필요한 범위에서 개인정보의 정확성, 완전성 및 최신성이 보장되도록 하여야 한다.
③ 개인정보 보호에 관한 사무를 독립적으로 수행하기 위하여 국무총리 소속으로 개인정보 보호위원회를 둔다.
④ 위원의 임기는 2년으로 하되, 연임할 수 없다.

03 개인정보 보호법령상 개인정보 보호위원회(이하 "보호위원회"라 한다)에 관한 설명으로 틀린 것은? 2025년 2·3회, 2023년 3회, 2022년 2회

① 대통령 소속으로 보호위원회를 둔다.
② 보호위원회는 상임위원 2명을 포함한 9명의 위원으로 구성한다.
③ 보호위원회의 회의는 재적위원 과반수의 출석으로 개의하고, 출석위원 과반수의 찬성으로 의결한다.
④ 「정당법」에 따른 당원은 보호위원회 위원이 될 수 없다.

꼼꼼하게 풀어 주는 정답과 해설

01 ② 위원장과 위원의 임기는 3년으로 하되, 1차에 한하여 연임할 수 있다.
02 ④ 위원의 임기는 3년으로 하되, 연임할 수 있다.
03 ① 개인정보 보호위원회는 국무총리실 소속이다.

정답 01 ② 02 ④ 03 ①

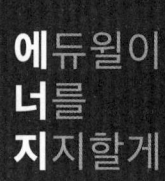

내가 꿈을 이루면
나는 누군가의 꿈이 된다.

– 이도준

여러분의 작은 소리
에듀윌은 크게 듣겠습니다.

본 교재에 대한 여러분의 목소리를 들려주세요.
공부하시면서 어려웠던 점, 궁금한 점,
칭찬하고 싶은 점, 개선할 점, 어떤 것이라도 좋습니다.
에듀윌은 여러분께서 나누어 주신 의견을
통해 끊임없이 발전하고 있습니다.

에듀윌 도서몰 book.eduwill.net
- 부가학습자료 및 정오표: 에듀윌 도서몰 → 도서자료실
- 교재 문의: 에듀윌 도서몰 → 문의하기 → 교재(내용, 출간) / 주문 및 배송

꿈을 현실로 만드는
에듀윌

DREAM

공무원 교육
- 선호도 1위, 신뢰도 1위! 브랜드만족도 1위!
- 합격자 수 2,100% 폭등시킨 독한 커리큘럼

자격증 교육
- 9년간 아무도 깨지 못한 기록 합격자 수 1위
- 가장 많은 합격자를 배출한 최고의 합격 시스템

직영학원
- 검증된 합격 프로그램과 강의
- 1:1 밀착 관리 및 컨설팅
- 호텔 수준의 학습 환경

종합출판
- 온라인서점 베스트셀러 1위!
- 출제위원급 전문 교수진이 직접 집필한 합격 교재

어학 교육
- 토익 베스트셀러 1위
- 토익 동영상 강의 무료 제공

콘텐츠 제휴 · B2B 교육
- 고객 맞춤형 위탁 교육 서비스 제공
- 기업, 기관, 대학 등 각 단체에 최적화된 고객 맞춤형 교육 및 제휴 서비스

부동산 아카데미
- 부동산 실무 교육 1위!
- 상위 1% 고소득 창업/취업 비법
- 부동산 실전 재테크 성공 비법

학점은행제
- 99%의 과목이수율
- 17년 연속 교육부 평가 인정 기관 선정

대학 편입
- 편입 교육 1위!
- 최대 200% 환급 상품 서비스

국비무료 교육
- '5년우수훈련기관' 선정
- K-디지털, 산대특 등 특화 훈련과정
- 원격국비교육원 오픈

에듀윌 교육서비스   **AI 교육** AI 프롬프트 연구소/AI CLASS(ChatGPT/AICE/노션 AI/중개업 AI 등)   **공무원 교육** 9급공무원/소방공무원/계리직공무원   **자격증 교육** 공인중개사/주택관리사/손해평가사/감정평가사/노무사/전기기사/경비지도사/검정고시/소방설비기사/소방시설관리사/사회복지사1급/대기환경기사/수질환경기사/건축기사/토목기사/직업상담사/청소년상담사/전기기능사/산업안전기사/산업위생관리기사/건설안전기사/위험물산업기사/위험물기능사/설비보전기사/에너지관리기사/유통관리사/물류관리사/행정사/한국사능력검정/한경TESAT/매경TEST/KBS한국어능력시험·실용글쓰기/국제무역사/무역영어   **어학 교육** 토익 교재/토익 동영상 강의   **금융/IT/비즈니스** 전산세무회계/ERP정보관리사/재경관리사/정보처리사/컴퓨터활용능력/SQLD/ADsP   **대학 편입** 편입영어·수학/연고대/의약대/경찰대/논술/면접   **직영학원** 공무원학원/소방학원/공인중개사 학원/주택관리사 학원/전기기사 학원/편입학원   **종합출판** 공무원·자격증 수험교재 및 단행본   **학점은행제** 교육부평가인정기관 원격평생교육원(사회복지사2급/경영학/CPA)   **콘텐츠 제휴·B2B 교육** 교육 콘텐츠 제휴/기업 맞춤 자격증 교육/대학취업역량 강화 교육   **부동산 아카데미** 부동산 창업CEO/부동산 경매마스터/부동산 컨설팅   **주택취업센터** 실무 특강/실무 아카데미   **국비무료 교육(국비교육원)** 전기기능사/전기(산업)기사/소방설비(산업)기사/IT(빅데이터/자바프로그램/파이썬)/게임그래픽/3D프린터/실내건축디자인/웹퍼블리셔/그래픽디자인/영상편집(유튜브) 디자인/온라인 쇼핑몰광고 및 제작(쿠팡, 스마트스토어)/전산세무회계/컴퓨터활용능력/ITQ/GTQ/직업상담사

교육문의 1600-6700   www.eduwill.net

- 2022 소비자가 선택한 최고의 브랜드 공무원·자격증 교육 1위 (조선일보)   • 2023 대한민국 브랜드만족도 공무원·자격증·취업·학원·편입·부동산 실무 교육 1위 (한경비즈니스)
- 2017/2022 에듀윌 공무원 과정 최종 환급자 수 기준   • 2023년 성인 자격증, 공무원 직영학원 기준   • YES24 공인중개사 부문, 2025 에듀윌 공인중개사 오시훈 필살키 부동산공법 (2025년 8월 월별 베스트) 그 외 다수   • YES24 한국산업인력공단 부문, 2025 에듀윌 산업안전기사 필기 한권끝장 (2025년 7월 월별 베스트) 그 외 다수   • 교보문고 취업/수험서 부문, 2025 에듀윌 공기업 코레일 한국철도공사 실전모의고사 9+2+4회(2025년 2월 1일~2월 28일, 인터넷 월간 베스트) 그 외 다수   • 알라딘 시사/상식 부문, 2025 최신판 에듀윌 취업 공기업 기출 일반상식 (2025년 6월 5주 주별 베스트) 그 외 다수   • YES24 컴퓨터활용능력 부문, 2024 컴퓨터활용능력 1급 필기 초단기끝장(2023년 10월 3~4주 주별 베스트) 그 외 다수   • YES24 신규자격증 부문, 2025 에듀윌 SQL 개발자 SQLD 2주끝장+무료특강(2025년 7월 월별 베스트) 그 외 다수   • 인터파크 자격서/수험서 부문, 에듀윌 한국사능력검정시험 2주끝장 심화(1, 2, 3급) (2020년 6~8월 월간 베스트) 그 외 다수   • YES24 국어 외국어사전영어 토익/TOEIC 기출문제/모의고사 분야 베스트셀러 1위 (에듀윌 토익 READING RC 4주끝장 리딩 종합서, 2022년 9월 4주 주별 베스트)   • 에듀윌 토익 교재 입문~실전 인강 무료 제공 (2022년 최신 강좌 기준/109강)   • 2024년 종강반 중 모든 평가항목 정상 참여자 기준, 99% (평생교육원 기준)   • 2008년~2024년까지 234만 누적수강학점으로 과목 운영 (평생교육원 기준)   • 에듀윌 국비교육원 구로센터 고용노동부 지정 "5년우수훈련기관" 선정 (2023~2027)   • KRI 한국기록원 2016, 2017, 2019년 공인중개사 최다 합격자 배출 공식 인증 (2025년 현재까지 업계 최고 기록)

YES24 수험서 자격증 국가자격/전문사무 직업상담사 베스트셀러 1위(2018년 12월, 2019년 1월~7월, 2020년 12월, 2021년 1월, 2월, 4월, 6월, 12월, 2022년 1월, 12월, 2023년 1월, 2월, 11월, 12월, 2024년 4월, 6월, 7월, 11월, 12월 월별 베스트)
2023, 2022, 2021 대한민국 브랜드만족도 직업상담사 1위(한경비즈니스)
2020, 2019 한국브랜드만족지수 직업상담사 1위(주간동아, G밸리뉴스)

에듀윌 직업상담사 2급
1·2차 한권끝장 +무료특강

1 D-1 빈출개념 노트 PDF 제공
1차 시험 전, 단기 합격을 위한 마지막 개념 정리!

2 최빈출 개념 100 수록
1차와 2차 시험 완벽 대비! 반드시 알아야 할 핵심 개념을 100가지로 압축!

3 2025년 기출문제 해설 특강 무료제공
최신 출제 경향 분석부터 명쾌한 문제 풀이 전략까지, 합격 노하우를 한 번에!

4 기출문제 CBT 시험 서비스 제공
실제 시험 환경과 동일한 CBT 모의고사로 실전 감각을 극대화!

고객의 꿈, 직원의 꿈, 지역사회의 꿈을 실현한다

에듀윌 도서몰
book.eduwill.net
- 부가학습자료 및 정오표: 에듀윌 도서몰 > 도서자료실
- 교재 문의: 에듀윌 도서몰 > 문의하기 > 교재(내용, 출간) / 주문 및 배송

합격자 수가 선택의 기준!

2026

에듀윌 직업상담사 2급 1·2차 한권끝장
+무료특강

YES24 24년 12월 월별 베스트 기준
베스트셀러 1위

YES24 수험서 자격증
국가자격/전문사무
직업상담사 베스트셀러 1위

D-1 빈출개념 노트 제공

기출편

무료특강
2025년 기출 해설

25개월 베스트셀러 1위! 산출근거 후면표기
최신 법령&개편 출제기준 완벽 반영!

- [1차] D-1 빈출개념 노트 PDF 제공
- [2차] 최빈출 개념 100 수록
- [온라인] 2025년 기출문제 해설 특강

eduwill

에듀윌이
너를
지지할게

ENERGY

시작하는 방법은
말을 멈추고
즉시 행동하는 것이다.

– 월트 디즈니(Walt Disney)

에듀윌 직업상담사 2급
1·2차 한권끝장
기출편

Contents
차 례

에듀윌은 합격이다

CBT 주요 빈출 300제

Ⅰ 직업심리	6
Ⅱ 직업상담 및 취업지원	21
Ⅲ 직업정보	34
Ⅳ 노동시장	48
Ⅴ 고용노동관계법규	64

최신 3개년 기출문제

2025년 CBT 복원문제
- 2025년 1회 CBT 복원문제 ········ 82
- 2025년 2회 CBT 복원문제 ········ 105
- 2025년 3회 CBT 복원문제 ········ 129

2024년 CBT 복원문제
- 2024년 1회 CBT 복원문제 ········ 154
- 2024년 2회 CBT 복원문제 ········ 177
- 2024년 3회 CBT 복원문제 ········ 201

2023년 CBT 복원문제
- 2023년 1회 CBT 복원문제 ········ 226
- 2023년 2회 CBT 복원문제 ········ 250
- 2023년 3회 CBT 복원문제 ········ 275

직업상담사 2급 **1차 필기**

CBT 주요 빈출 300제

🔑 CBT 시험이란?

- CBT 시험은 종이 시험지가 아닌 컴퓨터 화면 속의 문제를 푸는 시험 방식입니다.
- CBT 시험에는 신분증을 소지하고, 필기구를 준비해야 합니다.
  계산기는 CBT 시험 화면에서 제공됩니다.
- CBT 시험은 답안 제출 버튼을 눌러 시험이 종료되면 과목별 득점(점수)과 합격 여부가 컴퓨터 화면에 곧바로 표시됩니다. 다만, 최종합격 여부는 추후 큐넷(www.q-net.or.kr)에서 공식적으로 발표합니다.

Ⅰ 직업심리

001 직업발달에 관한 특성 – 요인이론의 종합적인 결과를 토대로 Klein과 Weiner 등이 내린 결론과 가장 거리가 먼 것은?

① 인간은 신뢰할 만하고 타당하게 측정할 수 있는 독특한 특성을 지니고 있다.
② 모든 직업마다 성공에 필요한 독특한 특성을 가지고 있다.
③ 개인의 직업선호는 부모의 양육환경 특성에 의해 좌우된다.
④ 개인의 특성과 직업의 요구사항 간에 상관이 높을수록 직업적 성공의 가능성이 높아진다.

해설
개인의 직업선호가 부모의 양육환경 특성에 의해 좌우된다는 것은 로(Roe)의 욕구이론에 관한 설명이다.

002 데이비스와 롭퀴스트(Dawis & Lofquist)의 직업적응이론에서 적응양식의 차원에 해당하지 않는 것은?

① 의존성(dependence)
② 적극성(activeness)
③ 반응성(reactiveness)
④ 인내(perseverance)

개념 체크 Dawis와 Lofquist의 적응양식 차원
- 융통성: 수행해야 할 다양한 작업들 간의 부조화를 참아내는 정도
- 끈기 또는 인내: 환경이 자신에게 맞지 않아도 개인이 얼마나 오랫동안 견뎌낼 수 있는지의 정도
- 적극성: 개인이 작업환경을 개인적 방식과 좀 더 조화롭게 만들어가려고 노력하는 정도
- 반응성: 개인이 작업성격의 변화로 인해 작업환경에 반응하는 정도

003 개인의 욕구와 능력을 환경의 요구사항과 관련시켜 진로행동을 설명하는 이론으로, 개인과 환경 간의 상호작용을 통한 욕구충족을 강조하는 이론은?

① 욕구이론
② 특성요인이론
③ 사회학습이론
④ 직업적응이론

해설
직업적응이론은 개인의 욕구와 능력을 환경의 요구사항과 관련시켜 진로행동을 설명하고, 개인과 환경 간의 상호작용을 통한 욕구충족을 강조하는 이론으로, 데이비스와 롭퀴스트(Dawis & Lofquist)는 이 체계를 개인 – 환경 조화상담이라고 지칭하였다.

004 Holland의 이론에서 한 개인이 자기 자신의 인성유형과 동일하거나 유사한 환경에서 일하고 생활할 때를 의미하는 개념은?

① 일관성
② 변별성
③ 정체성
④ 일치성

해설
일치성은 한 개인이 자기 자신의 인성유형과 동일하거나 유사한 환경에서 일하고 생활할 때를 의미하는 개념이다.

정답 001 ③ 002 ① 003 ④ 004 ④

005 Holland의 직업적응 매칭(matching)이론에서 다음과 같은 직업세계에 적합한 성격유형은?

- 사서, 은행원, 행정관료
- 정확성과 꼼꼼함을 요구함
- 융통성과 상상력이 부족함

① 사회적 유형(S)
② 현실적 유형(R)
③ 탐구적 유형(I)
④ 관습적 유형(C)

해설
정확성과 꼼꼼함을 요구하는 반면, 융통성과 상상력이 부족한 직업세계에 적합한 성격유형은 관습적 유형이다.

006 긴즈버그(Ginzberg)가 제시한 진로발달 단계로 옳은 것은?

① 현실기 → 환상기 → 잠정기
② 환상기 → 현실기 → 잠정기
③ 현실기 → 잠정기 → 환상기
④ 환상기 → 잠정기 → 현실기

해설
Ginzberg의 진로발달 3단계는 환상기-잠정기-현실기 순으로 되어 있다.

007 Super의 직업발달 단계를 바르게 나열한 것은?

① 성장기 → 확립기 → 탐색기 → 유지기 → 쇠퇴기
② 탐색기 → 성장기 → 유지기 → 확립기 → 쇠퇴기
③ 성장기 → 탐색기 → 확립기 → 유지기 → 쇠퇴기
④ 탐색기 → 유지기 → 성장기 → 확립기 → 쇠퇴기

해설
수퍼(Super)의 직업발달 단계는 성장기 → 탐색기 → 확립기 → 유지기 → 쇠퇴기이다

008 고트프레드슨(L.Gottfredson)의 진로발달이론에서 제시한 진로포부 발달 단계가 아닌 것은?

① 내적 자아 확립 단계
② 서열 획득 단계
③ 안정성 확립 단계
④ 사회적 가치 획득 단계

개념 체크 진로포부 발달 단계(4단계)

- 힘과 크기 지향성(Orientation to size ade power, 3~5세, 서열 획득 단계): 사고과정이 구체화되며 어른이 된다는 것의 의미를 알게 된다.
- 성역할 지향성(Orientation to sex roles, 6~8세, 성역할 획득 단계): 자아개념이 성(gender)의 발달에 의해 영향을 받게 된다. 남녀 역할에 바탕을 둔 직업을 선호한다.
- 사회적 가치 지향성(Orientation to social valuation, 9~13세, 사회적 가치 획득 단계): 사회계층에 대한 개념이 생기면서 상황 속의 자아를 인식하게 되고, 일의 수준에 대한 이해를 확장시킨다.
- 내적 고유한 자아 지향성(Orientation to internal, unique self, 14세 이후, 내적 자아 확립 단계): 타인에 대한 개념이 생기고, 자아성찰과 사회계층의 맥락에서 직업적 포부가 더욱 발달한다.

009 진로발달을 직업정체감의 형성과정으로 본 학자는?

① Ginzberg
② Parsons
③ Tiedeman
④ Strong

해설
타이드만(Tiedeman)과 오하라(OHara)의 진로발달이론에서 개인은 분화와 통합의 과정을 거치면서 직업정체감을 형성한다고 본다.

정답 005 ④ 006 ④ 007 ③ 008 ③ 009 ③

010 로(Roe)의 욕구이론에 관한 설명으로 옳은 것은?

① 부모-자녀 간의 상호작용을 자녀에 대한 정서집중형, 회피형, 수용형의 유형으로 구분한다.
② 청소년기 부모-자녀 간의 관계에서 생긴 욕구가 직업선택에 영향을 미친다는 이론이다.
③ 부모의 사랑을 제대로 받지 못하고 거부적인 분위기에서 성장한 사람은 다른 사람들과 함께 일하고 접촉하는 서비스 직종의 직업을 선호한다.
④ 직업군을 10가지로 분류한다.

해설
② 아동기 부모-자녀 간의 관계에서 생긴 욕구가 직업선택에 영향을 미친다는 이론이다.
③ 부모의 사랑을 제대로 받지 못하고 거부적인 분위기에서 성장한 사람은 다른 사람들과 함께 일하고 접촉하는 서비스 직종의 직업을 선호하지 않는다.
④ 직업군을 8가지로 분류한다.

011 크롬볼츠(Krumboltz)의 사회학습 진로이론에 관한 설명으로 틀린 것은?

① 도구적 학습경험이란 행동과 결과의 관계를 학습하게 되는 것을 의미한다.
② 과제접근기술이란 개인이 어떤 과제를 성취하기 위해 동원하는 기술이다.
③ 우연히 일어난 일들을 개인의 진로에 긍정적으로 활용하는 것이 중요하다.
④ 개인의 진로선택에 영향을 미치는 요인에서 유전적 재능이나 체력 등의 요소를 간과했다.

해설
크롬볼츠(Krumboltz)의 사회학습 진로이론에서 개인의 진로선택에 영향을 미치는 요인으로 유전적 요인과 특별한 능력, 환경적 조건과 사건, 학습경험, 과제접근기술을 제시하고 있다.

012 다음은 로(Roe)가 제안한 8가지 직업 군집 중 어디에 해당하는가?

- 상품과 재화의 생산·유지·운송과 관련된 직업을 포함하는 군집이다.
- 운송과 정보통신에 관련된 직업뿐만 아니라 공학, 기능, 기계무역에 관계된 직업들도 이 영역에 속한다.
- 대인관계는 상대적으로 덜 중요하며 사물을 다루는데 관심을 둔다.

① 기술직(Technology)
② 서비스직(Service)
③ 비즈니스직(Business Contact)
④ 옥외 활동직(Outdoor)

해설 Roe의 직업군
① 기술직: 상품과 재화의 생산 유지 운송과 관련된 직업을 포함하는 직업군이다.
② 서비스직: 기본적으로 다른 사람의 욕구와 복지에 관련된 직업군이다.
③ 비지니스직(사업직): 상대방을 설득하여 거래를 성사시키는 직업군이다.
④ 옥외활동직: 농산물, 수산자원, 지하자원, 임산물, 기타의 천연자원을 개발, 보존, 수확하는 것과 축산업에 관련된 직업이 해당된다.

013 Krumboltz의 사회학습이론에서 개인의 진로에 영향을 미치는 요인에 해당하지 않는 것은?

① 유전적 요인
② 부모 특성
③ 환경 조건과 사건
④ 과제접근기술

해설 진로결정과정에 영향을 미치는 요인
- 유전적 요인과 특별한 능력
- 환경적 조건과 사건
- 학습경험
- 과제접근기술

정답 010 ① 011 ④ 012 ① 013 ②

014 진로이론에 대한 설명으로 옳은 것은?

ㄱ. 사회인지적 진로이론 – 진로발달과 선택에서 진로와 관련된 자신에 대한 평가와 믿음을 강조한다.
ㄴ. 인지적 정보처리이론 – 내담자가 욕구를 분류하고 지식을 획득하여, 자신의 욕구가 무엇인지 알 수 있도록 돕는다.
ㄷ. 인지적 정보처리이론 – 학습경험을 형성하고 진로행동에 단계적으로 영향을 주는 구체적인 매개변인을 찾는 데 목표를 둔다.
ㄹ. 가치중심적 진로이론 – 흥미와 가치가 진로결정 과정에서 가장 중요한 작용을 한다.

① ㄱ, ㄴ
② ㄱ, ㄷ
③ ㄴ, ㄹ
④ ㄷ, ㄹ

해설
ㄷ. 학습경험을 형성하고 진로행동에 단계적으로 영향을 주는 구체적인 매개변인을 찾는데 목표를 두는 것은 사회학습이론의 설명이다.
ㄹ. 가치중심적 진로이론에서는 가치가 진로결정 과정에서 가장 중요한 작용을 하며, 상대적으로 흥미가 무시된다.

015 진로발달이론 중 인지적 정보처리이론의 핵심적인 가정으로 옳지 않은 것은?

① 직업 문제해결 능력은 지식과 마찬가지로 인지적인 기능에 따라 달라진다.
② 직업발달은 지식구조의 지속적인 성장과 변화를 내포한다.
③ 직업 문제해결과 의사결정은 인지적인 과정을 내포하고 있고 정서적인 과정은 포함되지 않는다.
④ 직업 문제해결과 의사결정 기술의 발전은 정보처리 능력을 강화함으로써 이루어진다.

해설
인지적 정보처리이론의 가정에서 진로선택은 인지와 정서의 상호작용에 의한 결과이며, 진로의사결정은 하나의 문제해결 활동으로 보고 있다.

016 인지적 정보처리이론에서 제시하는 의사결정 과정의 절차를 바르게 나열한 것은?

ㄱ. 분석단계   ㄴ. 종합단계
ㄷ. 실행단계   ㄹ. 가치평가단계
ㅁ. 의사소통단계

① ㄱ → ㄴ → ㄷ → ㄹ → ㅁ
② ㄴ → ㄹ → ㄱ → ㄷ → ㅁ
③ ㄷ → ㄱ → ㄴ → ㅁ → ㄹ
④ ㅁ → ㄱ → ㄴ → ㄹ → ㄷ

개념 체크 인지적 정보처리(Cognitive Information Processing: CIP) 이론의 의사결정 과정
- 의사소통단계: 의문점을 듣고, 부호화하고, 표현하는 의사소통이 이루어진다.
- 분석단계: 개념적 틀 안에서 문제를 규명하고 정하는 분석하는 단계이다.
- 통합단계: 행동의 과정을 만들어 내는 통합(종합)하는 단계이다.
- 가치평가단계: 성공과 실패의 가능성과 타인에 대한 영향력으로 행동을 판단하는 가치평가하는 단계이다.
- 실행단계: 계획을 수행할 전략들의 이행인 실행하는 단계이다.

017 사회인지적 관점의 진로이론(SCCT)의 세 가지 중심적인 변인이 아닌 것은?

① 자기효능감   ② 자기 보호
③ 결과 기대   ④ 개인적 목표

해설
사회인지 진로이론(SCCT)은 진로발달의 기본이 되는 핵심 개념(변인)으로 자아(자기)효능감과 결과 기대(성과 기대), 개인적 목표를 들고 있다.

정답 014 ①   015 ③   016 ④   017 ②

018 가치중심적 진로접근모형의 기본명제와 가장 거리가 먼 것은?

① 개인이 우선권을 부여하는 가치들은 얼마 되지 않는다.
② 가치는 환경 속에서 가치를 담은 정보를 획득함으로써 학습된다.
③ 한 역할의 특이성은 역할 안에 있는 필수적인 가치들의 만족 정도와 관련된다.
④ 생애역할에서의 성공은 학습된 기술과 인지적·정의적·신체적 적성을 제외한 요인에 의해 결정된다.

> **해설**
> 가치중심적 진로접근모형에서는 생애역할에서의 성공은 학습된 기술, 인지적·정의적·신체적 적성 등 많은 요인들에 의해 결정됨을 기본명제로 한다.

019 동기의 강도는 어떤 결과에 부여하는 가치와 특정한 행동이 그 결과를 가져다줄 것이라고 믿는 것을 곱한 값과 같다고 설명하는 이론은?

① 형평이론 ② 강화이론
③ 욕구이론 ④ 기대이론

> **해설**
> 기대이론은 자신의 노력에 따른 결과를 기대하고 선택한다는 의사결정이론으로 노력은 1차 산출물인 성과에 대한 기대감을 갖게 하고 보상에 대한 믿음인 수단성이 2차 산출물인 보상을 가져오며 보상은 보상의 만족도인 유인가를 갖게 한다.

020 다음 중 데시(Deci)의 자기결정 동기 중 내적 동기에 해당하는 것은?

① 고유한 즐거움 ② 금전적 보상
③ 위생요인 ④ 기대

> **해설**
> 내적 동기는 외적 보상이나 가치를 따지지 않고 단순히 성공적으로 해내고 싶은 내적 욕구 때문에 어떤 활동을 하는 것으로, 그 활동 자체의 고유한 즐거움을 위해 활동을 하는 것을 의미한다. 반면, 외적 동기는 과제와 별다른 관계가 없거나 어느 정도만 관련된 결과로 인해 동기화되는 것을 말한다. 즉, 금전적 보상 같은 목표달성을 위한 수단으로 어떤 활동을 하려는 동기이다.

021 심리검사의 유형 중 객관적 검사의 장점이 아닌 것은?

① 검사실시의 간편성
② 객관성의 증대
③ 반응의 풍부함
④ 높은 신뢰도

> **해설**
> ③은 투사적 검사의 장점이다. 이외에도 투사적 검사의 장점에는 수검자의 반응의 독특성, 방어의 어려움, 무의식적 반응을 들 수 있다.

022 다음 중 직업상담에 사용되는 질적 측정도구가 아닌 것은?

① 역할놀이
② 제노그램
③ 직업카드분류
④ 욕구 및 근로가치 척도 또는 미네소타 욕구 중요도 검사(MIQ)

> **해설**
> 직업상담에 사용되는 주요 질적 측정도구에는 자기효능감 척도, 직업카드분류, 직업가계도 또는 제노그램, 역할놀이 또는 역할극이 있다.
> 욕구 및 근로가치 척도나 미네소타 욕구 중요도 검사(MIQ)는 질적 측정도구에 해당되지 않는다.

정답 018 ④ 019 ④ 020 ① 021 ③ 022 ④

023 심리검사에 관한 설명으로 틀린 것은?

① 대부분의 심리검사는 준거참조검사이다.
② 측정의 오차가 작을수록 신뢰도는 높은 경향이 있다.
③ 검사의 신뢰도가 높으면 타당도도 높게 나타나지만 항상 그런 것은 아니다.
④ 검사가 측정하고자 하는 심리적 구인(구성개념)을 정확하게 측정하는 것은 타당도의 개념이다.

해설
대부분의 심리검사는 규준참조검사(상대평가)이다. 반면, 대부분의 국가자격시험의 경우 준거참조검사(절대평가)이다.

024 표준화된 심리검사에서 표준점수에 관한 설명으로 옳은 것은?

① 표준화한 원점수 이하에 속하는 사례의 비율을 통해 나타내는 상대적 위치이다.
② 개인의 점수가 평균으로부터 떨어져 있는 거리이다.
③ 순차적이고 단계적인 발달의 과정이다.
④ 모집단을 대표할 수 있도록 표집한 규준집단에서의 자료이다.

해설
표준점수는 분포의 표준편차를 이용하여 개인의 점수가 평균으로부터 벗어난 거리를 표시한 것이다.

025 검사결과로 제시되는 백분위 95에 대한 설명으로 옳은 것은?

① 검사점수를 95% 신뢰할 수 있다는 의미이다.
② 전체 문제 중에서 95%를 맞추었다는 의미이다.
③ 내담자의 점수보다 높은 사람들이 전체의 95%가 된다는 의미이다.
④ 내담자의 점수보다 낮은 사람들이 전체의 95%가 된다는 의미이다.

해설
백분위 95란 그 점수보다 낮은 사람들의 비율이 전체의 95%란 말이며, 내담자는 상위 5%에 속한다는 의미이다.

026 다음 중 규준의 범주에 포함될 수 없는 점수는?

① 표준점수   ② Stanine점수
③ 백분위점수   ④ 표집점수

해설
해당 문제는 집단 내 규준을 묻는 문제로 집단 내 규준에는 표준점수, 백분위점수, 스테나인(Stanine)점수 등이 있다.

027 다음에 해당하는 규준은?

> 학교에서 실시하는 성취도검사나 적성검사의 점수를 정해진 범주에 집어넣어 학생들 간의 점수 차가 작을 때 생길 수 있는 지나친 확대 해석을 미연에 방지할 수 있다.

① 백분위점수   ② 표준점수
③ 표준등급   ④ 학년규순

해설
표준등급(9등급) 또는 스테나인점수는 원점수를 1~9등급까지의 범주로 나누는 것이다.
학교에서 실시하는 성취도검사나 적성검사의 결과를 나타낼 때 주로 사용되며, 이 방법은 학생들의 점수를 정해진 범주에 집어넣음으로써 학생들 간의 점수 차가 작을 때 생길 수 있는 지나친 확대해석을 미연에 방지할 수 있다.

정답 023 ① 024 ② 025 ④ 026 ④ 027 ③

028 특정 집단의 점수분포에서 한 개인의 상대적 위치를 나타내는 점수는?

① 표준점수 ② 표준등급
③ 백분위점수 ④ 규준점수

해설
백분위점수는 개인이 표준화된 집단에서 차지하는 상대적 위치를 가리키는 것으로 한 개인의 점수를 100개의 동일한 구간에서 순위를 정한 것이다.

029 신뢰도 계수에 관한 설명으로 틀린 것은?

① 신뢰도 계수는 점수 분포의 분산에 의해 영향을 받는다.
② 측정오차가 크면 신뢰도 계수는 작아진다.
③ 수검자들 간의 개인차가 크면 신뢰도 계수는 작아진다.
④ 추측해서 우연히 맞을 수 있는 문항이 많으면 신뢰도 계수가 작아진다.

해설
신뢰도 계수는 결과의 일관성을 보여주는 값이다. 신뢰도 계수는 개인차가 클수록 커진다.

개념 체크 신뢰도 계수에 영향을 미치는 요인
- 신뢰도 계수는 개인차가 클수록 커진다.
- 신뢰도 계수는 검사 문항의 수가 증가할수록 커진다.
- 신뢰도 계수는 신뢰도 측정방법에 따라서 달라질 수 있다.

030 신뢰도 추정에 관한 설명으로 옳지 않은 것은?

① 속도검사의 경우 기우양분법으로 반분신뢰도를 추정하면 신뢰도 계수가 과대 추정되는 경향이 있다.
② 신뢰도 추정에 영향을 미치는 요인은 상관계수에 영향을 미치는 요인과 유사하다.
③ 신뢰도 추정에 영향을 미치는 요인 중 가장 중요한 요인은 표본의 동질성이다.
④ 정서반응과 같은 불안정한 심리적 특성의 신뢰도를 정확히 추정하기 위해서는 검사-재검사의 기간을 충분히 두어야 한다.

해설
정서반응과 같은 불안정한 심리적 특성의 신뢰도를 정확히 추정하기 위해서는 검사-재검사의 기간을 되도록 짧게 해야 한다.

031 직업상담사 자격시험 문항 중 대학수학능력을 측정하는 문항이 섞여 있을 경우 가장 문제가 되는 것은?

① 타당도
② 신뢰도
③ 객관도
④ 오답지 매력도

해설
타당도는 연구자가 측정하고자 하는 개념이 실제로 측정되었는가와 그러한 측정이 얼마나 정확하게 이루어졌는가의 문제다. 예컨대 직업상담사 자격시험 문항 중 대학수학능력을 측정하는 문항이 섞여 있을 경우 타당도에서 문제가 된다.

정답 028 ③ 029 ③ 030 ④ 031 ①

032 적성검사에서 높은 점수를 받은 사람이 입사 후 업무수행이 우수한 것으로 나타났다면, 이 검사는 어떠한 타당도가 높은 것인가?

① 구성타당도(construct validity)
② 내용타당도(content validity)
③ 예언타당도(predictive validity)
④ 공인타당도(concurrent validity)

> **해설**
> 예언타당도(predictive validity)란 해당 검사의 점수를 가지고 다른 준거점수들을 얼마나 잘 예측해 낼 수 있는가 하는 정도를 말한다. 즉, 수검자의 미래행동에 대한 예측으로 새로이 개발한 검사 점수와 미래 그 사람이 실제로 수행을 할 때의 수행수준 간의 상관정도에 의해 결정된다. 예컨대 적성검사에서 높은 점수를 받은 사람들일수록 입사 후 업무 수행이 우수한 것으로 나타났다면, 이 검사는 예언타당도가 높은 것으로 볼 수 있다.

033 한 연구자가 검사를 개발한 후 요인분석을 통해 그 검사가 검사개발이 토대가 되는 이론을 잘 반영하는지를 확인하였는데 이 과정은 무엇을 확인하기 위한 것인가?

① 내용타당도
② 동시타당도
③ 준거타당도
④ 구성타당도

> **해설**
> 요인분석법은 구성타당도를 확인하기 위한 것이다. 구성타당도를 분석하는 방법에는 수렴타당도, 변별타당도, 요인분석법이 있다.

034 다음은 무엇에 관한 설명인가?

> 한 검사가 그 준거로 사용된 현재의 어떤 행동이나 특성과 관련된 정도를 나타내는 타당도

① 공인타당도 ③ 내용타당도
② 구성타당도 ④ 예언타당도

> **해설**
> 공인타당도(동시타당도)는 한 검사가 그 준거로 사용된 현재의 어떤 행동이나 특성과 관련된 정도를 확인하는 반면, 예언타당도는 미래를 예언하는 것이다.
> 준거타당도는 어떤 심리검사가 특정 준거와 어느 정도 관련성이 있는지를 알아보는 것으로 공인타당도(동시타당도)와 예언타당도(예측타당도)로 구분된다.

035 신뢰도가 높은 검사의 특성으로 옳은 것은?

① 공부를 잘하는 학생이 못하는 학생보다 더 좋은 점수를 받는다.
② 검사점수들이 정상분포를 이룬다.
③ 한 피검사자가 동일한 검사를 반복해서 받을 때 유사한 점수를 받는다.
④ 검사 문항의 난이도가 낮은 것부터 높은 것까지 골고루 분포되어 있다.

> **해설**
> 신뢰도란 검사를 동일한 피검사자에게 실시하였을 때 검사 조건이나 검사 시기에 관계없이 얼마나 점수들이 일관성이 있는가, 비슷한 것을 측정하는 검사의 점수와 얼마나 일관성이 있는가를 의미한다.

정답 032 ③   033 ④   034 ①   035 ③

036 심리검사에 관한 설명으로 옳은 것은?

① CMI는 태도척도와 능력척도로 구성되며, 진로선택 내용과 과정이 통합적으로 반영되었다.
② MBTI는 외향성·호감성·성실성·정서적 불안정성·경험에 대한 개방성의 5요인으로 구성되어 있다.
③ MMPI에서 한 하위척도의 점수가 70이라는 것은 규준집단에 비추어볼 때 평균보다 한 표준편차 아래인 것을 의미한다.
④ 진로발달검사의 경우 인간이 가진 보편적인 경향성을 측정하는 것이므로 미국에서 작성된 기존 규준을 우리나라에서 그대로 사용해도 무방하다.

해설
② 직업선호도검사 중 성격 5요인 검사(Big5)의 5요인에 대한 설명이다.
③ 원점수를 T점수(평균 50, 표준편차 10)로 환산하여 70 이상의 점수는 비정상적인 것으로 평가한다. 70이라는 것은 규준집단에 비추어볼 때 평균보다 두 표준편차 위인 것을 의미한다.
④ 인종, 민족, 사회문화적 배경 등에 따라서 진로성숙이 달라질 수 있으므로 서로 다른 문화적 배경요인을 고려할 필요가 있다. 즉, 미국에서 작성된 기존 규준을 우리나라에서 그대로 사용해서는 안 된다.

037 다음 중 일반적으로 가장 높은 신뢰도 계수를 기대할 수 있는 검사는?

① 표준화된 성취검사
② 표준화된 지능검사
③ 자기보고식 검사
④ 투사식 성격검사

해설
검사의 신뢰도란 동일한 사람에게 검사를 실시했을 때 그 점수가 얼마나 일관성 있게 나오느냐 하는 것이다. 높은 신뢰도 계수를 기대하려면 우선적으로 검사 도구가 표준화되어 있어야 하며, 보통 지능검사가 성취검사나 직무수행 평가보다 안정성과 신뢰도가 높다.

038 GATB 직업적성검사에 대한 설명으로 틀린 것은?

① 지필검사와 동작검사로 구성되어 있다.
② 모두 8개 영역의 적성을 검출한다.
③ 지능도 측정한다.
④ 모두 15개 하위검사로 이루어져 있다.

해설
일반 직업적성검사(GATB)에서 검출되는 9가지 적성은 지능, 언어능력, 수리능력, 사무지각, 형태지각, 공간적성, 운동반응, 손 재치, 손가락 재치가 있다.

039 Strong 검사에 관한 설명으로 옳은 것은?

① 기본흥미척도(BIS)는 Holland의 6가지 유형을 제공한다.
② Strong 진로탐색검사는 진로성숙도 검사와 직업흥미검사로 구성되어 있다.
③ 업무, 학습, 리더십, 모험심을 알아보는 기본흥미척도(BIS)가 포함되어 있다.
④ 개인특성척도(PSS)는 일반직업분류(GOT)의 하위 척도로서 특정 흥미분야를 파악하는 데 도움이 된다.

해설
스트롱(Strong) 진로탐색검사는 진로성숙도 검사와 흥미유형검사로 구성되어 있다.
① 일반직업분류(GOT)의 설명이다.
③ 개인특성척도(PSS)의 설명이다.
④ 기본흥미척도(BIS)의 설명이다.

정답 036 ① 037 ② 038 ② 039 ②

040 고용24(구 워크넷)에서 제공하는 직업선호도검사 L형의 하위검사가 아닌 것은?

① 흥미검사 ② 성격검사
③ 생활사검사 ④ 문제해결능력검사

> **해설**
> 고용24의 직업선호도검사는 L형(60분)과 S형(25분)으로 구분된다. L형은 흥미검사, 성격검사, 생활사검사로 구성되어 있고 S형은 흥미검사만으로 이루어져 있다.

041 직업상담 장면에서 활용 가능한 성격검사에 관한 설명으로 옳은 것은?

① 특정분야에 대한 흥미를 측정한다.
② 어떤 특정분야나 영역의 숙달에 필요한 적응능력을 측정한다.
③ 대개 자기보고식 검사이며 널리 이용되는 검사는 다면적 인성검사(MMPI), 성격유형검사(MBTI) 등이 있다.
④ 비구조적 과제를 제시하고 자유롭게 응답하도록 하여 분석하는 방식으로 웩슬러 검사가 있다.

> **해설**
> 자기보고식 검사는 객관적 검사라고도 하며, 다면적 인성검사(MMPI), 성격유형검사(MBTI)는 자기보고식 검사에 해당한다.
> ① 흥미검사에 대한 설명이다.
> ② 적성검사에 대한 설명이다.
> ④ 웩슬러 검사는 구조적 과제를 제시하고 응답하도록 하여 분석하는 방식이다.

042 직무수행 관련 성격 5요인(Big 5) 모델의 요인이 아닌 것은?

① 외향성 ② 친화성
③ 성실성 ④ 지배성

> **해설**
> 성격 5요인 검사(Big 5)에 지배성은 해당되지 않는다. 성격 5요인 검사 하위요인은 외향성, 호감성(친화성), 성실성, 정서적 불안정성, 경험에 대한 개방성이다.

043 진로성숙도검사(CMI)의 태도척도 영역과 이를 측정하는 문항의 예가 바르게 짝지어진 것은?

① 결정성 – 나는 선호하는 진로를 자주 바꾸고 있다.
② 독립성 – 나는 졸업할 때까지는 진로선택 문제에 별로 신경을 쓰지 않겠다.
③ 타협성 – 일하는 것이 무엇인지에 대해 생각한 바가 거의 없다.
④ 성향 – 나는 하고 싶기는 하나 할 수 없는 일을 생각하느라 시간을 보내곤 한다.

> **해설**
> ②는 참여도에 대한 설명이며, ③은 성향에 대한 설명이고, ④는 타협성에 대한 설명이다.

044 경력진단검사에 관한 설명으로 틀린 것은?

① 경력결정검사(CDS)는 경력 관련 의사결정 실패에 관한 정보를 제공하기 위해 개발되었다.
② 개인직업상황검사(MVS)는 직업적 정체성 형성 여부를 파악하기 위한 것이다.
③ 경력개발검사(CDI)는 경력 관련 의사결정에 대한 참여 준비도를 측정하기 위한 것이다.
④ 경력태도검사(CBI)는 직업선택에 필요한 정보 및 환경, 개인적인 장애가 무엇인지를 알려준다.

> **해설**
> 경력태도검사(CBI)는 내담자로 하여금 자아인식 및 세계관에 대한 문제를 확인하도록 하기 위한 것이다.
> 직업선택에 필요한 정보 및 환경, 개인적인 장애가 무엇인지를 알려주는 검사는 개인직업상황검사(MVS)이다.

정답 040 ④ 041 ③ 042 ④ 043 ① 044 ④

045 표준화 검사의 특징으로 틀린 것은?

① 검사의 실시와 채점이 객관적이다.
② 체계적 오차는 있어도 무선적 오차는 없다.
③ 신뢰도와 타당도가 비교적 높다.
④ 규준집단에 비교해서 피검사자의 상대적 위치를 알 수 있다.

해설
표준화 검사에도 체계적 오차와 무선적 오차는 있을 수 있다. 체계적 오차는 응답자 개인이나 검사 자체의 특성으로 인해 발생하는 오차이며, 무선적 오차는 검사 과정에서 통제되지 않은 요인들에 의해 우연하게 발생하는 오차이다.

046 다음 ( ) 안에 알맞은 것은?

( )란 심리검사의 실시와 채점절차의 동일성을 유지하는 데 필요한 세부사항들이 잘 정리되어 있는 것을 말한다. 즉 검사재료, 시간제한, 검사순서, 검사장소 등 검사 실시의 모든 과정과 응답한 내용을 어떻게 점수화하는가 하는 채점절차를 세부적으로 명시하는 것을 말한다.

① 표준화   ② 독립변인
③ 종속변인 ④ 규준

해설
심리검사의 주요개념으로서 표준화란 검사의 실시와 채점 절차의 동일성을 유지하는 데 필요한 세부사항들을 잘 정리한 것을 말한다. 즉 검사재료 시간제한 검사순서 검사장소 등 검사 실시의 모든 과정과 응답한 내용을 어떻게 점수화하는가 하는 채점절차를 세부적으로 명시하는 것을 말한다.

047 심리검사의 표준화를 통해 통제하고자 하는 변인이 아닌 것은?

① 검사자 변인   ② 피검자 변인
③ 채점자 변인   ④ 실시상황 변인

해설
표준화 검사는 검사 실시에 영향을 미치는 외적 변수들을 최소화하기 위해 검사자, 채점자 그리고 실시상황 변인 등 세부사항을 통제하지만, 피검자의 변인은 통제 대상에 해당되지 않는다.

048 심리검사를 실시하는 목적 내지는 용도와 가장 거리가 먼 것은?

① 예측   ② 진단
③ 분류   ④ 합리화

개념 체크 심리검사의 목적과 용도
- 개인적 기능(자기이해 증진)
- 예측적 기능
- 진단적 기능(분류적 기능)
- 조사적 기능

049 심리검사는 다양한 기준을 적용하여 분류할 수 있나. 검사의 실시 방법에 따른 분류에 해당하지 않는 검사는?

① 규준참조검사와 준거참조검사
② 속도검사와 파워검사
③ 개인검사와 집단검사
④ 지필검사와 수행검사

해설
규준참조검사와 준거참조검사는 심리검사 목적에 따른 분류이다.

정답 045 ② 046 ① 047 ② 048 ④ 049 ①

050 문항 난이도에 관한 설명으로 틀린 것은?

① 문항난이도 지수는 전체 응답자 중 특정 문항을 맞춘 사람들의 비율로서 0.00에서 1.00의 값을 갖는다.
② 문항이 어려울수록 검사점수의 변량이 낮아져서 검사의 신뢰도가 낮아진다.
③ 문항의 난이도가 0.50일 때 검사점수의 분산도가 최대가 된다.
④ 문항 난이도 지수가 높을수록 어려운 문제이다.

해설
문항 난이도 지수는 0.00에서 1.00의 범위를 가지며, 1.0은 모든 피검자가 답을 맞힌 쉬운 문항을, 0.0은 모든 피검자가 답을 맞히지 못한 어려운 문항을 나타낸다. 즉, 문항의 난이도 지수가 높을수록 쉬운 문제이다.

051 직업상담의 기초 기법에 관한 설명으로 틀린 것은?

① 적극적 경청: 내담자의 내면적 감정을 반영하는 것으로 이를 통해 내담자의 감정을 충분히 이해하고 수용할 수 있다.
② 명료화: 내담자의 말 속에 포함되어 있는 불분명한 측면을 상담자가 분명하게 밝히는 반응이다.
③ 수용: 상담자가 내담자의 이야기에 주의를 집중하고 있고, 내담자를 인격적으로 존중하고 있음을 보여주는 기법이다.
④ 해석: 내담자가 새로운 방식으로 자신의 문제들을 볼 수 있도록 사건들의 의미를 설정해 주는 것이다.

해설
내담자의 내면적 감정을 반영하는 것은 공감에 해당한다.
적극적 경청은 내담자의 말과 행동에 주목하여, 내담자가 표현하는 언어적인 의미 이외에 비언어적인 의미까지 이해하고자 하는 것이다.

052 상담자와 내담자가 처음 만났을 때 사용해 볼 수 있는 구조화된 면접기법으로 내담자의 정보와 행동을 이해하는 데 도움을 주는 것은?

① 생애진로사정
② 직업지도 프로그램
③ 직무분석
④ 긴장완화 프로그램

해설
상담자와 내담자가 처음 만났을 때 사용해 볼 수 있는 구조화된 면접기법으로, 내담자에 대한 기초적인 정보를 체계적으로 수집하기 위한 질적 평가절차는 생애진로사정이다.

053 생애진로사정의 구조에서 중요주제에 해당하지 않는 것은

① 요약
② 평가
③ 강점과 장애
④ 전형적인 하루

해설
생애진로사정의 구조의 중요주제는 진로사정, 전형적인 하루, 강점과 장애 및 요약으로 이루어진다.

054 역할사정에서 상호역할관계를 사정하는 방법이 아닌 것은?

① 질문을 통해 사정하기
② 동그라미로 역할관계 그리기
③ 역할의 위계적 구조 작성하기
④ 생애-계획연습으로 전환시키기

개념 체크 상호역할관계의 사정방법
• 질문을 통해 역할관계 사정하기
• 동그라미로 역할관계 그리기
• 생애-계획연습으로 전환시키기

정답 050 ④ 051 ① 052 ① 053 ② 054 ③

055 자기보고식 가치사정법이 아닌 것은?

① 과거의 선택 회상하기
② 존경하는 사람 기술하기
③ 난관을 극복한 경험 기술하기
④ 백일몽 말하기

개념 체크 자기보고식 가치사정기법
- 체크목록 가치에 순위 매기기
- 과거의 선택 회상하기
- 절정 경험 조사하기
- 자유시간과 금전 사용계획 조사하기
- 백일몽 말하기
- 존경하는 사람 기술하기

056 Super가 제시한 흥미사정기법에 해당하지 않는 것은?

① 표현된 흥미
② 선호된 흥미
③ 조작된 흥미
④ 조사된 흥미

개념 체크 수퍼(Super)의 흥미사정기법
- 조사된 흥미: 심리검사를 통해 흥미를 파악
- 표현된 흥미: 질문을 통해 흥미를 파악
- 조작된 흥미: 관찰을 통해 흥미를 파악

057 직업카드 분류 시 고려해야 할 사항과 가장 거리가 먼 것은?

① 선택한 직업카드의 숫자
② 포함될 직업의 혼합에 관한 문제
③ 경력수준
④ 한국직업사전 분류체계

개념 체크 직업카드 분류 시 고려해야 할 사항
- 직업카드의 숫자: 내담자의 직업선호를 구분을 목적으로 추출해내기 위해 카드는 120~180개 정도 갖추어야 한다.
- 포함될 직업의 혼합에 관한 문제: 직업카드는 3가지 주요 변수, 즉 교육적 수준, 홀랜드의 분류체계, 한국직업사전을 균형 있게 고려해야 한다.

058 상담과정의 본질과 제한조건 및 목적에 대하여 상담자가 정의를 내려주는 것은?

① 촉진화
② 관계형성
③ 문제해결
④ 구조화

해설

상담의 구조화란 상담자와 내담자가 상담목표를 성취하기 위해 상담의 기본성격, 상담자 및 내담자의 역할한계, 바람직한 태도 등을 설명하고 인식시켜 주는 작업이다.

정답 055 ③ 056 ② 057 ③ 058 ④

059 자기인식이 부족한 내담자를 사정할 때 인지에 대한 통찰을 재구조화하거나 발달시키는 데 적합한 방법은?

① 직면이나 논리적 분석을 해준다.
② 불안에 대처하도록 심호흡을 시킨다.
③ 은유나 비유를 사용한다.
④ 사고를 재구조화한다.

> **해설**
> 자기인식이 부족한 내담자의 경우 은유나 비유를 통하여 스스로 인식하게 만들 수 있다.

060 내담자의 정보를 수집하고 행동을 이해하고 해석할 때 내담자가 다음과 같은 반응을 보일 경우 사용하는 상담기법은?

- 이야기 삭제하기
- 불확실한 인물 인용하기
- 불분명한 동사 사용하기
- 제한적 어투 사용하기

① 전이된 오류 정정하기
② 분류 및 재구성하기
③ 왜곡된 사고 확인하기
④ 저항감 재인식하기

> **해설**
> 이야기 삭제하기, 불확실한 인물 인용하기, 불분명한 동사 사용하기, 제한적 어투 사용하기는 전이된 오류 정정하기에서 정보의 오류 정정하기에 속한다.

061 제한된 기회 및 선택에 대한 견해를 갖고 있는 내담자들이 스스로 자신의 견해를 제한하기 위해 사용하는 방법이 아닌 것은?

① 예외를 인정하지 않는 것
② 불가능을 가정하게 하는 것
③ 어쩔 수 없음을 가정하는 것
④ 공정한 세상을 인정하지 않는 것

> **해설**
> 전이된 오류의 유형 중 한계의 오류에 관한 문제로, 공정한 세상을 인정하지 않는 것은 관련이 없다.
>
> **개념 체크** 한계의 오류
> - 예외를 인정하지 않는 것(항상, 절대로, 모두, 아무도 등의 언어 사용)
> - 불가능을 가정하는 것(할 수 없다, 안 된다, 해서는 안 된다 등의 언어 사용)
> - 어쩔 수 없음을 가정하는 것(해야만 한다, 안 된다, 선택의 여지가 없다, 하지 않으면 안된다 등의 언어 사용)

062 상담의 초기면접 단계에서 일반적으로 고려할 사항이 아닌 것은?

① 통찰의 확대
② 목표의 설정
③ 상담의 구조화
④ 문제의 평가

> **해설**
> 상담의 초기면접 단계에 이루어지는 사항은 상담관계 형성, 심리적 문제파악(내담자의 문제평가), 상담목표 및 전략수립, 상담의 구조화 등이 있다.
> 통찰의 확대는 상담의 중기단계에 해당된다.

정답 059 ③ 060 ① 061 ④ 062 ①

063 초기면담의 유형 중 정보지향적 면담을 위한 상담 기법과 가장 거리가 먼 것은?

① 재진술
② 탐색해 보기
③ 폐쇄형 질문
④ 개방형 질문

해설
초기면담의 유형 중 정보지향적 면담에서는 내담자에 대한 정보 수집을 위해 탐색해 보기, 폐쇄형 질문, 개방형 질문 등의 상담 기법을 수행한다.

064 승진을 하려면 지방근무를 해야만 하고, 서울근무를 계속하려면 승진기회를 잃는 경우에 겪는 갈등의 유형은?

① 접근-접근 갈등
② 회피-회피 갈등
③ 접근-회피 갈등
④ 이중접근-회피 갈등

해설
접근-회피 갈등: 개인이 한 목표를 선택할 경우, 그 목표에 정적 그리고 부적 측면이 있어서 생기는 갈등이 여기에 속한다.

개념 체크 스트레스를 유발하는 동기 갈등
- 접근-접근 갈등: 목표가 모두 정적인 두 개의 대안들 중 한 개만을 선택해야 하는 경우이다.
- 회피-회피 갈등: 두 개의 부적 측면을 가진 목표를 수행해야 하는 경우이다.
- 이중접근-회피 갈등: 두 개의 접근-회피 갈등을 보이는 목표 중 어느 하나만을 선택할 수밖에 없는 경우 발생한다.

065 직무 및 일반 스트레스에 관한 설명으로 옳지 않은 것은?

① 17-OHCS라는 당류부신피질 호르몬은 스트레스의 생리적 지표로서 매우 중요하게 사용된다.
② A성격 유형이 B성격 유형보다 더 높은 스트레스 수준을 유지한다.
③ Yerkes와 Dodson의 역U자형 가설은 스트레스 수준이 적당하면 작업능률도 최대가 된다고 한다.
④ 일반적응증후군(GAS)에 따르면 저항단계, 경고단계, 탈진단계를 거치면서 사람에게 나쁜 결과를 가져다준다.

해설
셀리에(Selye)가 제시한 스트레스에 의한 일반적응증후군(GAS)의 3단계는 '경고단계 → 저항단계 → 탈진단계(소진단계)' 순으로 전개된다.

066 다음에 해당하는 직무 및 조직관련 스트레스 요인은?

> 직장 내 요구들 간의 모순 혹은 직장의 요구와 직장 밖 요구 사이의 모순이 있을 때 발생한다.

① 역할갈등
② 역할과다
③ 과제특성
④ 역할모호성

해설
역할갈등이란 역할담당자가 자신의 지위와 역할전달자의 역할 기대가 상충되는 상황에서 지각하는 심리적 상태로, 직장 내 요구들 간의 모순 혹은 직장의 요구와 직장 밖 요구 사이의 모순이 있을 때 발생한다.

정답 063 ① 064 ③ 065 ④ 066 ①

CBT 주요 빈출문제 — Ⅱ 직업심리 및 취업지원

067 진로상담의 주요 원리와 가장 거리가 먼 것은?

① 진로상담은 진학과 직업선택, 직업적응에 초점을 맞추어 전개되어야 한다.
② 진로상담은 상담자와 내담자 간의 라포(rapport)가 형성된 관계 속에서 이루어져야 한다.
③ 진로상담은 항상 집단적인 진단과 처치의 자세를 견지해야 한다.
④ 진로상담은 상담윤리 강령에 따라 전개되어야 한다.

해설
진로상담은 항상 차별적인 진단과 처치의 자세를 견지한다.

068 직업상담 영역과 가장 거리가 먼 것은?

① 직업일반상담
② 직업정신건강상담
③ 취업상담
④ 실존문제상담

해설
직업상담 영역에는 실존문제상담이 포함되지 않는다.

개념 체크 직업상담의 영역
- 직업일반상담
- 직업전환상담
- 직업문제치료
- 은퇴상담
- 직업적응상담
- 직업정신건강상담
- 취업상담

069 직업상담의 요인과 가장 거리가 먼 것은?

① 대안 탐구
② 내담자 특성 평가
③ 직업적 가능성에 대한 명료성
④ 개인적 정보와 실제적 자료의 분리

해설
직업상담의 요인 중 하나는 개인적 정보와 실제적 자료의 통합이다.

070 Gysbers가 제시한 직업상담의 목적에 관한 설명으로 옳은 것은?

① 생애진로발달에 관심을 두고, 효과적인 사람이 되는 데 필요한 지식과 기능을 습득하게 한다.
② 직업선택, 의사결정 기술의 습득 등이 주요한 목적이고, 직업상담 과정에는 진단, 문제 분류, 문제 구체화 등이 들어가야 한다.
③ 자기관리 상담모드가 주요한 목적이고, 직업정보 탐색과 직업결정, 상담만족 등에 효과가 있다.
④ 직업정보를 스스로 탐색하게 하고 자신을 사정하게 하는 능력을 갖추도록 돕는다.

해설
기스버스(Gysbers)가 제시한 직업상담의 목적은 예언과 발달(미래 행동을 예측하고 발달을 촉구), 처치와 자극(직업문제를 처치하고 지식과 기능을 자극), 결함과 유능(재능과 유능을 개발하고 사용하는 데 도움)이다.

정답 067 ③ 068 ④ 069 ④ 070 ①

071 직업상담사의 역할과 가장 거리가 먼 것은?

① 진학상담
② 직무분석 수행
③ 직업적응 상담
④ 은퇴 후 상담

해설
새로운 직무의 개발, 지시적인 직업선택, 직무분석 수행, 직업관련 이론개발 및 강의 등은 직업상담사의 직무로 볼 수 없다.

072 헤어(Herr)가 제시한 직업상담사의 직무내용에 해당되지 않는 것은?

① 상담자는 특수한 상담기법을 통해서 내담자의 문제를 확인하도록 한다.
② 상담자는 내담자의 마음속에 일어나고 있으며 윤리적으로 적절한 부가적 대안을 확인한다.
③ 직업선택이 근본적인 관심사인 내담자에 대해서는 직업상담 실시를 보류하도록 한다.
④ 내담자에 관한 부가적 정보를 종합한다.

해설
직업선택이 근본적인 관심사인 내담자에 대해서는 즉시 직업상담 실시를 확정해야 한다.

073 직업상담의 과정을 순서대로 바르게 나열한 것은?

① 관계형성 – 진단 및 측정 – 개입 – 목표설정 – 평가
② 관계형성 – 목표설정 – 진단 및 측정 – 개입 – 평가
③ 관계형성 – 진단 및 측정 – 목표설정 – 개입 – 평가
④ 관계형성 – 목표설정 – 개인 – 집단 및 측정 – 평가

해설
직업상담의 일반적인 과정의 순서는 관계형성 – 진단 및 측정 – 목표설정 – 개입 – 평가 순으로 진행된다.

074 상담 초기과정의 활동으로 가장 거리가 먼 것은?

① 상담의 목표를 설정한다.
② 내담자와 라포(rapport)를 형성한다.
③ 내담자의 심리상태를 평가한다.
④ 내담자의 문제행동에 대한 대안을 찾아본다.

해설
내담자의 문제행동에 대한 대안을 찾아보는 것은 상담 중기과정의 활동이다.

개념 체크 상담 초기과정의 활동
- 내담자와 라포 형성
- 내담자의 심리상태 평가
- 상담의 목표설정 및 전략수립
- 상담의 구조화 등

075 정신역동적 집단상담의 장점이 아닌 것은?

① 자신의 방어와 저항에 대해 좀 더 극적인 통찰을 얻을 수 있다.
② 다른 집단원이나 상담자에게 전이감정을 느끼며 훈습할 기회가 많아 자기이해를 증진할 수 있다.
③ 다른 집단원의 작업을 관찰함으로써 자신이 의식하지 못했던 감정을 가지고 있음을 이해하게 된다.
④ 집단상담자의 분석은 상담자와 집단원의 독점적 관계에서 전이적 소망을 충족시켜주므로 치료를 촉진시킨다.

해설
집단상담에서 상담자와 집단원의 관계는 독점적인 관계가 아니다. 그러므로 집단상담에서는 특정 개인의 문제가 충분히 다루어지지 않을 가능성이 많다

정답 071 ② 072 ③ 073 ③ 074 ④ 075 ④

076 Butcher가 제시한 집단직업상담을 위한 3단계 모델에 해당하지 않는 것은?

① 탐색단계
② 전환단계
③ 평가단계
④ 행동단계

해설
부처(Butcher)의 집단직업상담 3단계 모델은 '탐색단계 → 전환단계 → 행동단계' 순이다.

077 특성-요인 직업상담에서 일련의 관련 있는 또는 관련 없는 사실들로부터 일관된 의미를 논리적으로 파악하여 문제를 하나씩 해결하는 과정은?

① 다중진단
② 선택진단
③ 변별진단
④ 범주진단

해설
변별진단이란 일련의 관련 있는 또는 관련 없는 사실들로부터 일관된 의미를 논리적으로 파악하여 문제를 하나씩 해결하는 과정을 의미하며, 특성-요인 직업상담의 진단법이다.

078 Williamson이 분류한 직업선택의 주요 문제영역이 아닌 것은?

① 직업 무선택
② 직업선택의 확신 부족
③ 정보의 부족
④ 현명하지 못한 직업선택

개념 체크 Williamson의 직업문제 영역
• 무선택 (선택하지 않음)
• 불확실한 선택
• 흥미와 적성의 불일치
• 현명하지 못한 선택

079 직업상담의 문제유형 중 Bordin의 분류에 해당하지 않는 것은?

① 의존성
② 확신의 결여
③ 선택에 대한 불안
④ 흥미와 적성의 모순

해설
Bordin이 제시한 직업문제의 심리적 원인에는 내적갈등, 정보의 부족, 의존성, 확신의 결여, 진로선택의 불안이 있다.
흥미와 적성의 모순은 Williamson의 문제유형이다.

080 직업상담의 문제유형에 대한 Crites의 분류 중 '부적응형'에 관한 설명으로 옳은 것은?

① 적성에 따라 직업을 선택했지만 그 직업에 흥미를 느끼지 못하는 사람
② 흥미를 느끼는 분야는 있지만 그 분야에 필요한 적성을 가지고 있지 못하는 사람
③ 흥미나 적성의 유형이나 수준과는 상관없이 어떤 분야를 선택할지 결정하지 못하는 사람
④ 흥미를 느끼는 분야도 없고 적성에 맞는 분야도 없는 사람

해설
크릿츠(Crites)의 문제유형 중 부적응형은 흥미가 일치하는 분야도 없고, 적성이 일치하는 분야도 없는 경우이다.
①번은 강압형, ②번은 비현실형, ③번은 우유부단형에 해당한다.

정답 076 ③ 077 ③ 078 ③ 079 ④ 080 ④

081 정신분석적 상담에서 내담자가 과거의 중요한 인물에게서 느꼈던 감정이나 생각을 상담자에게 투사하는 현상은?

① 증상형성
② 전이
③ 저항
④ 자유연상

해설

전이는 내담자가 과거 어린 시절 중요한 타인(부모 또는 가족)에게 느꼈던 무의식적 감정이나 생각을 상담자에게 옮기는 것으로 정신분석적 상담의 주요 개념이다.

082 다음 중 내담자중심의 상담목표와 가장 거리가 먼 것은?

① 내담자의 내적 기준에 대한 신뢰를 높이도록 도와주는 것
② 경험에 보다 개방적이 되도록 도와주는 것
③ 지속적인 성장 경향성을 촉진시켜 주는 것
④ 내담자의 자유로운 선택과 책임의식을 증가시켜 주는 것

해설

내담자의 자유로운 선택과 책임의식을 증가시켜 주는 것은 형태주의 상담의 목표이다.

개념 체크 형태주의 상담의 목표

형태주의 상담에서는 인간을 현재 중심적이며 선택의 자유에 의하여 잠재력을 각성시킬 수 있는 존재로 보며, 내담자 자신의 행동결과에 대한 책임의식을 증진시키도록 하는 것을 상담의 목표로 한다.

083 진로선택과 관련된 이론으로 인생 초기의 발달과정을 중시하는 이론은?

① 인지적 정보처리이론
② 정신분석이론
③ 사회학습이론
④ 진로발달이론

해설

인생 초기 아동기의 경험을 중시하는 것은 정신분석이론의 특징이다.

개념 체크 진로선택 관련 이론

• 인지적 정보처리이론: 진로선택에 있어 개인의 인지 영역을 중시하며, 개인의 정보처리능력을 진로선택과 연관시킨다.
• 사회학습이론: 진로 결정에 있어 유전적 요인과 특별한 능력, 환경적 조건과 사건, 학습경험, 과제접근기술을 중시한다.
• 진로발달이론: 진로선택에 있어 개인의 발달과정을 중시한다. 즉, 진로선택은 발달과정의 일부로써 진로성숙과 함께 이루어진다고 본다.

084 상담이론과 직업상담사의 역할의 연결이 바르지 않은 것은?

① 인지상담 - 수동적이고 수용적인 태도
② 정신분석적 상담 - 텅 빈 스크린
③ 내담자중심의 상담 - 촉진적인 관계형성 분위기 조성
④ 행동주의 상담 - 능동적이고 지시적인 역할

해설

인지치료(상담)의 상담자는 내담자의 비합리적 신념을 논박하고 합리적 신념으로 변화시키기 위하여 능동적이고 적극적 태도를 지닌다. 반면, 수용적인 태도는 내담자중심 상담에서 상담자의 역할이다

정답 081 ② 082 ④ 083 ② 084 ①

085 아들러(Adler) 이론의 주요 개념인 초기 기억에 관한 설명을 모두 고른 것은?

> ㄱ. 중요한 기억은 내담자가 '마치 지금 일어나고 있는 것처럼' 기술할 수 있다.
> ㄴ. 초기 기억에 대한 내담자의 지각보다는 경험을 객관적으로 파악하는 것이 중요하다.
> ㄷ. 초기 기억은 삶, 자기, 타인에 대한 내담자의 현재 세계관과 일치하는 경향이 있다.
> ㄹ. 초기 기억을 통해 상담자는 내담자의 삶의 목표를 파악하는 데 도움을 받을 수 있다.

① ㄱ, ㄴ
② ㄴ, ㄷ
③ ㄱ, ㄷ, ㄹ
④ ㄴ, ㄷ, ㄹ

해설
초기 기억은 내담자의 경험에 대한 주관적 감정에 초점을 맞추어 파악하여야 한다.

086 Adler의 개인주의 상담에 관한 설명으로 옳은 것은?

① 내담자의 잘못된 가치보다는 잘못된 행동을 수정하는 데 초점을 둔다.
② 상담자는 조력자의 역할을 하며, 내담자가 상담을 주도적으로 이끈다.
③ 상담과정은 사건의 객관성보다는 주관적 지각과 해석을 중시한다.
④ 내담자의 사회적 관심보다는 개인적 열등감의 극복을 궁극적 목표로 삼는다.

해설
① 개인주의 상담은 행동수정보다는 내담자의 동기수정에 초점을 두었다.
② 내담자중심 상담의 설명이다.
④ 개인주의 상담의 궁극적 목표는 내담자의 사회적 관심, 즉 잘못된 사회적 가치를 바꾸는 것이다.

087 행동주의적 접근의 상담기법 중 공포와 불안이 원인이 되는 부적응 행동이나 회피행동을 치료하는 데 가장 효과적인 기법은?

① 타임아웃 기법
② 모델링 기법
③ 체계적 둔감법
④ 행동조성법

해설
체계적 둔감법은 불안이나 공포로 인해 야기되는 부적응 행동을 치료하는 데 매우 효과적이다.

개념 체크 체계적 둔감법
• 불안과 같은 긴장된 정서 반응과 편안함과 같은 정서적 반응이 양립할 수 없다는 상호제지의 원리에서 시작된다.
• 불안자극을 점차적으로 위계목록 순으로 완화시키는 기법이다.
• 이완훈련, 불안위계 목록의 작성, 단계적 둔감의 순서로 진행된다.

088 내담자가 자기지시적인 삶을 영위하고 상담사에게 의존하지 않게 하기 위해 상담사가 내담자와 지식을 공유하며 자기강화 기법을 적극적으로 활용하는 행동주의 상담기법은?

① 모델링
② 과잉교정
③ 내현적 가감법
④ 자기관리 프로그램

해설
자기관리 프로그램은 자신의 문제를 내담자 스스로 조정하고 해결할 수 있도록 돕는 과정으로 자기지시적인 삶을 영위하고 상담자에게 의존하지 않게 자기강화 기법을 적극 활용하는 프로그램이다.

개념 체크 행동주의 상담기법
• 모델링: 타인의 행동을 관찰함으로써 행동을 학습하도록 유도한다.
• 과잉교정: 잘못된 행동에 대해 과잉으로 대응함으로써 행동을 교정하는 것이다.
• 내현적 가감법: 혐오치료의 일종으로 불쾌한 상상을 하도록 유도하여 행동을 교정하는 것이다.

정답 085 ③ 086 ③ 087 ③ 088 ④

089 다음 중 예상되는 신체적, 정신적인 긴장을 약화시켜 내담자가 충분히 자신의 문제를 다룰 수 있도록 준비시키는 데 사용되는 인지적 행동주의 기법은?

① 인지적 재구조화
② 스트레스 접종
③ 사고정지
④ 행동계약

해설

스트레스 접종(면역)은 예상되는 신체적 또는 정신적 긴장을 약화시켜 내담자가 충분히 자신의 문제를 다룰 수 있도록 준비시키는 행동주의 기법이다.

090 행동주의적 상담기법 중 학습촉진기법이 아닌 것은?

① 강화
② 대리학습
③ 변별학습
④ 체계적 둔감화

해설

체계적 둔감화는 불안과 공포증이 있는 환자에게 불안 조건을 점차적으로 노출시켜 둔감화시키는 치료법으로 불안감소기법에 해당한다.

개념 체크 학습촉진기법
- 강화: 학습자에게 강화물을 제공하여, 특정행동의 빈도가 높아지도록 하는 행동수정방법이다.
- 변별학습: 강화와 학습의 원리를 이용하여, 자신의 능력과 태도를 변별하고 비교하게 하는 방법이다.
- 대리학습: 개인의 직접 경험이 아니라 타인의 경험을 관찰함으로써 행동이 강화될 수 있다.

091 인간중심 진로상담의 개념에 관한 설명으로 옳지 않은 것은?

① 일의 세계 및 자아와 관련된 정보의 부족에 관심을 둔다.
② 자아 및 직업과 관련된 정보를 거부하거나 왜곡하는 문제를 찾고자 한다.
③ 진로선택과 관련된 내담자의 불안을 줄이고 자기의 책임을 수용하도록 한다.
④ 상담자의 객관적 이해를 내담자에 대한 자아 명료화의 근거로 삼는다.

해설

인간중심 진로상담에서는 상담자의 객관적 이해가 아닌 주관적이고 정서적 이해를 통해 내담자에 대한 자아 명료화의 근거로 삼는다.

092 내담자중심 상담이론에 관한 설명으로 틀린 것은?

① 다양한 진로관련 검사결과에 기초하여 상담을 진행한다.
② Rogers는 직업과 관련된 의사결정에 대해 구체적으로 언급하지 않았다.
③ 몇몇 내담자중심 상담자들은 일반적 적응과 직업적 적응 사이에 관련성이 크지 않다고 보았다.
④ 직업정보는 내담자의 입장에서 필요할 때에만 상담과정에 도입한다.

해설

내담자중심 상담에서는 검사의 사용이 내담자의 방어적 태도를 증가시키고, 자기수용과 책임을 감소시키며, 상담자에 대한 의존성을 높인다고 보았다. 또한 구체적 상담기법보다는 일치성, 수용, 공감적 이해 등 상담자의 태도를 강조한다.

정답 089 ② 090 ④ 091 ④ 092 ①

093 Rogers가 제시한 내담자를 변화시키기 위한 상담자의 태도는?

① 공감, 수용, 일치
② 의식, 전의식, 무의식
③ 감각, 알아차림, 접촉
④ 비합리적 신념, 논박, 결과

[해설]
로저스(Rogers)는 내담자중심 상담이론에서 내담자를 변화시킬 수 있는 상담자의 기본적 태도 3가지를 공감적 이해, 무조건적인 수용, 일치성(또는 진실성)이라고 주장하였다.

094 게슈탈트 상담에서 인간의 분노, 격분, 증오, 고통, 불안, 슬픔, 죄의식, 포기 등과 같은 표현되지 못한 감정을 포함하는 개념은?

① 미해결과제
② 미성숙과제
③ 정서결핍과제
④ 구조적 과제

[해설]
완결되지 않은 게슈탈트를 미해결과제라고 한다. 즉, 하고 싶어도 할 수 없고 말하고 싶어도 할 수 없었던 것이 마음에 걸리는 경우를 말하는 것으로 원망, 분노, 불안, 죄의식과 같은 억압된 감정으로 나타난다. 미해결과제가 많아지면 욕구해소에 실패하게 되어 심리적 장애를 일으킬 수 있다.

[개념 체크] 게슈탈트
게슈탈트란 독일어로 '전체(형태)'를 의미하며, 자신의 욕구나 감정을 전체로 조직화하여 지각하는 것을 말한다.

095 인간을 과거나 환경에 의해 결정되는 존재가 아니라 현재의 사고, 감정, 행동의 전체성과 통합을 추구하는 존재로 보는 상담접근법은?

① 정신분석학적 상담
② 형태주의 상담
③ 개인주의 상담
④ 교류분석적 상담

[해설]
형태주의 상담(게슈탈트 상담)은 인간을 과거나 환경에 의해 결정되는 존재가 아니라 현재의 사고, 감정, 행동의 전체성과 통합을 추구하는 존재로 보는 상담접근법이다.

096 실존주의 상담에 관한 설명으로 틀린 것은?

① 정형화된 상담 모형과 상담자 훈련 프로그램이 마련되어 있지 않은 것이 한계점이다.
② 인간을 자기인식 능력을 지닌 존재로 본다.
③ 상담자는 내담자가 스스로 삶의 의미와 목적을 발견하고, 삶을 주체적으로 선택하고 책임지도록 돕는 것을 목표로 한다.
④ 실존주의 상담에서 가정하는 인간의 궁극적 관심사는 무의식의 자각이다.

[해설]
실존주의 상담에서 가정하는 인간의 궁극적 관심사는 무의미성이다. 무의식의 자각은 정신분석이론에 해당하는 개념이다.

정답 093 ① 094 ① 095 ② 096 ④

097 엘리스(Ellis)가 개발한 인지적-정서적 상담에서 정서적이고 행동적인 결과를 야기하는 것은?

① 선행사건
② 논박
③ 신념
④ 효과

해설

선행사건에 의해 경험하게 되는 내담자의 비합리적 신념에 의해서 정서 및 행동의 결과로 불안, 초조, 우울, 분노, 죄책감이 나타난다.

098 인지치료에서 다루는 인지적 오류와 그 사례로 옳은 것은?

① 선택적 추론: "90%의 성공도 나에게는 실패야."
② 양분법적 논리: "돌다리도 두들겨 보고 건너자."
③ 과일반화: "영어시험을 망쳤으니 이번 시험은 완전히 망칠거야."
④ 과소평가: "나는 이번 시험에 꼭 합격해야 해."

해설

과일반화는 특정 사건의 결과를 관계없는 상황까지 일반화하려는 오류이다. 즉, 한두 사건에 근거하여 일반적인 결론을 내리고 무관한 상황에도 그 결론을 적용시키는 것이다.

099 왜곡된 사고체계나 신념체계를 가진 내담자에게 실시하면 효과적인 상담기법은?

① 내담자중심 상담
② 정신분석
③ 인지치료
④ 행동요법

해설

인지치료는 자신과 세계에 관한 개인의 사고과정에서 나타나는 인지적 오류와 왜곡을 문제의 핵심으로 간주한다. 역기능적 신념이 행동에 미치는 영향력을 강조하며, 이를 수정하여 내담자의 정서나 행동을 변화시키는 데 역점을 둔다.

100 교류분석 상담의 상담과정에서 내담자 자신의 부모자아, 성인자아, 어린이자아의 내용이나 기능을 이해하는 방법은?

① 구조분석
② 의사교류분석
③ 게임분석
④ 생활각본분석

해설

교류분석 상담과정의 구조분석은 자아 상태를 부모자아, 성인자아 또는 어른자아, 어린이자아로 구분하여 그에 대한 내용을 통찰함으로써 부적절한 사고를 변화시키며, 세 가지 자아 상태를 적절히 활용할 수 있도록 돕는 과정이다.

정답 097 ③ 098 ③ 099 ③ 100 ①

101 특성–요인이론에 관한 설명으로 맞는 것을 모두 고른 것은?

> ㄱ. 대표적인 학자로 파슨스, 윌리암슨 등이 있다.
> ㄴ. 직업선택은 인지적인 과정으로 개인의 특성과 직업의 특성을 짝짓는 것이 가능하다고 본다.
> ㄷ. 개인차에 관한 연구에서 시작하였고, 심리측정을 중요하게 다루지 않는다.

① ㄱ, ㄴ
② ㄱ, ㄷ
③ ㄴ, ㄷ
④ ㄱ, ㄴ, ㄷ

해설

특성–요인이론에서 사람은 각기 다른 개인적 특질이 있다고 가정하기 때문에 개인차 측정과 진단을 위한 심리검사를 중시한다.

102 특성–요인 직업상담의 과정을 순서대로 바르게 나열한 것은?

> ㄱ. 분석   ㄴ. 종합
> ㄷ. 진단   ㄹ. 예측
> ㅁ. 상담

① ㄱ → ㄴ → ㄷ → ㄹ → ㅁ
② ㄱ → ㄴ → ㄷ → ㅁ → ㄹ
③ ㄱ → ㅁ → ㄷ → ㄹ → ㄴ
④ ㄷ → ㄱ → ㄴ → ㄹ → ㅁ

해설

특성–요인 진로상담의 과정은 분석 → 종합 → 진단 → 예측(예후) → 상담 → 추수지도 순이다.

103 내담자중심 상담이론에 관한 설명으로 틀린 것은?

① Rogers의 상담경험에서 비롯된 이론이다.
② 상담의 기본목표는 개인이 일관된 자아개념을 가지고 자신의 기능을 최대로 발휘하는 사람이 되도록 도울 수 있는 환경을 제공하는 것이다.
③ 특정 기법을 사용하기보다는 내담자와 상담자 간의 안전하고 허용적인 '나와 너'의 관계를 중시한다.
④ 상담기법으로 적극적 경청, 감정의 반영, 명료화, 공감적 이해, 내담자 정보탐색, 조언, 설득, 가르치기 등이 이용된다.

해설

내담자중심 상담기법으로는 적극적 경청, 감정의 반영, 명료화, 공감적 이해 등이 사용되는 반면, 내담자 정보탐색, 조언, 설득, 가르치기 등은 사용되지 않는다.

104 슈퍼(Super)가 제시한 발달적 직업상담 단계를 바르게 나열한 것은?

> A. 문제탐색 및 자아개념 묘사
> B. 현실검증
> C. 자아 수용 및 자아 통찰
> D. 심층적 탐색
> E. 태도와 감정의 탐색과 처리
> F. 의사결정

① A → B → C → D → E → F
② A → D → C → B → E → F
③ A → C → B → D → E → F
④ A → B → D → C → E → F

개념 체크 슈퍼(Super)의 발달적 직업상담 과정

1단계 – 문제의 탐색 및 자아개념 묘사
2단계 – 심층적 탐색
3단계 – 자아수용 및 자아통찰
4단계 – 현실검증
5단계 – 태도와 감정의 탐색과 처리
6단계 – 의사결정

정답 101 ① 102 ① 103 ④ 104 ②

105 보딘(Bordin)의 정신역동적 직업상담에서 사용하는 기법이 아닌 것은?

① 명료화
② 비교
③ 소망-방어 체계
④ 준지시적 반응 범주화

해설
정신역동적 직업상담의 반응범주(면담기법)에는 명료화, 비교, 소망-방어체계의 해석이 있다.

106 다음과 같은 직업상담에 대한 견해를 제시한 학자는?

> 직업상담의 과정에는 진단, 문제분류, 문제 구체화, 문제해결의 단계 등이 포함되어야 하며, 직업상담의 목적에는 진로선택, 의사결정 기술의 습득, 일반적 적응의 고양 등이 포함되어야 한다.

① Maola
② Gysbers
③ Crites
④ Krivatsy

해설
크릿츠(Crites)는 직업상담의 과정에 진단, 문제분류, 문제 구체화, 문제해결의 단계 등이 포함되어야 하며, 직업상담의 목적으로 진로선택, 의사결정 기술의 습득, 일반적 적응의 고양 등을 언급하였다. 또한 이러한 목적을 달성하기 위해 면담기법, 검사해석, 직업정보 등이 직업상담 과정에 포함되어야 한다고 주장하였다.

107 진로시간전망 검사지를 사용하는 주요 목적과 가장 거리가 먼 것은?

① 목표설정 촉구
② 계획기술 연습
③ 진로계획 수정
④ 진로의식 고취

해설
진로계획 수정은 진로시간전망 검사지를 사용하는 목적과 거리가 멀다.

개념 체크 진로시간전망 검사지의 사용목적
- 미래의 방향 설정을 가능하게 한다.
- 미래에 대한 희망을 갖도록 한다.
- 미래가 실제인 것처럼 느끼게 한다.
- 현재의 행동을 미래의 결과와 연계시킨다.
- 목표설정을 촉구한다.
- 진로계획에 대한 긍정적 태도를 강화한다.
- 진로계획의 기술을 연습시킨다.
- 진로의식을 높여준다.

108 내담자에 대한 상담 목표의 특성이 아닌 것은?

① 구체적이어야 한다.
② 내담자가 원하고 바라는 것이어야 한다.
③ 실현가능해야 한다.
④ 인격성장을 도와야 한다.

개념 체크 내담자가 가져야 할 목표의 특성
- 목표는 구체적이어야 한다(내담자가 바라는 구체적이고 긍정적인 변화를 상담목표로 삼는다).
- 목표는 실현가능해야 한다.
- 목표는 내담자가 원하고 바라는 것이어야 한다.
- 내담자의 목표는 상담자의 기술과 양립 가능해야 한다.

정답 105 ④ 106 ③ 107 ③ 108 ④

109 Cottle의 원형검사 시 세 가지 원을 그릴 때 원의 상대적 배치에 따른 시간관계성에 관한 설명으로 틀린 것은?

① 중복되지 않고 경계선에 접해 있는 원은 시간차원의 연결을 의미하며, 구별된 사건의 선형적 흐름을 뜻한다.
② 어떤 것도 접해 있지 않은 원은 시간차원의 완전성을 의미한다.
③ 부분적으로 중첩된 원들은 시간차원의 연합을 나타낸다.
④ 완전히 중첩된 원들은 시간차원의 통합을 의미한다.

해설
어떤 것도 접해 있지 않은 원은 시간차원의 고립을 의미한다.

110 직업선택을 위한 마지막 과정인 선택할 직업에 대한 평가과정 중 요스트(Yost)가 제시한 방법이 아닌 것은?

① 원하는 성과연습
② 확률추정연습
③ 대차대조표연습
④ 동기추정연습

개념 체크 요스트(Yost)가 제시한 직업선택을 위한 평가과정
- 찬반연습
- 원하는 성과연습
- 대차대조표연습
- 확률추정연습
- 미래를 내다보는 연습

111 6개의 생각하는 모자(six thinking hats) 기법에서 모자의 색상별 역할에 관한 설명으로 옳은 것은?

① 청색 – 낙관적이며, 모든 일이 잘 될 것이라고 생각한다.
② 적색 – 직관에 의존하고, 직감에 따라 행동한다.
③ 흑색 – 본인과 직업들에 대한 사실들만을 고려한다.
④ 황색 – 새로운 대안들을 찾으려 노력하고, 문제들을 다른 각도에서 바라본다.

해설
6개의 생각하는 모자에서 적색은 직관에 의한 감정이나 느낌을 반영하는 상징색으로 직관에 의존하고 직감에 따라 행동한다.
①번 황색, ③번 백색, ④번 녹색에 대한 설명이다.

112 수퍼(SUPER)의 여성 진로유형 중 학교졸업 후에도 직업을 갖지 않는 진로유형은?

① 안정적인 가사 진로유형
② 전통적인 진로유형
③ 단절 진로유형
④ 불안정 진로유형

해설
안정된 가정주부유형은 여성이 학교를 졸업하고 신부수업을 받은 다음 곧바로 결혼하여 가정생활을 영위하는 진로유형이다.

오답풀이
② 전통적인 진로유형: 여성이 학교를 졸업하고 결혼하기 전까지 직업을 갖다가 결혼과 동시에 직장을 그만두고 가정생활을 영위하는 진로유형이다.
③ 단절 진로유형: 여성이 학교를 졸업하고 일을 하다가 결혼을 하면 직장을 그만두고 자녀교육에 전념하고, 자녀가 어느 정도 성장하면 재취업해서 자아실현과 사회봉사를 하는 유형이다.
④ 불안정한 진로유형: 여성이 가정생활과 직장생활을 번갈아 가며 시행하는 진로유형이다.

정답 109 ② 110 ④ 111 ② 112 ①

113 Super의 생애진로발달 이론에서 상담목표로 옳은 것을 모두 고른 것은?

> ㄱ. 자기개념 분석하기
> ㄴ. 진로성숙 수준 확인하기
> ㄷ. 수행결과에 대한 비현실적 기대 확인하기
> ㄹ. 진로발달과제를 수행하는 데 필요한 지식, 태도, 기술 익히기

① ㄱ, ㄷ
② ㄱ, ㄴ, ㄹ
③ ㄴ, ㄷ, ㄹ
④ ㄱ, ㄴ, ㄷ, ㄹ

개념 체크 수퍼(Super)의 생애진로발달이론에서 진로상담의 주요 목표
- 자아개념(자기개념) 분석하기
- 진로성숙 수준 확인하기
- 진로발달과제를 수행하는 데 필요한 지식, 태도, 기술 익히기
- 자신의 흥미, 능력, 가치를 확인하고 생애역할과 연계하여 이해하기

수행결과에 대한 비현실적 기대를 확인하는 것은 사회인지적 진로이론(SCCT)의 개입 전략에 해당한다.

114 진로시간전망을 측정하는 원형검사에서 시간 차원 내 사건의 강도와 확장의 원리를 기초로 수행되는 차원은?

① 방향성
② 통합성
③ 변별성
④ 포괄성

해설
변별성은 미래를 현실처럼 느끼게 하고 미래계획에 대한 긍정적 태도를 강화시키며 목표설정을 신속하게 하는 데 목표를 둔다. 시간변별은 시간차원 내의 사건의 강화와 확장을 의미한다. 변별된 미래는 개인의 목표설정에 의미 있는 맥락을 제공한다. 내담자는 자신의 공간을 미래 속에서 그려 볼 수 있기 때문에 미래에 대한 불안을 감소시킬 수 있다.

115 내담자가 수집한 직업목록의 내용이 실현 불가능할 때, 상담사의 개입 방안으로 옳지 않은 것은?

① 브레인스토밍 과정을 통해 내담자의 부적절한 직업목록 내용을 명확히 한다.
② 최종 의사결정은 내담자가 해야 함을 확실히 한다.
③ 내담자가 그 직업들을 시도해 본 후 어려움을 겪게 되면 개입한다.
④ 객관적인 증거나 논리로 추출한 것에 대해서 대화해야 한다.

해설
내담자의 직업대안들이 실현 불가능한 것으로 여겨질 경우, 상담사는 내담자가 그와 같은 직업들에 정서적 열정을 소모하기 전에 신속히 개입하는 것이 바람직하다.

116 성공적인 상담결과를 위한 상담목표의 특징으로 옳지 않은 것은?

① 변화될 수 없으며 구체적이어야 한다.
② 실현 가능해야 한다.
③ 내담자가 원하고 바라는 것이어야 한다.
④ 상담자의 기술과 양립 가능해야만 한다.

개념 체크 내담자가 가져야 할 목표의 특성
- 목표는 구체적이어야 한다(내담자가 바라는 구체적이고 긍정적인 변화를 상담목표로 삼는다).
- 목표는 실현 가능해야 한다.
- 목표는 내담자가 원하고 바라는 것이어야 한다.
- 내담자의 목표는 상담자의 기술과 양립 가능해야 한다.

정답 113 ② 114 ③ 115 ③ 116 ①

117 하렌(V. Harren)의 진로의사결정 유형에 해당하는 것은?

① 운명론적 – 계획적 – 지연적
② 합리적 – 의존적 – 직관적
③ 주장적 – 소극적 – 공격적
④ 계획적 – 직관적 – 순응적

해설

하렌이 제시한 진로의사결정 유형에는 합리적 유형, 의존적 유형, 직관적 유형이 있다.

개념 체크 하렌(Harren)이 제시한 진로의사결정 유형

- 합리적 유형: 의사결정과정에 자신과 상황에 대한 정확한 정보를 수집하고, 논리적이고 체계적으로 접근하는 유형이다.
- 의존적 유형: 의사결정에 대한 개인적 책임을 부정하고, 그 책임을 외부로 돌리는 경향이 있다.
- 직관적 유형: 의사결정의 기초로 상상을 사용하고 현재의 감정에 주의를 기울이며 정서적 자각을 사용한다.

118 6개의 생각하는 모자(six thinking hats)기법에서 사용하는 모자 색깔이 아닌 것은?

① 갈색
② 녹색
③ 청색
④ 흑색

해설

6개의 생각하는 모자(six thinking hats)는 청색, 백색, 적색, 흑색, 황색, 녹색이다. 갈색은 사용되지 않는다.

119 상담에서 비밀보장 예외의 원칙과 가장 거리가 먼 것은?

① 상담자가 슈퍼비전을 받아야 하는 경우
② 심각한 범죄 실행의 가능성이 있는 경우
③ 내담자가 자살을 실행할 가능성이 있는 경우
④ 상담을 의뢰한 교사가 내담자의 상담자료를 요청하는 경우

해설

상담을 의뢰한 교사가 내담자의 상담자료를 요청하는 경우일지라도 상담자는 비밀을 누설해서는 안 된다.

개념 체크 슈퍼비전

상담경험이 풍부한 상급 상담자가 상대적으로 경험이 부족한 상담자의 상담능력의 발전을 위해 감독 혹은 지도하는 활동을 말한다.

120 직업상담사의 윤리강령으로 옳지 않은 것은?

① 직업상담사는 개인이나 사회에 임박한 위험이 있더라도 개인정보의 보호를 위하여 내담자의 정보를 누설하지 말아야 한다.
② 직업상담사는 내담자에 관한 정보를 교육장면이나 연구에 사용할 경우에는 내담자와 합의 후 사용하되 그 정체가 노출되지 않도록 한다.
③ 직업상담사는 소속 기관과의 갈등이 있을 경우 내담자의 복지를 우선적으로 고려해야 한다.
④ 직업상담사는 상담 관계의 형식, 방법, 목적을 설정하고 그 결과에 대하여 내담자와 협의한다.

해설

직업상담사는 개인이나 사회에 임박한 위험이 있을 경우 관계기관 등에 내담자의 정보를 공개할 수 있다.

정답 117 ② 118 ① 119 ④ 120 ①

Ⅲ 직업정보

121 한국직업사전(2020)의 구성항목 중 '부가직업정보'에 해당되지 않는 것은?

① 정규교육　　② 숙련기간
③ 표준직업분류　④ 수행직무

> **해설**
> 『한국직업사전(2020)』의 구성항목은 직업코드, 본직업명, 직무개요, 수행직무, 부가직업정보 등이다. 여기서 부가직업정보는 다시 정규교육, 숙련기간, 직무기능(DPT), 작업강도, 육체활동, 작업장소, 작업환경, 유사명칭, 관련직업, 자격/면허, 한국표준산업분류 코드, 한국표준직업분류 코드, 조사연도 등 13개 항목으로 구성되어 있다.

122 다음 중 2021 한국직업전망에 관한 설명으로 틀린 것은?

① 진로와 직업을 결정하고자 하는 청소년이나 일반구직자들이 다양한 직업정보를 살펴보고 자신에게 맞는 직업을 선택할 수 있도록 도움을 주기 위해 기획되었으며, 우리나라를 대표하는 9개 분야 220여 개 직업에 대한 상세 정보를 수록하고 있다.
② 하는 일, 업무환경, 되는 길, 필요한 적성과 흥미 및 향후 5년간 수록직업에 대한 직업전망을 제공함으로써 각 직업에 대한 상세한 정보를 얻을 수 있도록 구성되었다.
③ 종사자 수가 일정규모 이상이거나 청소년 및 일반구직자로부터 높은 관심을 받는 직업 혹은 직업정보를 제공할 가치가 있다고 판단되는 직업을 우선적으로 선정하였다.
④ 한국고용직업분류(KECO)의 세분류 직업 가운데 승진을 통해 진입하게 되는 관리직은 제외하였다.

> **해설**
> 『2021 한국직업전망』은 9개 분야 220여 개 직업에 대해 향후 10년간 수록직업에 대한 일자리 전망을 제공하고 있다. 이외에도 청소년이나 일반구직자들이 관심을 가지는 직업별 종사자 현황, 수입 등 다양한 정보를 제시하고 있다.

123 한국직업사전(2020)의 부가직업정보 중 자료(data)와 관련된 직무기능에 대한 설명으로 틀린 것은?

① 분석: 사실을 발견하고 지식개념 또는 해석을 개발하기 위해 자료를 종합적으로 분석한다.
② 조정: 데이터의 분석에 기초하여 시간, 장소, 작업순서, 활동 등을 결정한다.
③ 계산: 사칙연산을 실시하고 사칙연산과 관련하여 규정된 활동을 수행하거나 보고한다. 수를 세는 것은 포함되지 않는다.
④ 수집: 자료, 사람, 사물에 관한 정보를 수집, 대조, 분류한다.

> **해설**
> 『한국직업사전』의 부가직업정보에서, 직무기능의 자료(data) 중 '사실을 발견하고 지식개념 또는 해석을 개발하기 위해 자료를 종합적으로 분석'하는 것은 종합(synthesizing)이다. 분석(analyzing)은 조사하고 평가하는 것으로, 평가와 관련된 대안적 행위의 제시가 빈번하게 포함된다.

124 고용24 직업정보시스템에서 제공하는 학과정보 중 공학계열에 해당하는 학과가 아닌 것은?

① 해양공학과　② 생명공학과
③ 건축학과　　④ 조경학과

> **해설**
> 공학계열은 대부분 ㅇㅇ공학과라는 명칭으로 되어 있지만 건축학과, 건축설비학과, 조경학과도 공학계열에 포함시키고 있다. 한편, 식품공학과, 임산공학과, 생명공학과, 동물생명공학과 등은 ㅇㅇ공학과라는 명칭으로 되어 있지만 자연계열로 분류된다.

정답　121 ④　122 ②　123 ①　124 ②

125 다음 중 직업정보의 기능으로 볼 수 없는 것은?

① 인력배치의 효율화
② 구조적 실업의 해소
③ 노동시장의 유연성 제고
④ 인적자본의 효율성 제고

해설
직업정보를 제공함으로써 해소할 수 있는 실업은 구조적 실업이 아닌 마찰적 실업이다. 마찰적 실업은 새로 일자리를 구하거나 직장을 옮기는 과정에서 노동시장의 정보 부족으로 인해 발생하는 일시적인 실업이다.

126 다음은 한국표준직업분류(2018)의 어떤 직능수준에 해당하는 설명인가?

> 일반적으로 중등교육을 마치고 1~3년 정도의 추가적인 교육과정(ISCED 수준 5) 정도의 정규교육 또는 직업훈련을 필요로 한다.

① 제1직능 수준 ② 제2직능 수준
③ 제3직능 수준 ④ 제4직능 수준

해설
제3직능 수준에 대한 설명이다. 제3직능 수준은 복잡한 과업과 실제적인 업무를 수행할 정도의 전문적인 지식을 보유하고 수리계산능력과 의사소통능력이 상당히 높아야 한다. 시험원과 진단과 치료를 지원하는 의료관련 분야나 스포츠관련 직업이 대표적이다.

127 직업정보에 대한 설명으로 틀린 것은?

① 현재 고려 중인 직업의 선택의 수를 줄이기 위해서 사용할 수 있다.
② 직업정보를 제공하는 인쇄매체는 직업체험보다 학습자 참여도가 수동적이다.
③ 직업정보를 수집할 때는 항상 최신의 자료인가 확인한다.
④ 직업정보 수집을 목적으로 할 때 직업체험은 인쇄매체보다 접근성이 우수하다.

해설
다양한 직업정보의 유형 중 접근성이 가장 뛰어난 것은 인쇄매체이다. 직업체험은 접근성이 매우 제한적이다.

128 한국고용직업분류(2018)의 개정방향 및 주요 개정내용에 대한 설명으로 틀린 것은?

① 대분류와 중분류 단위는 직능수준을 우선적으로 고려하였으며, 직능유형은 소분류 단위에서 고려하였다.
② 기존 24개의 중분류 중심 분류체계에서 10개의 실질적인 대분류 중심체계로 전환하였다.
③ 대분류, 중분류 단위의 직업명은 직업 묶음이라는 의미로서의 '~직'으로 통일하여 사용하였다.
④ 중분류는 통계의 활용성을 높이기 위해 35개로 세분화하였고, 세분류는 산업변화에 따른 직업변화를 반영하여 450개 항목으로 구성하였다.

해설
한국고용직업분류(2018)는 대분류와 중분류 단위에서 직능유형을 우선적으로 적용하였으며, 소분류 단위에서 직능수준을 함께 적용하였다. 다만, 중분류 단위에서도 해당 항목이 직능유형만으로 구분하기 어려운 여러 단위에 걸쳐 있어서 구분하기 곤란한 경우는 직능수준이 고려되었다.

129 다음 중 고용24 직업정보시스템의 한국직업정보시스템에서 직업정보 찾기 중 조건별 검색의 검색항목으로 옳은 것은?

① 평균학력, 근로형태
② 근로시간, 평균연봉
③ 근로시간, 직업전망
④ 평균연봉, 직업전망

해설
고용24 직업정보시스템에서 직업정보 찾기의 조건별 검색의 검색항목은 평균연봉, 직업전망이다. 평균연봉은 3,000만 원 미만, 3,000~4,000만 원 미만, 4,000~5,000만 원 미만, 5,000만 원 이상으로 구분하고 있으며, 직업전망은 매우 밝음(상위 10% 이상), 밝음(상위 20% 이상), 보통(중간 이상), 전망 안 좋음(감소 예상직업)으로 구분하고 있다.

정답 125 ② 126 ③ 127 ④ 128 ① 129 ④

130 다음 중 2021 한국직업전망의 직업정보에 포함되지 않는 것은?

① 되는 길 ② 유사직업
③ 업무환경 ④ 분류코드

> **해설**
> 『2021 한국직업전망』의 직업정보는 직업별로 대표직업명, 하는 일, 업무환경, 되는 길(교육 및 훈련, 관련학과, 관련자격 및 면허, 입직 및 경력개발), 적성 및 흥미, 일자리 전망, 관련직업, 분류코드, 관련 정보처 등으로 구성된다.

131 한국표준산업분류(2017)의 적용 원칙에 관한 설명으로 틀린 것은?

① 생산단위는 산출물뿐만 아니라 투입물과 생산공정 등을 함께 고려하여 그들의 활동이 가장 정확하게 설명된 항목에 분류해야 한다.
② 동일 단위에서 제조한 재화의 소매활동은 별개 활동으로 파악되지 않고 제조활동으로 분류되어야 한다.
③ '공공행정 및 국방, 사회보장사무' 이외의 다른 산업활동을 수행하는 정부기관은 그 활동의 성질에 따라 분류하여야 한다.
④ 수수료 또는 계약에 의하여 활동을 수행하는 단위는 자기계정과 자기책임하에서 생산하는 단위와 별도항목으로 분류되어야 한다.

> **해설**
> 한국표준산업분류(2017)의 적용 원칙에서 수수료 또는 계약에 의하여 활동을 수행하는 단위는 자기계정과 자기책임 하에서 생산하는 단위와 동일 항목으로 분류되어야 한다.

132 한국표준산업분류(2017)의 분류구조 및 부호 체계에 관한 설명으로 틀린 것은?

① 부호처리를 할 경우에는 아라비아숫자만을 사용하도록 했다.
② 소분류 이하 모든 분류의 끝자리 숫자는 0에서 시작하여 9에서 끝나도록 하였다.
③ 중분류의 번호는 01부터 99까지 부여하였으며, 대분류별 중분류 추가 여지를 남겨 놓기 위하여 대분류 사이에 번호 여백을 두었다.
④ 권고된 국제분류 ISIC Rev.4를 기본체계로 이와 동일하게 분류항목과 분류부호를 설정하였다.

> **해설**
> 권고된 국제분류 ISIC Rev.4를 기본체계로 하였으나, 국내 실정을 고려하여 독자적으로 분류항목과 분류번호를 설정하였다.

133 한국표준직업분류(2018)에서 요구되는 직능수준이 다른 대분류 항목은?

① 단순노무 종사자
② 사무 종사자
③ 서비스 종사자
④ 기능원 및 관련 기능 종사자

> **해설**
> 대분류 3~대분류 8에 속하는 직업들은 제2직능 수준이 요구된다. 대분류 9에 속하는 단순노무 종사자는 제1직능 수준이 요구되는 직업이다.

정답 130 ②　131 ④　132 ④　133 ①

134 다음 ( )에 알맞은 것은?

> 직업능력개발계좌 적합훈련과정으로 인정받을 수 있는 훈련과정은 실업자의 경우 훈련기간과 훈련시간이 각각 (A)일 이상이고 (B)시간 이상이어야 한다.

① A: 10, B: 40 ② A: 15, B: 40
③ A: 10, B: 65 ④ A: 15, B: 120

해설
직업능력개발계좌제에서 계좌적합훈련과정의 인정 요건은 실업자 대상인 경우 훈련기간과 훈련시간이 각각 10일 이상이고 40시간 이상이어야 한다.

135 고용보험의 개인혜택의 하나인 실업급여 중 취업촉진수당이 아닌 것은?

① 직업능력개발수당
② 광역구직활동비
③ 훈련연장급여
④ 이주비

해설
훈련연장급여는 연장급여이다.
실업급여는 크게 구직급여, 취업촉진수당, 연장급여 및 상병급여로 구분할 수 있다. 취업촉진수당으로는 조기재취업수당, 직업능력개발수당, 광역구직활동비 및 이주비 등이 있다.

136 해당 종목에 관한 기술기초이론지식 또는 숙련기능을 바탕으로 복합적인 기초기술 및 기능업무를 수행할 수 있는 능력의 보유 여부를 검정기준으로 하는 국가기술자격 등급은?

① 기능장 ② 기사
③ 산업기사 ④ 기능사

해설
응시하고자 하는 종목에 관한 기술기초이론지식 또는 숙련기능을 바탕으로 복합적인 기능업무를 수행할 수 있는 능력의 유무를 검정하는 자격등급은 산업기사이다.

137 국가직무능력표준(NCS)에 관한 설명으로 틀린 것은?

① 산업현장에서 직무를 수행하기 위해 요구되는 지식·기술·태도 등의 내용을 국가가 체계화한 것이다.
② 한국고용직업분류를 중심으로 분류하였으며, 대분류 → 중분류 → 소분류 → 세분류 순으로 구성되어 있다.
③ 능력단위는 NCS 분류의 하위단위로서 능력단위요소, 직업기초능력 등으로 구성되어 있다.
④ 직무는 NCS 분류의 중분류를 의미하고, 원칙상 중분류 단위에서 표준이 개발된다.

해설
직무는 국가직무능력표준(NCS) 분류체계의 세분류를 의미하고, 원칙상 세분류 단위에서 표준이 개발된다.

138 고용24(구 워크넷) 구인·구직 통계현황에서 특정 연도의 신규구인인원 130만 명, 신규구직건수 200만 명, 취업건수가 68만 건일 때, (A) 구인배율과 (B) 취업률(%)은?

① A: 0.55, B: 29.0
② A: 0.65, B: 34.0
③ A: 0.55, B: 34.0
④ A: 0.65, B: 29.0

해설
구인배율 = 신규구인인원 / 신규구직건수
= 130만 명 / 200만 명 = 0.65
취업률 = (취업건수 / 신규구직건수) × 100
= (68만 건 / 200만 명) × 100 = 34.0%

정답 134 ① 135 ③ 136 ③ 137 ④ 138 ②

139 직업정보시스템의 일반적인 정보관리 순서를 바르게 나열한 것은?

① 수집 – 분석 – 가공 – 체계화 – 제공 – 평가
② 수집 – 가공 – 분석 – 제공 – 평가 – 체계화
③ 수집 – 분석 – 평가 – 가공 – 체계화 – 제공
④ 수집 – 분석 – 체계화 – 제공 – 가공 – 평가

> **해설**
> 직업정보시스템의 정보관리는 직업정보의 '수집 → 분석 → 가공 → 체계화 → 제공 → 축적 → 평가'의 순서로 이루어진다.

140 다음은 직업정보 수집을 위한 자료수집방법을 비교한 표이다. ( )에 알맞은 것은?

기준	(ㄱ)	(ㄴ)	(ㄷ)
비용	높음	보통	보통
응답자료의 정확성	높음	보통	낮음
응답률	높음	보통	낮음
대규모 표본관리	곤란	보통	용이

① ㄱ: 전화조사, ㄴ: 우편조사, ㄷ: 면접조사
② ㄱ: 면접조사, ㄴ: 우편조사, ㄷ: 전화조사
③ ㄱ: 면접조사, ㄴ: 전화조사, ㄷ: 우편조사
④ ㄱ: 전화조사, ㄴ: 면접조사, ㄷ: 우편조사

> **해설**
> (ㄱ) 면접조사는 많은 비용이 소요되지만 응답자료가 정확한 편이고 응답률이 높다. 그러나 많은 비용이 들기 때문에 대규모 표본관리는 어렵다.
> (ㄷ) 우편조사는 전화조사에 비해 비용이 적게 들어 대규모 표본관리가 용이한 편이다. 그러나 응답자료의 정확성과 응답률이 낮다는 문제점이 있다.

141 한국직업사전(2020)의 부가직업정보 중 직무기능에서 사물(things)에 관한 기능들 중 책임과 판단이 가장 복잡한 기능은 다음 중 어느 것인가?

① 설치   ② 정밀작업
③ 제어조작   ④ 유지

> **해설**
> 『한국직업사전』의 부가직업정보 중 직무기능(DPT)에서 사물(things)에 관한 기능은 작업자가 기계와 장비를 가지고 작업하는지 혹은 기계와 관련 없는 도구와 작업 보조구를 가지고 작업하는지 기초하여 분류된다. 책임과 판단이 가장 복잡한 순서는 설치 > 정밀작업 > 제어조작 > 조작운전 등이고, 가장 단순한 것은 단순작업이다.

142 직업능력개발훈련 중 근로자에게 직업에 필요한 기초적 직무수행능력을 습득시키기 위하여 실시하는 훈련은?

① 향상훈련   ② 전직훈련
③ 집체훈련   ④ 양성훈련

> **해설**
> 직업능력개발훈련을 훈련내용 및 대상에 따라 구분하면 양성훈련, 향상훈련 및 전직훈련으로 구분한다. 양성훈련은 근로자에게 직업에 필요한 기초적 직무수행능력을 습득시키기 위해 실시하는 직업능력개발훈련이다.

정답 139 ① 140 ③ 141 ① 142 ④

143 서비스 분야 국가기술자격 종목별 응시자격 기준으로 틀린 것은?

① 직업상담사 1급 – 해당 실무에 5년 이상 종사한 사람
② 컨벤션기획사 1급 – 동일 및 유사직무분야에서 4년 이상 실무에 종사한 사람
③ 소비자전문상담사 1급 – 해당 종목의 2급 자격 취득 후 소비자상담 실무경력 2년인 사람
④ 직업상담사 2급 – 제한 없음

해설
직업상담사 1급은 실무경력 3년 이상이거나, 2급 자격 취득 후 실무경력 2년 이상이면 응시자격이 주어진다. 소비자전문상담사 1급과 사회조사분석사 1급도 동일하다.

144 다음은 한국직업사전(2020)의 직무분석 용어 중 무엇에 관한 설명인가?

- 작업자 한 사람, 한 사람에게 임무·일·책임이 분명하게 존재하여 작업이 수행될 경우, 그 한 사람 한 사람의 작업을 의미한다.
- 어떤 조직이건 작업자의 수만큼 이것이 존재한다.
- 이것은 직무상의 지위를 의미하는 것으로, 직무가 조직 내의 직무체계 안에서 차지하는 지위를 의미한다.

① 과업 ② 직위
③ 직무 ④ 직업

해설
작업자 개개인에게 업무·일·책임이 분명히 존재하여 작업이 수행될 경우 한 사람 한 사람의 작업을 직위(position)라고 하며, 어떤 조직이건 작업자의 수만큼 직위가 있게 된다. 이 직위는 사회적 신분이나 위계질서를 나타내는 것이 아니라 직무상의 지위를 의미한다.

145 고용24 직업정보시스템에서 학과정보를 계열별로 검색하고자 할 때 선택할 수 있는 계열이 아닌 것은?

① 문화관광계열 ② 교육계열
③ 자연계열 ④ 예체능계열

해설
고용24 직업정보시스템의 학과정보에서는 학과를 인문계열, 사회계열, 교육계열, 자연계열, 공학계열, 의약계열, 예체능계열 등 7개 계열로 구분하여 정보를 제공한다. 또한 각 학과별로 학과소개(학과영역, 적성과 흥미), 관련학과·교과목(주요 교과목, 취득자격면허), 개설대학, 진출직업, 취업현황(취업률) 등의 정보를 제공한다.

146 분석하려는 직업에 종사한 경험이 많은 전문가들을 한자리에 모아 놓고 짧은 시간에 브레인스토밍 기법으로 직무를 분석하는 방법은?

① 데이컴법 ② 비교확인법
③ 면접법 ④ 최초분석법

해설
데이컴법은 교육과정 개발을 위한 직무분석 기법으로서 교육목표와 내용을 비교적 단시간 내에 추출하는 데 효과적이다. 10년 이상 경력을 쌓은 숙련근로자 10여 명을 분석 협조자로 선정하여(8~12명의 해당 전문가) 데이컴위원회를 구성하고, 2박 3일 정도의 집중적인 워크숍을 실시하여 데이컴차트를 완성한다. 데이컴법에서 서기나 옵저버의 의견은 반영이 안 된다는 점에 주의하여야 한다.

정답 143 ① 144 ② 145 ① 146 ①

147 국가기술자격의 검정기준 또는 응시자격에 대한 설명으로 옳은 것은?

① 기능사에 대한 응시자격은 고등학교 졸업 이상이다.
② 응시하려는 종목에 속하는 동일 및 유사직무분야에서 3년 이상 실무에 종사한 사람은 기사 등급의 응시자격을 충족한다.
③ 기술사 등급에 대한 검정기준은 '응시하고자 하는 종목에 관한 공학적 기술이론지식을 가지고 설계, 시공, 분석 등의 기술업무를 수행할 수 있는 능력의 유무'이다.
④ 기능사 등급에 대한 검정기준은 '응시하고자 하는 종목에 관한 숙련기능을 가지고 제작, 제조, 운전, 보수, 정비, 채취, 검사 또는 작업관리 및 이에 관련된 업무를 수행할 수 있는 능력의 유무'이다.

> **해설**
> ① 기능사는 응시자격에 제한이 없다.
> ② 기사 등급의 응시자격은 응시하려는 종목에 속하는 동일 및 유사직무분야에서 4년 이상 실무에 종사한 사람이다.
> ③ '응시하고자 하는 종목에 관한 공학적 기술이론지식을 가지고 설계 시공, 분석 등의 기술업무를 수행할 수 있는 능력의 유무'는 기사 등급의 검정기준이다.

148 다음에서 설명하고 있는 제도는 무엇에 대한 것인가?

> • 산업현장에서 요구하는 실무형 인재를 기르기 위해 기업이 취업을 원하는 청년 등을 학습근로자로 채용하여 기업현장(또는 학교 등의 교육기관)에서 장기간의 체계적인 교육을 제공하고, 교육훈련을 마친 자의 역량을 국가(또는 해당 산업계)가 평가하여 자격을 인정하는 제도이다.
> • 독일·스위스식 도제제도를 한국에 맞게 설계한 도제식 교육훈련제도이다.

① 국가기간·전략산업직종 훈련
② 일-학습 병행제
③ 향상훈련
④ 현장훈련

> **해설**
> 일-학습 병행제는 독일·스위스식 도제제도를 한국에 맞게 설계한 도제식 교육훈련제도이다. 산업계 주도로 기업현장에서 현장교사(트레이너)가 국가직무능력표준(NCS) 기반의 교육훈련 프로그램과 현장훈련 교재에 따라 일을 함과 동시에 공동훈련센터 등에서 교육을 시킨 후 산업계의 평가를 통해 자격 또는 학위를 부여하는 교육훈련제도이다.

149 고용24(구 워크넷)에서 검색할 수 있는 우대 채용정보의 분류가 아닌 것은?

① 청년층 우대 채용정보
② 장년 우대 채용정보
③ 여성 우대 채용정보
④ 이주민 우대 채용정보

> **해설**
> 고용24(채용정보)의 우대 채용정보는 청년, 장년, 여성 및 장애인으로 구분하여 정보를 제공하고 있다.

정답 147 ④ 148 ② 149 ④

150 한국직업사전(2020)의 '부가직업정보' 중 작업강도에 관한 설명으로 바르지 못한 것은?

① 작업강도는 해당 직업의 직무를 수행하는 데 필요한 육체적 힘의 강도를 나타낸 것으로, 심리적·정신적 노동강도를 함께 고려하여 분류하였다.
② 작업강도는 들어올림, 운반, 밈, 당김 등을 기준으로 결정하였다.
③ 힘든 작업은 최고 40kg의 물건을 들어올리고 20kg 정도의 물건을 빈번히 들어올리거나 운반한다.
④ 들어올림이란 물체를 주어진 높이에서 다른 높이로 올리거나 내리는 작업을 의미한다.

해설
작업강도는 해당 직업의 직무를 수행하는 데 필요한 육체적 힘의 강도를 나타낸 것으로 5단계로 분류한다. 작업강도는 심리적·정신적 노동강도는 고려하지 않는다.

151 한국표준산업분류(2017)에서의 생산단위의 활동형태에 관한 설명으로 틀린 것은?

① 모 생산단위의 생산품을 포장하기 위한 캔, 상자 및 유사제품의 생산은 보조단위로 본다.
② 주된 산업활동이란 산업활동이 복합형태로 이루어질 경우 생산된 재화 또는 제공된 서비스 중 부가가치활동이 가장 큰 활동을 의미한다.
③ 부차적 산업활동은 주된 산업활동 이외의 재화생산 및 서비스 제공활동을 의미한다.
④ 보조활동에는 회계, 창고, 운송, 구매, 판매촉진, 수리업무 등이 포함된다.

해설
모 생산단위의 생산품을 포장하기 위한 캔, 상자 및 유사제품의 생산은 보조단위가 아니라, 독립된 주된 활동으로 간주한다.

152 직업정보의 평가에서 신뢰성을 갖기 위하여 포함되어야 할 항목이 아닌 것은?

① 전문적인 컨설턴트
② 기금의 출처
③ 정보의 추가 출처
④ 후원자

해설
정보의 추가 출처는 직업정보의 정확성을 평가하기 위해 밝혀야 한다.
직업정보는 정확성, 신뢰성, 효용성을 갖추어야 한다. 여기서 직업정보가 신뢰성을 갖기 위해서는 발행인, 전문적인 컨설턴트, 후원자, 기고가, 기금의 출처 등을 공개해야 한다. 즉, 어떠한 기금을 지원받아, 어떤 조직이나 기관의 후원하에 직업정보를 개발했으며, 누가 정보에 대하여 책임을 지는지 등을 밝혀야 한다.

153 다음은 고용24 통계의 용어 중 무엇에 관한 설명인가?

$$(취업자 수 / 신규구인인원) \times 100$$

① 충족률　② 취업률
③ 알선율　④ 구인배율

해설
충족률은 기업이 필요로 하는 인력을 얼마나 충원했는가를 나타내는 것으로, 구인인원(구인 수)에 대한 취업자 수의 비율을 백분율(%)로 나타낸 것이다.

정답 150 ①　151 ①　152 ③　153 ①

154 다음 중 공공직업정보의 특성에 해당되는 것은?

① 필요한 시기에 최대한 활용되도록 한시적으로 신속하게 생산되어 운영된다.
② 특정 분야 및 대상에 국한되지 않고 전체산업 및 업종에 걸친 직종을 대상으로 한다.
③ 정보생산자의 임의적 기준에 따라 관심이나 흥미를 유도할 수 있도록 해당 직업을 분류한다.
④ 특정 직업에 대해 구체적이고 상세한 정보를 제공하기 위해서는 조사·분석 및 제공에 상당한 시간 및 비용이 소요되므로 해당 직업정보는 유료로 제공한다.

해설
공공직업정보는 특정 분야 및 대상에 국한되지 않고 전체 산업 및 업종에 걸친 직종을 대상으로 한다. 반면, 민간직업정보는 특정한 목적에 맞게 해당 분야의 직종을 제한적으로 선택할 수 있다.

155 한국표준산업분류(2017)의 개요에 대한 설명으로 틀린 것은?

① 산업분류는 산출물과 투입물의 특성, 생산활동의 일반적인 결합형태와 같은 기준에 의하여 분류된다.
② 한국표준산업분류는 통계목적 이외에도 일반행정 및 산업정책관련 법령에서 그 법령의 적용대상 산업영역을 한정하는 기준으로 준용되고 있다.
③ 산업활동의 범위에는 영리적·비영리적 활동은 물론 가정 내의 가사활동도 포함된다.
④ 사업체 단위는 공장, 광산, 상점, 사무소 등으로 산업활동과 지리적 장소의 양면에서 가장 동질성이 있는 통계단위이다.

해설
한국표준산업분류에서 산업활동이란 '각 생산단위가 노동, 자본, 원료 등 자원을 투입하여, 재화 또는 서비스를 생산 또는 제공하는 일련의 활동과정'으로 정의된다. 산업활동의 범위에는 영리적·비영리적 활동이 모두 포함되나, 가정 내의 가사활동은 제외된다.

156 고용24 직업·진로에서 제공하는 청소년 직업흥미검사의 하위척도가 아닌 것은?

① 활동척도 ② 자신감척도
③ 직업척도 ④ 가치관척도

해설
청소년 직업흥미검사의 하위척도는 활동, 자신감, 직업 3가지이다. 청소년 직업흥미검사는 6개의 일반흥미유형(현실형, 탐구형, 예술형, 사회형, 진취형, 관습형)과 13개의 기초흥미분야를 측정하여 흥미유형에 적합한 학과와 직업을 추천해 준다.

157 통계청의 경제활동인구조사에서 취업자에 대한 설명으로 틀린 것은?

① 임시근로자: 고용계약기간이 1개월 이상 1년 미만인 자
② 일용근로자: 임금 또는 봉급을 받고 고용되어 있으나 고용계약기간이 3개월 미만인 자
③ 자영업자: 사업규모에 상관없이 한 사람 이상의 유급고용원을 두거나, 유급종업원 없이 자기 혼자 또는 무급가족종사자와 함께 일을 하는 자
④ 무급가족종사자: 자기 가족의 일원이 경영하는 사업체에서 일정한 보수 없이 주당 18시간 이상 일한 자

해설
일용근로자는 임금 또는 봉급을 받고 고용되어 있으나 고용계약기간이 1개월 미만인 자를 말한다.

정답 154 ② 155 ③ 156 ④ 157 ②

158 한국표준직업분류(2018)의 대분류 중 '관리자'에 관한 설명으로 틀린 것은?

① 5개 중분류로 구성되어 있다.
② 관리자는 개개인이 수행하는 업무의 특성에 의한 것이 아니라 직위나 직급에 따라 분류되어야 한다.
③ 현업을 겸할 경우에는 정책을 결정하고 관리, 지휘, 조정하는 데 직무시간의 80% 이상을 사용하는 경우에만 관리자 직군으로 분류한다.
④ 관리자는 반드시 상당한 하부조직을 가져야 하며, 이러한 하부조직원의 업무를 지휘 및 조정하는 것이 주업무인 경우에 해당된다.

해설
한국표준직업분류(2018)의 대분류 1에 속하는 관리자는 직위나 직급, 사업장의 규모와 관계없이 수행업무를 기준으로 분류한다.

159 인간이 복잡한 정보에 접근하게 되는 구조에 근거를 둔 이론으로 직업선택 결정단계를 전제단계, 계획단계, 인지부조화단계로 구분한 직업결정 모형은?

① 타이드만과 오하라의 모형
② 힐튼의 모형
③ 브룸의 모형
④ 수의 모형

해설
기술적 직업선택 모형의 하나인 힐튼(Hilton)의 모형은 인간이 복잡한 정보에 접근하게 되는 구조에 근거를 둔 이론이다. 힐튼의 모형은 직업선택을 결정하기까지의 단계를 전제단계(직업선택 이전의 조사 시기), 계획단계(특정 직업에서 요구하는 행동을 상상하는 시기), 인지부조화단계(자신이 가지고 있는 특성과 반대되는 직업을 갖게 됨으로써 생겨나는 행동을 시험해 보는 시기) 등으로 구분한다.

160 다음에 해당하는 NCS 수준체계는?

- 정의: 독립적인 권한 내에서 해당 분야의 이론 및 지식을 자유롭게 활용하고, 일반적인 숙련으로 다양한 과업을 수행하고, 타인에게 해당 분야의 지식 및 노하우를 전달할 수 있는 수준
- 지식기술: 해당 분야의 이론 및 지식을 자유롭게 활용할 수 있는 수준/일반적인 숙련으로 다양한 과업을 수행할 수 있는 수준
- 역량: 타인의 결과에 대하여 의무와 책임이 필요한 수준/독립적인 권한 내에서 과업을 수행할 수 있는 수준

① 8수준 ② 7수준
③ 6수준 ④ 5수준

해설
제시된 내용은 국가직무능력표준(NCS)의 8단계 수준체계 중 6수준에 해당한다. NCS의 수준체계는 산업현장 직무의 수준을 체계화한 것으로, 산업현장·교육훈련·자격 연계, 평생학습능력 성취단계 제시, 자격의 수준체계 구성에서 활용한다.

161 직업정보로서 갖추어야 할 요건에 대한 설명으로 틀린 것은?

① 직업정보는 객관성이 담보되어야 한다.
② 직업정보 활용의 효율성 측면에서 이용 대상자의 진로발달 단계나 수준, 이용 목적에 적합한 직업정보를 개발하여 제공되는 것이 바람직하다.
③ 우연히 획득되거나 출처가 불명확한 직업정보라도 내용이 풍부하다면 직업정보로서 가치가 있다고 판단한다.
④ 직업정보는 개발연도를 명시하여 부적절한 과거의 직업세계나 노동시장 정보가 구직자나 청소년에게 제공되지 않도록 하는 것이 바람직하다.

해설
직업정보는 명확한 목표를 세우고 계획적으로 수집하여야 한다. 우연히 획득되거나 출처가 불명확한 직업정보라면 내용이 풍부하다고 해도 직업정보로서 가치가 없다고 판단한다.

정답 158 ② 159 ② 160 ③ 161 ③

162 공공직업정보의 일반적인 특성에 대한 설명으로 틀린 것은?

① 전 산업 및 직종을 대상으로 지속적으로 조사·분석한다.
② 보편적 항목으로 이루어진 기초정보가 많다.
③ 관련 직업 간 비교가 용이하다.
④ 단시간에 조사하고 특정 목적에 맞게 직종을 제한적으로 선택한다.

> **해설**
> 단시간에 조사하고 특정 목적에 맞게 직종을 제한적으로 선택하여 직업정보를 제공하는 것은 민간직업정보이다.

163 한국직업사전(2020)의 부가직업정보 중 작업환경에 대한 설명으로 틀린 것은?

① 작업환경은 해당 직업의 직무를 수행하는 작업원에게 직접적으로 물리적, 신체적 영향을 미치는 작업장의 환경요인을 나타낸 것이다.
② 작업환경의 측정은 작업자의 반응을 배제하고 조사자가 느끼는 신체적 반응으로 판단한다.
③ 작업환경은 저온, 고온, 다습, 소음·진동, 위험내재, 대기환경미흡으로 구분한다.
④ 작업환경은 산업체 및 작업장에 따라 달라질 수 있으므로 절대적인 기준이 될 수 없다.

> **해설**
> 작업환경의 측정은 조사자가 느끼는 신체적 반응 및 작업자의 반응을 듣고 판단한다.

164 실기능력이 중요하여 고용노동부령이 정하는 필기시험이 면제되는 기능사 종목이 아닌 것은?

① 측량기능사   ② 도화기능사
③ 도배기능사   ④ 방수기능사

> **해설**
> 도화기능사, 도배기능사, 방수기능사는 국가기술자격법 시행규칙(고용노동부령)에서 규정한 실기시험만 실시할 수 있는 종목에 해당한다.

165 고용24에서 채용정보 상세검색 시 선택할 수 있는 기업형태가 아닌 것은?

① 대기업
② 일학습병행기업
③ 가족친화인증기업
④ 다문화가정지원기업

> **해설**
> 고용24 채용정보 상세검색의 기업형태별 검색에서는 대기업, 공무원·공기업·공공기관, 강소기업, 코스피·코스닥, 중견기업, 외국계기업, 일학습병행기업, 벤처기업, 청년친화강소기업, 가족친화인증기업을 선택할 수 있다.

166 한국표준직업분류(제7차)에서 직업의 성립조건에 대한 설명으로 옳은 것은?

① 사회복지시설 수용자의 시설 내 경제활동은 직업으로 보지 않는다.
② 이자나 주식배당으로 자산 수입이 있는 경우는 직업으로 본다.
③ 자기 집의 가사활동도 직업으로 본다.
④ 속박된 상태에서의 제반활동이 경제성이나 계속성이 있으면 직업으로 본다.

> **해설**
> 직업이 성립하려면 일의 계속성, 경제성, 사회성, 윤리성, 속박된 상태에서의 활동이 아닐 것 등의 조건을 갖추어야 한다.
> 사회복지시설 수용자의 시설 내 경제활동은 속박된 상태에서의 활동이므로 직업으로 보지 않는다.

정답 162 ④　163 ②　164 ①　165 ④　166 ①

167 한국표준직업분류(제7차)에서 표준직업분류와 직능수준과의 관계가 옳지 않은 것은?

① 관리자 – 제4직능 수준 혹은 제3직능 수준 필요
② 전문가 및 관련 종사자 – 제4직능 수준 혹은 제3직능 수준 필요
③ 군인 – 제1직능 수준 이상 필요
④ 단순노무 종사자 – 제1직능 수준 필요

[해설]
한국표준직업분류 대분류 A 군인은 제2직능 수준 이상이 필요하다.

168 한국표준직업분류(제7차)에서 직업분류의 목적이 아닌 것은?

① 각종 사회·경제통계조사의 직업단위 기준으로 활용
② 취업알선을 위한 구인·구직안내 기준으로 활용
③ 직종별 급여 및 수당지급 결정기준으로 활용
④ 산업활동 유형을 분류하는 기준으로 활용

[해설]
한국표준직업분류는 ①, ②, ③의 기준과 직종별 특정질병의 이환율·사망률과 생명표 작성기준, 산재보험률·생명보험률 또는 산재보상액·교통사고 보상액 등의 결정기준으로 활용된다.

169 국가 직업훈련에 관한 정보를 검색할 수 있는 정보망은?

① JT – Net
② HRD – Net
③ T – Net
④ Training – Net

[해설]
국가 직업훈련에 관한 정보를 검색할 수 있는 정보망은 한국고용정보원이 운영하는 직업능력지식포털 HRD–Net이다.

170 한국표준산업분류(제10차)에서 통계단위의 산업 결정방법에 관한 설명으로 틀린 것은?

① 생산단위의 산업활동은 그 생산단위가 수행하는 주된 산업활동의 종류에 따라 결정된다.
② 단일 사업체의 보조단위는 그 사업체의 일개 부서로 포함한다.
③ 계절에 따라 정기적으로 산업을 달리하는 사업체의 경우에는 조사시점에 경영하는 사업으로 분류된다.
④ 설립 중인 사업체는 개시하는 산업활동에 따라 결정한다.

[해설]
계절에 따라 정기적으로 산업을 달리하는 사업체의 경우에는 조사시점에 경영하는 사업과는 관계없이 조사대상기간 중 산출액이 많았던 활동에 의하여 분류된다.

171 한국표준산업분류의 산업분류 적용원칙에 관한 설명으로 틀린 것은?

① 생산단위는 투입물과 생산공정을 제외한 산출물을 고려하여 그들의 활동을 가장 정확하게 설명된 항목에 분류해야 한다.
② 복합적인 활동단위는 우선적으로 최상급 분류 단계를 정확히 결정하고, 순차적으로 중, 소, 세, 세세분류 단계 항목을 결정하여야 한다.
③ 산업활동이 결합되어 있는 경우에는 그 활동단위의 주된 활동에 따라서 분류하여야 한다.
④ 공식적 생산물과 비공식적 생산물, 합법적 생산물과 불법적인 생산물을 달리 분류하지 않는다.

[해설]
생산단위는 산출물뿐만 아니라 투입물과 생산공정 등을 함께 고려하여 그들의 활동을 가장 정확하게 설명된 항목에 분류하여야 한다.

| 정답 | 167 ③ | 168 ④ | 169 ② | 170 ③ | 171 ① |

172 다음에 해당하는 고용 관련 지원제도는?

- 전일제 근로자가 필요한 때에 소정 근로시간 단축 지원
- 기간제·파견·사내하도급 근로자 등을 정규직으로 전환
- 선택근무제, 재택근무제, 원격근무제 등 유연 근무제 도입·활용

① 고용창출장려금　② 고용안정장려금
③ 고용유지지원금　④ 고용환경개선지원

해설
고용보험의 고용안정장려금은 재직 근로자의 일자리 질을 높인 사업주를 지원하는 제도이다. 제시된 3가지 외에도 출산육아기 근로자의 고용안정을 위한 조치를 한 경우에도 지급된다.

173 건설기계설비기사, 공조냉동기계기사, 승강기기사 자격이 공통으로 해당되는 직무분야는?

① 건설분야　　② 재료분야
③ 기계분야　　④ 안전관리분야

해설
한국산업인력공단이 시행하는 국가기술자격은 26개 분야로 구분된다. 건설기계설비기사, 공조냉동기계기사, 승강기기사 자격은 기계분야에 해당된다.

174 한국직업사전에서 사람과 관련된 직무기능 중 "정책을 수립하거나 의사결정을 하기 위해 생각이나 정보, 의견 등을 교환한다."와 관련 있는 것은?

① 자문　　② 협의
③ 설득　　④ 감독

해설
한국직업사전 부가직업정보의 직무기능 중 '협의'에 해당한다.

175 분야별 고용정책 중 일자리 창출 정책과 가장 거리가 먼 것은?

① 고용유지지원금
② 실업크레딧 지원
③ 일자리함께하기 지원
④ 사회적기업 육성

해설
실업크레딧은 실업기간에 국가가 연금보험료의 일정액을 지원해주는 실업자 안전망 제도이다.

176 다음은 국가기술자격 검정의 기준 중 어떤 등급에 관한 설명인가?

해당 국가기술자격의 종목에 관한 고도의 전문지식과 실무경험에 입각한 계획, 연구, 설계, 분석, 조사, 시험, 시공, 감리, 평가, 진단, 사업관리, 기술관리 등의 업무를 수행할 수 있는 능력 보유

① 기술사　　② 기사
③ 산업기사　④ 기능장

해설
응시하고자 하는 종목에 관한 고도의 전문지식과 실무경험이 필요한 국가기술자격 등급은 기술사이다.

정답 172 ②　173 ③　174 ②　175 ②　176 ①

177 국가기술자격 서비스분야 종목 중 응시자격에 제한이 없는 것으로만 짝 지어진 것은?

① 직업상담사2급 – 임상심리사2급 – 스포츠경영관리사
② 사회조사분석사2급 – 소비자전문상담사2급 – 텔레마케팅관리사
③ 직업상담사2급 – 컨벤션기획사2급 – 국제의료관광코디네이터
④ 컨벤션기획사2급 – 스포츠경영관리사 – 국제의료관광코디네이터

>해설
서비스분야 종목 중 스포츠경영관리사, 직업상담사2급, 사회조사분석사2급, 텔레마케팅관리사, 컨벤션기획사2급, 소비자전문상담사2급 등은 응시자격의 제한이 없다.

178 직업정보 조사를 위한 설문지 작성법과 거리가 가장 먼 것은?

① 이중질문은 피한다.
② 조사주제와 직접 관련이 없는 문항은 줄인다.
③ 응답률을 높이기 위해 민감한 질문은 앞에 배치한다.
④ 응답의 고정반응을 피하도록 질문형식을 다양화한다.

>해설
직업정보 조사를 위해 설문지를 작성하는 경우 응답률을 높이기 위해 개인의 사생활에 관한 질문과 같이 민감한 질문은 가급적 뒤에 배치하는 것이 좋다.

179 직업정보 분석에 관한 설명으로 틀린 것은?

① 직업정보는 직업전문가에 의해 분석되어야 한다.
② 수집된 정보에 대하여는 목적에 맞도록 몇 번이고 분석하여 가장 최신의 객관적이며 정확한 자료를 선정한다.
③ 동일한 정보라 할지라도 다각적인 분석을 시도하여 해석을 풍부히 한다.
④ 직업정보원과 제공원에 관한 정보는 알 필요가 없다.

>해설
직업정보 분석 시에는 정보의 신뢰성을 확인하기 위해, 또한 이용자가 분석된 자료에 대한 2차적 정보를 얻기를 원하는 경우가 있으므로 각 정보에 대한 직업정보원과 제공원을 분명히 밝혀야 한다.

180 일반적인 직업정보 처리과정을 바르게 나열한 것은?

① 수집 → 제공 → 분석 → 가공 → 평가
② 수집 → 가공 → 제공 → 분석 → 평가
③ 수집 → 평가 → 가공 → 제공 → 분석
④ 수집 → 분석 → 가공 → 제공 → 평가

>해설
일반적인 직업정보 처리과정은 '수집 → 분석 → 가공 → 체계화 → 제공 → 축적 → 평가'의 순서로 이루어진다.

정답 177 ② 178 ③ 179 ④ 180 ④

Ⅳ 노동시장

181 다음 중 노동수요곡선을 오른쪽으로 이동시키는 요인으로 볼 수 없는 것은?

① 임금의 하락
② 노동생산성의 증대
③ 상품수요의 증가
④ 생산기술의 진보

해설
임금이 하락하면 노동수요곡선은 이동하지 않고, 동일한 노동수요곡선상에서 노동수요점이 아래로 이동하여 노동수요량을 증가시킨다.

182 여가가 정상재일 때, 임금상승의 소득효과에 관한 설명으로 옳은 것은?

① 임금 이외 소득이 증가로 노동 공급량 증가
② 임금소득 증가로 여가 증가 및 노동공급량 감소
③ 임금소득 증가로 노동공급량 증가
④ 노동의 소득효과가 대체효과보다 크면 노동 공급곡선 우상향

해설
일반적으로 여가(leisure)는 정상재이다. 이 경우 임금이 상승하면 임금소득이 증가하여 전보다 적은 노동을 투입해도 전과 같은 소득을 얻을 수 있으므로 여가는 증가하고 노동공급량은 감소한다.
④ 소득효과가 대체효과보다 큰 구간에서 노동공급곡선은 후방 굴절의 형태로 나타난다.

183 다음은 근로자의 노동투입량, 시간당 임금 및 노동의 한계수입생산을 나타낸 것이다. 기업이 노동투입량을 5,000시간에서 6,000시간으로 증가시킬 때 노동의 한계비용은?

노동투입량(시간)	시간당 임금(원)	한계수입생산(원)
3,000	4,000	20,000
4,000	5,000	18,000
5,000	6,000	17,000
6,000	7,000	15,000
7,000	8,000	14,000
8,000	9,000	12,000
9,000	10,000	11,000

① 42,000원   ② 12,000원
③ 6,000원   ④ 2,800원

해설
노동의 한계비용은 노동 1단위(시간)를 추가로 투입할 때 그로 인한 노동총비용의 증가분을 의미한다.
노동투입량이 5,000시간일 때 노동총비용은 5,000시간 × 6,000원 = 3,000만 원, 노동투입량이 6,000시간일 때 노동총비용은 6,000시간 × 7,000원 = 4,200만 원이다.
노동의 한계비용 = 총 노동비용의 변화값 / 노동의 변화값이므로,
노동의 한계비용 = (4,200만 원 − 3,000만 원) / 1,000시간
= 12,000원이다.

정답 181 ① 182 ② 183 ②

184 노동시장에 관한 신고전학파의 주장이 아닌 것은?

① 경쟁적 노동시장
② 노동시장의 분단
③ 동일노동 – 동일임금
④ 노동의 자유로운 이동

해설
노동시장이 분단되어 있다는 주장은 제도학파의 주장이다. 제도학파는 신고전학파의 주장을 비판하고, 여러 가지 제도적 요인으로 현실의 노동시장은 경쟁시장이 아니라고 주장하였다.

185 노동공급과 관련한 소득-여가 선호모형에 대한 설명으로 틀린 것은?

① 경제활동 참가 여부는 시장임금률의 변화에 영향을 받는다.
② 어느 가구원의 노동공급 결정 여부는 비근로소득 또는 타 가구원의 소득에 영향을 받는다.
③ 소득 – 여가 선호모형에서 요구임금률이 시장임금률보다 높은 경우에 경제활동에 참가한다.
④ 소득 – 여가 무차별곡선상의 한 점에 접하는 접선의 기울기는 요구임금률을 의미한다.

해설
요구임금률은 노동자가 경제활동에 참가하기 위해 받기를 원하는 최소한의 임금률이다. 따라서 요구임금률이 시장임금률보다 높은 경우에 노동자는 경제활동에 참가하지 않는다.

186 노동의 공급곡선에 대한 설명 중 틀린 것은?

① 임금과 노동시간과의 관계이다.
② 노동공급의 증가율이 임금상승률보다 높다면 노동공급은 탄력적이다.
③ 일정 임금수준 이상이 될 때 노동의 공급곡선은 후방굴절부분을 가진다.
④ 임금과 노동시간 사이에 음(–)의 관계가 존재할 경우 임금률의 변화 시 소득효과가 대체효과보다 작다.

해설
임금과 노동시간 사이에 음(–)의 상관관계가 존재할 경우는 노동공급곡선이 후방굴절하는 영역으로 임금률이 상승할 때 소득효과가 대체효과보다 크다.

187 1960년대 선진국에서 실업률과 물가상승률 간의 상충관계를 개선하고자 실시했던 정책은?

① 재정정책　　② 금융정책
③ 인력정책　　④ 소득정책

해설
실업률과 물가상승률 간의 상충관계, 즉 스태그플레이션(stagflation)을 해결하기 위해 실시했던 정책은 소득정책(income policy)이다. 소득정책은 1960년대부터 과도한 임금상승과 두 차례 석유파동을 계기로 스태그플레이션 현상이 나타나자 이를 해결하기 위해 도입되었다. 이는 과도한 임금인상을 억제하는 것(임금 가이드라인 정책)을 주요 내용으로 한다.

정답 184 ② 185 ③ 186 ④ 187 ④

188 다음 중 임금체계에 관한 설명으로 틀린 것은?

① 직능급은 개인의 직무수행능력을 고려하여 임금을 관리하는 체계이다.
② 속인급은 연령, 근속, 학력에 따라 임금을 결정하는 체계이다.
③ 직무급은 직무분석과 직무평가를 기초로 직무의 상대적 가치에 따라 임금을 결정하는 체계이다.
④ 연공급은 근로자의 생산성에 바탕을 둔 임금체계이다.

> **해설**
> 연공급(또는 근속급)이란 개인의 근속연수·학력·연령 등 인적 요소 기준을 중심으로 임금이 변화하는 것으로, 기본적으로는 생활급적 사고원리에 따른 임금체계라고 할 수 있다.

189 경제활동인구조사에서 비정규직 근로자에 해당하지 않는 근로자는?

① 한시적 근로자
② 비전형 근로자
③ 시간제 근로자
④ 단순노무 근로자

> **해설**
> 비정규직은 고용형태를 기준으로 한시적 근로자, 기간제 근로자, 시간제 근로자, 비전형 근로자로 정의한다.

190 임금체계의 공평성(equity)에 관한 설명으로 옳은 것은?

① 승자일체 취득의 원칙을 말한다.
② 최저생활을 보장해 주는 임금원칙을 말한다.
③ 근로자의 공헌도에 비례하여 임금을 지급한다.
④ 연령, 근속연수가 같으면 동일한 임금을 지급한다.

> **해설**
> 임금체계(wage structure)란 임금의 구성내용을 의미하는 것으로, 그 적용원리는 공평성(equity)이다. 공평성은 근로자의 공헌도에 비례하여 임금을 지급하는 것이다. 따라서 임금체계의 관리는 개인 간의 임금격차를 가장 공평하게 설정함으로써 종업원들이 이를 이해하고 만족하며 동기유발이 되도록 하는 데 그 내용의 중점이 있다.

정답 188 ④ 189 ④ 190 ③

191 노동시장에서 존재하는 임금격차에 대한 설명으로 틀린 것은?

① 노동생산성의 차이, 근로자의 공헌도 차이 등에 의해서 임금격차가 발생하며 직종 간 노동이동이 자유롭지 못할수록 직종별 임금격차는 크게 발생할 것이다.
② 성별·직종별 임금격차는 점점 축소되는 경향을 보이고 있으며, 대학졸업자들이 양산됨에 따라 학력별 임금격차 역시 축소되는 경향을 보일 것이다.
③ 저임금근로자의 노동공급이 노동수요를 초과하는 정도가 클수록 임금격차는 확대될 것이며, 반대일 경우에는 임금격차가 축소될 것이다.
④ 대졸자 취업난 시대에도 많은 기업들이 대졸자에게 고임금을 지급하는 이유는 임금격차를 설명하는 효율임금이론과 관련된 것으로서 기업의 이윤극대화 목표와는 무관할 것이다.

> **해설**
> 기업의 효율임금정책은 높은 임금을 지급함으로써 노동의 생산성을 상승시키고 이로 인해 기업의 이윤을 증대시키려는 것이다. 즉, 이윤의 극대화를 추구하기 위해 효율임금정책을 도입하는 것이다.

192 다음 중 시장균형임금보다 임금수준이 높게 유지되는 경우에 해당되지 않는 것은?

① 인력의 부족
② 노동조합의 존재
③ 최저임금제의 시행
④ 효율성임금 정책 도입

> **해설**
> 임금수준이 균형임금보다 높게 유지되는 이유로는 노동조합의 압력, 최저임금제, 기업의 효율임금 정책 등을 들 수 있다.

193 고용수준과 작업시간 간에는 역관계가 성립한다. 정부가 고용을 늘리기 위해서 초과근로수당을 크게 인상할 경우 일반적으로 실업자의 고용기회가 증대된다고 본다. 이에 대한 반론으로 가장 적합하지 않은 것은?

① 초과근로수당이 인상되면 기업이 점차 노동집약적 기술을 채택하거나, 생산물 가격의 상승으로 생산량과 노동수요가 줄어들 가능성이 있다.
② 기존에 취업된 사람들이 추가로 야간근무를 하여, 실업자에게 새로운 직장이 창출될 가능성이 적다.
③ 이 주장은 현재 연장근로를 수행하고 있는 취업자와 실업자의 기능분포가 같다고 가정한 것이나, 실업자의 기능수준이 낮을 가능성이 높다.
④ 할증료를 인상한 경우에도 이를 준수하지 않는 기업이 존재한다.

> **해설**
> 정부가 고용을 늘리기 위해서 초과근로수당을 크게 인상하는 이유는 기업이 노무비의 상승을 우려하여 기존의 근로자에 대해 초과근로를 시키지 않는 대신 신규고용을 늘리므로 실업자의 고용기회가 증대될 것이라는 판단에 기초한다.
> ① 초과근로수당이 인상되면 기업이 점차 자본집약적 기술을 채택하거나, 생산물 가격의 상승으로 생산량과 노동수요가 줄어들 가능성이 있다.

정답 191 ④ 192 ① 193 ①

194 임금기금설(wage-fund theory)에 관한 설명으로 틀린 것은?

① 임금기금의 규모는 일정하므로 시장임금의 크기는 임금기금을 노동자의 수로 나눈 값이 된다.
② 임금기금설은 노동공급 측면의 역할을 중시한 노동의 장기적인 자연가격 결정론에 해당된다.
③ 임금기금설은 고임금이 고실업률을 야기한다고 하여 고용이론에 영향을 주었다.
④ 임금기금설에 따라 노동조합의 교섭력을 통한 임금의 인상이 불가능하다는 노동조합 무용론이 제기되었다.

해설
임금기금설에 의하면, 특정 사회의 어느 시기에 임금으로 지급되는 자본부분, 즉 임금기금(임금으로 지급될 총액)은 사전적으로 일정한데 이에 따라 노동에 대한 수요가 결정되고, 일정기간 한 사회의 노동자 수도 일정한데 이에 따라 노동공급이 결정된다.
② 고전학파의 생존임금설에 대한 내용이다. 임금생존비설이 임금결정에 있어서 노동공급의 역할을 중요시한 것에 비하여, 임금기금설은 노동수요의 역할을 중요시한다.

195 구조적 실업에 대한 설명으로 틀린 것은?

① 노동시장에 대한 정보부족에 기인한다.
② 구인처에서 요구하는 자격을 갖춘 근로자가 없는 경우에 발생한다.
③ 산업구조 변화에 노동력 공급이 적절히 대응하지 못해서 발생한다.
④ 적절한 직업훈련 기회를 제공하는 것이 구조적 실업을 완화하는 데 중요하다.

해설
노동시장에 대한 정보의 부족으로 구직자와 구인처가 잘 연결(matching)되지 않아 발생하는 실업은 마찰적 실업(frictional unemployment)이다. 마찰적 실업은 자발적이고 불가피한 실업이며, 대부분의 경우 자연적인 실업이므로 인위적으로 줄이기가 어렵다. 마찰적 실업에 대한 대책으로는 취업정보의 효율적인 제공을 들 수 있다.

196 경쟁노동시장 경제모형의 기본가정과 가장 거리가 먼 것은?

① 노동자와 고용주는 자유로이 시장에 진입하거나 시장을 떠나거나 한다.
② 노동자와 고용주는 완전정보를 갖는다.
③ 사용자의 단결조직은 없고, 노동자의 단결조직은 있다.
④ 직무의 성격은 동일하며, 임금의 차이만 존재한다.

해설
경쟁노동시장이 되기 위해서는 시장에서 노동력의 자유로운 거래를 제한하는 요인이 없어야 한다. 즉, 사용자의 단결조직과 노동자의 단결조직이 없어야 하고, 최저임금제와 같은 정부의 개입도 없어야 한다.

정답 194 ② 195 ① 196 ③

197 다음 중 노동조합의 임금효과에 관한 설명으로 틀린 것은?

① 파급효과(spillover effect): 노조부문의 임금인상으로 실업이 발생하여 이들이 비노조부문으로 가는 경우 비노조부문의 균형임금을 낮추는 역할을 한다.
② 위협효과(threat effect): 노조부문의 임금인상으로 실업이 발생하여 이들이 비노조부문으로 가는 경우 비노조부문의 균형임금을 최초수준보다 높이는 역할을 한다.
③ 대기실업효과(wait unemployment effect): 노조·비노조부문 간의 임금격차가 매우 클 경우 노조부문에서 실직한 사람이 비노조부문에서 구직행위를 하지 않고 계속 노조부문에서 구직행위를 하는 경우를 말하며, 이 경우 비노조부문의 임금이 종전보다 상승할 수 있다.
④ 노조가 있는 기업의 임금은 대부분의 경우 노조가 없는 기업보다 높게 나타난다.

> 해설
> 노조부문의 임금인상으로 실업이 발생하여 이들이 비노조부문으로 가는 경우 비노조부문의 임금이 하락하면(파급효과) 비노조부문에서 노조결성 움직임이 발생하여 임금을 올려주는 효과가 위협효과(threat effect)이다. 따라서 하락한 상태에서 임금을 올려주는 것이므로, 반드시 최초수준보다 높인다고는 할 수 없다.

198 프리먼(Freeman)과 메도프(Medoff)가 지적한 노동조합의 두 얼굴에 해당하는 것은?

① 결사와 교섭
② 자율과 규제
③ 독점과 집단적 목소리
④ 자치와 대등

> 해설
> 리처드 프리먼과 제임스 메도프(R. Freeman & J. Medoff)는 What do Unions do?(1984)라는 저서에서, 노동조합은 노동공급 독점자로서 부정적인 기능만 갖는 것이 아니라 집단적 발언기구(collective voice mechanism)로서 노동자의 불만을 표출시키며, 이를 집약하여 단체협약을 통해 그 불만을 해결할 때 노동생산성을 높이는 긍정적인 기능을 한다고 주장한다. 따라서 노동조합은 부정적인 측면과 긍정적인 측면을 함께 고려하여야 한다는 것이다. 이를 노동조합의 두 얼굴(two faces of unionism)이라고 한다.

199 기업별 노동조합의 장점이 아닌 것은?

① 조합 구성이 용이하다.
② 단체교섭 타결이 용이하다.
③ 노동시장 분단을 완화시킬 수 있다.
④ 조합원 간의 친밀감이 높고 강한 연대감을 가질 수 있다.

> 해설
> 기업별 노동조합(company union)은 동일한 기업에 종사하는 노동자로 구성되는 노동조합의 형태이다. 대기업과 중소기업의 노동조합은 교섭력에서 큰 차이가 있으므로 임금격차가 커져 노동시장의 분단이 심화될 수 있다.

정답 197 ② 198 ③ 199 ③

200 여성이 특정 직종에 집중되면서 여성노동시장의 경쟁이 격화됨으로써 여성의 임금수준이 저하되는 현상은?

① 위협효과 ② 파급효과
③ 대체효과 ④ 혼잡효과

> **해설**
> 여러 가지 여성에 대한 편견 때문에 여성들은 주로 여성근로자들로 구성되는 일부 저임금 직종에 집중적으로 고용되게 된다. 이러한 저임금 직종에의 집중화 현상으로 여성근로자 간의 경쟁이 격화되고, 이로 인해 임금이 낮아지는 현상을 바바라 버그만은 혼잡효과(crowding effect) 또는 쇄도효과, 붐빔효과, 과밀효과라고 하였다.

201 실업률을 낮추기 위한 대책과 가장 거리가 먼 것은?

① 직업훈련 기회의 제공
② 재정지출의 축소
③ 금리 인하
④ 법인세 인하

> **해설**
> 실업률을 낮추기 위해서는 총수요(유효수요)를 증가시켜야 한다. 총수요의 증대를 위해서는 재정지출의 확대, 조세 감면(세율 인하), 통화량 증대, 금리 인하 등의 대책이 필요하다. 이러한 정책을 통해 경기적 실업을 줄일 수 있다. 직업훈련 기회의 제공은 구조적 실업을 줄이기 위한 대책에 해당한다.

202 다음 중 노동의 수요·공급에 대한 설명으로 틀린 것은?

① 총비용에서 차지하는 노동비용(임금)의 비중이 클수록 노동수요의 임금탄력성은 커진다.
② 완전경쟁시장에서 노동수요를 결정하는 것은 노동의 한계생산물가치이다.
③ 임금상승은 여가의 기회비용을 높임으로써 여가에 대한 선호를 감소시켜 노동공급을 증가시킨다.
④ 임금상승의 소득효과보다 대체효과가 큰 경우 노동공급곡선은 우하향하여 개인의 노동공급곡선은 후방굴절하는 형태가 된다.

> **해설**
> 임금상승의 대체효과는 여가의 기회비용을 증가시켜 여가 대신 노동공급을 증가시키는 효과이고, 소득효과는 이전보다 적게 일해도 전과 같은 소득을 얻을 수 있으므로 노동공급을 감소시키는 효과이다. 따라서 임금수준이 높아 임금상승의 소득효과가 대체효과보다 큰 경우 개인의 노동공급곡선은 후방굴절하는 형태를 보인다.

203 다음 중 뢰프케(W. Röpke)가 말하는 인본적 경제(humane economy)의 의미는?

① 경쟁적 시장에 사회적 형평성을 보장하는 국가정책 및 제도가 있는 경제
② 완전경쟁적 시장에 인간의 존엄성을 끝없이 추구하는 경제
③ 정부통제하의 독과점 주도의 성장 지향적 시장경제
④ 현실의 시장경제 또는 지난 100년 이상 서구에 있어 온 자본주의

> **해설**
> 독일의 경제철학자인 빌헬름 뢰프케(Wilhelm Röpke)는 경쟁적 시장에 사회적 형평성을 보장하는 국가정책 및 제도가 있을 때의 시장경제를 인본적인 경제질서로 정의하였다. 즉, 인본적 경제(humane economy)는 경쟁적 시장과 인본주의가 결합된 경제질서를 의미하는 것으로, 경쟁시장을 통한 효율성과 성장을 추구하며 국가정책과 제도를 통한 형평성의 확대가 조화를 이루는 경제를 말한다.

정답 200 ④ 201 ② 202 ④ 203 ①

204 노동시장이 완전경쟁인 경우와 수요독점인 경우를 비교하면?

① 수요독점인 경우 완전경쟁인 경우에 비해 임금수준은 높아지고 고용수준은 낮아진다.
② 수요독점인 경우 완전경쟁인 경우에 비해 임금수준은 낮아지고 고용수준은 높아진다.
③ 수요독점인 경우 완전경쟁인 경우에 비해 임금수준과 고용수준 모두 높아진다.
④ 수요독점인 경우 완전경쟁인 경우에 비해 임금수준과 고용수준 모두 낮아진다.

해설

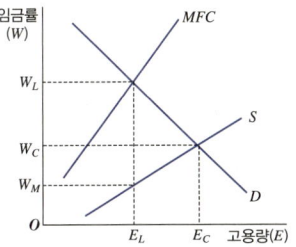

완전경쟁시장에서는 노동에 대한 수요($D = VMP_L$)와 노동의 공급(S)이 일치하는 수준에서 임금(W_C)과 고용수준(E_C)이 결정된다. 그러나 수요독점시장의 경우 고용수준은 노동에 대한 수요($D = MRP_L$)와 한계요소비용(MFC)이 일치하는 수준(E_L)에서 결정되지만, 임금은 노동공급곡선과 일치하는 수준(W_M)에서 결정된다. 따라서 수요독점인 경우 완전경쟁인 경우에 비해 임금수준과 고용수준 모두 낮다.

205 다음 중 노동수요와 노동공급의 임금탄력성에 대해 바르게 설명한 것은?

① 노동수요의 임금탄력성이란 노동수요가 1% 증가할 때 임금은 몇 % 증가하는지를 나타낸다.
② 노동수요의 임금탄력성이 1보다 크면 임금상승은 노동자의 총노동소득을 감소시킨다.
③ 장기보다는 단기로 갈수록 노동수요의 임금탄력성이 크다.
④ 노동공급의 임금탄력성은 여러 부문들 간의 노동이동의 정도, 노동조합의 교섭력, 다른 생산요소의 공급탄력성에 의해 그 크기가 결정된다.

해설

노동수요의 임금탄력성이 탄력적이면 임금이 조금 상승해도 노동수요량이 크게 감소하므로 노동자의 총 노동소득을 감소시킨다.
① 노동수요의 임금탄력성은 임금이 1% 변화할 때 노동수요량은 몇 %나 변화하는가를 측정하는 개념이다.
③ 장기로 갈수록 노동수요량이 크게 변화하므로 장기의 노동수요의 임금탄력성이 단기의 경우보다 더 크다.
④ 다른 생산요소의 공급탄력성은 노동수요 탄력성의 크기를 결정하는 요인이다.

정답 204 ④ 205 ②

206 케인즈(J. M. Keynes)의 실업이론에 관한 설명으로 틀린 것은?

① 노동의 공급은 실질임금의 함수이며, 노동에 대한 수요는 명목임금의 함수이다.
② 노동자들은 화폐환상을 갖고 있어 명목임금의 하락에 저항하므로 명목임금은 하방경직성을 띤다.
③ 유효수요가 부족하여 생산활동이 위축되면 비자발적 실업이 발생한다.
④ 실업의 해소방안으로 재정 투·융자의 확대, 통화량의 증대 등을 주장하였다.

해설

고전학파는 임금의 완전신축성(flexibility) 가정에 근거하여 노동의 수요와 공급이 모두 실질임금의 함수라고 보았다. 그러나 케인즈는 명목임금의 하방경직성과 화폐환상 가정에 근거하여 노동수요는 실질임금의 함수이지만, 노동공급은 명목임금의 함수라고 주장한다.

207 고임금의 경제효과가 있는 경우의 노동수요곡선은 고임금의 경제효과가 없는 경우에 비해 어떻게 되는가?

① 비탄력적이다.
② 탄력적이다.
③ 단위탄력적이다.
④ 무관하다.

해설

고임금의 경제효과(economies of high wages)는 임금의 상승이 노동의 한계생산을 증가시키는 경우를 말한다. 일반적으로 임금 상승은 노동수요량을 감소(고용의 감소)시키지만, 임금이 상승할 때 고임금의 경제가 존재하면 그것이 없을 때에 비해 노동수요량의 감소가 훨씬 줄어든다. 따라서 새로이 형성되는 노동의 수요곡선은 원래의 수요곡선들보다 비탄력적인, 즉 보다 가파른 모습을 가지게 된다.

208 효율임금가설에 대한 설명 중 틀린 것은?

① 효율임금은 생산의 임금탄력성이 1이 되는 점에서 결정되고 1보다 클수록 효과적이다.
② 효율임금은 전문직과 같이 노동자 생산성을 관측하기 어려운 경우 채택될 가능성이 높다.
③ 효율임금은 시장의 경쟁임금 수준보다 높으므로 개별기업의 이윤극대화를 가져다주는 임금이라고는 할 수 없다.
④ 효율임금은 임금인상에 따른 한계생산이 임금의 평균생산과 일치하는 점에서 결정된다.

해설

효율임금(efficiency wage)은 시장의 균형임금보다 높은 고임금을 지급함으로써 높은 생산성을 얻고자 하는 것이다. 생산성이 높아지므로 이윤은 증가하는 효과가 있다.

209 다른 조건이 일정한 상태에서 비노동소득이 발생할 경우의 노동공급에 관한 설명으로 옳은 것은?

① 소득효과와 대체효과의 상대적 크기에 따라 노동공급이 늘 수도 있고, 줄 수도 있다.
② 소득효과보다 대체효과가 더 크기 때문에 노동공급이 증가한다.
③ 대체효과만 있기 때문에 노동공급이 증가한다.
④ 소득효과만 있기 때문에 노동공급이 감소한다.

해설

소득-여가 선호모형에서 임금의 변화 없이 비노동소득이 발생하면 예산선(임금선)의 기울기는 그대로인 상태에서 비노동소득만큼 상방으로 이동한다. 그에 따라 전보다 높은 효용을 주는 무차별곡선과 접하게 되고 여가시간은 늘리고 노동시간은 줄어든다. 임금의 변화 없이 비노동소득만이 증가하였기 때문에, 대체효과는 없고 소득효과만 있게 되므로 노동공급은 감소한다.

정답 206 ① 207 ① 208 ③ 209 ④

210 단체교섭 형태 중 만일 어떤 방직회사 대표가 연합단체인 섬유노련과 임금과 노동조건에 대해 교섭한다면 이러한 교섭형태는?

① 집단교섭
② 통일교섭
③ 대각선 교섭
④ 기업별 교섭

해설

대각선 교섭은 단위 노동조합이 소속된 상부단체와 각 단위 노동조합에 대응하는 개별기업의 사용자 간에 이루어지는 교섭을 말한다. 사용자 단체가 조직되어 있지 않는 경우 또는 조직되어 있다고 할지라도 각 기업에 특수한 사정이 있는 경우에 행해진다.

211 다음 중 직업탐색이론과 가장 관련이 없는 것은?

① 요구임금
② 기회비용
③ 구조적 실업
④ 불완전한 노동시장정보

해설

노동시장에는 정보가 불완전하기 때문에 노동자들은 요구임금(asking wages)을 받을 수 있는 일자리를 찾을 때까지 구직활동을 계속하게 되는데, 이를 직업탐색(job search)이라고 한다. 직업탐색에는 교통비·광고비·전화비 등 직접비용과, 탐색활동 중에 포기되는 임금소득이라는 기회비용(opportunity cost)이 소요된다. 이에 비해 탐색활동은 장래의 소득증가라는 수익을 가져온다.
③ 직업탐색이론으로 설명되는 실업은 탐색적 실업으로, 신고전학파의 마찰적 실업과 유사한 형태이다.

212 노동공급에 관한 설명으로 틀린 것은?

① 노동공급의 임금탄력성은 $\dfrac{노동공급량의 변화율}{임금의 변화율}$ 이다.
② 노동공급을 결정하는 요인으로서 인구는 양적인 규모뿐만 아니라 연령별, 지역별, 질적 구조도 중요한 의미를 갖는다.
③ 효용극대화에 기초한 노동공급 모형에서 대체효과가 소득효과보다 클 경우 임금의 상승은 노동공급을 감소시키고 노동공급곡선은 후방으로 굴절된다.
④ 사회보장급여의 수준이 지나치게 높을 경우 노동공급에 대한 동기유발이 저해되어 총 노동공급이 감소된다.

해설

효용극대화에 기초한 노동공급 모형인 소득-여가 선택모형에서 임금상승의 대체효과는 노동공급량을 증가시키고 소득효과는 노동공급량을 감소시킨다. 따라서 대체효과가 소득효과보다 크면 임금상승 시 노동공급량은 증가하므로 노동공급곡선은 우상향한다. 반면 소득효과가 대체효과보다 크면 노동공급곡선은 우하향(좌상향)하므로 노동공급곡선은 후방으로 굴절된다.

213 다음 중 경기침체로 실업률이 높아질 때 경제활동인구를 감소시키는 효과는?

① 실망노동자 효과(discouraged worker effect)
② 부가노동자 효과(added worker effect)
③ 구축효과(crowding-out effect)
④ 대기실업효과(wait unemployment effect)

해설

실망노동자 효과(discouraged worker effect)는 불경기에 실업자의 일부가 구직활동을 포기함으로써 경제활동인구가 감소하는 효과(경제활동인구가 비경제활동인구로 전환)를 말한다. 실망노동자 효과가 나타나면 경제활동참가율과 실업률이 모두 낮아진다.

정답 210 ③ 211 ③ 212 ③ 213 ①

214 다음 중 노동조합의 경제적 효과 중 파급효과에 대한 설명으로 틀린 것은?

① 파급효과는 노동조합이 조직됨으로써 노동조합 조직부문에서의 상대적 노동수요가 감소하고 그 결과 일자리를 잃은 노동자들이 비조직부문의 임금을 하락시키는 효과이다.
② 파급효과는 노동조합의 잠재적인 조직위협에 의해서 비조직부문의 노동자의 임금이 인상되는 효과이다.
③ 파급효과가 매우 강한 경우에는 노동조합이 이중노동시장을 형성시키게 한다.
④ 파급효과가 매우 강한 경우에는 조직부문의 임금인상이 비조합원을 저임금의 불안정한 직무로 몰아내는 간접효과를 가진다.

> **해설**
> 어느 기업에 노동조합이 결성되면 임금이 상승하고 이로 인해 실업이 발생한다. 만일 이 실업자들이 노동조합이 결성되어 있지 않은 노조 비조직부문으로 옮겨 간다면(spillover), 노조 비조직부문에서는 노동공급이 증가하여 초과공급이 발생하고, 그에 따라 임금은 하락한다. 이를 파급효과(spillover effect)라고 한다. 파급효과는 이전효과, 여파효과 또는 해고효과(displacement effect)라고도 한다.

215 다음 중 마찰적 실업에 관한 설명으로 옳은 것은?

① 경기침체로부터 오는 실업이다.
② 구인자와 구직자 간의 정보의 불일치로 인해 발생한다.
③ 기업이 요구하는 기술수준과 노동자가 공급하는 기술수준의 불합치에 의해 발생한다.
④ 노동절약적 기술 도입으로 해고가 이루어짐으로써 발생한다.

> **해설**
> 마찰적 실업(frictional unemployment)은 새로 직장을 구하거나 직장을 옮길 때 발생하는 자발적이고 일시적인 실업이다. 주로 노동시장의 정보부족으로 발생한다. 따라서 마찰적 실업은 노동시장의 정보를 효율적으로 제공함으로써 줄일 수 있다.
> ① 경기적 실업에 대한 설명이다.
> ③ 구조적 실업에 대한 설명이다.
> ④ 기술적 실업에 대한 설명이다.

216 다음 중 조합에 가입하고 있는 노동자만을 채용하고, 일단 고용된 노동자라도 조합원 자격을 상실하면 종업원이 될 수 없는 숍 제도는?

① 클로즈드 숍(closed shop)
② 유니언 숍(union shop)
③ 에이전시 숍(agency shop)
④ 오픈 숍(open shop)

> **해설**
> 클로즈드 숍은 결원의 보충이나 신규채용에 있어서 조합원 중에서 고용하지 않으면 안 되는 것을 말한다. 즉, 조합가입이 고용의 전제조건이 되는 가장 강력한 제도이다. 임금수준과는 관계없이 노동의 공급이 고정되어 있으므로 노동의 공급곡선은 수직형태이다.

217 다음 중 헤도닉 임금이론의 가정으로 틀린 것은?

① 직장의 다른 특성은 동일하며, 산업재해의 위험도도 동일하다.
② 노동자는 효용을 극대화하며, 노동자 간에는 산업안전에 관한 선호의 차이가 존재한다.
③ 기업은 좋은 노동조건을 위해 산업안전에 투자를 해야 한다.
④ 노동자는 정확한 직업정보를 갖고 있으며, 직업 간 자유롭게 이동할 수 있다.

> **해설**
> 로젠(Sherwin Rogen)이 제시한 헤도닉 임금(hedonic wage)이론은 직장의 다른 특성은 전부 동일한데, 산업재해의 위험만이 다르다고 가정한다.

정답 214 ② 215 ② 216 ① 217 ①

218 노동수요의 탄력성에 관한 설명으로 틀린 것은?

① 생산물에 대한 수요가 탄력적일수록 노동수요는 더욱 비탄력적이 된다.
② 총생산비 중 노동비용이 차지하는 비중이 클수록 노동수요는 더 탄력적이 된다.
③ 노동을 다른 생산요소로 대체할 가능성이 낮으면 노동수요는 더 비탄력적이 된다.
④ 노동 이외 생산요소의 공급탄력성이 클수록 노동수요는 더 탄력적이 된다.

> **해설**
> 생산물에 대한 수요가 탄력적일수록 노동수요는 탄력적이 된다.

> **개념 체크** 수요탄력성을 결정하는 요인
> 수요의 탄력성을 결정하는 4가지 요인을 힉스-마셜(Hicks-Marshall)법칙이라고도 한다. 수요탄력성은 ㉠ 생산물에 대한 수요가 탄력적일수록, ㉡ 총생산비에 대한 노동비용의 비중이 클수록, ㉢ 노동을 다른 생산요소로 대체하는 것이 용이할수록, ㉣ 노동 이외의 다른 생산요소의 공급탄력성이 클수록 커진다.

219 인적자본론과 선별가설의 주장으로 옳은 것을 모두 짝지은 것은?

A. 인적자본론에 의하면 교육은 생산성을 증가시키는 역할을 한다.
B. 선별가설에 의하면 교육은 단지 생산성의 신호이다.
C. 인적자본론과 선별가설 모두 교육투자는 높은 임금을 보장한다고 주장한다.

① A
② B
③ A, B
④ A, B, C

> **해설**
> 선별가설은 교육·훈련이 생산성을 높이기 보다는 단지 능력 있는 사람을 식별하거나 선별하는 데만 이용된다는 것이다. 즉 노동자의 채용 시에는 채용 및 선별비용, 훈련비용이 드는 데, 사용자는 이 선별비용을 줄이기 위해 능력의 대리변수인 교육에 높은 임금을 지불하게 된다는 것이다.

> **개념 체크** 선별가설(screening hypothesis)
> 선별가설은 교육·훈련과 높은 생산성의 상관관계와 관련하여 교육·훈련이 높은 임금을 가져온다는 인적자본이론을 비판하며 루카스(R. Lucas), 애로우(K. Arrow), 스펜스(M. Spence) 등에 의하여 주장된 가설이다. 이 가설에 의하면 교육제도는 유능한 사람을 식별 내지 선별하는 기구에 불과하다는 것이다.

220 노동조합 조직률 변동의 결정요인에 대한 설명으로 틀린 것은?

① 근로조건의 악화 등에서 오는 불만과 분노의 양이 클수록 노조의 집단적 발언효과로 인하여 노조가입의 예상순이익이 증가할 수 있다.
② 노조의 정치활동으로 근로자의 간접임금이 높아질 가능성이 높아지면 예상순이익이 증가하여 노조가입에 대한 수요가 증가할 것이다.
③ 여성의 경제적 지위향상에 대한 노조의 관심과 노력이 있으면 전체 노동력에서 여성고용의 비중이 증가함에 따라 노조가입은 증가한다.
④ 산업구조가 서비스업 중심으로 바뀜에 따라 화이트칼라의 구성이 높아지면 노조가입은 증가한다.

> **해설**
> 노동조합의 조직률을 저하시키는 요인으로 실업률의 증가, 여성 노동자 비율의 증가, 서비스업 중심으로의 산업구조 변화, 노동자들의 개인주의화 성향, 국제경쟁의 격화 등을 들 수 있다.
> ④ 산업구조가 서비스업 중심으로 바뀜에 따라 화이트칼라의 구성이 높아지면 노조가입은 줄어든다.

221 노동수요곡선을 이동(shift)시키는 요인이 아닌 것은?

① 임금의 변화
② 생산성의 변화
③ 제품 생산기술의 발전
④ 최종상품에 대한 수요의 변화

> **해설**
> 노동수요곡선의 세로축에 표시되는 내생변수인 임금이 변화하면 노동수요곡선상에서 노동수요점이 이동한다. 반면, 외생변수인 나머지 요인들이 변화하면 노동수요곡선 자체가 이동(shift)한다.

정답 218 ① 219 ④ 220 ④ 221 ①

222 임금이 10,000원에서 12,000원으로 증가할 때 고용량이 120명에서 108명으로 감소한 경우 노동수요의 탄력성은?

① 0.06
② 0.5
③ 1.0
④ 2.0

> **해설**
>
> 노동수요의 임금탄력성 $= -\dfrac{\text{노동수요량의 변화율(\%)}}{\text{임금의 변화율(\%)}}$
>
> $= -\dfrac{\dfrac{-12}{120} \times 100}{\dfrac{2,000}{10,000} \times 100} = -\dfrac{-10\%}{20\%}$
>
> $= 0.50$이다.

223 노동공급의 탄력성 결정요인이 아닌 것은?

① 산업구조의 변화
② 노동이동의 용이성 정도
③ 여성 취업기회의 창출가능성 여부
④ 다른 생산요소로의 노동의 대체 가능성

> **해설**
>
> 노동공급의 탄력성은 산업구조의 변화, 노동공급 시간의 선택, 노동이동의 용이성, 노동조합의 결성 여부와 교섭력, 여성 취업기회의 용이성 등에 의해 그 크기가 결정된다.

224 노동조합이 노동공급을 제한함으로써 발생할 수 있는 효과로 옳은 것은?

① 노동조합이 조직화된 노동시장의 임금이 하락할 것이다.
② 노동조합이 조직화되지 않은 노동시장의 공급곡선이 좌상향으로 이동할 것이다.
③ 노동조합이 조직화된 노동시장의 노동수요곡선이 우상향으로 이동할 것이다.
④ 노동조합이 조직화되지 않은 노동시장의 임금이 하락할 것이다.

> **해설**
>
> 노동조합이 노동공급을 제한하면 조직화된 부분에서 발생한 실업자들이 비조직부문으로 이동하여 비조직부문의 노동공급이 증가하므로, 비조직부문의 임금이 하락한다.

225 후방굴절형(backward-bending) 노동공급곡선에서 후방으로 굴절된 부분은?

① 임금변동에 따른 대체효과만이 존재하는 부분이다.
② 임금변동에 따른 소득효과만이 존재하는 부분이다.
③ 임금변동에 따른 대체효과가 소득효과보다 큰 부분이다.
④ 임금변동에 따른 소득효과가 대체효과보다 큰 부분이다.

> **해설**
>
> 임금상승에 의한 소득효과가 대체효과보다 크다면 임금이 상승할 때 노동공급량은 감소한다. 따라서 노동의 공급곡선은 후방굴절인 모습을 보인다.

226 최저임금제도의 기대효과로 가장 거리가 먼 것은?

① 소득분배의 개선
② 공정경쟁의 확보
③ 산업평화의 유지
④ 실업의 해소

> **해설**
>
> 최저임금제를 도입하면 시장임금보다 임금이 높아지므로 기업의 노동수요량은 감소하고 노동공급량은 증가하여 노동의 초과공급, 즉 실업이 증가한다.

정답 222 ② 223 ④ 224 ④ 225 ④ 226 ④

227 내부노동시장의 형성요인이 아닌 것은?

① 기술변화에 따른 산업구조 변화
② 장기근속 가능성
③ 위계적 직무서열
④ 기능의 특수성

해설
도린저와 피요르(Doeringer & Piore)는 내부노동시장이 형성되는 요인으로 숙련의 특수성, 현장훈련, 관습 등 3가지를 제시하였다. 이 밖에도 장기근속의 가능성, 기업의 대규모성, 기업 내의 위계적인 직무서열 등을 제시하는 학자들도 있다.

228 다음 중 분단노동시장가설이 암시하는 정책적 시사점과 가장 거리가 먼 것은?

① 노동시장의 공급측면에 대한 정부개입 또는 지원을 지나치게 강조하는 것에 대해 부정적이다.
② 공공적인 고용기회의 확대나 임금보조, 차별대우 철폐를 주장한다.
③ 외부노동시장의 중요성을 강조한다.
④ 노동의 인간화를 도모하기 위한 의식적인 정책노력이 필요하다.

해설
분단노동시장가설에서는 내부노동시장이 형성되면 외부노동시장과 단절되므로 내부노동시장의 중요성을 강조한다.

229 임금관리의 주요 구성요소와 가장 거리가 먼 것은?

① 기본급과 수당 등의 임금체계
② 임금지급 시기
③ 노동생산성 수준에 따른 임금수준
④ 고정급제와 성과급제 등의 임금형태

해설
임금관리의 3가지 측면은 임금수준, 임금체계, 임금형태이다. 임금수준은 임금의 높낮이, 임금체계는 임금의 구성내용, 임금형태는 임금의 계산 및 지급방식과 관련이 있다.

230 다음 중 직무급 임금체계의 장점이 아닌 것은?

① 개인별 임금격차에 대한 불만 해소
② 연공급에 비해 실시가 용이
③ 인건비의 효율적 관리
④ 능력위주의 인사풍토 조성

해설
직무급은 직무의 상대적 가치를 평가하는 직무평가가 쉽지 않기 때문에 연공급에 비해 실시하기가 어렵다.

231 성과급 제도를 채택하기 어려운 경우는?

① 근로자의 노력과 생산량과의 관계가 명확한 경우
② 생산원가 중에서 노동비용에 대한 통제가 필요하지 않은 경우
③ 생산물의 질(quality)이 일정한 경우
④ 생산량이 객관적으로 측정 가능한 경우

해설
성과급제는 노동성과를 측정하여 측정된 성과에 따라 임금을 산정·지급하는 임금형태이다.
②의 경우 시간급제가 유용하다.

정답 227 ① 228 ③ 229 ② 230 ② 231 ②

232 고전학파의 임금이론인 임금생존비설과 마르크스의 노동력 재생산비설의 유사점은?

① 노동수요측면의 역할을 중요시한다는 점
② 임금수준은 노동자와 그 가족의 생활필수품의 가치에 의해 결정된다는 점
③ 맬서스의 인구법칙에 따른 인구의 증감에 의해 임금이 생존비수준에 수렴한다는 점
④ 임금의 상대적 저하경향과 자본에 의한 노동의 착취를 설명하는 점

> **해설**
> 고전학파의 임금생존비설과 마르크스의 노동력 재생산비설은 임금수준이 노동자와 그 가족의 생활에 필요한 최저생계비 수준에서 결정된다는 점에서 유사하다.

233 임금격차의 원인으로서 통계적 차별(statistical discrimination)이 일어나는 경우는?

① 비숙련 외국인노동자에게 낮은 임금을 설정할 때
② 임금이 개별 노동자의 한계생산성에 근거하여 설정될 때
③ 사용자가 자신의 경험을 기준으로 근로자의 임금을 결정할 때
④ 사용자가 근로자의 생산성에 대해 불완전한 정보를 갖고 있어 평균적인 인식을 근거로 임금을 결정할 때

> **해설**
> 근로자의 생산성에 관한 충분한 정보를 갖고 있지 못한 상황에서 고용주가 생산성과 상관관계가 있다고 통계적으로 밝혀진 학력·성·연령 등과 같은 특성을 근거로 임금수준이나 채용 여부를 결정하는 경우를 통계적 차별이라고 한다.

234 실업에 관한 설명으로 틀린 것은?

① 실업급여의 확대는 탐색적 실업을 증가시킬 수 있다.
② 경기변동 때문에 발생하는 실업은 경기적 실업이다.
③ 구직단념자는 비경제활동인구로 분류된다.
④ 비수요부족 실업은 경기적 실업을 의미한다.

> **해설**
> 경기적 실업은 대표적인 수요부족실업이다. 경기적 실업은 케인즈(J. M. Keynes)에 따르면 유효수요(총수요)의 부족으로 생산과 고용이 감소하여 경기침체와 함께 발생하는 실업이다.

235 마찰적 실업을 해소하기 위한 가장 효과적인 정책은?

① 성과급제를 도입한다.
② 근로자 파견업을 활성화한다.
③ 협력적 노사관계를 구축한다.
④ 구인·구직 정보제공시스템의 효율성을 제고한다.

> **해설**
> 마찰적 실업은 노동시장의 정보 부족으로 인한 일시적인 실업이다. 따라서 구인·구직 정보시스템의 효율성을 높여 노동시장 정보를 충분히 제공하면 줄일 수 있다.

236 다음 중 경기침체 시 실업률이 높아질 때 경제활동인구가 감소되는 효과는?

① 대체효과(substitution effect)
② 부가노동자효과(added worker effect)
③ 대기실업효과(wait-unemployment effect)
④ 실망노동자효과(discouraged worker effect)

> **해설**
> 불경기에 실업자의 일부가 구직활동을 포기함으로써 경제활동인구가 감소(경제활동인구가 비경제활동인구로 전환)하는 실망노동자효과가 나타나면 경제활동참가율과 실업률이 모두 낮아진다.

정답 232 ② 233 ④ 234 ④ 235 ④ 236 ④

237 노사관계의 3주체(tripartite)를 바르게 짝지은 것은?

① 노동자 – 사용자 – 정부
② 노동자 – 사용자 – 국회
③ 노동자 – 사용자 – 정당
④ 노동자 – 사용자 – 사회단체

> **해설**
> 던롭(J. T. Dunlop)이 제시하는 노사관계의 3주체는 근로자와 그 조직(노동조합), 경영자와 그 조직(협회, 경제단체, 협동조합 등), 노동문제와 관련이 있는 정부기구 및 기관이다.

238 직업이나 직종의 여하를 불문하고 동일산업에 종사하는 노동자가 조직하는 노동조합의 형태는?

① 직업별 노동조합
② 산업별 노동조합
③ 기업별 노동조합
④ 일반 노동조합

> **해설**
> 산업별 노동조합은 동일한 산업에 종사하는 모든 노동자가 하나의 노동조합을 구성하는 형태이다. 해당 산업에 종사하는 모든 노동자가 가입하므로 임시직이나 일용직 노동자의 조직이 용이해진다는 장점이 있다.

239 조합원 자격이 있는 노동자만을 채용하고 일단 고용된 노동자라도 조합원 자격을 상실하면 종업원이 될 수 없는 숍 제도는?

① 오픈 숍
② 유니언 숍
③ 에이전시 숍
④ 클로즈드 숍

> **해설**
> 조합원 자격이 있는 노동자만을 채용하고 일단 고용된 노동자라도 조합원 자격을 상실하면 종업원이 될 수 없는 숍 제도는 클로즈드 숍이다.

240 파업을 설명하는 힉스(J. R. Hicks)의 단체교섭 모형에 관한 설명으로 틀린 것은?

① 노사 양측의 대칭적 정보 때문에 파업이 일어나지 않고 적정수준에서 임금타결이 이루어진다.
② 노동조합의 요구임금과 사용자 측의 제의 임금은 파업기간의 함수이다.
③ 사용자의 양보곡선(concession curve)은 우상향한다.
④ 노동조합의 저항곡선(resistance curve)은 우하향한다.

> **해설**
> 힉스는 노사 간의 비대칭적 정보로 인해 파업이 발생하면 파업기간에 따라 노사 양측의 요구임금 및 제안임금의 수준이 달라진다고 하였다. 즉 노사 양측이 수락하는 임금수준은 그 임금수준에 도달되기까지 필요한 파업기간의 함수라고 보았다.

정답 237 ① 238 ② 239 ④ 240 ①

V 고용노동관계법규

241 헌법상 노동3권과 관련이 있는 것은?

① 법률에 의해 최저임금제 보장
② 자주적인 단체교섭권의 보장
③ 연소근로자 특별한 보호
④ 국가유공자의 우선근로 기회 부여

해설
헌법 제33조에 규정된 노동3권은 단결권, 단체교섭권, 단체행동권이다. 최저임금, 연소자 보호, 국가유공자 보호는 헌법 제32조 근로권의 보호내용이다.

242 근로3권에 관한 설명으로 옳은 것은?

① 단결권·단체교섭권·단체행동권은 일체를 이루는 기본권이므로, 단결권이 인정되는 근로자에게는 예외 없이 단체교섭권 및 단체행동권까지 인정되어야 한다.
② 근로3권은 자유권적 성격과 생존권적 성격을 동시에 갖고 있다.
③ 근로3권에 대해서는 헌법에 명시된 제한 이상으로 기본권에 대한 일반적인 제한은 허용되지 아니한다.
④ 오늘날 대부분의 문명국가에서는 단결권·단체교섭권·단체행동권을 헌법에서 명문으로 보장하고 있다.

해설
① 단결권이 인정된다고 해서 단체교섭권과 단체행동권이 반드시 인정되어야 하는 것은 아니다. 특히 단체행동권은 특별한 경우 제한되고 있다.
③ 근로3권도 기본권에 대한 일반적인 제한을 받는다.
④ 오늘날 대부분의 문명국가에서는 단결권·단체교섭권·단체행동권을 보장하고 있지만, 반드시 헌법으로 보장하고 있지는 않다.

243 다음 ( )에 알맞은 것은?

> 헌법 제32조 제2항에 의하면 국가는 근로의 의무의 내용과 조건을 ( )에 따라 법률로 정하도록 되어 있다.

① 사회주의 원칙
② 자유주의 원칙
③ 민주주의 원칙
④ 복지주의 원칙

해설
국가는 근로의 의무의 내용과 조건을 민주주의 원칙에 따라 법률로 정한다(「헌법」 제32조 제2항).

244 다음 ( ) 안에 들어갈 말로 가장 적합한 것은?

> 헌법상 국가는 ( )으로 근로자의 고용증진과 적정임금의 보장에 노력하여야 한다.

① 민주적 방법
② 사회적 방법
③ 경제적 방법
④ 사회적·경제적 방법

해설
국가는 사회적·경제적 방법으로 근로자의 고용증진과 적정임금의 보장에 노력하여야 하며, 법률이 정하는 바에 의하여 최저임금제를 시행하여야 한다(「헌법」 제32조 제1항).

정답 241 ② 242 ② 243 ③ 244 ④

245 헌법상 근로3권의 제한에 대한 설명으로 틀린 것은?

① 법률이 정하는 주요방위산업체에 종사하는 근로자의 단결권, 단체교섭권, 단체행동권은 법률이 정하는 바에 의하여 제한될 수 있다.
② 공무원인 근로자는 법률이 정하는 자에 한하여 단결권, 단체교섭권 및 단체행동권을 가진다.
③ 근로조건의 향상과 관계없는 근로3권의 행사는 제한될 수 있다.
④ 근로3권은 국가안전보장, 질서유지 또는 공공복리를 위하여 필요한 경우에 한하여 법률로써 제한될 수 있다.

해설

법률이 정하는 주요방위산업체에 종사하는 근로자의 경우 '단체행동권'이 제한될 수 있을 뿐이다. 따라서 단결권, 단체교섭권은 제한대상이 아니다.

246 노동법의 성격에 대한 설명으로 잘못된 것은?

① 노동법은 사회적·경제적으로 약자인 근로자의 생존권을 보장하고, 근로자의 보호와 기업의 발전에 이바지하는 역할을 한다.
② 노동법은 자본주의 경제의 기본적 틀을 부인하면서, 근대 시민법의 3대 원칙을 전면 수정한 법이다.
③ 노동법이란 근로자의 권리를 보호하고 근로조건을 유지·개선하기 위한 법을 말한다.
④ 노동법이란 헌법과 국제법상의 근로자의 인권에 근거하여 인간의 존엄성을 보장하기 위한 근로자의 고용, 근로조건 및 노동단체에 관한 법이다.

해설

노동법은 자본주의 경제의 기본적 틀은 그대로 유지하되 근대 시민법의 3대 원칙(소유권 절대의 원칙, 계약자유의 원칙, 과실책임의 원칙)을 수정(소유권 상대의 원칙, 계약공정의 원칙, 무과실책임의 원칙의 도입 등)한 법이다.

247 근로기준법상 이행강제금에 대한 설명으로 틀린 것은?

① 노동위원회는 구제명령(구제명령을 내용으로 하는 재심판정을 포함)을 받은 후 이행기한까지 구제명령을 이행하지 아니한 사용자에 대하여 3천만 원 이하의 이행강제금을 부과한다.
② 노동위원회에서 이행강제금을 부과·징수한다는 뜻을 사용자에게 미리 문서로 알려줄 때에는 10일 이상의 기간을 정하여 구술 또는 서면(전자문서 포함)으로 의견을 진술할 수 있는 기회를 부여해야 한다.
③ 노동위원회는 중앙노동위원회의 재심판정이나 법원의 확정판결에 따라 노동위원회의 구제명령이 취소되면 직권 또는 사용자의 신청에 따라 이행강제금의 부과·징수를 즉시 중지하고 이미 징수한 이행강제금을 반환해야 한다.
④ 노동위원회는 구제명령을 받은 자가 구제명령을 이행하면 새로운 이행강제금을 부과하지 아니하되, 구제명령을 이행하기 전에 이미 부과된 이행강제금은 2분의 1을 감액하여 징수해야 한다.

해설

노동위원회는 구제명령을 받은 자가 구제명령을 이행하면 새로운 이행강제금을 부과하지 아니하되, 구제명령을 이행하기 전에 이미 부과된 이행강제금은 그 전액을 징수해야 한다.

정답 245 ① 246 ② 247 ④

248 근로기준법상 단시간근로자의 정의에 대한 설명으로 옳은 것은?

① 단시간근로자란 1주간의 평균소정근로시간이 15시간 이상인 근로자를 말한다.
② 단시간근로자란 1주간의 소정근로시간이 해당 사업장의 동종업무에 종사하는 통상근로자의 1주간의 소정근로시간에 비하여 3할 이상 짧은 근로자를 말한다.
③ 단시간근로자란 4주간의 평균소정근로시간이 해당 사업장의 동종업무에 종사하는 통상근로자의 1주간의 소정근로시간에 비하여 5할 이상 짧은 근로자를 말한다.
④ 단시간근로자란 1주간의 소정근로시간이 해당 사업장의 동종업무에 종사하는 통상근로자의 1주간의 소정근로시간에 비하여 짧은 자를 말한다.

해설
단시간근로자란 1주 동안의 소정근로시간이 그 사업장에서 같은 종류의 업무에 종사하는 통상근로자의 1주 동안의 소정근로시간에 비해 짧은 근로자를 말한다.

249 근로기준법령상 취업규칙에 관한 설명으로 틀린 것은?

① 상시 10명 이상의 근로자를 사용하는 사용자는 취업규칙을 작성하여 고용노동부장관에게 신고하여야 한다.
② 사용자는 취업규칙의 작성 시 해당 사업장에 근로자의 과반수로 조직된 노동조합이 있는 경우에는 그 노동조합의 동의를 받아야 한다.
③ 고용노동부장관은 법령이나 단체협약에 어긋나는 취업규칙의 변경을 명할 수 있다.
④ 취업규칙에서 정한 기준에 미달하는 근로조건을 정한 근로계약은 그 부분에 관하여는 무효로 한다.

해설
취업규칙 작성, 변경 시 동의는 취업규칙을 불이익하게 변경할 경우에 한한다.

250 근로기준법상 재해보상에 관한 설명으로 옳지 않은 것은?

① 사용자는 요양 중에 있는 근로자에게 그 근로자의 요양 중 평균임금의 100분의 60의 휴업보상을 하여야 한다.
② 근로자가 업무상 사망한 경우에는 사용자는 근로자가 사망한 후 지체 없이 평균임금 90일분의 장례비를 지급하여야 한다.
③ 근로자가 업무상 사망한 경우에는 사용자는 근로자가 사망한 후 지체 없이 그 유족에게 평균임금 360일분의 유족보상을 하여야 한다.
④ 요양보상을 받는 근로자가 요양을 시작한 지 2년이 지나도 부상 또는 질병이 완치되지 아니하는 경우에는 사용자는 그 근로자에게 평균임금 1,340일분의 일시보상을 하여 그 후의 이 법에 따른 모든 보상책임을 면할 수 있다.

해설
근로자가 업무상 사망한 경우에는 사용자는 근로자가 사망한 후 지체 없이 그 유족에게 평균임금 1,000일분의 유족보상을 하여야 한다.

정답 248 ④ 249 ② 250 ③

251 근로기준법의 총칙 규정에 관한 설명으로 옳지 않은 것은?

① 사용자는 사고의 발생이나 그 밖의 어떠한 이유로도 근로자에게 폭행을 하지 못한다.
② 사용자는 국적·신앙 또는 사회적 신분을 이유로 근로조건에 대한 차별적 처우를 하지 못한다.
③ 사용자는 근로자가 근로시간 중에 공민권의 행사를 위하여 필요한 시간을 청구하면 그 요구를 거부할 수 있다.
④ 누구든지 법률에 따르지 아니하고는 영리로 다른 사람의 취업에 개입하거나 중간인으로서 이익을 취득하지 못한다.

해설
근로자가 근로시간 중에 공민권의 행사를 위하여 필요한 시간을 청구하는 경우 원칙적으로 허용해야 한다. 다만, 사정이 있는 경우 청구한 시간을 변경하여 허용할 수는 있다.

252 근로기준법상의 균등대우원칙과 관계가 없는 남녀고용평등과 일·가정 양립 지원에 관한 법률상의 차별금지 내용에 해당하는 것은?

① 임금
② 모집과 채용
③ 교육, 배치, 승진
④ 정년, 퇴직, 해고

해설
모집과 채용에서의 차별금지에 대해서는 「근로기준법」이 아닌 「남녀고용평등과 일·가정 양립 지원에 관한 법률」에서 규정하고 있다.

253 근로기준법의 기준에 미달한 근로계약의 효력을 바르게 설명한 것은?

① 근로계약 자체가 전부 무효이다.
② 근로계약의 효력에는 영향을 미치지 않는다.
③ 「근로기준법」에 미달한 부분의 근로계약만 무효이다.
④ 「근로기준법」에 미달하더라도 합의한 근로계약은 효력을 가진다.

해설
「근로기준법」의 기준에 미달하는 근로조건을 정한 근로계약은 그 부분에 한하여 무효로 한다.

254 근로기준법령상 근로계약에 관한 설명으로 틀린 것은?

① 이 법에서 정하는 기준에 미치지 못하는 근로조건을 정한 근로계약은 그 부분에 한하여 무효로 한다.
② 명시된 근로조건이 사실과 다를 경우에 근로자는 근로조건 위반을 이유로 사용자에 대해 손해배상을 청구할 수 있다.
③ 단시간근로자의 근로조건은 그 사업장의 같은 종류의 업무에 종사하는 통상근로자의 근로시간을 기준으로 산정한 비율에 따라 결정되어야 한다.
④ 사용자는 근로계약 불이행에 대한 위약금을 예정하는 계약을 체결한 경우 300만 원 이하의 과태료에 처한다.

해설
사용자가 근로계약 불이행에 대한 위약금을 예정하는 계약을 체결한 경우 500만 원 이하의 벌금에 처한다.

정답 251 ③ 252 ② 253 ③ 254 ④

255 근로기준법령상 경영상 이유에 의한 해고에 관한 설명으로 옳은 것은?

① 사용자는 근로자대표에게 해고를 하려는 날의 60일 전까지 해고의 기준을 통보하여야 한다.
② 경영 악화를 방지하기 위한 사업의 합병은 긴박한 경영상의 필요가 있는 것으로 볼 수 없다.
③ 사용자는 근로자를 해고하려면 해고사유와 해고시기를 서면으로 통지하여야 한다.
④ 사용자는 경영상 이유에 의하여 해고된 근로자에 대하여 재취업 등 필요한 조치를 우선적으로 취하여야 한다.

해설
① 50일 전까지 해고의 기준을 통보하여야 한다.
② 긴박한 경영상의 필요가 있는 것으로 본다.
④ 정부는 해고된 근로자에 대하여 생계안정·재취업·직업훈련 등 필요한 조치를 우선적으로 취하여야 한다.

256 근로기준법상 임금에 대한 설명으로 틀린 것은?

① 임금이란 사용자가 근로의 대가로 근로자에게 임금, 봉급, 그 밖에 어떠한 명칭으로든지 지급하는 모든 금품을 말한다.
② 평균임금이란 이를 산정하여야 할 사유가 발생한 날 이전 3개월 동안에 그 근로자에게 지급된 임금의 총액을 말한다.
③ 사용자는 도급이나 그 밖에 이에 준하는 제도로 사용하는 근로자에게 근로시간에 따라 일정액의 임금을 보장하여야 한다.
④ 근로기준법에 따른 임금채권은 3년간 행사하지 아니하면 시효로 소멸한다.

해설
평균임금이란 이를 산정하여야 할 사유가 발생한 날 이전 3개월 동안에 그 근로자에게 지급된 임금의 총액을 그 기간의 총 일수로 나눈 금액이다.

257 고용보험법상 실업급여의 종류에 포함되지 않는 것은?

① 구직급여
② 생계비
③ 광역구직활동비
④ 조기재취업수당

해설
실업급여의 종류에는 구직급여, 취업촉진수당(조기재취업수당, 직업능력개발수당, 광역구직활동비, 이주비)이 있다.

258 고용보험법령상 둘 이상의 사업에 일용근로자가 아닌 자로 동시에 고용되어 있는 경우, 피보험자격을 취득하는 순서로 옳은 것은?

A. 월 평균보수가 많은 사업
B. 근로자가 선택한 사업
C. 월 소정근로시간이 많은 사업

① A → B → C
② B → C → A
③ A → C → B
④ C → A → B

해설
보험관계가 성립되어 있는 둘 이상의 사업에 동시에 고용되어 있는 근로자는 다음 순서에 따라 피보험자격을 취득한다.
월 평균보수가 많은 사업 → 월 소정근로시간이 많은 사업 → 근로자가 선택한 사업
다만, 일용근로자와 일용근로자가 아닌 자로 동시에 고용되어 있는 경우에는 일용근로자가 아닌 자로 고용된 사업에서 우선적으로 피보험자격을 취득한다.

정답 255 ③ 256 ② 257 ② 258 ③

259 고용보험법상 구직급여의 산정기초가 되는 임금일액의 산정방법으로 틀린 것은?

① 수급자격의 인정과 관련된 마지막 이직 당시 산정된 평균임금을 기초일액으로 한다.
② 마지막 사업에서 이직 당시 일용근로자였던 자의 경우에는 산정된 금액이 「근로기준법」에 따른 그 근로자의 통상임금보다 적을 경우에는 그 통상임금액을 기초일액으로 한다.
③ 기초일액을 산정하는 것이 곤란한 경우와 보험료를 보험료징수법에 따른 기준임금을 기준으로 낸 경우에는 기준임금을 기초일액으로 한다.
④ 산정된 기초일액이 그 수급자격자의 이직 전 1일 소정근로시간에 이직일 당시 적용되던 「최저임금법」에 따른 시간단위에 해당하는 최저임금액을 곱한 금액보다 낮은 경우에는 최저기초일액을 기초일액으로 한다.

해설
산정된 금액이 그 근로자의 통상임금보다 적을 경우에는 그 통상임금액을 기초일액으로 한다. 다만, 마지막 사업에서 이직 당시 일용근로자였던 자의 경우에는 그러하지 아니하다.

260 고용보험법상 취업촉진수당에 해당하지 않는 것은?

① 광역구직활동비
② 원격지 취업수당
③ 조기재취업수당
④ 직업능력개발수당

해설
실업급여의 종류에는 구직급여, 취업촉진수당(조기재취업수당, 직업능력개발수당, 광역구직활동비, 이주비)이 있다.

261 고용보험법상 자영업자인 피보험자의 실업급여의 종류로 옳지 않은 것은?

① 구직급여
② 직업능력개발수당
③ 광역구직활동비
④ 조기재취업수당

해설
자영업자의 경우 조기재취업수당은 실업급여의 종류에 해당하지 않는다.

262 고용보험법의 적용 제외 대상이 아닌 자는? (단, 기타 사항은 고려하지 않음)

① 3개월 이상 계속하여 근로를 제공하는 자
② 「지방공무원법」에 따른 공무원
③ 「사립학교교직원 연금법」의 적용을 받는 사람
④ 「별정우체국법」에 따른 별정우체국 직원

해설
3개월 이상 계속하여 근로를 제공하는 자는 고용보험 적용대상이다.

정답 259 ② 260 ② 261 ④ 262 ①

263 고용보험법상 구직급여의 수급요건에 해당하지 않는 것은?

① 이직일 이전 18개월 동안의 피보험 단위기간이 합산하여 180일 이상일 것
② 근로의 의사와 능력이 있음에도 불구하고 취업하지 못한 상태에 있을 것
③ 전직 또는 자영업을 하기 위하여 이직한 경우
④ 재취업을 위한 노력을 적극적으로 할 것

> 해설
> 전직이나 자영업을 하기 위하여 이직한 경우에는 수급자격이 없는 것으로 본다(「고용보험법」 제58조).

264 고용보험법령상 육아휴직급여 신청기간의 연장사유가 아닌 것은?

① 범죄혐의로 인한 형의 집행
② 배우자의 질병
③ 천재지변
④ 자매의 부상

> 해설
> 본인이나 배우자, 본인이나 배우자의 직계존속 및 직계비속의 질병·부상의 경우 신청기간 연장사유에 해당하나, 자매의 부상은 연장사유에 해당하지 않는다.

265 직업안정법상 용어의 정의로서 잘못된 것은?

① 직업안정기관이라 함은 직업소개·직업지도 등 직업안정업무를 수행하는 지방노동행정기관을 말한다.
② 유료직업소개사업이라 함은 무료직업소개사업 외의 직업소개사업을 말한다.
③ 직업소개라 함은 구인 또는 구직의 신청을 받아 구인자와 구직자 간에 고용계약의 성립을 결정하는 것을 말한다.
④ 무료직업소개사업이라 함은 수수료·회비 기타 일체의 금품을 받지 아니하고 행하는 직업소개사업을 말한다.

> 해설
> 직업소개라 함은 구인 또는 구직의 신청을 받아 구인자와 구직자 간에 고용계약의 성립을 결정하는 것이 아니라, 알선하는 것을 말한다.

266 직업안정법령상 직업안정기관의 직업소개 절차로서 옳은 것은?

A. 구인·구직신청의 수리
B. 직업 또는 구직자의 알선
C. 취직 또는 채용 여부의 확인
D. 구인·구직에 필요한 기초사항의 확인
E. 구인·구직의 상담

① D → A → B → E → C
② D → A → E → B → C
③ E → D → B → A → C
④ E → B → C → D → A

> 해설
> 직업안정기관의 직업소개 절차는 구인·구직에 필요한 기초사항의 확인 → 구인·구직신청의 수리 → 구인·구직의 상담 → 직업 또는 구직자의 알선 → 취직 또는 채용 여부의 확인이다.

정답 263 ③ 264 ④ 265 ③ 266 ②

267 직업안정법상 유료직업소개사업의 제한·금지 사항에 관한 설명으로 옳지 않은 것은?

① 20세 미만의 구직자를 소개하는 경우에는 친권자 또는 후견인의 취업동의서를 받아야 한다.
② 유료직업소개사업을 하는 자 및 그 종사자는 구직자에게 제공하기 위하여 구인자로부터 선급금을 받아서는 안 된다.
③ 유료직업소개사업을 등록한 자는 타인에게 자기의 성명 또는 상호를 사용하여 직업소개사업을 하게 하거나, 그 등록증을 대여해서는 안 된다.
④ 「식품위생법」에 따른 식품접객업 또는 「공중위생관리법」에 따른 숙박업을 영위하는 자는 무료직업소개사업 또는 유료직업소개사업을 할 수 없다.

해설
18세 미만의 구직자를 소개하는 경우에는 친권자 또는 후견인의 취업동의서를 받아야 한다.

268 직업안정법상 직업안정기관 외의 자가 행하는 직업안정사업에서는 행정기관에서 신고나 등록·허가를 받아야 하는데, 그 연결이 잘못된 것은?

① 국내 무료직업소개사업 – 시장, 군수, 구청장에게 신고
② 국내 유료직업소개사업 – 고용노동부장관에게 등록
③ 국외에 취업할 근로자 모집 – 고용노동부장관에게 신고
④ 국내 근로자공급사업 – 고용노동부장관의 허가

해설
국내 유료직업소개사업은 시장, 군수, 구청장에게 등록한다.

269 직업안정법령상 유료직업소개사업의 등록을 할 수 있는 자에 해당되지 않는 것은?

① 지방공무원으로 2년 이상 근무한 경력이 있는 자
② 조합원이 100인 이상인 단위노동조합에서 노동조합업무전담자로 2년 이상 근무한 경력이 있는 자
③ 상시 사용근로자 300인 이상인 사업장에서 노무관리업무전담자로 1년 이상 근무한 경력이 있는 자
④ 「공인노무사법」에 의한 공인노무사 자격을 가진 자

해설
상시 사용근로자 300인 이상인 사업 또는 사업장에서 노무관리업무전담자로 2년 이상 근무한 경력이 있어야 한다(「직업안정법」 시행령 제21조).

270 직업안정법령상 직업정보제공사업자의 준수사항에 해당되지 않는 것은?

① 구인자의 업체명(또는 성명)이 표시되어 있지 아니하거나 구인자의 연락처가 사서함 등으로 표시되어 구인자의 신원이 확실하지 아니한 구인광고를 게재하지 아니할 것
② 직업정보제공매체의 구인·구직광고에는 구인·구직자 및 직업정보제공사업자의 주소 또는 전화번호를 기재할 것
③ 직업정보제공사업의 광고문에 "(무료)취업상담", "취업추천", "취업지원" 등의 표현을 사용하지 아니할 것
④ 구직자의 이력서 발송을 대행하거나 구직자에게 취업추천서를 발부하지 아니할 것

해설
직업정보제공매체의 구인·구직광고에는 구인·구직자의 주소·전화번호는 기재하고, 직업정보제공사업자의 주소·전화번호는 기재하지 않아야 한다(「직업안정법」 시행령 제28조).

정답 267 ① 268 ② 269 ③ 270 ②

271 국민 평생 직업능력 개발법상 훈련계약에 관한 설명으로 옳지 않은 것은?

① 훈련계약을 체결하지 아니한 경우에 고용근로자가 받은 직업능력개발훈련에 대하여는 그 근로자가 근로를 제공한 것으로 본다.
② 기준근로시간 외의 훈련시간에 대하여는 생산시설을 이용하거나 근무장소에서 하는 직업능력개발훈련의 경우를 제외하고는 연장근로와 야간근로에 해당하는 임금을 반드시 지급하여야 한다.
③ 훈련계약을 체결하지 아니한 사업주는 직업능력개발훈련을 기준근로시간 내에 실시하되, 해당 근로자와 합의한 경우에는 기준근로시간 외의 시간에 직업능력개발훈련을 실시할 수 있다.
④ 직업능력개발훈련을 받는 사람이 직업능력개발훈련을 이수한 후에 사업주가 지정하는 업무에 일정기간 종사하도록 할 수 있다. 이 경우 그 기간은 5년 이내로 하되, 직업능력개발훈련기간의 3배를 초과할 수 없다.

해설
기준근로시간 외의 훈련시간에 대하여는 생산시설을 이용하거나 근무장소에서 하는 직업능력개발훈련의 경우를 제외하고는 연장근로와 야간근로에 해당하는 임금을 지급하지 않을 수 있다.

272 국민 평생 직업능력 개발법령상 직업능력개발훈련교사 2급의 자격기준으로 틀린 것은?

① 기술사 또는 기능장 자격증을 소지하고 고용노동부령이 정하는 훈련을 받은 자
② 직업능력개발훈련교사 3급의 자격을 받고 3년 이상의 교육훈련경력이 있는 자로서 향상훈련을 받은 자
③ 전문대학, 기능대학 또는 대학의 전임강사 이상으로서 2년 이상의 교육훈련경력이 있는 자
④ 고용노동부장관이 정하여 고시하는 직종 분야의 학사 이상의 학위를 취득한 후 해당 직종 분야에서 2년 이상의 교육훈련경력 또는 실무경력이 있는 사람으로서 고용노동부령으로 정하는 훈련을 받은 자

해설
④는 직업능력개발훈련교사 3급의 자격기준에 해당한다.

273 국민 평생 직업능력 개발법령상 직업능력개발훈련교사의 결격사유로 옳지 않은 것은?

① 법원의 판결에 따라 자격이 상실되거나 정지된 사람
② 금고 이상의 형의 집행유예를 선고받고 그 유예기간 중에 있는 사람
③ 자격이 취소된 후 5년이 지나지 아니한 사람
④ 금고 이상의 형을 선고받고 그 집행이 끝나거나 집행이 면제된 날부터 2년이 지나지 아니한 사람

해설
직업능력개발훈련교사의 결격사유로는 자격이 취소된 후 3년이 지나지 아니한 사람이다.

정답 271 ② 272 ④ 273 ③

274 국민 평생 직업능력 개발법상 직업능력개발훈련이 중시되어야 하는 자로 옳지 않은 자는?

① 기간의 정함이 없는 근로자
② 「5·18민주유공자예우 및 단체설립에 관한 법률」에 의한 5·18민주유공자 및 그 유족 또는 가족
③ 「중소기업법」에 의한 중소기업 근로자
④ 고령자, 장애인

> [해설]
> '기간의 정함이 있는 근로자', 즉 비정규직 근로자가 직업능력개발훈련이 중시되어야 하는 대상이다. '기간의 정함이 없는 근로자'란 정규직을 의미한다.

275 국민 평생 직업능력 개발법상 직업능력개발훈련의 기본원칙으로 볼 수 없는 것은?

① 직업능력개발훈련은 국민 개개인의 희망·적성·능력에 맞게 실시되어야 한다.
② 직업능력개발훈련은 학교교육과 연계하여 실시되어야 한다.
③ 직업능력개발훈련은 직업능력개발훈련이 필요한 모든 국민에게 균등한 기회가 보장되도록 노력하여야 한다.
④ 직업능력개발훈련은 근로자가 취업하기 전 일정기간 동안 실시되어야 한다.

> [해설]
> 직업능력개발훈련은 근로자가 직업에 종사하는 전 기간에 걸쳐 단계적·체계적으로 실시되어야 한다.

276 국민 평생 직업능력 개발법상 (   ) 안에 차례로 들어갈 내용으로 옳은 것은?

> 사업주는 훈련계약을 체결할 때에는 해당 직업능력개발훈련을 받는 사람이 직업능력개발훈련을 이수한 후에 사업주가 지정하는 업무에 일정기간 종사하도록 할 수 있다. 이 경우 그 기간은 (   ) 이내로 하되, 직업능력개발훈련기간의 (   )를 초과할 수 없다.

① 3년, 3배
② 3년, 5배
③ 5년, 3배
④ 5년, 5배

> [해설]
> 종사할 수 있는 기간은 5년 이내로 하되, 직업능력개발훈련기간의 3배를 초과할 수 없다.

277 국민 평생 직업능력 개발법상 직업능력개발훈련의 기본원칙으로 명시되지 않은 것은?

① 직업능력개발훈련은 국민 개개인의 희망·적성·능력에 맞게 국민의 생애에 걸쳐 체계적으로 실시되어야 한다.
② 직업능력개발훈련은 민간의 자율과 창의성이 존중되도록 하여야 하며 노사의 참여와 협력을 바탕으로 실시되어야 한다.
③ 제조업의 생산직에 종사하는 근로자의 직업능력개발훈련은 중요시되어야 한다.
④ 직업능력개발훈련은 국민의 직무능력과 고용가능성을 높일 수 있도록 지역·산업 현장의 수요가 반영되어야 한다.

> [해설]
> 제조업의 생산직이 아니라 중소기업의 근로자를 대상으로 하는 직업능력개발훈련이 중요시되어야 한다.

정답 274 ① 275 ④ 276 ③ 277 ③

278 국민 평생 직업능력 개발법령에 대한 설명으로 틀린 것은?

① 직업능력개발훈련은 15세 이상인 자에게 실시한다.
② 직업능력개발훈련은 집체훈련, 현장훈련, 원격훈련, 혼합훈련의 방법으로 실시한다.
③ 종전의 직업과 유사하거나 새로운 직업에 필요한 직무수행능력을 습득시키기 위하여 실시하는 직업능력개발훈련을 전직훈련이라고 한다.
④ 재해위로금의 산정기준이 되는 통상임금은 「산업재해보상보험법」에 의한 최고 보상기준 금액 및 최저 보상기준 금액을 각각 그 상한 및 하한으로 한다.

> **해설**
> 재해위로금의 산정기준이 되는 평균임금은 「산업재해보상보험법」에 따라 고용노동부장관이 매년 정하여 고시하는 최고 보상기준 금액 및 최저 보상기준 금액을 각각 그 상한 및 하한으로 한다.

279 남녀고용평등과 일·가정 양립 지원에 관한 법률상 출산전후휴가에 대한 지원에 관한 설명으로 틀린 것은?

① 국가는 출산전후휴가를 사용한 근로자 중 일정한 요건에 해당하는 자에게 그 휴가기간에 대하여 평균임금에 상당하는 출산전후휴가급여를 지급하여야 한다.
② 출산전후휴가급여의 지급요건 및 절차 등에 관하여 필요한 사항은 따로 법률로 정한다.
③ 여성근로자가 출산전후휴가급여를 받으려는 경우 사업주는 관계서류의 작성·확인 등 모든 절차에 적극 협력하여야 한다.
④ 출산전후휴가급여를 지급하기 위하여 필요한 비용은 재정이나 「사회보장기본법」에 따른 사회보험에서 분담할 수 있다.

> **해설**
> 출산전후휴가급여는 근로자의 통상임금을 기준으로 산정하여 지급한다.

280 남녀고용평등과 일·가정 양립 지원에 관한 법률상 육아휴직에 관한 설명으로 틀린 것은?

① 육아휴직기간은 1년 이내로 한다.
② 육아휴직기간은 근속기간에 포함한다.
③ 사업주는 사업을 계속할 수 없는 경우에도 육아휴직기간에는 그 근로자를 해고하지 못한다.
④ 사업주는 육아휴직을 마친 후에는 휴직 전과 같은 업무 또는 같은 수준의 임금을 지급하는 직무에 복귀시켜야 한다.

> **해설**
> 사업주는 사업을 계속할 수 없는 경우에는 육아휴직기간에도 그 근로자를 해고할 수 있다.

281 남녀고용평등과 일·가정 양립 지원에 관한 법률상 직장 내 성희롱 예방교육에 대한 설명으로 옳지 않은 것은?

① 파견근로가 이루어지는 사업장에서 파견근로자에 대하여 직장 내 성희롱 예방교육을 실시해야 하는 사업주는 파견근로자를 고용한 파견사업주이다.
② 성희롱 예방교육은 인터넷 등 정보통신망을 이용한 사이버 교육 등을 통해 실시할 수 있다.
③ 사업주는 성희롱 예방교육을 고용노동부장관이 지정하는 기관에 위탁하여 실시할 수 있다.
④ 사업주는 직장 내 성희롱 발생이 확인된 경우 지체 없이 행위자에 대하여 징계나 그 밖에 이에 준하는 조치를 해야 한다.

> **해설**
> 「파견근로자 보호 등에 관한 법률」에 따라 파견근로가 이루어지는 사업장에서 파견근로자에 대하여 직장 내 성희롱 예방교육을 실시해야 하는 사업주는 파견사업주가 아닌, 사용사업주(파견근로자가 일하고 있는 사용회사의 사업주)이다.

정답 278 ④ 279 ① 280 ③ 281 ①

282 남녀고용평등과 일·가정 양립 지원에 관한 법률상 육아기 근로시간 단축에 대한 설명으로 옳지 않은 것은?

① 육아기 근로시간 단축의 기간은 1년 이내로 한다.
② 사업주가 근로자에게 육아기 근로시간 단축을 허용하는 경우 단축 후 근로시간은 주당 15시간 이상이어야 하고 35시간을 넘어서는 안 된다.
③ 사업주는 육아휴직을 신청할 수 있는 근로자가 육아휴직 대신 근로시간의 단축을 신청하는 경우에 이를 허용할 수 있다.
④ 사업주는 근로자의 육아기 근로시간 단축 기간이 끝난 후에 그 근로자를 육아기 근로시간 단축 전과 같은 업무 또는 같은 수준의 임금을 지급하는 직무에 복귀시켜야 한다.

> 해설
> 사업주는 육아휴직을 신청할 수 있는 근로자가 육아휴직 대신 근로시간의 단축을 신청하는 경우에 이를 허용하여야 한다. 다만, 대체인력 채용이 불가능한 경우, 정상적인 사업운영에 중대한 지장을 초래하는 경우 등 대통령령으로 정하는 경우에는 그러하지 아니하다(「남녀고용평등과 일·가정 양립 지원에 관한 법률」 제19조의2).

283 남녀고용평등과 일·가정 양립 지원에 관한 법률상 근로자의 고충의 신고방법 등에 대한 설명으로 옳지 않은 것은?

① 고충의 신고는 구두가 아닌 서면으로 해야 한다.
② 사업주는 고충신고를 받은 경우 특별한 사유가 없으면 신고접수일부터 10일 이내에 신고된 고충을 직접 처리하거나 노사협의회에 위임하여 처리하여야 한다.
③ 사업주가 고충을 직접 처리한 경우에는 처리 결과를, 노사협의회에 위임하여 처리하게 한 경우에는 위임사실을 해당 근로자에게 알려야 한다.
④ 사업주는 고충접수·처리대장을 작성하여 갖추어 두고, 관련 서류를 3년간 보존해야 한다.

> 해설
> 고충의 신고는 구두, 서면, 우편, 전화, 팩스 또는 인터넷 등의 방법으로 하여야 한다(「남녀고용평등과 일·가정 양립 지원에 관한 법률」 시행령 제18조).

284 남녀고용평등과 일·가정 양립 지원에 관한 법령상 직장 내 성희롱의 금지 및 예방에 관한 설명으로 틀린 것은?

① 사업주, 상급자 또는 근로자는 직장 내 성희롱을 하여서는 아니 된다.
② 사업주는 성희롱 예방 교육을 고용노동부장관이 지정하는 기관에 위탁하여 실시할 수 있다.
③ 누구든지 직장 내 성희롱 발생 사실을 알게 된 경우 그 사실을 해당 사업주에게 신고할 수 있다.
④ 사업주는 직장 내 성희롱 예방 교육을 연 2회 이상 하여야 한다.

> 해설
> 사업주는 직장 내 성희롱 예방 교육을 연 1회 이상 하여야 한다.

정답 282 ③ 283 ① 284 ④

최신 법령 개정에 따라 변형한 문제입니다.

285 남녀고용평등과 일·가정 양립 지원에 관한 법령상 다음 (　) 안에 각각 알맞은 것은?

> 제18조의2(배우자 출산휴가) ① 사업주는 근로자가 배우자의 출산을 이유로 휴가(이하 "배우자 출산휴가"라 한다)를 고지하는 경우에 (ㄱ)일의 휴가를 주어야 한다.(이하 생략)
> ③ 배우자 출산휴가는 근로자의 배우자가 출산한 날부터 (ㄴ)일이 지나면 사용할 수 없다.

① ㄱ: 5, ㄴ: 30
② ㄱ: 5, ㄴ: 90
③ ㄱ: 10, ㄴ: 30
④ ㄱ: 20, ㄴ: 120

해설
배우자 출산휴가는 20일이며, 출산한 날부터 120일 이내에 사용해야 한다.

286 채용절차의 공정화에 관한 법률에 관한 설명으로 틀린 것은?

① 기초심사자료란 구직자의 응시원서, 이력서 및 자기소개서를 말한다.
② 고용노동부장관은 기초심사자료의 표준양식을 정하여 구인자에게 그 사용을 권장할 수 있다.
③ 구직자는 구인자에게 제출하는 채용서류를 거짓으로 작성해서는 아니 된다.
④ 이 법은 지방자치단체가 공무원을 채용하는 경우에도 적용한다.

해설
이 법은 국가 및 지방자치단체가 공무원을 채용하는 경우에는 적용하지 않는다.

287 개인정보 보호법상 "공공기관"에 해당하지 않는 것은?

① 「국가인권위원회법」 제3조에 따른 국가인권위원회
② 「공공기관의 운영에 관한 법률」 제4조에 따른 공공기관
③ 「지방공기업법」에 따른 지방공사와 지방공단
④ 「초·중등교육법」, 「고등교육법」에 따른 각급 학교(단, 그 밖의 다른 법률에 따라 설치된 각급 학교는 제외)

해설
「초·중등교육법」, 「고등교육법」에 따른 학교 외에 그 밖의 다른 법률에 따라 설치된 각급 학교도 공공기관에 포함한다.

288 근로기준법상 미성년자의 근로계약에 관한 설명으로 틀린 것은?

① 원칙적으로 15세 이상 18세 미만인 사람의 근로시간은 1일 7시간, 1주 35시간을 초과하지 못한다.
② 미성년자는 독자적으로 임금을 청구할 수 없다.
③ 고용노동부장관은 근로계약이 미성년자에게 불리하다고 인정하는 경우에는 이를 해지할 수 있다.
④ 친권자나 후견인은 미성년자의 근로계약을 대리할 수 없다.

해설
미성년자라고 하더라도 독자적으로 임금을 청구할 수 있다.

정답 285 ④　286 ④　287 ④　288 ②

289 근로기준법령상 사용자가 3년간 보존하여야 하는 근로계약에 관한 중요한 서류로 명시되지 않은 것은?

① 임금대장
② 휴가에 관한 서류
③ 고용·해고·퇴직에 관한 서류
④ 퇴직금 중간정산에 관한 서류

해설
근로계약에 관한 중요한 서류는 다음과 같다.
- 근로계약서
- 임금대장
- 임금의 결정·지급방법과 임금계산의 기초에 관한 서류
- 고용·해고·퇴직에 관한 서류
- 승급·감급에 관한 서류
- 휴가에 관한 서류
- 연소자의 증명에 관한 서류 등

290 근로기준법령상 근로시간 및 휴게시간의 특례사업에 해당하지 않는 것은?

① 수상운송업
② 항공운송업
③ 육상운송 및 파이프라인 운송업
④ 노선(路線) 여객자동차운송사업

해설
근로기준법령상 근로시간 및 휴게시간의 특례사업은 다음과 같다.
- 육상운송 및 파이프라인 운송업
- 수상운송업
- 항공운송업
- 기타 운송서비스업
- 보건업

291 고용보험법상 심사·재심사 청구에 관한 설명으로 옳지 않은 것은?

① 실업급여에 관한 처분에 이의가 있는 자는 고용보험심사관에게 심사를 청구할 수 있다.
② 심사 및 재심사의 청구는 시효중단에 관하여 재판상의 청구로 본다.
③ 재심사청구인은 법정대리인 외에 자신의 형제자매를 대리인으로 선임할 수 없다.
④ 고용보험심사관은 원칙적으로 심사청구를 받으면 30일 이내에 그 심사청구에 대한 결정을 하여야 한다.

해설
재심사청구인은 법정대리인 외에 본인의 형제자매도 대리인으로 선임할 수 있다.

292 직업안정법령상 근로자공급사업에 관한 설명으로 틀린 것은?

① 누구든지 고용노동부장관의 허가를 받지 아니하고는 근로자공급사업을 하지 못한다.
② 국내 근로자공급사업은 「노동조합 및 노동관계조정법」에 따른 노동조합만이 허가를 받을 수 있다.
③ 국외 근로자공급사업을 하려는 자는 1천만 원 이상의 자본금을 갖추면 된다.
④ 근로자공급사업 허가의 유효기간은 3년으로 한다.

해설
국외 근로자공급사업은 1억 원 이상의 자본금(비영리법인의 경우에는 재무상태표의 자본총계를 말한다.)이 필요하다.

정답 289 ④ 290 ④ 291 ③ 292 ③

293 직업안정법령상 근로자의 모집에 관한 설명으로 틀린 것은?

① 누구든지 국외에 취업할 근로자를 모집한 경우에는 고용노동부장관에게 신고해야 한다.
② 고용노동부장관은 건전한 모집질서의 확립을 위하여 필요하다고 인정되는 경우에는 근로자 모집방법 등의 개선을 권고할 수 있다.
③ 고용노동부장관은 근로자의 모집을 원활하게 하기 위하여 필요하다고 인정할 때에는 국외취업을 희망하는 근로자를 미리 등록하게 할 수 있다.
④ 근로자를 모집하려는 자가 응모자로부터 그 모집과 관련하여 금품을 받은 경우 7년 이하의 징역 또는 7천만 원 이하의 벌금에 처한다.

> 해설
> ④의 경우 5년 이하의 징역 또는 5천만 원 이하의 벌금에 해당한다.

294 직업안정법상 직업소개사업을 겸업할 수 있는 것은?

① 「결혼중개업의 관리에 관한 법률」 상 결혼중개업
② 「공중위생관리법」 상 숙박업
③ 「식품위생법」 상 식품접객업 중 유흥주점영업
④ 「식품위생법」 상 식품접객업 중 일반음식점영업

> 해설
> 다음 어느 하나에 해당하는 사업을 경영하는 자는 직업소개사업을 하거나 직업소개사업을 하는 법인의 임원이 될 수 없다.
> • 「결혼중개업의 관리에 관한 법률」상의 결혼중개업
> • 「공중위생관리법」상의 숙박업
> • 「식품위생법」상의 식품접객업 중 대통령령으로 정하는 영업
>   – 휴게음식점영업 중 주로 다류를 조리·판매하는 영업(영업자 또는 종업원이 영업장을 벗어나 다류를 배달·판매하면서 소요 시간에 따라 대가를 받는 형태로 운영하는 경우로 한정)
>   – 「식품위생법시행령」상의 단란주점영업, 유흥주점영업

295 국민 평생 직업능력 개발법령상 훈련의 목적에 따라 구분한 직업능력개발훈련에 해당하지 않는 것은?

① 집체훈련   ② 양성훈련
③ 향상훈련   ④ 전직훈련

> 해설
> 집체훈련은 훈련방법에 따른 구분이다.

296 남녀고용평등과 일·가정 양립 지원에 관한 법률상 배우자출산휴가에 관한 설명으로 틀린 것은?

① 사업주는 근로자가 배우자의 출산을 이유로 휴가를 청구하는 경우 20일의 휴가를 주어야 한다.
② 사용한 배우자 출산휴가기간은 유급으로 한다.
③ 배우자 출산휴가는 근로자의 배우자가 출산한 날부터 90일이 지나면 사용할 수 없다.
④ 배우자 출산휴가는 3회에 한정하여 나누어 사용할 수 있다.

> 해설
> 배우자 출산휴가는 근로자의 배우자가 출산한 날부터 120일이 지나면 사용할 수 없다.

정답 293 ④ 294 ④ 295 ① 296 ③

297 남녀고용평등과 일·가정 양립 지원에 관한 법령상 적용범위에 관한 설명으로 틀린 것은?

① 근로자를 사용하는 모든 사업 또는 사업장에 적용하는 것이 원칙이다.
② 동거하는 친족만으로 이루어지는 사업장에 대하여는 법의 일부를 적용하지 아니한다.
③ 가사사용인에 대하여는 법의 전부를 적용하지 아니한다.
④ 「선원법」이 적용되는 사업 또는 사업장에는 모든 규정이 적용되지 아니한다.

해설
「선원법」이 적용되는 사업 또는 사업장은 이 법의 적용대상에 해당한다.

298 채용절차의 공정화에 관한 법률에 관한 설명으로 틀린 것은?

① 고용노동부장관은 입증자료의 표준양식을 정하여 구인자에게 그 사용을 권장할 수 있다.
② 원칙적으로 상시 30명 이상의 근로자를 사용하는 사업장의 채용절차에 적용한다.
③ 채용서류란 기초심사자료, 입증자료, 심층심사자료를 말한다.
④ 심층심사자료란 작품집, 연구실적물 등 구직자의 실력을 알아볼 수 있는 모든 물건 및 자료를 말한다.

해설
고용노동부장관은 기초심사자료의 표준양식을 정하여 구인자에게 그 사용을 권장할 수 있다.

299 개인정보보호법령에 관한 설명으로 틀린 것은?

① '정보주체'란 처리되는 정보에 의하여 알아볼 수 있는 사람으로서 그 정보의 주체가 되는 사람을 말한다.
② 개인정보처리자는 개인정보의 처리 목적에 필요한 범위에서 개인정보의 정확성, 완전성 및 최신성이 보장되도록 하여야 한다.
③ 개인정보보호에 관한 사무를 독립적으로 수행하기 위하여 국무총리 소속으로 개인정보보호위원회를 둔다.
④ 위원의 임기는 2년으로 하되, 연임할 수 없다.

해설
위원의 임기는 3년으로 하되, 연임할 수 있다.

300 개인정보보호법령상 개인정보보호위원회(이하 "보호위원회"라 한다)에 관한 설명으로 틀린 것은?

① 대통령 소속으로 보호위원회를 둔다.
② 보호위원회는 상임위원 2명을 포함한 9명의 위원으로 구성한다.
③ 보호위원회의 회의는 재적위원 과반수의 출석으로 개의하고, 출석위원 과반수의 찬성으로 의결한다.
④ 「정당법」에 따른 당원은 보호위원회 위원이 될 수 없다.

해설
개인정보보호위원회는 국무총리실 소속이다.

정답 297 ④ 298 ① 299 ④ 300 ①

에듀윌이
너를
지지할게

ENERGY

오랫동안 꿈을 그리는 사람은
마침내 그 꿈을 닮아간다.

– 앙드레 말로(Andre Malraux)

에듀윌 직업상담사 2급
1·2차 한권끝장
+무료특강

최신 3개년 기출문제

Vocational Counselor

최신 3개년 기출문제

Vocational Counselor

직업상담사 2급 1차 필기

최신 3개년 기출문제

2025년 ~ 2023년

모바일 CBT 서비스

실제 시험과 같은 조건에서 마무리 연습!

- ☑ QR 코드 인식 ▶ 회원가입/로그인
  ▶ 모바일 화면에 정답 체크
- ☑ 채점 결과 및 해설 확인
  유효 기간: 2026년 12월 31일

▶ QR코드로 접속해 실제 시험시간 150분에 맞추어 문제를 풀어보세요!

왜! 기출문제를 풀어야하는가?

1. 나온 문제가 또 출제되니까!
2. 문제의 선택지가 반복해서 출제되니까!

출제 기준 변경에 따른 과목명 순서 변경

과목명이 바뀌고 순서가 달라졌지만,
과목별 기출 문제는 여전히 1, 2과목에 걸쳐
혼재되어 출제됩니다.

2025년 개편	기존
제1과목: 직업심리	제1과목: 직업상담학
제2과목: 직업상담 및 취업지원	제2과목: 직업심리학

2025년 1회 복원문제

제1과목 직업심리

01 Strong 검사에 관한 설명으로 옳은 것은?

① 기본흥미척도(BIS)는 Holland의 6가지 유형을 제공한다.
② Strong 진로탐색검사는 진로성숙도 검사와 직업흥미검사로 구성되어 있다.
③ 업무, 학습, 리더십, 모험심을 알아보는 기본 흥미척도(BIS)가 포함되어 있다.
④ 개인특성척도(PSS)는 일반직업분류(GOT)의 하위 척도로서 특정 흥미분야를 파악하는 데 도움이 된다.

해설 | 스트롱(Strong) 진로탐색검사는 진로성숙도 검사와 흥미유형검사로 구성되어 있다.
① 일반직업분류(GOT)의 설명이다.
③ 개인특성척도(PSS)의 설명이다.
④ 기본흥미척도(BIS)의 설명이다.

02 고트프레드슨(L.Gottfredson)의 진로발달이론에서 제시한 진로포부 발달 단계가 아닌 것은?

① 내적 자아 확립 단계
② 서열 획득 단계
③ 안정성 확립 단계
④ 사회적 가치 획득 단계

개념 체크 진로포부 발달 단계(4단계)
• 힘과 크기 지향성(Orientation to size ade power, 3~5세, 서열 획득 단계): 사고과정이 구체화되며 어른이 된다는 것의 의미를 알게 된다.
• 성역할 지향성(Orientation to sex roles, 6~8세, 성역할 획득 단계): 자아개념이 성(gender)의 발달에 의해 영향을 받게 된다. 남녀 역할에 바탕을 둔 직업을 선호한다.
• 사회적 가치 지향성(Orientation to social valuation, 9~13세, 사회적 가치 획득 단계): 사회계층에 대한 개념이 생기면서 상황 속의 자아를 인식하게 되고, 일의 수준에 대한 이해를 확장시킨다.
• 내적 고유한 자아 지향성(Orientation to internal, unique self, 14세 이후, 내적 자아 확립 단계): 타인에 대한 개념이 생기고, 자아성찰과 사회계층의 맥락에서 직업적 포부가 더욱 발달한다.

03 Williamson의 특성-요인 진로상담 과정을 바르게 나열한 것은?

ㄱ. 진단단계　　ㄴ. 분석단계
ㄷ. 예측단계　　ㄹ. 종합단계
ㅁ. 상담단계　　ㅂ. 추수지도단계

① ㄱ → ㄴ → ㄷ → ㄹ → ㅂ → ㅁ
② ㄱ → ㄷ → ㄴ → ㄹ → ㅁ → ㅂ
③ ㄴ → ㄱ → ㄹ → ㄷ → ㅂ → ㅁ
④ ㄴ → ㄹ → ㄱ → ㄷ → ㅁ → ㅂ

해설 | 윌리암슨(Williamson)의 특성-요인 상담 과정은 분석 → 종합 → 진단 → 예측 → 상담 → 추수단계 순으로 진행된다.

04 다음은 질적 측정도구 중 무엇에 관한 설명인가?

원래 가족치료에 활용하기 위해 개발되었는데, 기본적으로 경력상담 시 먼저 내담자의 가족이나 선조들의 직업 특징에 대한 시각적 표상을 얻기 위해 도표를 만드는 것

① 자기 효능감 척도
② 역할놀이
③ 제노그램
④ 카드분류

해설 | 직업가계도(제노그램)는 내담자의 가족 내 직업적 계보를 통해 내담자의 직업에 대한 고정관념이나 직업가치 및 흥미 등의 근본 원인을 파악한다. 직업가계도는 가족치료에 활용하기 위해 개발된 도구로, 기본적으로 경력상담 시 먼저 내담자의 가족이나 선조들의 직업 특징에 대한 시각적 표상을 얻기 위해 도표를 만든다.

정답 01 ② 02 ③ 03 ④ 04 ③

05 Super의 직업발달 단계를 바르게 나열한 것은?

① 성장기 → 확립기 → 탐색기 → 유지기 → 쇠퇴기
② 탐색기 → 성장기 → 유지기 → 확립기 → 쇠퇴기
③ 성장기 → 탐색기 → 확립기 → 유지기 → 쇠퇴기
④ 탐색기 → 유지기 → 성장기 → 확립기 → 쇠퇴기

해설 | 수퍼(Super)의 직업발달 단계는 성장기 → 탐색기 → 확립기 → 유지기 → 쇠퇴기의 순서이다.

06 A학교에서 실시한 성취도평가 점수가 정규분포를 따르고, 평균이 60점, 표준편차가 10일 때 점수가 75점인 학생의 Z점수와 T점수로 옳은 것은?

① Z점수: 0.5, T점수: 65
② Z점수: 0.5, T점수: 75
③ Z점수: 1.5, T점수: 65
④ Z점수: 1.5, T점수: 75

해설 | Z점수와 T점수 공식은 다음과 같다.

$$Z점수 = \frac{원점수 - 평균}{표준편차}$$
$$T점수 = (10 \times Z) + 50$$

따라서 원점수인 75점을 Z점수 공식에 대입한다면
$\frac{75-60}{10} = 1.5$이다.
Z점수인 1.5를 T점수 공식에 대입한다면
$(10 \times 1.5) + 50 = 65$이다.
따라서 Z점수는 1.5이고, T점수는 65이다.

07 검사 점수의 오차를 발생시키는 수검자 요인과 가장 거리가 먼 것은?

① 수행 능력
② 수행 경험
③ 평가 불안
④ 수검 당일의 생리적 조건

해설 | 검사 점수의 오차를 발생시키는 수검자 요인은 다음과 같다.
• 수행 경험(검사받은 경험)
• 수행 불안(평가 불안, 정서적 불안, 긴장)
• 수검 당일의 생리적 조건(건강정도, 피로 등)
• 검사에 대한 동기
• 검사에 대한 훈련정도

08 상담기법 중 내담자가 전달하는 이야기의 표면적 의미를 상담자가 다른 말로 바꾸어서 말하는 것은?

① 탐색적 질문   ② 요약과 재진술
③ 명료화   ④ 적극적 경청

오답풀이 | ③ 명료화는 내담자의 말 속에 포함되어 있는 생각과 감정의 불분명한 표현을 상담자가 분명하게 밝히는 것이다.
④ 적극적 경청은 내담자에게 항상 세심하게 주목하는 것을 말한다. 내담자가 표현하는 언어적 의미 외에 비언어적인 의미까지 이해하는 능력으로, 언어적·비언어적 반응을 수반한다.

09 스트레스로 인해 나타날 수 있는 신체의 변화로 옳지 않은 것은?

① 호흡과 심장박동이 빨라지고 혈압도 높아진다.
② 부신선과 부신피질을 자극해 에피네프린(아드레날린)을 생성한다.
③ 부교감신경계가 활성화되어 각성이 일어난다.
④ 부신피질 호르몬인 코티졸이 분비된다.

해설 | 교감신경은 신체를 긴장시키는 역할을 하며 부교감신경은 신체를 안정시키는 역할을 한다. 스트레스 상황에서는 교감신경계가 활성화된다.

정답 05 ③ 06 ③ 07 ① 08 ② 09 ③

10 다음은 무엇에 관한 설명인가?

> 한 검사가 그 준거로 사용된 현재의 어떤 행동이나 특성과 관련된 정도를 나타내는 타당도

① 공인타당도 ② 구성타당도
③ 내용타당도 ④ 예언타당도

해설 | 공인(동시)타당도는 한 검사가 그 준거로 사용된 '현재'의 어떤 행동이나 특성과 관련된 정도를 확인한다.

오답풀이 | 예언타당도는 '미래'를 예언하는 것이다.

개념 체크 준거타당도

준거타당도는 어떤 심리검사가 특정 준거와 어느 정도 관련성이 있는지를 알아보는 것으로 공인타당도(동시타당도)와 예언타당도(예측타당도)로 구분된다.

11 편차지능지수(IQ)에 관한 설명으로 틀린 것은?

① 일반적으로 표준편차를 15 또는 16으로 사용한다.
② 정신연령과 신체연령의 비율이다.
③ 편차는 지능지수의 분포형태와 관련된다.
④ 집단용 지능검사에 사용된다.

해설 | ②는 비율지능지수에 대한 설명이다.

개념 체크 비율지능지수

비율지능지수는 개인의 지적능력을 정신연령(MA; Mental Age)과 생활연령 또는 신체연령(CA; Chronological Age)의 비율로써 나타낸다.

$$비율지능지수(RIQ) = \frac{정신연령(MA)}{신체연령(CA)} \times 100$$

12 직무 및 일반 스트레스에 관한 설명으로 옳지 않은 것은?

① 17-OHCS라는 당류부신피질 호르몬은 스트레스의 생리적 지표로서 매우 중요하게 사용된다.
② A성격 유형이 B성격 유형보다 더 높은 스트레스 수준을 유지한다.
③ Yerkes와 Dodson의 역U자형 가설은 스트레스 수준이 적당하면 작업능률도 최대가 된다고 한다.
④ 일반적응증후군(GAS)에 따르면 저항단계, 경고단계, 탈진단계를 거치면서 사람에게 나쁜 결과를 가져다준다.

해설 | 셀리에(Selye)가 제시한 스트레스에 의한 일반적응증후군(GAS)의 3단계는 '경고단계 → 저항단계 → 탈진단계(소진단계)' 순으로 전개된다.

13 조직에 영향을 미치는 직무 스트레스의 결과와 가장 거리가 먼 것은?

① 직무수행 감소
② 직무 불만족
③ 상사의 부당한 지시
④ 결근 및 이직

해설 | ①, ②, ④는 직무 스트레스의 '결과'로 볼 수 있지만, ③ 상사의 부당한 지시는 스트레스의 '원인'이 될 수 있다.

14 비이성적 신념을 가진 내담자에 필요한 상담기법은?

① 인지치료 상담(CT)
② 현실치료 상담(RT)
③ 교류분석 상담(TA)
④ 인지정서행동 상담(REBT)

해설 | 엘리스의 인지정서행동 상담(REBT)에서 상담자는 내담자의 비합리적 신념을 논박하여 사고와 감정을 합리적 신념으로 변화시키고자 하였다.

정답 10 ① 11 ② 12 ④ 13 ③ 14 ④

15 Super의 생애진로발달 이론에서 상담목표로 옳은 것을 모두 고른 것은?

ㄱ. 자기개념 분석하기
ㄴ. 진로성숙 수준 확인하기
ㄷ. 수행결과에 대한 비현실적 기대 확인하기
ㄹ. 진로발달과제를 수행하는 데 필요한 지식, 태도, 기술 익히기

① ㄱ, ㄷ
② ㄱ, ㄴ, ㄹ
③ ㄴ, ㄷ, ㄹ
④ ㄱ, ㄴ, ㄷ, ㄹ

해설 | 수퍼(Super)의 생애진로발달이론에서 진로상담의 주요 목표
- 자아개념(자기개념) 분석하기
- 진로성숙 수준 확인하기
- 진로발달과제를 수행하는 데 필요한 지식, 태도, 기술 익히기
- 자신의 흥미, 능력, 가치를 확인하고 생애역할과 연계하여 이해하기

수행결과에 대한 비현실적 기대를 확인하는 것은 사회인지적 진로이론(SCCT)의 개입 전략에 해당한다.

16 다음은 어떤 스트레스 관리전략에 해당하는가?

예전에는 은행원들이 창구에 줄 서서 기다리는 고객들에게 가능한 빨리 서비스를 제공하고자 스트레스를 많이 받았었는데, 고객 대기표(번호표) 시스템을 도입한 이후 이러한 스트레스를 많이 줄일 수 있게 되었다.

① 반응-지향적 관리전략
② 증후-지향적 관리전략
③ 평가-지향적 관리전략
④ 출처-지향적 관리전략

해설 | 출처지향적 관리전략(1차적 관리)에 해당되며, 직무스트레스의 직접적인 원인을 수정한다. 출처지향적 관리전략으로는 직무재설계, 직무확대, 참여적 관리 등이 있다.

17 스트롱-캠벨 흥미검사(SVIB-SCII)에 관한 설명으로 옳지 않은 것은?

① 직업전환에 관심이 있는 사람들에게 활용될 수 있다.
② 207개 직업별 흥미척도가 제시된다.
③ 반응관련 자료 및 특수척도 점수 등과 같은 자료가 제공된다.
④ 사회 경제구도와 직업형태에 적합한 18개 영역의 직업흥미를 분류하여 구성하였다.

해설 | 스트롱-캠벨 흥미검사는 근본적으로 홀랜드 이론을 바탕으로 두고 있음으로 일반직업분류에서 6가지 영역의 직업흥미를 분류하고 있다.

18 적성검사에서 높은 점수를 받은 사람들이 입사 후 업무수행이 우수한 것으로 나타났다면, 이 검사는 어떠한 타당도가 높은 것인가?

① 구성타당도(construct validity)
② 내용타당도(content validity)
③ 예언타당도(predictive validity)
④ 공인타당도(concurrent validity)

해설 | 예언타당도란 그 검사의 점수를 가지고 다른 준거점수들을 얼마나 잘 예측해 낼 수 있는가 하는 정도를 말한다. 예컨대, 적성검사에서 높은 점수를 받은 사람일수록 입사 후 업무 수행이 우수한 것으로 나타났다면, 이 검사는 예언 타당도가 높은 것으로 볼 수 있다.

정답 15 ② 16 ④ 17 ④ 18 ③

19 Holland의 진로발달에 대한 육각 모형에서 서로 대각선에 위치하여 대비되는 특성을 지닌 유형들로 잘못 짝지어진 것은?

① 진취형(E)과 탐구형(I)
② 사회형(S)과 예술형(A)
③ 현실형(R)과 사회형(S)
④ 예술형(A)과 관습형(C)

해설 | Holland의 육각 모형에서 사회형(S)의 대각선 위치에 있는 것은 현실형(R)이고, 예술형(A)의 대각선 위치에 있는 것은 관습형(C)이다.

개념 체크 Holland의 육각 모형

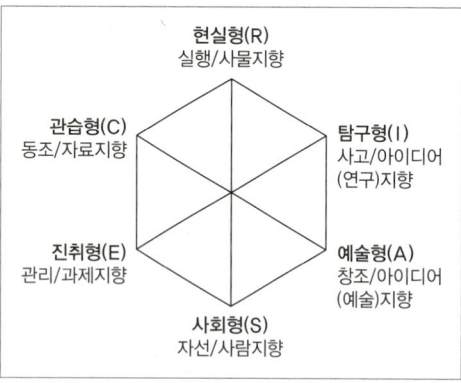

20 타이드만(Tiedman)에게 어떤 발달단계를 기초로 진로발달이론을 설명하였는가?

① 피아제의 인지발달단계
② 에릭슨의 심리사회 발달단계
③ 콜버그의 도덕발달단계
④ 반두라의 인지사회 발달단계

해설 | 타이드만과 오하라의 진로발달이론은 에릭슨의 심리사회적 발달이론에 기초를 두었으며, 연령보다는 문제의 성질이 중요하다고 보고 진로발달을 직업정체감을 형성해가는 과정으로 보았다.

제2과목 직업상담 및 취업지원

21 상담 초기과정의 활동으로 가장 거리가 먼 것은?

① 상담의 목표를 설정한다.
② 내담자와 라포(rapport)를 형성한다.
③ 내담자의 심리상태를 평가한다.
④ 내담자의 문제행동에 대한 대안을 찾아본다.

해설 | 내담자의 문제행동에 대한 대안을 찾아보는 것은 상담 중기과정의 활동이다.

개념 체크 상담 초기과정의 활동
• 내담자와 라포 형성
• 내담자의 심리상태 평가
• 상담의 목표설정 및 전략수립
• 상담의 구조화 등

22 로저스(Rogers)가 제시한 내담자를 변화시키기 위한 상담자의 태도는?

① 공감, 수용, 일치
② 의식, 전의식, 무의식
③ 감각, 알아차림, 접촉
④ 비합리적 신념, 논박, 결과

해설 | 로저스(Rogers)는 내담자중심 상담이론에서 내담자를 변화시킬 수 있는 상담자의 기본적 태도 3가지를 공감적 이해, 무조건적인 수용, 일치성(또는 진실성)이라고 주장하였다.

23 생애진로사정의 구조에서 중요주제에 해당하지 않는 것은?

① 요약 ② 평가
③ 강점과 장애 ④ 전형적인 하루

해설 | 생애진로사정의 구조의 중요주제는 진로사정, 전형적인 하루, 강점과 장애 및 요약으로 이루어진다.

정답 19 ② 20 ② 21 ④ 22 ① 23 ②

24 동기사정하기에서 내담자가 성공에 대해 낮은 동기를 가지고 있을 때 대처하는 방안과 가장 거리가 먼 것은?

① 진로선택에 대한 중요성 증가시키기
② 낮은 수준의 수행을 강화시켜 수행기준의 필요성을 인식시키기
③ 좋은 선택이나 전환을 할 수 있는 자기효능감 증가시키기
④ 기대한 결과를 이끌어 낼 수 있는지에 대한 확신 증가시키기

해설 | 낮은 수준이 아닌 '높은 수준의 수행'을 강화시켜 수행기준의 필요성을 인식시켜야 한다.

25 자기인식이 부족한 내담자를 사정할 때 인지에 대한 통찰을 재구조화하거나 발달시키는 데 적합한 방법은?

① 직면이나 논리적 분석을 해준다.
② 불안에 대처하도록 심호흡을 시킨다.
③ 은유나 비유를 사용한다.
④ 사고를 재구조화한다.

해설 | 자기인식이 부족한 내담자의 경우 은유나 비유를 통하여 스스로 인식하게 만들 수 있다.

26 융(Jung)이 언급한 원형들 중 환경의 요구에 조화를 이루려고 하는 적응의 원형은?

① 페르소나   ② 그림자
③ 아니무스   ④ 아니마

해설 | ① 페르소나(가면을 쓴 공적 얼굴): 페르소나는 개인의 공적 얼굴로 환경의 요구에 조화를 이루려고 하는 적응의 원형이다.
②, ④ 아니마(남성 내부의 여성성), 아니무스(여성 내부의 남성성): 융은 인간이 태어날 때 본질적으로 양성을 가지고 태어난다는 양성론적 입장을 취했다.
③ 그림자(인간의 부정적인 어두운 측면): 인간의 원초적인 동물적 욕망에 기여하는 원형이다.

27 직업상담사의 윤리강령으로 옳지 않은 것은?

① 직업상담사는 개인이나 사회에 임박한 위험이 있더라도 개인정보의 보호를 위하여 내담자의 정보를 누설하지 말아야 한다.
② 직업상담사는 내담자에 관한 정보를 교육장면이나 연구에 사용할 경우에는 내담자와 합의 후 사용하되 그 정체가 노출되지 않도록 한다.
③ 직업상담사는 소속 기관과의 갈등이 있을 경우 내담자의 복지를 우선적으로 고려해야 한다.
④ 직업상담사는 상담 관계의 형식, 방법, 목적을 설정하고 그 결과에 대하여 내담자와 협의한다.

해설 | 직업상담사는 개인이나 사회에 임박한 위험이 있을 경우 내담자의 정보를 관계기관 등에 알릴 필요가 있다.

28 사이버 직업상담에서 답변을 작성할 때 고려해야 할 사항으로 가장 거리가 먼 것은?

① 추수상담의 가능성과 전문기관에 대한 안내를 한다.
② 친숙한 표현으로 답변을 작성하여 내담자가 친근감을 느끼게 한다.
③ 답변은 장시간이 소요되더라도 정확하게 하도록 노력한다.
④ 청소년이라 할지라도 반드시 존칭을 사용하여 호칭한다.

해설 | 사이버 상담의 경우 신속성을 요구하기 때문에 답변은 되도록 신속하고 정확하게 하도록 한다.

정답 24 ② 25 ③ 26 ① 27 ① 28 ③

29 진로개발프로그램을 운영하는 방법의 하나인 집단진로상담에 관한 설명으로 옳은 것은?

① 참여하고자 하는 학생들 중 사전조사를 통해서 책임의식이 있는 학생들로 선발한다.
② 참여하는 학생들은 목표와 기대가 동일하기 때문에 개인차를 고려하지 않는다.
③ 프로그램 단계별로 나타나는 집단의 역동성은 문제를 복잡하게 만들기 때문에 무시하는 것이 좋다.
④ 다양한 정보습득과 경험을 해야 하기 때문에 참여 학생들은 진로발달상 이질적일수록 좋다.

해설 | ① 진로개발프로그램의 집단진로상담은 참여하고자 하는 학생들 중 사전조사를 통해서 책임의식이 있는 학생들로 선발하는 것이 좋다.
② 참여하는 학생들은 목표와 기대가 다르기 때문에 개인차를 고려하여야 한다.
③ 프로그램 단계별로 나타나는 집단의 역동성을 고려하여야 한다.
④ 청소년기에는 동질집단이 성인의 경우에는 이질집단이 새로운 것을 받아들이는 데 더 효과적이다.

30 탈진(burnout)에 관한 설명으로 옳지 않은 것은?

① 종업원들이 일정 기간 동안 직무를 수행한 후 경험하는 지친 심리적 상태를 의미한다.
② 탈진검사는 정서적 고갈, 인격상실, 개인적 성취감 감소 등의 세 가지 구성요소로 측정한다.
③ 탈진에 대한 연구는 대부분 면접과 관찰을 통해 이루어졌다.
④ 탈진경험은 다양한 직무 스트레스 요인과 직무 스트레스 반응 변인과 상관이 있다.

해설 | 탈진연구는 대부분 설문연구를 통해 이루어진다. 대표적으로 매슬랙(Maslach)이 개발한 탈진척도(MBI; Maslach Burnout Inventory)를 사용한다. MBI의 하위요인에서는 정서적 고갈, 인격상실, 개인적 성취감 감소를 측정한다.

31 장애를 가진 내담자를 위한 집단상담 프로그램에서 가장 중요한 활동은?

① 심리검사 실시
② 취업동기 평가
③ 사회적응을 위한 상담
④ 가족관계 확인

해설 | 장애를 가진 사람들은 우리나라에서 적응하는 데 많은 어려움을 겪고 있기 때문에 사회적응을 위한 상담이 가장 우선시 된다.

32 아들러(Adler)의 개인심리학적 상담의 목표로 옳지 않은 것은?

① 사회적 관심을 갖도록 돕는다.
② 내담자의 잘못된 목표를 수정하도록 돕는다.
③ 패배감을 극복하고 열등감을 감소시킬 수 있도록 돕는다.
④ 전이해석을 통해 중요한 타인과의 관계 패턴을 알아차리도록 돕는다.

해설 | ④ 정신분석이론에 대한 설명이다.

개념 체크 개인주의 상담의 목표는 내담자의 생활양식을 확인하고 바람직한 방향으로 생활양식을 바꾸도록 하는 것이다.

개인주의 상담의 목표
- 사회적 관심을 갖도록 돕는다.
- 패배감을 극복하고 열등감을 감소시킬 수 있도록 돕는다.
- 내담자의 잘못된 가치와 목표를 수정하도록 돕는다.
- 행동수정보다는 동기수정에 초점을 두고 잘못된 동기를 바꾸도록 돕는다.
- 사회의 구성원으로 기여하도록 돕는다.
- 기본목표는 사회적 관심, 즉 잘못된 사회적 가치를 바꾸는 것이다.

정답 29 ① 30 ③ 31 ③ 32 ④

33 내담자에 대한 상담 목표의 특성이 아닌 것은?

① 구체적이어야 한다.
② 내담자가 원하고 바라는 것이어야 한다.
③ 실현 가능해야 한다.
④ 인격성장을 도와야 한다.

해설 | 내담자가 가져야 할 목표의 특성
- 목표는 구체적이어야 한다(내담자가 바라는 구체적이고 긍정적인 변화를 상담목표로 삼는다).
- 목표는 실현 가능해야 한다.
- 목표는 내담자가 원하고 바라는 것이어야 한다.
- 내담자의 목표는 상담자의 기술과 양립 가능해야 한다.

34 직업상담사의 직무내용과 가장 거리가 먼 것은?

① 직업문제에 대한 심리치료
② 직업관련 임금평가
③ 직업상담 프로그램의 개발과 운영
④ 구인·구직상담, 직업적응, 직업전환, 은퇴 후 등의 직업상담

해설 | 직업관련 임금평가는 직무분석자의 업무이다. 직업상담사의 업무로는 내담자에 대한 심리치료능력, 직업상담 프로그램의 개발과 운영, 구인·구직상담, 직업적응, 직업전환, 은퇴 후 등의 직업상담, 직업관련 정보의 흐름을 이해하는 능력이 필요하다.

35 상담을 효과적으로 진행하는 데 장애가 되는 면담태도는?

① 내담자와 유사한 언어를 사용하는 태도
② 분석하고 충고하는 태도
③ 비방어적 태도로 내담자를 편안하게 만드는 태도
④ 경청하는 태도

해설 | 상담자의 임무는 내담자가 스스로 해결책을 찾을 수 있도록 도와주는 것이다. 도움이 되지 않는 면담행동 중에서 대표적인 것은 분석하고 충고하는 것이다.

36 상담사가 비밀유지를 파기할 수 있는 경우와 거리가 가장 먼 것은?

① 내담자가 자살을 시도할 계획이 있는 경우
② 비밀을 유지하지 않는 것이 효과적이라고 슈퍼바이저가 말하는 경우
③ 내담자가 타인을 해칠 가능성이 있는 경우
④ 아동학대와 관련된 경우

해설 | 비밀을 유지하지 않는 것이 효과적이라고 슈퍼바이저가 말하는 경우라도 ①, ③, ④와 같이 위급한 상황이 아니라면 비밀 유지를 파기해서는 안 된다.

37 수퍼(SUPER)의 여성 진로유형 중 학교졸업 후에도 직업을 갖지 않는 진로유형은?

① 안정적인 가사 진로유형
② 전통적인 진로유형
③ 단절 진로유형
④ 불안정 진로유형

해설 | ① 안정된 가정주부유형: 여성이 학교를 졸업하고 신부수업을 받은 다음 곧바로 결혼하여 가정생활을 영위하는 진로유형이다.
② 전통적인 진로유형: 여성이 학교를 졸업하고 결혼하기 전까지 직업을 갖다가 결혼과 동시에 직장을 그만두고 가정생활을 영위하는 진로유형이다.
③ 단절 진로유형: 여성이 학교를 졸업하고 일을 하다가 결혼을 하면 직장을 그만두고 자녀교육에 전념하고, 자녀가 어느 정도 성장하면 재취업해서 자아실현과 사회봉사를 하는 유형이다.
④ 불안정한 진로유형: 여성이 가정생활과 직장생활을 번갈아 가며 시행하는 진로유형이다.

정답 33 ④ 34 ② 35 ② 36 ② 37 ①

38 직업적응이론에서 개인의 가치와 직업 환경의 강화인 간의 조화를 측정하는데 사용되는 검사는?

① 미네소타 중요도 검사(MIQ)
② 미네소타 만족 질문지(MSQ)
③ 미네소타 충족 척도(MSS)
④ 미네소타 직업평가 척도(MORS)

해설 | 개인의 가치와 직업 환경의 강화인 간의 조화를 측정하는 데 사용되는 검사는 미네소타 중요도 검사(MIQ)이다. 이는 개인이 일의 환경에 대해 지니는 20가지 욕구와 6가지 가치관을 측정하는 질문지로, 190개의 문항으로 구성되어 있다.

39 Snyder 등은 직업상담을 하면서 접할 수 있는 내담자의 변명을 종류별로 구분하였다. 다음 중 변명의 종류가 다른 것은?

① 축소   ② 비난
③ 정당화   ④ 훼손

해설 | 비난은 '책임을 회피하기' 유형에 속한다.

개념 체크 내담자 변명의 종류
- 책임을 회피하기
  ㉠ 부정   ㉡ 알리바이   ㉢ 비난
- 결과를 다르게 하기
  ㉠ 축소   ㉡ 정당화   ㉢ 훼손
- 책임을 변형시키기
  ㉠ 그렇게 할 수밖에 없었어요.
  ㉡ 그걸 의미한 것은 아니었어요.
  ㉢ 이건 정말 제가 아니에요.

40 정신건강에 문제가 있는 사람을 측정하고 구별하기 위해 사용하는 검사는?

① MBTI   ② MMPI
③ 16PFI   ④ CPI

해설 | MMPI(미네소타 다면적 인성검사)의 1차 기능은 정신과적 진단과 분류를 위한 것이고 일반적 성격특성에 관한 유추도 어느 정도 가능하다. 특히 정신건강에 문제가 있는 사람을 측정하고 구별하기 위해 사용한다.

제3과목 직업정보

41 고용24(구 워크넷)에서 채용정보 상세검색 시 선택할 수 있는 기업형태가 아닌 것은?

① 대기업
② 일학습병행기업
③ 가족친화인증기업
④ 다문화가정지원기업

해설 | 고용24(구 워크넷) 채용정보의 상세검색에서 기업형태별 검색의 메뉴는 대기업, 공무원 · 공기업 · 공공기관, 외국계기업, 코스피, 코스닥, 일학습병행기업, 청년친화강소기업, 가족친화인증기업 및 중견기업 등 9가지로 구분하고 있다.

42 국가기술자격 서비스 분야 종목 중 응시자격에 제한이 없는 것으로만 짝지어진 것은?

① 직업상담사 2급 – 임상심리사 2급 – 스포츠경영관리사
② 사회조사분석사 2급 – 소비자전문상담사 2급 – 텔레마케팅관리사
③ 직업상담사 2급 – 컨벤션기획사 2급 – 국제의료관광코디네이터
④ 컨벤션기획사 2급 – 스포츠경영관리사 – 국제의료관광코디네이터

해설 | 서비스 분야 종목 중 스포츠경영관리사, 직업상담사 2급, 사회조사분석사 2급, 전자상거래관리사 2급, 텔레마케팅관리사, 컨벤션기획사 2급, 소비자전문상담사 2급 등은 응시자격의 제한이 없다.

오답풀이 | ① 임상심리사 2급의 응시자격은 1년 이상 실습수련 또는 2년 이상 실무에 종사한 자로서 대학졸업자 및 그 졸업예정자이다.
③, ④ 국제의료관광코디네이터는 공인어학성적 기준요건을 충족하고 ㉠ 보건의료 또는 관광분야 관련학과의 대학졸업자, 2년제 후 2년 실무, 3년제 후 1년 실무, 4년 실무, ㉡ 관련 자격증(의사, 간호사, 보건교육사, 관광통역안내사, 컨벤션기획사 1 · 2급)을 취득한 사람이다.

정답 38 ① 39 ② 40 ② 41 ④ 42 ②

43 민간직업정보와 비교한 공공직업정보의 특성에 관한 설명과 가장 거리가 먼 것은?

① 필요한 시기에 최대한 활용되도록 한시적으로 신속하게 생산 및 운영된다.
② 광범위한 이용가능성에 따라 공공직업정보체계에 대한 직접적이며 객관적인 평가가 가능하다.
③ 특정 분야 및 대상에 국한되지 않고 전체 산업 및 업종에 걸친 직종 등을 대상으로 한다.
④ 직업별로 특정한 정보만을 강조하지 않고 보편적인 항목으로 이루어진 기초적인 직업 정보체계로 구성되어 있다.

해설 | 필요한 시기에 최대한 활용되도록 한시적으로 신속하게 생산 및 운영되는 것은 민간직업정보이다.

44 직업정보의 일반적인 평가 기준과 가장 거리가 먼 것은?

① 어떤 목적으로 만든 것인가
② 얼마나 비싼 정보인가
③ 누가 만든 것인가
④ 언제 만들어진 것인가

해설 | 직업정보를 평가할 때 중요한 기준은 정보의 정확성, 신뢰성 등이다. 따라서 누가 만들었는지, 어떤 목적으로 누구의 자금지원을 받아 만들었는지를 파악해야 한다.
또한 정보는 시간이 흐르면 가치가 없어지는 경우가 많기 때문에 언제 만들어진 것인지도 파악해야 한다.

45 한국표준직업분류(제7차)의 대분류 항목과 직능수준과의 관계가 올바르게 연결된 것은?

① 전문가 및 관련 종사자: 제4직능 수준 혹은 제3직능 수준 필요
② 사무 종사자: 제3직능 수준 필요
③ 단순노무 종사자: 제2직능 수준 이상 필요
④ 군인: 제1직능 수준 필요

해설 | 제7차 한국표준직업분류에서 대분류 1 관리자와 대분류 2 전문가 및 관련 종사자는 제4직능 수준 혹은 제3직능 수준이 요구된다.

오답풀이 | ②, ③ 대분류 3~8까지는 제2직능 수준. 대분류 9 단순노무 종사자는 제1직능 수준을 필요로 한다.
④ 군인은 제2직능 수준 이상 필요하다.

46 한국표준직업분류(제7차)상 특정 직종의 분류요령에 대한 설명으로 틀린 것은?

① 행정 관리 및 입법기능을 수행하는 자는 '대분류 1 관리자'에 분류된다.
② 자영업주 및 고용주는 수행되는 일의 형태나 직무내용에 따라 정의된 개념이다.
③ 연구 및 개발업무 종사자는 '대분류 2 전문가 및 관련 종사자'에서 그 전문분야에 따라 분류된다.
④ 군인은 별도로 '분류 A 군인'에 분류된다.

해설 | 자영업주 및 고용주는 수행되는 일의 형태에 따른 구분이 아니라 고용상태에 따라 구분된 개념이다.

정답 43 ① 44 ② 45 ① 46 ②

47 직업정보관리에 관한 설명으로 틀린 것은?

① 직업정보의 범위는 개인에 대한 정보, 직업에 대한 정보, 미래에 대한 정보 등으로 구성되어 있다.
② 직업정보원은 정부부처, 정부투자출연기관, 단체 및 협회, 연구소, 기업과 개인 등이 있다.
③ 직업정보 가공 시에는 전문적인 지식이 없이도 이해할 수 있도록 가급적 평이한 언어로 제공되어야 하며 직무의 장·단점을 편견 없이 제공하여야 한다.
④ 개인의 정보는 보호되어야 하기 때문에 구직 시에 연령, 학력 및 경력 등의 취업과 관련된 정보는 제한적으로 제공되어야 한다.

해설 | 구직 시 연령, 학력 및 경력 등의 취업과 관련된 모든 정보는 정확하게 제공되어야 한다. 물론 구인업체에서는 이러한 정보를 철저하게 보호하여야 한다.

48 한국직업정보시스템에서 제공하는 학과정보 중 사회계열에 해당하지 않는 학과는?

① 경찰행정학과 ② 국제학부
③ 문헌정보학과 ④ 지리학과

해설 | 문헌정보학과는 인문계열에 해당한다.
고용24(워크넷) 한국직업정보시스템의 학과정보에서는 인문계열, 사회계열, 자연계열, 교육계열, 공학계열, 의학계열, 예체능계열 및 자율전공(무전공) 등 8개의 계열로 구분하고 각 계열에 속하는 180여개의 학과에 대한 정보를 제공하고 있다.

49 직업정보의 처리단계를 옳게 나열한 것은?

① 수집 – 분석 – 가공 – 체계화 – 제공 – 평가
② 수집 – 제공 – 분석 – 가공 – 평가 – 체계화
③ 수집 – 분석 – 평가 – 가공 – 제공 – 체계화
④ 수집 – 분석 – 체계화 – 제공 – 가공 – 평가

해설 | 직업정보 시스템의 정보관리는 수집 → 분석 → 가공 → 체계화 → 제공 → 축적 → 평가의 순서로 이루어진다.

50 한국표준산업분류(제10차)에서 하나 이상의 장소에서 이루어지는 단일 산업활동의 통계단위는?

① 기업집단 단위 ② 기업체 단위
③ 지역 단위 ④ 활동유형 단위

해설 | 한국표준산업분류의 통계단위에서 단일 산업활동이 하나 이상의 장소에서 이루어지는 경우는 활동유형 단위이다.

개념 체크 산업활동의 통계단위 구분

산업활동과 장소의 동질성의 차이에 따라 통계단위는 다음과 같이 구분된다.

구분	하나 이상의 장소	단일 장소
하나 이상의 산업활동	기업집단 단위	지역 단위
	기업체 단위	
단일 산업활동	활동유형 단위	사업체 단위

51 직업상담 시 제공하는 직업정보의 기능과 역할에 대한 설명으로 틀린 것은?

① 여러 가지 직업적 대안들의 정보를 제공한다.
② 내담자의 흥미, 적성, 가치 등을 파악하는 것이 직업정보의 주기능이다.
③ 경험이 부족한 내담자에게 다양한 직업들을 간접적으로 접할 기회를 제공한다.
④ 내담자가 자신의 선택이 현실에 비추어 부적당한 선택이었는지를 점검하고 재조정해 볼 수 있는 기초를 제공한다.

해설 | 직업정보는 내담자에게 내담자가 원하는 분야에 대한 다양한 직업적 대안에 대한 정보를 제공하는 것이지 내담자의 흥미, 적성, 가치 등을 파악하는 것은 아니다.

정답 47 ④ 48 ③ 49 ① 50 ④ 51 ②

52 한국직업사전(2020)의 부가직업정보인 직무기능 중 자료(data) 항목에 해당하지 않는 것은?

① 종합
② 분석
③ 비교
④ 자문

해설 | 직무기능 중 자문(mentoring)은 사람(people)과 관련된 기능이다. 자료(data)와 관련된 기능은 종합, 조정, 분석, 수집, 계산, 기록, 비교 등이 있다.

53 분야별 고용정책 중 일자리 창출 정책과 가장 거리가 먼 것은?

① 고용유지지원금
② 실업크레딧 지원
③ 일자리함께하기 지원
④ 사회적기업 육성

해설 | 실업크레딧은 국민연금공단이 2016년 8월부터 도입한 실업자안전망이다. 구직급여를 받는 동안 국가에서 국민연금 보험료의 75%를 지원하여 실직 중 보험료 납부 부담을 덜어주고 향후 지급받는 국민연금금액을 늘려주는 제도이다. 따라서 실업 크레딧은 일자리 창출과는 거리가 멀다.

54 국가기술자격 종목과 그 직무분야의 연결이 틀린 것은?

① 가스산업기사 – 환경·에너지
② 건설안전산업기사 – 안전관리
③ 광학기기산업기사 – 전기·전자
④ 방수산업기사 – 건설

해설 | 가스산업기사는 안전관리 분야의 자격이다. 안전관리 분야의 자격으로는 가스, 건설안전, 전기안전, 소방설비, 인간공학 등이 있다.

55 국가직무능력표준(NCS) 수준에 대한 설명에 알맞은 X와 Y의 값을 더한 숫자는 무엇인가?

수준	내용
(X)수준	일반적인 지시 및 감독하에 해당 분야의 일반지식을 사용하여 절차화되고 일상적인 과업을 수행하는 수준
(Y)수준	독립적인 권한 내에서 해당분야의 이론 및 지식을 자유롭게 활용하고, 일반적인 숙련으로 다양한 과업을 수행하고, 타인에게 해당분야의 지식 및 노하우를 전달할 수 있는 수준

① 6
② 7
③ 8
④ 9

해설 | 국가직무능력표준의 8개 수준에서 X는 2수준, Y는 6수준에 해당한다.
NCS의 수준체계는 산업현장 직무의 수준을 체계화한 것으로, 산업현장·교육훈련·자격 연계, 평생학습능력 성취 단계 제시, 자격의 수준체계 구성에서 활용한다. (www.ncs.go.kr)

56 다음은 한국표준산업분류(10차)의 분류 정의 중 무엇에 대한 설명인가?

> 각 생산단위가 노동, 자본, 원료 등 자원을 투입하여, 재화 또는 서비스를 생산 또는 제공하는 일련의 활동 과정

① 산업
② 산업활동
③ 생산활동
④ 산업분류

해설 | 각 생산단위가 노동, 자본, 원료 등 자원을 투입하여, 재화 또는 서비스를 생산 또는 제공하는 일련의 활동 과정은 산업활동이다.

정답 52 ④　53 ②　54 ①　55 ③　56 ②

57 한국표준산업분류(제10차)의 적용원칙으로 틀린 것은?

① 생산단위는 산출물뿐만 아니라 투입물과 생산공정 등을 함께 고려하여 그들의 활동을 가장 정확하게 설명된 항목에 분류해야 한다.
② 산업활동이 결합되어 있는 경우에는 그 활동단위의 주된 활동에 따라서 분류해야 한다.
③ 수수료 또는 계약에 의하여 활동을 수행하는 단위는 동일한 산업활동을 자기계정과 자기책임 하에서 생산하는 단위와 같은 항목에 분류해야 한다.
④ 공식적 생산물과 비공식적 생산물, 합법적 생산물과 불법적인 생산물을 달리 분류해야 한다.

해설 | 제10차 한국표준산업분류에서는 공식적 생산물과 비공식적 생산물, 합법적 생산물과 불법적인 생산물을 달리 분류하지 않는다. (2017년 개정 내용)

58 직업정보를 제공하는 유형별 방식의 설명이다. ( ) 안에 가장 알맞은 것은?

유형	비용	학습자 참여도	접근성
인쇄물	(ㄱ)	수동	용이
면접	저	(ㄴ)	제한적
직업경험	고	적극	(ㄷ)

① ㄱ - 고, ㄴ - 적극, ㄷ - 용이
② ㄱ - 고, ㄴ - 수동, ㄷ - 제한적
③ ㄱ - 저, ㄴ - 적극, ㄷ - 제한적
④ ㄱ - 저, ㄴ - 수동, ㄷ - 용이

해설 | 인쇄물은 저비용, 면접의 학습자 참여도는 적극적이다. 그리고 직업경험의 접근성은 일부만이 참여하므로 제한적이다.

59 한국표준직업분류(제7차)에서 직업의 성립조건에 대한 설명으로 옳은 것은?

① 사회복지시설 수용자의 시설 내 경제활동은 직업으로 보지 않는다.
② 이자나 주식배당으로 자산 수입이 있는 경우는 직업으로 본다.
③ 자기 집의 가사 활동도 직업으로 본다.
④ 속박된 상태에서의 제반활동이 경제성이나 계속성이 있으면 직업으로 본다.

해설 | 사회복지시설 수용자의 시설 내 경제활동은 속박된 상태에서의 활동으로 직업으로 보지 않는다.
직업은 일의 계속성, 경제성, 사회성과 윤리성, 속박된 상태에서의 활동이 아닐 것 등의 조건이 갖추어져야 한다.

개념 체크 한국표준직업분류(제7차)에서 직업으로 보지 않는 활동(10가지)

- 이자, 주식배당, 임대료(전세금, 월세금) 등과 같은 자산 수입이 있는 경우
- 연금법, 국민기초생활보장법, 국민연금법 및 고용보험법 등의 사회보장이나 민간보험에 의한 수입이 있는 경우
- 경마, 경륜, 경정, 복권 등에 의한 배당금이나 주식투자에 의한 시세차익이 있는 경우
- 예·적금 인출, 보험금 수취, 차용 또는 토지나 금융자산을 매각하여 수입이 있는 경우
- 자기 집의 가사활동에 전념하는 경우
- 교육기관에 재학하며 학습에만 전념하는 경우
- 시민봉사활동 등에 의한 무급 봉사적인 일에 종사하는 경우
- 사회복지시설 수용자의 시설 내 경제활동
- 수형자의 활동과 같이 법률에 의한 강제노동을 하는 경우
- 도박, 강도, 절도, 사기, 매춘, 밀수와 같은 불법적인 활동

정답 57 ④ 58 ③ 59 ①

60 한국표준산업분류(제10차)의 주요 개정내용으로 틀린 것은?

① 채소작물 재배업에 마늘, 딸기 작물 재배업을 포함
② 안경 및 안경렌즈 제조업을 의료용기기 제조업에서 사진장비 및 기타 광학기기 제조업으로 이동
③ 산업용 기계 및 장비 수리업은 국제표준산업분류(KSIC)에 맞춰 수리업에서 제조업 중 중분류를 신설하여 이동
④ 어업에서 해면은 해수면으로, 수산 종묘는 수산 종자로 명칭을 변경

해설 | 제10차 한국표준산업분류에서는 'C 제조업'의 안경 및 안경렌즈 제조업을 사진장비 및 기타 광학기기 제조업에서 의료용기기 제조업으로 이동하였다.

제4과목 노동시장

61 임금의 보상격차에 관한 설명으로 틀린 것은?

① 근무조건이 열악한 곳으로 전출되면 임금이 상승한다.
② 성별격차도 임금의 보상격차이다.
③ 물가가 높은 곳에서 근무하면 임금이 상승한다.
④ 더 높은 비용이 소요되는 훈련을 요구하는 직종의 임금이 상대적으로 높다.

해설 | 성별 임금격차는 차별에 의한 임금격차이므로 임금의 보상격차와는 관련이 없다.

개념 체크 임금의 보상격차
임금의 보상격차는 애덤 스미스(A. Smith)에 의해 주장되었다. 스미스는 노동자들의 직업선택 및 전직이 자유로운 사회에서는 각 직업의 좋은 점과 나쁜 점을 모두 고려한 순이익이 한 사회의 여러 가지 대체적인 직업 사이에서 균등하게 된다고 보고, 이를 균등화 격차(equalizing wage differentials)라고 하였다.

62 구인처에서 요구하는 기술을 갖춘 근로자가 없어서 발생하는 실업은?

① 구조적 실업   ② 잠재적 실업
③ 마찰적 실업   ④ 자발적 실업

해설 | 구조적 실업은 산업간·지역 간 노동의 이동성이 부족하기 때문에 발생하는 실업이다. 따라서 노동의 이동성을 높이는 대책이 필요하다. 즉, 직업전환 교육 등 인력정책, 지역 간 이동을 촉진하기 위한 이주 보조금, 산업구조의 변화 예측에 따른 인력수급정책 등이 필요하다.

63 다음 중 노동수요와 노동공급의 임금탄력성에 대해 바르게 설명한 것은?

① 노동수요의 임금탄력성이란 노동수요가 1% 증가할 때 임금은 몇 % 증가하는지를 나타낸다.
② 노동수요의 임금탄력성이 1보다 크면 임금 상승은 노동자의 총노동소득을 감소시킨다.
③ 장기보다는 단기로 갈수록 노동수요의 임금 탄력성이 크다.
④ 노동공급의 임금탄력성은 여러 부문들 간의 노동이동의 정도, 노동조합의 교섭력, 다른 생산요소의 공급탄력성에 의해 그 크기가 결정된다.

해설 | 노동수요의 임금탄력성이 1보다 크면 임금이 상승할 때 임금 상승률 < 노동수요량의 감소율이 되어 임금 상승으로 인한 소득 증가보다 노동수요량 감소로 인한 소득 감소가 더 크게 되므로 노동자의 총노동소득은 감소한다.

오답풀이 | ① 노동수요의 임금탄력성이란 임금이 1% 증가할 때 노동수요는 몇 % 감소하는지를 나타낸다.
③ 단기보다는 장기로 갈수록 노동수요의 임금 탄력성이 크고, 따라서 노동수요곡선은 완만해진다.
④ 다른 생산요소의 공급탄력성은 노동수요의 임금탄력성에 영향을 미치는 요인이다. 노동공급의 임금탄력성은 산업구조의 변화, 노동공급 시간의 선택, 여러 부문들 간의 노동이동의 정도, 노동조합의 교섭력 등에 의해 그 크기가 결정된다.

정답 60 ② 61 ② 62 ① 63 ②

64 정부가 임금을 인상시킬 때 오히려 고용이 증대되는 경우는?

① 공급독점의 노동시장
② 수요독점의 노동시장
③ 완전경쟁의 노동시장
④ 복점의 노동시장

해설 | 정부가 임금을 인상시키는 것은 최저임금제의 경우이다. 일반적으로 최저임금제가 시행되면 기업의 노동수요량이 감소하므로 근로자는 실업자가 될 가능성이 있다. 그러나 노동시장이 수요독점(monopsony)인 경우에는 최저임금제로 임금이 상승해도 고용량(노동수요량)이 증가할 수 있다.
노동시장이 수요독점인 경우 고용량은 노동의 수요곡선과 공급곡선에 의해 결정되는 것이 아니라 노동의 수요곡선과 우상향하는 한계요소비용(MFC)에 의해 결정된다. 그리고 이 경우 임금의 상승에도 불구하고 고용량(노동수요량)은 이전보다 증가하게 된다.

개념 체크 최저임금제가 고용을 증가시키는 것은 ㉠ 노동시장이 수요독점 노동시장인 경우. ㉡ 생산성 증대효과가 있는 경우. ㉢ 유효수요 증대효과가 있는 경우 등이다.

65 실업률과 물가상승률 간 역의 상관관계를 나타내는 곡선은?

① 래퍼곡선
② 필립스곡선
③ 로렌츠곡선
④ 테일러곡선

해설 | 영국의 경제학자인 필립스(A. Phillips)는 1861~1957년 간 영국경제를 대상으로 실증분석을 행한 결과 실업률과 명목임금 상승률 간에 안정적인 음(−)의 관계가 있다는 사실을 발견하였는데 이 관계를 회귀곡선으로 표시한 것을 필립스곡선이라고 한다.
오늘날에는 필립스곡선을 물가상승률과 실업률 간의 역(−)관계로 파악하는 것이 일반적이다.

66 A국가의 경제활동참가율은 50%이고, 생산가능인구와 취업자가 각각 100만 명, 40만 명이라고 할 때, 이 국가의 실업률은?

① 5%　　② 10%
③ 15%　　④ 20%

해설 | 경제활동참가율 = $\dfrac{\text{경제활동인구}}{\text{15세 이상 인구(생산가능인구)}} \times 100$

= $\dfrac{\text{경제활동인구}}{\text{100만 명}} \times 100 = 50\%$이므로

경제활동인구는 50만명이다.
실업자 수 = 경제활동인구 − 취업자 수 = 50만 명 − 40만 명
= 10만 명이다.

따라서 실업률 = $\dfrac{\text{실업자 수}}{\text{경제활동인구}} \times 100 = \dfrac{\text{10만 명}}{\text{50만 명}} \times 100$

= 20%이다.

67 다음 중 최저임금제가 고용에 미치는 부정적 효과가 가장 큰 상황은?

① 노동수요곡선과 노동공급곡선이 모두 탄력적일 때
② 노동수요곡선과 노동공급곡선이 모두 비탄력적일 때
③ 노동수요곡선이 탄력적이고 노동공급곡선이 비탄력적일 때
④ 노동수요곡선이 비탄력적이고 노동공급곡선이 탄력적일 때

해설 | 시장임금보다 높은 수준에서 최저임금을 정하면, 즉 정부가 개입하여 임금을 올리면 노동수요량은 감소하고 노동공급량은 증가하여 실업이 증가하는 부정적 효과가 있다.
이 경우 추가 노동수요곡선과 노동공급곡선이 모두 탄력적이면 (즉, 노동수요곡선과 노동공급곡선이 모두 완만하면) 노동수요량은 크게 감소하고, 노동공급량은 크게 증가하므로 실업이 크게 발생한다.

정답 64 ②　65 ②　66 ④　67 ①

68 노동의 공급곡선에 대한 설명 중 틀린 것은?

① 일정 임금수준 이상이 될 때 노동의 공급곡선은 후방굴절부분을 가진다.
② 임금과 노동시간 사이에 음(-)의 관계가 존재할 경우 임금률의 변화 시 소득효과가 대체효과보다 작다.
③ 임금과 노동시간 간의 관계이다.
④ 노동공급량의 증가율이 임금상승률보다 높다면 노동공급의 임금탄력성은 탄력적이다.

해설 | 임금과 노동시간 사이에 음(-)의 상관관계가 존재할 경우는 노동공급곡선이 후방굴절하는 영역으로 임금이 상승할 때 임금상승의 소득효과가 대체효과보다 크다.

69 효율임금가설에 대한 설명으로 틀린 것은?

① 효율임금은 생산의 임금탄력성이 1이 되는 점에서 결정된다.
② 효율임금은 전문직과 같이 노동자들의 생산성을 관측하기 어려운 경우 채택될 가능성이 높다.
③ 효율임금은 경쟁임금수준보다 높으므로 개별기업의 이윤극대화를 가져다주는 임금이라 할 수 없다.
④ 효율임금은 임금인상에 따른 한계생산이 임금의 평균생산과 일치하는 점에서 결정된다.

해설 | ① 효율임금은 임금의 증가율(%)보다 생산량(금액으로 계산)의 증가율(%)이 커야만 도입할 수 있다. 따라서 효율임금은 생산의 임금탄력성(= 생산량의 증가율% / 임금의 증가율%)이 1이 되는 점에서 결정된다.
③ 효율임금(efficiency wage)은 시장의 균형임금보다 높은 고임금을 지급함으로써 높은 생산성을 얻고자 하는 것이다. 이 경우 높은 임금을 지급하면 이 임금은 기업의 생산비에 반영되고 이 생산비를 기초로 이윤을 극대화하는 생산량과 가격을 결정하게 된다.
④ 임금인상에 따른 한계생산이 임금의 평균생산과 일치하는 점에서는 평균생산이 극대가 되므로 이 점에서 효율임금이 결정된다.

70 경쟁시장에서 아이스크림 가게를 운영하는 A씨는 5명을 고용하여 1개당 2,000원에 판매하고 있다. 시간당 12,000원을 임금으로 지급하면서 이윤을 극대화하고 있다. 만일 아이스크림 가격이 3,000원으로 오른다면 현재의 고용수준에서 노동의 한계생산물가치는 시간당 얼마이며, 이때 A씨는 노동의 투입량을 어떻게 변화시킬까?

① 9,000원, 증가시킨다.
② 18,000원, 증가시킨다.
③ 9,000원, 감소시킨다.
④ 18,000원, 감소시킨다.

해설 | 기업의 이윤극대화 고용량(5명)은 시간당 임금률 = 노동의 한계생산가치에서 결정되므로 $12,000 = MP_L \cdot 2,000$이고 따라서 노동의 한계생산은 $MP_L = 6$이다.
노동의 한계생산가치(VMP_L) = $P \cdot MP_L$이므로 $VMP_L = 3,000 \cdot 6 = 18,000$이다.
즉, 노동의 한계생산가치 > 임금률이므로 고용량을 증가시켜야 이윤을 증대시킬 수 있다.

71 다음 중 성과급 제도의 장점에 해당하는 것은?

① 직원 간 화합이 용이하다.
② 근로의 능률을 자극할 수 있다.
③ 임금의 계산이 간편하다.
④ 확정적 임금이 보장된다.

해설 | 성과급제(piece-rate plan)는 노동성과를 측정하여 측정된 성과에 따라 임금을 계산·지급하는 제도이다. 성과급제의 가장 큰 장점은 작업능률을 크게 자극할 수 있다는 것이다.

오답풀이 | ①, ③, ④ 시간급 임금형태의 장점이다.

정답 68 ② 69 ③ 70 ② 71 ②

72 다음 중 경기적 실업에 대한 대책으로 가장 적합한 것은?

① 지역 간 이동촉진
② 총수요의 증대
③ 퇴직자 취업알선
④ 구인·구직에 대한 전산망 확대

해설 | 경기적 실업(cyclical unemployment)은 경제 전체의 총수요(유효수요)가 부족하여 발생하는 실업이다. 따라서 경기적 실업은 총수요(유효수요)의 증대를 통해 해결할 수 있다.
즉, 정부가 공공투자를 확대하여 정부지출을 늘리고 조세를 감면해주는 확장적 재정정책을 실시한다든가, 중앙은행이 통화량을 늘리는 확장적 통화정책을 실시하여 총수요를 늘리면 생산의 증가와 함께 고용이 증가하므로 경기적 실업을 해결할 수 있다.

73 단체교섭에 관한 설명으로 틀린 것은?

① 단체협약은 노동조합과 사용자단체가 단체교섭 후 협의된 사항을 문서로 남긴 것으로 강제적 효력이 있다.
② 경영자가 정당한 사유 없이 단체교섭을 거부하는 행위는 불법행위에 해당한다.
③ 이익분쟁은 임금 및 근로조건 등에 합의하지 못해 발생하는 분쟁이다.
④ 노동자들이 하는 쟁의행위에는 파업, 태업, 직장폐쇄 등의 방법이 있다.

해설 | 직장폐쇄(lock out)는 조업계속과 함께 노동자들의 쟁의행위에 대한 사용자의 대응행위에 해당한다.

74 유니온 숍(union shop)에 대한 설명으로 옳은 것은?

① 조합원이 아닌 근로자는 채용 후 일정 기간 내에 조합에 가입해야 한다.
② 조합원이 아닌 자는 채용할 수 없다.
③ 노동조합의 노동공급원이 독점되며, 관련 노동 시장에 강력한 영향을 미친다.
④ 채용 전후 근로자의 조합 가입이 완전히 자유롭다.

해설 | 유니언 숍(union shop)은 사용자가 자유롭게 채용할 수 있으나 채용 후 일정 기간이 지나면 반드시 조합에 가입하여야 하는 제도이다. 또한 조합으로부터 탈퇴하거나 조합에서 제명되어 조합원 자격을 상실할 때에는 해고된다는 노사 간의 협약을 의미한다.

오답풀이 | ②, ③은 클로즈드 숍(closed shop), ④는 오픈 숍(open shop)에 대한 설명이다.

75 노동수요곡선이 이동하는 이유가 아닌 것은?

① 임금수준의 변화
② 생산방법의 변화
③ 자본의 가격변화
④ 생산물에 대한 수요의 변화

해설 | 수요함수에서 내생변수인 임금수준이 변화하면 노동수요곡선 상에서의 이동이 나타나고 노동수요곡선 자체는 이동하지 않는다.

오답풀이 | ② 생산기술(생산방법)의 진보, ③ 자본가격의 상승, ④ 생산물에 대한 수요가 증가하면 노동수요곡선은 오른쪽으로 이동한다.

정답 72 ② 73 ④ 74 ① 75 ①

76 이윤극대화를 추구하는 기업이 이직률을 낮추기 위해 효율성 임금(efficiency wage)을 지불할 경우 발생할 수 있는 실업은?

① 마찰적 실업
② 구조적 실업
③ 경기적 실업
④ 지역적 실업

해설 | 효율성 임금을 지급하면 시장임금보다 임금이 높아지므로 노동의 초과공급, 즉 실업이 발생하는데 이는 구조적 실업에 해당한다.
맨큐(N. G. Mankiw)는 구조적 실업은 노동시장에서 제공되는 일자리의 수가 직장을 찾고 있는 노동자들의 수에 비해 적기 때문에 발생하는 실업으로 설명한다. 일자리의 수가 적은 이유는 어떤 이유로 임금이 노동의 수요와 공급이 같아지는 임금(균형임금)보다 높기 때문이다.
그리고 임금이 균형임금보다 높아지게 되는 이유로 최저임금제, 노동조합의 임금인상 압력, 효율임금(efficiency wage) 등 3가지를 제시한다.

77 산업별 노동조합의 특성과 가장 거리가 먼 것은?

① 기업별 특수성을 고려하기 어려워진다.
② 임시직, 일용직 근로자를 조직하기 용이해진다
③ 해당 산업분야의 정보자료 수집·분석이 용이해진다.
④ 숙련공만의 이익옹호단체가 되기 쉽다.

해설 | 산업별 노동조합(industrial union)은 동일한 산업에 종사하는 모든 노동자가 하나의 노동조합을 구성하는 형태이다. 산업 전체의 이익을 고려하므로 기업별 특수성은 고려하기 어렵지만, 해당 산업에 종사하는 모든 노동자가 가입하므로 임시직이나 일용직 노동자의 조직이 용이해진다는 장점이 있다.
④는 직업별 노동조합(craft union)의 단점이다. 직업별 노동조합은 역사적으로는 가장 오래된 형태의 노동조합으로 숙련공 중심의 배타적·폐쇄적이고 독점적인 조직형태이다.

78 유보임금(reservation wage)에 관한 설명으로 옳은 것을 모두 고른 것은?

> ㄱ. 유보임금의 상승은 실업기간을 연장한다.
> ㄴ. 유보임금의 상승은 기대임금을 하락시킨다.
> ㄷ. 유보임금은 기업이 근로자에게 제시한 최고의 임금이다.
> ㄹ. 유보임금은 근로자가 받고자 하는 최저의 임금이다.

① ㄱ, ㄷ
② ㄱ, ㄹ
③ ㄴ, ㄷ
④ ㄴ, ㄹ

해설 | ㄱ. 유보임금이 상승하면 직업탐색기간이 길어지므로 실업(탐색적 실업)기간이 길어진다.
ㄹ. 유보임금(reservation wage)은 노동자가 노동을 공급하기 위해 받기를 원하는 최소한의 임금을 말한다. 이는 요구임금(또는 희망임금, 의중임금, 눈높이임금)이라고도 하는데 여가의 기회비용이 된다. 즉 노동시간만큼 여가를 즐긴다고 할 때 여가를 통해서 얻는 주관적 효용에 해당하는 임금이다.

79 완전경쟁적인 노동시장에서 노동의 한계생산을 증가시키는 기술진보와 함께 보다 많은 노동자들이 노동시장에 참여하는 변화가 발생할 때 노동시장에서 발생하는 변화로 옳은 것은? (단, 다른 조건들은 일정하다고 가정한다.)

① 균형노동고용량은 반드시 증가하지만 균형임금의 변화는 불명확하다.
② 균형임금은 반드시 상승하지만 균형노동고용량의 변화는 불명확하다.
③ 임금과 균형노동고용량 모두 반드시 증가한다.
④ 임금과 균형노동고용량의 변화는 모두 불명확하다.

해설 | 노동의 한계생산을 증가시키는 기술진보는 노동수요곡선을 오른쪽으로 이동시키고, 많은 노동자들의 노동시장 참여는 노동공급곡선을 오른쪽으로 이동시킨다.
① 두 곡선 모두 오른쪽으로 이동하므로 균형노동고용량은 반드시 증가한다. 그러나 균형임금은 두 곡선이 이동하는 정도(이동의 크기)에 따라 달라지므로 불명확하다.

정답 76 ② 77 ④ 78 ② 79 ①

80 경제적 조합주의(economic unionism)에 대한 설명으로 틀린 것은?

① 노동조합운동과 정치와의 연합을 특징으로 한다.
② 경영전권을 인정하며 경영참여를 회피해 온 노선이다.
③ 노동조합운동의 목적은 근로조건을 포함한 노동자들의 생활조건의 개선과 유지에 있다.
④ 노사관계를 이해대립의 관계로 보고 있으나 이해조정이 가능한 비적대적 관계로 이해한다.

해설 | 경제적 조합주의는 노동조합운동은 정치로부터 독립되어야 한다고 본다. 즉, 노동조합운동의 독자성·자주성 확보 및 조합 내 민주주의의 실현이 중요한 조직원리이며 운동의 기본원칙이다.

개념 체크 지금까지 산업화 사회에 나타난 여러 나라의 노동조합 운동의 이념들을 크게 구분하면 세 가지로 나누어 볼 수 있다. 정치적 조합주의(정치주의), 경제적 조합주의(경제주의), 국민적 조합주의(국민주의)이다.

제5과목 고용노동관계법규

81 남녀고용평등과 일·가정 양립 지원에 관한 법령상 다음 ( ) 안에 각각 알맞은 것은?

> 제18조의2(배우자 출산휴가) ① 사업주는 근로자가 배우자의 출산을 이유로 휴가(이하 "배우자 출산휴가"라 한다)를 고지하는 경우에 (ㄱ)일의 휴가를 주어야 한다.
> (이하 생략)
> ③ 배우자 출산휴가는 근로자의 배우자가 출산한 날부터 (ㄴ)일이 지나면 사용할 수 없다.

① ㄱ: 10, ㄴ: 90
② ㄱ: 10, ㄴ: 120
③ ㄱ: 20, ㄴ: 90
④ ㄱ: 20, ㄴ: 120

해설 | 사업주는 근로자가 배우자의 출산을 이유로 휴가를 고지하는 경우에 20일의 휴가를 주어야 한다. 배우자 출산휴가는 근로자의 배우자가 출산한 날부터 120일이 지나면 사용할 수 없다.

82 고용보험법상 취업촉진수당에 해당하지 않는 것은?

① 광역구직활동비
② 원격지 취업수당
③ 조기재취업수당
④ 직업능력개발수당

해설 | 실업급여의 종류에는 구직급여, 취업촉진수당(조기재취업수당, 직업능력개발수당, 광역구직활동비, 이주비)이 있다.

83 직업안정법령상 유료직업소개사업의 등록을 할 수 있는 자에 해당되지 않는 것은?

① 지방공무원으로 2년 이상 근무한 경력이 있는 자
② 조합원이 100인 이상인 단위노동조합에서 노동조합업무전담자로 2년 이상 근무한 경력이 있는 자
③ 상시 사용근로자 300인 이상인 사업장에서 노무관리업무전담자로 1년 이상 근무한 경력이 있는 자
④ 「공인노무사법」에 의한 공인노무사 자격을 가진 자

해설 | 상시 사용근로자 300인 이상인 사업 또는 사업장에서 노무관리 업무전담자로 2년 이상 근무한 경력이 있어야 한다(「직업안정법」 시행령 제21조).

정답 80 ① 81 ④ 82 ② 83 ③

84 고용정책 기본법령상 고용정책심의회에 관한 설명으로 틀린 것은?

① 정책심의회는 위원장 1명을 포함한 20명 이내의 위원으로 구성한다.
② 근로자와 사업주를 대표하는 자는 심의위원으로 참여할 수 있다.
③ 특별시·광역시·특별자치시·도 및 특별자치도에 지역고용심의회를 둔다.
④ 정책심의회를 효율적으로 운영하기 위하여 분야별 전문위원회를 둘 수 있다.

해설 | 고용정책심의회는 위원장 1명을 포함한 30명 이내의 위원으로 구성한다(「고용정책 기본법」 제10조).

85 근로기준법상 임금에 대한 설명으로 틀린 것은?

① 임금이란 사용자가 근로의 대가로 근로자에게 임금, 봉급, 그 밖에 어떠한 명칭으로든지 지급하는 모든 금품을 말한다.
② 평균임금이란 이를 산정하여야 할 사유가 발생한 날 이전 3개월 동안에 그 근로자에게 지급된 임금의 총액을 말한다.
③ 사용자는 도급이나 그 밖에 이에 준하는 제도로 사용하는 근로자에게 근로시간에 따라 일정액의 임금을 보장하여야 한다.
④ 근로기준법에 따른 임금채권은 3년간 행사하지 아니하면 시효로 소멸한다.

해설 | 평균임금이란 이를 산정하여야 할 사유가 발생한 날 이전 3개월 동안에 그 근로자에게 지급된 임금의 총액을 그 기간의 총일수로 나눈 금액을 말한다.

86 국민 평생 직업능력 개발법상 직업능력개발훈련의 기본원칙으로 명시되지 않은 것은?

① 직업능력개발훈련은 국민 개개인의 희망·적성·능력에 맞게 국민의 생애에 걸쳐 체계적으로 실시되어야 한다.
② 직업능력개발훈련은 민간의 자율과 창의성이 존중되도록 하여야 하며 노사의 참여와 협력을 바탕으로 실시되어야 한다.
③ 제조업의 생산직에 종사하는 근로자의 직업능력개발훈련은 중요시되어야 한다.
④ 직업능력개발훈련은 국민의 직무능력과 고용가능성을 높일 수 있도록 지역·산업현장의 수요가 반영되어야 한다.

해설 | 다음의 사람을 대상으로 하는 직업능력개발훈련은 중요시되어야 한다.
- 고령자, 장애인
- 국민기초생활 수급권자
- 국가유공자와 그 유족 또는 가족이나 보훈보상대상자와 그 유족 또는 가족
- 5·18 민주유공자와 그 유족 또는 가족
- 제대군인 및 전역예정자
- 여성근로자
- 중소기업의 근로자
- 일용직근로자, 단시간근로자, 기간을 정하여 근로계약을 체결한 근로자, 일시적 사업에 고용된 근로자
- 파견근로자
- 학교 밖 청소년

87 국민 평생 직업능력 개발법령상 원칙적으로 직업능력개발훈련의 대상 연령은?

① 13세 이상   ② 15세 이상
③ 18세 이상   ④ 20세 이상

해설 | 취업최저연령은 15세 이상이므로 직업능력개발훈련의 대상 연령도 15세 이상이다.

정답 84 ① 85 ② 86 ③ 87 ②

88 채용절차의 공정화에 관한 법령상 500만 원 이하의 과태료 부과행위에 해당하는 것은?

① 채용서류 보관의무를 이행하지 아니한 구인자
② 구직자에 대한 고지의무를 이행하지 아니한 구인자
③ 시정명령을 이행하지 아니한 구인자
④ 지식재산권을 자신에게 귀속하도록 강요한 구인자

해설 | ①, ②, ③은 300만 원 이하의 과태료 부과대상이다.

개념 체크 500만 원 이하의 과태료 대상
- 채용광고의 내용 또는 근로조건을 변경한 구인자
- 지식재산권을 자신에게 귀속하도록 강요한 구인자
- 그 직무의 수행에 필요하지 아니한 개인정보를 기초심사자료에 기재하도록 요구하거나 입증자료로 수집한 구인자

89 기간제 및 단시간근로자 보호 등에 관한 법령상 2년을 초과하여 기간제 근로자로 사용할 수 있는 경우가 아닌 것은?

① 휴직 등으로 결원이 발생하여 해당 근로자가 복귀할 때까지 그 업무를 대신할 필요가 있는 경우
② 근로자가 학업 등을 이수함에 따라 그 이수에 필요한 기간을 정한 경우
③ 특정한 업무의 완성에 필요한 기간을 정한 경우
④ 「의료법」에 따른 간호사 자격을 소지하고 해당 분야에 종사한 경우

해설 | 「의료법」에 따라 간호사는 2년 기간제한의 예외대상에 해당하지 않는다.

90 근로기준법령상 사용자가 3년간 보존하여야 하는 근로계약에 관한 중요한 서류로 명시되지 않은 것은?

① 임금대장
② 휴가에 관한 서류
③ 고용·해고·퇴직에 관한 서류
④ 퇴직금 중간정산에 관한 증명서류

해설 | 근로계약에 관한 중요한 서류는 다음과 같다.
- 근로계약서
- 임금대장
- 임금의 결정·지급방법과 임금계산의 기초에 관한 서류
- 고용·해고·퇴직에 관한 서류
- 승급·감급에 관한 서류
- 휴가에 관한 서류
- 연소자의 증명에 관한 서류 등

91 남녀고용평등과 일·가정 양립 지원에 관한 법령상 육아기 근로시간 단축에 관한 설명이다. ( )에 들어갈 내용으로 옳은 것은?

> 사업주가 근로자에게 육아기 근로시간 단축을 허용하는 경우 단축 후 근로시간은 주당 (ㄱ)시간 이상이어야 하고 (ㄴ)시간을 넘어서는 아니 된다.

① ㄱ: 10, ㄴ: 15 ② ㄱ: 10, ㄴ: 20
③ ㄱ: 15, ㄴ: 30 ④ ㄱ: 15, ㄴ: 35

해설 | 육아기 근로시간 단축 후 근로시간은 주당 15시간 이상 35시간 이내에서 해야 한다.

개념 체크 육아기 근로시간 단축
- 육아기 근로시간 단축을 허용하는 경우 단축 후 근로시간은 주당 15시간 이상이어야 하고 35시간을 넘어서는 아니 된다(「남녀고용평등과 일·가정 양립 지원에 관한 법률」제19조의2).
- 가족돌봄 등을 위한 근로시간 단축을 허용하는 경우 단축 후 근로시간은 주당 15시간 이상이어야 하고 30시간을 넘어서는 아니 된다(「남녀고용평등과 일·가정 양립 지원에 관한 법률」제22조의3).

정답 88 ④ 89 ④ 90 ④ 91 ④

92 근로기준법령상 용어의 정의에 관한 설명으로 틀린 것은?

① '근로'란 정신노동과 육체노동을 말한다.
② '사용자'란 사업주 또는 사업경영담당자, 그 밖에 근로자에 관한 사항에 대하여 사업주를 위하여 행위하는 자를 말한다.
③ '통상임금'이란 이를 산정하여야 할 사유가 발생한 날 이전 3개월 동안에 그 근로자에게 지급된 임금의 총액을 그 기간의 총 일수로 나눈 금액을 말한다.
④ '단시간근로자'란 1주 동안의 소정근로시간이 그 사업장에서 같은 종류의 업무에 종사하는 통상 근로자의 1주 동안의 소정근로시간에 비하여 짧은 근로자를 말한다.

해설 | ③은 통상임금이 아닌 평균임금에 대한 설명이다. 「근로기준법령」상 '평균임금'이란 산정사유 발생일 이전 3개월간에 그 근로자에게 지급된 임금 총액을 그 기간의 총일수로 나눈 금액을 말한다.

개념 체크 통상임금
근로자에게 정기적·일률적으로 소정근로 또는 총근로에 대하여 지급하기로 정하여진 시간급금액·일급금액·주급금액·월급금액 또는 도급금액을 말한다.

93 고용보험법령상 ( )에 들어갈 숫자로 옳은 것은?

> 배우자의 질병으로 육아휴직급여를 신청할 수 없었던 사람은 그 사유가 끝난 후 ( )일 이내에 신청하여야 한다.

① 10 ② 30
③ 60 ④ 90

해설 | 육아휴직급여를 지급받으려는 사람은 육아휴직을 시작한 날 이후 1개월부터 육아휴직이 끝난 날 이후 12개월 이내에 신청해야 한다. 다만, 해당 기간에 다음 사유로 육아휴직급여를 신청할 수 없었던 사람은 그 사유가 끝난 후 30일 이내에 신청해야 한다.
- 천재지변
- 본인이나 배우자의 질병·부상
- 본인이나 배우자의 직계존속 및 직계비속의 질병·부상
- 「병역법」에 따른 의무복무
- 범죄혐의로 인한 구속이나 형의 집행

94 근로기준법상 임금에 관한 설명으로 틀린 것은?

① 임금은 원칙적으로 통화로 직접 근로자에게 그 전액을 지급하여야 한다.
② 사용자의 귀책사유로 휴업하는 경우 휴업기간 동안 근로자에게 통상임금의 100분의 60 이상의 수당을 지급하여야 한다.
③ 임금채권은 3년간 행사하지 아니하면 시효로 소멸한다.
④ 임금은 원칙적으로 매월 1회 이상 일정한 날짜를 정하여 지급하는 것이 원칙이다.

해설 | 사용자의 귀책사유로 휴업하는 경우 휴업기간 동안 근로자에게 평균임금의 100분의 70 이상의 수당을 지급하여야 한다.

95 국민 평생 직업능력 개발법령에 대한 설명으로 틀린 것은?

① 직업능력개발훈련은 15세 이상인 자에게 실시한다.
② 직업능력개발훈련은 집체훈련, 현장훈련, 원격훈련, 혼합훈련의 방법으로 실시한다.
③ 종전의 직업과 유사하거나 새로운 직업에 필요한 직무수행능력을 습득시키기 위하여 실시하는 직업능력개발훈련을 전직훈련이라고 한다.
④ 재해위로금의 산정기준이 되는 통상임금은 산업재해보상보험법에 의한 최고 보상기준 금액 및 최저 보상기준 금액을 각각 그 상한 및 하한으로 한다.

해설 | 재해위로금의 산정기준이 되는 평균임금은 산업재해보상보험법에 따라 고용노동부장관이 매년 정하여 고시하는 최고 보상기준 금액 및 최저 보상기준 금액을 각각 그 상한 및 하한으로 한다.

정답 92 ③ 93 ② 94 ② 95 ④

96 남녀고용평등과 일·가정 양립 지원에 관한 법률에 관한 설명으로 틀린 것은?

① 고용노동부장관은 남녀고용평등 실현과 일·가정 양립에 관한 기본계획을 5년마다 수립하여야 한다.
② 사업주는 동일한 사업 내의 동일가치노동에 대하여는 동일한 임금을 지급하여야 한다.
③ 사업주가 임금차별을 목적으로 설립한 별개의 사업은 동일한 사업으로 본다.
④ 사업주는 직장 내 성희롱 예방을 위한 교육을 분기별 1회 이상 하여야 한다.

해설 | 사업주는 직장 내 성희롱 예방을 위한 교육을 연 1회 이상 실시하여야 한다.

97 고용정책 기본법에 대한 설명으로 틀린 것은?

① 고용서비스를 제공하는 자는 그 업무를 수행할 때에 합리적인 이유 없이 성별 등을 이유로 구직자를 차별하여서는 아니 된다.
② 고용노동부장관은 5년마다 국가의 고용정책에 관한 기본계획을 수립하여야 한다.
③ 상시 100명 이상의 근로자를 사용하는 사업주는 매년 근로자의 고용형태 현황을 공시하여야 한다.
④ '근로자'란 사업주에게 고용된 사람과 취업할 의사를 가진 사람을 말한다.

해설 | 상시 300명 이상의 근로자를 사용하는 사업주는 매년 4월 30일까지 근로자의 고용형태 현황을 공시해야 한다.

98 다음 ( ) 안에 알맞은 것은?

> 헌법상 국가는 ( )으로 근로자의 고용증진과 적정임금의 보장에 노력하여야 한다.

① 민주적 방법
② 사회적 방법
③ 경제적 방법
④ 사회적·경제적 방법

해설 | 국가는 사회적·경제적 방법으로 근로자의 고용증진과 적정임금의 보장에 노력하여야 하며, 법률이 정하는 바에 의하여 최저임금제를 시행하여야 한다(「헌법」 제32조 제1항).

99 직업안정법령상 근로자공급사업에 관한 설명으로 틀린 것은?

① 누구든지 고용노동부장관의 허가를 받지 아니하고는 근로자공급사업을 하지 못한다.
② 국내 근로자공급사업은 「노동조합 및 노동관계조정법」에 따른 노동조합만이 허가를 받을 수 있다.
③ 국외 근로자공급사업을 하려는 자는 1천만원 이상의 자본금을 갖추면 된다.
④ 근로자공급사업 허가의 유효기간은 3년으로 한다.

해설 | 국외 근로자공급사업은 1억원 이상의 자본금(비영리법인의 경우에는 재무상태표의 자본총계를 말한다.)이 필요하다.

100 고용보험법령상 피보험자격의 신고에 관한 설명으로 틀린 것은?

① 사업주가 피보험자격에 관한 사항을 신고하지 아니하면 근로자가 신고할 수 있다.
② 사업주는 그 사업에 고용된 근로자의 피보험자격의 취득 및 상실 등에 관한 사항을 고용노동부장관에게 신고하여야 한다.
③ 자영업자인 피보험자는 피보험자격의 취득 및 상실에 관한 신고를 하지 아니한다.
④ 피보험자격의 취득 및 상실 등에 관한 신고는 그 사유가 발생한 날로부터 14일 이내에 하여야 한다.

해설 | 사업주나 하수급인 고용노동부장관에게 그 사업에 고용된 근로자의 피보험자격 취득 및 상실에 관한 사항을 신고하려는 경우에는 그 사유가 발생한 날이 속하는 달의 다음 달 15일까지(근로자가 그 기일 이전에 신고할 것을 요구하는 경우에는 지체 없이) 신고해야 한다.

정답 96 ④ 97 ③ 98 ④ 99 ③ 100 ④

2025년 2회 복원문제

제1과목 직업심리

01 다음은 로(Roe)가 제안한 직업군에 관한 내용 중 옳지 않은 것은?

① 기술직: 상품과 재화의 생산 유지 운송과 관련된 직업을 포함하는 직업군이다.
② 서비스직: 기본적으로 다른 사람의 욕구와 복지에 관련된 직업군이다.
③ 비지니스직(사업직): 상대방을 설득하여 거래를 성사시키는 직업군이다.
④ 일반문화직: 기업이나 단체의 조직과 효율적인 기능에 관련된 직업군이다.

해설 | 기업이나 단체의 조직과 효율적 기능에 관련된 직업군은 단체직이다. 일반문화직은 인류의 활동에 흥미를 가지며, 문화유산의 보존 및 전수에 관련된 직업군이다.

02 상담의 초기면접 단계에서 일반적으로 고려할 사항이 아닌 것은?

① 통찰의 확대
② 목표의 설정
③ 상담의 구조화
④ 문제의 평가

해설 | 통찰의 확대는 상담의 중기단계에 해당한다.

개념 체크 상담의 초기면접 단계에서 고려되는 사항은 상담의 구조화, 상담자와 내담자 간의 상담관계(라포)형성, 내담자의 심리적 문제 파악(심리평가), 상담목표의 설정 등이 있다. 그중 상담자와 내담자 간의 상담관계형성은 상담의 초기면접 단계에서 가장 중요한 사항이다.

03 효과적인 집단상담을 위해 고려해야 할 사항이 아닌 것은?

① 집단발달과정 자체를 촉진시켜 주기 위하여 의도적으로 게임을 활용할 수 있다.
② 매 회기가 끝난 후 각 집단 구성원에게 경험보고서를 쓰게 할 수 있다.
③ 집단 내의 리더십을 확보하기 위해 집단상담자는 반드시 1인이어야 한다.
④ 집단상담 장소는 가능하면 신체활동이 자유로운 크기가 좋다.

해설 | 집단 구성원 10명을 기준으로 상담사 1인을 두되, 구성원이 10명이 넘어 혼자서 관리하기 어려울 때에는 협동상담자를 추가로 둘 수 있다.

04 특성-요인 상담의 목표가 아닌 것은?

① 내담자가 잠재적인 모든 개성을 발달시키는 데 주력한다.
② 내담자가 자기 자신의 가능성을 확인하고 그 가능성을 활용할 수 있게 한다.
③ 내담자가 자신이 필요로 하는 정보를 수집, 분석, 종합할 수 있도록 한다.
④ 내담자가 자신의 문제를 해결하도록 한다.

해설 | 내담자가 잠재적인 모든 개성을 발달시키는 데 주력하는 것은 내담자 중심 상담의 목표이다.

정답 01 ④ 02 ① 03 ③ 04 ①

05 내담자에 대한 상담목표의 특성이 아닌 것은?

① 구체적이어야 한다.
② 내담자가 원하고 바라는 것이어야 한다.
③ 실현 가능해야 한다.
④ 인격성장을 도와야 한다.

해설 | 내담자가 가져야 할 목표의 특성
- 목표는 구체적이어야 한다(내담자가 바라는 구체적이고 긍정적인 변화를 상담목표로 삼는다).
- 목표는 실현 가능해야 한다.
- 목표는 내담자가 원하고 바라는 것이어야 한다.
- 내담자의 목표는 상담자의 기술과 양립 가능해야 한다.

06 다음은 내담자의 무엇을 사정하기 위한 것인가?

> 내담자에게 과거에 했던 선택의 회상, 절정경험, 자유시간, 금전 사용계획 등을 조사하고 존경하는 사람을 쓰게 하는 등의 상담행위

① 내담자의 동기
② 내담자의 생애역할
③ 내담자의 가치
④ 내담자의 흥미

해설 | 자기보고식 가치사정기법은 다음과 같다.
- 체크목록 가치에 순위 매기기
- 과거의 선택 회상하기
- 절정 경험 조사하기
- 자유시간과 금전 사용계획 조사하기
- 백일몽 말하기
- 존경하는 사람 기술하기

07 아들러(Adler)의 개인심리학적 상담의 목표로 옳지 않은 것은?

① 사회적 관심을 갖도록 돕는다.
② 내담자의 잘못된 목표를 수정하도록 돕는다.
③ 패배감을 극복하고 열등감을 감소시킬 수 있도록 돕는다.
④ 전이해석을 통해 중요한 타인과의 관계 패턴을 알아차리도록 돕는다.

해설 | 개인주의 상담의 목표는 내담자의 생활양식을 확인하고 바람직한 방향으로 생활양식을 바꾸도록 하는 것이다.
④는 정신분석이론에 대한 설명이다.

개념 체크 개인주의 상담의 목표
- 사회적 관심을 갖도록 돕는다.
- 패배감을 극복하고 열등감을 감소시킬 수 있도록 돕는다.
- 내담자의 잘못된 가치와 목표를 수정하도록 돕는다.
- 행동수정보다는 동기수정에 초점을 두고 잘못된 동기를 바꾸도록 돕는다.
- 사회의 구성원으로 기여하도록 돕는다.
- 기본목표는 사회적 관심, 즉 잘못된 사회적 가치를 바꾸는 것이다.

08 역할사정에서 상호역할관계를 사정하는 방법이 아닌 것은?

① 질문을 통해 사정하기
② 동그라미로 역할관계 그리기
③ 역할의 위계적 구조 작성하기
④ 생애-계획연습으로 전환시키기

개념 체크 상호역할관계의 사정방법
- 질문을 통해 역할관계 사정하기
- 동그라미로 역할관계 그리기
- 생애-계획연습으로 전환시키기

정답 05 ④ 06 ③ 07 ④ 08 ③

09 다음 중 규준의 범주에 포함될 수 없는 점수는?

① 표준점수 ② Stanine점수
③ 백분위점수 ④ 표집점수

해설 | 해당 문제는 집단 내 규준을 묻는 문제로 집단 내 규준에는 표준점수, 백분위점수, 스테나인(Stanine)점수 등이 있다.

10 Ginzberg의 진로발달단계 중 현실기의 하위단계가 아닌 것은?

① 탐색 ② 구체화
③ 전환 ④ 정교화

해설 | 긴즈버그(Ginzberg)의 진로발달단계 중 현실기의 하위단계는 탐색 단계, 구체화 단계, 정교화 단계이다. 전환 단계는 잠정기의 하위 단계이다.

11 내담자의 인지적 명확성을 위한 직업상담을 바르게 나열한 것은?

① 내담자와의 관계 → 진로와 관련된 개인적 사정 → 직업선택 → 정보통합과 선택
② 직업탐색 → 내담자와의 관계 → 정보통합과 선택 → 직업선택
③ 내담자와의 관계 → 인지적 명확성/동기에 대한 사정 → 예/아니요 → 직업상담/개인상담
④ 직업상담/개인상담 → 내담자와의 관계 → 인지적 명확성/동기에 대한 사정 → 예/아니요

해설 | 내담자의 인지적 명확성 사정을 위한 직업상담은 '내담자와의 관계 → 인지적 명확성/동기에 대한 사정 → 예/아니요 → 직업상담/개인상담' 순으로 이루어진다.

12 다음 상담과정에서 필요한 상담기법은?

> 내담자: 전 의사가 될 거예요. 저희 집안은 모두 의사들이거든요.
> 상담자: 학생은 의사가 될 것으로 확신하고 있네요.
> 내담자: 예, 물론이지요.
> 상담자: 의사가 되지 못한다면 어떻게 되나요?
> 내담자: 한 번도 그런 경우를 생각해 보지 못했습니다. 의사가 안 된다면 내 인생은 매우 끔찍할 것입니다.

① 재구조화 ② 합리적 논박
③ 정보제공 ④ 직면

해설 | 제시된 사례의 내담자는 자신이 의사가 되지 못한다면 자신의 인생이 끔찍해질 것이라는 강박적 사고에 사로잡혀 있다. 이러한 강박적 사고는 비합리적 신념에서 비롯된 것이므로 인지·정서·행동 상담 기법(REBT)의 합리적 논박을 사용해야 한다.

13 진로시간전망을 측정하는 원형검사에서 시간 차원 내 사건의 강도와 확장의 원리를 기초로 수행되는 차원은?

① 방향성 ② 통합성
③ 변별성 ④ 포괄성

해설 | 변별성은 미래를 현실처럼 느끼게 하고 미래계획에 대한 긍정적 태도를 강화시키며 목표설정을 신속하게 하는 데 목표를 둔다. 시간변별은 시간차원 내의 사건의 강화와 확장을 의미한다. 변별된 미래는 개인의 목표설정에 의미 있는 맥락을 제공한다. 내담자는 자신의 공간을 미래 속에서 그려 볼 수 있기 때문에 미래에 대한 불안을 감소시킬 수 있다.

정답 09 ④ 10 ③ 11 ③ 12 ② 13 ③

14 직업상담사의 역할이 아닌 것은?

① 내담자에게 적합한 직업 결정
② 내담자의 능력, 흥미 및 적성의 평가
③ 직무스트레스, 직무 상실 등으로 인한 내담자 지지
④ 내담자의 삶과 직업목표 명료화

해설 | 상담의 목표설정을 비롯한 내담자의 진로결정은 궁극적으로 내담자의 의사를 중심으로 한다. 직업상담사는 설정된 목표를 검토하고 내담자에게 적절한 조언을 할 수는 있으나, 목표의 수용 및 수정, 진로에 대한 결정은 내담자 스스로 내리도록 해야 한다.

15 현실치료적 집단상담의 절차와 가장 거리가 먼 것은?

① 숙련된 질문의 사용
② 유머의 사용
③ 개인적인 성장계획을 위한 자기조력
④ 조작기법의 사용

해설 | 현실치료 집단상담의 절차에서 사용될 수 있는 기법에는 숙련된 질문, 유머, 역설적 방법, 직면 등이 있다.
오답풀이 | ④ 조작기법은 행동주의 이론과 관련이 있다.

16 사회인지적 직업상담이론이 기반이 되는 Bandura의 상호적 결정론의 세 가지 요인이 아닌 것은?

① 개인과 신체적 속성
② 모범이 되는 모델
③ 외부 환경
④ 외형적 행동

해설 | 반두라(Bandura)는 개인 발달의 인과적 모형을 이루는 세 가지 요인을 개인과 신체적 속성, 외부환경, 외형적 행동으로 보고 이를 3축 호혜성이라 하였다. 반두라의 상호적 결정론이란 이 세 가지 요인이 서로 영향을 주며 상호작용한다는 것을 뜻한다.
오답풀이 | ② 모범이 되는 모델은 상호적 결정론의 요인에 해당하지 않는다.

17 내담자가 수집한 직업목록의 내용이 실현 불가능할 때, 상담사의 개입 방안으로 옳지 않은 것은?

① 브레인스토밍 과정을 통해 내담자의 부적절한 직업목록 내용을 명확히 한다.
② 최종 의사결정은 내담자가 해야 함을 확실히 한다.
③ 내담자가 그 직업들을 시도해 본 후 어려움을 겪게 되면 개입한다.
④ 객관적인 증거나 논리로 추출한 것에 대해서 대화해야 한다.

해설 | 내담자의 직업대안들이 실현 불가능한 것으로 여겨질 경우, 상담사는 내담자가 그와 같은 직업들에 정서적 열정을 소모하기 전에 신속히 개입하는 것이 바람직하다.

18 생애주기에 관한 연구결과들의 시사점과 가장 거리가 먼 것은?

① 모든 연령수준별로 일에 대한 이해, 일을 수행하기 위한 훈련과 자격, 원하는 직업을 얻는 방법, 생활과 직업의 관계를 인식해야 한다.
② 10대에게는 직업에 필요한 적당한 기술과 훈련이 필요하다.
③ 한번 얻은 직업정보는 시간과 상황에 관계없이 계속 유지되어야 한다.
④ 여성과 노인들을 위한 취업정보체계가 필요하다.

해설 | 직업정보는 시간과 상황에 따라 적절하게 유지 및 변화되어야 하며, 최신의 정보를 영하여야 한다.

정답 14 ① 15 ④ 16 ② 17 ③ 18 ③

19. 스트롱-캠벨 흥미검사(SVIB-SCII)에 관한 설명으로 옳지 않은 것은?

① 직업전환에 관심이 있는 사람들에게 활용될 수 있다.
② 207개 직업별 흥미척도가 제시된다.
③ 반응 관련 자료 및 특수척도 점수 등과 같은 자료가 제공된다.
④ 사회 경제구조와 직업형태에 적합한 18개 영역의 직업흥미를 분류하여 구성하였다.

해설 | 스트롱-캠벨 흥미검사는 근본적으로 홀랜드 이론을 바탕으로 두고 있음으로 일반직업분류에서 6가지 영역의 직업흥미를 분류하고 있다.

20. Holland의 흥미이론에서 개인의 흥미 유형과 개인이 몸담고 있거나 소속되고자 하는 환경의 유형이 서로 부합되는 정도는?

① 일치성(concurrence)
② 일관성(consistency)
③ 변별성(discrimination)
④ 정체성(identity)

해설 | 홀랜드(Holland)의 흥미이론에서 개인의 흥미유형과 개인이 몸담고 있거나 소속되고자 하는 환경의 유형이 서로 부합되는 정도를 의미하는 것은 일치성이다. 즉, 일치성은 개인의 선호가 현재 일하고 있는 환경과 일치하는 정도를 말한다.

제2과목 직업상담 및 취업지원

21. 왜곡된 사고체계나 신념체계를 가진 내담자에게 실시하면 효과적인 상담기법은?

① 내담자중심 상담
② 정신분석
③ 인지치료
④ 행동요법

해설 | 인지치료는 자신과 세계에 관한 개인의 사고과정에서 나타나는 인지적 오류와 왜곡을 문제의 핵심으로 간주한다. 역기능적 신념이 행동에 미치는 영향력을 강조하며, 이를 수정하여 내담자의 정서나 행동을 변화시키는 데 역점을 둔다.

22. 성공적인 상담결과를 위한 상담목표의 특징으로 옳지 않은 것은?

① 변화될 수 없으며 구체적이어야 한다.
② 실현 가능해야 한다.
③ 내담자가 원하고 바라는 것이어야 한다.
④ 상담자의 기술과 양립 가능해야만 한다.

해설 | 내담자가 가져야 할 목표의 특성
- 목표는 구체적이어야 한다(내담자가 바라는 구체적이고 긍정적인 변화를 상담목표로 삼는다).
- 목표는 실현 가능해야 한다.
- 목표는 내담자가 원하고 바라는 것이어야 한다.
- 내담자의 목표는 상담자의 기술과 양립 가능해야 한다.

정답 19 ④ 20 ① 21 ③ 22 ①

23 셀리에(Selye)의 스트레스에서의 일반적응 증후군에 관한 설명으로 옳지 않은 것은?

① 스트레스의 결과가 신체 부위에 영향을 준다는 뜻에서 일반적이라 명명했다.
② 스트레스의 원인으로부터 신체가 대처하도록 한다는 의미에서 적응이라 명명했다.
③ 경계단계는 정신적 혹은 육체적 위험에 노출되었을 때 즉각적인 반응을 보이는 단계이다.
④ 탈진단계에서 심장병을 잘 유발하는 성격의 B유형은 흥분을 가라앉히지 않는다.

해설 | 탈진단계에서 심장병을 잘 유발하는 성격의 A유형은 스트레스 상황에서 좀처럼 흥분을 가라앉히지 않는다. 반면, B유형은 같은 상황에서 차분한 모습을 보인다.

24 Williamson의 특성-요인 진로상담 과정을 바르게 나열한 것은?

ㄱ. 진단단계	ㄴ. 분석단계
ㄷ. 예측단계	ㄹ. 종합단계
ㅁ. 상담단계	ㅂ. 추수지도단계

① ㄱ → ㄴ → ㄷ → ㄹ → ㅂ → ㅁ
② ㄱ → ㄷ → ㄴ → ㄹ → ㅁ → ㅂ
③ ㄴ → ㄱ → ㄹ → ㄷ → ㅂ → ㅁ
④ ㄴ → ㄹ → ㄱ → ㄷ → ㅁ → ㅂ

해설 | 윌리암슨(Williamson)의 특성-요인 상담과정은 분석 → 종합 → 진단 → 예후 → 상담 → 추수단계 순으로 진행된다.

25 직무 및 일반 스트레스에 관한 설명으로 옳지 않은 것은?

① 17-OHCS라는 당류부신피질 호르몬은 스트레스의 생리적 지표로서 매우 중요하게 사용된다.
② A성격 유형이 B성격 유형보다 더 높은 스트레스 수준을 유지한다.
③ Yerkes와 Dodson의 역U자형 가설은 스트레스 수준이 적당하면 작업능률도 최대가 된다고 한다.
④ 일반적응증후군(GAS)에 따르면 저항단계, 경고단계, 탈진단계를 거치면서 사람에게 나쁜 결과를 가져다준다.

해설 | 셀리에(Selye)가 제시한 스트레스에 의한 일반적응증후군(GAS)의 3단계는 '경고단계 → 저항단계 → 탈진단계(소진단계)' 순으로 전개된다.

26 인간의 진로발달단계를 성장기, 탐색기, 확립기, 유지기, 쇠퇴기로 나누고 각 단계의 특징을 설명한 학자는?

① 긴즈버그(Ginzberg)
② 에릭슨(Ericson)
③ 수퍼(Super)
④ 고트프레드슨(Gottfredson)

해설 | 수퍼(Super)는 인간의 직업적 특성, 선호 및 자아개념이 계속적인 선택적 적응의 과정을 통해 발달한다고 보았다. 이 과정은 일련의 생애단계로서 성장기, 탐색기, 확립기, 유지기, 쇠퇴기로 구분할 수 있다.

정답 23 ④ 24 ④ 25 ④ 26 ③

27 직업적응 이론과 관련하여 개발된 검사도구가 아닌 것은?

① MIQ(Minnesota Importance Questionnaire)
② JDQ(Job Description Questionnaire)
③ MSQ(Minnesota Satisfaction Questionnaire)
④ CMI(Career Maturity Inventory)

해설 | 직업적응이론 검사도구의 하위척도에는 MIQ, JDQ, MSQ가 있다.
④ CMI(Career Maturity Inventory)는 크릿츠(Crites)가 개발한 진로성숙도검사이다.

28 직업에 관련된 흥미를 측정하는 직업흥미검사가 아닌 것은?

① Strong Interest Inventory
② Vocational Preference Inventory
③ Kuder Interest Inventory
④ California Psychological Inventory

해설 | CPI(California Psychological Inventory)는 성격검사의 일종이다. MMPI 검사가 임상장면에서 정신병리를 가진 이상행동을 평가하기 위해 고안되었다면, CPI는 보통 사람들의 행동을 설명하기 위해 고안되어 일반인을 위한 MMPI라고 불리기도 한다.

29 스트레스의 예방 및 대처방안으로 틀린 것은?

① 가치관을 전환시켜야 한다.
② 과정중심적 사고방식에서 목표지향적 초고속심리로 전환해야 한다.
③ 균형 있는 생활을 해야 한다.
④ 취미·오락을 통해 생활 장면을 전환하는 활동을 규칙적으로 해야 한다.

해설 | 목표지향적 초고속 사고에서 과정중심적 사고방식으로 전환해야 한다.

개념 체크 스트레스 대처 전략
- 가치관을 전환시켜야 한다.
- 목표지향적 사고방식에서 과정지향적 사고방식으로 전환해야 한다.
- 스트레스에 정면으로 도전해야 한다.
- 균형 있는 생활을 해야 한다.
- 가슴속 한을 털어내야 한다.
- 취미·오락을 통해 생활장면을 전환하는 활동을 규칙적으로 해야 한다.
- 자신에게 적합한 운동으로 스트레스를 해소한다.

30 점수유형 중 그 의미가 모든 사람에게 단순하고 직접적이며, 한 집단 내에서 개인의 상대적인 위치를 살펴보는 데 적합한 것은?

① 원점수
② T점수
③ 표준점수
④ 백분위점수

해설 | 백분위 점수는 개인이 표준화된 집단에서 차지하는 상대적 위치를 가리키는 것으로, 개인의 점수에 대해 100개의 동일한 구간에서 순위를 정하는 것이다. 이는 점수유형 중 그 의미가 모든 사람에게 단순하고 직접적이며, 한 집단 내에서 개인의 상대적인 위치를 살펴보는 데 적합하다.

정답 27 ④ 28 ④ 29 ② 30 ④

31 직업상담 과정의 구조화단계에서 상담자의 역할에 관한 설명으로 옳은 것은?

① 내담자에게 상담자의 자질, 역할, 책임에 대해서 미리 알려줄 필요가 없다.
② 내담자에게 검사나 과제를 잘 이행할 것을 기대하고 있다는 것을 분명히 밝힌다.
③ 상담 중에 얻은 내담자에 대한 비밀을 지키는 것은 당연하므로 사전에 이것을 밝혀두는 것은 오히려 내담자를 불안하게 만든다.
④ 상담과정은 예측할 수 없으므로 상담 장소, 시간, 상담의 지속 등에 대해서 미리 합의해서는 안된다.

해설 | 상담의 구조화는 상담자와 내담자가 상담목표를 성취하기 위해 상담의 기본성격, 상담자 및 내담자의 역할한계, 바람직한 태도 등을 설명하고 인식시켜 주는 작업이다.
즉, 상담자 및 내담자의 역할과 책임에 대해 미리 알려주며, 비밀은 지켜진다는 것을 미리 알려주어 불안을 제거하고 상담장소, 시간 비용 등에 대해 미리 설명해 준다.

32 직업상담을 위한 면담에 대한 설명으로 옳은 것은?

① 내담자의 모든 행동은 이유와 목적이 있음을 분명하게 인지한다.
② 상담과정의 원만한 전개를 위해 내담자에게 태도변화를 요구한다.
③ 침묵에 빠지지 않도록 상담자는 항상 먼저 이야기를 해야 한다.
④ 초기면담에서 내담자에 대한 기준을 부여한다.

오답풀이 | ② 내담자에게 태도변화를 요구하는 것은 극도로 신중해야 한다. 즉 상담과정의 전개를 위해 요구해서는 안된다.
③ 상담자가 항상 먼저 이야기를 할 필요는 없으며, 내담자 침묵에 주목하여야 한다.
④ 초기면담에서는 관계형성과 상담의 구조화가 필요하다.

33 정신역동적 집단상담의 장점이 아닌 것은?

① 자신의 방어와 저항에 대해 좀 더 극적인 통찰을 얻을 수 있다.
② 다른 집단원이나 상담자에게 전이감정을 느끼며 훈습 할 기회가 많아 자기이해를 증진할 수 있다.
③ 다른 집단원의 작업을 관찰함으로써 자신이 의식하지 못했던 감정을 가지고 있음을 이해하게 된다.
④ 집단상담자의 분석은 상담자와 집단원의 독점적 관계에서 전이적 소망을 충족시켜 주므로 치료를 촉진시킨다.

해설 | 집단상담에서 상담자와 집단원의 관계는 독점적인 관계가 아니므로 집단상담에서는 특정 개인의 문제가 충분히 다루어지지 않을 가능성이 많다.

34 내담자 중심 직업상담에서 상담자가 지녀야 할 태도 중 내담자로 하여금 개방적 자기탐색을 촉진하여 그가 지금-여기에서 경험하는 감정을 자각하도록 하는 요인은?

① 일치성 ② 일관성
③ 공감적 이해 ④ 무조건적 수용

해설 | 일치성 또는 진실성은 내담자와의 관계에서 상담자의 감정이나 생각을 있는 그대로 인정하고 일치화시키되, 있는 그대로 솔직하게 표현하는 것을 말한다.
상담자의 내면적인 경험과 내담자 경험에 대한 인식, 인식된 경험의 표현 등이 일치해야 한다는 것으로 상담자는 내담자와의 상담관계에 있어 진실해야 한다는 것이다.
상담자의 이러한 태도는 내담자로 하여금 개방적인 자기탐색을 촉진하여 그가 지금-여기에서 경험하는 감정을 지각하도록 하는 요인이다.

정답 31 ② 32 ① 33 ④ 34 ①

35 직업상담의 기법 중 비지시적 상담 규칙과 가장 거리가 먼 것은?

① 상담자는 내담자와 논쟁해서는 안 된다.
② 상담사는 내담자에게 질문 또는 이야기를 해서는 안 된다.
③ 상담사는 내담자에게 어떤 종류의 권위도 과시해서는 안 된다.
④ 상담사는 인내심을 가지고 우호적으로, 그러나 지적으로는 비판적인 태도로 내담자의 말을 경청해야 한다.

해설 | 비지시적 상담에서 상담사는 특수한 경우에 한해 내담자에게 질문 또는 이야기를 할 수 있다.

36 직업상담에서 내담자의 저항을 다루는 방법과 가장 거리가 먼 것은?

① 내담자와의 상담관계를 재점검한다.
② 긴장이완법을 사용한다.
③ 내담자가 위협을 느끼지 않도록 한다.
④ 내담자의 고통을 공감해준다.

해설 | 긴장이완법은 불안을 감소시키는 방법으로 행동주의 상담의 기법에 해당한다.

37 인지·정서·행동치료(REBT)의 상담기법 중 정서기법에 해당하지 않는 것은?

① 역할연기   ② 수치공격 연습
③ 자기관리   ④ 무조건적 수용

해설 | 인지·정서·행동치료(REBT)의 상담기법 중 정서적 기법으로는 무조건적 수용, 합리적-정서적 이미지, 역할놀이, 수치(부끄러움)공격 연습 등이 있다. 자기관리는 행동적 기법에 속한다.

38 실존주의 상담에 관한 설명으로 틀린 것은?

① 정형화된 상담 모형과 상담자 훈련 프로그램이 마련되어 있지 않은 것이 한계점이다.
② 인간을 자기인식 능력을 지닌 존재로 본다.
③ 상담자는 내담자가 스스로 삶의 의미와 목적을 발견하고, 삶을 주체적으로 선택하고 책임지도록 돕는 것을 목표로 한다.
④ 실존주의 상담에서 가정하는 인간의 궁극적 관심사는 무의식의 자각이다.

해설 | 실존주의 상담에서 가정하는 인간의 궁극적 관심사는 무의미성이다. 무의식적 자각은 정신분석이론에 해당하는 개념이다.

39 내담자의 세계를 상담자 자신의 세계인 것처럼 경험하지만 객관적인 위치에서 벗어나지 않는 상담대화의 기법은?

① 수용   ② 전이
③ 공감   ④ 동정

해설 | 공감이란 상담자가 자신이 직접 경험하지 않고도 내담자의 감정을 거의 같은 수준으로 이해하는 능력을 말하는 것으로 상담자는 내담자의 세계를 상담자 자신의 세계인 것처럼 경험하지만 객관적인 위치에서 벗어나지 말아야 한다.

정답 35 ② 36 ② 37 ③ 38 ④ 39 ③

40 레빈슨(Levenson)이 제시한 직업상담사의 반윤리적 행동에 해당하는 것은?

① 상담자의 능력 내에서 내담자의 문제를 다룬다.
② 내담자에게 부당한 광고를 하지 않는다.
③ 적절한 상담비용을 청구한다.
④ 직업상담사에 대한 내담자의 의존성을 최대화한다.

해설 | 내담자에게 상담자의 의존성 심기는 삼가해야 한다. 즉 내담자 스스로 합리적이고 최종적인 의사결정에 이를 수 있어야 한다.

오답풀이 | ①, ②, ③은 직업상담사의 윤리적 행동에 해당한다.

제3과목 직업정보

41 다음의 주요 업무를 수행하는 사업주 직업능력개발훈련기관은?

- 훈련과정 인정
- 실시신고 접수 및 수료자 확정
- 비용신청서 접수 및 지원
- 훈련과정 모니터링

① 전국고용센터
② 한국고용정보원
③ 근로복지공단
④ 한국산업인력공단

해설 | 훈련과정 인정, 실시신고 접수 및 수료자 확정 등의 업무는 한국산업인력공단(www.hrdkorea.or.kr)의 주요 업무이다.

오답풀이 | ① 전국고용센터의 업무는 HRD-Net 사용인증, 지정훈련시설 인·지정, HRD-Net 회원가입 승인, 훈련과정 지도·점검, 행정처분, 부정수급액 반환·징수 등이다.
② 한국고용정보원(keis.or.kr)은 HRD-Net 시스템 운영 및 관리를 수행하고, 근로복지공단(kcomwel.or.kr)은 기업규모 결정(대규모기업, 우선지원대상기업 등), 보험료 부과·징수는 국민건강보험공단 등의 업무를 수행한다.

42 민간직업정보와 비교한 공공직업정보의 특성에 관한 설명과 가장 거리가 먼 것은?

① 필요한 시기에 최대한 활용되도록 한시적으로 신속하게 생산 및 운영된다.
② 광범위한 이용가능성에 따라 공공직업정보체계에 대한 직접적이며 객관적인 평가가 가능하다.
③ 특정 분야 및 대상에 국한되지 않고 전체 산업 및 업종에 걸친 직종 등을 대상으로 한다.
④ 직업별로 특정한 정보만을 강조하지 않고 보편적인 항목으로 이루어진 기초적인 직업정보체계로 구성되어 있다.

해설 | 필요한 시기에 최대한 활용되도록 한시적으로 신속하게 생산 및 운영되는 것은 민간직업정보의 특징이다.

43 한국표준직업분류(제7차)상 특정 직종의 분류요령에 대한 설명으로 틀린 것은?

① 행정 관리 및 입법기능을 수행하는 자는 '대분류 1 관리자'에 분류된다.
② 자영업주 및 고용주는 수행되는 일의 형태나 직무내용에 따라 정의된 개념이다.
③ 연구 및 개발업무 종사자는 '대분류 2 전문가 및 관련 종사자'에서 그 전문분야에 따라 분류된다.
④ 군인은 별도로 '분류 A 군인'에 분류된다.

해설 | 자영업주 및 고용주는 수행되는 일의 형태에 따른 구분이 아니라 고용상태에 따라 구분된 개념이다.

정답 40 ④ 41 ④ 42 ① 43 ②

44 다음은 고용24에서 제공하는 성인을 위한 직업적응검사 중 무엇에 관한 설명인가?

- 개발년도: 2013년
- 실시시간: 20분
- 측정내용: 문제해결능력 등 12개 요인
- 실시방법: 인터넷/지필

① 구직준비도검사
② 직업전환검사
③ 중장년 직업역량검사
④ 창업적성검사

해설 | 제시된 내용은 고용24에서 제공하는 성인을 위한 직업적응검사 중 창업적성검사에 대한 설명이다.

개념 체크 고용24 직업심리검사 중 성인을 위한 직업적응검사는 구직준비도검사, 창업적성검사, 직업전환검사, 이주민 취업준비도검사 및 중장년 직업역량검사 등 5개 검사로 구성되어 있다.
그중 창업적성검사는 사업지향성, 문제해결, 효율적 처리, 주도성, 자신감, 목표설정, 설득력, 대인관계, 자기개발노력, 책임감수, 업무완결성 및 성실성 등 12개 요인을 측정한다.

45 직업정보의 가공에 대한 설명 중 틀린 것은?

① 정보를 공유하는 방법을 강구하는 단계이다.
② 정보의 생명력을 측정하여 활용방법을 선정하고 이용자에게 동기를 부여할 수 있도록 구상한다.
③ 정보를 제공하는 것은 긍정적인 입장에서 출발하여야 한다.
④ 시각적 효과를 부가한다.

해설 | 직업정보의 가공에서는 중립적인 입장에서 직업에 대한 장·단점을 편견 없이 제공해야 한다.

46 고용24에서 제공하는 학과정보 중 자연계열의 "생명과학과"와 관련이 없는 학과는?

① 의생명과학과
② 해양생명과학과
③ 분자생물학과
④ 바이오산업공학과

해설 | 해양생명과학과는 자연계열의 "수산학과"의 관련학과이다. 고용24 학과정보 중 자연계열의 "생명과학과"와 관련학과는 생명공학과, 의생명과학과, 의생명공학과, 미생물학과, 분자생물학과, 분자생명과학과, 유전공학과, 생물학과, 분자생물학과, 생명시스템학과, 바이오산업공학과 등이다.

47 다음의 국가기술자격 검정기준은 어느 자격등급에 해당하는가?

응시하고자 하는 종목에 관한 최상급 숙련기능을 가지고 산업현장에서 작업관리, 소속 기능인력의 지도 및 감독, 현장훈련, 경영계층과 생산계층을 유기적으로 연계시켜 주는 현장관리 등의 업무를 수행할 수 있는 능력 보유

① 기술사   ② 기능장
③ 기사   ④ 산업기사

해설 | 응시하고자 하는 종목에 관한 최상급 숙련기능을 가지고 현장관리 등의 업무를 수행할 수 있는 능력의 유무는 기능장의 검정기준이다.

개념 체크 국가기술자격의 등급
- 기술사: 고도의 전문지식과 실무경험에 입각한 기술업무의 수행능력
- 기능장: 최상급 숙련기능을 가지고 현장관리 업무의 수행능력
- 기사: 공학적 기술이론 지식
- 산업기사: 기술기초이론지식 또는 숙련기능
- 기능사: 숙련기능

정답 44 ④   45 ③   46 ②   47 ②

48 한국표준산업분류(제10차)의 적용원칙으로 틀린 것은?

① 생산단위는 산출물뿐만 아니라 투입물과 생산공정 등을 함께 고려하여 그들의 활동을 가장 정확하게 설명된 항목으로 분류해야 한다.
② 산업활동이 결합되어 있는 경우에는 그 활동단위의 주된 활동에 따라서 분류해야 한다.
③ 복합적인 활동단위는 우선적으로 세세분류를 정확히 결정하고, 순차적으로 세·소·중·대분류 단계 항목을 결정하여야 한다.
④ 공식적 생산물과 비공식적 생산물, 합법적 생산물과 불법적인 생산물을 달리 분류하지 않는다.

해설 | 복합적인 활동단위는 우선적으로 최상급 분류단계(대분류)를 정확히 결정하고, 순차적으로 중, 소, 세, 세세분류 단계 항목을 결정하여야 한다.

49 직업정보의 처리단계를 옳게 나열한 것은?

① 수집 – 분석 – 가공 – 체계화 – 제공 – 평가
② 수집 – 제공 – 분석 – 가공 – 평가 – 체계화
③ 수집 – 분석 – 평가 – 가공 – 제공 – 체계화
④ 수집 – 분석 – 체계화 – 제공 – 가공 – 평가

해설 | 직업정보 시스템의 정보관리는 수집 → 분석 → 가공 → 체계화 → 제공 → 축적 → 평가의 순서로 이루어진다.

50 국민내일배움카드 제도를 지원받을 수 있는 자는?

① 만 65세인 사람
② 「사립학교교직원 연금법」을 적용받고 현재 재직 중인 사람
③ 「군인연금법」을 적용받고 현재 재직 중인 사람
④ 지방자치단체로부터 훈련비를 지원받는 훈련에 참여하는 사람

해설 | 만 75세 이상인 사람은 국민내일배움카드 운영규정에 따른 훈련비 등을 지원하지 아니한다. 따라서 만 65세인 사람은 지원대상에 해당한다.

51 국가직무능력표준(NCS)에 관한 설명으로 틀린 것은?

① 산업현장에서 직무를 수행하기 위해 요구되는 지식·기술·태도 등의 내용을 국가가 체계화한 것이다.
② 한국고용직업분류를 중심으로 분류하였으며, 대분류 → 중분류 → 소분류 → 세분류 순으로 구성되어 있다.
③ 능력단위는 NCS 분류의 하위 단위로서 능력단위요소, 수행준거 등으로 구성되어 있다.
④ 직무는 NCS 분류의 중분류를 의미하고, 원칙상 중분류 단위에서 표준이 개발된다.

해설 | 직무는 국가직무능력표준(NCS) 분류체계의 세분류를 의미하고, 원칙상 세분류 단위에서 표준이 개발된다.

52 국가기술자격 중 한국산업인력공단에서 시행하지 않는 것은?

① 3D프린터개발산업기사
② 빅데이터분석기사
③ 로봇기구개발기사
④ 반도체설계산업기사

해설 | 빅데이터분석기사 자격은 한국데이터산업진흥원이 시행한다.

개념 체크 빅데이터분석기사는 대용량의 데이터 집합으로부터 유용한 정보를 찾고 결과를 예측하기 위해 목적에 따라 분석기술과 방법론을 기반으로 정형·비정형 대용량 데이터를 구축, 탐색, 분석하고 시각화를 수행하는 업무를 수행한다.

정답 48 ③ 49 ① 50 ① 51 ④ 52 ②

53 다음은 한국직업사전(2020) 부가직업정보의 작업 강도 중 무엇에 관한 설명인가?

> 최고 20kg의 물건을 들어올리고 10kg 정도의 물건을 빈번히 들어올리거나 운반한다.

① 가벼운 작업
② 보통 작업
③ 힘든 작업
④ 아주 힘든 작업

해설 | 최고 20kg의 물건을 들어올리고 10kg 정도의 물건을 빈번히 들어올리거나 운반하는 것은 보통 작업이다.

개념 체크 한국직업사전(2020)의 「부가작업정보」 중 작업 강도는 해당 직업의 직무를 수행하는 데 필요한 육체적 힘의 강도를 나타낸 것으로 5단계로 분류한다.
- 아주 가벼운 작업: 최고 4kg의 물건을 들어올리고, 때때로 장부, 대장, 소도구 등을 들어올리거나 운반한다.
- 가벼운 작업: 최고 8kg의 물건을 들어올리고, 4kg 정도의 물건을 빈번히 들어올리거나 운반한다.
- 보통 작업: 최고 20kg의 물건을 들어올리고, 10kg 정도의 물건을 빈번히 들어올리거나 운반한다.
- 힘든 작업: 최고 40kg의 물건을 들어올리고, 20kg 정도의 물건을 빈번히 들어올리거나 운반한다.
- 아주 힘든 작업: 40kg 이상의 물건을 들어올리고, 20kg 이상의 물건을 빈번히 들어올리거나 운반한다.

54 질문지를 활용한 면접조사를 통해 직업정보를 수집할 때, 면접자가 지켜야 할 일반적 원칙으로 틀린 것은?

① 질문지를 숙지하고 있어야 한다.
② 응답자와 친숙한 분위기를 형성해야 한다.
③ 개방형 질문인 경우에는 응답내용을 해석하고 요약하여 기록해야 한다.
④ 면접자는 응답자가 이질감을 느끼지 않도록 복장이나 언어 사용에 유의해야 한다.

해설 | 개방형 질문(open-ended questions)인 경우에는 응답내용을 그대로 기록한 후 차후에 전문가들에 의해 해석되어야 한다.

55 한국표준직업분류(제7차)에서 직업으로 보지 않는 활동을 모두 고른 것은?

> ㄱ. 이자, 주식배당 등과 같은 자산 수입이 있는 경우
> ㄴ. 예·적금 인출, 보험금 수취, 차용 또는 토지나 금융자산을 매각하여 수입이 있는 경우
> ㄷ. 사회복지시설 수용자의 시설 내 경제활동
> ㄹ. 수형자의 활동과 같이 법률에 의한 강제노동을 하는 경우

① ㄱ, ㄷ
② ㄱ, ㄹ
③ ㄱ, ㄴ, ㄷ
④ ㄱ, ㄴ, ㄷ, ㄹ

해설 | 제시된 내용 모두 한국표준직업분류에서 직업으로 보지 않는 활동이다. 직업은 일의 계속성, 경제성, 사회성과 윤리성, 속박된 상태에서의 활동이 아닐 것 등의 조건이 갖추어져야 한다.

개념 체크 한국표준직업분류(제7차)에서 직업으로 보지 않는 활동(10가지)
- 이자, 주식배당, 임대료(전세금, 월세금) 등과 같은 자산 수입이 있는 경우
- 연금법, 국민기초생활보장법, 국민연금법 및 고용보험법 등의 사회보장이나 민간보험에 의한 수입이 있는 경우
- 경마, 경륜, 경정, 복권 등에 의한 배당금이나 주식투자에 의한 시세차익이 있는 경우
- 예·적금 인출, 보험금 수취, 차용 또는 토지나 금융자산을 매각하여 수입이 있는 경우
- 자기 집의 가사활동에 전념하는 경우
- 교육기관에 재학하며 학습에만 전념하는 경우
- 시민봉사활동 등에 의한 무급 봉사적인 일에 종사하는 경우
- 사회복지시설 수용자의 시설 내 경제활동
- 수형자의 활동과 같이 법률에 의한 강제노동을 하는 경우
- 도박, 강도, 절도, 사기, 매춘, 밀수와 같은 불법적인 활동

정답 53 ② 54 ③ 55 ④

56 제10차 한국표준산업분류의 대분류 중 제조업 정의에 관한 설명으로 틀린 것은?

① 원재료(물질 또는 구성요소)에 물리적, 화학적 작용을 가하여 투입된 원재료를 성질이 다른 새로운 제품으로 전환시키는 산업활동이다.
② 단순히 상품을 선별·정리·분할·포장·재포장하는 경우 등과 같이 그 상품의 본질적 성질을 변화시키지 않는 처리활동은 제조활동으로 보지 않는다.
③ 제조활동은 공장이나 가내에서 동력기계 및 수공으로 이루어질 수 있으며, 생산된 제품은 도매나 소매 형태로 판매될 수도 있다.
④ 자본재(고정자본 형성)로 사용되는 산업용 기계와 장비를 전문적으로 수리하는 경우는 수리업으로 분류한다.

해설 | 자본재(고정자본 형성)로 사용되는 산업용 기계와 장비를 전문적으로 수리하는 경우도 제조업으로 분류한다. 단, 컴퓨터 및 주변기기, 개인 및 가정용품 등과 자동차를 수리하는 경우는 수리업(95)으로 분류한다.

57 '4차 산업혁명에 따른 새로운 직업'에 대한 국내 일간지의 사설을 내용분석하기 위해 가능한 표본추출방법을 모두 고른 것은?

ㄱ. 무작위표본추출
ㄴ. 층화표본추출
ㄷ. 체계적표본추출
ㄹ. 군집(집락)표본추출

① ㄱ, ㄴ   ② ㄱ, ㄷ
③ ㄴ, ㄷ, ㄹ   ④ ㄱ, ㄴ, ㄷ, ㄹ

해설 | 국내 일간지의 사설을 내용분석하는 경우 분석하려는 목적과 내용에 따라 그에 적합한 표본추출방법을 모두 활용할 수 있다.
내용분석법(content analysis)은 문헌연구법의 일종으로 인간이 남긴 모든 형태의 이용 가능한 자료의 성질 및 대상인물의 성질을 탐구함으로써 전체 상황에 관한 통찰을 하여 어떤 가설을 설정하고, 그 가설을 검증할 수도 있도록 하기 위해 개발된 방법이다.

58 한국직업사전의 직무기능 자료(data) 항목 중 무엇에 관한 설명인가?

• 데이터의 분석에 기초하여 시간, 장소, 작업순서, 활동 등을 결정한다.
• 결정을 실행하거나 상황을 보고한다.

① 종합   ② 조정
③ 계산   ④ 수집

해설 | 데이터의 분석에 기초하여 시간, 장소, 작업순서, 활동 등을 결정하고, 결정을 실행하거나 상황을 보고하는 것은 자료(data)와 관련된 기능 중 조정(coordinating)에 해당한다.

59 직업선택 결정모형을 기술적 직업결정모형과 처방적 직업결정모형으로 분류할 때 기술적 직업결정모형에 해당하지 않는 것은?

① 브룸(Vroom)의 모형
② 플레처(Fletcher)의 모형
③ 겔라트(Gclatt)의 모형
④ 타이드만과 오하라(Tiedeman & O'Hara)의 모형

해설 | 직업선택 결정모형은 기술적 결정모형과 처방적 결정모형으로 분류된다. 이 중 기술적 직업결정모형으로는 타이드만과 오하라(Tiedeman & O'hara)의 모형, 힐튼(Hilton)의 모형, 브룸(Vroom)의 모형, 플레처(Fletcher)의 모형 및 수(Hsu)의 모형이 있다.
그리고 처방적 결정모형으로는 카츠(Katz)의 모형과 칼도와 쥐토우스키(Kaldor & Zytowski)의 모형 및 겔라트(Gelatt)의 모형 등이 있다.

정답 | 56 ④ 57 ④ 58 ② 59 ③

60 국민취업지원제도는 참여자의 소득과 재산 등에 따라 I유형과 II유형으로 구분하여 지원을 달리하고 있다. 다음 중 이에 대한 설명으로 틀린 것은?

① I유형에 속하는 대상자에게는 구직촉진수당과 취업지원서비스를 제공한다.
② I유형에 해당하지 않는 특정계층, 청년, 중장년 등은 II유형으로, 취업활동비용과 취업지원서비스를 제공한다.
③ 상급학교 진학 및 전문자격증 취득을 목적으로 각종 학교에 재학 또는 학원 등에서 수강 중인 사람은 I유형에 참여할 수 있다.
④ 국민취업지원제도 참여자는 1년간 취업지원서비스를 받을 수 있으며, 참여자가 희망하는 경우 6개월 범위 내에서 기간을 연장할 수 있다.

해설 | 상급학교 진학 및 전문자격증 취득을 목적으로 각종 학교에 재학 또는 학원 등에서 수강 중인 사람은 I유형에 참여할 수 없다.
I유형은 가구단위 중위소득이 60% 이하이고 재산 4억 원(18~34세 청년은 5억 원) 이하이면서, 최근 2년 안에 100일 또는 800시간 이상의 취업경험이 있는 사람을 중심으로 한다.
고용노동부 한국고용정보원은 2021년부터 저소득 구직자, 청년 신규실업자, 경력단절여성 등 취업취약계층을 대상으로 취업지원서비스와 생계지원을 함께 제공하는 '한국형 실업부조' 제도로 국민취업지원제도를 운영하고 있다.

제4과목　노동시장

61 A국가의 경제활동참가율은 50%이고, 생산가능인구와 취업자가 각각 100만 명, 40만 명이라고 할 때, 이 국가의 실업률은?

① 5%　② 10%
③ 15%　④ 20%

해설 | 경제활동참가율 = $\frac{경제활동인구}{생산가능인구}$ = $\frac{경제활동인구}{100만 명}$ = 50%
이므로 경제활동인구는 50만명이다.
실업자 = 경제활동인구 − 취업자 = 50만 명 − 40만 명 = 10만 명이다. 따라서
실업률 = $\frac{실업자}{경제활동인구}$ = $\frac{10만 명}{50만 명}$ = 20%이다.

62 만일 여가가 열등재라면 개인의 노동공급곡선의 형태는?

① 후방굴절한다.
② 완전비탄력적이다.
③ 완전탄력적이다.
④ 우상향한다.

해설 | 열등재(inferior goods)는 소득이 증가할 때 수요가 감소하는 재화를 말한다. 여가가 열등재라면 임금상승으로 소득수준이 높아져도 여가의 수요는 감소한다. 임금상승에 따른 여가의 수요 감소는 노동공급량의 증가를 의미하므로 노동의 공급곡선은 우상향한다.

63 노동 수요측면에서 비정규직 증가의 원인과 가장 거리가 먼 것은?

① 세계화에 따른 기업 간 경쟁 환경의 변화
② 정규직 근로자 해고의 어려움
③ 고학력 취업자의 증가
④ 정규노동자 고용비용의 증가

해설 | 비정규직 고용은 임시직 고용, 시간제 고용 등을 포함하는데, 주로 저학력 취업자에게 적용된다.
기업이 비정규직 고용을 선호하는 이유는 인건비 절감, 고용조정 유연성의 제고, 노동조합의 약화 등이 있다.

개념 체크　비정규직 고용의 증가 이유
내부노동시장 제도에서는 경기상황에 따른 기업의 고용 조정이 어려워지고 이로 인해 임금은 고정비용(fixed cost)의 성격을 띠게 된다. 오늘날처럼 세계화로 인해 기업 간 경쟁이 심화되는 상황에서 기업이 고용조정 능력을 갖지 못하게 되면 기업은 생존이 어려워진다. 이러한 상황에서 기업들이 고용과 임금의 유연성을 높이기 위해 비정규직 고용을 확대하고 있다.

정답　60 ③　61 ④　62 ④　63 ③

64 정부가 임금을 인상시킬 때 오히려 고용이 증대되는 경우는?

① 공급독점의 노동시장
② 수요독점의 노동시장
③ 완전경쟁의 노동시장
④ 복점의 노동시장

해설 | 정부가 임금을 인상시키는 것은 최저임금제의 경우이다. 일반적으로 최저임금제가 시행되면 기업의 노동수요량이 감소하므로 근로자는 실업자가 될 가능성이 있다. 그러나 노동시장이 요독점(monopsony)인 경우에는 최저임금제로 임금이 상승해도 고용량이 증가할 수 있다.
노동시장이 수요독점인 경우 고용량은 노동의 수요곡선과 공급곡선에 의해 결정되는 것이 아니라 노동의 수요곡선과 우상향하는 한계요소비용(MFC)에 의해 결정된다. 그리고 이 경우 임금의 상승에도 불구하고 고용량은 이전보다 증가하게 된다.

개념 체크 최저임금제가 고용을 증가시키는 것은 ㉠ 노동시장이 수요독점 노동시장인 경우, ㉡ 생산성 증대효과가 있는 경우, ㉢ 유효수요 증대효과가 있는 경우 등이다.

65 선별가설(screening hypothesis)에 대한 설명과 가장 거리가 먼 것은?

① 교육훈련이 생산성을 높이는 것은 아니고 유망한 근로자를 식별해주는 역할을 한다.
② 빈곤문제 해결을 위해서는 교육훈련 기회를 확대하는 것이 중요하다.
③ 학력이 높은 사람이 소득이 높은 것은 교육 때문이 아니고 원래 능력이 우수하기 때문이다.
④ 근로자들이 자신의 능력과 재능을 보여주기 위해 교육에 투자한다.

해설 | ② 빈곤문제 해결을 위해서는 교육훈련 기회를 확대하는 것이 중요하다는 것은 인적자본이론에 근거한 설명이다.
④의 내용은 선별가설과 함께 스펜스에 의해 주장된 신호가설(signaling hypothesis)의 주장이다.

66 완전경쟁시장의 치킨매장에서 치킨 1마리를 14,000원에 팔고 있다. 그리고 종업원 1명을 시간당 7,000원의 임금으로 고용하고 있다. 이 매장이 이윤을 극대화하기 위해서는 노동의 한계생산성이 무엇과 같아질 때까지 고용을 늘려야 하는가?

① 시간당 치킨 1/2마리
② 시간당 치킨 1마리
③ 시간당 치킨 2마리
④ 시간당 치킨 4마리

해설 | 완전경쟁 노동시장에서 이윤을 극대화하기 위해서는 노동의 한계생산가치(VMP_L)=임금(W)에서 고용량을 결정해야 한다.
$VMP_L = P \cdot MP_L = W$이다.
따라서 7,000원 = 14,000원 × MP_L이므로 노동의 한계생산 $MP_L = \frac{7,000원}{14,000원}$ =치킨 1/2마리가 될 때까지 고용을 늘려야 한다.

67 경제활동인구조사에서 취업자로 분류되는 사람은?

① 명예퇴직을 하여 연금을 받고 있는 전직 공무원
② 하루 3시간씩 구직활동을 하고 있는 전직 은행원
③ 하루 1시간씩 학교 부근 식당에서 아르바이트를 하고 있는 대학생
④ 하루 2시간씩 남편의 상점에서 무급으로 일하는 기혼여성

해설 | 하루 1시간씩 학교 부근 식당에서 아르바이트를 하고 있는 대학생은 조사대상주간에 한 시간 이상 일을 했으므로 취업자로 분류된다.

개념 체크 취업자
취업자는 ㉠ 최근 지정된 1주일 동안 수입이 있는 일에 1시간 이상 일한 자, ㉡ 가족이 경영하는 기업이나 농장에서 수입을 높이는 데 도움을 준 무급 가족 종사자로서 18시간 이상 일한 자, ㉢ 일시적인 질병, 일기불순, 휴가 또는 연가, 노동쟁의 등의 이유로 일하지 않고 있는 일시적인 휴직자이다.

정답 64 ② 65 ② 66 ① 67 ③

68 어느 국가의 생산가능인구의 구성비가 다음과 같을 때 이 국가의 실업률은?

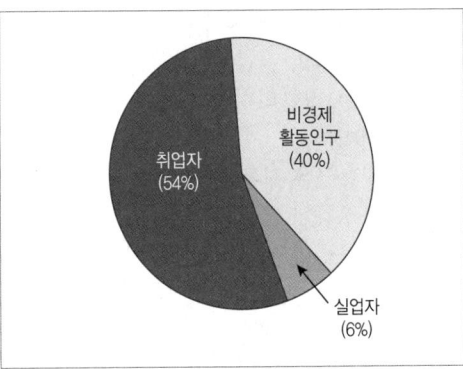

① 6.0% ② 10.0%
③ 11.1% ④ 13.2%

해설 | 생산가능인구가 100이라면 경제활동인구 = 취업자 수 + 실업자 수 = 54 + 6 = 60이다.
따라서 실업률 = $\frac{\text{실업자 수}}{\text{경제활동인구}} \times 100 = \frac{6}{60} \times 100 = 10.0\%$이다.

69 임금상승의 소득효과가 대체효과보다 클 경우, 노동공급곡선의 형태는?

① 우상승한다. ② 수평이다.
③ 좌상승한다. ④ 변함없다.

해설 | 효용극대화에 기초한 노동공급 모형인 소득-여가 선택모형에서 임금상승의 대체효과는 노동공급량을 증가시키고 소득효과는 노동공급량을 감소시킨다. 따라서 대체효과가 소득효과보다 크면 임금상승시 노동공급량은 증가하므로 노동공급곡선은 우상향한다. 반면 대체효과보다 소득효과가 크면 노동공급곡선은 우하향(좌상향)하므로 노동공급곡선은 후방으로 굴절된다.

개념 체크 임금상승의 대체효과와 소득효과
- 임금상승의 대체효과는 임금이 상승하면 여가의 기회비용(임금)이 커지기 때문에 여가를 줄이고 노동공급량을 증가시키는 효과이다.
- 임금상승의 소득효과는 임금이 상승하면 전보다 적은 노동을 공급해도 전과 동일한 소득을 얻게 되므로 노동공급량을 감소시키는 효과이다.

70 노동수요 탄력성의 크기에 영향을 미치는 요인과 거리가 가장 먼 것은?

① 생산물 수요의 가격탄력성
② 총 생산비에 대한 노동비용의 비중
③ 노동의 대체곤란성
④ 대체생산요소의 수요탄력성

해설 | ④는 대체생산요소의 공급탄력성이 노동수요의 임금탄력성에 영향을 미친다.
노동수요의 (임금)탄력성을 결정하는 네 가지 요인을 힉스-마셜(Hicks-Marshall)법칙이라고 한다.
노동수요의 탄력성은 생산물에 대한 수요가 탄력적일수록, 총 생산비에 대한 노동비용의 비중이 클수록, 노동을 다른 생산요소로 대체하는 것이 용이할수록, 노동 이외의 다른 생산요소의 공급 탄력성이 클수록 커진다.

71 1960년대 선진국에서 실업률과 물가상승률 간의 상충관계를 개선하고자 실시했던 정책은?

① 재정정책 ② 금융정책
③ 인력정책 ④ 소득정책

해설 | 실업률과 물가상승률 간의 상충관계, 즉 스태그플레이션(stagflation)을 해결하기 위해 실시했던 정책은 소득정책(income policy)이다. 이는 1960년대 과도한 임금상승과 두 차례 석유파동을 계기로 스태그플레이션 현상이 나타나자 이를 해결하기 위해 도입된 것으로 과도한 임금인상을 억제하는 것(임금가이드라인 정책)을 주요 내용으로 한다.

72 임금격차의 원인을 모두 고른 것은?

ㄱ. 인적자본 투자의 차이로 인한 생산성 격차
ㄴ. 보상적 격차
ㄷ. 차별

① ㄱ, ㄴ ② ㄱ, ㄷ
③ ㄴ, ㄷ ④ ㄱ, ㄴ, ㄷ

해설 | 임금격차의 경쟁적 요인으로는 노동자의 생산성 격차, 임금의 보상격차(균등화 격차), 시장의 단기적 불균형 등을 들 수 있고, 경쟁외적 요인으로는 차별화, 노동시장의 분단, 근로자에 대한 독점지대 배당, 기업주의 효율임금 정책(고임금 정책), 노동조합의 역할 등을 들 수 있다.

정답 68 ② 69 ③ 70 ④ 71 ④ 72 ④

73 다음 힉스(Hicks, J. R.)의 교섭모형에 대한 설명으로 틀린 것은?

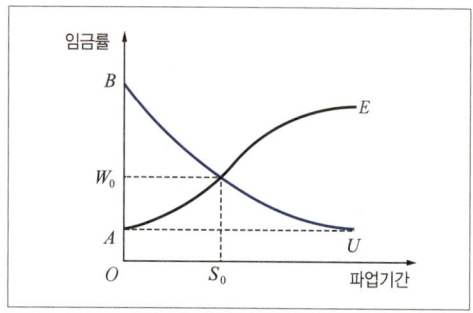

① AE 곡선은 사용자의 양보곡선이다.
② BU 곡선은 노동조합의 저항곡선이다.
③ A는 노동조합이 없거나 노동조합이 파업을 하기 이전 사용자들이 지불하려고 하는 임금수준이다.
④ 노동조합이 W_0보다 더 높은 임금을 요구하면 사용자는 쉽게 수락하겠지만, 그때는 노동조합 내부에서 교섭대표자들과 일반조합원 간의 마찰이 불가피하다.

해설 | 노동조합이 W_0보다 더 낮은 임금을 요구하면 사용자는 쉽게 수락하겠지만, 그때는 노동조합 내부에서 교섭대표자들과 일반조합원 간의 마찰이 불가피하다.

74 노조의 단체교섭 결과가 비조합원에게도 혜택이 돌아가는 현실에서 노동조합의 조합원이 아닌 비조합원에게도 단체교섭의 당사자인 노동조합이 회비를 징수하는 숍(shop)제도는?

① 유니온 숍(union shop)
② 에이전시 숍(agency shop)
③ 클로즈드 숍(closed shop)
④ 오픈 숍(open shop)

해설 | 에이전시 숍(agency shop)은 조합원이 아니더라도 모든 종업원에게 노동조합이 조합비를 징수하는 제도이다.

75 임금체계에 대한 설명으로 틀린 것은?

① 직무급은 조직의 안정화에 따른 위계질서 확립이 용이하다는 장점이 있다.
② 연공급의 단점 중 하나는 직무성과와 관련 없는 비합리적인 인건비 지출이 생긴다는 점이다.
③ 직능급은 직무수행능력을 기준으로 하여 각 근로자의 임금을 결정하는 임금체계이다.
④ 연공급의 기본적인 구조는 연령, 근속, 학력, 남녀별 요소에 따라 임금을 결정하는 것으로 정기승급의 축적에 따라 연령별로 필요생계비를 보장해주는 원리에 기초하고 있다.

해설 | 조직의 안정화에 따른 위계질서 확립이 용이하다는 장점이 있는 것은 연공급이다.
연공급(seniority-based pay)은 임금이 개인의 근속연수·학력·연령 등 인적요소기준을 중심으로 변화하는 임금체계이다. 전문기술인력의 확보 곤란, 기업의 인건비 부담 증가, 종업원들의 소극적·무사안일주의적인 근무태도 야기 등의 단점도 있다.

76 A국의 생산가능인구는 500만 명, 취업자 수는 285만 명, 실업률이 5%일 때 A국의 경제활동참가율은?

① 48% ② 50%
③ 57% ④ 60%

해설 | 경제활동참가율을 계산하기 위해서는 경제활동인구를 알아야 한다. 실업자 수를 X라고 하면 $\frac{X}{285만\ 명 + X} = 0.05$이다.
실업자 수 X를 구하면 15만 명이다.
경제활동인구 = 취업자 수 + 실업자 수 = 285만 명 + 15만 명 = 300만 명이다.
따라서 경제활동참가율 = $\frac{경제활동인구}{15세\ 이상\ 인구(생산가능인구)} \times 100$
$= \frac{300만\ 명}{500만\ 명} \times 100 = 60\%$이다.

정답 73 ④ 74 ② 75 ① 76 ④

77 이윤극대화를 추구하는 기업이 이직률을 낮추기 위해 효율성 임금(efficiency wage)을 지불할 경우 발생할 수 있는 실업은?

① 마찰적 실업　② 구조적 실업
③ 경기적 실업　④ 지역적 실업

해설 | 효율성 임금을 지급하면 시장임금보다 임금이 높아지므로 노동의 초과공급, 즉 실업이 발생하는 데 이는 구조적 실업에 해당한다.
맨큐(N. G. Mankiw)는 구조적 실업은 노동시장에서 제공되는 일자리의 수가 직장을 찾고 있는 노동자들의 수에 비해 적기 때문에 발생하는 실업으로 설명한다. 여기서 일자리의 수가 적은 이유는 어떤 이유로 임금이 노동의 수요와 공급이 같아지는 임금(균형임금)보다 높기 때문이다. 그리고 임금이 균형임금보다 높아지게 되는 이유로 최저임금제, 노동조합의 임금인상 압력, 효율임금(efficiency wage) 등 세 가지를 제시한다.

78 단체교섭에서 사용자의 교섭력에 관한 설명으로 가장 거리가 먼 것은?

① 기업의 재정능력이 좋으면 사용자의 교섭력이 높아진다.
② 사용자 교섭력의 원천 중 하나는 직장폐쇄(lockout)를 할 수 있는 권리이다.
③ 사용자는 쟁의행위 기간 중 그 쟁의행위로 중단된 업무를 원칙적으로 도급 또는 하도급을 줄 수 있다.
④ 비조합원이 조합원의 일을 대신할 수 있는 여지가 크다면, 그만큼 사용자의 교섭력이 높아진다.

해설 | 사용자는 쟁의행위 기간 중 그 쟁의행위로 중단된 업무를 도급 또는 하도급 줄 수 없다.

79 마찰적 실업의 원인에 해당하는 것을 모두 고른 것은?

> ㄱ. 노동자들이 자신에게 가장 잘 맞는 직장을 찾는 데 시간이 걸리기 때문이다.
> ㄴ. 기업이 생산성을 제고하기 위해 시장균형임금보다 높은 수준의 임금을 지급하는 경향이 있기 때문이다.
> ㄷ. 노동조합의 존재로 인해 조합원의 임금이 생산성보다 높게 설정되기 때문이다.

① ㄱ　② ㄴ
③ ㄱ, ㄴ　④ ㄴ, ㄷ

해설 | 마찰적 실업(frictional unemployment)은 노동자가 자신에게 가장 유리한 직장을 찾기 위하여 정보수집활동에 종사하고 있을 동안의 실업상태를 말한다. 즉, 정보의 불완전성에 기인하는 실업이다.
ㄴ과 ㄷ은 구조적 실업의 원인이다. ㄴ은 기업의 효율임금(efficiency wage)정책을 의미하는 것으로, 효율임금을 지급하면 시장임금보다 임금이 높아지므로 노동의 초과공급, 즉 실업이 발생하는데 이는 구조적 실업에 해당한다.

개념 체크　구조적 실업의 다른 해석
맨큐(N. G. Mankiw)는 구조적 실업은 노동시장에서 제공되는 일자리의 수가 직장을 찾고 있는 노동자들의 수에 비해 적기 때문에 발생하는 실업으로 설명한다.
여기서 일자리의 수가 적은 이유는 어떤 이유로 임금이 노동의 수요와 공급이 같아지는 임금(균형임금)보다 높기 때문이다. 임금이 균형임금보다 높아지게 되는 이유로 최저임금제, 노동조합의 임금인상 압력, 효율임금 등 세 가지를 제시한다.

정답　77 ②　78 ③　79 ①

80 개별기업수준에서 노동에 대한 수요곡선을 이동시키는 요인을 모두 고른 것은?

> ㄱ. 기술의 변화
> ㄴ. 임금의 변화
> ㄷ. 최종생산물가격의 변화
> ㄹ. 자본의 가격 변화

① ㄱ, ㄴ, ㄷ ② ㄱ, ㄴ, ㄹ
③ ㄱ, ㄷ, ㄹ ④ ㄴ, ㄷ, ㄹ

해설 | 임금(률)을 제외한 최종생산물의 수요변화, 다른 생산요소(자본 등)의 가격변화, 생산기술의 변화, 노동생산성의 변화 등은 노동에 대한 수요곡선을 이동시킨다.
노동수요곡선 모형에서 세로축에 표시되는 임금(률)이 변화하면 노동수요곡선 자체는 이동하지 않고 노동수요곡선상에서의 이동을 가져온다. 반면 모형에 표시되지 않는 외생변수가 변화하면 노동수요곡선 자체가 이동한다.

제5과목 고용노동관계법규

81 남녀고용평등과 일·가정 양립 지원에 관한 법률상 사업주가 동일한 사업 내의 동일가치의 노동에 대하여 동일한 임금을 지급하지 아니한 경우 벌칙규정은?

① 5년 이하의 징역 또는 3천만 원 이하의 벌금
② 3년 이하의 징역 또는 3천만 원 이하의 벌금
③ 1천만 원 이하의 벌금
④ 500만 원 이하의 벌금

해설 | 사업주가 동일한 사업 내의 동일가치의 노동에 대하여 동일한 임금을 지급하지 아니한 경우 벌칙은 3년 이하의 징역 또는 3천만 원 이하의 벌금이다.

82 고용보험법의 적용제외 대상이 아닌 자는? (단, 기타사항은 고려하지 않음)

① 3개월 이상 계속하여 근로를 제공하는 자
② 지방공무원법에 따른 공무원
③ 사립학교교직원 연금법의 적용을 받는 자
④ 별정우체국법에 따른 별정우체국 직원

해설 | 3개월 이상 계속하여 근로를 제공하는 자는 고용보험 적용대상이다.

83 근로기준법상 재해보상에 관한 설명으로 옳지 않은 것은?

① 사용자는 요양 중에 있는 근로자에게 그 근로자의 요양 중 평균임금의 100분의 60의 휴업보상을 하여야 한다.
② 근로자가 업무상 사망한 경우에는 사용자는 근로자가 사망한 후 지체 없이 평균임금 90일분의 장례비를 지급하여야 한다.
③ 근로자가 업무상 사망한 경우에는 사용자는 근로자가 사망한 후 지체 없이 그 유족에게 평균임금 360일분의 유족보상을 하여야 한다.
④ 요양보상을 받는 근로자가 요양을 시작한 지 2년이 지나도 부상 또는 질병이 완치되지 아니하는 경우에는 사용자는 그 근로자에게 평균임금 1,340일분의 일시보상을 하여 그 후의 이 법에 따른 모든 보상책임을 면할 수 있다.

해설 | 근로자가 업무상 사망한 경우에는 사용자는 근로자가 사망한 후 지체 없이 그 유족에게 평균임금 1,000일분의 유족보상을 하여야 한다.

정답 80 ③ 81 ② 82 ① 83 ③

84 채용절차의 공정화에 관한 법령상 500만 원 이하의 과태료 부과사항에 해당하지 않는 것은?

① 채용광고의 내용 또는 근로조건을 변경한 구인자
② 지식재산권을 자신에게 귀속하도록 강요한 구인자
③ 채용서류 보관의무를 이행하지 아니한 구인자
④ 그 직무의 수행에 필요하지 아니한 개인정보를 기초심사자료에 기재하도록 요구하거나 입증자료로 수집한 구인자

해설 | 채용서류 보관의무를 이행하지 아니한 구인자는 300만 원 이하의 과태료 부과 대상이다.

86 직업안정법상 직업소개사업을 겸업할 수 있는 것은?

① 「결혼중개업의 관리에 관한 법률」상 결혼중개업
② 「공중위생관리법」상 숙박업
③ 「식품위생법」상 식품접객업 중 유흥주점영업
④ 「식품위생법」상 식품접객업 중 일반음식점영업

해설 | 다음 어느 하나에 해당하는 사업을 경영하는 자는 직업소개사업을 하거나 직업소개사업을 하는 법인의 임원이 될 수 없다.
- 「결혼중개업의 관리에 관한 법률」의 결혼중개업
- 「공중위생관리법」의 숙박업
- 「식품위생법」의 식품접객업 중 대통령령으로 정하는 영업
  - 「식품위생법 시행령」상의 휴게음식점영업 중 주로 다류(茶類)를 조리·판매하는 영업(영업자 또는 종업원의 영업장을 벗어나 다류를 배달·판매하면서 소요시간에 따라 대가를 받는 형태로 운영하는 경우로 한정)
  - 「식품위생법 시행령」상의 단란주점영업, 유흥주점영업

85 다음 (   )에 알맞은 것은?

「근로기준법」에 따른 임금채권은 (   )간 행사하지 아니하면 시효로 소멸한다.

① 6개월
② 1년
③ 2년
④ 3년

해설 | 「근로기준법」에 따른 임금채권은 3년간 행사하지 아니하면 시효로 소멸한다.

87 헌법상 노동3권에 해당되지 않는 것은?

① 단체교섭권
② 평등권
③ 단결권
④ 단체행동권

해설 | 노동기본권은 헌법 제32조 근로권과 제33조 노동3권(단결권, 단체교섭권, 단체행동권)을 말한다.

정답 84 ③ 85 ④ 86 ④ 87 ②

88 개인정보보호법령상 개인정보보호위원회(이하 "보호위원회"라 한다)에 관한 설명으로 틀린 것은?

① 대통령 소속으로 보호위원회를 둔다.
② 보호위원회는 상임위원 2명을 포함한 9명의 위원으로 구성한다.
③ 보호위원회의 회의는 재적위원 과반수의 출석으로 개의하고, 출석위원 과반수의 찬성으로 의결한다.
④ 「정당법」에 따른 당원은 보호위원회 위원이 될 수 없다.

해설 | 개인정보보호위원회는 국무총리실 소속이다.

89 직업안정법령상 직업소개사업에 대한 설명으로 틀린 것은?

① 국내 무료직업소개사업을 하려는 자는 주된 사업소의 소재지를 관할하는 특별자치도지사·시장·군수 및 구청장에게 신고하여야 한다.
② 국외 무료직업소개사업을 하려는 자는 고용노동부장관에게 신고하여야 한다.
③ 국내 유료직업소개사업을 하려는 자는 주된 사업소의 소재지를 관할하는 특별자치도지사·시장·군수 및 구청장에게 등록하여야 한다.
④ 국외 유료직업소개사업을 하려는 자는 고용노동부장관에게 신고하여야 한다.

해설 | 국외 유료직업소개사업을 하려는 자는 고용노동부장관에게 등록하여야 한다.

90 직업안정법령상 근로자공급사업의 허가를 받을 수 있는 자는?

① 파산선고를 받고 복권되지 아니한 자
② 미성년자, 피성년후견인 및 피한정후견인
③ 이 법을 위반한 자로서, 벌금형이 확정된 후 2년이 지나지 아니한 자
④ 근로자공급사업의 허가가 취소된 후 7년이 지난 자

해설 | 허가가 취소된 후 5년이 지나지 아니한 자는 근로자공급사업의 허가를 받을 수 없으므로, 7년이 지난 자는 허가를 받을 수 있는 자이다.

91 국민 평생 직업능력 개발법령상 훈련방법에 따른 구분에 해당하지 않는 것은?

① 집체훈련　　② 현장훈련
③ 양성훈련　　④ 원격훈련

해설 | 양성훈련은 훈련목적에 따른 훈련종류에 해당한다.

92 채용절차의 공정화에 관한 법률에 관한 설명으로 틀린 것은?

① 기초심사자료란 구직자의 응시원서, 이력서 및 자기소개서를 말한다.
② 고용노동부장관은 기초심사자료의 표준양식을 정하여 구인자에게 그 사용을 권장할 수 있다.
③ 구직자는 구인자에게 제출하는 채용서류를 거짓으로 작성해서는 아니 된다.
④ 이 법은 지방자치단체가 공무원을 채용하는 경우에도 적용한다.

해설 | 이 법은 국가 및 지방자치단체가 공무원을 채용하는 경우에는 적용하지 않는다.

정답　88 ①　89 ④　90 ④　91 ③　92 ④

93 남녀고용평등과 일·가정 양립 지원에 관한 법령상 육아휴직에 관한 설명으로 틀린 것은?

① 육아휴직의 기간은 1년 이내로 한다.
② 육아휴직기간은 근속기간에 포함한다.
③ 기간제 근로자의 육아휴직기간은 사용기간에 포함된다.
④ 육아휴직기간에는 그 근로자를 해고시키지 못한다.

해설 | 육아휴직기간은 기간제 근로자의 사용기간에 포함되지 않는다.

94 고용보험법상 심사·재심사 청구에 관한 설명으로 옳지 않은 것은?

① 실업급여에 관한 처분에 이의가 있는 자는 고용보험심사관에게 심사를 청구할 수 있다.
② 심사 및 재심사의 청구는 시효중단에 관하여 재판상의 청구로 본다.
③ 재심사청구인은 법정대리인 외에 자신의 형제자매를 대리인으로 선임할 수 없다.
④ 고용보험심사관은 원칙적으로 심사청구를 받으면 30일 이내에 그 심사청구에 대한 결정을 하여야 한다.

해설 | 본인의 형제자매도 대리인으로 선임할 수 있다.

95 고용보험법상 (   )에 알맞은 것은?

> 육아휴직 급여를 지원받으려는 사람은 육아휴직을 시작한 날 이후 1개월부터 육아휴직이 끝난 날 이후 (   )개월 이내에 신청하여야 한다.

① 1
② 3
③ 6
④ 12

해설 | 육아휴직급여를 지급받으려는 사람은 육아휴직을 시작한 날 이후 1개월부터 육아휴직이 끝난 날 이후 12개월 이내에 신청해야 한다.

96 근로기준법령상 근로계약에 관한 설명으로 틀린 것은?

① 근로기준법에서 정하는 기준에 미치지 못하는 근로조건을 정한 근로계약은 그 부분에 한하여 무효로 한다.
② 사용자는 근로계약 불이행에 대한 위약금 또는 손해배상액을 예정하는 계약을 체결할 수 있다.
③ 사용자는 근로계약을 체결할 때에 근로자에게 임금, 소정근로시간, 휴일, 연차유급휴가 등의 사항을 명시하여야 한다.
④ 명시된 근로조건이 사실과 다를 경우에 근로자는 근로조건 위반을 이유로 손해의 배상을 청구할 수 있으며 즉시 근로계약을 해제할 수 있다.

해설 | 사용자는 근로계약 불이행에 대한 위약금 또는 손해배상액을 예정하는 계약을 체결할 수 없다.

정답 93 ③ 94 ③ 95 ④ 96 ②

97 국민 평생 직업능력 개발법령상 직업능력개발훈련의 기본원칙으로 명시되지 않은 것은?

① 직업능력개발훈련은 근로자 개인의 희망·적성·능력에 맞게 근로자의 생애에 걸쳐 체계적으로 실시되어야 한다.
② 직업능력개발훈련은 민간의 자율과 창의성이 존중되도록 하여야 하며, 노사의 참여와 협력을 바탕으로 실시되어야 한다.
③ 제조업의 생산직에 종사하는 근로자의 직업능력개발훈련은 중시되어야 한다.
④ 직업능력개발훈련은 근로자의 직무능력과 고용가능성을 높일 수 있도록 지역·산업현장의 수요가 반영되어야 한다.

해설 | 제조업의 생산직이 아니라 중소기업의 근로자가 중요시 대상이다.

98 국민 평생 직업능력 개발법령상 직업능력개발훈련에 관한 설명으로 옳은 것은?

① 직업능력개발훈련은 18세 미만인 자에게는 실시할 수 없다.
② 직업능력개발훈련의 대상에는 취업할 의사가 있는 사람뿐만 아니라 사업주에게 고용된 사람도 포함된다.
③ 직업능력개발훈련 시설이 장은 직업능력개발훈련과 관련된 기술 등에 관한 표준을 정할 수 있다.
④ 「산업재해보상보험법」을 적용받는 사람도 재해위로금을 받을 수 있다.

해설 | 취업할 의사가 있는 사람뿐만 아니라 사업주에게 고용된 사람도 직업능력개발의 대상에 포함된다.

오답풀이 | ① 직업능력개발훈련은 15세 이상인 사람에게 실시할 수 있다.
③ 고용노동부장관은 직업능력개발훈련과 관련된 기술 등에 관한 표준을 정할 수 있다.
④ 「산업재해보상보험법」을 적용받는 사람은 재해위로금을 받을 수 없다.

99 최저임금법의 적용제외대상에 해당하지 않는 것은?

① 가사사용인
② 동거하는 친족만을 사용하는 사업
③ 「선원법」의 적용을 받는 선원과 선원을 사용하는 선박의 소유자
④ 상시 4명 이하의 근로자를 사용하는 사업

해설 | 「최저임금법」은 모든 사업 또는 사업장에 적용한다.

100 구직자취업촉진법상의 용어의 정의로서 옳지 않은 것은?

① "수급자격자"란 취업지원서비스 또는 구직촉진수당의 수급요건을 갖추어 수급자격이 인정된 사람을 말한다.
② "취업지원"이란 수급자의 취업활동에 도움이 될 수 있는 지원(취업지원서비스) 및 구직촉진수당을 지급하는 것을 말한다.
③ "취업촉진수당"이란 구직활동 및 생활안정에 소요되는 비용을 지원하기 위한 금액을 말한다.
④ "수급자"란 수급자격자로서 취업지원서비스 또는 구직촉진수당을 받는 사람을 말한다.

해설 | ③은 '취업촉진수당'이 아닌 '구직촉진수당'에 대한 설명이다. '취업촉진수당'은 고용보험법상의 실업급여에 해당한다.

정답 97 ③ 98 ② 99 ④ 100 ③

1차 필기시험 — 2025년 3회 복원문제

제1과목 직업심리

01 상담의 초기면접 단계에서 일반적으로 고려할 사항이 아닌 것은?

① 통찰의 확대
② 목표의 설정
③ 상담의 구조화
④ 문제의 평가

해설 | 상담의 초기면접 단계에 이루어지는 사항은 상담관계 형성, 심리적 문제파악(내담자의 문제평가), 상담목표 및 전략수립, 상담의 구조화 등이 있다. 통찰의 확대는 상담의 중기단계에 해당한다.

02 현실치료 기법에 해당하지 않는 것은?

① 질문
② 유머
③ 꿈해석
④ 직면

해설 | 현실치료는 WDEP체계 각 단계에서 숙련된 질문, 유머, 역설적방법, 직면 등이 사용될 수 있다.

03 구성타당도에 대한 설명으로 옳은 것은?

① 검사가 측정도구에 의해 추상적 개념을 제대로 잘 측정하고 있는지를 의미한다.
② 검사문항이 재고자 하는 것이 무엇인지 명료하게 판단될 수 있는지를 의미한다.
③ 검사문항이 측정하려는 것을 제대로 측정하는 것처럼 보이는지를 의미한다.
④ 수검자의 미래행동을 얼마나 잘 예측하는지를 의미한다.

오답풀이 | ② 내용타당도에 대한 설명이다.
③ 안면타당도에 대한 설명이다.
④ 준거타당도에 대한 설명이다.

04 Williamson의 특성-요인 진로상담 과정을 바르게 나열한 것은?

ㄱ. 진단단계	ㄴ. 분석단계
ㄷ. 예측단계	ㄹ. 종합단계
ㅁ. 상담단계	ㅂ. 추수지도단계

① ㄱ → ㄴ → ㄷ → ㄹ → ㅂ → ㅁ
② ㄱ → ㄷ → ㄴ → ㄹ → ㅁ → ㅂ
③ ㄴ → ㄱ → ㄹ → ㄷ → ㅂ → ㅁ
④ ㄴ → ㄹ → ㄱ → ㄷ → ㅁ → ㅂ

해설 | 윌리암슨(Williamson)의 특성-요인 상담과정은 분석 → 종합 → 진단 → 예측 → 상담 → 추수단계 순으로 진행된다.

정답 01 ① 02 ③ 03 ① 04 ④

05 긴즈버그(Ginzberg)의 현실기에 해당하지 않는 것은?

① 탐색 ② 결정성
③ 특수성 ④ 가치

해설 | 긴즈버그의 발달단계는 환상기, 잠정기, 현실기로 구분되며, 현실기는 탐색단계(탐색), 구체화단계(결정성), 특수화단계(특수성)로 구분된다. 가치는 잠정기의 가치단계에서 고려되는 요인이다.

06 직무 스트레스에 관한 설명으로 옳은 것은?

① 17-OHCS라는 당류부신피질 호르몬은 스트레스의 생리적 지표로서 매우 중요하게 사용된다.
② B형 행동유형이 A형 행동유형보다 높은 스트레스 수준을 유지한다.
③ Yerkes와 Dodson의 U자형 가설은 스트레스 수준이 낮으면 작업 능률이 높아진다는 가설이다.
④ 일반적응증후(GAS)는 저항 단계, 경계 단계, 소진 단계 순으로 진행되면서 사람에게 나쁜 결과를 가져다준다.

해설 | 17-OHCS라는 당류부신피질 호르몬은 스트레스의 생리적 지표로서 매우 중요하게 사용된다. 대표적으로 코티졸(Cortisol)이 이에 포함된다.
② A형 행동유형이 B형 행동유형보다 높은 스트레스 수준을 유지한다.
③ 여키스와 도슨(Yerkes & Dodson)의 역U자형 가설은 스트레스 수준이 낮거나 높을 경우 작업능률이 낮아진다는 가설이다.
④ 일반적응증후(GAS)는 경계 단계 – 저항 단계 – 탈진 단계를 거치면서 사람에게 나쁜 결과를 가져다준다.

07 진로시간전망 검사지를 사용하는 주요 목적과 가장 거리가 먼 것은?

① 목표설정 촉구 ② 계획기술 연습
③ 진로계획 수정 ④ 진로의식 고취

해설 | 진로계획 수정은 진로시간전망 검사지를 사용하는 목적과 거리가 멀다.

개념 체크 진로시간전망 검사지의 사용 목적
- 미래의 방향 설정을 가능하게 한다.
- 미래에 대한 희망을 갖도록 한다.
- 미래가 실제인 것처럼 느끼게 한다.
- 현재의 행동을 미래의 결과와 연계시킨다.
- 목표설정을 촉구한다.
- 진로계획에 대한 긍정적 태도를 강화한다.
- 진로계획의 기술을 연습시킨다.
- 진로의식을 높여준다.

08 내담자가 수집한 직업목록의 내용이 실현 불가능할 때, 상담사의 개입 방안으로 옳지 않은 것은?

① 브레인스토밍 과정을 통해 내담자의 부적절한 직업목록 내용을 명확히 한다.
② 최종 의사결정은 내담자가 해야 함을 확실히 한다.
③ 내담자가 그 직업들을 시도해 본 후 어려움을 겪게 되면 개입한다.
④ 객관적인 증거나 논리로 추출한 것에 대해서 대화해야 한다.

해설 | 내담자의 직업대안들이 실현 불가능한 것으로 여겨질 경우, 상담사는 내담자가 그와 같은 직업들에 정서적 열정을 소모하기 전에 신속히 개입하는 것이 바람직하다.

정답 05 ④ 06 ① 07 ③ 08 ③

09 왜곡된 사고체계나 신념체계를 가진 내담자에게 실시하면 효과적인 상담기법은?

① 인지·정서·행동 상담(REBT)
② 인지치료
③ 정신분석
④ 행동요법

해설 | 인지치료는 자신과 세계에 관한 개인의 사고과정에서 나타나는 인지적 오류와 왜곡을 문제의 핵심으로 간주한다. 역기능적 신념이 행동에 미치는 영향력을 강조하며, 이를 수정하여 내담자의 정서나 행동을 변화시키는데 역점을 둔다.

10 인지적 오류가 예시와 맞지 않는 것은?

① 과잉일반화: "내 남자친구가 또 나를 실망시켰어. 역시 남자는 다 똑같아. 더 이상 남자를 안 만날 거야."
② 선택적 추상: "저 아이는 내 친구가 아니니 나의 적이야."
③ 긍정 격하: "나에 대해 칭찬한 게 아닐 거야. 칭찬이라고 생각하지 말자."
④ 임의적 추론: "오후 내내 연락이 없으니 나를 싫어하는 거야."

해설 | ②는 흑백논리의 예시이다.
선택적 추상은 부정적인 일부 세부사항(실패 또는 부족한 점)만을 기초로 결론을 내리고 전체를 보려 하는 오류이다.

11 15개의 하위검사를 통해 9개 분야의 적성을 측정하며, 특정 직무를 성공적으로 수행할 수 있는지를 측정하는 심리검사는 무엇인가?

① GATB
② 미네소타 다면적 인성검사(MMPI)
③ 진로성숙도검사(CMI)
④ AGCT

해설 | GATB는 직업적성검사로 특정 직무를 성공적으로 수행할 수 있는지를 측정한다.

오답풀이 | ④ AGCT(군대 일반 분류검사; Army General Classification Test)는 군대인력의 선발과 배치를 위한 능력검사이다.

12 직업적응이론에서 개인의 가치와 직업 환경의 강화인 간의 조화를 측정하는 데 사용되는 검사는?

① 미네소타 중요도 검사(MIQ)
② 미네소타 만족 질문지(MSQ)
③ 미네소타 충족 척도(MSS)
④ 미네소타 직업평가 척도(MORS)

해설 | 개인의 가치와 직업 환경의 강화인 간의 조화를 측정하는 데 사용되는 검사는 미네소타 중요도 검사(MIQ)이다. 이는 개인이 일의 환경에 대해 지니는 20가지 욕구와 6가지 가치관을 측정하는 질문지로, 190개의 문항으로 구성되어 있다.

13 검사의 신뢰도 중의 하나인 Cronbach's α(크론바흐 알파계수)가 크다는 것이 나타내는 의미는?

① 검사 문항들이 동질적이라는 것을 의미한다.
② 검사의 예언력이 높다는 것을 의미한다.
③ 시간이 흐르더라도 검사점수가 변하지 않는다는 것을 의미한다.
④ 검사의 채점 과정을 신뢰할 수 있다는 것을 의미한다.

해설 | 크론바흐 알파(Cronbach's α)계수는 문항들 간의 동질성을 나타내는 지수로 크론바흐 알파값은 '0~1'의 값을 가지며, 값이 클수록 검사 문항들이 동질적이라는 것을 의미한다.

정답 09 ② 10 ② 11 ① 12 ① 13 ①

14 직무 스트레스에 대한 대처 방안 중의 하나로, 높이 달린 포도를 따지 못하자 포도가 시어서(sour) 맛이 없을 거라고 생각하는 것은?

① 투사(projection)
② 억압(repression)
③ 합리화(rationalization)
④ 주지화(intellectualization)

해설 | 합리화란 수용할 수 없는 행동을 그럴듯한 변명으로 정당화하는 것으로, 좌절된 욕구를 합리화하는 것이다.

15 다음 (   ) 안에 알맞은 용어로 바르게 짝지어진 것은?

> 생애진로사정의 구조는 진로사정, (ㄱ), 강점과 장애 및 (ㄴ)(으)로 이루어진다.

① ㄱ: 진로요약, ㄴ: 하루에 대한 묘사
② ㄱ: 일의 경험, ㄴ: 요약
③ ㄱ: 전형적인 하루, ㄴ: 요약
④ ㄱ: 훈련과정과 관심사, ㄴ: 내담자 자신의 용어 사용

해설 | 생애진로사정의 구조는 진로사정, 전형적인 하루, 강점과 장애 및 요약으로 이루어진다.

16 심리검사를 실시할 때 지켜야 할 사항과 가장 거리가 먼 것은?

① 검사의 구두 지시사항을 미리 충분히 숙지한다.
② 지나친 소음과 방해자극이 없는 곳에서 검사를 실시한다.
③ 수검자에 대한 관심과 협조, 격려를 통해 수검자로 하여금 검사를 성실히 하도록 한다.
④ 수검자에게 검사결과를 통보할 때는 일상적인 용어보다 통계적인 숫자나 용어를 중심으로 전달해야 한다.

해설 | 수검자에게 검사결과를 통보할 때는 통계적인 숫자나 용어보다 일상적인 용어를 중심으로 전달하여야 한다.

17 직무 스트레스를 조절하는 변인과 가장 거리가 먼 것은?

① 성격의 유형   ② 역할 모호성
③ 통제의 위치   ④ 사회적 지원

해설 | 직무관련 스트레스의 조절변인에는 성격 유형, 통제의 위치(통제 소재), 사회적 지원이 있다.

개념 체크 직무 스트레스 조절 변인

- 성격 유형(A형·B형 성격 유형): A형 성격 유형의 사람은 스트레스 상황에 노출되면 B형 성격 유형의 사람보다 훨씬 많은 스트레스를 받는다.
- 통제의 위치(통제 소재): 어떤 사건의 발생이나 결과가 자기 자신의 행위에서 비롯된 것으로 간주하여 스스로 통제 가능한 것으로 인식한다. 내적 통제자는 외적 통제자보다 스트레스에 적절하게 대처하므로 스트레스 위험을 덜 느낀다.
- 사회적 지원: 사회적 지원은 스트레스 상황에서의 심리적·신체적 적응에 도움을 준다.

18 고트프레드슨(L.Gottfredson)의 진로발달이론에서 제시한 진로포부 발달 단계가 아닌 것은?

① 내적 자아 확립 단계
② 서열 획득 단계
③ 안정성 확립 단계
④ 사회적 가치 획득 단계

개념 체크 진로포부 발달 단계(4단계)

- 힘과 크기 지향성(Orientation to size ade power, 3~5세, 서열 획득 단계): 사고과정이 구체화되며 어른이 된다는 것의 의미를 알게 된다.
- 성역할 지향성(Orientation to sex roles, 6~8세, 성역할 획득 단계): 자아개념이 성(gender)의 발달에 의해 영향을 받게 된다. 남녀 역할에 바탕을 둔 직업을 선호한다.
- 사회적 가치 지향성(Orientation to social valuation, 9~13세, 사회적 가치 획득 단계): 사회계층에 대한 개념이 생기면서 상황 속의 자아를 인식하게 되고, 일의 수준에 대한 이해를 확장시킨다.
- 내적 고유한 자아 지향성(Orientation to internal, unique self, 14세 이후, 내적 자아 확립 단계): 타인에 대한 개념이 생기고, 자아성찰과 사회계층의 맥락에서 직업적 포부가 더욱 발달한다.

정답 14 ③ 15 ③ 16 ④ 17 ② 18 ③

19 홀랜드(Holland)의 성격이론에서 제시한 유형에 속하지 않는 유형은?

① 사회형　　② 탐구형
③ 진취형　　④ 기계형

해설 | 홀랜드(Holland) 성격의 6유형은 현실형(R), 탐구형(I), 예술형(A), 사회형(S), 진취형(E), 관습형(C)으로 구분된다.

20 Roe는 가정의 정서적 분위기, 즉 부모와 자녀간의 상호작용을 세 가지 유형으로 구분하였는데 이에 해당하지 않는 것은?

① 정서집중형　　② 반발형
③ 회피형　　　　④ 수용형

해설 | 로(Roe)는 가정의 정서적 분위기, 즉 부모와 자녀 간의 상호작용을 정서집중형, 회피형, 수용형으로 구분하였다.

개념 체크 로(Roe)의 부모유형

정서집중형	• 과보호형: 자녀를 과보호함으로써 의존적으로 만든다. • 과요구형: 자녀에게 엄격한 훈련을 시키고 무리한 요구를 한다.
수용형	• 무관심형: 수용적으로 대하지만 부모 – 자녀 간의 친밀감이 형성되지 않은 관계이다. • 애정형: 수용적으로 대하며 부모 – 자녀 간의 친밀감을 형성하고 독립심을 길러준다.
회피형	• 무시적 회피형: 자녀와 그다지 접촉하지 않으며, 부모로서의 책임을 회피한다. • 거부적 회피형: 자녀의 의견을 전적으로 무시하고 감정적으로까지 거부한다.

제2과목　직업상담 및 취업지원

21 하렌(V. Harren)의 진로의사결정 유형에 해당하는 것은?

① 운명론적 – 계획적 – 지연적
② 합리적 – 의존적 – 직관적
③ 주장적 – 소극적 – 공격적
④ 계획적 – 직관적 – 순응적

해설 | 하렌이 제시한 진로의사결정 유형에는 합리적 유형, 의존적 유형, 직관적 유형이 있다.

개념 체크 하렌(Harren)이 제시한 진로의사결정 유형
- 합리적 유형: 의사결정과정에 자신과 상황에 대한 정확한 정보를 수집하고, 논리적이고 체계적으로 접근하는 유형이다.
- 의존적 유형: 의사결정에 대한 개인적 책임을 부정하고, 그 책임을 외부로 돌리는 경향이 있다.
- 직관적 유형: 의사결정의 기초로 상상을 사용하고 현재의 감정에 주의를 기울이며 정서적 자각을 사용한다.

22 Adler의 개인주의 상담에 관한 설명으로 옳은 것은?

① 내담자의 사회적 관심보다는 개인적 열등감의 극복을 궁극적 목표로 삼는다.
② 상담과정은 사건의 객관성보다는 주관적 지각과 해석을 중시한다.
③ 상담자는 조력자의 역할을 하며 내담자가 상담을 주도적으로 이끈다.
④ 내담자의 잘못된 가치보다는 잘못된 행동을 수정하는 데 초점을 둔다.

해설 | 아들러(Adler)의 개인주의 상담과정에서는 사건의 객관성보다는 주관적 지각과 해석을 중시한다.

오답풀이 | ① 궁극적 목표는 내담자의 사회적 관심, 즉 잘못된 사회적 가치를 바꾸는 것이다.
③ 내담자중심 상담에 대한 설명이다.
④ 행동수정보다는 내담자의 동기수정에 초점을 둔다.

정답　19 ④　20 ②　21 ②　22 ②

23 6개의 생각하는 모자(six thinking hats)기법에서 사용하는 모자 색깔이 아닌 것은?

① 갈색 ② 녹색
③ 청색 ④ 흑색

해설 | 6개의 생각하는 모자(six thinking hats)는 청색, 백색, 적색, 흑색, 황색, 녹색이다.

24 직무만족에 관한 2요인이론의 설명으로 틀린 것은?

① 낮은 수준의 욕구를 만족하지 못하면 직무 불만족이 생기나 그 역은 성립되지 않는다.
② 자아실현에 의해서만 욕구만족이 생기나 사아실현의 실패로 직무 불만족이 생기는 것은 아니다.
③ 동기 요인은 높은 수준의 성과를 얻도록 자극하는 요인이다.
④ 위생 요인은 직무 불만족을 가져오는 것이며 만족감을 산출할 힘도 갖고 있는 것이다.

해설 | 허츠버그(Herzberg)의 2요인이론(동기-위생이론)에서는 위생 요인을 아무리 개선하거나 자극한다고 하여도 동기부여는 일어나지 않으며, 또한 동기 요인을 제거하거나 감소시킨다고 하여도 불만족이 유발되는 것은 아니라고 하였다.

오답풀이 | ④ 위생 요인이 만족감을 산출할 힘을 갖고 있다는 설명은 적절하지 않다.

25 Krumboltz의 사회학습이론에서 개인의 진로에 영향을 미치는 요인에 해당하지 않는 것은?

① 유전적 요인
② 부모 특성
③ 환경 조건과 사건
④ 과제접근기술

해설 | 크럼볼츠(Krumboltz)는 진로결정과정에 영향을 미치는 요인으로 유전적 요인과 특별한 능력, 환경적 조건과 사건, 학습경험, 과제접근기술을 제시하였다.

오답풀이 | ② 부모 특성은 사회학습이론에서 진로결정과정에 영향을 미치는 요인에 해당하지 않는다.

26 Parsons가 제시한 특성-요인이론의 기본 가정이 아닌 것은?

① 인간은 신뢰할 수 있고 타당하게 측정할수 있는 독특한 특성을 지니고 있다.
② 직업은 그 직업에서의 성공을 위한 매우구체적인 특성을 지닐 것을 요구한다.
③ 진로선택은 다소 직접적인 인지과정이므로 개인의 특성과 직업의 특성을 짝짓는것이 가능하다.
④ 인성과 동일한 직업 환경이 있으며, 각 환경은 각 개인과 연결되어 있는 성격유형에 의해 결정된다.

해설 | 인성과 동일한 직업 환경이 있으며, 각 환경은 각 개인과 연결되어 있는 성격유형에 의해 결정된다는 것은 홀랜드(Holland)의 성격이론에 대한 설명이다.

오답풀이 | 파슨스(Parsons)의 직업선택 3요인 중 ①은 자신에 대한 이해, ②는 직업세계에 대한 이해, ③은 자신과 직업세계와의 합리적 연결에 대한 설명이다.

정답 23 ① 24 ④ 25 ② 26 ④

27 Ginzberg가 제시한 진로발달단계로 옳은 것은?

① 현실기 – 환상기 – 잠정기
② 환상기 – 현실기 – 잠정기
③ 현실기 – 잠정기 – 환상기
④ 환상기 – 잠정기 – 현실기

해설 | 긴즈버그(Ginzberg)의 진로발달 3단계는 '환상기 – 잠정기 – 현실기'의 순서이다.

28 포괄적 직업상담에 관한 설명으로 틀린 것은?

① 논리적인 것과 경험적인 것을 의미 있게 절충시킨 모형이다.
② 진단은 변별적이고 역동적인 성격을 가지고 있다.
③ 상담의 진단단계에서는 주로 특성-요인 이론과 행동주의 이론으로 접근한다.
④ 문제해결 단계에서는 도구적(조작적) 학습에 초점을 맞춘다.

해설 | 포괄적 직업상담은 여러 이론들의 다양한 기법들을 절충한 것이다. 상담의 초기단계에서는 진단 및 탐색이 이루어지므로 인간중심 접근법과 발달적 접근법이 주로 활용된다. 중간단계에서는 내담자의 문제에서 원인이 되는 요인들을 명료하게 밝혀 이를 제거하는 한편, 긍정적·촉진적 요인을 찾아 이를 격려하기 위해 주로 정신 역동적 접근법을 활용한다. 마지막 단계에서는 상담자가 내담자의 문제해결에 보다 능동적이고 지시적인 태도로 개입하기 위해 특성-요인 및 행동주의적 접근법을 활용한다.

29 데이비스와 롭퀴스트(Dawis & Lofquist)의 직업적응이론에서 적응양식의 차원에 해당하지 않는 것은?

① 의존성(dependence)
② 적극성(activeness)
③ 반응성(reactiveness)
④ 인내(perseverance)

개념 체크 Dawis와 Lofquist의 적응양식 차원
- 융통성: 수행해야 할 다양한 작업들 간의 부조화를 참아내는 정도
- 끈기 또는 인내: 환경이 자신에게 맞지 않아도 개인이 얼마나 오랫동안 견뎌낼 수 있는지의 정도
- 적극성: 개인이 작업환경을 개인적 방식과 좀 더 조화롭게 만들어가려고 노력하는 정도
- 반응성: 개인이 작업성격의 변화로 인해 작업환경에 반응하는 정도

30 다음은 무엇에 관한 설명인가?

> 행동주의 직업상담에서 내담자가 직업선택에 대해서 무력감을 느끼게 되고, 그로 인해 발생된 불안 때문에 직업결정을 못하게 되는 것

① 무결단성
② 우유부단
③ 미결정성
④ 부적응성

해설 | 무결단성은 내담자의 진로결정상의 무력감에 기인하여 부모의 지시나 강압에 의한 직업선택 등 환경에 의한 요구나 압력이 원인이다. 이 경우 정보가 주어지고 직업상담이 끝난 후에도 내담자는 진로결정을 내리지 못한다.

정답 27 ④ 28 ③ 29 ① 30 ①

31 내담자의 인지적 명확성을 사정할 때 고려할 사항이 아닌 것은?

① 직장을 처음 구하는 사람과 직업전환을 하는 사람의 직업상담에 관한 접근은 동일하게 해야 한다.
② 직장인으로서의 역할이 다른 생애역할과 복잡하게 얽혀 있는 경우 생애역할을 함께 고려한다.
③ 직업상담에서는 내담자의 동기를 고려하여 상담이 이루어져야 한다.
④ 우울증과 같은 심리적 문제로 인지적 명확성이 부족한 경우 진로문제에 대한 결정은 당분간 보류하는 것이 좋다.

해설 | 직장을 처음 구하는 사람과 직업전환을 하는 사람의 직업상담에 관한 접근은 다르게 해야 한다.
직장을 처음 구하는 사람에게 상담자가 가장 먼저 탐색해야 할 것은 내담자의 자기인식수준이고, 직업전환을 하는 사람에게 상담자가 가장 먼저 탐색해야 할 것은 내담자의 변화에 대한 인지능력이다.

32 수퍼(D. Super)의 진로발달이론에 관한 설명으로 틀린 것은?

① 개인은 능력이나 흥미, 성격에 있어서 각각 차이점을 갖고 있다.
② 진로발달이란 진로에 관한 자아개념의 발달이다.
③ 진로발달단계의 과정에서 재순환은 일어날 수 없다.
④ 진로성숙도는 가설적인 구인이며 단일한 특질이 아니다.

해설 | Super는 진로발달이 순환과 재순환의 단계를 거친다고 보았다. 진로발달 과정은 전 생애에 걸쳐 계속되며 '성장-탐색-확립-유지-쇠퇴' 등의 대순환(maxi cycle)을 거치는 동시에, 대순환 외에 각 단계마다 같은 '성장-탐색-확립-유지-쇠퇴'로 구성된 재순환(mini cycle)이 있다고 가정하였다.

33 직업상담사의 윤리강령으로 옳지 않은 것은?

① 직업상담사는 개인이나 사회에 임박한 위험이 있더라도 개인정보의 보호를 위하여 내담자의 정보를 누설하지 말아야 한다.
② 직업상담사는 내담자에 관한 정보를 교육장면이나 연구에 사용할 경우에는 내담자와 합의 후 사용하되 그 정체가 노출되지 않도록 한다.
③ 직업상담사는 소속기관과의 갈등이 있을 경우 내담자의 복지를 우선적으로 고려해야 한다.
④ 직업상담사는 상담관계의 형식, 방법, 목적을 설정하고 그 결과에 대하여 내담자와 협의한다.

해설 | 직업상담사는 개인이나 사회에 임박한 위험이 있을 경우 관계기관 등에 내담자의 정보를 공개할 수 있다.

34 다음 상담장면에서 나타난 진로상담에 대한 내담자의 잘못된 인식은?

> 내담자: 진로선택에 대해서 도움을 받고자 합니다.
> 상담사: 당신이 현재 생각하고 있는 것부터 이야기하시지요.
> 내담자: 저는 올바르게 선택하고 싶습니다. 아시겠지만, 저는 실수를 저지르고 싶지 않습니다. 선생님은 제가 틀림없이 올바르게 선택할 수 있도록 도와주실 것으로 생각합니다.

① 진로상담의 정확성에 대한 오해
② 일회성 결정에 대한 편견
③ 적성·심리검사에 대한 과잉신뢰
④ 흥미와 능력개념의 혼동

해설 | 진로상담의 정확성에 대한 오해는 내담자가 상담자의 조언이 장래 직업선택과 결정이 매우 과학적이고, 정확할 것이라고 생각하는 것으로 이 경우 내담자가 잘못된 맹신이나 착오를 일으킬 수 있다.

정답 31 ① 32 ③ 33 ① 34 ①

35 직업상담의 문제유형에서 Williamson의 분류 중 '직업 무선택'에 해당하는 것은?

① 직업을 선택하기는 하였으나, 자신의 선택에 대해 자신감이 없고 타인으로부터 자기가 성공하리라는 위안을 받고자 추구하는 경우
② 내담자가 직접 직업을 결정한 경험이 없거나, 선호하는 몇 가지의 직업이 있음에도 불구하고 어느 것을 선택하지를 결정하지 못하는 경우
③ 흥미를 느끼는 직업에 대해서 수행능력이 부족하거나, 적성에 맞는 직업에 대해서 흥미를 느끼지 못하는 경우
④ 자신의 능력보다 훨씬 낮은 능력이 요구되는 직업을 선택하거나 안정된 직업만을 추구하는 경우

해설 | 진로(직업) 무선택은 내담자가 직접 직업을 결정한 경험이 없거나, 선호하는 몇 가지 진로가 있지만, 어느 것을 선택할지 모르는 경우로 자신이 무엇을 원하는지 모르며 심지어 진로에 대한 인식이 부족한 상태이다.

오답풀이 | ① 불확실한 선택에 관한 설명이다.
③ 흥미와 적성의 모순에 관한 설명이다.
④ 어리석은 선택에 관한 설명이다.

36 크릿츠(Crites)가 제시한 직업상담 과정에 포함되지 않는 것은?

① 진단
② 문제 분류
③ 정보 제공
④ 문제 구체화

해설 | 크릿츠(Crites)는 직업상담의 과정에서 진단, 문제분류, 문제구체화, 문제해결의 단계가 있다고 제시하였다.

오답풀이 | ③ 정보 제공은 직업상담의 과정에서 필요한 경우 제공할 수 있다.

37 미네소타 직업가치 질문지에서 측정하는 6개의 가치요인이 아닌 것은?

① 성취
② 지위
③ 권력
④ 이타주의

해설 | 미네소타 중요도 질문지(MIQ)의 6가지 가치요인은 성취, 지위, 편안함, 이타심(이타주의), 자율성, 안정성이 있다.

개념 체크 미네소타 중요도 질문지(MIQ)의 6가지 가치요인
- 성취(Achievement): 자신의 능력을 발휘하고 성취감을 얻는 일을 하려는 욕구
- 지위(Status): 타인에 의해 자신이 어떻게 지각되는지와 사회적 명성에 대한 욕구
- 편안함(Comfort): 직무에 대해 스트레스를 받지 않고, 편안한 직업 환경을 바라는 욕구
- 이타심(Altruism): 타인을 돕고 그들과 함께 일하고자 하는 욕구
- 자율성(Autonomy): 자신의 의사대로 일할 기회를 가지고 자유롭게 생각하고 결정하고자 하는 욕구
- 안정성(Safety): 불규칙적이거나 혼란스러운 조건이나 환경을 피하고 정돈되고 예측 가능한 환경에서 일하고자 하는 욕구

38 내담자와 관련된 정보를 수집하여 내담자의 행동을 이해하고 해석하는 데 기본이 되는 상담기법으로 가장 거리가 먼 것은?

① 한정된 오류 정정하기
② 왜곡된 사고 확인하기
③ 반성의 장 마련하기
④ 변명에 초점 맞추기

해설 | 한정된 오류 정정하기가 아닌 전이된 오류 정정하기이다. 전이된 오류 정정하기는 내담자가 가지고 있는 정보, 한계, 논리적 오류를 정정하는 것을 말한다.

정답 35 ② 36 ③ 37 ③ 38 ①

39 다음은 무엇에 관한 설명인가?

> 원형검사에 기초한 시간전망 개입의 세 가지 국면 중 미래를 현실처럼 느끼게 하고 미래계획에 대한 긍정적 태도를 강화시키며 목표설정을 신속하게 하는데 목표를 두는 것

① 방향성　② 변별성
③ 주관성　④ 통합성

개념 체크 진로시간전망 개입의 세 가지 측면에 반응하는 국면
- 방향성: 방향성의 목표는 미래지향성을 증진시키기 위한 것으로 미래에 대한 낙관적인 입장을 구성한다.
- 변별성: 미래를 현실처럼 느끼게 하고 미래계획에 대한 긍정적 태도를 강화시키며 목표설정을 신속하게 하는 데 목표를 둔다.
- 통합성: 통합성 단계의 목표는 현재 행동과 미래의 결과를 연결시키고, 계획한 기법을 실습하여 미래에 대한 인식을 증진시키는 것이다.

40 내담자 중심 상담에서 사용되는 상담기법이 아닌 것은?

① 적극적 경청
② 역할연기
③ 감정의 반영
④ 공감적 이해

해설 | 내담자 중심 상담에서 사용되는 상담기법은 비지시적 방법으로 내담자에 대한 적극적 경청, 감정의 반영, 공감적 이해가 주로 사용된다.

오답풀이 | ② 역할연기는 형태주의 상담기법에 해당한다.

제3과목 직업정보

41 인간이 복잡한 정보에 접근하게 되는 구조에 근거를 둔 이론으로 직업선택결정 단계를 전제단계, 계획단계, 인지부조화단계로 구분한 직업결정모형은?

① 타이드만과 오하라(Tiedeman & O'hara)의 모형
② 힐튼(Hilton)의 모형
③ 브룸(Vroom)의 모형
④ 수(Hsu)의 모형

해설 | 인간이 복잡한 정보에 접근하게 되는 구조에 근거를 둔 이론은 기술적 직업선택 모형의 하나인 힐튼(Hilton)의 모형이다. 힐튼의 모형은 직업선택을 결정하기까지의 단계를 전제단계(직업선택 이전의 조사 시기), 계획단계(특정직업에서 요구하는 행동을 상상하는 시기), 인지부조화단계(자신이 가지고 있는 특성과 반대되는 직업을 갖게 됨으로써 생겨나는 행동을 시험해보는 시기) 등으로 구분한다.
힐튼은 직업결정 과정은 자신이 세운 계획과 전제 간의 불일치점 또는 불균형점을 조사·시험해 보고, 이들 간의 부조화가 없다면 현재 계획을 행위화시키는 과정으로 보고 있다.

42 한국직업사전 부가직업정보의 직무기능 중 '자료(Data)'와 관련된 기능에 해당하지 않는 것은?

① 종합　② 자문
③ 조정　④ 분석

해설 | 직무기능 중 자문(mentoring)은 사람(People)과 관련된 기능이다. 자료(Data)와 관련된 기능은 종합, 조정, 분석, 수집, 계산, 기록, 비교 등이 있다.

정답 39 ②　40 ②　41 ②　42 ②

43 민간직업정보의 특성에 관한 설명으로 옳은 것은?

① 필요한 시기에 최대한 활용되도록 한시적으로 신속하게 생산 및 운영된다.
② 광범위한 이용가능성에 따라 공공직업정보체계에 대한 직접적이며 객관적인 평가가 가능하다.
③ 특정 분야 및 대상에 국한되지 않고 전체 산업 및 업종에 걸친 직종 등을 대상으로 한다.
④ 직업별로 특정한 정보만을 강조하지 않고 보편적인 항목으로 이루어진 기초적인 직업정보체계로 구성되어 있다.

해설 | 필요한 시기에 최대한 활용되도록 한시적으로 신속하게 생산 및 운영되는 것은 민간직업정보의 특징이다.
공공직업정보는 특정한 시기에 국한되지 않고 지속적으로 조사·분석하여 제공된다.

44 한국표준직업분류(제8차)의 대분류 항목과 직능수준과의 관계가 올바르게 연결된 것은?

① 서비스 종사자: 제3직능 수준 필요
② 사무 종사자: 제3직능 수준 필요
③ 단순노무 종사자: 제1직능 수준 필요
④ 농림·어업 숙련 종사자: 제1직능 수준 필요

해설 | 한국표준직업분류(제8차)에서 대분류 9 단순노무 종사자는 가장 낮은 제1직능 수준 필요이다.
대분류 1 관리자와 대분류 2 전문가 및 관련 종사자는 제4직능 수준 혹은 제3직능 수준이 요구된다.
대분류 3~8까지는 제2직능 수준, 대분류 A 군인은 제2직능 수준 이상 필요이다.

45 한국표준직업분류(제8차)의 직업분류 원칙 중 다수 직업 종사자의 분류 원칙에 해당하지 않는 것은?

① 수입 우선의 원칙
② 취업시간 우선의 원칙
③ 조사 시 최근의 직업원칙
④ 생산업무 우선 원칙

해설 | 생산업무 우선 원칙은 주된 직무 우선의 원칙, 최상급 직능수준 우선의 원칙과 함께 포괄적인 업무에 대한 직업분류 원칙이다.

46 한국표준산업분류(제11차)에서 하나 이상의 장소에서 이루어지는 단일 산업활동의 통계단위는?

① 기업집단 단위
② 기업체 단위
③ 지역 단위
④ 활동유형 단위

해설 | 한국표준산업분류의 통계단위에서 단일 산업활동이 하나 이상의 장소에서 이루어지는 경우는 활동유형 단위이다.

개념 체크 통계단위 구분

산업활동과 장소의 동질성의 차이에 따라 통계단위는 다음과 같이 구분된다.

구분	하나 이상의 장소	단일 장소
하나 이상의 산업활동	기업집단 단위	지역 단위
	기업체 단위	
단일 산업활동	활동유형 단위	사업체 단위

정답 43 ① 44 ③ 45 ④ 46 ④

47 한국표준산업분류(제11차)의 적용원칙으로 틀린 것은?

① 생산단위는 산출물뿐만 아니라 투입물과 생산공정 등을 함께 고려하여 그들의 활동을 가장 정확하게 설명된 항목으로 분류해야 한다.
② 산업활동이 결합되어 있는 경우에는 그 활동단위의 주된 활동에 따라서 분류해야 한다.
③ 복합적인 활동단위는 우선적으로 세세분류를 정확히 결정하고, 순차적으로 세·소·중·대분류 단계 항목을 결정하여야 한다.
④ 공식적 생산물과 비공식적 생산물, 합법적 생산물과 불법적인 생산물을 달리 분류하지 않는다.

해설 | 복합적인 활동단위는 우선적으로 최상급 분류단계(대분류)를 정확히 결정하고, 순차적으로 중, 소, 세, 세세분류 단계 항목을 결정하여야 한다.

48 질병·사고, 훈련기관 사정, 천재지변 등 불가피한 사유 없이 중도에 훈련 수강을 그만 둔 경우 국민내일배움카드 계좌잔액의 차감액은 얼마인가? (단, 3회 이상인 경우)

① 20만 원   ② 50만 원
③ 100만 원   ④ 전액

해설 | 질병·사고, 훈련기관 사정, 천재지변 등 불가피한 사유 없이 중도에 훈련 수강을 그만 둔 경우가 1회이면 20만 원, 2회이면 50만 원, 3회 이상이면 100만 원을 계좌잔액에서 차감한다.

49 고용24(구 워크넷)에서 제공하는 학과정보 중 의약계열에 해당하지 않는 것은?

① 임상병리학과   ② 치기공과
③ 응급구조과   ④ 의생명과학과

해설 | 의생명과학과, 생명과학과, 생명공학과, 수의예과, 수의학과 등은 자연계열로 분류한다.

50 고용24에서 채용정보 상세검색 시 선택할 수 있는 기업형태로 옳은 것을 모두 고른 것은?

> ㄱ. 대기업
> ㄴ. 다문화가정지원기업
> ㄷ. 청년친화강소기업
> ㄹ. 코스닥

① ㄱ, ㄴ, ㄷ
② ㄴ, ㄷ, ㄹ
③ ㄱ, ㄷ, ㄹ
④ ㄱ, ㄴ, ㄹ

해설 | 고용24(구 워크넷) 채용정보의 상세검색에서 기업형태별 검색의 메뉴는 대기업, 공무원·공기업·공공기관, 외국계기업, 코스피, 코스닥, 일학습병행기업, 청년친화강소기업, 가족친화인증기업 및 중견기업 등 9가지로 구분하고 있다.

정답 47 ③ 48 ③ 49 ④ 50 ③

51 다음은 고용24에서 제공하는 성인을 위한 직업적응검사 중 무엇에 관한 설명인가?

- 실시시간: 20분
- 측정내용: 문제해결능력 등 12개 요인
- 실시방법: 인터넷/지필

① 구직준비도검사
② 직업전환검사
③ 중장년 직업역량검사
④ 창업적성검사

해설 | ④에서 제시된 내용은 고용24의 직업심리검사에서 제공하는 성인을 위한 직업적응검사 중 창업적성검사에 대한 설명이다.
창업적성검사는 사업지향성, 문제해결, 효율적 처리, 주도성, 자신감, 목표설정, 설득력, 대인관계, 자기개발노력, 책임감수, 업무완결성 및 성실성 등 12개 요인을 측정한다.
고용24 직업심리검사 중 성인을 위한 직업적응검사는 구직준비도검사, 창업적성검사, 직업전환검사, 이주민 취업준비도검사 및 중장년 직업역량검사 등 5개 검사로 구성되어 있다.

52 다음은 국가기술자격 중 어떤 등급의 검정기준에 해당하는가?

해당 국가기술자격의 종목에 관한 숙련기능을 가지고 제작·제조·조작·운전·보수·정비·채취·검사 또는 작업관리 및 이에 관련되는 업무를 수행할 수 있는 능력 보유

① 기능사 ② 산업기사
③ 기사   ④ 기능장

해설 | 해당 국가기술자격의 종목에 관한 숙련기능을 가지고 제작·제조·조작·운전·보수·정비·채취·검사 또는 작업관리 및 이에 관련되는 업무를 수행할 수 있는 능력 보유는 기능사의 검정기준이다.

정리 | 국가기술자격 검정기준의 키워드
- 기술사: 고도의 전문지식과 실무경험에 입각한 기술업무 수행능력
- 기능장: 최상급 숙련기능을 가지고 현장관리 업무의 수행능력
- 기사: 공학적 기술이론지식
- 산업기사: 기술기초이론지식 또는 숙련기능
- 기능사: 숙련기능

53 실기능력이 중요하여 고용노동부령이 정하는 필기시험이 면제되는 기능사 종목이 아닌 것은?

① 석공기능사   ② 항공사진기능사
③ 한복기능사   ④ 조적기능사

해설 | 국가기술자격법 시행규칙(고용노동부령)에서 규정한 실기시험만 실시할 수 있는 종목은 다음과 같다.
- 토목분야: 석공기능사, 지도제작기능사, 도화기능사, 항공사진기능사
- 건축분야: 조적기능사, 미장기능사, 타일기능사, 온수온돌기능사, 유리시공기능사, 비계기능사, 건축목공기능사, 거푸집기능사, 금속재창호기능사, 건축도장기능사, 도배기능사, 철근기능사, 방수기능사 등이다.

54 국가직무능력표준(NCS) 수준에 대한 설명에 알맞은 X와 Y의 값을 더한 숫자는 무엇인가?

수준	내용
(X)수준	일반적인 지시 및 감독하에 해당 분야의 일반지식을 사용하여 절차화되고 일상적인 과업을 수행하는 수준
(Y)수준	독립적인 권한 내에서 해당 분야의 이론 및 지식을 자유롭게 활용하고, 일반적인 숙련으로 다양한 과업을 수행하고, 타인에게 해당 분야의 지식 및 노하우를 전달할 수 있는 수준

① 6   ② 7
③ 8   ④ 9

해설 | 국가직무능력표준의 8개 수준에서 X는 2수준, Y는 6수준에 해당한다.
NCS의 수준체계는 산업현장 직무의 수준을 체계화한 것으로, 산업현장·교육훈련·자격 연계, 평생학습능력 성취 단계 제시, 자격의 수준체계 구성에서 활용한다.

정답 51 ④ 52 ① 53 ③ 54 ③

55 직업정보의 처리단계를 옳게 나열한 것은?

① 수집 – 분석 – 가공 – 체계화 – 제공 – 평가
② 수집 – 제공 – 분석 – 가공 – 평가 – 체계화
③ 수집 – 분석 – 평가 – 가공 – 제공 – 체계화
④ 수집 – 분석 – 체계화 – 제공 – 가공 – 평가

해설 | 직업정보 시스템의 정보관리는 수집 → 분석 → 가공 → 체계화 → 제공 → 축적 → 평가의 순서로 이루어진다.

56 직업정보관리에 관한 설명으로 틀린 것은?

① 직업정보의 범위는 개인에 대한 정보, 직업에 대한 정보, 미래에 대한 정보 등으로 구성되어 있다.
② 직업정보원은 정부부처, 정부투자출연기관, 단체 및 협회, 연구소, 기업과 개인 등이 있다.
③ 직업정보 가공 시에는 전문적인 지식이 없이도 이해할 수 있도록 가급적 평이한 언어로 제공되어야 하며 직무의 장·단점을 편견 없이 제공하여야 한다.
④ 개인의 정보는 보호되어야 하기 때문에 구직 시에 연령, 학력 및 경력 등의 취업과 관련된 정보는 제한적으로 제공되어야 한다.

해설 | 구직 시에 연령, 학력 및 경력 등의 취업과 관련된 모든 정보는 정확하게 제공되어야 한다. 물론 구인업체는 이러한 정보를 철저하게 보호하여야 한다.

57 '4차 산업혁명에 따른 새로운 직업'에 대한 국내 일간지의 사설을 내용분석하기 위해 가능한 표본추출방법을 모두 고른 것은?

ㄱ. 무작위표본추출
ㄴ. 층화표본추출
ㄷ. 체계적표본추출
ㄹ. 군집(집락)표본추출

① ㄱ, ㄴ
② ㄱ, ㄷ
③ ㄴ, ㄷ, ㄹ
④ ㄱ, ㄴ, ㄷ, ㄹ

해설 | 국내 일간지의 사설을 내용분석하는 경우 분석하려는 목적과 내용에 따라 그에 적합한 표본추출방법을 모두 활용할 수 있다.
내용분석법(content analysis)은 문헌연구법의 일종으로 인간이 남긴 모든 형태의 이용 가능한 자료의 성질 및 대상인물의 성질을 탐구함으로써 전체 상황에 관한 통찰을 하여 어떤 가설을 설정하고, 그 가설을 검증할 수도 있도록 하기 위해 개발된 방법이다.

58 직업상담 시 제공하는 직업정보의 기능과 역할에 대한 설명으로 틀린 것은?

① 여러 가지 직업적 대안들의 정보를 제공한다.
② 내담자의 흥미, 적성, 가치 등을 파악하는 것이 직업정보의 주기능이다.
③ 경험이 부족한 내담자에게 다양한 직업들을 간접적으로 접한 기회를 제공한다.
④ 내담자가 자신의 선택이 현실에 비추어 부적당한 선택이었는지를 점검하고 재조정해 볼 수 있는 기초를 제공한다.

해설 | 직업정보는 내담자에게 내담자가 원하는 분야에 대한 다양한 직업적 대안에 대한 정보를 제공하는 것이지, 내담자의 흥미, 적성, 가치 등을 파악하는 것이 주기능은 아니다.

정답 55 ① 56 ④ 57 ④ 58 ②

59 고용정보의 가공·분석에 관한 설명으로 틀린 것은?

① 정보의 가공 및 분석 목적을 명확히 해야 한다.
② 변화 동향에 유의해야 한다.
③ 숫자로 표현할 수 없는 정보는 배제해야 한다.
④ 다른 통계와의 관련성 및 여러 측면을 고려해야 한다.

해설 | 고용정보는 숫자로 표현할 수 있는 정보만을 의미하는 것은 아니다. 사진이나 책자, 동영상 등도 고용정보로 분석·가공되어 제공된다.

60 직업정보를 사용하는 목적과 가장 거리가 먼 것은?

① 직업정보를 통해 근로생애를 설계할 수 있다.
② 직업정보를 통해 전에 알지 못했던 직업세계와 직업비전에 대해 인식할 수 있다.
③ 직업정보를 통해 과거의 직업탐색, 은퇴 후 취미활동 등에 필요한 정보를 얻을 수 있다.
④ 직업정보를 통해 일을 하려는 동기를 부여받을 수 있다.

해설 | 직업정보를 사용하는 목적은 일에 대한 동기부여·흥미유발·태도변화, 직업에 대한 지식의 전달, 여러 직업의 비교·분석, 구직자(청소년)에 대한 역할모형을 제공하는 데 있다.

오답풀이 | ③ 은퇴 후 취미활동에 대한 정보는 직업정보와는 아무 관련이 없다.

제4과목 노동시장

61 노동수요의 탄력성에 관한 설명으로 틀린 것은?

① 생산물에 대한 수요가 탄력적일수록 노동수요는 더욱 비탄력적이 된다.
② 총생산비 중 노동비용이 차지하는 비중이 클수록 노동수요는 더욱 탄력적이 된다.
③ 노동을 다른 생산요소로 대체할 가능성이 낮으면 노동수요는 더욱 비탄력적이 된다.
④ 노동 이외 생산요소의 공급탄력성이 클수록 노동수요는 더욱 탄력적이 된다.

해설 | 생산물에 대한 수요가 탄력적일수록 노동수요는 탄력적이 되고, 노동수요곡선은 완만해진다.

개념 체크 임금의 보상격차는 애덤 스미스(A. Smith)에 의해 주장되었다. 스미스는 노동자들의 직업선택 및 전직이 자유로운 사회에서는 각 직업의 좋은 점과 나쁜 점을 모두 고려한 순이익이 한 사회의 여러 가지 대체적인 직업 사이에서 균등하게 된다고 보고, 이를 균등화 격차(equalizing wage differentials)라고 하였다.

62 임금이 10% 상승할 때 노동수요량이 20% 하락했다면 노동수요의 탄력성은?

① -0.5
② 0.5
③ -2.0
④ 2.0

해설 | 노동수요 탄력성 $= -\dfrac{\text{노동수요량의 변화율\%}}{\text{임금의 변화율\%}}$

$= -\left(\dfrac{-20\%}{10\%}\right) = 2.0$이다.

노동수요의 탄력성은 크기만 고려하므로 앞에 마이너스(-)를 붙여 플러스(+) 값으로 만들어야 한다.

정답 59 ③ 60 ③ 61 ① 62 ④

63 개인이 노동시장에서 노동공급을 포기하는 경우에 관한 설명으로 틀린 것은?

① 개인의 여가-소득 간의 무차별곡선이 수평에 가까운 경우이다.
② 개인의 여가-소득 간의 무차별곡선과 예산제약선 간의 접점이 존재하지 않거나, X축 코너(corner)점에서만 접점이 이루어질 경우이다.
③ 일정수준의 효용을 유지하기 위해 1시간 추가적으로 더 일하는 것을 보상하는데 요구되는 소득이 시장임금률보다 더 큰 경우이다.
④ 소득에 비해 여가의 효용이 매우 큰 경우이다.

해설 | 여가-소득 모형에서 개인의 우하향하는 무차별곡선과 예산제약선이 접하는 수준에서 노동자의 효용극대화가 이루어지므로 여가시간과 노동시간을 결정한다.

오답풀이 | ① 예산제약선이 우하향하므로 개인의 여가-소득 간의 무차별곡선이 수평에 가까운 경우에는 소득을 나타내는 Y축 코너에서 노동자의 선택이 이루어진다. 따라서 이 경우 여가시간은 0이 되고 주어진 시간 전부를 노동에 투입하게 된다.

64 임금상승이 한 개인의 여가와 노동시간에 미치는 효과 중 소득효과가 대체효과보다 클 경우 나타나는 것은?

① 여가시간은 감소하지만 노동시간이 증가한다.
② 여가시간과 노동시간이 함께 증가한다.
③ 여가시간과 노동시간이 함께 감소한다.
④ 여가시간은 증가하지만 노동시간은 감소한다.

해설 | 노동공급 모형인 소득-여가 선택모형에서 임금상승의 대체효과는 노동공급량(노동시간)을 증가시키고 소득효과는 노동공급량을 감소시킨다. 따라서 대체효과가 소득효과보다 크면 임금상승 시 노동공급량(노동시간)은 증가하므로 노동공급곡선은 우상향한다.
반면 대체효과보다 소득효과가 크면 임금상승 시 노동공급량은 감소한다. 따라서 여가시간은 증가한다.
이 경우 노동공급곡선은 우하향(좌상향)하므로 전체적으로 노동공급곡선은 후방으로 굴절된다.

65 노동공급의 탄력성 값이 0인 경우 노동공급곡선의 형태는?

① 수평이다.   ② 수직이다.
③ 우상향이다. ④ 후방굴절형이다.

해설 | 노동공급곡선은 노동공급의 탄력성이 0이면 수직선, 무한대(∞)이면 수평이고, 탄력성이 클수록 완만한 형태를 보인다.

66 기업 A가 생산하는 재화에 투입하는 노동의 양을 L이라 하면, 노동의 한계생산은 27-5L이다. 이 재화의 가격이 20이고 임금이 40이라면, 이윤을 극대로 하는 기업 A의 노동수요량은?

① 1   ② 2
③ 3   ④ 5

해설 | 완전경쟁 노동시장에서 이윤을 극대화하기 위해서는 노동의 한계생산가치(VMP_L) = 임금(W)에서 고용량(L)을 결정해야 한다.
$VMP_L = P \cdot MP_L = W$이다.
$VMP_L = (27 - 5L) \times 20 = 40$이므로
$L = 5$이다.

67 기업특수적 인적자본 형성의 원인이 아닌 것은?

① 기업 간 차별화된 제품생산
② 생산공정의 특유성
③ 생산장비의 특유성
④ 일반적 직업훈련의 차이

해설 | 일반적 직업훈련은 어느 기업이나 어느 산업에서나 공통적으로 이용할 수 있는 기술의 훈련이므로 일반적 인적자본의 형성요인이다.
반면 기업특수적 인적자원은 해당기업에서만 활용할 수 있는 인적자원이다. 기업간 제품생산의 차별화나 생산공정 및 생산장비가 다른 기업과 다른 경우 기업특수적 인적자원이 형성된다.

정답 63 ① 64 ④ 65 ② 66 ④ 67 ④

68 기업 내부노동시장의 형성요인과 가장 거리가 먼 것은?

① 노동조합의 존재
② 기업특수적 숙련기능
③ 직장 내 훈련
④ 노동 관련 관습

해설 | 도린저와 피요르(Doeringer & Piore)는 내부노동시장이 형성되는 요인으로 숙련의 특수성, 현장훈련, 관습 등 세 가지를 제시한다. 이 밖에도 장기근속의 가능성, 기업의 대규모성, 기업 내의 위계적인 직무서열 등을 제시하는 학자들도 있다.

69 다음 중 분단노동시장가설이 암시하는 정책적 시사점과 가장 거리가 먼 것은?

① 노동시장의 공급측면에 대한 정부개입 또는 지원을 지나치게 강조하는 것에 대해 부정적이다.
② 공공적인 고용기회의 확대나 임금보조, 차별대우 철폐를 주장한다.
③ 외부노동시장의 중요성을 강조한다.
④ 노동의 인간화를 도모하기 위한 의식적인 정책노력이 필요하다.

해설 | 분단 노동시장 가설에서는 내부노동시장이 형성되면 외부노동시장과 단절되므로 내부노동시장의 중요성을 강조한다.

개념 체크 분단노동시장가설

- 분단노동시장(segmented labor market) 가설은 노동시장에는 자유로운 노동력의 이동을 저해하는 제도적인 요인이 있고, 따라서 노동시장을 하나의 경쟁적인 시장으로 파악하기는 어렵다고 보는 견해이다.
- 분단 노동시장 가설에서는 경쟁시장 가설에서 소홀히 다루기 쉬운 측면을 부각시키고 중요시한다는 점에서 정책적 의의가 있다. 즉, 노동시장 정책을 수립하거나 저임금층의 시장적응을 도와주기 위한 정책을 실시하려고 할 때 직업훈련의 확충이나 공공 직업소개의 확대와 같은 노동공급 측면의 정책만으로는 불충분하다는 결론을 도출할 수 있다. 따라서 기업이 노동자 고용에 있어서 제도적 차별을 철폐하도록 유도하고, 공공투자에 의해 고용기회를 확대하는 등 수요측면의 정책도 매우 중요하다는 결론이 제시된다.

70 최저임금제도의 기대효과로 가장 거리가 먼 것은?

① 소득분배의 개선
② 기업 간 공정경쟁의 유도
③ 고용의 확대
④ 산업구조의 고도화

해설 | 최저임금제를 도입하면 시장임금보다 임금이 높아지므로 기업의 노동수요량은 감소하고 노동공급량은 증가하여 노동의 초과공급, 즉 실업이 증가한다. 즉 최저임금제는 고용을 감소시키고 실업을 증대시키는 부정적 효과도 있다.

71 한국의 임금 패리티(parity)지수는 100이고 일본의 임금 패리티지수를 80이라고 가정할 때 설명으로 옳은 것은?

① 국민소득을 감안한 한국의 임금수준이 일본보다 높다.
② 한국의 생산성과 삶의 질이 일본보다 낮다.
③ 국민소득을 감안한 한국의 임금수준이 일본보다 낮다.
④ 한국의 생산성과 삶의 질이 일본보다 높다.

해설 | 한국의 임금 패리티 지수가 일본보다 높다는 것은 국민소득을 감안한 한국의 임금수준이 일본보다 높다는 것을 의미한다.
임금 패리티(parity)지수는 전체 국민경제 대비 노동자의 상대적 지위를 의미한다.

즉, 임금 패리티지수 = $\frac{(피용자보수/요소국민소득)}{(노동자\ 수/취업자\ 수)} \times 100$

= $\frac{노동자\ 1인당\ 임금}{취업자\ 1인당\ 요소국민소득}$ 이다.

이는 임금의 단순비교가 아닌 국민소득을 고려한 임금수준을 의미한다.

정답 68 ① 69 ③ 70 ③ 71 ①

72 전체 근로자의 20%가 매년 새로운 일자리를 찾고 있으며 직업탐색기간이 평균 3개월이라면 마찰적 실업률은?

① 1% ② 5%
③ 6% ④ 10%

해설 | 직업탐색기간이 3개월, 즉 $\frac{1}{4}$년이므로

마찰적 실업률은 20% × $\frac{1}{4}$ = 5%이다.

73 다음 중 사회적 비용이 상대적으로 가장 적게 유발되는 실업은?

① 경기적 실업
② 계절적 실업
③ 마찰적 실업
④ 구조적 실업

해설 | 마찰적 실업(frictional unemployment)은 노동시장의 정보의 부족 또는 불완전으로 인해 발생되는 실업이다. 마찰적 실업은 자발적이고 불가피하게 존재하는 실업이기 때문에 사회적 비용이 가장 적다고 할 수 있다.

74 다음 중 실업률에 관한 설명으로 틀린 것은?

① 다른 조건이 일정한 경우 실망노동자 효과가 발생하면 실업률은 줄어든다.
② 다른 조건이 일정한 경우 부가노동자 효과가 발생하면 실업률은 늘어난다.
③ 실망노동자 효과는 실업률이 낮은 경우에 더 크게 나타난다.
④ 실업률은 실업자 수를 경제활동인구로 나눈 후 이에 100을 곱하여 구한다.

해설 | 실업률이 높을 때는 일부 실업자들이 취업 가능성이 줄어들어 실망한 나머지 구직활동을 포기하는 경우가 있는데 이들을 실망노동자(discouraged worker)라고 한다. 경기침체의 장기화로 실망노동자가 증가하여 실업률이 낮아지는 효과를 실망노동자 효과(discouraged worker effect)라고 한다.

75 임금체계에 대한 설명으로 틀린 것은?

① 직무급은 조직의 안정화에 따른 위계질서 확립이 용이하다는 장점이 있다.
② 연공급의 단점 중 하나는 직무성과와 관련 없는 비합리적인 인건비 지출이 생긴다는 점이다.
③ 직능급은 직무수행능력을 기준으로 하여 각 근로자의 임금을 결정하는 임금체계이다.
④ 연공급의 기본적인 구조는 연령, 근속, 학력, 남녀별 요소에 따라 임금을 결정하는 것으로 정기승급의 축적에 따라 연령별로 필요생계비를 보장해주는 원리에 기초하고 있다.

해설 | 조직의 안정화에 따른 위계질서 확립이 용이하다는 장점이 있는 것은 연공급이다.
연공급(seniority-based pay)은 임금이 개인의 근속연수·학력·연령 등 인적요소기준을 중심으로 변화하는 임금체계이다. 전문기술인력의 확보 곤란, 기업의 인건비 부담 증가, 종업원들의 소극적·무사안일주의적인 근무태도 야기 등의 단점도 있다.

정답 72 ② 73 ③ 74 ③ 75 ①

76 실업-결원곡선(Beveridge Curve)에 관한 설명으로 틀린 것은?

① 종축에는 결원 수, 횡축에는 실업자 수를 표시한다.
② 원점에서 멀어질수록 구조적 실업자 수가 증가함을 의미한다.
③ 마찰적 실업과 구조적 실업을 구분하는 것이 가능하다.
④ 현재의 실업자 수에서 현재의 결원 수를 뺀 것이 수요부족 실업자 수이다.

해설 | 실업-결원곡선(Beveridge Curve)은 영국의 경제학자인 윌리엄 비버리지(William Beveridge)가 제시한 것으로, 실업의 구조(수요부족 실업자와 비수요부족 실업자)와 완전고용 실업률에 대해 설명하고 있다.
실업 - 결원곡선에 의하여 수요부족 실업자와 마찰적 실업과 구조적 실업을 합한 비수요부족 실업자를 구분할 수 있다. 그러나 이 곡선에 의하여 마찰적 실업과 구조적 실업을 구별할 방법은 없다.

77 기혼여성의 경제활동참가율은 60%이고 실업률은 20%일 때, 기혼여성의 고용률은?

① 12%   ② 48%
③ 56%   ④ 86%

해설 | 고용률을 계산하면 다음과 같다.

경제활동참가율 = $\frac{경제활동 인구}{15세 이상 인구} \times 100 = 60\%$이므로 15세 이상 인구를 100명으로 보면 경제활동인구는 60명이다.

또한, 실업률(%) = $\frac{실업자 수}{경제활동 인구} \times 100 = 20\%$이므로 실업자 수는 12명이고, 취업자 수는 48명이다.

따라서 고용률(%) = $\frac{취업자 수}{15세 이상 인구} \times 100 = \frac{48명}{100명} \times 100 = 48\%$이다.

78 임금이 하방경직적인 이유와 가장 거리가 먼 것은?

① 장기노동계약
② 물가의 지속적 상승
③ 강력한 노동조합의 존재
④ 노동자의 역선택 발생 가능성

해설 | 시장임금이 하락할 요인이 발생해도 임금이 하락하지 않는 현상을 임금의 하방경직성이라고 한다.

개념 체크 명목임금이 하방경직적인 이유

케인즈(J. M. Keynes) 이후 새케인즈학파(new-Keynesian) 경제학자들은 명목임금이 하방경직적인 이유를 주로 연구했다. 명목임금이 하방경직적인 이유는 다음과 같다.
㉠ 통상의 고용계약이 2~3년의 장기계약이므로 그 기간 동안에는 임금이 경직적이다.
㉡ 강력한 노동조합이 존재하면 명목임금은 하락하지 않는다.
㉢ 최저임금제가 시행되는 경우에는 그 아래로 임금이 떨어지지 않는다.
㉣ 노동자의 역선택이 발생하면 명목임금은 떨어지지 않는다.

79 던롭(Dunlop)이 노사관계를 규제하는 여건 혹은 환경으로 지적한 사항이 아닌 것은?

① 시민의식
② 기술적 특성
③ 시장 또는 예산제약
④ 각 주체의 세력관계

해설 | 던롭(J. T. Dunlop)의 노사관계 시스템이론은 노사관계의 주체를 사용자 및 단체, 노동자 및 단체, 정부 등 3주체 가정한다. 그리고 이들 주체가 직접·간접으로 영향을 받으면서 행동하게 되는 환경조건 내지 노사관계를 규제하는 여건으로 기술적 특성, 시장 또는 예산제약, 각 주체의 세력관계(또는 권력구조)를 제시한다.

정답 76 ③ 77 ② 78 ② 79 ①

80 노동조합으로 인해 노조 비조직부문의 임금이 하락하고 있다면 이는 어떤 경우인가?

① 이전효과(spillover effect)만 나타나는 경우
② 위협효과(threat effect)만 나타나는 경우
③ 대기실업효과(wait unemployment effect)만 나타나는 경우
④ 비조직부문에서 수요곡선을 좌측으로 이동하는 효과가 나타나는 경우

해설 | 노동조합에 의해 임금이 인상되어 발생한 실업자가 노조 비조직부문으로 이동하여 비조직부문의 노동공급이 증가하면 임금이 하락하는 데 이를 이전효과라고 한다.

개념 체크 파급효과와 위협효과

노동조합이 있는 조직된 부문이 조직되지 않은 부문의 임금에 미치는 영향은 세 가지가 있다.
- 이전효과(spillover effect) 또는 파급효과, 해고효과(displacement effect)는 노동조합이 조직되면 교섭력에 의하여 임금을 상승시키기 때문에 고용이 감소하게 되고, 해고된 근로자가 비조직부문으로 이동하면 비조직부문의 임금이 하락하게 되는 효과이다.
- 위협효과(threat effect)는 같은 산업의 일부기업에 노동조합이 조직되면 노동조합이 조직되지 않은 기업의 임금을 올리게 되는 효과이다.
- 대기실업효과(wait unemployment effect)는 두 부문(노조 조직부문과 비조직부문)의 임금격차에 의하여 실업이 발생하는 과정을 설명하는 이론이다. 즉 기대임금을 받을 수 있는 일자리를 찾을 때까지 실업을 택하며 기다린다는 이론이다.

제5과목 고용노동관계법규

81 남녀고용평등과 일·가정 양립 지원에 관한 법률상 육아기 근로시간 단축에 대한 설명으로 옳지 않은 것은?

① 육아기 근로시간 단축의 기간은 1년 이내로 한다.
② 사업주가 근로자에게 육아기 근로시간 단축을 허용하는 경우 단축 후 근로시간은 주당 15시간 이상이어야 하고 35시간을 넘어서는 안 된다.
③ 사업주는 육아휴직을 신청할 수 있는 근로자가 육아휴직 대신 근로시간의 단축을 신청하는 경우에 이를 허용할 수 있다.
④ 사업주는 근로자의 육아기 근로시간 단축 기간이 끝난 후에 그 근로자를 육아기 근로시간 단축 전과 같은 업무 또는 같은 수준의 임금을 지급하는 직무에 복귀시켜야 한다.

해설 | 사업주는 육아휴직을 신청할 수 있는 근로자가 육아휴직 대신 근로시간의 단축을 신청하는 경우에 이를 허용하여야 한다. 다만, 대체인력 채용이 불가능한 경우, 정상적인 사업운영에 중대한 지장을 초래하는 경우 등 대통령령으로 정하는 경우에는 그러하지 아니하다(남녀고용평등과 일·가정 양립 지원에 관한 법률 제19조의2).

정답 80 ① 81 ③

82 국민 평생 직업능력 개발법상 ( ) 안에 차례로 들어갈 내용으로 옳은 것은?

> 사업주는 훈련계약을 체결할 때에는 해당 직업능력개발훈련을 받는 사람이 직업능력개발훈련을 이수한 후에 사업주가 지정하는 업무에 일정기간 종사하도록 할 수 있다. 이 경우 그 기간은 ( )이내로 하되, 직업능력개발훈련기간의 ( )를 초과할 수 없다.

① 3년, 3배
② 3년, 5배
③ 5년, 3배
④ 5년, 5배

해설 | 종사할 수 있는 기간은 5년 이내로 하되, 직업능력개발훈련기간의 3배를 초과할 수 없다.

83 남녀고용평등과 일·가정 양립 지원에 관한 법령상 직장 내 성희롱의 금지 및 예방에 관한 설명으로 틀린 것은?

① 사업주, 상급자 또는 근로자는 직장 내 성희롱을 하여서는 아니 된다.
② 사업주는 성희롱 예방교육을 고용노동부장관이 지정하는 기관에 위탁하여 실시할 수 있다.
③ 누구든지 직장 내 성희롱 발생 사실을 알게 된 경우 그 사실을 해당 사업주에게 신고할 수 있다.
④ 사업주는 직장 내 성희롱 예방교육을 연 2회 이상 하여야 한다.

해설 | 사업주는 직장 내 성희롱 예방교육을 연 1회 이상 하여야 한다.

84 직업안정법상 직업소개사업을 겸업할 수 있는 것은?

① 「결혼중개업의 관리에 관한 법률」상 결혼중개업
② 「공중위생관리법」상 숙박업
③ 「식품위생법」상 식품접객업 중 유흥주점영업
④ 「식품위생법」상 식품접객업 중 일반음식점영업

해설 | 다음 어느 하나에 해당하는 사업을 경영하는 자는 직업소개사업을 하거나 직업소개사업을 하는 법인의 임원이 될 수 없다.
• 「결혼중개업의 관리에 관한 법률」의 결혼중개업
• 「공중위생관리법」의 숙박업
• 「식품위생법」의 식품접객업 중 대통령령으로 정하는 영업
 – 「식품위생법 시행령」상의 휴게음식점영업 중 주로 다류(茶類)를 조리·판매하는 영업(영업자 또는 종업원의 영업장을 벗어나 다류를 배달·판매하면서 소요시간에 따라 대가를 받는 형태로 운영하는 경우로 한정)
 – 「식품위생법 시행령」상의 단란주점영업, 유흥주점영업

85 근로기준법령상 여성의 보호에 관한 설명으로 옳은 것은?

① 사용자는 임신 중의 여성이 명시적으로 청구하는 경우 고용노동부장관의 인가를 받으면 휴일에 근로를 시킬 수 있다.
② 여성은 보건·의료, 보도·취재 등의 일시적 사유가 있더라도 갱내(坑內)에서 근로를 할 수 없다.
③ 사용자는 여성 근로자가 청구하면 월 3일의 유급생리휴가를 주어야 한다.
④ 사용자는 여성을 휴일에 근로시키려면 근로자대표의 서면 동의를 받아야 한다.

오답풀이 | ② 보건, 의료, 보도, 취재 등을 위해서는 일시적으로 갱내근로가 가능하다.
③ 생리휴가는 월 1일(무급)이다.
④ 사용자는 여성을 휴일에 근로시키려면 근로자의 동의를 받아야 한다. 임산부와 18세 미만인 경우에는 18세 미만자의 동의가 있는 경우, 산후 1년이 지나지 아니한 여성의 동의가 있는 경우, 임신 중의 여성이 명시적으로 청구하는 경우에 고용노동부장관의 인가를 받으면 휴일근로가 가능하다.

정답 82 ③ 83 ④ 84 ④ 85 ①

86 국민 평생 직업능력 개발법상 직업능력개발훈련의 기본원칙으로 명시되지 않은 것은?

① 직업능력개발훈련은 국민 개개인의 희망·적성·능력에 맞게 국민의 생애에 걸쳐 체계적으로 실시되어야 한다.
② 직업능력개발훈련은 민간의 자율과 창의성이 존중되도록 하여야 하며 노사의 참여와 협력을 바탕으로 실시되어야 한다.
③ 제조업의 생산직에 종사하는 근로자의 직업능력개발훈련은 중요시되어야 한다.
④ 직업능력개발훈련은 국민의 직무능력과 고용가능성을 높일 수 있도록 지역·산업현장의 수요가 반영되어야 한다.

해설 | 다음의 사람을 대상으로 하는 직업능력개발훈련은 중요시 되어야 한다.
- 고령자, 장애인
- 국민기초생활 수급권자
- 그 유족 또는 가족이나 보훈보상대상자와 그 유족 또는 가족
- 5·18 민주유공자와 그 유족 또는 가족
- 제대군인 및 전역예정자
- 여성근로자
- 중소기업의 근로자
- 일용직근로자, 단시간근로자, 기간을 정하여 근로계약을 체결한 근로자, 일시적 사업에 고용된 근로자
- 파견근로자
- 학교 밖 청소년

87 근로기준법령상 임금에 관한 설명으로 틀린 것은?

① 사용자의 귀책사유로 휴업하는 경우에 사용자는 휴업기간 동안 그 근로자에게 평균임금의 100분의 80 이상의 수당을 지급하여야 한다.
② 단체협약에 특별한 규정이 있는 경우에는 임금의 일부를 공제할 수 있다.
③ 임금은 매월 1회 이상 일정한 날짜를 정하여 지급하는 것이 원칙이다.
④ 임금채권은 3년간 행사하지 아니하면 시효로 소멸된다.

해설 | 휴업수당은 평균임금의 100분의 70 이상의 수당을 지급하여야 한다.

88 국민 평생 직업능력 개발법령상 근로자의 정의로서 가장 적합한 것은?

① 1주 동안의 소정근로시간이 그 사업장에서 같은 종류의 업무에 종사하는 통상 근로자의 1주 동안의 소정근로시간에 비하여 짧은 자
② 직업의 종류와 관계없이 임금을 목적으로 사업이나 사업장에 근로를 제공하는 사람
③ 직업의 종류를 불문하고 임금·급료 기타 이에 준하는 수입에 의하여 생활하는 자
④ 사업주에게 고용된 사람과 취업할 의사가 있는 사람

해설 | 「국민평생직업능력개발법」, 「남녀고용평등법」, 「고용정책기본법」상의 근로자는 사업주에게 고용된 사람과 취업할 의사가 있는 사람이다.

오답풀이 | ①은 단시간근로자, ②는 「근로기준법」, 「고령자고용촉진법」, 「근로자퇴직급여보장법」상의 근로자, ③은 「노동조합법」상의 근로자 정의이다

89 국민 평생 직업능력 개발법에 명시된 직업능력개발훈련이 중요시되어야 하는 사람에 해당하지 않는 것은?

① 일용근로자
② 여성근로자
③ 제조업의 생산직에 종사하는 근로자
④ 「중소기업기본법」에 따른 중소기업의 근로자

해설 | '제조업의 생산직 근로자'는 법령 개정으로 직업능력개발훈련이 중요시되어야 할 대상에서 제외되었다.

정답 | 86 ③ 87 ① 88 ④ 89 ③

90 개인정보보호법령상 개인정보보호위원회(이하 "보호위원회"라 한다)에 관한 설명으로 틀린 것은?

① 대통령 소속으로 보호위원회를 둔다.
② 보호위원회는 상임위원 2명을 포함한 9명의 위원으로 구성한다.
③ 보호위원회의 회의는 재적위원 과반수의 출석으로 개의하고, 출석위원 과반수의 찬성으로 의결한다.
④ 「정당법」에 따른 당원은 보호위원회 위원이 될 수 없다.

해설 | 개인정보보호위원회는 국무총리실 소속이다.

91 남녀고용평등과 일·가정 양립 지원에 관한 법률상 적용범위에 관한 설명으로 틀린 것은?

① 근로자를 사용하는 모든 사업 또는 사업장에 적용하는 것이 원칙이다.
② 동거하는 친족만으로 이루어지는 사업장에 대하여는 법의 전부를 적용하지 아니한다.
③ 가사사용인에 대하여는 법의 전부를 적용하지 아니한다.
④ 「선원법」이 적용되는 사업 또는 사업장에는 모든 규정이 적용되지 아니한다.

해설 | 「선원법」이 적용되는 사업 또는 사업장은 이 법의 적용대상에 해당한다.

92 헌법상 근로에 관한 설명으로 틀린 것은?

① 모든 국민은 근로의 권리를 가진다.
② 모든 국민은 근로의 의무를 진다.
③ 연소자의 근로는 특별한 보호를 받는다.
④ 근로기회의 제공을 통하여 생활무능력자에 대한 국가적 보호의무를 증가시킨다.

해설 | 근로의 기회가 제공되면 될수록 국가적 보호의무는 감소하게 된다.

93 직업안정법령상 직업정보제공사업자의 준수사항에 해당되지 않는 것은?

① 구인자의 업체명(또는 성명)이 표시되어 있지 아니하거나 구인자의 연락처가 사서함 등으로 표시되어 구인자의 신원이 확실하지 아니한 구인광고를 게재하지 아니할 것
② 직업정보제공매체의 구인·구직광고에는 구인·구직자 및 직업정보제공사업자의 주소 또는 전화번호를 기재할 것
③ 직업정보제공사업의 광고문에 "(무료)취업상담", "취업추천", "취업지원" 등의 표현을 사용하지 아니할 것
④ 구직자의 이력서 발송을 대행하거나 구직자에게 취업추천서를 발부하지 아니할 것

해설 | 직업정보제공매체의 구인·구직광고에는 구인·구직자의 주소·전화번호는 기재하고, 직업정보제공사업자의 주소·전화번호는 기재하지 않아야 한다.

정답 90 ① 91 ④ 92 ④ 93 ②

94 채용절차의 공정화에 관한 법률에 관한 설명으로 틀린 것은?

① 기초심사자료란 구직자의 응시원서, 이력서 및 자기소개서를 말한다.
② 고용노동부장관은 기초심사자료의 표준양식을 정하여 구인자에게 그 사용을 권장할 수 있다.
③ 구직자는 구인자에게 제출하는 채용서류를 거짓으로 작성해서는 아니 된다.
④ 이 법은 지방자치단체가 공무원을 채용하는 경우에도 적용한다.

해설 | 이 법은 국가 및 지방자치단체가 공무원을 채용하는 경우에는 적용하지 않는다.

95 고용보험법상 구직급여의 수급요건에 해당하시 않는 것은?

① 이직일 이전 18개월간 피보험 단위기간이 합산하여 150일 이상일 것
② 근로의 의사와 능력이 있음에도 불구하고 취업하지 못한 상태에 있을 것
③ 일용근로자는 수급자격 인정신청일 이전 1개월 동안의 근로일수가 10일 미만일 것
④ 재취업을 위한 노력을 적극적으로 할 것

해설 | 이직일 이전 18개월간 피보험 단위기간이 합산하여 180일 이상이어야 한다.

96 고용보험법령상 고용보험기금의 용도에 해당하지 않는 것은?

① 일시 차입금의 상환금과 이자
② 실업급여의 지급
③ 보험료의 반환
④ 국민건강 보험료의 지원

해설 | 고용보험기금의 용도는 다음과 같다.
- 고용안정·직업능력개발사업에 필요한 경비
- 실업급여의 지급
- 국민연금보험료의 지원
- 육아휴직급여 및 출산전후휴가급여 등의 지급
- 보험료의 반환
- 일시 차입금의 상환금과 이자
- 이 법과 「고용산재보험료징수법」에 따른 업무를 대행하거나 위탁받은 자에 대한 출연금
- 보험사업의 관리·운영에 드는 경비
- 기금의 관리·운용에 드는 경비
- 「고용산재보험료징수법」에 따른 보험사무대행기관에 대한 교부금
- 법과 「고용산재보험료징수법」에 따른 사업이나 업무의 위탁 수수료 지급금

97 직업안정법령상 근로자공급사업의 허가를 받을 수 있는 자는?

① 파산선고를 받고 복권되지 아니한 자
② 미성년자, 피성년후견인 및 피한정후견인
③ 이 법을 위반한 자로서, 벌금형이 확정된 후 2년이 지나지 아니한 자
④ 근로자공급사업의 허가가 취소된 후 7년이 지난 자

해설 | 허가가 취소된 후 5년이 지나지 아니한 자는 근로자공급사업의 허가를 받을 수 없으므로, 7년이 지난 자는 허가를 받을 수 있는 자이다.

정답 94 ④ 95 ① 96 ④ 97 ④

98 남녀고용평등과 일·가정 양립 지원에 관한 법률에 명시되어 있는 내용이 아닌 것은?

① 직장 내 성희롱의 금지
② 배우자 출산휴가
③ 육아휴직
④ 생리휴가

해설 | 생리휴가, 출산휴가, 연차휴가는 근로기준법에 명시되어 있다.

99 직업안정법령상 직업안정기관의 장의 직업소개에 대한 설명으로 틀린 것은?

① 구직자에게는 그 능력에 알맞은 직업을 소개하도록 노력하여야 한다.
② 구인자에게는 구인조건에 적합한 구직자를 소개하도록 노력하여야 한다.
③ 가능하면 구직자가 통근할 수 있는 지역에서 직업을 소개하도록 노력하여야 한다.
④ 구인자와 구직자의 이익이 충돌한 경우에는 구직자의 이익을 우선할 수 있도록 노력하여야 한다.

해설 | 구인자와 구직자의 이익이 충돌할 경우에는 서로의 이익이 균형되도록 소개해야 한다. 구직자의 이익이 우선하도록 하는 것이 아니다.

100 고용보험법상 자영업자인 피보험자에게 지급될 수 있는 급여를 모두 고른 것은?

ㄱ. 이주비
ㄴ. 훈련연장급여
ㄷ. 조기재취업 수당
ㄹ. 직업능력개발 수당

① ㄱ, ㄹ
② ㄴ, ㄷ
③ ㄴ, ㄷ, ㄹ
④ ㄱ, ㄴ, ㄷ, ㄹ

해설 | 자영업자인 피보험자에게는 실업급여 중 훈련연장급여와 조기재취업 수당은 지급되지 않는다.

정답 98 ④ 99 ④ 100 ①

2024년 1회 복원문제

제1과목 직업상담학

01 행동주의적 상담기법 중 학습촉진기법이 아닌 것은?

① 강화
② 대리학습
③ 변별학습
④ 체계적 둔감화

해설 | 체계적 둔감화는 불안과 공포증이 있는 환자에게 불안 조건을 점차적으로 노출시켜 둔감화시키는 치료법으로, 불안감소 기법에 해당한다.

개념 체크 학습촉진기법
- 강화: 학습자에게 강화물을 제공하여 특정행동의 빈도가 높아지도록 하는 행동수정방법이다.
- 변별학습: 강화와 학습의 원리를 이용하여 자신의 능력과 태도를 변별하고 비교하게 하는 방법이다.
- 대리학습: 개인의 직접 경험이 아니라 타인의 경험을 관찰함으로써 행동이 강화될 수 있다.

02 상담의 초기면접 단계에서 일반적으로 고려할 사항이 아닌 것은?

① 통찰의 확대
② 목표의 설정
③ 상담의 구조화
④ 문제의 평가

해설 | 상담의 초기면접 단계에 이루어지는 사항은 상담관계 형성, 심리적 문제파악(내담자의 문제평가), 상담목표 및 전략수립, 상담의 구조화 등이 있다. 통찰의 확대는 상담의 중기단계에 해당한다.

03 역할사정에서 상호역할관계를 사정하는 방법이 아닌 것은?

① 질문을 통해 사정하기
② 동그라미로 역할관계 그리기
③ 역할의 위계적 구조 작성하기
④ 생애-계획연습으로 전환시키기

개념 체크 상호역할관계의 사정방법
- 질문을 통해 역할관계 사정하기
- 동그라미로 역할관계 그리기
- 생애-계획연습으로 전환시키기

04 내담자에 대한 상담 목표의 특성이 아닌 것은?

① 구체적이어야 한다.
② 내담자가 원하고 바라는 것이어야 한다.
③ 실현 가능해야 한다.
④ 인격성장을 도와야 한다.

해설 | 인격성장을 돕는 것은 내담자에 대한 상담 목표의 특성이 아니다.

개념 체크 내담자가 가져야 할 목표의 특성
- 목표는 구체적이어야 한다(내담자가 바라는 구체적이고 긍정적인 변화를 상담 목표로 삼는다).
- 목표는 실현 가능해야 한다.
- 목표는 내담자가 원하고 바라는 것이어야 한다.
- 내담자의 목표는 상담자의 기술과 양립 가능해야 한다.

정답 01 ④ 02 ① 03 ③ 04 ④

05 실존주의 상담에 관한 설명으로 틀린 것은?

① 정형화된 상담 모형과 상담자 훈련 프로그램이 마련되어 있지 않은 것이 한계점이다.
② 인간은 자기인식 능력을 지닌 존재로 본다.
③ 상담자는 내담자가 스스로 삶의 의미와 목적을 발견하고 삶을 주체적으로 선택하고 책임지도록 돕는 것을 목표로 한다.
④ 실존주의 상담에서 가정하는 인간의 궁극적 관심사는 무의식의 자각이다.

해설 | 실존주의 상담에서 가정하는 인간의 궁극적 관심사는 '무의미성'이다. '무의식적 자각'은 정신분석이론에 해당하는 개념이다.

06 자기인식이 부족한 내담자를 사정할 때 인지에 대한 통찰을 재구조화하거나 발달시키는 데 적합한 방법은?

① 직면이나 논리적 분석을 해준다.
② 불안에 대처하도록 심호흡을 시킨다.
③ 은유나 비유를 사용한다.
④ 사고를 재구조화한다.

해설 | 자기인식이 부족한 내담자의 경우 은유나 비유를 통하여 스스로를 인식하게 만들 수 있다.

07 생애진로사정 중 여가와 가장 선호하는 활동을 알 수 있는 것은?

① 진로사정
② 전형적인 하루
③ 강점과 장애
④ 요약

해설 | 생애진로사정 중 진로사정은 내담자가 일의 경험 또는 훈련 및 학습 과정에서 가장 좋았던 것과 싫었던 것에 대해 질문하며, 여가시간의 활용, 우정관계 등을 탐색한다.

오답풀이 | ② 전형적인 하루: 내담자가 생활을 어떻게 조직하는지를 시간의 흐름에 따라 체계적으로 기술한다.
③ 강점과 장애: 내담자가 스스로 생각하는 3가지 주요 강점 및 장애에 대해 질문한다.
④ 요약: 내담자 스스로 자신에 대해 알게 된 내용을 요약해 보도록 함으로써 자기인식을 증진시킨다.

08 Gysbers가 제시한 직업상담의 목적에 관한 설명으로 옳은 것은?

① 생애진로발달에 관심을 두고, 효과적인 사람이 되는 데 필요한 지식과 기능을 습득하게 한다.
② 직업선택, 의사결정 기술의 습득 등이 주요한 목적이고, 직업상담 과정에는 진단, 문제 분류, 문제 구체화 등이 들어가야 한다.
③ 자기관리 상담모드가 주요한 목적이고, 직업정보 탐색과 직업결정, 상담만족 등에 효과가 있다.
④ 직업정보를 스스로 탐색하게 하고 자신을 사정하게 하는 능력을 갖추도록 돕는다.

해설 | ①은 Gysbers가 제시한 직업상담의 목적 중 처치와 자극에 해당한다.

개념 체크 Gysbers가 제시한 직업상담의 목적
Gysbers가 제시한 직업상담의 목적으로는 예언과 발달(미래 행동을 예측하고 발달을 촉구), 처치와 자극(직업문제를 처치하고 지식과 기능을 자극), 결함과 유능(재능과 유능을 개발하고 사용하는 데 도움)이 있다.

09 직업상담의 문제 유형에 대한 Crites의 분류 중 '비현실형'에 대한 설명으로 옳은 것은?

① 적성에 따라 직업을 선택했지만 그 직업에 흥미를 느끼지 못하는 사람
② 흥미를 느끼는 분야는 있지만 그 분야에 필요한 적성을 가지고 있지 못하는 사람
③ 흥미나 적성의 유형이나 수준과는 상관없이 어떤 분야를 선택할지 결정하지 못하는 사람
④ 흥미를 느끼는 분야도 없고 적성에 맞는 분야도 없는 사람

오답풀이 | ① 강압형에 대한 설명이다.
③ 우유부단형에 대한 설명이다.
④ 부적응형에 대한 설명이다.

정답 05 ④ 06 ③ 07 ① 08 ① 09 ②

10 실존주의 상담의 주요 개념에 해당되지 않는 것은?

① 보상
② 죽음
③ 고립
④ 책임

해설 | 실존주의는 인간 존재의 의미에 관심을 두는 철학의 개념으로, 삶의 의미(무의미성), 인간의 자유와 선택, 그리고 책임, 소외(고립)와 죽음을 주요 개념으로 다룬다.

11 사이버 직업상담에서 답변을 작성할 때 고려해야 할 사항으로 가장 거리가 먼 것은?

① 추수상담의 가능성과 전문기관에 대한 안내를 한다.
② 친숙한 표현으로 답변을 작성하여 내담자가 친근감을 느끼게 한다.
③ 답변은 장시간이 소요되더라도 정확하게 하도록 노력한다.
④ 청소년이라 할지라도 반드시 존칭을 사용하여 호칭한다.

해설 | 사이버 직업상담에서 답변은 되도록 신속하고 정확하게 하도록 한다.

12 정신역동적 진로상담에서 보딘(Bordin)이 제시한 진단범주에 포함되지 않는 것은?

① 독립성
② 자아갈등
③ 정보의 부족
④ 진로선택에 따르는 불안

해설 | 보딘(Bordin)이 제시한 진단범주에 포함되는 것은 내적(자아)갈등, 정보의 부족, 의존성, 확신의 결여, 진로선택의 불안이다.

13 진로상담의 원리에 관한 설명으로 틀린 것은?

① 진로상담은 진학과 직업선택, 직업적응에 초점을 맞추어 전개되어야 한다.
② 진로상담은 상담사와 내담자 간의 라포가 형성된 관계 속에서 이루어져야 한다.
③ 진로상담은 항상 집단적인 진단과 처치의 자세를 견지해야 한다.
④ 진로상담은 상담 윤리강령에 따라 전개되어야 한다.

해설 | 진로상담은 차별적인 진단과 처치의 자세를 견지해야 한다.

14 정신역동적 집단상담의 장점이 아닌 것은?

① 자신의 방어와 저항에 대해 좀 더 극적인 통찰을 얻을 수 있다.
② 다른 집단원이나 상담자에게 전이감정을 느끼며 훈습할 기회가 많아 자기이해를 증진할 수 있다.
③ 다른 집단원의 작업을 관찰함으로써 자신이 의식하지 못했던 감정을 가지고 있음을 이해하게 된다.
④ 집단상담자의 분석은 상담자와 집단원의 독점적 관계에서 전이적 소망을 충족시켜 주므로 치료를 촉진시킨다.

해설 | 집단상담에서 상담자와 집단원의 관계는 독점적인 관계가 아니므로 집단상담에서는 특정 개인의 문제가 충분히 다루어지지 않을 가능성이 많다.

15 다음 중 침묵의 이유가 아닌 것은?

① 내담자의 저항
② 생각의 정리
③ 감정의 피로회복
④ 생각의 반영

해설 | 반영은 주로 관계 지향적 면담에서 사용하는 기법이다. 생각의 반영은 내담자의 생각을 거울에 비추어 주듯이 되돌려 주는 것으로 '공감'에 더 가까운 의미를 지니고 있다.

정답 10 ① 11 ③ 12 ① 13 ③ 14 ④ 15 ④

16 긴즈버그(Ginzberg)의 현실기에 해당하지 않는 것은?

① 탐색 ② 결정성
③ 특수성 ④ 가치

해설 | 긴즈버그의 발달단계는 환상기, 잠정기, 현실기로 구분되며, 현실기는 탐색단계(탐색), 구체화단계(결정성), 특수화단계(특수성)로 구분된다. 가치는 잠정기의 가치단계에서 고려되는 요인이다.

17 생애진로사정의 구조에서 중요 주제에 해당하지 않는 것은?

① 요약 ② 평가
③ 강점과 장애 ④ 전형적인 하루

해설 | 생애진로사정의 구조의 중요 주제는 진로사정, 전형적인 하루, 강점과 장애 및 요약으로 이루어진다.

18 진로시간전망 검사지를 사용하는 주요 목적과 가장 거리가 먼 것은?

① 목표설정 촉구 ② 계획기술 연습
③ 진로계획 수정 ④ 진로의식 고취

해설 | 진로계획 수정은 진로시간전망 검사지를 사용하는 목적과 거리가 멀다.

> **개념 체크** 진로시간전망 검사지의 사용 목적
> - 미래의 방향 설정을 가능하게 한다.
> - 미래에 대한 희망을 갖도록 한다.
> - 미래가 실제인 것처럼 느끼게 한다.
> - 현재의 행동을 미래의 결과와 연계시킨다.
> - 목표설정을 촉구한다.
> - 진로계획에 대한 긍정적 태도를 강화한다.
> - 진로계획의 기술을 연습시킨다.
> - 진로의식을 높여준다.

19 다음은 무엇에 관한 설명인가?

> 행동주의 직업상담에서 내담자가 직업선택에 대해서 무력감을 느끼게 되고, 그로 인해 발생된 불안 때문에 직업결정을 못하게 되는 것

① 무결단성
② 우유부단
③ 미결정성
④ 부적응성

해설 | 무결단성은 내담자의 진로결정 상의 무력감에 기인하여 부모의 지시나 강압에 의한 직업 선택 등 환경에 의한 요구나 압력이 원인이다. 이 경우 정보가 주어지고 직업 상담이 끝난 후에도 내담자는 진로결정을 내리지 못한다.

20 성공적인 상담결과를 위한 상담목표의 특징으로 옳지 않은 것은?

① 변화될 수 없으며 구체적이어야 한다.
② 실현 가능해야 한다.
③ 내담자가 원하고 바라는 것이어야 한다.
④ 상담자의 기술과 양립 가능해야만 한다.

> **개념 체크** 내담자가 가져야 할 목표의 특성
> - 목표는 구체적이어야 한다(내담자가 바라는 구체적이고 긍정적인 변화를 상담목표로 삼는다).
> - 목표는 실현 가능해야 한다.
> - 목표는 내담자가 원하고 바라는 것이어야 한다.
> - 내담자의 목표는 상담자의 기술과 양립 가능해야 한다.

정답 16 ④ 17 ② 18 ③ 19 ① 20 ①

제2과목 직업심리학

21 데이비스와 롭퀴스트(Dawis & Lofquist)의 직업 적응이론에서 적응양식의 차원에 해당하지 않는 것은?

① 의존성(dependence)
② 적극성(activeness)
③ 반응성(reactiveness)
④ 인내(perseverance)

개념 체크 Dawis와 Lofquist의 적응양식 차원
- 융통성: 수행해야 할 다양한 작업들 간의 부조화를 참아내는 정도
- 끈기 또는 인내: 환경이 자신에게 맞지 않아도 개인이 얼마나 오랫동안 견뎌낼 수 있는지의 정도
- 적극성: 개인이 작업환경을 개인적 방식과 좀 더 조화롭게 만들어가려고 노력하는 정도
- 반응성: 개인이 작업성격의 변화로 인해 작업환경에 반응하는 정도

22 고트프레드슨(L.Gottfredson)의 진로발달이론에서 제시한 진로포부 발달 단계가 아닌 것은?

① 내적 자아 확립 단계
② 서열 획득 단계
③ 안정성 확립 단계
④ 사회적 가치 획득 단계

개념 체크 진로포부 발달 단계(4단계)
- 힘과 크기 지향성(Orientation to size ade power, 3~5세, 서열 획득 단계): 사고과정이 구체화되며 어른이 된다는 것의 의미를 알게 된다.
- 성역할 지향성(Orientation to sex roles, 6~8세, 성역할 획득 단계): 자아개념이 성(gender)의 발달에 의해 영향을 받게 된다. 남녀 역할에 바탕을 둔 직업을 선호한다.
- 사회적 가치 지향성(Orientation to social valuation, 9~13세, 사회적 가치 획득 단계): 사회계층에 대한 개념이 생기면서 상황 속의 자아를 인식하게 되고, 일의 수준에 대한 이해를 확장시킨다.
- 내적 고유한 자아 지향성(Orientation to internal, unique self, 14세 이후, 내적 자아 확립 단계): 타인에 대한 개념이 생기고, 자아성찰과 사회계층의 맥락에서 직업적 포부가 더욱 발달한다.

23 다음은 로(Roe)가 제안한 직업군에 관한 내용 중 옳지 않은 것은?

① 기술직: 상품과 재화의 생산 유지 운송과 관련된 직업을 포함하는 직업군이다.
② 서비스직: 기본적으로 다른 사람의 욕구와 복지에 관련된 직업군이다.
③ 비지니스직(사업직): 상대방을 설득하여 거래를 성사시키는 직업군이다.
④ 일반문화직: 기업이나 단체의 조직과 효율적인 기능에 관련된 직업군이다.

해설 | 기업이나 단체의 조직과 효율적인 기능에 관련된 직업군은 단체직이다. 일반문화직은 인류의 활동에 흥미를 가지며, 문화 유산의 보존 및 전수에 관련된 직업군이다.

24 다음 중 규준의 범주에 포함될 수 없는 점수는?

① 표준점수
② Stanine점수
③ 백분위점수
④ 표집점수

해설 | 집단 내 규준에는 표준점수, 백분위점수, 스테나인(Stanine)점수 등이 있다.

정답 21 ① 22 ③ 23 ④ 24 ④

25 Williamson의 특성-요인 진로상담 과정을 바르게 나열한 것은?

```
ㄱ. 진단단계      ㄴ. 분석단계
ㄷ. 예측단계      ㄹ. 종합단계
ㅁ. 상담단계      ㅂ. 추수지도단계
```

① ㄱ → ㄴ → ㄷ → ㄹ → ㅂ → ㅁ
② ㄱ → ㄷ → ㄴ → ㄹ → ㅁ → ㅂ
③ ㄴ → ㄱ → ㄹ → ㄷ → ㅂ → ㅁ
④ ㄴ → ㄹ → ㄱ → ㄷ → ㅁ → ㅂ

해설 | 윌리암슨(Williamson)의 특성-요인 상담 과정은 분석 → 종합 → 진단 → 예측(예후) → 상담 → 추수단계 순으로 진행된다.

26 진로발달에서 맥락주의(contextualism)에 관한 설명으로 틀린 것은?

① 행위는 맥락주의의 주요 관심대상이다.
② 개인보다는 환경의 영향을 강조한다.
③ 행위는 인지적·사회적으로 결정되며 일상의 경험을 반영하는 것이다.
④ 진로연구와 진로상담에 대한 맥락상의 행위 설명을 확립하기 위하여 고안된 방법이다.

해설 | 진로발달에서 맥락주의는 진로연구와 진로상담에 대한 맥락상의 행위설명을 확립하기 위하여 고안된 방법으로, 구성주의 철학을 토대로 하며 개인과 환경의 상호작용을 강조한다.

27 Krumboltz의 사회학습 진로이론에서 삶에서 일어나는 우연한 일들을 자신의 진로에 유리하게 활용하는 데 도움되는 기술이 아닌 것은?

① 호기심(curiosity)
② 독립심(independence)
③ 낙관성(optimism)
④ 위험 감수(risk taking)

해설 | 크럼볼츠(Krumboltz)의 사회학습이론에서 삶에서 일어나는 우연한 일들을 자신의 진로에 유리하게 활용하는 데 도움을 주는 기술로는 호기심, 인내심, 융통성, 낙관성, 위험 감수 등이 있다.

28 다음은 질적 측정도구 중 무엇에 관한 설명인가?

> 원래 가족치료에 활용하기 위해 개발되었는데, 기본적으로 경력상담 시 먼저 내담자의 가족이나 선조들의 직업 특징에 대한 시각적 표상을 얻기 위해 도표를 만드는 것

① 자기 효능감 척도
② 역할놀이
③ 제노그램
④ 카드분류

해설 | 직업가계도(제노그램)는 내담자의 가족 내 직업적 계보를 통해 내담자의 직업에 대한 고정관념이나 직업가치 및 흥미 등의 근본 원인을 파악한다. 직업가계도는 가족치료에 활용하기 위해 개발된 도구로, 기본적으로 경력상담 시 먼저 내담자의 가족이나 선조들의 직업 특징에 대한 시각적 표상을 얻기 위해 도표를 만든다.

29 스트레스의 원인 중 역할갈등은 어디에 해당하는가?

① 직무관련 스트레스원
② 개인관련 스트레스원
③ 조직관련 스트레스원
④ 물리적 환경관련 스트레스원

해설 | 직무관련 스트레스원으로는 과제특성, 역할갈등, 역할과다 또는 역할과소, 역할모호성, 산업의 조직문화와 풍토 등이 있다.

정답 25 ④ 26 ② 27 ② 28 ③ 29 ①

30 다음 사례에서 A에게 해당하는 Holland의 직업 성격유형은?

> A는 분명하고 질서정연한 것을 좋아하고, 체계적으로 기계를 조작하는 활동을 좋아한다. 성격은 솔직하고, 말이 적으며, 고집이 있는 편이고, 단순하다는 얘기를 많이 듣는다.

① 탐구적(investigative)
② 사회적(social)
③ 실제적(realistic)
④ 관습적(conventional)

해설 | 홀랜드(Holland) 성격유형 중 실제적 유형은 솔직하고 실제적이며 성실하고, 지구력이 있고 건강하다. 또한 소박하고 말이 적으며, 고집이 세고 직선적이며 단순한 성격의 유형이다. 대표적인 직업으로는 기술자, 운전사, 농부, 운동선수 등이 있다.

31 작업자 중심 직무분석의 특징과 가장 거리가 먼 것은?

① 표준화된 분석도구의 개발이 어렵다.
② 직무들에서 요구되는 인간특성의 유사정도를 양적으로 비교할 수 있다.
③ 대표적인 예로서 직위분석질문지(PAQ)가 있다.
④ 과제 중심 직무분석에 비해 보다 폭넓게 활용될 수 있다.

해설 | 작업자 중심 직무분석은 사람의 속성을 기준으로 하기 때문에 표준화된 분석도구의 개발이 쉽다. 반면, 과제 중심 직무분석은 각 직무들의 복잡하고 상이한 직무구조 때문에 표준화된 분석도구의 개발이 어렵다.

32 과업지향적 직무분석방법 중 기능적 직무분석의 세 가지 차원이 아닌 것은?

① 기술(skill)
② 자료(data)
③ 사람(people)
④ 사물(things)

해설 | 직업정보론과 관련 있는 내용으로, 작업자의 과업지향적 직무분석방법에서는 직무에 대한 판단이 자료(data), 사람(people), 사물(things)의 관점에서 이루어진다.

33 셀리에(Selye)의 스트레스에서의 일반적응 증후군에 관한 설명으로 옳지 않은 것은?

① 스트레스의 결과가 신체 부위에 영향을 준다는 뜻에서 일반적이라 명명했다.
② 스트레스의 원인으로부터 신체가 대처하도록 한다는 의미에서 적응이라 명명했다.
③ 경계단계는 정신적 혹은 육체적 위험에 노출되었을 때 즉각적인 반응을 보이는 단계이다.
④ 탈진단계에서 심장병을 잘 유발하는 성격의 B유형은 흥분을 가라앉히지 않는다.

해설 | 탈진단계에서 심장병을 잘 유발하는 성격의 A유형은 스트레스 상황에서 좀처럼 흥분을 가라앉히지 않는다. 반면, B유형은 같은 상황에서 차분한 모습을 보인다.

정답 30 ③ 31 ① 32 ① 33 ④

34 직업적성검사인 GATB에서 측정하는 적성요인에 해당하지 않는 것은?

① 기계적성 ② 공간적성
③ 사무지각 ④ 손의 기교도

해설 | 일반직업적성검사(GATB; General Aptitude Test Battery)의 9가지 적성요인은 형태지각, 사무지각, 운동반응, 공간적성, 지능, 언어능력, 수리능력, 손 재치, 손가락 재치이다.

35 다운사이징(downsizing)과 조직구조의 수평화로 대변되는 조직변화에 적합한 종업원 경력개발 프로그램과 가장 거리가 먼 것은?

① 직무를 통해서 다양한 능력을 본인 스스로 학습할 수 있도록 많은 프로젝트에 참여시킨다.
② 표준화된 작업규칙, 고정된 작업시간, 엄격한 직무기술을 강화한 학습 프로그램에 참여시킨다.
③ 불가피하게 퇴직한 사람들을 위한 퇴직자 관리 프로그램을 운영한다.
④ 새로운 직무를 수행하는 데 요구되는 능력 및 지식과 관련된 재교육을 실시한다.

해설 | 다운사이징 시대에는 표준화된 작업규칙, 고정된 작업시간, 엄격한 직무기술 등에서 벗어나 자신이 해야 할 일을 스스로 설계할 수 있어야 한다. 따라서 자신의 일을 조직화하고 업무의 우선순위를 정하며, 자신의 일을 감독하는 능력과 자기를 조절할 수 있는 능력 등이 요구된다.

36 한 연구자가 검사를 개발한 후 요인분석을 통해 그 검사가 검사개발의 토대가 된 이론을 잘 반영하는지를 확인하였다. 이 과정은 무엇을 확인하기 위한 것인가?

① 내용타당도 ② 동시타당도
③ 준거타당도 ④ 구성타당도

해설 | 요인분석법은 검사의 구성타당도를 알아보기 위해 가장 많이 사용하는 것으로, 검사 문항이나 변인들 간의 상관관계를 분석하여 상관이 높은 문항이나 변인들을 묶어주는 통계적 방법이다.

37 다음과 같은 유형의 직업세계에 가장 적합한 Holland의 성격유형은?

- 사서, 은행원, 행정관료
- 정확성과 꼼꼼함을 요구함
- 융통성과 상상력이 부족함

① 사회적 유형(S) ② 현실적 유형(R)
③ 탐구적 유형(I) ④ 관습적 유형(C)

해설 | 홀랜드(Holland)가 제시한 성격유형 중 정확성과 꼼꼼함을 요구하면서 융통성과 상상력이 부족한 성격유형은 관습적 유형(C)이다.

정답 34 ① 35 ② 36 ④ 37 ④

38 신뢰도 계수에 관한 설명으로 틀린 것은?

① 신뢰도 계수는 개인차가 클수록 커진다.
② 신뢰도 계수는 문항 수가 증가함에 따라 정비례하여 커진다.
③ 신뢰도 계수는 신뢰도 추정방법에 따라서 달라질 수 있다.
④ 신뢰도 계수는 검사의 일관성을 보여주는 값이다.

해설 | 신뢰도 계수는 검사 문항의 수가 증가할수록 커진다. 다만, 정비례하여 커지는 것은 아니다.

39 신입사원이 조직에 쉽게 적응하도록 상사가 후견인이 되어 도와주는 경력개발 프로그램은?

① 종업원 지원 시스템
② 멘토십 시스템
③ 경력지원 시스템
④ 조기발탁 시스템

해설 | 신입사원이 조직에 쉽게 적응하도록 상사가 후견인이 되어 도와주는 프로그램은 후견인 프로그램(멘토십 시스템)이다.

40 수퍼(Super)의 전 생애 발달과업의 순환 및 재순환에서 '새로운 과업 찾기'가 중요한 시기는 연세인가?

① 청소년기(14~24세)
② 성인초기(25~45세)
③ 성인중기(46~65세)
④ 성인후기(65세 이상)

해설 | Super의 발달단계에서 유지기(45~64세)는 직업에서 자신의 위치가 공고(확고)해지고 자신의 자리를 유지하기 위해 노력하며 안정된 삶을 살아가는 시기이다. 지금까지 성취한 것들을 계속 유지하면서도 익숙했던 지식과 기술을 새로운 내용으로 갱신하거나 새로운 도전 과제를 발견(새로운 과업 찾기)해내는 혁신적인 과업을 이행하기도 한다.

제3과목 직업정보론

41 고용24(구 워크넷)에서 채용정보 상세검색 시 선택할 수 있는 기업형태가 아닌 것은?

① 대기업
② 일학습병행기업
③ 가족친화인증기업
④ 다문화가정지원사업

해설 | 고용24(구 워크넷) 채용정보의 상세검색에서 기업형태별 검색의 메뉴는 대기업, 공무원·공기업·공공기관, 외국계기업, 코스피, 코스닥, 일학습병행기업, 청년친화강소기업, 가족친화인증기업 및 중견기업 등 9가지로 구분하고 있다.

42 국가 직업훈련에 관한 정보를 검색할 수 있는 직업훈련포털 정보망은?

① JT-Net
② T-Net
③ HRD-Net
④ Training-Net

해설 | 훈련기관, 훈련과정정보 등 국가 직업훈련에 관한 정보를 검색할 수 있는 정보망은 한국고용정보원이 운영하는 직업능력지식포털 HRD-Net(www.hrd.go.kr)이다. HRD-Net에서는 한 번의 검색으로 '훈련-자격증-일자리' 정보를 한 눈에 조회할 수 있다.

정답 38 ② 39 ② 40 ③ 41 ④ 42 ③

43 국가기술자격 서비스 분야 종목 중 응시자격에 제한이 없는 것으로만 짝지어진 것은?

① 직업상담사 2급 – 임상심리사 2급 – 스포츠경영관리사
② 사회조사분석사 2급 – 소비자전문상담사 2급 – 텔레마케팅관리사
③ 직업상담사 2급 – 컨벤션기획사 2급 – 국제의료관광코디네이터
④ 컨벤션기획사 2급 – 스포츠경영관리사 – 국제의료관광코디네이터

해설 | 서비스 분야 종목 중 스포츠경영관리사, 직업상담사 2급, 사회조사분석사 2급, 전자상거래관리사 2급, 텔레마케팅관리사, 컨벤션기획사 2급, 소비자전문상담사 2급 등은 응시자격의 제한이 없다.

오답풀이 | ① 임상심리사 2급의 응시자격은 1년 이상 실습수련 또는 2년 이상 실무에 종사한 자로서 대학졸업자 및 그 졸업예정자이다.
③, ④ 국제의료관광코디네이터는 공인어학성적 기준요건을 충족하고 ⑤ 보건의료 또는 관광분야 관련학과의 대학졸업자, 2년제 후 2년 실무, 3년제 후 1년 실무, 4년 실무, ⓒ 관련 자격증(의사, 간호사, 보건교육사, 관광통역안내사, 컨벤션기획사 1·2급)을 취득한 사람이다.

44 한국표준산업분류(제10차) 주요 개정내용으로 틀린 것은?

① 어업에서 해수면은 해면으로, 수산 종자는 수산 종묘로 명칭을 변경하였다.
② 수도업은 국내 산업 연관성을 고려하고 국제표준산업분류(ISIC)에 맞춰 대분류 E로 이동
③ 산업 성장세를 고려하여 태양력 발전업을 신설
④ 세분류에서 종이 원지·판지·종이상자 도매업, 면세점, 의복 소매업을 신설

해설 | 대분류 A 농업, 임업 및 어업 중 어업에서 해면은 해수면으로, 수산 종묘는 수산 종자로 명칭을 변경하였다.

45 고용노동통계조사의 각 항목별 조사주기의 연결이 틀린 것은?

① 사업체 노동력 조사: 연 1회
② 시도별 임금 및 근로시간 조사: 연 1회
③ 지역별 사업체 노동력 조사: 연 2회
④ 기업체 노동비용 조사: 연 1회

해설 | 사업체 노동력 조사는 고용노동부가 매월 사업체를 대상으로 수요 측면의 사업체 내 종사자 총량, 근로자의 전체 임금 총량 단위로 파악하는 조사이다. 매월 노동수요측(사업체의 관점에서 근로자 수, 입직자 및 이직자 수와 임금 및 근로시간에 관한 사항을 조사하여 노동정책의 기초자료 활용 및 경기전망 등을 위한 경기지표를 생산하기 위한 조사이다.

46 민간직업정보와 비교한 공공직업정보의 특성에 관한 설명과 가장 거리가 먼 것은?

① 필요한 시기에 최대한 활용되도록 한시적으로 신속하게 생산 및 운영된다.
② 광범위한 이용가능성에 따라 공공직업정보 체계에 대한 직접적이며 객관적인 평가가 가능하다.
③ 특정 분야 및 대상에 국한되지 않고 전체 산업 및 업종에 걸친 직종 등을 대상으로 한다.
④ 직업별로 특정한 정보만을 강조하지 않고 보편적인 항목으로 이루어진 기초적인 직업정보체계로 구성되어 있다.

해설 | 필요한 시기에 최대한 활용되도록 한시적으로 신속하게 생산 및 운영되는 것은 민간직업정보의 특징이다.

정답 43 ② 44 ① 45 ① 46 ①

47 직업정보의 일반적인 평가 기준과 가장 거리가 먼 것은?

① 어떤 목적으로 만든 것인가
② 얼마나 비싼 정보인가
③ 누가 만든 것인가
④ 언제 만들어진 것인가

해설 | 직업정보를 평가할 때 중요한 기준은 정보의 정확성, 신뢰성 등이다. 따라서 누가 만들었는지, 어떤 목적으로, 누구의 자금지원을 받아 만들었는지를 파악해야 한다. 또한 정보는 시간이 흐르면 가치가 없어지는 경우가 많기 때문에 언제 만들어진 것인지도 파악해야 한다.

48 한국표준직업분류(제7차)상 특정 직종의 분류요령에 대한 설명으로 틀린 것은?

① 행정 관리 및 입법기능을 수행하는 자는 '대분류 1 관리자'에 분류된다.
② 자영업주 및 고용주는 수행되는 일의 형태나 직무내용에 따라 정의된 개념이다.
③ 연구 및 개발업무 종사자는 '대분류 2 전문가 및 관련 종사자'에서 그 전문분야에 따라 분류된다.
④ 군인은 별도로 '분류 A 군인'에 분류된다.

해설 | 자영업주 및 고용주는 수행되는 일의 형태에 따른 구분이 아니라 고용상태에 따라 구분된 개념이다.

49 한국직업정보시스템(고용24 직업정보시스템)에서 제공하는 학과정보 중 사회계열에 해당하지 않는 학과는?

① 경찰행정학과 ② 국제학부
③ 문헌정보학과 ④ 지리학과

해설 | 문헌정보학과는 인문계열에 해당한다.
고용24 직업정보시스템의 학과정보에서는 인문계열, 사회계열, 자연계열, 교육계열, 공학계열, 의학계열 및 예체능계열 등 7개의 계열로 구분하고 각 계열에 속하는 학과에 대한 정보를 제공하고 있다.

50 한국표준직업분류(제7차)의 대분류 항목과 직능 수준과의 관계가 올바르게 연결된 것은?

① 전문가 및 관련 종사자: 제4직능 수준 혹은 제3직능 수준 필요
② 사무 종사자: 제3직능 수준 필요
③ 단순노무 종사자: 제2직능 수준 이상 필요
④ 군인: 제1직능 수준 필요

해설 | 제7차 한국표준직업분류에서 대분류 1 관리자와 대분류 2 전문가 및 관련 종사자는 제4직능 수준 혹은 제3직능 수준이 요구된다.

오답풀이 | ②, ③ 대분류 3~8까지는 제2직능 수준, 대분류 9 단순노무 종사자는 제1직능 수준을 필요로 한다.
④ 군인은 제2직능 수준 이상 필요하다.

51 직업정보관리에 관한 설명으로 틀린 것은?

① 직업정보의 범위는 개인에 대한 정보, 직업에 대한 정보, 미래에 대한 정보 등으로 구성되어 있다.
② 직업정보원은 정부부처, 정부투자출연기관, 단체 및 협회, 연구소, 기업과 개인 등이 있다.
③ 직업정보 가공 시에는 전문적인 지식이 없이도 이해할 수 있도록 가급적 평이한 언어로 제공되어야 하며 직무의 장·단점을 편견 없이 제공하여야 한다.
④ 개인의 정보는 보호되어야 하기 때문에 구직 시에 연령, 학력 및 경력 등의 취업과 관련된 정보는 제한적으로 제공되어야 한다.

해설 | 구직 시 연령, 학력 및 경력 등 취업과 관련된 모든 정보는 정확하게 제공되어야 한다. 물론 구인업체에서는 이러한 정보를 철저하게 보호하여야 한다.

정답 47 ② 48 ② 49 ③ 50 ① 51 ④

52 한국표준산업분류(제10차)에서 하나 이상의 장소에서 이루어지는 단일 산업활동의 통계단위는?

① 기업집단 단위
② 기업체 단위
③ 지역 단위
④ 활동유형 단위

해설 | 한국표준산업분류의 통계단위에서 단일 산업활동이 하나 이상의 장소에서 이루어지는 경우는 활동유형 단위이다.

개념 체크 산업활동과 장소의 동질성 차이에 따라 통계단위는 다음과 같이 구분된다.

구분	하나 이상의 장소	단일 장소
하나 이상의 산업활동	기업집단 단위	지역 단위
	기업체 단위	
단일 산업활동	활동유형 단위	사업체 단위

53 다음은 고용24에서 제공하는 성인을 위한 직업적응검사 중 무엇에 관한 설명인가?

- 개발연도: 2013년
- 실시시간: 20분
- 측정내용: 문제해결능력 등 12개 요인
- 실시방법: 인터넷/지필

① 구직준비도검사
② 직업전환검사
③ 중장년 직업역량검사
④ 창업적성검사

해설 | 제시된 내용은 고용24에서 제공하는 성인을 위한 직업적응검사 중 창업적성검사에 대한 설명이다.

개념 체크 고용24 직업심리검사 중 성인을 위한 직업적응검사는 구직준비도검사, 창업적성검사, 직업전환검사, 이주민 취업준비도검사 및 중장년 직업역량검사 등 5개 검사로 구성되어 있다.
그중 창업적성검사는 사업지향성, 문제해결, 효율적 처리, 주도성, 자신감, 목표설정, 설득력, 대인관계, 자기개발노력, 책임감수, 업무완결성 및 성실성 등 12개 요인을 측정한다.

54 한국표준산업분류(제10차)의 적용원칙으로 틀린 것은?

① 생산단위는 산출물뿐만 아니라 투입물과 생산공정 등을 함께 고려하여 그들의 활동을 가장 정확하게 설명된 항목으로 분류해야 한다.
② 산업활동이 결합되어 있는 경우에는 그 활동단위의 주된 활동에 따라서 분류해야 한다.
③ 복합적인 활동단위는 우선적으로 세세분류를 정확히 결정하고, 순차적으로 세·소·중·대분류 단계 항목을 결정하여야 한다.
④ 공식적 생산물과 비공식적 생산물, 합법적 생산물과 불법적인 생산물을 달리 분류하지 않는다.

해설 | 복합적인 활동단위는 우선적으로 최상급 분류단계(대분류)를 정확히 결정하고, 순차적으로 중, 소, 세, 세세분류 단계 항목을 결정하여야 한다.

55 다음은 국가기술자격 중 어떤 등급의 검정기준에 해당하는가?

> 해당 국가기술자격의 종목에 관한 숙련기능을 가지고 제작·제조·조작·운전·보수·정비·채취·검사 또는 작업관리 및 이에 관련되는 업무를 수행할 수 있는 능력 보유

① 기능사
② 산업기사
③ 기사
④ 기능장

해설 | 해당 국가기술자격의 종목에 관한 숙련기능을 가지고 제작·제조·조작·운전·보수·정비·채취·검사 또는 작업관리 및 이에 관련되는 업무를 수행할 수 있는 능력 보유는 기능사의 검정기준이다.

개념 체크 국가기술자격 등급
- 기술사: 고도의 전문지식과 실무경험에 입각한 기술업무의 수행능력
- 기능장: 최상급 숙련기능을 가지고 현장관리 업무의 수행능력
- 기사: 공학적 기술이론 지식
- 산업기사: 기술기초이론지식 또는 숙련기능
- 기능사: 숙련기능

정답 52 ④ 53 ④ 54 ③ 55 ①

56 실기능력이 중요하여 고용노동부령이 정하는 필기시험이 면제되는 기능사 종목이 아닌 것은?

① 측량기능사 ② 도화기능사
③ 도배기능사 ④ 방수기능사

해설 | 「국가기술자격법 시행규칙」(고용노동부령)에서 규정한 실기시험만 실시할 수 있는 종목은 다음과 같다.
- 토목분야 : 석공기능사, 지도제작기능사, 도화기능사, 항공사진기능사
- 건축분야 : 조적기능사, 미장기능사, 타일기능사, 온수온돌기능사, 유리시공기능사, 비계기능사, 건축목공기능사, 거푸집기능사, 건축도장기능사, 도배기능사, 철근기능사, 방수기능사
- 판금·제관·새시분야 : 금속재창호기능사

57 국민취업지원제도는 참여자의 소득과 재산 등에 따라 I유형과 II유형으로 구분하여 지원을 달리하고 있다. 다음 중 이에 대한 설명으로 옳지 못한 것은?

① I유형에 속하는 대상자에게는 구직촉진수당과 취업지원서비스를 제공한다.
② I유형에 해당하지 않는 특정계층, 청년, 중장년 등은 II유형으로 취업활동비용과 취업지원서비스를 제공하다.
③ 상급학교 진학 및 전문자격증 취득을 목적으로 각종 학교에 재학 또는 학원 등에서 수강 중인 사람은 I유형에 참여할 수 있다.
④ 국민취업지원제도 참여자는 1년간 취업지원서비스를 받을 수 있으며, 참여자가 희망하는 경우 6개월 범위 내에서 기간을 연장할 수 있다.

해설 | 상급학교 진학 및 전문자격증 취득을 목적으로 각종 학교에 재학 또는 학원 등에서 수강 중인 사람은 I유형에 참여할 수 없다. I유형은 가구단위 중위소득이 60% 이하이고 재산 4억원(18~34세 청년은 5억원) 이하이면서, 최근 2년 안에 100일 또는 800시간 이상의 취업경험이 있는 사람을 중심으로 한다.

개념 체크 고용노동부 한국고용정보원은 2021년부터 저소득 구직자, 청년 신규실업자, 경력단절여성 등 취업취약계층을 대상으로 취업지원서비스와 생계지원을 함께 제공하는 '한국형 실업부조' 제도로 국민취업지원제도를 운영하고 있다.

58 한국표준직업분류(2017)에서 포괄적인 업무에 대해 적용하는 직업분류 원칙을 순서대로 바르게 나열한 것은?

① 주된 직무 → 최상급 직능수준 → 생산업무
② 최상급 직능수준 → 주된 직무 → 생산업무
③ 최상급 직능수준 → 생산업무 → 주된 직무
④ 생산업무 → 최상급 직능수준 → 주된 직무

해설 | 한국표준직업분류(2017)에서 포괄적인 업무에 대해 적용하는 직업분류 원칙은 주된 직무 우선의 원칙 → 최상급 직능수준 우선의 원칙 → 생산업무 우선의 원칙이다.

59 다음은 한국직업사전(2020) 부가직업정보의 작업강도 중 무엇에 관한 설명인가?

> 최고 20kg의 물건을 들어올리고 10kg 정도의 물건을 빈번히 들어올리거나 운반한다.

① 가벼운 작업
② 보통 작업
③ 힘든 작업
④ 아주 힘든 작업

해설 | 최고 20kg의 물건을 들어올리고 10kg 정도의 물건을 빈번히 들어올리거나 운반하는 것은 보통 작업이다.

개념 체크 한국직업사전(2020)의 부가직업정보 중 작업강도는 해당 직업의 직무를 수행하는 데 필요한 육체적 힘의 강도를 나타낸 것으로, 5단계로 분류한다.
- 아주 가벼운 작업 : 최고 4kg의 물건을 들어올리고, 때때로 장부, 대장, 소도구 등을 들어올리거나 운반한다.
- 가벼운 작업 : 최고 8kg의 물건을 들어올리고, 4kg 정도의 물건을 빈번히 들어올리거나 운반한다.
- 보통 작업 : 최고 20kg의 물건을 들어올리고, 10kg 정도의 물건을 빈번히 들어올리거나 운반한다.
- 힘든 작업 : 최고 40kg의 물건을 들어올리고, 20kg 정도의 물건을 빈번히 들어올리거나 운반한다.
- 아주 힘든 작업 : 40kg 이상의 물건을 들어올리고, 20kg 이상의 물건을 빈번히 들어올리거나 운반한다.

정답 56 ① 57 ③ 58 ① 59 ②

60 고용24에서 채용정보 검색조건에 해당하지 않는 것은?

① 희망임금 ② 학력
③ 경력   ④ 연령

해설 | 현재 「고용상 연령차별금지 및 고령자 고용촉진에 관한 법률」이 시행됨에 따라 채용정보 검색조건에서 연령이 삭제되었다.

개념 체크 고용24의 채용정보의 검색조건은 근무지역, 희망직종, 고용형태, 희망임금, 경력 및 학력, 고용형태, 우대조건(청년층, 장년, 여성 등), 장애인 희망채용 등이다. 이와 함께 근무형태, 교대근무여부, 식사(비)제공, 복리후생(통근버스, 기숙사, 교육비 지원, 자녀학자금 지원 등), 채용구분(상용직, 일용직) 등의 조건을 입력하여 채용정보를 검색할 수 있다.

제4과목 노동시장론

61 다음 중 마찰적 실업에 관한 설명으로 옳은 것은?

① 경기침체로부터 오는 실업이다.
② 구인자와 구직자 간의 정보의 불일치로 인해 발생한다.
③ 기업이 요구하는 기술수준과 노동자가 공급하는 기술수준의 불합치에 의해 발생한다.
④ 노동절약적 기술 도입으로 해고가 이루어짐으로써 발생한다.

해설 | 마찰적 실업(frictional unemployment)은 새로 직장을 구하거나 직장을 옮길 때 발생하는 자발적이고 일시적인 실업이다. 주로 노동시장의 정보 부족으로 발생한다. 따라서 마찰적 실업은 워크-넷(work-net)을 구축하는 등의 방법으로 노동시장 정보를 효율적으로 제공함으로써 줄일 수 있다.

오답풀이 | ①은 경기적 실업, ③은 구조적 실업, ④는 기술적 실업에 대한 설명이다.

62 만일 여가가 열등재라면 개인의 노동공급곡선의 형태는?

① 후방굴절한다.
② 완전비탄력적이다.
③ 완전탄력적이다.
④ 우상향한다.

해설 | 열등재(inferior goods)는 소득이 증가할 때 수요가 감소하는 재화를 말한다. 여가가 열등재라면 임금상승으로 소득수준이 높아져도 여가의 수요는 감소한다. 임금상승에 따른 여가의 수요 감소는 노동공급량의 증가를 의미하므로 노동의 공급곡선은 우상향한다.

63 개별기업수준에서 노동에 대한 수요곡선을 이동시키는 요인을 모두 고른 것은?

ㄱ. 기술의 변화
ㄴ. 임금의 변화
ㄷ. 최종생산물가격의 변화
ㄹ. 자본의 가격 변화

① ㄱ, ㄴ, ㄷ
② ㄱ, ㄴ, ㄹ
③ ㄱ, ㄷ, ㄹ
④ ㄴ, ㄷ, ㄹ

해설 | 임금(률)을 제외한 최종생산물의 수요변화, 다른 생산요소(자본 등)의 가격변화, 생산기술의 변화, 노동생산성의 변화 등은 노동에 대한 수요곡선을 이동시킨다.
노동수요곡선 모형에서 세로축에 표시되는 임금(률)이 변화하면 노동수요곡선 자체는 이동하지 않고 노동수요곡선상에서의 이동을 가져온다. 반면 모형에 표시되지 않는 외생변수가 변화하면 노동수요곡선 자체가 이동한다.

정답 60 ④ 61 ② 62 ④ 63 ③

64 임금의 보상격차에 관한 설명으로 틀린 것은?

① 근무조건이 열악한 곳으로 전출되면 임금이 상승한다.
② 성별격차도 임금의 보상격차이다.
③ 물가가 높은 곳에서 근무하면 임금이 상승한다.
④ 더 높은 비용이 소요되는 훈련을 요구하는 직종의 임금이 상대적으로 높다.

해설 | 성별 임금격차는 차별에 의한 임금격차이므로 임금의 보상격차와는 관련이 없다.

개념 체크 임금의 보상격차

임금의 보상격차는 애덤 스미스(A. Smith)에 의해 주장되었다. 스미스는 노동자들의 직업선택 및 전직이 자유로운 사회에서는 각 직업의 좋은 점과 나쁜 점을 모두 고려한 순이익이 한 사회의 여러 가지 대체적인 직업 사이에서 균등하게 된다고 보고, 이를 균등화 격차(equalizing wage differentials)라고 하였다.

65 구인처에서 요구하는 기술을 갖춘 근로자가 없어서 발생하는 실업은?

① 구조적 실업
② 잠재적 실업
③ 마찰적 실업
④ 자발적 실업

해설 | 구조적 실업은 구인처에서 요구하는 기술을 갖춘 근로자가 없어서 산업 간·지역 간 노동의 이동성이 부족하기 때문에 발생하는 실업이다. 따라서 노동의 이동성을 높이는 대책이 필요하다. 즉 직업전환 교육 등 인력정책, 지역 간 이동을 촉진하기 위한 이주보조금, 산업구조의 변화 예측에 따른 인력수급정책 등이 필요하다.

66 다음은 어떤 숍(shop)제도에 대한 설명인가?

> 기업이 노동자를 채용할 때는 노동조합에 가입하지 않은 노동자를 채용할 수 있지만 일단 채용된 노동자는 일정 기간 내에 노동조합에 가입하여야 하며 또한 조합에서 탈퇴하거나 제명되는 경우 종업원 자격을 상실하도록 되어 있는 제도

① 클로즈드 숍(closed shop)
② 오픈 숍(open shop)
③ 에이전시 숍(agency shop)
④ 유니온 숍(union shop)

해설 | 유니온 숍(union shop)은 사용자가 자유롭게 채용할 수 있으나 채용 후 일정 기간이 지나면 반드시 조합에 가입하여야 하는 제도이다. 또한 조합으로부터 탈퇴하거나 제명되어 조합원 자격을 상실할 때에는 해고된다는 노사 간의 협약을 의미한다.

67 유보임금(reservation wage)에 관한 설명으로 옳은 것을 모두 고른 것은?

> ㄱ. 유보임금의 상승은 실업기간을 연장한다.
> ㄴ. 유보임금의 상승은 기대임금을 하락시킨다.
> ㄷ. 유보임금은 기업이 근로자에게 제시한 최고의 임금이다.
> ㄹ. 유보임금은 근로자가 받고자 하는 최저의 임금이다.

① ㄱ, ㄷ
② ㄱ, ㄹ
③ ㄴ, ㄷ
④ ㄴ, ㄹ

해설 | ㄱ. 유보임금이 상승하면 직업탐색기간이 길어지므로 실업(탐색적 실업)기간이 길어진다.
ㄹ. 유보임금(reservation wage)은 노동자가 노동을 공급하기 위해 받기를 원하는 최소한의 임금을 말한다. 이는 요구임금(또는 희망임금, 의중임금, 눈높이임금)이라고도 하는데, 여가의 기회비용이 된다. 즉, 노동시간만큼 여가를 즐긴다고 할 때 여가를 통해서 얻은 주관적 효용에 해당하는 임금이다.

정답 64 ② 65 ① 66 ④ 67 ②

68 실업에 관한 설명으로 옳은 것은?

① 마찰적 실업은 자연실업률 측정에 포함되지 않는다.
② 더 좋은 직장을 구하기 위해 잠시 직장을 그만둔 경우는 경기적 실업에 해당한다.
③ 경기적 실업은 자연실업률 측정에 포함된다.
④ 현재의 실업률에서 실망실업자가 많아지면 실업률은 하락한다.

해설 | 실망실업자(구직단념자, 실망노동자)가 되기 이전 구직 활동을 하고 있을 때에는 실업자로 분류되지만 구직활동을 쉬고 실망실업자가 되면 비경제활동인구로 분류되어 통계상으로 실업자 수는 감소한다. 따라서 실망실업자가 많아지면 실업률은 하락한다.

오답풀이 | ① 마찰적 실업만 있는 경우의 실업률을 자연실업률 이라고 하고, 이 상태를 완전고용으로 파악한다.
② 더 좋은 직장을 구하기 위해 잠시 직장을 그만둔 경우는 마찰적 실업에 해당한다.

69 실업률과 물가상승률 간 역의 상관관계를 나타내는 곡선은?

① 래퍼곡선
② 필립스곡선
③ 로렌츠곡선
④ 테일러곡선

해설 | 영국의 경제학자인 필립스(A. Phillips)는 1861~1957년간 영국경제를 대상으로 실증분석을 행한 결과 실업률과 명목임금 상승률 간에 안정적인 음(−)의 관계가 있다는 사실을 발견하였는데, 이 관계를 회귀곡선으로 표시한 것을 필립스곡선이라고 한다. 오늘날에는 필립스곡선을 물가상승률과 실업률 간의 역(−)관계로 파악하는 것이 일반적이다.

70 이중노동시장에서 2차 노동시장의 특징으로 가장 적합한 것은?

① 기업 내부의 승진가능성이 높다.
② 종사자의 결근률이 낮다.
③ 종사자의 고용기간이 짧다.
④ 자신의 인적자본을 높이려는 열의가 강하다.

해설 | 도린저와 피요르의 이중노동시장이론에서 2차 부문(secondary sector) 또는 2차 노동시장은 고용기간이 짧고, 승진가능성이 적으며, 직장 내에서 숙련이 향상될 기회도 없으며, 임금과 근로조건이 열악한 상태에 있다.

71 임금격차의 원인을 모두 고른 것은?

> ㄱ. 인적자본 투자의 차이로 인한 생산성 격차
> ㄴ. 보상적 격차
> ㄷ. 차별

① ㄱ, ㄴ
② ㄱ, ㄷ
③ ㄴ, ㄷ
④ ㄱ, ㄴ, ㄷ

해설 | 제시된 내용 모두 임금격차의 원인에 해당한다.

개념 체크 임금격차의 요인

임금격차의 경쟁적 요인으로는 노동자의 생산성 격차, 임금의 보상격차(균등화 격차), 시장의 단기적 불균형 등을 들 수 있다. 한편 임금격차의 경쟁외적 요인으로는 차별화, 노동시장의 분단, 근로자에 대한 독점지대 배당 기업주의 효율임금 정책(고임금 정책), 노동조합의 역할 등을 들 수 있다.

정답 68 ④ 69 ② 70 ③ 71 ④

72 노사관계의 주체를 사용자 및 단체, 노동자 및 단체, 정부로 규정하고 이들 간의 관계는 기술, 시장 또는 예산상의 제약, 권력구조에 의해 결정된다는 노사관계 이론은?

① 시스템이론
② 수렴이론
③ 분산이론
④ 단체교섭이론

해설 | 문제의 내용은 던롭의 노사관계 시스템이론을 의미한다. 던롭(J. T. Dunlop)의 노사관계 시스템이론은 하나의 노사관계가 3주체로 구성되어 있다고 가정한다. 그리고 이들 주체가 직접 · 간접으로 영향을 받으면서 행동하게 되는 환경조건 내지 노사관계를 규제하는 여건으로 기술적 특성, 시장 또는 예산제약, 각 주체 세력관계(또는 권력구조)를 제시한다.

73 근로자의 직무수행능력을 기준으로 하여 각 근로자의 임금을 결정하는 임금체계는?

① 직무급
② 직능급
③ 부가급
④ 성과배분급

해설 | 근로자의 직무수행능력을 기준으로 하여 각 근로자의 임금을 결정하는 것은 직능급 임금체계이다. 직능급 체계는 직무의 내용과 종업원의 직무수행능력에 따라 기본급을 산정하는 방식이다.

74 다음 힉스(Hicks, J. R.)의 교섭모형에 대한 설명으로 틀린 것은?

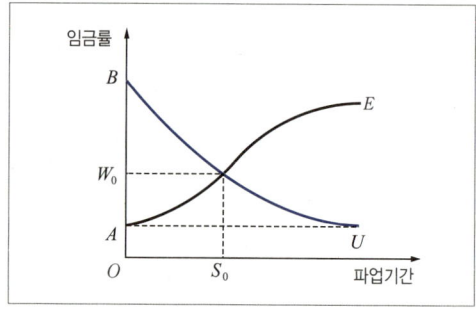

① AE 곡선은 사용자의 양보곡선이다.
② BU 곡선은 노동조합의 저항곡선이다.
③ A는 노동조합이 없거나 노동조합이 파업을 하기 이전 사용자들이 지불하려고 하는 임금 수준이다.
④ 노동조합이 W_0보다 더 높은 임금을 요구하면 사용자는 쉽게 수락하겠지만, 그때는 노동조합 내부에서 교섭대표자들과 일반 조합원 간의 마찰이 불가피하다.

해설 | 노동조합이 W_0보다 더 낮은 임금을 요구하면 사용자는 쉽게 수락하겠지만, 그때는 노동조합 내부에서 교섭대표자들과 일반조합원 간의 마찰이 불가피하다.

75 사회민주주의형 정치조직이 무력하여 국가차원보다 개별기업단위의 복지제도가 광범위하게 시행되고 있는 마이크로 코포라티즘(micro-corporatism)이 특징인 국가는?

① 스페인   ② 핀란드
③ 일본   ④ 독일

해설 | 코포라티즘은 사회적 합의제를 의미하는 것으로 조직수준을 기준으로 거시적 코포라티즘(macro-corporatism), 중위 코포라티즘(meso-corporatism), 미시적 코포라티즘(micro-corporatism)으로 구분할 수 있다. 미시적 코포라티즘은 개별기업 및 작업장 단위의 사회적 합의제를 의미하는 것으로, 일본이 대표적이다.

정답 72 ① 73 ② 74 ④ 75 ③

76 다음 중 최저임금제가 고용에 미치는 부정적 효과가 가장 큰 상황은?

① 노동수요곡선과 노동공급곡선이 모두 탄력적일 때
② 노동수요곡선과 노동공급곡선이 모두 비탄력적일 때
③ 노동수요곡선이 탄력적이고 노동공급곡선이 비탄력적일 때
④ 노동수요곡선이 비탄력적이고 노동공급곡선이 탄력적일 때

해설 | 시장임금보다 높은 수준에서 최저임금을 정하면, 즉 정부가 개입하여 임금을 올리면 노동수요량은 감소하고 노동공급량은 증가하여 실업이 증가하는 부정적 효과가 있다.
노동수요곡선과 노동공급곡선이 모두 탄력적이면(즉, 노동수요곡선과 노동공급곡선이 모두 완만하면) 노동수요량은 크게 감소하고, 노동공급량은 크게 증가하므로 실업이 크게 발생한다.

77 노동 수요측면에서 비정규직 증가의 원인과 가장 거리가 먼 것은?

① 세계화에 따른 기업 간 경쟁 환경의 변화
② 정규직 근로자 해고의 어려움
③ 고학력 취업자의 증가
④ 정규노동자 고용비용의 증가

해설 | 비정규직 고용은 임시직 고용, 시간제 고용 등을 포함하는데, 주로 저학력 취업자에게 적용된다.
기업이 비정규직 고용을 선호하는 이유는 인건비 절감, 고용조정 유연성의 제고, 노동조합의 약화 등이 있다.

개념 체크 비정규직 고용의 증가 이유
내부노동시장 제도에서는 경기상황에 따른 기업의 고용 조정이 어려워지고 이로 인해 임금은 고정비용(fixed cost)의 성격을 띠게 된다. 오늘날처럼 세계화로 인해 기업 간 경쟁이 심화되는 상황에서 기업이 고용조정 능력을 갖지 못하게 되면 기업은 생존이 어려워진다. 이러한 상황에서 기업들이 고용과 임금의 유연성을 높이기 위해 비정규직 고용을 확대하고 있다.

78 다음 중 성과급 제도의 장점에 해당하는 것은?

① 직원 간 화합이 용이하다.
② 근로의 능률을 자극할 수 있다.
③ 임금의 계산이 간편하다.
④ 확정적 임금이 보장된다.

해설 | 성과급제(piece-rate plan)는 노동성과를 측정하여 측정된 성과에 따라 임금을 계산·지급하는 제도이다. 성과급제의 가장 큰 장점은 작업능률을 크게 자극할 수 있다는 것이다.

오답풀이 | ①, ③, ④ 시간급 임금형태의 장점이다.

79 경기침체에도 불구하고 실업률이 크게 높아지지 않았다면 그 이유로 가장 적합한 것은?

① 부가노동자효과가 실망노동자효과보다 컸기 때문이다.
② 실망노동자효과가 부가노동자효과보다 컸기 때문이다.
③ 실망노동자효과와 부가노동자효과의 크기가 비슷했기 때문이다.
④ 실망노동자효과가 없었기 때문이다.

해설 | 실망노동자효과는 경제활동인구(실업자)가 비경제활동인구로 됨에 따라 실업은 감소한다. 반면 부가노동자효과는 비경제활동인구가 경제활동인구(실업자)로 되기 때문에 실업률을 증가시킨다. 따라서 경기침체에도 불구하고 실업률이 높아지지 않았다면 이는 실망노동자효과가 부가노동자효과보다 크기 때문이다.

정답 76 ① 77 ③ 78 ② 79 ②

80 A국가의 경제활동참가율은 50%이고, 생산가능인구와 취업자가 각각 100만 명, 40만 명이라고 할 때, 이 국가의 실업률은?

① 5%   ② 10%
③ 15% ④ 20%

해설 | 경제활동참가율 = $\dfrac{경제활동인구}{15세\ 이상\ 인구(생산가능인구)} \times 100$

= $\dfrac{경제활동인구}{100만\ 명} \times 100 = 50\%$이므로 경제활동인구는 50만 명이다.

실업자 = 경제활동인구 − 취업자 수 = 50만 명 − 40만 명 = 10만 명이다.

따라서 실업률 = $\dfrac{실업자\ 수}{경제활동인구} \times 100 = \dfrac{10만\ 명}{50만\ 명} \times 100$ = 20%이다.

제5과목 노동관계법규

81 근로기준법상 재해보상에 관한 설명으로 옳지 않은 것은?

① 사용자는 요양 중에 있는 근로자에게 그 근로자의 요양 중 평균임금의 100분의 60의 휴업보상을 하여야 한다.
② 근로자가 업무상 사망한 경우에는 사용자는 근로자가 사망한 후 지체 없이 평균임금 90일분의 장례비를 지급하여야 한다.
③ 근로자가 업무상 사망한 경우에는 사용자는 근로자가 사망한 후 지체 없이 그 유족에게 평균임금 360일분의 유족보상을 하여야 한다.
④ 요양보상을 받는 근로자가 요양을 시작한지 2년이 지나도 부상 또는 질병이 완치되지 아니하는 경우에는 사용자는 그 근로자에게 평균임금 1,340일분의 일시보상을 하여 그 후의 이 법에 따른 모든 보상책임을 면할 수 있다.

해설 | 근로자가 업무상 사망한 경우에는 사용자는 근로자가 사망한 후 지체 없이 그 유족에게 평균임금 1,000일분의 유족보상을 하여야 한다.

82 근로기준법상 임금에 대한 설명으로 틀린 것은?

① 임금이란 사용자가 근로의 대가로 근로자에게 임금, 봉급, 그 밖에 어떠한 명칭으로든지 지급하는 모든 금품을 말한다.
② 평균임금이란 이를 산정하여야 할 사유가 발생한 날 이전 3개월 동안에 그 근로자에게 지급된 임금의 총액을 말한다.
③ 사용자는 도급이나 그 밖에 이에 준하는 제도로 사용하는 근로자에게 근로시간에 따라 일정액의 임금을 보장하여야 한다.
④ 근로기준법에 따른 임금채권은 3년간 행사하지 아니하면 시효로 소멸한다.

해설 | 평균임금이란 이를 산정하여야 할 사유가 발생한 날 이전 3개월 동안에 그 근로자에게 지급된 임금의 총액을 그 기간의 총일수로 나눈 금액이다.

83 고용정책 기본법령상 고용정책심의회에 관한 설명으로 틀린 것은?

① 정책심의회는 위원장 1명을 포함한 20명 이내의 위원으로 구성한다.
② 근로자와 사업주를 대표하는 자는 심의위원으로 참여할 수 있다.
③ 특별시·광역시·특별자치시·도 및 특별자치도에 지역고용심의회를 둔다.
④ 정책심의회를 효율적으로 운영하기 위하여 분야별 전문위원회를 둘 수 있다.

해설 | 고용정책심의회는 위원장 1명을 포함한 30명 이내의 위원으로 구성한다(「고용정책 기본법」 제10조).

정답 80 ④ 81 ③ 82 ② 83 ①

84 고용보험법상 자영업자인 피보험자의 실업급여의 종류로 옳지 않은 것은?

① 구직급여
② 직업능력개발수당
③ 광역구직활동비
④ 조기재취업수당

해설 | 자영업자의 경우 조기재취업수당은 실업급여의 종류에 해당하지 않는다.

85 국민 평생 직업능력 개발법령에 대한 설명으로 틀린 것은?

① 직업능력개발훈련은 15세 이상인 자에게 실시한다.
② 직업능력개발훈련은 집체훈련, 현장훈련, 원격훈련, 혼합훈련의 방법으로 실시한다.
③ 종전의 직업과 유사하거나 새로운 직업에 필요한 직무수행능력을 습득시키기 위하여 실시하는 직업능력개발훈련을 전직훈련이라고 한다.
④ 재해위로금의 산정기준이 되는 통상임금은 「산업재해보상보험법」에 의한 최고 보상기준 금액 및 최저 보상기준 금액을 각각 그 상한 및 하한으로 한다.

해설 | 재해위로금의 산정기준이 되는 평균임금은 「산업재해보상보험법」에 따라 고용노동부장관이 매년 정하여 고시하는 최고 보상기준 금액 및 최저 보상기준 금액을 각각 그 상한 및 하한으로 한다.

86 남녀고용평등과 일·가정 양립 지원에 관한 법률상 육아기 근로시간 단축에 대한 설명으로 옳지 않은 것은?

① 육아기 근로시간 단축의 기간은 1년 이내로 한다.
② 사업주가 근로자에게 육아기 근로시간 단축을 허용하는 경우 단축 후 근로시간은 주당 15시간 이상이어야 하고 35시간을 넘어서는 안 된다.
③ 사업주는 육아휴직을 신청할 수 있는 근로자가 육아휴직 대신 근로시간의 단축을 신청하는 경우에 이를 허용할 수 있다.
④ 사업주는 근로자의 육아기 근로시간 단축기간이 끝난 후에 그 근로자를 육아기 근로시간 단축 전과 같은 업무 또는 같은 수준의 임금을 지급하는 직무에 복귀시켜야 한다.

해설 | 사업주는 육아휴직을 신청할 수 있는 근로자가 육아휴직 대신 근로시간의 단축을 신청하는 경우에 이를 허용하여야 한다. 다만, 대체인력 채용이 불가능한 경우, 정상적인 사업운영에 중대한 지장을 초래하는 경우 등 대통령령으로 정하는 경우에는 그러하지 아니하다(「남녀고용평등과 일·가정 양립 지원에 관한 법률」 제19조의2).

정답 84 ④   85 ④   86 ③

87 남녀고용평등과 일·가정 양립 지원에 관한 법령상 직장 내 성희롱의 금지 및 예방에 관한 설명으로 틀린 것은?

① 사업주, 상급자 또는 근로자는 직장 내 성희롱을 하여서는 아니 된다.
② 사업주는 성희롱 예방교육을 고용노동부 장관이 지정하는 기관에 위탁하여 실시할 수 있다.
③ 누구든지 직장 내 성희롱 발생 사실을 알게 된 경우 그 사실을 해당 사업주에게 신고할 수 있다.
④ 사업주는 직장 내 성희롱 예방교육을 연 2회 이상 하여야 한다.

해설 | 사업주는 직장 내 성희롱 예방교육을 연 1회 이상 하여야 한다.

최신 법령 개정에 따라 변형한 문제입니다.

88 남녀고용평등과 일·가정 양립 지원에 관한 법령상 다음 ( ) 안에 각각 알맞은 것은?

> 제18조의2(배우자 출산휴가) ① 사업주는 근로자가 배우자의 출산을 이유로 휴가(이하 "배우자 출산휴가"라 한다)를 고지하는 경우에 (ㄱ)일의 휴가를 주어야 한다. (이하 생략)
> ③ 배우자 출산휴가는 근로자의 배우자가 출산한 날부터 (ㄴ)일이 지나면 사용할 수 없다.

① ㄱ: 5, ㄴ: 30   ② ㄱ: 5, ㄴ: 90
③ ㄱ: 10, ㄴ: 30 ④ ㄱ: 20, ㄴ: 120

해설 | 배우자 출산휴가는 20일이며, 출산한 날부터 120일 이내에 사용해야 한다.

89 국민 평생 직업능력 개발법령상 원칙적으로 직업능력개발훈련의 대상 연령은?

① 13세 이상   ② 15세 이상
③ 18세 이상   ④ 20세 이상

해설 | 취업최저연령은 15세 이상이므로 직업능력개발훈련의 대상 연령도 15세 이상이다.

90 채용절차의 공정화에 관한 법령상 500만 원 이하의 과태료 부과행위에 해당하는 것은?

① 채용서류 보관의무를 이행하지 아니한 구인자
② 구직자에 대한 고지의무를 이행하지 아니한 구인자
③ 시정명령을 이행하지 아니한 구인자
④ 지식재산권을 자신에게 귀속하도록 강요한 구인자

해설 | 500만 원 이하의 과태료 대상
• 채용광고의 내용 또는 근로조건을 변경한 구인자
• 지식재산권을 자신에게 귀속하도록 강요한 구인자
• 그 직무의 수행에 필요하지 아니한 개인정보를 기초심사자료에 기재하도록 요구하거나 입증자료로 수집한 구인자

91 기간제 및 단시간근로자 보호 등에 관한 법령상 2년을 초과하여 기간제 근로자로 사용할 수 있는 경우가 아닌 것은?

① 휴직 등으로 결원이 발생하여 해당 근로자가 복귀할 때까지 그 업무를 대신할 필요가 있는 경우
② 근로자가 학업 등을 이수함에 따라 그 이수에 필요한 기간을 정한 경우
③ 특정한 업무의 완성에 필요한 기간을 정한 경우
④ 「의료법」에 따른 간호사 자격을 소지하고 해당 분야에 종사한 경우

해설 | 간호사는 2년 기간 제한의 예외 대상에 해당하지 않는다.

정답 87 ④ 88 ④ 89 ② 90 ④ 91 ④

92 고용보험법령상 자영업자인 피보험자의 실업급여의 종류에 해당하지 않는 것은?

① 이주비 ② 광역구직활동비
③ 직업능력개발수당 ④ 조기재취업수당

해설 | 자영업자에 대해서는 구직급여의 연장급여와 조기재취업수당이 적용되지 않는다.

93 근로기준법령상 임금채권의 소멸시효기간은?

① 1년 ② 2년 ③ 3년 ④ 5년

해설 | 임금채권의 소멸시효는 3년이다.

94 국민 평생 직업능력 개발법령상 직업능력개발훈련에 관한 설명으로 옳은 것은?

① 직업능력개발훈련은 18세 미만인 자에게는 실시할 수 없다.
② 직업능력개발훈련의 대상에는 취업할 의사가 있는 사람뿐만 아니라 사업주에게 고용된 사람도 포함된다.
③ 직업능력개발훈련 시설의 장은 직업능력개발훈련과 관련된 기술 등에 관한 표준을 정할 수 있다.
④ 「산업재해보상보험법」을 적용받는 사람도 재해위로금을 받을 수 있다.

해설 | 취업할 의사가 있는 사람뿐만 아니라 사업주에게 고용된 사람도 직업능력개발훈련의 대상에 포함된다.

오답풀이 | ① 직업능력개발훈련은 15세 이상인 사람에게 실시할 수 있다.
③ 고용노동부장관은 직업능력개발훈련과 관련된 기술 등에 관한 표준을 정할 수 있다.
④ 「산업재해보상보험법」을 적용받는 사람은 재해위로금을 받을 수 없다.

95 고용정책 기본법상 다수의 실업자가 발생하거나 발생할 우려가 있는 경우나 실업자의 고용안정이 필요하다고 인정되는 경우 고용노동부장관이 실시할 수 있는 실업대책사업이 아닌 것은?

① 실업자에 대한 창업점포 구입자금 지원
② 실업자의 취업촉진을 위한 훈련의 실시와 훈련에 대한 지원
③ 고용촉진과 관련된 사업을 하는 자에 대한 대부(貸付)
④ 실업자에 대한 공공근로사업

해설 | 창업점포 구입자금은 지원대상에 해당하지 않는다.

96 직업안정법상 구인·구직의 신청에 관한 설명으로 옳은 것은?

① 국외 취업희망자의 구직신청의 유효기간은 1년으로 한다.
② 직업안정기관의 장은 관할 구역의 읍·면·동사무소에 구인신청서와 구직신청서를 갖추어 두어 구인자·구직자의 편의를 도모하여야 한다.
③ 직업안정기관의 장은 접수된 구인신청서 및 구직신청서를 3년간 관리·보관하여야 한다.
④ 수리된 구인신청의 유효기간은 3개월이다.

오답풀이 | ① 구직신청의 유효기간은 3개월(국외 취업희망자는 6개월)이다.
③ 구인신청서와 구직신청서는 1년간 보관한다.
④ 수리된 구인신청의 유효기간은 15일 이상 2개월 이내에서 구인업체가 정한다.

정답 92 ④ 93 ③ 94 ② 95 ① 96 ②

97 헌법상 노동기본권 등에 관한 설명으로 틀린 것은?

① 국가는 근로자의 고용의 증진과 적정임금의 보장에 노력하여야 한다.
② 여자의 근로는 특별한 보호를 받으며 고용·임금 및 근로조건에 있어서 부당한 차별을 받지 아니한다.
③ 국가는 법률이 정하는 바에 의하여 최저임금제를 시행하여야 한다.
④ 공무원인 근로자는 자주적인 단결권·단체교섭권 및 단체행동권을 가진다.

해설 | 공무원인 근로자는 법률이 정하는 자에 한하여 노동3권을 가진다.

98 근로기준법령상 사용자가 3년간 보존하여야 하는 근로계약에 관한 중요한 서류로 명시되지 않은 것은?

① 임금대장
② 휴가에 관한 서류
③ 고용·해고·퇴직에 관한 서류
④ 퇴직금 중간정산에 관한 증명서류

해설 | 근로계약에 관한 중요한 서류는 다음과 같다.
- 근로계약서
- 임금대장
- 임금의 결정·지급방법과 임금계산의 기초에 관한 서류
- 고용·해고·퇴직에 관한 서류
- 승급·감급에 관한 서류
- 휴가에 관한 서류
- 연소자의 증명에 관한 서류 등

99 근로자퇴직급여 보장법령상 퇴직금의 중간정산 사유에 해당하지 않는 것은?

① 무주택자인 근로자가 본인 명의로 주택을 구입하는 경우
② 중간정산을 신청하는 날부터 거꾸로 계산하여 10년 이내에 근로자가 「민법」에 따라 파산선고를 받은 경우
③ 사용자가 기존의 정년을 보장하는 조건으로 단체협약 등을 통하여 근속시점을 기준으로 임금을 줄이는 제도를 시행하는 경우
④ 재난으로 피해를 입은 경우로서 고용노동부장관이 정하여 고시하는 사유에 해당하는 경우

해설 | 퇴직금 중간정산을 신청하는 날부터 거꾸로 계산하여 5년 이내에 근로자가 「채무자 회생 및 파산에 관한 법률」에 따라 파산선고를 받은 경우 퇴직금의 중간정산 사유에 해당한다.

100 고용보험법령상 취업촉진수당의 종류가 아닌 것은?

① 특별연장급여
② 조기재취업수당
③ 광역구직활동비
④ 이주비

해설 | 연장급여는 취업촉진수당에 해당하지 않고, 구직급여에 해당한다.

정답 97 ④　98 ④　99 ②　100 ①

2024년 2회 복원문제

제1과목 직업상담학

01 인지적 명확성 문제의 원인 중 경미한 정신건강 문제의 특성으로 옳은 것은?

① 심각한 약물남용 장애
② 잘못된 결정방식이 진지한 결정 방해
③ 경험 부족에서 오는 고정관념
④ 심한 가치관 고착에 따른 고정성

해설 | 잘못된 결정방식이 진지한 결정 방해, 낮은 효능감으로 인한 선택의 방해, 공포증이나 말더듬증 등의 문제가 다른 직업선택을 방해하는 경우는 경미한 정신건강 문제에 해당한다.

오답풀이 | ① 심각한 약물남용 장애는 심각한 정신건강 문제이다.
③, ④ 경험 부족에서 오는 고정관념과 심한 가치관 고착에 따른 고정성은 고정관념의 문제이다.

02 직업상담사의 윤리강령으로 옳지 않은 것은?

① 직업상담사는 개인이나 사회에 임박한 위험이 있더라도 개인정보의 보호를 위하여 내담자의 정보를 누설하지 말아야 한다.
② 직업상담사는 내담자에 관한 정보를 교육장면이나 연구에 사용할 경우에는 내담자와 합의 후 사용하되 그 정체가 노출되지 않도록 한다.
③ 직업상담사는 소속기관과의 갈등이 있을 경우 내담자의 복지를 우선적으로 고려해야한다.
④ 직업상담사는 상담관계의 형식, 방법, 목적을 설정하고 그 결과에 대하여 내담자와 협의한다.

해설 | 직업상담사는 개인이나 사회에 임박한 위험이 있을 경우 관계기관 등에 내담자의 정보를 공개할 수 있다.

03 6개의 생각하는 모자(six thinking hats) 기법에서 모자의 색상별 역할에 관한 설명으로 옳은 것은?

① 청색 – 낙관적이며, 모든 일이 잘 될 것이라고 생각한다.
② 적색 – 직관에 의존하고, 직감에 따라 행동한다.
③ 흑색 – 본인과 직업들에 대한 사실들만을 고려한다.
④ 황색 – 새로운 대안들을 찾으려 노력하고, 문제들을 다른 각도에서 바라본다.

해설 | 6개의 생각하는 모자에서 적색(빨강)은 직관에 의한 감정이나 느낌을 반영하는 상징색이다. 즉, 직관에 의존하고 직감에 따라 행동한다.

오답풀이 | ① 황색에 대한 설명이다.
③ 백색에 대한 설명이다.
④ 녹색에 대한 설명이다.

04 직업상담의 문제 유형에 대한 Crites의 분류 중 '비현실형'에 대한 설명으로 옳은 것은?

① 적성에 따라 직업을 선택했지만 그 직업에 흥미를 느끼지 못하는 사람
② 흥미를 느끼는 분야는 있지만 그 분야에 필요한 적성을 가지고 있지 못하는 사람
③ 흥미나 적성의 유형이나 수준과는 상관없이 어떤 분야를 선택할지 결정하지 못하는 사람
④ 흥미를 느끼는 분야도 없고 적성에 맞는 분야도 없는 사람

오답풀이 | ① 강압형에 대한 설명이다.
③ 우유부단형에 대한 설명이다.
④ 부적응형에 대한 설명이다.

정답 01 ② 02 ① 03 ② 04 ②

05 다음은 무엇에 관한 설명인가?

> 행동주의 직업상담에서 내담자가 직업선택에 대해서 무력감을 느끼게 되고, 그로 인해 발생된 불안 때문에 직업결정을 못하게 되는 것

① 무결단성
② 우유부단
③ 미결정성
④ 부적응성

해설 | 무결단성은 내담자의 진로결정상의 무력감에 기인하여 부모의 지시나 강압에 의한 직업선택 등 환경에 의한 요구나 압력이 원인이다. 이 경우 정보가 주어지고 직업상담이 끝난 후에도 내담자는 진로결정을 내리지 못한다.

06 정신분석적 상담에서 훈습의 단계에 해당하지 않는 것은?

① 환자의 저항
② 분석의 시작
③ 분석자의 저항에 대한 해석
④ 환자의 해석에 대한 반응

해설 | 정신분석적 상담에서 훈습 단계의 절차는 환자의 저항 → 분석자의 저항에 대한 해석 → 환자의 해석에 대한 반응 순이다.

07 인간중심 상담이론에 관한 설명으로 틀린 것은?

① 실현화 경향성은 자기를 보전, 유지하고 향상시키고자 하는 선천적 성향이다.
② 자아는 성격의 조화와 통합을 위해 노력하는 원형이다.
③ 가치의 조건화는 주요 타자로부터 긍정적 존중을 받기 위해 그들이 원하는 가치와 기준을 내면화하는 것이다.
④ 현상학적 장은 경험적 세계 또는 주관적 경험으로 특정 순간에 개인이 지각하고 경험하는 모든 것을 뜻한다.

해설 | ②는 융(C. Jung)의 분석심리학 이론에 관한 개념이다.

개념 체크 인간중심 상담이론은 인간은 자기를 보전, 유지하고 향상시키고자 하는 실현화 경향성을 타고난 존재이며, 어린 시절 부모 등 주요 타자로부터 긍정적 존중을 받기 위해 가치의 조건화가 일어날 수 있다고 보았다. 또한 개인마다 주관적 경험의 세계가 있다고 보고 이를 현상학적 장이라고 지칭한다.

08 Ginzberg가 제시한 진로발달단계로 옳은 것은?

① 현실기 – 환상기 – 잠정기
② 환상기 – 현실기 – 잠정기
③ 현실기 – 잠정기 – 환상기
④ 환상기 – 잠정기 – 현실기

해설 | 긴즈버그(Ginzberg)의 진로발달 3단계는 '환상기 – 잠정기 – 현실기'의 순서이다.

09 실존주의 상담의 주요 개념에 해당되지 않는 것은?

① 보상
② 죽음
③ 고립
④ 공허

해설 | 빅터 프랭클은 인간의 가장 중요한 동기는 자기 삶의 의미를 찾는 것이라고 보고, 그러지 못할 때, 인간은 좌절하고 공허하고 낙담한다고 보았다. 또한 얄롬(Yalom)은 인간의 궁극적 관심사로 죽음, 자유, 소외(고립), 무의미성을 제시하였다.

정답 05 ① 06 ② 07 ② 08 ④ 09 ①

10 직업상담의 목적에 대한 설명으로 틀린 것은?

① 직업상담은 내담자가 이미 결정한 직업계획과 직업선택을 확신·확인하는 과정이다.
② 직업상담은 개인의 직업적 목표를 명확히 해주는 과정이다.
③ 직업상담은 내담자에게 진로관련 의사결정 능력을 길러주는 과정은 아니다.
④ 직업상담은 직업선택과 직업생활에서의 능동적인 태도를 함양하는 과정이다.

해설 | 직업상담의 목적 중 가장 중요한 요소는 합리적인 직업의 결정이므로 내담자의 의사결정 능력을 길러주어야 한다.

11 다음 상담 장면에서 나타난 진로상담에 대한 내담자의 잘못된 인식은?

> 내담자: 진로선택에 대해서 도움을 받고자 합니다.
> 상담사: 당신이 현재 생각하고 있는 것부터 이야기를 하시지요.
> 내담자: 저는 올바르게 선택하고 싶습니다. 아시겠지만, 저는 실수를 저지르고 싶지 않습니다. 선생님은 제가 틀림없이 올바르게 선택할 수 있도록 도와주실 것으로 생각합니다.

① 진로상담의 정확성에 대한 오해
② 일회성 결정에 대한 편견
③ 적성·심리검사에 대한 과잉신뢰
④ 흥미와 능력개념의 혼동

해설 | 진로상담의 정확성에 대한 오해는 내담자가 상담자의 조언으로 장래 직업선택과 결정이 매우 과학적이고 정확할 것이라고 생각하는 것이다. 이 경우 내담자가 잘못된 맹신이나 착오를 일으킬 수 있다.

12 다음 보기에 적합한 기법은?

> 청소를 1주일에 한번하기로 하였는데 2주간 청소를 하지 않은 아이에게 매일 청소를 시키기로 하였다.

① 차별처우   ② 과다교정
③ 정적처벌   ④ 부적강화

해설 | 과잉(과다)교정은 문제행동의 결과를 지나칠 정도로 과잉하여 교정하는 것이다. 문제행동에 대한 대안행동이 거의 없거나 효과적인 강화인자가 없을 때 유용한 기법으로, 파괴적이고 폭력적인 행동을 수정하는 데 효과적인 방법이다.

13 상담기법 중 내담자가 전달하는 이야기의 표면적 의미를 상담자가 다른 말로 바꾸어서 말하는 것은?

① 탐색적 질문
② 요약과 재진술
③ 명료화
④ 적극적 경청

오답풀이 | ③ 명료화는 내담자의 말 속에 포함되어 있는 생각과 감정의 불분명한 표현을 상담자가 분명하게 밝히는 것이다.
④ 적극적 경청은 내담자에게 항상 세심하게 주목하는 것을 말한다. 내담자가 표현하는 언어적 의미 외에 비언어적인 의미까지 이해하는 능력으로, 언어적·비언어적 반응을 수반한다.

정답 10 ③ 11 ① 12 ② 13 ②

14 포괄적 직업상담에서 내담자가 지닌 직업상의 문제를 가려내기 위해 실시하는 변별적 진단검사와 가장 거리가 먼 것은?

① 직업성숙도검사
② 직업적성검사
③ 직업흥미검사
④ 경력개발검사

해설 | 포괄적 직업상담에서 진단은 변별적이고 역동적인 성격을 가지고 있고, 검사의 역할을 중시하며 검사를 효율적으로 사용한다. 변별 진단에서는 직업적성검사, 직업흥미검사 등의 검사를 활용하여 내담자의 문제를 분류하며, 직업성숙도검사(CMI)를 통해 내담자의 직업선택에 대한 능력과 태도를 검토한다.

15 상담의 초기면접 단계에서 일반적으로 고려할 사항이 아닌 것은?

① 통찰의 확대
② 목표의 설정
③ 상담의 구조화
④ 문제의 평가

해설 | 통찰의 확대는 상담의 중기단계에 해당한다.

개념 체크 상담의 초기면접 단계에서 고려되는 사항은 상담의 구조화, 상담자와 내담자 간의 상담관계(라포)형성, 내담자의 심리적 문제 파악(심리평가), 상담목표의 설정 등이 있다. 그중 상담자와 내담자 간의 상담관계형성은 상담의 초기면접 단계에서 가장 중요한 사항이다.

16 보딘(Bordin)의 정신역동적 직업상담에서 사용하는 기법이 아닌 것은?

① 명료화
② 비교
③ 소망-방어체계
④ 준지시적 반응 범주화

해설 | 정신역동적 직업상담의 기법에서 반응 범주(면담기법)는 명료화, 비교, 소망-방어체계의 해석이다.

17 교류분석 상담의 상담과정에서 내담자 자신의 부모자아, 성인자아, 어린이자아의 내용이나 기능을 이해하는 방법은?

① 구조분석
② 의사교류분석
③ 게임분석
④ 생활각본분석

해설 | 교류분석 상담과정의 구조분석은 자아 상태를 부모자아, 성인자아(어른자아), 어린이자아로 구분하여 그에 대한 내용을 통찰함으로써 부적절한 사고를 변화시키며, 세 가지 자아 상태를 적절히 활용할 수 있도록 돕는 과정이다.

18 아들러(Adler)의 개인심리학적 상담의 목표로 옳지 않은 것은?

① 사회적 관심을 갖도록 돕는다.
② 내담자의 잘못된 목표를 수정하도록 돕는다.
③ 패배감을 극복하고 열등감을 감소시킬 수 있도록 돕는다.
④ 전이해석을 통해 중요한 타인과의 관계 패턴을 알아차리도록 돕는다.

해설 | 개인주의 상담의 목표는 내담자의 생활양식을 확인하고 바람직한 방향으로 생활양식을 바꾸도록 하는 것이다.
④는 정신분석이론에 대한 설명이다.

개념 체크 개인주의 상담의 목표
- 사회적 관심을 갖도록 돕는다.
- 패배감을 극복하고 열등감을 감소시킬 수 있도록 돕는다.
- 내담자의 잘못된 가치와 목표를 수정하도록 돕는다.
- 행동수정보다는 동기수정에 초점을 두고 잘못된 동기를 바꾸도록 돕는다.
- 사회의 구성원으로 기여하도록 돕는다.
- 기본 목표는 사회적 관심, 즉 잘못된 사회적 가치를 바꾸는 것이다.

정답 14 ④ 15 ① 16 ④ 17 ① 18 ④

19 행동주의적 접근의 상담기법 중 공포와 불안이 원인이 되는 부적응행동이나 회피행동을 치료하는 데 가장 효과적인 기법은?

① 타임아웃 기법
② 모델링 기법
③ 체계적 둔감법
④ 행동조성법

해설 | 체계적 둔감법은 불안이나 공포로 인해 야기되는 부적응행동을 치료하는 데 매우 효과적이다.

개념 체크 체계적 둔감법
- 불안과 같은 긴장된 정서반응과 편안함과 같은 정서적 반응이 양립할 수 없다는 상호제지의 원리에서 시작된다.
- 불안자극을 점차적으로 위계목록 순으로 완화시키는 기법이다.
- 이완훈련, 불안위계목록의 작성, 단계적 둔감의 순서로 진행된다.

20 왜곡된 사고체계나 신념체계를 가진 내담자에게 실시하면 효과적인 상담기법은?

① 내담자 중심 상담
② 인지치료
③ 정신분석
④ 행동요법

해설 | 인지치료는 자신과 세계에 관한 개인의 사고과정에서 나타나는 인지적 오류와 왜곡을 문제의 핵심으로 간주한다. 역기능적 신념이 행동에 미치는 영향력을 강조하며, 이를 수정하여 내담자의 정서나 행동을 변화시키는 데 역점을 둔다.

제2과목 직업심리학

21 스트레스의 원인 중 역할갈등과 가장 관련이 높은 것은?

① 직무관련 스트레스원
② 개인관련 스트레스원
③ 조직관련 스트레스원
④ 물리적 환경관련 스트레스원

해설 | 직무관련 스트레스 요인으로는 과제특성, 역할갈등과 역할모호성, 산업의 조직문화와 풍토 등이 있다.

22 다음의 특성을 가진 직무분석기법은?

- 미국 퍼듀대학교의 매코믹(McCormick)이 개발했다.
- 행동중심적 직무분석기법(behavior-oriented job analysis method)이다.
- 6가지의 범주 및 187개 항목으로 구성되었다.
- 개별직무에 대해 풍부한 정보를 획득할 수 있는 장점이 있으나, 성과표준을 직접 산출하는 데는 무리가 따른다는 단점을 지니고 있다.

① 직무과제분석(JTA)
② 기능적 직무분석(FJA)
③ 직위분석질문지(PAQ)
④ 관리직기술질문지(MPDQ)

해설 | 직위분석질문지(PAQ)는 미국 퍼듀대학교의 매코믹(McCormick)과 동료들이 개발하였고 직무분석 분야에 상당한 공헌을 하였다. PAQ는 194개 문항을 포함하고 있는 구조화된 표준화 직무분석 질문지이며, 187항목은 작업활동과 작업상황에 관련된 질문이고 7항목은 보수와 관련된 질문이다.

정답 19 ③ 20 ② 21 ① 22 ③

23 직무 스트레스를 조절하는 변인과 가장 거리가 먼 것은?

① 성격의 유형
② 역할 모호성
③ 통제의 위치
④ 사회적 지원

해설 | 직무관련 스트레스의 조절변인에는 성격 유형, 통제의 위치(통제 소재), 사회적 지원이 있다.

개념 체크 직무 스트레스 조절 변인
- 성격 유형(A형·B형 성격 유형): A형 성격 유형의 사람은 스트레스 상황에 노출되면 B형 성격 유형의 사람보다 훨씬 많은 스트레스를 받는다.
- 통제의 위치(통제 소재): 어떤 사건의 발생이나 결과가 자기 자신의 행위에서 비롯된 것으로 간주하여 스스로 통제 가능한 것으로 인식한다. 내적 통제자는 외적 통제자보다 스트레스에 적절하게 대처하므로 스트레스 위협을 덜 느낀다.
- 사회적 지원: 사회적 지원은 스트레스 상황에서의 심리적·신체적 적응에 도움을 준다.

24 심리검사의 유형 중 객관적 검사의 장점이 아닌 것은?

① 검사실시의 간편성
② 객관성의 증대
③ 반응의 풍부함
④ 높은 신뢰도

해설 | 반응의 풍부함은 투사적 검사의 장점이다. 이외에도 투사적 검사의 장점에는 수검자의 반응의 독특성, 방어의 어려움, 무의식적 반응을 들 수 있다.

25 데이비스와 롭퀴스트(Dawis & Lofquist)의 직업적응이론에서 적응양식의 차원에 해당하지 않는 것은?

① 의존성(dependence)
② 적극성(activeness)
③ 반응성(reactiveness)
④ 인내(perseverance)

해설 | 의존성이 아니라 융통성이 데이비스와 롭퀴스트(Dawis & Lofquist)의 직업적응양식 차원에 해당한다.

개념 체크 Dawis와 Lofquist의 적응양식 차원
- 융통성: 수행해야 할 다양한 작업들 간의 부조화를 참아내는 정도
- 끈기 또는 인내: 환경이 자신에게 맞지 않아도 개인이 얼마나 오랫동안 견뎌낼 수 있는지의 정도
- 적극성: 개인이 작업환경을 개인적 방식과 좀 더 조화롭게 만들어가려고 노력하는 정도
- 반응성: 개인이 작업성격의 변화로 인해 작업환경에 반응하는 정도

26 동기의 강도는 어떤 결과에 부여하는 가치와 특정한 행동이 그 결과를 가져다줄 것이라고 믿는 것을 곱한 값과 같다고 설명하는 이론은?

① 형평이론   ② 강화이론
③ 욕구이론   ④ 기대이론

해설 | 기대이론은 자신의 노력에 따른 결과를 기대하고 선택한다는 의사결정이론이다. 노력은 1차 산출물인 성과에 대한 기대감을 갖게 하고 보상에 대한 믿음인 수단성이 2차 산출물인 보상을 가져오며, 보상은 보상의 만족도인 유인가를 갖게 한다.

정답 23 ② 24 ③ 25 ① 26 ④

27 적성검사의 결과에서 중앙값이 의미하는 것은?

① 100점 만점에서 50점을 획득하였다.
② 자신이 얻을 수 있는 최고 점수를 얻었다.
③ 적성검사에서 도달해야 할 준거점수를 얻었다.
④ 같은 또래집단의 점수분포에서 평균점수를 얻었다.

해설 | 중앙값이란 점수를 가장 작은 값부터 가장 큰 값까지 크기에 따라 나열하였을 경우 중앙에 위치하는 사례의 값을 말하는 것으로, 한 집단의 점수분포에서 백분위 50에 해당하는 원점수를 말한다. 점수분포가 정상분포(정규분포)를 따를 때에는 중앙값이 평균과 일치하므로 같은 또래집단의 점수분포에서 평균점수를 얻었다는 것을 의미한다.

28 성인용 웩슬러 지능검사(K-WAIS-Ⅳ)의 처리속도지수에 포함되지 않는 소검사는?

① 동형 찾기   ② 퍼즐
③ 기호 쓰기   ④ 지우기

해설 | 퍼즐은 지각추론 지수척도이다.

개념 체크 한국판 웩슬러 성인용 지능검사 제4판(K-WAIS-Ⅳ)의 구성은 다음과 같다.

구조	핵심검사	보충검사
언어이해 지수척도 (Verbal Comprehension Index Scale)	• 공통성 • 어휘 • 상식	이해
지각추론 지수척도 (Perceptual reasoning index scale)	• 토막 짜기 • 행렬추론 • 퍼즐	• 무게 비교 • 빠진 곳 찾기
작업기억 지수척도 (Working memory index scale)	• 숫자 • 산수	순서화
처리속도 지수척도 (Processing speed index scale)	• 동형 찾기 • 기호 쓰기	지우기

29 다음 설명에 해당하는 행동특성을 바르게 나타낸 것은?

ㄱ	• 점심을 먹으면서도 서류를 본다. • 아무것도 하지 않고 쉬면 견딜 수 없다. • 주말이나 휴일에도 쉴 수가 없다.
ㄴ	• 열심히 일을 했지만 성취감보다는 허탈감을 느낀다. • 인생에 환멸을 느낀다. • 불면증이 생긴다.

① ㄱ: 일 중독증, ㄴ: 소진
② ㄱ: A형 성격, ㄴ: B형 성격
③ ㄱ: 내적 통제소재, ㄴ: 외적 통제소재
④ ㄱ: 과다 과업지향성, ㄴ: 과다 인간관계 지향성

해설 | 제시된 행동특성은 일종의 일 중독증(ㄱ)에 따른 소진(ㄴ)의 상태로, 번아웃 증후군(Burnout syndrome)에 해당한다.

30 과업지향적 직무분석방법 중 기능적 직무분석의 세 가지 차원이 아닌 것은?

① 기술(skill)
② 자료(data)
③ 사람(people)
④ 사물(things)

해설 | 직업정보론과 관련있는 내용으로 작업자의 과업지향적 직무분석 방법에서는 직무에 대한 판단이 자료(data), 사람(people), 사물(things)의 관점에서 이루어진다.

정답 27 ④ 28 ② 29 ① 30 ①

31 Krumboltz의 사회학습이론에서 개인의 진로에 영향을 미치는 요인에 해당하지 않는 것은?

① 유전적 요인
② 부모 특성
③ 환경 조건과 사건
④ 과제접근기술

해설 | 크럼볼츠(Krumboltz)는 진로결정과정에 영향을 미치는 요인으로 유전적 요인과 특별한 능력, 환경적 조건과 사건, 학습경험, 과제접근기술을 제시하였다.

32 다음 사례에서 검사-재검사 신뢰도 계수는?

> 100명의 학생들이 특정 심리검사를 받고 한 달 후에 동일한 검사를 다시 받았는데 두 번의 검사에서 각 학생들의 점수는 동일했다.

① -1.00
② 0.00
③ +0.50
④ +1.00

해설 | 검사-재검사 신뢰도는 동일한 검사를 동일한 수검자에게 일정 시간 간격을 두고 두 번 실시하여 얻은 두 검사 점수의 상관계수에 의해 신뢰도를 추정하는 방법이다. 이때 두 번의 검사에서 각 학생들의 점수가 동일했다면 두 점수 간의 일관성이 높은 것이므로 상관계수는 1.0이다.

33 경력진단검사에 관한 설명으로 틀린 것은?

① 경력결정검사(CDS)는 경력관련 의사결정 실패에 관한 정보를 제공하기 위해 개발되었다.
② 개인직업상황검사(MVS)는 직업적 정체성 형성 여부를 파악하기 위한 것이다.
③ 경력개발검사(CDI)는 경력관련 의사결정에 대한 참여 준비도를 측정하기 위한 것이다.
④ 경력태도검사(CBI)는 직업선택에 필요한 정보 및 환경, 개인적인 장애가 무엇인지를 알려준다.

해설 | 경력태도검사(CBI)는 내담자로 하여금 자아인식 및 세계관에 대한 문제를 확인하도록 하기 위한 것이다. 직업선택에 필요한 정보 및 환경, 개인적인 장애가 무엇인지를 알려주는 검사는 자기 직업상황검사(MVS)이다.

34 다음과 같은 정의를 가진 직업선택 문제는?

> • 자신의 적성 수준보다 높은 적성을 요구하는 직업을 선택한다.
> • 자신이 선택한 직업이 흥미와 일치할 수도 있고, 일치하지 않을 수도 있다.

① 부적응된(maladjusted)
② 우유부단한(undecided)
③ 비현실적인(unrealistic)
④ 강요된(forced)

해설 | 크릿츠(Crites)는 직업문제 유형을 적응성, 결정성, 현실성의 측면에서 나누었다. 제시된 직업선택 문제는 현실성 중 비현실형(비현실적인)에 해당한다.

오답풀이 | ① 부적응형(부적응된): 흥미를 느끼는 분야도 없고 적성에 맞는 분야도 없는 경우
② 우유부단형(우유부단한): 흥미나 적성의 유형이나 수준과는 상관없이 성격적으로 어떤 분야를 선택할지 결정하지 못하는 경우
④ 강압형(강요된): 적성에 따라 어쩔 수 없이 선택하였지만 그 직업에 대하여 흥미가 없는 경우

정답 31 ② 32 ④ 33 ④ 34 ③

35 직업탐색, 직업준비, 직업적응·전환 및 퇴직 등을 도와주기 위해 특별히 구조화된 조직적인 상담 체제는?

① 스트레스관리 프로그램
② 직업지도 프로그램
③ 인간관계훈련 프로그램
④ 갈등관리 프로그램

해설 | 직업탐색, 직업준비, 직업선택, 취업준비, 직업적응·전환 및 퇴직 등을 도와주기 위해 특별히 구조화된 조직적인 상담 체제는 직업지도 프로그램이다. 직업지도 프로그램에는 실업 관련 프로그램, 직장스트레스 대처 프로그램, 자신에 대한 탐구 프로그램 등이 있다.

36 진로이론에 대한 설명으로 옳은 것은?

> ㄱ. 사회인지적 진로이론 – 진로발달과 선택에서 진로와 관련된 자신에 대한 평가와 믿음을 강조한다.
> ㄴ. 인지적 정보처리이론 – 내담자가 욕구를 분류하고 지식을 획득하여, 자신의 욕구가 무엇인지 알 수 있도록 돕는다.
> ㄷ. 인지적 정보처리이론 – 학습경험을 형성하고 진로행동에 단계적으로 영향을 주는 구체적인 매개변인을 찾는 데 목표를 둔다.
> ㄹ. 가치중심적 진로이론 – 흥미와 가치가 진로결정 과정에서 가장 중요한 작용을 한다.

① ㄱ, ㄴ
② ㄱ, ㄷ
③ ㄴ, ㄹ
④ ㄷ, ㄹ

오답풀이 | ㄷ. 학습경험을 형성하고 진로행동에 단계적으로 영향을 주는 구체적인 매개변인을 찾는 데 목표를 두는 것은 사회학습 이론에 대한 설명이다.
ㄹ. 가치중심적 진로이론에서는 가치가 진로결정 과정에서 가장 중요한 작용을 하며, 상대적으로 흥미가 무시된다.

37 검사의 신뢰도 중의 하나인 Cronbach's α(크론바흐 알파계수)가 크다는 것이 나타내는 의미는?

① 검사 문항들이 동질적이라는 것을 의미한다.
② 검사의 예언력이 높다는 것을 의미한다.
③ 시간이 흐르더라도 검사점수가 변하지 않는다는 것을 의미한다.
④ 검사의 채점 과정을 신뢰할 수 있다는 것을 의미한다.

해설 | 크론바흐 알파(Cronbach's α)계수는 문항들 간의 동질성을 나타내는 지수이다. 크론바흐 알파계수는 '0~1'의 값을 가지며, 값이 클수록 검사 문항들이 동질적이라는 것을 의미한다.

38 미국에서 알코올중독자나 퇴역군인의 사회적응을 돕기 위해 만들어진 직업 프로그램은?

① 직업재활 및 고용 프로그램
② 직업적응상담 프로그램
③ 자신에 대한 탐구 프로그램
④ 직장스트레스 대처 프로그램

해설 | 직업재활 및 고용(Vocational Rehabilitation and Employment, VR&E) 프로그램은 복무관련 상이 제대군인의 훈련 및 재활, 직업교육상담, 피부양자 교육지원을 목적으로 하고 있으며, 알코올·약물중독 등이 있을 경우에도 심각한 고용 상이에 해당할 수 있다.

오답풀이 | ② 직업적응상담 프로그램: 신규 입직자나 직업인을 대상으로 조직문화, 인간관계, 직업예절, 직업의식과 직업관 등에 관한 정보를 제공한다.
③ 자신에 대한 탐구 프로그램: 진로 미결정자에게 유용한 프로그램이다.
④ 직장스트레스 대처 프로그램: 전직을 예방하기 위해 퇴직의사 보유자에게 실시하는 직업 상담 프로그램이다.

정답 35 ② 36 ① 37 ① 38 ①

39 다음과 같은 유형의 직업세계에 가장 적합한 Holland의 성격유형은?

- 사서, 은행원, 행정관료
- 정확성과 꼼꼼함을 요구함
- 융통성과 상상력이 부족함

① 사회적 유형(S) ② 현실적 유형(R)
③ 탐구적 유형(I) ④ 관습적 유형(C)

해설 | 홀랜드(Holland)가 제시한 성격유형 중 정확성과 꼼꼼함을 요구하면서 융통성과 상상력이 부족한 성격유형은 관습적 유형(C)이다.

40 Holland의 진로발달에 대한 육각 모형에서 서로 대각선에 위치하여 대비되는 특성을 지닌 유형들로 잘못 짝지어진 것은?

① 진취형(E)과 탐구형(I)
② 사회형(S)과 예술형(A)
③ 현실형(R)과 사회형(S)
④ 예술형(A)과 관습형(C)

해설 | Holland의 육각 모형에서 사회형(S)의 대각선 위치에 있는 것은 현실형(R)이고, 예술형(A)의 대각선 위치에 있는 것은 관습형(C)이다.

개념 체크 Holland의 육각 모형

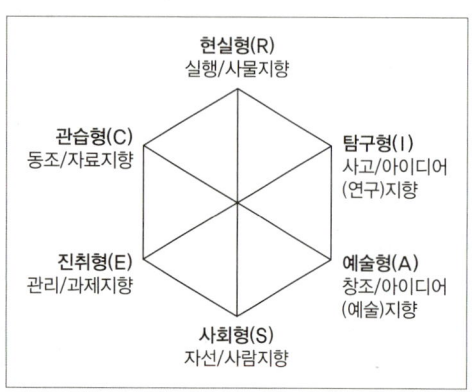

제3과목 직업정보론

41 직업정보의 처리단계를 옳게 나열한 것은?

① 수집 – 분석 – 가공 – 체계화 – 제공 – 평가
② 수집 – 제공 – 분석 – 가공 – 평가 – 체계화
③ 수집 – 분석 – 평가 – 가공 – 제공 – 체계화
④ 수집 – 분석 – 체계화 – 제공 – 가공 – 평가

해설 | 직업정보 시스템의 정보관리는 수집 → 분석 → 가공 → 체계화 → 제공 → 축적 → 평가의 순서로 이루어진다.

42 민간직업정보와 비교한 공공직업정보의 특성에 관한 설명과 가장 거리가 먼 것은?

① 필요한 시기에 최대한 활용되도록 한시적으로 신속하게 생산 및 운영된다.
② 광범위한 이용가능성에 따라 공공직업정보 체계에 대한 식섭석이며 객관적인 평가가 가능하다.
③ 특정 분야 및 대상에 국한되지 않고 전체 산업 및 업종에 걸친 직종 등을 대상으로 한다.
④ 직업별로 특정한 정보만을 강조하지 않고 보편적인 항목으로 이루어진 기초적인 직업정보체계로 구성되어 있다.

해설 | 필요한 시기에 최대한 활용되도록 한시적으로 신속하게 생산 및 운영되는 것은 민간직업정보의 특징이다.

정답 39 ④ 40 ② 41 ① 42 ①

43 한국표준산업분류(제10차)의 분류목적에 해당하지 않는 것은?

① 기본적으로 산업활동 관련 통계자료 수집, 제표, 분석 등을 위해서 활동 분류 및 범위를 제공하기 위한 것
② 산업 관련 통계자료의 정확성, 비교성을 확보하기 위하여 모든 통계작성기관은 한국표준산업분류를 의무적으로 사용하도록 규정
③ 일반 행정 및 산업정책 관련 다수 법령에서 적용대상 산업영역을 규정하는 기준으로 준용
④ 취업알선을 위한 구인·구직안내 기준

해설 | 취업알선을 위한 구인·구직 안내기준으로 사용하는 것은 직업분류(취업알선직업분류)이다. 취업알선과 산업분류는 관계 없다.

개념 체크
- 한국표준산업분류(KSIC)는 생산단위(사업체단위, 기업체단위 등)가 주로 수행하는 산업활동을 그 유사성에 따라 체계적으로 유형화한 것이다.
- 한국표준산업분류는 산업활동에 의한 통계자료의 수집, 제표, 분석 등을 위해서 활동 카테고리를 제공하기 위한 것으로, 「통계법」에서는 산업통계자료의 정확성 및 비교성을 위하여 모든 통계기관이 이를 의무적으로 사용하도록 규정하고 있다.
- 한국표준산업분류는 통계목적 이외에도 일반 행정 및 산업정책 관련 법령에서 그 법령의 적용대상 산업영역을 결정하는 기준으로 준용되고 있다.

44 국민내일배움카드 제도의 지원을 받을 수 있는 자는?

① 만 65세 이상인 사람
② 「사립학교교직원 연금법」을 적용받고 현재 재직 중인 사람
③ 「군인연금법」을 적용받고 현재 재직 중인 사람
④ 지방자치단체로부터 훈련비를 지원받는 훈련에 참여하는 사람

해설 | 만 75세 이상인 사람은 국민내일배움카드 운영규정에 따른 훈련비 등을 지원하지 아니한다. 따라서 만 65세 이상인 사람은 지원대상에 해당한다.

45 고용노동통계조사의 각 항목별 조사주기의 연결이 틀린 것은?

① 사업체 노동력 조사: 연 1회
② 시도별 임금 및 근로시간 조사: 연 1회
③ 지역별 사업체 노동력 조사: 연 2회
④ 기업체 노동비용 조사: 연 1회

해설 | 사업체 노동력 조사는 고용노동부가 매월 사업체를 대상으로 수요 측면의 사업체 내 종사자 총량, 근로자의 전체 임금 총량 단위로 파악하는 조사이다. 매월 노동수요측(사업체)의 관점에서 근로자 수, 입직자 및 이직자 수와 임금 및 근로시간에 관한 사항을 조사하여 노동정책의 기초자료 활용 및 경기전망 등을 위한 경기지표를 생산하기 위한 조사이다.

46 국가직무능력표준(NCS)에 관한 설명으로 틀린 것은?

① 산업현장에서 직무를 수행하기 위해 요구되는 지식·기술·태도 등의 내용을 국가가 체계화한 것이다.
② 한국고용직업분류를 중심으로 분류하였으며, 대분류 → 중분류 → 소분류 → 세분류 순으로 구성되어 있다.
③ 능력단위는 NCS분류의 하위 단위로서 능력단위요소, 수행준거 등으로 구성되어 있다.
④ 직무는 NCS분류의 중분류를 의미하고, 원칙상 중분류 단위에서 표준이 개발된다.

해설 | 직무는 국가직무능력표준(NCS) 분류체계의 세분류를 의미하고, 원칙상 세분류 단위에서 표준이 개발된다.

정답 43 ④ 44 ① 45 ① 46 ④

47 국가기술자격 중 한국산업인력공단에서 시행하지 않는 것은?

① 3D프린터개발산업기사
② 빅데이터분석기사
③ 로봇기구개발기사
④ 반도체설계산업기사

해설 | 빅데이터분석기사 자격은 한국데이터산업진흥원이 시행한다.

개념 체크 빅데이터분석기사는 대용량의 데이터 집합으로부터 유용한 정보를 찾고 결과를 예측하기 위해 목적에 따라 분석기술과 방법론을 기반으로 정형·비정형 대용량 데이터를 구축, 탐색, 분석하고 시각화를 수행하는 업무를 수행한다.

48 다음은 한국직업사전(2020) 부가직업정보의 작업 강도 중 무엇에 관한 설명인가?

> 최고 20kg의 물건을 들어올리고 10kg 정도의 물건을 빈번히 들어올리거나 운반한다.

① 가벼운 작업
② 보통 작업
③ 힘든 작업
④ 아주 힘든 작업

해설 | 최고 20kg의 물건을 들어올리고 10kg 정도의 물건을 빈번히 들어올리거나 운반하는 것은 보통 작업이다.

개념 체크 한국직업사전(2020)의 부가직업정보 중 작업강도는 해당 직업의 직무를 수행하는 데 필요한 육체적 힘의 강도를 나타낸 것으로 5단계로 분류한다.
- 아주 가벼운 작업: 최고 4kg의 물건을 들어올리고, 때때로 장부, 대장, 소도구 등을 들어올리거나 운반한다.
- 가벼운 작업: 최고 8kg의 물건을 들어올리고, 4kg 정도의 물건을 빈번히 들어올리거나 운반한다.
- 보통 작업: 최고 20kg의 물건을 들어올리고, 10kg 정도의 물건을 빈번히 들어올리거나 운반한다.
- 힘든 작업: 최고 40kg의 물건을 들어올리고, 20kg 정도의 물건을 빈번히 들어올리거나 운반한다.
- 아주 힘든 작업: 40kg 이상의 물건을 들어올리고, 20kg 이상의 물건을 빈번히 들어올리거나 운반한다.

49 2024년 적용 최저임금은 얼마인가?

① 10,360원
② 9,980원
③ 9,780원
④ 9,860원

해설 | 고용노동부장관이 고시한 2024년 최저임금은 2023년의 최저임금인 9,620원에서 2.5% 인상된 9,860원이다.
월 환산액은 주 소정근로 40시간을 근무할 경우, 월 환산 기준 시간 수 209시간(주당 유급주휴 8시간 포함) 기준 2,060,740원이다.

50 질문지를 활용한 면접조사를 통해 직업정보를 수집할 때, 면접자가 지켜야 할 일반적 원칙으로 틀린 것은?

① 질문지를 숙지하고 있어야 한다.
② 응답자와 친숙한 분위기를 형성해야 한다.
③ 개방형 질문인 경우에는 응답내용을 해석하고 요약하여 기록해야 한다.
④ 면접자는 응답자가 이질감을 느끼지 않도록 복장이나 언어 사용에 유의해야 한다.

해설 | 개방형 질문(open-ended questions)인 경우에는 응답내용을 그대로 기록한 후 차후에 전문가들에 의해 해석되어야 한다.

51 고용24(구 워크넷)에서 제공하는 학과정보 중 자연계열의 '생명과학과'와 관련이 없는 학과는?

① 의생명과학과
② 해양생명과학과
③ 분자생물학과
④ 바이오산업공학과

해설 | 해양생명과학과는 자연계열의 '수산학과'의 관련학과이다. 고용24 학과정보 중 자연계열의 '생명과학과'의 관련학과는 생명공학과, 의생명과학과, 의생명공학과, 미생물학과, 분자생물학과, 분자생명과학과, 유전공학과, 생물학과, 분자생물학과, 생명시스템학과, 바이오산업공학과 등이다.

정답 47 ② 48 ② 49 ④ 50 ③ 51 ②

52 한국표준직업분류(7차) 개정 시 대분류 3 '사무 종사자'에 신설된 것은?

① 행정사
② 신용카드 모집인
③ 로봇공학 기술자 및 연구원
④ 문화 관광 및 숲·자연환경 해설사

해설 | 2018년 개정된 7차 한국표준직업분류에서 대분류 3 '사무 종사자'에 신설된 분류는 행정사, 대학 행정조교, 증권사무원, 의료 서비스 상담 종사원 등이다.

53 직업상담 시 제공하는 직업정보의 기능과 역할에 대한 설명으로 틀린 것은?

① 여러 가지 직업적 대안들의 정보를 제공한다.
② 내담자의 흥미, 적성, 가치 등을 파악하는 것이 직업정보의 주기능이다.
③ 경험이 부족한 내담자에게 다양한 직업들을 간접적으로 접한 기회를 제공한다.
④ 내담자가 자신의 선택이 현실에 비추어 부적당한 선택이었는지를 점검하고 재조정해 볼 수 있는 기초를 제공한다.

해설 | 직업정보는 내담자에게 내담자가 원하는 분야에 대한 다양한 직업적 대안에 대한 정보를 제공하는 것이지, 내담자의 흥미, 적성, 가치 등을 파악하는 것이 주기능은 아니다.

54 직업정보를 제공하는 유형별 방식에 대한 설명이다. ( )에 알맞은 것은?

종류	비용	학습자 참여도	접근성
인쇄물	(ㄱ)	수동	용이
면접	저	(ㄴ)	제한적
직업경험	저	적극	(ㄷ)

① ㄱ: 고, ㄴ: 적극, ㄷ: 용이
② ㄱ: 고, ㄴ: 수동, ㄷ: 제한적
③ ㄱ: 저, ㄴ: 적극, ㄷ: 제한적
④ ㄱ: 저, ㄴ: 수동, ㄷ: 용이

해설 | 인쇄물은 저비용, 면접의 학습자 참여도는 적극적이다. 그리고 직업경험의 접근성은 일부만이 참여하므로 제한적이다.

55 한국표준산업분류(제10차)의 적용원칙으로 틀린 것은?

① 생산단위는 산출물뿐만 아니라 투입물과 생산공정 등을 함께 고려하여 그들의 활동을 가장 정확하게 설명된 항목으로 분류해야 한다.
② 산업활동이 결합되어 있는 경우에는 그 활동단위의 주된 활동에 따라서 분류해야 한다.
③ 복합적인 활동단위는 우선적으로 세세분류를 정확히 결정하고, 순차적으로 세·소·중·대분류 단계 항목을 결정하여야 한다.
④ 공식적 생산물과 비공식적 생산물, 합법적 생산물과 불법적인 생산물을 달리 분류하지 않는다.

해설 | 복합적인 활동단위는 우선적으로 최상급 분류단계(대분류)를 정확히 결정하고, 순차적으로 중, 소, 세, 세세분류 단계 항목을 결정하여야 한다.

정답 52 ① 53 ② 54 ③ 55 ③

56 한국표준직업분류(제7차)에서 직업으로 보지 않는 활동을 모두 고른 것은?

> ㄱ. 이자, 주식배당 등과 같은 자산 수입이 있는 경우
> ㄴ. 예·적금 인출, 보험금 수취, 차용 또는 토지나 금융자산을 매각하여 수입이 있는 경우
> ㄷ. 사회복지시설 수용자의 시설 내 경제활동
> ㄹ. 수형자의 활동과 같이 법률에 의한 강제노동을 하는 경우

① ㄱ, ㄷ
② ㄱ, ㄹ
③ ㄱ, ㄴ, ㄷ
④ ㄱ, ㄴ, ㄷ, ㄹ

해설 | 제시된 내용은 모두 한국표준직업분류에서 직업으로 보지 않는 활동이다. 직업은 일의 계속성, 경제성, 사회성과 윤리성, 속박된 상태에서의 활동이 아닐 것 등의 조건이 갖추어져야 한다.

개념 체크 한국표준직업분류(제7차)에서 직업으로 보지 않는 활동(10가지)

- 이자, 주식배당, 임대료(전세금, 월세금) 등과 같은 자산 수입이 있는 경우
- 연금법, 국민기초생활보장법, 국민연금법 및 고용보험법 등의 사회보장이나 민간보험에 의한 수입이 있는 경우
- 경마, 경륜, 경정, 복권 등에 의한 배당금이나 주식투자에 의한 시세차익이 있는 경우
- 예·적금 인출, 보험금 수취, 차용 또는 토지나 금융자산을 매각하여 수입이 있는 경우
- 자기 집의 가사활동에 전념하는 경우
- 교육기관에 재학하며 학습에만 전념하는 경우
- 시민봉사활동 등에 의한 무급 봉사적인 일에 종사하는 경우
- 사회복지시설 수용자의 시설 내 경제활동
- 수형자의 활동과 같이 법률에 의한 강제노동을 하는 경우

57 국가기술자격법에 의한 국가기술자격 종목이 아닌 것은?

① 제강기능사
② 주택관리사보
③ 사회조사분석사1급
④ 스포츠경영관리사

해설 | 주택관리사보는 전문자격 종목이다. 공인중개사, 사회복지사 1급, 청소년상담사, 행정사 등이 전문자격 종목에 해당한다.

58 한국직업사전의 직무기능 자료(data) 항목 중 무엇에 관한 설명인가?

> • 데이터의 분석에 기초하여 시간, 장소, 작업순서, 활동 등을 결정한다.
> • 결정을 실행하거나 상황을 보고한다.

① 종합
② 조정
③ 계산
④ 수집

해설 | 데이터의 분석에 기초하여 시간, 장소, 작업순서, 활동 등을 결정하고, 결정을 실행하거나 상황을 보고하는 것은 자료(data)와 관련된 기능 중 조정(coordinating)에 해당한다.

59 다음의 국가기술자격 검정기준은 어느 자격등급에 해당하는가?

> 응시하고자 하는 종목에 관한 최상급 숙련기능을 가지고 산업현장에서 작업관리, 소속 기능인력의 지도 및 감독, 현장훈련, 경영계층과 생산계층을 유기적으로 연계시켜 주는 현장관리 등의 업무를 수행할 수 있는 능력 보유

① 기술사
② 기능장
③ 기사
④ 산업기사

해설 | 응시하고자 하는 종목에 관한 최상급 숙련기능을 가지고 현장관리 등의 업무를 수행할 수 있는 능력의 유무는 기능장의 검정기준이다.

개념 체크 국가기술자격의 등급

- 기술사: 고도의 전문지식과 실무경험에 입각한 기술업무의 수행능력
- 기능장: 최상급 숙련기능을 가지고 현장관리 업무의 수행능력
- 기사: 공학적 기술이론 지식
- 산업기사: 기술기초이론지식 또는 숙련기능
- 기능사: 숙련기능

정답 56 ④ 57 ② 58 ② 59 ②

60 직업성립의 일반요건과 가장 거리가 먼 것은?

① 윤리성 ② 경제성
③ 계속성 ④ 사회보장성

해설 | 한국표준직업분류(KSCO-18)에서 직업이 되기 위해서는 일의 계속성, 경제성, 윤리성 및 사회성 등의 조건을 갖추어야 한다. 또한 속박된 상태에서의 활동은 직업이 될 수 없다.

제4과목 노동시장론

61 만일 여가가 열등재라면 개인의 노동공급곡선의 형태는?

① 후방굴절한다.
② 완전비탄력적이다.
③ 완전탄력적이다.
④ 우상향한다.

해설 | 열등재(inferior goods)는 소득이 증가할 때 수요가 감소하는 재화를 말한다. 여가가 열등재라면 임금상승으로 소득수준이 높아져도 여가의 수요는 감소한다. 임금상승에 따른 여가의 수요감소는 노동공급량의 증가를 의미하므로 노동의 공급곡선은 우상향한다.

62 정부가 임금을 인상시킬 때 오히려 고용이 증대되는 경우는?

① 공급독점의 노동시장
② 수요독점의 노동시장
③ 완전경쟁의 노동시장
④ 복점의 노동시장

해설 | 정부가 임금을 인상시키는 것은 최저임금제의 경우이다. 일반적으로 최저임금제가 시행되면 기업의 노동수요량이 감소하므로 근로자는 실업자가 될 가능성이 있다. 그러나 노동시장이 수요독점(monopsony)인 경우에는 최저임금제로 임금이 상승해도 고용량이 증가할 수 있다.

개념 체크 최저임금제가 고용을 증가시키는 것은 ㉠ 노동시장이 수요독점 노동시장인 경우, ㉡ 생산성 증대효과가 있는 경우, ㉢ 유효수요 증대효과가 있는 경우 등이다.

63 다음 중 2차 노동시장의 특징에 해당되는 것은?

① 높은 임금 ② 높은 안정성
③ 높은 이직률 ④ 높은 승진율

해설 | 2차 노동시장(secondary labor market)은 낮은 임금, 열악한 근로조건과 고용불안정으로 인한 높은 이직률, 교육훈련과 승진 기회의 부재 등의 특징을 지닌 노동시장이다.

64 선별가설(screening hypothesis)에 대한 설명과 가장 거리가 먼 것은?

① 교육훈련이 생산성을 높이는 것은 아니고 유망한 근로자를 식별해주는 역할을 한다.
② 빈곤문제 해결을 위해서는 교육훈련 기회를 확대하는 것이 중요하다.
③ 학력이 높은 사람이 소득이 높은 것은 교육 때문이 아니고 원래 능력이 우수하기 때문이다.
④ 근로자들이 자신의 능력과 재능을 보여주기 위해 교육에 투자한다.

해설 | 빈곤문제 해결을 위해 교육훈련 기회를 확대하는 것이 중요하다는 것은 인적자본이론에 근거한 설명이다.

정답 60 ④ 61 ④ 62 ② 63 ③ 64 ②

65 유니온 숍(union shop)에 대한 설명으로 옳은 것은?

① 조합원이 아닌 근로자는 채용 후 일정 기간 내에 조합에 가입해야 한다.
② 조합원이 아닌 자는 채용할 수 없다.
③ 노동조합의 노동공급원이 독점되며, 관련 노동 시장에 강력한 영향을 미친다.
④ 채용 전후 근로자의 조합 가입이 완전히 자유롭다.

해설 | 유니언 숍(union shop)은 사용자가 자유롭게 채용할 수 있으나 채용 후 일정 기간이 지나면 반드시 조합에 가입하여야 하는 제도이다. 또한 조합으로부터 탈퇴하거나 조합에서 제명되어 조합원 자격을 상실할 때에는 해고된다는 노사 간의 협약을 의미한다.

오답풀이 | ②, ③은 클로즈드 숍(closed shop), ④는 오픈 숍(open shop)에 대한 설명이다.

66 노동수요곡선이 이동하는 이유가 아닌 것은?

① 임금수준의 변화
② 생산방법의 변화
③ 자본의 가격변화
④ 생산물에 대한 수요의 변화

해설 | 수요함수에서 내생변수인 임금수준이 변화하면 노동수요곡선 상에서의 이동이 나타나고 노동수요곡선 자체는 이동하지 않는다.

오답풀이 | ② 생산기술(생산방법)의 진보, ③ 자본가격의 상승, ④ 생산물에 대한 수요가 증가하면 노동수요곡선은 오른쪽으로 이동한다.

67 다음 중 최저임금제가 고용에 미치는 부정적 효과가 가장 큰 상황은?

① 노동수요곡선과 노동공급곡선이 모두 탄력적일 때
② 노동수요곡선과 노동공급곡선이 모두 비탄력적일 때
③ 노동수요곡선이 탄력적이고 노동공급곡선이 비탄력적일 때
④ 노동수요곡선이 비탄력적이고 노동공급곡선이 탄력적일 때

해설 | 시장임금보다 높은 수준에서 최저임금을 정하면, 즉 정부가 개입하여 임금을 올리면 노동수요량은 감소하고 노동공급량은 증가하여 실업이 증가하는 부정적 효과가 있다.
노동수요곡선과 노동공급곡선이 모두 탄력적이면(즉, 노동수요곡선과 노동공급곡선이 모두 완만하면) 노동수요량은 크게 감소하고, 노동공급량은 크게 증가하므로 실업이 크게 발생한다.

68 다음 중 가장 적극적인 근로자의 경영참가 형태는?

① 단체교섭에 의한 참가
② 단체행동에 의한 참가
③ 노사협의회에 의한 참가
④ 근로자중역, 감사역제의 의한 참가

해설 | 근로자의 경영참가에는 자본참가, 이익참가 등이 있으나, 가장 적극적인 참가는 경영의사결정에 직접 참여하거나 경영을 감시하는 것이다. 대표적인 예로 근로자중역 또는 감사역제의 의한 참가를 들 수 있다.

정답 65 ① 66 ① 67 ① 68 ④

69. 1960년대 선진국에서 실업률과 물가상승률 간의 상충관계를 개선하고자 실시했던 정책은?

① 재정정책   ② 금융정책
③ 인력정책   ④ 소득정책

해설 | 실업률과 물가상승률 간의 상충관계, 즉 스태그플레이션(stagflation)을 해결하기 위해 실시했던 정책은 소득정책(income policy)이다. 이는 1960년대 과도한 임금상승과 두 차례 석유파동을 계기로 스태그플레이션 현상이 나타나자 이를 해결하기 위해 도입된 것으로 과도한 임금인상을 억제하는 것(임금가이드라인 정책)을 주요 내용으로 한다.

70. 노동시장에서의 차별로 인해 발생하는 임금격차에 대한 설명으로 틀린 것은?

① 직장 경력의 차이에 따른 인적자본 축적의 차이로는 임금격차를 설명할 수 없다.
② 경쟁적인 시장경제에서는 고용주에 의한 차별이 장기간 지속될 수 없다.
③ 소비자의 차별적인 선호가 있다면 차별적인 임금격차가 지속될 수 있다.
④ 정부가 차별적 임금을 지급하도록 강제하는 경우에는 경쟁시장에서도 임금격차가 지속될 수 있다.

해설 | 직장 경력의 차이에 따른 인적자본 축적의 차이로 인한 임금의 차이는 생산성의 차이에 의한 임금격차로, 임금격차의 경쟁적 요인에 해당한다. 노동시장에서의 차별과는 관련이 없다.

개념 체크 노동시장 차별
- 노동시장 차별(labor market discrimination)은 생산성에 차이가 없는(생산성이 동일한) 노동자가 인종, 성, 학력, 나이, 민족, 그리고 그들의 업무수행과 관련이 없는 특성 때문에 고용, 임금, 승진 등에 있어 다른 대우를 받는 것이다.
- 노동시장 차별에 관한 이론은 베커(G. S. Becker)에 의해 처음 제시되었다. 베커는 개인편견이론(personal prejudice theory)에서 노동시장의 개인편견 차별의 주요 근원으로 고용주, 고용인, 그리고 소비자를 들고 있다. 또 다른 차별이론은 통계적 차별이론과 붐빔모형(crowding model) 또는 쇄도모형이 있다.

71. 완전경쟁시장의 치킨매장에서 치킨 1마리를 14,000원에 팔고 있다. 그리고 종업원 1명을 시간당 7,000원의 임금으로 고용하고 있다. 이 매장이 이윤을 극대화하기 위해서는 노동의 한계생산성이 무엇과 같아질 때까지 고용을 늘려야 하는가?

① 시간당 치킨 1/2마리
② 시간당 치킨 1마리
③ 시간당 치킨 2마리
④ 시간당 치킨 4마리

해설 | 완전경쟁 노동시장에서 이윤을 극대화하기 위해서는 노동의 한계생산가치(VMP_L)=임금(W)에서 고용량을 결정해야 한다.
$VMP_L = P \cdot MP_L = W$이다.
따라서 7,000원 = 14,000원 × MP_L이므로 노동의 한계생산 $MP_L = \frac{7,000원}{14,000원}$ = 치킨 1/2마리가 될 때까지 고용을 늘려야 한다.

72. 경제활동인구조사에서 취업자로 분류되는 사람은?

① 명예퇴직을 하여 연금을 받고 있는 전직 공무원
② 하루 3시간씩 구직활동을 하고 있는 전직 은행원
③ 하루 1시간씩 학교 부근 식당에서 아르바이트를 하고 있는 대학생
④ 하루 2시간씩 남편의 상점에서 무급으로 일하는 기혼여성

해설 | 하루 1시간씩 학교 부근 식당에서 아르바이트를 하고 있는 대학생은 조사대상주간에 한 시간 이상 일을 했으므로 취업자로 분류된다.

개념 체크 취업자
취업자는 최근 지정된 1주일 동안 수입이 있는 일에 1시간 이상 일한 자, 가족이 경영하는 기업이나 농장에서 수입을 높이는 데 도움을 준 무급 가족 종사자로서 18시간 이상 일한 자, 일시적인 질병, 일기불순, 휴가 또는 연가, 노동쟁의 등의 이유로 일하지 않고 있는 일시적인 휴직자이다.

정답 69 ④ 70 ① 71 ① 72 ③

73 어느 국가의 생산가능인구의 구성비가 다음과 같을 때 이 국가의 실업률은?

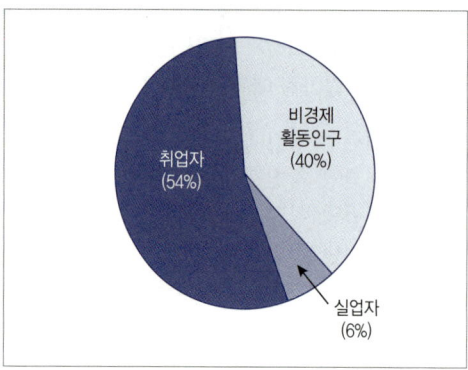

① 6.0% ② 10.0%
③ 11.1% ④ 13.2%

해설 | 생산가능인구가 100이라면 경제활동인구 = 취업자 수 + 실업자 수 = 54 + 6 = 60이다.
따라서 실업률 = $\frac{실업자 수}{경제활동인구} \times 100 = \frac{6}{60} \times 100 = 10.0\%$이다.

74 다음 중 경기적 실업에 대한 대책으로 가장 적합한 것은?

① 지역 간 이동촉진
② 총수요의 증대
③ 퇴직자 취업알선
④ 구인·구직에 대한 전산망 확대

해설 | 경기적 실업(cyclical unemployment)은 경제 전체의 총수요(유효수요)가 부족하여 발생하는 실업이다. 따라서 경기적 실업은 총수요(유효수요)의 증대를 통해 해결할 수 있다. 즉, 정부가 공공투자를 확대하여 정부지출을 늘리고 조세를 감면해주는 확장적 재정정책을 실시하거나, 중앙은행이 통화량을 늘리는 확장적 통화정책을 실시하여 총수요를 늘리면 생산의 증가와 함께 고용이 증가하므로 경기적 실업을 해결할 수 있다.

75 노동조합의 역사에서 가장 오래된 조합의 형태는?

① 산업별 노동조합(industrial union)
② 기업별 노동조합(company union)
③ 직업별 노동조합(craft union)
④ 일반 노동조합(general union)

해설 | 직업별 노동조합(craft union)은 같은 직종 또는 직업에 종사하는 노동자가 조직하는 노동조합을 말한다. 직종별 조합 또는 직능별 조합이라고도 한다. 역사적으로는 가장 오래된 형태의 노동조합으로 영국을 중심으로 발전해 왔다. 숙련공 중심의 배타적·폐쇄적이고 독점적인 조직 형태로, 철도나 항만에서 하역작업을 하는 항운노조와 인쇄공 조합·목공 조합 등을 예로 들 수 있다.

76 다음 중 직무급 임금체계에 관한 설명으로 가장 적합한 것은?

① 정기승급에 의한 생활안정으로 근로자의 기업에 대한 귀속의식을 고양시킨다.
② 기업풍토, 업무내용 등에서 보수성이 강한 기업에 적합하다.
③ 근로자의 능력을 직능고과의 평가결과에 따라 임금을 결정한다.
④ 노동의 양뿐만 아니라 노동의 질을 동시에 평가하는 임금결정방식이다.

해설 | 직무급(base rate for job class)은 기업 내 각자가 담당하는 직무의 상대적 가치(질과 양의 양면)를 기초로 하여 지급되는 임금이므로 먼저 직무의 가치서열이 확립되어야 하고, 이 가치서열의 확립을 위하여 직무평가가 이루어져야 한다. 이는 동일한 직무에 대하여는 동일한 임금을 지급한다는 원칙(equal pay for equal work)에 입각한 것으로, 적정한 임금수준의 책정과 더불어 각 직무 간에 공정한 임금격차를 유지할 수 있는 기반이 된다.

오답풀이 | ①, ②는 연공급, ③은 직능급 임금체계에 대한 설명이다.

정답 73 ② 74 ② 75 ③ 76 ④

77 유보임금(reservation wage)에 관한 설명으로 옳은 것을 모두 고른 것은?

> ㄱ. 유보임금의 상승은 실업기간을 연장한다.
> ㄴ. 유보임금의 상승은 기대임금을 하락시킨다.
> ㄷ. 유보임금은 기업이 근로자에게 제시한 최고의 임금이다.
> ㄹ. 유보임금은 근로자가 받고자 하는 최저의 임금이다.

① ㄱ, ㄷ
② ㄱ, ㄹ
③ ㄴ, ㄷ
④ ㄴ, ㄹ

해설 | ㄱ. 유보임금이 상승하면 직업탐색기간이 길어지므로 실업(탐색적 실업)기간이 길어진다.
ㄹ. 유보임금(reservation wage)은 노동자가 노동을 공급하기 위해 받기를 원하는 최소한의 임금을 말한다. 이는 요구임금(또는 희망임금, 의중임금, 눈높이임금)이라고도 하는데, 여가의 기회비용이 된다. 즉, 노동시간만큼 여가를 즐긴다고 할 때 여가를 통해서 얻는 주관적 효용에 해당하는 임금이다.

78 단체교섭에서 사용자의 교섭력에 대한 설명과 가장 거리가 먼 것은?

① 기업의 재정능력이 좋으면 사용자의 교섭력이 높아진다.
② 사용자 교섭력의 원천 중 하나는 직장폐쇄(lock out)를 할 수 있는 권리이다.
③ 사용자는 쟁의행위 기간 중 그 쟁의행위로 중단된 업무를 원칙적으로 도급 또는 하도급 줄 수 있다.
④ 비조합원이 조합원의 일을 대신할 수 있는 여지가 크다면, 그만큼 사용자의 교섭력은 높아진다.

해설 | 사용자는 쟁의행위 기간 중 그 쟁의행위로 중단된 업무를 도급 또는 하도급 줄 수 없다.

79 다음 중 노동정책이나 제도에 관한 설명으로 틀린 것은?

① 소득정책은 근로자들의 소득을 증진시키기 위한 정책이다.
② 직업훈련정책은 주로 구조적 실업 문제를 해결하기 위한 정책이다.
③ 최저임금제는 저임금근로자의 생활안정을 위한 것이다.
④ 알선은 노사 자율적 해결을 강조하는 노동쟁의조정제도이다.

해설 | 소득정책(income policy)은 과도한 임금인상을 억제하여 경기회복과 물가안정을 동시에 달성하려는 정책이다. 소득정책은 급격한 물가상승기에 일시적으로 사용하면 효과를 거둘 수 있지만 성장산업의 위축을 초래할 수 있고, 행정적 관리비용이 증가할 수 있으며 노동자의 임금인상 억제에 이용될 가능성도 있다.

80 실업률과 물가상승률 간 역의 상관관계를 나타내는 곡선은?

① 래퍼곡선
② 필립스곡선
③ 로렌츠곡선
④ 테일러곡선

해설 | 영국의 경제학자인 필립스(A. Phillips)는 1861~1957년간 영국경제를 대상으로 실증분석을 행한 결과 실업률과 명목임금상승률 간에 안정적인 음(−)의 관계가 있다는 사실을 발견하였는데, 이 관계를 회귀곡선으로 표시한 것을 필립스곡선이라고 한다. 오늘날에는 필립스곡선을 물가상승률과 실업률 간의 역(−)관계로 파악하는 것이 일반적이다.

정답 77 ② 78 ③ 79 ① 80 ②

제5과목 노동관계법규

81 고용상 연령차별금지 및 고령자 고용촉진에 관한 법률상 고령자고용촉진에 관한 설명으로 옳은 것은?

① 상시근로자 300명 이상 사업주는 법령에서 정한 기준고용률 이상의 고령자를 고용하여야 한다.
② 기준고용률에 미달하는 고령자를 고용하는 사업주는 매년 고용노동부장관에게 고령자고용부담금을 납부하여야 한다.
③ 기준고용률을 초과하여 고용하는 사업주에게는 「고용보험법」상 고령자고용촉진장려금을 지급할 수 있으며, 조세감면 혜택이 주어진다.
④ 국가 및 지방자치단체, 정부투자기관과 정부출연기관의 장은 그 기관의 우선고용직종에 고령자와 준고령자를 우선적으로 채용하도록 노력하여야 한다.

오답풀이 | ① 상시근로자 300명 이상 사업주는 법령에서 정한 기준고용률 이상의 고령자를 고용하도록 노력하여야 한다.
② 기준고용률은 강제사항이 아니므로 미달한다고 해서 고용부담금을 납부하지는 않는다.
④ 국가 및 지방자치단체, 정부투자기관과 정부출연기관의 장은 그 기관의 우선고용직종에 고령자와 준고령자를 우선적으로 채용하여야 한다.

82 남녀고용평등과 일·가정 양립지원에 관한 법률상 임금에 관한 설명으로 옳은 것은?

① 사업주는 다른 사업 내의 동일가치의 노동에 대하여는 동일한 임금을 지급하여야 한다.
② 임금차별을 목적으로 사업주에 의하여 설립된 별개의 사업은 별개의 사업으로 본다.
③ 동일가치노동의 기준은 직무수행에서 요구되는 성, 기술, 노력 등으로 한다.
④ 사업주가 동일가치노동의 기준을 정할 때에는 노사협의회의 근로자를 대표하는 위원의 의견을 들어야 한다.

오답풀이 | ① 사업주는 동일한 사업 내의 동일가치노동에 대하여는 동일한 임금을 지급하여야 한다.
② 임금차별을 목적으로 사업주에 의하여 설립된 별개의 사업은 동일한 사업으로 본다.
③ 동일가치노동의 기준은 직무수행에서 요구되는 기술·노력·책임 및 작업조건 등으로 한다.

83 채용절차의 공정화에 관한 법령상 500만 원 이하의 과태료 부과행위에 해당하는 것은?

① 채용서류 보관의무를 이행하지 아니한 구인자
② 구직자에 대한 고지의무를 이행하지 아니한 구인자
③ 시정명령을 이행하지 아니한 구인자
④ 지식재산권을 자신에게 귀속하도록 강요한 구인자

해설 | 500만 원 이하 과태료 대상
• 채용광고의 내용 또는 근로조건을 변경한 구인자
• 지식재산권을 자신에게 귀속하도록 강요한 구인자
• 그 직무의 수행에 필요하지 아니한 개인정보를 기초심사자료에 기재하도록 요구하거나 입증자료를 수집한 구인자

정답 81 ③ 82 ④ 83 ④

84 고용정책기본법령상 지역고용심의회에 관한 설명으로 틀린 것은?

① 지역고용심의회는 위원장 1명을 포함한 30명 이내의 위원으로 구성한다.
② 위원장은 시·도지사가 된다.
③ 시·도의 고용촉진, 직업능력개발 및 실업대책에 관한 중요사항을 심의한다.
④ 지역고용심의회 전문위원회의 위원은 시·도지사가 임명하거나 위촉한다.

해설 | 지역고용심의회는 위원장 1명을 포함한 20명 이내의 위원으로 구성한다.

85 근로기준법상 사용하는 용어에 관한 설명으로 틀린 것은?

① '임금'이란 사용자가 근로의 대가로 근로자에게 임금, 봉급, 그 밖에 어떠한 명칭으로든지 지급하는 일체의 금품을 말한다.
② '사용자'란 사업주 또는 사업 경영 담당자, 그 밖에 근로자에 관한 사항에 대하여 사업주를 위하여 행위하는 자를 말한다.
③ '근로자'란 사업주에게 고용된 자와 취업할 의사를 가진 자를 말한다.
④ '근로'란 정신노동과 육체노동을 말한다.

해설 | 「근로기준법」상 '근로자'란 직업의 종류와 관계없이 임금을 목적으로 사업이나 사업장에 근로를 제공하는 사람을 말한다.

오답풀이 | ③ 「남녀고용평등법」과 「고용정책기본법」에서 '근로자'의 정의로 명시하고 있는 내용이다.

86 남녀고용평등과 일·가정 양립 지원에 관한 법령상 육아기 근로시간 단축에 관한 설명이다. ( )에 들어갈 내용으로 옳은 것은?

> 사업주가 근로자에게 육아기 근로시간 단축을 허용하는 경우 단축 후 근로시간은 주당 (ㄱ)시간 이상이어야 하고 (ㄴ)시간을 넘어서는 아니 된다.

① ㄱ: 10, ㄴ: 15
② ㄱ: 10, ㄴ: 20
③ ㄱ: 15, ㄴ: 30
④ ㄱ: 15, ㄴ: 35

해설 | 육아기 근로시간 단축 후 근로시간은 주당 15시간 이상 35시간 이내에서 해야 한다.

개념 체크 육아기 근로시간 단축

- 육아기 근로시간 단축을 허용하는 경우 단축 후 근로시간은 주당 15시간 이상이어야 하고 35시간을 넘어서는 아니 된다(「남녀고용평등과 일·가정 양립 지원에 관한 법률」 제19조의2).
- 가족돌봄 등을 위한 근로시간 단축을 허용하는 경우 단축 후 근로시간은 주당 15시간 이상이어야 하고 30시간을 넘어서는 아니 된다(「남녀고용평등과 일·가정 양립 지원에 관한 법률」 제22조의3).

87 근로기준법령상 용어의 정의에 관한 설명으로 틀린 것은?

① '근로'란 정신노동과 육체노동을 말한다.
② '사용자'란 사업주 또는 사업경영담당자, 그 밖에 근로자에 관한 사항에 대하여 사업주를 위하여 행위하는 자를 말한다.
③ '통상임금'이란 이를 산정하여야 할 사유가 발생한 날 이전 3개월 동안에 그 근로자에게 지급된 임금의 총액을 그 기간의 총일수로 나눈 금액을 말한다.
④ '단시간근로자'란 1주 동안의 소정근로시간이 그 사업장에서 같은 종류의 업무에 종사하는 통상 근로자의 1주 동안의 소정근로시간에 비하여 짧은 근로자를 말한다.

해설 | 「근로기준법령」상 '평균임금'이란 이를 산정하여야 할 사유가 발생한 날 이전 3개월 동안에 그 근로자에게 지급된 임금의 총액을 그 기간의 총일수로 나눈 금액을 말한다.

정답 84 ① 85 ③ 86 ④ 87 ③

88 근로자퇴직급여 보장법령상 ( )에 들어갈 숫자로 옳은 것은?

> 이 법에 따른 퇴직금을 받을 권리는 ( )년간 행사하지 아니하면 시효로 인하여 소멸한다.

① 1 ② 3
③ 5 ④ 10

해설 | 「근로자퇴직급여 보장법」에 따른 퇴직금을 받을 권리는 3년간 행사하지 아니하면 시효로 인하여 소멸한다.

89 남녀고용평등과 일·가정 양립 지원에 관한 법률에 관한 설명으로 틀린 것은?

① 고용노동부장관은 남녀고용평등 실현과 일·가정 양립에 관한 기본계획을 5년마다 수립하여야 한다.
② 사업주는 동일한 사업 내의 동일가치노동에 대하여는 동일한 임금을 지급하여야 한다.
③ 사업주가 임금차별을 목적으로 설립한 별개의 사업은 동일한 사업으로 본다.
④ 사업주는 직장 내 성희롱 예방을 위한 교육을 분기별 1회 이상 하여야 한다.

해설 | 사업주는 직장 내 성희롱 예방을 위한 교육을 연 1회 이상 실시하여야 한다.

90 고용보험법령상 ( )에 들어갈 숫자로 옳은 것은?

> 배우자의 질병으로 육아휴직급여를 신청할 수 없었던 사람은 그 사유가 끝난 후 ( )일 이내에 신청하여야 한다.

① 10 ② 30
③ 60 ④ 90

해설 | 육아휴직급여를 지급받으려는 사람은 육아휴직을 시작한 날 이후 1개월부터 육아휴직이 끝난 날 이후 12개월 이내에 신청해야 한다. 다만, 해당 기간에 다음 사유로 육아휴직급여를 신청할 수 없었던 사람은 그 사유가 끝난 후 30일 이내에 신청해야 한다.
- 천재지변
- 본인이나 배우자의 질병·부상
- 본인이나 배우자의 직계존속 및 직계비속의 질병·부상
- 「병역법」에 따른 의무복무
- 범죄혐의로 인한 구속이나 형의 집행

91 근로기준법상 임금에 관한 설명으로 틀린 것은?

① 임금은 원칙적으로 통화로 직접 근로자에게 그 전액을 지급하여야 한다.
② 사용자의 귀책사유로 휴업하는 경우 휴업기간 동안 근로자에게 통상임금의 100분의 60 이상의 수당을 지급하여야 한다.
③ 임금채권은 3년간 행사하지 아니하면 시효로 소멸한다.
④ 임금은 원칙적으로 매월 1회 이상 일정한 날짜를 정하여 지급하는 것이 원칙이다.

해설 | 사용자의 귀책사유로 휴업하는 경우 휴업기간 동안 근로자에게 평균임금의 100분의 70 이상의 수당을 지급하여야 한다.

정답 88 ② 89 ④ 90 ② 91 ②

92 고용정책 기본법에 대한 설명으로 틀린 것은?

① 고용서비스를 제공하는 자는 그 업무를 수행할 때에 합리적인 이유 없이 성별 등을 이유로 구직자를 차별하여서는 아니 된다.
② 고용노동부장관은 5년마다 국가의 고용정책에 관한 기본계획을 수립하여야 한다.
③ 상시 100명 이상의 근로자를 사용하는 사업주는 매년 근로자의 고용형태 현황을 공시하여야 한다.
④ '근로자'란 사업주에게 고용된 사람과 취업할 의사를 가진 사람을 말한다.

해설 | 상시 300명 이상의 근로자를 사용하는 사업주는 매년 4월 30일까지 근로자의 고용형태 현황을 공시해야 한다.

93 고용정책 기본법령상 고용정책심의회에 관한 설명으로 틀린 것은?

① 정책심의회는 위원장 1명을 포함한 20명 이내의 위원으로 구성한다.
② 근로자와 사업주를 대표하는 자는 심의위원으로 참여할 수 있다.
③ 특별시·광역시·특별자치시·도 및 특별자치도에 지역고용심의회를 둔다.
④ 고용정책심의회를 효율적으로 운영하기 위하여 분야별 전문위원회를 둘 수 있다.

해설 | 고용정책심의회는 위원장 1명을 포함한 30명 이내의 위원으로 구성한다.

94 직업안정법령상 일용근로자 이외의 직업소개를 하는 유료직업소개사업자의 장부 및 서류의 비치기간으로 옳은 것은?

① 종사자 명부: 3년
② 구인신청서: 2년
③ 구직신청서: 1년
④ 금전출납부 및 금전출납명세서: 1년

해설 | 종사자 명부, 구인신청서 및 구직신청서, 금전출납부 및 금전출납명세서 모두 비치기간은 2년이다.

95 고용정책 기본법상 고용노동부장관이 실시하는 실업대책사업에 해당하지 않는 것은?

① 실업자 가족의 의료비 지원
② 고용촉진과 관련된 사업을 하는 자에 대한 대부(貸付)
③ 고용재난지역의 선포
④ 실업자에 대한 공공근로사업

해설 | 고용재난지역의 선포는 실업대책사업에 해당하지 않는다.

96 채용절차의 공정화에 관한 법령상 500만 원 이하의 과태료 부과사항에 해당하지 않는 것은?

① 채용광고의 내용 또는 근로조건을 변경한 구인자
② 지식재산권을 자신에게 귀속하도록 강요한 구인자
③ 채용서류 보관의무를 이행하지 아니한 구인자
④ 그 직무의 수행에 필요하지 아니한 개인정보를 기초심사자료에 기재하도록 요구하거나 입증자료로 수집한 구인자

해설 | 채용서류 보관의무를 이행하지 아니한 구인자는 300만 원 이하의 과태료 부과 대상이다.

정답 92 ③ 93 ① 94 ② 95 ③ 96 ③

97 국민 평생 직업능력 개발법에 명시된 직업능력 개발훈련이 중요시되어야 하는 사람에 해당하지 않는 것은?

① 일용근로자
② 여성근로자
③ 제조업의 생산직에 종사하는 근로자
④ 「중소기업기본법」에 따른 중소기업의 근로자

해설 | '제조업의 생산직 근로자'는 법령 개정으로 직업능력개발훈련이 중요시되어야 할 대상에서 제외되었다.

98 근로기준법상 임금에 대한 설명으로 틀린 것은?

① 임금이란 사용자가 근로의 대가로 근로자에게 임금, 봉급, 그 밖에 어떠한 명칭으로든지 지급하는 일체의 금품을 말한다.
② 평균임금이란 이를 산정하여야 할 사유가 발생한 날 이전 3개월 동안에 그 근로자에게 지급된 임금의 총액을 말한다.
③ 사용자는 도급이나 그 밖에 이에 준하는 제도로 사용하는 근로자에게 근로시간에 따라 일정액의 임금을 보장하여야 한다.
④ 근로기준법에 따른 임금채권은 3년간 행사하지 아니하면 시효로 소멸한다.

해설 | 평균임금이란 이를 산정하여야 할 사유가 발생한 날 이전 3개월 동안에 그 근로자에게 지급된 임금의 총액을 그 기간의 총일수로 나눈 금액이다.

99 다음 (　)에 알맞은 것은?

> 「근로기준법」에 따른 임금채권은 (　)간 행사하지 아니하면 시효로 소멸한다.

① 6개월　　② 1년
③ 2년　　　④ 3년

해설 | 「근로기준법」에 따른 임금채권은 3년간 행사하지 아니하면 시효로 소멸한다.

100 고용정책 기본법에 대한 설명으로 틀린 것은?

① 고용서비스를 제공하는 자는 그 업무를 수행할 때에 합리적인 이유 없이 성별 등을 이유로 구직자를 차별하여서는 아니 된다.
② 고용노동부장관은 관계 중앙행정기관의 장과 협의하여 5년마다 국가의 고용정책에 관한 기본계획을 수립하여야 한다.
③ 상시 300명 이상의 근로자를 사용하는 사업주는 매년 근로자의 고용형태 현황을 공시하여야 한다.
④ 「고용정책 기본법」에서 '근로자'란 직업의 종류와 관계 없이 임금을 목적으로 사업이나 사업장에 근로를 제공하는 자로 정의된다.

해설 | 「고용정책 기본법」에서 '근로자'란 사업주에게 고용된 자와 취업할 의사를 가진 자이다.
④의 '근로자'는 「근로기준법」, 「기간제 및 단시간근로자 보호 등에 관한 법률」, 「파견근로자 보호 등에 관한 법률」, 「고용상 연령차별금지 및 고령자고용촉진에 관한 법률」에서 '근로자'의 정의로 명시하고 있는 내용이다.

정답 97 ③　98 ②　99 ④　100 ④

2024년 3회 복원문제

CBT 서비스

제1과목 직업상담학

01 다음 ( ) 안에 알맞은 용어로 바르게 짝지어진 것은?

> 생애진로사정의 구조는 진로사정, (ㄱ), 강점과 장애 및 (ㄴ)(으)로 이루어진다.

① ㄱ : 진로요약, ㄴ : 하루에 대한 묘사
② ㄱ : 일의 경험, ㄴ : 요약
③ ㄱ : 전형적인 하루, ㄴ : 요약
④ ㄱ : 훈련과정과 관심사, ㄴ : 내담자 자신의 용어 사용

해설 | 생애진로사정의 구조는 진로사정, 전형적인 하루, 강점과 장애 및 요약으로 이루어진다.

02 다음 현상을 설명하는 인간중심 상담의 개념은?

> 은희는 방을 치우면 엄마가 좋아하기 때문에 용돈이 생기는 것도 아니지만 친구들과의 약속보다도 좋아서 방청소를 열심히 한다.

① 가치의 조건화
② 일치성
③ 동일시
④ 자기실현 경향성

해설 | 가치의 조건화란 인간중심 상담의 개념들 중 하나로 타인의 기대와 바람에 의해 만들어진 자신의 모습을 말한다. 주요 타자(부모 등)로부터 긍정적 존중과 인정을 받기 위해 그들이 원하는 가치와 기준을 내면화하는 것이다.

03 Parsons가 제안한 특성-요인 이론에 관한 설명으로 틀린 것은?

① 고도로 개별적이고 과학적인 방법을 통해 개인과 직업을 연결하는 것이 핵심이다.
② 사람들은 누구나 신뢰할 수 있고 타당하게 측정될 수 있는 독특한 특성을 가지고 있다.
③ 특성이란 숨어 있는 특징이나 원인이 아니라 기술적인 범주이다.
④ 직업선택은 직접적인 인지과정이기 때문에 개인의 특성과 직업의 특성을 연결하는 것이 가능하다.

해설 | 특성이란 숨어 있는 특징이나 원인이 아니라 기술적인 범주라고 주장한 사람은 아나스타시(Anastasi)이다.

04 직업상담 시 한계의 오류를 가진 내담자들이 자신의 견해를 제한하는 방법에 해당하지 않는 것은?

① 예외를 인정하지 않는 것
② 불가능을 가정하는 것
③ 왜곡되게 판단하는 것
④ 어쩔 수 없음을 가정하는 것

해설 | 왜곡되게 판단하는 것은 직업상담 시 한계의 오류를 가진 내담자들이 자신의 견해를 제한하는 방법에 해당하지 않는다.

개념 체크 전이된 오류의 유형 중 한계의 오류
- 예외를 인정하지 않는 것
- 불가능을 가정하는 것
- 어쩔 수 없음을 가정하는 것

정답 01 ③ 02 ① 03 ③ 04 ③

05 직업상담의 과정을 순서대로 바르게 나열한 것은?

① 관계형성 – 진단 및 측정 – 개입 – 목표설정 – 평가
② 관계형성 – 목표설정 – 진단 및 측정 – 개입 – 평가
③ 관계형성 – 진단 및 측정 – 목표설정 – 개입 – 평가
④ 관계형성 – 목표설정 – 개인 · 집단 및 측정 – 평가

해설 | 직업상담의 일반적인 과정은 관계형성 – 진단 및 측정 – 목표설정 – 개입 – 평가 순으로 진행된다.

06 상담의 초기면접 단계에서 일반적으로 고려할 사항이 아닌 것은?

① 통찰의 확대
② 목표의 설정
③ 상담의 구조화
④ 문제의 평가

해설 | 통찰의 확대는 상담의 중기단계에 해당한다.

개념 체크 상담의 초기면접 단계에서 고려되는 사항은 상담의 구조화, 상담자와 내담자 간의 상담관계(라포)형성, 내담자의 심리적 문제 파악(심리평가), 상담목표의 설정 등이 있다. 그중 상담자와 내담자 간의 상담관계형성은 상담의 초기면접 단계에서 가장 중요한 사항이다.

07 헤어(Herr)가 제시한 직업상담사의 직무내용에 해당되지 않는 것은?

① 상담자는 특수한 상담기법을 통해서 내담자의 문제를 확인하도록 한다.
② 상담자는 내담자의 마음 속에 일어나고 있으며 윤리적으로 적절한 부가적 대안을 확인한다.
③ 직업선택이 근본적인 관심사인 내담자에 대해서는 직업상담 실시를 보류하도록 한다.
④ 내담자에 관한 부가적 정보를 종합한다.

해설 | 직업선택이 근본적인 관심사인 내담자에 대해서는 즉시 직업상담 실시를 확정해야 한다.

08 자기보고식 가치사정법이 아닌 것은?

① 과거의 선택 회상하기
② 존경하는 사람 기술하기
③ 난관을 극복한 경험 기술하기
④ 백일몽 말하기

해설 | 난관을 극복한 경험 기술하기는 자기보고식 가치사정법에 해당하지 않는다.

개념 체크 자기보고식 가치사정기법
- 체크목록 가치에 순위 매기기
- 과거의 선택 회상하기
- 절정 경험 조사하기
- 자유시간과 금전 사용계획 조사하기
- 백일몽 말하기
- 존경하는 사람 기술하기

정답 05 ③ 06 ① 07 ③ 08 ③

09 진로시간전망 검사지를 사용하는 주요 목적과 가장 거리가 먼 것은?

① 목표설정 촉구
② 계획기술 연습
③ 진로계획 수정
④ 진로의식 고취

해설 | 진로계획 수정은 진로시간전망 검사지를 사용하는 목적과 거리가 멀다.

개념 체크 진로시간전망 검사지의 사용 목적
- 미래의 방향 설정을 가능하게 한다.
- 미래에 대한 희망을 갖도록 한다.
- 미래가 실제인 것처럼 느끼게 한다.
- 현재의 행동을 미래의 결과와 연계시킨다.
- 목표 설정을 촉구한다.
- 진로계획에 대한 긍정적 태도를 강화한다.
- 진로계획의 기술을 연습시킨다.
- 진로의식을 높여준다.

10 타이드만(Tiedeman)은 어떤 발달단계를 기초로 진로발달이론을 설명하였는가?

① 피아제의 인지발달단계
② 에릭슨의 심리사회발달단계
③ 콜버그의 도덕발달단계
④ 반두라의 인지사회발달단계

해설 | 타이드만과 오하라의 진로발달이론은 에릭슨의 심리사회적 발달이론에 기초를 두었으며, 연령보다는 문제의 성질이 중요하다고 보고 진로발달을 직업정체감을 형성해가는 과정으로 보았다.

11 인지·정서·행동치료(REBT)의 상담기법 중 정서기법에 해당하지 않는 것은?

① 역할연기   ② 수치공격 연습
③ 자기관리   ④ 무조건적 수용

해설 | 인지·정서·행동치료(REBT)의 상담기법 중 정서적 기법으로는 무조건적 수용, 합리─정서적 이미지, 역할놀이, 수치(부끄러움)공격 연습 등이 있다. 자기관리는 행동적 기법에 속한다.

12 내담자의 인지적 명확성을 사정할 때 고려할 사항이 아닌 것은?

① 직장을 처음 구하는 사람과 직업전환을 하는 사람의 직업상담에 관한 접근은 동일하게 해야 한다.
② 직장인으로서의 역할이 다른 생애역할과 복잡하게 얽혀 있는 경우 생애역할을 함께 고려한다.
③ 직업상담에서는 내담자의 동기를 고려하여 상담이 이루어져야 한다.
④ 우울증과 같은 심리적 문제로 인지적 명확성이 부족한 경우 진로문제에 대한 결정은 당분간 보류하는 것이 좋다.

해설 | 직장을 처음 구하는 사람과 직업전환을 하는 사람의 직업상담에 관한 접근은 다르게 해야 한다.
직장을 처음 구하는 사람에게 상담자가 가장 먼저 탐색해야 할 것은 내담자의 자기인식수준이고, 직업전환을 하는 사람에게 상담자가 가장 먼저 탐색해야 할 것은 내담자의 변화에 대한 인지능력이다.

13 상담에서 비밀보장 예외의 원칙과 가장 거리가 먼 것은?

① 상담자가 슈퍼비전을 받아야 하는 경우
② 심각한 범죄 실행의 가능성이 있는 경우
③ 내담자가 자살을 실행할 가능성이 있는 경우
④ 상담을 의뢰한 교사가 내담자의 상담자료를 요청하는 경우

해설 | 상담을 의뢰한 교사가 내담자의 상담자료를 요청하는 경우일지라도 상담자는 비밀을 누설해서는 안 된다.

정답 09 ③ 10 ② 11 ③ 12 ① 13 ④

14 Mitchell과 Krumboltz가 제시한 진로발달과정의 요인에 해당하지 않는 것은?

① 특별한 능력
② 환경 조건
③ 사회성 기술
④ 과제접근 기술

해설 | 미첼과 크럼볼츠(Mitchell & Krumboltz)는 개인의 진로결정에 영향을 미치는 요인으로 유전적 요인과 특별한 능력, 환경적 조건과 사건, 학습경험, 과제접근 기술을 제시하였다.

오답풀이 | ③ 사회성 기술은 진로발달과정의 요인에 해당하지 않는다.

15 초기면담의 유형 중 정보지향적 면담을 위한 상담 기법과 가장 거리가 먼 것은?

① 재진술
② 탐색해 보기
③ 폐쇄형 질문
④ 개방형 질문

해설 | 초기면담은 정보지향적 면담과 관계지향적 면담으로 나누어진다. 정보지향적 면담에서는 내담자에 대한 정보수집을 위해 탐색해 보기, 폐쇄형 질문, 개방형 질문 등의 상담기법을 수행한다.

오답풀이 | ① 재진술은 관계지향적 면담에서 사용되는 상담기법으로, 내담자의 메시지에 초점을 두고 내담자가 말한 바를 반사적 반응으로 재진술하는 것이다.

16 내담자의 작업에 관한 상호역할관계의 사정방법 중 질문을 통해 사정하는 방법에 해당하지 않는 것은?

① 내담자가 삶에서의 역할들을 원으로 그리기
② 내담자가 개입하고 있는 생애역할들을 나열하기
③ 개개 역할에 소요되는 시간의 양을 추정하기
④ 내담자의 가치들을 이용해서 순위 정하기

해설 | 상호역할관계 사정방법에는 크게 질문을 통해 역할관계 사정하기, 동그라미로 역할관계 그리기, 생애-계획 연습으로 전환하기가 있다.
내담자에게 삶에서의 역할들을 원으로 그리도록 하는 방법은 상호역할관계 사정방법 중 '동그라미로 역할관계 그리기'에 해당한다.

개념 체크 질문을 통해 역할관계를 사정하는 방법에는 내담자가 개입하고 있는 생애역할들을 나열하기, 개개의 역할에 소요되는 시간의 양을 추정하기, 내담자의 가치들을 이용해서 순위 정하기, 상충적·보상적·보완적 역할들을 찾아내기 등이 있다.

17 효과적인 집단상담을 위해 고려해야 할 사항이 아닌 것은?

① 집단발달과정 자체를 촉진시켜 주기 위하여 의도적으로 게임을 활용할 수 있다.
② 매 회기가 끝난 후 각 집단 구성원에게 경험보고서를 쓰게 할 수 있다.
③ 집단 내의 리더십을 확보하기 위해 집단상담자는 반드시 1인이어야 한다.
④ 집단상담 장소는 가능하면 신체활동이 자유로운 크기가 좋다.

해설 | 집단 구성원 10명을 기준으로 상담사 1인을 두되, 구성원이 10명이 넘어 혼자서 관리하기 어려울 때에는 협동상담자를 추가로 둘 수 있다.

정답 14 ③ 15 ① 16 ① 17 ③

18 특성-요인 상담의 목표가 아닌 것은?

① 내담자가 잠재적인 모든 개성을 발달시키는 데 주력한다.
② 내담자가 자기 자신의 가능성을 확인하고 그 가능성을 활용할 수 있게 한다.
③ 내담자가 자신이 필요로 하는 정보를 수집, 분석, 종합할 수 있도록 한다.
④ 내담자가 자신의 문제를 해결하도록 한다.

해설 | 내담자가 잠재적인 모든 개성을 발달시키는 데 주력하는 것은 내담자 중심 상담의 목표이다.

19 6개의 생각하는 모자(six thinking hats)기법은 무엇을 위한 것인가?

① 직업정보의 수집
② 시간관념의 개선
③ 보유기술의 파악
④ 의사결정의 촉진

해설 | 6개의 생각하는 모자기법은 의사결정 촉진 기법이다.

20 Ellis의 합리적 정서치료의 정신건강 기준에 관한 설명으로 옳은 것은?

① 사회적 관심: 자신의 삶에 책임감이 있고 독립적이다.
② 관용: 변화에 대해 수긍하고 타인에게 편협한 견해를 갖지 않는다.
③ 몰입: 실수하는 사람들을 비난하지 않는다.
④ 과학적 사고: 깊게 느끼고 구체적으로 행동할 수 있다.

해설 | 엘리스(Ellis)에 의해 개발된 인지·정서·행동 상담은 인간을 합리적인 사고를 할 수 있는 존재로 가정하고, 과학적 사고를 통하여 깊게 느끼고 구체적으로 행동할 수 있는 존재라고 본다.

제2과목 직업심리학

21 셀리에(Selye)의 스트레스에서의 일반적응 증후군에 관한 설명으로 옳지 않은 것은?

① 스트레스의 결과가 신체 부위에 영향을 준다는 뜻에서 일반적이라 명명했다.
② 스트레스의 원인으로부터 신체가 대처하도록 한다는 의미에서 적응이라 명명했다.
③ 경계단계는 정신적 혹은 육체적 위험에 노출되었을 때 즉각적인 반응을 보이는 단계이다.
④ 탈진단계에서 심장병을 잘 유발하는 성격의 B유형은 흥분을 가라앉히지 않는다.

해설 | 탈진단계에서 심장병을 잘 유발하는 성격의 A유형은 스트레스 상황에서 좀처럼 흥분을 가라앉히지 않는다. 반면, B유형은 같은 상황에서 차분한 모습을 보인다.

22 승진을 하려면 지방근무를 해야만 하고, 서울 근무를 계속하려면 승진 기회를 잃는 경우에 겪는 갈등의 유형은?

① 접근 – 접근 갈등
② 회피 – 회피 갈등
③ 접근 – 회피 갈등
④ 이중접근 – 회피 갈등

해설 | 개인이 한 목표를 선택할 경우 그 목표에 정적 그리고 부적 측면이 있어서 생기는 갈등은 접근 – 회피 갈등이다.

오답풀이 | ① 접근 – 접근 갈등: 목표가 모두 정적인 두 개의 대안들 중 한 개만을 선택해야 하는 경우이다.
② 회피 – 회피 갈등: 두 개의 부적 측면을 가진 목표를 수행해야 하는 경우이다.
④ 이중접근 – 회피 갈등: 두 개의 접근 – 회피 갈등을 보이는 목표 중 어느 하나만을 선택할 수밖에 없는 경우 발생한다.

정답 18 ① 19 ④ 20 ④ 21 ④ 22 ③

23 지능지수(IQ)의 계산방법으로 옳은 것은?

① Z점수에 일정 수의 편차를 곱하고 평균치를 100으로 정하여 더한 것이다.
② T점수에 일정 수의 편차를 곱하고 평균치를 100으로 정하여 더한 것이다.
③ Z점수에 일정 수의 편차를 더하고 평균치를 100으로 정하여 더한 것이다.
④ T점수에 일정 수의 편차를 더하고 평균치를 100으로 정하여 더한 것이다.

해설 | 지능지수(IQ)의 계산방법은 Z점수에 일정 수의 편차를 곱하고 평균치를 100으로 정하여 더한 것으로, 편차지능지수의 경우 표준편차는 15이다.

24 Super의 직업발달 단계를 바르게 나열한 것은?

① 성장기 → 확립기 → 탐색기 → 유지기 → 쇠퇴기
② 탐색기 → 성장기 → 유지기 → 확립기 → 쇠퇴기
③ 성장기 → 탐색기 → 확립기 → 유지기 → 쇠퇴기
④ 탐색기 → 유지기 → 성장기 → 확립기 → 쇠퇴기

해설 | 수퍼(Super)의 직업발달 단계는 성장기 → 탐색기 → 확립기 → 유지기 → 쇠퇴기의 순서이다.

25 Bandura가 제시한 것으로, 어떤 과제를 수행하는 데 있어서 자신의 능력에 대한 믿음이 과제 시도의 여부와 과제를 어떻게 수행하는지를 결정한다는 것은?

① 자기통제 이론
② 자기판단 이론
③ 자기개념 이론
④ 자기효능감 이론

해설 | 자기효능감 이론은 반두라(Bandura)가 제시한 이론으로, 어떤 과제를 수행하는 데 있어서 자신의 능력에 대한 믿음이 과제 시도의 여부와 과제를 어떻게 수행하는지를 결정한다는 것이다.

26 Roe의 욕구이론에 관한 설명으로 옳은 것은?

① 심리적 에너지가 흥미를 결정하는 중요한 요소라고 본다.
② 청소년기 부모-자녀 간의 관계에서 생긴 욕구가 직업선택에 영향을 미친다는 이론이다.
③ 부모의 사랑을 제대로 받지 못하고 거부적인 분위기에서 성장한 사람은 다른 사람들과 함께 일하고 접촉하는 서비스 직종의 직업을 선호한다.
④ 직업군을 10가지로 분류한다.

오답풀이 | ② 아동기 부모-자녀 간의 관계에서 생긴 욕구가 직업선택에 영향을 미친다는 이론이다.
③ 부모의 사랑을 제대로 받지 못하고 거부적인 분위기에서 성장한 사람은 다른 사람들과 함께 일하고 접촉하는 서비스 직종의 직업을 선호하지 않는다.
④ 직업군을 8가지로 분류한다.

정답 23 ① 24 ③ 25 ④ 26 ①

27 직업적성검사인 GATB에서 측정하는 적성요인에 해당하지 않는 것은?

① 기계적성
③ 사무지각
② 공간적성
④ 손의 기교도

해설 | 일반직업적성검사(GATB: General Aptitude Test Battery)의 9가지 적성요인은 형태지각, 사무지각, 운동반응, 공간적성, 지능, 언어능력, 수리능력, 손 재치, 손가락 재치이다.

28 다음의 특성을 가진 직무분석기법은?

- 미국 퍼듀대학교의 매코믹(McCormick)이 개발했다.
- 행동중심적 직무분석기법(behavior-oriented job analysis method)이다.
- 6가지의 범주 및 187개 항목으로 구성되었다.
- 개별직무에 대해 풍부한 정보를 획득할 수 있는 장점이 있으나, 성과표준을 직접 산출하는 데는 무리가 따른다는 단점을 지니고 있다.

① 직무과제분석(JTA)
② 기능적 직무분석(FJA)
③ 직위분석질문지(PAQ)
④ 관리직기술질문지(MPDQ)

해설 | 직위분석질문지(PAQ)는 매코믹(McCormick)과 동료들에 의해 개발되었고 직무분석 분야에 상당한 공헌을 하였다. PAQ는 194개 문항을 포함하고 있는 구조화된 표준화 직무분석 질문지이며, 187항목은 작업활동과 작업상황에 관련된 질문이고 7항목은 보수와 관련된 질문이다.

29 적성검사의 결과에서 중앙값이 의미하는 것은?

① 100점 만점에서 50점을 획득하였다.
② 자신이 얻을 수 있는 최고 점수를 얻었다.
③ 적성검사에서 도달해야 할 준거점수를 얻었다.
④ 같은 또래집단의 점수분포에서 평균점수를 얻었다.

해설 | 중앙값이란 점수를 가장 작은 값부터 가장 큰 값까지 크기에 따라 나열하였을 경우 중앙에 위치하는 사례의 값을 말하는 것으로, 한 집단의 점수분포에서 백분위 50에 해당하는 원점수를 말한다. 점수분포가 정상분포(정규분포)를 따를 때에는 중앙값은 평균과 일치하므로 같은 또래집단의 점수분포에서 평균점수를 얻었다는 것을 의미한다.

30 조직 감축에서 살아남은 구성원들이 조직에 대해 보이는 전형적인 반응은?

① 살아남은 구성원들은 조직에 대해 높은 신뢰감을 가지고 있다.
② 더 많은 일을 해야 하고, 종종 불이익도 감수한다.
③ 살아남은 구성원들은 다른 직무나 낮은 수준의 직무로 이동하는 것을 거부한다.
④ 조직 감축에서 살아남은 데 만족하며 조직 몰입을 더 많이 한다.

해설 | 조직 감축에서 살아남은 구성원들이 조직에 대해 보이는 전형적인 반응 중 하나는 과로하며 종종 불이익도 감수하는 것이다.

오답풀이 | ① 살아남은 구성원들은 종종 조직에 대해 신뢰감을 상실한다.
③ 일부 구성원들은 다른 직무나 낮은 수준의 직무로 이동하는 것을 감수한다.
④ 자신도 언제 감축대상이 될지 모른다는 불안감으로 인해 조직 몰입에 어려움을 겪는다.

정답 27 ① 28 ③ 29 ④ 30 ②

31. 직무분석 정보를 수집하는 기법 중 다음과 같은 장점을 지닌 것은?

- 효율적이고 비용이 적게 든다.
- 동일한 직무의 재직자 간의 차이를 보여준다.
- 공통적인 직무차원 상에서 상이한 직무들을 비교하기가 쉽다.

① 관찰법 ② 면접법
③ 설문지법 ④ 작업일지법

해설 | 설문지법(질문지법)은 많은 사람들로부터 짧은 시간 내에 정보를 얻을 수 있어 양적인 정보를 얻는 데 적합하며, 직무 간 비교를 하기가 쉽다.

32. 사회인지진로이론(SCCT; Social Cognitive Career Theory)에 대한 설명으로 옳지 않은 것은?

① Bandura의 사회학습이론에 토대를 두며 환경, 개인적 요인, 행동 사이의 상호작용을 중시하다.
② 개인의 진로선택과 수행에 영향을 미치는 성(gender)과 문화적 이슈 등에 민감하다.
③ 개인의 사고와 인지는 기억과 신념, 선호, 자기지각에 영향을 미치며 이는 진로발달 과정의 일부이다.
④ 진로발달의 기본이 되는 핵심 개념으로 자아효능감과 수행결과, 개인적 목표를 들고 있다.

해설 | 사회인지진로이론(SCCT)은 진로발달의 기본이 되는 핵심 개념으로 자아효능감과 결과기대(성과기대), 개인적 목표를 들고 있다.

오답풀이 | ④ 수행결과는 진로발달의 핵심 개념과 거리가 멀다.

33. 긴즈버그(Ginzberg)가 제시한 진로발달단계가 아닌 것은?

① 환상기 ② 잠정기
③ 현실기 ④ 적응기

해설 | 긴즈버그(Ginzberg)의 진로발달 3단계는 '환상기 → 잠정기 → 현실기' 순이다.

34. 데이비스와 롭퀴스트(Dawis & Lofquist)의 직업적응이론에서 적응양식의 차원에 해당하지 않는 것은?

① 의존성(dependence)
② 적극성(activeness)
③ 반응성(reactiveness)
④ 인내(perseverance)

해설 | 의존성이 아니라 융통성이 데이비스와 롭퀴스트(Dawis & Lofquist)의 직업적응양식 차원에 해당한다.

개념 체크 Dawis와 Lofquist의 적응양식 차원

- 융통성: 수행해야 할 다양한 작업들 간의 부조화를 참아내는 정도
- 끈기 또는 인내: 환경이 자신에게 맞지 않아도 개인이 얼마나 오랫동안 견뎌낼 수 있는지의 정도
- 적극성: 개인이 작업환경을 개인적 방식과 좀 더 조화롭게 만들어가려고 노력하는 정도
- 반응성: 개인이 작업성격의 변화로 인해 작업환경에 반응하는 정도

정답 31 ③ 32 ④ 33 ④ 34 ①

35 다음 중 인지능력을 평가하는 검사에 해당하는 것은?

① MMPI ② WAIS
③ MBTI ④ Big5

해설 | 웩슬러 성인 지능검사(WAIS)는 인지능력을 평가하는 검사이다.

오답풀이 | ①, ③, ④ 성격검사로서 정서적 검사에 해당한다.

36 경력개발을 위한 교육훈련을 실시할 때 가장 먼저 고려해야 하는 사항은?

① 사용가능한 훈련방법에는 어떤 것들이 있는지에 대한 고찰
② 현 시점에서 어떤 훈련이 필요한지에 대한 요구분석
③ 훈련프로그램의 효과를 평가하고 개선할 수 있는 방안을 계획하고 수립
④ 훈련방법에 따른 구체적인 훈련프로그램 개발

해설 | 경력개발을 위한 교육훈련을 실시할 때 가장 먼저 고려하는 과정은 누구를 대상으로 어떤 경력평가 프로그램을 만들지 알아보는 니즈평가 또는 요구분석이다.

37 직업선택 과정에 대한 설명으로 옳은 것은?

① 직업에 대해 정확한 정보만 가지고 있으면 직업을 효과적으로 선택할 수 있다.
② 주로 성년기에 이루어지기 때문에 어릴 때 경험은 영향력이 없다.
③ 개인적인 문제이기 때문에 가족이나 환경의 영향은 관련이 없다.
④ 일생 동안 계속 이루어지는 과정이기 때문에 다양한 시기에서 도움이 필요하다.

해설 | 직업선택 과정은 일생 동안 계속 이루어지는 과정이기 때문에 다양한 단계에서 도움이 필요하다.

오답풀이 | ①, ③ 직업의 선택은 직업에 대한 정확한 정보뿐 아니라, 개인적 특성과 가족이나 환경의 영향 등을 종합적으로 고려해야 한다.
② 발달이론에 따르면 직업선택은 어린 시절부터 이루어지는 발달과정으로 설명하고 있다.

38 다음에 해당하는 직무 및 조직 관련 스트레스 요인은?

> 직장 내 요구들 간의 모순 혹은 직장의 요구와 직장 밖 요구 사이에 모순이 있을 때 발생한다.

① 역할갈등 ② 역할과다
③ 과제특성 ④ 역할 모호성

해설 | 역할갈등이란 역할담당자가 자신의 지위와 역할전달자의 역할 기대가 상충되는 상황에서 지각하는 심리적 상태로, 직장 내 요구들 간의 모순 혹은 직장의 요구와 직장 밖 요구 사이에 모순이 있을 때 발생한다.

정답 35 ② 36 ② 37 ④ 38 ①

39 "어떤 흥미검사(A)의 신뢰도가 높다"고 하는 말의 의미는?

① 어떤 사람이 흥미검사(A)를 처음 치렀을 받은 점수가 얼마 후 다시 치렀을 때의 점수와 비슷하다.
② 흥미검사(A)가 원래 재고자 했던 흥미영역을 재고 있다.
③ 그 흥미검사(A)와 그와 유사한 목적을 가진 다른 종류의 흥미검사(B)의 점수가 유사하다.
④ 흥미검사(A)가 흥미에 대해 가장 포괄적으로 측정하고 있다.

해설 | 신뢰도란 측정하고자 하는 대상이나 속성을 일관성 있게 측정하고 있는가의 개념이다. 즉, 검사의 신뢰도란 동일한 응답자에게 반복해서 적용했을 때 일관성 있는 결과가 나온다면 신뢰도가 높은 것이다. ③의 경우 동형검사 신뢰도의 개념과 유사하지만 문제가 신뢰도에 대한 '본질적 정의'를 묻는 것임으로 ③보다 ①을 정답으로 보는 것이 타당하다.

40 심리검사를 실시할 때 지켜야 할 사항과 가장 거리가 먼 것은?

① 검사의 구두 지시사항을 미리 충분히 숙지한다.
② 지나친 소음과 방해자극이 없는 곳에서 검사를 실시한다.
③ 수검자에 대한 관심과 협조, 격려를 통해 수검자로 하여금 검사를 성실히 하도록 한다.
④ 수검자에게 검사결과를 통보할 때는 일상적인 용어보다 통계적인 숫자나 용어를 중심으로 전달해야 한다.

해설 | 수검자에게 검사결과를 통보할 때는 통계적인 숫자나 용어보다 일상적인 용어를 중심으로 전달하여야 한다.

제3과목 직업정보론

41 고용노동통계조사의 각 항목별 조사주기의 연결로 틀린 것은?

① 사업체 노동력 조사: 연 1회
② 시도별 임금 및 근로시간 조사: 연 1회
③ 지역별 사업체 노동력 조사: 연 2회
④ 기업체 노동비용 조사: 연 1회

해설 | 사업체 노동력 조사는 고용노동부가 매월 사업체를 대상으로 수요 측면의 사업체 내 종사자 총량, 근로자의 전체 임금 총량 단위로 파악하는 조사이다.
매월 노동수요측(사업체)의 관점에서 근로자 수, 입직자 및 이직자 수와 임금 및 근로시간에 관한 사항을 조사하여 노동정책의 기초 자료 활용 및 경기전망 등을 위한 경기지표를 생산하기 위한 조사이다.

42 민간직업정보와 비교한 공공직업정보의 특성에 관한 설명과 가장 거리가 먼 것은?

① 필요한 시기에 최대한 활용되도록 한시적으로 신속하게 생산 및 운영된다.
② 광범위한 이용가능성에 따라 공공직업정보 체계에 대한 직접적이며 객관적인 평가가 가능하다.
③ 특정 분야 및 대상에 국한되지 않고 전체 산업 및 업종에 걸친 직종 등을 대상으로 한다.
④ 직업별로 특정한 정보만을 강조하지 않고 보편적인 항목으로 이루어진 기초적인 직업정보체계로 구성되어 있다.

해설 | 필요한 시기에 최대한 활용되도록 한시적으로 신속하게 생산 및 운영되는 것은 민간직업정보의 특징이다.

정답 39 ① 40 ④ 41 ① 42 ①

43 직업정보를 제공하는 유형별 방식의 설명이다. ( ) 안에 가장 알맞은 것은?

유형	비용	학습자 참여도	접근성
인쇄물	(ㄱ)	수동	용이
면접	저	(ㄴ)	제한적
직업경험	고	적극	(ㄷ)

① ㄱ - 고, ㄴ - 적극, ㄷ - 용이
② ㄱ - 고, ㄴ - 수동, ㄷ - 제한적
③ ㄱ - 저, ㄴ - 적극, ㄷ - 제한적
④ ㄱ - 저, ㄴ - 수동, ㄷ - 용이

해설 | 인쇄물은 저비용, 면접의 학습자 참여도는 적극적이다. 그리고 직업경험의 접근성은 일부만이 참여하므로 제한적이다.

44 다음은 한국표준직업분류(제7차)에서 직업분류의 일반원칙이다. ( )에 알맞은 것은?

> 동일하거나 유사한 직무는 어느 경우에든 같은 단위직업으로 분류되어야 한다는 점이다. 하나의 직무가 동일한 직업단위 수준에서 2개 혹은 그 이상의 직업으로 분류될 수 있다면 ( )의 원칙을 위반한 것이라 할 수 있다.

① 단일성
② 배타성
③ 포괄성
④ 경제성

해설 | 직업분류의 일반원칙으로 배타성의 원칙은 동일하거나 유사한 직무는 어느 경우에든 같은 단위직업으로 분류되어야 한다는 것이다.

45 실기능력이 중요하여 고용노동부령이 정하는 필기시험이 면제되는 기능사 종목이 아닌 것은?

① 측량기능사
② 도화기능사
③ 도배기능사
④ 방수기능사

해설 | 「국가기술자격법 시행규칙」(고용노동부령)에서 규정한 실기시험만 실시할 수 있는 종목은 다음과 같다.
㉠ 토목분야: 석공기능사, 지도제작기능사, 도화기능사, 항공사진기능사
㉡ 건축분야: 조적기능사, 미장기능사, 타일기능사, 온수온돌기능사, 유리시공기능사, 비계기능사, 건축목공기능사, 거푸집기능사, 건축도장기능사, 도배기능사, 철근기능사, 방수기능사
㉢ 판금·제관·새시분야: 금속재창호기능사

46 한국표준산업분류(제10차)의 산업결정방법에 관한 설명으로 틀린 것은?

① 생산단위의 산업활동은 그 생산단위가 수행하는 주된 산업활동의 종류에 따라 결정된다.
② 계절에 따라 정기적으로 산업을 달리하는 사업체의 경우에는 조사시점에 경영하는 사업과는 관계없이 조사대상 기간 중 산출액이 많았던 활동에 의하여 분류된다.
③ 단일사업체의 보조단위는 그 사업체의 일개 부서로 포함하지 않고 별도의 사업체로 처리한다.
④ 휴업 중 또는 자산을 청산 중인 사업체의 산업은 영업 중 또는 청산을 시작하기 이전의 산업활동에 의하여 결정하며, 설립 중인 사업체는 개시하는 산업활동에 따라 결정한다.

해설 | 단일사업체의 보조단위는 그 사업체의 일개 부서로 포함하며, 여러 사업체를 관리하는 중앙보조단위(본부)는 별도의 사업체로 처리한다.

정답 43 ③ 44 ② 45 ① 46 ③

47 다음은 한국표준산업분류(10차)의 분류 정의 중 무엇에 대한 설명인가?

> 각 생산단위가 노동, 자본, 원료 등 자원을 투입하여, 재화 또는 서비스를 생산 또는 제공하는 일련의 활동 과정

① 산업
② 산업활동
③ 생산활동
④ 산업분류

해설 | 각 생산단위가 노동, 자본, 원료 등 자원을 투입하여, 재화 또는 서비스를 생산 또는 제공하는 일련의 활동 과정은 산업활동이다.

48 국민내일배움카드 제도의 지원을 받을 수 있는 자는?

① 만 65세 이상인 사람
② 「사립학교교직원 연금법」을 적용받고 현재 재직 중인 사람
③ 「군인연금법」을 적용받고 현재 재직 중인 사람
④ 지방자치단체로부터 훈련비를 지원받는 훈련에 참여하는 사람

해설 | 만 75세 이상인 사람은 국민내일배움카드 운영규정에 따른 훈련비 등을 지원하지 아니한다. 따라서 만 65세 이상인 사람은 지원대상에 해당한다.

49 고용24 직업정보시스템에서 제공하는 정보가 아닌 것은?

① 학과정보
② 직업동영상
③ 직업심리검사
④ 국가직무능력표준(NCS)

해설 | 고용24 직업정보시스템에서 제공하는 정보는 직업심리검사, 직업정보, 학과정보, 직업·취업 동영상 등이 있다. 국가직무능력표준(NCS) 정보는 현재 고용24에서 제공되지 않고 있다.

50 한국직업사전의 직무기능 자료(data) 항목 중 무엇에 관한 설명인가?

> • 데이터의 분석에 기초하여 시간, 장소, 작업순서, 활동 등을 결정한다.
> • 결정을 실행하거나 상황을 보고한다.

① 종합   ② 조정
③ 계산   ④ 수집

해설 | 데이터의 분석에 기초하여 시간, 장소, 작업순서, 활동 등을 결정하고, 결정을 실행하거나 상황을 보고하는 것은 자료(data)와 관련된 기능 중 조정(coordinating)에 해당한다.

정답 47 ② 48 ① 49 ④ 50 ②

51 한국표준직업분류(2017)에서 포괄적인 업무에 대해 적용하는 직업분류 원칙을 순서대로 바르게 나열한 것은?

① 주된 직무 → 최상급 직능수준 → 생산업무
② 최상급 직능수준 → 주된 직무 → 생산업무
③ 최상급 직능수준 → 생산업무 → 주된 직무
④ 생산업무 → 최상급 직능수준 → 주된 직무

해설 | 한국표준직업분류(2017)에서 포괄적인 업무에 대해 적용하는 직업분류 원칙은 주된 직무 우선의 원칙 → 최상급 직능수준 우선의 원칙 → 생산업무 우선의 원칙이다.

52 한국직업사전의 부가직업정보 중 작업강도에 관한 설명 중 틀린 것은?

①	아주 힘든 작업	40kg 이상의 물건을 들어올리고 20kg 이상의 물건을 빈번히 들어올리거나 운반한다.
②	힘든 작업	최고 20kg의 물건을 들어올리고 10kg 정도의 물건을 빈번히 들어올리거나 운반한다.
③	가벼운 작업	최고 8kg의 물건을 들어올리고 4kg 정도의 물건을 빈번히 들어올리거나 운반한다.
④	아주 가벼운 작업	최고 4kg의 물건을 들어올리고, 때때로 장부, 소도구 등을 들어올리거나 운반한다.

해설 | 최고 20kg의 물건을 들어올리고 10kg 정도의 물건을 빈번히 들어올리거나 운반하는 것은 보통 작업이다.
힘든 작업은 최고 40kg의 물건을 들어올리고, 20kg 정도의 물건을 빈번히 들어올리거나 운반하는 수준이다.

53 국가기술자격종목 중 건설기계설비기사, 공조냉동기계기사, 승강기기사 자격이 공통으로 해당되는 직무분야는?

① 건설분야
② 재료분야
③ 기계분야
④ 안전관리분야

해설 | 한국산업인력공단(q-net.or.kr)이 시행하는 국가기술자격은 크게 기계, 전자, 전기, 토목, 건축, 통신 등 22개 분야로 구분된다. 건설기계설비기사, 공조냉동기계기사, 승강기기사는 기계분야에 해당한다.

54 고용24에서 제공하는 학과정보 중 공학계열에 해당하는 것은?

① 생명과학과
② 조경학과
③ 통계학과
④ 응용물리학과

해설 | 조경학과는 공학계열이고, 나머지는 자연계열에 해당하는 학과이다.
학과정보에서 공학계열은 대부분 ○○공학과라는 명칭으로 되어 있지만 농공학과, 식품공학과, 임산공학과, 생명공학과, 동물공학과, 환경공학과 등은 자연계열로 분류된다. 그리고 건축학과, 건축설비학과, 조경학과도 공학계열에 포함시키고 있다.

정답 | 51 ① 52 ② 53 ③ 54 ②

55 서비스 분야 국가기술자격의 단일 등급에 해당하지 않는 직종은?

① 스포츠경영관리사
② 텔레마케팅관리사
③ 게임그래픽전문가
④ 전자상거래관리사

해설 | 대한상공회의소가 주관하는 전자상거래관리사는 1급과 2급이 있다. 전자상거래관리사 1급은 해당 실무에 3년 이상 종사한 사람이나 해당 종목의 2급 자격을 취득한 후 해당 실무에 2년 이상 종사한 자에게 1급 시험의 응시자격이 주어진다.

오답풀이 | ①, ②, ③ 단일 등급이다.

56 고용24에서 채용정보 상세검색에 관한 설명으로 틀린 것은?

① 최대 10개의 직종선택이 가능하다.
② 연령별 채용정보를 검색할 수 있다.
③ 재택근무 가능 여부를 검색할 수 있다.
④ 최저희망임금은 연봉, 월급, 일급, 시급별로 입력할 수 있다.

해설 | 현재는 「고용상 연령차별금지 및 고령자 고용촉진에 관한 법률」이 시행됨에 따라 채용정보 검색조건에서 연령이 삭제되었다.

개념 체크 고용24의 채용정보의 검색조건은 근무지역, 희망직종, 고용형태, 희망임금, 경력 및 학력, 고용형태, 우대조건(청년층, 장년, 보훈대상 등), 장애인 희망채용 등이다. 이와 함께 근무형태, 교대근무여부, 식사(비)제공, 복리후생(통근버스, 기숙사, 교육비 지원, 자녀학자금 지원 등), 채용구분(상용직, 일용직) 등의 조건을 입력하여 채용정보를 검색할 수 있다.

57 직업정보관리에 관한 설명으로 틀린 것은?

① 직업정보의 범위는 개인에 대한 정보, 직업에 대한 정보, 미래에 대한 정보 등으로 구성되어 있다.
② 직업정보원은 정부부처, 정부투자출연기관, 단체 및 협회, 연구소, 기업과 개인 등이 있다.
③ 직업정보 가공 시에는 전문적인 지식이 없이도 이해할 수 있도록 가급적 평이한 언어로 제공되어야 하며 직무의 장·단점을 편견 없이 제공하여야 한다.
④ 개인의 정보는 보호되어야 하기 때문에 구직 시에 연령, 학력 및 경력 등의 취업과 관련된 정보는 제한적으로 제공되어야 한다.

해설 | 구직 시에 연령, 학력 및 경력 등의 취업과 관련된 모든 정보는 정확하게 제공되어야 한다. 물론 구인업체는 이러한 정보를 철저하게 보호하여야 한다.

58 고용정책 중 일자리 창출을 위한 정책과 가장 거리가 먼 것은?

① 고용유지지원금
② 실업크레딧 지원
③ 일자리 함께하기 지원
④ 사회적기업 육성

해설 | 실업크레딧은 국민연금공단이 2016년 8월부터 도입한 실업자안전망이다. 구직급여를 받는 동안 국가에서 국민연금 보험료의 75%를 지원하여 실직 중 보험료 납부 부담을 덜어주고 향후 지급받는 국민연금금액을 늘려주는 제도이다. 이는 일자리 창출 정책과 거리가 멀다.

정답 55 ④ 56 ② 57 ④ 58 ②

59 한국표준직업분류(제7차)에서 직업의 성립조건에 대한 설명으로 옳은 것은?

① 사회복지시설 수용자의 시설 내 경제활동은 직업으로 보지 않는다.
② 이자나 주식배당으로 자산 수입이 있는 경우는 직업으로 본다.
③ 자기 집의 가사 활동도 직업으로 본다.
④ 속박된 상태에서의 제반활동이 경제성이나 계속성이 있으면 직업으로 본다.

해설 | 사회복지시설 수용자의 시설 내 경제활동은 속박된 상태에서의 활동으로 직업으로 보지 않는다. 직업은 일의 계속성, 경제성, 사회성과 윤리성, 속박된 상태에서의 활동이 아닐 것 등의 조건이 갖추어져야 한다.

개념 체크 한국표준직업분류(제7차)에서 직업으로 보지 않는 활동(10가지)
- 이자, 주식배당, 임대료(전세금, 월세금) 등과 같은 자산 수입이 있는 경우
- 연금법, 국민기초생활보장법, 국민연금법 및 고용보험법 등의 사회보장이나 민간보험에 의한 수입이 있는 경우
- 경마, 경륜, 경정, 복권 등에 의한 배당금이나 주식투자에 의한 시세차익이 있는 경우
- 예·적금 인출, 보험금 수취, 차용 또는 토지나 금융자산을 매각하여 수입이 있는 경우
- 자기 집의 가사활동에 전념하는 경우
- 교육기관에 재학하며 학습에만 전념하는 경우
- 시민봉사활동 등에 의한 무급 봉사적인 일에 종사하는 경우
- 사회복지시설 수용자의 시설 내 경제활동
- 수형자의 활동과 같이 법률에 의한 강제노동을 하는 경우
- 도박, 강도, 절도, 사기, 매춘, 밀수와 같은 불법적인 활동

60 재직자 대상 설문조사를 통해 직업정보를 수집하고자 한다. 설문지의 질문 순서에 관한 설명으로 틀린 것은?

① 특수한 것을 먼저 묻고 그 다음에 일반적인 것을 질문하도록 하는 것이 좋다.
② 질문 내용은 가급적 구체적인 용어로 표현하는 것이 좋다.
③ 개인 연봉에 관한 질문과 같이 민감한 질문은 가급적 뒤로 배치하는 것이 좋다.
④ 질문은 논리적인 순서에 따라 자연스럽게 배치하는 것이 좋다.

해설 | 질문지의 문항을 배열할 때에는 일반적인 것을 먼저 묻고 난 후 특수한 것을 묻는 것이 바람직하다.

제4과목 노동시장론

61 노조의 단체교섭 결과가 비조합원에게도 혜택이 돌아가는 현실에서 노동조합의 조합원이 아닌 비조합원에게도 단체교섭의 당사자인 노동조합이 회비를 징수하는 숍(shop)제도는?

① 유니온 숍(union shop)
② 에이전시 숍(agency shop)
③ 클로즈드 숍(closed shop)
④ 오픈 숍(open shop)

해설 | 에이전시 숍(agency shop)은 조합원이 아니더라도 모든 종업원에게 노동조합이 조합비를 징수하는 제도이다.

62 임금의 보상격차에 관한 설명으로 틀린 것은?

① 근무조건이 열악한 곳으로 전출되면 임금이 상승한다.
② 성별격차도 임금의 보상격차이다.
③ 물가가 높은 곳에서 근무하면 임금이 상승한다.
④ 더 높은 비용이 소요되는 훈련을 요구하는 직종의 임금이 상대적으로 높다.

해설 | 성별 임금격차는 차별에 의한 임금격차이므로 임금의 보상격차와 관련이 없다.

개념 체크 임금의 보상격차
임금의 보상격차는 애덤 스미스(A. Smith)에 의해 주장되었다. 스미스는 노동자들의 직업선택 및 전직이 자유로운 사회에서는 각 직업의 좋은 점과 나쁜 점을 모두 고려한 순이익이 한 사회의 여러 가지 대체적인 직업 사이에서 균등하게 된다고 보고, 이를 균등화 격차(equalizing wage differentials)라고 하였다.

정답 59 ① 60 ① 61 ② 62 ②

63 구인처에서 요구하는 기술을 갖춘 근로자가 없어서 발생하는 실업은?

① 구조적 실업
② 잠재적 실업
③ 마찰적 실업
④ 자발적 실업

해설 | 구조적 실업은 구인처에서 요구하는 기술을 갖춘 근로자가 없어서 산업 간·지역 간 노동의 이동성이 부족하기 때문에 발생하는 실업이다. 따라서 노동의 이동성을 높이는 대책이 필요하다. 즉, 직업전환 교육 등 인력정책, 지역간 이동을 촉진하기 위한 이주보조금, 산업구조의 변화 예측에 따른 인력수급정책 등이 필요하다.

64 다음 중 2차 노동시장의 특징에 해당되는 것은?

① 높은 임금
② 높은 안정성
③ 높은 이직률
④ 높은 승진율

해설 | 이중노동시장이론에서 2차 노동시장(secondary labor market)은 낮은 임금, 열악한 근로조건과 고용불안정으로 인한 높은 이직률, 교육훈련과 승진기회의 부재 등의 특징을 지닌 노동시장이다.

65 연공급의 특징과 가장 거리가 먼 것은?

① 기업에 대한 귀속의식 제고
② 전문기술인력 확보 곤란
③ 근로자에 대한 교육훈련의 효과 제고
④ 인건비 부담 감소

해설 | 연공급 임금체계에서는 임금이 매년 상승하므로 인건비 부담이 증가한다.

개념 체크 연공급(seniority-based pay)은 임금이 개인의 근속연수·학력·연령 등 인적요소기준을 중심으로 변화하는 임금체계이다. 연공급의 단점으로는 전문기술인력의 확보 곤란, 기업의 인건비 부담 증가, 종업원들의 소극적·무사안일주의적인 근무태도 야기 등을 들 수 있다.

66 노동 수요측면에서 비정규직 증가의 원인과 가장 거리가 먼 것은?

① 세계화에 따른 기업 간 경쟁 환경의 변화
② 정규직 근로자 해고의 어려움
③ 고학력 취업자의 증가
④ 정규노동자 고용비용의 증가

해설 | 비정규직 고용은 임시직 고용, 시간제 고용 등을 포함하는데 주로 저학력 취업자에게 적용된다.
기업이 비정규직 고용을 선호하는 이유로는 인건비 절감, 고용조정 유연성의 제고, 노동조합의 약화 등이 있다.

개념 체크 비정규직 고용의 증가 이유
내부노동시장 제도에서는 경기상황에 따른 기업의 고용조정이 어려워지고 이로 인해 임금은 고정비용(fixed cost)의 성격을 띠게 된다. 오늘날처럼 세계화로 인해 기업 간 경쟁이 심화되는 상황에서 기업이 고용조정 능력을 갖지 못하게 되면 기업은 생존이 어려워진다. 이러한 상황에서 기업들이 고용과 임금의 유연성을 높이기 위해 비정규직 고용이 확대되고 있다.

67 임금이 하방경직적인 이유와 가장 거리가 먼 것은?

① 장기노동계약
② 물가의 지속적 상승
③ 강력한 노동조합이 존재
④ 노동자의 역선택 발생 가능성

해설 | 명목임금이 하방경직적인 이유
케인즈(J. M. Keynes) 이후 새케인즈학파(new-Keynesian) 경제학자들은 명목임금이 하방경직적인 이유를 주로 연구했다. 명목임금이 하방경직적인 이유는 다음과 같다. ㉠ 통상의 고용계약이 2~3년의 장기계약이므로 그 기간 동안에는 임금이 경직적이다. ㉡ 강력한 노동조합이 존재하면 명목임금은 하락하지 않는다. ㉢ 최저임금제가 시행되는 경우에는 그 아래로 임금이 떨어지지 않는다. ㉣ 노동자의 역선택이 발생하면 명목임금은 떨어지지 않는다.

정답 63 ① 64 ③ 65 ④ 66 ③ 67 ②

68 K회사는 4번째 직원을 채용할 때, 모든 근로자의 시간당 임금을 8천 원에서 9천 원으로 인상할 것이다. 만약 4번째 직원의 시간당 한계수입생산이 1만 원이라면 K회사가 4번째 직원을 새로 고용함에 따라 얻을 수 있는 시간당 이윤은?

① 1천 원 증가   ② 2천 원 증가
③ 1천 원 감소   ④ 2천 원 감소

해설 | 3명 고용 시 시간당 임금총액=3명×8,000원=24,000원이고, 4명 고용 시 시간당 임금총액=4명×9,000원=36,000원으로 12,000원 증가한다.
그러나 이 경우 시간당 한계수입생산이 10,000원이므로 이윤은 2천 원 감소한다.

69 다음 중 성과급 제도를 채택하기 어려운 경우는?

① 근로자의 노력과 생산량과의 관계가 명확한 경우
② 생산원가 중에서 노동비용에 대한 통제가 필요하지 않은 경우
③ 생산량의 질(quality)이 일정한 경우
④ 생산량이 객관적으로 측정 가능한 경우

해설 | 생산원가 중에서 노동비용(노무비)에 대한 통제가 불필요한 경우에는 시간급제가 유용하다.

개념 체크 성과급제(piece-rate plan)는 노동성과를 측정하여 측정된 성과에 따라 임금을 산정·지급하는 임금형태이다. 성과급제는 ㉠ 생산단위의 측정이 가능할 경우, ㉡ 작업자의 노력과 생산량과의 관계가 명확할 경우, ㉢ 직무가 표준화되어 있고 작업의 흐름이 규칙적일 경우, ㉣ 생산의 질이 생산량보다 덜 중요하거나 그 질이 일정할 경우, ㉤ 각 작업자에 대한 감독을 철저히 할 수 없는 경우, ㉥ 경쟁적이어서 사전에 단위생산비 중 노무비가 결정되어 있는 경우에 유용하게 실시할 수 있다.

70 다음 중 기업의 종업원 주식소유제 혹은 종업원 지주제 도입의 목적이 아닌 것은?

① 새로운 일자리 창출
② 기업금융 및 재무구조의 건전화 수단
③ 종업원의 기업인수 지원을 통한 고용안전 도모
④ 공격적 기업인수 및 합병에 대한 효과적 방어수단

해설 | 종업원 지주제와 새로운 일자리 창출은 아무런 관련이 없다.

개념 체크 종업원 지주제(우리사주제)는 기업이 자사 종업원에게 특별한 조건과 방법으로 자사 주식을 배분·소유하게 하는 제도이다. 이 제도의 목적은 종업원의 공로에 대한 보수, 회사에의 귀속의식 고취, 회사와의 일체감 조성, 자본조달의 새로운 원천개발 등에 있다. 그러나 자본조달의 원천개발은 부차적인 목적이고, 주목적은 소유참여나 성과참여로써 근로의욕을 높이고, 노사관계의 안정을 꾀하는 데 있다.

71 경기침체에도 불구하고 실업률이 크게 높아지지 않았다면 그 이유로 가장 적합한 것은?

① 부가노동자효과가 실망노동자효과보다 컸기 때문이다.
② 실망노동자효과가 부가노동자효과보다 컸기 때문이다.
③ 실망노동자효과와 부가노동자효과의 크기가 비슷했기 때문이다.
④ 실망노동자효과가 없었기 때문이다.

해설 | 실망노동자효과는 경제활동인구(실업자)가 비경제활동인구로 됨에 따라 실업률이 감소한다. 반면 부가노동자효과는 비경제활동인구가 경제활동인구(실업자)로 되기 때문에 실업률을 증가시킨다. 따라서 경기침체에도 불구하고 실업률이 높아지지 않았다면 이는 실망노동자효과가 부가노동자효과보다 크기 때문이다.

정답 68 ④ 69 ② 70 ① 71 ②

72 단체교섭에 관한 설명으로 틀린 것은?

① 단체협약은 노동조합과 사용자단체가 단체교섭 후 협의된 사항을 문서로 남긴 것으로 강제적 효력이 있다.
② 경영자가 정당한 사유 없이 단체교섭을 거부하는 행위는 불법행위에 해당한다.
③ 이익분쟁은 임금 및 근로조건 등에 합의하지 못해 발생하는 분쟁이다.
④ 노동자들이 하는 쟁의행위에는 파업, 태업, 직장폐쇄 등의 방법이 있다.

해설 | 직장폐쇄(lock out)는 조업계속과 함께 노동자들의 쟁의행위에 대한 사용자의 대응행위에 해당한다.

73 일부 사람들이 실업급여를 계속 받기 위해 채용될 가능성이 매우 낮은 곳에서만 일자리를 탐색하며 실업상태를 유지하고 있다. 다음 중 이런 사람들이 실업자가 아니라 일할 의사가 없다는 이유로 비경제활동인구로 분류될 때 나타나는 현상으로 옳은 것은?

① 실업률과 경제활동참가율 모두 높아진다.
② 실업률과 경제활동참가율 모두 낮아진다.
③ 실업률은 낮아지는 반면, 경제활동참가율은 높아진다.
④ 실업률은 높아지는 반면, 경제활동참가율은 낮아진다.

해설 | 사실상 실업자가 비경제활동인구로 분류되므로 실업자 수와 경제활동인구 모두 감소한다.
따라서 실업률$\left(=\dfrac{\text{실업자 수}}{\text{경제활동인구}} \times 100\right)$과 경제활동참가율$\left(=\dfrac{\text{경제활동인구}}{\text{15세 이상 인구}} \times 100\right)$이 모두 낮아진다.
실업급여가 확대되면 실업자들은 일자리가 나와도 계속하여 실업을 선택하는 실업함정(unemployment trap)이 나타난다. 높은 수준의 임금을 주는 기업을 탐색하며 구직을 위한 노력을 게을리하고 실업을 택하므로 탐색적 실업은 증가하지만 사실상 실업자인 이들은 비경제활동인구로 분류된다.

74 A국의 취업자가 200만 명, 실업자가 10만 명, 비경제활동인구가 100만 명이라고 할 때, A국의 경제활동참가율은?

① 약 66.7% ② 약 67.7%
③ 약 69.2% ④ 약 70.2%

해설 | 경제활동인구=취업자 수+실업자 수=200만 명+10만 명=210만 명이다.
그리고 15세 이상 인구(노동가능인구)=경제활동인구+비경제활동인구=210만 명+100만 명=310만 명이다.
따라서 경제활동참가율 $= \dfrac{\text{경제활동인구}}{\text{15세 이상 인구(생산가능인구)}}$
$= \dfrac{210만 명}{31만 명} \times 100 = 67.7\%$이다.

75 A국가의 경제활동참가율이 50%이고, 생산가능인구와 취업자가 각각 100만 명, 40만 명이라고 할 때, 이 국가의 실업률은?

① 5%   ② 10%
③ 15% ④ 20%

해설 | 경제활동참가율 $= \dfrac{\text{경제활동인구}}{\text{15세 이상 인구(생산가능인구)}} \times 100$
$= \dfrac{\text{경제활동인구}}{100만 명} \times 100 = 50\%$
이므로 경제활동인구는 50만 명이다.
실업자 수=경제활동인구−취업자 수=50만 명−40만 명=10만 명이므로
실업률 $= \dfrac{\text{실업자 수}}{\text{경제활동인구}} \times 100$
$= \dfrac{10만 명}{50만 명} \times 100 = 20\%$이다.

정답 72 ④ 73 ② 74 ② 75 ④

76 임금체계에 대한 설명으로 틀린 것은?

① 직무급은 조직의 안정화에 따른 위계질서 확립이 용이하다는 장점이 있다.
② 연공급의 단점 중 하나는 직무성과와 관련 없는 비합리적인 인건비 지출이 생긴다는 점이다.
③ 직능급은 직무수행능력을 기준으로 하여 각 근로자의 임금을 결정하는 임금체계이다.
④ 연공급의 기본적인 구조는 연령, 근속, 학력, 남녀별 요소에 따라 임금을 결정하는 것으로, 정기승급의 축적에 따라 연령별로 필요생계비를 보장해주는 원리에 기초하고 있다.

해설 | 조직의 안정화에 따른 위계질서 확립이 용이하다는 장점이 있는 것은 연공급이다.

개념 체크 연공급(seniority-based pay)
연공급은 임금이 개인의 근속연수·학력·연령 등 인적요소기준을 중심으로 변화하는 임금체계로, 전문기술인력의 확보 곤란, 기업의 인건비 부담 증가, 종업원들의 소극적·무사안일주의적인 근무태도 야기 등의 단점도 있다.

77 노동공급곡선이 그림과 같을 때 임금이 W_0 이상으로 상승한 경우의 설명으로 옳은 것은?

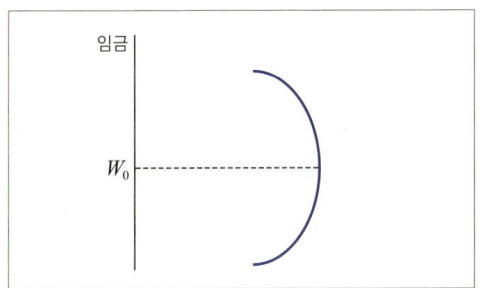

① 대체효과가 소득효과를 압도한다.
② 소득효과가 대체효과를 압도한다.
③ 대체효과가 규모효과를 압도한다.
④ 규모효과가 대체효과를 압도한다.

해설 | 임금 상승의 대체효과는 여가의 기회비용을 증가시키므로 여가 대신 노동공급량을 증가시킨다. 임금 상승의 소득효과는 전보다 일을 적게 해도 전과 같은 소득을 얻게 하므로 임금 상승은 노동공급을 감소시킨다. 따라서 임금 상승에 의한 소득효과가 대체효과보다 크다면 임금이 상승할 때 노동공급량은 감소하므로 노동의 공급곡선은 우하향하여 후방굴절인 모습을 보인다.

78 다음 중 분단노동시장 가설이 암시하는 정책적 시사점과 가장 거리가 먼 것은?

① 노동시장의 공급측면에 대한 정부개입 또는 지원을 지나치게 강조하는 것에 대해 부정적이다.
② 공공적인 고용기회의 확대나 임금보조, 차별대우 철폐를 주장한다.
③ 외부노동시장의 중요성을 강조한다.
④ 노동의 인간화를 도모하기 위한 의식적인 정책 노력이 필요하다.

해설 | 분단노동시장 가설에서는 내부노동시장이 형성되면 외부노동시장과 단절되므로 내부노동시장의 중요성을 강조한다.

개념 체크 분단노동시장 가설
• 분단노동시장(segmented labor market) 가설은 노동시장에는 자유로운 노동력의 이동을 저해하는 제도적인 요인이 있고, 따라서 노동시장을 하나의 경쟁적인 시장으로 파악하기는 어렵다고 보는 견해이다.
• 분단노동시장 가설에서는 경쟁시장 가설에서 소홀히 다루기 쉬운 측면을 부각시키고 중요시한다는 점에서 정책적 의의가 있다. 즉, ① 노동시장 정책을 수립하거나 저임금층의 시장 적응을 도와주기 위한 정책을 실시하려고 할 때 직업훈련의 확충이나 공공 직업소개소의 확대와 같은 노동공급 측면의 정책만으로는 불충분하다는 결론을 도출할 수 있다. ② 따라서 기업이 노동자 고용에 있어서 제도적 차별을 철폐하도록 유도하고, 공공투자에 의해 고용기회를 확대하는 등 수요측면의 정책도 매우 중요하다는 결론이 제시된다.

정답 76 ① 77 ② 78 ③

79 우리나라에 10개의 야구공 생산업체가 있다. 야구공은 개당 1,000원에 거래되고 있다. 각 기업 야구공의 생산함수와 노동의 한계생산은 다음과 같다.

> $Q=600L-3L^2$ $MP_L=600-6L$
> (단, Q는 야구공 생산량, L은 근로자의 수, MP_L은 노동의 한계생산이다.)

우리나라에 야구공을 만드는 기술을 가진 근로자가 500명 있으며, 이들의 노동공급이 완전 비탄력적이고 야구공의 가격은 일정하다고 할 때, 균형임금 수준은 얼마인가?

① 100,000원
② 200,000원
③ 300,000원
④ 400,000원

해설 | 생산함수 $Q=600L-3L^2$을 미분하면 노동의 한계생산 $MP_L=600-6L$이 도출된다.
따라서 노동수요곡선은 $VMP_L=P\times MP_L=1,000\times(600-6L)$ $=600,000-6,000L$이다.
노동공급이 완전 비탄력적이고 노동공급함수는 L=5000에서 수직선이므로 균형고용량(L)은 500명이다. 10개의 생산업체가 있으므로 개별기업의 고용량은 50명이다.
이윤극대화는 $W=VMP_L=P\times MP_L$에서 이루어진다.
따라서 개별기업의 균형고용량 L=50을 노동수요함수(VMP_L)에 대입하면 균형임금 $W=1,000\times(600-6\times50)=300,000$원이다.

80 직업별 노동조합(craft union)에 관한 설명으로 틀린 것은?

① 동일직업의 노동자들이 소속기업이나 공장에 관계없이 가입한 횡적 조직이었다.
② 저임금의 미숙련노동자, 여성, 연소노동자들도 조합에 가입할 수 있었다.
③ 조합원 간의 연대를 강화하기 위해 공제활동에 의한 조합원 간의 상호부조에 주력했다.
④ 산업혁명 초기 숙련노동자가 노동시장을 독점하기 위한 조직으로 결성되었다.

해설 | ②는 일반 노동조합(general union)에 대한 설명이다. 일반 노동조합은 모든 노동자들을 대상으로 하고 있으며, 주로 미숙련 노동자들과 잡 노동자가 중심이 되어 전국에 걸쳐 만든 단일 노동조합이다. 입법활동을 중시하였고, 영국의 경우 일반 노동조합은 직업별 노동조합에 뒤이어 일찍부터 발달했다.

개념 체크 직업별 노동조합(craft union)은 같은 직종 또는 직업에 종사하는 노동자가 조직하는 노동조합을 말한다. 직종별 조합 또는 직능별 조합이라고도 한다. 역사적으로는 가장 오래된 형태의 노동조합으로, 영국을 중심으로 발전해 왔다. 숙련공 중심의 배타적·폐쇄적이고 독점적인 조직 형태로, 철도나 항만에서 하역작업을 하는 항운노조와 인쇄공 조합·목공 조합 등을 예로 들 수 있다.

정답 79 ③ 80 ②

제5과목 노동관계법규

81 남녀고용평등과 일·가정 양립 지원에 관한 법령상 직장 내 성희롱의 금지 및 예방에 관한 설명으로 틀린 것은?

① 사업주, 상급자 또는 근로자는 직장 내 성희롱을 하여서는 아니 된다.
② 사업주는 성희롱 예방교육을 고용노동부장관이 지정하는 기관에 위탁하여 실시할 수 있다.
③ 누구든지 직장 내 성희롱 발생 사실을 알게 된 경우 그 사실을 해당 사업주에게 신고할 수 있다.
④ 사업주는 직장 내 성희롱 예방교육을 연 2회 이상 하여야 한다.

해설 | 직장 내 성희롱 예방교육은 연 1회 이상 실시해야 한다.

82 헌법상 근로에 관한 설명으로 틀린 것은?

① 모든 국민은 근로의 권리를 가진다.
② 모든 국민은 근로의 의무를 진다.
③ 연소자의 근로는 특별한 보호를 받는다.
④ 근로 기회의 제공을 통하여 생활무능력자에 대한 국가적 보호 의무를 증가시킨다.

해설 | 국민에게 근로의 기회가 제공될수록 국가의 보호 의무는 그만큼 감소하게 된다.

83 직업안정법상 직업소개사업을 겸업할 수 있는 것은?

①「결혼중개업의 관리에 관한 법률」상 결혼중개업
②「공중위생관리법」상 숙박업
③「식품위생법」상 식품접객업 중 유흥주점 영업
④「식품위생법」상 식품접객업 중 일반음식점 영업

해설 | 다음 어느 하나에 해당하는 사업을 경영하는 자는 직업소개사업을 하거나 직업소개사업을 하는 법인의 임원이 될 수 없다.
- 「결혼중개업의 관리에 관한 법률」의 결혼중개업
- 「공중위생관리법」의 숙박업
- 「식품위생법」의 식품접객업 중 대통령령으로 정하는 영업
  - 「식품위생법 시행령」상의 휴게음식점영업 중 주로 다류(茶類)를 조리·판매하는 영업(영업자 또는 종업원의 영업장을 벗어나 다류를 배달·판매하면서 소요시간에 따라 대가를 받는 형태로 운영하는 경우로 한정)
  - 「식품위생법 시행령」상의 단란주점영업, 유흥주점영업

최신 법령 개정에 따라 변형한 문제입니다.

84 남녀고용평등과 일·가정 양립 지원에 관한 법령상 다음 ( ) 안에 각각 알맞은 것은?

> 제18조의2(배우자 출산휴가) ① 사업주는 근로자가 배우자의 출산을 이유로 휴가(이하 "배우자 출산휴가"라 한다)를 고지하는 경우에 (ㄱ)일의 휴가를 주어야 한다. (이하 생략)
> ③ 배우자 출산휴가는 근로자의 배우자가 출산한 날부터 (ㄴ)일이 지나면 사용할 수 없다.

① ㄱ: 5, ㄴ: 30
② ㄱ: 5, ㄴ: 90
③ ㄱ: 10, ㄴ: 30
④ ㄱ: 20, ㄴ: 120

해설 | 배우자 출산휴가는 20일이며, 출산한 날부터 120일 이내에 사용해야 한다.

정답 81 ④ 82 ④ 83 ④ 84 ④

85 고용보험법령상 심사 및 재심사 청구에 관한 설명으로 옳지 않은 것은?

① 실업급여에 관한 처분에 이의가 있는 자는 고용보험심사관에게 심사를 청구할 수 있다.
② 심사 및 재심사의 청구는 시효중단에 관하여 재판상의 청구로 본다.
③ 재심사청구인은 법정대리인 외에 자신의 형제자매를 대리인으로 선임할 수 없다.
④ 고용보험심사관은 원칙적으로 심사청구를 받으면 30일 이내에 그 심사청구에 대한 결정을 하여야 한다.

해설 | 심사청구인 또는 재심사청구인은 법정대리인 외에 다음에 해당하는 자를 대리인으로 선임할 수 있다.
- 청구인의 배우자, 직계존속·비속 또는 형제자매
- 청구인인 법인의 임원 또는 직원
- 변호사나 공인노무사
- 고용보험심사위원회의 허가를 받은 자

86 고용상 연령차별금지 및 고령자고용촉진에 관한 법령상 용어 정의에 관한 설명으로 틀린 것은?

① '고령자'란 인구와 취업자의 구성 등을 고려하여 55세 이상인 자를 말한다.
② '준고령자'는 50세 이상 55세 미만인 사람으로 고령자가 아닌 자를 말한다.
③ '근로자'란 「노동조합 및 노동관계 조정법」에 따른 근로자를 말한다.
④ '사업주'란 근로자를 사용하여 사업을 하는 자를 말한다.

해설 | 고령자고용법에서의 '근로자'란 「근로기준법」에 따른 근로자를 말한다.

87 헌법 제32조에 명시된 내용이 아닌 것은?

① 연소자의 근로는 특별한 보호를 받는다.
② 근로조건의 기준은 인간의 존엄성을 보장하도록 법률로 정한다.
③ 여자의 근로는 특별한 보호를 받으며, 고용·임금 및 근로조건에 있어서 부당한 차별을 받지 아니한다.
④ 국가는 사회적·경제적 방법으로 근로자의 고용의 증진과 최저임금의 보장에 노력하여야 한다.

해설 | 국가는 사회적·경제적 방법으로 근로자의 고용증진과 적정임금의 보장에 노력해야 하며, 법률이 정하는 바에 의하여 최저임금제를 시행해야 한다.

88 고용보험법상 구직급여의 수급요건에 해당하지 않는 것은?

① 이직일 이전 18개월간 피보험 단위기간이 합산하여 180일 이상일 것
② 근로의 의사와 능력이 있음에도 불구하고 취업하지 못한 상태에 있을 것
③ 전직 또는 자영업을 하기 위하여 이직한 경우
④ 재취업을 위한 노력을 적극적으로 할 것

해설 | 전직 또는 자영업을 하기 위하여 이직한 경우에는 구직급여 수급자격을 인정하지 않는다.

89 근로기준법령상 임금채권의 소멸시효기간은?

① 1년
② 2년
③ 3년
④ 5년

해설 | 「근로기준법」에 따른 임금채권은 3년간 행사하지 아니하면 시효로 소멸한다.

정답 85 ③ 86 ③ 87 ④ 88 ③ 89 ③

90 근로기준법령상 여성의 보호에 관한 설명으로 옳은 것은?

① 사용자는 임신 중의 여성이 명시적으로 청구하는 경우 고용노동부장관의 인가를 받으면 휴일에 근로를 시킬 수 있다.
② 여성은 보건·의료, 보도·취재 등의 일시적 사유가 있더라도 갱내(坑內)에서 근로를 할 수 없다.
③ 사용자는 여성 근로자가 청구하면 월 3일의 유급생리휴가를 주어야 한다.
④ 사용자는 여성을 휴일에 근로시키려면 근로자 대표의 서면 동의를 받아야 한다.

오답풀이 | ② 보건, 의료, 보도, 취재 등을 위해서는 일시적으로 갱내근로가 가능하다.
③ 생리휴가는 월 1일(무급)이다.
④ 사용자는 여성을 휴일에 근로시키려면 근로자의 동의를 받아야 한다. 임산부와 18세 미만인 경우에는 ⓐ 18세 미만자의 동의가 있는 경우, ⓑ 산후 1년이 지나지 아니한 여성의 동의가 있는 경우, ⓒ 임신 중의 여성이 명시적으로 청구하는 경우에 고용노동부장관의 인가를 받으면 휴일근로가 가능하다.

91 고용정책기본법령상 지역고용심의회에 관한 설명으로 틀린 것은?

① 지역고용심의회는 위원장 1명을 포함한 30명 이내의 위원으로 구성한다.
② 위원장은 시·도지사가 된다.
③ 시·도의 고용촉진, 직업능력개발 및 실업대책에 관한 중요사항을 심의한다.
④ 지역고용심의회 전문위원회의 위원은 시·도지사가 임명하거나 위촉한다.

해설 | 지역고용심의회 위원은 위원장 1명을 포함한 20명 이내의 위원으로 구성한다.

92 국민 평생 직업능력 개발법상 직업능력개발훈련의 기본원칙으로 명시되지 않은 것은?

① 직업능력개발훈련은 국민 개개인의 희망·적성·능력에 맞게 국민의 생애에 걸쳐 체계적으로 실시되어야 한다.
② 직업능력개발훈련은 민간의 자율과 창의성이 존중되도록 하여야 하며 노사의 참여와 협력을 바탕으로 실시되어야 한다.
③ 제조업의 생산직에 종사하는 근로자의 직업능력개발훈련은 중요시되어야 한다.
④ 직업능력개발훈련은 국민의 직무능력과 고용가능성을 높일 수 있도록 지역·산업현장의 수요가 반영되어야 한다.

해설 | 다음의 사람을 대상으로 하는 직업능력개발훈련은 중요시되어야 한다.
- 고령자, 장애인
- 국민기초생활 수급권자
- 국가유공자와 그 유족 또는 가족이나 보훈보상대상자와 그 유족 또는 가족
- 5·18 민주유공자와 그 유족 또는 가족
- 제대군인 및 전역예정자
- 여성근로자
- 중소기업의 근로자
- 일용직근로자, 단시간근로자, 기간을 정하여 근로계약을 체결한 근로자, 일시적 사업에 고용된 근로자
- 파견근로자
- 학교 밖 청소년

93 고용정책 기본법령상 고용정보시스템 구축·운영을 위해 수집해야 할 정보로 명시되지 않은 것은?

① 사업자등록증
② 주민등록등본·초본
③ 장애 정도
④ 부동산등기부등본

해설 | 부동산등기부등본은 고용정보시스템 구축·운영을 위한 정보에 포함되지 않는다.

정답 90 ① 91 ① 92 ③ 93 ④

94 기간제 및 단시간근로자 보호 등에 관한 법률상 사용자가 기간제 근로자와 근로계약을 체결하는 때에 서면으로 명시하여야 하는 사항을 모두 고른 것은?

> ㄱ. 근로계약기간에 관한 사항
> ㄴ. 근로시간·휴게에 관한 사항
> ㄷ. 휴일·휴가에 관한 사항
> ㄹ. 취업의 장소와 종사하여야 할 업무에 관한 사항

① ㄱ, ㄴ
② ㄴ, ㄷ, ㄹ
③ ㄱ, ㄷ, ㄹ
④ ㄱ, ㄴ, ㄷ, ㄹ

해설 | 기간제근로자 채용 시 서면으로 명시하여야 하는 사항
- 근로계약기간에 관한 사항
- 근로시간·휴게에 관한 사항
- 임금의 구성항목·계산방법 및 지불방법에 관한 사항
- 휴일·휴가에 관한 사항
- 취업의 장소와 종사 업무에 관한 사항

95 고용정책 기본법상 고용노동부장관이 실시하는 실업대책사업에 해당하지 않는 것은?

① 실업자 가족의 의료비 지원
② 고용 촉진과 관련된 사업을 하는 자에 대한 대부(貸付)
③ 고용재난지역의 선포
④ 실업자에 대한 공공근로사업

해설 | 실업대책사업에는 다음의 사업이 포함된다.
- 실업자의 취업촉진을 위한 훈련의 실시와 훈련에 대한 지원
- 실업자에 대한 생계비, 생업자금, 「국민건강보험법」에 따른 보험료 등 사회보험료, 의료비(가족 의료비 포함), 학자금(자녀학자금포함), 주택전세자금 및 창업점포 임대 등의 지원
- 실업예방, 실업자의 재취업촉진, 그밖에 고용안정을 위한 사업을 하는 자에 대한 지원
- 고용 촉진과 관련된 사업을 하는 자에 대한 대부
- 실업자에 대한 공공근로사업
- 그밖에 실업의 해소에 필요한 사업

96 근로기준법령상 임금에 관한 설명으로 틀린 것은?

① 사용자의 귀책사유로 휴업하는 경우에 사용자는 휴업기간 동안 그 근로자에게 평균임금의 100분의 80 이상의 수당을 지급하여야 한다.
② 단체협약에 특별한 규정이 있는 경우에는 임금의 일부를 공제할 수 있다.
③ 임금은 매월 1회 이상 일정한 날짜를 정하여 지급하는 것이 원칙이다.
④ 임금채권은 3년간 행사하지 아니하면 시효로 소멸된다.

해설 | 휴업수당은 평균임금의 100분의 70 이상의 수당을 지급하여야 한다.

97 고용보험법상 피보험자격의 취득일과 상실일에 관한 설명으로 틀린 것은?

① 피보험자가 사망한 경우에는 사망한 날의 다음 날에 피보험자격을 상실한다.
② 적용제외 근로자였던 사람이 이 법의 적용을 받게 된 경우 그 사업에 고용된 날에 피보험자격을 취득한 것으로 본다.
③ 「고용산재보험료징수법」에 따른 보험관계 성립일 전에 고용된 근로자의 경우에는 그 보험관계가 성립한 날 피보험자격을 취득한 것으로 본다.
④ 피보험자가 적용제외 근로자에 해당하게 된 경우 그 적용제외 대상자가 된 날에 피보험자격을 상실한다.

해설 | 고용보험 피보험자격 취득일
- 근로자인 피보험자는 이 법이 적용되는 사업에 고용된 날에 피보험자격을 취득
- 적용제외 근로자였던 자가 이 법의 적용을 받게 된 경우에는 그 적용을 받게 된 날
- 보험관계 성립일 전에 고용된 근로자의 경우에는 그 보험관계가 성립한 날

정답 94 ④ 95 ③ 96 ① 97 ②

98 개인정보보호법령상 개인정보보호위원회(이하 "보호위원회"라 한다)에 관한 설명으로 틀린 것은?

① 대통령 소속으로 보호위원회를 둔다.
② 보호위원회는 상임위원 2명을 포함한 9명의 위원으로 구성한다.
③ 보호위원회의 회의는 재적위원 과반수의 출석으로 개의하고, 출석위원 과반수의 찬성으로 의결한다.
④ 「정당법」에 따른 당원은 보호위원회 위원이 될 수 없다.

해설 | 개인정보보호위원회는 국무총리실 소속이다.

99 고용정책 기본법령상 사업주의 대량고용변동 신고 시 이직하는 근로자 수에 포함되는 자는?

① 수습 사용된 날부터 3개월 이내의 사람
② 자기의 사정 또는 귀책사유로 이직하는 사람
③ 상시 근무를 요하지 아니하는 사람으로 고용된 사람
④ 6개월을 초과하는 기간을 정하여 고용된 사람으로서 해당 기간을 초과하여 계속 고용되고 있는 사람

해설 | 이직하는 근로자 수 산정에서 제외되는 대상
- 일용직근로자 또는 기간을 정하여 고용된 사람(일용근로자 또는 6개월 미만의 기간을 정하여 고용된 사람으로서 6개월을 초과하여 계속 고용되고 있는 사람 또는 6개월을 초과하는 기간을 정하여 고용된 사람으로서 해당 기간을 초과하여 계속 고용되고 있는 사람은 제외)
- 수습으로 채용된 날부터 3개월 이내의 사람
- 자기의 사정 또는 자기에게 책임이 있는 사유로 이직하는 사람
- 상시 근무가 필요하지 않는 업무에 고용된 사람
- 천재지변이나 그 밖의 부득이한 사유로 사업을 계속 할 수 없게 되어 이직하는 사람

100 고용정책 기본법령상 고용재난지역에 대한 행정상·재정상·금융상의 특별지원 내용을 모두 고른 것은?

> ㄱ. 「국가재정법」에 따른 예비비의 사용
> ㄴ. 소상공인을 대상으로 한 조세 관련 법령에 따른 조세 감면
> ㄷ. 고용보험·산업재해보상보험 보험료 또는 징수금 체납처분의 유예
> ㄹ. 중앙행정기관 및 지방자치단체가 실시하는 일자리사업에 대한 특별지원

① ㄱ, ㄴ, ㄷ
② ㄱ, ㄷ, ㄹ
③ ㄴ, ㄹ
④ ㄱ, ㄴ, ㄷ, ㄹ

해설 | 고용재난지역 지원내용
- 「국가재정법」에 따른 예비비의 사용 및 「지방재정법」에 따른 특별지원
- 「중소기업진흥에 관한 법률」에 따른 중소벤처기업창업 및 진흥기금에서의 융자 요청
- 「소상공인기본법」에 따른 소상공인을 대상으로 한 조세 관련 법령에 따른 조세 감면
- 「고용보험 및 산업재해보상보험의 보험료 징수 등에 관한 법률」에 따른 고용보험·산업재해보상보험 보험료 또는 징수금 체납처분의 유예 및 납부기한의 연장
- 중앙행정기관 및 지방자치단체가 실시하는 일자리사업에 대한 특별지원
- 그 밖에 고용재난지역의 고용안정 및 일자리 창출 등을 위하여 필요한 지원

정답 98 ① 99 ④ 100 ④

2023년 1회 복원문제

제1과목 직업상담학

01 자기인식이 부족한 내담자를 사정할 때 인지에 대한 통찰을 재구조화하거나 발달시키는 데 적합한 방법은?

① 직면이나 논리적 분석을 해준다.
② 불안에 대처하도록 심호흡을 시킨다.
③ 은유나 비유를 사용한다.
④ 사고를 재구조화 한다.

해설 | 자기인식이 부족한 내담자의 경우 은유나 비유를 통하여 스스로 자신을 인식하게 만들 수 있다.

02 Harren이 제시한 진로의사결정 유형 중 의사결정에 대한 개인적 책임을 부정하고 외부로 책임을 돌리는 경향이 높은 유형은?

① 합리적 유형
② 투사적 유형
③ 직관적 유형
④ 의존적 유형

해설 | 하렌(Harren)이 제시한 진로의사결정 유형에는 합리적 유형, 직관적 유형, 의존적 유형이 있으며, 그중 의존적 유형에 해당한다.

오답풀이 | ① 합리적 유형: 의사결정과정에 자신과 상황에 대한 정확한 정보를 수집하고, 논리적이고 체계적으로 접근하는 유형이다.
② 투사적 유형: 하렌의 진로의사결정 유형에 해당하지 않는다.
③ 직관적 유형: 의사결정의 기초로 상상을 사용하고 현재의 감정에 주의를 기울이며 정서적 자각을 사용한다.

03 인지적 명확성 문제의 원인 중 경미한 정신건강 문제의 특성으로 옳은 것은?

① 심각한 약물남용 장애
② 잘못된 결정방식이 진지한 결정 방해
③ 경험부족에서 오는 고정관념
④ 심한 가치관 고착에 따른 고정성

해설 | 잘못된 결정방식이 진지한 결정 방해, 낮은 효능감으로 인한 선택의 방해, 공포증이나 말더듬증 등의 문제가 다른 직업선택을 방해하는 경우는 경미한 정신건강 문제에 해당한다.

오답풀이 | ① 심각한 약물남용 장애는 심각한 정신건강문제이다.
③, ④ 경험부족에서 오는 고정관념과 심한 가치관 고착에 따른 고정성은 고정관념의 문제이다.

04 행동수정에서 상담자의 역할은?

① 내담자가 사랑하고, 일하고, 노는 자유를 획득하도록 돕는다.
② 내담자의 가족 구성에 대한 정보를 수집한다.
③ 내담자의 주관적 세계를 이해하여 새로운 이해나 선택을 할 수 있도록 돕는다.
④ 내담자의 상황적 단서와 문제행동, 그 결과에 대한 정보를 얻기 위하여 노력한다.

해설 | 행동주의 상담의 목적은 잘못 학습된 행동의 소거와 바람직하고 효과적인 행동의 학습에 도움이 되는 조건을 찾거나 조성하는 것으로, 상담자는 내담자의 상황적 단서와 문제행동, 그 결과에 대한 정보를 얻기 위하여 노력해야 한다.

정답 01 ③ 02 ④ 03 ② 04 ④

05 직업상담사의 윤리강령으로 옳지 않은 것은?

① 직업상담사는 개인이나 사회에 임박한 위험이 있더라도 개인정보의 보호를 위하여 내담자의 정보를 누설하지 말아야 한다.
② 직업상담사는 내담자에 관한 정보를 교육 장면이나 연구에 사용할 경우에는 내담자와 합의 후 사용하되 그 정체가 노출되지 않도록 한다.
③ 직업상담사는 소속 기관과의 갈등이 있을 경우 내담자의 복지를 우선적으로 고려해야 한다.
④ 직업상담사는 상담 관계의 형식, 방법, 목적을 설정하고 그 결과에 대하여 내담자와 협의한다.

해설 | 직업상담사는 개인이나 사회에 임박한 위험이 있을 경우 관계기관 등에 내담자의 정보를 공개할 수 있다.

06 특성-요인 상담의 특징으로 틀린 것은?

① 상담자 중심의 상담방법이다.
② 문제의 객관적 이해보다는 내담자에 대한 정서적 이해에 중점을 둔다.
③ 내담자에게 정보를 제공하고 학습기술과 사회적 적응기술을 알려 주는 것을 중요시한다.
④ 사례연구를 상담의 중요한 자료로 삼는다.

해설 | 특성-요인 상담에서는 내담자의 정서적 이해보다 객관적 사실에 중점을 둔다.
문제의 객관적 이해보다는 내담자에 대한 정서적 이해에 중점을 두는 것은 내담자중심 상담이다.

07 6개의 생각하는 모자(six thinking hats) 기법에서 모자의 색상별 역할에 관한 설명으로 옳은 것은?

① 청색 – 낙관적이며, 모든 일이 잘 될 것이라고 생각한다.
② 적색 – 직관에 의존하고, 직감에 따라 행동한다.
③ 흑색 – 본인과 직업들에 대한 사실들만을 고려한다.
④ 황색 – 새로운 대안들을 찾으려 노력하고, 문제들을 다른 각도에서 바라본다.

해설 | 6개의 생각하는 모자에서 적색은 직관에 의한 감정이나 느낌을 반영하는 상징색이다. 즉, 직관에 의존하고 직감에 따라 행동한다.

오답풀이 | ① 황색에 대한 설명이다.
③ 백색에 대한 설명이다.
④ 녹색에 대한 설명이다.

08 다음 ( ) 안에 알맞은 용어로 바르게 짝 지어진 것은?

> 생애진로사정의 구조는 진로사정, (ㄱ), 강점과 장애 및 (ㄴ)(으)로 이루어진다.

① ㄱ: 진로요약, ㄴ: 하루에 대한 묘사
② ㄱ: 일의 경험, ㄴ: 요약
③ ㄱ: 전형적인 하루, ㄴ: 요약
④ ㄱ: 훈련과정과 관심사, ㄴ: 내담자 자신의 용어 사용

해설 | 생애진로사정의 구조는 진로사정, 전형적인 하루, 강점과 장애 및 요약으로 이루어진다.

정답 05 ① 06 ② 07 ② 08 ③

09 교류분석에서 시간의 구조화에 해당하지 않는 것은?

① 의식
② 친밀관계
③ 공생관계
④ 소일

해설 | 교류분석 이론에서는 인간은 환경과의 스트로크를 얻기 위해 시간을 구조화 한다고 한다. 시간의 구조화 프로그램의 6가지는 폐쇄(withdrawal, 철수/차단), 의식(ritual, 의례적 행동), 소일(pastime, 여흥), 활동(activity), 게임(game), 친밀(intimacy)이다.

10 다음 현상을 설명하는 인간중심 상담의 개념은?

> 은희는 방을 치우면 엄마가 좋아하기 때문에 용돈이 생기는 것도 아니지만 친구들과의 약속보다도 좋아서 방청소를 열심히 한다.

① 가치의 조건화
② 일치성
③ 동일시
④ 자기실현 경향성

해설 | 가치의 조건화란 인간중심 상담의 개념들 중 하나로 타인의 기대와 바람에 의해 만들어진 자신의 모습을 말하는 것으로 주요 타자(부모 등)로부터 긍정적 존중과 인정을 받기 위해 그들이 원하는 가치와 기준을 내면화하는 것이다.

11 실존주의 상담에 관한 설명으로 틀린 것은?

① 정형화된 상담 모형과 상담자 훈련 프로그램이 마련되어 있지 않은 것이 한계점이다.
② 인간을 자기인식 능력을 지닌 존재로 본다.
③ 상담자는 내담자가 스스로 삶의 의미와 목적을 발견하고, 삶을 주체적으로 선택하고 책임지도록 돕는 것을 목표로 한다.
④ 실존주의 상담에서 가정하는 인간의 궁극적 관심사는 무의식의 자각이다.

해설 | 실존주의 상담에서 가정하는 인간의 궁극적 관심사는 '무의미성'이다. '무의식적 자각'은 정신분석이론에 해당하는 개념이다.

12 Parsons가 제안한 특성-요인 이론에 관한 설명으로 틀린 것은?

① 고도로 개별적이고 과학적인 방법을 통해 개인과 직업을 연결하는 것이 핵심이다.
② 사람들은 누구나 신뢰할 수 있고 타당하게 측정될 수 있는 독특한 특성을 가지고 있다.
③ 특성이란 숨어 있는 특징이나 원인이 아니라 기술적인 범주이다.
④ 직업선택은 직접적인 인지과정이기 때문에 개인의 특성과 직업의 특성을 연결하는 것이 가능하다.

해설 | 특성이란 숨어 있는 특징이나 원인이 아니라 기술적인 범주라고 주장한 사람은 아나스타시(Anastasi)이다.

13 직업상담 시 한계의 오류를 가진 내담자들이 자신의 견해를 제한하는 방법에 해당하지 않는 것은?

① 예외를 인정하지 않는 것
② 불가능을 가정하는 것
③ 왜곡되게 판단하는 것
④ 어쩔 수 없음을 가정하는 것

해설 | 왜곡되게 판단하는 것은 직업상담 시 한계의 오류를 가진 내담자들이 자신의 견해를 제한하는 방법에 해당하지 않는다.

개념 체크 전이된 오류의 유형 중 한계의 오류
- 예외를 인정하지 않는 것
- 불가능을 가정하는 것
- 어쩔 수 없음을 가정하는 것

정답 09 ③ 10 ① 11 ④ 12 ③ 13 ③

14 직업상담의 과정을 순서대로 바르게 나열한 것은?

① 관계형성 – 진단 및 측정 – 개입 – 목표설정 – 평가
② 관계형성 – 목표설정 – 진단 및 측정 – 개입 – 평가
③ 관계형성 – 진단 및 측정 – 목표설정 – 개입 – 평가
④ 관계형성 – 목표설정 – 개인 – 집단 및 측정 – 평가

해설 | 직업상담이 일반적인 과정의 순서는 관계형성 – 진단 및 측정 – 목표설정 – 개입 – 평가 순으로 진행된다.

15 상담의 초기면접 단계에서 일반적으로 고려할 사항이 아닌 것은?

① 통찰의 확대
② 목표의 설정
③ 상담의 구조화
④ 문제의 평가

해설 | 상담의 초기면접 단계에 이루어지는 사항은 상담관계 형성, 심리적 문제 파악(내담자의 문제 평가), 상담목표 및 전략수립, 상담의 구조화 등이 있다.
① 통찰의 확대: 상담의 중기 단계에 해당된다.

16 레빈슨의 성인발달이론에 관한 설명으로 틀린 것은?

① 인생주기를 네 개의 계절로 구분한다.
② 성인 초기의 주요 과업은 꿈의 형성과 멘토 관계의 형성이다.
③ 안정기는 삶을 침체시키거나 새롭게 만드는 시기이다.
④ 인생 구조에는 직업, 가족, 결혼, 종교와 같은 요소들이 포함된다.

해설 | 레빈슨(Levinson)은 발달이론에서 성인은 연령에 따라 안정과 변화의 계속적인 과정을 거쳐 발달하게 되며 '안정기'는 자신의 삶의 가치를 추구하는 시기이고 '변화기'는 삶을 침체시키거나 새롭게 만드는 시기로, 현재 생애구조를 재평가하면서 삶의 변화를 추구한다고 보았다.

17 다음에서 사용된 상담기법은?

> A는 저조한 성적으로 인해 학교생활에 어려움을 겪고 있다. 상담사는 A가 평소 PC 게임하는 것을 매우 좋아한다는 사실을 알고 A가 계획한 일일 학습량을 달성하는 경우, PC 게임을 1시간 동안 하도록 개입하였다.

① 프리맥의 원리, 정적강화
② 정적강화, 자기교수훈련
③ 체계적 둔감법, 자기교수훈련
④ 부적강화, 자극통제

해설 | 프리맥의 원리는 낮은 비율로 발생하는 행동을 증가시키기 위해 높은 비율의 행동을 낮은 비율의 행동과 연관시키는 강화의 한 형태이다. 즉, 높은 비율의 PC 게임을 통해 낮은 비율의 학습량을 증가시키는 것으로 일종의 정적강화에 해당한다.

18 헤어(Herr)가 제시한 직업상담사의 직무내용에 해당되지 않는 것은?

① 상담자는 특수한 상담기법을 통해서 내담자의 문제를 확인하도록 한다.
② 상담자는 내담자의 마음속에 일어나고 있으며 윤리적으로 적절한 부가적 대안을 확인한다.
③ 직업선택이 근본적인 관심사인 내담자에 대해서는 직업상담 실시를 보류하도록 한다.
④ 내담자에 관한 부가적 정보를 종합한다.

해설 | 직업선택이 근본적인 관심사인 내담자에 대해서는 즉시 직업상담 실시를 확정해야 한다.

정답 | 14 ③ 15 ① 16 ③ 17 ① 18 ③

19 다음은 내담자의 무엇을 사정하기 위한 것인가?

> 내담자에게 과거에 했던 선택의 회상, 절정경험, 자유시간, 금전 사용계획 등을 조사하고 존경하는 사람을 쓰게 하는 등의 상담행위

① 내담자의 동기
② 내담자의 생애역할
③ 내담자의 가치
④ 내담자의 흥미

해설 | 자기보고식 가치사정기법은 다음과 같다.
- 체크목록 가치에 순위 매기기
- 과거의 선택 회상하기
- 절정 경험 조사하기
- 자유시간과 금전 사용계획 조사하기
- 백일몽 말하기
- 존경하는 사람 기술하기

20 생애진로사정 중 여가와 가장 선호하는 활동을 알 수 있는 것은?

① 진로사정
② 전형적인 하루
③ 강점과 장애
④ 요약

해설 | 생애진로사정 중 진로사정은 내담자가 일의 경험 또는 훈련 및 학습 과정에서 가장 좋았던 것과 싫었던 것에 대해 질문하며, 여가시간의 활용, 우정관계 등을 탐색한다.

오답풀이 | ② 전형적인 하루: 내담자가 생활을 어떻게 조직하는지를 시간의 흐름에 따라 체계적으로 기술한다.
③ 강점과 장애: 내담자가 스스로 생각하는 3가지 주요 강점 및 장애에 대해 질문한다.
④ 요약: 내담자 스스로 자신에 대해 알게 된 내용을 요약해 보도록 함으로써 자기인식을 증진시킨다.

제2과목 직업심리학

21 과업지향적 직무분석방법 중 기능적 직무분석의 세 가지 차원이 아닌 것은?

① 기술(skill)
② 자료(data)
③ 사람(people)
④ 사물(things)

해설 | 직업정보론과 관련 있는 내용으로 작업자의 과업지향적 직무분석방법에서는 직무에 대한 판단이 자료(data), 사람(people), 사물(things)의 관점에서 이루어진다.

22 직업상담 장면에서 활용 가능한 성격검사에 관한 설명으로 옳은 것은?

① 특정 분야에 대한 흥미를 측정한다.
② 어떤 특정 분야나 영역의 숙달에 필요한 적응능력을 측정한다.
③ 대개 자기보고식 검사이며 널리 이용되는 검사는 다면적 인성검사(MMPI), 성격 유형 검사(MBTI) 등이 있다.
④ 비구조적 과제를 제시하고 자유롭게 응답하도록 하여 분석하는 방식으로 웩슬러 검사가 있다.

해설 | 자기보고식 검사는 객관적 검사라고도 하며, 구조화된 검사 과제를 사용한다. 다면적 인성검사(MMPI), 성격 유형검사(MBTI)는 자기보고식 검사에 해당한다.

오답풀이 | ① 흥미검사에 대한 설명이다.
② 적성검사에 대한 설명이다.
④ 웩슬러 검사는 구조적 과제를 제시하고 응답하도록 하여 분석하는 방식이다.

정답 19 ③ 20 ① 21 ① 22 ③

23 셀리에(Selye)의 스트레스에서의 일반적응 증후군에 관한 설명으로 옳지 않은 것은?

① 스트레스의 결과가 신체 부위에 영향을 준다는 뜻에서 일반적이라 명명했다.
② 스트레스의 원인으로부터 신체가 대처하도록 한다는 의미에서 적응이라 명명했다.
③ 경계단계는 정신적 혹은 육체적 위험에 노출되었을 때 즉각적인 반응을 보이는 단계이다.
④ 탈진단계에서 심장병을 잘 유발하는 성격의 B유형은 흥분을 가라앉히지 않는다.

해설 | ④의 설명은 A형 성격의 특징으로, 탈진단계에서 심장병을 잘 유발하는 성격의 A유형은 스트레스 상황에서 좀처럼 흥분을 가라앉히지 않는다. 반면, B유형은 같은 상황에서 차분한 모습을 보인다.

24 Williamson의 특성-요인 진로상담 과정을 바르게 나열한 것은?

ㄱ. 진단단계	ㄴ. 분석단계
ㄷ. 예측단계	ㄹ. 종합단계
ㅁ. 상담단계	ㅂ. 추수지도단계

① ㄱ → ㄴ → ㄷ → ㄹ → ㅂ → ㅁ
② ㄱ → ㄷ → ㄴ → ㄹ → ㅁ → ㅂ
③ ㄴ → ㄱ → ㄹ → ㄷ → ㅂ → ㅁ
④ ㄴ → ㄹ → ㄱ → ㄷ → ㅁ → ㅂ

해설 | 윌리암슨(Williamson)의 특성-요인 상담과정은 분석 → 종합 → 진단 → 예후 → 상담 → 추수단계 순으로 진행된다.

25 일반적성검사(GATB)에서 측정하는 직업적성이 아닌 것은?

① 손가락 정교성
② 언어적성
③ 사무지각
④ 과학적성

해설 | 일반적성검사(GATB)에서 검출되는 9가지 적성은 지능(G), 언어능력(V), 수리능력(N), 사무지각(Q), 형태지각(P), 공간적성(S), 운동반응(K), 손 재치(M), 손가락 재치(F)이다.

26 작업자 중심 직무분석의 특징과 가장 거리가 먼 것은?

① 표준화된 분석도구의 개발이 어렵다.
② 직무들에서 요구되는 인간특성의 유사정도를 양적으로 비교할 수 있다.
③ 대표적인 예로서 직위분석질문지(PAQ)가 있다.
④ 과제 중심 직무분석에 비해 보다 폭넓게 활용될 수 있다.

해설 | 작업자 중심 직무분석은 사람의 속성을 기준으로 하기 때문에 표준화된 분석도구의 개발이 쉽다. 반면, 과제 중심 직무분석은 각 직무들의 복잡하고 상이한 직무구조 때문에 표준화된 분석도구의 개발이 어렵다.

27 스트레스의 원인 중 역할갈등은 어디에 해당되는가?

① 직무관련 스트레스원
② 개인관련 스트레스원
③ 조직관련 스트레스원
④ 물리적 환경관련 스트레스원

해설 | 직무관련 스트레스 요인으로는 과제특성, 역할갈등과 역할 모호성, 산업의 조직문화와 풍토 등이 있다.

정답 23 ④ 24 ④ 25 ④ 26 ① 27 ①

28 "어떤 흥미검사(A)의 신뢰도가 높다"고 하는 말의 의미는?

① 어떤 사람이 흥미검사(A)를 처음 치렀을 때 받은 점수가 얼마 후 다시 치렀을 때의 점수와 비슷하다.
② 흥미검사(A)가 원래 재고자 했던 흥미영역을 재고 있다.
③ 그 흥미검사(A)와 그와 유사한 목적을 가진 다른 종류의 흥미검사(B)의 점수가 유사하다.
④ 흥미검사(A)가 흥미에 대해 가장 포괄적으로 측정하고 있다.

해설 | 신뢰도란 측정하고자 하는 대상이나 속성을 일관성 있게 측정하고 있는가의 개념이다. 즉, 검사의 신뢰도란 동일한 응답자에게 반복해서 적용했을 때 일관성 있는 결과가 나온다면 신뢰도가 높은 것이다.

오답풀이 | ② 내용 타당도의 개념이다.
③의 경우 동형검사 신뢰도의 개념과 유사하지만 문제가 신뢰도에 대한 기본적 정의를 묻는 것이므로 ③보다 ①을 정답으로 보는 것이 타당하다.
④ 구성 타당도의 개념이다.

29 다음의 특성을 가진 직무분석기법은?

- 미국 퍼듀대학교의 매코믹(McCormick)이 개발하였다.
- 행동중심적 직무분석기법(behavior-oriented job analysis method)이다.
- 6가지의 범주 및 187개 항목으로 구성되었다.
- 개별직무에 대해 풍부한 정보를 획득할 수 있는 장점이 있으나, 성과표준을 직접 산출하는 데는 무리가 따른다는 단점을 지니고 있다.

① 직무과제분석(JTA)
② 기능적직무분석(FJA)
③ 직위분석질문지(PAQ)
④ 관리직기술질문지(MPDQ)

해설 | 직위분석질문지(PAQ)는 매코믹(McCormick)과 동료들에 의해서 개발되었고 직무분석 분야에 상당한 공헌을 하였다. PAQ는 194개 문항을 포함하고 있는 구조화된 표준화 직무분석 질문지이며, 187항목은 작업활동과 작업상황에 관련된 질문이고 7항목은 보수와 관련된 질문이다.

30 다운사이징 시대의 경력개발 방향과 가장 거리가 먼 것은?

① 조직구조의 수평화로 개인의 자율권 신장과 능력개발에 초점을 두어야 한다.
② 기술, 제품, 개인의 숙련주기가 짧아져서 경력개발은 단기, 연속 학습단계로 이어진다.
③ 일시적이 아니라 계속적이고 평생학습으로의 경력개발이 요구된다.
④ 경력변화의 기회가 적어지며 조직 내 수평적 이동과 장기고용이 어려워진다.

해설 | 다운사이징 시대에는 장기고용이 어려워지기 때문에 이직 등의 경력변화의 기회가 많아지며, 조직 내 수평적 이동이 이루어진다.

31 Holland의 진로발달에 대한 육각 모형에서 서로 대각선에 위치하여 대비되는 특성을 지닌 유형들로 잘못 짝지어진 것은?

① 진취형(E)과 탐구형(I)
② 사회형(S)과 예술형(A)
③ 현실형(R)과 사회형(S)
④ 예술형(A)과 관습형(C)

해설 | Holland의 육각 모형에서 사회형(S)의 대각선 위치에 있는 것은 현실형(R)이고, 예술형(A)의 대각선 위치에 있는 것은 관습형(C)이다.

개념 체크 Holland의 육각 모형

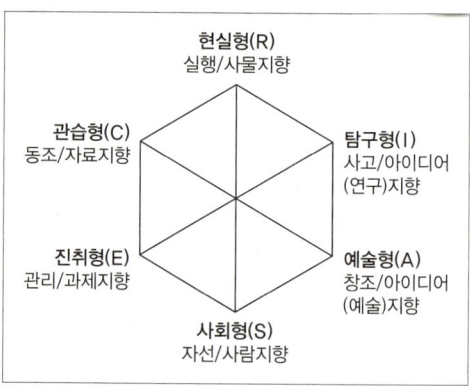

정답 28 ① 29 ③ 30 ④ 31 ②

32 승진을 하려면 지방근무를 해야만 하고, 서울근무를 계속하려면 승진기회를 잃는 경우에 겪는 갈등의 유형은?

① 접근 – 접근 갈등
② 회피 – 회피 갈등
③ 접근 – 회피 갈등
④ 이중접근 – 회피 갈등

해설 | 제시된 내용처럼 개인이 한 목표를 선택할 경우, 그 목표에 정적 그리고 부적 측면이 있어서 생기는 갈등은 접근 – 회피 갈등이다.

오답풀이 | ① 접근 – 접근 갈등: 목표가 모두 정직인 두 개의 대안들 중 한 개만을 선택해야 하는 경우이다.
② 회피 – 회피 갈등: 두 개의 부적 측면을 가진 목표를 수행해야 하는 경우이다.
④ 이중접근 – 회피 갈등: 두 개의 접근 – 회피 갈등을 보이는 목표 중 어느 하나만을 선택할 수밖에 없는 경우 발생한다.

33 지능지수(IQ)의 계산방법으로 옳은 것은?

① Z점수에 일정 수의 편차를 곱하고 평균치를 100으로 정하여 더한 것이다.
② T점수에 일정 수의 편차를 곱하고 평균치를 100으로 정하여 더한 것이다.
③ Z점수에 일정 수의 편차를 더하고 평균치를 100으로 정하여 더한 것이다.
④ T점수에 일정 수의 편차를 더하고 평균치를 100으로 정하여 더한 것이다.

해설 | 지능지수(IQ)의 계산방법은 Z점수에 일정 수의 편차를 곱하고 평균치를 100으로 정하여 더한 것으로 편차 지능지수의 경우 표준편차는 15이다.

34 크롬볼츠(Krumboltz)의 사회학습 진로이론에 관한 설명으로 틀린 것은?

① 도구적 학습경험이란 행동과 결과의 관계를 학습하게 되는 것을 의미한다.
② 과제접근기술이란 개인이 어떤 과제를 성취하기 위해 동원하는 기술이다.
③ 우연히 일어난 일들을 개인의 진로에 긍정적으로 활용하는 것이 중요하다.
④ 개인의 진로선택에 영향을 미치는 요인에서 유전적 재능이나 체력 등의 요소를 간과했다.

해설 | 크롬볼츠(Krumboltz)의 사회학습 진로이론에서 개인의 진로선택에 영향을 미치는 요인으로 유전적 요인과 특별한 능력, 환경적 조건과 사건, 학습경험, 과제접근 기술을 제시하였다.

35 Super의 직업발달 단계를 바르게 나열한 것은?

① 성장기 → 확립기 → 탐색기 → 유지기 → 쇠퇴기
② 탐색기 → 성장기 → 유지기 → 확립기 → 쇠퇴기
③ 성장기 → 탐색기 → 확립기 → 유지기 → 쇠퇴기
④ 탐색기 → 유지기 → 성장기 → 확립기 → 쇠퇴기

해설 | 수퍼(Super)의 직업발달 단계는 성장기 → 탐색기 → 확립기 → 유지기 → 쇠퇴기이다.

정답 32 ③ 33 ① 34 ④ 35 ③

36 타이드만(Tiedeman)은 어떤 발달단계를 기초로 진로발달이론을 설명하였는가?

① 피아제의 인지발달단계
② 에릭슨의 심리사회발달단계
③ 콜버그의 도덕발달단계
④ 반두라의 인지사회발달단계

해설 | 타이드만과 오하라의 진로발달이론은 에릭슨의 심리사회적 발달이론에 기초를 두었으며, 연령보다는 문제의 성질이 중요하다고 보고 진로발달을 직업정체감을 형성해가는 과정으로 보았다.

37 스트레스의 예방 및 대처방안으로 틀린 것은?

① 가치관을 전환시켜야 한다.
② 과정중심적 사고방식에서 목표지향적 초고속 심리로 전환해야 한다.
③ 균형 있는 생활을 해야 한다.
④ 취미·오락을 통해 생활 장면을 전환하는 활동을 규칙적으로 해야 한다.

해설 | 스트레스의 대처방안으로 목표지향적 초고속심리에서 과정중심적 사고방식으로 전환해야 한다.

38 적성검사에서 높은 점수를 받은 사람들이 입사 후 업무수행이 우수한 것으로 나타났다면, 이 검사는 어떠한 타당도가 높은 것인가?

① 구성타당도(construct validity)
② 내용타당도(content validity)
③ 예언타당도(predictive validity)
④ 공인타당도(concurrent validity)

해설 | 예언타당도란 그 검사의 점수를 가지고 다른 준거점수들을 얼마나 잘 예측해 낼 수 있는가 하는 정도를 말한다. 예를 들어 적성검사에서 높은 점수를 받은 사람들일수록 입사 후 업무 수행이 우수한 것으로 나타났다면, 이 검사는 예언타당도가 높은 것으로 볼 수 있다.

39 경력개발 단계를 성장, 탐색, 확립, 유지, 쇠퇴의 5단계로 구분한 학자는?

① Bordin
② Colby
③ Super
④ Parsons

해설 | 수퍼(Super)는 직업(경력)발달 단계를 성장기 → 탐색기 → 확립기 → 유지기 → 쇠퇴기의 5단계로 구분하였다.

40 소외 양상의 개념에 관한 설명 중 틀린 것은?

① 무기력감(powerlessness) : 자유와 통제의 결핍상태
② 무의미감(meaninglessness) : 경영정책이나 생산 목적 등의 목적으로부터의 단절
③ 자기소원감(self-estrangement) : 직무에 자신이 몰두할 수 없는 상태
④ 고립감(isolation) : 지루함이나 단조로움을 느끼는 심리적 상태

해설 | 고립감(isolation)은 자신이 속한 조직의 사회적 협동의 결핍상태를 의미한다.

정답 36 ② 37 ② 38 ③ 39 ③ 40 ④

제3과목 직업정보론

41 고용24(구 워크넷)에서 제공하는 청소년 직업흥미 검사의 하위척도가 아닌 것은?

① 활동척도
② 자신감척도
③ 직업척도
④ 가치관척도

해설 | 고용24(구 워크넷)이 제공하는 청소년 직업흥미검사의 하위척도는 활동, 자신감, 직업 등 3가지로 구성되어 있다.
청소년 직업흥미검사는 6개의 일반흥미유형(현실형, 탐구형, 예술형, 사회형, 진취형, 관습형)과 13개 기초흥미분야를 측정하여 흥미유형에 적합한 학과와 직업을 추천해 준다.

42 직업정보 수집방법으로서 면접법에 관한 설명으로 가장 적합하지 않은 것은?

① 표준화 면접은 비표준화 면접보다 타당도가 높다.
② 면접법은 질문지법보다 응답범주의 표준화가 어렵다.
③ 면접법은 질문지법보다 제3자의 영향을 배제할 수 있다.
④ 표준화 면접에는 개방형 및 폐쇄형 질문을 모두 사용할 수 있다.

해설 | 표준화 면접은 질문의 내용이 표준화되어 정해진 내용을 질문하는 것이고, 비표준화 면접은 면접자가 자유롭게 질문하는 방법이다. 따라서 표준화 면접은 비표준화 면접보다 타당도(validity)는 낮고 신뢰도(reliability)는 높다.

43 한국표준산업분류(제10차)의 주요 개정내용으로 틀린 것은?

① 어업에서 해수면은 해면으로, 수산 종자는 수산 종묘로 명칭을 변경
② 수도업은 국내 산업 연관성을 고려하고 국제표준산업분류(ISIC)에 맞춰 대분류 E로 이동
③ 산업 성장세를 고려하여 태양력 발전업을 신설
④ 세분류에서 종이 원지·판지·종이상자 도매업, 면세점, 의복 소매업을 신설

해설 | 대분류 A 농업, 임업 및 어업 중 어업에서 해면은 해수면으로, 수산 종묘는 수산 종자로 명칭을 변경하였다.

44 직업정보의 처리단계를 옳게 나열한 것은?

① 수집 - 분석 - 가공 - 체계화 - 제공 - 평가
② 수집 - 제공 - 분석 - 가공 - 평가 - 체계화
③ 수집 - 분석 - 평가 - 가공 - 제공 - 체계화
④ 수집 - 분석 - 체계화 - 제공 - 가공 - 평가

해설 | 직업정보시스템의 정보관리는 수집 → 분석 → 가공 → 체계화 → 제공 → 축적 → 평가의 순서로 이루어진다.

정답 41 ④ 42 ① 43 ① 44 ①

45 고용노동통계조사의 각 항목별 조사주기의 연결이 틀린 것은?

① 사업체 노동력 조사: 연 1회
② 시도별 임금 및 근로시간 조사: 연 1회
③ 지역별 사업체 노동력 조사: 연 2회
④ 기업체 노동비용 조사: 연 1회

해설 | 사업체 노동력 조사는 고용노동부가 매월 사업체를 대상으로 조사한다.

개념 체크 사업체 노동력 조사

사업체 노동력 조사는 고용노동부가 매월 사업체를 대상으로 수요 측면의 사업체 내 종사자 총량, 근로자의 전체 임금 총량 단위로 파악하는 조사이다.
매월 노동수요측(사업체)의 관점에서 근로자 수, 입직자 및 이직자 수와 임금 및 근로시간에 관한 사항을 조사하여 노동 정책의 기초자료 활용 및 경기전망 등을 위한 경기지표를 생산하기 위해 시행한다.

46 민간직업정보와 비교한 공공직업정보의 특성에 관한 설명과 가장 거리가 먼 것은?

① 필요한 시기에 최대한 활용되도록 한시적으로 신속하게 생산 및 운영된다.
② 광범위한 이용가능성에 따라 공공직업정보 체계에 대한 직접적이며 객관적인 평가가 가능하다.
③ 특정 분야 및 대상에 국한되지 않고 전체 산업 및 업종에 걸친 직종 등을 대상으로 한다.
④ 직업별로 특정한 정보만을 강조하지 않고 보편적인 항목으로 이루어진 기초적인 직업 정보체계로 구성되어 있다.

해설 | 필요한 시기에 최대한 활용되도록 한시적으로 신속하게 생산 및 운영되는 것은 민간직업정보의 특징이다.

47 직업정보의 일반적인 평가 기준과 가장 거리가 먼 것은?

① 어떤 목적으로 만든 것인가
② 얼마나 비싼 정보인가
③ 누가 만든 것인가
④ 언제 만들어진 것인가

해설 | 직업정보를 평가할 때 중요한 기준은 정보의 정확성, 신뢰성 등이다. 따라서 누가 만들었는지, 어떤 목적으로 누구의 자금 지원을 받아 만들었는지를 파악해야 한다. 또한 정보는 시간이 흐르면 가치가 없어지는 경우가 많기 때문에 언제 만들어진 것인지도 파악해야 한다.

48 한국표준산업분류(제10차)의 통계단위는 생산활동과 장소의 동질성의 차이에 따라 다음과 같이 구분된다. ( ) 안에 알맞은 것은?

구분	하나 이상 장소	단일 장소
하나 이상 산업활동	XXX	XXX
	XXX	
단일 산업활동	( )	XXX

① 기업집단 단위
② 지역 단위
③ 기업체 단위
④ 활동유형 단위

해설 | 한국표준산업분류의 통계단위에서 단일 산업활동이 하나 이상의 장소에서 이루어지는 경우는 활동유형 단위이다. 산업 활동과 장소의 동질성의 차이에 따라 통계단위는 다음과 같이 구분된다.

구분	하나 이상의 장소	단일 장소
하나 이상의 산업활동	기업집단 단위	지역 단위
	기업체 단위	
단일 산업활동	활동유형 단위	사업체 단위

정답 45 ① 46 ① 47 ② 48 ④

49 직업성립의 일반요건과 가장 거리가 먼 것은?

① 윤리성
② 경제성
③ 계속성
④ 사회보장성

해설 | 한국표준직업분류(KSCO-18)에서 직업이 되기 위해서는 일의 계속성, 경제성, 윤리성 및 사회성 등의 조건을 갖추어야 한다. 또한 속박된 상태에서의 활동은 직업이 될 수 없다.

50 국가기술자격 서비스 분야 종목 중 응시자격에 제한이 없는 것으로만 짝지어진 것은?

① 직업상담사 2급 - 임상심리사 2급 - 스포츠경영관리사
② 사회조사분석사 2급 - 소비자전문상담사 2급 - 텔레마케팅관리사
③ 직업상담사 2급 - 컨벤션기획사 2급 - 국제의료관광코디네이터
④ 컨벤션기획사 2급 - 스포츠경영관리사 - 국제의료관광코디네이터

해설 | 스포츠경영관리사, 직업상담사 2급, 사회조사분석사 2급, 전자상거래관리사 2급, 컨벤션기획사 2급, 텔레마케팅관리사, 소비자전문상담사 2급 등은 응시자격의 제한이 없다.

개념 체크

- 임상심리사 2급: 1년 이상 실습수련 또는 2년 이상 실무에 종사한 자로서 대학졸업자 및 그 졸업예정자.
- 컨벤션기획사 1급: 2급 자격 취득 후 실무 3년이거나 실무 4년 이상 실무에 종사한 자.
- 국제의료관광코디네이터: 공인어학성적 기준요건을 충족하고 ⊙ 보건의료 또는 관광분야 관련학과의 대학졸업자, 2년제 후 2년 실무, 3년제 후 1년 실무, 4년 실무, ⓒ 관련 자격증(의사, 간호사, 보건교육사, 관광통역안내사, 컨벤션기획사 1·2급)을 취득한 사람

51 한국표준직업분류(제7차)상 특정 직종의 분류요령에 대한 설명으로 틀린 것은?

① 행정 관리 및 입법기능을 수행하는 자는 '대분류 1 관리자'에 분류된다.
② 자영업주 및 고용주는 수행되는 일의 형태나 직무내용에 따라 정의된 개념이다.
③ 연구 및 개발업무 종사자는 '대분류 2 전문가 및 관련 종사자'에서 그 전문분야에 따라 분류된다.
④ 군인은 별도로 '분류 A 군인'에 분류된다.

해설 | 자영업주 및 고용주는 수행되는 일의 형태에 따른 구분이 아니라 고용상태에 따라 구분된 개념이다.

52 직업정보관리에 관한 설명으로 틀린 것은?

① 직업정보의 범위는 개인에 대한 정보, 직업에 대한 정보, 미래에 대한 정보 등으로 구성되어 있다.
② 직업정보원은 정부부처, 정부투자출연기관, 단체 및 협회, 연구소, 기업과 개인 등이 있다.
③ 직업정보 가공 시에는 전문적인 지식이 없이도 이해할 수 있도록 가급적 평이한 언어로 제공되어야 하며 직무의 장·단점을 편견 없이 제공하여야 한다.
④ 개인의 정보는 보호되어야 하기 때문에 구직 시에 연령, 학력 및 경력 등의 취업과 관련된 정보는 제한적으로 제공되어야 한다.

해설 | 구직 시에 연령, 학력 및 경력 등의 취업과 관련된 모든 정보는 정확하게 제공되어야 한다. 물론 구인업체에서는 이러한 정보는 철저하게 보호하여야 한다.

정답 49 ④ 50 ② 51 ② 52 ④

53 한국직업정보시스템(고용24 직업정보시스템)에서 제공하는 학과정보 중 사회계열에 해당하지 않는 학과는?

① 경찰행정학과　② 국제학부
③ 문헌정보학과　④ 지리학과

해설 | 문헌정보학과는 인문계열에 해당한다.
고용24 직업정보시스템의 학과정보에서는 인문계열, 사회계열, 자연계열, 교육계열, 공학계열, 의학계열 및 예체능계열 등 7개의 계열로 구분하고 각 계열에 속하는 학과에 대한 정보를 제공하고 있다.

54 한국표준직업분류(제7차)의 대분류 항목과 직능수준과의 관계가 올바르게 연결된 것은?

① 전문가 및 관련 종사자: 제4직능 수준 혹은 제3직능 수준 필요
② 사무 종사자: 제3직능 수준 필요
③ 단순노무 종사자: 제2직능 수준 이상 필요
④ 군인: 제1직능 수준 필요

해설 | 제7차 한국표준직업분류에서 대분류 1 관리자와 대분류 2 전문가 및 관련 종사자는 제4직능 수준 혹은 제3직능 수준이 요구된다.

오답풀이 | ②, ③ 대분류 3~8까지는 제2직능 수준, 대분류 9 단순노무 종사자는 제1직능 수준을 필요로 한다.
④ 군인은 제2직능 수준 이상 필요하다.

55 고용24(구 워크넷)에서 채용정보 상세검색 시 선택할 수 있는 기업형태가 아닌 것은?

① 대기업
② 일학습병행기업
③ 가족친화인증기업
④ 다문화가정지원기업

해설 | 고용24(구 워크넷) 채용정보의 상세검색에서 기업형태별 검색의 메뉴는 대기업, 공무원·공기업·공공기관, 외국계기업, 코스피, 코스닥, 일학습병행기업, 청년친화강소기업, 가족친화인증기업 및 중견기업 등 9가지로 구분하고 있다.

56 한국표준산업분류(제10차)의 적용원칙으로 틀린 것은?

① 생산단위는 산출물뿐만 아니라 투입물과 생산공정 등을 함께 고려하여 그들의 활동을 가장 정확하게 설명된 항목에 분류해야 한다.
② 산업활동이 결합되어 있는 경우에는 그 활동단위의 주된 활동에 따라서 분류해야 한다.
③ 수수료 또는 계약에 의하여 활동을 수행하는 단위는 동일한 산업활동을 자기계정과 자기책임 하에서 생산하는 단위와 같은 항목에 분류해야 한다.
④ 공식적 생산물과 비공식적 생산물, 합법적 생산물과 불법적인 생산물을 달리 분류해야 한다.

해설 | 제10차 한국표준산업분류에서는 공식적 생산물과 비공식적 생산물, 합법적 생산물과 불법적인 생산물을 달리 분류하지 않는다.

57 직업정보를 제공하는 유형별 방식의 설명이다. ( )에 알맞은 것은?

종류	비용	학습자 참여도	접근성
인쇄물	(ㄱ)	수동	용이
면접	저	(ㄴ)	제한적
직업경험	고	적극	(ㄷ)

① ㄱ: 고, ㄴ: 적극, ㄷ: 용이
② ㄱ: 고, ㄴ: 수동, ㄷ: 제한적
③ ㄱ: 저, ㄴ: 적극, ㄷ: 제한적
④ ㄱ: 저, ㄴ: 수동, ㄷ: 용이

해설 | 인쇄물은 저비용, 면접의 학습자 참여도는 적극적이다. 그리고 직업경험의 접근성은 일부만이 참여하므로 제한적이다.

정답 53 ③　54 ①　55 ④　56 ④　57 ③

58. 다음은 한국표준직업분류(제7차)에서 직업분류의 일반원칙이다. ( )에 알맞은 것은?

> 동일하거나 유사한 직무는 어느 경우에든 같은 단위직업으로 분류되어야 한다는 점이다. 하나의 직무가 동일한 직업단위 수준에서 2개 혹은 그 이상의 직업으로 분류될 수 있다면 ( )의 원칙을 위반한 것이라 할 수 있다.

① 단일성　　② 배타성
③ 포괄성　　④ 경제성

해설 | 직업분류의 일반원칙으로 배타성의 원칙은 동일하거나 유사한 직무는 어느 경우에든 같은 단위직업으로 분류되어야 한다는 것이다.

59. 국가직무능력표준(NCS) 수준에 대한 설명에 알맞은 X와 Y의 값을 더한 숫자는 무엇인가?

수준	내용
(X)수준	일반적인 지시 및 감독하에 해당 분야의 일반지식을 사용하여 절차화되고 일상적인 과업을 수행하는 수준
(Y)수준	독립적인 권한 내에서 해당분야의 이론 및 지식을 자유롭게 활용하고, 일반적인 숙련으로 다양한 과업을 수행하고, 타인에게 해당분야의 지식 및 노하우를 전달할 수 있는 수준

① 6　　② 7
③ 8　　④ 9

해설 | 국가직무능력표준의 8개 수준에서 X는 2수준, Y는 6수준에 해당한다.
NCS의 수준체계는 산업현장 직무의 수준을 체계화한 것으로, 산업현장·교육훈련·자격 연계, 평생학습능력 성취 단계 제시, 자격의 수준체계 구성에서 활용한다. (www.ncs.go.kr)

60. 경제활동인구조사의 주요 산식으로 틀린 것은?

① 잠재경제활동인구 = 잠재취업가능자 + 잠재구직자
② 경제활동참가율 = (경제활동인구 ÷ 15세 이상 인구) × 100
③ 고용률 = (취업자 ÷ 15세 이상 인구) × 100
④ 실업률 = (실업자 ÷ 15세 이상 인구) × 100

해설 | 실업률은 경제활동인구에서 차지하는 실업자의 비율이다. 즉 실업률 = (실업자 ÷ 경제활동인구) × 100이다.

개념 체크 잠재경제활동인구

고용보조지표의 하나인 잠재경제활동인구는 구직활동을 하지 않았거나 현실적으로 취업이 불가능하여 비경제활동인구로 분류되지만 잠재적으로 취업이나 구직이 가능한 자이다. '잠재경제활동인구=잠재취업가능자+잠재구직자'이다.
한편 이를 반영한 확장경제활동인구=경제활동인구+잠재경제활동인구이다.

제4과목 노동시장론

61. 시장경제를 채택하고 있는 국가의 노동시장에서 직종별 임금격차가 존재하는 이유로 적절하지 않은 것은?

① 직종에 따라 근로환경의 차이가 존재하기 때문이다.
② 직종에 따라 노동조합 조직율의 차이가 존재하기 때문이다.
③ 직종 간 정보의 흐름이 원활하기 때문이다.
④ 노동자들의 특정 직종에 대한 회피와 선호가 다르기 때문이다.

해설 | 직종 간 정보의 흐름이 원활하면 직종 간 노동의 이동이 증가하여 임금격차는 줄어든다.

정답　58 ②　59 ③　60 ④　61 ③

62 다음 중 분단노동시장 이론과 가장 거리가 먼 것은?

① 빈곤퇴치를 위한 정책적인 노력이 쉽게 성공하지 못하고 있다.
② 내부노동시장과 외부노동시장은 현격하게 다른 특성을 갖는다.
③ 근로자는 임금을 중심으로 경쟁하는 것이 아니라 직무를 중심으로 경쟁하기도 한다.
④ 고학력 실업자가 증가하면 단순노무직의 임금도 하락한다.

해설 | 고학력 실업자는 1차 노동시장. 단순노무직은 2차 노동시장에 존재하고 두 시장은 분단되어 있으므로 고학력 실업자가 증가한다고 해서 단순노무직의 임금이 하락하는 것은 아니다. 분단시장 가설은 노동시장에는 자유로운 노동력의 이동을 저해하는 제도적인 요인이 있고, 따라서 노동시장을 하나의 경쟁적인 시장으로 파악하기는 어렵다고 보는 견해이다.

63 노사관계의 주체를 사용자 및 단체, 노동자 및 단체, 정부로 규정하고 이들 간의 관계는 기술, 시장 또는 예산상의 제약, 권력구조에 의해 결정된다는 노사관계이론은?

① 시스템이론 ② 수렴이론
③ 분산이론   ④ 단체교섭이론

해설 | 문제의 내용은 던롭의 노사관계 시스템이론을 의미한다. 던롭(J. T. Dunlop)의 노사관계 시스템이론은 하나의 노사관계가 3주체로 구성되어 있다고 가정한다. 그리고 이들 주체가 직접·간접으로 영향을 받으면서 행동하게 되는 환경조건 내지 노사관계를 규제하는 여건으로 기술적 특성, 시장 또는 예산제약, 각 주체의 세력관계(또는 권력구조)를 제시한다.

64 근로자의 근속연수에 따라 임금을 결정하는 임금체계는?

① 연공급 ② 직무급
③ 직능급 ④ 성과급

해설 | 임금체계 중 근로자의 근속연수에 따라 임금을 결정하는 것을 연공급이라고 한다. 즉 연공급(seniority-based pay)이란 임금이 개인의 근속연수·학력·연령 등 인적요소기준을 중심으로 변화하는 것이다. 직능급은 근로자의 직무수행능력에 따라, 직무급은 직무의 상대적 가치에 따라 임금을 결정하는 체계이다.

65 실업조사 등에 관한 설명으로 옳은 것은?

① 경제가 완전고용 상태일 때 실업률은 0이다.
② 실업률은 실업자 수를 생산가능인구로 나눈 것이다.
③ 일기불순 등의 이유로 일하지 않고 있는 일시적 휴직자는 실업자로 본다.
④ 실업률 조사 대상 주간에 수입을 목적으로 1시간 이상 일한 경우 취업자로 분류된다.

해설 | 경제활동인구조사에서 조사 대상 주간(15일이 포함된 1주일)에 수입을 목적으로 1시간 이상 일한 경우 취업자로 분류한다.

오답풀이 | ① 완전고용은 자발적 실업(마찰적 실업)만이 있는 상태를 의미하므로 실업률은 0이 아니다.
② 실업률은 실업자 수를 경제활동인구로 나눈 것이다.
③ 일기불순 등의 이유로 일하지 않고 있는 일시적 휴직자는 취업자로 본다.

66 다음 중 최저임금제가 고용에 미치는 부정적 효과가 가장 큰 상황은?

① 노동수요곡선과 노동공급곡선이 모두 탄력적일 때
② 노동수요곡선과 노동공급곡선이 모두 비탄력적일 때
③ 노동수요곡선이 탄력적이고 노동공급곡선이 비탄력적일 때
④ 노동수요곡선이 비탄력적이고 노동공급곡선이 탄력적일 때

해설 | 시장임금보다 높은 수준에서 최저임금을 정하면 노동수요량은 감소하고 노동공급량은 증가하여 실업이 증가하는 부정적 효과가 있다. ①의 경우 노동수요곡선과 노동공급곡선이 모두 탄력적이면 노동수요량은 크게 감소하고, 노동공급량은 크게 증가하므로 실업이 크게 발생한다.

정답 62 ④ 63 ① 64 ① 65 ④ 66 ①

67 유보임금(reservation wage)에 관한 설명으로 옳은 것을 모두 고른 것은?

> ㄱ. 유보임금의 상승은 실업기간을 연장한다.
> ㄴ. 유보임금의 상승은 기대임금을 하락시킨다.
> ㄷ. 유보임금은 기업이 근로자에게 제시한 최고의 임금이다.
> ㄹ. 유보임금은 근로자가 받고자 하는 최저의 임금이다.

① ㄱ, ㄷ ② ㄱ, ㄹ
③ ㄴ, ㄷ ④ ㄴ, ㄹ

해설 | ㄱ. 유보임금이 상승하면 직업탐색기간이 길어지므로 실업(탐색적 실업)기간이 길어진다.
ㄹ. 유보임금(reservation wage)은 노동자가 노동을 공급하기 위해 받기를 원하는 최소한의 임금을 말한다. 이는 요구임금(또는 희망임금, 의중임금, 눈높이임금)이라고도 하는데 여가의 기회비용이 된다. 즉 노동시간만큼 여가를 즐긴다고 할 때 여가를 통해서 얻는 주관적 효용에 해당하는 임금이다.

68 다음 중 2차 노동시장의 특징에 해당되는 것은?

① 높은 임금 ② 높은 안정성
③ 높은 이직률 ④ 높은 승진율

해설 | 2차 노동시장(secondary labor market)은 낮은 임금, 열악한 근로조건과 고용불안정으로 인한 높은 이직률, 교육훈련과 승진 기회의 부재 등의 특징을 지닌 노동시장이다.

69 임금격차의 원인을 모두 고른 것은?

> ㄱ. 인적자본 투자의 차이로 인한 생산성 격차
> ㄴ. 보상적 격차
> ㄷ. 차별

① ㄱ, ㄴ ② ㄱ, ㄷ
③ ㄴ, ㄷ ④ ㄱ, ㄴ, ㄷ

해설 | 임금격차의 경쟁적 요인으로는 노동자의 생산성 격차, 임금의 보상격차(균등화 격차), 시장의 단기적 불균형 등을 들 수 있고, 경쟁외적 요인으로는 차별화, 노동시장의 분단, 근로자에 대한 독점지대 배당, 기업주의 효율임금 정책(고임금 정책), 노동조합의 역할 등을 들 수 있다.

70 단체교섭에서 사용자의 교섭력에 대한 설명과 가장 거리가 먼 것은?

① 기업의 재정능력이 좋으면 사용자의 교섭력이 높아진다.
② 사용자 교섭력의 원천 중 하나는 직장폐쇄(lock out)를 할 수 있는 권리이다.
③ 사용자는 쟁의행위 기간 중 그 쟁의행위로 중단된 업무를 원칙적으로 도급 또는 하도급 줄 수 있다.
④ 비조합원이 조합원의 일을 대신할 수 있는 여지가 크다면, 그만큼 사용자의 교섭력은 높아진다.

해설 | 사용자는 쟁의행위 기간 중 그 쟁의행위로 중단된 업무를 도급 또는 하도급 줄 수 없다.

71 만일 여가가 열등재라면 개인의 노동공급곡선의 형태는?

① 후방굴절한다.
② 완전비탄력적이다.
③ 완전탄력적이다.
④ 우상향한다.

해설 | 열등재(inferior goods)는 소득이 증가할 때 수요가 감소하는 재화를 말한다. 여가가 열등재라면 임금상승으로 소득수준이 높아져도 여가의 수요는 감소한다. 임금상승에 따른 여가의 수요 감소는 노동공급량의 증가를 의미하므로 노동의 공급곡선은 우상향한다.

정답 67 ② 68 ③ 69 ④ 70 ③ 71 ④

72 사회민주주의형 정치조직이 무력하여 국가차원보다 개별기업 단위의 복지제도가 광범위하게 시행되고 있는 마이크로 코포라티즘(micro-corporatism)이 특징인 국가는?

① 스페인 ② 핀란드
③ 일본   ④ 독일

해설 | 코포라티즘은 사회적 합의제를 의미하는 것으로 조직 수준을 기준으로 거시적 코포라티즘(macro-corporatism), 중위적 코포라티즘(meso-corporatism), 미시적 코포라티즘(micro-corporatism)으로 구분할 수 있다.
미시적 코포라티즘은 개별기업 및 작업장 단위의 사회적 합의제를 의미하는 것으로 일본이 대표적이다.

73 노조의 단체교섭 결과가 비조합원에게도 혜택이 돌아가는 현실에서 노동조합의 조합원이 아닌 비조합원에게도 단체교섭의 당사자인 노동조합이 회비를 징수하는 숍(shop)제도는?

① 유니온 숍(union shop)
② 에이전시 숍(agency shop)
③ 클로즈드 숍(closed shop)
④ 오픈 숍(open shop)

해설 | 에이전시 숍(agency shop)은 조합원이 아니더라도 모든 종업원에게 노동조합이 조합비를 징수하는 제도이다.

74 A국의 생산가능인구는 500만 명, 취업자 수는 285만 명, 실업률이 5%일 때 A국의 경제활동참가율은?

① 48%   ② 50%
③ 57%   ④ 60%

해설 | 경제활동참가율을 계산하기 위해서는 경제활동인구를 알아야 한다. 실업자 수를 X라고 하면 $\frac{X}{285만 명 + X} = 0.05$이다.
실업자 수 X를 구하면 15만 명이다.
경제활동인구 = 취업자 수 + 실업자 수 = 285만 명 + 15만 명 = 300만 명이다.
따라서 경제활동참가율 = $\frac{경제활동인구}{15세 이상 인구(생산가능인구)} \times 100$
= $\frac{300만 명}{500만 명} \times 100 = 60\%$이다.

75 기업 A가 생산하는 재화에 투입하는 노동의 양을 L이라 하면, 노동의 한계생산은 27-5L이다. 이 재화의 가격이 20이고 임금이 40이라면, 이윤을 극대로 하는 기업 A의 노동수요량은?

① 1   ② 2
③ 3   ④ 5

해설 | 완전경쟁 노동시장에서 이윤을 극대화하기 위해서는 노동의 한계생산가치(VMP_L) = 임금(W)에서 고용량(L)을 결정해야 한다.
$VMP_L = P \cdot MP_L = W$이다.
$VMP_L = (27 - 5L) \times 20 = 40$이므로
$L = 5$이다.

76 경쟁시장에서 아이스크림 가게를 운영하는 A씨는 5명을 고용하여 1개당 2,000원에 판매하고 있다. 시간당 12,000원을 임금으로 지급하면서 이윤을 극대화하고 있다. 만일 아이스크림 가격이 3,000원으로 오른다면 현재의 고용수준에서 노동의 한계생산물가치는 시간당 얼마이며, 이때 A씨는 노동의 투입량을 어떻게 변화시킬까?

① 9,000원, 증가시킨다.
② 18,000원, 증가시킨다.
③ 9,000원, 감소시킨다.
④ 18,000원, 감소시킨다.

해설 | 기업의 이윤극대화 고용량(5명)은 시간당 임금률 = 노동의 한계생산가치에서 결정되므로 12,000 = $MP_L \cdot 2,000$이고 따라서 노동의 한계생산은 $MP_L = 6$이다.
노동의 한계생산가치(VMP_L) = $P \cdot MP_L$이므로 $VMP_L = 3,000 \cdot 6 = 18,000$이다.
즉, 노동의 한계생산가치 > 임금률이므로 고용량을 증가시켜야 이윤을 증대시킬 수 있다.

정답 72 ③ 73 ② 74 ④ 75 ④ 76 ②

77 한국의 임금 패리티(parity)지수는 100이고 일본의 임금 패리티지수를 80이라고 가정할 때 설명으로 옳은 것은?

① 국민소득을 감안한 한국의 임금수준이 일본보다 높다.
② 한국의 생산성과 삶의 질이 일본보다 낮다.
③ 국민소득을 감안한 한국의 임금수준이 일본보다 낮다.
④ 한국의 생산성과 삶의 질이 일본보다 높다.

해설 | 한국의 임금 패리티 지수가 일본보다 높다는 것은 국민소득을 감안한 한국의 임금수준이 일본보다 높다는 것을 의미한다.
임금 패리티(parity)지수는 전체 국민경제 대비 노동자의 상대적 지위를 의미한다.

즉, 임금 패리티지수 = $\frac{(\text{피용자보수/요소국민소득})}{(\text{노동자 수/취업자 수})} \times 100$

$= \frac{\text{노동자 1인당 임금}}{\text{취업자 1인당 요소국민소득}}$ 이다.

이는 임금의 단순비교가 아닌 국민소득을 고려한 임금수준을 의미한다.

78 노동수요 탄력성의 크기에 영향을 미치는 요인과 거리가 가장 먼 것은?

① 생산물 수요의 가격탄력성
② 총 생산비에 대한 노동비용의 비중
③ 노동의 대체곤란성
④ 대체생산요소의 수요탄력성

해설 | ④는 대체생산요소의 공급탄력성이 노동수요의 임금탄력성에 영향을 미친다.
노동수요의 (임금)탄력성을 결정하는 네 가지 요인을 힉스–마셜(Hicks – Marshall)법칙이라고 한다.
노동수요의 탄력성은 생산물에 대한 수요가 탄력적일수록, 총 생산비에 대한 노동비용의 비중이 클수록, 노동을 다른 생산요소로 대체하는 것이 용이할수록, 노동 이외의 다른 생산요소의 공급탄력성이 클수록 커진다.

79 다음 중 경기적 실업에 대한 대책으로 가장 적합한 것은?

① 지역 간 이동촉진
② 총수요의 증대
③ 퇴직자 취업알선
④ 구인·구직에 대한 전산망 확대

해설 | 경기적 실업(cyclical unemployment)은 경제 전체의 총수요(유효수요)가 부족하여 발생하는 실업이다. 따라서 경기적 실업은 총수요(유효수요)의 증대를 통해 해결할 수 있다.
즉, 정부가 공공투자를 확대하여 정부지출을 늘리고 조세를 감면해주는 확장적 재정정책을 실시한다든가, 중앙은행이 통화량을 늘리는 확장적 통화정책을 실시하여 총수요를 늘리면 생산의 증가와 함께 고용이 증가하므로 경기적 실업을 해결할 수 있다.

80 생산성 임금제를 따를 때 실질 생산성 증가율이 5%이고 물가상승률이 2%라고 하면 명목임금의 인상률은?

① 3%   ② 5%
③ 7%   ④ 10%

해설 | 명목임금 인상률 = 물가상승률 + 노동생산성의 증가율
= 2% + 5% = 7%이다.
생산성 임금제란 매년의 실질임금 인상률을 노동생산성의 증가율과 일치시키거나 연계시키는 임금제도로, 신고전학파의 임금, 물가 및 노동생산성의 관계에 바탕을 두고 있다.

정답 77 ① 78 ④ 79 ② 80 ③

제5과목 노동관계법규

81 근로기준법상 취업규칙에 관한 설명으로 틀린 것은?

① 취업규칙을 근로자에게 불이익하게 변경하는 경우에는 그 동의를 얻어야 한다.
② 취업규칙은 법령이나 해당 사업 또는 사업장에 대하여 적용되는 단체협약과 어긋나서는 아니 된다.
③ 취업규칙에 정한 기준에 미달하는 근로조건을 정한 근로계약은 그 자체가 유효하다.
④ 상시 10명 이상의 근로자를 사용하는 사용자는 취업규칙을 작성하여 고용노동부장관에게 신고하여야 한다.

해설 | 취업규칙에 미달하는 근로조건을 정한 근로계약은 그 부분에 관해서는 무효이며, 이 경우 무효로 된 부분은 취업규칙의 기준에 의한다.

82 남녀고용평등과 일·가정 양립 지원에 관한 법령상 직장 내 성희롱의 금지 및 예방에 관한 설명으로 틀린 것은?

① 사업주, 상급자 또는 근로자는 직장 내 성희롱을 하여서는 아니 된다.
② 사업주는 성희롱 예방교육을 고용노동부장관이 지정하는 기관에 위탁하여 실시할 수 있다.
③ 누구든지 직장 내 성희롱 발생 사실을 알게 된 경우 그 사실을 해당 사업주에게 신고할 수 있다.
④ 사업주는 직장 내 성희롱 예방교육을 연 2회 이상 하여야 한다.

해설 | 사업주는 직장 내 성희롱 예방교육을 연 1회 이상 하여야 한다.

83 헌법상 근로에 관한 설명으로 틀린 것은?

① 모든 국민은 근로의 권리를 가진다.
② 모든 국민은 근로의 의무를 진다.
③ 연소자의 근로는 특별한 보호를 받는다.
④ 근로기회의 제공을 통하여 생활무능력자에 대한 국가적 보호의무를 증가시킨다.

해설 | 근로의 기회가 제공되면 될수록 국가적 보호의무는 감소하게 된다.

84 직업안정법상 고용서비스 우수기관 인증에 대한 설명으로 틀린 것은?

① 고용노동부장관은 고용서비스 우수기관 인증업무를 대통령령으로 정하는 전문기관에 위탁할 수 있다.
② 고용서비스 우수기관으로 인증을 받은 자가 인증의 유효기간이 지나기 전에 다시 인증을 받으려면 직업안정기관의 장에게 재인증을 신청하여야 한다.
③ 고용노동부장관은 고용서비스 우수기관으로 인증을 받은 자가 정당한 사유 없이 1년 이상 계속 사업실적이 없는 경우 인증을 취소할 수 있다.
④ 고용서비스 우수기관 인증의 유효기간은 인증일로부터 3년으로 한다.

해설 | 고용서비스 우수기관으로 인증을 받은 자가 재인증을 받으려면 유효기간 만료 60일 전까지 고용노동부장관에게 신청하여야 한다.

정답 81 ③ 82 ④ 83 ④ 84 ②

85 고용상 연령차별금지 및 고령자 고용촉진에 관한 법률상 고령자 고용촉진에 관한 설명으로 옳은 것은?

① 상시근로자 300명 이상 사업주는 법령에서 정한 기준고용률 이상의 고령자를 고용하여야 한다.
② 기준고용률에 미달하는 고령자를 고용하는 사업주는 매년 고용노동부장관에게 고령자 고용부담금을 납부하여야 한다.
③ 기준고용률을 초과하여 고용하는 사업주에게는 고용보험법상 고령자고용촉진장려금을 지급할 수 있으며, 조세감면 혜택이 주어진다.
④ 국가 및 지방자치단체, 정부투자기관과 정부출연기관의 장은 그 기관의 우선고용직종에 고령자와 준고령자를 우선적으로 채용하도록 노력하여야 한다.

오답풀이 | ① 상시근로자 300명 이상 사업주는 법령에서 정한 기준고용률 이상의 고령자를 고용하도록 노력하여야 한다.
② 기준고용률은 강제사항이 아니므로 미달한다고 해서 고용부담금을 납부하지는 않는다.
④ 국가 및 지방자치단체, 정부투자기관과 정부출연기관의 장은 그 기관의 우선고용직종에 고령자와 준고령자를 우선적으로 고용하여야 한다.

86 근로기준법상 임산부의 보호에 관한 설명으로 틀린 것은?

① 사용자는 임신 중의 여성에게 출산 전과 출산 후를 통하여 90일(한 번에 둘 이상 자녀를 임신한 경우에는 120일)의 출산전후 휴가를 주어야 한다.
② 휴가기간의 배정은 출산 후에 30일(한 번에 둘 이상 자녀를 임신한 경우에는 45일) 이상이 되어야 한다.
③ 사용자는 임신 중의 여성근로자에게 시간외 근로를 하게 하여서는 아니 되며, 그 근로자의 요구가 있는 경우에는 쉬운 종류의 근로로 전환하여야 한다.
④ 사업주는 출산전후휴가 종료 후에는 휴가 전과 동일한 업무 또는 동등한 수준의 임금을 지급하는 직무에 복귀시켜야 한다.

해설 | 휴가기간의 배정은 출산 후에 45일(다태아 출산인 경우는 60일) 이상이 되어야 한다.

87 고용정책 기본법상 다수의 실업자가 발생하거나 발생할 우려가 있는 경우나 실업자의 고용안정이 필요하다고 인정되는 경우 고용노동부장관이 실시할 수 있는 실업대책사업이 아닌 것은?

① 실업자에 대한 창업점포 구입자금 지원
② 실업자의 취업촉진을 위한 훈련의 실시와 훈련에 대한 지원
③ 고용촉진과 관련된 사업을 하는 자에 대한 대부(貸付)
④ 실업자에 대한 공공근로사업

해설 | 창업점포 구입자금은 실업대책사업의 지원대상이 아니다(임대지원은 지원대상).

정답 85 ③ 86 ② 87 ①

88 직업안정법령상 직업정보제공사업자의 준수사항에 해당되지 않는 것은?

① 구인자의 업체명(또는 성명)이 표시되어 있지 아니하거나 구인자의 연락처가 사서함 등으로 표시되어 구인자의 신원이 확실하지 아니한 구인광고를 게재하지 아니할 것
② 직업정보제공매체의 구인·구직광고에는 구인·구직자 및 직업정보제공사업자의 주소 또는 전화번호를 기재할 것
③ 직업정보제공사업의 광고문에 "(무료)취업상담", "취업추천", "취업지원" 등의 표현을 사용하지 아니할 것
④ 구직자의 이력서 발송을 대행하거나 구직자에게 취업추천서를 발부하지 아니할 것

해설 | 직업정보제공매체의 구인·구직광고에는 구인·구직자의 주소·전화번호는 기재하고, 직업정보제공사업자의 주소·전화번호는 기재하지 않아야 한다.

89 채용절차의 공정화에 관한 법률상 용어의 정의로서 옳지 않은 것은?

① "기초심사자료"란 구직자의 응시원서, 이력서 및 자기소개서를 말한다.
② "입증자료"란 학위증명서, 경력증명서, 자격증명서 등 심층심사자료에 기재한 사항을 증명하는 모든 자료를 말한다.
③ "심층심사자료"란 작품집, 연구실적물 등 구직자의 실력을 알아볼 수 있는 모든 물건 및 자료를 말한다.
④ "채용서류"란 기초심사자료, 입증자료, 심층심사자료를 말한다.

해설 | "입증자료"란 학위증명서, 경력증명서, 자격증명서 등 기초심사자료에 기재한 사항을 증명하는 모든 자료를 말한다.

90 국민 평생 직업능력 개발법상 재해위로금에 관한 설명으로 틀린 것은?

① 직업능력개발훈련을 받는 근로자가 직업능력개발훈련 중에 그 직업능력개발훈련으로 인하여 재해를 입은 경우에는 재해위로금을 지급하여야 한다.
② 위탁에 의한 직업능력개발훈련을 받는 근로자에 대하여는 그 위탁자가 재해위로금을 부담한다.
③ 위탁받은 자의 훈련시설의 결함이나 그 밖에 위탁받은 자에게 책임이 있는 사유로 인하여 재해가 발생한 경우에는 위탁받은 자가 재해위로금을 지급하여야 한다.
④ 재해위로금의 산정기준이 되는 평균임금은 「산업재해보상보험법」에 따라 고용노동부장관이 매년 정하여 고시하는 최고보상기준금액을 상한으로 하고 최저보상기준금액은 적용하지 아니한다.

해설 | 재해위로금의 지급에 관하여는 「근로기준법」 제8장(재해보상)을 준용한다. 이 경우 재해위로금의 산정기준이 되는 평균임금은 「산업재해보상보험법」에 따라 고용노동부장관이 매년 정하여 고시하는 최고보상기준금액 및 최저보상기준금액을 각각 그 상한 및 하한으로 한다.

정답 88 ② 89 ② 90 ④

91 기간제 및 단시간근로자 보호 등에 관한 법률상 기간제 근로자의 차별적 처우의 금지에 관한 설명으로 틀린 것은?

① 사용자는 기간제근로자임을 이유로 당해 사업 또는 사업장에서 동종 또는 유사한 업무에 종사하는 기간의 정함이 없는 근로계약을 체결한 근로자에 비하여 차별적 처우를 하여서는 아니 된다.
② 기간제근로자는 차별적 처우를 받은 경우 차별적 처우가 있은 날부터 6개월 이내에 노동위원회에 시정을 신청할 수 있다.
③ 기간제근로자가 노동위원회에 차별시정을 신청할 경우 관련한 분쟁에 있어 입증책임은 사용자가 부담한다.
④ 차별적 처우가 인정될 경우 노동위원회는 시정명령을 내릴 수 있다. 이 경우 사용자의 차별적 처우에 명백한 고의가 인정되면 기간제근로자의 손해액을 기준으로 2배를 넘지 아니하는 범위에서 배상명령을 내릴 수 있다.

해설 | 배상액은 차별적 처우로 인하여 기간제근로자 또는 단시간근로자에게 발생한 손해액을 기준으로 정한다. 다만, 노동위원회는 사용자의 차별적 처우에 명백한 고의가 인정되거나 차별적 처우가 반복되는 경우에는 손해액을 기준으로 3배를 넘지 아니하는 범위에서 배상을 명령할 수 있다.

92 고용보험법상 구직급여의 산정기초가 되는 임금일액의 산정방법으로 틀린 것은?

① 수급자격의 인정과 관련된 마지막 이직 당시 산정된 평균임금을 기초일액으로 한다.
② 마지막 사업에서 이직 당시 일용근로자였던 자의 경우에는 산정된 금액이 근로기준법에 따른 그 근로자의 통상임금보다 적을 경우에는 그 통상임금액을 기초일액으로 한다.
③ 기초일액을 산정하는 것이 곤란한 경우와 보험료를 보험료징수법에 따른 기준보수를 기준으로 낸 경우에는 기준보수를 기초일액으로 한다.
④ 산정된 기초일액이 그 수급자격자의 이직 전 1일 소정근로시간에 이직일 당시 적용되던 최저임금법에 따른 시간 단위에 해당하는 최저임금액을 곱한 금액보다 낮은 경우에는 최저기초일액을 기초일액으로 한다.

해설 | 산정된 금액이 그 근로자의 통상임금보다 적을 경우에는 그 통상임금액을 기초일액으로 한다. 다만, 마지막 사업에서 이직 당시 일용근로자였던 자의 경우에는 그러하지 아니하다.

93 근로기준법령상 근로자의 청구에 따라 사용자가 지급기일 전이라도 이미 제공한 근로에 대한 임금을 지급하여야 하는 비상(非常)한 경우에 해당하지 않는 것은?

① 근로자가 혼인한 경우
② 근로자의 수입으로 생계를 유지하는 자가 사망한 경우
③ 근로자나 그의 수입으로 생계를 유지하는 자가 출산하거나 질병에 걸린 경우
④ 근로자나 그의 수입으로 생계를 유지하는 자가 부득이한 사유로 3일 이상 귀향하게 되는 경우

해설 | 부득이한 사유로 1주일 이상 귀향하게 되는 경우이다.

정답 91 ④ 92 ② 93 ④

94 고용보험법상 취업촉진수당을 지급받을 권리는 몇 년간 행사하지 아니하면 시효로 소멸하는가?

① 1년 ② 2년
③ 3년 ④ 5년

해설 | 구직급여, 취업촉진수당 등의 실업급여채권의 소멸시효 기간은 3년이다.

95 근로자퇴직급여 보장법상 개인형퇴직연금제도를 설정할 수 있는 사람을 모두 고른 것은?

ㄱ. 자영업자
ㄴ. 「공무원연금법」의 적용을 받는 공무원
ㄷ. 「군인연금법」의 적용을 받는 군인
ㄹ. 「사립학교교직원 연금법」의 적용을 받는 교직원
ㅁ. 「별정우체국법」의 적용을 받는 별정우체국 직원

① ㄱ
② ㄱ, ㅁ
③ ㄴ, ㄷ, ㄹ
④ ㄱ, ㄴ, ㄷ, ㄹ, ㅁ

해설 | 보기의 모든 사람이 개인형퇴직연금제도를 설정할 수 있다.

96 남녀고용평등과 일·가정 양립지원에 관한 법률상 임금에 관한 설명으로 옳은 것은?

① 사업주는 다른 사업 내의 동일 가치의 노동에 대하여는 동일한 임금을 지급하여야 한다.
② 임금차별을 목적으로 사업주에 의하여 설립된 별개의 사업은 별개의 사업으로 본다.
③ 동일 가치 노동의 기준은 직무수행에서 요구되는 성, 기술, 노력 등으로 한다.
④ 사업주가 동일 가치 노동의 기준을 정할 때에는 노사협의회의 근로자를 대표하는 위원의 의견을 들어야 한다.

오답풀이 | ① 사업주는 동일한 사업 내의 동일 가치 노동에 대하여는 동일한 임금을 지급하여야 한다.
② 임금차별을 목적으로 사업주에 의하여 설립된 별개의 사업은 동일한 사업으로 본다.
③ 동일 가치 노동의 기준은 직무수행에서 요구되는 기술·노력·책임 및 작업 조건 등으로 한다.

97 다음 ( )에 알맞은 것은?

> 국민 평생 직업능력 개발법상 사업주는 근로자와 훈련계약을 체결할 때에는 해당 직업능력개발훈련을 받는 사람이 직업능력개발훈련을 이수한 후에 사업주가 지정하는 업무에 일정 기간 종사하도록 할 수 있다. 이 경우 그 기간은 (ㄱ)년 이내로 하되, 직업능력개발훈련기간의 (ㄴ)배를 초과할 수 없다.

① ㄱ: 5, ㄴ: 5
② ㄱ: 3, ㄴ: 3
③ ㄱ: 5, ㄴ: 3
④ ㄱ: 3, ㄴ: 5

해설 | 5년 이내로 하되, 훈련기간의 3배를 초과할 수 없다.

정답 94 ③ 95 ④ 96 ④ 97 ③

98 파견근로자 보호 등에 관한 법률에 대한 설명으로 틀린 것은?

① 근로자파견사업의 허가의 유효기간은 2년으로 한다.
② 사용사업주는 파견근로자를 사용하고 있는 업무에 근로자를 직접 고용하고자 하는 경우에는 당해 파견근로자를 우선적으로 고용하도록 노력하여야 한다.
③ 근로자파견이라 함은 파견사업주가 근로자를 고용한 후 그 고용관계를 유지하면서 근로자파견계약의 내용에 따라 사용사업주의 지휘·명령을 받아 사용사업주를 위한 근로에 종사하게 하는 것을 말한다.
④ 사용사업주는 고용노동부장관의 허가를 받지 않고 근로자파견사업을 행하는 자로부터 근로자파견의 역무를 제공받은 경우에 해당 파견근로자를 직접 고용하여야 한다.

해설 | 근로자파견사업의 유효기간은 3년이다. 참고로 근로자파견기간은 2년을 초과할 수 없다.

99 근로자퇴직급여 보장법에 관한 설명으로 틀린 것은?

① 퇴직급여제도의 일시금을 수령한 사람은 개인형퇴직연금제도를 설정할 수 있다.
② 사용자는 계속근로기간이 1년 미만인 근로자, 4주간을 평균하여 1주간의 소정근로시간이 15시간 미만인 근로자에 대하여는 퇴직급여제도를 설정하지 않아도 된다.
③ 확정급여형퇴직연금제도 또는 확정기여형퇴직연금제도의 가입자는 개인형퇴직연금제도를 추가로 설정할 수 없다.
④ 상시 10명 미만의 근로자를 사용하는 사업의 경우 사용자가 개별근로자의 동의를 받거나 근로자의 요구에 따라 개인형퇴직연금제도를 설정하는 경우에는 해당 근로자에 대하여 퇴직급여제도를 설정한 것으로 본다.

해설 | 퇴직연금제도 가입자라고 하더라도 개인형퇴직연금제도를 추가로 설정할 수 있다.

100 개인정보 보호법상 "공공기관"에 해당하지 않는 것은?

① 「국가인권위원회법」 제3조에 따른 국가인권위원회
② 「공공기관의 운영에 관한 법률」 제4조에 따른 공공기관
③ 「지방공기업법」에 따른 지방공사와 지방공단
④ 「초·중등교육법」, 「고등교육법」에 따른 각급 학교(단, 그 밖의 다른 법률에 따라 설치된 각급 학교는 제외)

해설 | 「초·중등교육법」, 「고등교육법」에 따른 학교 외에 그 밖의 다른 법률에 따라 설치된 각급 학교도 공공기관에 포함된다.

정답 98 ① 99 ③ 100 ④

1차 필기시험 — 2023년 2회 복원문제

제1과목 직업상담학

01 하렌(V. Harren)의 진로의사결정 유형에 해당하는 것은?

① 운명론적 – 계획적 – 지연적
② 합리적 – 의존적 – 직관적
③ 주장적 – 소극적 – 공격적
④ 계획적 – 직관적 – 순응적

해설 | 하렌이 제시한 진로의사결정 유형에는 합리적 유형, 의존적 유형, 직관적 유형이 있다.

개념 체크 하렌(Harren)이 제시한 진로의사결정 유형
- 합리적 유형: 의사결정과정에 자신과 상황에 대한 정확한 정보를 수집하고, 논리적이고 체계적으로 접근하는 유형이다.
- 의존적 유형: 의사결정에 대한 개인적 책임을 부정하고, 그 책임을 외부로 돌리는 경향이 있다.
- 직관적 유형: 의사결정의 기초로 상상을 사용하고 현재의 감정에 주의를 기울이며 정서적 자각을 사용한다.

02 Williamson이 구분한 특성-요인 상담과정 중 (A)에 대한 설명으로 옳은 것은?

> 분석 → 종합 → (A) → 예후 → 상담 → 추수지도

① 문제를 사실적으로 확인하고 원인을 발견한다.
② 상담에서 학습했던 것을 일상생활에서 적용할 때 이루어지는 행동을 강화, 재평가, 점검한다.
③ 내담자의 다양한 측면들을 정리 재배열하여 전체적인 모습을 그려본다.
④ 일반화된 방식으로 생활 전체를 다루는 것을 학습하는 단계이다.

해설 | A에 해당하는 과정은 Williamson의 특성-요인 상담과정 중 진단과정으로, 문제를 사실적으로 확인하고 원인을 발견한다.

오답풀이 | ② 추수지도에 대한 설명이다.
③ 종합에 대한 설명이다.
④ 상담에 대한 설명이다.

정답 01 ② 02 ①

03 파슨스(Parsons)의 특성-요인이론에 관한 설명으로 틀린 것은?

① 개인의 특성과 직업의 요구가 일치할수록 직업적 성공 가능성이 크다.
② 사람들은 신뢰할 수 있고 타당하게 측정될 수 있는 특성을 지니고 있다.
③ 특성은 특정 직무의 수행에서 요구하는 조건을 의미한다.
④ 직업선택은 직접적인 인지과정이기 때문에 개인은 자신의 특성과 직업이 요구하는 특성을 연결할 수 있다.

해설 | 특정 직무의 수행에서 요구하는 조건을 의미하는 것은 요인에 대한 설명이다. 특성은 개인의 성격, 흥미, 적성 등의 속성을 의미한다.

04 자기보고식 가치사정법이 아닌 것은?

① 과거의 선택 회상하기
② 존경하는 사람 기술하기
③ 난관을 극복한 경험 기술하기
④ 백일몽 말하기

해설 | 난관을 극복한 경험 기술하기는 자기보고식 가치사정법에 해당하지 않는다.

개념 체크 자기보고식 가치사정기법
- 체크목록 가치에 순위 매기기
- 과거의 선택 회상하기
- 절정 경험 조사하기
- 자유시간과 금전 사용계획 조사하기
- 백일몽 말하기
- 존경하는 사람 기술하기

05 장애를 가진 내담자를 위한 집단상담 프로그램에서 가장 중요한 활동은?

① 심리검사 실시
② 취업동기 평가
③ 사회적응을 위한 상담
④ 가족관계 확인

해설 | 장애를 가진 사람들은 우리나라에서 적응하는 데 많은 어려움을 겪고 있기 때문에 사회적응을 위한 상담이 가장 우선시된다.

06 직업상담사의 역할과 가장 거리가 먼 것은?

① 진학상담
② 직무분석 수행
③ 직업적응 상담
④ 은퇴 후 상담

해설 | 직무분석 수행, 새로운 직무의 개발, 지시적인 직업선택, 직업관련 이론개발 및 강의 등은 직업상담사의 역할과 거리가 멀다.

07 직업상담의 문제 유형에 대한 Crites의 분류 중 '부적응형'에 대한 설명으로 옳은 것은?

① 적성에 따라 직업을 선택했지만 그 직업에 흥미를 느끼지 못하는 사람
② 흥미를 느끼는 분야는 있지만 그 분야에 필요한 적성을 가지고 있지 못하는 사람
③ 흥미나 적성의 유형이나 수준과는 상관없이 어떤 분야를 선택할지 결정하지 못하는 사람
④ 흥미를 느끼는 분야도 없고 적성에 맞는 분야도 없는 사람

해설 | 크릿츠(Crites)의 문제유형 중 부적응형은 흥미가 일치하는 분야도 없고, 적성이 일치하는 분야도 없는 경우이다.

오답풀이 | ① 적성에 따라 직업을 선택했지만 그 직업에 흥미를 느끼지 못하는 사람: 강압형
② 흥미를 느끼는 분야는 있지만 그 분야에 필요한 적성을 가지고 있지 못하는 사람: 비현실형
③ 흥미나 적성의 유형이나 수준과는 상관없이 어떤 분야를 선택할지 결정하지 못하는 사람: 우유부단형

정답 03 ③ 04 ③ 05 ③ 06 ② 07 ④

08 상담이론과 직업상담사의 역할의 연결이 바르지 않은 것은?

① 인지상담 – 수동적이고 수용적인 태도
② 정신분석적 상담 – 텅 빈 스크린
③ 내담자 중심의 상담 – 촉진적인 관계형성 분위기 조성
④ 행동주의 상담 – 능동적이고 지시적인 역할

해설 | 인지치료(상담)의 상담자는 내담자의 비합리적 신념을 논박하고 합리적 신념으로 변화시키기 위하여 능동적이고 적극적 태도를 지닌다. 반면, 수용적인 태도는 내담자 중심 상담에서 상담자의 역할이다.

09 실존주의 상담에 관한 설명으로 틀린 것은?

① 정형화된 상담 모형과 상담자 훈련 프로그램이 마련되어 있지 않은 것이 한계점이다.
② 인간을 자기인식 능력을 지닌 존재로 본다.
③ 상담자는 내담자가 스스로 삶의 의미와 목적을 발견하고, 삶을 주체적으로 선택하고 책임지도록 돕는 것을 목표로 한다.
④ 실존주의 상담에서 가정하는 인간의 궁극적 관심사는 무의식의 자각이다.

해설 | 실존주의 상담에서 가정하는 인간의 궁극적 관심사는 무의미성이다. 무의식적 자각은 정신분석이론에 해당하는 개념이다.

10 인간중심 상담이론에 관한 설명으로 틀린 것은?

① 실현화 경향성은 자기를 보전, 유지하고 향상시키고자 하는 선천적 성향이다.
② 자아는 성격의 조화와 통합을 위해 노력하는 원형이다.
③ 가치의 조건화는 주요 타자로부터 긍정적 존중을 받기 위해 그들이 원하는 가치와 기준을 내면화하는 것이다.
④ 현상학적 장은 경험적 세계 또는 주관적 경험으로 특정 순간에 개인이 지각하고 경험하는 모든 것을 뜻한다.

해설 | 자아는 성격의 조화와 통합을 위해 노력하는 원형이라는 개념은 융(C.Jung)의 분석심리학 이론에 관한 개념이다.

개념 체크 인간중심 상담이론
인간중심 상담은 인간은 자기를 보전, 유지하고 향상시키고자 하는 실현화 경향성을 타고난 존재로 보고 어린 시절 부모 등 주요 타자로부터 긍정적 존중을 받기 위해 가치의 조건화가 일어날 수 있다고 보았다. 또한 개인마다 주관적 경험의 세계가 있고 이를 현상학적 장이라 지칭한다.

11 초기면접에 관한 설명으로 틀린 것은?

① 내담자의 행동에 대한 평가를 하지 않는다.
② 내담자와는 최적 거리를 유지한다.
③ 내담자와 자연스럽게 눈 접촉을 한다.
④ 내담자가 말하는 내용 중 모호한 부분을 자세하게 설명하도록 요구한다.

해설 | 상담의 초기면접 단계에서는 관계형성 및 구조화, 측정, 목표 설정 등이 이루어진다. 내담자가 말하는 내용 중 모호한 부분을 자세하게 설명하도록 요구하는 것(명료화)은 초기면접 단계에서 적절하지 않다.

정답 08 ① 09 ④ 10 ② 11 ④

12 직업상담의 기본 원리가 아닌 것은?

① 윤리적인 범위 내에서 상담을 전개하여야 한다.
② 산업구조변화, 직업정보, 훈련정보 등 변화하는 직업세계에 대한 이해를 토대로 이루어져야 한다.
③ 각종 심리검사 결과를 기초로 합리적인 판단을 이끌어낼 수 있어야 하지만 심리검사에 대해 과잉의존해서는 안 된다.
④ 개인의 진로 혹은 직업결정에 대한 상담으로 전개되어야 하며, 자칫 의사결정능력에 대한 훈련으로 전환되지 않도록 유의한다.

해설 | 직업상담의 가장 중요한 요소는 합리적인 직업의 결정이므로 의사결정능력에 대한 훈련이 포함되어야 한다.

13 직업상담에서 내담자의 생애진로 주제를 확인하는 가장 중요한 이유는?

① 내담자의 사고과정을 이해하고 행동을 통찰하도록 도와주기 때문이다.
② 상담을 상담자 입장에서 원만하게 이끌 수 있도록 해주기 때문이다.
③ 작업자, 지도자, 개인역할이 고려되어야 하기 때문이다.
④ 내담자의 생각을 읽을 수 있게 해주기 때문이다.

해설 | 내담자의 생애진로 주제의 이해는 매우 중요한 요소인데, 그 이유는 내담자의 사고과정을 이해하고 행동을 통찰하도록 도와주기 때문이다. 이러한 생애진로 주제는 개인의 생각, 가치, 태도 등 자신의 신념과 다른 사람에 대한 신념, 세상에 대한 신념 등을 표현하기 위해 사용되는 개념으로서, 생애진로 주제의 분석을 위해 내담자의 생애 역할들을 고려한다.

14 6개의 생각하는 모자(six thinking hats)기법에서 사용하는 모자 색깔이 아닌 것은?

① 갈색   ② 녹색
③ 청색   ④ 흑색

해설 | 6개의 생각하는 모자(six thinking hats)는 청색, 백색, 적색, 흑색, 황색, 녹색이다.

15 진로시간전망 검사지의 사용 목적이 아닌 것은?

① 미래의 방향을 이끌어내기 위해
② 계획에 대해 긍정적 태도를 강화하기 위해
③ 현재의 행동을 미래의 결과와 연계시키기 위해
④ 미래직업에 대한 지식 확장을 위해

해설 | 미래직업에 대한 지식 확장은 진로시간전망 검사지의 사용 목적이 아니다.

16 행동치료에서 문제행동에 대한 기능적 분석을 위해 문제행동과 관련된 선행요인과 결과 간의 관계를 확인하는 데 사용할 수 있는 기법은?

① 자기강화
② 자유연상
③ 자기감찰
④ 자기지시

해설 | 자기감찰은 관찰자 스스로 자신의 행동을 관찰하고 기록함으로써 자신의 문제행동에 대한 피드백을 통하여 문제의 행동을 통제할 수 있다.

정답 12 ④ 13 ① 14 ① 15 ④ 16 ③

17 내담자와 관련된 정보를 수집하고 내담자의 행동을 이해하고 해석하는 데 기본이 되는 상담기법이 아닌 것은?

① 왜곡된 사고 확인하기
② 한정된 오류 정정하기
③ 반성의 장 마련하기
④ 변명에 초점 맞추기

해설 | 한정된 오류 정정하기가 아닌 전이된 오류 정정하기이다. 전이된 오류 정정하기는 내담자가 가지고 있는 정보, 한계, 논리적 오류를 정정하는 것을 말한다.

18 상담자가 자신의 바람은 물론 내담자의 느낌, 인상, 기대 등을 이해하고 이를 상담과정의 주제로 삼는 상담기법은?

① 직면
② 계약
③ 즉시성
④ 리허설

해설 | 즉시성이란 상담자가 상담자의 바람은 물론 내담자의 느낌, 인상, 기대 등에 대해 깨닫고 대화를 나누는 것을 말한다.

19 어떤 문제의 밑바닥에 깔려 있는 혼란스러운 감정과 갈등을 가려내어 분명히 해주는 것은?

① 경청
② 명료화
③ 반영
④ 직면

해설 | 명료화란 내담자의 말 속에 포함되어 있는 불분명한 측면을 상담자가 분명히 해주는 것을 말한다.

20 직업상담에서 내담자의 정보오류에 해당하는 것은?

① 삭제
② 불가능을 가정함
③ 제한된 일반화
④ 예외를 인정하지 않음

해설 | 정보의 오류란 이야기 삭제, 불확실한 인물의 인용, 불분명한 동사의 사용, 참고자료의 불충분한 사용 시 나타난다.

제2과목 직업심리학

21 스트레스로 인해 나타날 수 있는 신체의 변화로 옳지 않은 것은?

① 호흡과 심장 박동이 빨라지고 혈압도 높아진다.
② 부신선과 부신 피질을 자극해 에피네프린(아드레날린)을 생성한다.
③ 부교감 신경계가 활성화되어 각성이 일어난다.
④ 부신피질 호르몬인 코티졸이 분비된다.

해설 | 교감신경은 신체를 긴장시키는 역할을 하며 부교감신경은 신체를 안정시키는 역할을 한다. 스트레스 상황에서는 교감 신경계가 활성화되어 각성이 일어난다.

정답 17 ② 18 ③ 19 ② 20 ① 21 ③

22 작업자 중심 직무분석에 관한 설명으로 틀린 것은?

① 직무를 수행하는 데 요구되는 인간의 재능들에 초점을 두어서 지식, 기술, 능력, 경험과 같은 작업자의 개인적 요건들에 의해 직무가 표현된다.
② 직책분석설문지(PAQ)를 통해 직무분석을 실시할 수 있다.
③ 각 직무에서 이루어지는 과제나 활동들이 서로 다르기 때문에 분석하고자 하는 직무 각각에 대해 표준화된 분석도구를 만들 수 없다.
④ 직무분석으로부터 얻어진 결과는 작업자 명세서를 작성할 때 중요한 정보를 제공한다.

해설 | 작업자 중심 직무분석에서는 직위(직책)분석 질문지와 같은 표준화된 분석도구를 사용한다.
각 직무에서 이루어지는 과제나 활동들이 서로 다르기 때문에 분석하고자 하는 직무 각각에 대해 표준화된 분석도구를 만들 수 없는 것은 과제 중심 직무분석이다.

23 다음 중 T점수가 75일 때 Z점수로 알맞은 것은?

① 1
② 1.5
③ 2
④ 2.5

해설 | T점수 공식은 다음과 같다.
T점수 = (10×Z점수) + 50
따라서 이를 계산하면 다음과 같다.
75 = 10Z + 50
10Z = 75 − 50
Z = 25 ÷ 10 = 2.5
Z점수는 2.5이다.

24 다음 사례에서 A에게 해당하는 Holland의 직업성격 유형은?

> A는 분명하고 질서정연한 것을 좋아하고, 체계적으로 기계를 조작하는 활동을 좋아한다. 성격은 솔직하고, 말이 적으며, 고집이 있는 편이고, 단순하다는 얘기를 많이 듣는다.

① 탐구적(investigative)
② 사회적(social)
③ 실제적(realistic)
④ 관습적(conventional)

해설 | 홀랜드(Holland) 성격 유형 중 실제적 유형은 솔직하고 실제적이며 성실하고, 지구력이 있고 건강하다. 또한 소박하고 말이 적으며, 고집이 세고 직선적이며 단순한 성격의 유형이다. 대표적인 직업은 기술자, 운전사, 농부, 운동선수 등이 있다.

25 직업적응이론에서 개인의 만족, 조직의 만족, 적응을 매개하는 적응유형 변인은?

① 우연(happenstance)
② 타협(compromise)
③ 적응도(adaptability)
④ 인내력(perseverance)

해설 | 직업적응이론(TWA)에서는 '인내력'과 '유연성'의 두 적응유형 변인이 개인의 만족, 조직의 만족(충족), 적응을 매개한다고 가정한다. 그 중에서도 적응의 가장 중요한 변인은 '인내(끈기)'이다.

26 긴즈버그(Ginzberg)가 제시한 진로발달 단계가 아닌 것은?

① 환상기
② 잠정기
③ 현실기
④ 적응기

해설 | 긴즈버그(Ginzberg)의 진로발달 3단계는 환상기 – 잠정기 – 현실기 순으로 구성되어 있다.

정답 22 ③ 23 ④ 24 ③ 25 ④ 26 ④

27 로(Roe)의 욕구이론에 관한 설명으로 옳은 것은?

① 부모-자녀 간의 상호작용을 자녀에 대한 정서집중형, 회피형, 수용형의 유형으로 구분한다.
② 청소년기 부모-자녀 간의 관계에서 생긴 욕구가 직업선택에 영향을 미친다는 이론이다.
③ 부모의 사랑을 제대로 받지 못하고 거부적인 분위기에서 성장한 사람은 다른 사람들과 함께 일하고 접촉하는 서비스 직종의 직업을 선호한다.
④ 직업군을 10가지로 분류한다.

해설 | 로(Roe)는 가정의 정서적 분위기, 즉 부모와 자녀 간의 상호작용을 정서집중형, 회피형, 수용형으로 구분하였다.

오답풀이 | ② 아동기 부모-자녀 간의 관계에서 생긴 욕구가 직업선택에 영향을 미친다는 이론이다.
③ 부모의 사랑을 제대로 받지 못하고 거부적인 분위기에서 성장한 사람은 다른 사람들과 함께 일하고 접촉하는 서비스 직종의 직업을 선호하지 않는다.
④ 직업군을 8가지로 분류한다.

28 인지적 정보처리이론에서 제시하는 의사결정 과정의 절차를 바르게 나열한 것은?

ㄱ. 분석단계	ㄴ. 종합단계
ㄷ. 실행단계	ㄹ. 가치평가단계
ㅁ. 의사소통단계	

① ㄱ → ㄴ → ㄷ → ㄹ → ㅁ
② ㄴ → ㄹ → ㄱ → ㄷ → ㅁ
③ ㄷ → ㄱ → ㄴ → ㅁ → ㄹ
④ ㅁ → ㄱ → ㄴ → ㄹ → ㄷ

해설 | 인지적 정보처리이론에서 제시하는 의사결정 과정은 의사소통단계 - 분석단계 - 종합단계 - 가치평가단계 - 실행단계 순이다.

개념 체크 인지적 정보처리(CIP)이론의 의사결정 과정

- 의사소통단계: 의문점을 듣고, 부호화하고, 표현하는 의사소통이 이루어진다.
- 분석단계: 개념적 틀 안에서 문제를 규명하고 정하는 분석단계이다.
- 종합(통합)단계: 행동의 과정을 만들어 내는 종합(통합)단계이다.
- 가치평가단계: 성공과 실패의 가능성과 타인에 대한 영향력으로 행동을 판단하는 가치평가단계이다.
- 실행단계: 계획을 수행할 전략들의 이행인 실행단계이다.

29 심리검사의 유형과 그 예를 짝지은 것으로 틀린 것은?

① 직업흥미검사 - VPI
② 직업적성검사 - AGCT
③ 성격검사 - CPI
④ 직업가치검사 - MIQ

해설 | 직업적성검사는 GATB(GATB; General Aptitude Test Battery)가 대표적이다.
AGCT(군대 일반 분류검사; Army General Classification Test)는 군대인력의 선발과 배치를 위한 능력검사이다.

정답 27 ① 28 ④ 29 ②

30 표준화된 심리검사에서 표준점수에 관한 설명으로 옳은 것은?

① 표준화한 원점수 이하에 속하는 사례의 비율을 통해 나타내는 상대적 위치이다.
② 개인의 점수가 평균으로부터 떨어져 있는 거리이다.
③ 순차적이고 단계적인 발달의 과정이다.
④ 모집단을 대표할 수 있도록 표집한 규준집단에서의 자료이다.

해설 | 표준점수는 분포의 표준편차를 이용하여 개인의 점수가 평균으로부터 벗어난 거리를 표시한 것이다.

31 신뢰도가 높은 검사의 특성으로 옳은 것은?

① 공부를 잘하는 학생이 못하는 학생보다 더 좋은 점수를 받는다.
② 검사점수들이 정상분포를 이룬다.
③ 한 피검사자가 동일한 검사를 반복해서 받을 때 유사한 점수를 받는다.
④ 검사 문항의 난이도가 낮은 것부터 높은 것까지 골고루 분포되어 있다.

해설 | 신뢰도란 동일한 피검사자에게 반복해서 검사를 실시하였을 때 검사 조건이나 검사 시기에 관계없이 얼마나 점수들이 일관성이 있는가, 비슷한 것을 측정하는 검사의 점수와 얼마나 일관성이 있는가를 의미한다.

32 한 연구자가 검사를 개발한 후 요인분석을 통해 그 검사가 검사개발의 토대가 되는 이론을 잘 반영하는지를 확인하였는데 이 과정은 무엇을 확인하기 위한 것인가?

① 내용타당도
② 동시타당도
③ 준거타당도
④ 구성타당도

해설 | 요인분석법은 구성타당도를 확인하기 위한 것이다. 구성타당도를 분석하는 방법에는 수렴타당도, 변별타당도, 요인분석법이 있다.

33 신뢰도 계수에 대한 설명으로 틀린 것은?

① 신뢰도 계수는 개인차가 클수록 커진다.
② 신뢰도 계수는 문항수가 증가함에 따라 정비례하여 커진다.
③ 신뢰도 계수는 신뢰도 추정방법에 따라서 달라질 수 있다.
④ 신뢰도 계수는 결과의 일관성을 보여주는 값이다.

해설 | 신뢰도 계수는 검사 문항의 수가 증가할수록 커진다. 다만 정비례하여 커지는 것은 아니다.

34 직무분석 결과의 용도와 가장 거리가 먼 것은?

① 인사선발
② 교육 및 훈련
③ 조직진단
④ 직무평가

해설 | 조직진단은 직무분석의 용도 즉, 목적이 될 수 없다.

개념 체크 직무분석 자료의 용도

- 종업원 채용·배치·승진 등 인사관리의 효율화에 활용된다.
- 조직의 합리화에 활용된다.
- 직무평가, 직무설계에 활용된다.
- 교육·훈련 및 경력개발에 활용된다.
- 산업안전관리에 활용된다.
- 작업방법 및 작업공정, 작업환경의 개선에 활용된다.

정답 30 ② 31 ③ 32 ④ 33 ② 34 ③

35 조직 구성원의 경력개발을 위하여 전문가로부터 개인의 능력, 성격, 기술 등에 대해 종합적인 평가를 받는 프로그램은?

① 평가기관(Assessment Center)
② 경력자원기관(Career Resource Center)
③ 경력워크숍(Career Workshop)
④ 경력연습책자(Career Workbook)

해설 | 평가기관제 또는 조직 구성원의 경력개발을 위하여 전문가로부터 개인의 능력, 성격, 기술 등에 대해 종합적인 평가를 받는 프로그램이다. 이는 미국의 AT&T사에서 처음 운영한 것으로, 기업의 새로운 인재를 선발하기 위해 직원들의 관리능력을 평가하는 제도이다.

36 직업전환을 원하는 내담자를 상담할 때 고려해야 할 사항과 가장 거리가 먼 것은?

① 나이와 건강을 고려해야 한다.
② 부모의 기대와 아동기 경험을 분석한다.
③ 직업을 전환하는 데 동기화가 되어 있는지 알아본다.
④ 직업을 전환하는 데 필요한 기술을 가지고 있는지 평가해야 한다.

해설 | 직업전환을 원하는 내담자를 상담할 때 고려해야 할 사항은 나이와 건강, 직업을 전환하는 데 필요한 기술, 내담자에 대한 이해 등이며, 가장 우선적으로 탐색해야 할 것은 내담자의 변화에 대한 인지능력이다.

37 진로발달을 직업정체감의 형성과정으로 본 학자는?

① Ginzberg   ② Parsons
③ Tiedeman   ④ Strong

해설 | 타이드만(Tiedeman)과 오하라(OHara)의 진로발달이론에서 개인은 분화와 통합의 과정을 거치면서 직업정체감을 형성한다고 본다.

38 미네소타 직업분류체계Ⅲ와 관련하여 발전한 직업발달 이론은?

① Krumboltz의 사회학습이론
② Super의 평생발달이론
③ Ginzberg의 발달이론
④ Lofquist와 Dawis의 직업적응이론

해설 | 롭퀴스트(Lofquist)와 데이비스(Dawis)의 직업적응이론은 미네소타대학의 직업적응계획의 일환으로 연구되었으며, 심리학적인 직업분류체계인 미네소타 직업분류체계Ⅲ와 관련하여 발전한 이론이다.

39 직업적성검사인 GATB에서 측정하는 적성요인에 해당하지 않는 것은?

① 기계적성
③ 사무지각
② 공간적성
④ 손의 기교도

해설 | 일반직업적성검사(GATB: General Aptitude Test Battery)의 9가지 적성요인은 형태지각, 사무지각, 운동반응, 공간적성, 지능, 언어능력, 수리능력, 손 재치, 손가락 재치이다.

정답 35 ① 36 ② 37 ③ 38 ④ 39 ①

40 직무 스트레스를 조절하는 변인과 가장 거리가 먼 것은?

① 성격의 유형
② 역할 모호성
③ 통제의 위치
④ 사회적 지원

해설 | 직무관련 스트레스의 조절변인에는 성격유형, 통제의 위치(통제 소재), 사회적 지원이 있다.

개념 체크 직무 스트레스 조절변인

- 성격 유형(A형·B형 성격 유형): A형 성격 유형의 사람은 스트레스 상황에 노출되면 B형 성격 유형의 사람보다 훨씬 많은 스트레스를 받는다.
- 통제의 위치(통제 소재): 어떤 사건의 발생이나 결과가 자기 자신의 행위에서 비롯된 것으로 간주하여 스스로 통제 가능한 것으로 인식한다. 내적 통제자는 외적 통제자보다 스트레스에 적절하게 대처함으로 스트레스 위협을 덜 느낀다.
- 사회적 지원: 사회적 지원은 스트레스 상황에서의 심리적·신체적 적응에 도움을 준다.

42 직업정보로서 갖추어야 할 요건에 대한 설명으로 틀린 것은?

① 직업정보는 객관성이 담보되어야 한다.
② 직업정보 활용의 효율성 측면에서 이용대상자의 진로발달단계나 수준, 이용 목적에 적합한 직업정보를 개발하여 제공되는 것이 바람직하다.
③ 우연히 획득되거나 출처가 불명확한 직업정보라도 내용이 풍부하다면 직업정보로서 가치가 있다고 판단한다.
④ 직업정보는 개발연도를 명시하여 부적절한 과거의 직업세계나 노동시장 정보가 구직자나 청소년에게 제공되지 않도록 하는 것이 바람직하다.

해설 | 직업정보는 명확한 목표를 세우고 계획적으로 수집하여야 한다. 우연히 획득되거나 출처가 불명확한 직업정보라면 내용이 풍부하다고 해도 직업정보로서 가치가 없다고 판단한다.

제3과목 직업정보론

41 민간직업정보의 일반적인 특성에 관한 설명으로 옳은 것은?

① 특정한 목적에 맞게 해당 분야 및 직종을 제한적으로 제시하는 경향이 있다.
② 특정시기에 국한되지 않고 지속적으로 제공된다.
③ 무료로 제공된다.
④ 다른 정보에 미치는 영향이 크며 연관성이 높은 편이다.

해설 | 민간직업정보는 특정한 목적에 맞게 해당 분야 및 직종을 제한적으로 제시하는 경향이 있다.

개념 체크 기타 민간직업정보의 특징

- 단시간에 조사되어 집중적으로 제공된다.
- 정보 자체의 효과는 큰 반면 부가적인 파급효과는 적다.
- 다른 직업정보와의 비교가 어렵고 활용성이 낮다.
- 조사·분석 및 정리, 제공에 상당한 시간 및 비용이 소요되므로 유료로 제공된다.

43 고용24에서 제공하는 직업선호도검사 L형의 하위검사가 아닌 것은?

① 흥미검사
② 성격검사
③ 생활사검사
④ 문제해결능력검사

해설 | 고용24의 직업선호도검사는 L형(60분)과 S형(25분) 두 가지 유형이 있다. 이 중 L형은 흥미검사, 성격검사, 생활사검사로 구성되어 있고 S형은 흥미검사만으로 이루어져 있다. 직업선호도검사 L형과 S형의 공통적인 하위검사는 흥미검사이다.

정답 40 ② 41 ① 42 ③ 43 ④

44 한국직업사전(2020)의 부가 직업정보 중 정규교육에 관한 설명으로 틀린 것은?

① 우리나라 정규교육과정의 연한을 고려하여 6단계로 분류하였다.
② 4수준은 12년 초과 ~ 14년 이하(전문대졸 정도)이다.
③ 해당 직업종사자의 평균 학력을 나타내는 것이다.
④ 독학, 검정고시 등을 통해 정규교육과정을 이수하였다고 판단되는 기간도 포함된다.

해설 | 정규교육은 해당 직업종사자의 평균 학력을 나타내지 않는다.

개념 체크 정규교육
한국직업사전(2020)의 부가직업정보 중 '정규교육'은 해당 직업의 직무를 수행하는 데 필요한 일반적인 정규교육수준을 의미하는 것으로 해당 직업 종사자의 평균 학력을 나타내는 것은 아니다.
현행 우리나라 정규교육과정의 연한을 고려하여 그 수준을 6개로 분류하였으며 독학, 검정고시 등을 통해 정규교육과정을 이수하였다고 판단되는 기간도 포함된다.

45 한국표준산업분류의 대분류별 제10차 개정 내용으로 틀린 것은?

① 채소작물 재배업에 마늘, 낱기 작물 재배업을 포함하였다.
② 전기자동차 판매 증가 등 관련 산업 전망을 감안하여 전기 판매업 세분류를 신설하였다.
③ 항공운송업을 항공 여객과 화물 운송업으로 변경하였다.
④ 행정 부문은 정부 직제 및 기능 등을 고려하여 전면 재분류하였다.

해설 | 대분류 O 공공행정, 국방 및 사회보장 행정에서는 포괄범위를 고려하여 통신행정을 우편 및 통신행정으로 변경하였으며, 나머지 행정 부문은 정부 직제 및 기능 등을 고려하여 기존 분류를 유지하였다.

46 취업성공패키지 I의 지원대상에 해당하지 않는 것은?

① 니트족
② 북한이탈주민
③ 생계급여수급자
④ 실업급여수급자

해설 | 취업성공패키지 I의 지원대상은 만18~69세(단, 위기청소년의 경우 만15세~만24세)로서 생계급여수급자, 중위소득 60% 이하 가구원, 여성가장, 위기청소년, 니트족, 북한이탈주민, 결혼이민자, 결혼이민자의 외국인 자녀 등이다.

47 고용24 직업정보시스템에서 학과정보를 계열별로 검색하고자 할 때 선택할 수 있는 계열이 아닌 것은?

① 문화관광계열
② 교육계열
③ 자연계열
④ 예체능계열

해설 | 고용24 직업정보시스템의 학과정보에서는 학과를 인문계열, 사회계열, 교육계열, 자연계열, 공학계열, 의약계열 및 예체능계열 등 7개 계열로 구분하여 정보를 제공한다.
또한 각 학과별로 학과소개(학과영역, 적성과 흥미), 관련학과·교과목(주요교과목, 취득자격), 개설대학, 취득자격, 진출직업, 취업현황(취업률) 등의 정보를 제공한다.

정답 44 ③ 45 ④ 46 ④ 47 ①

48 국가기술자격 서비스 분야 종목 중 응시자격에 제한이 없는 것으로만 짝지어진 것은?

① 직업상담사 2급 – 임상심리사 2급 – 스포츠경영관리사
② 사회조사분석사 2급 – 소비자전문상담사 2급 – 텔레마케팅관리사
③ 직업상담사 2급 – 컨벤션기획사 2급 – 국제의료관광코디네이터
④ 컨벤션기획사 2급 – 스포츠경영관리사 – 국제의료관광코디네이터

해설 | 국가기술자격 서비스 분야 종목 중 스포츠경영관리사, 직업상담사 2급, 사회조사분석사 2급, 전자상거래관리사 2급, 텔레마케팅관리사, 컨벤션기획사 2급, 소비자전문상담사 2급 등은 응시자격의 제한이 없다.

오답풀이 | ① 임상심리사 2급의 응시자격은 1년 이상 실습수련 또는 2년 이상 실무에 종사한 자로서 대학졸업자 및 그 졸업예정자이다.
③, ④ 국제의료관광코디네이터는 공인어학성적 기준요건을 충족하고 ⊙ 보건의료 또는 관광분야 관련학과의 대학졸업자, 2년제 후 2년 실무, 3년제 후 1년 실무, 4년 실무, ⊙ 관련 자격증(의사, 간호사, 보건교육사, 관광통역안내사, 컨벤션기획사 1·2급)을 취득한 사람이다.

49 한국표준산업분류(제10차)에서 하나 이상의 장소에서 이루어지는 단일 산업활동의 통계단위는?

① 기업집단 단위
② 기업체 단위
③ 지역 단위
④ 활동유형 단위

해설 | 한국표준산업분류의 통계단위에서 단일 산업활동이 하나 이상의 장소에서 이루어지는 경우는 활동유형 단위이다. 산업활동과 장소의 동질성의 차이에 따라 통계단위는 다음과 같이 구분된다.

구분	하나 이상의 장소	단일 장소
하나 이상의 산업활동	기업집단 단위	지역 단위
	기업체 단위	
단일 산업활동	활동유형 단위	사업체 단위

50 직업성립의 일반요건과 가장 거리가 먼 것은?

① 윤리성
② 경제성
③ 계속성
④ 사회보장성

해설 | 한국표준직업분류(KSCO-18)에서 직업이 되기 위해서는 일의 계속성, 경제성, 윤리성 및 사회성 등의 조건을 갖추어야 한다. 또한 속박된 상태에서의 활동은 직업이 될 수 없다.

51 국가기술자격종목과 그 직무분야의 연결이 바르지 못한 것은?

① 가스산업기사 – 환경·에너지
② 건설안전산업기사 – 안전관리
③ 광학기기산업기사 – 전기·전자
④ 방수산업기사 – 건설

해설 | 가스산업기사는 안전관리 분야의 자격이다. 안전관리 분야의 자격으로는 가스, 건설안전, 전기안전, 소방설비, 인간공학 등이 있다.

52 실기능력이 중요하여 고용노동부령이 정하는 필기시험이 면제되는 기능사 종목이 아닌 것은?

① 측량기능사
② 도화기능사
③ 도배기능사
④ 방수기능사

해설 | 측량기능사는 필기시험이 면제되는 기능사 종목에 해당하지 않는다.

개념 체크 실기시험만 실시할 수 있는 종목

국가기술자격법 시행규칙(고용노동부령)에서 규정한 실기시험만 실시할 수 있는 종목은 다음과 같다.
- 토목분야: 석공기능사, 지도제작기능사, 도화기능사, 항공사진기능사
- 건축분야: 조적기능사, 미장기능사, 타일기능사, 온수온돌기능사, 유리시공기능사, 비계기능사, 건축목공기능사, 거푸집기능사, 금속재창호기능사, 건축도장기능사, 도배기능사, 철근기능사, 방수기능사 등이다.

정답 48 ② 49 ④ 50 ④ 51 ① 52 ①

53 국가기술자격 산업기사 등급의 응시자격 기준으로 틀린 것은?

① 고용노동부령으로 정하는 기능경기대회 입상자
② 동일 및 유사 직무분야의 산업기사 수준 기술훈련과정 이수자 또는 그 이수 예정자
③ 응시하려는 종목이 속하는 동일 및 유사 직무분야의 다른 종목의 산업기사 등급 이상의 자격을 취득한 사람
④ 응시하려는 종목이 속하는 동일 및 유사 직무분야에서 1년 이상 실무에 종사한 사람

해설 | 산업기사의 응시조건은 응시하려는 종목이 속하는 동일 및 유사 직무분야에서 2년 이상 실무에 종사한 사람이다. 또는 기능사 등급 이상의 자격을 취득한 후 동일 및 유사 직무분야에서 1년 이상 실무에 종사한 사람이다.

54 인간이 복잡한 정보에 접근하게 되는 구조에 근거를 둔 이론으로 직업선택결정 단계를 전제단계, 계획단계, 인지부조화단계로 구분한 직업결정모형은?

① 타이드만과 오하라(Tiedeman & O'hara)의 모형
② 힐튼(Hilton)의 모형
③ 브룸(Vroom)의 모형
④ 수(Hsu)의 모형

해설 | 인간이 복잡한 정보에 접근하게 되는 구조에 근거를 둔 이론은 기술적 직업선택 모형의 하나인 힐튼(Hilton)의 모형이다. 힐튼의 모형은 직업선택을 결정하기까지의 단계를 전제단계(직업선택 이전의 조사 시기), 계획단계(특정직업에서 요구하는 행동을 상상하는 시기), 인지부조화단계(자신이 가지고 있는 특성과 반대되는 직업을 갖게 됨으로써 생겨나는 행동을 시험해보는 시기) 등으로 구분한다.
힐튼은 직업결정 과정은 자신이 세운 계획과 전제 간의 불일치점 또는 불균형점을 조사·시험해 보고, 이들 간의 부조화가 없다면 현재 계획을 행위화시키는 과정으로 보고 있다.

55 다음은 국가기술자격 중 어떤 등급의 검정기준에 해당하는가?

> 해당 국가기술자격의 종목에 관한 숙련기능을 가지고 제작·제조·조작·운전·보수·정비·채취·검사 또는 작업관리 및 이에 관련되는 업무를 수행할 수 있는 능력 보유

① 기능사 ② 산업기사
③ 기사 ④ 기능장

해설 | 해당 국가기술자격의 종목에 관한 숙련기능을 가지고 제작·제조·조작·운전·보수·정비·채취·검사 또는 작업관리 및 이에 관련되는 업무를 수행할 수 있는 능력 보유는 기능사의 검정기준이다.

개념 체크 국가기술자격 검정기준의 키워드
- 기술사: 고도의 전문지식과 실무경험에 입각한 기술업무의 수행능력
- 기능장: 최상급 숙련기능을 가지고 현장관리 업무의 수행능력
- 기사: 공학적 기술이론 지식
- 산업기사: 기술기초이론지식 또는 숙련기능
- 기능사: 숙련기능

56 한국표준산업분류(제10차)의 분류정의가 틀린 것은?

① 산업은 유사한 성질을 갖는 산업활동에 주로 종사하는 생산단위의 집합이다.
② 각 생산단위가 노동, 자본, 원료 등 자원을 투입하여, 재화 또는 서비스를 생산 또는 제공하는 일련의 활동과정이 산업활동이다.
③ 산업활동의 범위에는 영리적·비영리적 활동이 모두 포함하며, 가정 내 가사활동도 포함된다.
④ 산업분류는 생산단위가 주로 수행하는 산업활동을 분류 기준과 원칙에 맞춰 그 유사성에 따라 체계적으로 유형화한 것이다.

해설 | 산업활동의 범위에는 영리적·비영리적 활동이 모두 포함되나, 가정 내의 가사활동은 제외된다.

정답 53 ④ 54 ② 55 ① 56 ③

57 한국표준직업분류(제7차)의 대분류 항목과 직능 수준과의 관계가 올바르게 연결된 것은?

① 전문가 및 관련 종사자: 제4직능 수준 혹은 제3직능 수준 필요
② 사무 종사자: 제3직능 수준 필요
③ 단순노무 종사자: 제2직능 수준 이상 필요
④ 군인: 제1직능 수준 필요

해설 | 제7차 한국표준직업분류에서 대분류 1 관리자와 대분류 2 전문가 및 관련 종사자는 제4직능 수준 혹은 제3직능 수준이 요구된다.

오답풀이 | ②, ③ 대분류 3~8까지는 제2직능 수준, 대분류 9 단순노무 종사자는 제1직능 수준을 필요로 한다.
④ 군인은 제2직능 수준 이상 필요하다.

58 다음은 어떤 직업훈련지원제도에 관한 설명인가?

> 급격한 기술발전에 적응하고 노동시장 변화에 대응하는 사회안전망 차원에서 생애에 걸친 역량개발 향상 등을 위해 국민 스스로 직업능력개발훈련을 실시할 수 있도록 훈련비 등을 지원

① 국가기간·전략산업직종 훈련
② 사업주 직업능력개발훈련
③ 국민내일배움카드
④ 일학습병행

해설 | 구직자에게 일정한 금액을 지원하여 그 범위 이내에서 직업능력개발훈련에 참여할 수 있도록 하고, 훈련이력 등을 개인별로 통합관리하는 제도는 국민내일배움카드(직업능력개발계좌제)이다.

59 한국표준산업분류(제10차)의 산업결정방법에 관한 설명으로 틀린 것은?

① 생산단위의 산업 활동은 그 생산단위가 수행하는 주된 산업 활동의 종류에 따라 결정된다.
② 계절에 따라 정기적으로 산업을 달리하는 사업체의 경우에는 조사시점에 경영하는 사업과는 관계없이 조사대상 기간 중 산출액이 많았던 활동에 의하여 분류된다.
③ 단일 사업체의 보조단위는 그 사업체의 일개 부서로 포함하지 않고 별도의 사업체로 처리한다.
④ 휴업 중 또는 자산을 청산 중인 사업체의 산업은 영업 중 또는 청산을 시작하기 이전의 산업활동에 의하여 결정하며, 설립 중인 사업체는 개시하는 산업활동에 따라 결정한다.

해설 | 단일 사업체의 보조단위는 그 사업체의 일개 부서로 포함하며, 여러 사업체를 관리하는 중앙보조단위(본부)는 별도의 사업체로 처리한다.

60 직업정보를 수집·제공 시 고려해야 할 사항과 가장 거리가 먼 것은?

① 명확한 목표를 가지고 계획적으로 수집한다.
② 최신의 자료를 수집한다.
③ 자료를 수집할 때 자료출처와 일자를 기록한다.
④ 직업정보는 전문성이 있으므로 전문용어를 사용하여 제공한다.

해설 | 직업정보의 가공·제공 시 직업정보의 이용자는 일반인이므로 이용자의 수준에 맞는 평이한 언어로 가공한다.

정답 57 ① 58 ③ 59 ③ 60 ④

제4과목 노동시장론

61 시장경제를 채택하고 있는 국가의 노동시장에서 직종별 임금격차가 존재하는 이유로 적절하지 않은 것은?

① 직종에 따라 근로환경의 차이가 존재하기 때문이다.
② 직종에 따라 노동조합 조직율의 차이가 존재하기 때문이다.
③ 직종 간 정보의 흐름이 원활하기 때문이다.
④ 노동자들의 특정 직종에 대한 회피와 선호가 다르기 때문이다.

해설 | 직종 간 정보의 흐름이 원활하면 직종 간 노동의 이동이 증가하여 임금격차는 줄어든다.

62 불경기에 발생하는 부가노동자 효과(added worker effect)와 실망실업자 효과(discouraged worker effect)에 따라 실업률이 변화한다. 다음 중 실업률에 미치는 효과의 방향성이 옳은 것은? (단, +: 상승효과, -: 감소효과)

① 부가노동자 효과: +, 실망실업자 효과: -
② 부가노동자 효과: -, 실망실업자 효과: -
③ 부가노동자 효과: +, 실망실업자 효과: +
④ 부가노동자 효과: -, 실망실업자 효과: +

해설 | 실망실업 효과는 사실상 실업자가 비경제활동인구로 분류되므로 실업자 수가 감소하여 실업률이 감소한다. 반면 부가노동자효과는 비경제활동인구가 경제활동인구(실업자)로 되기 때문에 실업률을 증가시킨다.

63 개별기업수준에서 노동에 대한 수요곡선을 이동시키는 요인을 모두 고른 것은?

> ㄱ. 기술의 변화
> ㄴ. 임금의 변화
> ㄷ. 최종생산물가격의 변화
> ㄹ. 자본의 가격 변화

① ㄱ, ㄴ, ㄷ
② ㄱ, ㄴ, ㄹ
③ ㄱ, ㄷ, ㄹ
④ ㄴ, ㄷ, ㄹ

해설 | 임금(률)을 제외한 최종생산물의 수요변화, 다른 생산요소(자본 등)의 가격변화, 생산기술의 변화, 노동생산성의 변화 등은 노동에 대한 수요곡선을 이동시킨다.
노동수요곡선 모형에서 세로축에 표시되는 임금(률)이 변화하면 노동수요곡선 자체는 이동하지 않고 노동수요곡선상에서의 이동을 가져온다. 반면 모형에 표시되지 않는 외생변수가 변화하면 노동수요곡선 자체가 이동한다.

64 노조가 임금인상 투쟁을 벌일 때, 고용량 감소 효과가 가장 적게 나타나는 경우는?

① 노동수요의 임금탄력성이 0.1일 때
② 노동수요의 임금탄력성이 1일 때
③ 노동수요의 임금탄력성이 2일 때
④ 노동수요의 임금탄력성이 5일 때

해설 | 노조의 임금인상 투쟁으로 임금을 인상하더라도 기업의 고용량 감소가 적다는 것은 노동수요의 임금탄력성이 비탄력적, 즉 작다는 것을 의미한다.

정답 61 ③ 62 ① 63 ③ 64 ①

65 조합원 자격이 있는 노동자만을 채용하고 일단 고용된 노동자라도 조합원 자격을 상실하면 종업원이 될 수 없는 숍 제도는?

① 오픈 숍 ② 유니온 숍
③ 에이전시 숍 ④ 클로즈드 숍

해설 | 조합원 자격이 있는 노동자만을 채용하고 일단 고용된 노동자라도 조합원 자격을 상실하면 종업원이 될 수 없는 숍 제도는 클로즈드 숍(closed shop)이다.
이 방법은 조합이 노동의 공급을 통제할 수 있어 임금수준과는 관계없이 노동의 공급이 고정되어 있으므로 노동의 공급곡선은 수직형태이다.
미국의 태프트-하틀리 법(Taft-Hartley Act)에 의해 불법화되었으나 건설업, 해운업, 인쇄업 등에서 현실적으로 인정되고 있다.

66 다음 중 직무급 임금체계에 관한 설명으로 가장 적합한 것은?

① 정기승급에 의한 생활안정으로 근로자의 기업에 대한 귀속의식을 고양시킨다.
② 기업풍토, 업무내용 등에서 보수성이 강한 기업에 적합하다.
③ 근로자의 능력을 직능고과의 평가결과에 따라 임금을 결정한다.
④ 노동의 양뿐만 아니라 노동의 질을 동시에 평가하는 임금결정방식이다.

해설 | 직무급 임금체계는 기업 내 각자가 담당하는 직무의 상대적 가치(질과 양의 양면)를 기초로 하여 지급되는 임금이므로 먼저 직무의 가치서열이 확립되어야 하고, 이 가치서열의 확립을 위하여 직무평가가 이루어져야 한다.
이는 동일한 직무에 대하여는 동일한 임금을 지급한다는 원칙(equal pay for equal work)에 입각한 것으로서 적정한 임금수준의 책정과 더불어 각 직무 간에 공정한 임금격차를 유지할 수 있는 기반이 된다.

오답풀이 | ①과 ②는 연공급, ③은 직능급 임금체계에 대한 설명이다.

67 내부노동시장의 형성요인과 가장 거리가 먼 것은?

① 관습 ② 현장훈련
③ 임금수준 ④ 숙련의 특수성

해설 | 도린저와 피오르는 내부노동시장이 형성되는 요인으로 ㉠ 숙련의 특수성, ㉡ 현장훈련, ㉢ 관습 등 세 가지를 제시한다. 이외에도 장기근속의 가능성, 기업의 대규모성, 기업 내의 위계적인 직무서열 등을 제시하는 학자들도 있다.

68 마찰적 실업의 원인에 해당하는 것을 모두 고른 것은?

> ㄱ. 노동자들이 자신에게 가장 잘 맞는 직장을 찾는 데 시간이 걸리기 때문이다.
> ㄴ. 기업이 생산성을 제고하기 위해 시장균형임금보다 높은 수준의 임금을 지급하는 경향이 있기 때문이다.
> ㄷ. 노동조합의 존재로 인해 조합원의 임금이 생산성보다 높게 설정되기 때문이다.

① ㄱ ② ㄴ
③ ㄱ, ㄴ ④ ㄴ, ㄷ

해설 | 마찰적 실업(frictional unemployment)은 노동자가 자신에게 가장 유리한 직장을 찾기 위하여 정보수집활동에 종사하고 있는 동안의 실업상태를 말한다. 즉, 정보의 불완전성에 기인하는 실업이다.
ㄴ과 ㄷ은 구조적 실업의 원인이다. ㄴ은 기업의 효율임금(efficiency wage)정책을 의미하는 것으로, 효율임금을 지급하면 시장임금보다 임금이 높아지므로 노동의 초과공급, 즉 실업이 발생하는데 이는 구조적 실업에 해당한다.

개념 체크 **구조적 실업의 다른 해석**
맨큐(N. G. Mankiw)는 구조적 실업은 노동시장에서 제공되는 일자리의 수가 직장을 찾고 있는 노동자들의 수에 비해 적기 때문에 발생하는 실업으로 설명한다.
여기서 일자리의 수가 적은 이유는 어떤 이유로 임금이 노동의 수요와 공급이 같아지는 임금(균형임금)보다 높기 때문이다. 임금이 균형임금보다 높아지게 되는 이유로 최저임금제, 노동조합의 임금인상 압력, 효율임금 등 세 가지를 제시한다.

정답 65 ④ 66 ④ 67 ③ 68 ①

69 노동시장에 대한 설명으로 틀린 것은?

① 재화시장은 불완전경쟁이더라도 노동시장이 완전경쟁이면 개별기업의 한계요소비용은 일정하다.
② 재화시장과 노동시장이 모두 완전경쟁일 때 재화가격이 상승하면 노동수요곡선이 오른쪽으로 이동한다.
③ 재화시장과 노동시장이 모두 완전경쟁일 때 임금이 하락하면 노동수요량은 장기에 더 크게 증가한다.
④ 재화시장이 불완전경쟁이고 노동시장이 완전경쟁일 때 임금은 한계수입생산보다 낮은 수준으로 결정된다.

해설 | 완전경쟁노동시장에서 기업이 이윤을 극대화하기 위해서는 노동의 한계생산가치(VMP_L) = 임금(W)에서 고용량을 결정해야 한다. 이때, $W = VMP_L = P \cdot MP_L$이다.
그런데 재화시장이 불완전경쟁일 경우, 가격(P)이 한계수입(MR)보다 크므로(P > MR), 한계생산가치(VMP_L)는 한계수입생산(MRP_L)보다 크다($VMP_L > MRP_L$). 이러한 조건에서 임금은 한계수입생산(MRP_L)보다 높은 수준으로 결정된다.

70 A국가의 경제활동참가율은 50%이고, 생산가능인구와 취업자가 각각 100만 명, 40만 명이라고 할 때, 이 국가의 실업률은?

① 5% ② 10%
③ 15% ④ 20%

해설 | 경제활동참가율 = $\frac{경제활동인구}{15세이상 인구(생산가능인구)} \times 100$
= $\frac{경제활동인구}{100만 명} \times 100 = 50\%$이므로
경제활동인구는 50만 명이다.
실업자 수 = 경제활동인구 − 취업자 수 = 50만 명 − 40만 명 = 10만 명이다.
따라서 실업률 = $\frac{실업자 수}{경제활동인구} \times 100 = \frac{10만 명}{50만 명} \times 100$
= 20%이다.

71 이원적 노사관계론의 구조를 바르게 나타낸 것은?

① 제1차 관계: 경영 대 노동조합관계
   제2차 관계: 경영 대 정부기관관계
② 제1차 관계: 경영 대 노동조합관계
   제2차 관계: 경영 대 종업원관계
③ 제1차 관계: 경영 대 종업원관계
   제2차 관계: 경영 대 노종조합관계
④ 제1차 관계: 경영 대 종업원관계
   제2차 관계: 정부기관 대 노동조합관계

해설 | 노사관계를 개별적 노사관계와 집단적 노사관계로 나누어 파악하는 것을 이원적 노사관계(dualistic industrial relations)라고 한다. 즉 이원적 노사관계에서 제1차 관계는 사용자(경영) 대 근로자(종업원) 관계이고, 제2차 관계는 사용자(경영) 대 노동조합 관계이다.
제1차 관계는 노사의 친화, 우호, 협력의 관계이다. 이에 대해 제2차 관계는 임금 및 기타 근로조건의 유지·개선을 중심으로 파악되는 관계이다.

72 산업별 노동조합의 특성과 가장 거리가 먼 것은?

① 기업별 특수성을 고려하기 어려워진다.
② 임시직, 일용직 근로자를 조직하기 용이해진다.
③ 해당 산업분야의 정보자료 수집·분석이 용이해진다.
④ 숙련공만의 이익옹호단체가 되기 쉽다.

해설 | 산업별 노동조합(industrial union)은 동일한 산업에 종사하는 모든 노동자가 하나의 노동조합을 구성하는 형태이다. 산업 전체의 이익을 고려하므로 기업별 특수성은 고려하기 어렵지만, 해당 산업에 종사하는 모든 노동자가 가입하므로 임시직이나 일용직 노동자의 조직이 용이해진다는 장점이 있다.
④는 직업별 노동조합(craft union)의 단점이다. 직업별 노동조합은 역사적으로는 가장 오래된 형태의 노동조합으로 숙련공 중심의 배타적·폐쇄적이고 독점적인 조직형태이다.

정답 69 ④ 70 ④ 71 ③ 72 ④

73 완전경쟁적인 노동시장에서 노동의 한계생산을 증가시키는 기술진보와 함께 보다 많은 노동자들이 노동시장에 참여하는 변화가 발생할 때 노동시장에서 발생하는 변화로 옳은 것은?(단, 다른 조건들은 일정하다고 가정한다.)

① 균형노동고용량은 반드시 증가하지만 균형임금의 변화는 불명확하다.
② 균형임금은 반드시 상승하지만 균형노동고용량의 변화는 불명확하다.
③ 임금과 균형노동고용량 모두 반드시 증가한다.
④ 임금과 균형노동고용량의 변화는 모두 불명확하다.

해설 | 노동의 한계생산을 증가시키는 기술진보는 노동수요곡선을 오른쪽으로 이동시키고, 많은 노동자들의 노동시장 참여는 노동공급곡선을 오른쪽으로 이동시킨다.
① 두 곡선 모두 오른쪽으로 이동하므로 균형노동고용량은 반드시 증가한다. 그러나 균형임금은 두 곡선이 이동하는 정도(이동의 크기)에 따라 달라지므로 불명확하다.

74 경제적 조합주의(economic unionism)에 대한 설명으로 틀린 것은?

① 노동조합운동과 정치와의 연합을 특징으로 한다.
② 경영전권을 인정하며 경영참여를 회피해 온 노선이다.
③ 노동조합운동의 목적은 근로조건을 포함한 노동자들의 생활조건의 개선과 유지에 있다.
④ 노사관계를 이해대립의 관계로 보고 있으나 이해조정이 가능한 비적대적 관계로 이해한다.

해설 | 경제적 조합주의는 노동조합운동은 정치로부터 독립되어야 한다고 본다. 즉, 노동조합운동의 독자성·자주성 확보 및 조합 내 민주주의의 실현이 중요한 조직원리이며 운동의 기본원칙이다.

개념 체크 지금까지 산업화 사회에 나타난 여러 나라의 노동조합 운동의 이념들을 크게 구분하면 세 가지로 나누어 볼 수 있다. 정치적 조합주의(정치주의), 경제적 조합주의(경제주의), 국민적 조합주의(국민주의)이다.

75 기업 A가 생산하는 재화에 투입하는 노동의 양을 L이라 하면, 노동의 한계생산은 27−5L이다. 이 재화의 가격이 20이고 임금이 40이라면, 이윤을 극대로 하는 기업 A의 노동수요량은?

① 1
② 2
③ 3
④ 5

해설 | 완전경쟁 노동시장에서 이윤을 극대화하기 위해서는 노동의 한계생산가치(VMP_L) = 임금(W)에서 고용량을 결정해야 한다.
$VMP_L = P \cdot MP_L = W$이다.
$VMP_L = (27 − 5L) \times 20 = 40$이므로 $L = 5$이다.

76 개인의 후방굴절형 노동공급곡선(상단부분에서 좌상향으로 굽어짐)에 설명으로 옳은 것은?

① 임금이 상승함에 따라 노동시간을 증가시키려고 한다.
② 소득−여가 간의 선호체계 분석에서 소득효과가 대체효과를 압도한 결과이다.
③ 소득−여가 간의 선호체계 분석에서 대체효과가 소득효과를 압도한 결과이다.
④ 임금이 하락함에 따라 노동시간을 줄이려는 의지를 강력하게 표현하고 있다.

해설 | 소득−여가 간의 선호체계 분석에서 임금수준이 높지 않은 경우에는 임금상승의 대체효과 〉 소득효과이므로 임금이 상승하는 경우 노동공급량은 증가한다.
② 그러나 임금수준이 높은 경우에는 임금상승의 소득효과 〉 대체효과가 되어 임금이 상승해도 노동공급량은 감소하여 노동의 공급곡선은 뒤로 구부러지는 후방굴절형이 된다. 이러한 현상은 최근 연장근로 등 일정량 이상의 노동을 기피하는 풍조와 관련이 있다.

개념 체크 임금상승의 대체효과와 소득효과
• 임금상승의 대체효과는 임금이 상승하면 여가의 기회비용(임금)이 커지기 때문에 여가를 줄이고 노동공급량을 증가시키는 효과이다.
• 임금상승의 소득효과는 임금이 상승하면 전보다 적은 노동을 공급해도 전과 동일한 소득을 얻게 되므로 노동공급량을 감소시키는 효과이다.

정답 73 ① 74 ① 75 ④ 76 ②

77 효율임금정책이 높은 생산성을 가져오는 원인에 관한 설명으로 틀린 것은?

① 고임금은 노동자의 직장상실비용을 증대시켜서 작업 중에 태만하지 않게 한다.
② 고임금 지불기업은 그렇지 않은 기업에 비해 신규노동자의 훈련에 많은 비용을 지출한다.
③ 고임금은 노동자의 기업에 대한 충성심과 귀속감을 증대시킨다.
④ 고임금 지불기업은 신규채용 시 지원 노동자의 평균자질이 높아져 보다 양질의 노동자를 고용할 수 있다.

해설 | 효율임금정책(efficiency wage policy) 또는 고임금정책은 기업이 시장임금보다 높은 임금을 지급함으로써 노동의 생산성을 높이려는 것이다.
고임금을 지급하는 경우 기업의 명성이 높아져 상대적으로 우수한 노동자를 채용할 수 있으므로 다른 기업에 비해 신규노동자의 훈련비용을 줄일 수 있다.

78 다음 중 임금격차의 원인으로서 통계적 차별(statistical discrimination)이 일어나는 경우는?

① 비숙련 외국인노동자에게 낮은 임금을 설정할 때
② 임금이 개별 노동자의 한계생산성에 근거하여 설정될 때
③ 사용자 자신의 개인적 편견에 따라 근로자의 임금을 결정할 때
④ 사용자가 근로자의 생산성에 대해 불완전한 정보를 갖고 있어 평균적인 인식을 근거로 임금을 결정할 때

해설 | 근로자의 생산성에 관한 충분한 정보를 갖고 있지 못한 상황에서 고용주는 생산성과 상관관계가 있다고 통계적으로 밝혀진 학력·성·연령 등과 같은 특성을 근거로 임금수준이나 채용여부를 결정하는 경우 이를 통계적 차별(statistical discrimination)이라고 한다.

개념 체크 통계적 차별
- 사용자가 근로자의 생산성에 대해 불완전한 정보를 갖고 있어 평균적인 인식을 근거로 임금을 결정하는 경우
- 근로자가 동질적이지 않아 각자의 능력, 적성 소질, 육체적인 힘 등 개인적인 특성이 달라 고용해보지 않고서는 미리 알 수 없는 경우
- 근로자의 생산성과 능력을 일일이 확인하는 채용·선별비용이 상당히 높은 경우
- 잘못 판단되어 채용된 근로자 때문에 생산의 손실이 있거나 현장훈련비용이 추가로 많이 드는 경우

정답 77 ② 78 ④

79 정부가 임금을 인상시킬 때 오히려 고용이 증대되는 경우는?

① 공급독점의 노동시장
② 수요독점의 노동시장
③ 완전경쟁의 노동시장
④ 복점의 노동시장

해설 | 정부가 임금을 인상시키는 것은 최저임금제의 경우이다. 일반적으로 최저임금제가 시행되면 기업의 노동수요량이 감소하므로 근로자는 실업자가 될 가능성이 있다. 그러나 노동시장이 수요독점(monopsony)인 경우에는 최저임금제로 임금이 상승해도 고용량이 증가할 수 있다.
노동시장이 수요독점인 경우 고용량은 노동의 수요곡선과 공급곡선에 의해 결정되는 것이 아니라 노동의 수요곡선과 우상향하는 한계요소비용(MFC)에 의해 결정된다. 그리고 이 경우 임금의 상승에도 불구하고 고용량은 이전보다 증가하게 된다.

개념 체크 최저임금제가 고용을 증가시키는 경우
- 노동시장이 수요독점 노동시장인 경우
- 생산성 증대효과가 있는 경우
- 유효수요 증대효과가 있는 경우 등

80 소득정책의 효과에 대한 설명으로 틀린 것은?

① 성장산업의 위축을 초래할 수 있다.
② 행정적 관리비용을 절감할 수 있다.
③ 임금억제에 이용될 가능성이 크다.
④ 급격한 물가상승기에 일시적으로 사용하면 효과를 거둘 수 있다.

해설 | 민간기업들의 과도한 임금인상을 규제하고 감시하기 위한 행정관리비용이 증가할 수 있다.
소득정책은 1970년대 말 ~ 1980년대 초에 발생한 세계적인 스태그플레이션을 해결하기 위해 제안된 정책이다. 경기를 회복시키면서 물가안정을 이루기 위한 것으로, 과도한 임금인상을 억제하는 임금가이드라인 정책이 대표적이다.

제5과목 노동관계법규

81 직업안정법상 직업소개사업을 겸업할 수 있는 것은?

① 「결혼중개업의 관리에 관한 법률」상 결혼중개업
② 「공중위생관리법」상 숙박업
③ 「식품위생법」상 식품접객업 중 유흥주점영업
④ 「식품위생법」상 식품접객업 중 일반음식점영업

해설 | 「직업안정법」상 다음의 어느 하나에 해당하는 사업을 경영하는 자는 직업소개사업을 하거나 직업소개사업을 하는 법인의 임원이 될 수 없다.
- 「결혼중개업의 관리에 관한 법률」상의 결혼중개업
- 「공중위생관리법」상의 숙박업
- 「식품위생법」상의 식품접객업 중 대통령령으로 정하는 영업
  - 휴게음식점영업 중 주로 다류를 조리·판매하는 영업(영업자 또는 종업원이 영업장을 벗어나 다류를 배달·판매하면서 소요 시간에 따라 대가를 받는 형태로 운영하는 경우로 한정)
  - 「식품위생법 시행령」상의 단란주점영업, 유흥주점영업

최신 법령 개정에 따라 변형한 문제입니다.

82 남녀고용평등과 일·가정 양립 지원에 관한 법령상 다음 ( ) 안에 각각 알맞은 것은?

> 제18조의2(배우자 출산휴가) ① 사업주는 근로자가 배우자의 출산을 이유로 휴가(이하 "배우자 출산휴가"라 한다)를 고지하는 경우에 (ㄱ)일의 휴가를 주어야 한다. (이하 생략)
> ③ 배우자 출산휴가는 근로자의 배우자가 출산한 날부터 (ㄴ)일이 지나면 사용할 수 없다.

① ㄱ: 5, ㄴ: 30
② ㄱ: 5, ㄴ: 90
③ ㄱ: 10, ㄴ: 30
④ ㄱ: 20, ㄴ: 120

해설 | 배우자 출산휴가는 20일이며, 출산한 날부터 120일 이내에 사용해야 한다.

정답 79 ② 80 ② 81 ④ 82 ④

83 근로기준법상 미성년자의 근로계약에 관한 설명으로 틀린 것은?

① 원칙적으로 15세 이상 18세 미만인 사람의 근로시간은 1일에 7시간, 1주에 35시간을 초과하지 못한다.
② 미성년자는 독자적으로 임금을 청구할 수 없다.
③ 고용노동부장관은 근로계약이 미성년자에게 불리하다고 인정하는 경우에는 이를 해지할 수 있다.
④ 친권자나 후견인은 미성년자의 근로계약을 대리할 수 없다.

해설 | 미성년자는 독자적으로 임금을 청구할 수 있다.

84 고용보험법령상 심사 및 재심사 청구에 관한 설명으로 옳지 않은 것은?

① 실업급여에 관한 처분에 이의가 있는 자는 고용보험심사관에게 심사를 청구할 수 있다.
② 심사 및 재심사의 청구는 시효중단에 관하여 재판상의 청구로 본다.
③ 재심사청구인은 법정대리인 외에 자신의 형제자매를 대리인으로 선임할 수 없다.
④ 고용보험심사관은 원칙적으로 심사청구를 받으면 30일 이내에 그 심사청구에 대한 결정을 하여야 한다.

해설 | 재심사청구인은 법정대리인 외에 자신의 형제자매를 대리인으로 선임할 수 있다.

85 고용보험법상 실업의 신고 및 인정에 대한 설명으로 옳은 것은?

① 구직급여를 지급받으려는 자는 이직 후 14일 이내에 직업안정기관에 출석하여 실업을 신고하여야 한다.
② 구직급여는 실업의 인정을 받은 날로부터 지급한다.
③ 구직급여는 이 법에 따로 규정이 있는 경우 외에는 그 구직급여의 수급자격과 관련된 이직일의 다음날부터 계산하기 시작하여 10개월 내에 소정급여일수를 한도로 하여 지급한다.
④ 구직급여는 수급자격자가 실업한 상태에 있는 날 중에서 직업안정기관의 장으로부터 실업의 인정을 받은 날에 대하여 지급한다.

오답풀이 | ① 이직 후 지체없이 신고해야 한다.
② '실업의 인정을 받은 날'로부터가 아니라 '받은 날'에 대하여 지급한다.
③ 10개월이 아니라 12개월이다.

86 헌법상 근로의 권리로서 명시되어 있지 않은 것은?

① 최저임금제 시행
② 여성근로자의 특별보호
③ 연소근로자의 특별보호
④ 장애인근로자의 특별보호

해설 | 「헌법」 제32조 근로권의 보호대상에 장애인은 포함되지 않는다.

정답 83 ② 84 ③ 85 ④ 86 ④

87 고용보험법상의 내용으로 틀린 것은?

① 이직이란 피보험자와 사업주 사이의 고용관계가 끝나게 되는 것을 말한다.
② 일용근로자란 2개월 미만 동안 고용되는 자를 말한다.
③ 실업이란 근로의 의사와 능력이 있음에도 불구하고 취업하지 못한 상태에 있는 것을 말한다.
④ 고용보험은 고용노동부장관이 관장한다.

해설 | 일용근로자란 1개월 미만 동안 고용되는 자를 말한다.

88 채용절차의 공정화에 관한 법률에 관한 설명으로 틀린 것은?

① 기초심사자료란 구직자의 응시원서, 이력서 및 자기소개서를 말한다.
② 고용노동부장관은 기초심사자료의 표준양식을 정하여 구인자에게 그 사용을 권장할 수 있다.
③ 구직자는 구인자에게 제출하는 채용서류를 거짓으로 작성해서는 아니 된다.
④ 이 법은 지방자치단체가 공무원을 채용하는 경우에도 적용한다.

해설 | 이 법은 국가 및 지방자치단체가 공무원을 채용하는 경우에는 적용하지 않는다.

89 고용상 연령차별금지 및 고령자고용촉진에 관한 법령상 용어 정의에 관한 설명으로 틀린 것은?

① '고령자'란 인구와 취업자의 구성 등을 고려하여 55세 이상인 자를 말한다.
② '준고령자'는 50세 이상 55세 미만인 사람으로 고령자가 아닌 자를 말한다.
③ '근로자'란 노동조합 및 노동관계 조정법에 따른 근로자를 말한다.
④ '사업주'란 근로자를 사용하여 사업을 하는 자를 말한다.

해설 | 「고용상 연령차별금지 및 고령자고용촉진에 관한 법률」에서의 근로자는 「근로기준법」 제2조 제1항 제1호에 따른 근로자를 말한다.

90 파견근로자보호등에 관한 법률상 근로자파견사업의 허가에 관한 설명으로 틀린 것은?

① 근로자파견사업을 하고자 하는 자는 관할 지자체의 허가를 받아야 한다.
② 근로자파견사업의 허가의 유효기간은 3년으로 한다.
③ 식품접객업, 숙박업을 하는 자는 근로자파견사업을 행할 수 없다.
④ 근로자파견사업의 허가의 취소처분을 받은 파견사업주는 그 처분 전에 파견한 파견근로자와 그 사용사업주에 대하여 그 파견기간이 종료될 때까지 파견사업주로서의 의무와 권리를 가진다.

해설 | 근로자파견사업은 고용노동부장관의 허가를 받아야 한다.

정답 87 ② 88 ④ 89 ③ 90 ①

91 고용정책 기본법령상 고용재난지역에 대한 행정상·재정상·금융상의 특별지원 내용을 모두 고른 것은?

> ㄱ. 국가재정법에 따른 예비비의 사용
> ㄴ. 소상공인을 대상으로 한 조세 관련 법령에 따른 조세감면
> ㄷ. 고용보험·산업재해보상보험 보험료 또는 징수금 체납처분의 유예
> ㄹ. 중앙행정기관 및 지방자치단체가 실시하는 일자리사업에 대한 특별지원

① ㄱ, ㄴ, ㄷ
② ㄱ, ㄷ, ㄹ
③ ㄴ, ㄹ
④ ㄱ, ㄴ, ㄷ, ㄹ

해설 | ㄱ, ㄴ, ㄷ, ㄹ 모두 고용정책 기본법령상 고용재난지역에 대한 행정상·재정상·금융상의 특별지원의 내용에 해당한다.

92 국민 평생 직업능력 개발법상 직업능력개발훈련의 훈련목적에 따른 구분으로 옳은 것은?

① 기준훈련, 기준외훈련, 인정훈련
② 지정훈련, 인정훈련, 승인훈련
③ 양성훈련, 향상훈련, 전직훈련
④ 집체훈련, 현장훈련, 통신훈련

해설 | 직업능력개발훈련은 훈련목적에 따라 양성훈련, 향상훈련, 전직훈련으로 구분되고, 훈련방법에 따라 집체훈련, 현장훈련, 원격훈련, 혼합훈련으로 구분된다.

93 근로기준법상 경영상 이유에 의한 해고의 요건에 관한 설명으로 틀린 것은?

① 모든 사업의 양도·인수·합병은 긴박한 경영상의 필요가 있는 것으로 본다.
② 사용자는 해고를 피하기 위한 노력을 다하여야 한다.
③ 사용자는 합리적이고 공정한 해고의 기준을 정하고 이에 따라 그 대상자를 선정하여야 한다.
④ 사용자는 근로자의 해고를 피하기 위한 방법과 해고의 기준 등에 관하여 근로자의 과반수를 대표하는 근로자 대표에게 해고를 하려는 날의 50일 전까지 통보하고 성실하게 협의하여야 한다.

해설 | 사용자는 경영상 이유에 의하여 근로자를 해고하려면 긴박한 경영상의 필요가 있어야 한다. 이 경우 경영악화를 방지하기 위한 사업의 양도·인수·합병은 긴박한 경영상의 필요가 있는 것으로 본다.

정답 91 ④ 92 ③ 93 ①

94 남녀고용평등과 일·가정 양립 지원에 관한 법률상 직장 내 성희롱의 예방에 관한 설명으로 틀린 것은?

① 사업주는 직장 내 성희롱 예방을 위한 교육을 연 1회 이상 하여야 한다.
② 사업주 및 근로자 모두가 여성으로 구성된 사업의 사업주는 직장 내 성희롱 예방교육을 생략할 수 있다.
③ 사업주는 성희롱 예방교육을 고용노동부장관이 지정하는 기관에 위탁하여 실시할 수 있다.
④ 사업주는 근로자가 고객에 의한 성희롱의 피해를 주장하는 것을 이유로 해고나 그 밖의 불이익한 조치를 하여서는 아니 된다.

해설 | 다음에 해당하는 사업은 성희롱 예방교육 내용을 근로자가 알 수 있도록 홍보물을 게시하거나 배포하는 방법으로 직장내 성희롱 예방교육을 대신할 수 있다(즉, 생략할 수 있는 것이 아니다).
• 상시 10명 미만의 근로자를 고용하는 사업
• 사업주 및 근로자 모두가 남성 또는 여성 중 어느 한 성(性)으로 구성된 사업

95 다음 ( )에 알맞은 것은?

> 근로자퇴직급여 보장법상 퇴직금 제도를 설정하려는 사용자는 계속근로기간 (ㄱ)에 대하여 (ㄴ)의 (ㄷ)을 퇴직금으로 퇴직 근로자에게 지급할 수 있는 제도를 설정하여야 한다.

① ㄱ: 2년, ㄴ: 45일분 이상, ㄷ: 평균임금
② ㄱ: 1년, ㄴ: 15일분 이상, ㄷ: 통상임금
③ ㄱ: 1년, ㄴ: 30일분 이상, ㄷ: 평균임금
④ ㄱ: 2년, ㄴ: 60일분 이상, ㄷ: 통상임금

해설 | 퇴직급여는 계속근로기간 1년에 30일분 이상의 평균임금을 지급해야 한다.

96 직업안정법에서 사용하는 용어의 정의로 틀린 것은?

① '직업안정기관'이라 함은 직업소개·직업지도 등 직업안정업무를 수행하는 지방노동행정기관을 말한다.
② '모집'이라 함은 근로자를 고용하고자 하는 자가 취직하고자 하는 자에게 피용자가 되도록 권유하거나 다른 사람으로 하여금 권유하게 하는 것을 말한다.
③ '유료직업소개사업'이라 함은 무료직업소개사업 외의 직업소개사업을 말한다.
④ '근로자공급사업'이라 함은 공급계약에 의하여 근로자를 타인에게 사용하게 하는 사업으로써, 지방자치단체장의 허가를 받은 사업을 말한다.

해설 | 근로자공급사업은 지방자치단체장의 허가가 아닌 고용노동부장관의 허가사항이다.

97 기간제 및 단시간근로자 보호 등에 관한 법령상 적용범위에 관한 설명으로 틀린 것은?

① 상시 5인 이상의 근로자를 사용하는 모든 사업 또는 사업장에 적용한다.
② 동거의 친족만을 사용하는 사업장에는 적용하지 아니한다.
③ 상시 4인 이하의 근로자를 사용하는 사업 또는 사업장에 대하여는 이 법의 일부 규정을 적용할 수 있다.
④ 국가 및 지방자치단체의 기관에 대하여는 이 법을 적용하지 아니한다.

해설 | 국가 및 지방자치단체의 기관에 대하여는 상시 사용하는 근로자의 수와 관계없이 이 법을 적용한다.

정답 94 ② 95 ③ 96 ④ 97 ④

98 직업안정법상 근로자 모집에 관한 설명으로 틀린 것은?

① 국외에 취업할 근로자를 모집하는 경우에는 고용노동부장관의 허가를 받아야 한다.
② 근로자를 고용하고자 하는 자는 신문·잡지·기타에 의하여 자유로이 근로자를 모집할 수 있다.
③ 모집이라 함은 근로자를 고용하고자 하는 자가 취직하고자 하는 자에게 피용자가 되도록 권유하거나 다른 사람으로 하여금 권유하게 하는 것을 말한다.
④ 근로자를 모집하고자 하는 자와 그 모집에 종사하는 자는 명목의 여하를 불문하고 응모자로부터 그 모집과 관련하여 금품 기타 이익을 취하여서는 아니 된다.

해설 | 국외에 취업할 근로자를 모집한 자는 모집한 후 15일 이내에 고용노동부장관에게 신고해야 하므로, 허가의 대상은 아니다. 고용노동부장관은 국외취업자의 모집을 원활하게 하기 위하여 필요하다고 인정할 때에는 국외취업을 희망하는 근로자를 미리 등록하게 할 수 있다.

99 국민 평생 직업능력 개발법상 직업능력개발훈련의 기본원칙에 대한 설명으로 틀린 것은?

① 직업능력개발훈련은 근로자 개인의 희망·적성·능력에 맞게 실시되어야 한다.
② 직업능력개발훈련은 근로자의 생애에 걸쳐 체계적으로 실시되어야 한다.
③ 직업능력개발훈련은 모든 근로자에게 균등한 기회가 보장되도록 하여야 한다.
④ 직업능력개발훈련은 학교교육과 관계없이 산업현장과 긴밀하게 연계될 수 있도록 하여야 한다.

해설 | 직업능력개발훈련은 교육관계법에 따른 학교교육 및 산업현장과 긴밀하게 연계될 수 있도록 해야 한다.

100 근로기준법상 최우선 변제되는 임금채권의 범위는?

① 최종 3개월분의 임금, 최종 3개월분의 퇴직금, 재해보상금
② 최종 3개월분의 임금, 퇴직금, 재해보상금
③ 최종 3년간의 임금, 최종 3년간의 퇴직금, 재해보상금
④ 최종 3개월분의 임금, 재해보상금

해설 | 「근로기준법」상 최우선 변제되는 임금채권은 최종 3개월분의 임금, 재해보상금이다.

정답 98 ① 99 ④ 100 ④

2023년 3회 복원문제

제1과목 직업상담학

01 어떤 문제의 밑바닥에 깔려 있는 혼란스러운 감정과 갈등을 가려내어 분명히 해주는 것은?

① 명료화 ② 경청
③ 반영   ④ 직면

해설 | 명료화란 내담자의 말 속에 포함되어 있는 불분명한 측면을 상담자가 분명히 해주는 것을 말한다.

02 상담 시 상담사의 질문으로 바람직하지 않은 것은?

① "당신이 선호하는 직업이 있다면 무엇인가요? 그런 이유를 말씀해 주시겠어요?"
② "당신이 특별히 좋아하는 것이 있다면 말씀해 주시겠어요?"
③ "직업상담을 해야겠다고 결정했나요?"
④ "어떻게 생각해야 할지 이해가 잘 가지 않는 군요. 잘 모르겠어요. 제가 좀 더 확실하게 이해할 수 있도록 도와주시겠어요?"

해설 | 폐쇄형 질문은 대답할 수 있는 범위를 '예/아니요' 또는 단답식 답변으로 제한한다.
③은 폐쇄형 질문으로, "직업상담을 해야겠다고 생각하신 이유가 있으시다면 말씀해 주시겠어요?"라는 등의 응답의 범위를 열어 놓는 공손한 개방적 질문을 사용하는 것이 바람직하다.

03 아들러(Adler)의 개인심리학적 상담의 목표로 옳지 않은 것은?

① 사회적 관심을 갖도록 돕는다.
② 내담자의 잘못된 목표를 수정하도록 돕는다.
③ 패배감을 극복하고 열등감을 감소시킬 수 있도록 돕는다.
④ 전이해석을 통해 중요한 타인과의 관계 패턴을 알아차리도록 돕는다.

해설 | 개인주의 상담의 목표는 내담자의 생활양식을 확인하고 바람직한 방향으로 생활양식을 바꾸도록 하는 것이다.
④는 정신분석이론에 대한 설명이다.

개념 체크 개인주의 상담의 목표
- 사회적 관심을 갖도록 돕는다.
- 패배감을 극복하고 열등감을 감소시킬 수 있도록 돕는다.
- 내담자의 잘못된 가치와 목표를 수정하도록 돕는다.
- 행동수정보다는 동기수정에 초점을 두고 잘못된 동기를 바꾸도록 돕는다.
- 사회의 구성원으로 기여하도록 돕는다.
- 기본목표는 사회적 관심, 즉 잘못된 사회적 가치를 바꾸는 것이다.

정답 01 ① 02 ③ 03 ④

04 사이버 직업상담의 장점이 아닌 것은?

① 개인의 지위, 연령, 신분, 권력 등을 짐작할 수 있는 사회적 단서가 제공되지 않으므로 전달되는 내용 자체에 많은 주의를 기울이고 의미를 부여할 수 있다.
② 내담자의 자발적 참여로 상담이 진행되는 경우가 대면상담에 비해 압도적으로 많으므로 내담자들의 문제해결에 대한 동기가 높다고 할 수 있다.
③ 내담자 자신의 정보를 선택적으로 공개할 수 있고 언제든지 상담을 중단할 수 있어 매우 편리하다.
④ 상담자와 직접 얼굴을 마주하지 않기 때문에 자신의 행동이나 감정에 대한 즉각적인 판단이나 비판을 염려하지 않아도 된다.

해설 | ③은 사이버 직업상담의 단점에 해당된다. 즉 상담을 할 때는 내담자의 정보가 충분히 확보되어야 하며 상담의 종결 시 상담의 목적과 목표가 충분히 완결되어야 한다.

05 생애진로사정(Life Career Assessment)에 관한 설명으로 옳은 것은?

① 3세대에 걸친 내담자 가족의 윤곽을 평가한다.
② 양적인 평가방법으로 다양한 생애역할을 평가한다.
③ 내담자의 일, 사랑, 우정에 대한 접근방식을 평가한다.
④ 내담자의 아동기 부모-자녀 간 상호작용 경험을 평가한다.

해설 | 생애진로사정은 상담자와 내담자가 처음 만났을 때 사용해볼 수 있는 구조화된 면접기법으로, 내담자의 정보와 행동을 이해하는 데 도움을 주는 질적 평가절차이다.
오답풀이 | ① 직업가계도에 대한 설명이다.
② 생애진로사정은 질적인 평가방법이다.
④ Roe의 욕구이론에 대한 설명이다.

06 포괄적 직업상담에 관한 설명으로 틀린 것은?

① 논리적인 것과 경험적인 것을 의미 있게 절충시킨 모형이다.
② 진단은 변별적이고 역동적인 성격을 가지고 있다.
③ 상담의 진단단계에서는 주로 특성-요인 이론과 행동주의 이론으로 접근한다.
④ 문제해결 단계에서는 도구적(조작적) 학습에 초점을 맞춘다.

해설 | 포괄적 직업상담은 여러 이론들의 다양한 기법들을 절충한 것이다. 상담의 초기단계에서는 진단 및 탐색이 이루어지므로 인간중심 접근법과 발달적 접근법이 주로 활용된다.
중간단계에서는 내담자의 문제에서 원인이 되는 요인들을 명료하게 밝혀 이를 제거하는 한편, 긍정적·촉진적 요인을 찾아 이를 격려하기 위해 주로 정신 역동적 접근법을 활용한다.
마지막 단계에서는 상담자가 내담자의 문제해결에 보다 능동적이고 지시적인 태도로 개입하기 위해 특성-요인 및 행동주의적 접근법을 활용한다.

07 탈진(burnout)에 관한 설명으로 옳지 않은 것은?

① 종업원들이 일정 기간 동안 직무를 수행한 후 경험하는 지친 심리적 상태를 의미한다.
② 탈진검사는 정서적 고갈, 인격상실, 개인적 성취감 감소 등의 세 가지 구성요소로 측정한다.
③ 탈진에 대한 연구는 대부분 면접과 관찰을 통해 이루어졌다.
④ 탈진경험은 다양한 직무 스트레스 요인과 직무 스트레스 반응 변인과 상관이 있다.

해설 | 탈진연구는 대부분 설문연구를 통해 이루어진다. 대표적으로 매슬랙(Maslach)이 개발한 탈진척도(MBI; Maslach Burnout Inventory)를 사용한다. MBI의 하위요인에서는 정서적 고갈, 인격상실, 개인적 성취감 감소를 측정한다.

정답 04 ③ 05 ③ 06 ③ 07 ③

08 내담자와 관련된 정보를 수집하여 내담자의 행동을 이해하고 해석하는 데 기본이 되는 상담 기법으로 가장 거리가 먼 것은?

① 한정된 오류 정정하기
② 왜곡된 사고 확인하기
③ 반성의 장 마련하기
④ 변명에 초점 맞추기

해설 | 한정된 오류 정정하기가 아닌 전이된 오류 정정하기이다. 전이된 오류 정정하기는 내담자가 가지고 있는 정보, 한계, 논리적 오류를 정정하는 것을 말한다.

09 직업상담사의 윤리강령에 관한 설명으로 가장 거리가 먼 것은?

① 상담자는 상담에 대한 이론적, 경험적 훈련과 지식을 갖춘 것을 전제로 한다.
② 상담자는 내담자의 성장, 촉진과 문제 해결 및 방안을 위해 시간과 노력상의 최선을 다한다.
③ 상담자는 자신의 능력 및 기법의 한계 때문에 내담자의 문제를 다른 전문직 동료나 기관에 의뢰해서는 안 된다.
④ 상담자는 내담자가 이해, 수용할 수 있는 한도 내에서 기법을 활용한다.

해설 | 상담자는 자신의 능력 및 기법의 한계로 내담자를 도울 수 없을 때, 내담자의 문제를 다른 전문직 동료나 기관에 의뢰해야 한다.

10 6개의 생각하는 모자(six thinking hats)는 직업상담의 중재와 관련된 단계들 중 무엇을 위한 것인가?

① 직업정보의 수집
② 의사결정의 촉진
③ 보유기술의 파악
④ 시간관의 개선

해설 | 6개의 생각하는 모자(six thinking hats)기법은 6개의 모자가 상징하는 사고를 통해 의사결정을 촉진하는 방법이다.

11 특성-요인 직업상담의 단계 중 종합단계에 해당하는 것은?

① 내담자 분석을 위해 심리검사 및 특성 정보와 자료 등을 수집한다.
② 종합된 내담자 문제에 대한 원인 탐색과 문제해결을 위한 진단을 하는 단계이다.
③ 진단을 통해 나온 결과로 직업문제에 대해 예측하고 처리하는 단계이다.
④ 수집된 내담자의 정보와 유사한 사례를 비교·분석한다.

해설 | 종합단계는 내담자의 다양한 측면에 대한 이해를 얻기 위해 수집된 내담자의 정보와 유사한 사례를 비교·분석하여 종합한다.
① 분석단계에 해당한다.
② 진단단계에 해당한다.
③ 예측·처방단계에 해당한다.

12 상담사가 길을 전혀 잃어버리지 않고 마치 자신이 내담자의 세계에서 경험을 하는 듯한 능력을 의미하는 상담기법은?

① 직면
② 즉시성
③ 리허설
④ 감정이입

해설 | 상담사가 길을 전혀 잃어버리지 않고 마치 자신이 내담자의 세계에서 경험을 하는 듯한 능력을 의미하는 상담기법은 감정이입이다. 이는 상담사가 객관적인 중립성을 유지하면서 내담자의 입장에서 공감을 갖는 것이다.

정답 08 ① 09 ③ 10 ② 11 ④ 12 ④

13 인간을 과거나 환경에 의해 결정되는 존재가 아니라 현재의 사고, 감정, 행동의 전체성과 통합을 추구하는 존재로 보는 상담접근법은?

① 정신분석학적 상담
② 형태주의 상담
③ 개인주의 상담
④ 교류분석적 상담

해설 | 형태주의 상담은 인간을 과거나 환경에 의해 결정되는 존재가 아니라 현재의 사고, 감정, 행동의 전체성과 통합을 추구하는 존재로 보는 상담접근법이다. 형태주의 상담은 여기-지금의 현재 상황에 대한 인간의 자각에 초점을 두었다.

14 정신분석적 상담에서 내담자가 과거의 중요한 인물에게서 느꼈던 감정이나 생각을 상담자에게 투사하는 현상은?

① 증상형성
② 전이
③ 저항
④ 자유연상

해설 | 전이는 내담자가 과거 어린 시절 중요한 타인(부모 또는 가족)에게 느꼈던 무의식적 감정이나 생각을 상담자에게 옮기는 것으로, 정신분석적 상담의 주요 기법이다.

15 상담이론과 직업상담사의 역할의 연결이 바르지 않은 것은?

① 인지상담 – 수동적이고 수용적인 태도
② 정신분석적 상담 – 텅 빈 스크린
③ 내담자중심의 상담 – 촉진적인 관계형성 분위기 조성
④ 행동주의 상담 – 능동적이고 지시적인 역할

해설 | 인지치료(상담)의 상담자는 내담자의 비합리적 신념을 논박하고 합리적 신념으로 변화시키기 위하여 능동적이고 적극적 태도를 지닌다. 수용적인 태도는 내담자중심 상담에서 상담자의 역할이다.

16 다음은 무엇에 관한 설명인가?

> 행동주의 직업상담에서 내담자가 직업선택에 대해서 무력감을 느끼게 되고, 그로 인해 발생된 불안 때문에 직업결정을 못하게 되는 것

① 무결단성
② 우유부단
③ 미결정성
④ 부적응성

해설 | 무결단성은 내담자의 진로결정상의 무력감에 기인하여 부모의 지시나 강압에 의한 직업선택 등 환경에 의한 요구나 압력이 원인이다. 이 경우 정보가 주어지고 직업상담이 끝난 후에도 내담자는 진로결정을 내리지 못한다.

17 자기인식이 부족한 내담자를 사정할 때 인지에 대한 통찰을 재구조화하거나 발달시키는데 적합한 방법은?

① 직면이나 논리적 분석을 해준다.
② 불안에 대처하도록 심호흡을 시킨다.
③ 은유나 비유를 사용한다.
④ 사고를 재구조화 한다.

해설 | 자기인식이 부족한 내담자의 경우 은유나 비유를 통하여 스스로를 인식하게 만들 수 있다.

정답 13 ② 14 ② 15 ① 16 ① 17 ③

18 내담자에 대한 상담 목표의 특성이 아닌 것은?

① 구체적이어야 한다.
② 내담자가 원하고 바라는 것이어야 한다.
③ 실현 가능해야 한다.
④ 인격성장을 도와야 한다.

해설 | 인격성장을 돕는 것은 내담자에 대한 상담 목표의 특성이 아니다.

개념 체크 내담자에 대한 상담 목표의 특성
- 목표는 구체적이어야 한다(내담자가 바라는 구체적이고 긍정적인 변화를 상담목표로 삼는다).
- 목표는 실현 가능해야 한다.
- 목표는 내담자가 원하고 바라는 것이어야 한다.
- 내담자의 목표는 상담자의 기술과 양립 가능해야 한다.

19 진로시간전망 검사지를 사용하는 주요 목적과 가장 거리가 먼 것은?

① 목표설정 촉구
② 계획기술 연습
③ 진로계획 수정
④ 진로의식 고취

해설 | 진로계획 수정은 진로시간전망 검사지를 사용하는 목적과 거리가 멀다.

개념 체크 진로시간전망 검사지의 사용 목적
- 미래의 방향 설정을 가능하게 한다.
- 미래에 대한 희망을 갖도록 한다.
- 미래가 실제인 것처럼 느끼게 한다.
- 현재의 행동을 미래의 결과와 연계시킨다.
- 목표설정을 촉구한다.
- 진로계획에 대한 긍정적 태도를 강화한다.
- 진로계획의 기술을 연습시킨다.
- 진로의식을 높여준다.

20 진로상담의 주요 원리와 가장 거리가 먼 것은?

① 진로상담은 진학과 직업선택, 직업적응에 초점을 맞추어 전개되어야 한다.
② 진로상담은 상담자와 내담자 간의 라포(rapport)가 형성된 관계 속에서 이루어져야 한다.
③ 진로상담은 항상 집단적인 진단과 처치의 자세를 견지해야 한다.
④ 진로상담은 상담 윤리강령에 따라 전개되어야 한다.

해설 | 진로상담은 항상 차별적인 진단과 처치의 자세를 견지한다.

제2과목 직업심리학

21 다음은 무엇에 관한 설명인가?

> 한 검사가 그 준거로 사용된 현재의 어떤 행동이나 특성과 관련된 정도를 나타내는 타당도

① 공인타당도   ② 구성타당도
③ 내용타당도   ④ 예언타당도

해설 | 공인(동시)타당도는 한 검사가 그 준거로 사용된 '현재'의 어떤 행동이나 특성과 관련된 정도를 확인한다.

오답풀이 | ④ 예언타당도는 '미래'를 예언하는 것이다.

정답 18 ④ 19 ③ 20 ③ 21 ①

22 다음의 특성을 가진 직무분석기법은?

> - 미국 퍼듀대학교의 매코믹(McCormick)이 개발했다.
> - 행동중심적 직무분석기법(behavior-oriented job analysis method)이다.
> - 6가지의 범주 및 187개 항목으로 구성되었다.
> - 개별직무에 대해 풍부한 정보를 획득할 수 있는 장점이 있으나, 성과표준을 직접 산출하는 데는 무리가 따른다는 단점을 지니고 있다.

① 직무과제분석(JTA)
② 기능적 직무분석(FJA)
③ 직위분석질문지(PAQ)
④ 관리직기술질문지(MPDQ)

해설 | 직위분석질문지(PAQ)는 매코믹(McCormick)과 동료들에 의해서 개발되었고 직무분석 분야에 상당한 공헌을 하였다. PAQ는 194개 문항을 포함하고 있는 구조화된 표준화 직무분석 질문지이며, 187항목은 작업활동과 작업상황에 관련된 질문이고 7항목은 보수와 관련된 질문이다.

23 직무 스트레스를 조절하는 변인과 가장 거리가 먼 것은?

① A/B 성격 유형
② 역할 모호성
③ 통제 소재
④ 사회적 지원

해설 | 직무 스트레스의 조절변인에는 성격 유형, 통제의 위치(통제 소재), 사회적 자원이 있다.

개념 체크 직무 스트레스 조절변인
- A/B 성격 유형: A형 성격 유형의 사람은 스트레스 상황에 노출되면 B형 성격 유형의 사람보다 훨씬 많은 스트레스를 받는다.
- 통제의 위치(통제 소재): 어떤 사건의 발생이나 결과가 자기 자신의 행위에서 비롯된 것으로 간주하여 스스로 통제 가능한 것으로 인식한다. 내적 통제자는 외적 통제자보다 스트레스에 적절하게 대처함으로 스트레스 위협을 덜 느낀다.
- 사회적 지원: 사회적 지원은 스트레스 상황에서의 심리적·신체적 적응에 도움을 준다.

24 진로발달에서 맥락주의(contextualism)에 관한 설명으로 틀린 것은?

① 행위는 맥락주의의 주요 관심대상이다.
② 개인보다는 환경의 영향을 강조한다.
③ 행위는 인지적·사회적으로 결정되며 일상의 경험을 반영하는 것이다.
④ 진로연구와 진로상담에 대한 맥락상의 행위설명을 확립하기 위하여 고안된 방법이다.

해설 | 진로발달에서 맥락주의는 진로연구와 진로상담에 대한 맥락상의 행위설명을 확립하기 위하여 고안된 방법으로, 구성주의 철학을 토대로 하며 개인과 환경의 상호작용을 강조한다.

25 스트레스로 인해 나타날 수 있는 신체의 변화로 옳지 않은 것은?

① 호흡과 심장박동이 빨라지고 혈압도 높아진다.
② 부신선과 부신피질을 자극해 에피네프린(아드레날린)을 생성한다.
③ 부교감신경계가 활성화되어 각성이 일어난다.
④ 부신피질 호르몬인 코티졸이 분비된다.

해설 | 교감신경은 신체를 긴장시키는 역할을 하며 부교감신경은 신체를 안정시키는 역할을 한다. 스트레스 상황에서는 교감 신경계가 활성화되어 각성이 일어난다.

정답 22 ③ 23 ② 24 ② 25 ③

26 검사 점수의 오차를 발생시키는 수검자 요인과 가장 거리가 먼 것은?

① 수행 능력
② 수행 경험
③ 평가 불안
④ 수검 당일의 생리적 조건

해설 | 검사 점수의 오차를 발생시키는 수검자 요인은 다음과 같다.
- 수행 경험(검사받은 경험)
- 수행 불안(평가 불안, 정서적 불안, 긴장)
- 수검 당일의 생리적 조건(건강정도, 피로 등)
- 검사에 대한 동기
- 검사에 대한 훈련정도

27 직업적응이론의 적응유형 변인 중 적응행동과정에서 나타나는 적응의 시작과 종료의 지속기간을 나타내는 것은?

① 유연성   ② 능동성
③ 수동성   ④ 인내

해설 | 인내(끈기)는 환경이 자신에게 맞지 않아도 얼마나 오랫동안 견뎌낼 수 있는지의 정도이다.

28 직업적응이론에서 개인의 가치와 직업 환경의 강화인 간의 조화를 측정하는 데 사용되는 검사는?

① 미네소타 중요도 검사(MIQ)
② 미네소타 만족 질문지(MSQ)
③ 미네소타 충족 척도(MSS)
④ 미네소타 직업평가 척도(MORS)

해설 | 개인의 가치와 직업 환경의 강화인 간의 조화를 측정하는 데 사용되는 검사는 미네소타 중요도 검사(MIQ)이다. 이는 개인이 일의 환경에 대해 지니는 20가지 욕구와 6가지 가치관을 측정하는 질문지로, 190개의 문항으로 구성되어 있다.

29 수퍼(Super)의 직업발달 5단계를 바르게 나열한 것은?

① 성장기 → 확립기 → 탐색기 → 유지기 → 쇠퇴기
② 성장기 → 탐색기 → 확립기 → 유지기 → 쇠퇴기
③ 성장기 → 탐색기 → 유지기 → 확립기 → 쇠퇴기
④ 성장기 → 유지기 → 탐색기 → 확립기 → 쇠퇴기

해설 | 수퍼(Super)의 직업발달 단계는 성장기 → 탐색기 → 확립기 → 유지기 → 쇠퇴기이다.

30 Strong 검사에 대한 설명으로 옳은 것은?

① 기본흥미척도(BIS)는 Holland의 6가지 유형을 제공한다.
② Strong 진로탐색검사는 진로성숙도검사와 직업 흥미검사로 구성되어 있다.
③ 업무, 학습, 리더십, 모험심을 알아보는 기본흥미척도(BIS)가 포함되어 있다.
④ 개인특성척도(PSS)는 일반직업분류(GOT)의 하위척도로서 특정 흥미분야를 파악하는 데 도움이 된다.

오답풀이 | ① 일반직업분류(GOT)에 관한 설명이다.
③ 개인특성척도(PSS)에 관한 설명이다.
④ 기본흥미척도(BIS)에 관한 설명이다.

정답 26 ① 27 ④ 28 ① 29 ② 30 ②

31 A학교에서 실시한 성취도평가 점수가 정규분포를 따르고, 평균이 60점, 표준편차가 10일 때 점수가 75점인 학생의 Z점수와 T점수로 옳은 것은?

① Z점수: 0.5, T점수: 65
② Z점수: 0.5, T점수: 75
③ Z점수: 1.5, T점수: 65
④ Z점수: 1.5, T점수: 75

해설 | Z점수와 T점수 공식은 다음과 같다.

$$Z점수 = \frac{원점수 - 평균}{표준편차}$$
$$T점수 = (10 \times Z) + 50$$

따라서 원점수인 75점을 Z점수 공식에 대입한다면
$\frac{75-60}{10} = 1.5$이다.

Z점수인 1.5를 T점수 공식에 대입한다면
$(10 \times 1.5) + 50 = 65$이다.
따라서 Z점수는 1.5이고, T점수는 65이다.

32 경력개발 프로그램을 설계할 때 누구를 대상으로 어떤 경력평가 프로그램을 만들지 알아보는 평가는?

① 슈퍼(Super)평가
② 니즈평가
③ 직무평가
④ 조직평가

해설 | 니즈평가(요구분석)는 경력개발 프로그램을 설계할 때 누구를 대상으로 어떤 경력평가 프로그램을 만들지 알아보는 평가를 말한다. 해당 조직의 가장 중요한 문제점이 무엇인지 파악하게 되며, 이 과정을 통해 누구를 대상으로 어떠한 경력개발 프로그램을 만들 것인지를 결정하게 된다.

33 다음 중 데시(Deci)의 자기결정 동기 중 내적 동기에 해당하는 것은?

① 기대
② 금전적 보상
③ 위생요인
④ 고유한 즐거움

해설 | 내적 동기는 외적 보상이나 가치를 따지지 않고 단순히 성공적으로 해내고 싶은 내적 욕구 때문에 어떤 활동을 하는 것으로, 그 활동 자체의 고유한 즐거움을 위해 활동을 하는 것을 의미한다. 반면 외적 동기는 과제와 별다른 관계가 없거나 어느 정도만 관련된 결과로 인해 동기화되는 것을 말한다. 즉 금전적 보상 같은 목표달성을 위한 수단으로 어떤 활동을 하려는 동기이다.

34 Roe의 욕구이론에 관한 설명으로 옳은 것은?

① 심리적 에너지가 흥미를 결정하는 중요한 요소라고 본다.
② 청소년기 부모-자녀 간의 관계에서 생긴 욕구가 직업선택에 영향을 미친다는 이론이다.
③ 부모의 사랑을 제대로 받지 못하고 거부적인 분위기에서 성장한 사람은 다른 사람들과 함께 일하고 접촉하는 서비스 직종의 직업을 선호한다.
④ 직업군을 10가지로 분류한다.

오답풀이 | ② 아동기 부모 - 자녀 간의 관계에서 생긴 욕구가 직업선택에 영향을 미친다.
③ 부모의 사랑을 제대로 받지 못하고 거부적인 분위기에서 성장한 사람은 다른 사람들과 함께 일하고 접촉하는 서비스 직종의 직업을 선호하지 않는다.
④ 직업군을 8가지로 분류한다.

정답 31 ③ 32 ② 33 ④ 34 ①

35 종업원이 직무에서 매우 성공적으로 수행한 경우나 실패한 경우들에 대한 자료를 수집한 후 그 사건들의 구체적인 행동을 알아내고, 이 행동으로부터 지식, 기술, 능력을 수집하는 직무분석 방법은?

① 중요사건기록법(critical incident technique)
② 기능적 직무분석(functional job analysis)
③ 직책분석설문지(position analysis questionnaire)
④ 주제 관련 전문가(subject matter expert) 직무분석

해설 | 중요사건기록법은 종업원이 직무에서 매우 성공적으로 수행한 경우나 실패한 경우들에 대한 자료를 수집한 후 그 사건들의 구체적인 행동을 알아내고, 이 행동으로부터 지식, 기술, 능력을 수집하는 직무분석 방법이다.

36 다운사이징(downsizing)과 조직구조의 수평화로 대변되는 조직변화에 적합한 종업원 경력개발 프로그램과 가장 거리가 먼 것은?

① 직무를 통해서 다양한 능력을 본인 스스로 학습할 수 있도록 많은 프로젝트에 참여시킨다.
② 표준화된 작업규칙, 고정된 작업시간, 엄격한 직무기술을 강화한 학습 프로그램에 참여시킨다.
③ 불가피하게 퇴직한 사람들을 위한 퇴직자 관리 프로그램을 운영한다.
④ 새로운 직무를 수행하는 데 요구되는 능력 및 지식과 관련된 재교육을 실시한다.

해설 | 다운사이징 시대에는 표준화된 작업규칙, 고정된 작업시간, 엄격한 직무기술 등에서 벗어나 자신이 해야 할 일을 스스로 설계할 수 있어야 한다. 따라서 자신의 일을 조직화하고 업무의 우선순위를 정하며, 자신의 일을 감독하는 능력과 자기를 조절할 수 있는 능력 등이 요구된다.

37 한 연구자가 검사를 개발한 후 요인분석을 통해 그 검사가 검사개발의 토대가 된 이론을 잘 반영하는지를 확인하였다. 이 과정은 무엇을 확인하기 위한 것인가?

① 내용타당도
② 동시타당도
③ 준거타당도
④ 구성타당도

해설 | 요인분석법은 구성타당도를 확인하기 위한 것이다. 구성타당도를 분석하는 방법에는 수렴타당도, 변별타당도, 요인분석법이 있다.

38 Holland의 인성이론에서 한 개인이 자기 자신의 인성유형과 동일하거나 유사한 환경에서 일하고 생활할 때를 의미하는 개념은?

① 일관성
② 변별성
③ 정체성
④ 일치성

해설 | 일치성은 한 개인이 자기 자신의 인성유형과 동일하거나 유사한 환경에서 일하고 생활할 때를 의미하는 개념이다.

39 성인기에 지능이 쇠퇴한다고 단정지었던 과거의 관점에 수정을 가하는 이론으로 가장 적절한 것은?

① 카텔(Cattell)의 결정적 지능
② 스턴버그(Sternberg)의 삼원이론
③ 삐아제(Piaget)의 퇴행가설
④ 스키너(Skinner)의 강화학습이론

해설 | 카텔(Cattell)은 지능을 유동성 지능과 결정성 지능으로 구분하였다. 결정성(결정적) 지능은 연령이 높아짐에 따라 증가하는 지능이다. 즉, 환경적·문화적·경험적 영향에 의해 발달하는 지능이다.
유동성 지능은 연령의 초기에 많이 형성되어 있다가 연령이 많아짐에 따라 감소하는 지능이다.

정답 35 ① 36 ② 37 ④ 38 ④ 39 ①

40 GATB 직업적성검사에 대한 설명으로 틀린 것은?

① 지필검사와 동작검사로 구성되어 있다.
② 모두 8개 영역의 적성을 검출한다.
③ 지능도 측정한다.
④ 모두 15개 하위검사로 이루어져 있다.

해설 | 직업적성검사(GATB)는 지능, 언어능력, 수리능력, 사무지각, 형태지각, 공간적성, 운동반응, 손 재치, 손가락 재치 등 모두 9개 영역의 적성을 검출한다.

제3과목 직업정보론

41 민간직업정보의 일반적인 특징과 가장 거리가 먼 것은?

① 한시적으로 정보가 수집 및 가공되어 제공된다.
② 객관적인 기준을 가지고 전체 직업에 관한 일반적인 정보를 제공한다.
③ 직업정보 제공자의 특정한 목적에 따라 직업을 분류한다.
④ 통상적으로 직업정보를 유료로 제공한다.

해설 | 객관적인 기준을 가지고 전체 직업에 관한 일반적인 정보를 제공하는 것은 공공직업정보이다.

42 다음은 한국표준산업분류(제10차)의 분류 정의 중 무엇에 관한 설명인가?

> 각 생산단위가 노동, 자본, 원료 등 자원을 투입하여 재화 또는 서비스를 생산 또는 제공하는 일련의 활동과정

① 산업
② 산업활동
③ 생산활동
④ 산업분류

해설 | 각 생산단위가 노동, 자본, 원료 등 자원을 투입하여, 재화 또는 서비스를 생산 또는 제공하는 일련의 활동과정은 산업활동이다.

43 한국표준산업분류(제10차)의 적용 원칙으로 틀린 것은?

① 생산단위는 산출물뿐만 아니라 투입물과 생산공정 등을 함께 고려하여 그들의 활동을 가장 정확하게 설명된 항목에 분류해야 한다.
② 산업활동이 결합되어 있는 경우에는 그 활동단위의 주된 활동에 따라서 분류해야 한다.
③ 복합적인 활동단위는 우선적으로 세세분류를 정확히 결정하고, 순차적으로 세·소·중·대분류 단계 항목을 결정하여야 한다.
④ 공식적 생산물과 비공식적 생산물, 합법적 생산물과 불법적인 생산물을 달리 분류하지 않는다.

해설 | 복합적인 활동단위는 우선적으로 최상급 분류단계(대분류)를 정확히 결정하고, 순차적으로 중, 소, 세, 세세분류 단계 항목을 결정하여야 한다.

44 직업정보를 제공하는 유형별 방식의 설명이다. ( ) 안에 가장 알맞은 것은?

종류	비용	학습자 참여도	접근성
인쇄물	(A)	수동	용이
면접	저	(B)	제한적
직업경험	고	적극	(C)

① ㄱ: 고, ㄴ: 적극, ㄷ: 용이
② ㄱ: 저, ㄴ: 적극, ㄷ: 제한적
③ ㄱ: 고, ㄴ: 수동, ㄷ: 제한적
④ ㄱ: 저, ㄴ: 수동, ㄷ: 용이

해설 | 인쇄물은 저비용, 면접의 학습자 참여도는 적극적이다. 그리고 직업경험의 접근성은 일부만이 참여하므로 제한적이다.

정답 40 ② 41 ② 42 ② 43 ③ 44 ②

45 고용24(구 워크넷)에서 채용정보 상세검색에 관한 설명으로 틀린 것은?

① 최대 10개의 직종 선택이 가능하다.
② 연령별 채용정보를 검색할 수 있다.
③ 재택근무 가능 여부를 검색할 수 있다.
④ 희망임금은 연봉, 월급, 일급, 시급별로 입력할 수 있다.

해설 | 현재는 「고용상 연령차별금지 및 고령자 고용촉진에 관한 법률」이 시행됨에 따라 채용정보 검색조건에서 연령이 삭제되었다.

개념 체크 고용24(구 워크넷)의 채용정보 검색조건
고용24(구 워크넷)의 채용정보 검색조건은 근무지역, 희망직종, 고용형태, 희망임금, 경력 및 학력, 고용형태, 우대조건(청년층, 장년, 여성), 장애인 희망채용 등이다.
이와 함께 근무형태, 교대근무여부, 식사(비)제공, 복리후생(통근버스, 기숙사, 교육비 지원, 자녀학자금 지원 등), 채용구분(상용직, 일용직) 등의 조건을 입력하여 채용정보를 검색할 수 있다.

46 국민내일배움카드 제도를 지원받을 수 있는 자는?

① 만 65세인 사람
② 「사립학교교직원 연금법」을 적용받고 현재 재직 중인 사람
③ 「군인연금법」을 적용받고 현재 재직 중인 사람
④ 지방자치단체로부터 훈련비를 지원받는 훈련에 참여하는 사람

해설 | 만 75세 이상인 사람은 국민내일배움카드 운영규정에 따른 훈련비 등을 지원하지 아니한다. 따라서 만 65세 이상인 사람은 지원대상에 해당한다.

47 직업정보관리에 관한 설명으로 틀린 것은?

① 직업정보의 범위는 개인, 직업, 미래에 대한 정보 등으로 구성되어 있다.
② 직업정보원은 정부부처, 정부투자출연기관, 단체 및 협회, 연구소, 기업과 개인 등이 있다.
③ 직업정보 가공 시 전문적인 지식이 없어도 이해할 수 있도록 가급적 평이한 언어로 제공하여야 한다.
④ 개인의 정보는 보호되어야 하기 때문에 구직 시 연령, 학력 및 경력 등의 취업과 관련된 정보는 제한적으로 제공되어야 한다.

해설 | 구직 시 연령, 학력 및 경력 등의 취업과 관련된 모든 정보는 정확하게 제공되어야 한다. 물론 구인업체에서는 이러한 정보를 철저하게 보호하여야 한다.

48 직업정보로서 갖추어야 할 요건에 대한 설명으로 틀린 것은?

① 직업정보는 객관성이 담보되어야 한다.
② 직업정보 활용의 효율성 측면에서 이용대상자의 진로발달단계나 수준, 이용 목적에 적합한 직업정보를 개발하여 제공되는 것이 바람직하다.
③ 우연히 획득되거나 출처가 불명확한 직업정보라도 내용이 풍부하다면 직업정보로서 가치가 있다고 판단한다.
④ 직업정보는 개발연도를 명시하여 부적절한 과거의 직업세계나 노동시장 정보가 구직자나 청소년에게 제공되지 않도록 하는 것이 바람직하다.

해설 | 직업정보는 명확한 목표를 세우고 계획적으로 수집하여야 한다. 우연히 획득되거나 출처가 불명확한 직업정보라면 내용이 풍부하다고 해도 직업정보로서 가치가 없다고 판단한다.

정답 45 ② 46 ① 47 ④ 48 ③

49 분야별 고용정책 중 일자리창출 정책과 가장 거리가 먼 것은?

① 고용유지지원금
② 실업크레딧 지원
③ 일자리함께하기 지원
④ 사회적기업 육성

해설 | 실업크레딧은 실업자 안전망 제도로, 일자리 창출과는 거리가 멀다.

개념 체크 실업크레딧
실업크레딧은 국민연금공단이 2016년 8월부터 도입한 실업자 안전망이다. 구직급여를 받는 동안 국가에서 국민연금 보험료의 75%를 지원하여 실직 중 보험료 납부 부담을 덜어주고 향후 지급받는 국민연금금액을 늘려주는 제도이다.

50 다음은 한국표준직업분류(제7차)에서 직업분류의 일반원칙이다. (   )에 알맞은 것은?

> 동일하거나 유사한 직무는 어느 경우에든 같은 단위직업으로 분류되어야 한다는 점이다. 하나의 직무가 동일한 직업단위 수준에서 2개 혹은 그 이상의 직업으로 분류될 수 있다면 (   )의 원칙을 위반한 것이라 할 수 있다.

① 단일성 ② 배타성
③ 포괄성 ④ 경제성

해설 | 직업분류의 일반원칙으로 배타성의 원칙은 동일하거나 유사한 직무는 어느 경우에든 같은 단위직업으로 분류되어야 한다는 것이다.

51 국가직무능력표준(NCS)에 관한 설명으로 틀린 것은?

① 산업현장에서 직무를 수행하기 위해 요구되는 지식·기술·태도 등의 내용을 국가가 체계화한 것이다.
② 한국고용직업분류를 중심으로 분류하였으며, 대분류 → 중분류 → 소분류 → 세분류 순으로 구성되어 있다.
③ 능력단위는 NCS 분류의 하위 단위로서 능력단위요소, 수행준거 등으로 구성되어 있다.
④ 직무는 NCS 분류의 중분류를 의미하고, 원칙상 중분류 단위에서 표준이 개발된다.

해설 | 직무는 국가직무능력표준(NCS) 분류체계의 세분류를 의미하고, 원칙상 세분류 단위에서 표준이 개발된다.

52 한국표준산업분류(제10차)의 산업결정방법에 관한 설명으로 틀린 것은?

① 생산단위의 산업활동은 그 생산단위가 수행하는 주된 산업활동의 종류에 따라 결정된다.
② 계절에 따라 정기적으로 산업을 달리하는 사업체의 경우에는 조사시점에 경영하는 사업으로 분류된다.
③ 단일 사업체의 보조단위는 그 사업체의 일개 부서로 포함한다.
④ 휴업 중 또는 자산을 청산 중인 사업체의 산업은 영업 중 또는 청산을 시작하기 이전의 산업활동에 의하여 결정한다.

해설 | 계절에 따라 정기적으로 산업을 달리하는 사업체의 경우에는 조사시점에 경영하는 사업과는 관계없이 조사대상 기간 중 산출액이 많았던 활동에 의하여 분류된다.

정답 49 ② 50 ② 51 ④ 52 ②

53 고용24 직업정보시스템에서 제공하는 정보가 아닌 것은?

① 학과정보
② 직업동영상
③ 직업심리검사
④ 국가직무능력표준(NCS)

해설 | 고용24 직업정보시스템에서 제공하는 정보는 직업심리검사, 직업정보, 학과정보, 직업·취업 동영상 등이 있다. 국가직무능력표준(NCS, NCS 기반 능력중심 채용)은 고용24의 취업의 모든 것에서 제공하는 정보이다. 국가직무능력표준(NCS)에 대한 자세한 정보는 관련 홈페이지(https://www.ncs.go.kr)에서 확인 가능하다.

54 고용노동통계조사의 각 항목별 조사주기의 연결이 틀린 것은?

① 사업체 노동력 조사: 연 1회
② 시도별 임금 및 근로시간 조사: 연 1회
③ 지역별 사업체 노동력 조사: 연 2회
④ 기업체 노동비용 조사: 연 1회

해설 | 사업체 노동력 조사는 고용노동부가 매월 사업체를 대상으로 조사한다.

개념 체크 사업체 노동력 조사

사업체 노동력 조사는 고용노동부가 매월 사업체를 대상으로 수요 측면의 사업체 내 종사자 총량, 근로자의 전체 임금 총량 단위로 파악하는 조사이다.
매월 노동수요측(사업체)의 관점에서 근로자 수, 입직자 및 이직자 수와 임금 및 근로시간에 관한 사항을 조사하여 노동정책의 기초자료 활용 및 경기전망 등을 위한 경기지표를 생산하기 위해 시행한다.

55 실기능력이 중요하여 고용노동부령이 정하는 필기시험이 면제되는 기능사 종목이 아닌 것은?

① 측량기능사
② 도화기능사
③ 도배기능사
④ 방수기능사

해설 | 측량기능사는 필기시험이 면제되는 기능사 종목에 해당하지 않는다.

개념 체크 실기시험만 실시할 수 있는 종목

국가기술자격법 시행규칙(고용노동부령)에서 규정한 실기시험만 실시할 수 있는 종목은 다음과 같다.
- 토목분야: 석공기능사, 지도제작기능사, 도화기능사, 항공사진기능사
- 건축분야: 조적기능사, 미장기능사, 타일기능사, 온수온돌기능사, 유리시공기능사, 비계기능사, 건축목공기능사, 거푸집기능사, 금속재창호기능사, 건축도장기능사, 도배기능사, 철근기능사, 방수기능사 등이다.

56 한국표준직업분류(2017)에서 포괄적인 업무에 대해 적용하는 직업분류원칙을 순서대로 나열한 것은?

① 주된 직무 → 최상급 직능수준 → 생산업무
② 최상급 직능수준 → 주된 직무 → 생산업무
③ 최상급 직능수준 → 생산업무 → 주된 직무
④ 생산업무 → 최상급 직능수준 → 주된 직무

해설 | 한국표준직업분류(2017)에서 포괄적인 업무에 대해 적용하는 직업분류 원칙은 주된 직무 우선의 원칙 → 최상급 직능수준 우선의 원칙 → 생산업무 우선의 원칙이다.

정답 53 ④ 54 ① 55 ① 56 ①

57 한국직업사전의 부가직업정보 중 작업강도에 관한 설명 중 틀린 것은?

①	아주 힘든 작업	40kg 이상의 물건을 들어 올리고 20kg 이상의 물건을 빈번히 들어 올리거나 운반한다.
②	힘든 작업	최고 20kg의 물건을 들어 올리고 10kg 정도의 물건을 빈번히 들어 올리거나 운반한다.
③	가벼운 작업	최고 8kg의 물건을 들어 올리고 4kg 정도의 물건을 빈번히 들어 올리거나 운반한다.
④	아주 가벼운 작업	최고 4kg의 물건을 들어 올리고, 때때로 장부, 소도구 등을 들어 올리거나 운반한다.

해설 | 최고 20kg의 물건을 들어 올리고 10kg 정도의 물건을 빈번히 들어 올리거나 운반하는 것은 보통 작업이다.
힘든 작업은 최고 40kg의 물건을 들어 올리고, 20kg 정도의 물건을 빈번히 들어 올리거나 운반하는 작업이다.

58 건설기계설비기사, 공조냉동기계기사, 승강기기사 자격이 공통으로 해당되는 직무분야는?

① 건설분야　　② 재료분야
③ 기계분야　　④ 안전관리분야

해설 | 한국산업인력공단이 시행하는 국가기술자격은 크게 기계, 전자, 전기, 토목, 건축, 통신 등 26개 분야로 구분하고 있다. 건설기계설비기사, 공조냉동기계기사, 승강기기사는 기계분야에 해당된다.

59 고용24(구 워크넷)에서 제공하는 학과정보 중 공학계열에 해당하는 것은?

① 생명과학과　　② 조경학과
③ 통계학과　　　④ 응용물리학과

해설 | 조경학과는 공학계열이고, 나머지는 자연계열에 해당하는 학과이다.
학과정보에서 공학계열은 대부분 ○○공학과라는 명칭으로 되어있지만 식품공학과, 생명공학과, 임산공학과, 의생명공학과, 자원공학과 등은 자연계열로 분류된다. 그리고 건축학과, 건축설비학과, 조경학과는 공학계열에 포함시키고 있다.

60 서비스 분야 국가기술자격의 단일 등급에 해당하지 않는 직종은?

① 스포츠경영관리사
② 텔레마케팅관리사
③ 게임그래픽전문가
④ 전자상거래관리사

해설 | 대한상공회의소가 주관하는 전자상거래관리사는 1급과 2급이 있다. 나머지는 단일 등급이다.
전자상거래관리사 1급은 해당 실무에 3년 이상 종사한 사람이나 해당 종목의 2급 자격을 취득한 후 해당 실무에 2년 이상 종사한 자에게 1급 시험의 응시자격이 주어진다.

정답 57 ② 58 ③ 59 ② 60 ④

제4과목 노동시장론

61 일부 사람들이 실업급여를 계속 받기 위해 채용될 가능성이 매우 낮은 곳에서만 일자리를 탐색하며 실업상태를 유지하고 있다. 다음 중 이러한 사람들이 실업자가 아니라 일할 의사가 없다는 이유로 비경제활동인구로 분류될 때 나타나는 현상으로 옳은 것은?

① 실업률과 경제활동참가율 모두 높아진다.
② 실업률과 경제활동참가율 모두 낮아진다.
③ 실업률은 낮아지는 반면, 경제활동참가율은 높아진다.
④ 실업률은 높아지는 반면, 경제활동참가율은 낮아진다.

해설 | 사실상 실업자가 비경제활동인구로 분류되므로 실업자 수와 경제활동인구 모두 감소한다. 따라서 실업률(= $\frac{실업자 수}{경제활동인구} \times 100$)과 경제활동참가율(= $\frac{경제활동인구}{15세 이상 인구} \times 100$) 모두 낮아진다.

실업급여가 확대되면 실업자들은 일자리가 나와도 계속하여 실업을 선택하는 실업함정(unemployment trap)이 나타난다. 높은 수준의 임금을 주는 기업을 탐색하며 구직을 위한 노력을 게을리하고 실업을 택하므로 탐색적 실업은 증가하지만 사실상 실업자인 이들은 비경제활동인구로 분류된다.

62 임금의 보상격차에 관한 설명으로 틀린 것은?

① 근무조건이 열악한 곳으로 전출되면 임금이 상승한다.
② 성별격차도 일종의 보상격차이다.
③ 물가가 높은 곳에서 근무하면 임금이 상승한다.
④ 더 높은 비용이 소요되는 훈련을 요구하는 직종의 임금이 상대적으로 높다.

해설 | 성별 임금격차는 차별에 의한 임금격차이므로 임금의 보상격차와는 관계가 없다. 임금의 보상격차(compensating wage differentials)는 애덤 스미스(A. Smith)에 의해 주장되었다. 스미스는 노동자들의 직업선택 및 전직이 자유로운 사회에서는 각 직업의 좋은 점과 나쁜 점을 모두 고려한 순이익이 한 사회의 여러 가지 대체적인 직업 사이에서 균등하게 된다고 보고, 이를 균등화 격차(equalizing wage differentials)라고 하였다.
스미스는 임금격차를 가져오는 직업의 성격으로 고용의 안정성 여부, 작업의 쾌적성 여부, 교육 및 훈련비용, 책임의 정도, 성공 또는 실패의 가능성 등을 제시하였다.

63 구인처에서 요구하는 기술을 갖춘 근로자가 없어서 발생하는 실업은?

① 구조적 실업
② 잠재적 실업
③ 마찰적 실업
④ 자발적 실업

해설 | 구조적 실업은 구인처에서 요구하는 기술을 갖춘 근로자가 없어서 산업간·지역간 노동의 이동성이 부족하기 때문에 발생하는 실업이다.
따라서 노동의 이동성을 높이는 대책이 필요하다. 즉, 직업전환교육 등 인력정책, 지역 간 이동을 촉진하기 위한 이주 보조금, 산업구조의 변화 예측에 따른 인력수급정책 등이 필요하다.

정답 61 ② 62 ② 63 ①

64 2차 노동시장의 특징에 해당되는 것은?

① 높은 임금
② 높은 안정성
③ 높은 이직률
④ 높은 승진률

해설 | 2차 노동시장(secondary labor market)은 낮은 임금, 열악한 근로조건과 고용불안정으로 인한 높은 이직률, 교육훈련과 승진 기회의 부재 등의 특징을 지닌 노동시장이다.

65 연공급의 특징과 가장 거리가 먼 것은?

① 기업에 대한 귀속의식 제고
② 전문기술인력 확보 곤란
③ 근로자에 대한 교육훈련의 효과 제고
④ 인건비 부담의 감소

해설 | 연공급 임금체계에서는 임금이 매년 상승하므로 인건비 부담이 증가한다.

개념 체크 연공급의 특징
연공급(seniority-based pay)은 임금이 개인의 근속연수·학력·연령 등 인적요소기준을 중심으로 변화하는 임금체계이다. 연공급의 장점도 있지만 전문기술인력의 확보 곤란, 기업의 인건비 부담 증가, 종업원들의 소극적·무사안일주의적인 근무태도 야기 등의 단점도 있다.

66 다음은 무엇에 관한 설명인가?

> 조합비를 징수할 때 사용자가 노동조합의 의뢰에 의하여 조합비를 급료 계산 시에 일괄 공제하여 전달해 주는 방법이다.

① 오픈 숍(open shop)
② 유니언 숍(union shop)
③ 에이전시 숍(agency shop)
④ 체크 오프 시스템(check off system)

해설 | 문제의 내용은 체크 오프 시스템(check off system)으로 조합비 일괄공제제도라고 한다. 조합비의 확보를 통해 노동조합의 안정성을 유지하기 위한 제도이다.

67 노동수요 측면에서 비정규직 증가의 원인과 가장 거리가 먼 것은?

① 세계화에 따른 기업 간 경쟁 환경의 변화
② 정규직 근로자 해고의 어려움
③ 고학력 취업자의 증가
④ 정규노동자 고용비용의 증가

해설 | 비정규적 고용은 임시직 고용, 시간제 고용 등을 포함하는데 주로 저학력 취업자에게 적용된다. 기업이 비정규적 고용을 선호하는 이유는 인건비 절감, 고용조정 유연성의 제고, 노동조합의 약화 등으로 정리해 볼 수 있다.

개념 체크 비정규직 고용의 증가 이유
내부노동시장 제도에서는 경기상황에 따른 기업의 고용조정이 어려워지고 이로 인해 임금은 고정비용(fixed cost)의 성격을 띠게 된다. 오늘날처럼 세계화로 인해 기업 간 경쟁이 심화되는 상황에서 기업이 고용조정 능력을 갖지 못하게 되면 기업은 생존이 어려워진다. 이러한 상황에서 기업들이 고용과 임금의 유연성을 높이기 위해 비정규직 고용이 확대되고 있다.

68 내국인들이 취업하기를 기피하는 3D 직종에 대해, 외국 인력의 수입 또는 불법이민이 국내 내국인 노동시장에 미치는 영향으로 옳은 것은?

① 임금과 고용이 높아진다.
② 임금과 고용이 낮아진다.
③ 임금은 높아지고 고용은 낮아진다.
④ 임금과 고용의 변화가 없다.

해설 | 외국 인력은 내국인들이 취업하기를 기피하는 3D 직종에 취업하므로 내국인 노동시장에는 임금이나 고용에 큰 영향을 미치지는 못하지만 어느 정도 임금과 고용이 낮아진다.

정답 64 ③ 65 ④ 66 ④ 67 ③ 68 ②

69 임금 – 물가 악순환설, 지불능력설, 한계생산력설 등에 영향을 미친 임금결정이론은?

① 임금생존비설
② 임금철칙설
③ 노동가치설
④ 임금기금설

해설 | 임금 – 물가 악순환설, 신고전학파의 한계생산력설 등에 영향을 미친 임금결정이론은 임금기금설이다.

개념 체크 임금기금설

밀(J. S. Mill)의 임금기금설은 일정한 사회 내에서 일정한 시기에 임금으로 지불되는 총액, 즉 임금기금(wage fund)의 규모는 시간이 흐름에 따라 변화되지만 주어진 시기에는 고정되어 있기 때문에, 이를 노동자 수로 나누면 평균임금이 결정된다는 것이다.
임금생존비설이 임금결정에 있어서 노동공급의 역할을 중요시한데 비하여 밀의 임금기금설은 수요의 역할을 중요시한다.

70 K회사는 4번째 직원을 채용할 때 모든 근로자의 시간당 임금을 8천 원에서 9천 원으로 인상할 것이다. 만약 4번째 직원의 시간당 한계수입생산이 1만 원이라면 K기업이 4번째 직원을 새로 고용함에 따라 얻을 수 있는 시간당 이윤은?

① 1천 원 증가
② 2천 원 증가
③ 1천 원 감소
④ 2천 원 감소

해설 | 3명 고용 시 시간당 임금총액 = 3명 × 8,000원 = 24,000원, 4명 고용 시 시간당 임금총액 = 4명 × 9,000원 = 36,000이다. 따라서 3명 고용 시보다 4명 고용 시 시간당 임금총액이 12,000원 증가하였다. 그러나 이 경우 시간당 한계수입생산이 10,000원이므로 이윤은 2천원 감소하였다.

71 성과급 제도를 채택하기 어려운 경우는?

① 근로자의 노력과 생산량과의 관계가 명확한 경우
② 생산원가 중에서 노동비용에 대한 통제가 필요하지 않은 경우
③ 생산물의 질(quality)이 일정한 경우
④ 생산량이 객관적으로 측정 가능한 경우

해설 | 생산원가 중에서 노동비용(노무비)에 대한 통제가 불필요한 경우에는 시간급제가 유용하다.

개념 체크 성과급 임금형태

- 성과급제(output payment, piece-rate plan)
  노동성과를 측정하여 측정된 성과에 따라 임금을 산정·지급하는 임금형태이다.

- 성과급제 도입요건
  생산단위의 측정이 가능할 경우, 작업자의 노력과 생산량과의 관계가 명확할 경우, 직무가 표준화되어 있고 작업의 흐름이 정규적일 경우, 생산의 질이 생산량보다 덜 중요하거나 그 질이 일정할 경우, 각 작업자에 대한 감독을 철저히 할 수 없는 경우, 경쟁적이어서 사전에 단위생산비 중 노무비가 결정되어 있는 경우에 성과급제를 유용하게 실시할 수 있다.

72 기업의 종업원주식소유제 또는 종업원지주제 도입의 목적이 아닌 것은?

① 새로운 일자리 창출
② 기업재무구조의 건전화
③ 종업원에 의한 기업인수로 고용안정 도모
④ 공격적 기업인수 및 합병에 대한 효과적 방어수단으로 활용

해설 | 종업원지주제와 새로운 일자리 창출은 아무런 관계가 없다. 종업원지주제(우리사주제)는 기업이 자사 종업원에게 특별한 조건과 방법으로 자사 주식을 배분·소유하게 하는 제도이다. 이 제도의 목적은 종업원의 공로에 대한 보수, 회사에의 귀속의식 고취, 회사와의 일체감 조성, 자본조달의 새로운 원천개발 등에 있다.
그러나 자본조달의 원천개발은 부차적인 목적이고, 주 목적은 소유참여나 성과참여로써 근로의욕을 높이고, 노사관계의 안정을 꾀하는 데 있다.

정답 69 ④ 70 ④ 71 ② 72 ①

73 A국의 취업자가 200만 명, 실업자가 10만 명, 비경제활동인구가 100만 명이라고 할 때, A국의 경제활동참가율은?

① 약 66.7% ② 약 67.7%
③ 약 69.2% ④ 약 70.4%

해설 | 경제활동인구 = 취업자 수 + 실업자 수
= 200만 명 + 10만 명
= 210만 명
15세 이상 인구(노동가능인구)
= 경제활동인구 + 비경제활동인구
= 210만 명 + 100만 명 = 310만 명

따라서 경제활동참가율 $= \dfrac{\text{경제활동인구}}{\text{15세 이상 인구(생산가능인구)}} \times 100$

$= \dfrac{210만 명}{310만 명} \times 100 = 67.7\%$

74 경기침체에도 불구하고 실업률이 크게 높아지지 않았다면 그 이유로 가장 적합한 것은?

① 부가노동자 효과가 실망노동자 효과보다 컸기 때문이다.
② 실망노동자 효과가 부가노동자 효과보다 컸기 때문이다.
③ 실망노동자 효과와 부가노동자 효과의 크기가 비슷했기 때문이다.
④ 실망노동자 효과가 없었기 때문이다.

해설 | 실망노동자 효과는 경제활동인구(실업자)가 비경제활동인구로 됨에 따라 실업률은 감소한다. 반면 부가노동자 효과는 비경제활동인구가 경제활동인구(실업자)로 되기 때문에 실업률을 증가시킨다. 따라서 경기침체에도 불구하고 실업률이 높아지지 않았다면 이는 실망노동자 효과가 부가노동자 효과보다 크기 때문이다.

75 단체교섭에 관한 설명으로 틀린 것은?

① 단체협약은 노동조합과 사용자단체가 단체교섭 후 협의된 사항을 문서로 남긴 것으로 강제적 효력이 있다.
② 경영자가 정당한 사유 없이 단체교섭을 거부하는 행위는 불법행위에 해당한다.
③ 이익분쟁은 임금 및 근로조건 등에 합의하지 못해 발생하는 분쟁이다.
④ 노동자들이 하는 쟁의행위에는 파업, 태업, 직장폐쇄 등의 방법이 있다.

해설 | 직장폐쇄(lock out)는 조업계속과 함께 노동자들의 쟁의행위에 대한 사용자의 대응행위에 해당한다.

76 다음 중 헤도닉(hedonic) 임금이론의 가정으로 틀린 것은?

① 직장의 다른 특성은 동일하며 산업재해의 위험도도 동일하다.
② 노동자는 효용을 극대화하며 노동자 간에는 산업안전에 관한 선호의 차이가 존재한다.
③ 기업은 좋은 노동조건을 위해 산업안전에 투자해야 한다.
④ 노동자는 정확한 직업정보를 갖고 있으며 작업 간에 자유롭게 이동할 수 있다.

해설 | 헤도닉 임금이론에서는 직장의 다른 특성은 전부 동일한데, 산업재해의 위험도만 다르다고 가정한다. 이러한 산업재해 위험도의 차이가 보상적 임금격차를 가져오게 된다.

정답 73 ② 74 ② 75 ④ 76 ①

77 실업률과 물가상승률간 역의 상관관계를 나타내는 곡선은?

① 래퍼곡선
② 필립스곡선
③ 로렌츠곡선
④ 테일러곡선

해설 | 영국의 경제학자인 필립스(A. Phillips)는 1861~1957년간 영국경제를 대상으로 실증분석을 행한 결과 실업률과 명목임금 상승률 간에 안정적인 음(-)의 관계가 있다는 사실을 발견하였는데 이 관계를 회귀곡선으로 표시한 것을 필립스곡선이라고 한다. 오늘날에는 필립스곡선을 물가상승률과 실업률 간의 역(-)관계로 파악하는 것이 일반적이다.

78 이윤극대화를 추구하는 기업이 이직률을 낮추기 위해 효율성 임금(efficiency wage)을 지불할 경우 발생할 수 있는 실업은?

① 마찰적 실업
② 구조적 실업
③ 경기적 실업
④ 지역적 실업

해설 | 효율성 임금을 지급하면 시장임금보다 임금이 높아지므로 노동의 초과공급, 즉 실업이 발생하는 데 이는 구조적 실업에 해당한다.
맨큐(N. G. Mankiw)는 구조적 실업은 노동시장에서 제공되는 일자리의 수가 직장을 찾고 있는 노동자들의 수에 비해 적기 때문에 발생하는 실업으로 설명한다. 여기서 일자리의 수가 적은 이유는 어떤 이유로 임금이 노동의 수요와 공급이 같아지는 임금(균형임금)보다 높기 때문이다. 그리고 임금이 균형임금보다 높아지게 되는 이유로 최저임금제, 노동조합의 임금인상 압력, 효율임금(efficiency wage) 등 세 가지를 제시한다.

79 선별가설(screening hypothesis)에 대한 설명과 가장 거리가 먼 것은?

① 교육훈련이 생산성을 높이는 것은 아니고 유망한 근로자를 식별해주는 역할을 한다.
② 빈곤문제 해결을 위해서는 교육훈련 기회를 확대하는 것이 중요하다.
③ 학력이 높은 사람이 소득이 높은 것은 교육 때문이 아니고 원래 능력이 우수하기 때문이다.
④ 근로자들이 자신의 능력과 재능을 보여주기 위해 교육에 투자한다.

해설 | ② 빈곤문제 해결을 위해서는 교육훈련 기회를 확대하는 것이 중요하다는 것은 인적자본이론에 근거한 설명이다.
④의 내용은 선별가설과 함께 스펜스에 의해 주장된 신호가설(signaling hypothesis)의 주장이다.

80 경기침체로 실업자가 직장을 구하는 것이 더욱 어렵게 되어 구직활동을 단념함으로써 비경제활동인구가 늘어나고 경제활동인구가 감소하는 것은?

① 실망노동자 효과
② 부가노동자 효과
③ 대기실업효과
④ 추가실업효과

해설 | 실업자가 구직활동을 단념하게 되면 경제활동인구(실업자)가 비경제활동인구로 전환된다. 즉 경제활동인구가 감소하고 비경제활동인구가 증가하므로 경제활동참가율과 실업률이 낮아지는데 이를 실망노동자 효과라고 한다.

정답 77 ② 78 ② 79 ② 80 ①

제5과목 노동관계법규

81 고용정책기본법령상 고용정책심의회의 전문위원회에 명시되지 않은 것은?

① 지역고용전문위원회
② 고용보험전문위원회
③ 장애인고용촉진전문위원회
④ 건설근로자고용개선전문위원회

해설 | 전문위원회에는 지역고용전문위원회, 고용서비스전문위원회, 사회적기업육성전문위원회, 적극적고용개선전문위원회, 장애인고용촉진전문위원회, 가사근로자고용개선전문위원회, 건설근로자고용개선전문위원회, 직업능력개발전문위원회가 있다.

82 국민 평생 직업능력 개발법령상 근로자의 정의로서 가장 적합한 것은?

① 1주 동안의 소정근로시간이 그 사업장에서 같은 종류의 업무에 종사하는 통상 근로자의 1주 동안의 소정근로시간에 비하여 짧은 자
② 직업의 종류와 관계없이 임금을 목적으로 사업이나 사업장에 근로를 제공하는 사람
③ 직업의 종류를 불문하고 임금·급료 기타 이에 준하는 수입에 의하여 생활하는 자
④ 사업주에게 고용된 사람과 취업할 의사가 있는 사람

해설 | 「국민평생직업능력개발법」, 「남녀고용평등법」, 「고용정책기본법」상의 근로자는 사업주에게 고용된 사람과 취업할 의사가 있는 사람이다.

오답풀이 | ①은 단시간근로자, ②는 「근로기준법」, 「고령자고용촉진법」, 「근로자퇴직급여보장법」상의 근로자, ③은 「노동조합법」상의 근로자 정의이다.

83 고용보험법령상 다음 사례에서 구직급여의 소정급여일수는?

> 장애인 근로자 A씨(40세)가 4년간 근무하던 회사를 퇴사하여 직업안정기관으로부터 구직급여 수급자격을 인정받았다.

① 120일   ② 150일
③ 180일   ④ 210일

해설 | 장애인의 경우 3년 이상 5년 미만인 경우 나이에 관계없이 210일이다.

84 고용보험법령상 실업급여에 관한 설명으로 틀린 것은?

① 실업급여로서 지급된 금품에 대하여는 국가나 지방자치단체의 공과금을 부과하지 아니한다.
② 실업급여를 받을 권리는 양도하거나 담보로 제공할 수 없다.
③ 실업급여수급계좌의 해당 금융기관은 이 법에 따른 실업급여만이 실업급여수급계좌에 입금되도록 관리하여야 한다.
④ 구직급여에는 조기재취업수당, 직업능력개발수당, 광역구직활동비, 이주비가 있다.

해설 | 실업급여에는 구직급여와 취업촉진수당(조기재취업수당, 직업능력개발수당, 광역구직활동비, 이주비)이 있다.

정답 81 ② 82 ④ 83 ④ 84 ④

85 근로기준법령상 사용자가 3년간 보존하여야 하는 근로계약에 관한 중요한 서류로 명시되지 않은 것은?

① 임금대장
② 휴가에 관한 서류
③ 고용·해고·퇴직에 관한 서류
④ 퇴직금 중간정산에 관한 증명서류

해설 | 근로계약에 관한 중요한 서류는 다음과 같다.
- 근로계약서
- 임금대장
- 임금의 결정·지급방법과 임금계산의 기초에 관한 서류
- 고용·해고·퇴직에 관한 서류
- 승급·감급에 관한 서류
- 휴가에 관한 서류
- 연소자의 증명에 관한 서류 등

86 근로기준법령상 이행강제금에 관한 설명으로 옳은 것은?

① 노동위원회는 구제명령을 받은 후 이행기한까지 구제명령을 이행하지 아니한 사용자에게 3천만 원 이하의 이행강제금을 부과한다.
② 노동위원회는 이행강제금 납부의무자가 납부기한까지 이행강제금을 내지 아니하면 즉시 국세 체납처분의 예에 따라 징수할 수 있다.
③ 노동위원회는 최초의 구제명령을 한 날을 기준으로 매년 4회의 범위에서 구제명령이 이행될 때까지 반복하여 이행강제금을 부과·징수할 수 있다.
④ 근로자는 구제명령을 받은 사용자가 이행기한까지 구제명령을 이행하지 아니하면 이행기한이 지난 때부터 30일 이내에 그 사실을 노동위원회에 알려줄 수 있다.

오답풀이 | ② 노동위원회는 이행강제금 납부의무자가 납부기한까지 이행강제금을 내지 아니하면 기간을 정하여 독촉을 하고 지정된 기간내에 이행강제금을 내지 아니하면 국세 체납처분의 예에 따라 징수할 수 있다.
③ 노동위원회는 최초의 구제명령을 한 날을 기준으로 매년 2회의 범위에서 구제명령이 이행될 때까지 반복하여 이행강제금을 부과·징수할 수 있다.
④ 근로자는 구제명령을 받은 사용자가 이행기한까지 구제명령을 이행하지 아니하면 이행기한이 지난 때부터 15일 이내에 그 사실을 노동위원회에 알려줄 수 있다.

87 남녀고용평등과 일·가정 양립 지원에 관한 법령상 육아휴직 기간에 대한 설명으로 틀린 것은?

① 육아휴직의 기간은 2년 이내로 한다.
② 사업주는 육아휴직 기간에는 근로자를 해고하지 못한다.
③ 육아휴직 기간은 근속기간에 포함한다.
④ 기간제근로자의 육아휴직 기간은 기간제 및 단시간근로자 보호 등에 관한 법률에 따른 사용기간에 산입하지 아니한다.

해설 | 육아휴직의 기간은 1년 이내로 한다.

88 직업안정법령상 유료직업소개사업의 등록을 할 수 있는 자에 해당되지 않는 것은?

① 지방공무원으로 2년 이상 근무한 경력이 있는 자
② 조합원이 100인 이상인 단위노동조합에서 노동조합 업무전담자로 2년 이상 근무한 경력이 있는 자
③ 상시 사용근로자 300인 이상인 사업장에서 노무관리 업무전담자로 1년 이상 근무한 경력이 있는 자
④ 「공인노무사법」에 의한 공인노무사 자격을 가진 자

해설 | 상시 사용근로자 300인 이상인 사업장에서 노무관리 업무전담자로 2년 이상 근무한 경력이 있는 자는 유료직업소개사업의 등록을 할 수 있다.

정답 85 ④ 86 ① 87 ① 88 ③

89 고용정책기본법령상 근로자의 정의로 옳은 것은?

① 직업의 종류를 불문하고 임금, 급료 기타 이에 준하는 수입에 의하여 생활하는 사람
② 직업의 종류와 관계없이 임금을 목적으로 사업이나 사업장에 근로를 제공하는 사람
③ 사업주에게 고용된 사람과 취업할 의사를 가진 사람
④ 기간의 정함이 있는 근로계약을 체결한 사람

해설 | 「국민평생직업능력개발법」, 「남녀고용평등법」, 「고용정책기본법」상의 근로자는 사업주에게 고용된 사람과 취업할 의사가 있는 사람이다.

90 고용상 연령차별금지 및 고령자고용촉진에 관한 법령상 운수업에서의 고령자 기준 고용률은?

① 그 사업장의 상시 근로자 수의 100분의 2
② 그 사업장의 상시 근로자 수의 100분의 3
③ 그 사업장의 상시 근로자 수의 100분의 6
④ 그 사업장의 상시 근로자 수의 100분의 10

해설 | 고용상 연령차별금지 및 고령자고용촉진에 관한 법령상 고령자 기준 고용률은 다음과 같다.
• 제조업: 상시근로자 수의 100분의 2
• 운수업, 부동산 및 임대업: 상시근로자 수의 100분의 6
• 기타 산업: 상시근로자 수의 100분의 3

91 근로자퇴직급여 보장법령상 용어의 정의에 관한 설명으로 틀린 것은?

① 퇴직급여제도란 확정급여형 퇴직연금제도, 확정기여형 퇴직연금제도 및 개인형 퇴직연금제도를 말한다.
② 사용자란 사업주 또는 사업의 경영담당자 또는 그 밖에 근로자에 관한 사항에 대하여 사업주를 위하여 행위하는 자를 말한다.
③ 임금이란 사용자가 근로의 대가로 근로자에게 임금, 봉급, 그 밖에 어떠한 명칭으로든지 지급하는 일체의 금품을 말한다.
④ 확정급여형 퇴직연금제도란 근로자가 받을 급여의 수준이 사전에 결정되어 있는 퇴직연금제도를 말한다.

해설 | 퇴직급여제도란 확정급여형 퇴직연금제도, 확정기여형 퇴직연금제도 및 퇴직금제도를 말한다.

92 직업안정법령상 근로자공급사업에 관한 설명으로 틀린 것은?

① 근로자공급사업 연장허가의 유효기간은 연장 전 허가의 유효기간이 끝나는 날부터 5년으로 한다.
② 누구든지 고용노동부장관의 허가를 받지 아니하고는 근로자공급사업을 하지 못한다.
③ 연예인을 대상으로 하는 국외 근로자공급사업의 허가를 받을 수 있는 자는 민법상 비영리법인으로 한다.
④ 국내 근로자공급사업 허가를 받을 수 있는 자는 「노동조합 및 노동관계조정법」에 따른 노동조합이다.

해설 | 근로자공급사업 연장허가의 유효기간은 연장 전 허가의 유효기간이 끝나는 날부터 3년으로 한다.

정답 89 ③ 90 ③ 91 ① 92 ①

최신 법령 개정에 따라 변형한 문제입니다.

93 남녀고용평등과 일·가정 양립 지원에 관한 법령상 ( ) 안에 들어갈 숫자의 연결이 옳은 것은?

> 제19조의4(육아휴직과 육아기 근로시간 단축의 사용형태)
> ① 근로자는 육아휴직을 (ㄱ)회에 한정하여 나누어 사용할 수 있다.
> ② 근로자는 육아기 근로시간 단축을 나누어 사용할 수 있다. 이 경우 나누어 사용하는 (ㄴ)회의 기간은 (ㄷ)개월 이상이 되어야 한다.

① ㄱ: 1, ㄴ: 2, ㄷ: 2
② ㄱ: 2, ㄴ: 1, ㄷ: 2
③ ㄱ: 1, ㄴ: 2, ㄷ: 3
④ ㄱ: 3, ㄴ: 1, ㄷ: 1

해설 | 근로자는 육아휴직을 3회에 한정하여 나누어 사용할 수 있으며, 육아기 근로시간 단축을 나누어 사용하는 경우 1회의 기간은 1개월 이상이 되어야 한다.

94 국민 평생 직업능력 개발법령상 고용노동부장관이 직업능력개발사업을 하는 사업주에게 지원할 수 있는 비용이 아닌 것은?

① 근로자를 대상으로 하는 자격검정사업비용
② 직업능력개발훈련을 위해 필요한 시설의 설치 사업비용
③ 근로자의 경력개발관리를 위하여 실시하는 사업비용
④ 고용노동부장관의 인정을 받은 직업능력개발훈련과정의 수강비용

해설 | 직업능력개발훈련과정의 수강비용은 사업주가 아닌 근로자에 대한 지원비용이다.

95 헌법 제32조에 관한 설명으로 옳지 않은 것은?

① 근로조건의 기준은 인간의 존엄성을 보장하도록 법률로 정한다.
② 국가는 법률이 정하는 바에 의하여 최저임금제를 시행하여야 한다.
③ 고령자의 근로는 특별한 보호를 받는다.
④ 여자의 근로는 특별한 보호를 받는다.

해설 | 특별한 보호를 받는 대상은 여자와 연소자이다.

96 고용보험법상 구직급여의 수급요건에 해당하지 않는 것은?

① 이직일 이전 18개월간 피보험 단위기간이 합산하여 180일 이상일 것
② 근로의 의사와 능력이 있음에도 불구하고 취업하지 못한 상태에 있을 것
③ 전직 또는 자영업을 하기 위하여 이직한 경우
④ 재취업을 위한 노력을 적극적으로 할 것

해설 | 전직 또는 자영업을 하기 위하여 이직한 경우에는 구직급여 수급대상에 해당하지 않는다.

97 근로기준법령상 임금채권의 소멸시효기간은?

① 1년   ② 2년
③ 3년   ④ 5년

해설 | 임금채권 소멸시효는 3년이다.

정답 93 ④ 94 ④ 95 ③ 96 ③ 97 ③

98 직업안정법상 직업소개사업을 겸업할 수 있는 것은?

① 「결혼중개업의 관리에 관한 법률」상 결혼중개업
② 「공중위생관리법」상 숙박업
③ 「식품위생법」상 식품접객업 중 유흥주점 영업
④ 「식품위생법」상 식품접객업 중 일반음식점 영업

해설 | 「직업안정법」상 다음의 어느 하나에 해당하는 사업을 경영하는 자는 직업소개사업을 하거나 직업소개사업을 하는 법인의 임원이 될 수 없다.
- 「결혼중개업의 관리에 관한 법률」상의 결혼중개업
- 「공중위생관리법」상의 숙박업
- 「식품위생법」상의 식품접객업 중 대통령령으로 정하는 영업
  - 휴게음식점영업 중 주로 다류를 조리·판매하는 영업(영업자 또는 종업원이 영업장을 벗어나 다류를 배달·판매하면서 소요 시간에 따라 대가를 받는 형태로 운영하는 경우로 한정)
  - 「식품위생법 시행령」상의 단란주점영업, 유흥주점 영업

99 직업안정법령상 직업소개사업에 대한 설명으로 틀린 것은?

① 국내 무료직업소개사업을 하려는 자는 주된 사업소의 소재지를 관할하는 특별자치도지사·시장·군수 및 구청장에게 신고하여야 한다.
② 국외 무료직업소개사업을 하려는 자는 고용노동부장관에게 신고하여야 한다.
③ 국내 유료직업소개사업을 하려는 자는 주된 사업소의 소재지를 관할하는 특별자치도지사·시장·군수 및 구청장에게 등록하여야 한다.
④ 국외 유료직업소개사업을 하려는 자는 고용노동부장관에게 신고하여야 한다.

해설 | 국외 유료직업소개사업을 하려는 자는 고용노동부장관에게 등록하여야 한다.

100 고용보험법령상 심사 및 재심사 청구에 관한 설명으로 옳지 않은 것은?

① 실업급여에 관한 처분에 이의가 있는 자는 고용보험심사관에게 심사를 청구할 수 있다.
② 심사 및 재심사의 청구는 시효중단에 관하여 재판상의 청구로 본다.
③ 재심사청구인은 법정대리인 외에 자신의 형제자매를 대리인으로 선임할 수 없다.
④ 고용보험심사관은 원칙적으로 심사청구를 받으면 30일 이내에 그 심사청구에 대한 결정을 하여야 한다.

해설 | 재심사청구인은 법정대리인 외에 자신의 형제자매를 대리인으로 선임할 수 있다.

정답 98 ④ 99 ④ 100 ③

에듀윌이 너를 지지할게

ENERGY

끝이 좋아야 시작이 빛난다.

– 마리아노 리베라(Mariano Rivera)

여러분의 작은 소리
에듀윌은 크게 듣겠습니다.

본 교재에 대한 여러분의 목소리를 들려주세요.
공부하시면서 어려웠던 점, 궁금한 점,
칭찬하고 싶은 점, 개선할 점, 어떤 것이라도 좋습니다.

에듀윌은 여러분께서 나누어 주신 의견을
통해 끊임없이 발전하고 있습니다.

에듀윌 도서몰 book.eduwill.net
- 부가학습자료 및 정오표: 에듀윌 도서몰 → 도서자료실
- 교재 문의: 에듀윌 도서몰 → 문의하기 → 교재(내용, 출간) / 주문 및 배송

2026 에듀윌 직업상담사 2급 1·2차 한권끝장

발 행 일	2025년 9월 15일 초판
편 저 자	김대환, 황사빈, 최영우
펴 낸 이	양형남
개발책임	목지재
개 발	윤세은
펴 낸 곳	(주)에듀윌
I S B N	979-11-360-3898-2
등록번호	제25100-2002-000052호
주 소	08378 서울특별시 구로구 디지털로34길 55 코오롱싸이언스밸리 2차 3층

* 이 책의 무단 인용·전재·복제를 금합니다.

www.eduwill.net
대표전화 1600-6700